CB130225

Curso de DIREITO PROCESSUAL do TRABALHO

RENATO SARAIVA | ROGÉRIO RENZETTI

Curso de DIREITO PROCESSUAL do TRABALHO

17.ª edição

revista, atualizada e ampliada

2022

EDITORA *Jus*PODIVM

www.editorajuspodivm.com.br

EDITORA *Jus*PODIVM
www.editorajuspodivm.com.br

Rua Canuto Saraiva, 131 – Mooca – CEP: 03113-010 – São Paulo – São Paulo
Tel: (11) 3582.5757
• Contato: https://www.editorajuspodivm.com.br/sac

Diagramação: Futura *(rogerio@futuraeditoracao.com)*

Capa: Marcelo S. Brandão (*santibrando@gmail.com*)

S243c Saraiva, Renato
Curso de Direito Processual do Trabalho / Renato Saraiva, Rogério Renzetti – 17. ed. rev. e atual. – São Paulo: Ed. JusPodivm, 2022.
1072 p.

Bibliografia.
ISBN 978-85-442-3655-0

1. Direito Processual do Trabalho. I. Renzetti, Rogério. II. Título.

CDD 342.68

NOTA DOS AUTORES À 17.ª EDIÇÃO

O *Curso de Direito Processual do Trabalho* chega à sua 17ª edição consolidado como um dos mais apropriados para o estudo da matéria pelos operadores do Direito, por ser um livro completo, atualizado e de fácil leitura.

Nesta edição, posterior à reforma trabalhista, aprofundamos os seus desdobramentos à luz do posicionamento do TST e do STF.

Dentre os acréscimos realizados, destacamos principalmente as Leis nº 14.133/2021 (Licitações e contratos administrativos), 14.020/2020 (Medidas de enfrentamento do coronavírus), 13.874/2019 (Liberdade Econômica) e 13.709/2018 (Proteção de Dados Pessoais – LGPD).

No livro também abordamos as recentes resoluções administrativas do TST editadas após a reforma trabalhista.

Dessa forma, estamos certos de que a obra foi atualizada e ampliada segundo a legislação e a jurisprudência atuais, abordando os debates que tais temas requerem para o seu estudo.

Desejamos a todos bons estudos e muito sucesso no ano de 2022.

Os Autores

APRESENTAÇÃO E AGRADECIMENTOS

Após seis meses de intenso trabalho, finalmente consigo terminar este livro. Foram muitos os fins de semana de que abdiquei da vida pessoal e da minha família para realizar um sonho. Um sonho de tentar transmitir para os meus alunos, para os estudantes de graduação em direito, para os concursandos e para os operadores do direito que militam na Justiça do Trabalho um livro de Direito Processual do Trabalho completo, com abordagem dos principais temas em destaque no domínio laboral, mas, essencialmente, dotado de uma linguagem simples, acessível e de fácil compreensão.

Ao iniciar este trabalho, não tinha, como de fato não tenho, a intenção de publicar o melhor ou o mais completo livro de Direito Processual do Trabalho. Apenas almejava repassar aos leitores, de forma clara e direta, os ensinamentos adquiridos nesses 12 anos de atuação na Justiça do Trabalho.

Matérias importantes foram objeto de destaque no presente livro, dentre elas a nova competência da Justiça do Trabalho em face da EC 45/2004, as atribuições do Ministério Público do Trabalho, recursos e execução trabalhistas, ação civil pública e ação civil coletiva, ação rescisória, mandado de segurança etc.

Todavia, este trabalho não teria chegado ao seu termo se não fosse a ajuda da minha esposa e companheira Michelle, a qual, num apoio incansável, foi a responsável por toda a revisão gramatical e jurídica do livro que ora apresento. Obrigado, amor, do fundo do coração. Este livro também lhe pertence.

Também gostaria de mencionar o carinho e a compreensão dos meus filhos, de sangue e de coração, Guilherme e Luiz Fellipe, os quais, por muitas vezes, tiveram de suportar a minha ausência. Dedico também esta obra a vocês, meus filhos.

Por último, também gostaria de dedicar este livro a Anderson Cavalcanti, meu grande amigo e médico, que, no final do ano de 2004, nos deixou de forma abrupta, passando a ocupar outro plano espiritual. Sinto muitas saudades de você, amigo. Um dia, com certeza, nos reencontraremos.

Escrevi este livro com muito carinho e entusiasmo. Espero que gostem deste singelo trabalho e que as hérnias de disco adquiridas pelo subscritor no curso deste projeto tenham valido a pena. Aguardo, ansiosamente, as críticas de vocês, pois somente elas proporcionarão o aperfeiçoamento do trabalho ora apresentado.

Uma boa leitura a todos e fiquem com Deus.

Junho de 2005

Renato Saraiva

PREFÁCIO

Foi com enorme satisfação e honra que recebemos e aceitamos o convite para prefaciar esta obra. Prefácio, na definição dos estudiosos da língua nacional, é o texto preliminar que contém explicações sobre o conteúdo do livro, seus objetivos ou mesmo sobre a pessoa do autor.

Parece simples, mas é uma tarefa que envolve muita responsabilidade, pois o uso descuidado das palavras pode provocar reações indesejadas no leitor (como virar a página, por exemplo), e a nossa missão aqui é justamente provocá-lo, chamar-lhe a atenção para o trabalho. Vamos tentar!

Comecemos pela pessoa do autor, que definitivamente deixa de ser uma promessa e hoje é uma realidade das letras jurídicas.

Renato Saraiva, Procurador do Trabalho em Recife, é um estudioso e conhecedor do Direito e Processo do Trabalho, o que se nota facilmente ao folhear este livro.

No magistério, embora jovem, Renato é um professor experiente e tem se mostrado talentoso e habilidoso na difícil arte de ensinar, sendo aclamado por seus discípulos. Experiência esta que o motivou a elaborar este *Curso de direito processual do trabalho.*

A presente obra é fruto do conhecimento e visão do autor que, considerando a realidade do acadêmico como também do profissional, soube reunir as informações, selecioná-las e principalmente organizá-las de uma forma clara e objetiva, de modo a oferecer ao leitor o que ele realmente necessita. Trata-se de uma abordagem completa do Direito Processual do Trabalho com destaque para matérias importantes, tais como: nova competência da Justiça do Trabalho em face da EC 45/2004, atribuições do Ministério Público do Trabalho, recurso e execução trabalhistas, dentre outras. Didática, a obra traz ao final de cada capítulo um resumo sobre o tema tratado.

Cabe destacar que a obra foi escrita em consonância com as recentes e significativas alterações provocadas na Justiça do Trabalho por conta da Resolução 129/2005 do Tribunal Superior do Trabalho (*DJ* 20.04.2005). Em face da importância do tema, o autor complementou seu primoroso trabalho com textos, na íntegra, das novas Súmulas, Orientações Jurisprudenciais e Precedentes Normativos.

Como editor, sempre destacamos que um excelente professor, que consegue transmitir conhecimentos de forma natural aos seus alunos, não será necessariamente um excelente escritor. Embora o conteúdo intelectual, a base de conhecimento, esteja centrado na mesma pessoa, a forma de expressá-lo é bem distinta. Enquanto o professor tem os recursos inerentes à sua presença física, gestos, entonação de voz e, em especial, a oportunidade do contato direto, que lhe dá a possibilidade de reexplicar, renovar a exposição de um determinado assunto que não tenha ficado claro etc., por outro lado, o escritor tem somente as palavras frias do texto para transmitir o desejado e só terá sucesso se conseguir se fazer entender pelo leitor. Felizmente, Renato Saraiva soube utilizar-se com desenvoltura da experiência como docente, revelando também o dom para as letras. Seu trabalho é o reflexo de sua convicção de que pode contribuir para a formação, informação e atualização dos acadêmicos, profissionais e estudiosos do tema. Temos certeza de que a obra atingirá o objetivo traçado.

Para nós, indiscutivelmente, o maior mérito da publicação desta obra é o fato de poder disseminar o conhecimento e a experiência do autor sobre o tema, oferecendo a muitos, de forma acessível, o que antes estava restrito a poucos.

São Paulo, junho de 2005
Vauledir Ribeiro Santos
Advogado e Editor

PS.: Não sei o valor (tampouco me atreveria a quantificar) do tempo roubado do convívio com a família e amigos, mas quanto às hérnias de disco, adquiridas no período de reclusão para a elaboração deste trabalho, tenho certeza de que serão compensadas pela aceitação e repercussão na comunidade jurídica desta preciosa obra, fruto de certa inspiração, de enorme dedicação e transpiração. Parabéns, amigo Professor Renato Saraiva.

SUMÁRIO

1

PRINCÍPIOS E FONTES FORMAIS DO DIREITO PROCESSUAL DO TRABALHO

2

ORGANIZAÇÃO DA JUSTIÇA DO TRABALHO, COMPETÊNCIA

3

MINISTÉRIO PÚBLICO DO TRABALHO

4

ATOS, TERMOS, PRAZOS E NULIDADES PROCESSUAIS

5

PARTES E PROCURADORES

6

AÇÃO TRABALHISTA

7

DISSÍDIO INDIVIDUAL

8

RECURSOS TRABALHISTAS

9

EXECUÇÃO TRABALHISTA

10

PROCEDIMENTOS ESPECIAIS

1

PRINCÍPIOS E FONTES FORMAIS DO DIREITO PROCESSUAL DO TRABALHO

1.1. DIREITO PROCESSUAL DO TRABALHO – EVOLUÇÃO NO BRASIL

Os primeiros órgãos criados no Brasil objetivando solucionar os conflitos trabalhistas foram os Conselhos Permanentes de Conciliação e Arbitragem, os quais, embora não efetivamente implantados, foram instituídos pela Lei 1.637, de 05.11.1911, cujo art. 8.º dispunha que "os sindicatos que se constituírem com o espírito de harmonia entre patrões e operários, como os ligados por conselhos permanentes de conciliação e arbitragem, destinados a dirimir as divergências e contestações entre o capital e o trabalho, serão considerados como representantes legais da classe integral dos homens do trabalho e, como tais, poderão ser consultados em todos os assuntos da profissão".

Posteriormente, a Lei 1.869, de 10.10.1922, criou, em São Paulo, os denominados Tribunais Rurais, de composição paritária (composto por um juiz de direito da comarca, um representante dos trabalhadores e outro, dos fazendeiros), com função de dirimir conflitos até o valor de "quinhentos mil réis", decorrentes da interpretação e execução dos contratos de serviços agrícolas. Todavia, os Tribunais Rurais não produziram resultados satisfatórios.

Em verdade, esses primeiros órgãos criados praticamente não exerceram suas funções, pois, como esclarece José Augusto Rodrigues Pinto, *Processo trabalhista de conhecimento*, p. 35, "sendo caixas de ressonâncias dos conflitos que cuidavam e inexistindo, à sua época, ambiente propício à sua formação, atrofiaram-se por esvaziamento natural de funções e finalidade".

Dois fatores contribuíram, de forma decisiva, na institucionalização da Justiça do Trabalho no Brasil, quais sejam: o surgimento das convenções coletivas de trabalho e a influência da doutrina da Itália, visto que nosso sistema acabou por copiar, em vários aspectos, o sistema italiano da Carta del Lavoro, de 1927, de Mussolini (regime corporativista).

Já na era Vargas, em 1932, foram criadas as Juntas de Conciliação e Julgamento e as Comissões Mistas de Conciliação, que atuavam como órgãos administrativos, julgando, respectivamente, os dissídios individuais e coletivos do trabalho.

Amauri Mascaro Nascimento, *Curso de direito processual do trabalho*, p. 28, sobre o tema, leciona que:

> "A convenção coletiva do trabalho 'entrou definitivamente no elenco das instituições jurídicas brasileiras, à margem da organização judiciária, e, com funções específicas, se erigiram as Comissões Mistas de Conciliação' (Waldemar Ferreira). Essas comissões nasceram subsequentemente e como consequência direta da introdução das convenções coletivas (1932) e para atender à necessidade de um órgão para decidir e interpretar as questões delas oriundas. Assim, nos municípios

> ou localidades onde existissem sindicatos ou associações profissionais de empregadores ou empregados, foram criadas as Comissões Mistas de Conciliação (1932), com a função, segundo Waldemar Ferreira, "especificamente jurisdicional, lançando as linhas de um autêntico tribunal trabalhista, em cuja formação se encontrem representantes, em igual número, de empregadores e empregados, decidindo, sob a presidência de pessoa estranha aos interesses profissionais, de preferência membros da Ordem dos Advogados do Brasil, magistrados e funcionários federais, estaduais ou municipais, escolhidos aqueles por sorteio de nomes constantes de listas apresentadas pelos sindicatos ou associações profissionais."

Todavia, as Comissões Mistas de Conciliação, que tinham como função primeira julgar os dissídios coletivos, funcionaram de forma precária e esporádica, visto que, à época, eram raros os conflitos coletivos.

As Juntas de Conciliação de Julgamento, também criadas em 1932, tinham a função de dirimir os dissídios individuais de trabalho, onde somente os empregados sindicalizados possuíam o direito de ação. Estas se constituíam em instância única de julgamento e suas decisões valiam como título de dívida líquida e certa para execução judicial. No entanto, o Ministro do Trabalho, Indústria e Comércio podia avocar qualquer processo, no prazo de seis meses, a pedido do interessado, nos casos de flagrante parcialidade dos julgadores ou violação do direito. Na época, as Juntas eram compostas de um presidente, em geral membro da OAB, e de dois vogais, um representante dos empregados e outro dos empregadores.

Wilson de Souza Campos Batalha, *Tratado de direito judiciário do trabalho*, p. 167, a respeito do funcionamento das juntas de Conciliação e Julgamento à época, esclarece que:

> "(...) o funcionamento desses órgãos, entretanto, era precaríssimo. As Juntas de Conciliação e Julgamento não eram autônomas, nem em face da Justiça comum, nem em face do titular da Pasta do Trabalho. Este podia revogar as decisões das Juntas mediante 'avocatórias', espécie de recurso com finalidades amplas e larguíssimo prazo de interposição. As Juntas eram órgãos amputados; faltava-lhes o poder de executar suas próprias decisões e estas eram passíveis de anulação na fase executória que se processava perante a magistratura comum. Outorgava-lhes a lei *notio* limitada; negava-lhes, porém, o *imperium*."

Após 1932, surgiram outras organizações não pertencentes ao Poder Judiciário, dotadas também de poder de decisão, dentre as quais podemos citar: Juntas que funcionavam perante a Delegacia de Trabalho Marítimo (1933), o Conselho Nacional do Trabalho (1934) e uma jurisdição administrativa para férias (1933).

A Justiça do Trabalho somente surgiu como órgão autônomo em 01.05.1941, quando entrou em vigor o Decreto-lei 1.237, de 02.05.1939, e o respectivo regulamento aprovado pelo Decreto 6.596, de 12.12.1940.

Apesar de ainda não pertencer ao Poder Judiciário, a partir de 1941, a Justiça do Trabalho passou a exercer função jurisdicional, com poder de executar as próprias decisões. A nova organização implementada dotou a Justiça Laboral de três órgãos, a saber: Juntas de Conciliação e Julgamento ou Juízes de Direito (nas localidades desprovidas de Juntas), compostas de um presidente bacharel em direito, nomeado pelo Presidente da República e dois vogais, representantes dos empregados e empregadores; Conselhos Regionais do Trabalho, equivalentes, atualmente aos Tribunais Regionais do Trabalho, sediados em diferentes regiões do País, e com competência para decidir os recursos das decisões das Juntas, e, originariamente, os dissídios coletivos nos limites da sua jurisdição; Conselho Nacional do Trabalho, correspondente, atualmente, ao Tribunal Superior do Trabalho, órgão de cúpula que funcionava com duas Câmaras, a Câmara da Justiça do Trabalho e a Câmara de Previdência Social.

Em 1943 entrou em vigor a Consolidação das Leis do Trabalho, a qual dedicou dois títulos à organização judiciária (Título VIII – Da Justiça do Trabalho – e Título IX – Do Ministério Público do Trabalho) e um terceiro, dedicado ao Processo do Trabalho (Título X – Do Processo Judiciário do Trabalho).

Com o Decreto-lei 9.797, de 09.09.1946, foram conferidas aos juízes do trabalho, nomeados pelo Presidente da República, as garantias semelhantes às de magistratura ordinária, organizando-se a carreira, com ingresso mediante concurso público de provas e títulos, sendo as promoções realizadas de acordo com os critérios de antiguidade e merecimento.

Finalmente, a Constituição de 1946, concluindo a evolução da Justiça Laboral, integrou, definitivamente, a Justiça do Trabalho como órgão do Poder Judiciário, constituída de Juntas de Conciliação e Julgamento, Tribunais Regionais do Trabalho (substituindo os Conselhos Regionais do Trabalho) e o Tribunal Superior do Trabalho (antigo Conselho Nacional do Trabalho).

Após a promulgação da Carta de 1946, várias leis relacionadas com o Processo do Trabalho foram editadas, destacando-se:

- O Decreto-lei 779/1969, que dispõe sobre a aplicação de normas processuais trabalhistas à União, Estados, Distrito Federal, Municípios, Autarquias e Fundações Públicas;
- A Lei 5.584/1970, que, além de unificar os prazos recursais no âmbito laboral, também tratou de vários aspectos processuais trabalhistas, bem como disciplinou a concessão e prestação da assistência judiciária na Justiça do Trabalho;

- A Lei 7.701/1988, que versou sobre a competência dos processos no Tribunal Superior do Trabalho e a especialização dos tribunais trabalhistas em processos coletivos;
- A EC 24/1999, que extinguiu a representação classista em todas as instâncias, transformando as Juntas de Conciliação e Julgamento em Varas do Trabalho;
- A Lei 9.957/2000, que instituiu o procedimento sumaríssimo no Processo do Trabalho, para as causas cujo valor não ultrapassem a 40 salários-mínimos;
- A Lei 9.958/2000, que criou as denominadas Comissões de Conciliação Prévia, de composição paritária, objetivando tentar conciliar os dissídios individuais do trabalho.

1.2. DIREITO PROCESSUAL DO TRABALHO – CONCEITO E AUTONOMIA

Direito Processual do Trabalho é o ramo da ciência jurídica, dotado de normas e princípios próprios para a atuação do direito do trabalho e que disciplina a atividade das partes, juízes e seus auxiliares, no processo individual e coletivo do trabalho.

Carlos Henrique Bezerra Leite, *Curso de direito processual do trabalho*, p. 77, em feliz conceito, leciona que:

> "Conceituamos o direito processual do trabalho como ramo da ciência jurídica, constituído por um sistema de princípios, normas e instituições próprias, que tem por objeto promover a pacificação justa dos conflitos decorrentes das relações jurídicas tuteladas pelo direito material do trabalho e regular o funcionamento dos órgãos que compõem a Justiça do Trabalho."

Coqueijo Costa, *Direito processual do trabalho*, p. 12-13, também cita o conceito de direito processual do trabalho de vários doutrinadores. Vejamos:

> "E assim surgiu o Direito Processual do Trabalho consagrado em 1930, quando Carnelutti proclamou-o diverso do Direito Processual Comum e que, na síntese feliz de Nicola Jaeger, é 'o complexo sistemático de normas que disciplinam a atividade das partes, do juiz e de seus auxiliares, no processo individual, coletivo e intersindical não coletivo do trabalho'.
>
> Ou, nas palavras de Luigi de Litala, 'é o ramo da ciência jurídica que dita as normas instrumentais para a atuação do Direito do Trabalho e que disciplina a atividade do juiz e das partes, em todo o procedimento concernente à matéria de trabalho'. Ou ainda, mais simplificadamente, 'aquele setor do direito objetivo que regula o processo do trabalho, entendendo-se por processo do trabalho aquele que tem como objeto ou matéria um litígio fundado numa relação de trabalho'" (José A. Arlas, Caracteres generales del regimen procesal laboral de la Ley n. 14.188, *Nuevo proceso laboral uruguayo*, p. 17).

Em relação à autonomia do Direito Processual do Trabalho perante o direito processual comum, ainda existem divergências na doutrina, nascendo duas teorias, a monista e a dualista.

A teoria monista, minoritária, preconiza que o direito processual é unitário, formado por normas que não diferem substancialmente a ponto de justificar a divisão e autonomia do Direito Processual do Trabalho, do direito processual civil e do direito processual penal.

Neste contexto, para a teoria monista, o Processo do Trabalho não seria regido por leis e estruturas próprias que justificassem a sua autonomia em relação ao processo civil, constituindo-se o direito instrumental laboral em simples desdobramento do direito processual civil.

A teoria dualista, significativamente majoritária, sustenta a autonomia do Direito Processual do Trabalho perante o direito processual comum, uma vez que o direito instrumental laboral possui regulamentação própria na Consolidação das Leis do Trabalho, sendo inclusive dotados de princípios e peculiaridades que o diferenciam, substancialmente, do processo civil. Frise-se, também, que é o próprio texto consolidado que determina a aplicação, apenas subsidiária, das regras de processo civil, em caso de lacuna da norma instrumental trabalhista (art. 769 da CLT).

José Augusto Rodrigues Pinto, em obra já citada neste capítulo, defendendo a autonomia do processo laboral, leciona que:

> "Os caminhos para a autonomia do Direito Processual do Trabalho, em face do processo comum, não poderiam ser diversos dos seguidos por todos os ramos que obtiveram sua identidade própria, dentro da unidade científica do Direito. Foram por ele observados os estágios clássicos da formação de princípios e doutrina peculiares, legislação típica e aplicação didática regular.
>
> Todos esses estágios estão cumpridos, no Brasil, sucessivamente, pelo Direito Processual do Trabalho. Acha-se ele sustentado por princípios peculiares, ainda que harmonizados com os gerais do processo, por ampla construção doutrinária, que se retrata em consistente referência bibliográfica, e por um sistema legal característico, incluindo-se, além do mais, nos currículos de graduação em Direito, na condição de disciplina nuclear. Aduza-se, ainda, a observação de Coqueijo Costa sobre ter 'juiz próprio', ou seja, jurisdição especial, o que nem chega a ocorrer em todos os países do mundo ocidental industrializado."

Em última análise, embora seja verdade que a legislação instrumental trabalhista ainda é modesta, carecendo de um Código de Processo do Trabalho, definindo mais detalhadamente os contornos do processo laboral, não há dúvida que o Direito Processual do Trabalho é autônomo em relação ao processo civil, uma vez que possui matéria legislativa específica regulamentada na Consolidação das Leis do Trabalho, sendo dotado de institutos, princípios e peculiaridades próprios, além de independência didática e jurisdicional.

1.3. EFICÁCIA DA LEI PROCESSUAL TRABALHISTA NO TEMPO E NO ESPAÇO

1.3.1. Eficácia da lei processual trabalhista no tempo

Estabelece o art. 1.º da Lei de Introdução às normas do Direito Brasileiro que, "salvo disposição contrária, a lei começa a vigorar em todo o país 45 (quarenta e cinco) dias depois de oficialmente publicada".

Em regra, as disposições do Direito Processual do Trabalho entram em vigor a partir da data de publicação da lei, com eficácia imediata, alcançando os processos em andamento.

O processo, de maneira ampla, compreende uma série de atos processuais que se coordenam e se sucedem no curso do procedimento, iniciando-se com a petição inicial até o trânsito em julgado da sentença.

Neste diapasão, o direito processual pátrio adota o sistema denominado "isolamento dos atos processuais", o qual estabelece que, estando em desenvolvimento um processo, a lei processual nova regulará apenas os atos processuais que serão praticados após sua vigência, não alcançando os atos já realizados sob a égide da lei anterior, os quais serão considerados válidos, produzindo todos os regulares efeitos previstos pela lei velha.

Neste sentido, podemos destacar o art. 912 da CLT, o qual estabelece que "os dispositivos de caráter imperativo terão aplicação imediata às relações iniciadas, mas não consumadas, antes da vigência desta Consolidação".

Logo, os atos processuais já praticados antes da entrada em vigor da lei processual nova estarão resguardados, por constituírem ato jurídico perfeito e acabado, ou seja, os atos processuais praticados sob vigência da lei revogada mantêm plena eficácia depois de promulgada a lei nova, mesmo que esta estabeleça preceitos de conteúdos diferentes.

Nesta esteira, os atos processuais não são atingidos pelo atual dispositivo legal, tendo em vista o princípio da irretroatividade da norma processual. Todavia, no caso de lei processual nova, cujo conteúdo envolva disposições atinentes à jurisdição e competência, terá a mesma aplicação imediata, regendo o processo e julgamento de fatos anteriores à sua promulgação.

Este sistema também era adotado pelo Código de Processo Civil de 1973, que dispunha em seu art. 1.211 que: "Este Código regerá o processo civil em todo o território brasileiro. Ao entrar em vigor, suas disposições aplicar-se-ão desde logo aos processos pendentes".

Nesta perspectiva, o Código de Processo Civil dispõe em seu art. 1.046: "Ao entrar em vigor este Código, suas disposições se aplicarão desde logo aos processos pendentes, ficando revogada a Lei 5.869, de 11 de janeiro de 1973".

Por fim, o art. 915 consolidado estabelece que não serão prejudicados os recursos interpostos com apoio em dispositivos alterados ou cujo prazo para interposição esteja em curso à data da vigência da Consolidação das Leis do Trabalho.

Em outras palavras, ao propor uma ação trabalhista, a parte ainda não possui direito adquirido ao recurso, mas, sim, mera expectativa de direito. O direito ao recurso será exercido de acordo com a lei vigente no momento da publicação da decisão de que se pretende recorrer.

Frise-se, outrossim, que os prazos iniciados na vigência da lei anterior por ela continuarão a ser regulados, correndo até o seu termo final.

A chamada **teoria do isolamento dos atos processuais** é a incidente em nosso ordenamento, estando disciplinada no art. 14 do CPC:

> Art. 14, CPC. A norma processual não retroagirá e será aplicável imediatamente aos processos em curso, respeitados os atos processuais praticados e as situações jurídicas consolidadas sob a vigência da norma revogada.

Observa-se pelo referido dispositivo que, embora a lei tenha incidência imediata, aplicando-a ao próximo ato processual a ser realizado, ela deve respeitar os atos processuais praticados e as situações jurídicas já consolidadas na vigência da norma anterior. No mesmo sentido, o TST na Instrução Normativa nº 41:

> Art. 1° A aplicação das normas processuais previstas na Consolidação das Leis do Trabalho, alteradas pela Lei nº 13.467, de 13 de julho de 2017, com eficácia a partir de 11 de novembro de 2017, é imediata, sem atingir, no entanto, situações pretéritas iniciadas ou consolidadas sob a égide da lei revogada.

Veja um julgado do TST que esclarece a questão:

> *"AGRAVO INTERNO EM AGRAVO DE INSTRUMENTO EM RECURSO DE REVISTA DA RÉ. LEI 13.467/2017. DIREITO INTERTEMPORAL. (..) TEORIA DO ISOLAMENTO DOS ATOS PROCESSUAIS. DIREITO ADQUIRIDO AOS CUSTOS PREVISÍVEIS DA DEMANDA. TRANSCENDÊNCIA JURÍDICA CONSTATADA. Na hipótese dos autos, a discussão recai sobre regra de direito intertemporal para a incidência de dispositivo introduzido à ordem jurídica pela Lei n. 13.467/2017, e, por isso, amolda-se ao indicador de transcendência jurídica. O artigo 14 do CPC determina a aplicação da lei processual aos feitos em curso, preservando-se, porém, os atos já praticados na vigência da lei revogada. É o que a doutrina convencionou denominar de Teoria do Isolamento dos Atos Processuais, cujo objetivo é conciliar a necessidade de modernização das regras instrumentais da prestação jurisdicional, especialmente*

para sua adequação social, e o respeito ao direito adquirido, como valor constitucionalmente consagrado. (...)" (Ag-AIRR-11691-50.2017.5.18.0014, 7ª Turma, Relator Ministro Claudio Mascarenhas Brandao, DEJT 19/06/2020).

Contudo, existem exceções. Há caso que, por segurança jurídica, é necessário mitigar a teoria do isolamento dos atos processuais.

Foi o que ocorreu, para parte da jurisprudência, com os honorários advocatícios sucumbenciais. Esses honorários, que antes da reforma trabalhista (Lei n. 13.467/17), apenas eram devidos em hipóteses excepcionais, tornaram-se regra, fazendo surgir o questionamento sobre a aplicabilidade da regra processual nova aos processos em curso.

O TST decidiu que apenas poderia ser aplicada a regra processual nova sobre os honorários sucumbenciais aos feitos ajuizados (novas ações trabalhistas) após a vigência da reforma trabalhista, conforme o art. 6º da Instrução Normativa 41/2018:

> Art. 6º. Na Justiça do Trabalho, a condenação em honorários advocatícios sucumbenciais, prevista no art. 791-A, e parágrafos, da CLT, será aplicável apenas às ações propostas após 11 de novembro de 2017 (Lei n. 13.467/2017). Nas ações propostas anteriormente, subsistem as diretrizes do art.14 da Lei n. 5.584/1970 e das Súmulas nos 219 e 329 do TST.

Incidiu, portanto, a **teoria da unidade processual**. Veja esse julgado esclarecedor:

> *"AGRAVO INTERNO. AGRAVO DE INSTRUMENTO. RECURSO DE REVISTA. ACÓRDÃO REGIONAL PUBLICADO NA VIGÊNCIA DA LEI N. 13.467/2017. HONORÁRIOS ADVOCATÍCIOS SUCUMBENCIAIS. MARCO TEMPORAL. APLICAÇÃO DO ART. 791-A DA CLT. INSTITUTO DE NATUREZA BIFRONTE. DIREITO PROCESSUAL-MATERIAL. ACESSO À JURISDIÇÃO. SEGURANÇA JURÍDICA. TEORIA DO ISOLAMENTO DOS ATOS PROCESSUAIS MITIGADA. UNIDADE PROCESSUAL. INSTRUÇÃO NORMATIVA N. 41 DO TST. TRANSCENDÊNCIA JURÍDICA. RECONHECIMENTO. (...) II. No caso dos autos, discute-se o marco temporal de aplicação do art. 791-A da CLT (incluído pela Lei n. 13.467/2017) quanto aos honorários advocatícios, questão notoriamente nova, a revelar a transcendência jurídica da causa. (...) A partir desse contexto, a parte reclamante, ao apresentar a reclamação trabalhista, em março de 2017, sopesou a viabilidade de ajuizar a presente demanda, sob a perspectiva de que, apenas se atendidos os requisitos mencionados, seriam concedidos os honorários advocatícios, não se revelando razoável, agora, em outro momento processual, a incidência dos honorários advocatícios por mera sucumbência, de que trata a novel regra do art. 791-A da CLT. IV - Conclui-se, para bem assentar, que, em se tratando de normas relacionadas ao acesso à Justiça, que importam em restrição ou negação de ingresso em juízo, será imperiosa a observância daquelas vigentes no momento da propositura da ação trabalhista, pois, será nessa quadra que o autor sopesará os riscos de possível sucumbência, tornando justificável, ou não, produtivo, ou não, ir às bases da Justiça do Trabalho para fazer valer seus direitos,*

suas pretensões. Nesse sentido, toda vez que houver entraves ao direito fundamental de acesso à ordem jurídica justa (dever de informação e conhecimento, exame dos custos e despesas, modificação do equilíbrio processual) haverá de se ponderar sobre a aplicação da lei nova aos processos em curso para, afastando a adoção do princípio do isolamento dos atos processuais, privilegiar o processo como unidade. V - O Tribunal Superior do Trabalho, ao mitigar a aplicação da teoria da separação dos atos processuais, aliou-se acertadamente à posição da unidade processual, consoante entendimento sedimentado sobre a matéria no art. 6º da Instrução Normativa n. 41, de seguinte teor: Na Justiça do Trabalho, a condenação em honorários advocatícios sucumbenciais, prevista no art. 791-A, e parágrafos, da CLT, será aplicável apenas às ações propostas após 11 de novembro de 2017 (Lei n. 13.467/2017). (...)" (Ag-AIRR-1000430-65.2017.5.02.0063, 7ª Turma, Relator Ministro Evandro Pereira Valadao Lopes, DEJT 13/12/2019).

No que se refere às ações de indenização por danos morais e patrimoniais decorrentes de acidente de trabalho, o STF aplicou parâmetro diferente, de modo que a alteração da competência, somente incidiria nos processos que ainda não possuíam sentença de mérito em 1º grau quando da promulgação da EC nº 45/2004 (Súmula Vinculante nº 22).

1.3.2. Eficácia da lei processual trabalhista no espaço

A eficácia da lei processual no espaço diz respeito ao território em que vai ser aplicado o dispositivo legal.

No Brasil, prevalece o princípio da territorialidade, vigorando a lei processual trabalhista em todo o território nacional, sendo aplicada tanto aos brasileiros quanto aos estrangeiros residentes no Brasil.

> Art. 763, CLT. O processo da Justiça do Trabalho, no que concerne aos dissídios individuais e coletivos e à aplicação de penalidades, reger-se-á, em todo o território nacional, pelas normas estabelecidas neste Título.

Destaque-se, todavia, que a execução da sentença estrangeira no Brasil depende de homologação do Superior Tribunal de Justiça, nos termos do art. 105, I, *i*, da CF/1988, com redação dada pela EC 45/2004, conhecida esta homologação como "juízo de delibação".

1.4. PRINCÍPIOS CONSTITUCIONAIS APLICÁVEIS AO PROCESSO DO TRABALHO

As normas fundamentais estão previstas na Constituição, na Consolidação das Leis do Trabalho e também no Código de Processo Civil, que, aliás, destinou um capítulo inteiro, compostos pelos seus 12 primeiros artigos, para delas tratarem.

Algumas normas fundamentais, previstas no Código de Processo Civil, são também aplicadas na Constituição, como o princípio da inafastabilidade da jurisdição disposto no art. 3.º do CPC, que consiste na mera repetição do texto constitucional (art. 5.º, XXXV, CF). Outras, no próprio Código de Processo Civil, como o dever de observância dos precedentes judiciais, e ainda na Consolidação das Leis do Trabalho.

Princípios são proposições genéricas, abstratas, que fundamentam e inspiram o legislador na elaboração da norma.

Os princípios também atuam como fonte integradora da norma, suprindo as omissões e lacunas do ordenamento jurídico.

Exercem ainda os princípios importante função, atuando como instrumento orientador na interpretação de determinada norma pelo operador do direito.

Os princípios, portanto, desempenham uma tríplice função: informativa, normativa e interpretativa.

Passemos a destacar os princípios aplicáveis ao Processo do Trabalho e suas peculiaridades:

1.4.1. Princípio do devido processo legal

O princípio do devido processo legal (*due process of law*) é, sem dúvida, um dos mais importantes princípios constitucionais, encontra-se previsto, expressamente, no art. 5.º, LIV, da CF/1988, dispondo que ninguém será privado da liberdade ou de seus bens sem o devido processo legal.

O atual CPC faz referência expressa a esse princípio em seus arts. 26, I, e 36.

Alguns princípios encontram sua base legal no próprio princípio do devido processo legal. Dentre eles, podemos citar: o princípio do juiz e do promotor natural, a proibição de tribunais de exceção, o duplo grau de jurisdição, a motivação das decisões, a só admissibilidade de provas lícitas no processo, o contraditório, a ampla defesa, a publicidade do processo etc.

1.4.2. Princípio da dignidade da pessoa humana

O princípio da dignidade da pessoa humana está previsto no art. 8.º do CPC e impõe ao julgador o dever de resguardar e promover a dignidade da pessoa humana. Observe:

> "Ao aplicar o ordenamento jurídico, o juiz atenderá aos fins sociais e às exigências do bem comum, resguardando e promovendo a dignidade da pessoa humana e observando a proporcionalidade, a razoabilidade, a legalidade, a publicidade e a eficiência."

Resguardar significa aplicar adequadamente a norma jurídica e não violar a dignidade. Já promover, que o julgado deverá agir para assegurar a dignidade da pessoa humana, como, por exemplo, determinar a tramitação preferencial do feito em processo em que seja parte pessoa "portadora de doença grave" que não esteja no rol do art. 1.048, I, do CPC.

Na visão de Fredie Didier Junior[1], o princípio da dignidade da pessoa humana pode revelar-se de duas maneiras: a) **na construção de normas jurídicas processuais**, que visem mais diretamente à proteção da dignidade da pessoa. O CPC preocupou-se com isso claramente em diversos dispositivos, quase todos eles novidades no direito processual civil brasileiro. Eis alguns bons exemplos: direito do portador de deficiência auditiva, a comunicar-se em audiência por meio da Língua Brasileira de Sinais (art. 162, III, do CPC); consagração da atipicidade da negociação processual (art. 190 do CPC); direito das pessoas com deficiência à acessibilidade aos meios eletrônicos de comunicação processual (art. 199 do CPC); direito ao silêncio no processo civil (art. 388 do CPC); proibição de pergunta vexatória à testemunha (art. 459, § 2.º, do CPC); humanização do processo de interdição (arts. 751, § 3.º, e 755, II, do CPC); impenhorabilidade de certos bens (art. 833 do CPC): neste rol, a única que não é novidade legislativa; tramitação prioritária de processos de pessoas idosas ou portadoras de doença grave. (...) b) **na reconstrução do sentido de alguns artigos do CPC**, como as disposições sobre impenhorabilidade, que podem ser interpretadas extensivamente para abranger outros bens cuja penhora comprometa a dignidade da pessoa humana: próteses, jazigos, cão-guia de um cego etc.

Por fim, o princípio da dignidade da pessoa humana aplica-se não apenas às pessoas naturais, mas também às pessoas jurídicas, aos condomínios, aos nascituros, aos órgãos públicos etc.

1.4.3. Princípio do contraditório

A CF/1988, em seu art. 5.º, LV, assegura aos litigantes, em processo judicial ou administrativo (inclusive no âmbito trabalhista), e aos acusados, em geral, o contraditório e a ampla defesa, com os meios e recursos a eles inerentes.

O Código de Processo Civil assegura o princípio do contraditório com o mesmo viés da Constituição, em seus arts. 9.º, 7.º e 10. Perceba:

---

1 DIDIER JUNIOR., Fredie. *Curso de direito processual civil*: introdução ao direito processual civil, parte geral e processo de conhecimento. 17. ed. Salvador: Juspodvm. v. 1,p. 77-78.

> "Art. 9.º Não se proferirá decisão contra uma das partes sem que ela seja previamente ouvida.
>
> Parágrafo único. O disposto no *caput* não se aplica:
>
> I – à tutela provisória de urgência;
>
> II – às hipóteses de tutela da evidência previstas no art. 311, incisos II e III;
>
> III – à decisão prevista no art. 701."
>
> "Art. 7.º É assegurada às partes paridade de tratamento em relação ao exercício de direitos e faculdades processuais, aos meios de defesa, aos ônus, aos deveres e à aplicação de sanções processuais, competindo ao juiz zelar pelo efetivo contraditório."
>
> "Art. 10. O juiz não pode decidir, em grau algum de jurisdição, com base em fundamento a respeito do qual não se tenha dado às partes oportunidade de se manifestar, ainda que se trate de matéria sobre a qual deva decidir de ofício."

A nova noção de contraditório distancia-se da visão simplista de que consiste apenas no direito das partes à ciência dos atos processuais e de manifestação quanto a eles.

O contraditório passa a ser a garantia de efetiva participação das partes no desenvolvimento de todo o litígio, mediante a possibilidade de influírem, em igualdade de condições, no convencimento do magistrado. O contraditório, portanto, garante às partes o direito de se manifestarem sobre qualquer questão relevante do processo, mesmo que o juiz possa conhecer de ofício.

Assim, por exemplo, se o juiz entender que as partes são ilegítimas, antes de se pronunciar a respeito, cumpre-lhe intimá-las para que se manifestem. Da mesma forma, o juiz pode pronunciar a incompetência absoluta de ofício, mas não antes de oportunizar a manifestação das partes. Consoante a nova noção de contraditório, ainda que caiba ao magistrado conhecer de ofício da matéria, deve permitir que as partes colaborem com a formação do seu convencimento. Pretende-se que profira uma decisão legítima, aprimorada e justa, resultado de uma atividade conjunta, em que há participação efetiva dos sujeitos do processo. Não se admitirá mais a chamada decisão surpresa.

A IN 39/2016 do TST, que versa sobre as normas do Código de Processo Civil de 2015 aplicáveis e inaplicáveis no Processo do Trabalho, deixa claro o princípio do contraditório, em especial os arts. 9.º e 10, que vedam a decisão surpresa, são compatíveis com a seara trabalhista.

A mesma instrução normativa, em seu art. 4º, define o que se considera por decisão surpresa:

> "**Art. 4°** Aplicam-se ao Processo do Trabalho as normas do CPC que regulam o princípio do contraditório, em especial os artigos 9.º e 10, no que vedam a decisão surpresa.

> **§ 1.º** Entende-se por "decisão surpresa" a que, no julgamento final do mérito da causa, em qualquer grau de jurisdição, aplicar fundamento jurídico ou embasar-se em fato não submetido à audiência prévia de uma ou de ambas as partes.
>
> **§ 2.º** Não se considera "decisão surpresa" a que, à luz do ordenamento jurídico nacional e dos princípios que informam o Direito Processual do Trabalho, as partes tinham obrigação de prever, concernente às condições da ação, aos pressupostos de admissibilidade de recurso e aos pressupostos processuais, salvo disposição legal expressa em contrário."

O disposto no art. 10 do CPC de 1973 foi repetido por este Código em seus arts. 493, parágrafo único, 933 e 927, § 1.º:

> "Art. 493. Se, depois da propositura da ação, algum fato constitutivo, modificativo ou extintivo do direito influir no julgamento do mérito, caberá ao juiz tomá-lo em consideração, de ofício ou a requerimento da parte, no momento de proferir a decisão.
>
> Parágrafo único. Se constatar de ofício o fato novo, o juiz ouvirá as partes sobre ele antes de decidir."
>
> "Art. 933. Se o relator constatar a ocorrência de fato superveniente à decisão recorrida ou a existência de questão apreciável de ofício ainda não examinada que devam ser considerados no julgamento do recurso, intimará as partes para que se manifestem no prazo de 5 (cinco) dias."
>
> "Art. 927. Os juízes e os tribunais observarão:
>
> I – as decisões do Supremo Tribunal Federal em controle concentrado de constitucionalidade;
>
> II – os enunciados de súmula vinculante;
>
> III – os acórdãos em incidente de assunção de competência ou de resolução de demandas repetitivas e em julgamento de recursos extraordinário e especial repetitivos;
>
> IV – os enunciados das súmulas do Supremo Tribunal Federal em matéria constitucional e do Superior Tribunal de Justiça em matéria infraconstitucional;
>
> V – a orientação do plenário ou do órgão especial aos quais estiverem vinculados.
>
> § 1.º Os juízes e os tribunais observarão o disposto no art. 10 e no art. 489, § 1.º, quando decidirem com fundamento neste artigo."

Observe que o art. 933 do CPC reforça o dever de consulta no âmbito dos tribunais, sendo que a sua inobservância poderá acarretar a nulidade da decisão por violação ao contraditório. Por sua vez, o art. 927, § 1.º, do CPC determina a aplicação do disposto no art. 10 do CPC no momento da formação dos precedentes, estabelecendo que todos os fundamentos relevantes para a sua formação devem observar o contraditório.

Ressalte-se, por fim, que o art. 9.º do CPC institui que não se proferirá decisão contra alguém sem que ela seja ouvida, o que significa que é possível que isso ocorra quando a decisão for a seu favor, como na hipótese de improcedência liminar do pedido (art. 332 do CPC[2]). O art. 9.º também deixa claro que não se faz necessária a oitiva da parte quando a decisão é provisória, por exemplo, nas hipóteses citadas em seu parágrafo único: tutela provisória de urgência, nas hipóteses de tutela de evidência previstas no art. 311, incisos II e III, e quanto à decisão estabelecida no art. 701 do CPC.

Referente ao tema, o seguinte julgado deve ser verificado:

> "CERCEAMENTO DE DEFESA. INDEFERIMENTO DA OITIVA DE TESTEMUNHA. No Direito Processual moderno, o contraditório impõe a condução dialética do processo, garantindo a bilateralidade dos atos do processo, bem como a possibilidade de contrariá-los. Daí se pode afirmar que a pretensão à tutela jurídica, que corresponde exatamente à garantia consagrada no art. 5.º, LV, da CF, contém o direito das partes em influenciar a formação da convicção judicial. A dialética é o meio verdadeiro para a busca do conhecimento. Em outras palavras, o objeto do conhecimento deve ser debatido entre os interlocutores, de sorte que as questões fáticas em discussão nos autos devem primordialmente ser objeto de discussão. Diálogo, argumentação e persuasão apresentam-se como componentes indissociáveis do caminho que leva ao conhecimento da verdade ou o mais próximo dela possível, sendo certo que os meios de prova se apresentam, sob esse aspecto, como um meio retórico indispensável neste sistema. Caracteriza o cerceamento de defesa o indeferimento da oitiva de testemunha presente à sessão ao fundamento de que move ação contra a ré e que o autor foi arrolado como testemunha naquela ação, se demonstrado ficou que o autor sequer prestou depoimento. Preliminar que se acolhe para determinar a reabertura da instrução processual" (TRT/SP – Recurso Ordinário 0000282-27.2014.5.02.0047 – 17.ª T. – Rel. Flávio Villani Macêdo – j. em 25.06.2015 – Data de Publicação: 03.07.2015).

---

[2] "Art. 332. Nas causas que dispensem a fase instrutória, o juiz, independentemente da citação do réu, julgará liminarmente improcedente o pedido que contrariar:

I – enunciado de súmula do Supremo Tribunal Federal ou do Superior Tribunal de Justiça;

II – acórdão proferido pelo Supremo Tribunal Federal ou pelo Superior Tribunal de Justiça em julgamento de recursos repetitivos;

III – entendimento firmado em incidente de resolução de demandas repetitivas ou de assunção de competência;

IV – enunciado de súmula de tribunal de justiça sobre direito local.

§ 1.º O juiz também poderá julgar liminarmente improcedente o pedido se verificar, desde logo, a ocorrência de decadência ou de prescrição.

§ 2.º Não interposta a apelação, o réu será intimado do trânsito em julgado da sentença, nos termos do art. 241.

§ 3.º Interposta a apelação, o juiz poderá retratar-se em 5 (cinco) dias.

§ 4.º Se houver retratação, o juiz determinará o prosseguimento do processo, com a citação do réu, e, se não houver retratação, determinará a citação do réu para apresentar contrarrazões, no prazo de 15 (quinze) dias." IOR

1.4.4. Princípio da ampla defesa

O contraditório e a ampla defesa se completam (art. 5.º, LV, CF).

Citando Delosmar Mendonça Junior,[3] Fredie Didier[4] bem explica essa conexão entre o contraditório e a ampla defesa: "São figuras conexas, sendo que ampla defesa qualifica o contraditório. Não há contraditório sem defesa. Igualmente é lícito dizer que não há defesa sem contraditório (...) O contraditório é o instrumento de atuação do direito de defesa, ou seja, esta se realiza através do contraditório.

1.4.5. Princípio da duração razoável do processo

O princípio da duração razoável do processo é corolário do princípio do devido processo legal. Processo devido é processo com duração razoável.

A primeira a prever a duração razoável do processo foi a Convenção Americana de Direitos Humanos, no Pacto de São José da Costa Rica, em seu art. 8, 1:

> "Toda pessoa tem direito a ser ouvida com as devidas garantias e dentro de um prazo razoável, por um juiz ou tribunal competente, independente e imparcial, estabelecido anteriormente por lei, na apuração de qualquer acusação penal formulada contra ela, ou para que se determinem ou seus direitos e obrigações de natureza civil, trabalhista, fiscal ou de qualquer outra natureza."

O Congresso Nacional editou o Decreto 27, de 26 de maio de 1992 aprovando o texto do Pacto, e em 25 de setembro do mesmo ano o Governo Federal depositou a carta de adesão ao referido Pacto.

A Constituição de 1988 confere hierarquia de norma constitucional aos direitos enunciados em tratados internacionais de que o Brasil é parte.

A EC 45/2004 assegurou expressamente o direito à duração razoável do processo em seu art. 5.º, LXXVIII:

> "A todos, no âmbito judicial e administrativo, são assegurados a razoável duração do processo e os meios que garantam a celeridade de sua tramitação."

O CPC refirmou este princípio em seu art. 4.º, ressaltando sua aplicação inclusive na fase executiva e, também, em seu art. 139, II:

---

3 MENDONÇA JUN., Delosmar. *Princípios da ampla defesa e da efetividade no processo civil brasileiro*. São Paulo: Malheiros. 2001. p. 55.

4 Op. cit., p. 85.

"Art. 4.º As partes têm direito de obter em prazo razoável a solução integral do mérito, incluída a atividade satisfativa."

"Art. 139. O juiz dirigirá o processo conforme as disposições deste Código, incumbindo-lhe:

(...)

II – velar pela duração razoável do processo."

Para definir se o processo tem ou não duração razoável, a Corte Europeia dos Direitos Humanos fincou três critérios: a complexidade do assunto; b) o comportamento dos litigantes e de seus procuradores ou da acusação e da defesa no processo; e c) a atuação do órgão jurisdicional. No Brasil, pode ser acrescentado um quarto critério: a análise da estrutura do órgão judiciário.[5]

Fredie Didier Junior[6] cita como exemplo algumas medidas para o combate da violação ao princípio da duração razoável do processo: "a) representação por excesso de prazo, com possível *perda da competência* do juízo em razão da demora (art. 235 do CPC); b) mandado de segurança contra a omissão judicial caracterizada pela não prolação da decisão por tempo não razoável, cujo pedido será a cominação de ordem para que se profira a decisão; c) se a demora injusta causar prejuízo, ação de responsabilidade civil contra o Estado, com possibilidade de ação regressiva contra o juiz". A EC 45/2004 também acrescentou a alínea *e* ao inciso II do art. 93 da CF/1988, estabelecendo que não será promovido o juiz que, injustamente, retiver os autos em seu poder, além do prazo legal, não podendo devolvê-los ao cartório sem o devido despacho ou decisão. O parágrafo único do art. 7.º da Lei 4.717/1965 (Lei da Ação Popular) também possui regra que serve a esse direito fundamental: "O proferimento da sentença além do prazo estabelecido privará o juiz da inclusão em lista de merecimento para promoção, durante 2 (dois) anos, e acarretará a perda, para efeito de promoção por antiguidade, de tantos dias quantos forem o de retardamento, salvo motivo justo declinado nos autos e comprovado perante o órgão disciplinar competente."

1.4.6. Princípio da primazia da decisão de mérito

O Código de Processo Civil inova ao prestigiar a primazia da decisão de mérito, assegurando às partes o direito à solução integral do mérito e, assim, determinando ao juízo, em qualquer fase do processo, que priorize a decisão de mérito.

5 Idem, op. cit., p. 95.

6 Op. cit., p. 85.

Tal princípio é aplicável ao Processo do Trabalho e está expressamente consagrado no art. 4.º do CPC:

> "Art. 4.º As partes têm o direito de obter em prazo razoável a solução integral do mérito, incluída a atividade satisfativa."

O princípio da primazia da decisão de mérito foi repetido em outros artigos do mesmo Código, mormente nos arts. 76, § 1.º, 139, IX, 282, § 2.º, 317, 321, 485, § 7.º, 488, 932, parágrafo único e 1.029, § 3.º:

> "Art. 76. Verificada a incapacidade processual ou a irregularidade da representação da parte, o juiz suspenderá o processo e designará prazo razoável para que seja sanado o vício.
>
> § 1.º Descumprida a determinação, caso o processo esteja na instância originária:
>
> I – o processo será extinto, se a providência couber ao autor;
>
> II – o réu será considerado revel, se a providência lhe couber;
>
> III – o terceiro será considerado revel ou excluído do processo, dependendo do polo em que se encontre."
>
> "Art. 139. O juiz dirigirá o processo conforme as disposições deste Código, incumbindo-lhe:
>
> IX – determinar o suprimento de pressupostos processuais e o saneamento de outros vícios processuais;"
>
> "Art. 282. Ao pronunciar a nulidade, o juiz declarará que atos são atingidos e ordenará as providências necessárias a fim de que sejam repetidos ou retificados.
>
> § 2.º Quando puder decidir o mérito a favor da parte a quem aproveite a decretação da nulidade, o juiz não a pronunciará nem mandará repetir o ato ou suprir-lhe a falta."
>
> "Art. 317. Antes de proferir decisão sem resolução de mérito, o juiz deverá conceder à parte oportunidade para, se possível, corrigir o vício."
>
> "Art. 321. O juiz, ao verificar que a petição inicial não preenche os requisitos dos arts. 319 e 320 ou que apresenta defeitos e irregularidades capazes de dificultar o julgamento de mérito, determinará que o autor, no prazo de 15 (quinze) dias, a emende ou a complete, indicando com precisão o que deve ser corrigido ou completado.
>
> Parágrafo único. Se o autor não cumprir a diligência, o juiz indeferirá a petição inicial."
>
> "Art. 485. O juiz não resolverá o mérito quando:
>
> (...)
>
> § 7.º Interposta a apelação em qualquer dos casos de que tratam os incisos deste artigo, o juiz terá 5 (cinco) dias para retratar-se."
>
> "Art. 488. Desde que possível, o juiz resolverá o mérito sempre que a decisão for favorável à parte a quem aproveitaria eventual pronunciamento nos termos do art. 485."

"Art. 932. Incumbe ao relator:

Parágrafo único. Antes de considerar inadmissível o recurso, o relator concederá o prazo de 5 (cinco) dias ao recorrente para que seja sanado vício ou complementada a documentação exigível."

"Art. 1.029. O recurso extraordinário e o recurso especial, nos casos previstos na Constituição Federal, serão interpostos perante o presidente ou o vice-presidente do tribunal recorrido, em petições distintas que conterão:

§ 3.º O Supremo Tribunal Federal ou o Superior Tribunal de Justiça poderá desconsiderar vício formal de recurso tempestivo ou determinar sua correção, desde que não o repute grave."

1.4.7. Princípio da igualdade

O princípio da igualdade extrai-se do art. 5.º, *caput*, da CF, segundo o qual todos são iguais perante a lei, assegurando às partes na relação processual a *paridade de armas*,[7] ou seja, que tenham as mesmas oportunidades no processo.

A igualdade não significa tratar todas as pessoas da mesma forma, mas tratar os iguais na medida das suas igualdades e os desiguais na exata medida das suas desigualdades[8].

O Código de Processo Civil prevê expressamente a igualdade em seu art. 7.º:

> "É assegurada às partes paridade de tratamento em relação ao exercício de direitos e faculdades processuais, aos meios de defesa, aos ônus, aos deveres e à aplicação de sanções processuais, competindo ao juiz zelar pelo efetivo contraditório."

Na concepção de Fredie Didier Junior,[9] a igualdade processual deve observar quatro aspectos:

"a) imparcialidade do juiz (equidistância em relação às partes);

b) igualdade no acesso à justiça, sem discriminação (gênero, orientação sexual, raça, nacionalidade etc.);

c) redução das desigualdades que dificultem o acesso à justiça, como a financeira (ex.: concessão do benefício da gratuidade da justiça, arts. 98-102, CPC), a geográfica (ex.: possibilidade de sustentação oral por videoconferência, art. 937, § 4.º, CPC), a de comunicação (ex.: garantir a comunicação por meio da Língua

---

7 "Paridade de armas" é uma expressão de Ada Pellegrini Grinover.

8 NERY JÚNIOR, Nelson. *Código de processo civil comentado*. 10. ed. São Paulo: RT, 2007. p. 384.

9 Op. cit., p. 97.

> Brasileira de Sinais, nos casos de partes e testemunhas com dificuldade auditiva, art. 162, III, CPC) etc.;
>
> d) igualdade no acesso às informações necessárias ao exercício do contraditório."

No Processo do Trabalho, podemos mencionar alguns exemplos de aplicação do princípio da igualdade: a) obrigatoriedade de intimação do Ministério Público do Trabalho nos casos que envolvam interesses de incapazes (art. 178, II, do CPC); prazo em dobro para os entes públicos manifestarem-se nos autos (art. 183 do CPC); isenção de custas processuais, como regra, para os beneficiários da justiça gratuita (art. 790-A da CLT); isenção de caução para os trabalhadores; tramitação prioritária do feito que envolva idoso, portadores de doença grave e, também, para as causas que versem apenas sobre salários e originárias da falência do empregador (arts. 1.048, CPC e 652, parágrafo único, CLT).

1.4.8. Princípio da boa-fé processual

O princípio da boa-fé está expressamente previsto no atual Código de Processo Civil, em seu art. 5.º, o que não ocorria no Código de 1973:

> "Art. 5.º Aquele que de qualquer forma participa do processo deve comporta-se de acordo com a boa-fé."

A boa-fé subdivide-se em objetiva e subjetiva. A boa-fé objetiva caracteriza-se pelo agir de acordo com a ética e moral, ou seja, analisam-se as suas ações, mas não a sua intenção. Já a boa-fé subjetiva é a crença do sujeito de que está agindo licitamente. Muitas vezes, o sujeito age contrário à moral, por exemplo, cobrando dívida já paga, mas porque acreditava que ainda não havia sido quitada, isto é, viola-se a boa-fé objetiva, mas não a subjetiva.

A boa-fé referida no art. 5.º do CPC é a objetiva, quer dizer, para sua verificação não se investiga a intenção do sujeito, mas a sua conduta objetivamente considerada. O princípio é o da boa-fé objetiva. Não há princípio da boa-fé subjetiva.

O princípio da boa-fé é uma cláusula geral processual, ou seja, as hipóteses que a caracterizam são indeterminadas, cabendo aos tribunais definir os comportamentos com base no princípio da boa-fé. Nota-se que o legislador acertou ao não limitar o rol de condutas que contrariam a boa-fé, já que inúmeras situações podem surgir com a prática, no dia a dia.

A doutrina alemã elencou quatro casos de aplicação do princípio da boa-fé no processo: **a) proibição de comportamento doloso**, uma vez que este caracteriza ato ilícito, como, por exemplo: requerer dolosamente a citação por edital do reclamado (art. 841, § 1.º, da CLT) e incorrer nas condutas de litigância de má-fé (art. 793-B da CLT); **b)** ***proibição da venire contra factum proprium***, isto é, veda-se a conduta contrária à praticada anteriormente, assim se a prática de um ato gera no outro a expectativa de coerência de atuação e ele é frustrado, ele é contrário à boa-fé, como, por exemplo, quando o executado oferece um bem à penhora e depois alega a sua impenhorabilidade; **c) proibição do abuso de direito.** Abuso de direito é considerado ato ilícito, como, por exemplo: o terceiro que adquire coisa litigiosa tem o direito de suceder ao réu no processo, desde que mediante a concordância do autor. Este, entretanto, não pode discordar por mero capricho, sem nenhuma justificativa, pois do contrário viola a boa-fé; **d)** ***supressio processual***, ou seja, perda de um direito por não exercê-lo em tempo, tal que gerou no outro a expectativa de que não o exerceria, como, por exemplo: a extinção do processo sem resolução do mérito após 10 anos de tramitação regular do feito viola o princípio da boa-fé, pois gerou nas partes a expectativa de que estava regular.[10]

Todas as decisões e postulações devem pautar-se no princípio da boa-fé, impondo às partes deveres de cooperação.

1.4.9. Princípio da cooperação

O princípio da cooperação está expressamente previsto no art. 6.º do CPC:

> "Art. 6.º Todos os sujeitos do processo devem cooperar entre si para que se obtenha, em tempo razoável, decisão de 'mérito justa e efetiva'."

O princípio em questão destina-se a todos os sujeitos do processo e visa torná-lo cooperativo, ou seja, em equilíbrio, criando um ambiente em que as partes atuem com lealdade.

Trata-se de um modelo que fica entre dois extremos: a) o modelo publicista, em que o juiz é preponderante no processo, mostrando-se distante das partes e em posição de superioridade durante todo o processo; e b) modelo adversarial, em que a proeminência é das partes, a quem se confere a condução do processo, enquanto ao juiz cabe decidir. O modelo cooperativa propõe um diálogo entre as partes e o juiz, devendo a tramitação do processo ser conduzida por ambos com lealdade. Este é um sistema pautado no princípio da boa-fé.

São quatro os deveres decorrentes do princípio da cooperação, e estes se aplicam a todos os sujeitos do processo: a) dever de consulta; b) dever de prevenção; c) dever de esclarecimento e d) dever de auxílio.

---

10 Idem, op. cit., p. 111-112.

Em relação ao órgão jurisdicional, os referidos deveres podem ser compreendidos da seguinte forma:

O dever de consulta está previsto no art. 10 do CPC, segundo o qual "o juiz não pode decidir, em grau algum de jurisdição, com base em fundamento a respeito do qual não se tenha dado às partes oportunidade de se manifestar, ainda que se trate de matéria sobre a qual deva decidir de ofício".

O dever de prevenção caracteriza-se por impor ao juiz convidar as partes ao aperfeiçoamento de suas petições ou alegações sempre que o uso inadequado do processo possa frustrar as suas pretensões, como exemplo: a) o juiz deve perguntar à parte se esqueceu de ouvir uma das testemunhas ou se de fato desistiu da mesma; e b) não deve indeferir a prova e depois julgar o pedido improcedente por falta de prova:

> "Art. 77, § 1.º, do CPC. (...)
>
> § 1.º Nas hipóteses dos incisos IV e VI, o juiz advertirá qualquer das pessoas mencionadas no *caput* de que sua conduta poderá ser punida como ato atentatório à dignidade da justiça."
>
> "Art. 321 do CPC: O juiz, ao verificar que a petição inicial não preenche os requisitos dos arts. 319 e 320 ou que apresenta defeitos e irregularidades capazes de dificultar o julgamento de mérito, determinará que o autor, no prazo de 15 (quinze) dias, a emende ou a complete, indicando com precisão o que deve ser corrigido ou completado.
>
> Parágrafo único. Se o autor não cumprir a diligência, o juiz indeferirá a petição inicial."
>
> "Art. 772, II, do CPC. Impõe ao juiz que, em qualquer momento da fase executiva, advirta o executado que o seu procedimento constitui ato atentatório à dignidade da justiça, o que acarreta multa de até 20% do valor da causa, de acordo com a gravidade da conduta. Antes de punir o executado, o juiz deve adverti-lo quanto ao comportamento aparentemente temerário, para que a parte possa explicar-se."

Por sua vez, o dever de esclarecimento por um lado impõe ao juízo o dever de proferir uma decisão clara e, por outro, determina ao mesmo esclarecer-se junto às partes quando não compreender suas postulações.

Por último, o dever de auxílio institui ao juiz afastar os obstáculos que impeçam a parte do exercício de um direito ou faculdade.

No direito português, o dever de auxílio permite ao juiz sugerir a alteração do pedido para torná-lo mais de acordo com o entendimento jurisprudencial. No direito brasileiro não chegamos a tanto, essa tarefa é do representante judicial: advogado ou defensor. No Brasil significa que o juiz deve afastar os obstáculos para a obtenção de um documento.

É nesse sentido a opinião de Fredie Didier:

> "No Direito Português, a doutrina identifica a existência de um *dever de o juiz auxiliar as partes:* 'o tribunal tem o dever de auxiliar as partes na superação de eventuais dificuldades que impeçam o exercício de direitos e faculdades ou o cumprimento do ônus ou deveres processuais'". Cabe ao órgão julgador providenciar, sempre que possível, a remoção do obstáculo. Para cumprir esse dever poderia o órgão julgador, por exemplo, sugerir a alteração do pedido, para torná-lo mais conforme o entendimento jurisprudencial para casos como aquele.
>
> (...)
>
> Não nos parece possível defender a existência deste dever no direito processual brasileiro. A tarefa de auxiliar as partes é do sei representante judicial: advogado ou defensor público. Não só não é possível como também não é recomendável. É simplesmente imprevisível o que pode acontecer se se disser ao órgão julgador que ele tem um dever atípico de auxílio das partes. É possível, porém, que haja deveres típicos de auxílio, por expressa previsão legal."

1.4.10. Princípio do respeito ao autorregramento da vontade das partes

O poder de se autorregrar decorre do próprio princípio da liberdade e ele não pode ficar afastado do processo. O melhor desfecho para um feito certamente é aquele em que as partes participam da solução e não aquele em que a uma delas se impõe a sucumbência ou a ambas a sucumbência recíproca. Isso não significa que o autorregramento não tem limites, ele tem sim, como ocorre em qualquer ramo do direito.

Muito embora não estejam referidos nos 12 primeiros artigos do CPC, que tratam das normas fundamentais, o Código de Processo Civil prestigia o princípio do respeito ao autorregramento da vontade em diversos artigos e, muitos deles, podem ser aplicáveis ao Processo do Trabalho, como, por exemplo: a) o calendário processual, previsto no art. 191 do CPC, ou seja, de comum acordo, as partes e o juiz poderão fixar a data para a prática dos atos processuais, como audiências, prazo para manifestações, prazo para a entrega de laudo pericial. Em relação a tais atos não haverá intimação; b) escolha consensual do perito (art. 471 do CPC) etc.

Outro exemplo de aplicação do princípio do respeito ao autorregramento da vontade é a cláusula geral de negociação processual, prevista no art. 190 CPC, o qual estabelece que "versando o processo sobre direitos que admitam autocomposição, é lícito às partes plenamente capazes estipular mudanças no procedimento para ajustá-lo às especificidades da causa e convencionar sobre os seus ônus, poderes, faculdades e deveres processuais, antes ou durante o processo". Isso significa que as partes poderão estabelecer mudanças de rito, como, por exemplo, ampliar o número de testemunhas do procedimento sumaríssimo de 2 para 3 e, também, determinar que as custas processuais sejam pagas pelo reclamado ou que sejam sempre rateadas; ampliar ou reduzir os prazos; convencionar que os depoimentos das testemunhas poderão ser por escrito, realizados perante um tabelião; instituir que não haverá recurso, ou seja, que as partes aceitarão a decisão do juiz; firmar que o recurso ordinário terá efeito suspensivo ou que a execução será apenas a definitiva. Não há consenso na doutrina quanto à possibilidade de aplicação da cláusula geral de negociação processual no Processo do Trabalho, muito embora, em nossa opinião, seja cabível.

Outro exemplo de aplicação do princípio em questão é a solução do conflito por mediação e conciliação. O CPC destina um capítulo inteiro para regulamentá-la (arts. 165 a 175), mas não há uniformidade da doutrina quanto à sua aplicação no Processo do Trabalho. Ressalte-se a nossa opinião a favor de sua aplicabilidade em nossa seara processual.

1.4.11. Princípio do juiz natural

O princípio do juiz natural, aplicável ao Processo do Trabalho, está previsto em dois diferentes incisos do art. 5.º da CF, quais sejam:

> "Art. 5.º (...)
>
> XXXVII – não haverá juízo ou tribunal de exceção;
>
> (...)
>
> LIII – ninguém será processado nem sentenciado senão pela autoridade competente;"

O princípio em destaque impede que seja conferida competência não prevista na Carta Maior a quaisquer órgãos julgadores, ou que seja estabelecido juízo ou tribunal de exceção, devendo ser respeitadas as regras objetivas de determinação de competência, prestigiando-se, assim, a independência e a imparcialidade da autoridade julgadora.

Consoante destacado pelo autor Bezerra Leite,[11] "o princípio do juiz natural deve ser observado sobretudo na distribuição de processos, que deve ser pautada em critérios objetivos e aleatórios, impedindo que a parte escolha propositalmente o juiz que irá julgar a sua causa, salvo em situações objetivamente previstas em lei (art. 286 do CPC)".

---

[11] BEZERRA LEITE, Carlos Henrique. *Curso de direito processual do trabalho*. 14. ed. São Paulo: Saraiva, 2016. p. 77.

No art. 5.º, LIII, da CF/1988 também encontramos o fundamento do princípio do promotor natural, ao estabelecer que ninguém será **processado** senão pela autoridade competente, impedindo, assim, designações arbitrárias efetuadas pela chefia da Instituição designando a figura do promotor de exceção.

O STF considera inaplicável o princípio do promotor natural ao direito brasileiro, conforme se pode verificar no HC 90277-DF – 2.ª T. – Rel.ª Ellen Gracie – j. em 12.05.2009 – *DJe* 099 de 29.05,2009.

Uma aplicação prática do princípio pode ser vista na impossibilidade de se promover a redistribuição do processo sem previsão em lei ou no regimento do Tribunal:

> *RECURSO DE REVISTA (...) CERCEAMENTO DO DIREITO DE DEFESA. PRINCÍPIO DO JUIZ NATURAL. A garantia constitucional do juiz natural impõe que os ógãos do poder judiciário devem ser constituídos antecipadamente, segundo regras objetivas de competência, a fim de assegurar as partes absoluta independência e imparcialidade. Assim, a redistribuição do presente autos a órgão julgador diverso do previamente distribuído sem qualquer amparo legal viola o devido processo legal. Recurso de revista conhecido e provido. (RR - 105500-06.2009.5.11.0003, Relator Ministro: Márcio Eurico Vitral Amaro, Data de Julgamento: 14/12/2016, 8ª Turma, Data de Publicação: DEJT 19/12/2016).*

Por óbvio que, se havia uma regra anterior que previa um critério objetivo para a redistribuição, não existe violação do princípio:

> *(...) RECURSO DE REVISTA INTERPOSTO ANTES DA VIGÊNCIA DA LEI 13.015/2014. PRELIMINAR DE NULIDADE. OFENSA AO PRINCÍPIO DO JUIZ NATURAL NÃO VERIFICADA. Não ofende o princípio do juiz natural a determinação do Regimento Interno do Tribunal que determina redistribuição do feito em caso do relator estar designado para comissão de concurso público. Recurso de revista não conhecido. (...) (RR - 136200-15.2008.5.02.0014, Relator Ministro: Aloysio Corrêa da Veiga, Data de Julgamento:14/12/2016, 6ª Turma, Data de Publicação: DEJT 10/02/2017).*

Outro ponto envolve o Tribunal que, em virtude de afastamento de Desembargadores, possui, em um órgão fracionário (turma, por exemplo), mais juízes convocados do que Desembargadores. Nessa hipótese, haveria violação ao princípio do juiz natural?

O Supremo Tribunal Federal, ao analisar caso envolvendo a convocação de juízes para auxiliar o segundo grau da Justiça Federal (situação um pouco diversa da perguntada), entendeu que não existe vulneração do princípio. Se o colegiado é integrado por juízes togados e a distribuição dos processos ocorre de forma aleatória, então não há qualquer vício. Veja a ementa:

> *RECURSO EXTRAORDINÁRIO. PROCESSUAL PENAL. JULGAMENTO DE APELAÇÃO POR TURMA JULGADORA COMPOSTA MAJORITARIAMENTE POR JUÍZES FEDE-*

RAIS CONVOCADOS. NULIDADE. INEXISTÊNCIA. OFENSA AO PRINCÍPIO DO JUIZ NATURAL. INOCORRÊNCIA. PRECEDENTES. RECURSO DESPROVIDO. I – Não viola o postulado constitucional do juiz natural o julgamento de apelação por órgão composto majoritariamente por juízes convocados, autorizado no âmbito da Justiça Federal pela Lei n. 9.788/1999. II – Colegiado constituídos por magistrados togados, integrantes da Justiça Federal, e a quem a distribuição de processos é feita aleatoriamente. III – Julgamentos realizados com estrita observância do princípio da publicidade, bem como do direito ao devido processo legal, à ampla defesa e ao contraditório. IV – Recurso extraordinário desprovido. (RE 597133, Relator(a): RICARDO LEWANDOWSKI, Tribunal Pleno, PUBLIC 06-04-2011).

Veja, agora, a **tese do Tema 170 da Lista de Repercussão Geral do STF**:

Tese do Tema 170 da Lista de Repercussão Geral

Não viola o postulado constitucional do juiz natural o julgamento de apelação por órgão composto majoritariamente por juízes convocados, autorizado no âmbito da Justiça Federal pela Lei n. 9.788/1999.

1.4.12. Princípio da motivação das decisões

O art. 93, IX, da CF/1988, com redação dada pela EC 45/2004, afirma que:

"Art. 93 (...)

IX – todos os julgamentos dos órgãos do Poder Judiciário serão públicos, e fundamentadas todas as decisões, sob pena de nulidade, podendo a lei limitar a presença, em determinados atos, às próprias partes e a seus advogados, ou somente a estes, em casos nos quais a preservação do direito à intimidade do interessado no sigilo não prejudique o interesse público à informação;"

Portanto, sob pena de nulidade, as decisões judiciais devem ser fundamentadas, motivadas.

Nesta esteira, o art. 770, também consolidado, menciona que os atos processuais serão públicos, salvo quando o contrário determinar o interesse social.

Ademais, o art. 832 da CLT esclarece que da decisão deverão constar o nome das partes, o resumo do pedido e da defesa, a apreciação das provas, os fundamentos da decisão e a respectiva conclusão.

O CPC em seu art. 489, § 1.º, I a VI, retrata o princípio da motivação das decisões ao instituir nesses incisos os casos em que não se consideram fundamentadas as decisões judiciais, sejam elas interlocutória, sentença ou acórdão.

1.4.13. Princípio do duplo grau de jurisdição

O princípio do duplo grau de jurisdição implica a possibilidade do reexame de uma demanda (administrativa ou judicial) pela instância superior, mediante interposição de recurso em face da decisão do órgão de instância inferior.

Em outras palavras, o princípio do duplo grau de jurisdição impõe a obrigatoriedade, pelo menos, de duas instâncias (judicial ou administrativa, conforme o caso), bem como o atinente recurso que garanta às partes a devolução da matéria apreciada à instância superior.

O STF firmou entendimento de que o princípio do duplo grau de jurisdição não é uma garantia constitucional na atual Constituição Federal, não havendo vedação constitucional à existência de processos administrativos ou judiciais com uma única instância de julgamento.

Baseia-se o STF no art. 102, I, *b*, da CF/1988, que outorga competência originária à Suprema Corte, para processar e julgar altas autoridades, dentre elas o Presidente da República, deputados, ministros etc., restando cristalino que a própria Carta Maior admitiu a existência de instância única, sem possibilidade de recurso.

Todavia, nada impede que as leis infraconstitucionais prevejam a possibilidade do duplo grau de jurisdição, disponibilizando ao interessado o atinente recurso que garanta o reexame da decisão pela instância superior, ou seja, nada obsta que o legislador ordinário, por opção, normatize o duplo grau de jurisdição em demandas judiciais ou administrativas.

No processo trabalhista há um exemplo da não aplicação do princípio em comento.

Trata-se dos denominados dissídios de alçada (demandas submetidas à Justiça do Trabalho que não ultrapassam a dois salários-mínimos), previstos no art. 2.º, §§ 3.º e 4.º, da Lei 5.584/1970.

Os dissídios de alçada serão julgados em instância única pelas Varas do Trabalho, não sendo admitido qualquer recurso, salvo se envolver matéria constitucional.

Além disso, frise-se que o art. 496 do CPC estabelece o duplo grau de jurisdição obrigatório (chamado de reexame necessário) nos casos de sentença proferida em face de pessoas jurídicas de direito público (União, Estados, Distrito Federal, Municípios, Autarquias e Fundações Públicas), bem como a sentença que julgar procedente, no todo ou em parte, os embargos à execução de dívida ativa da Fazenda Pública.

No entanto, não haverá o reexame necessário quando a condenação ou o direito controvertido for de valor certo não excedente: a) 1.000 salários-mínimos para a União e respectivas autarquias e fundações de direito público; b) 500 salários-mínimos para os Estados, o Distrito Federal, as respectivas autarquias e fundações de direito público e os Municípios que constituam capitais dos Estados; c) 100 salários-mínimos para todos os demais Municípios e respectivas autarquias e fundações de direito público (art. 496, § 3.º, I, II e III, do CPC).

Também não se aplica o disposto no art. 496, § 4.º, do CPC quando a sentença estiver fundada em: "a) súmula de tribunal superior; b) acórdão proferido pelo Supremo Tribunal Federal ou pelo Superior Tribunal de Justiça em julgamento de recursos repetitivos; c) entendimento firmado em incidente de resolução de demandas repetitivas ou de assunção de competência; d) entendimento coincidente com orientação vinculante firmada no âmbito administrativo do próprio ente público, consolidada em manifestação, parecer ou súmula administrativa" (art. 496, § 4.º, I, II, III e IV, do CPC).

Observe redação do art. 496 referido:

> "Art. 496. Está sujeita ao duplo grau de jurisdição, não produzindo efeito senão depois de confirmada pelo tribunal, a sentença:
>
> I – proferida contra a União, os Estados, o Distrito Federal, os Municípios e suas respectivas autarquias e fundações de direito público;
>
> II – que julgar procedentes, no todo ou em parte, os embargos à execução fiscal.
>
> (...)
>
> § 3.º Não se aplica o disposto neste artigo quando a condenação ou o proveito econômico obtido na causa for de valor certo e líquido inferior a:
>
> I – 1.000 (mil) salários-mínimos para União e as respectivas autarquias e fundações de direito público;
>
> II – 500 (quinhentos) salários-mínimos para os Estados, o Distrito Federal, as respectivas autarquias e fundações de direito público, e os Municípios que constituam capitais dos Estados;
>
> III – 100 (cem) salários-mínimos para todos os demais Municípios e respectivas autarquias e fundações de direito público.
>
> § 4.º Também não se aplica o disposto neste artigo quando a sentença estiver fundada em:
>
> I – súmula de tribunal superior;
>
> II – acórdão proferido pelo Supremo Tribunal Federal ou pelo Superior Tribunal de Justiça em julgamento de recursos repetitivos;
>
> III – entendimento firmado em incidente de resolução de demandas repetitivas ou de assunção de competência;
>
> IV – entendimento coincidente com orientação vinculante firmada no âmbito administrativo do próprio ente público, consolidada em manifestação, parecer ou súmula administrativa."

No mesmo sentido, atente-se à Súmula 303 do TST:

> "SÚMULA 303, TST. FAZENDA PÚBLICA. REEXAME NECESSÁRIO (nova redação em decorrência do CPC de 2015) - Res. 211/2016, *DEJT* divulgado em 24, 25 e 26.08.2016

I - Em dissídio individual, está sujeita ao reexame necessário, mesmo na vigência da Constituição Federal de 1988, decisão contrária à Fazenda Pública, salvo quando a condenação não ultrapassar o valor correspondente a: a) 1.000 (mil) salários-mínimos para a União e as respectivas autarquias e fundações de direito público; b) 500 (quinhentos) salários-mínimos para os Estados, o Distrito Federal, as respectivas autarquias e fundações de direito público e os Municípios que constituam capitais dos Estados; c) 100 (cem) salários mínimos para todos os demais Municípios e respectivas autarquias e fundações de direito público.

II – Também não se sujeita ao duplo grau de jurisdição a decisão fundada em:

a) súmula ou orientação jurisprudencial do Tribunal Superior do Trabalho;

b) acórdão proferido pelo Supremo Tribunal Federal ou pelo Tribunal Superior do Trabalho em julgamento de recursos repetitivos;

c) entendimento firmado em incidente de resolução de demandas repetitivas ou de assunção de competência;

d) entendimento coincidente com orientação vinculante firmada no âmbito administrativo do próprio ente público, consolidada em manifestação, parecer ou súmula administrativa.

III – Em ação rescisória, a decisão proferida pelo Tribunal Regional do Trabalho está sujeita ao duplo grau de jurisdição obrigatório quando desfavorável ao ente público, exceto nas hipóteses dos incisos anteriores. (ex-OJ nº 71 da SBDI-1 - inserida em 03.06.1996)

IV – Em mandado de segurança, somente cabe reexame necessário se, na relação processual, figurar pessoa jurídica de direito público como parte prejudicada pela concessão da ordem. Tal situação não ocorre na hipótese de figurar no feito como impetrante e terceiro interessado pessoa de direito privado, ressalvada a hipótese de matéria administrativa. (ex-OJs nºs 72 e 73 da SBDI-1 – inseridas, respectivamente, em 25.11.1996 e 03.06.1996).

1.4.14. Princípio da inafastabilidade de jurisdição

O princípio da inafastabilidade de jurisdição, também conhecido como princípio da tutela jurisdicional ou sistema de jurisdição única, está previsto na CF/1988, no art. 5.º, XXXV, que institui que a lei não excluirá da apreciação do Poder Judiciário lesão ou ameaça a direito.

Neste contexto, cabe ao Poder Judiciário, com força definitiva, apreciar lesão ou ameaça de direito, não podendo o legislador infraconstitucional restringir o acesso do indivíduo ao Poder Judiciário.

1.5. PRINCÍPIOS COMUNS AO DIREITO PROCESSUAL CIVIL E AO DIREITO PROCESSUAL DO TRABALHO QUE NÃO CONSUBSTANCIAM NORMAS FUNDAMENTAIS

1.5.1. Princípio da aplicação subsidiária da legislação processual comum ao Processo do Trabalho

A CLT tem dois artigos que versam sobre a aplicação subsidiária da legislação processual comum ao Processo do Trabalho: arts. 769 e 889:

> "Art. 769. Nos casos omissos, o direito processual comum será fonte subsidiária do direito processual do trabalho, exceto naquilo em que for incompatível com as normas deste Título."
>
> "Art. 889. Aos trâmites e incidentes do processo da execução são aplicáveis, naquilo em que não contravierem ao presente Título, os preceitos que regem o processo dos executivos fiscais para a cobrança judicial da dívida ativa da Fazenda Pública Federal."

Na fase de conhecimento aplica-se o art. 769 da CLT, segundo o qual para a aplicação da legislação processual comum ao Processo do Trabalho devem ser preenchidos dois requisitos: a omissão da CLT e a compatibilidade entre a norma a ser aplicada e os princípios gerais do Direito Processual do Trabalho.

Saliente-se que não se trata apenas da aplicação do CPC de forma subsidiária, mas da legislação processual comum como um todo, isto é, CPC, CDC, Lei de Ação Civil Pública, Lei do Mandado de Segurança etc.

Consoante o art. 889 da CLT, também na fase de execução devem ser preenchidos os mesmos requisitos (omissão e compatibilidade) para a aplicação primeiro da Lei dos Executivos Fiscais e depois, se persistir a omissão, da legislação processual comum ao Processo do Trabalho.

Ocorre que o Código de Processo Civil, em seu art. 15, também versa sobre a aplicação supletiva e subsidiaria do CPC no Processo do Trabalho, suscitando discussões acerca da amplitude de sua aplicação. Verifique:

> "Art. 15. Na ausência de normas que regulem processos eleitorais, trabalhistas ou administrativos, as disposições deste Código lhes serão aplicadas supletiva e subsidiariamente."

O referido artigo determina apenas que, havendo omissão da CLT quanto às normas processuais trabalhistas, aplique-se o CPC de forma subsidiária e supletiva.

Muitos questionam se o requisito da compatibilidade não precisa mais ser preenchido. Em nossa opinião, permanece exigível, uma vez que a CLT é norma especial, e o CPC, norma geral, e esta não revoga lei especial. Além disso, a CLT determina que não apenas o CPC, mas a legislação processual comum será aplicável ao Processo do Trabalho sempre que houver omissão de norma especial.

Discute-se, também, se o CPC passou a ter uma incidência mais abrangente, visto que o art. 15 refere-se à sua aplicação de forma subsidiária (quando houver omissão) e supletiva (para complementar uma norma já existente). A nosso ver, nada mudou em relação ao que já era aplicável. O CPC sempre teve aplicação no Processo do Trabalho de forma supletiva, como, por exemplo, quanto à multa por embargos de declaração protelatório. A CLT sempre versou sobre os embargos de declaração em seu art. 897-A, o qual não trata da multa. Apesar disso, nunca se questionou a aplicação supletiva do CPC neste particular (art. 1.026, §§ 2.º e 3.º, do CPC). Também podemos citar como exemplo a arrematação. A CLT regulamenta a matéria no art. 888, § 1.º, determinando que a arrematação ocorrerá pelo melhor lance. Apesar disso, sempre se aplicou o art. 891 do CPC, segundo o qual "não se aceitará lance que ofereça preço vil". As regras de distribuição do ônus da prova do CPC também se aplicam no Processo do Trabalho, uma vez o art. 818 da CLT é muito simples, não apresentando uma solução para as hipóteses em que não há provas, pois estabelece que cabe a cada uma das partes comprovar as suas alegações. Aplica-se no Processo do Trabalho ainda o depoimento pessoal, muito embora a CLT verse apenas sobre o interrogatório no art. 848.

O art. 15 do CPC não se refere à necessidade de compatibilidade para que este diploma processual seja aplicável ao Processo do Trabalho subsidiária e supletivamente, como fazem os arts. 769 e 889 do CPC. Questionou-se se a compatibilidade teria deixado de ser um requisito obrigatório para a aplicação do CPC no Processo do Trabalho? Certamente, não. O art. 15 do CPC harmoniza-se com os arts. 769 e 889 do CPC. Até mesmo por razões de ordem prática e lógica, para que qualquer legislação possa ser aplicável no Processo do Trabalho, deve demonstrar compatibilidade com os princípios e singularidades deste, sob pena de impossibilitar o andamento harmônico do processo. O próprio TST entende dessa forma, conforme se pode observar pelo disposto no art. 1.º da IN 39/2016:

> "Art. 1.º Aplica-se o Código de Processo Civil, subsidiária e supletivamente, ao Processo do Trabalho, em caso de omissão e desde que haja compatibilidade com as normas e princípios do Direito Processual do Trabalho, na forma dos arts. 769 e 889 da CLT e do art. 15 da Lei n.º 13.105, de 17.03.2015. § 1.º Observar-se-á, em todo caso, o princípio da irrecorribilidade em separado das decisões interlocutórias, de conformidade com o art. 893, § 1.º da CLT e Súmula n.º 214 do TST. § 2.º O prazo para interpor e contra-arrazoar todos os recursos trabalhistas, inclusive agravo interno e agravo regimental, é de oito dias (art. 6º da Lei n.º 5.584/1970 e art. 893 da CLT), exceto embargos de declaração" (CLT, art. 897-A).

Por todo o exposto, constatamos que o CPC permanece aplicável no Processo do Trabalho de forma subsidiária e supletiva, observando os seguintes requisitos: a) omissão da CLT e compatibilidade entre a norma a ser aplicável e os princípios gerais do Processo do Trabalho. O art. 15 do CPC não contraria os arts. 769 e 889 da CLT. Ao contrário, eles se harmonizam.

Porém, quanto à omissão, segundo a corrente evolutiva, também chamada de sistemática ou ampliativa, devemos frisar que ela pode ser normativa (inexiste a norma), ontológica (há norma, mas não é mais compatível com os fatos sociais, quer dizer, está desatualizada) e axiológica (as normas existentes levam a uma solução injusta ou insatisfatória, incompatíveis com os valores de justiça e equidade.

Filiamo-nos à corrente que entende que a corrente evolutiva aplica-se ao Processo do Trabalho, entretanto, há os que defendam a corrente restritiva, segundo a qual somente quando houver lacuna normativa o CPC será aplicável subsidiariamente. É o caso do professor Manoel Antônio Teixeira Filho[12]:

> "Todos sabemos que o art. 769 da CLT permite a adoção supletiva de normas do Processo Civil desde que: a) a CLT seja omissa quanto à matéria; b) a norma do CPC não apresente incompatibilidade com a letra ou com o espírito do Processo do Trabalho. Não foi por obra do acaso que o legislador trabalhista inseriu o requisito da omissão, antes da compatibilidade: foi, isto sim, em decorrência de um proposital critério lógico-axiológico. Desta forma, para que se possa cogitar da compatibilidade, ou não, de norma do Processo Civil, como a do trabalho, é absolutamente necessário, *ex vi legis*, que, antes disso, se verifique se a CLT se revela omissa a respeito da matéria. Inexistindo omissão, nenhum intérprete estará autorizado a perquirir sobre a mencionada compatibilidade. Aquela constitui, portanto, pressuposto fundamental desta."

1.5.2. Princípio da concentração dos atos processuais

Em verdade, o princípio da concentração dos atos processuais objetiva que a tutela jurisdicional seja prestada no menor tempo possível, concentrando os atos processuais em uma única audiência.

Dispõe o art. 849 da CLT que a audiência de julgamento será contínua. Todavia, se não for possível concluí-la no mesmo dia, caberá ao juiz designar nova data para o seu prosseguimento.

Em verdade, alguns juízes do trabalho vêm adotando a praxe, no procedimento comum, de dividir a audiência em três sessões (audiência de conciliação, audiência de instrução e audiência de julgamento), somente realizando audiência única quando o feito envolver matéria exclusivamente de direito, ou quando a comprovação dos fatos depender apenas de prova documental, esta já esgotada com a apresentação da peça vestibular e defesa.

Não obstante, ainda existem alguns juízes que, mesmo no procedimento comum, realizam sessão única, concentrando todos os atos processuais em um só momento.

---

12 TEIXEIRA FILHO, Manoel Antônio. Processo do Trabalho – embargos à execução ou impugnação à sentença? (A propósito do art. 475-J, do CPC). *In Revista LTr* 70-10/1.180.

Em relação ao procedimento sumaríssimo, o art. 852-C determina que as demandas sujeitas a rito sumaríssimo serão instruídas e julgadas em audiência única, consagrando o princípio da concentração dos atos processuais em audiência.

A concentração dos atos processuais em audiência, sem dúvida, objetiva prestigiar o princípio da celeridade processual, agora mais ainda evidenciada pela Constituição Federal de 1988, que, no art. 5.º, LXXVIII, com redação dada pela EC 45/2004, assegura a todos, no âmbito judicial e administrativo, a razoável duração do processo e os meios que garantam a celeridade de sua tramitação.

1.5.3. Princípio da oralidade

O princípio da oralidade consubstancia-se na realização de atos processuais pelas partes e pelo próprio magistrado na própria audiência, de forma verbal, oral.

No Processo do Trabalho, o princípio da oralidade é muito aplicado, podemos mencionar os seguintes exemplos:

a) leitura da reclamação – art. 847 da CLT;
b) defesa oral em 20 minutos – art. 847 da CLT;
c) 1.ª e 2.ª tentativas de conciliação – arts. 846 e 850 da CLT;
d) interrogatório das partes – art. 848 da CLT;
e) oitiva das testemunhas – art. 848, § 2.º, da CLT;
f) razões finais em 10 minutos – art. 850 da CLT;
g) protesto em audiência – art. 795 da CLT.

O princípio da oralidade relaciona-se com os princípios da imediatidade, concentração e irrecorribilidade imediata das decisões interlocutórias. Relacionava-se, também, com o princípio da identidade física do juiz, entretanto, este não foi repetido pelo atual Código de Processo Civil.

1.5.4. Princípio da identidade física do juiz

O princípio da identidade física do juiz determinava que o juiz que colhia a prova (depoimento pessoal das partes, oitiva das testemunhas, esclarecimentos verbais do perito etc.) era quem devia proferir a sentença.

O art. 132 do CPC de 1973 prestigiava o princípio da identidade física do juiz ao afirmar que:

> "Art. 132. O juiz, titular ou substituto, que concluir a audiência julgará a lide, salvo se estiver convocado, licenciado, afastado por qualquer motivo, promovido ou aposentado, casos em que passará os autos ao seu sucessor."

Este princípio era aplicado na seara trabalhista, desde o cancelamento da Súmula 136 do TST em 2012, a qual previa a sua inaplicabilidade no Processo do Trabalho.

Entretanto, cumpre ressaltar que o princípio da identidade física do juiz não tem aplicação desde que o atual Código de Processo Civil entrou em vigor, já que a redação do art. 132 do antigo CPC não foi repetida neste diploma processual, logo deixou de ser também aplicável no Processo do Trabalho.

1.5.5. Princípio da imediatidade ou imediação

O princípio da imediação ou da imediatidade permite um contato direto do juiz com as partes, testemunhas, peritos, terceiros e com a própria coisa litigiosa, objetivando firmar o seu convencimento, mediante a busca da verdade real.

O Código de Processo Civil aplica esse princípio em alguns casos, conforme demonstram os seus arts. 139, VIII, e 481 do CPC:

> "Art. 139. O juiz dirigirá o processo conforme as disposições deste Código, incumbindo-lhe:
>
> (...)
>
> VIII – determinar, a qualquer tempo, o comparecimento pessoal das partes, para inquiri-las sobre os fatos da causa, hipótese em que não incidirá a pena de confesso;"
>
> "Art. 481. O juiz, de ofício ou a requerimento da parte, pode, em qualquer fase do processo, inspecionar pessoas ou coisas, a fim de se esclarecer sobre fato que interesse à decisão da causa."

O Processo do Trabalho aplica amplamente o princípio da imediação, principalmente tendo em vista que a prova oral é a mais utilizada na esfera laboral.

O art. 820 da CLT identifica o princípio da imediação ao afirmar que as partes e testemunhas serão inquiridas pelo juiz ou presidente, podendo ser reinquiridas, por seu intermédio, a requerimento das partes, seus representantes ou advogados. Não se aplica ao Processo do Trabalho a norma do art. 459 do CPC no que permite a inquirição direta das testemunhas pela parte (CLT, art. 820) (art. 11, IN 39/2016, do TST).

O artigo supramencionado estava em consonância com o Código de Processo Civil de 1973, não ocorrendo o mesmo com o atual diploma processual. Segundo este, as perguntas serão formuladas diretamente à testemunha. Observe:

> "Art. 459. As perguntas serão formuladas pelas partes diretamente à testemunha, começando pela que a arrolou, não admitindo o juiz aquelas que puderem indu-

zir a resposta, não tiverem relação com as questões de fato objeto da atividade probatória ou importarem repetição de outra já respondida."

Saliente-se, entretanto, que o atual dispositivo legal não se aplicará ao Processo do Trabalho, uma vez que, nos termos dos arts. 769 da CLT e 15 do atual CPC, a legislação processual civil aplica-se apenas de forma supletiva, e neste caso a matéria é regida pelo art. 820 da CLT, segundo o qual as partes e as testemunhas serão inquiridas por intermédio do juiz.

Como exemplo de aplicação do princípio da imediatidade, podemos mencionar a hipótese de uma audiência trabalhista em que o autor da ação insistia na tese de que havia mantido relação empregatícia com a empresa reclamada, a qual negava o vínculo afirmando que o obreiro reclamante jamais havia sequer ingressado no interior da empresa. Tendo em vista o impasse e considerando que as provas trazidas aos autos até o momento eram insuficientes para firmar o seu convencimento, o magistrado converteu a audiência em diligência, comparecendo imediatamente as partes e o juiz à empresa. Ao chegarem à empresa, o magistrado ordenou que o reclamante indicasse o banheiro masculino, ocasião em que percebeu que o obreiro não tinha conhecimento de onde era localizado o sanitário da empresa. Assim, conseguiu o magistrado identificar que o reclamante, em verdade, estava mentindo, pois, de fato, sequer conhecia as dependências da empresa.

Esse princípio tem sido extremamente relevante para reconhecer a validade de decisões judiciais referentes a aspectos probatórios, refletindo a importância da sensibilidade judicial gerada pela proximidade da prova. Transcreve-se um julgado ilustrativo:

> *(...) INTERVALO INTRAJORNADA. No caso, o Regional manteve a condenação da reclamada ao pagamento do intervalo intrajornada, ao fundamento de que, "diante da divergência entre as informações prestadas pelas testemunhas, deve prevalecer a conclusão constante da sentença. Ocorre que, possuindo o princípio da oralidade ampla aplicação no processo do trabalho, decorrente que é do princípio da imediação, sempre que a prova testemunhal se revelar contraditória, deve ser privilegiada a avaliação feita pelo juiz que presidiu a audiência, porquanto é quem tem as melhores condições sensoriais para identificar a veracidade e as inconsistências de cada relato". Verifica-se que a reclamada, em momento algum, insurge-se contra o fundamento utilizado pela Corte a quo de que, sempre que a prova testemunhal se revelar contraditória, deve ser privilegiada a avaliação feita pelo juiz que presidiu a audiência. (...) (AIRR - 66900-17.2009.5.04.0291, Relator Ministro: José Roberto Freire Pimenta, 2ª Turma, Data de Publicação: DEJT 03/06/2016).*

1.5.6. Princípio da irrecorribilidade imediata das decisões interlocutórias

Consoante previsto no art. 203, § 2.º: "Decisão interlocutória é todo pronunciamento judicial de natureza decisória que não se enquadre no § 1.º", ou seja, que não se encaixe no conceito de sentença. Por sua vez, o § 1.º do mesmo artigo define sentença da seguinte maneira: "Ressalvadas as disposições expressas dos procedimentos especiais, sentença é o pronunciamento por meio do qual o juiz, com fundamento nos arts. 485 e 487, põe fim à fase cognitiva do procedimento comum, bem como extingue a execução".

O Processo do Trabalho traz em seu bojo uma peculiaridade ao informar, no art. 893, § 1.º, da CLT, que as decisões interlocutórias não são recorríveis de imediato, somente permitindo-se a apreciação do seu merecimento em recurso da decisão definitiva.

O Tribunal Superior do Trabalho entende que em alguns casos é cabível recurso de imediato das decisões interlocutórias, conforme se extrai da Súmula 214 do TST:

> "SÚMULA 214/TST – DECISÃO INTERLOCUTÓRIA. IRRECORRIBILIDADE. Na Justiça do Trabalho, nos termos do art. 893, § 1.º, da CLT, as decisões interlocutórias não ensejam recurso de imediato, salvo nas hipóteses de decisão:
>
> a) de Tribunal Regional do Trabalho contrária à Súmula ou Orientação Jurisprudencial do Tribunal Superior do Trabalho;
>
> b) suscetível de impugnação mediante recurso para o mesmo Tribunal;
>
> c) que acolhe exceção de incompetência territorial, com a remessa dos autos para Tribunal Regional distinto daquele a que se vincula o juízo excepcionado, consoante o disposto no art. 799, § 2.º, da CLT."

1.5.7. Princípio da imparcialidade do juiz

O princípio da imparcialidade do juiz está intimamente ligado ao princípio do contraditório e da ampla defesa, pois a imparcialidade do magistrado na direção e condução do processo certamente assegurará a igualdade de tratamento das partes e, principalmente, a garantia de justiça.

É o próprio art. 10 da Declaração Universal dos Direitos do Homem, de 1948, que estabelece que "Toda pessoa tem direito, em condições de plena igualdade, de ser ouvida publicamente e com justiça por um tribunal independente e imparcial, para a determinação de seus direitos e obrigações ou para o exame de qualquer acusação contra ela em matéria penal".

Evidentemente, para o exercício livre, independente e imparcial de suas funções jurisdicionais, o art. 95 da CF/1988 assegurou aos magistrados as garantias de vitaliciedade, inamovibilidade e irredutibilidade de subsídio.

1.5.8. Princípio da conciliação

O art. 764 da CLT contempla, de forma explícita, o princípio da conciliação, ao dispor que os dissídios individuais ou coletivos submetidos à apreciação da Justiça do Trabalho serão sempre sujeitos à conciliação.

Neste contexto, os juízes e tribunais do trabalho empregarão sempre os seus bons ofícios e persuasão no sentido de uma solução conciliatória dos conflitos (art. 764, § 1.º, da CLT).

Frise-se que, mesmo após encerrado o juízo conciliatório, é lícito às partes celebrar acordo que ponha termo ao processo (art. 764, § 3.º, da CLT).

No procedimento comum (ordinário), em dois momentos a proposta conciliatória é obrigatória: após a abertura da audiência (art. 846 da CLT) e após razões finais (art. 850 da CLT).

Já no procedimento sumaríssimo, estabelece o art. 852-E da CLT que "aberta a sessão, o juiz esclarecerá as partes presentes sobre as vantagens da conciliação e usará os meios adequados de persuasão para a solução conciliatória do litígio, em qualquer fase da audiência".

Por outro lado, impende destacar que cabe ao juiz do trabalho, ao celebrar o acordo, verificar a observância das normas de proteção ao trabalhador (normas imperativas, de ordem pública), bem como atestar se as bases acordadas não são prejudiciais ao obreiro, podendo o magistrado recusar a homologação do acordo quando o mesmo representar, em verdade, renúncia de direitos pelo empregado (Súmula 418 do TST).

Aceita a conciliação proposta, será lavrado o respectivo termo de conciliação (considerado um título executivo judicial - art. 876 da CLT), valendo como decisão irrecorrível para as partes, salvo para a Previdência Social, quanto às contribuições que lhe forem devidas.

Estabelece, outrossim, a Súmula 259 do TST que somente por ação rescisória é impugnável o termo de conciliação previsto no parágrafo único do art. 831 da CLT.

1.5.9. Princípio do *jus postulandi* da parte

O princípio do *jus postulandi* da parte está consubstanciado no art. 791 da CLT, o qual estabelece que os empregados e os empregadores poderão reclamar pessoalmente perante a Justiça do Trabalho e acompanhar as suas reclamações.

Nessa esteira, o art. 839, *a*, da CLT também salienta que a reclamação trabalhista poderá ser apresentada pelos empregados e empregadores, pessoalmente, ou por seus representantes, e pelos sindicatos de classe.

Logo, em função do *jus postulandi*, reclamante e reclamado poderão atuar sem a presença de advogados, perante os juízos de primeiro grau e Tribunais Regionais. A atuação perante o TST, como se verá abaixo, não segue esta regra.

Uma corrente minoritária defendia que, após a Constituição Federal de 1988, em função de o art. 133 estabelecer que o advogado é indispensável à administração da justiça, o art. 791 da CLT não mais estaria em vigor, em face da incompatibilidade com o texto constitucional mencionado.

Essa corrente ganhou mais força com a edição da Lei 8.906/1994 (Estatuto da OAB) que, em seu art. 1.º, I, considerava atividade privativa da advocacia "a postulação a *qualquer* órgão do Poder Judiciário e aos juizados especiais" (grifo nosso).

Os tribunais trabalhistas, contudo, em sua maioria, firmaram jurisprudência no sentido de que o art. 791 da CLT está em vigor, permanecendo o *jus postulandi* da parte na Justiça do Trabalho, mesmo após a promulgação da Constituição Federal de 1988.

Tal jurisprudência restou confirmada com o julgamento da ADI 1.127, proposta pela Associação dos Magistrados do Brasil – AMB, na qual o Supremo Tribunal Federal declarou inconstitucional a expressão "qualquer", constante do art. 1.º, I, da Lei 8.906/1994 (Estatuto da OAB), prevalecendo o entendimento de que é possível a parte postular sem a presença do advogado, em algumas hipóteses.

Recentemente foi publicada a Súmula 425 do TST, que dispõe:

O Tribunal Superior do Trabalho não permite o *jus postulandi* em alguns casos, exigindo nessas hipóteses, que a parte seja representada por advogado como se verifica pela Súmula 425 do TST, a seguir:

> "SÚMULA 425, TST. *JUS POSTULANDI* NA JUSTIÇA DO TRABALHO. ALCANCE – Res. 165/2010, *DEJT* divulgado em 30.04.2010 e 03 e 04.05.2010. O *jus postulandi* das partes, estabelecido no art. 791 da CLT, limita-se às Varas do Trabalho e aos Tribunais Regionais do Trabalho, não alcançando a ação rescisória, a ação cautelar, o mandado de segurança e os recursos de competência."

Portanto, o *jus postulandi* não prevalece no TST. Logo, em caso de recurso de revista interposto, ele deverá ser subscrito por advogado, assim como qualquer outro recurso que venha a tramitar no TST. Em outras palavras, o *jus postulandi* doravante somente prevalecerá nas instâncias ordinárias.

Em caso de eventual recurso extraordinário para o Supremo Tribunal Federal, ou mesmo recurso encaminhado ao Superior Tribunal de Justiça (para examinar, por exemplo, conflito de competência), também deve ele ser subscrito por advogado, sob pena de o apelo não ser conhecido.

Por último, frise-se que, após a EC 45/2004, que ampliou a competência material da Justiça do Trabalho para processar e julgar qualquer lide envolvendo relação de trabalho (art. 114 da CF/1988), entendemos que o *jus postulandi* da parte é restrito às ações que envolvam relação de emprego, não se aplicando às demandas referentes à relação de trabalho distintas da relação empregatícia.

Logo, em caso de ação trabalhista ligada à relação de trabalho não subordinado, as partes deverão estar representadas por advogados, a elas não se aplicando o art. 791 da CLT, restrito a empregados e empregadores.

Ressalte-se que, muito embora haja debate sobre se o *jus postulandi* constitui princípio efetivo, o fato é que a jurisprudência do Tribunal Superior do Trabalho assim o tem considerado:

> *(...) INÉPCIA DA INICIAL. CERCEAMENTO DE DEFESA. (...) No processo do trabalho, não se exige rigor no exame desses requisitos. Basta que do contexto da petição inicial se possa extrair a pretensão, sem exigência de maiores formalidades. Tanto que se admite até a possibilidade do próprio reclamante vir a juízo, de acordo com o princípio do jus postulandi. No caso, a exordial contém causa de pedir e pedido certo, uma vez que expõe os fatos e articula de modo claro a sua tese, o que atende ao disposto nos artigos acima mencionados. Agravo de instrumento a que se nega provimento. (...) (AIRR- 616-49.2010.5.01.0073, Relator Ministro: Cláudio Mascarenhas Brandão, Data de Julgamento: 22/02/2017, 7ª Turma, Data de Publicação: DEJT 06/03/2017).*

1.5.10. Princípio da lealdade processual

O art. 5.º do CPC expressa que todo aquele que de qualquer forma participa do processo deve comportar-se de acordo com a boa-fé, devendo agir com probidade.

Neste contexto, o próprio Código de Processo Civil traz em seu bojo dispositivos que objetivam inibir ou punir a parte que aja com má-fé ou com falta de lealdade processual, conforme se verifica, exemplificativamente, no art. 793-B da CLT (litigância de má-fé), art. 142 (prática de ato simulado pelas partes), art. 1.026, § 2.º, do CPC (embargos declaratórios meramente protelatórios), art. 792 (fraude à execução) e art. 774 (ato atentatório à dignidade da justiça).

1.5.11. Princípio da eventualidade

O princípio da eventualidade determina que as partes aduzam, de uma só vez, todas as matérias de ataque e defesa, objetivando resguardar seu próprio interesse, sob pena de operar-se a denominada preclusão.

Em outras palavras, o autor deverá alegar e requerer todo o seu direito na peça vestibular (petição inicial) e o réu deve esgotar, na peça de resistência, toda a matéria de defesa.

O art. 336 do CPC contempla o princípio da eventualidade ao dispor que compete ao réu alegar, na contestação, toda a matéria de defesa, expondo as razões de fato e de direito, com que impugna o pedido do autor.

Neste contexto, deverá o reclamado, exemplificativamente, alegar na contestação, simultaneamente, a matéria relacionada com as preliminares, como também a matéria relativamente ao mérito, tendo em vista a eventualidade de não ser(em) acolhida(s) a(s) preliminar(es) arguida(s) (art. 336 do CPC).

Em face da omissão da Consolidação das Leis do Trabalho, é perfeitamente possível a aplicação do princípio da eventualidade ao Processo do Trabalho (art. 769 da CLT), sendo prudente, porém, ao magistrado trabalhista que alerte às partes para que produzam suas razões de defesa no momento oportuno.

1.5.12. Princípio da preclusão e da perempção

Preclusão é a perda da possibilidade da prática de um ato processual, seja pelo seu não exercício no momento oportuno, seja pela total incompatibilidade entre o ato realizado e o posterior, ou mesmo seja pelo fato de o ato já ter sido validamente praticado.

Os atos processuais são ordenados por meio de fases que se sucedem na tramitação do processo.

Logo, vencida uma fase processual, resta preclusa a prática de qualquer ato nela contido, ressalvados os casos específicos em lei, em que o magistrado pode reabrir a fase já ultrapassada.

A preclusão classifica-se em temporal, lógica e consumativa.

A preclusão temporal opera-se quando a parte não praticar o ato processual no prazo estipulado pela lei.

Já a preclusão lógica ocorre quando a parte pratica um ato incompatível com o já praticado, ou seja, é a impossibilidade de praticar um ato, por estar o mesmo em contradição com atos praticados anteriormente.

Podemos mencionar como exemplo da preclusão lógica o fato de o reclamado, após a sentença de 1.º grau que lhe foi desfavorável, requerer a liquidação do julgado, e posteriormente interpor recurso ordinário em face da decisão da Vara do Trabalho.

O ato de requerer a liquidação da sentença constitui aceitação tácita do comando judicial, ato este incompatível com a vontade de recorrer, operando-se, portanto, a preclusão lógica.

A preclusão consumativa dá-se em função da prática válida do ato processual no prazo estabelecido pela lei, não podendo a parte renovar o ato já praticado e consumado.

O art. 507 do CPC consagrou o princípio da preclusão ao dispor que é defeso à parte discutir, no curso do processo, as questões já decididas, cujo respeito se operou a preclusão.

No âmbito do Direito Processual do Trabalho, a preclusão encontra-se também consagrada nos arts. 795 e 879, §§ 2.º e 3.º, ambos da CLT, que dispõem:

> "Art. 795. As nulidades não serão declaradas senão mediante provocação das partes, as quais deverão argui-las à primeira vez em que tiverem de falar em audiência ou nos autos."
>
> "Art. 879. Sendo ilíquida a sentença exequenda, ordenar-se-á, previamente, a sua liquidação, que poderá ser feita por cálculo, por arbitramento ou por artigos.
>
> (...)
>
> § 2º Elaborada a conta e tornada líquida, o juízo deverá abrir às partes prazo comum de oito dias para impugnação fundamentada com a indicação dos itens e valores objeto da discordância, sob pena de preclusão.
>
> § 3º Elaborada a conta pela parte ou pelos órgãos auxiliares da Justiça do Trabalho, o juiz procederá à intimação da União para manifestação, no prazo de 10 (dez) dias, sob pena de preclusão."

A perempção consiste na perda pela parte do direito de praticar determinado ato processual ou mesmo de prosseguir com a demanda em função da sua própria inércia, ao deixar expirar o prazo legal para o exercício do direito.

O Código de Processo Civil consagrou o instituto da perempção ao estabelecer, nos arts. 485, III, e 486, § 3.º, do CPC, que, se o autor der causa à extinção do processo sem resolução do mérito por três vezes, em função de não ter promovido os atos e diligências que lhe competirem, abandonando a causa por mais de 30 dias, não poderá intentar nova ação contra o réu com o mesmo objeto, ficando-lhe ressalvada, entretanto, a possibilidade de alegar em defesa o seu direito.

No campo do Direito Processual do Trabalho, apenas encontramos a figura da perempção provisória, prevista nos arts. 731 e 732 da CLT, que impedem, temporariamente, a parte de ajuizar reclamação trabalhista em face do mesmo reclamado e envolvendo o mesmo objeto, nas seguintes hipóteses:

> "Art. 731. Aquele que tendo apresentado ao distribuidor reclamação verbal, não se apresentar, no prazo estabelecido no parágrafo único do art. 786, à Vara ou Juízo para fazê-lo tomar por termo, incorrerá na pena de perda, pelo prazo de seis meses, do direito de reclamar perante a Justiça do Trabalho."
>
> "Art. 732. Na mesma pena do artigo anterior incorrerá o reclamante que, por duas vezes seguidas, der causa ao arquivamento de que trata o art. 844."

1.5.13. Princípio da impugnação especificada

Pelo princípio da impugnação especificada, o reclamado deve manifestar-se, precisa e especificamente, sobre os fatos narrados na petição inicial, não se admitindo a defesa por negação geral.

Logo, o reclamado, ao impugnar os pedidos elencados na peça inaugural pelo reclamante, deverá contestar cada parcela individualmente.

A defesa por mera negativa geral não produz qualquer efeito jurídico, equivalendo à própria inexistência de contestação.

O art. 341 do CPC, de aplicação subsidiária ao Processo do Trabalho, contempla o princípio da impugnação especificada, *in verbis*:

> "Art. 341. Incumbe também ao réu manifestar-se precisamente sobre as alegações de fato constantes da petição inicial, presumindo-se verdadeiras as não impugnadas, salvo se:
>
> I – não for admissível, a seu respeito, a confissão;
>
> II – a petição inicial não estiver acompanhada de instrumento que a lei considerar da substância do ato;
>
> III – estiverem em contradição com a defesa, considerada em seu conjunto.
>
> Parágrafo único. O ônus da impugnação especificada dos fatos não se aplica ao defensor público, ao advogado dativo e ao curador especial."

1.5.14. Princípio da proteção

Esse princípio é defendido por autores consagrados como Wagner Giglio, Carlos Henrique Bezerra Leite e Sérgio Pinto Martins.

Pelo princípio da proteção, o caráter tutelar, protecionista, tão evidenciado no direito material do trabalho, também é aplicável no âmbito do Processo do Trabalho, o qual é permeado de normas, que, em verdade, objetivam proteger o trabalhador, parte hipossuficiente da relação jurídica laboral.

Portanto, considerando a hipossuficiência do obreiro também no plano processual, a própria legislação processual trabalhista contém normas que objetivam proteger o contratante mais fraco (empregado), cabendo destacar os seguintes dispositivos:

- A ausência do reclamante à audiência importa tão somente no arquivamento da reclamação trabalhista (art. 844 da CLT), evitando a apresentação da defesa e possibilitando ao obreiro ajuizar nova ação trabalhista;
- A obrigatoriedade do depósito recursal em caso de eventual recurso objetivando garantir futura execução (art. 899, § 1.º, da CLT), é comando destinado exclusivamente ao reclamado;
- O dispositivo previsto no art. 651 da CLT determina que a reclamação trabalhista deve ser proposta na localidade em que o empregado (seja ele reclamante ou reclamado) efetivamente prestou os seus serviços, também protegendo o obreiro, principalmente facilitando a produção de provas pelo trabalhador, como também diminuindo as suas despesas.

Frise-se que não se trata de o juiz do trabalho instituir privilégios processuais ao trabalhador, conferindo tratamento não isonômico entre as partes, mas sim de o magistrado respeitar o ordenamento jurídico vigente, uma vez que a própria lei processual trabalhista é permeada de dispositivos que visam proteger o obreiro hipossuficiente, conforme acima exemplificado.

Logo, o princípio da igualdade ou isonomia, previsto no art. 5.º da CF/1988, determinando que todos são iguais perante a lei, é perfeitamente respeitado pelo Processo do Trabalho, pois é a própria lei instrumental trabalhista que cria alguns privilégios ao obreiro, para lhe garantir a isonomia em relação ao empregador.

O princípio da igualdade, pois, consiste em tratar de maneira igual os que se encontram em situação equivalente e de maneira desigual os desiguais, na medida de suas desigualdades.

De qualquer modo, o princípio protetivo não pode servir para suprir deficiência probatória ou quando existir prova dividida. No primeiro caso o magistrado deverá observar as regras pertinentes ao ônus da prova e, no segundo, analisar o conjunto probatório verificando quais são as provas que melhor demonstram os fatos discutidos em juízo.

1.5.15. Princípio da busca da verdade real

O princípio da busca da verdade real é derivado do princípio do direito material do trabalho, denominado princípio da primazia da realidade.

A Consolidação das Leis do Trabalho consagrou tal princípio no art. 765, ao dispor que os juízos e tribunais do trabalho terão ampla liberdade na direção do processo e velarão pelo andamento rápido das causas, podendo determinar qualquer diligência necessária ao esclarecimento delas.

No Processo do Trabalho vigora o princípio da busca da verdade real, que faz com que a prova documental ceda espaço à testemunhal, quando esta se mostra firme no sentido da desconstituição daquela, conforme se verifica no julgado do RO 001070-73.2012.5.03.0147 da 7.ª Turma do TRT da 3.ª Região.

1.5.16. Princípio da normatização coletiva

A redação original do art. 114 da CF/1988 concedeu à Justiça do Trabalho o poder normativo, ou seja, a competência de fixar, por meio da sentença normativa (prolatada no bojo do processo denominado dissídio coletivo), novas condições de trabalho de aplicação obrigatória às categorias econômicas (patronal) e profissionais (trabalhadores) envolvidas.

Todavia, a EC 45/2004, ao alterar o § 2.º do art. 114 da Carta Maior, limitou, consideravelmente, o poder normativo da Justiça do Trabalho, visto que, doravante, o dissídio coletivo de natureza econômica somente poderá ser proposto se houver mútuo acordo, ou seja, se houver a concordância de ambos os entes sindicais.

Vejamos a nova redação do art. 114, § 2.º, da CF/1988:

> "Art. 114. Compete à Justiça do Trabalho processar e julgar:
>
> (...)
>
> § 2.º Recusando-se qualquer das partes à negociação coletiva ou à arbitragem, é facultado às mesmas, de comum acordo, ajuizar dissídio coletivo de natureza econômica, podendo a Justiça do Trabalho decidir o conflito, respeitadas as disposições mínimas legais de proteção ao trabalho, bem como as convencionadas anteriormente."

Logo, verifica-se que a Justiça do Trabalho transformou-se numa espécie de juízo arbitral, somente podendo atuar e exercer o denominado poder normativo se ambos os entes sindicais concordarem com o ajuizamento do dissídio coletivo, havendo sensível redução do poder normativo da Justiça do Trabalho.

Ademais, impende destacar que, mesmo instaurado dissídio coletivo de natureza econômica (agora com a necessária concordância dos entes interessados), não terá a Justiça do Trabalho poderes ilimitados, esclarecendo a parte final do § 2.º do art. 114 da CF/1988 que a instância laboral deverá respeitar as disposições mínimas legais de proteção ao trabalho, bem como as convencionadas anteriormente.

Em função da importância do tema, este assunto voltará a ser abordado ainda nesta obra, em capítulo específico.

1.5.17. Princípio da extrapetição

O princípio da extrapetição permite que o juiz, nos casos expressamente previstos em lei, condene o réu em pedidos não contidos na petição inicial, ou seja, autoriza o julgador a conceder mais do que o pleiteado, ou mesmo vantagem diversa da que foi requerida.

O art. 322, § 1.º, do CPC, por exemplo, permite que o juiz determine que sobre a condenação da parcela principal incida juros e correção monetária, mesmo que no rol de pedidos não conste tal requerimento.

No âmbito do Processo do Trabalho também podemos mencionar alguns exemplos da aplicação do princípio da extrapetição. Verifique:

- "Art. 137, § 2.º, da CLT. Caso o empregado ajuíze reclamação trabalhista requerendo que o juiz fixe a data de gozo de suas férias, a sentença cominará, independentemente de pedido autoral, pena diária de 5% do salário-mínimo, devida ao empregado até que seja cumprida";

- "Art. 467 da CLT. Em caso de rescisão de contrato de trabalho, havendo controvérsia sobre o montante das verbas rescisórias, o empregador é obrigado a pagar ao trabalhador, à data do comparecimento à Justiça do Trabalho, a parte incontroversa dessas verbas, sob pena de pagá-las acrescidas de 50%, independentemente de pedido autoral";
- "Art. 496 da CLT. O princípio da extrapetição também está presente na autorização legal conferida ao juiz para determinar o pagamento de indenização, apesar de postulada apenas a reintegração de empregado alcançado pela estabilidade no emprego, quando a reintegração do obreiro for desaconselhável, dado o grau de incompatibilidade resultante do dissídio, especialmente quando for o empregador pessoa física";
- A Súmula 211 do TST também determina que os juros de mora e a correção monetária incluem-se na liquidação, ainda que omisso o pedido inicial ou a condenação.

1.5.18. Princípio da *non reformatio in pejus*

Pelo princípio da *non reformatio in pejus*, é vedado ao tribunal, no julgamento de um recurso, proferir decisão mais desfavorável ao recorrente, do que aquela recorrida.

A sentença pode ser impugnada total ou parcialmente (art. 1.002 do CPC), devolvendo o recurso ao tribunal o conhecimento da matéria impugnada (art. 1.013, CPC – *tantum devolutum quantum appellatum*).

Portanto, se a sentença for objeto de recurso por uma das partes, o julgamento pelo tribunal não pode agravar a condenação que não foi objeto de recurso, sob pena de violação ao princípio em comento.

Por outro lado, o art. 1.008 do CPC, aplicado subsidiariamente ao Processo do Trabalho, esclarece que o julgamento proferido pelo tribunal substituirá a decisão impugnada no que tiver sido objeto de recurso.

Logo, a parte da sentença que não foi objeto de recurso transitou em julgado, sendo irreformável pelo tribunal, não podendo ser atingida pelo julgamento de outra parte, que foi devolvida, no recurso, à instância superior, sob pena de ofensa ao princípio da *non reformatio in peius*.

Evidencia-se, por conseguinte, que tal princípio protege tanto o recorrente como o recorrido.

Saliente-se, outrossim, que o Superior Tribunal de Justiça, por meio da Súmula 45, firmou entendimento de que, no caso de reexame necessário, é defeso ao Tribunal agravar a condenação imposta à Fazenda Pública.

Por último, vale mencionar que, em relação às questões de ordem pública, a respeito das quais não se opera a preclusão (ex.: arts. 485, § 3.º, e 337, § 5.º, ambos do CPC), o juiz ou Tribunal poderá decidi-las de ofício, ainda que não abordadas no recurso ou contrarrazões, consistindo no chamado efeito translativo do recurso.

1.5.19. Princípio da instrumentalidade ou da finalidade

O princípio da instrumentalidade ou da finalidade está consubstanciado nos arts. 188 e 277, ambos do CPC que informam:

> "Art. 188. Os atos e os termos processuais independem de forma determinada, salvo quando a lei expressamente a exigir, considerando-se válidos os que, realizados de outro modo, lhe preencham a finalidade essencial."
>
> "Art. 277. Quando a lei prescrever determinada forma, o juiz considerará válido o ato se, realizado de outro modo, lhe alcançar a finalidade."

O princípio em comento, de aplicação subsidiária ao Processo do Trabalho (art. 769 da CLT), determina que serão válidos os atos que, embora realizados de outra forma, alcançarem a sua finalidade, desde que a lei não preveja a sua nulidade, pois o processo não é um fim em si mesmo, mas tão somente um instrumento para que o Estado preste a jurisdição.

1.5.20. Princípio da *perpetuatio jurisdictionis*

O princípio da *perpetuatio jurisdictionis* está consagrado no art. 43 do CPC ao estabelecer que a competência é fixada no momento do registro ou da distribuição da petição inicial, sendo irrelevantes as modificações do estado de fato ou de direito ocorridas posteriormente, salvo quando suprimirem órgão judiciário ou alterarem a competência absoluta.

À hipótese de supressão de órgão judiciário equivale a de criação de uma vara do trabalho.

Isso significa que, embora a regra seja a de que o juízo competente para processar e julgar a reclamação trabalhista seja aquele competente no momento da propositura da ação, quando houver supressão de órgão jurisdicional, criação de vara do trabalho, alteração da competência em razão da matéria e da hierarquia todas as reclamações trabalhistas devem ser remetidas ao novo juízo competente.

Há, porém, uma exceção, quando houver alteração da competência em razão da matéria, muito embora a regra seja a de que todas as ações devem ser remetidas para o novo juízo competente, quando a nova competência, da Justiça do Trabalho, foi definida em razão da EC 45/2004, somente as ações que não possuíam sentença de mérito serão encaminhadas para esta justiça especializada.

Neste sentido, atente-se para a Súmula 367 do STJ e a Súmula Vinculante 22 do STF:

> "Súmula 367. A competência estabelecida pela EC n. 45/2004 não alcança os processos já sentenciados."
>
> "Súmula Vinculante 22. A Justiça do Trabalho é competente para processar e julgar as ações de indenização por danos morais e patrimoniais decorrentes de acidente de trabalho propostas por empregado contra empregador, inclusive aquelas que ainda não possuíam sentença de mérito em primeiro grau quando da promulgação da Emenda Constitucional n.º 45/04."

1.5.21. Princípio da estabilidade da lide

O princípio da estabilidade da lide possibilita que o autor, até a citação, possa aditar ou alterar o pedido ou a causa de pedir, independentemente de consentimento do réu (art. 329, I, do CPC).

Todavia, até o saneamento, é defeso ao autor aditar ou alterar o pedido e a causa de pedir, com consentimento do réu, assegurado o contraditório mediante a possibilidade de manifestação deste no prazo mínimo de 15 (quinze) dias, facultado o requerimento de prova suplementar (art. 329, II, do CPC).

Transportando o princípio em comento para o Processo do Trabalho, respeitadas as suas peculiaridades, e considerando que a defesa pelo demandado somente é apresentada em audiência (art. 847 da CLT), nada obsta que o reclamante, na própria audiência, antes da apresentação da peça de resistência pelo reclamado, adite ou modifique sua peça vestibular, desde que sejam respeitados os princípios do contraditório e da ampla defesa, tendo o réu prazo para manifestar-se sobre o aditamento.

Evidentemente, após a apresentação da defesa pelo reclamado, já não mais será possível ao autor modificar ou aditar o pedido.

Veja julgados do TST sobre o tema:

> *"(...) 1. NULIDADE PROCESSUAL. ADITAMENTO À PETIÇÃO INICIAL REALIZADO APÓS A CITAÇÃO. NOTIFICAÇÃO DA PARTE CONTRÁRIA E PRAZO PARA MANIFESTAÇÃO. AUSÊNCIA DE EFETIVO PREJUÍZO. NÃO PROVIMENTO. I. No caso, é incontroverso que houve o aditamento da petição inicial. O Tribunal Regional registrou que a Reclamada foi notificada do referido aditamento cerca de dois meses antes da audiência inicial. II. Esta Corte tem o entendimento no sentido de que, é possível o aditamento da petição inicial, com a alteração do pedido ou da causa de pedir, mesmo após a citação e sem o consentimento da parte contrária, desde que se conceda oportunidade para que a parte interessada se pronuncie sobre o eventual novo pedido, como no caso. III. Agravo de instrumento de que se conhece e*

> *a que se nega provimento. (...)" (AIRR-304-26.2013.5.02.0078, 4ª Turma, Relator Ministro Alexandre Luiz Ramos, DaEJT 16/08/2019).*
>
> *RECURSO DE REVISTA. APELO INTERPOSTO SOB A ÉGIDE DO NOVO CPC. CERCEAMENTO DO DIREITO DE DEFESA. ADITAMENTO À PETIÇÃO INICIAL APÓS A NOTIFICAÇÃO E A APRESENTAÇÃO DA CONTESTAÇÃO, MAS ANTES DA AUDIÊNCIA INAUGURAL. No processo do trabalho, regido pelos princípios da celeridade, economia processual, simplicidade e instrumentalidade das formas, o momento para o exercício do direito de defesa é a data da audiência inaugural, de acordo com o previsto no art. 847 da CLT, independentemente da data da citação. Dessa forma, admite-se o aditamento da inicial até a apresentação da defesa em audiência, visto que é neste momento que se dá a estabilização da lide trabalhista, desde que seja garantido o direito do contraditório ao Reclamado. (...) (RR-1652-59.2014.5.06.0005, Relatora Ministra: Maria de Assis Calsing, Data de Julgamento: 28/06/2017, 4ª Turma, Data de Publicação: DEJT 30/06/2017).*

1.6. REGRAS

As normas fundamentais do processo civil estão dispostas nos doze primeiros artigos e dividem-se em princípios e três regras: instauração do processo por iniciativa da parte, impulso oficial e obediência à ordem cronológica de conclusão.

1.6.1. Instauração do processo por iniciativa da parte

O art. 2.º do CPC informa que o processo começa por iniciativa da parte e se desenvolve por impulso oficial, salvo as exceções previstas em lei.

Em outras palavras, o princípio dispositivo impede que o magistrado instaure *ex officio* o processo trabalhista.

Todavia, a Consolidação das Leis do Trabalho apresenta uma exceção discutível no âmbito laboral.

Trata-se do dissídio coletivo suscitado *ex officio* pelo presidente do Tribunal Regional do Trabalho, em caso de suspensão do trabalho, conforme previsão no art. 856 da CLT.

As bancas examinadoras de concurso público têm considerado correto o entendimento de que o presidente do tribunal, nos termos do art. 856 da CLT, pode instaurar, de ofício, dissídio coletivo em caso de paralisação dos trabalhos pelos empregados.

No entanto, entendemos que o presidente do Tribunal Regional do Trabalho não pode suscitar, de ofício, dissídio coletivo de greve em caso de paralisação do trabalho pelos obreiros, seja em função do princípio dispositivo (inércia da jurisdição), seja em função da Constituição Federal de 1988 (arts. 8.º, III e 114, § 2.º) que legitimou apenas aos sindicatos a propositura de ações coletivas, seja em decorrência da Lei de Greve (Lei 7.783/1989, art. 8.º), a qual somente possibilitou às próprias partes e ao Ministério Público propor ação em caso de paralisação dos trabalhos.

Outra exceção prevista na Consolidação das Leis do Trabalho em relação ao princípio dispositivo está materializada no art. 39, que permite que a Delegacia Regional do Trabalho – DRT (atualmente SRT – Superintendência Regional do Trabalho e Emprego) – encaminhe processo administrativo à Justiça do Trabalho, em que conste reclamação de trabalhador envolvendo a recusa de anotação da CTPS pela empresa ou sua devolução e posterior negativa de vínculo de emprego perante a autoridade fiscal.

1.6.2. Desenvolvimento do processo por impulso oficial

Na busca da solução do litígio, confere ao juiz a função de impulsionar o processo.

Uma vez proposta a demanda, por iniciativa da parte, caberá ao juiz impulsioná-la, de ofício, em busca da efetiva e célere prestação da tutela jurisdicional (art. 2º, 2ª parte, do CPC).

No Processo do Trabalho, esse princípio está consubstanciado no art. 765 da CLT, segundo o qual os juízos e tribunais do trabalho terão ampla liberdade na direção do processo e velarão pelo andamento rápido das causas, podendo determinar qualquer diligência necessária ao esclarecimento da celeuma.

Por sua vez, o art. 4.º da Lei 5.584/1970 também revela que nos dissídios de alçada (dissídios cujo valor da causa não ultrapasse a dois salários-mínimos) e naqueles em que os empregados ou empregadores reclamem pessoalmente, o processo poderá ser impulsionado de ofício pelo juiz.

Logo, objetivando impulsionar o processo, poderá o juiz ordenar as diligências que julgar necessárias ao deslinde da demanda, mesmo que as partes tenham permanecido inertes, consoante se observa no art. 370 do CPC, *in verbis*:

> "Art. 370. Caberá ao juiz, de ofício ou a requerimento da parte, determinar as provas necessárias ao julgamento do mérito.
>
> Parágrafo único. O juiz indeferirá, em decisão fundamentada, as diligências inúteis ou meramente protelatórias."

O art. 852-D da CLT (com redação dada pela Lei 9.957/2000, que instituiu o procedimento sumaríssimo) também dispõe que o juiz dirigirá o processo com liberdade para determinar as provas a serem produzidas, considerando o ônus probatório de cada litigante, podendo limitar ou excluir as que considerar excessivas, impertinentes ou protelatórias, bem como apreciá-las e dar especial valor às regras de experiência comum ou técnica.

Outrossim, o art. 878 da CLT permite que a execução trabalhista seja promovida *ex officio* pelo magistrado trabalhista nos casos em que as partes não estiverem representadas por advogado, o que caracteriza, também, manifestação do princípio inquisitivo.

Ainda em função do princípio inquisitório, o juiz tem a iniciativa da formação do litisconsórcio e do chamamento para integrar a lide, principalmente nos casos de solidariedade (grupo econômico, art. 2.º, § 2.º, da CLT), sucessão de empregadores (arts. 10 e 448 consolidados) ou de responsabilidade do empreiteiro principal nas subempreitadas (art. 455 da CLT).

1.6.3. Obediência à ordem cronológica de conclusão

Visando à concretização do princípio da igualdade e da duração razoável do processo, o art. 12 do CPC impõe aos juízes e aos tribunais atender, preferencialmente, à ordem cronológica de conclusão para proferir uma decisão final, ao estabelecer que "os juízes e os tribunais atenderão, preferencialmente, à ordem cronológica de conclusão para proferir sentença ou acórdão". Diante da omissão da CLT e sua compatibilidade com os princípios gerais do Processo do Trabalho não há como negar sua aplicabilidade de forma subsidiária à legislação processual trabalhista.

A regra aplica-se apenas às decisões finais, ou seja, as sentenças e acórdãos finais, de modo que ficam excluídas as decisões interlocutórias.

Conclusão é o "ato em que o escrivão ou chefe de secretaria (ou outro servidor) certifica que o processo está pronto para a decisão, pois nada mais há para ser feito, por isso, os autos (eletrônicos ou não) são "entregues" (eletronicamente ou não) ao gabinete do juiz para que ele profira a decisão".[13]

A lista de processos aptos a julgamento deverá estar permanentemente à disposição para consulta pública em cartório e na rede mundial de computadores (art. 12, § 1.º, do CPC).

Caso o processo já tenha sido incluído na lista, eventual requerimento posterior não o retira da mesma, salvo se necessário reabrir a instrução ou a conversão do julgado em diligência (art. 12, § 4.º, do CPC). Observa-se que o legislador preocupou-se em evitar manobras para retirar o processo da

---

13 Idem, op. cit.,v. 1. p. 146/147.

fila. Decidido o requerimento, o processo voltará à mesma posição em que anteriormente se encontrava na lista (art. 12, § 5.º, do CPC).

Ocupará o primeiro da fila nas listas já publicadas: a) sentenças ou acórdãos anulados, salvo se houver necessidade de diligência ou complementação de instrução e b) a hipótese do art. 1.040, II, do CPC (art. 12, § 6.º, do CPC).

A regra da obediência à ordem cronológica de conclusão, para que sejam proferidas sentenças ou acórdãos finais, tem exceções previstas no art. 12, § 2.º, do CPC, o qual conta com nove incisos, quais sejam:

> "Inciso I – as sentenças proferidas em audiência, homologatórias de acordo ou de improcedência liminar do pedido;
>
> Inciso II – o julgamento de processos em bloco para aplicação de tese jurídica firmada em julgamento de casos repetitivos;"

Podemos citar como exemplos as teses firmadas em incidentes de resolução de demandas repetitivas, em recurso de revista repetitivo e extraordinário repetitivo. Agrupam-se os processos para a aplicação da tese. Trata-se de técnica de aceleração dos julgados.

> "Inciso III – o julgamento de recursos repetitivos ou de incidente de resolução de demandas repetitivas;"

Trata-se do julgamento dos recursos de revista repetitivos pelo TST e incidentes de resolução de demandas repetitivas pelos TRTs. Determina o art. 12, § 3.º, do CPC que também para estas preferências legais deve-se elaborar uma lista própria, sendo respeitada a ordem cronológica das conclusões delas. Haverá uma lista de conclusão dos incidentes de resolução de demandas repetitivas e uma lista de julgamento de recursos de revista e extraordinários repetitivos.

> "Inciso IV – as decisões proferidas com base nos arts. 485 e 932;"

Apenas as decisões finais se submetem à observância da ordem cronológica de conclusão. As decisões referidas no art. 485 do CPC tratam-se daquelas que não resolvem o mérito, e as elencadas no art. 932 da CLT referem-se às proferidas monocraticamente pelo relator.

> "Inciso V – o julgamento de embargos de declaração;"

O julgamento de embargos de declaração integra o julgamento do embargado. Trata-se de um complemento dele, isto é, de sua continuação; logo, se a sentença ou o acórdão já foram proferidos, os embargos, visando à sua complementação não precisam ficar fila.

> "Inciso VI – o julgamento de agravo interno;"

O agravo interno trata-se de recurso cabível contra a decisão do relator. Não faria sentido incluir na fila o agravo interno quando a própria decisão monocrática do relator, prevista no art. 932 do CPC, está excluída. Ressalte-se que o caso já foi julgado monocraticamente pelo relator, de maneira que o agravo apenas submete a decisão à revisão pelo órgão colegiado.

> "Inciso VII – as preferências legais e as metas estabelecidas pelo Conselho Nacional de Justiça;"

São preferências legais os casos em que o legislador estabelece que deve haver tramitação preferencial do feito: a) feitos em que figure como parte ou interessado pessoa com idade igual ou superior a 60 anos – idoso (art. 1.048, I, do CPC); b) casos regulamentados no Estatuto da Criança e do Adolescente (art. 1.048, II, do CPC); c) dissídios que versem apenas sobre salários ou decorra da falência do empregador (art. 652 da CLT); d) Portadores de doença grave, assim considerados os elencados no art. 6.º, XIV, da Lei 7.713/1988:

> "Art. 6.º, XIV, da Lei 7.713/1988. Os proventos de aposentadoria ou reforma motivada por acidente em serviço e os percebidos pelos portadores de moléstia profissional, tuberculose ativa, alienação mental, esclerose múltipla, neoplasia maligna, cegueira, hanseníase, paralisia irreversível e incapacitante, cardiopatia grave, doença de Parkinson, espondiloartrose anquilosante, nefropatia grave, hepatopatia grave, estados avançados da doença de Paget (osteíte deformante), contaminação por radiação, síndrome da imunodeficiência adquirida, com base em conclusão da medicina especializada, mesmo que a doença tenha sido contraída depois da aposentadoria ou reforma."

O CNJ terá importante atividade na eficiência na medida em que pode definir ações que terão prioridade de tramitação, como as ações coletivas, por exemplo.

A inobservância das metas do CNJ para julgamento com prioridade de processos ajuizados em determinado ano pode acarretar infração disciplinar.

É preciso criar uma lista de conclusão para as preferências legais (art. 12, § 3.º, do CPC).

> "Inciso VIII – os processos criminais, nos órgãos jurisdicionais que tenham competência penal;"

Esta exceção não se aplica á Justiça do Trabalho, na medida em que esta não tem competência penal (ADI 3.684).

> "Inciso IX – a causa que exija urgência no julgamento, assim reconhecida por decisão fundamentada."

Tratam-se das situações excepcionais, como, por exemplo, o pedido de entrega da CTPS para que o empregado possa ingressar em novo emprego.

O descumprimento da regra poderá levar o terceiro preterido a representar contra o juiz no respectivo tribunal e no Conselho Nacional de Justiça.

Ressalte-se, entretanto, que não é o caso de nulidade da decisão, por ausência de norma nesse sentido e também porque o desrespeito à ordem cronológica de conclusão não prejudica a nenhuma das partes. Embora o prejuízo seja de terceiros, a decisão proferida antes não tem por objeto qualquer direito de terceiro, por isso, não autoriza recurso de terceiro com o objetivo de invalidar a decisão.

O desrespeito à ordem cronológica, por si só, não pode caracterizar a suspeição do juiz, mas pode constituir indício desta por interesse no julgamento do processo em favor de uma das partes (art. 145, IV, do CPC).

A regra de transição está prevista no art. 1.046, § 5.º, do CPC, segundo o qual "a primeira lista de processos para julgamento em ordem cronológica observará a antiguidade da distribuição entre os já conclusos na data da entrada em vigor deste Código".

As principais críticas negativas dirigidas a esta regra são no sentido de que: a) ingressa a gestão de gabinete e b) impede a aplicação do princípio da eficiência. Já as positivas são no sentido de que: a) cria-se um modelo de gestão de gabinete para aqueles que não tinham; b) os processos mais complicados serão julgados; e c) haverá maior equilíbrio entre o trabalho das varas do trabalho, evitando que algumas julguem muito mais reclamações que outras por priorizarem os processos mais fáceis que demandam menos tempo.

A regra de obediência à ordem de julgamento estende-se à atuação dos servidores ou chefes de secretarias.

Nos termos do art. 153 do CPC, "o escrivão ou o chefe de secretaria atenderá, preferencialmente, à ordem cronológica de recebimento para publicação e efetivação dos pronunciamentos judiciais".

A lista de processos recebidos deverá ser disponibilizada, de forma permanente, para consulta pública (art. 153, § 1.º, do CPC).

Estão excluídos da regra da obediência e ordem cronológica de recebimento apenas dois casos: a) os atos urgentes, assim reconhecidos pelo juiz no pronunciamento judicial a ser efetivado, e b) as preferências legais (art. 153, § 2.º, do CPC).

Serão elaboradas listas próprias de situações de urgência e preferências legais. Após a criação das destas, respeitar-se-á a ordem cronológica de recebimento entre os atos urgentes e as preferências legais.

A parte que se considerar preterida na ordem cronológica poderá reclamar, nos próprios autos, ao juiz do processo, que requisitará informações ao servidor, a serem prestadas no prazo de 2 (dois) dias (art. 153, § 4.º, do CPC).

Constatada a preterição, o juiz determinará o imediato cumprimento do ato e a instauração de processo administrativo disciplinar contra o servidor (art. 153, § 5.º, do CPC).

1.7. FONTES FORMAIS DO DIREITO PROCESSUAL DO TRABALHO

As fontes formais do Direito Processual do Trabalho são as seguintes:

a) Constituição Federal;
b) Consolidação das Leis do Trabalho – CLT (Decreto-lei 5.452/1943);
c) Lei 5.584/1970, que estabelece normas procedimentais aplicáveis ao Processo do Trabalho;
d) Código de Processo Civil aplicado supletiva e subsidiariamente em caso de lacuna na Consolidação das Leis do Trabalho (art. 769 consolidado e art. 15, CPC) e desde que haja compatibilidade com os princípios laborais;
e) Lei 6.830/1980 (dispõe sobre a cobrança judicial da dívida ativa da Fazenda Pública), aplicada subsidiariamente na execução trabalhista (art. 889 da CLT);
f) Lei 7.701/1988, que estabelece normas sobre a organização e especialização dos tribunais em processos individuais e coletivos;
g) Lei Complementar 75/1993, que regulamentou o Ministério Público da União, do qual integra o Ministério Público do Trabalho, onde encontramos diversos instrumentos de ação de seus membros no âmbito da Justiça do Trabalho (ação civil pública, ação anulatória de cláusula convencional, dissídio coletivo em caso de greve etc.);
h) Lei 7.347/1985, que regulamenta a ação civil pública;
i) Lei 8.078/1990, que estatui o Código de Defesa do Consumidor;
j) Lei 8.069/1990, que dispõe sobre o Estatuto da Criança e do Adolescente;
k) Decreto-lei 779/1969, que institui prerrogativas processuais à Fazenda Pública;
l) toda e qualquer lei complementar, lei ordinária, medida provisória, decretos legislativos e resoluções do Congresso Nacional, incluindo os decretos-leis, ou mesmo normas sobre procedimentos encontradas nos Regimentos Internos dos Tribunais, que versem sobre normas e princípios de direito processual trabalhista.

Além dessas, são também fontes formais do Processo do Trabalho os precedentes obrigatórios, previstos no art. 927 do CPC, adaptados a este diploma processual, que os juízes e tribunais devem observar. São eles: as decisões do Supremo Tribunal Federal em controle concentrado de constitucionalidade; os enunciados de súmula vinculante; os acórdãos em incidente de assunção de competência ou de resolução de demandas repetitivas e em julgamento de recursos extraordinário e de revista repetitivos; os enunciados das súmulas do Supremo Tribunal Federal em matéria constitucional e do Tribunal Superior do Trabalho em matéria infraconstitucional e a orientação do plenário ou do órgão especial aos quais estiverem vinculados.

1.8. RESUMO DA MATÉRIA

1. Direito Processual do Trabalho é o ramo da ciência jurídica dotado de normas e princípios próprios para a atuação do direito do trabalho e que disciplina a atividade das partes, juízes e seus auxiliares, no processo individual e coletivo do trabalho.

2. Em relação à autonomia do Direito Processual do Trabalho perante o direito processual comum, ainda existem divergências na doutrina, nascendo duas teorias, a monista e a dualista.

3. A teoria monista, minoritária, preconiza que o direito processual é unitário, formado por normas que não diferem substancialmente a ponto de justificar-se a divisão e autonomia do Direito Processual do Trabalho, do direito processual civil e do direito processual penal.

4. A teoria dualista, significativamente majoritária, sustenta a autonomia do Direito Processual do Trabalho perante o direito processual comum, uma vez que o direito instrumental laboral possui regulamentação própria na CLT, sendo inclusive dotados de princípios e peculiaridades que o diferenciam, substancialmente, do processo civil. Frise-se, também, que é o próprio texto consolidado que determina a aplicação, apenas subsidiária, das regras de processo civil, em caso de lacuna da norma instrumental trabalhista (art. 769 da CLT).

5. O direito processual pátrio adota o sistema denominado "isolamento dos atos processuais", o qual estabelece que, estando em desenvolvimento um processo, a lei processual nova regulará apenas os atos processuais que serão praticados após sua vigência, não alcançando os atos já realizados sob a égide da lei anterior, os quais serão considerados válidos, produzindo todos os regulares efeitos previstos pela lei velha.

6. Logo, os atos processuais já praticados antes da entrada em vigor da lei processual nova estarão resguardados, por constituírem ato jurídico perfeito e acabado, ou seja, os atos processuais praticados sob vigência da lei revogada mantêm plena eficácia depois de promulgada a lei nova, mesmo que esta estabeleça preceitos de conteúdos diferentes.

7. Nessa esteira, os atos processuais não são atingidos pelo atual dispositivo legal, tendo em vista o princípio da irretroatividade da norma processual. Todavia, no caso de lei processual nova cujo conteúdo envolva disposições atinentes à jurisdição e competência terá a mesma aplicação imediata, regendo o processo e julgamento de fatos anteriores à sua promulgação.

8. A eficácia da lei processual no espaço diz respeito ao território em que vai ser aplicado o dispositivo legal.

9. No Brasil, prevalece o princípio da territorialidade, vigorando a lei processual trabalhista em todo o território nacional, sendo aplicada tanto aos brasileiros quanto aos estrangeiros residentes no Brasil.

10. Destaque-se, todavia, que a execução da sentença estrangeira no Brasil depende de homologação do Superior Tribunal de Justiça, nos termos do art. 105, I, *i*, da CF/1988, conhecida esta homologação como "juízo de delibação".

11. Princípios são proposições genéricas, abstratas, que fundamentam e inspiram o legislador na elaboração da norma.

12. Exercem os princípios uma tríplice função: informativa, normativa e interpretativa.

13. O princípio do devido processo legal (due process of law) é, sem dúvida, um dos mais importantes princípios constitucionais, encontrandose previsto, expressamente, no art. 5.º, LIV, da CF/1988, dispondo que ninguém será privado da liberdade ou de seus bens sem o devido processo legal.

14. O princípio da dignidade da pessoa humana está fundamentado no art. 8.º do CPC, e impõe ao julgador o dever de resguardar e promover a dignidade da pessoa humana. Resguardar significa aplicar adequadamente a norma jurídica e não violar a dignidade. Já promover significa que o julgado deverá agir para assegurar a dignidade da pessoa humana, como, por exemplo, determinar a tramitação preferencial do feito em processo em que seja parte pessoa "portadora de doença grave" que não esteja no rol do art. 1.048, I, do CPC.

15. A CF/1988, no art. 5.º, LV, assegura aos litigantes, em processo judicial ou administrativo (inclusive no âmbito trabalhista), e aos acusados em geral, o contraditório e a ampla defesa, com os meios e recursos a eles inerentes.

16. O Código de Processo Civil assegura o princípio do contraditório com o mesmo viés da Constituição, em seus arts. 9.º, 7.º e 10. O contraditório é a garantia de efetiva participação das partes no desenvolvimento de todo o litígio, mediante a possibilidade de influírem, em igualdade de condições, no convencimento do magistrado. O contraditório, portanto, garante às partes o direito de se manifestarem sobre qualquer questão relevante do processo, mesmo que o juiz possa conhecer de ofício.

17. O contraditório e a ampla defesa se completam (art. 5.º, LV, CF). Citando Delosmar Mendonça Junior,[14] Fredie Didier Junior[15] bem explica essa conexão entre o contraditório e a ampla defesa: "São figuras conexas, sendo que ampla defesa qualifica o contraditório. Não há contraditório sem defesa. Igualmente é lícito dizer que não há defesa sem contraditório (...) O contraditório é o instrumento de atuação do direito de defesa, ou seja, esta se realiza através do contraditório.

18. O princípio da duração razoável do processo é corolário do princípio do devido processo legal. Processo devido é processo com duração razoável.

19. O Código de Processo Civil inova ao prestigiar a primazia da decisão de mérito, assegurando às partes o direito à solução integral do mérito e, assim, determinando ao juízo, em qualquer fase do processo, que priorize a decisão de mérito.

20. O princípio da igualdade extrai-se do art. 5.º, *caput*, da CF, segundo o qual todos são iguais perante a lei, assegurando às partes, na relação processual, a paridade de armas,[16] ou seja, que tenham as mesmas oportunidades no processo.

21. A igualdade não significa tratar todas as pessoas da mesma forma, mas tratar os iguais na medida das suas igualdades e os desiguais na exata medida das suas desigualdades.

22. O princípio da boa-fé está expressamente previsto no Código de Processo Civil, em seu art. 5.º, o que não ocorria no Código de 1973: "art. 5.º, CPC. Aquele que de qualquer forma participa do processo deve comporta-se de acordo com a boa-fé". A boa-fé referida no art. 5.º do CPC é a boa-fé objetiva, ou seja, para sua verificação não se investiga a intenção do sujeito, mas a sua conduta objetivamente considerada. O princípio é o da boa-fé objetiva. Não há princípio da boa-fé subjetiva. O princípio da boa-fé é uma cláusula geral processual, isto é, as hipóteses que a caracterizam são indeterminadas, cabendo aos tribunais definir os comportamentos de acordo com o princípio da boa-fé.

23. O princípio da cooperação está expressamente previsto no art. 6.º do Código de Processo Civil: "art. 6.º, CPC. Todos os sujeitos do processo

[14] Op. cit., p. 55.

[15] Op. cit., p. 85.

[16] "Paridade de armas" é uma expressão de Ada Pellegrini Grinover.

devem cooperar entre si para que se obtenha, em tempo razoável, decisão de 'mérito justa e efetiva". O princípio em questão destina-se a todos os sujeitos do processo e visa torná-lo cooperativo, ou seja, em equilíbrio, criando um ambiente em que as partes atuem com lealdade.

24. O poder de autorregrar-se decorre do próprio princípio da liberdade e ele não pode ficar afastado do processo. Muito embora não estejam referidos nos doze primeiros artigos do CPC, que trata das normas fundamentais, o Código de Processo Civil prestigia o princípio do respeito ao autorregramento da vontade em diversos artigos e, muitos deles, podem ser aplicáveis ao Processo do Trabalho, como, por exemplo: a) o calendário processual, previsto no art. 191 do CPC, ou seja, de comum acordo, partes e juiz poderão fixar a data para a prática dos atos processuais, como audiências, prazo para manifestações, prazo para a entrega de laudo pericial. Em relação a tais atos, não haverá intimação; b) escolha consensual do perito (art. 471 do CPC) etc.

25. O princípio do juiz natural preceitua que não haverá juízo ou tribunal de exceção (art. 5.º, XXXVII, CF/1988) e que ninguém será processado nem sentenciado senão pela autoridade competente (art. 5.º, LIII, CF/1988).

26. Os arts. 93, IX, da CF/1988 e 832 da CLT contemplam o princípio da motivação das decisões, ou seja, a regra é que as decisões devem ser sempre fundamentadas, motivadas.

27. O art. 496 do CPC estabelece o duplo grau de jurisdição obrigatório (chamado de reexame necessário) nos casos de sentença proferida em face de pessoas jurídicas de direito público (União, Estado, Distrito Federal, Municípios, Autarquias e Fundações Públicas), bem como a sentença que julgar procedente, no todo ou em parte, os embargos à execução de dívida ativa da Fazenda Pública.

28. Não haverá o reexame necessário quando a condenação ou o direito controvertido for de valor certo não excedente: a) 1.000 salários-mínimos para a União e respectivas autarquias e fundações de direito público; b) 500 salários-mínimos para os Estados, o Distrito Federal, as respectivas autarquias e fundações de direito público e os Municípios que constituam capitais dos Estados; c) 100 salários-mínimos para todos os demais Municípios e respectivas autarquias e fundações de direito público (art. 496, § 3.º, I, II e III, do CPC).

29. Também não se aplica o disposto no art. 496, § 4.º, do CPC quando a sentença estiver fundada em: "a) súmula de tribunal superior; b) acórdão proferido pelo Supremo Tribunal Federal ou pelo Superior Tribunal de Justiça em julgamento de recursos repetitivos; c) entendimento firmado em incidente de resolução de demandas repetitivas ou de assunção de competência; d) entendimento coincidente com orientação vinculante firmada no âmbito administrativo do próprio ente público, consolidada em manifestação, parecer ou súmula administrativa" (art. 496, § 4.º, I, II, III e IV, do CPC).

30. O princípio da inafastabilidade da jurisdição, também conhecido como princípio da tutela jurisdicional ou sistema de jurisdição única, está previsto na CF/1988, em seu art. 5.º, XXXV, ao dispor que a lei não excluirá da apreciação do Poder Judiciário lesão ou ameaça a direito.

31. A CLT tem dois artigos que versam sobre a aplicação subsidiária da legislação processual comum ao Processo do Trabalho: arts. 769 e 889 da CLT. Discute-se, também, se o CPC passou a ter uma incidência mais abrangente, uma vez que o art. 15 refere-se à sua aplicação de forma subsidiária (quando houver omissão) e supletiva (para complementar uma norma já existente). Em nossa opinião, nada mudou em relação ao que já era aplicável. O CPC sempre teve aplicação no Processo do Trabalho de forma supletiva, como, por exemplo, quanto à multa por embargos de declaração protelatório. A CLT sempre versou sobre os embargos de declaração em seu art. 897-A, o qual não trata da multa. Apesar disso, nunca se questionou a aplicação supletiva do CPC neste particular (art. 1.026, §§ 2.º e 3.º, do CPC). Também podemos citar como exemplo a arrematação. A CLT regulamenta a matéria em seu art. 888, § 1.º, determinando que a arrematação ocorrerá pelo melhor lance. Apesar disso, sempre se aplicou o art. 891 do CPC, consoante o qual "não se aceitará lance que ofereça preço vil".

32. O princípio da concentração dos atos processuais objetiva que a tutela jurisdicional seja prestada no menor tempo possível, concentrando os atos processuais em uma única audiência, o que ocorre no procedimento sumaríssimo, em que as demandas serão instruídas e julgadas em audiência única.

33. No Processo do Trabalho, o princípio da oralidade materializa-se na leitura da reclamação (art. 847 da CLT), defesa oral em 20 minutos (art. 847 da CLT), 1.ª e 2.ª tentativas de conciliação (arts. 846 e 850 da CLT), interrogatório das partes (art. 848 da CLT), oitiva das testemunhas (art. 848, § 2.º, da CLT), razões finais em 10 minutos (art. 850 da CLT) e protesto em audiência (art. 795 da CLT).

34. O princípio da identidade física do juiz instituía que o juiz que colhia a prova é quem deveria proferir a sentença. Ressalte-se que este princípio não vigora mais no atual Código de Processo Civil, de modo que também não se aplica ao Processo do Trabalho.

35. O princípio da imediação ou da imediatidade permite um contato direto do juiz com as partes, testemunhas, peritos, terceiros e com a própria coisa litigiosa, objetivando firmar o seu convencimento, mediante a busca da verdade real. O Código de Processo Civil aplica esse princípio em alguns casos, conforme demonstram os seus arts. 139, VIII, e 481 do CPC.

36. O art. 893, § 1.º, da CLT contempla o princípio da irrecorribilidade imediata das decisões interlocutórias, ao dispor que as decisões interlocutórias não são recorríveis de imediato, somente permitindo-se a apreciação do seu merecimento em recurso de decisão definitiva.

37. O Tribunal Superior do Trabalho, por meio da Súmula 214, dispôs que na Justiça do Trabalho, nos termos do art. 893, § 1.º, da CLT, as decisões interlocutórias não ensejam recurso imediato, salvo nas hipóteses de decisão: a) de Tribunal Regional do Trabalho contrária à Súmula ou Orientação Jurisprudencial do Tribunal Superior do Trabalho; b) suscetível de impugnação mediante recurso para o mesmo Tribunal; c) que acolhe exceção de incompetência territorial, com a remessa dos autos para Tribunal Regional distinto daquele a que se vincula o juízo excepcionado, consoante o disposto no art. 799, § 2.º, da CLT.

38. O princípio da imparcialidade do juiz, contemplado no art. 10 da Declaração Universal dos Direitos do Homem, assegura a igualdade de tratamento das partes e a garantia de justiça.

39. O princípio da conciliação é contemplado no art. 764 da CLT, que preceitua que os dissídios individuais ou coletivos submetidos à apreciação da Justiça do Trabalho serão sempre sujeitos à conciliação.

40. O princípio do *jus postulandi* da parte está consubstanciado no art. 791 da CLT, o qual estabelece que os empregados e os empregadores poderão reclamar pessoalmente perante a Justiça do Trabalho e acompanhar as suas reclamações até o final. Todavia, em caso de recurso endereçado ao Supremo Tribunal Federal, ao Superior Tribunal de Justiça e ao Tribunal Superior do Trabalho, deverá ele ser subscrito por advogado, sob pena de o apelo não ser conhecido. Conforme estabelecido na Súmula 425 do TST, "o jus postulandi das partes, estabelecido no art. 791 da CLT, limita-se às Varas do Trabalho e aos Tribunais Regionais do Trabalho, não alcançando a ação rescisória, a ação cautelar, o mandado de segurança e os recursos de competência".

41. O art. 77 do CPC expressa que são deveres das partes e de todos aqueles que de qualquer forma participam do processo proceder com lealdade e boa-fé, devendo agir com probidade.

42. O princípio da eventualidade determina que as partes aduzam, de uma só vez, a todas as matérias de ataque e defesa, objetivando resguardar seu próprio interesse, sob pena de operar-se a denominada preclusão.

43. A perempção consiste na perda pela parte do direito de praticar determinado ato processual ou mesmo de prosseguir com a demanda em função da sua própria inércia, ao deixar expirar o prazo legal para o exercício do direito.

44. O Código de Processo Civil consagrou o instituto da perempção ao estabelecer, nos arts. 485, III, e 486, § 3.º, do CPC, que, se o autor der causa à extinção do processo sem resolução do mérito por três vezes, em função de não ter promovido os atos e diligências que lhe competirem, abandonando a causa por mais de 30 dias, não poderá intentar nova ação contra o réu com o mesmo objeto, ficando-lhe ressalvada, entretanto, a possibilidade de alegar em defesa o seu direito.

45. No campo do Direito Processual do Trabalho, apenas encontramos a figura da perempção provisória, prevista nos arts. 731 e 732 da CLT, que impedem, temporariamente (pelo prazo de seis meses), a parte de ajuizar reclamação trabalhista em face do mesmo reclamado, envolvendo o mesmo objeto, quando, proposta reclamação verbal, o autor não se apresentar no prazo de 5 (cinco) dias à Vara ou Juízo para reduzi-la a termo, ou mesmo quando der causa a dois arquivamentos seguidos da ação trabalhista, por não ter comparecido à audiência.

46. Pelo princípio da impugnação especificada, o reclamado deve manifestar-se, precisa e especificamente, sobre os fatos narrados na petição inicial, não se admitindo a defesa por negação geral. A defesa por mera negativa geral não produz qualquer efeito jurídico, equivalendo à própria inexistência de contestação.

47. Pelo princípio da proteção, o caráter tutelar, protecionista, tão evidenciado no direito material do trabalho, também é aplicável no âmbito do Processo do Trabalho, o qual também é permeado de normas, que, em verdade, objetivam proteger o trabalhador, parte hipossuficiente da relação jurídica laboral, podendo-se destacar os seguintes dispositivos protetivos: gratuidade de justiça ao trabalhador, inversão do ônus da prova beneficiando o empregado, impulso oficial do juiz nas execuções trabalhistas, o arquivamento da ação trabalhista em face da ausência do reclamante à audiência, a obrigatoriedade do depósito recursal para a empresa em caso de eventual recurso, a distribuição obrigatória da ação trabalhista na localidade onde efetivamente o obreiro laborou.

48. A Consolidação das Leis do Trabalho consagrou o princípio da busca da verdade real no art. 765, ao dispor que os juízos e tribunais do trabalho terão ampla liberdade na direção do processo e velarão pelo andamento rápido das causas, podendo determinar qualquer diligência necessária ao esclarecimento delas.

49. A EC 45/2004, ao alterar o § 2.º do art. 114 da Carta Maior, limitou, consideravelmente, o poder normativo da Justiça do Trabalho, visto que, doravante, o dissídio coletivo de natureza econômica somente poderá ser proposto se houver mútuo acordo, quer dizer, se houver a concordância de ambos os entes sindicais.

50. O princípio da extrapetição permite que o juiz, nos casos expressamente previstos em lei, condene o réu em pedidos não contidos na petição inicial, isto é, autoriza o julgador a conceder mais do que o pleiteado, ou mesmo vantagem diversa da que foi requerida.

51. No âmbito do Processo do Trabalho também podemos mencionar alguns exemplos da aplicação do princípio da extrapetição, como as hipóteses previstas nos arts. 137, § 2.º, 467 e 496, todos da CLT, bem como na Súmula 211 do TST.

52. O princípio da instrumentalidade ou da finalidade, que está consubstanciado nos arts. 188 e 277 do CPC, determina que serão válidos os atos que, embora realizados de outra forma, alcançarem a sua finalidade, desde que a lei não preveja a sua nulidade.

53. O princípio da *perpetuatio jurisdictionis* está consagrado no art. 43 do CPC que estabelece a fixação da competência no momento em que a ação é proposta, sendo irrelevantes as modificações do estado de fato ou de direito ocorridas posteriormente, salvo quando suprimirem o órgão judiciário ou alterarem a competência em razão da matéria ou da hierarquia.

54. O princípio da estabilidade da lide possibilita que o autor, até a citação, possa aditar ou alterar o pedido ou a causa de pedir, independentemente de consentimento do réu (art. 329, I, do CPC). Todavia, até o saneamento, é defeso ao autor aditar ou alterar o pedido e a causa de pedir, com consentimento do réu, assegurado o contraditório mediante a possibilidade de manifestação deste no prazo mínimo de 15 (quinze) dias, facultado o requerimento de prova suplementar (art. 329, II, do CPC).

55. Transportando o princípio da estabilidade da lide para o Processo do Trabalho, respeitadas as suas peculiaridades, e considerando que a defesa pelo demandado somente é apresentada em audiência (art. 847 da CLT), nada obsta que o reclamante, na própria audiência, antes da apresentação da peça de resistência pelo reclamado, adite ou modifique sua peça vestibular, desde que sejam respeitados os princípios do contraditório e da ampla defesa, tendo o réu prazo para manifestar-se sobre o aditamento.

56. As normas fundamentais do processo civil estão dispostas nos doze primeiros artigos e dividem-se em princípios e três regras: instauração do processo por iniciativa da parte, impulso oficial e obediência à ordem cronológica de conclusão.

57. O art. 2.º do CPC informa que o processo começa por iniciativa da parte e se desenvolve por impulso oficial, salvo as exceções previstas em lei.

58. Uma vez proposta a demanda, por iniciativa da parte, caberá ao juiz impulsioná-la, de ofício, em busca da efetiva e célere prestação da tutela jurisdicional (art. 2.º, 2ª parte, do CPC).

59. Visando à concretização do princípio da igualdade e da duração razoável do processo, o art. 12, CPC impõe aos juízes e aos tribunais atender, preferencialmente, à ordem cronológica de conclusão para proferir uma decisão final, ao estabelecer que "os juízes e os tribunais atenderão, preferencialmente, à ordem cronológica de conclusão para proferir sentença ou acórdão". Diante da omissão da CLT e sua compatibilidade com os princípios gerais do Processo do Trabalho não há como negar sua aplicabilidade de forma subsidiária à legislação processual trabalhista.

60. A regra de obediência à ordem de julgamento estende-se à atuação dos servidores ou chefes de secretarias. À luz do art. 153, CPC, "o escrivão ou chefe de secretaria deverá obedecer à ordem cronológica de recebimento para publicação e efetivação dos pronunciamentos judiciais".

61. As fontes formais do Direito Processual do Trabalho são as seguintes: Constituição Federal, CLT, Lei 5.584/1970, CPC, Lei 6.830/1980, Lei 7.701/1988, LC 75/1993, Lei 7.347/1985, Lei 8.078/1990, Lei 8.069/1990, Decreto-lei 779/1969, bem como toda e qualquer lei complementar, lei ordinária, medida provisória, decretos legislativos e resoluções do Congresso Nacional, incluindo os decretos-leis, ou mesmo normas sobre procedimentos encontradas nos Regimentos Internos dos Tribunais, que versem sobre normas e princípios de direito processual trabalhista.

62. Também são fontes formais do Processo do Trabalho os precedentes obrigatórios, previstos no art. 927 do CPC, adaptados a este diploma processual, que os juízes e tribunais devem observar. São eles: as decisões do Supremo Tribunal Federal em controle concentrado de constitucionalidade; os enunciados de súmula vinculante; os acórdãos em incidente de assunção de competência ou de resolução de demandas repetitivas e em julgamento de recursos extraordinário e de revista repetitivos; os enunciados das súmulas do Supremo Tribunal Federal em matéria constitucional e do Tribunal Superior do Trabalho em matéria infraconstitucional e a orientação do plenário ou do órgão especial aos quais estiverem vinculados.

2

ORGANIZAÇÃO DA JUSTIÇA DO TRABALHO, COMPETÊNCIA

2.1. ORGANIZAÇÃO DA JUSTIÇA DO TRABALHO

2.1.1. Introdução

O art. 111 da CF/1988 define como órgãos da Justiça do Trabalho:

- o Tribunal Superior do Trabalho (TST);
- os Tribunais Regionais do Trabalho (TRTs);
- os juízes do trabalho.

O Judiciário trabalhista, portanto, é dividido em três graus de jurisdição, quais sejam: TST (terceiro grau de jurisdição), TRTs (segundo grau de jurisdição) e os juízes do trabalho (primeiro grau de jurisdição, que exercem a jurisdição nas Varas do Trabalho).

A EC 45/2004 implementou algumas mudanças na organização da Justiça do Trabalho, as quais serão examinadas neste capítulo.

2.1.2. Tribunal Superior do Trabalho

O TST surgiu em 1946, ano em que a Justiça do Trabalho foi integrada ao Poder Judiciário.

O Tribunal Superior do Trabalho é o órgão de cúpula da Justiça do Trabalho, com sede em Brasília e jurisdição em todo o território nacional.

A EC 45/2004, dispondo sobre o TST, criou o art. 111-A da CF/1988, cuja redação, alterada pela EC 92, de 2016, é a seguinte:

> "Art. 111-A. O Tribunal Superior do Trabalho compor-se-á de vinte e sete Ministros, escolhidos dentre brasileiros com mais de trinta e cinco e menos de sessenta e cinco anos, de notável saber jurídico e reputação ilibada nomeados pelo Presidente da República após aprovação pela maioria absoluta do Senado Federal, sendo:
>
> I – um quinto dentre advogados com mais de dez anos de efetiva atividade profissional e membros do Ministério Público do Trabalho com mais de dez anos de efetivo exercício, observado o disposto no art. 94;
>
> II – os demais dentre juízes dos Tribunais Regionais do Trabalho, oriundos da magistratura da carreira, indicados pelo próprio Tribunal Superior.
>
> § 1.º A lei disporá sobre a competência do Tribunal Superior do Trabalho.
>
> § 2.º Funcionarão junto ao Tribunal Superior do Trabalho:
>
> I – a Escola Nacional de Formação e Aperfeiçoamento de Magistrados do Trabalho, cabendo-lhe, dentre outras funções, regulamentar os cursos oficiais para o ingresso e promoção na carreira;
>
> II – o Conselho Superior da Justiça do Trabalho, cabendo-lhe exercer, na forma da lei, a supervisão administrativa, orçamentária, financeira e patrimonial da Justiça do Trabalho de primeiro e segundo graus, como órgão central do sistema, cujas decisões terão efeito vinculante."

O TST é composto por 27 ministros, escolhidos dentre brasileiros com mais de 35 e menos de 65 anos, nomeados pelo Presidente da República, após aprovação da maioria absoluta do Senado Federal.

A EC 24/1999 extinguiu a representação classista em todos os níveis na Justiça do Trabalho.

Da totalidade de 27 ministros, deverá ser observado o quinto constitucional em relação aos membros provenientes do Ministério Público do Trabalho e da OAB, sendo o restante dos magistrados escolhido dentre juízes dos TRTs, oriundos da magistratura de carreira.

A escolha dos membros oriundos do quinto constitucional ocorre da seguinte maneira: primeiro é apresentada ao TST uma lista sêxtupla elaborada pela OAB e pelo Ministério Público indicando os nomes. Recebidas as indicações, o tribunal formará uma lista tríplice. Essa lista é encaminhada ao chefe do Poder Executivo, que, no prazo de 20 dias, escolhe um dentre os três nomes. O escolhido é sabatinado, e, se aprovado pelo Senado, ele será nomeado pelo Presidente da República.

Os magistrados do TST recebem o título constitucional de ministros, a exemplo de todos os tribunais superiores e do próprio Tribunal de Contas da União.

Determina o art. 65 do Regimento Interno do TST os órgãos que o compõem:

- I – Tribunal Pleno;
- II – Órgão Especial;
- III – Seção Especializada em Dissídios Coletivos;
- IV – Seção Especializada em Dissídios Individuais, dividida em duas subseções; e
- V – Turmas.

O art. 111-A da CF/1988 criou, ainda, dois órgãos, que funcionarão junto ao TST, e que também estão previstos no parágrafo único do art. 65 do Regimento Interno do TST, quais sejam:

- **Escola Nacional de Formação e Aperfeiçoamento de Magistrados do Trabalho** – cabendo-lhe, dentre outras funções, regulamentar os cursos oficiais para ingresso e promoção na carreira;
- **Conselho Superior da Justiça do Trabalho** – cabendo-lhe exercer, na forma da lei, a supervisão administrativa, orçamentária, financeira e patrimonial da Justiça do Trabalho de primeiro e segundo graus, como órgão central do sistema, cujas decisões terão efeito vinculante.

Frise-se, por último, que o art. 95, parágrafo único, V, da CF/1988, com redação dada pela EC 45/2004, proíbe que o juiz exerça a advocacia no juízo ou tribunal do qual se afastou, antes de decorridos três anos do desligamento do cargo por aposentadoria ou exoneração.

Portanto, sendo aposentado ou exonerado um Ministro do TST, este não poderá exercer a advocacia, pelo prazo de três anos perante o próprio TST, órgão em que atuou antes da aposentadoria ou exoneração.

2.1.3. Tribunais Regionais do Trabalho

A exemplo do TST, em 1946, quando a Justiça do Trabalho foi integrada ao Poder Judiciário, surgiram os TRTs, em substituição aos Conselhos Regionais do Trabalho.

A EC 45/2004 conferiu nova redação ao art. 115 da Carta Maior, dispondo sobre os TRTs. Vejamos a redação do dispositivo constitucional em comento:

> "Art. 115. Os Tribunais Regionais do Trabalho compõem-se de, no mínimo, sete juízes, recrutados, quando possível, na respectiva região, e nomeados pelo Presidente da República dentre brasileiros com mais de trinta e menos de sessenta e cinco anos, sendo:
>
> I – um quinto dentre advogados com mais de dez anos de efetiva atividade profissional e membros do Ministério Público do Trabalho com mais de dez anos de efetivo exercício, observado o disposto no art. 94;
>
> II – os demais, mediante promoção de juízes do trabalho por antiguidade e merecimento, alternadamente.
>
> § 1.º Os Tribunais Regionais do Trabalho instalarão a justiça itinerante, com a realização de audiências e demais funções de atividade jurisdicional, nos limites territoriais da respectiva jurisdição, servindo-se de equipamentos públicos e comunitários.
>
> § 2.º Os Tribunais Regionais do Trabalho poderão funcionar descentralizadamente, constituindo Câmaras regionais, a fim de assegurar o pleno acesso do jurisdicionado à justiça em todas as fases do processo."

Anteriormente, a Constituição da República previa que haveria pelo menos um TRT em cada Estado.

Atualmente, em conformidade com o art. 674 da CLT, o território nacional está dividido em 24 regiões para efeito de Jurisdição dos Tribunais Regionais. Portanto, hoje existem 24 regiões e 24 Tribunais Regionais do Trabalho, sendo dois deles situados no Estado de São Paulo, o da 2.ª Região (capital de São Paulo, região metropolitana e Baixada Santista) e o da 15.ª Região (cidade de Campinas e cidades do interior de São Paulo). Não há Tribunal Regional do Trabalho nos seguintes Estados: Tocantins, Amapá, Roraima e Acre.

Compete aos Tribunais Regionais do Trabalho elaborar seu próprio Regimento Interno (art. 96, I, "a", da CF/1988).

O art. 115 da Constituição da República estabelece que os TRTs são compostos, no mínimo, de sete juízes, recrutados, quando possível, nas respectivas regiões, e nomeados pelo Presidente da República, dentre brasileiros com mais de trinta e menos de sessenta e cinco anos.

Na composição dos TRTs também deve ser observado o quinto constitucional de membros oriundos do Ministério Público do Trabalho e da

OAB, com os demais juízes nomeados mediante promoção de magistrados do trabalho vinculados às Varas, alternadamente, por antiguidade e merecimento, sendo o número de magistrados variável (no mínimo sete juízes), atendendo ao critério da necessidade de desmembramento em Turmas em função do movimento processual.

Uma inovação trazida pelo § 1.º do art. 115 da CF/1988 foi a criação da denominada "**justiça itinerante**", com a realização de audiências e demais funções de atividade jurisdicional, nos limites territoriais da respectiva jurisdição, servindo-se de equipamentos públicos e comunitários. Isso, sem dúvida, vai favorecer a população, pois a justiça "móvel" propiciará melhor acesso ao Judiciário das pessoas que residem em lugares distantes dos centros urbanos.

Ainda em relação ao art. 115 da Constituição, outra novidade introduzida pelo § 2.º é que os TRTs poderão funcionar descentralizadamente, constituindo **Câmaras regionais**, a fim de assegurar o pleno acesso do jurisdicionado à justiça em todas as fases do processo. Essas "Câmaras regionais" deverão atuar, principalmente, nos Estados que não possuem TRT, como é o caso de Tocantins, Amapá, Roraima e Acre.

Os TRTs são os seguintes (atualmente existem 24):

REGIÃO	ESTADO
1.ª	Estado do Rio de Janeiro
2.ª	Estado de São Paulo, com sede em São Paulo, abrangendo a atinente cidade e mais a Grande São Paulo, Baixada Santista, Cubatão, Santos, São Vicente, Bertioga, Guarujá e Praia Grande
3.ª	Estado de Minas Gerais
4.ª	Estado do Rio Grande do Sul
5.ª	Estado da Bahia
6.ª	Estado de Pernambuco
7.ª	Estado do Ceará
8.ª	Estado do Pará e Amapá
9.ª	Estado do Paraná
10.ª	Distrito Federal, com sede em Brasília, abrangendo o Estado de Tocantins
11.ª	Estado do Amazonas e Roraima, com sede em Manaus
12.ª	Estado de Santa Catarina
13.ª	Estado da Paraíba
14.ª	Estado de Rondônia e Acre, com sede em Porto Velho

REGIÃO	ESTADO
15.ª	Estado de São Paulo, com sede em Campinas, abrangendo o restante do Estado de São Paulo
16.ª	Estado do Maranhão
17.ª	Estado do Espírito Santo
18.ª	Estado de Goiás
19.ª	Estado do Alagoas
20.ª	Estado do Sergipe
21.ª	Estado do Rio Grande do Norte
22.ª	Estado do Piauí
23.ª	Estado do Mato Grosso
24.ª	Estado do Mato Grosso do Sul

2.1.4. Juízes do trabalho

Em função da extinção das Juntas de Conciliação e Julgamento (EC 24/1999), a jurisdição trabalhista no primeiro grau passou a ser exercida por um juiz singular, denominado juiz do trabalho, que exerce suas funções nas denominadas Varas do Trabalho.

Nesse sentido, dispõe o art. 116 da CF/1988: "Nas Varas do Trabalho, a jurisdição será exercida por um juiz singular."

Estabelece o art. 112 da Carta Maior (com redação dada pela EC 45/2004) que "a lei criará varas da Justiça do Trabalho, podendo, nas comarcas não abrangidas por sua jurisdição, atribuí-la aos juízes de direito, com recurso para o respectivo Tribunal Regional do Trabalho".

A Súmula 10 do STJ dispõe que, instalada a Vara do Trabalho, cessa a competência do juiz de direito em matéria trabalhista, inclusive para a execução das sentenças por ele proferidas.

Por sua vez, determina o art. 113 da Carta Maior que a lei disporá sobre a constituição, investidura, jurisdição, competência, garantias e condições de exercício dos órgãos da Justiça do Trabalho.

O art. 650 da CLT estabelece que a jurisdição de cada Vara do Trabalho abrange todo o território da Comarca em que tem sede, somente podendo ser estendida ou restringida por lei federal.

A Lei 10.770/2003 preceitua que cabe a cada TRT, no âmbito de sua região, mediante ato próprio, alterar e estabelecer a jurisdição das Varas do

Trabalho, bem como transferir-lhes a sede de um Município para outro, de acordo com a necessidade de agilização da prestação jurisdicional trabalhista.

A Lei 6.947/1981 estabelece normas para criação de uma vara do trabalho, definindo como requisito que a frequência de reclamações trabalhistas em cada órgão já existente exceda, seguidamente, a 1500 reclamações trabalhistas por ano.

Nas comarcas onde não houver juiz do trabalho, por lei, os Juízes de Direito poderão ser investidos da jurisdição trabalhista. Das sentenças que proferirem caberá recurso ordinário para o respectivo Tribunal Regional do Trabalho (art. 112 da CF/1988 e art. 668 da CLT).

O art. 669 da CLT determina que a competência dos Juízos de Direito, quando investidos na administração da Justiça do Trabalho, é a mesma das Varas do Trabalho. E nas localidades onde houver mais de um Juízo de Direito a competência é determinada, entre os Juízes do Cível, por distribuição ou pela divisão judiciária local, na conformidade da lei de organização respectiva.

Por fim, observe a evolução na carreira do juiz do trabalho, segundo explicações do professor Mauro Schiavi:[1]

> "O Juiz do Trabalho ingressará na carreira como Juiz do Trabalho Substituto, após aprovação em concurso público de provas e títulos, sendo designado pelo Presidente do TRT para auxiliar ou substituir nas Varas do Trabalho. Depois de dois anos de exercício, o Juiz do Trabalho Substituto torna-se vitalício. Alternadamente, por antiguidade ou merecimento, o juiz será promovido a Juiz Titular da Vara do Trabalho e, posteriormente, pelo mesmo critério, a Juiz do Tribunal Regional do Trabalho. Além disso, pode chegar ao posto de Ministro do Tribunal Superior do Trabalho, desde que preencha os requisitos constitucionais."

2.1.5. Serviços auxiliares da Justiça do Trabalho

Conforme previsão constitucional (art. 96, I, *b*), compete privativamente aos tribunais organizar suas secretarias e serviços auxiliares e os dos juízos que lhes forem vinculados. Esses servidores e órgãos auxiliares colaboram para uma melhor eficiência na prestação jurisdicional. Nos tribunais e no TRT também estão presentes as secretarias e servidores da Justiça do Trabalho.

Segundo a lição de Bezerra Leite,[2] "os serventuários da Justiça do Trabalho são, na verdade, servidores públicos federais regidos pela Lei 8.112/1990, que institui o regime jurídico único no âmbito da Administração Pública Federal.

---

[1] SCHIAVI, Mauro. *Manual de direito processual do trabalho*. 10. ed. São Paulo. LTr, 2016. p. 192.

[2] BEZERRA LEITE, Carlos Henrique. *Curso de direito processual do trabalho*. 14. ed. São Paulo: Saraiva, 2016. p. 171.

Eles ingressam após aprovação em concurso público de provas e títulos (CF, art. 37, II) e são nomeados e empossados pelo Presidente do Tribunal, que pode delegar tal função se houver previsão no respectivo regimento interno".

A matéria tem previsão na CLT nos arts. 710 a 717. Cada Vara terá uma secretaria, sob a direção de funcionário que o Presidente designar, para exercer a função de secretário, e que receberá, além dos vencimentos correspondentes ao seu padrão, a gratificação de função fixada em lei. Atualmente, o secretário da Vara possui a denominação diretor de secretaria, de acordo com o art. 5.º da Resolução 147/2012 do Conselho Nacional de Justiça. A competência da secretaria está definida no art. 711 da CLT, consoante se verifica abaixo:

> "Art. 711. Compete à secretaria das Juntas:
>
> a) o recebimento, a autuação, o andamento, a guarda e a conservação dos processos e outros papéis que lhe forem encaminhados;
>
> b) a manutenção do protocolo de entrada e saída dos processos e demais papéis;
>
> c) o registro das decisões;
>
> d) a informação, às partes interessadas e seus procuradores, do andamento dos respectivos processos, cuja consulta lhes facilitará;
>
> e) a abertura de vista dos processos às partes, na própria secretaria;
>
> f) a contagem das custas devidas pelas partes, nos respectivos processos;
>
> g) o fornecimento de certidões sobre o que constar dos livros ou do arquivamento da secretaria;
>
> h) a realização das penhoras e demais diligências processuais;
>
> i) o desempenho dos demais trabalhos que lhe forem cometidos pelo Presidente da Junta, para melhor execução dos serviços que lhe estão afetos."

Nas localidades em que existir mais de uma Vara haverá um distribuidor, que está encarregado de distribuir, pela ordem rigorosa de entrada, e sucessivamente a cada Vara, dos feitos que, para esse fim, lhe forem apresentados pelos interessados; o fornecimento, aos interessados, do recibo correspondente a cada feito distribuído; a manutenção de dois fichários dos feitos distribuídos, sendo um organizado pelos nomes dos reclamantes e o outro dos reclamados, ambos por ordem alfabética; o fornecimento a qualquer pessoa que o solicite, verbalmente ou por certidão, de informações sobre os feitos distribuídos; e a baixa na distribuição dos feitos, quando isto lhe for determinado pelos Presidentes das Varas, formando, com as fichas correspondentes, fichários à parte, cujos dados poderão ser consultados pelos interessados, mas não serão mencionados em certidões.

Os oficiais de justiça avaliadores na esfera trabalhista são mais comuns na fase de execução e sua função é realizar os atos processuais externos, tanto das Varas quanto dos Tribunais, à luz do art. 721, CLT:

"Art. 721. Incumbe aos Oficiais de Justiça e Oficiais de Justiça Avaliadores da Justiça do Trabalho a realização dos atos decorrentes da execução dos julgados das Juntas de Conciliação e Julgamento e dos Tribunais Regionais do Trabalho, que lhes forem cometidos pelos respectivos Presidentes.

§ 1.º Para efeito de distribuição dos referidos atos, cada Oficial de Justiça ou Oficial de Justiça Avaliador funcionará perante uma Junta de Conciliação e Julgamento, salvo quando da existência, nos Tribunais Regionais do Trabalho, de órgão específico, destinado à distribuição de mandados judiciais.

§ 2.º Nas localidades onde houver mais de uma Junta, respeitado o disposto no parágrafo anterior, a atribuição para o cumprimento do ato deprecado ao Oficial de Justiça ou Oficial de Justiça Avaliador será transferida a outro Oficial, sempre que, após o decurso de 9 (nove) dias, sem razões que o justifiquem, não tiver sido cumprido o ato, sujeitando-se o serventuário às penalidades da lei.

§ 3.º No caso de avaliação, terá o Oficial de Justiça Avaliador, para cumprimento do ato, o prazo previsto no art. 888.

§ 4.º É facultado aos Presidentes dos Tribunais Regionais do Trabalho cometer a qualquer Oficial de Justiça ou Oficial de Justiça Avaliador a realização dos atos de execução das decisões desses Tribunais.

§ 5.º Na falta ou impedimento do Oficial de Justiça ou Oficial de Justiça Avaliador, o Presidente da Junta poderá atribuir a realização do ato a qualquer serventuário."

Bezerra Leite[3] comentando o tema ressalta que "na falta ou impedimento do oficial de justiça avaliador, o juiz da Vara do Trabalho poderá atribuir a realização do ato a qualquer servidor. É o chamado oficial de justiça *ad hoc*, que fica investido das prerrogativas do oficial de justiça, como a possibilidade de requisição de força policial, mas não tem direito a reconhecimento de desvio de função, vínculo empregatício (TST/SBDI-1 n.º 64) ou a qualquer outra vantagem".

2.1.6. Juízo 100% digital

A Resolução nº 345, do outrubro de 2020, do Conselho Nacional de Justiça – CNJ, autorizou a adoção, pelos tribunais, de medidas necessárias à implementação do "Juízo 100% Digital", no qual todos os atos processuais serão exclusivamente praticados por meio eletrônico e remoto por intermédio da rede mundial de computadores.

Passamos a destacar os principais pontos:

- a escolha por esse juízo será facultativa e exercida pela parte demandante no momento da distribuição da ação. Nestes casos, no ajuizamento da ação, a parte e seu advogado deverão fornecer endereço eletrônico e número da linha telefônica

[3] *Idem, ibidem*, 2016. p. 174.

móvel celular, admitindo-se a citação, notificação e intimação (comunicação dos atos processuais) por quaisquer meios eletrônicos;

- a parte demandada poderá se opor a essa escolha até 5 dias úteis, contados do recebimento da primeira notificação;
- após a contestação e até a prolação da sentença, as partes poderão retratar-se, por uma única vez, da escolha pelo "Juízo 100% Digital";
- os tribunais fornecerão a infraestrutura de informática e telecomunicação necessárias ao funcionamento das unidades jurisdicionais incluídas no "Juízo 100% Digital" e regulamentarão os critérios de utilização desses equipamentos e instalações;
- deverá ser prestado atendimento remoto durante o horário de expediente forense por telefone, por e-mail, por vídeo chamadas, por aplicativos digitais ou por outros meios de comunicação que venham a ser definidos pelo tribunal;
- as audiências e sessões ocorrerão exclusivamente por videoconferência. As partes poderão requerer ao juízo a participação na audiência por videoconferência em sala disponibilizada pelo Poder Judiciário;
- o atendimento exclusivo de advogados pelos magistrados e servidores lotados no "Juízo 100% Digital" ocorrerá durante o horário fixado para o atendimento ao público de forma eletrônica, observando-se a ordem de solicitação, os casos urgentes e as preferências legais.

2.2. COMPETÊNCIA DA JUSTIÇA DO TRABALHO

2.2.1. Jurisdição e competência

O Estado é detentor do monopólio da Jus Neste sentido encontra-se o posicionamento do STJ. No tiça, somente a ele cabendo dizer o direito.

A jurisdição, por consequência, consiste no poder/dever do Estado de prestar a tutela jurisdicional a todo aquele que tenha uma pretensão resistida por outrem, aplicando a regra jurídica à celeuma.

O exercício da jurisdição pelo Estado restabelece a ordem jurídica, mediante eliminação do conflito de interesses que ameaça a paz social. Esse exercício é realizado de forma exclusiva pelo Poder Judiciário por meio de seus órgãos, que compreendem juízes e tribunais (art. 16 do CPC). Exige-se que às partes seja dada paridade de tratamento em relação ao exercício de direitos e faculdades processuais (arts. 7.º e 139, I, do CPC).

A jurisdição, portanto, é una e indivisível.

Neste contexto, podemos conceituar competência como a medida da jurisdição, ou seja, a determinação da esfera de atribuições dos órgãos encarregados da função jurisdicional.

As regras fixadoras da competência se encontram dispostas na Carta Maior e nas leis infraconstitucionais.

Diversos critérios para determinação da competência foram criados, levando-se em conta a matéria (*ratione materiae*), as pessoas (*ratione personae*), a função (ou hierarquia) ou o território (*ratione loci*).

O tema competência na seara trabalhista ganhou grande importância em função da alteração introduzida pela EC 45/2004, a qual, ao modificar a redação do art. 114 da CF/1988, elasteceu, consideravelmente, a competência material da Justiça do Trabalho, razão pela qual procuraremos analisar, específica e exaustivamente, todas as regras e peculiaridades envolvendo o tema.

2.2.2. Competência em razão da matéria e da pessoa

A competência em razão da matéria é definida em função da natureza da lide descrita na peça inaugural, ou seja, a competência é firmada em função da causa de pedir e dos pedidos contidos na petição inicial.

No âmbito da Justiça laboral, a competência é definida em razão da matéria e tem como fundamento jurídico principal o art. 114 da Carta Maior, artigo este alterado pela EC 45/2004, a qual ampliou, significativamente, a competência material da Justiça do Trabalho.

Vejamos a nova redação do art. 114 da Carta Maior:

> "Art. 114. Compete à Justiça do Trabalho processar e julgar:
>
> I – as ações oriundas da relação de trabalho, abrangidos os entes de direito público externo e da administração pública direta e indireta da União, dos Estados, do Distrito Federal e dos Municípios;
>
> II – as ações que envolvam exercício do direito de greve;
>
> III – as ações sobre representação sindical, entre sindicatos, entre sindicatos e trabalhadores, e entre sindicatos e empregadores;
>
> IV – os mandados de segurança, *habeas corpus* e *habeas data*, quando o ato questionado envolver matéria sujeita à sua jurisdição;
>
> V – os conflitos de competência entre órgãos com jurisdição trabalhista, ressalvado o disposto no art. 102, I, *o*;
>
> VI – as ações de indenização por dano moral ou patrimonial, decorrentes da relação de trabalho;
>
> VII – as ações relativas às penalidades administrativas impostas aos empregadores pelos órgãos de fiscalização das relações de trabalho;
>
> VIII – a execução, de ofício, das contribuições sociais previstas no art. 195, I, *a*, e II, e seus acréscimos legais, decorrentes das sentenças que proferir;
>
> IX – outras controvérsias decorrentes da relação de trabalho, na forma da lei.
>
> § 1.º Frustrada a negociação coletiva, as partes poderão eleger árbitros.
>
> § 2.º Recusando-se qualquer das partes à negociação coletiva ou à arbitragem, é facultado às mesmas, de comum acordo, ajuizar dissídio coletivo de natureza econômica, podendo a Justiça do Trabalho decidir o conflito, respeitadas as dis-

posições mínimas legais de proteção ao trabalho, bem como as convencionadas anteriormente.

§ 3.º Em caso de greve em atividade essencial, com possibilidade de lesão do interesse público, o Ministério Público do Trabalho poderá ajuizar dissídio coletivo, competindo à Justiça do Trabalho decidir o conflito."

Em função da importância do tema, passemos a analisar, individualmente, as mudanças implementadas pela EC 45/2004 à competência material da Justiça do Trabalho estabelecida no art. 114 da Carta Maior.

2.2.2.1. *Ações oriundas da relação de trabalho*

Seguramente, a mais importante inovação trazida pela EC 45/2004 foi a ampliação da competência da Justiça do Trabalho para processar e julgar as **ações oriundas das relações de trabalho** (art. 114, I, da CF/1988).

Relação de trabalho corresponde a qualquer vínculo jurídico por meio do qual uma pessoa natural executa obra ou serviços para outrem, mediante o pagamento de uma contraprestação.

Podemos afirmar, portanto, que a relação de trabalho é gênero da qual a relação de emprego é uma espécie. Em outras palavras, toda relação de emprego corresponde a uma relação de trabalho, mas nem toda relação de trabalho corresponde a uma relação de emprego.

Quando se fala, portanto, em relação de trabalho, incluem-se a relação de emprego, a relação de trabalho autônomo, eventual, avulso, voluntário, estágio e a relação de trabalho institucional.

Antes da EC 45/2004, a Justiça do Trabalho era competente para processar e julgar apenas as ações envolvendo as relações de emprego, as demandas resultantes dos contratos de empreitada, em que o empreiteiro fosse operário ou artífice (art. 652, *a*, III, da CLT) e as ações entre trabalhadores portuários e os operadores portuários ou o Órgão Gestor de Mão de Obra – OGMO (art. 652, *a*, V, da CLT).

Após a EC 45/2004, a Justiça do Trabalho passou a ter competência para processar e julgar qualquer relação de trabalho e não só a relação de emprego, as resultantes de pequena empreitada e as firmadas entre trabalhadores portuários e operadores portuários ou OGMO.

Nesta esteira, um pedreiro, um pintor, um marceneiro, ou qualquer outro profissional autônomo que não receber pelos serviços prestados, embora não seja empregado do tomador de serviços em função da ausência de subordinação, ajuizará eventual demanda perante a Justiça laboral.

Logo, o Poder Judiciário Trabalhista passa a ter competência para análise de todos os conflitos decorrentes da relação de trabalho em sentido amplo.

Discute-se na doutrina se a competência material da Justiça do Trabalho para processar e julgar as ações oriundas das relações de trabalho alcançaria também a relação contratual de consumo, reguladas pelo Código de Defesa do Consumidor (Lei 8.078/1990).

O Código de Defesa do Consumidor possibilita que a relação de consumo também tenha por objeto a prestação pessoal de serviços (art. 3.º, § 2.º, da Lei 8.078/1990). Pois bem, nessa hipótese, a relação jurídica formada entre o prestador do serviço (fornecedor) e o destinatário do mesmo serviço (consumidor) apresenta-se sob dois ângulos distintos.

Caso o litígio entre o fornecedor e o consumidor envolva relação de consumo, ou seja, a discussão gire em torno da aplicação do Código de Defesa do Consumidor, entendemos que a Justiça do Trabalho não terá competência para processar e julgar a demanda, uma vez que a pretensão deduzida em juízo não está afeta à relação de trabalho.

Todavia, se o litígio entre o prestador de serviços e o consumidor abranger a relação de trabalho existente entre ambos, como no caso de não recebimento pelo fornecedor pessoa física do numerário contratado para a prestação dos respectivos serviços, não há dúvida que a Justiça do Trabalho será competente para processar e julgar a demanda.

Vale destacar os ensinamentos do Ministro do TST, João Oreste Dalazen, que na obra já mencionada (p. 156-157), assim leciona:

> "Cuida-se, a meu juízo, de uma relação jurídica de natureza **bifronte**: do ângulo do consumidor/destinatário do serviço, relação de consumo, regida e protegida pelo CDC; do ângulo do prestador do serviço (fornecedor), regulada pelas normas gerais de Direito Civil.
>
> Evidentemente, que nessa relação contratual tanto pode surgir lesão a direito subjetivo do **prestador do serviço** (fornecedor) quanto do **consumidor**/destinatário do serviço.
>
> Entendo que a lide propriamente da relação de consumo, entre o **consumidor**, nesta condição, **e o respectivo prestador do serviço, visando à aplicação do Código de Defesa do Consumidor**, escapa à competência da Justiça do Trabalho, pois aí não aflora disputa emanada de relação de trabalho. É lide cujo objeto é a defesa de direitos do cidadão na condição de **consumidor** de um serviço e, não, como **prestador** de um serviço. Afora isso, em geral a relação de consumo traduz uma obrigação contratual de resultado, em que o que menos importa é o trabalho em si.
>
> Entretanto, sob o enfoque do prestador de serviço (fornecedor), é forçoso convir que firma ele uma relação jurídica **de trabalho** com o **consumidor**/destinatário do serviço: um se obriga a desenvolver determinada atividade ou serviço em proveito do outro mediante o pagamento de determinada retribuição, ou preço.

> Se, pois, a relação contratual de consumo **pode** ter por objeto a prestação de serviços e, assim, caracterizar **também**, inequivocadamente, uma relação **de trabalho** em sentido amplo, afigura-se-me inafastável o reconhecimento da competência material da Justiça do Trabalho para a lide que daí emergir, **se e enquanto não** se tratar de lide envolvendo a aplicação do Código de Defesa do Consumidor.
>
> Vale dizer: se não se cuida de litígio que surge propriamente da relação de consumo, mas da relação de trabalho que nela se contém, regulada pelo Direito Civil, não atino para a razão de descartar-se a competência da Justiça do Trabalho. É o que se dá, por exemplo, na demanda da pessoa física prestadora de serviços em favor de outrem pelos honorários ou preço dos serviços contratados."

No mesmo sentido, posicionam-se Rodolfo Pamplona Filho e Tercio Souza:[4]

> "Agora todas as ações oriundas das relações de trabalho (para muitas relações de emprego), no que não temos como desprezar os contratos civis, consumeristas ou outros contratos de atividade (quando se referirem à discussão sobre a valorização do trabalho humano), deverão ser ajuizadas, ou ao menos deveriam, a partir da Reforma do Judiciário, na Justiça do Trabalho. Dessa forma, sem o *animus* de taxatividade, afirmamos que tanto uma ação envolvendo o descumprimento de regras de um contrato quanto uma ação de cobrança de honorários advocatícios, prestados por profissional autônomo, deveriam, em nossa opinião, ser apreciadas na Justiça Laboral. Contratado, porém, determinado escritório (e não um profissional específico), o contratante deverá ajuizar sua ação na Justiça Comum. Já o próprio advogado, que presta serviços a esse escritório, não como titular ou empregado, mas como associado, pode ainda quando autônomo reclamar dele na Justiça do Trabalho os seus honorários eventualmente inadimplidos, valendo o mesmo raciocínio, por exemplo, para trabalhadores cooperativos para recebimento de seus créditos perante a cooperativa; estagiários para percepção de bolsa-auxílio que lhe foi sonegada; representantes comerciais autônomos pelas comissões e honorários não recebidos etc. Isso, obviamente, não quer dizer que o direito material correspondente será o mesmo, mas sim, apenas, que o órgão responsável pela sua jurisdição será único. Dizer isso não importa em desvirtuar o sentido da atuação da Justiça do Trabalho, uma vez que mesmo em uma relação de consumo, quando o prestador seja pessoa física, em que o direito material correspondente é mais benevolente com o tomador (consumidor), há uma trabalho humano que merece tutela. Por isso, o fato de o trabalho prestado eventualmente inserir-se, por força do art. 3º, § 2º, da Lei 8.078/1990, no conceito de relação de consumo, não repele a competência da Justiça do Trabalho. Afinal de contas, trata-se de competência

4 PAMPLONA FILHO, Rodolfo; SOUZA, Tercio. *Curso de direito processual do trabalho*. 1. ed. São Paulo: Marcial Pons, 2013.

material estabelecida na Constituição Federal sem qualquer tipo de ressalva, sendo a competência da Justiça Comum estadual meramente residual (aquilo que não estiver previsto na Constituição Federal como de competência especializada, será de competência da justiça comum). O que o magistrado terá como desafio é a tarefa de sopesar valores e princípios, prevendo os interesses do consumidor sem desvalorizar o trabalho humano. O que assusta nessa bilateralidade é justamente o que é mais fascinante; não se pode partir do pressuposto de que o trabalhador ou o consumidor tenham sempre razão, só por assim se encontrarem. Quem vai a juízo não pede misericórdia, mas sim justiça."

Em sentido contrário, sustentando a exclusão das relações de consumo em que há um prestador, pessoa natural, da competência da Justiça do Trabalho, posiciona-se Otávio Amaral Calvet:[5] "Se é pacífico que a doutrina vê nas relações de consumo questões similares à relação de emprego (em sentido estrito), pela hipossuficiência de uma das partes e pela concessão de benefícios a ela em busca de uma igualdade substantiva, há de se ressaltar que, na relação de consumo o protegido é o consumidor e, em hipótese alguma, o prestador dos serviços, este aparecendo como o detentor do poder econômico que oferece publicamente seus préstimos, auferindo ganhos junto aos consumidores. Transportando para as relações de trabalho em sentido lato, seria no mínimo estranho imaginar-se o deferimento de uma tutela especial ao consumidor que, no caso, apareceria também como tomador dos serviços, reconhecendo-se-lhe, simultaneamente, duas posições que se afiguram incompatíveis ontologicamente: a fragilidade do consumidor com a de contratante beneficiado pela energia de trabalho (tomador de serviços). Assim, resta caracterizada a segunda premissa para a caracterização das relações de trabalho da competência da Justiça do Trabalho: o tomador dos serviços não pode ser o usuário final, mas o mero utilizador da energia de trabalho para a consecução de sua finalidade social (ainda que seja o tomador pessoa natural ou ente despersonalizado)".

Neste sentido encontra-se o posicionamento do STJ. No final do ano de 2008, este Tribunal editou a Súmula 363, estabelecendo que "compete à justiça estadual processar e julgar a ação de cobrança ajuizada por profissional liberal contra cliente". Predomina, portanto, o entendimento de que as ações em que o consumidor e o prestador dos serviços são partes a competência é da Justiça Comum e não da Justiça do Trabalho.

Aqui vale uma ponderação quanto aos **profissionais liberais autônomos**, quando buscam receber seus honorários profissionais de seus clientes.

5 CALVET, Otávio Amaral. Nova competência da Justiça do Trabalho. Relação de Trabalho x relação de consumo. In: *Revista Legislação do Trabalho*, São Paulo: LTr, ano 69, v. 01, 2005, p. 56-57.

O Tribunal Superior do Trabalho tem entendido que, como a relação desses profissionais com seus clientes está regida pelo Código de Defesa do Consumidor, a competência não seria da Justiça do Trabalho. Na realidade, o art. 3º, § 2º, do CDC (Lei n. 8.078/1990) exclui a relação de trabalho do conceito de serviço relativo à relação de consumo:

> Lei n. 8.078/1990
>
> **Art. 2º Consumidor é toda pessoa física ou jurídica que adquire ou utiliza** produto ou serviço como destinatário final.
>
> (...)
>
> Art. 3º Fornecedor é toda pessoa física ou jurídica, pública ou privada, nacional ou estrangeira, bem como os entes despersonalizados, que desenvolvem atividade de produção, montagem, criação, construção, transformação, importação, exportação, distribuição ou comercialização de produtos ou prestação de serviços.
>
> § 2º **Serviço é qualquer atividade fornecida no mercado de consumo, mediante remuneração**, inclusive as de natureza bancária, financeira, de crédito e securitária, **salvo as decorrentes das relações de caráter trabalhista**.

Como a relação seria de prestação de serviços inserida em relação de consumo, a competência não seria da Justiça do Trabalho. Veja um julgado do TST:

> *AGRAVO DE INSTRUMENTO. RECURSO DE REVISTA. EXECUÇÃO. 1. COMPETÊNCIA DA JUSTIÇA DO TRABALHO. (...) A competência da Justiça do Trabalho, ampliada pela EC 45/2004 (art. 114, I, CF), abrange as relações de emprego e também as de trabalho, com suas lides conexas (art. 114, I a IX, CF). Não atinge, porém, relações de caráter público-administrativo, que envolvam servidores administrativos e entes de Direito Público (STF), não abrangendo, ainda, relações de consumo, como, por exemplo, ação de cobrança de honorários de profissional liberal. (...) (AIRR – 2030-68.2013.5.09.0004, Relator Ministro: Mauricio Godinho Delgado, Data de Julgamento: 05/08/2015, 3ª Turma, Data de Publicação: DEJT 14/08/2015).*

Outros momentos, mesmo sem fazer referência à existência de relação consumerista entre o profissional liberal autônomo e seu cliente, o TST mantém o entendimento de que a competência é da Justiça Comum, por haver prestação de serviços de natureza civil. Veja esse julgado:

> *RECURSO DE REVISTA DO SINDICATO DOS EMPREGADOS EM ESTABELECIMENTOS BANCÁRIOS DO EXTREMO SUL DA BAHIA. EXECUÇÃO. COMPETÊNCIA DA JUSTIÇA DO TRABALHO. SINDICATO. HONORÁRIOS ADVOCATÍCIOS CONTRATUAIS. (...) 3. A decisão do Tribunal Regional, na linha de que a Justiça do Trabalho é incompetente para apreciar e julgar pedidos que envolvam prestação de serviços de profissionais liberais está em sintonia com a jurisprudência desta Corte de que*

esta Justiça Especializada é absolutamente incompetente para dirimir questões relativas à cobrança de honorários decorrentes da contratação de prestação de serviços advocatícios, em face da natureza eminentemente civil da demanda, o que a relaciona na competência da Justiça Comum Estadual. Precedentes da SBDI-1 do TST. Recurso de revista não conhecido (RR-60100-14.1999.5.05.0511, 2ª Turma, Relatora Ministra Delaíde Miranda Arantes, DEJT 22/02/2019).

Partindo dessa premissa, existe um desequilíbrio na relação entre o trabalhador autônomo (ainda que profissional liberal) e o tomador de serviços, sendo esse último o hipersuficiente. O tomador acaba utilizando o trabalhador em sua dinâmica empresarial, estabelecendo típica relação de trabalho sujeita à competência da Justiça do Trabalho. Veja esses julgados:

AGRAVO DE INSTRUMENTO. COMPETÊNCIA DA JUSTIÇA DO TRABALHO. ALEGAÇÃO DE CONTRARIEDADE À SÚMULA N. 363 DO STJ, DIVERGÊNCIA JURISPRUDENCIAL E AFRONTA AO ARTIGO 114 DA CRFB. (...) 3) Consoante ficou delineado no julgado, o autor atendia a clientes do Hospital-reclamado, havendo uma relação de trabalho lato sensu entre as partes, ainda que de forma autônoma. Vale dizer, o réu não era consumidor final dos serviços do reclamante como profissional liberal, funcionando, em verdade, como atravessador nas relações entre o autor e os pacientes, auferindo lucros decorrentes do seu labor. Nesse contexto, a competência para julgar a presente demanda, tal como considerou o Tribunal de origem, é da Justiça do Trabalho, nos termos do artigo 114, I, da CRFB. Agravo de instrumento a que se nega provimento (AIRR-158-58.2012.5.19.0009, 1ª Turma, Relator Desembargador Convocado Alexandre Teixeira de Freitas Bastos Cunha, DEJT 02/10/2015).

(...) 2. PRESCRIÇÃO. TRABALHADOR AUTÔNOMO. COBRANÇA DE HONORÁRIOS MÉDICOS EM FACE DA TOMADORA DE SERVIÇOS. CONTRATO DE NATUREZA CÍVEL. PRESCRIÇÃO QUINQUENAL. CONHECIMENTO E PROVIMENTO. I. Este Tribunal Superior tem firmado o entendimento de que a relação jurídica havida entre o trabalhador autônomo e o tomador de serviços tem natureza cível, não obstante a competência para julgar tais demandas seja desta Justiça Especial. (...)" (RR-1239-65.2014.5.09.0004, 7ª Turma, Relator Ministro Evandro Pereira Valadao Lopes, DEJT 28/05/2021).

Por outro lado, quando o profissional for **empregado ou ex-empregado**, a competência é da Justiça do Trabalho:

(...) II – RECURSO DE REVISTA. LEI 13.015/14. EX-EMPREGADA RECONVINTE. HONORÁRIOS SUCUMBENCIAIS. ADVOGADA EMPREGADA. COMPETÊNCIA DA JUSTIÇA DO TRABALHO. (...) 2. Cinge-se a controvérsia a se definir se a Justiça do Trabalho detém (ou não) competência para processar e julgar o pedido da reconvinte de honorários sucumbenciais relativos a ações nas quais atuou na condição de advogada-empregada da reconvinda. 3. No caso dos autos, a relação jurídica existente entre a reconvinte e reconvinda é de natureza tipicamente trabalhista, na forma do art. 3º da CLT, na medida em que atuam no feito na condição de ex-empregada advogada e ex-empregador. Não se trata de hipótese de ajuiza-

mento de ação de cobrança por profissional liberal contra cliente, o que revelaria o caráter consumerista da relação jurídica, dita de índole estritamente civil. Ora, o pedido de honorários sucumbenciais advocatícios formulado na petição inicial se origina do contrato de emprego entre a ré, ex-empregadora, e a autora, ex--empregada, atraindo desse modo a competência da Justiça do Trabalho para julgar o feito, na forma do art. 114, I, da Constituição Federal. Precedentes. Recurso de revista conhecido por afronta ao art. 114, I, da Constituição Federal e provido. (...) (RR-100213-62.2016.5.01.0046, 3ª Turma, Relator Ministro Alexandre de Souza Agra Belmonte, DEJT 07/06/2019).

Ressalte-se, ainda, que, no caso de **trabalhador autônomo que não seja profissional liberal**, a regra é que a competência seja da Justiça do Trabalho. Isso ocorre, por exemplo, nas situações de empreitada:

(...) COMPETÊNCIA DA JUSTIÇA DO TRABALHO. CONTRATO DE PEQUENA EMPREITADA. No caso, o Tribunal Regional registrou que o reclamante é pequeno empreiteiro, pessoa física, que prestou serviços ao réu de forma autônoma e pessoal, afastando a alegação de que a relação existente entre as partes era de consumo. Diante disso, confirmou a sentença pela qual se declarou a competência da Justiça do Trabalho para processar e julgar "reclamatórias resultantes de contrato de empreitadas em que o empreiteiro seja operário ou artífice, nos termos do art. 652, "a", III, da CLT ". A decisão regional está em harmonia com a jurisprudência desta Corte superior, no sentido de que, comprovada a hipótese de contrato de pequena empreitada, na qual a prestação de serviços se dá de forma autônoma e pessoal, esta Justiça especializada detém a competência para apreciar a julgar o feito, nos termos do artigo 114, inciso I, da Constituição Federal, uma vez que se trata de relação de trabalho inserida na competência material da Justiça do Trabalho (precedentes). Agravo de instrumento desprovido. (...) (AIRR-2118-53.2014.5.04.0411, 2ª Turma, Relator Ministro José Roberto Freire Pimenta, DEJT 18/08/2017).

Outro destaque sobre a competência da Justiça do Trabalho envolvia o trabalhador autônomo ocorre no caso de **representante comercial autônomo pessoa física**. A leitura do art. 39 da Lei 4.886/65 parecia indicar que a competência seria sempre da Justiça Comum:

Art. 39. Para julgamento das controvérsias que surgirem entre representante e representado é competente a Justiça Comum e o foro do domicílio do representante, aplicando-se o procedimento sumaríssimo previsto no art. 275 do Código de Processo Civil, ressalvada a competência do Juizado de Pequenas Causas.

No entanto, diante da previsão constitucional do art. 114, I, o TST chegou a entender que a competência era da Justiça do Trabalho, se o representante comercial fosse pessoa física. Ocorre que o Supremo Tribunal Federal, julgou o **Tema 550 da Lista de Repercussão Geral**, fixando a tese de que a **competência é da Justiça Comum**:

Preenchidos os requisitos dispostos na Lei 4.886/65, compete à Justiça Comum o julgamento de processos envolvendo relação jurídica entre representante e representada comerciais, uma vez que não há relação de trabalho entre as partes.

O TST, então, passou a seguir, por evidente, essa orientação:

> *RECURSO DE REVISTA. APELO APRECIADO ANTERIORMENTE POR ESTA TURMA. REPRESENTANTE COMERCIAL AUTÔNOMO. RELAÇÃO REGIDA PELA LEI N.º 4.886/65. COMPETÊNCIA DA JUSTIÇA DO TRABALHO. EXERCÍCIO DE JUÍZO DE RETRATAÇÃO. ART. 1.030, II, DO CPC/2015 (ART. 543-B, § 3º, DO CPC/1973). Esta Primeira Turma, adotando o entendimento até então fixado nesta Corte Especializada, não conheceu do Recurso de Revista da reclamada, quanto à pretensão de ver reconhecida a incompetência da Justiça do Trabalho para o julgamento do presente feito. Na oportunidade, fora adotada a tese jurídica de que "o artigo 114, I e IX, da Constituição da República, alterado pela Emenda Constitucional n.º 45/2004, estabelece ser a Justiça do Trabalho competente para processar e julgar questões oriundas da relação de trabalho e outras controvérsias dela decorrentes. Sendo a representação comercial modalidade de relação de trabalho, resulta inequívoca a competência desta Justiça Especial para dirimir litígio envolvendo relação de trabalho do representante comercial". Ocorre que a questão foi objeto de análise pela Suprema Corte, em repercussão geral (Tema 550), e a tese que se fixou foi a de que "preenchidos os requisitos da Lei 4.886/65, compete à Justiça Comum o julgamento de processos envolvendo relação jurídica entre representante e representada comerciais, uma vez que não há relação de trabalho entre as partes". Assim, conforme o Precedente firmado pela Suprema Corte, de efeito vinculante, impõe-se o exercício do juízo de retratação, nos termos art. 1.030, II, do CPC/2015, para reconhecer a incompetência da Justiça do Trabalho para o julgamento do presente feito, determinando-se, por conseguinte, a remessa dos autos à Justiça Comum. Recurso de Revista conhecido e provido (RR-31000-18.2006.5.15.0114, 1º Turma, Relator Ministro Luiz Jose Dezena da Silva, DEJT 03/05/2021).*

Em relação às ações acidentárias (previdenciárias) decorrentes de acidente de trabalho, embora envolvam situações decorrentes da relação de trabalho não se encontram na esfera de competência material da Justiça do Trabalho, sendo a Justiça Ordinária (Varas de Acidente de Trabalho) competente para processar e julgar ação acidentária proposta pelo empregado (acidentado segurado) em face do INSS (seguradora), conforme previsto no art. 643, § 2.º, da CLT.

A Súmula 15 do STJ também estabelece que compete à Justiça Estadual processar e julgar os litígios decorrentes de acidente de trabalho.

O Supremo Tribunal Federal firmou igual entendimento, por meio das Súmulas 235 e 501, *in verbis*:

> "SÚMULA 235. ACIDENTE – COMPETÊNCIA – AUTARQUIA SEGURADORA. É competente para a ação de acidente de trabalho a Justiça cível comum, inclusive em segunda instância, ainda que seja parte autarquia seguradora."

> "SÚMULA 501. ACIDENTE DO TRABALHO – COMPETÊNCIA DA JUSTIÇA ORDINÁRIA ESTADUAL. Compete à Justiça ordinária estadual o processo e o julgamento, em ambas as instâncias, das causas de acidente de trabalho, ainda que promovidas contra a União, suas autarquias, empresas públicas ou sociedades de economia mista."

Vale destacar também que a Justiça do Trabalho, reconhecido o "fato do príncipe" previsto no art. 486 da CLT, é competente para impor condenação à Administração Pública de indenização correspondente. Senão vejamos:

> "JUSTIÇA DO TRABALHO É COMPETENTE PARA JULGAR 'FATO DO PRÍNCIPE' – COMPETÊNCIA DA JUSTIÇA DO TRABALHO – INDENIZAÇÃO DECORRENTE DE *FACTUM PRINCIPIS*. O artigo 486, § 3.º, da CLT foi introduzido no ordenamento jurídico nacional no contexto da Carta Magna de 1934, quando ainda não era reconhecida, constitucionalmente, a competência desta Justiça Especializada para examinar causas em que figurassem como partes os entes da Administração Pública. Todavia, a análise da evolução constitucional das atribuições da Justiça do Trabalho conduz ao entendimento de que a CF/1988 retirou os fundamentos de validade daquele dispositivo celetário, na medida em que lhe foi atribuída, pelo artigo 114, a competência para dirimir controvérsias decorrentes da relação de trabalho entre Entidade de Direito Público e trabalhadores. Restando configurado que o fundamento do pedido está assente na relação de emprego – já que o ente público, na ocorrência do *factum principis*, se estabelece na relação processual como litisconsorte necessário, participando efetivamente da relação processual e diante da natureza trabalhista da indenização perseguida, é de se concluir que compete à Justiça Obreira apreciar tanto a questão relativa à caracterização do *factum principis*, como o pleito de indenização, a cargo do governo responsável pelo ato que originou a rescisão contratual. Violação do artigo 114 da Constituição Federal de 1988. TST: RR 605365/1999.1" (07.02.2006).

Quanto à competência criminal da Justiça do Trabalho, o STF, no julgamento da ADI 3684 MC/DF, definiu que a CF/1988, em especial o art. 114, com redação dada pela EC 45/2004, não atribuiu competência penal genérica à Justiça do Trabalho. Nesse sentido, cabe destacar a decisão do Tribunal Pleno do TST, no julgamento do ROAG-891/2005-000-12-00.1, que bem resume o tema:

> "RECURSO ORDINÁRIO EM AGRAVO REGIMENTAL – AÇÃO PENAL PÚBLICA – INCOMPETÊNCIA DA JUSTIÇA DO TRABALHO. Em recente pronunciamento, o Excelso Supremo Tribunal Federal, quando do exame do pedido de liminar formulado em ação direta de inconstitucionalidade (ADI 3684 MC/DF) ajuizada pelo Procurador-Geral da República, deferiu a liminar para, com efeito *ex tunc*, dar interpretação, conforme a Constituição Federal, aos incisos I, IV e IX do seu art. 114, no sentido de que neles a Constituição não atribuiu, por si só, competência criminal genérica à Justiça do Trabalho. Concluiu a Suprema Corte que seria incompatível com as garantias constitucionais da legalidade e do juiz natural inferir-se, por meio de interpretação arbitrária e expansiva, competência criminal genérica da Justiça do Trabalho, aos termos do art. 114, incisos I,

IV e IX, da Constituição da República. Recurso ordinário em agravo regimental conhecido e desprovido" (TST – ROAG-891/2005-000-12-00.1 – Tribunal Pleno – Ministro Vieira de Mello Filho – publicado em 01.06.2007).

O Plenário do STF decidiu em 20.02.2013, no julgamento do Recurso Extraordinário (RE) 586456, que cabe à Justiça Comum julgar processos decorrentes de contrato de previdência complementar privada. Como a matéria teve repercussão geral reconhecida, esse entendimento passou a valer para todos os processos semelhantes que tramitam nas diversas instâncias do Poder Judiciário, sobretudo na Justiça do Trabalho.

No mesmo julgamento, o STF decidiu também modular os efeitos da decisão e definiu que continuam na Justiça do Trabalho todos os processos que já tiveram sentença de mérito proferida até 20.02.2013. Os demais processos em tramitação que ainda não têm sentença, a partir desta data, deverão ser remetidos à Justiça Comum.

O STF entendeu que o art. 202, § 2.º, da CF determina que a previdência complementar não integra o contrato de trabalho, tanto que é possível a portabilidade do direito acumulado pelo participante para outro plano, consoante autoriza o art. 14, II, da LC 109/2001.

A competência da Justiça Comum para julgar processos decorrentes de contrato de previdência complementar privada abrange, naturalmente, a complementação de pensão requerida por viúva.

Entretanto, uma análise mais detalhada da referida decisão do STF permite a seguinte conclusão:

a) há dois tipos de planos de complementação de aposentadoria: um, instituído, regulamentado e pago pelo empregador e outro, por entidade privada de previdência complementar não vinculada ao empregador;
b) no caso de plano instituído, regulamentado e pago pelo empregador, a competência para dirimir as controvérsias será da Justiça do Trabalho, sendo a ação proposta em face do empregador;
c) no caso de plano de entidade privada de previdência complementar não vinculada ao empregador, duas ações são possíveis: a) contra o empregador, requerendo o pagamento de valores a título de complementação devidos por ele e não quitados, sendo a competência da Justiça do Trabalho; e b) contra a entidade de previdência complementar privada para discussão acerca dos benefícios a serem pagos aos empregados, inclusive no que diz respeito às regras aplicáveis a ele, sendo a competência da Justiça Comum. É bastante comum ação em face da entidade de previdência privada discutindo se são

aplicáveis as regras do tempo da contratação ou as vigentes à época em que foram preenchidos todos os requisitos para o benefício.

A OJ 26 da SDI-1 do TST, a qual instituiu que "a Justiça do Trabalho é competente para julgar pedidos de complementação de pensão postulada por viúva de ex-empregado, por se tratar de pedido que deriva do contrato de trabalho", é aplicável em relação às ações propostas em face do empregador.

Importante ressaltarmos ainda, que as ações entre motorista e empresa de aplicativo devem ser julgadas pela Justiça do Trabalho, uma vez que, sendo ou não considerada como relação de emprego, indiscutivelmente trata-se de modalidade de relação de trabalho, já que se trata de uma pessoa natural que executa serviços para outrem, mediante o pagamento de uma contraprestação, atraindo, portanto, a competência da justiça laboral, por força do art. 114, I, da CF/88.

Há decisão da 5ª Turma do TST que não reconheceu o vínculo de emprego ante a ausência de subordinação, mas, ao julgar o próprio mérito do processo, consequentemente reconheceu a competência da Justiça do Trabalho para o caso. (RR-1000123-89.2017.5.02.0038, 5ª Turma, Relator Ministro Breno Medeiros, DEJT 07/02/2020).

2.2.2.2. Entes de direito público externo

O art. 114, I, da CF estabelece que compete à Justiça do Trabalho processar e julgar "as ações oriundas da relação de trabalho, abrangidos os entes de direito público externo ..."

São entes de direito público externo: a) os estados estrangeiros e b) os organismos internacionais.

Quanto a cada um deles, é importante saber se eles se submetem à jurisdição brasileira ou se são imunes a ela.

Já em relação aos Estados estrangeiros, a doutrina e a jurisprudência, pautando-se no direito consuetudinário, dividem os atos praticados em: a) atos de gestão e b) atos de império.

Os atos de império são aqueles praticados em decorrência da soberania do Estado estrangeiro, como é o caso da concessão de visto para entrada no país. Tais atos não se sujeitam à jurisdição brasileira. Há quanto a eles imunidade absoluta de jurisdição.

Já os de gestão são aqueles em que Estado estrangeiro atua equiparando-se ao particular, em relações estritamente privadas, como é o caso da aquisição de bens e contratação de empregados.

Em relação aos atos de gestão, o Estado estrangeiro não dispõe de imunidade de jurisdição perante os órgãos do Poder Judiciário brasileiro. Logo, o ente de Direito Público Externo não poderá invocar privilégio diplomático em processo trabalhista, gerando indevido enriquecimento sem causa do Estado estrangeiro, em detrimento dos obreiros domiciliados no Brasil. A concessão de inaceitável privilégio, para o STF, consagraria censurável desvio ético-jurídico, incompatível com o princípio da boa-fé e inconciliável com os grandes postulados do direito internacional.

Todavia, permanece o entendimento da Suprema Corte de que o ente de direito público externo possui "**imunidade de execução**", ou seja, embora tenha a Justiça laboral competência para processar e julgar demanda envolvendo ente estrangeiro, não possui competência para executar seus julgados, devendo socorrer-se aos apelos diplomáticos, mediante a denominada carta rogatória, salvo se houver renúncia a tal prerrogativa.

Na esteira da evolução doutrinária acima emoldurada, o Órgão de Cúpula do Judiciário Brasileiro, instado a se posicionar sobre o alcance da imunidade de jurisdição de que ora se cuida, assim vem se expressando:

> "Trata-se de recurso extraordinário interposto contra acórdão assim do: REMESSA *EX OFFICIO*. MANDADO DE SEGURANÇA. NÃO CABIMENTO. Os artigos 1.º, *caput* e inciso V, do Decreto-lei nº 779/69 e 475, inciso I, do Código de Processo Civil [art. 496, I, do atual CPC] não contemplam a remessa de ofício de decisão contrária a Estado estrangeiro, em que a União atua na qualidade de assistente simples. Precedentes desta Subseção. Remessa *ex officio* de que não se conhece. RECURSO ORDINÁRIO EM AGRAVO REGIMENTAL. MANDADO DE SEGURANÇA. ESTADO ESTRANGEIRO. IMUNIDADE RELATIVA DA EXECUÇÃO. BEM AFETO À MISSÃO DIPLOMÁTICA. A decisão impugnada foi exarada em sintonia com os recentes julgados deste Tribunal, na esteira da jurisprudência das nossas Cortes Superiores, as quais reconhecem que a imunidade de execução dos Estados estrangeiros alcança os bens afetos à missão diplomática ou consular, em respeito ao disposto no artigo 22, item 3, da Convenção de Viena de 1961, da qual o Brasil é signatário. Por outro lado, faz-se possível a execução direta, na medida em que a transmissão de carta rogatória constitui faculdade de cada Estado signatário do Convênio de Cooperação Judiciária firmado. Portanto, não há violação de direito líquido e certo, ilegalidade ou abuso de poder, no ato atacado. Recurso ordinário a que se nega provimento (fl. 1.235). No RE, sustentou-se, em suma, a imunidade de execução do Reino da Espanha em matéria trabalhista. A Procuradoria Geral da República manifestou-se pelo desprovimento do recurso (fls. 1.320-1.324). A pretensão recursal merece acolhida. Verifica-se que o acórdão recorrido dissentiu do entendimento do Supremo Tribunal Federal. No julgamento do RE 222.368-AgR/PE, Rel. Min. Celso de Mello, foi fixado o entendimento de que o Estado estrangeiro possui o privilégio diplomático de imunidade à execução, ainda que se trate de causa de matéria trabalhista, *litteris*: IMUNIDADE DE JURISDIÇÃO. RECLAMAÇÃO TRABALHISTA. LITÍGIO ENTRE ESTADO ESTRANGEIRO E EMPREGADO BRASILEIRO. EVOLUÇÃO DO TEMA NA DOUTRINA, NA LEGISLAÇÃO COMPARADA E NA JURISPRUDÊNCIA

DO SUPREMO TRIBUNAL FEDERAL: DA IMUNIDADE JURISDICIONAL ABSOLUTA À IMUNIDADE JURISDICIONAL MERAMENTE RELATIVA. RECURSO EXTRAORDINÁRIO NÃO CONHECIDO. OS ESTADOS ESTRANGEIROS NÃO DISPÕEM DE IMUNIDADE DE JURISDIÇÃO, PERANTE O PODER JUDICIÁRIO BRASILEIRO, NAS CAUSAS DE NATUREZA TRABALHISTA, POIS ESSA PRERROGATIVA DE DIREITO INTERNCAIONAL PÚBLICO TEM CARÁTER MERAMENTE RELATIVO. – O Estado estrangeiro não dispõe de imunidade de jurisdição, perante órgãos do Poder Judiciário brasileiro, quando se trata de causa de natureza trabalhista. Doutrina. Precedentes do STF (*RTJ* 133/159 e *RTJ* 161/643-644). – Privilégios diplomáticos não podem ser invocados, em processos trabalhistas, para coonestar o enriquecimento sem causa de Estados estrangeiros, em inaceitável detrimento de trabalhadores residentes em território brasileiro, sob pena de essa prática consagrar censurável desvio ético-jurídico, incompatível com o princípio da boa-fé e inconciliável com os grandes postulados do direito internacional. O PRIVILÉGIO RESULTANTE DA IMUNIDADE DE EXECUÇÃO NÃO INIBE A JUSTIÇA BRASILEIRA DE EXERCER JURISDIÇÃO NOS PROCESSOS DE CONHECIMENTO INSTAURADOS CONTRA ESTADOS ESTRANGEIROS. – A imunidade de jurisdição, de um lado, e a imunidade de execução, de outro, constituem categorias autônomas, juridicamente inconfundíveis, pois ainda que guardem estreitas relações entre si traduzem realidades independentes e distintas, assim reconhecidas quer no plano conceitual, quer, ainda, no âmbito de desenvolvimento das próprias relações internacionais. A eventual impossibilidade jurídica de ulterior realização prática do título judicial condenatório, em decorrência da prerrogativa da imunidade de execução, não se revela suficiente para obstar, só por si, a instauração, perante Tribunais brasileiros, de processos de conhecimento contra Estados estrangeiros, notadamente quando se tratar de litígio de natureza trabalhista. Doutrina. Precedentes. No mesmo sentido, em relação à imunidade de execução em litigio de natureza trabalhista: RE 739.032/DF, Rel.ª Min.ª Cármen Lúcia; ARE 678.785/SP, Rel. Min. Dias Toffoli. Isso posto, dou provimento ao recurso (CPC, art. 557, § 1º-A [atual CPC, art. 932, V, *a*]) para reconhecer a imunidade de execução ao Reino da Espanha em matéria trabalhista. Sem Honorários (Súmula 512 do STF). Publique-se. Brasília, 16 de junho de 2014. Ministro RICARDO LEWANDOWSKI Relator" (STF – ARE 665050/BA – Rel. Min. Ricardo Lewandowski – j. 16.06.2014 – *DJe* 24.06.2014).

"AGRAVO REGIMENTAL EM AÇÃO CÍVEL ORIGINÁRIA. EXECUÇÃO FISCAL MOVIDA PELA UNIÃO EM FACE DE ESTADO ESTRANGEIRO. IMPOSSIBILIDADE JURÍDICA DO PEDIDO. 1. A jurisprudência do Supremo Tribunal Federal não admite o ajuizamento de execução fiscal pela União contra Estado estrangeiro. Precedentes: ACO 633-AgR, Rel.ª Min.ª Ellen Gracie; ACO 645-AgR, Rel. Min. Gilmar Mendes; ACO 522-AgR, Rel. Min. Ilmar Galvão, entre outros. 2. Hipótese em que deve ser reconhecida a impossibilidade jurídica do pedido (ACO 1.769, Rel. Min. Celso de Mello; ACO 1.437, Rel. Min. Marco Aurélio; ACO 740-AgR, Rel. Min. Luís Roberto Barroso). 3. Agravo regimental a que se nega provimento" (ACO 611/SP – Rel. Min. Roberto Barroso – j. 30.09.2014 – Órgão Julgador: 1.ª Turma – *DJe* 13.10.2014).

No âmbito do Colendo Tribunal Superior do Trabalho, o entendimento é diverso. Para este, tal prerrogativa da imunidade de execução não se aplica em dois casos: a) de renúncia, por parte do Estado estrangeiro, à prerrogativa da intangibilidade dos seus próprios bens e b) de existência, em território brasileiro, de bens, que, embora pertencentes ao Estado estrangeiro, não tenham qualquer vinculação com as finalidades essenciais inerentes às legações diplomáticas ou representações consulares mantidas em nosso País.

Segue julgado que representa o posicionamento do Colendo Tribunal Superior do Trabalho:

> "CONSULADO. AUTORIZAÇÃO DE PENHORA DE VALORES EM CONTA-CORRENTE. IMPOSSIBILIDADE. IMUNIDADE DE EXECUÇÃO. Não se apresenta autorizada pelo ordenamento a penhora de valores depositados em conta-corrente de Estado estrangeiro. Isso porque a imunidade de execução que beneficia este apenas pode ser afastada em caso a) de renúncia por parte do próprio Estado estrangeiro ou b) de existência de bens, em território brasileiro, não afetados às legações diplomáticas ou representações consulares. No caso, como não é possível se distinguir se os créditos havidos em conta-corrente estão afetados às funções precípuas da missão diplomática ou se são destinados a meros atos comerciais, prevalece a imunidade de execução em favor do Estado estrangeiro. Precedentes. Recurso de revista conhecido e provido" (RR – 170700-28.2006.5.02.0063 – Rel. Min. Guilherme Augusto Caputo Bastos – j. 20.02.2013, 5.ª Turma, *DEJT* 01.03.2013).

Diferentemente dos Estados estrangeiros, que atualmente têm a sua imunidade de jurisdição relativizada, segundo entendimento do próprio Supremo Tribunal Federal, os organismos internacionais permanecem, em regra, detentores do privilégio da imunidade absoluta. Os organismos internacionais são associações disciplinadas, em suas relações, por normas escritas, consubstanciadas nos denominados tratados e/ou acordos de sede. Não têm, portanto, a sua imunidade de jurisdição pautada pela regra costumeira internacional, tradicionalmente aplicável aos Estados estrangeiros. Em relação a eles, segue-se a regra de que a imunidade de jurisdição rege-se pelo que se encontra efetivamente avençado nos referidos tratados de sede.

Saliente-se, quanto à imunidade de jurisdição da ONU, salvo se objeto de renúncia expressa, encontra-se plenamente assegurada na Convenção sobre Privilégios e Imunidades das Nações Unidas, também conhecida como Convenção de Londres, ratificada pelo Brasil por meio do Decreto 27.784/1950. Esse privilégio também se encontra garantido na Convenção sobre Privilégios e Imunidades das Agências Especializadas das Nações Unidas, que foi incorporada pelo Brasil por meio do Decreto 52.288/1963, bem como no Acordo Básico de Assistência Técnica com as Nações Unidas e suas Agências Especializadas, promulgado pelo Decreto 59.308/1966.

No mesmo sentido é a OJ 416 da SDI-I/TST:

> "IMUNIDADE DE JURISDIÇÃO. ORGANIZAÇÃO OU ORGANISMO INTERNACIONAL. As organizações ou organismos internacionais gozam de imunidade absoluta de jurisdição quando amparados por norma internacional incorporada

ao ordenamento jurídico brasileiro, não se lhes aplicando a regra do Direito Consuetudinário relativa à natureza dos atos praticados. Excepcionalmente, prevalecerá a jurisdição brasileira na hipótese de renúncia expressa à cláusula de imunidade jurisdicional."

2.2.2.3. Servidores da administração pública

A EC 45/2004, ao estabelecer a amplitude da competência material da Justiça do Trabalho, estendeu-a aos dissídios envolvendo os entes da administração pública direta e indireta da União, dos Estados, do Distrito Federal e dos Municípios, sem estabelecer qualquer ressalva (art. 114, I, CF/1988).

Logo, com a publicação da EC 45 (em 31.12.2004), alguns operadores do direito mais apressados passaram a entender que a Justiça do Trabalho teria competência para processar e julgar ações envolvendo servidores públicos, fossem eles regidos pela Consolidação das Leis do Trabalho (regime contratual – empregados públicos), ou por estatuto próprio (regime institucional/estatutário – ocupantes de cargos públicos).

Em verdade, o texto original da PEC 29/2000 (que originou a EC 45/2004), aprovado pelo Senado Federal em 17.11.2004, continha a ressalva de que não seriam submetidas à Justiça do Trabalho as ações que envolvessem os servidores ocupantes de cargos criados por lei, de provimento efetivo ou em comissão, incluídas as autarquias e fundações públicas dos referidos entes da federação.

Todavia, a redação final publicada não abrangeu a exceção votada e aprovada pelo Senado Federal, o que gerou inconformismo pelos órgãos de classe dos juízes federais, em especial a Ajufe – Associação dos Juízes Federais do Brasil, a qual, em 25.01.2005, ajuizou ação direta de inconstitucionalidade perante o Supremo Tribunal Federal, Processo 3.395-6, em face da redação contida no inciso I do art. 114 da Carta Maior.

O Min. Nelson Jobim concedeu liminar para interpretar o citado dispositivo constitucional, suspendendo toda e qualquer interpretação dada ao inciso I do art. 114 da CF, na redação dada pela EC 45/2004, que inclua, na competência da Justiça do Trabalho, a apreciação de causas que sejam instauradas entre seus servidores e o Poder Público, a este vinculados por típica relação de ordem estatutária ou de caráter jurídico-administrativo.

Vale mencionar que o posicionamento adotado pelo Ministro Nelson Jobim foi referendado pelo Plenário do STF em 05.04.2006, no julgamento da já mencionada Ação Direta de Inconstitucionalidade 3.395-6. Portanto, em face da interpretação manifestada pelo Supremo Tribunal Federal, temos que a Justiça do Trabalho é incompetente para conciliar e julgar as ações envolvendo servidores públicos estatutários, sendo competente a Justiça Federal (no caso de ações que envolvam servidores públicos federais) ou a Justiça Estadual (na hipótese de ações que envolvam servidores públicos estaduais ou municipais). Vejamos a decisão da Suprema Corte:

> "SUPREMO TRIBUNAL FEDERAL – *DJ* 10.11.2006 – MEDIDA CAUTELAR EM AÇÃO DIRETA DE INCONSTITUCIONALIDADE 3.395-6 (1114) Ementa: 'Inconstitucionalidade. Ação direta. Competência. Justiça do Trabalho. Incompetência reconhecida. Causas entre o Poder Público e seus servidores estatutários. Ações que não se reputam oriundas de relação de trabalho. Conceito estrito desta relação. Feitos da competência da Justiça Comum. Interpretação do art. 114, inc. I, da CF, introduzido pela EC 45/2004. Precedentes. Liminar deferida para excluir outra interpretação. O disposto no art. 114, I, da Constituição da República não abrange as causas instauradas entre o Poder Público e servidor que lhe seja vinculado por relação jurídico-estatutária'. Decisão: 'O Tribunal, por maioria, rejeitou a questão preliminar de legitimidade das requerentes suscitada pelo Senhor Ministro Marco Aurélio. Prosseguindo, o Tribunal, também por maioria, vencido o Senhor Ministro Marco Aurélio, referendou a liminar concedida, nos termos do voto do Relator. Votou a Presidente Ministra Ellen Gracie (Vice-Presidente no exercício da Presidência). Ausentes, justificadamente, os Senhores Ministros Gilmar Mendes e Eros Grau. Falou pelo *amicus curiae*, Associação Nacional dos Magistrados da Justiça do Trabalho – ANAMATRA, o Dr. Alberto Pavie Ribeiro. Plenário, 05.04.2006'."

Logo, a liminar concedida pelo Ministro Nelson Jobim e referendada pelo Plenário da Suprema Corte em 05.04.2006 afastou, em relação ao inc. I do art. 114 da Constituição Federal, na redação que lhe foi conferida pela EC 45/2004, qualquer exegese que inclua no âmbito material de competência da Justiça do Trabalho a apreciação de causas que sejam instauradas entre o Poder Público e seus servidores, a ele vinculados por típica relação de ordem estatutária ou de caráter jurídico-administrativo.

Em julgamento mais recente permanece o entendimento da Suprema Corte:

> "AGRAVO. RECLAMAÇÃO CONSTITUCIONAL. RELAÇÃO JURÍDICA ADMINISTRATIVA ENTRE SERVIDOR ESTATUTÁRIO E ADMINISTRAÇÃO PÚBLICA. CONTROVÉRSIA CUJA COMPETÊNCIA PARA APRECIAÇÃO É DA JUSTIÇA COMUM. INCOMPETÊNCIA DA JUSTIÇA DO TRABALHO (ART. 114, I, CRFB). PRECEDENTES. 1. O Plenário do Pretório Excelso já assentou que o disposto no art. 114, I, da Constituição da República, não abrange as causas instauradas entre o Poder Público e servidor que lhe seja vinculado por relação jurídico-estatutária (ADI 3395/MC – Rel. Min. Cezar Peluso, Tribunal Pleno – j. 05.04.2006 – *DJ* 10.11.2006, p. 00049; ement, v. 02255-02, p. 00274R; DECTRAB, v. 14, n. 150, 2007, p. 114-134; RDECTRAB, v. 14, n. 152, 2007, p. 226-245). 2. Por conseguinte, compete à Justiça comum conhecer de causas que envolvam controvérsias atinentes à relação jurídica administrativa existente entre servidor público estatutário e a Administração Pública. 3. Agravo Regimen-

> tal provido" (Rcl 10863/AM – Rel. Min. Marco Aurélio – j. em 17.11.2011 – *DJe* 09.02.2012 – Tribunal Pleno/STF).

Vale destacar que o STF vem decidindo, reiteradamente, que, em caso de contratação temporária realizada pela Administração Pública, mesmo que irregular, a competência para julgamento de eventual ação não será da Justiça do Trabalho, mas sim da Justiça Federal ou Estadual (conforme o ente público envolvido), conforme se observa pela transcrição do seguinte julgado:

> "Decisão: Vistos. Cuida-se de reclamação constitucional, com pedido de liminar, ajuizada pelo Município de Belém em face da Juíza do Trabalho da 1.ª Vara do Trabalho de Belém, cuja decisão proferida nos autos do Processo nº 0001239-53.2014.5.08.0017, teria afrontado a autoridade do Supremo Tribunal Federal e a eficácia do que decidido nas ADIs n.ºs 2.135/DF-MC e 3.395/DF-MC. Na peça vestibular, o reclamante narra que: a) é demandado na referida ação trabalhista por trabalhador temporário, cujo contrato é regido por regime especial de direito administrativo, o qual elegeu a Justiça do Trabalho para pleitear o pagamento de verbas rescisórias decorrentes do vínculo de trabalho estabelecido com o Poder Público; b) apresentou contestação nos autos originários, em que defende a incompetência da Justiça especializada para dirimir controvérsia que envolve vínculo jurídico administrativo entre o Poder Público e o trabalhador; c) a decisão proferida pela 1.ª Vara do Trabalho de Belém foi no sentido da sua competência para julgar a demanda, afrontando-se as decisões nas ADIs nºs 2.135/DF-MC e 3.395/DF-MC. Requer que seja deferido o pedido de liminar para suspender os efeitos do acordão reclamado, presente o *periculum in mora* ante a iminência do Poder Público ser compelido a cumprir decisão proferida por autoridade judiciária incompetente, com prejuízo ao erário. No mérito, postula que seja julgada procedente a reclamação para anular a decisão reclamada. É o relatório. Decido. Defende-se, em síntese, a incompetência da Justiça do Trabalho para processar e julgar a ação de nº 0001239.53.2014.5.08.0017, ao argumento de se tratar de relação oriunda de vínculo jurídico-administrativo, estabelecida entre o poder público e o trabalhador em regime temporário do Município de Belém. O reclamante aponta como paradigma de confronto a ADI nº 3395/DF--MC, cuja transcrevo: INCONSTITUCIONALIDADE. AÇÃO DIRETA. COMPETÊNCIA. JUSTIÇA DO TRABALHO. INCOMPETÊNCIA RECONHECIDA. CAUSAS ENTRE O PODER PÚBLICO E SEUS SERVIDORES ESTATUTÁRIOS. AÇÕES QUE NÃO SE REPUTAM ORIUNDAS DE RELAÇÃO DE TRABALHO. CONCEITO ESTRITO DESTA RELAÇÃO. FEITOS DA COMPETÊNCIA DA JUSTIÇA COMUM. INTERPRETAÇÃO DO ART. 114, INC. I, DA CF, INTRODUZIDO PELA EC 45/2004. PRECEDENTES. LIMINAR DEFERIDA PARA EXCLUIR OUTRA INTERPRETAÇÃO. O disposto no art. 114, I, da Constituição da República, não abrange as causas instauradas entre o Poder Público e servidor que lhe seja vinculado por relação jurídico-estatutária. A decisão reclamada foi no sentido do reconhecimento da competência da Justiça especializada pelos seguintes fundamentos: Aduz o reclamado que esta Especializada é incompetente para julgar o presente feito visto que se trata de demanda entre o Município e servidor público temporário, conforme decisão do Supremo Tribunal Federal, e que a partir de 2007 não é possível para a Administração admitir pessoal através de outro regime que não seja o estatutário, não havendo lei criando o emprego

ocupado pelo autor. Não assiste razão ao reclamado. O autor exerce o emprego de Agente de Combate a Endemias, conforme documento id f2318d8, admitido através de processo seletivo simplificado regulado pelo edital idbd9925e, que estabelece que os aludidos agentes serão regulados pela Lei 11.350/2006. A contratação efetuada através da Lei 11.350/2006 é válida caso o ente público não disponha de regime jurídico sobre a admissão de tais agentes, conforme art. 1º do citado diploma legal, situação não demonstrada no presente feito, visto que o Município não trouxe aos autos Lei Municipal que trate da contratação dos agentes de combate de endemias, sendo estes regidos pela Lei Federal citada e sujeitos ao regime celetista. No caso dos autos, o Município de Belém afirma que o servidor foi contratado temporariamente, através de processo seletivo, para exercer a função de agente de combate de endemias (ACE). No tocante à alegada violação à eficácia da decisão do STF na ADI nº 3.395/DF-MC, é pacífica a jurisprudência no sentido de não competir a esta Suprema Corte, em sede de reclamação constitucional, examinar argumentos relativos à nulidade do vínculo entre o servidor e o poder público. Vide: Não compete ao Supremo Tribunal Federal, no âmbito estreito de cognição próprio da reclamação constitucional, analisar a regularidade constitucional e legal das investiduras em cargos efetivos ou comissionados ou das contratações temporárias realizadas pelo Poder Público (Rcl nº 4.785/SE-MC-AgR – Rel. Min. Gilmar Mendes, Tribunal Pleno – *DJe* 14.03.2008). Assentou-se, ainda, que não compete à Justiça do Trabalho o exame de litígios baseados em contratação temporária para o exercício de função pública, ainda que com prazo excedido: 1. A Justiça do Trabalho não detém competência para processar e julgar causas que envolvam o Poder Público e servidores a ele vinculados, mesmo que por contrato temporário com prazo excedido, por se tratar de relação jurídico-administrativa (Rcl nº 7.028/MG-AgR – Rel.ª Min.ª Ellen Gracie – Tribunal Pleno – j. 16.09.2009, *DJe*-195, divulgado em 15.10.2009, publicado em 16.102009). Prorrogação do prazo de vigência do contrato temporário não altera a natureza jurídica de cunho administrativo que se estabelece originalmente (Rcl nº 4.824/MS-AgR, Relator o Ministro Menezes Direito, Tribunal Pleno, julgado em 02.04.2009, *DJe*-79, divulgado em 29.04.2009, publicado em 30.04.2009). A partir da premissa de que esta ação reclamatória não se presta a analisar a regularidade constitucional e legal das investiduras em cargos efetivos realizadas pelo Poder Público, em juízo de cognição sumária, entendo que a situação debatida nos presentes autos contraria o entendimento fixado pelo Supremo Tribunal Federal no julgamento da ADI nº 3.395/DF-MC, principalmente no que diz respeito aos postulados enunciados acima. Ademais, no julgamento cautelar da ADI nº 2.135/DF-MC, suspendeu-se a vigência do artigo 39, *caput*, da Constituição Federal, com a redação dada pela Emenda Constitucional nº 19/1998 ante o vício formal na elaboração da Emenda Constitucional. Assim, afastou-se a permissão para celebração de contrato de emprego público, permanecendo a regra do regime jurídico único para os servidores públicos da administração direta, das autarquias e das fundações públicas. Ante o exposto, defiro o pedido de liminar para suspender os efeitos da decisão reclamada e a tramitação da Reclamação Trabalhista nº 0001239-53.2014.5.08.0017. Verifico que a petição inicial não apresenta o valor da causa, em ofensa direta aos artigos 258 e 259, CPC [atual CPC, arts. 291 e 292]. Para o regular prosseguimento do feito, determino a emenda da inicial, no prazo de dez dias, sob pena de ter cassada a liminar e extinta a ação, sem julgamento do mérito. Publique-se. Int.. Brasília, 19 de dezembro de 2014. Ministro Dias Toffoli

> Relator. Documento assinado digitalmente" (STF – Rcl: 19368 PA – Rel. Min. Dias Toffoli, j. 19.12.2014, *DJe* 02.02.2015).

Contudo, se o servidor da administração pública direta, indireta, autárquica ou fundacional for regido pela Consolidação das Leis do Trabalho, não resta dúvida que a Justiça laboral competente para conciliar e julgar os dissídios entre o denominado "empregado público" e a administração pública.

A empresa pública e a sociedade de economia mista que, nos termos do art. 173, § 1.º, II, da CF/1988, explorem atividade econômica, serão submetidas ao regime próprio das empresas privadas, constituindo-se em pessoas jurídicas de direito privado, com empregados regidos pela norma consolidada.

Logo, as ações movidas por empregados públicos contra tais entes e entidades em razão de relação de trabalho são de competência da Justiça do Trabalho. Leia esse julgado:

> *AGRAVO EM AGRAVO DE INSTRUMENTO EM RECURSO DE REVISTA EM FACE DE DECISÃO PUBLICADA NA VIGÊNCIA DA LEI N. 13.015/2014. COMPTÊNCIA DA JUSTIÇA DO TRABALHO. EMPREGADO PÚBLICO CELETISTA. (...) Ocorre que, ao contrário do caso analisado pelo Supremo Tribunal Federal, não se trata de relação jurídico-administrativa. Isso porque, consoante se extrai do fundamento fático consignado pelo Tribunal Regional, é incontroverso no feito que o contrato de trabalho da autora sempre foi regido pelas normas da Consolidação das Leis do Trabalho. Agravo conhecido e não provido. (...) (AgAIRR-11521-48.2014.5.15.0085, 7ª Turma, Relator Ministro Cláudio Mascarenhas Brandão, DEJT 13/09/2019).*

A Súmula 97 do STJ dispõe que, se houver mudança de regime do servidor de celetista (contratual) para estatutário, permanece a competência da Justiça do Trabalho em relação aos direitos oriundos do contrato celetário.

Por sua vez, a Súmula 137 do STJ menciona que compete à Justiça Comum Estadual processar e julgar ação de servidor público municipal, pleiteando direitos relativos ao vínculo estatutário.

Já a Súmula 218 do STJ fixa a competência da Justiça dos Estados para processar e julgar ação de servidor estadual decorrente de direitos e vantagens estatutários no exercício de cargo em comissão.

O TST, por meio da OJ 138 da SDI-I/TST, com redação dada pela Res. Adm. 129/2005, *DJ* 20.04.2005, quanto à competência da Justiça do Trabalho para processar e julgar demandas envolvendo servidores públicos, assim estabeleceu:

> "COMPETÊNCIA RESIDUAL. REGIME JURÍDICO ÚNICO. LIMITAÇÃO DA EXECUÇÃO. Compete à Justiça do Trabalho julgar pedidos de direitos e vantagens previstos na legislação trabalhista referente a período anterior à Lei 8.112/1990, mesmo

que a ação tenha sido ajuizada após a edição da referida lei. A superveniência de regime estatutário em substituição ao celetista, mesmo após a sentença, limita a execução ao período celetista."

Destacamos, ainda, a Súmula 430 do TST:

"SÚMULA 430. ADMINISTRAÇÃO PÚBLICA INDIRETA. CONTRATAÇÃO. AUSÊNCIA DE CONCURSO PÚBLICO. NULIDADE. ULTERIOR PRIVATIZAÇÃO. CONVALIDAÇÃO. INSUBSISTÊNCIA DO VÍCIO. Convalidam-se os efeitos do contrato de trabalho que, considerado nulo por ausência de concurso público, quando celebrado originalmente com ente da Administração Pública Indireta, continua a existir após a sua privatização."

Nos casos de contratação direta de trabalhador pela Administração Pública sem concurso público após a Constituição de 1988. Quem julgaria as demandas entre esse trabalhador e a Administração?

Nesse ponto, a posição prevalecente na Subseção I de Dissídios Individuais do TST parte da premissa de que depende do regime jurídico único adotado pela Administração Pública. Se o regime for celetista, a competência é da Justiça do Trabalho. Se o regime for estatutário, a competência é da Justiça Comum. Veja esse julgado:

EMBARGOS EM RECURSO DE REVISTA REGIDOS PELA LEI N. 13.015/2014. INCOMPETÊNCIA DA JUSTIÇA DO TRABALHO. CONTRATO DE TRABALHO CELEBRADO COM O ENTE PÚBLICO APÓS A PROMULGAÇÃO DA CONSTITUIÇÃO FEDERAL DE 1988. AUSÊNCIA DE PRÉVIA APROVAÇÃO EM CONCURSO PÚBLICO. ENTENDIMENTO ADOTADO PELO SUPREMO TRIBUNAL FEDERAL. CANCELAMENTO DA ORIENTAÇÃO JURISPRUDENCIAL N. 205 DA SBDI-1 DESTE TRIBUNAL. (...) Por outro lado, afasta-se a tese do autor no sentido da competência desta Justiça, por se tratar da hipótese de contrato nulo, uma vez que a jurisprudência desta Subseção I Especializada em Dissídios Individuais, em hipótese como a destes autos, vem se firmando no sentido de que a competência para processar e julgar ação movida por servidor público contratado na vigência da atual Constituição da República, sem prévia aprovação em concurso, define-se em função do regime jurídico adotado pelo ente público para seus servidores em geral: se celetista, a competência é da Justiça do Trabalho, se administrativo/estatutário, da Justiça Comum. Este foi o entendimento firmado no E-ED-RR-1114-36.2013.5.05.0201, Redator Designado Ministro Márcio Eurico Vitral Amaro, DEJT de 11/5/2018. Embargos conhecidos e não providos (E-RR-676-34.2016.5.22.0103, Subseção I Especializada em Dissídios Individuais, Relator Ministro Cláudio Mascarenhas Brandão, DEJT 22/03/2019).

Neste momento, vale um registro: caso se trate de trabalhador que tenha relação jurídico-administrativa com a Administração Pública e que entenda que a relação está viciada (ilegalidade/desvirtuamento) e queira pedir reconhecimento da irregularidade da contratação, qual Justiça teria a competência? O Supremo Tribunal Federal entende que a competência é da **Justiça Comum:**

> *Administrativo e Processual Civil. Dissídio entre servidor temporário e o poder público. ADI n. 3.395/DF-MC. Competência da Justiça comum. Reclamação julgada procedente. 1. Compete à Justiça comum pronunciar-se sobre a existência, a validade e a eficácia das relações entre servidores e o poder público fundadas em vínculo jurídico-administrativo temporário. 2. Não descaracteriza a competência da Justiça comum o fato de se requererem verbas rescisórias, FGTS e outros encargos de natureza símile, dada a prevalência da questão de fundo, a qual diz respeito à própria natureza da relação jurídico-administrativa, ainda que desvirtuada ou submetida a vícios de origem. 3. Agravo regimental provido e reclamação julgada procedente para se anularem os atos decisórios proferidos pela Justiça do Trabalho e se determinar o envio dos autos de referência à Justiça comum. (Rcl 4351 MC-AgR, Relator(a): Min. MARCO AURÉLIO, Relator(a) p/ Acórdão: Min. DIAS TOFFOLI, Tribunal Pleno, julgado em 11/11/2015, ACÓRDÃO ELETRÔNICO DJe-068 DIVULG 12-04-2016 PUBLIC 13-04-2016).*

O Tribunal Superior do Trabalho entendia de forma diversa e passou a seguir o STF:

> *(...) II – RECURSO DE REVISTA. INCOMPETÊNCIA DA JUSTIÇA DO TRABALHO. CONTRATAÇÃO TEMPORÁRIA. CONTROVÉRSIA QUANTO À SUA VALIDADE. O eg. Tribunal Regional deu provimento ao recurso ordinário do reclamante para declarar esta Justiça do Trabalho competente para o julgamento da presente demanda, ao fundamento de que, não obstante se trate de contratação temporária, o vínculo com o reclamante se estabeleceu sob o regime celetista. O Supremo Tribunal Federal, no julgamento da Medida Cautelar na ADI n. 3.395-6/DF, afastou qualquer interpretação do artigo 114, I, da Constituição Federal que inclua na competência da Justiça do Trabalho a apreciação de demandas instauradas entre a Administração Pública e os servidores a ela vinculados por relação de ordem estatutária ou de caráter jurídico-administrativo, aí incluídos os conflitos sobre o exercício de cargo comissionado ou acerca de contrato temporário de excepcional interesse público (artigo 37, IX, da Constituição Federal). Seguindo esse entendimento, esta Corte cancelou a Orientação Jurisprudencial 205 da SBDI-1 e tem firmado jurisprudência no sentido de que não compete à Justiça do Trabalho processar e julgar causas decorrentes das relações entre os servidores e o poder público em que se discute o desvirtuamento da contratação efetuada pelo regime especial de que dispõe o art. 37, IX, da Constituição Federal. Recurso de revista conhecido por violação do artigo 114, I, da Constituição Federal e provido (RR-21244-55.2015.5.04.0411, 3ª Turma, Relator Ministro Alexandre de Souza Agra Belmonte, DEJT 07/06/2019).*

Outro ponto que merece destaque refere-se às ações envolvendo **estágio**. Se o estágio for firmado com a Administração Pública Direta, autárquica e fundacional, a competência será da Justiça Comum, por envolver matéria administrativa. Veja esses julgados do TST:

> *(...) II – RECURSO DE REVISTA DO MUNICÍPIO DE PARNAMIRIM – INCOMPETÊNCIA DA JUSTIÇA DO TRABALHO. CONTRATO DE ESTÁGIO. ENTE PÚBLICO. No julgamento da ADI 3395/DF, o Supremo Tribunal Federal estabeleceu que a natureza jurídico-*

-administrativa do vínculo existente entre o estagiário e o ente público afasta a competência da Justiça do Trabalho para apreciar a lide. Julgados. Recurso de revista conhecido e provido. (...) (ARR-176200-31.2009.5.21.0002, 8ª Turma, Relator Ministro Márcio Eurico Vitral Amaro, DEJT 23/03/2018).

"AÇÃO CIVIL PÚBLICA. CONTRATO DE ESTÁGIO. IRREGULARIDADES NAS CONTRATAÇÕES. AUSÊNCIA DE PEDIDO DE RECONHECIMENTO DE VINCULO DE EMPREGO. ENTE PÚBLICO. RELAÇÃO JURÍDICO-ADMINISTRATIVA. INCOMPETÊNCIA MATERIAL DA JUSTIÇA DO TRABALHO. Cinge-se a controvérsia, acerca da competência desta Justiça especializada, para julgar ação civil pública movida pelo Ministério Público do Trabalho contra o Estado do Paraná, em razão do pretenso descumprimento de determinações constantes na Lei n. 11.788/2008, que regula os contratos de estágio, com pedidos de imposição de obrigações de fazer e não fazer, além da cominação de multa diária e de indenização por dano moral coletivo. Constata-se que o objeto da demanda diz respeito a questões pré-contratuais e contratuais específicas do contrato de estágio, tais como, a imposição das obrigações de fazer contidas nos artigos 3º, incisos II e III, e 9º, incisos I, II e III, da Lei n. 11.788/2008, além da obrigação de não fazer, no sentido de se abster de firmar termos de compromisso de estágio com instituições de ensino que não indicam professores orientadores e não supervisionam efetivamente as atividades de estágio, nos termos do artigo 3º, § 1º, do mesmo diploma legal. Verifica-se, portanto, que não se trata de arguição de desvirtuamento do contrato de estágio e tampouco de pedido relativo a valores ou direitos do estagiário. O artigo 114, inciso I, da Constituição Federal atribui a esta Justiça Especializada a competência para julgar "as ações oriundas da relação de trabalho, abrangidos os entes de direito público externo e da administração pública direta e indireta da União, dos Estados, do Distrito Federal e dos Municípios". Contudo, na situação em análise, são discutidos aspectos acessórios ao contrato de estágio, que embora sejam relevantes ao desenvolvimento correto do intento legislativo do aprendizado, não diz respeito diretamente à relação de trabalho havida entre estagiário e a parte concedente do estágio. Ademais, considerando-se que, na hipótese em exame, está em discussão o cumprimento das obrigações legais do ente público como parte concedente, tendo por base uma relação jurídico-administrativa, a qual, de acordo com o entendimento adotado pelo Supremo Tribunal Federal, por meio da ADI 3395, aqui aplicada por analogia, não se insere na competência da Justiça do Trabalho. Precedentes da SbDI-1 e das Turmas desta Corte superior. Recurso de revista conhecido e provido" (RR-717-42.2011.5.09.0651, 2ª Turma, Relator Ministro José Roberto Freire Pimenta, DEJT 10/11/2017).

No entanto, se o estágio se refere ao âmbito privado, a competência será da **Justiça do Trabalho.**

No âmbito do direito processual coletivo, também se constata diversas competências oriundas da relação de trabalho.

A Justiça do Trabalho possui competência para julgar conflitos coletivos de trabalho. Assim, julga os dissídios coletivos de trabalho (ações em que se buscam a fixação, revisão ou extensão de novas condições de trabalho para um conjunto de relações de trabalho ou se procura a interpretação de uma norma para esse pessoal).

Além disso, registre-se, ainda, o entendimento do Supremo Tribunal Federal acerca da competência da Justiça do Trabalho para ações referentes a descumprimento de normas de segurança e medicina do trabalho, o que está consolidado na Súmula n. 736:

> *Compete à Justiça do Trabalho julgar as ações que tenham como causa de pedir o descumprimento de normas trabalhistas relativas à segurança, higiene e saúde dos trabalhadores.*

Logo, se houver uma ação civil pública contra uma empresa em que o Ministério Público ou o sindicato pede a condenação em obrigações de fazer ou de não-fazer relativas a normas de segurança, higiene ou saúde dos trabalhadores, a competência é da Justiça do Trabalho. Aqui vale uma ponderação. O STF entende que, mesmo sendo os trabalhadores servidores estatutários, nesse caso a competência continua com a Justiça do Trabalho. Veja:

> *CONSTITUCIONAL. RECLAMAÇÃO. ADI 3.395-MC. AÇÃO CIVIL PÚBLICA PROPOSTA NA JUSTIÇA DO TRABALHO, PARA IMPOR AO PODER PÚBLICO PIAUIENSE A OBSERVÂNCIA DAS NORMAS DE SAÚDE, HIGIENE E SEGURANÇA DO TRABALHO NO ÂMBITO DO INSTITUTO MÉDICO LEGAL. IMPROCEDÊNCIA. 1. Alegação de desrespeito ao decidido na ADI 3.395-MC não verificada, porquanto a ação civil pública em foco tem por objeto exigir o cumprimento, pelo Poder Público piauiense, das normas trabalhistas relativas à higiene, segurança e saúde dos trabalhadores. (...) (Rcl 3303, Relator: Min. CARLOS BRITTO, Tribunal Pleno, PUBLIC 16-05-2008).*

O TST segue na mesma linha:

> *AGRAVO. AGRAVO DE INSTRUMENTO. RECURSO DE REVISTA INTERPOSTO NA VIGÊNCIA DA LEI N. 13.015/14. AÇÃO CIVIL PÚBLICA. ADEQUAÇÃO DO MEIO AMBIENTE DO TRABALHO. SERVIDORES MUNICIPAIS ESTATUTÁRIOS. COMPETÊNCIA DA JUSTIÇA DO TRABALHO. (...) Prevalece nesta Corte Superior o entendimento de que a restrição da competência da Justiça do Trabalho para julgar as causas de interesse de servidores públicos, resultante do decidido pelo STF na ADI n. 3.395-6, não alcança as ações civis públicas propostas pelo Ministério Público do Trabalho, cuja causa de pedir seja o descumprimento de normas de segurança, saúde e higiene dos trabalhadores. Incidência da Súmula n. 736 do STF. Agravo a que se nega provimento (Ag-AIRR-1673-57.2015.5.22.0004, 1ª Turma, Relator Ministro Walmir Oliveira da Costa, DEJT 05/04/2018).*

2.2.2.4. *Ações que envolvam o exercício do direito de greve*

O inciso II do novo art. 114 da CF/1988 assegurou à Justiça do Trabalho competência para processar e julgar as ações que envolvam o exercício do direito de greve, havendo a possibilidade do manejo, nesta hipótese, de ações individuais e/ou coletivas.

O exercício abusivo do direito de greve pode gerar o manejo de ações coletivas disciplinadas nos §§ 2.º e 3.º do art. 114 da Carta Maior (dissídio coletivo de greve proposto pelo sindicato patronal, empresa ou Ministério Público).

A declaração da abusividade do exercício do direito de greve é feita em dissídio coletivo. Desse modo, a competência funcional para processá-lo e julgá-lo é dos tribunais, TRTs e TST, considerando a área de extensão do conflito. Caso não ultrapasse a área de jurisdição de um TRT, a competência será deste (art. 677 da CLT); em contrapartida, se ultrapassá-la, a competência será do TST (art. 2.º, I, *a*, Lei 7.701/1988). Caso a greve tenha ocorrido na circunscrição dos TRTs da 2.ª e 15.ª região, a competência será do TRT da 2.ª região (art. 12 da Lei 7.520/1986).

O STF fixou tese no RE 846854 (*DJe* 06.02.2018) estabelecendo que "a justiça comum, federal ou estadual, é competente para julgar a abusividade de greve de servidores públicos celetistas da Administração pública direta, autárquica e fundações públicas".

Logo, não importa se a greve é de servidor público celetista ou estatutário, se for servidor da administração pública direta (União, Estados, Distrito Federal e Municípios), de autarquias ou fundações públicas, a competência será da justiça comum, federal ou estadual.

Se os servidores são federais, a competência será da Justiça Comum Federal, especificamente do Tribunal Regional do Trabalho (art. 6º, Lei 7.701/1988, por aplicação analógica); se estaduais ou municipais, da Justiça Comum Estadual, especificamente do Tribunal de Justiça (art. 6º, Lei 7.701/1988, por aplicação analógica).

A competência da Justiça do Trabalho limita-se a declarar a abusividade da greve dos servidores celetistas das empresas públicas e sociedades de economia mista, pois estas sujeitam-se ao regime jurídico próprio das empresas privadas, nos termos do art. 173, § 1º, II, da CF.

Por outro lado, o exercício irregular do direito de greve também pode gerar a propositura de ações individuais (de competência da Justiça do Trabalho), como as ações de reparação propostas pela empresa ou qualquer interessado em face de danos causados pelo sindicato profissional ou mesmo pelos trabalhadores em função de uma greve abusiva, ações indenizatórias, de obrigação de fazer para assegurar durante a greve a prestação de serviços individuais, ações possessórias. Ressalte-se que, nesses casos, a competência é das varas do trabalho.

Portanto, nas ações individuais que envolvam o exercício do direito de greve poderemos ter como partes (autor e réu): empresas, sindicatos, empregados, dirigentes sindicais, usuário do serviço paralisado etc., sendo a Justiça laboral competente para dirimir o conflito.

A Súmula Vinculante 23 estabelece que a Justiça do Trabalho é competente para processar e julgar ação possessória ajuizada em decorrência do exercício do direito de greve pelos trabalhadores da iniciativa privada.

Fica evidente que, se os grevistas causarem dano ao patrimônio do empregador, será a Justiça do Trabalho competente para a ação que busca indenização pelos danos causados por atos ilegais. Aliás, o art. 15 da Lei n. 7.783/1989 prevê:

> Art. 15 A responsabilidade pelos atos praticados, ilícitos (...), no curso da greve, será apurada, conforme o caso, segundo a legislação trabalhista, civil (...).

Veja um exemplo de competência para a ação indenizatória:

> *AGRAVO DE INSTRUMENTO EM RECURSO DE REVISTA. PRELIMINAR DE INCOMPETÊNCIA DA JUSTIÇA DO TRABALHO. INDENIZAÇÃO POR DANOS MATERIAIS CAUSADOS DURANTE O MOVIMENTO GREVISTA. ART. 114, II, DA CONSTITUIÇÃO FEDERAL. O art. 114, II, da Constituição Federal, com a redação dada pela Emenda Constitucional n.º 45/2004, prevê que é de competência da Justiça do Trabalho processar e julgar as ações que envolvam exercício do direito de greve. Da exegese do referido preceito constitucional é possível verificar que a nova competência atribuída a essa Justiça Especializada pela EC 45/2004 não excepcionou qualquer demanda que tivesse por fundamento o exercício do direito de greve. Dessarte, eventual pleito de reparação pecuniária por danos materiais provocados seja pelos trabalhadores seja pela entidade sindical, quando do movimento paredista, ao patrimônio da Empresa deve ser apreciado pela Justiça do Trabalho. Agravo de Instrumento conhecido e não provido (AIRR-65200-70.2006.5.01.0072, 4ª Turma, Relatora Ministra Maria de Assis Calsing, DEJT 02/05/2014).*

A greve de servidores públicos estatutários ou que detenham relação jurídico-administrativa? De quem será a competência para os dissídios coletivos, para as ações possessórias? O STF, no julgamento do Mandado de Injunção n. 670, decidiu que a competência é da Justiça Comum, Federal ou Estadual:

> *(...) 6. DEFINIÇÃO DOS PARÂMETROS DE COMPETÊNCIA CONSTITUCIONAL PARA APRECIAÇÃO DO TEMA NO ÂMBITO DA JUSTIÇA FEDERAL E DA JUSTIÇA ESTADUAL ATÉ A EDIÇÃO DA LEGISLAÇÃO ESPECÍFICA PERTINENTE, NOS TERMOS DO ART. 37, VII, DA CF. FIXAÇÃO DO PRAZO DE 60 (SESSENTA) DIAS PARA QUE O CONGRESSO NACIONAL LEGISLE SOBRE A MATÉRIA. MANDADO DE INJUNÇÃO DEFERIDO PARA DETERMINAR A APLICAÇÃO DAS LEIS Nos 7.701/1988 E 7.783/1989.*

(...) 6.2. Nessa extensão do deferimento do mandado de injunção, aplicação da Lei no 7.701/1988, no que tange à competência para apreciar e julgar eventuais conflitos judiciais referentes à greve de servidores públicos que sejam suscitados até o momento de colmatação legislativa específica da lacuna ora declarada, nos termos do inciso VII do art. 37 da CF. 6.3. Até a devida disciplina legislativa, devem-se definir as situações provisórias de competência constitucional para a apreciação desses dissídios no contexto nacional, regional, estadual e municipal. Assim, nas condições acima especificadas, se a paralisação for de âmbito nacional, ou abranger mais de uma região da justiça federal, ou ainda, compreender mais de uma unidade da federação, a competência para o dissídio de greve será do Superior Tribunal de Justiça (por aplicação analógica do art. 2º, I, "a", da Lei no 7.701/1988). Ainda no âmbito federal, se a controvérsia estiver adstrita a uma única região da justiça federal, a competência será dos Tribunais Regionais Federais (aplicação analógica do art. 6º da Lei no 7.701/1988). Para o caso da jurisdição no contexto estadual ou municipal, se a controvérsia estiver adstrita a uma unidade da federação, a competência será do respectivo Tribunal de Justiça (também por aplicação analógica do art. 6º da Lei no 7.701/1988). As greves de âmbito local ou municipal serão dirimidas pelo Tribunal de Justiça ou Tribunal Regional Federal com jurisdição sobre o local da paralisação, conforme se trate de greve de servidores municipais, estaduais ou federais. 6.4. Considerados os parâmetros acima delineados, a par da competência para o dissídio de greve em si, no qual se discuta a abusividade, ou não, da greve, os referidos tribunais, nos âmbitos de sua jurisdição, serão competentes para decidir acerca do mérito do pagamento, ou não, dos dias de paralisação em consonância com a excepcionalidade de que esse juízo se reveste. Nesse contexto, nos termos do art. 7º da Lei no 7.783/1989, a deflagração da greve, em princípio, corresponde à suspensão do contrato de trabalho. Como regra geral, portanto, os salários dos dias de paralisação não deverão ser pagos, salvo no caso em que a greve tenha sido provocada justamente por atraso no pagamento aos servidores públicos civis, ou por outras situações excepcionais que justifiquem o afastamento da premissa da suspensão do contrato de trabalho (art. 7º da Lei no 7.783/1989, in fine). 6.5. Os tribunais mencionados também serão competentes para apreciar e julgar medidas cautelares eventualmente incidentes relacionadas ao exercício do direito de greve dos servidores públicos civis, tais como: i) aquelas nas quais se postule a preservação do objeto da querela judicial, qual seja, o percentual mínimo de servidores públicos que deve continuar trabalhando durante o movimento paredista, ou mesmo a proibição de qualquer tipo de paralisação; ii) os interditos possessórios para a desocupação de dependências dos órgãos públicos eventualmente tomados por grevistas; e iii) as demais medidas cautelares que apresentem conexão direta com o dissídio coletivo de greve. 6.6. Em razão da evolução jurisprudencial sobre o tema da interpretação da omissão legislativa do direito de greve dos servidores públicos civis e em respeito aos ditames de segurança jurídica, fixa-se o prazo de 60 (sessenta) dias para que o Congresso Nacional legisle sobre a matéria. 6.7. Mandado de injunção conhecido e, no mérito, deferido para, nos termos acima especificados, determinar a aplicação das Leis nos 7.701/1988 e 7.783/1989 aos conflitos e às ações judiciais que envolvam a interpretação do direito de greve dos servidores públicos civis. (MI 670, Relator p/ Acórdão. Min. GILMAR MENDES, Tribunal Pleno, PUBLIC 31-10-2008).

2.2.2.5. *Ações sobre representação sindical*

O inciso III do novo art. 114 da CF/1988 atribui competência à Justiça do Trabalho para processar e julgar ações sobre representação sindical, entre sindicatos, entre sindicatos e trabalhadores e entre sindicatos e empregadores.

Inicialmente, tendo em vista que o diploma constitucional em comento somente se refere a "sindicatos", entendemos que deve ser conferida uma interpretação extensiva ao texto legal, para nele compreender também as federações e confederações.

Com a inovação trazida pela EC 45, passaram as lides intersindicais envolvendo disputa de base territorial a ser julgadas pela Justiça do Trabalho e não mais pela Justiça Estadual, como era anteriormente.

Assim, quando dois ou mais sindicatos disputarem base territorial de representação de categoria, tal matéria estará afeta à seara trabalhista.

Outro aspecto ampliativo da competência laboral foi a possibilidade do manejo, na Justiça do Trabalho, de dissídios individuais sindicais, envolvendo sindicatos, sindicatos e trabalhadores e sindicatos e empregadores.

É bem verdade que a Lei 8.984/1995 já possibilitava a ação de cumprimento de cláusula de convenção coletiva ou acordo coletivo na Justiça do Trabalho, mesmo quando ocorressem entre sindicatos ou entre sindicatos de trabalhadores e empregador.

Por outro lado, o art. 872, parágrafo único, da CLT também já previa a possibilidade de propositura de ação de cumprimento de sentença normativa pelo próprio sindicato profissional.

No entanto, com a nova redação do art. 114, III, da Carta Maior, outras matérias conexas envolvendo direito sindical poderão ser objeto de ações propostas perante a Justiça do Trabalho, tais como:

- Ações declaratórias de vínculo jurídico e sindical entre sindicato e federação;
- Ações envolvendo o direito à filiação ou desfiliação;
- Ações concernentes à eleição de dirigente sindical e ao respectivo processo eleitoral;
- Ações dirigidas à proteção do sindicato contra atos atentatórios à liberdade sindical ou condutas antissindicais;
- Ações envolvendo direitos trabalhistas propostas por dirigente sindical licenciado em face do seu próprio sindicato – utilizadas nos casos em que o contrato de trabalho do dirigente sindical permanece suspenso durante o exercício do mandato, em que o sindicato obreiro, muitas vezes, compromete-se a arcar com as verbas trabalhistas devidas ao trabalhador durante o seu licenciamento da empresa (férias, 13.º salário, salário etc.);

- Ações de prestação de contas de repasse das contribuições previdenciárias descontadas dos empregados movida pelo sindicato em face do empregador. Ação de consignação em pagamento proposta pelo empregador para depósito das contribuições descontadas dos empregados. Ressalte-se que a contribuição sindical passou a ser facultativa com a reforma trabalhista, nos termos dos arts. 545, 578, 579, 582, 587, 583 e 602 da CLT. Na ADI 5.794 *(DJe* 03.08.2018), o STF reconheceu a constitucionalidade de tais dispositivos no que tangem a prévia e expressa autorização para que seja exigível a contribuição sindical.

Além disso, a Justiça do Trabalho também julga processos abrangendo a **concessão do registro sindical** pela autoridade administrativa do Ministério. É a concessão do registro sindical que autoriza a representação de toda categoria pela entidade, o que atrai a competência da Justiça do Trabalho para demandas envolvendo esse registro. Veja um julgado:

> *AGRAVO INTERNO EM AGRAVO DE INSTRUMENTO EM RECURSO DE REVISTA. COMPETÊNCIA DA JUSTIÇA DO TRABALHO. Sendo certo que o registro sindical insere-se nas questões referentes à representação sindical, a decisão do Regional, ao reconhecer a competência material desta Justiça do Trabalho para processar e julgar a presente lide, não viola o art. 114, III, da CF. (...) (Ag-AIRR-1530 68.2015.5.10.0015, 1ª Turma, Relator Desembargador Convocado Roberto Nobrega de Almeida Filho, DEJT 01/10/2018).*

Todavia, as ações de cobrança de contribuição sindical relativa a sindicatos de servidores públicos estatutários, bem como com as ações sobre representação sindical envolvendo os servidores estatutários, porque essa competência não é da Justiça do Trabalho:

> *INCOMPETÊNCIA DA JUSTIÇA DO TRABALHO. SERVIDORES PÚBLICOS ESTATUTÁRIOS. ELEIÇÃO SINDICAL. ART. 894, §2º DA CLT. No presente caso, a Eg. 3ª Turma deu provimento ao recurso de revista para declarar a incompetência desta Especializada para apreciar o pleito. Destacou que " O Pleno do STF referendou liminar concedida pelo Ministro Nelson Jobim no julgamento da Medida Cautelar na ADI 3.395-6/DF, no sentido de que, mesmo após a EC n. 45/2004, a Justiça do Trabalho não tem competência para processar e julgar causas instauradas entre o Poder Público e o servidor que a ele seja vinculado por relação jurídico-administrativa". De fato, a jurisprudência desta Corte Superior adota o entendimento sufragado pelo Supremo Tribunal Federal, consubstanciado nos julgamentos da ADI n. 3.395-MC/DF e do Agravo Regimental interposto nos autos da Reclamação n. 9.625/RN, no sentido de que não se inserem na competência da Justiça do Trabalho as ações ajuizadas por Sindicatos, tendo por objeto representatividade sindical ou contribuição sindical, que digam respeito a trabalhadores submetidos ao regime estatutário ou àqueles cujo regime jurídico aplicável esteja em discussão. Isso porque as demandas relativas a sindicato de servidores públicos estatutários detêm natureza jurídica administrativa, visto que os filiados são servidores públicos, não inseridos, portanto, no regime celetista. Assim, examinando-se em conjunto*

> *os incisos I e III do art. 114 da Constituição Federal, em face das mencionadas decisões do Supremo Tribunal Federal, conclui-se ser incompetente esta Justiça para apreciar ação concernente a eleição sindical de sindicato representativo de servidores públicos e seus filiados. Dessa forma, o acórdão embargado decidiu em harmonia com a atual, iterativa e notória jurisprudência desta Corte Superior sobre a matéria. Revelam-se superados, portanto, os arestos trazidos a confronto, não merecendo reparos o acórdão proferido pela 3ª Turma, nos termos do artigo 894, § 2º, da CLT. Embargos que não se conhece (E-RR-24300-63.2013.5.24.0006, Subseção I Especializada em Dissídios Individuais, Relator Ministro Alexandre Luiz Ramos, DEJT 02/10/2020).*

Importante notar, a tese adotada pelo Supremo Tribunal Federal no **Tema 994 da Lista de Repercussão Geral**:

> Compete à Justiça comum processar e julgar demandas em que se discute o recolhimento e o repasse de contribuição sindical de servidores públicos regidos pelo regime estatutário.

2.2.2.6. Mandado de segurança, habeas corpus e habeas data

O novo art. 114, IV, da CF/1988 estabeleceu como competência da Justiça do Trabalho processar e julgar os mandados de segurança, *habeas corpus* e *habeas data*, quando o ato questionado envolver matéria sujeita à sua jurisdição.

Uma das grandes novidades trazidas pela EC 45/2004 é a possibilidade de impetração de mandado de segurança perante a Vara do Trabalho (primeiro grau de jurisdição), evidentemente quando o ato questionado envolver matéria sujeita à sua jurisdição.

Desta forma, um mandado de segurança proposto em face de ato de auditor fiscal do trabalho (como na hipótese de interdição ou embargos de obras) será processado perante a Justiça do Trabalho (vara do trabalho) e não mais perante a Justiça Federal, como era anteriormente, tendo em vista que o ato questionado envolve matéria sujeita à jurisdição trabalhista (no caso, medicina e segurança do trabalho).

Por outro lado, eventuais mandados de segurança envolvendo a atuação de membros do Ministério Público do Trabalho, como na hipótese de atos praticados na condução de procedimentos administrativos investigatórios, serão apreciados também pela Justiça do Trabalho (vara do trabalho).

O *habeas corpus*, quando o ato questionado envolver matéria sujeita à jurisdição trabalhista, passa a ser julgado pela Justiça laboral.

O *habeas corpus* pode ser manjado contra o ato de autoridade judiciária trabalhista (em razão do descumprimento de uma ordem judicial ou do depositário infiel) e contra ato de particular que esteja, ilegalmente ou em abuso de poder, restringindo a liberdade de outrem, como ocorre quando o empregador mantém o empregado no local de trabalho durante o movimento grevista.

No que atine à prisão do depositário infiel, o STF editou a Súmula Vinculante 25, estabelecendo que é ilícita a prisão civil do depositário infiel, qualquer que seja a modalidade do depósito. Logo, o Magistrado trabalhista não mais poderá decretar a prisão de depositário infiel, como era comum ocorrer em execuções trabalhistas, quando os depositários dos bens excutidos desapareciam com eles. Todavia, caso o Magistrado descumpra o inteiro teor da Súmula Vinculante 25 do STF, entendemos que o remédio heroico *Habeas Corpus* poderá ser utilizado na Justiça do Trabalho, sendo, na hipótese, competente para o julgamento o TRT a que estiver subordinado o Magistrado coator.

Apesar de a Justiça do Trabalho ser competente para julgar o *habeas corpus*, o STF, na ADI 3.684, concedeu liminar com efeito *ex tunc* para declarar a incompetência da Justiça do Trabalho para processar e julgar ações penais.

> *Ação direta de inconstitucionalidade. 2. Art. 114, I, IV e IX, da CF, na redação dada pela Emenda Constitucional n. 45/2004. 3. Competência Criminal da Justiça do Trabalho. Inexistência. 4. Medida cautelar deferida pelo Plenário e confirmada no julgamento de mérito. 5. Interpretação conforme ao disposto no art. 114, I, IV e IX, da Constituição da República, de modo a afastar a competência da Justiça do Trabalho para processar e julgar ações penais. 6. Ação direta de inconstitucionalidade julgada procedente. (ADI 3684, Relator(a): GILMAR MENDES, Tribunal Pleno, julgado em 11/05/2020, PUBLIC 01-06-2020).*

Alguns trabalhadores já ingressaram com habeas corpus para que fossem liberados do contrato em vigor de forma que pudessem formalizar novo contrato com outro empregador. No entanto, o TST não admite essa possibilidade, porquanto o uso do HC está restrito à defesa da liberdade de locomoção primária e não para liberação de contrato de trabalho:

> *HABEAS CORPUS. ATLETA PROFISSIONAL. LIBERAÇÃO PARA EXERCÍCIO EM OUTRA AGREMIAÇÃO ESPORTIVA. AUSÊNCIA DE AMEAÇA À LIBERDADE DE LOCOMOÇÃO PRIMÁRIA. DESCABIMENTO DO REMÉDIO HERÓICO. O cabimento do habeas corpus é questão que já gerou acirrado debate nessa SBDI-2/TST. Com efeito, nos autos do HC – 1000678-46.2018.5.00.0000, prevaleceu a tese proposta pelo eminente Ministro Alexandre Luiz Ramos, secundada pela douta maioria dessa SBDI-2/TST, no sentido de que o habeas corpus tem cabimento restrito à defesa da liberdade de locomoção primária, assim entendida como o direito de ir, vir e permanecer. Na espécie, porém, o direito à liberdade de locomoção é abordado de forma apenas secundária, representado pela prerrogativa individual do trabalhador de prestar serviços para quem e onde bem entender. Desse modo, deve ser denegada a ordem. Ressalva de entendimento da Relatora. Agravo regimental conhecido e provido para extinguir o "writ" sem resolução de mérito, na forma do*

> *artigo 485, IV, do CPC. Liminar anteriormente concedida revogada (ED-1000049-09.2017.5.00.0000, Subseção II Especializada em Dissídios Individuais, Relatora Ministra MARIA HELENA MALLMANN, DEJT 25/03/2019).*

Em relação ao *habeas data*, a Carta Maior, doravante, permite o manejo desse remédio na seara trabalhista, para possibilitar ao trabalhador o acesso a dados pessoais constantes de registros ou bancos de dados de entidades governamentais ou de caráter público. O banco de dados deve ser público. Pode ser manejado, por exemplo, pelo empregador para ter acesso à lista de "maus empregadores" do Ministério do Trabalho e Previdência[6] ou por um servidor celetista para que tenha acesso ao seu prontuário no Estado.[7] Objetiva o *habeas data*, portanto, salvaguardar os direitos da personalidade, por meio da autodeterminação informativa, protegendo-se o direito à intimidade e à vida privada.

Sobre o tema, Sandra Lia Simon, *A proteção constitucional da intimidade e da vida privada do empregado*, p. 162-164, assim leciona:

> "Uma das manifestações mais significativas da intimidade e da vida privada é o direito de os indivíduos conhecerem as informações que outras pessoas ou entidades tenham sobre a sua pessoa (...). O direito à autodeterminação informativa está (...) intrinsecamente relacionado com o direito à intimidade e à vida privada e diz respeito ao controle que o indivíduo deve ter sobre todos os dados, registros e informações que lhe digam respeito (...). Como direito integrante do rol das liberdades públicas, o direito à autodeterminação informativa deve ser exercido em face de todos, o Poder Público, a sociedade ou o particular. Consequentemente, deverá prevalecer no âmbito das relações de trabalho, durante ou antes que o contrato se estabeleça. Nesse âmbito, merece especial atenção, por se tratar de relação onde o patamar de desigualdade é patente em virtude da subordinação jurídica do trabalhador."

José Affonso Dallegrave Neto, na obra já especificada (p. 209), vislumbra o cabimento do *habeas data* na Justiça do Trabalho "contra informação errônea constante, por exemplo, nos cadastros do MTE que deverá ser notificado na qualidade de impetrado para informar dados da pessoa de determinado fazendeiro em relação à autuação em crime de trabalho forçado".

O mesmo autor aponta outro exemplo, "na hipótese de notificar a Vara ou Tribunal do Trabalho para informar o depoimento de testemunha ou

---

6 MARTINS, Sérgio Pinto. Competência da Justiça do Trabalho para analisar mandados de segurança, *habeas corpus* e *habeas data*. *Revista Legislação do Trabalho*, São Paulo: LTr, ano 69, v. 7, 2005, p. 180.

7 SCHIAVI, Mauro. *Manual de direito processual do trabalho*. 6. ed. São Paulo: LTr, 2013. p. 1.350.

decisão que envolveu ou fez menção à intimidade de terceiro em ação que apura, por exemplo, dano moral decorrente de assédio sexual, transitada em segredo de justiça".

Atenção! Não se admite o uso de habeas data quando o **registro é privado**, como os registros sobre empregados de uma pessoa jurídica de direito privado. Veja esse julgado:

> *Habeas Data. Ilegitimidade passiva do Banco do Brasil S.A para a revelação, a ex-empregada, do conteúdo da ficha de pessoal, por não se tratar, no caso, de registro de caráter público, nem atuar o impetrado na condição de entidade Governamental (Constituição, art. 5º, LXXII, a e art. 173, § 1º, texto original) (RE 165304, Relator(a): Min. OCTAVIO GALLOTTI, Tribunal Pleno, DJ 15-12-2000).*

2.2.2.7. *Conflitos de competência entre órgãos com jurisdição trabalhista*

A nova redação do art. 114, V, da CF confere alçada para a Justiça do Trabalho examinar os conflitos de competência apenas entre órgãos com jurisdição trabalhista, ressalvando o disposto no art. 102, I, *o*, da Carta Maior, que impõe ao Supremo Tribunal Federal o julgamento dos conflitos entre o Superior Tribunal de Justiça e quaisquer tribunais, entre tribunais superiores ou entre estes e qualquer outro tribunal.

O conflito de competência ocorre quando:

- dois ou mais juízes se declaram competentes (conflito positivo de competência);
- dois ou mais juízes se declaram incompetentes (conflito negativo de competência);
- entre dois ou mais juízes surge controvérsia sobre a reunião ou separação de processos (art. 66 do CPC e 804 da CLT).

Observe o disposto no art. 66 do CPC aplicável ao Processo do Trabalho:

> "Art. 66. Há conflito de competência quando:
>
> I – 2 (dois) ou mais juízes se declaram competentes;
>
> II – 2 (dois) ou mais juízes se consideram incompetentes, atribuindo um ao outro a competência;
>
> III – entre 2 (dois) ou mais juízes surge controvérsia acerca da reunião ou separação de processos.
>
> Parágrafo único. O juiz que não acolher a competência declinada deverá suscitar o conflito, salvo se a atribuir a outro juízo".

No âmbito laboral, o conflito de competência pode ser suscitado pelos juízes e tribunais do trabalho, pelo Ministério Público do Trabalho ou pela parte interessada.

No que concerne à parte interessada, o art. 806 da CLT dispõe que, se ela já houver oposto na causa exceção de incompetência, estará proibida de suscitar o conflito.

Os conflitos de competência serão resolvidos:

- Pelos TRTs, quando suscitado entre Varas do Trabalho da mesma região, entre juízes de direito investidos na jurisdição trabalhista da mesma região, ou entre Varas do Trabalho e juízes de direito investidos na jurisdição trabalhista (na mesma região) – art. 808 da CLT;
- Pelo TST, quando suscitado entre TRTs, entre Varas do Trabalho e juízes de direito investidos na jurisdição trabalhista, sujeitos à jurisdição de Tribunais Regionais diferentes – art. 808 da CLT;
- Pelo Superior Tribunal de Justiça, quando suscitado entre quaisquer tribunais, ressalvado o disposto no art. 102, I, "o", bem como entre tribunal e juízes a ele não vinculados e entre juízes vinculados a tribunais diversos. Destaca-se a competência do STJ para julgar os conflitos entre Vara do Trabalho e juiz de direito não investido na jurisdição trabalhista – art. 105, I, *d*, CF/1988;
- Pelo Supremo Tribunal Federal, quando suscitado entre o Superior Tribunal de Justiça e quaisquer tribunais, entre Tribunais Superiores, ou entre estes e qualquer outro tribunal. Ressalte-se a competência do STF para julgar o conflito de competência entre o TST e órgãos de outros ramos do Judiciário – art. 102, I, *o*, CF/1988.

Vale mencionar que, em virtude da hierarquia, não se configura conflito de competência entre TRT e Vara do Trabalho a ele vinculada (Súmula 420 do TST), e, da mesma forma, não há conflito de competência entre juiz do trabalho e o TRT a que está vinculado.

Nessa linha de pensamento, segue a Orientação Jurisprudencial 149 da SDI-II do TST:

> "CONFLITO DE COMPETÊNCIA. INCOMPETÊNCIA TERRITORIAL. HIPÓTESE DO ART. 651, § 3.º, DA CLT. IMPOSSIBILIDADE DE DECLARAÇÃO DE OFÍCIO DE INCOMPETÊNCIA RELATIVA. Não cabe declaração de ofício de incompetência territorial no caso do uso, pelo trabalhador, da faculdade prevista no art. 651, § 3.º, da CLT. Nessa hipótese, resolve-se o conflito pelo reconhecimento da competência do juízo do local onde a ação foi proposta."

Sobre o tema conflito de competência, o Superior Tribunal de Justiça editou as seguintes súmulas relevantes:

> "SÚMULA 59 – COMPETÊNCIA – TRÂNSITO EM JULGADO. Não há conflito de competência se já existe sentença com trânsito em julgado, proferida por um dos juízos conflitantes."
>
> "SÚMULA 180 – LIDE TRABALHISTA – CONFLITO DE COMPETÊNCIA – JUIZ ESTADUAL E JUNTA DE CONCILIAÇÃO E JULGAMENTO – COMPETÊNCIA DO TRIBUNAL

REGIONAL DO TRABALHO DA RESPECTIVA REGIÃO. Na lide trabalhista, compete ao Tribunal Regional do Trabalho dirimir conflito de competência verificado, na respectiva região, entre juiz estadual e Junta de Conciliação e Julgamento."

"SÚMULA 236 – COMPETÊNCIA – CONFLITOS DE COMPETÊNCIA ENTRE JUÍZES TRABALHISTAS VINCULADOS A TRIBUNAIS DO TRABALHO DIVERSOS. Não compete ao Superior Tribunal de Justiça dirimir conflitos de competência entre juízes trabalhistas vinculados a Tribunais Regionais do Trabalho diversos."

Sobre o tema conflito de competência, podemos ainda destacar as seguintes jurisprudências:

"CONFLITO NEGATIVO DE COMPETÊNCIA. COMPETÊNCIA TERRITORIAL. COMPETÊNCIA RELATIVA. Uma vez acolhida a exceção de incompetência territorial arguida pela parte, não pode juízo suscitar conflito de competência" (TRT – 17.ª Região, CC 0000134-09.2015.5.17.0000, Rel. Des. Jailson Pereira da Silva, j. 17.06.2015, *DETJ* 25.08.2015).

"AGRAVO REGIMENTAL EM CONFLITO DE COMPETÊNCIA. SERVIDOR MUNICIPAL. EXISTÊNCIA E VALIDADE DO VÍNCULO COM O PODER PÚBLICO. PRECEDENTES DESTA CORTE E DO STF QUE RESSALTAM A NATUREZA JURÍDICO-ADMINISTRATIVA DO VÍNCULO E A COMPETÊNCIA DA JUSTIÇA COMUM PARA JULGAMENTO DOS LITÍGIOS DELE DECORRENTES.

1. Para sustentar sua pretensão (verbas não recolhidas ao FGTS), a agravante alegou a nulidade de sua atual sujeição ao regime estatutário, argumentando que a administração pública não poderia aproveitar nos seus quadros estatutários empregados públicos que não se submeteram ao crivo do processo de seleção pública. Assim, colocou em causa a natureza e a validade do vínculo entre as partes.

2. Nesse contexto, a compreensão firmada neste Superior Tribunal de Justiça é a de que a relação – válida ou nula – entre os entes municipais e seus agentes é, em regra, de natureza jurídico-administrativa, fixando a competência da Justiça Comum para solver as controvérsias decorrentes dessa avença. Precedentes.

3. O Pleno do Supremo Tribunal Federal, no julgamento da Rcl 7.857 AgR/CE, por decisão unânime, compreendeu competir à Justiça Comum "pronunciar-se sobre a existência, a validade e a eficácia das relações entre servidores e o poder público (...) ainda que submetida a vícios de origem".

4. Agravo regimental a que se nega provimento, reafirmada a competência da Justiça Comum Estadual" (STJ – AgRg no CC 139456/RN – Rel. Min. Sérgio Kukina, j. 13.05.2015, *DJe* 19.05.2015).

"CONFLITO NEGATIVO DE COMPETÊNCIA. JUSTIÇA ESTADUAL. JUSTIÇA DO TRABALHO. AÇÃO MONITÓRIA. HONORÁRIOS ADVOCATÍCIOS. CAUSA DE PEDIR. PEDIDO. CONTRATO VERBAL. VÍNCULO. NATUREZA JURÍDICA. CÍVEL. SÚMULA 363/STJ.

1. A questão relativa à competência para o processo e julgamento de demanda em que se requer o pagamento de honorários advocatícios – se da Justiça Comum ou da Justiça do Trabalho – é definida pela natureza do vínculo jurídico estabelecido entre as partes, verificado a partir da causa de pedir e do pedido lançados na exordial.

2. É que, a partir do advento da EC 45/2004, a competência atribuída à Justiça do Trabalho foi sobremaneira alargada, a ponto de se permitir, inclusive, a cobrança de honorários pelo advogado empregado, até mesmo pela via da ação monitória, também admitida perante a Justiça Laboral (art. 114, I e IX, da CF).

3. No caso dos autos, entretanto, a ação monitória foi ajuizada por advogado, em causa própria, na Justiça Comum Estadual, ocasião em que se pleiteou o recebimento de honorários advocatícios advindos da prestação de serviços autônomos, verbalmente contratados, independentemente da relação laboral de contador que o demandante exercia na empresa ré, razão pela qual tem incidência a Súmula 363/STJ.

4. Conflito conhecido para declarar a competência do Juízo de Direito da 1.ª Vara de Itaperuna-RJ, o suscitado" (STJ – AgRg no CC 133337/RJ – Rel. Min. Marco Aurélio Bellizze, j. 08.10.2014, *DJe* 14.10.2014).

"CONFLITO DE COMPETÊNCIA. RECLAMAÇÃO TRABALHISTA. CONTRATO DE EMPREITADA. NATUREZA CIVIL. COMPETÊNCIA DA JUSTIÇA COMUM. PRECEDENTES. DECISÃO Trata-se de conflito de competência suscitado pelo JUÍZO DE DIREITO DA 1.ª VARA CÍVEL E DA FAZENDA PÚBLICA DE GUARAPUAVA-PR contra o JUÍZO DA 1.ª VARA DO TRABALHO DE GUARAPUAVA-PR Noticiam os autos que LAUDAIR PRESTES DE OLIVEIRA propôs ação reclamatória trabalhista, perante o Juízo da 1.ª Vara do Trabalho de Guarapuava-PR, contra a BIULDER ENGENHARIA LTDA., objetivando receber os valores referentes ao contrato de empreitada firmado com a reclamada. O suscitado acolheu a preliminar de incompetência arguida pela empresa reclamada, e declinou de sua competência para o Juízo de Direito da 1.ª Vara Cível e da Fazenda Pública de Guarapuava-PR, ao fundamento de que a prestação de serviço por parte do reclamante não se enquadra na definição de empreitada de pequeno porte, desmerecendo, assim, a proteção da Justiça laboral. O Juízo comum estadual, por sua vez, suscitou o presente conflito, afirmando que o fato de o reclamante contratar empregados para auxiliá-lo não o caracteriza como microempresário. O Ministério Público Federal opinou pela declaração de competência do Juízo de Direito da 1.ª Vara Cível e da Fazenda Pública de Guarapuava-PR (e-STJ, fls. 138/141). É o relatório. DECIDO. Conheço do conflito de competência, com fundamento no art. 105, inciso I, alínea *d*, da Constituição Federal, por se tratar de incidente instaurado entre Juízos vinculados a Tribunais distintos. A situação em análise busca definir a competência para processar e julgar reclamação trabalhista ajuizada pelo reclamante, contratado para prestar serviços de empreitada pelo valor de R$ 115.000,00 (cento e quinze mil reais). Da petição inicial se extrai que a pretensão do reclamante se fundou em típico contrato de empreitada, pelo qual o autor comprometeu-se a realizar determinados serviços em troca de uma contraprestação por parte do demandado, não havendo, no entanto, cumprimento do referido instrumento pela Reclamada, o que motivou a presente ação (e-STJ, fl. 28) Acerca do tema, a jurisprudência do Superior Tribunal de Justiça se firmou no sentido de que em se tratando de contrato de empreitada, no qual o serviço foi prestado por uma equipe de trabalhadores, a questão não envolve discussão de relação trabalhista, a teor do art. 652, III, da CLT. Ao contrário, cuida-se de ação de nítida natureza civil, consubstanciada no inadimplemento contratual, o que afasta a competência da Justiça Especializada. Confira-se: CONFLITO DE COMPETÊNCIA. JUSTIÇA DO TRABALHO E JUSTIÇA COMUM ESTADUAL. EMPREITADA. EC 45/2004. 1. Mesmo antes da EC 45/2004, a 2.ª Seção já havia decidido que '(...) compete às varas do trabalho conciliar e julgar os dissídios resultantes de contratos de empreitada em que o empreiteiro seja operário ou artífice (CLT, art. 652, a, III) (...)" (CC 32.433/CASTRO FILHO). 2. Como a EC 45/2004 veio para ampliar, não para reduzir a competência da Justiça do Trabalho, não há razão que justifique seja alterado tal entendimento. 3. Assim, se o contrato de empreitada não se enquadra na norma exceptiva do art. 652, *a*, III, da CLT, a competência continua a ser da Justiça Comum Estadual. 4. Compete ao Juízo do Trabalho decidir se o contrato de empreitada envolve, ou não, empreiteiro "operário ou artífice', a justificar a competência da Justiça Especializada. 5. O empreiteiro, pessoa física, que contrata ajudantes para executar o serviço, transforma-se em tomador de serviços ou empregador, o que afasta a competência da Justiça do Trabalho para julgar demanda envolvendo ele, empreiteiro, e quem o contratou" (CC 89.171/MG – Rel. Min. Humberto Gomes de Barros – *DJe* 26.11.2007). "CONFLITO DE COMPETÊNCIA. EMPREITADA. NÃO CONFIGURAÇÃO DA HIPÓTESE DA CLT, ART. 652, III. COMPETÊNCIA DA JUSTIÇA COMUM ESTADUAL. 1. Caracterizando-se o empreiteiro-demandante como verdadeiro empresário, e não mero operário ou artífice, conforme exigido pela CLT, art. 652,III, para que se configure a competência da Justiça do Trabalho, é competente a Justiça Comum Estadual, de competência residual, para processar e julgar a demanda de cobrança de valores referentes ao contrato de empreitada celebrado. 2. Conflito conhecido, para declarar a competência da Justiça Comum Estadual (CC 29.962/SP, Rel. Min. Edson Vidigal, j. 13.12.2000, *DJ* 19.03.2001, p. 74) Ante o exposto, CONHEÇO DO CONFLITO e DECLARO competente o Juízo de Direito da 1.ª Vara Cível e da Fazenda Pública de Guarapuava-PR, o suscitante. Publique-se. Intimem-se. Brasília/DF, 05 de maio de 2015. MINISTRO MOURA RIBEIRO Relator" (STJ – CC 137117/PR – Rel. Min. Moura Ribeiro, j. 05.05.2015, *DJe* 06.05.2015).

"PROCESSUAL CIVIL. CONFLITO DE COMPETÊNCIA. AÇÃO INDENIZATÓRIA AJUIZADA PELO EMPREGADOR CONTRA A EX-EMPREGADA POR ATOS ILÍCITOS PRATICADOS NA VIGÊNCIA DO CONTRATO DE TRABALHO. MATÉRIA EMINENTEMENTE TRABALHISTA. COMPETÊNCIA DA JUSTIÇA DO TRABALHO. PRECEDENTES. DECISÃO Trata-se de conflito negativo de competência, tendo como suscitante o JUÍZO DA VARA DO TRABALHO DE BRUSQUE-SC e suscitado o JUÍZO DE DIREITO DA VARA CÍVEL DE BRUSQUE-SC, nos autos da ação indenizatória por danos materiais proposta por STAACK INCORPORAÇÕES LTDA. em desfavor de MARILIA LIZIANE LAUS BAMBINETTI e ALIDSON JOSÉ BAMBINETTI, em razão de supostos danos, que a primeira ré, na qualidade de funcionária em cargo de confiança, teria desviado valores da conta bancária da empresa; adquirido produtos para si, na conta da pessoa jurídica e falsificado quitações não realizadas. A ação foi ajuizada inicialmente no JUÍZO DE DIREITO DA VARA CÍVEL DE BRUSQUE-SC, que declinou da competência para a Justiça do Trabalho, ao argumento de que... toda e qualquer indenização advinda da relação de trabalho é competência da Justiça Laboral (e-STJ fls. 700/703). O Juízo do Trabalho suscitou o presente conflito ao fundamento de que o réu Alidson José Bambinetti não manteve relação de trabalho com a autora e na lide não se discute questões relacionadas ao contrato de trabalho (e-STJ fls. 2/4). Opina o Ministério Público Federal pelo conhecimento do conflito e pela declaração de competência do juízo suscitante (e-STJ fls. 745/747). É o breve relatório. A competência se fixa em razão da causa de pedir e do pedido formulado na exordial que, na hipótese dos autos, refere-se à matéria eminentemente trabalhista. Com efeito, pretende a autora, em ação indenizatória dirigida contra a sua ex-empregada, obter a reparação de danos materiais na vigência do contrato de trabalho. No que respeita ao réu ALIDSON JOSÉ BAMBINETTI, as alegações da autora limitam a lhe imputar a condição de marido casado sob o regime da comunhão parcial de bens e que usufruiu e usufrui dos produtos pagos com o produto dos ilícitos praticados pela sua esposa (e-STJ fls. 13). Como se vê, o dano noticiado nos autos decorre diretamente das condutas imputadas à primeira ré, MARILIA LIZIANE LAUS BAMBINETTI, durante o vínculo laboral, isto é, a causa de pedir resulta de atos supostamente cometidos pela ex-empregada durante a vigência da relação de trabalho. Nesse contexto, o fato determinante para a efetivação dos atos ilícitos supostamente imputados a ré foi o vínculo trabalhista que essa mantinha com a autora. É o que se extrai da petição inicial (e-STJ fls. 8)... Quando a Ré trabalhou para a Autora, como a mesma efetuava os pagamentos das dívidas da Autora, a ela foi disponibilizado as senhas da empresa, registradas junto às instituições financeiras em nome da Sra. Cynara Staack. Senhas estas, necessárias para efetuar transações financeiras via internet, assim entendido, para efetuar débitos em conta, pagamentos, transferências, etc., tanto do Banco do Brasil S/A como da Caixa Econômico Federal. Na hipótese, o posicionamento da Segunda Seção fixa a competência da Justiça do Trabalho, porquanto restrita a controvérsia à esfera da relação empregatícia. Nesse sentido, os seguintes precedentes: PROCESSO CIVIL. CONFLITO DE COMPETÊNCIA. JUSTIÇA COMUM E JUSTIÇA DO TRABALHO. AÇÃO DE INDENIZAÇÃO PROPOSTA POR INSTITUIÇÃO FINANCEIRA EM FACE DE EX-EMPREGADO, VISANDO A RECEBER, EM REGRESSO, O VALOR POR ELA PAGO AOS SEUS CORRENTISTAS EM FUNÇÃO DE DESVIOS QUE O RÉU SUPOSTAMENTE TERIA PROMOVIDO EM SUAS CONTAS-CORRENTES. ALEGAÇÃO, PELO RÉU, DE QUE, NA VERDADE, OS APARENTES DESVIOS CONSUBSTANCIAVAM EMPRÉSTIMOS QUE ELE TERIA TOMADO DOS CORRENTISTAS. COMPETÊNCIA DA JUSTIÇA DO TRABALHO. – (...). (CC 80.365/RS – Rel.ª Min.ª Nancy Andrighi –, 2.ª Seção, j. 25.04.2007, *DJ* 10.05.2007). CONFLITO NEGATIVO DE COMPETÊNCIA. JUSTIÇA COMUM E JUSTIÇA DO TRABALHO. AÇÃO DECLARATÓRIA DE DIREITO CUMULADA COM PEDIDO DE INDENIZAÇÃO PATRIMONIAL E MORAL PROPOSTA PELO EX-EMPREGADOR CONTRA A EX-EMPREGADA. AÇÃO PAULIANA E AÇÃO CAUTELAR DE SEQUESTRO. CONEXÃO ENTRE A PRIMEIRA AÇÃO E AS DUAS ÚLTIMAS. INEXISTÊNCIA. COMPETÊNCIA DA JUSTIÇA DO TRABALHO PARA O JULGAMENTO DA PRIMEIRA AÇÃO E DA JUSTIÇA COMUM PARA O JULGAMENTO DAS DUAS ÚLTIMAS. (...). (CC 74.528/SP – Rel. Min. Sidnei Beneti, 2.ª Seção, j. 14.05.2008, *DJe* 04/08/2008). Ante o exposto, conheço do conflito e declaro competente o juízo da Vara do Trabalho de Brusque-SC. Publique-se. Intimem-se. Oficie-se" (STJ – CC 134952/SC – Rel. Min. Moura Ribeiro – j. 16.10.2014, *DJ* 20.10.2014).

"CONFLITO NEGATIVO DE COMPETÊNCIA. EXECUÇÃO POR CARTA. INCIDENTE ENVOLVENDO ARGUIÇÃO DE NULIDADE DA ARREMATAÇÃO. COMPETÊNCIA. JUÍZO DEPRECADO. ART. 747 DO CPC (ART. 914, § 2º, DO ATUAL CPC).

Na hipótese, trata-se de incidente envolvendo arguição de nulidade da arrematação. Diante desse quadro, a competência para decidir sobre o eventual desfazimento da arrematação e sobre o incidente relativo à entrega do bem ao arrematante é do juízo deprecado, na forma do art. 747 do CPC (art. 914, § 2º, do atual CPC). Conflito de competência que se julga improcedente" (TST – Subseção II Especializada em Dissídios Individuais – CC 67521-88.2010.5.00.0000 – Rel. Min. Alberto Luiz Bresciani de Fontan Pereira – j. 23.11.2010 – *DEJT* 26.11.2010).

2.2.2.8. Ações de indenização por dano moral ou patrimonial

A Carta Maior estipulou no inciso VI do art. 114 a competência material da Justiça do Trabalho para processar e julgar as ações de indenização por dano moral ou patrimonial, decorrentes da relação de trabalho.

Portanto, o novo art. 114, VI, da CF/1988 consagra definitivamente o entendimento de que qualquer ação de dano moral ou patrimonial proposta pelo empregado em face do empregador ou vice-versa, quando decorrente da relação de trabalho, será de competência material da Justiça do Trabalho.

O TST, em relação ao dano moral, também adotou semelhante posicionamento, consubstanciado na Súmula 392 *in verbis*:

> "SÚMULA 392 do TST. DANO MORAL E MATERIAL. RELAÇÃO DE TRABALHO. COMPETÊNCIA DA JUSTIÇA DO TRABALHO (redação alterada). Nos termos do art. 114, inc. VI, da Constituição da República, a Justiça do Trabalho é competente para processar e julgar ações de indenização por dano moral e material, decorrentes da relação de trabalho, inclusive as oriundas de acidente de trabalho e doenças a ele equiparadas, ainda que propostas por dependentes ou sucessores do trabalhador falecido."

O STF editou a Súmula Vinculante 22, estabelecendo que a Justiça do Trabalho é competente para processar e julgar as ações de indenização por danos morais e patrimoniais decorrentes de acidente de trabalho propostas por empregado contra empregador, inclusive aquelas que ainda não possuíam sentença de mérito de primeiro grau quando da promulgação da Emenda Constitucional 45/2004.

O STF decidiu que seriam remetidas à Justiça do Trabalho somente as ações que não possuíam sentença de mérito, porque mesmo após o advento da EC 45/2004, estatuiu, inicialmente, que a Justiça do Trabalho não era competente para julgar pedidos de indenização por danos morais e materiais decorrentes de acidente de trabalho. Entendeu a Suprema Corte que, na ocasião, sendo a Justiça Comum competente para julgar a ação acidentária, também deveria sê-lo para julgar as ações indenizatórias ajuizadas em face do ex-empregador. Com a mudança do entendimento do TST, por razões de segurança e política judiciária, o STF editou a Súmula Vinculante 22, estabelecendo que apenas as ações indenizatórias que não possuíam sentença de mérito seriam remetidas à Justiça do Trabalho.

Logo, as atuais ações promovidas pelo empregado em face do empregador, postulando indenização pelos danos morais e materiais sofridos em decorrência do acidente de trabalho, serão processadas e julgadas pela Justiça do Trabalho, visto que decorrem da relação de trabalho existente entre eles.

Quanto ao assunto, não podemos deixar de citar que o STF editou a **Tese do Tema 242 da Lista de Repercussão Geral**:

> *Compete à Justiça do Trabalho processar e julgar as ações de indenização por danos morais e patrimoniais decorrentes de acidentes de trabalho propostas por empregado contra empregador, inclusive as propostas pelos sucessores do trabalhador falecido, salvo quando a sentença de mérito for anterior à promulgação da EC n. 45/04, hipótese em que, até o trânsito em julgado e a sua execução, a competência continuará a ser da Justiça Comum.*

Convém ressaltar que em relação às ações acidentárias, ou seja, lides previdenciárias derivadas de acidente de trabalho promovidas pelo trabalhador segurado em face da seguradora INSS, a competência será da Justiça Comum (Varas de Acidente de Trabalho) e não da Justiça do Trabalho.

Nesse sentido, podemos destacar a seguinte jurisprudência:

> "AGRAVO REGIMENTAL EM RECURSO EXTRAORDINÁRIO – ACIDENTE DO TRABALHO – AÇÃO ACIDENTÁRIA AJUIZADA CONTRA O INSS – COMPETÊNCIA DA JUSTIÇA COMUM ESTADUAL – INCISO I E § 3.º DO ARTIGO 109 DA CONSTITUIÇÃO FEDERAL – SÚMULA 501 DO STF. A teor do § 3.º c/c inciso I do artigo 109 da Constituição Republicana, compete à Justiça comum dos Estados apreciar e julgar as ações acidentárias, que são aquelas propostas pelo segurado contra o Instituto Nacional do Seguro Social – INSS –, visando ao benefício e aos serviços previdenciários correspondentes ao acidente do trabalho. Incidência da Súmula 501 do STF. Agravo regimental desprovido" (STF – RE-AgR 478472/DF – 01.06.2007).

Por outro lado, o art. 120 da Lei 8.213/1991 reza que, em caso de acidente de trabalho causado por negligência do responsável pelo cumprimento das normas de segurança e saúde no trabalho indicadas para a proteção individual e coletiva dos segurados (empregador), ajuizará a Previdência Social ação regressiva em face de tal empregador perante a Justiça Federal (art. 109 da CF/1988). Nesta hipótese, o empregador não se exime de sua responsabilidade pelo fato de a Previdência Social ter honrado prestações decorrentes da incapacidade gerada pelo acidente de trabalho.

Vale ressaltar ainda que o STF definiu que a competência da Justiça do Trabalho para apreciar e julgar pedido de indenização por danos morais e patrimoniais decorrentes de acidente de trabalho remanesce ainda quando a ação é ajuizada ou assumida pelos dependentes do trabalhador falecido, uma vez que a causa do pedido de indenização continua sendo o acidente sofrido pelo obreiro. Atente-se para a decisão da Suprema Corte:

> "COMPETÊNCIA. CONTRIBUIÇÃO SINDICAL. JUSTIÇA DO TRABALHO. EMENDA CONSTITUCIONAL 45, DE 2004. PRECEDENTE DO PLENÁRIO. RECURSO EXTRAORDINÁRIO. NEGATIVA DE SEGUIMENTO. 1. O tema relativo à competência da Justiça

do Trabalho para apreciar e julgar ação de indenização decorrente de acidente de trabalho, ajuizada contra o empregador, foi reexaminado, pelo Supremo, no julgamento do Conflito de Competência nº 7.204-1/MG, relatado pelo ministro Carlos Ayres Britto. Na ocasião, a Corte, por maioria, entendeu que, a partir da vigência da Emenda Constitucional nº 45/2004, ficariam tais demandas a cargo da Justiça do Trabalho, exceto quando os processos, já em tramitação na Justiça comum, contassem com sentença de mérito proferida. Eis a síntese do acórdão, que foi publicado no Diário da Justiça de 9 de dezembro de 2005: Constitucional. Competência judicante em razão da matéria. Ação de indenização por danos morais e patrimoniais decorrentes de acidente do trabalho, proposta pelo empregado em face de seu (ex-) empregador. Competência da justiça do trabalho. Art. 114 da Magna Carta. Redação anterior e posterior à Emenda Constitucional 45/2004. Evolução da jurisprudência do Supremo Tribunal Federal. Processos em curso na justiça comum dos Estados. Imperativo de política judiciária. Numa primeira interpretação do inciso I do art. 109 da CF/1988, o Supremo Tribunal Federal entendeu que as ações de indenização por danos morais e patrimoniais decorrentes de acidente do trabalho, ainda que movidas pelo empregado contra seu (ex-) empregador, eram da competência da Justiça comum dos Estados-Membros. 2. Revisando a matéria, porém, o Plenário concluiu que a Lei Republicana de 1988 conferiu tal competência à Justiça do Trabalho. Seja porque o art. 114, já em sua redação originária, assim deixava transparecer, seja porque aquela primeira interpretação do mencionado inciso I do art. 109 estava, em boa verdade, influenciada pela jurisprudência que se firmou na Corte sob a égide das Constituições anteriores. 3. Nada obstante, como imperativo de política judiciária – haja vista o significativo número de ações que já tramitaram e ainda tramitam nas instâncias ordinárias, bem como o relevante interesse social em causa –, o Plenário decidiu, por maioria, que o marco temporal da competência da Justiça trabalhista é o advento da EC 4520/04. Emenda que explicitou a competência da Justiça Laboral na matéria em apreço. 4. A nova orientação alcança os processos em trâmite pela Justiça comum estadual, desde que pendentes de julgamento de mérito. É dizer: as ações que tramitam perante a Justiça comum dos Estados, com sentença de mérito anterior à promulgação da EC 45/2004, lá continuam até o trânsito em julgado e correspondente execução. Quanto àquelas cujo mérito ainda não foi apreciado, hão de ser remetidas à Justiça do Trabalho, no estado em que se encontram, com total aproveitamento dos atos praticados até então. A medida se impõe, em razão das características que distinguem a Justiça comum estadual e a Justiça do Trabalho, cujos sistemas recursais, órgãos e instâncias não guardam exata correlação. 5. O Supremo Tribunal Federal, guardião-mor da Constituição Republicana, pode e deve, em prol da segurança jurídica, atribuir eficácia prospectiva às suas decisões, com a delimitação precisa dos respectivos efeitos, toda vez que proceder a revisões de jurisprudência definidora de competência ratione materiae. O escopo é preservar os jurisdicionados de alterações jurisprudenciais que ocorram sem mudança formal do Magno Texto. 6. Aplicação do precedente consubstanciado no julgamento do Inquérito 687, Sessão Plenária de 25.08.1999, ocasião em que foi cancelada a Súmula 394 do STF, por ser incompatível com a Constituição de 1988, ressalvadas as decisões proferidas na vigência do verbete. O alcance conferido pelo Plenário à Constituição Federal é, a esta altura, inafastável. Vale notar que a nova regra de competência, quer considerada a matéria do precedente acidente de trabalho, quer a deste processo contribuição sindical, adveio da Emenda Cons-

> titucional 45/2004, não cabendo distinguir. No entanto, no caso concreto, tem-se cobrança de contribuição sindical relativa ao ano de 2008. A ação foi formalizada em 16 de junho de 2009, depois de vigente a Emenda Constitucional 45, de 2004. Ante tal marco, a competência é da Justiça do Trabalho. 2. Ante o precedente, nego seguimento ao extraordinário. 3. Publiquem" (STF – RE 924188/DF – Rel. Min. Marco Aurélio, j. 12.11.2015, *DJe* 20.11.2015).

O STJ chegou a firmar posicionamento em sentido contrário, ao dispor na Súmula 366 (*DJe* 26.11.2008) que compete à Justiça Estadual processar e julgar ação indenizatória proposta por viúva e filhos de empregado falecido em acidente de trabalho. Entretanto, esta Súmula foi cancelada (16.09.2009), pacificando-se o entendimento de que a competência para julgar a questão é da Justiça do Trabalho.

A responsabilização civil decorrente de danos está em constante desenvolvimento, como exemplo, há o dano em ricochete, dele decorre que, além da vítima direta, pode ter direito à reparação outras pessoas que, de forma indireta, tenham sofrido seus efeitos. Conforme o ensinamento de Bezerra Leite[8] sobre o dano moral em ricochete

> "É importante notar que na hipótese em que a ação de indenização é proposta por familiares ou parentes do trabalhador (dano moral em ricochete ou reflexo, que é aquele que atinge pessoa diversa da que sofrera diretamente o dano), postulando danos morais, portanto direito próprio, com base na legislação constitucional e comum, de natureza exclusivamente civil, a competência seria da Justiça comum."

O STJ firmou parecer no mesmo sentido da doutrina:

> "AGRAVO REGIMENTAL. AGRAVO EM RECURSO ESPECIAL. AÇÃO INDENIZATÓRIA. MORTE DA VÍTIMA. ELETROCUSSÃO. IRMÃO DA VÍTIMA. INDENIZAÇÃO. CABIMENTO. REVISÃO DO VALOR. 1. A jurisprudência desta Corte se orienta no sentido de que "é devida, no caso, aos genitores e irmãos da vítima, indenização por dano moral por ricochete ou préjudice d'affection, eis que, ligados à vítima por laços afetivos, próximos e comprovadamente atingidos pela repercussão dos efeitos do evento danoso na esfera pessoal" (REsp 876.448/RJ – Rel. Ministro Sidnei Beneti, 3.ª Turma, *DJe* 21.09.2010) 2. Admite a jurisprudência do Superior Tribunal de Justiça, excepcionalmente, em recurso especial, reexaminar o valor fixado a título de indenização por danos morais, quando ínfimo ou exagerado. Hipótese, todavia, em que o valor foi estabelecido na instância ordinária, atendendo às circunstâncias de fato da causa, de forma condizente com os princípios da proporcionalidade e razoabilidade. 3. Agravo regimental a que se nega

[8] BEZERRA LEITE, Carlos Henrique. *Curso de Direito Processual do Trabalho*. 14. ed. São Paulo: Saraiva, 2016. p. 234.

provimento" (STJ, AgRg no AREsp *464744*/RJ, Rel.ª Min.ª Maria Isabel Gallotti, j. 25.03.2014, *DJe* 31.03.2014).

Objetivando facilitar o estudo do leitor, segue, abaixo, o quadro das ações que poderão ser propostas em decorrência do acidente de trabalho, e respectiva competência de julgamento:

AÇÃO	COMPETÊNCIA
Ações acidentárias (lides previdenciárias) derivadas de acidente de trabalho promovidas pelo trabalhador segurado em face da seguradora INSS.	Justiça Comum (Varas de Acidente de Trabalho)
Ações promovidas pelo empregador, sucessores ou dependentes em face do empregador, postulando indenização pelos danos morais e materiais sofridos em decorrência do acidente de trabalho.	Justiça do Trabalho
Ação regressiva ajuizada pelo INSS em face de empregador causador do acidente de trabalho que tenha agido de forma negligente no cumprimento das normas de segurança e saúde no trabalho indicadas para a proteção individual e coletiva dos segurados.	Justiça Federal

Quando se fala em competência para danos morais e danos materiais, não podemos fazer uma interpretação literal, uma vez que os **danos estéticos** decorrentes de relação de trabalho, em virtude de uma interpretação lógica, **também se inserem na competência da Justiça do Trabalho**. Veja um julgado:

> *"RECURSO DE REVISTA – (...) – ACIDENTE DE TRABALHO – (...). 1. A jurisprudência desta Corte é no sentido de que a prescrição aplicável, nos casos de acidente do trabalho, deve considerar a data da lesão, se ocorrida antes ou depois da Emenda Constitucional n. 45/2004, pois somente após a sua promulgação é que se reconheceu a competência da Justiça do Trabalho para processar e julgar as ações de reparação por danos materiais, morais e estéticos oriundos de acidentes de trabalho ou doenças profissionais. (...) (RR-36-43.2010.5.15.0133, 7ª Turma, Relator Ministro Luiz Philippe Vieira de Mello Filho, DEJT 23/08/2019).*

Outro tema importante, ainda envolvendo o novo inciso VI do art. 114, seria a possibilidade de a Justiça do Trabalho processar e julgar ações indenizatórias por danos pré ou pós-contratuais, conforme destacado por José Affonso Dallegrave Neto, em obra já mencionada inúmeras vezes neste capítulo (p. 212), *in verbis*:

> "Também passam a ser julgados pela Justiça do Trabalho os chamados danos pré ou pós-contratuais decorrentes da relação de trabalho, como, por exemplo, aqueles manifestados na entrevista para a vaga de

> emprego ou mesmo após a rescisão contratual, quando da busca de referência profissional ao ex-empregador. Observa-se que, a partir da nova redação do art. 114, VI, da CF, cai por terra o argumento de que a competência seria da Justiça Comum, na medida em que 'no dano pré-contratual a relação de emprego sequer havia se formado e no dano pós-contratual o contrato já havia se expirado'. É que, se antes da EC n. 45/2004 a competência da Justiça do Trabalho se dava apenas para litígios decorrentes da relação de emprego, doravante ela se estende a todas as ações de indenização por dano moral ou patrimonial decorrentes da relação de trabalho."

Frise-se que o Ministério Público do Trabalho há muito tempo, em diversas ações civis públicas, postula indenização por dano moral coletivo, na maioria das vezes, com sucesso, resultando na aplicação de uma penalidade pecuniária ao infrator e atuando como mecanismo inibidor da reiteração do ilícito trabalhista.

Por último, vale destacar a recente Súmula 439 editada pelo TST, segundo a qual os juros incidem a partir da data do ajuizamento da ação (art. 883 da CLT), e a correção monetária, da decisão que arbitrou ou alterou o valor da condenação ao pagamento de indenização por danos morais, *in verbis*:

> "SÚMULA 439. DANOS MORAIS. JUROS DE MORA E ATUALIZAÇÃO MONETÁRIA. TERMO INICIAL – Res. 185/2012, *DEJT* divulgado em 25, 26 e 27.09.2012. Nas condenações por dano moral, a atualização monetária é devida a partir da data da decisão de arbitramento ou de alteração do valor. Os juros incidem desde o ajuizamento da ação, nos termos do art. 883 da CLT."

2.2.2.9. *Ações relativas às penalidades administrativas impostas aos empregadores pelos órgãos de fiscalização das relações de trabalho*

Outra inovação trazida pela EC 45 repousa no art. 114, VII, da Carta Maior, atribuindo competência material à Justiça do Trabalho para processar e julgar as ações relativas às penalidades administrativas impostas aos empregadores pelos órgãos de fiscalização das relações de trabalho, cuja competência anterior era da Justiça Federal.

Com efeito, a competência em destaque refere-se a qualquer ação, seja a lide intentada pelo empregador objetivando invalidar a sanção administrativa imposta pelos agentes de fiscalização das relações de trabalho, por meio da impetração de mandado de segurança ou do ajuizamento de ação declaratória de nulidade, como também as execuções dos títulos extrajudiciais oriundos dos autos de infração lavrados pelos auditores fiscais do trabalho, proposta pela Fazenda Pública Federal em face do infrator.

Veja um exemplo:

> *RECURSO DE REVISTA. AÇÃO ANULATÓRIA DE DÉBITO FISCAL. (...) No caso em tela, a controvérsia (...) trata de ação anulatória de multa administrativa, cuja competência material é desta Justiça Especializada em face da Emenda Constitucional n.° 45/2004. (...) (RR – 248700-95.2008.5.02.0055, Relator Ministro: Augusto César Leite de Carvalho, Data de Julgamento: 27/05/2015, 6ª Turma, Data de Publicação: DEJT 29/05/2015).*

A legitimidade ativa para propositura da ação de execução para cobrança das multas impostas pelos órgãos de fiscalização das relações de trabalho cabe à União Federal, representada pela Procuradoria da Fazenda Nacional, por se tratar de um crédito tributário da União, devendo ser observado o procedimento previsto na Lei 6.830/1980 (que dispõe sobre a cobrança judicial da dívida ativa da Fazenda Pública), aplicando-se a CLT e o CPC de forma subsidiária.

Importante lembrar de que a Justiça do Trabalho pode oficiar à fiscalização do Trabalho para a imposição de multa, mas não pode ela mesma impor multas administrativas, as quais são apenas inerentes ao poder de polícia administrativo. Veja esse julgado:

> *(...) 15. MULTA ADMINISTRATIVA. ARTIGO 201 DA CLT. APLICAÇÃO PELO JUDICIÁRIO. INCOMPETÊNCIA. Consoante jurisprudência pacífica desta Corte Superior, a competência da Justiça do Trabalho limita-se à discussão acerca das multas administrativas aplicadas pelos órgãos de fiscalização do trabalho, não sendo admissível a imposição de penalidade de ofício pelo órgão julgador. Precedentes. Recurso de revista a que se dá provimento. (RR – 131-47.2010.5.03.0088, Relator Ministro: Guilherme Augusto Caputo Bastos, Data de Julgamento: 22/09/2015, 5ª Turma, Data de Publicação: DEJT 02/10/2015).*

2.2.2.10. Execução de ofício das contribuições sociais

A EC 20/1998 introduziu o § 3.º ao art. 114 da CF/1988, estabelecendo que:

> "Compete ainda à Justiça do Trabalho executar, de ofício, as contribuições sociais previstas no artigo 195, I, *a*, e II, e seus acréscimos legais, decorrentes das sentenças que proferir."

Posteriormente, a EC 45/2004 inseriu esta mesma competência no inciso VIII do mesmo art. 114 da CF/1988, dispondo que:

> "Art. 114. Compete à Justiça do Trabalho processar e julgar:
>
> (...)
>
> VIII – a execução, de ofício, das contribuições sociais previstas no art. 195, I, *a*, e II, e seus acréscimos legais, decorrentes das sentenças que proferir."

Em função da alteração da CF/1988, o Juiz do Trabalho passou a executar, de ofício, as contribuições previdenciárias devidas pelos empregados e empregadores, provenientes das sentenças ou acordos proferidos.

Com o escopo de disciplinar a aplicação das disposições contidas na EC 20/1998, foi publicada a Lei 10.035/2000, que introduziu alterações e acréscimos aos arts. 831, 832, 876, 878, 879, 880, 884, 889 e 897 da CLT.

A contribuição previdenciária somente incidirá sobre as parcelas de natureza salarial, e não sobre as parcelas de natureza indenizatória, devendo o magistrado sempre indicar, na sentença ou no acordo homologado, a natureza jurídica das parcelas, conforme determina o art. 832, § 3.º, da CLT.

Consoante estabelecido no art. 831, parágrafo único, da CLT, firmada a conciliação, o termo que for lavrado valerá como decisão irrecorrível (somente atacável por ação rescisória – Súmula 259 do TST), salvo para a Previdência Social quanto às contribuições que lhe forem devidas.

Logo, poderá a União recorrer da decisão homologatória, apenas em relação às contribuições previdenciárias que forem devidas ao INSS.

Em outras palavras, o trânsito em julgado para as partes ocorre no momento da homologação do acordo. Todavia, em relação ao INSS (terceiro interessado), deverá a União Federal ser intimada dos acordos judiciais realizados, sendo facultada a esta a interposição do recurso ordinário, no prazo de 16 dias (art. 183 do CPC).

Neste contexto, conforme já mencionado, na homologação do acordo trabalhista, deverá haver discriminação das parcelas de naturezas salarial e indenizatória, sob pena de a contribuição incidir sobre o valor total do acordo homologado (art. 43, § 1.º, da Lei 8.212/1991).

No mesmo sentido é a OJ 368 da SDI-1 do TST. *In verbis*:

> "OJ 368 da SDI-1/TST. DESCONTOS PREVIDENCIÁRIOS. ACORDO HOMOLOGADO EM JUÍZO. INEXISTÊNCIA DE VÍNCULO EMPREGATÍCIO. PARCELAS INDENIZATÓRIAS. AUSÊNCIA DE DISCRIMINAÇÃO. INCIDÊNCIA SOBRE O VALOR TOTAL" (*DEJT* divulgado em 03, 04 e 05.12.2008).

Frise-se que, quanto ao acordo celebrado antes do trânsito em julgado, as partes são livres para discriminar a natureza das verbas objeto do acordo judicial, conforme Súmula 67 da AGU. *In verbis*:

> "SÚMULA 67, AGU. Na Reclamação Trabalhista, até o trânsito em julgado, as partes são livres para discriminar a natureza das verbas objeto do acordo judicial para efeito do cálculo da contribuição previdenciária, mesmo que tais valores não correspondam aos pedidos ou à proporção das verbas salariais constantes da petição inicial."

O art. 832, § 6.º, da CLT determina que "o acordo celebrado após o trânsito em julgado da sentença ou após a elaboração dos cálculos de liquidação da sentença não prejudicará os créditos da União". Entretanto, esse parágrafo foi revogado tacitamente pelo art. 43, § 5.º, da Lei 8.212/1991, segundo o qual, "na hipótese de acordo celebrado após ter sido proferida decisão de mérito, a contribuição será calculada com base no valor do acordo".

Prescrevia a CLT que, se o acordo judicial fosse homologado após o trânsito em julgado da sentença, a contribuição previdenciária seria calculada sobre as verbas de natureza salarial deferidas no julgado, independentemente de o acordo judicial celebrado estipular um valor menor do que o fixado na decisão, uma vez que já havia nascido o crédito previdenciário, não podendo as partes transigir sobre aquilo que não mais lhes pertence.

Com a revogação do § 6.º do art. 832 da CLT, as contribuições previdenciárias passaram a incidir sobre o valor do acordo celebrado e homologado após o trânsito em julgado.

Nesse sentido é o entendimento do TST, que ressalva apenas o respeito à proporcionalidade de valores entre as parcelas de natureza salarial e indenizatória deferidas na decisão condenatória e as parcelas objeto do acordo. *In verbis*:

> "OJ 376 SDI-I. Contribuição previdenciária. Acordo homologado em juízo após o trânsito em julgado da sentença condenatória. Incidência sobre o valor homologado. É devida a contribuição previdenciária sobre o valor do acordo celebrado e homologado após o trânsito em julgado de decisão judicial, respeitada a proporcionalidade de valores entre as parcelas de natureza salarial e indenizatória deferidas na decisão condenatória e as parcelas objeto do acordo."

Também quanto às decisões cognitivas (sentenças que julgam o mérito), a União poderá apresentar recurso ordinário em razão das parcelas consideradas pelo juiz como de natureza indenizatória.

Cabe destacar que, elaborados os cálculos, as partes terão o prazo comum de 8 dias para impugná-los, e a União, o prazo de 10 dias (art. 879, §§ 2º e 3º, da CLT).

À luz do art. 876, parágrafo único, da CLT, a Justiça do Trabalho executará, de ofício, as contribuições sociais previstas na alínea *a* do inciso I e no inciso II do *caput* do art. 195 da CF, e seus acréscimos legais, exclusivamente quanto às sentenças condenatórias em pecúnia e homologatórias de acordo.

No mesmo sentido é a Súmula 368, I, do TST. *In verbis*:

> "SÚMULA 368, I, DO TST. DESCONTOS PREVIDENCIÁRIOS E FISCAIS. COMPETÊNCIA. RESPONSABILIDADE PELO PAGAMENTO. FORMA DE CÁLCULO.
>
> I – A Justiça do Trabalho é competente para determinar o recolhimento das contribuições fiscais. A competência da Justiça do Trabalho, quanto à execução das contribuições previdenciárias, limita-se às sentenças condenatórias em pecúnia

que proferir e aos valores, objeto de acordo homologado, que integrem o salário de contribuição (ex-OJ 141 da SBDI-1 – inserida em 27.11.1998)."

O mesmo prevê a Súmula Vinculante 53 do STF:

> "A competência da Justiça do Trabalho prevista no art. 114, VIII, da Constituição Federal alcança a execução de ofício das contribuições previdenciárias relativas ao objeto da condenação constante das sentenças que proferir e acordos por ela homologados."

Apenas para melhor esclarecimento veja esse julgado do TST:

> *(...) INCOMPETÊNCIA DA JUSTIÇA DO TRABALHO. EXECUÇÃO DAS CONTRIBUIÇÕES PREVIDENCIÁRIAS INCIDENTES SOBRE AS VERBAS PAGAS NO PERÍODO RECONHECIDO COMO DE VÍNCULO DE EMPREGO. CONHECIMENTO E PROVIMENTO. (...) II. Dessa forma, extrapola a competência da Justiça do Trabalho a execução de contribuição previdenciária incidente sobre os salários pagos durante o período de vigência do contrato de trabalho reconhecido em juízo e que não integraram a condenação. III. No caso dos autos, ao concluir pela competência da Justiça do Trabalho para executar as contribuições previdenciárias incidentes sobre as parcelas salariais recebidas pelo trabalhador durante o vínculo de emprego que não foram objeto de condenação nesta causa, o Tribunal Regional contrariou a jurisprudência sedimentada no item I da Súmula n. 368 do TST. IV. Recurso de revista de que se conhece e a que se dá provimento" (RR-237-81.2013.5.15.0116, 4ª Turma, Relator Ministro Alexandre Luiz Ramos, DEJT 28/06/2019).*

Ressalte-se que será descontado do crédito devido ao empregado em condenação trabalhista a sua quota-parte relativa ao imposto de renda e contribuições previdenciárias, sendo do empregador a responsabilidade pelo recolhimento de tais contribuições advindos da condenação.

Nesse sentido, veja o item II da Súmula 368 do TST:

> "SÚMULA 368, II, DO TST. DESCONTOS PREVIDENCIÁRIOS E FISCAIS. COMPETÊNCIA. RESPONSABILIDADE PELO PAGAMENTO. FORMA DE CÁLCULO.
>
> (...)
>
> II – É do empregador a responsabilidade pelo recolhimento das contribuições previdenciárias e fiscais, resultantes de crédito do empregado oriundo de condenação judicial. A culpa do empregador pelo inadimplemento das verbas remuneratórias, contudo, não exime a responsabilidade do empregado pelos pagamentos do imposto de renda devido e da contribuição previdenciária que recaia sobre sua quota-parte. (ex-OJ 363 da SBDI-1, parte final)."

Desta forma, inclui-se na competência da Justiça do Trabalho a execução, de ofício, da contribuição referente ao Seguro de Acidente de Trabalho (SAT), uma vez que esta tem natureza de contribuição para a seguridade social, pois se destina ao financiamento de benefícios relativos à incapacidade do empregado decorrente de infortúnio no trabalho. No mesmo sentido é a Súmula 454 do TST. Observe:

> "SÚMULA 454, TST. COMPETÊNCIA DA JUSTIÇA DO TRABALHO. EXECUÇÃO DE OFÍCIO. CONTRIBUIÇÃO SOCIAL REFERENTE AO SEGURO DE ACIDENTE DE TRABALHO (SAT). ARTS. 114, VIII, E 195, I, 'a', DA CONSTITUIÇÃO DA REPÚBLICA (conversão da Orientação Jurisprudencial n.° 414 da SBDI-1) – Res. 194/2014, *DEJT* divulgado em 21, 22 e 23.05.2014. Compete à Justiça do Trabalho a execução, de ofício, da contribuição referente ao Seguro de Acidente de Trabalho (SAT), que tem natureza de contribuição para a seguridade social (arts. 114, VIII, e 195, I, 'a', da CF), pois se destina ao financiamento de benefícios relativos à incapacidade do empregado decorrente de infortúnio no trabalho" (arts. 11 e 22 da Lei nº 8.212/1991).

A Justiça do Trabalho não é competente para executar as contribuições devidas a terceiros do sistema S (Sesi, Sesc, Senai etc.).

Para melhor elucidar a questão, observe o seguinte julgado do TST:

> *(...) 6. INCOMPETÊNCIA DA JUSTIÇA DO TRABALHO PARA A EXECUÇÃO DE CONTRIBUIÇÃO PREVIDENCIÁRIA DESTINADA A TERCEIROS (SISTEMA "S"). MANTENÇA DA COMPETÊNCIA QUANTO AO SAT. O artigo 114, VIII, da Constituição Federal fixou a competência da Justiça do Trabalho para executar de ofício as contribuições sociais previstas no artigo 195, I, "a", e II, e seus acréscimos legais, decorrentes das sentenças que proferir. Contudo, tais dispositivos não estendem essa competência às contribuições devidas a terceiros (que são destinadas a entidades de serviço social e de formação profissional), exclusão claramente explicitada no próprio Texto Constitucional (art. 240), a par de referida na lei ordinária (art. 3º, Lei 11.457/2007, por exemplo). Relativamente ao SAT, a competência é notória, por se tratar de verba para custeio da Seguridade Social. Recurso de revista conhecido e parcialmente provido. (...) (RR-71900-35.2012.5.13.0002, 3ª Turma, Relator Ministro Mauricio Godinho Delgado, DEJT 23/03/2018).*

Por fim, a Justiça do Trabalho é competente para executar as contribuições previdenciárias decorrentes dos acordos firmados perante a Comissão de Conciliação Prévia.[9] O art. 43 da Lei n. 8.212/1991 preceitua:

> Art. 43. Nas ações trabalhistas de que resultar o pagamento de direitos sujeitos à incidência de contribuição previdenciária, o juiz, sob pena de responsabilidade, determinará o imediato recolhimento das importâncias devidas à Seguridade Social.
>
> (...)

[9] TST-E-RR-40600-80.2009.5.09.0096, SBDI-I, Rel. Min. José Roberto Freire Pimenta, j. 24.5.2012 (*Informativo* n.º 10 do TST).

> § 6º Aplica-se o disposto neste artigo aos valores devidos ou pagos nas Comissões de Conciliação Prévia de que trata a Lei no 9.958, de 12 de janeiro de 2000.

Como se nota pelo *caput*, havendo a condenação do réu, na ação trabalhista, em parcelas sobre as quais incidam a contribuições previdenciárias (tributo), deve o juiz determinar o recolhimento delas.

E essa mesma lógica acerca da obrigação de zelar pelo recolhimento também ocorre quando existe um acordo celebrado na Comissão de Conciliação Prévia (título executivo extrajudicial) e que será executado na Justiça do Trabalho.

Assim, se o acordo firmado na CCP não for cumprido voluntariamente, o credor pode ajuizar ação trabalhista na Justiça do Trabalho para executar seu crédito, devendo o juiz zelar pelo recolhimento da contribuição previdenciária sobre as parcelas remuneratórias do acordo que estão sendo executadas.

Essa obrigação decorre da interpretação do art. 43, caput, cumulado com o respectivo parágrafo sexto da Lei n. 8.212/1991. É uma hipótese prática de aplicação do art. 114, IX, da Constituição.

Veja um julgado do Tribunal Superior do Trabalho que confirma essa ideia:

> *(...) INCOMPETÊNCIA DA JUSTIÇA DO TRABALHO. COMISSÃO DE CONCILIAÇÃO PRÉVIA. CONTRIBUIÇÕES PREVIDENCIÁRIAS. O artigo 114, inciso IX, da Constituição da República, com a redação dada pela Emenda Constitucional n.º 45/2004, preconiza que cabe à Justiça do Trabalho o exame de " outras controvérsias decorrentes da relação de trabalho, na forma da lei ". Esta Corte superior, por meio da sua Seção uniformizadora, amparada no referido texto constitucional, tem se posicionado no sentido de reconhecer a competência da Justiça do Trabalho para a execução das contribuições previdenciárias decorrentes de acordo firmado perante a Comissão de Conciliação Prévia. (...) (RR-73600-31.2009.5.09.0659, 1ª Turma, Relator Desembargador Convocado Roberto Nobrega de Almeida Filho, DEJT 14/09/2018).*

2.2.2.11. Outras controvérsias decorrentes da relação de trabalho

Entendemos que o inciso IX do art. 114 da CF estabelece a competência material da Justiça do Trabalho para processar e julgar outras controvérsias decorrentes da relação de trabalho.

2.2.2.12. Lides envolvendo o cadastramento do empregado no PIS/PASEP

O TST, por meio da Súmula 300, estabeleceu que compete à Justiça do Trabalho processar e julgar ações ajuizadas por empregados em face de empregadores relativas ao cadastramento no Programa de Integração Social (PIS).

Ressalte-se que a LC 26/1975 unificou o Programa de Integração Social (PIS) e o Programa de Formação do Patrimônio do Servidor Público (PASEP). Assim, a Justiça do Trabalho é competente para as ações envolvendo empregados públicos celetistas e privados no PIS/PASEP.

Muito embora o PIS não tenha caráter salarial (LC 7/1970), se o empregador deixar de cadastrá-lo, provoca-lhe uma lesão, na medida em que o empregado não receberá o abono anual.

Cumpre destacar que o abono anual é devido aos empregados observados os seguintes requisitos (art. 9º, Lei 7.998/1990): a) cadastrados no PIS/PASEP ou no Cadastro Nacional de Trabalhador há pelo menos 5 anos; b) tenham recebido até 2 salários-mínimos médios de remuneração mensal no período trabalhado; c) tenham exercido atividade remunerada pelo menos 30 dias no ano-base.

Uma vez que a Justiça do Trabalho é competente para processar e julgar as lides decorrentes das relações de trabalho, é também desta justiça especializada a competência para julgar os pedidos de indenização substitutiva decorrente do não cadastramento do empregado no PIS e também para o pedido de obrigação de fazer consistente na imposição para o cadastramento no PIS.

2.2.2.13. *Lides decorrentes da não concessão das guias do seguro-desemprego*

O TST, por meio da Súmula 389, estabeleceu que: a) compete à Justiça do Trabalho julgar as lides entre empregado e empregador decorrentes do não fornecimento das guias de seguro-desemprego; e b) o não fornecimento das guias assegura ao empregado indenização substitutiva.

> "SÚMULA 389, TST. SEGURO-DESEMPREGO. COMPETÊNCIA DA JUSTIÇA DO TRABALHO. DIREITO À INDENIZAÇÃO POR NÃO LIBERAÇÃO DE GUIAS (conversão das Orientações Jurisprudenciais n.os 210 e 211 da SBDI-I) – Res. 129/2005, *DJ* 20, 22 e 25.04.2005.
>
> I – Inscreve-se na competência material da Justiça do Trabalho a lide entre empregado e empregador tendo por objeto indenização pelo não fornecimento das guias do seguro-desemprego (ex-OJ 210 da SBDI-I – inserida em 08.11.2000).
>
> II – O não fornecimento pelo empregador da guia necessária para o recebimento do seguro-desemprego dá origem ao direito à indenização" (ex-OJ 211 da SBDI-I – inserida em 08.11.2000).

O seguro-desemprego é um direito social assegurado ao emprego decorrente da relação de trabalho, por isso as lides envolvendo o não fornecimento das guias para a sua percepção são de competência da Justiça do Trabalho.

Ao dispensar o empregado, o empregador deve entregar-lhe preenchidos (art. 13, Res. Codefat 467, de 21 de dezembro de 2005): a) o requerimento do seguro-desemprego e b) a comunicação de dispensa.

Uma vez não concedidos, o empregado poderá optar entre o recebimento das guias do seguro-desemprego ou a indenização substitutiva.

A escolha é do empregador na medida em que o art. 499 do CPC determina que a "obrigação somente será convertida em perdas e danos se o autor o requerer ou se impossível a tutela específica ou a obtenção de tutela pelo resultado prático equivalente".

Caso o autor opte pela tutela de concessão das guias, mas a tutela específica não seja possível, bem como a obtenção de resultado prático equivalente, o juiz de ofício poderá deferir a indenização substitutiva.

Como exemplo de resultado prático equivalente, inclusive muito utilizado na prática, podemos citar o alvará judicial, instituindo que o empregado receba o benefício.

2.2.2.14. Quadro de carreira

Também é competente a Justiça do Trabalho para apreciar reclamação de empregado que tenha por objeto direito fundado em quadro de carreira (Súmula 19 do TST).

O quadro de carreira decorre, normalmente, de ato infralegal no caso da administração pública ou de regulamento de empresa.

Os pedidos consistem: a) no enquadramento correto do empregador no quadro de carreira; b) na reclassificação do trabalhador em novo quadro; ou c) na reclamação acerca da preterição no empregado no fluxo da promoção do quadro.

2.2.2.15. Poder normativo

Em relação às alterações introduzidas pela EC 45 quanto ao Poder Normativo da Justiça do Trabalho, especialmente as mudanças descritas nos §§ 2.º e 3.º do novo art. 114 da CF, remetemos o leitor ao capítulo atinente ao dissídio coletivo, em que o tema será tratado especificamente.

2.2.2.16. Ações que versam sobre descumprimento de normas trabalhistas relativas à segurança, higiene e saúde dos trabalhadores

O Supremo Tribunal Federal firmou entendimento, consubstanciado na Súmula 736, de 09.12.2003, de que compete à Justiça do Trabalho julgar as ações que tenham como causa de pedir o descumprimento de normas trabalhistas relativas à segurança, higiene e saúde dos trabalhadores.

Sobre o tema, vale destacar a seguinte jurisprudência:

> "AÇÃO CIVIL PÚBLICA E NORMAS TRABALHISTAS. O Tribunal julgou improcedente reclamação ajuizada pelo Estado do Piauí contra decisão proferida em ação civil pública promovida pelo Ministério Público do Trabalho, em que se alegava ofensa à autoridade da decisão tomada pelo Supremo na ADI 3395 MC/DF (*DJU* de 19.04.2006), na qual se fixara orientação no sentido de que o disposto no art. 114, I, da CF, não abrange as causas instauradas entre o Poder Público e servidor que lhe seja vinculado por relação jurídico-estatutária. Entendeu-se não contrariado o que decidido na referida ADI, haja vista que a ação civil pública em questão teria por objeto exigir o cumprimento, pelo Poder Público piauiense, das normas trabalhistas relativas à higiene, segurança e saúde dos trabalhadores, no âmbito do Instituto de Medicina Legal do Estado – IML" (CF, art. 129, II c/c o art. 7.º, XXII; Enunciado da Súmula 736 do STF: "Compete à Justiça do Trabalho julgar as ações que tenham como causa de pedir o descumprimento de normas trabalhistas relativas à segurança, higiene e saúde dos trabalhadores" (STF – Rcl 3303/PI, rel. Min. Carlos Britto, 19.11.2007 – Rcl-3303).
>
> "TERMO DE AJUSTAMENTO DE CONDUTA – TAC. NORMAS DE SEGURANÇA E MEDICINA DO TRABALHO. SERVIDORES PÚBLICOS ESTATUTÁRIOS. COMPETÊNCIA DA JUSTIÇA DO TRABALHO. Em se tratando de normas de segurança, higiene, saúde e medicina do trabalho, a Justiça do Trabalho é competente para executar o termo de ajustamento de conduta firmado entre o Ministério Público do Trabalho e o Estado de Rondônia para atender aos interesses de servidores públicos estatutários" (TRT/14.ª Região – Processo 00375.2005.004.14.00-1 – AP – 2.ª Turma – Agravante: MPT/14.ª Região; Agravado: Estado de Rondônia).

2.2.2.17. *Servidores de cartórios extrajudiciais*

A Constituição Federal de 1988 dispõe no art. 236 que os serviços notariais e de registros serão exercidos em caráter privado, por delegação do Poder Público.

O art. 236 da Carta Maior foi regulamentado pela Lei 8.935/1994, que passou a dispor sobre os serviços notariais e de registro.

A lei em comento, em seu art. 3.º, definiu que "notário, ou tabelião, e oficial de registro, ou registrador, são profissionais de direito, dotados de fé pública, a quem é delegado o exercício da atividade notarial e de registro".

A delegação pelo Poder Público para o exercício da atividade notarial e de registro depende, dentre outros requisitos, da habilitação em concurso público de provas e títulos (art. 14, I, da Lei 8.935/1994).

O art. 20 da Lei 8.935/1994, por sua vez, estabelece que os notários e os oficiais de registro poderão, para o desempenho de suas funções, contratar escreventes, dentre eles escolhendo os substitutos, e auxiliares como empregados, com remuneração livremente ajustada e sob regime da legislação do trabalho.

Portanto, o titular do cartório não oficializado (cartório extrajudicial), ao contratar serventuário, assume a obrigação de assalariar o seu empregado, dirigindo os serviços notariais e de registro, equiparando-se a empregador. Por outro lado, o Estado não assume qualquer ônus financeiro ou orçamentário em razão da contratação celebrada, ficando a cargo do cartório assumir todos os riscos econômicos pela admissão e dispensa dos seus empregados, assim como pela arrecadação dos valores que remuneram os serviços notariais.

A jurisprudência do Supremo Tribunal Federal é no sentido de que a relação jurídica havida entre o serventuário e o cartório extrajudicial encontra-se adstrita ao regime celetista, porquanto o art. 236 da atual Carta Magna é autoaplicável, não carecendo de regulamentação (STF – RE 634985/SP – Min. Ricardo Lewandowski, j. 02.09.2014 - *DJe* 04.09.2014).

Nessa esteira, vale destacar que o Supremo Tribunal Federal (STF – Pleno – Ac. 69642/110 – ementa 1.657-2 – Rel. Min. Néri da Silveira – j. 19.06.1991 – *DJU* 10.04.1992) decidiu que a relação entre os trabalhadores e os titulares dos cartórios extrajudiciais é tipicamente de emprego, sendo a atuação da Corregedoria dos Tribunais de Justiça meramente fiscalizatória e disciplinar, sendo da Justiça do Trabalho a competência para dirimir conflito envolvendo tais empregados e os cartórios não oficializados.

2.2.2.18. Homologação de acordo extrajudicial

Com base no art. 652, IV, *f*, da CLT, a Justiça do Trabalho é competente para homologação de acordo extrajudicial, *in verbis*:

> "Art. 652, CLT. Compete às Varas do Trabalho:
>
> (...)
>
> f) decidir quanto à homologação de acordo extrajudicial em matéria de competência da Justiça do Trabalho."

Trata-se de procedimento de jurisdição voluntária, em que o juiz apenas homologa o acordo celebrado entre as partes extrajudicialmente.

O procedimento está previsto na CLT, no capítulo III-A, denominado "Processo de Jurisdição Voluntária para Homologação de Acordo Extrajudicial", regulamentado nos arts. 855-B a 855-E da CLT.

O processo de homologação de acordo extrajudicial terá início por petição conjunta, sendo obrigatória a representação das partes por advogado, que não poderá ser comum, sendo facultado ao trabalhador ser assistido pelo advogado do sindicato de sua categoria (art. 855-B da CLT).

À luz do art. 855-D da CLT, no prazo de 15 dias, a contar da distribuição da petição, o juiz analisará o acordo, designará audiência se entender necessário e proferirá sentença. O prazo de 15 dias é impróprio e é faculdade do juiz a homologação do acordo, nos termos da Súmula 418 do TST.

A sentença homologatória do acordo transita em julgado na data de sua homologação, consoante dispõe a Súmula 100, V, do TST.

Não há dúvidas de que, mesmo sendo obrigatório que as partes tenham advogados distintos, este procedimento favorecerá lides simuladas, em que o empregado procurará advogado indicado pelo próprio empregador para o recebimento das verbas rescisórias, que após a homologação do acordo contará com uma decisão transitada em julgado, de modo que o empregado nada mais poderá reclamar no futuro. Apenas as audiências podem coibir esses casos, e elas são faculdades dos juízes, que por prudência sempre devem designá-las.

Preceitua o art. 855-C da CLT que a submissão de acordo extrajudicial à homologação não prejudica o prazo de 10 dias para pagamento das verbas rescisórias, a contar do término do contrato de trabalho previsto no art. 477, § 6º, da CLT, e tampouco afasta a aplicação da multa de um salário do empregado por atraso no pagamento, conforme estabelece o art. 477, § 8º, da CLT.

Dessa forma, se o acordo não for homologado pelo juiz, volta-se ao ponto de partida, como se o acordo jamais tivesse sido realizado, e, se houve atraso no pagamento das verbas rescisórias, a multa será devida.

A petição de homologação de acordo extrajudicial suspende o prazo prescricional da ação exclusivamente quanto aos direitos nela especificados, o qual voltará a fluir no dia útil seguinte ao do trânsito em julgado da decisão que negar a homologação do acordo (art. 852-E da CLT).

Uma vez que a CLT institui que o pedido de homologação suspende o prazo prescricional apenas quanto aos direitos nela especificados, permite-se deduzir que o acordo limita-se às parcelas postuladas e não a todo o contrato de trabalho, o que, para nós, não impede que seja expressamente pactuada a plena e ampla quitação do contrato de trabalho.

2.2.3. Competência funcional

2.2.3.1. Competência das Varas do Trabalho

Reza o art. 652 da CLT que compete às Varas do Trabalho:

"a) conciliar e julgar:

I – os dissídios em que se pretenda o reconhecimento da estabilidade de empregado;

> II – os dissídios concernentes à remuneração, férias e indenização por motivo de rescisão do contrato individual do trabalho;
>
> III – os dissídios resultantes de contratos de empreitadas em que o empreiteiro seja operário ou artífice;
>
> IV – os demais dissídios concernentes ao contrato individual de trabalho;
>
> b) processar e julgar os inquéritos para apuração de falta grave;
>
> c) julgar os embargos opostos às suas próprias decisões;
>
> d) impor multas e demais penalidades relativas aos atos de sua competência;
>
> e) impor multa e demais penalidades relativas aos atos de sua competência;
>
> f) decidir quanto à homologação de acordo extrajudicial em matéria de competência da Justiça do Trabalho.
>
> V – as ações entre trabalhadores portuários e os trabalhadores portuários ou o Órgão Gestor de Mão de Obra – OGMO – decorrentes da relação de trabalho;
>
> b) processar e julgar os inquéritos para apuração de falta grave;
>
> c) julgar os embargos opostos às suas próprias decisões;
>
> d) impor multas e demais penalidades relativas aos atos de sua competência."

Outrossim, o parágrafo único do art. 652 da CLT dispõe que terão preferência para julgamento os dissídios sobre pagamento de salário e aqueles que derivarem da falência do empregador, podendo o presidente da Vara, a pedido do interessado, constituir processo em separado, sempre que a reclamação também versar sobre outros assuntos.

Compete ainda, conforme previsto no art. 653 da CLT, às Varas do Trabalho:

> "a) requisitar às autoridades competentes a realização das diligências necessárias ao esclarecimento dos feitos sob sua apreciação, representando contra aquelas que não atenderem a tais requisições;
>
> b) realizar as diligências e praticar os atos processuais ordenados pelos Tribunais Regionais do Trabalho ou pelo Tribunal Superior do Trabalho;
>
> c) julgar as suspeições arguidas contra os seus membros;
>
> d) julgar as exceções de incompetência que lhe forem opostas;
>
> e) expedir precatórias e cumprir as que lhe forem deprecadas;
>
> f) exercer, em geral, no interesse da Justiça do Trabalho, quaisquer outras atribuições que decorram da sua jurisdição."

Por último, estabelece o art. 659 consolidado que compete ao juiz titular da Vara do Trabalho (ou ao juiz substituto em exercício), além de outras conferidas por lei, as seguintes atribuições:

- Presidir as audiências das Varas;
- Executar as suas próprias decisões, as proferidas pela Vara e aquelas cuja execução lhes for deprecada;

- Dar posse aos funcionários da Secretaria da Vara;
- Despachar os recursos interpostos pelas partes, fundamentando a decisão recorrida antes da remessa ao Tribunal Regional;
- Assinar as folhas de pagamento dos membros e funcionários da Vara;
- Apresentar ao presidente do Tribunal Regional, até 15 de fevereiro de cada ano, o relatório dos trabalhos do ano anterior;
- Conceder medida liminar, até decisão final do processo em reclamações trabalhistas que visem a tornar sem efeito transferência disciplinada pelos parágrafos do art. 469 da CLT;
- Conceder medida liminar, até decisão final do processo, em reclamações trabalhistas que visem reintegrar no emprego dirigente sindical afastado, suspenso ou dispensado pelo empregador.

2.2.3.2. Competência dos TRTs

O art. 678 da CLT estabelece que compete aos Tribunais Regionais, quando divididos em Turmas:

> I – ao Tribunal Pleno, especialmente:
>
> a) processar, conciliar e julgar originariamente os dissídios coletivos;
>
> b) processar e julgar originariamente:
>
> • as revisões de sentenças normativas;
>
> • a extensão das decisões proferidas em dissídio coletivo;
>
> • os mandados de segurança;
>
> c) processar e julgar em última instância:
>
> • os recursos das multas impostas pelas Turmas;
>
> • as ações rescisórias das decisões das Varas do Trabalho, dos juízes de direito investidos na jurisdição trabalhista, das Turmas e de seus próprios acórdãos;
>
> • os conflitos de jurisdição entre as Turmas, os juízes de direito investidos na jurisdição trabalhista, as Varas do Trabalho ou entre aqueles e estas;
>
> d) julgar em única ou última instância:
>
> • os processos e os recursos de natureza administrativa atinentes aos seus serviços auxiliares e respectivos servidores;
>
> • as reclamações contra atos administrativos de seu presidente ou de qualquer de seus membros, assim como dos juízes de primeira instância e de seus funcionários;
>
> II – às Turmas:
>
> a) julgar os recursos ordinários previstos no art. 895, *a* (atual inciso I, conforme a redação do art. 895 da CLT, dada pela Lei 11.925/2009);
>
> b) julgar os agravos de petição e de instrumento, estes de decisões denegatórias de recursos de sua alçada;
>
> c) impor multas e demais penalidades relativas a atos de sua competência jurisdicional e julgar os recursos interpostos das decisões das Varas e dos Juízes de Direito que as impuserem.

Quando não divididos em Turmas, estabelece o art. 679 consolidado que aos Tribunais Regionais caberão o julgamento das matérias a que se refere o art. 678, exceto a de que trata o inciso I da alínea *c* do item 1, bem como os conflitos de jurisdição entre Turmas.

Nos termos do art. 680 da CLT, compete, ainda, aos Tribunais Regionais ou suas Turmas:

> a) determinar às Varas e aos juízes de direito a realização dos atos processuais e diligências necessárias ao julgamento dos feitos sob sua apreciação;
>
> b) fiscalizar o cumprimento de suas próprias decisões;
>
> c) declarar a nulidade dos atos praticados com infração de suas decisões;
>
> d) julgar as suspeições arguidas contra seus membros;
>
> e) julgar as exceções de incompetência que lhes forem opostas;
>
> f) requisitar às autoridades competentes as diligências necessárias ao esclarecimento dos feitos sob apreciação, representando contra aquelas que não atenderem a tais requisições;
>
> g) exercer, em geral, no interesse da Justiça do Trabalho, as demais atribuições que decorram de sua jurisdição.

2.2.3.3. *Competência do TST*

A – Tribunal Pleno

A Lei 7.701/1988 (em função do disposto no § 3.º do art. 111 da CF/1988) dispõe sobre a competência atual do TST, estabelecendo no art. 4.º, que é da competência do Tribunal Pleno:

> a) a declaração de inconstitucionalidade ou não de lei ou de ato normativo do Poder Público;
>
> b) aprovar os enunciados da súmula da jurisprudência predominante em dissídios individuais;
>
> c) julgar os incidentes de uniformização da jurisprudência em dissídios individuais;
>
> d) aprovar os precedentes da jurisprudência predominante em dissídios coletivos;
>
> e) aprovar as tabelas de custas e emolumentos, nos termos da lei; e
>
> f) elaborar o Regimento Interno do Tribunal e exercer as atribuições administrativas previstas em lei ou na Constituição Federal.

Ressalte-se que a Lei 13.467/2017 – Reforma Trabalhista – alterou o art. 702 da CLT, estabelecendo critério para que o Pleno crie ou altere súmulas e outros enunciados da jurisprudência uniforme do TST:

> "Art. 702, CLT. Ao Tribunal Pleno compete:
>
> (...)

> f) estabelecer ou alterar súmulas e outros enunciados de jurisprudência uniforme, pelo voto de pelo menos dois terços de seus membros, caso a mesma matéria já tenha sido decidida de forma idêntica por unanimidade em, no mínimo, dois terços das turmas em pelo menos dez sessões diferentes em cada uma delas, podendo, ainda, por maioria de dois terços de seus membros, restringir os efeitos daquela declaração ou decidir que ela só tenha eficácia a partir de sua publicação no Diário Oficial;
>
> (...)
>
> § 3.º As sessões de julgamento sobre estabelecimento ou alteração de súmulas e outros enunciados de jurisprudência deverão ser públicas, divulgadas com, no mínimo, trinta dias de antecedência, e deverão possibilitar a sustentação oral pelo Procurador-Geral do Trabalho, pelo Conselho Federal da Ordem dos Advogados do Brasil, pelo Advogado-Geral da União e por confederações sindicais ou entidades de classe de âmbito nacional.
>
> § 4.º O estabelecimento ou a alteração de súmulas e outros enunciados de jurisprudência pelos Tribunais Regionais do Trabalho deverão observar o disposto na alínea *f* do inciso I e no § 3.º deste artigo, com rol equivalente de legitimados para sustentação oral, observada a abrangência de sua circunscrição judiciária."

Muito embora os §§ 3º e 4º transcritos sejam bem-vindos por instituir o amplo debate para a criação e alteração de súmulas e outros enunciados do TST, a alínea *f* do inciso IV do art. 702 da CLT é inconstitucional por violação ao princípio da separação dos poderes. As súmulas e os enunciados são o resumo da jurisprudência reiterada dos tribunais, e apenas estes podem determinar quando a sua jurisprudência está estável, através de critérios estabelecidos em seu regimento interno.

B – Seção especializada em dissídios coletivos

Nos termos do art. 2.º da Lei 7.701/1988, compete à seção especializada em dissídios coletivos – SDC ou seção normativa:

> I – originariamente:
>
> a) conciliar e julgar os dissídios coletivos que excedam a jurisdição dos TRTs e estender ou rever suas próprias sentenças normativas, nos casos previstos em lei;
>
> b) homologar as conciliações celebradas nos dissídios coletivos de que trata a alínea anterior;
>
> c) julgar as ações rescisórias propostas contra suas sentenças normativas;
>
> d) julgar os mandados de segurança contra os atos praticados pelo Presidente do Tribunal ou por qualquer dos Ministros integrantes da seção especializada em processo de dissídio coletivo; e
>
> e) julgar os conflitos de competência entre TRTs em processos de dissídio coletivo;
>
> II – em última instância julgar:
>
> a) os recursos ordinários interpostos contra as decisões proferidas pelos TRTs em dissídios coletivos de natureza econômica ou jurídica;

b) os recursos ordinários interpostos contra as decisões proferidas pelos Tribunais Regionais do Trabalho em ações rescisórias e mandados de segurança pertinentes a dissídios coletivos;

c) os embargos infringentes interpostos contra decisão não unânime proferida em processo de dissídio coletivo de sua competência originária, salvo se a decisão atacada estiver em consonância com precedente jurisprudencial do TST ou da súmula de sua jurisprudência predominante;

d) os embargos de declaração opostos aos seus acórdãos e os agravos regimentais pertinentes aos dissídios coletivos;

e) as suspeições arguidas contra o Presidente e demais Ministros que integram a seção, nos feitos pendentes de sua decisão; e

f) os Agravos de Instrumento interpostos contra despacho denegatório de recurso ordinário nos processos de sua competência.

C – Seção especializada em dissídios individuais

A mesma Lei 7.701/1988, no art. 3.º, estabelece que compete à seção de dissídios julgar – SDI:

I – originariamente:

a) as ações rescisórias propostas contra decisões das Turmas do TST e suas próprias, inclusive as anteriores à especialização em seções; e

b) os mandados de segurança de sua competência originária, na forma da lei;

II – em única instância:

a) os agravos regimentais interpostos em dissídios individuais; e

b) os conflitos de competência entre Tribunais Regionais e aqueles que envolvem Juízes de Direito investidos na jurisdição trabalhista e Varas do Trabalho em processos de dissídio individual;

III – em última instância:

a) os recursos ordinários interpostos contra decisões dos Tribunais Regionais em processos de dissídio individual de sua competência originária;

b) os embargos das decisões das Turmas que divergirem entre si, ou das decisões proferidas pela Seção de Dissídios Individuais;

c) os agravos regimentais de despachos denegatórios dos presidentes das Turmas, em matéria de embargos, na forma estabelecida no Regimento Interno;

d) os embargos de declaração opostos aos seus acórdãos;

e) as suspeições arguidas contra o Presidente e demais Ministros que integram a seção nos feitos pendentes de julgamento;

f) os agravos de instrumento interpostos contra despacho denegatório de recurso ordinário em processo de sua competência.

D – Turmas do TST

Por último, o art. 5.º da Lei 7.701/1998 dispôs que as Turmas do TST terão, cada uma, a seguinte competência:

a) julgar os recursos de revista interpostos de decisões dos TRTs, nos casos previstos em lei;

b) julgar, em última instância, os agravos de instrumento dos despachos de Presidente de Tribunal Regional que denegarem seguimento a recurso de revista, explicitando em que efeito a revista deve ser processada, caso providos;

c) julgar, em última instância, os agravos regimentais; e

d) julgar os embargos de declaração opostos aos seus acórdãos.

2.2.4. Competência territorial das Varas do Trabalho

A competência territorial das Varas do Trabalho (competência em razão do lugar) está disciplinada no art. 651 da CLT.

Vejamos:

"Art. 651. A competência das Varas do Trabalho é determinada pela localidade onde o empregado, reclamante ou reclamado, prestar serviços ao empregador, ainda que tenha sido contratado noutro local ou no estrangeiro.

§ 1.º Quando for parte no dissídio agente ou viajante comercial, a competência será da Vara da localidade em que a empresa tenha agência ou filial e a esta o empregado esteja subordinado e, na falta, será competente a Vara da Localização em que o empregado tenha domicílio ou a localidade mais próxima.

§ 2.º A competência das Varas do Trabalho, estabelecida neste artigo, estende-se aos dissídios ocorridos em agência ou filial no estrangeiro, desde que o empregado seja brasileiro e não haja convenção internacional dispondo em contrário.

§ 3.º Em se tratando de empregador que promova realização de atividades fora do lugar do contrato de trabalho, é assegurado ao empregado apresentar reclamação no foro da celebração do contrato ou no da prestação dos respectivos serviços."

Portanto, em regra, a demanda trabalhista deve ser proposta na localidade em que o empregado efetivamente tenha prestado seus serviços, independentemente do local da contratação.

Neste contexto, contratado o trabalhador no Paraná para laborar na Bahia, terá competência territorial para processar e julgar eventual reclamação trabalhista uma das Varas do Trabalho do local da prestação de serviços, qual seja Bahia.

Muitas vezes o obreiro inicia a prestação de serviços em determinada localidade e, posteriormente, é transferido para outra, onde exerce o labor por determinado período, sendo dispensado pelo empregador. Nesta hipótese, deverá o trabalhador propor eventual reclamação trabalhista no último local de prestação de serviços. Exemplificando: suponhamos que o obreiro iniciou a prestação de serviços em Fortaleza, sendo posteriormente transferido para Maceió, onde, após 1 ano, foi dispensado sem justa causa pelo empregador.

Nesta hipótese, deverá o trabalhador propor a reclamação trabalhista em Maceió, último local de trabalho.

E se houver prestação de serviços em mais um lugar? Havendo prestação de serviços em mais de uma localidade, pode o reclamante optar por qualquer delas, é claro. Esta tem sido a posição jurisprudencial. Aliás, transcrevemos julgado do TST sobre o tema:

> *CONFLITO DE COMPETÊNCIA. PRESTAÇÃO DE SERVIÇOS EM DIVERSAS LOCALIDADES. POSSIBILIDADE DE AJUIZAMENTO DA AÇÃO EM QUALQUER UMA DELAS. 1. Nos termos do § 3º do artigo 651 da CLT, na hipótese da prestação de serviço ocorrer em localidade distinta da celebração do contrato de trabalho é facultado ao empregado o ajuizamento da reclamação trabalhista em qualquer um dos foros, não havendo previsão no sentido de que a competência seja definida pelo local em que por último se deu a prestação de serviços. 2. Trata-se de uma regra de competência que visa privilegiar o empregado, parte hipossuficiente da relação processual, a fim de assegurar-lhe maior facilidade na produção da prova, podendo escolher o foro que lhe seja mais cômodo e conveniente. 3. Assim, tendo em vista que no caso em análise a prestação de serviços ocorreu em diversos lugares, ao empregado é permitido ajuizar a reclamação trabalhista em qualquer um dos foros, face à ausência de determinação de lei em sentido contrário. 4. Conflito de competência julgado procedente. (CC – 3921-25.2012.5.00.0000, Relator Ministro: Guilherme Augusto Caputo Bastos, Data de Julgamento: 08/05/2012, Subseção II Especializada em Dissídios Individuais, Data de Publicação: 11/05/2012).*

Assim, não há que se falar em competência apenas do último local da prestação de serviços. Todavia, o Tribunal Superior do Trabalho tem flexibilizado a regra que limita ao local da prestação ou ao local da contratação, admitindo que, nos casos de empresa de grande porte que presta serviços em diversas partes do território nacional, possa o trabalhador ajuizar ação no foro do seu domicílio. Veja:

> *CONFLITO NEGATIVO DE COMPETÊNCIA – TRABALHADOR MIGRANTE – RECRUTAMENTO – PRESUNÇÃO – PONDERAÇÃO DOS INTERESSES EM CONFLITO – AJUIZAMENTO DA AÇÃO NO DOMICÍLIO DO RECLAMANTE. 1. Verifica-se que, em se tratando o empregador de empresa de grande porte e âmbito nacional, que realiza contratação e presta serviços em localidades distintas do país, é plenamente possível uma exegese do § 3º do art. 651 da CLT em consonância com o princípio constitucional do art. 5º, XXXV, de modo a permitir ao reclamante o ajuizamento da reclamação trabalhista no local do seu domicílio, onde presumidamente se deu seu recrutamento, sob pena de vedar-se economicamente o acesso à jurisdição. 2. Não se pode olvidar a necessidade de preservação do direito ao contraditório e à ampla defesa, possibilitando, nessas circunstâncias, a acessibilidade também ao reclamado, assegurando-lhe os meios inerentes à defesa de seu direito, que não se compromete economicamente em razão da preservação da competência jurisdicional do foro do recrutamento do empregado. É preciso, pois, ponderar os interesses em conflito para harmonizar a solução dada ao caso concreto. 3.*

Assim sendo, verificadas a capacidade econômica e a possibilidade de formulação da defesa de seus interesses, em seu sentido material e formal, preserva-se a acessibilidade àquele economicamente débil, pois, do contrário, a acessibilidade à jurisdição e a uma jurisdição especial para uma relação jurídica assimétrica estaria restrita à mera retórica do texto constitucional. 4. Não se trata, portanto, de ampliar irrestritamente a regra legal, mas, observando-a, adequá-la às normas constitucionais que inspiram o processo como instrumento de realização do direito material. Conflito de competência acolhido para declarar competente a Vara do Trabalho de Ipiaú/BA. (CC – 54-74.2016.5.14.0006, Redator Ministro: Luiz Philippe Vieira de Mello Filho, Data de Julgamento: 27/09/2016, Subseção II Especializada em Dissídios Individuais, Data de Publicação: DEJT 11/11/2016).

Por outro lado, não obstante o comando previsto no art. 651, *caput*, da CLT, que determina como regra geral para fixação da competência territorial das Varas do Trabalho o local da prestação de serviços, entendemos que tal regra não é absoluta, permitindo exceções. Imaginemos a hipótese de uma obreira que é contratada no interior do Pará e levada para trabalhar como empregada doméstica em Curitiba. Suponhamos ainda que, dois anos depois, resolva o empregador doméstico, sem justa causa, romper o contrato de trabalho, deixando de honrar as verbas rescisórias à doméstica, limitando-se a pagar a passagem rodoviária de volta para o Pará.

Teoricamente, rompido o liame empregatício, a empregada doméstica deveria propor a reclamação trabalhista perante uma das Varas do Trabalho de Curitiba. Todavia, torna-se evidente, no caso em tela, que obrigar a empregada a propor a ação trabalhista em Curitiba inviabilizaria o direito de ação da obreira, pois, com certeza, não teria ela condições de retornar a Curitiba diversas vezes para propor a ação e participar das audiências.

Entendemos que, na hipótese em comento, o princípio da inafastabilidade de jurisdição previsto no art. 5.º, XXXV, da CF/1988 se sobrepõe à regra insculpida no art. 651 da CLT, permitindo, nessa hipótese, que a obreira proponha a ação no seu domicílio e não no local da prestação de serviços.

Quanto ao agente ou viajante comercial, o § 1.º do art. 651 contempla uma exceção à regra geral, devendo o obreiro viajante propor sua ação trabalhista:

- na Vara da localidade em que a empresa tenha agência ou filial e a esta o trabalhador esteja subordinado;
- não existindo agência ou filial, na Vara localizada onde o empregado tenha domicílio ou na localidade mais próxima.

Outra exceção à regra geral da competência territorial estabelecida no diploma consolidado é o § 2.º do art. 651 da CLT, o qual atribui competência às Varas do Trabalho para processar e julgar lides ocorridas em agência ou filial situada no estrangeiro, desde que o empregado seja brasileiro e não haja convenção internacional em contrário.

A empresa estrangeira deverá ter sede, filial ou representante no Brasil, sob pena de impossibilidade da propositura da ação, pois restaria inviabilizada a notificação da empresa para a audiência.

Em relação à Vara do Trabalho competente nesta hipótese (art. 651, § 2.º, da CLT), a doutrina e jurisprudência divergem, alguns sustentando que será a da sede ou filial da empresa existente no Brasil, e outros defendendo a tese de que a demanda deverá ser proposta no local da contratação antes do obreiro ir para o estrangeiro.

Particularmente, entendemos que, retornando o obreiro para o Brasil após o rompimento do pacto laboral, deverá o mesmo propor a ação trabalhista perante uma das Varas do Trabalho situada no seu domicílio ou localidade mais próxima, permitindo ao trabalhador o amplo acesso ao Judiciário Laboral sem maiores despesas.

Outrossim, em relação aos dissídios ocorridos no exterior, a regra de direito processual a ser aplicado é a brasileira, tendo em vista que a demanda será submetida à Justiça do Trabalho brasileira.

No entanto, quanto ao direito material, aplica-se o princípio da territorialidade, segundo o qual serão aplicadas as regras do país onde o empregado efetivamente prestou os seus serviços, ou seja, os direitos a que o trabalhador fará jus serão os previstos na legislação estrangeira.

A Lei 7.064/1982, com a redação dada pela Lei 11.962/2009, entretanto, elenca exceções ao princípio da territorialidade. Prevê que, "independentemente da observância da legislação do local da execução dos serviços", será garantido ao trabalhador transferido para trabalhar no estrangeiro (art. 2.º da Lei 7.064/1982)[10] os direitos previstos na lei e a aplicação da legislação brasileira de proteção ao trabalho quando for mais favorável do que a do local de prestação dos serviços (art. 3.º).

Caso o trabalhador tenha sido contratado no Brasil para trabalhar no estrangeiro, prevê o art. 14 da Lei 7.064/1982 que, além dos direitos a que faz jus o trabalhador pela legislação do local da prestação dos serviços, também lhe serão garantidos os direitos previstos no Capítulo III da lei, no qual está inserido esse art. 14, entre eles o de que a empresa pague as des-

---

[10] Art. 2.º da Lei 7.064/1982 – "Para os efeitos desta Lei, considera-se transferido:

I – o empregado removido para o exterior, cujo contrato estava sendo executado no território brasileiro;

II – o empregado cedido à empresa sediada no estrangeiro, para trabalhar no exterior, desde que mantido o vínculo trabalhista com o empregador brasileiro;

III – o empregado contratado por empresa sediada no Brasil para trabalhar a seu serviço no exterior".

pesas de viagem do trabalhador ao exterior, com seus dependentes; de que anualmente possa gozar férias no Brasil, caso o seu contrato seja ajustado por período superior a três anos; de ter assegurado o seu retorno definitivo ao Brasil ao fim do contrato de trabalho ou se tal for recomendado por meio de laudo médico.

A novidade legislativa trazida pela Lei 11.962/2009, que tornou a Lei 7.064/1982 aplicável a trabalhadores contratados no Brasil ou transferidos por seus empregadores para prestar serviço no exterior, afetou a Súmula 207 do TST, pela qual a relação de emprego seria regida segundo a lei do país em que o serviço tenha sido prestado, uma vez que direitos da legislação brasileira são garantidos aos que prestam serviço no estrangeiro nas hipóteses acima mencionadas. A Súmula 207 do TST foi cancelada pela sessão do Tribunal Pleno em 16.04.2012.

O art. 651, § 3.º, da CLT, por último, menciona que em relação às empresas que promovam atividades fora do lugar da celebração do contrato (exemplos: atividades circenses, feiras agropecuárias, motoristas de ônibus de linhas intermunicipais etc.), seria assegurado ao obreiro apresentar reclamação trabalhista no foro da celebração do contrato ou no da prestação dos respectivos serviços.

O Tribunal Superior do Trabalho adotou a teoria que defende o maior acesso à Justiça, reconhecendo que o trabalhador tem a faculdade de escolher entre local da prestação de serviços ou local da contratação. Veja um julgado:

> *CONFLITO NEGATIVO DE COMPETÊNCIA EM RAZÃO DO LUGAR. RECLAMAÇÃO TRABALHISTA. AJUIZAMENTO EM UM DOS LOCAIS DA PRESTAÇÃO DE SERVIÇOS. POSSIBILIDADE. ART. 651, § 3º, DA CLT. Consoante o artigo 651, § 3º, da CLT, em se tratando de empregador que promova realização de atividades fora do lugar do contrato de trabalho, é assegurado ao empregado apresentar reclamação no foro da celebração do contrato ou no da prestação dos respectivos serviços. Na legislação trabalhista, ao contrário do direito comum, que privilegia o domicílio do réu, concedeu-se preferência ao Juízo da localidade que seja mais acessível ao trabalhador de realizar a prova de suas pretensões. Trata-se de critério que se inscreve entre as normas protetivas ao empregado, princípio basilar do Direito do Trabalho. (...) (CC-1002175-74.2015.5.02.0314, Subseção II Especializada em Dissídios Individuais, Relator Ministro Emmanoel Pereira, DEJT 17/05/2019).*

Atente-se que, se a demanda trabalhista for ajuizada pelo empregador, a competência deve seguir a regra do caput, ou seja, será o local da prestação de serviços, porquanto a faculdade de escolha foi atribuída pelo legislador apenas ao trabalhador.

Por último, vale lembrar que existem ações de competência da Justiça do Trabalho, mas que não envolvem diretamente trabalhador e tomador de serviço ou empregado e empregador, ou que, mesmo sendo entre eles, as ações não se relacionam a pedidos tipicamente trabalhistas. Nesses casos, a competência pode ser definida com base em regras especiais, inclusive do Código de Processo Civil. Veja dois julgados exemplificativos:

> *CONFLITO NEGATIVO DE COMPETÊNCIA. COMPETÊNCIA TERRITORIAL. AÇÃO DE INDENIZAÇÃO POR ACIDENTE DE TRABALHO AJUIZADA PELOS PAIS DO RECLAMANTE. ACIDENTE DE TRABALHO COM MORTE. CONTRATAÇÃO E PRESTAÇÃO DOS SERVIÇOS DE VIGIA EM LOCAL DIVERSO DO DOMICÍLIO DOS PAIS DO RECLAMANTE. AÇÃO DE NATUREZA CIVIL. DANO MORAL EM RICOCHETE. PROTEÇÃO DO HIPOSSUFICIENTE. A ação originária trata de indenização por danos morais e materiais decorrentes do acidente de trabalho que resultou na morte do empregado. O empregado foi contratado como vigia para trabalhar na reclamada, localizada na cidade de Boa Vista – RR, e foi assassinado enquanto fazia a segurança da empresa. Os pais do empregado moram no município de Jaguaruna – CE e ajuizaram a ação no juízo cível com jurisdição onde estão domiciliados (Vara Única da Comarca de Jaguaruana na jurisdição), o qual declinou da competência para a Vara do Trabalho de Limoeiro do Norte- CE. Esclareça-se que logo após a Emenda Constitucional n. 45/2004, o STF decidiu que as ações que tratassem de dano moral ou patrimonial decorrente de acidente de trabalho seriam da competência da Justiça Comum Estadual. Tal posicionamento, entretanto, ocasionou insatisfação aos magistrados e demais profissionais da área jurídico-trabalhista. E, ao apreciar conflito de competência (Código Civil n. 7.204), o STF deu nova formulação, no sentido de que compete à Justiça do Trabalho apreciar as ações de indenização com origem em acidente de trabalho, independentemente de terem sido ajuizadas pelo próprio empregado ou por seus sucessores. A intenção do legislador, ao fixar a competência territorial na Vara do Trabalho onde houve a prestação de serviços (artigo 651, caput, da CLT), foi facilitar ao trabalhador o ingresso de ações. Referido dispositivo, no entanto, comporta exceções e deve ser interpretado juntamente com os princípios constitucionais da isonomia e de amplo acesso ao Judiciário (artigo 5º, caput e XXXV, da Constituição Federal), bem como o princípio da proteção do trabalhador. Saliente-se ainda que o processo do trabalho segue a mesma tendência de outros ramos do direito no sentido de proteger o hipossuficiente, como é o que ocorre nas relações de consumo e ações de alimentos, por exemplo. In casu, a ação foi proposta pelos pais do trabalhador (dano moral em ricochete ou reflexo) e possui natureza exclusivamente civil, pois pleiteiam tão somente indenização por danos morais e materiais pelo acidente de trabalho que acarretou na morte do empregado. Além disso, nas ações de reparação civil, faculta-se ao autor ajuizar a ação tanto perante o foro de seu domicílio quanto no do local onde ocorreu o dano (artigo 53, III, do novo CPC). Desta forma, não se mostra sensato que os idosos pais do empregado tenham que se deslocar do interior do Ceará para discutir e pleitear na cidade de Boa Vista – RR ressarcimento pela dor da perda do filho na eventual constatação de culpa da empresa reclamada. Por fim, conforme consignado pelo Juízo da 1ª Vara do Trabalho de Boa vista – RR: "... não se vislumbra qualquer prejuízo a reclamada no tocante à tramitação da reclamatória no domicílio dos autores, porquanto, diferentemente daqueles, dispõe de recursos para desencadear sua defesa, como aliás o fez junto à Justiça Comum". Precedentes. Conflito de competência admi-*

tido para declarar a competência da 1ª Vara do Trabalho de Boa Vista/RR. (CC – 11273-35.2013.5.11.0051, Relatora Ministra: Maria Helena Mallmann, Data de Julgamento: 06/12/2016, Subseção II Especializada em Dissídios Individuais, Data de Publicação: DEJT 19/12/2016).

COMPETÊNCIA TERRITORIAL. JUSTIÇA DO TRABALHO. DISSÍDIO INDIVIDUAL ATÍPICO. ACIDENTE DE TRABALHO. FALECIMENTO DO EMPREGADO. AÇÃO DE INDENIZAÇÃO POR DANOS MORAL E MATERIAL. VIÚVA E HERDEIROS MENORES DE IDADE. PRETENSÃO DEDUZIDA EM NOME PRÓPRIO 1. A determinação da competência territorial para o dissídio individual típico, no processo do trabalho, define-se, em regra, pelo local da prestação dos serviços do empregado, seja ele reclamante ou reclamado, nos termos do artigo 651, caput, da CLT. Norma de cunho protecionista e ditada pela observância do princípio constitucional da acessibilidade (art. 5º, inciso XXXV, Constituição Federal). Excepcionalmente, toma-se em conta o juízo da localidade da contratação (§ 3º do artigo 651 da CLT). 2. Em alguns casos, as regras objetivas de fixação da competência territorial do artigo 651 da CLT revelam-se insuficientes, sobretudo em virtude de não abarcarem o complexo mosaico de lides hoje confiadas à competência material da Justiça do Trabalho, mormente a partir da Emenda Constitucional n. 45/04. Nesses casos, à falta de norma específica definidora da competência territorial, cumpre ao órgão jurisdicional colmatar a lacuna mediante a aplicação de norma compatível com o princípio da acessibilidade por que se norteia o sistema processual trabalhista. 3. Ação de indenização movida por viúva e filhos menores de idade de ex-empregado falecido, na defesa de direito próprio e não fruto de transmissão do de cujus. Ausente disciplina legal específica na CLT. Admite-se a fixação da competência territorial, excepcionalmente, pelo foro do local de domicílio dos Reclamantes, por aplicação analógica do disposto no artigo 147, I, do Estatuto da Criança e do Adolescente. A prevalência do foro da localidade da prestação de serviços do falecido empregado, além de contemplada para lide de natureza diversa, em que o próprio empregado figure como demandante ou demandado, poderia implicar denegação de justiça em situações desse jaez. 4. Embargos dos Reclamantes de que se conhece, por divergência jurisprudencial, e a que se dá provimento para reconhecer a competência territorial do foro do domicílio dos Autores" (E-RR-86700-15.2009.5.11.0007, Subseção I Especializada em Dissídios Individuais, Redator Ministro João Oreste Dalazen, DEJT 18/12/2015).

Outro exemplo seria uma ação anulatória de multa administrativa imposta pela fiscalização do trabalho ao empregador. Essa ação movida pelo empregador contra a União poderá ser proposta no domicílio do empregador multado, na forma do CPC:

Art. 51. É competente o foro de domicílio do réu para as causas em que seja autora a União.

Parágrafo único. Se a União for a demandada, a ação poderá ser proposta no foro de domicílio do autor, no de ocorrência do ato ou fato que originou a demanda, no de situação da coisa ou no Distrito Federal.

2.2.5. Foro de eleição

O art. 63 do CPC dispõe que as competências em razão do valor da causa e do território podem ser modificadas pelas partes, por meio da eleição de foro para dirimir os eventuais conflitos surgidos em função da relação jurídica estabelecida.

Todavia, os arts. 62 e 63 do Código de Processo Civil se revelam incompatíveis com as normas de competência do Processo do Trabalho, visto que estas são de ordem pública e, por consequência, não são suscetíveis de modificação pelas partes.

A IN 39/2016 do TST, que dispõe sobre normas do Código de Processo Civil de 2015 aplicáveis e não aplicáveis ao Processo do Trabalho, determina em seu art. 2º, I, que o art. 63 do atual Código, que dispõe sobre a modificação da competência territorial e modificação de foro não se aplica ao Processo do Trabalho.

O objetivo do art. 651 da CLT e seus parágrafos é facilitar o acesso do obreiro hipossuficiente à Justiça do Trabalho, sendo a eleição de foro incompatível com o processo trabalhista, muito embora não exista vedação expressa na norma consolidada.

Portanto, no âmbito do Processo do Trabalho, não poderá ser instituída pelas partes da relação laboral cláusula que preveja foro de eleição em caso de eventual conflito.

2.2.6. Modificação de competência

Em relação à competência absoluta (quanto à matéria e hierarquia), temos que a mesma é imodificável, inderrogável.

Ocorre a sua modificação ou prorrogação quando se amplia a competência de um órgão judiciário para conhecer de causas que não eram de sua competência originária.

A modificação da competência se dá por conexão ou continência.

Saliente-se que ao afirmar a ocorrência de uma hipótese de modificação de competência parte-se da premissa de que o órgão jurisdicional é competente, mas em razão da prorrogação da competência, deve a causa ser remetida a outro órgão jurisdicional, o prevento (é nisso que consiste a *modificação*). Quando se aponta a incompetência relativa, nega-se logo que o juízo tenha competência para conduzir a causa, pedindo-se a remessa dos autos ao juízo competente[11].

---

11 DIDIER JUNIOR, Fredie. Op. cit., v. 1, p. 234.

Entretanto, a competência relativa, nos termos do art. 54 do CPC, poderá ser modificada por conexão ou pela continência.

Em função da omissão da norma consolidada, abre-se caminho para a aplicação subsidiária das normas de processo civil de modificação de competência ao direito instrumental laboral por conexão e por continência:

a) conexão:

O art. 55 do CPC determina que se reputam conexas duas ou mais ações, quando lhes for comum o pedido ou a causa de pedir.

A conexão se verifica quando há semelhança entre as causas, com o objetivo de que sejam reunidas para julgamento conjunto. A modificação da competência em função da conexão tem como escopo evitar sentenças contraditórias sobre a mesma matéria.

A conexão se dá nos seguintes casos:

> "I – são conexas duas ou mais ações quando lhes for comum o pedido ou a causa de pedir (art. 55, *caput*, do CPC);
>
> II – se estiverem pendentes ações que possam gerar risco de decisões conflitantes ou contraditórias, mesmo que não haja identidade de pedido ou de causa de pedir" (art. 55, § 3º, do CPC);

No primeiro caso (pedido ou causa de pedir comuns) há conexão se a mesma relação jurídica estiver sendo demandada nos dois processos. Como exemplo, podemos citar o caso em que o empregado é dispensado por justa causa por ato de improbidade por depositar em sua conta bancária R$ 1.000.000,00 pertencentes à empresa. Uma primeira reclamação é proposta pelo empregado em face do empregador postulando a reversão da dispensa por justa causa em sem justa causa e uma segunda é proposta pelo empregador em face do empregado postulando o valor objeto da improbidade. As causas devem ser reunidas por conexão, uma vez que possuem a mesma causa de pedir.

Já no segundo, as relações jurídicas podem ser diversas, mas entre elas há um vínculo de prejudicialidade. Como exemplo, podemos mencionar a ação de execução fiscal de multa administrativa imposta ao empregador por auditor fiscal do trabalho e a ação anulatória do autor de infração.

É possível a conexão quando for comum o pedido ou a causa de pedir ainda que estejam pendentes ação de título extrajudicial e ação de conhecimento relativa ao mesmo ato jurídico (art. 55, § 2º, I, do CPC) e execuções fundadas no mesmo título executivo (art. 55, § 2º, II, do CPC).

Evidentemente, somente poderá o magistrado determinar a reunião de duas ou mais ações conexas (de ofício ou a requerimento das partes), se houver possibilidade de julgamento simultâneo das ações (art. 55, § 1.º, do CPC).

Em outras palavras, se numa ação já houver sido proferida a sentença, não haverá a possibilidade de reunião com outra ação conexa.

O art. 842 da CLT, único artigo consolidado que trata da modificação de competência, permite que o magistrado acumule, em um único processo, várias reclamações, desde que haja nelas identidade de matéria e tenham sido propostas por empregados da mesma empresa ou estabelecimento.

Vale ressaltar que o art. 842 consolidado, ao mencionar a identidade de matéria, refere-se à necessidade de existência do mesmo objeto e causa de pedir das ações reputadas conexas.

Segundo o art. 58 do atual Código de Processo Civil, a reunião das ações propostas em separado far-se-á no juízo prevento, onde serão decididas simultaneamente. Frise-se que, de acordo com o diploma processual, é o registro ou a distribuição da petição inicial que torna prevento o juízo (art. 59 do CPC). No âmbito trabalhista, tendo em vista que não há despacho citatório pelo juiz, sendo a notificação postal ato automático da Secretaria da Vara do Trabalho, na hipótese de duas ou mais ações conexas, o juízo prevento será aquele cuja ação trabalhista for protocolada em primeiro lugar.

c) continência:

Reza o art. 56 do CPC, que "dá-se a continência entre 2 (duas) ou mais ações quando houver identidade quanto às partes e à causa de pedir, mas o pedido de uma, por ser mais amplo, abrange o das demais". Na seara trabalhista, podemos citar como exemplo de continência duas reclamações trabalhistas em que na primeira o reclamante alega que sofreu acidente do trabalho e foi dispensado sem justa causa no período estabilitário. Nesta, ele postula a nulidade de sua dispensa, reintegração no emprego ou indenização substitutiva e indenização por danos morais. Na sequência, ajuíza uma nova reclamação trabalhista contra o mesmo empregador postulando o ressarcimento pelos danos materiais em razão do mesmo acidente do trabalho, pelos gastos com os quais teve de arcar com o tratamento médico.

Outrossim, determinou, em seu art. 57, que quando houver continência e a ação continente tiver sido proposta anteriormente, o processo relativo à ação contida será proferida sentença sem resolução de mérito; caso contrário, as ações serão necessariamente reunidas (art. 57 do CPC).

Em verdade, a continência está contida na conexão, pois, toda vez que houver continência entre duas ou mais causas, serão elas também conexas, pois para que se verifique a continência é necessário que haja identidade de causa de pedir e isso já é hipótese de conexão.

2.3. RESUMO DA MATÉRIA

1. São órgãos da Justiça do Trabalho: o Tribunal Superior do Trabalho (TST), os Tribunais Regionais do Trabalho (TRTs) e os juízes do trabalho.

2. O judiciário trabalhista, portanto, é dividido em três graus de jurisdição, quais sejam: TST (terceiro grau de jurisdição), TRTs (segundo grau de jurisdição) e os juízes do trabalho (primeiro grau de jurisdição, que exercem a jurisdição nas Varas do Trabalho).

3. A EC 45/2004 implementou algumas mudanças na organização da Justiça do Trabalho.

4. O TST, que tem sede em Brasília e jurisdição em todo o território nacional, passou a ser composto de 27 ministros, escolhidos dentre brasileiros com mais de 35 e menos de 65 anos, nomeados pelo Presidente da República, após aprovação da maioria absoluta do Senado Federal.

5. Da totalidade de 27 ministros, deverá ser observado o quinto constitucional em relação aos membros provenientes do Ministério Público do Trabalho e da OAB, sendo o restante dos magistrados escolhidos dentre juízes dos TRTs, oriundos da magistratura de carreira.

6. Determina o art. 65 do Regimento Interno do TST os órgãos que o compõem, quais sejam: Tribunal Pleno, Órgão Especial, Seção Especializada em Dissídios Coletivos (SDC), Seção Especializada em Dissídios Individuais (SDI), dividida em duas subseções e Turmas. Por sua vez, o parágrafo único do art. 65 do Regimento Interno do TST estabelece que são órgãos que funcionam junto ao Tribunal Superior do Trabalho a Escola Nacional de Formação e Aperfeiçoamento de Magistrados do Trabalho - ENAMAT e o Conselho Superior da Justiça do Trabalho - CSJT.

7. Foi criada pela EC 45/2004 a Escola Nacional de Formação e Aperfeiçoamento de Magistrados do Trabalho, cabendo-lhe, dentre outras funções, regulamentar os cursos oficiais para ingresso e promoção na carreira.

8. Também restou criado o Conselho Superior da Justiça do Trabalho, cabendo-lhe exercer, na forma da lei, a supervisão administrativa, orçamentária, financeira e patrimonial da Justiça do Trabalho de primeiro e segundo graus, como órgão central do sistema, cujas decisões terão efeito vinculante.

9. Frise-se, por último, que o art. 95, V, da CF/1988, com redação dada pela EC 45/2004, proíbe que o juiz exerça a advocacia no juízo ou tribunal do qual se afastou, antes de decorridos três anos do desligamento do cargo por aposentadoria ou exoneração.

10. Anteriormente, a Constituição da República previa que haveria pelo menos um TRT em cada Estado, o que nunca chegou a ocorrer, visto que os Estados de Tocantins, Roraima, Acre e Amapá nunca possuíram TRT.

11. Foi excluída esta obrigatoriedade da Carta Maior, apenas exigindo o atual art. 115 que os TRTs sejam compostos, no mínimo, de sete juízes, recrutados, quando possível, nas respectivas regiões, e nomeados pelo Presidente da República, dentre brasileiros com mais de trinta e menos de sessenta e cinco anos.

12. Na composição dos TRTs também deve ser observado o quinto constitucional de membros oriundos do Ministério Público do Trabalho e da OAB, com os demais juízes nomeados mediante promoção de magistrados do trabalho vinculados às Varas, alternadamente, por antiguidade e merecimento, sendo o número de magistrados variável (no mínimo sete juízes), atendendo ao critério da necessidade de desmembramento em Turmas em função do movimento processual.

13. Uma inovação trazida pelo art. 115 da CF/1988 foi a criação da denominada "justiça itinerante", com a realização de audiências e demais funções de atividade jurisdicional, nos limites territoriais da respectiva jurisdição, servindo-se de equipamentos públicos e comunitários. Isso, sem dúvida, vai favorecer a população, pois a justiça "móvel" propiciará melhor acesso ao Judiciário das pessoas que residem em lugares distantes dos centros urbanos.

14. Ainda em relação ao art. 115 da Constituição, outra novidade introduzida pelo § 2.º é que os TRTs poderão funcionar descentralizadamente, constituindo Câmaras Regionais, a fim de assegurar o pleno acesso do jurisdicionado à justiça em todas as fases do processo. Essas "Câmaras Regionais" deverão atuar, principalmente, nos Estados que não possuem TRT, como é o caso de Tocantins, Amapá, Roraima e Acre.

15. O Estado de São Paulo possui dois Tribunais do Trabalho, quais sejam: 2.ª região (SP/Capital) e 15.ª região (Campinas).

16. Em função da extinção das Juntas de Conciliação e Julgamento (EC 24/1999), a jurisdição trabalhista no primeiro grau passou a ser exercida por um juiz singular, denominado juiz do trabalho, que exerce suas funções nas denominadas Varas do Trabalho. O art. 116 da CF/1988 institui que: "Nas Varas do Trabalho, a jurisdição será exercida por um juiz singular."

17. Estipula o art. 112 da Carta Maior (com redação dada pela EC 45/2004) que "a lei criará varas da Justiça do Trabalho, podendo, nas comarcas não abrangidas por sua jurisdição, atribuí-la aos juízes de direito, com recurso para o respectivo Tribunal Regional do Trabalho".

18. A Súmula 10 do STJ dispõe que, instalada a Vara do Trabalho, cessa a competência do juiz de direito em matéria trabalhista, inclusive para a execução das sentenças por ele proferidas.

19. Por sua vez, estabelece o art. 113 da Carta Maior que a lei disporá sobre a constituição, investidura, jurisdição, competência, garantias e condições de exercício dos órgãos da Justiça do Trabalho.

20. O art. 650 da CLT estabelece que a jurisdição de cada Vara do Trabalho abrange todo o território da Comarca em que tem sede, somente podendo ser estendida ou restringida por lei federal.

21. Todavia, a Lei 10.770/2003 passou a estabelecer que cabe a cada TRT, no âmbito de sua região, mediante ato próprio, alterar e estabelecer a jurisdição das Varas do Trabalho, bem como transferir-lhes a sede de um Município para outro, de acordo com a necessidade de agilização da prestação jurisdicional trabalhista.

22. A Lei 6.947/1981 estabelece normas para criação de uma vara do trabalho, definindo como requisito que a frequência de reclamações trabalhistas em cada órgão já existente exceda, seguidamente, a 1500 reclamações trabalhistas por ano.

23. A competência dos Juízos de Direito, quando investidos na administração da Justiça do Trabalho, é a mesma das Varas do Trabalho. E nas localidades onde houver mais de um Juízo de Direito a competência é determinada, entre os Juízes do Cível, por distribuição ou pela divisão judiciária local, na conformidade da lei de organização respectiva (art. 669 da CLT).

24. Conforme previsão constitucional (art. 96, I, *b*) compete privativamente aos tribunais organizar suas secretarias e serviços auxiliares e os dos juízos que lhes forem vinculados. Esses servidores e órgãos auxiliares colaboram para uma melhor eficiência na prestação jurisdicional. Nos tribunais e no TRT também estão presentes as secretarias e servidores da Justiça do Trabalho.

25. A matéria tem previsão na CLT nos arts. 710 a 717. Cada Vara terá uma secretaria, sob a direção de funcionário que o Presidente designar, para exercer a função de secretário, e que receberá, além dos vencimentos correspondentes ao seu padrão, a gratificação de função fixada em lei. Atualmente, o secretário da Vara possui a denominação diretor de secretaria, consoante exposto no art. 5.º da Resolução 147/2012 do Conselho Nacional de Justiça. A competência da secretaria está definida no art. 711 da CLT.

26. Os oficiais de justiça avaliadores na esfera trabalhista são mais comuns na fase de execução e sua função é realizar os atos processuais externos, tanto das Varas quanto dos Tribunais, segundo preceitua o art. 721 da CLT.

27. O exercício da jurisdição pelo Estado restabelece a ordem jurídica, mediante eliminação do conflito de interesses que ameaça a paz social. Esse exercício é realizado de forma exclusiva pelo Poder Judiciário por meio de seus órgãos, que compreendem juízes e tribunais (art. 16 do CPC). Exige-se que às partes seja dada paridade de tratamento em relação ao exercício de direitos e faculdades processuais (arts. 7.º e 139, I, do CPC).

28. No âmbito da Justiça laboral, a competência material e em razão da pessoa tem como fundamento jurídico principal o art. 114 da Carta Maior, artigo este recentemente alterado pela EC 45/2004, a qual ampliou, significativamente, a competência material da Justiça do Trabalho.

29. Seguramente, a mais importante inovação trazida pela EC 45/2004 foi a ampliação da competência da Justiça do Trabalho para processar e julgar as ações oriundas das relações de trabalho (art. 114, I, da CF/1988). Portanto, após a EC 45/2004, passou a Justiça do Trabalho a ter competência para processar e julgar qualquer relação de trabalho e não só a relação de emprego.

30. Relativamente às ações acidentárias (previdenciárias) decorrentes de acidente de trabalho, embora envolvam situações decorrentes da relação de trabalho não se encontram na esfera de competência material da Justiça do Trabalho, sendo a Justiça Ordinária (Varas de Acidente de Trabalho) competente para processar e julgar ação acidentária proposta pelo empregado (acidentado segurado) em face do INSS (seguradora), conforme previsto no art. 643, § 2.º, da CLT.

31. A Súmula 15 do STJ também estabelece que compete à Justiça Estadual processar e julgar os litígios decorrentes de acidente de trabalho.

32. Quanto à competência da Justiça do Trabalho para processar e julgar as ações oriundas da relação de trabalho, abrangidos os entes de direito público externo, o Supremo Tribunal Federal já decidiu que não há que falar em "**imunidade de jurisdição**", possuindo a Justiça laboral competência para processar e julgar demanda envolvendo entes de direito público externo.

33. Todavia, permanece o entendimento da Suprema Corte de que o ente de direito público externo possui "**imunidade de execução**", ou seja, embora tenha a Justiça laboral competência para processar e julgar demanda envolvendo ente estrangeiro, não possui competência para executar seus julgados, devendo socorrer-se aos apelos diplomáticos, por meio da denominada carta rogatória.

34. O Min. Nelson Jobim concedeu liminar em Adin suspendendo toda e qualquer interpretação conferida ao novo inciso I do art. 114 da CF, na redação dada pela EC 45/2004, que inclua, na competência da Justiça do Trabalho, a apreciação de causas que sejam instauradas entre o Poder Público e seus servidores, a ele vinculados por envolver, em verdade, típica relação de ordem estatutária ou de caráter jurídico-administrativo.

35. Vale mencionar que o posicionamento adotado pelo Ministro Nelson Jobim foi referendado pelo Plenário do STF em 05.04.2006, no julgamento da já mencionada Ação Direta de Inconstitucionalidade 3.395-6. Portanto, em face da interpretação manifestada pelo Supremo Tribunal Federal, temos que a Justiça do Trabalho é incompetente para conciliar e julgar as ações envolvendo servidores públicos estatutários, sendo competente a Justiça Federal (no caso de ações que envolvam servidores públicos federais) ou a Justiça Estadual (na hipótese de ações que envolvam servidores públicos estaduais ou municipais).

36. Contudo, se o servidor da administração pública direta, indireta, autárquica ou fundacional for regido pela Consolidação das Leis do Trabalho, será a Justiça laboral competente para conciliar e julgar os dissídios entre o denominado "empregado público" e a administração pública.

37. A empresa pública e a sociedade de economia mista, que, nos termos do art. 173, § 1.º, II, da CF/1988, explorem atividade econômica, serão submetidas ao regime próprio das empresas privadas, constituindo-se em pessoas jurídicas de direito privado, com empregados regidos pela norma consolidada.

38. A Súmula 97 do STJ dispõe que, se houver mudança de regime do servidor de celetista (contratual) para estatutário, permanece a competência da Justiça do Trabalho em relação aos direitos oriundos do contrato celetário.

39. Por sua vez, a Súmula 137 do STJ menciona que compete à Justiça Comum Estadual processar e julgar ação de servidor público municipal, pleiteando direitos relativos ao vínculo estatutário.

40. Já a Súmula 218 do STJ fixa a competência da Justiça dos Estados para processar e julgar ação de servidor estadual decorrente de direitos e vantagens estatutários no exercício de cargo em comissão.

41. O inciso II do novo art. 114 da CF/1988 assegurou à Justiça do Trabalho competência para processar e julgar as ações que envolvam o exercício do direito de greve, havendo a possibilidade do manejo, nesta hipótese, de ações individuais e/ou coletivas.

42. O exercício abusivo do direito de greve pode gerar o manejo de ações coletivas disciplinadas nos §§ 2.º e 3.º do art. 114 da Carta Maior (dissídio coletivo de greve proposto pelo sindicato patronal, empresa ou Ministério Público).

43. O STF fixou tese no RE 846854 (*DJe* 06.02.2018) estabelecendo que "a justiça comum, federal ou estadual, é competente para julgar a abusividade de greve de servidores públicos celetistas da Administração pública direta, autárquica e fundações públicas".

44. A competência da Justiça do Trabalho limita-se a declarar a abusividade da greve dos servidores celetistas das empresas públicas e sociedades de economia mista, pois estas sujeitam-se ao regime jurídico próprio das empresas privadas, nos termos do art. 173, § 1º, II, da CF.

45. Por outro lado, o exercício irregular do direito de greve também pode gerar a propositura de ações individuais (de competência da Justiça do Trabalho), como as ações de reparação propostas pela empresa ou qualquer interessado em face de danos causados pelo sindicato profissional ou mesmo pelos trabalhadores em função de uma greve abusiva.

46. Portanto, nas ações individuais que envolvam o exercício do direito de greve poderemos ter como partes (autor e réu): empresas, sindicatos, empregados, dirigentes sindicais, usuário do serviço paralisado etc., sendo a Justiça laboral competente para dirimir o conflito.

47. A Justiça do Trabalho é competente para processar e julgar as ações possessórias em face do exercício do direito de greve da iniciativa privada (Súmula Vinculante 23 do STF).

48. O inciso III do novo art. 114 da CF/1988 atribui competência à Justiça do Trabalho para processar e julgar ações sobre representação sindical, entre sindicatos, entre sindicatos e trabalhadores e entre sindicatos e empregadores.

49. Com a inovação trazida pela EC 45, passaram as lides intersindicais envolvendo disputa de base territorial a ser julgadas pela Justiça do Trabalho e não mais pela Justiça Estadual, como era anteriormente.

50. Outro aspecto ampliativo da competência laboral foi a possibilidade do manejo, na Justiça do Trabalho, de dissídios individuais sindicais, envolvendo sindicatos, sindicatos e trabalhadores e sindicatos e empregadores.

51. O novo art. 114, IV, da CF/1988 estabeleceu como competência da Justiça do Trabalho processar e julgar os mandados de segurança, *habeas corpus* e *habeas data*, quando o ato questionado envolver matéria sujeita à sua jurisdição.

52. Uma das grandes novidades é a possibilidade de impetração de mandado de segurança perante a Vara do Trabalho (primeiro grau de jurisdição), evidentemente quando o ato questionado envolver matéria sujeita à sua jurisdição.

53. No que atine à prisão do depositário infiel, o STF editou a Súmula Vinculante 25, estabelecendo que é ilícita a prisão civil do depositário infiel, qualquer que seja a modalidade do depósito.

54. Em relação ao *habeas data*, a Carta Maior, doravante, permite o manejo desse remédio na seara trabalhista, para possibilitar ao trabalhador o acesso a dados pessoais constantes de bancos de dados de entidades governamentais ou de caráter público. Objetiva o *habeas data*, portanto, salvaguardar os direitos da personalidade, por meio da autodeterminação informativa, protegendo-se o direito à intimidade e à vida privada.

55. A nova redação do art. 114, V, da CF confere alçada para a Justiça do Trabalho examinar os conflitos de competência apenas entre órgãos com jurisdição trabalhista, ressalvando o disposto no art. 102, I, *o*, da Carta Maior, que impõe ao Supremo Tribunal Federal o julgamento dos conflitos entre o Superior Tribunal de Justiça e quaisquer tribunais, entre tribunais superiores ou entre estes e qualquer outro tribunal.

56. No âmbito laboral, o conflito de competência pode ser suscitado pelos juízes e tribunais do trabalho, pelo Ministério Público do Trabalho ou pela parte interessada.

57. A Carta Maior estipulou no inciso VI do art. 114 a competência material da Justiça do Trabalho para processar e julgar as ações de indenização por dano moral ou patrimonial, decorrentes da relação de trabalho.

58. Portanto, o novo art. 114, VI, da CF/1988 consagra definitivamente o entendimento de que qualquer ação de dano moral ou patrimonial proposta pelo empregado em face do empregador ou vice-versa, quando decorrente da relação de trabalho, será de competência material da Justiça do Trabalho, posicionamento este que já era adotado pelo Supremo Tribunal Federal, mesmo antes da EC 45.

59. Em relação às ações promovidas pelo empregado em face do empregador em busca de indenização pelos danos morais e/ou patrimoniais causados pelo acidente de trabalho, o Supremo Tribunal Federal, (Conflito Negativo de Competência 7.204-1-MG, Relator Ministro Carlos Ayres Britto, julgamento em 29.06.2005), entendeu que tais ações devem ser processadas e julgadas pela Justiça do Trabalho. Logo, as ações promovidas pelo empregado em face do empregador postulando indenização pelos danos morais e materiais sofridos em decorrência do acidente de trabalho, serão processadas e julgadas pela Justiça do Trabalho, visto que decorrem da relação de trabalho existente entre empregado e empregador.

60. Outra inovação trazida pela EC 45 repousa no art. 114, VII, da Carta Maior, atribuindo competência material à Justiça do Trabalho para processar e julgar as ações relativas às penalidades administrativas impostas aos empregadores pelos órgãos de fiscalização das relações de trabalho, cuja competência anterior era da Justiça Federal.

61. Com efeito, a competência em destaque refere-se a qualquer ação, seja a lide intentada pelo empregador objetivando invalidar sanção administrativa imposta pelos agentes de fiscalização das relações de trabalho, como também as execuções dos títulos extrajudiciais oriundos dos autos de infração lavrados pelos auditores fiscais do trabalho, proposta pela Fazenda Pública Federal em face do infrator.

62. Entendemos que o inciso IX do novo art. 114 da CF, estabelecendo a competência material da Justiça do Trabalho para processar e julgar outras controvérsias decorrentes da relação de trabalho, é totalmente desnecessário, uma vez que se trata de mera repetição do disposto no inciso I do mesmo art. 114, que já confere esta competência à Justiça Especializada laboral.

63. O art. 652, *a*, III, da CLT, o qual determina que compete às Varas do Trabalho conciliar e julgar os dissídios resultantes de contratos de empreitada em que o empreiteiro seja operário ou artífice, era um exemplo de ampliação da antiga competência material da Justiça do Trabalho.

64. Após a EC 45/2004, mesmo que a Consolidação das Leis do Trabalho não estabelecesse em seu bojo essa possibilidade, tem a Justiça do Trabalho competência para processar e julgar as demandas envolvendo o pequeno empreiteiro ou artífice, em função de expressa previsão no art. 114, I, da Carta Maior.

65. O mesmo ocorre em relação aos litígios entre trabalhadores portuários e os operadores portuários ou o Órgão Gestor de Mão de Obra – OGMO –, cujos art. 643, § 3.º, c/c o 652, V, ambos da CLT, ampliavam, sob a égide constitucional anterior, a competência material da Justiça do Trabalho.

66. O TST, por meio da Súmula 300, estabeleceu que compete à Justiça do Trabalho processar e julgar ações ajuizadas por empregados em face de empregadores relativas ao cadastramento no Programa de Integração Social (PIS).

67. O Supremo Tribunal Federal firmou entendimento, consubstanciado na Súmula 736, de 09.12.2003, de que compete à Justiça do Trabalho julgar as ações que tenham como causa de pedir o descumprimento de normas trabalhistas relativas à segurança, higiene e saúde dos trabalhadores.

68. À luz do art. 652, *f*, da CLT, a Justiça do Trabalho é competente para homologação de acordo extrajudicial. Trata-se de procedimento de jurisdição voluntária, previsto nos arts. 855-B a 855-E da CLT, em que o juiz apenas homologa o acordo celebrado entre as partes extrajudicialmente.

69. Em relação à competência territorial, nos termos do art. 651 da CLT, em regra, a demanda trabalhista deve ser proposta na localidade em que o empregado efetivamente tenha prestado seus serviços, independentemente do local da contratação.

70. Quanto ao agente ou viajante comercial, o § 1.º do art. 651 contempla uma exceção à regra geral, devendo o obreiro viajante propor sua ação trabalhista na Vara da localidade em que a empresa tenha agência ou filial e a esta o trabalhador esteja subordinado. Não existindo agência ou filial, deverá ser proposta a ação na Vara localizada onde o empregado tenha domicílio ou na localidade mais próxima.

71. Outra exceção à regra geral da competência territorial estabelecida no diploma consolidado é o § 2.º do art. 651 da CLT, o qual atribui competência às Varas do Trabalho para processar e julgar lides ocorridas em agência ou filial situada no estrangeiro, desde que o empregado seja brasileiro e não haja convenção internacional em contrário. Para tanto, a empresa estrangeira deverá ter sede, filial ou representante no Brasil, sob pena de impossibilidade da propositura da ação, pois restaria inviabilizada a notificação da empresa para a audiência.

72. Outrossim, em relação aos dissídios ocorridos no exterior, a regra de direito processual a ser aplicada é a brasileira, tendo em vista que a demanda será submetida à Justiça do Trabalho brasileira. No entanto, a regra de direito material a ser aplicada será a do país onde o empregado efetivamente prestou os seus serviços, ou seja, os direitos a que o trabalhador fará jus serão os previstos na legislação estrangeira, conforme determina o princípio da territorialidade. Contudo, constituem exceções a essa regra as hipóteses em que o empregado é transferido (art. 2.º da Lei 7.064/1982), casos em que se aplicará a legislação brasileira, se mais favorável.

73. O art. 651, § 3.º, da CLT, por último, menciona que, em relação às empresas que promovam atividades fora do lugar da celebração do contrato, será assegurado ao obreiro apresentar reclamação trabalhista no foro da celebração do contrato ou no da prestação dos respectivos serviços.

74. Em relação à competência absoluta (quanto à matéria e hierarquia), temos que a mesma é imodificável, inderrogável. Todavia, a competência relativa poderá ser modificada por conexão ou continência (art. 54 do CPC).

75. O art. 55 do CPC determina que se reputam conexas duas ou mais ações, quando lhes for comum o objeto ou a causa de pedir. Nesses casos, a conexão pode ocorrer quando estiverem pendentes ação de título extrajudicial e ação de conhecimento relativa ao mesmo ato jurídico (art. 55, § 2º, I, do CPC) e execuções fundadas no mesmo título executivo (art. 55, § 2º, II, do CPC).

76. Também se verifica a conexão se estiverem pendentes ações que possam gerar risco de decisões conflitantes ou contraditórias, mesmo que não haja identidade de pedido ou de causa de pedir (art. 55, § 3º, do CPC).

77. Evidentemente, somente poderá o magistrado determinar a reunião de duas ou mais ações conexas (de ofício ou a requerimento das partes), se houver possibilidade de julgamento simultâneo das ações (art. 55, § 1º, do CPC). Em outras palavras, se numa ação já houver sido proferida a sentença, não haverá a possibilidade de reunião com outra ação conexa.

78. Reza o art. 56 do CPC que "dá-se a continência entre 2 (duas) ou mais ações quando houver identidade quanto às partes e à causa de pedir, mas o pedido de uma, por ser mais amplo, abrange o das demais".

79. Outrossim, determinou, em seu art. 57, que quando houver continência e a ação continente tiver sido proposta anteriormente, o processo relativo à ação contida será extinto sem resolução de mérito; caso contrário, as ações serão necessariamente reunidas (art. 57 do CPC).

80. Em verdade, a continência está contida na conexão, pois, toda vez que houver continência entre duas ou mais causas, serão elas também conexas, visto que para que se verifique a continência é necessário que haja identidade de causa de pedir, e isso já é hipótese de conexão.

3

MINISTÉRIO PÚBLICO DO TRABALHO

3.1. MINISTÉRIO PÚBLICO

3.1.1. Origem

Não há unanimidade na doutrina sobre a origem do Ministério Público.

Alguns afirmam que o Ministério Público surgiu no antigo Egito (há aproximadamente 4 mil anos), quando o funcionário real do Egito (*magiaí*) possuía poderes para castigar os rebeldes e proteger o povo.

Outros relacionam a origem do Ministério Público à antiguidade clássica: *éforos*, para os espartanos; *thesmotetis*, para os gregos; *advocatus fisci* ou procuradores *caesaris*, para os romanos.

Há ainda os que justificam a origem do Ministério Público na Idade Média, nos *saions* germânicos, nos *bailios* e *senescais*.

Todavia, a maioria dos autores revela a origem do Ministério Público na ordenança francesa, de 1302, cujo rei francês Felipe IV, o belo, impunha que seus procuradores prestassem o mesmo juramento dos juízes, proibindo-lhes o patrocínio de outros que não a majestade.

3.1.2. Perfil constitucional

Quanto à origem e desenvolvimento do Ministério Público no Brasil, passamos a destacar o papel deste nas diversas constituições brasileiras:

- CF/1824 – a Constituição do Império limitou-se a atribuir aos membros do Ministério Público, por meio dos Procuradores da Coroa e Soberania Nacional, a promoção do processo criminal, ressalvando a competência da Câmara dos Deputados nos crimes de autoria dos Ministros e Conselheiros do Estado (art. 48);
- CF/1891 – a Constituição republicana de 1891 pouco se referiu ao Ministério Público, apenas estabelecendo que o Presidente da República designaria, dentre os membros do Supremo Tribunal Federal, o Procurador-Geral da República, com atribuições definidas em lei;
- CF/1934 – a Constituição de 1934, também republicana, foi a primeira a tratar do Ministério Público com profundidade, desvinculando a instituição do Poder Judiciário e inserindo o Ministério Público no capítulo reservado aos órgãos de cooperação nas atividades governamentais. Previu a existência de Ministérios Públicos na União, no Distrito Federal e Territórios, organizados por lei federal, e nos Estados, organizados por lei local. O Procurador-Geral da República, nomeado pelo chefe do Poder Executivo, após aprovação do Senado Federal, passou a ser nomeado sem a necessidade de fazer parte do Poder Judiciário. Também possibilitou a Carta Magna a estabilidade aos membros do Ministério Público, além da necessidade de concurso para ingresso na carreira;
- CF/1937 – a Carta de 1937, outorgada por Getúlio Vargas, em verdade, representou um retrocesso para o Ministério Público, deixando este de ser tratado como um órgão autônomo de cooperação. A Constituição Federal dedicou apenas um artigo ao Ministério Público (art. 99), determinando que o Procurador-Geral da República seria o chefe do Ministério Público Federal, de livre nomeação e exoneração pelo Presidente da República, funcionando o Procurador-Geral da República junto ao Supremo Tribunal Federal;
- CF/1946 – com a Constituição republicana de 1946, o Ministério Público recuperou o seu *status* constitucional, passando a ser uma instituição desvinculada dos Poderes Executivo, Judiciário e Legislativo. Novamente, foram estabelecidas a estabilidade, a inamovibilidade relativa e a necessidade de concurso para ingresso na carreira. A União passou a ser representada em juízo pelos Procuradores da República, podendo a lei conter esse encargo, nas comarcas no interior, ao Ministério Público local. Por último, a nomeação do Procurador-Geral da República pelo Presidente da República voltou a depender de aprovação do Senado Federal, muito embora tivesse permanecido a possibilidade de sua demissão *ad nutum*;
- CF/1967 – com a Carta de 1967, imposta pelo regime militar, passou o Ministério Público a integrar o Poder Judiciário. Entretanto, a Carta de 1967 em nada alterou a regulamentação anterior, mantendo-se, inclusive, o critério de escolha do Procurador-Geral da República (nomeado pelo Presidente da República, após aprovação pelo Senado Federal), permanecendo com o *Parquet* a representação em juízo da União;
- Emenda 1/1969 – o Ministério Público deixou de integrar o Poder Judiciário e passou a fazer parte do Poder Executivo, permanecendo inalterado o restante;

- CF/1988 – a Carta atual desvinculou o Ministério Público da estrutura dos demais Poderes, consagrando a autonomia e independência da instituição, ampliando consideravelmente as suas funções. Passou o Ministério Público à condição de órgão extrapoderes, com o objetivo de controle dos poderes clássicos. Deixou o Ministério Público de representar as entidades públicas (vedação expressa no art. 129, IX, da CF/1988) em juízo ou fora dele. O art. 127 da Carta Maior definiu o Ministério Público como instituição permanente, essencial à função jurisdicional do Estado, incumbindo-lhe a defesa da ordem jurídica, do regime democrático e dos direitos sociais e individuais indisponíveis.

3.1.3. Princípios institucionais

A Constituição Federal de 1988 elencou, no art. 127, § 1.º, como princípios institucionais do Ministério Público a unidade, a indivisibilidade e a independência funcional.

Vejamos o significado de cada um deles:

- **Unidade** – o princípio institucional da unidade determina que os membros de cada ramo do Ministério Público integrem um único órgão, sob a direção única de um só Procurador-Geral. Ressalte-se, porém, que o princípio da unidade somente é aplicável dentro de cada ramo do Ministério Público, inexistindo unidade, exemplificativamente, entre o Ministério Público do Trabalho e o Ministério Público dos Estados, ou mesmo entre os diversos ramos do Ministério Público da União;
- **Indivisibilidade** – os membros do Ministério Público não se vinculam aos processos que atuam, admitindo-se a substituição de uns pelos outros na forma da lei, quer quando atuem como órgão agente ou interveniente, sendo a indivisibilidade decorrência do próprio princípio da unidade;
- **Independência funcional** – não há hierarquia funcional entre os membros do Ministério Público, sendo o órgão deste independente no exercício de suas funções, não estando subordinado ou vinculado a ninguém, mas tão somente às leis e a sua consciência. Somente existe hierarquia administrativa, não podendo os superiores hierárquicos do membro do Ministério Público avocarem determinado processo ou procedimento investigatório ou mesmo determinarem ao *Parquet* a forma da condução dos procedimentos investigatórios sob sua direção. Saliente-se que a Carta Magna valorizou sobremaneira a autonomia e independência funcional do Ministério Público, considerando crime de responsabilidade do Presidente da República a prática de atos atentatórios ao livre exercício da Instituição (CF/1988, art. 85, II).

3.1.4. Princípio do promotor natural

A doutrina e jurisprudência reconhecem a existência do princípio do promotor natural, para impedir, assim, designações arbitrárias efetuadas pela chefia da Instituição estabelecendo a figura do promotor de exceção.

O princípio do promotor natural encontra seu fundamento na CF/1988, no art. 5.º, LIII, ao determinar que "ninguém será processado nem sentenciado senão pela autoridade competente", assentando-se, também, nas cláusulas de independência funcional e na inamovibilidade dos membros da instituição.

É inegável que o princípio do promotor natural protege o membro do Ministério Público, assegurando-lhe o pleno exercício independente de sua missão constitucional.

Por outro lado, o princípio em comento também resguarda a própria sociedade, uma vez que o jurisdicionado tem a garantia constitucional de ver-se processado pelo promotor cuja intervenção se justifique em critérios objetivos, abstratos, predeterminados em lei, impedindo que qualquer autoridade escolha *Parquet* específico para atuar em certa causa.

3.1.5. Dos instrumentos de atuação

A LC 75/1993, nos arts. 6.º ao 8.º, disponibilizou diversos instrumentos de atuação ao Ministério Público, conforme abaixo transcritos:

> "Art. 6.º Compete ao Ministério Público da União:
>
> I – promover a ação direta de inconstitucionalidade e o respectivo pedido de medida cautelar;
>
> II – promover a ação direta de inconstitucionalidade por omissão;
>
> III – promover a arguição de descumprimento de preceito fundamental decorrente da Constituição Federal;
>
> IV – promover a representação para intervenção federal nos Estados e no Distrito Federal;
>
> V – promover, privativamente, a ação penal pública, na forma da lei;
>
> VI – impetrar *habeas corpus* e mandado de segurança;
>
> VII – promover o inquérito civil e a ação civil pública para:
>
> *a)* proteção dos direitos constitucionais;
>
> *b)* a proteção do patrimônio público e social, do meio ambiente, dos bens e direitos de valor artístico, estético, histórico, turístico e paisagístico;
>
> *c)* a proteção dos interesses individuais indisponíveis, difusos e coletivos, relativos às comunidades indígenas, à família, à criança, ao adolescente, ao idoso, às minorias étnicas e ao consumidor;
>
> *d)* outros interesses individuais indisponíveis, homogêneos, sociais, difusos e coletivos;
>
> VIII – promover outras ações, nelas incluído o mandado de injunção sempre que a falta de norma regulamentadora torne inviável o exercício dos direitos e liberdades constitucionais e das prerrogativas inerentes à nacionalidade, à soberania e à cidadania, quando difusos os interesses a serem protegidos;
>
> IX – promover ação visando ao cancelamento de naturalização, em virtude de atividade nociva ao interesse nacional;
>
> X – promover a responsabilidade dos executores ou agentes do estado de defesa ou do estado de sítio, pelos ilícitos cometidos no período de sua duração;

XI – defender judicialmente os direitos e interesses das populações indígenas, incluídos os relativos às terras por elas tradicionalmente habitadas, propondo as ações cabíveis;

XII – propor ação civil coletiva para defesa de interesses individuais homogêneos;

XIII – propor ações de responsabilidade do fornecedor de produtos e serviços;

XIV – promover outras ações necessárias ao exercício de suas funções institucionais, em defesa da ordem jurídica, do regime democrático e dos interesses sociais e individuais indisponíveis, especialmente quanto:

a) ao Estado de Direito e às instituições democráticas;

b) à ordem econômica e financeira;

c) à ordem social;

d) ao patrimônio cultural brasileiro;

e) à manifestação de pensamento, de criação, de expressão ou de informação;

f) à probidade administrativa;

g) ao meio ambiente;

XV – manifestar-se em qualquer fase dos processos, acolhendo solicitação do juiz ou por sua iniciativa, quando entender existente interesse em causa que justifique a intervenção;

XVI – (*Vetado*);

XVII – propor as ações cabíveis para:

a) perda ou suspensão de direitos políticos, nos casos previstos na Constituição Federal;

b) declaração de nulidade de atos ou contratos geradores do endividamento externo da União, de suas autarquias, fundações e demais entidades controladas pelo Poder Público Federal, ou com repercussão direta ou indireta em suas finanças;

c) dissolução compulsória de associações, inclusive de partidos políticos, nos casos previstos na Constituição Federal;

d) cancelamento de concessão ou de permissão, nos casos previstos na Constituição Federal;

e) declaração de nulidade de cláusula contratual que contrarie direito do consumidor;

XVIII – representar;

a) ao órgão judicial competente para quebra de sigilo da correspondência e das comunicações telegráficas, de dados e das comunicações telefônicas, para fins de investigação criminal ou instrução processual penal, bem como manifestar-se sobre representação a ele dirigida para os mesmos fins;

b) ao Congresso Nacional, visando ao exercício das competências deste ou de qualquer de suas Casas ou comissões;

c) ao Tribunal de Contas da União, visando ao exercício das competências deste;

d) ao órgão judicial competente, visando à aplicação de penalidade por infrações cometidas contra as normas de proteção à infância e à juventude, sem prejuízo da promoção da responsabilidade civil e penal do infrator, quando cabível;

XIX – promover a responsabilidade:

a) da autoridade competente, pelo não exercício das incumbências, constitucional e legalmente impostas ao Poder Público da União, em defesa do meio ambiente, de sua preservação e de sua recuperação;

b) de pessoas físicas ou jurídicas, em razão da prática de atividade lesiva ao meio ambiente, tendo em vista a aplicação de sanções penais e a reparação dos danos causados;

XX – expedir recomendações, visando à melhoria dos serviços públicos e de relevância pública, bem como ao respeito, aos interesses, direitos e bens cuja defesa lhe cabe promover, fixando prazo razoável para a adoção das providências cabíveis.

§ 1.º Será assegurada a participação do Ministério Público da União, como instituição observadora, na forma e nas condições estabelecidas em ato do Procurador-Geral da República, em qualquer órgão da administração pública direta, indireta ou fundacional da União, que tenha atribuições correlatas às funções da Instituição.

§ 2.º A lei assegurará a participação do Ministério Público da União nos órgãos colegiados estatais, federais ou do Distrito Federal, constituídos para defesa de direitos e interesses relacionados com as funções da Instituição."

"Art. 7.º Incumbe ao Ministério Público da União, sempre que necessário ao exercício de suas funções institucionais:

I – instaurar inquérito civil e outros procedimentos administrativos correlatos;

II – requisitar diligências investigatórias e a instauração de inquérito policial e de inquérito policial militar, podendo acompanhá-los e apresentar provas;

III – requisitar à autoridade competente a instauração de procedimentos administrativos, ressalvados os de natureza disciplinar, podendo acompanhá-los e produzir provas."

"Art. 8.º Para o exercício de suas atribuições, o Ministério Público da União poderá, nos procedimentos de sua competência:

I – notificar testemunhas e requisitar sua condução coercitiva, no caso de ausência injustificada;

II – requisitar informações, exames, perícias e documentos de autoridades da Administração Pública direta ou indireta;

III – requisitar da Administração Pública serviços temporários de seus servidores e meios materiais necessários para a realização de atividades específicas;

IV – requisitar informações e documentos a entidades privadas;

V – realizar inspeções e diligências investigatórias;

VI – ter livre acesso a qualquer local público ou privado, respeitadas as normas constitucionais pertinentes à inviolabilidade do domicílio;

VII – expedir notificações e intimações necessárias aos procedimentos e inquéritos que instaurar;

VIII – ter acesso incondicional a qualquer banco de dados de caráter público ou relativo a serviço de relevância pública;

IX – requisitar o auxílio de força policial.

§ 1.º O membro do Ministério Público será civil e criminalmente responsável pelo uso indevido das informações e documentos que requisitar; a ação penal, na hipótese, poderá ser proposta também pelo ofendido, subsidiariamente, na forma da lei processual penal.

§ 2.º Nenhuma autoridade poderá opor ao Ministério Público, sob qualquer pretexto, a exceção de sigilo, sem prejuízo da subsistência do caráter sigiloso da informação, do registro, do dado ou do documento que lhe seja fornecido.

§ 3.º A falta injustificada e o retardamento indevido do cumprimento das requisições do Ministério Público implicarão na responsabilidade de quem lhe der causa.

§ 4.º As correspondências, notificações, requisições e intimações do Ministério Público quando tiverem como destinatário o Presidente da República, o Vice-Presidente da República, membro do Congresso Nacional, Ministro do Supremo Tribunal Federal, Ministro de Estado, Ministro de Tribunal Superior, Ministro do Tribunal de Contas da União ou chefe de missão diplomática de caráter permanente serão encaminhadas e levadas a efeito pelo Procurador-Geral da República ou outro órgão do Ministério Público a quem essa atribuição seja delegada, cabendo às autoridades mencionadas fixar data, hora e local em que puderem ser ouvidas, se for o caso.

§ 5.º As requisições do Ministério Público serão feitas fixando-se prazo razoável de até dez dias úteis para atendimento, prorrogável mediante solicitação justificada."

3.1.6. Autonomia funcional, administrativa, financeira, iniciativa legislativa e elaboração de proposta orçamentária

A CF/1988, no art. 127, §§ 2.º e 3.º, estabelece a autonomia funcional, administrativa, a iniciativa legislativa e a elaboração de proposta orçamentária pelo Ministério Público. Vejamos:

"Art. 127. (...)

§ 2.º Ao Ministério Público é assegurada autonomia funcional e administrativa, podendo, observado o disposto no art. 169, propor ao Poder Legislativo a criação e extinção de seus cargos e serviços auxiliares, provendo-os por concurso público de provas ou de provas e títulos, a política remuneratória e os planos de carreira; a lei disporá sobre sua organização e funcionamento.

§ 3.º O Ministério Público elaborará sua proposta orçamentária dentro dos limites estabelecidos na lei de diretrizes orçamentárias."

No âmbito da LC 75/1993 (Lei Orgânica do Ministério Público da União), a matéria em destaque também restou normatizada, *in verbis*:

"Art. 22. Ao Ministério Público da União é assegurada autonomia funcional, administrativa e financeira, cabendo-lhe:

I – propor ao Poder Legislativo a criação e extinção de seus cargos e serviços auxiliares, bem como a fixação dos vencimentos de seus membros e servidores;

II – prover os cargos de suas carreiras e dos serviços auxiliares;

III – organizar os serviços auxiliares;

IV – praticar atos próprios de gestão."

> "Art. 23. O Ministério Público da União elaborará sua proposta orçamentária dentro dos limites da lei de diretrizes orçamentárias.
>
> § 1.º Os recursos correspondentes às suas dotações orçamentárias, compreendidos os créditos suplementares e especiais, ser-lhe-ão entregues até o dia vinte de cada mês.
>
> § 2.º A fiscalização contábil, financeira, orçamentária, operacional e patrimonial do Ministério Público da União será exercida pelo Congresso Nacional, mediante controle externo, com o auxílio do Tribunal de Contas da União, segundo o disposto no Título IV, Capítulo I, Seção IX, da Constituição Federal, e por sistema próprio de controle interno.
>
> § 3.º As contas referentes ao exercício anterior serão prestadas, anualmente, dentro de sessenta dias da abertura da sessão legislativa do Congresso Nacional."

Em função dos diplomas acima mencionados, resta cristalina a autonomia funcional, administrativa e financeira do Ministério Público, cabendo à instituição o papel de elaborar o próprio orçamento, respeitada a lei de diretrizes orçamentárias.

Por outro lado, o Ministério Público pode propor ao Poder Legislativo, observadas as limitações orçamentárias impostas pela lei, a criação e extinção de seus cargos e serviços auxiliares, bem como iniciar o processo legislativo objetivando organizar a própria instituição (art. 128, § 5.º, da CF/1988).

3.1.7. Procurador-Geral da República – requisitos para investidura e procedimentos para destituição

O art. 128, § 1.º, da CF/1988 estabelece que o Ministério Público da União tem por chefe o Procurador-Geral da República, nomeado pelo Presidente da República dentre integrantes da carreira, maiores de trinta e cinco anos, após aprovação de seu nome pela maioria absoluta dos membros do Senado Federal, para mandato de dois anos, permitida a recondução.

Nesse contexto, qualquer membro integrante da carreira (membro do Ministério Público da União), cumpridos os requisitos do art. 128, § 1.º, da Carta Maior, poderá ser Procurador-Geral da República, havendo a possibilidade de o Procurador-Geral da República ser reconduzido várias vezes, desde que precedida de nova decisão do Senado Federal a cada recondução (conforme estabelecido no art. 25 da LC 75/1993).

A destituição do Procurador-Geral da República dar-se-á por iniciativa do Presidente da República, precedida de autorização da maioria absoluta do Senado Federal, em votação secreta (CF/1988, art. 128, § 2.º, c/c o art. 25, parágrafo único, da LC 75/1993).

Vale destacar que a LC 75/1993 dispõe nos arts. 26 e 49, respectivamente, sobre as atribuições do Procurador-Geral da República como chefe do Ministério Público da União e como chefe do Ministério Público Federal (considerando que o chefe do Ministério Público da União acumula a função de chefe do Ministério Público Federal).

3.1.8. Garantias, prerrogativas e vedações aos membros

3.1.8.1. Garantias

O art. 128, § 5.º, I, da CF/1988 assegura as seguintes garantias aos membros do Ministério Público:

A – **Vitaliciedade** – Adquirida após dois anos de exercício, não podendo o membro do Ministério Público perder o cargo senão por sentença judicial transitada em julgado;

A LC 75/1993, no art. 197, instituiu o período de estágio probatório, correspondente aos dois primeiros anos de efetivo exercício do cargo, necessários para que o membro alcance a vitaliciedade.

Os membros do Ministério Público da União, durante o estágio probatório, somente poderão perder o cargo mediante decisão da maioria absoluta do respectivo Conselho Superior (art. 198 da LC 75/1993), em processo administrativo no qual seja assegurada a ampla defesa do acusado.

Após o estágio probatório, alcançada a vitaliciedade, os membros do Ministério Público somente poderão perder o cargo mediante decisão judicial transitada em julgado.

O art. 259, IV, *a*, da LC 75/1993 determina que compete ao Conselho Superior propor ao Procurador-Geral da República o ajuizamento de ação civil para demissão do membro do Ministério Público da União com garantia de vitaliciedade, importando o ajuizamento da ação no afastamento do membro do exercício de suas funções, com perda dos vencimentos e das vantagens pecuniárias do respectivo cargo (LC 75/1993, art. 208, parágrafo único).

B – **Inamovibilidade** – Consiste na garantia do *Parquet* de não ser transferido compulsoriamente de uma localidade para outra, salvo por motivo de interesse público, mediante decisão do órgão colegiado competente do Ministério Público, por voto da maioria absoluta de seus membros, assegurada ampla defesa ao membro do Ministério Público (arts. 128, § 5.º, I, *b* e 130-A, III, da CF/1988 e art. 211 da LC 75/1993).

C – **Irredutibilidade de subsídio** – Ao membro do Ministério Público foi assegurada a garantia de irredutibilidade de subsídio fixado na forma do art. 39, § 4.º, e ressalvado o disposto nos arts. 37, X e XI, 150, II. 153, III, 153, § 2.º, I, todos da Carta Maior.

Essa garantia não é exclusiva dos membros do Ministério Público, mas também dos juízes e dos servidores públicos em geral (art. 37, XV, da CF/1988).

As garantias e prerrogativas dos membros do Ministério Público da União são inerentes ao exercício de suas funções e irrenunciáveis, consoante previsto no art. 21 da LC 75/1993. Essas garantias e prerrogativas não excluem as que sejam estabelecidas por outras leis.

Impende destacar que o art. 17, III, da LC 75/1993, que dispunha sobre a irredutibilidade de vencimentos dos membros do Ministério Público da União foi objeto de veto presidencial, em função do dispositivo mencionado não ter feito remissão ao art. 153, III, da CF/1988.

3.1.8.2. Prerrogativas

As prerrogativas (institucionais e processuais) conferidas aos membros do Ministério Público possibilitam ao *Parquet* o exercício de seu ofício de forma independente e autônoma na defesa da sociedade, sem o risco de sofrer ameaças ou represálias em função das atividades desenvolvidas.

No âmbito do Ministério Público da União, o art. 18 da LC 75/1993 assegura aos seus membros as seguintes prerrogativas:

> "I – institucionais:
>
> *a)* sentar-se no mesmo plano e imediatamente à direita dos juízes singulares ou presidentes dos órgãos judiciários perante os quais oficiem;
>
> *b)* usar vestes talares;
>
> *c)* ter ingresso e trânsitos livres, em razão de serviço, em qualquer recinto público ou privado, respeitada a garantia constitucional da inviolabilidade do domicílio;
>
> *d)* a prioridade em qualquer serviço de transporte ou comunicação, público ou privado, no território nacional, quando em serviço de caráter urgente;
>
> *e)* o porte de arma, independentemente de autorização;
>
> *f)* carteira de identidade especial, de acordo com modelo aprovado pelo Procurador-Geral da República e por ele expedida, nela se consignando as prerrogativas constantes do inciso I, alíneas 'c', 'd' e 'e' do inciso II, alíneas 'd', 'e' e 'f', deste artigo;
>
> II – processuais:
>
> *a)* do Procurador-Geral da República, ser processado e julgado, nos crimes comuns, pelo Supremo Tribunal Federal e pelo Senado Federal, nos crimes de responsabilidade;
>
> *b)* do membro do Ministério Público da União que oficie perante tribunais, ser processado e julgado, nos crimes comuns e de responsabilidade, pelo Superior Tribunal de Justiça;

c) do membro do Ministério Público da União que oficie perante juízos de primeira instância, ser processado e julgado, nos crimes comuns e de responsabilidade, pelos Tribunais Regionais Federais, ressalvada a competência da Justiça Eleitoral;

d) ser preso ou detido somente por ordem escrita do tribunal competente ou em razão de flagrante de crime inafiançável, caso em que a autoridade fará imediata comunicação àquele tribunal e ao Procurador-Geral da República, sob pena de responsabilidade;

e) ser recolhido à prisão especial ou à sala especial de Estado-Maior, com direito à privacidade e à disposição do tribunal competente para o julgamento, quando sujeito a prisão antes da decisão final; e a dependência separada no estabelecimento em que tiver de ser cumprida a pena;

f) não ser indiciado em inquérito policial, observado o disposto no parágrafo único deste artigo;

g) ser ouvido, como testemunhas, em dia, hora e local previamente ajustados com o magistrado ou a autoridade competente;

h) receber intimação pessoalmente nos autos em qualquer processo e grau de jurisdição nos feitos em que tiver que oficiar.

Parágrafo único. Quando, no curso de investigação, houver indício de prática de infração penal por membro do Ministério Público da União, a autoridade policial, civil ou militar, remeterá imediatamente os autos ao Procurador-Geral da República, que designará membro do Ministério Público para prosseguimento da apuração do fato."

A jurisprudência do STJ caminha no mesmo sentido da doutrina, como se pode observar do julgamento que segue:

"RECURSO ORDINÁRIO EM MANDADO DE SEGURANÇA. PRERROGATIVA FUNCIONAL DO MINISTÉRIO PÚBLICO. ASSENTO À DIREITA DO MAGISTRADO. ART. 41, INCISO XI, DA LEI 8.625/1993. ART. 18, INCISO I, ALÍNEA A, DA LEI COMPLEMENTAR 75/1993. 1. O Ministério Público é instituição permanente, essencial à função jurisdicional do Estado, incumbindo-lhe a defesa da ordem jurídica, do regime democrático e dos interesses sociais e individuais indisponíveis, conforme estabelece o art. 127 da Constituição Federal. Dessa forma, em razão da sua relevância para o Estado Democrático de Direito, essa instituição possui prerrogativas e garantias para que possa exercer livremente suas atribuições. 2. O artigo 41, inciso XI, da Lei Orgânica do Ministério Público (Lei 8.625/1993), ao estabelecer como prerrogativa institucional dos membros do Ministério Público dos Estados o assento imediatamente à direita dos juízes de primeira instância ou do Presidente do Tribunal, Câmara ou Turma, não cria qualquer ilegalidade ou desigualdade entre as partes. 3. Tomar assento em salas de audiência e sessões de julgamento em posição imediatamente à direita do magistrado, independentemente de atuar como parte ou fiscal da lei, é prerrogativa institucional do MP, não podendo se falar em privilégio ou quebra da igualdade entre os litigantes, uma vez que tal garantia é proveniente da lei, não configurando qualquer tipo de desigualdade. Precedentes: RMS 19981/RJ, Rel. Min. Felix Fischer, 5.ª T., j. em 26.06.2007, *DJ* 03.09.2007, p. 191; AgRg na MC 12417/SP, Rel. Min. João Otávio de Noronha, 2.ª T., j. 17.04.2007, *DJ* 20.06.2007, p. 226; RHC 13720/SP, Rel. Min. Gilson Dipp, 5.ª T., j. 09.09,2003,

DJ 06.10.2003, p. 285; RMS 6887/RO, Rel. Min. Garcia Vieira, 1.ª T., j. 07.11.1997, *DJ* 15.12.1997, p. 66213. 4. No mesmo sentido, a Lei Complementar 75/1993, que dispõe sobre a organização, as atribuições e o estatuto do Ministério Público da União, explicita que é prerrogativa institucional do membro do MPU sentar-se no mesmo plano e imediatamente à direita dos juízes singulares ou presidentes dos órgãos judiciários perante os quais oficiem (art. 18, inciso I, alínea a). 5. Recurso ordinário não provido" (STJ, RMS 23919/SP, Rel. Min. Mauro Campbell Marques, j. 05.09.2013, *DJe* 11.09.2013).

Frise-se que o Procurador-Geral da República terá as mesmas honras e tratamento dos Ministros do Supremo Tribunal Federal, e os demais membros da instituição, as que forem reservadas aos magistrados perante os quais oficiem (art. 19 da LC 75/1993).

O art. 20 da LC 75/1993 determina que os órgãos do Ministério Público da União terão presença e palavra asseguradas em todas as sessões dos órgãos colegiados em que oficiem.

Por último, a Carta Maior, em seu art. 94, estabelece o chamado "quinto constitucional", ao regular o acesso dos membros do Ministério Público ao Poder Judiciário, passando a integrá-lo como juízes. Senão vejamos:

> "CF/1988 – Art. 94. Um quinto dos lugares dos Tribunais Regionais Federais, dos Tribunais dos Estados, e do Distrito Federal e Territórios será composto de membros, do Ministério Público, com mais de dez anos de carreira, e de advogados de notório saber jurídico e de reputação ilibada, com mais de dez anos de efetiva atividade profissional, indicados em lista sêxtupla pelos órgãos de representação das respectivas classes."

3.1.8.3. Vedações

O art. 128, § 5.º, II, da CF/1988 estabelece as seguintes vedações aos membros do Ministério Público:

> "*a)* receber, a qualquer título e sob qualquer pretexto, honorários, percentagens ou custas processuais;
>
> *b)* exercer a advocacia;
>
> *c)* participar de sociedade comercial, na forma da lei;
>
> *d)* exercer, ainda que em disponibilidade, qualquer outra função pública, salvo uma de magistério;
>
> *e)* exercer atividade político-partidária;
>
> *f)* receber, a qualquer título ou pretexto, auxílios ou contribuições de pessoas físicas, entidades públicas ou privadas, ressalvadas as exceções previstas em lei."

A LC 75/1993 (art. 237) também estabelece as vedações aos membros do Ministério Público da União, *in verbis*:

"*a)* receber, a qualquer título e sob qualquer pretexto, honorários, percentagens ou custas processuais;

b) exercer a advocacia;

c) participar de sociedade comercial, salvo na condição de cotista ou acionista;

d) exercer, ainda que em disponibilidade, qualquer outra função pública, salvo uma de magistério;

e) exercer atividade político-partidária, ressalvada a filiação e o direito de afastar-se para exercer cargo eletivo ou a ele concorrer" (revogado tacitamente em face do disposto no art. 128, § 5.º, II, *e*, da CF/1988, com redação dada pela EC 45/2004).

O Conselho Nacional do Ministério Público editou, em 20 de março de 2006, a Resolução 5, que disciplina o exercício de atividade político-partidária e de cargos públicos por membros do Ministério Público Nacional, e estabelece que:

- estão proibidos de exercer atividade político-partidária os membros do Ministério Público que ingressaram na carreira após a publicação da Emenda 45/2004;
- os membros do Ministério Público estão proibidos de exercer qualquer outra função pública, salvo uma de magistério, sendo que tal vedação não alcança os que integravam o *Parquet* em 5 de outubro de 1988 e que tenham manifestado a opção pelo regime anterior;
- as leis orgânicas estaduais que autorizam o afastamento de membros do Ministério Público para ocuparem cargos, empregos ou funções públicas contrariam expressa disposição constitucional, o que desautoriza sua aplicação, conforme reiteradas decisões do Supremo Tribunal Federal.

Vale destacar que o art. 29, § 3.º, do ADCT, CF/1988, possibilitou aos membros do Ministério Público, que já advogavam antes da promulgação da Carta Magna, que continuassem a exercer a advocacia.

Nesse contexto, os membros admitidos antes da promulgação da Constituição Federal de 1988, puderam optar pelo regime anterior, no que respeita às garantias e vantagens, o que acarretou uma exceção à vedação do exercício da advocacia, salvo vedação já prevista anteriormente em legislação específica.

Outrossim, dispõe o art. 129, IX, da CF/1988 que ao Ministério Público são vedadas a representação judicial e a consultoria jurídica de entidades públicas.

Frise-se que não é permitido ao membro do Ministério Público exercer a advocacia no juízo ou tribunal do qual se desligou antes de decorridos três anos do afastamento do cargo por aposentadoria ou exoneração, conforme disposto no art. 128, § 6.º, c/c o art. 95, parágrafo único, V, ambos da CF/1988, com redação dada pela EC 45/2004.

Ademais, o ingresso na carreira de membro do Ministério Público depende de prévia aprovação em concurso público de provas e títulos, exigindo-se também do candidato bacharel em direito, no mínimo, três anos de atividade jurídica, conforme previsto no art. 129, § 3.º, da CF/1988, com redação dada pela EC 45/2004.

3.1.9. Funções institucionais do Ministério Público

A Carta Maior de 1988, no art. 129, enumera as funções institucionais do Ministério Público, sendo algumas exclusivas do Ministério Público (privativas) e outras concorrentes (podendo ser atribuídas a outros órgãos ou pessoas).

Vejamos:

- Promover, privativamente, a ação penal pública, na forma da lei (competência privativa);
- Zelar pelo efetivo respeito dos Poderes Públicos e dos serviços de relevância pública aos direitos assegurados nesta Constituição, promovendo as medidas necessárias a sua garantia (competência concorrente);
- Promover o inquérito civil (competência privativa) e a ação civil pública (competência concorrente), uma vez que a Lei 7.347/1985, art. 5.º, possibilita que outros entes possam ajuizar a ação civil pública, assim como a própria Constituição Federal de 1988, no art. 129, § 1.º, para a proteção do patrimônio público e social, do meio ambiente e de outros interesses difusos e coletivos;
- Promover a ação de inconstitucionalidade ou representação para fins de intervenção da União e dos Estados, nos casos previstos nesta Constituição (competência concorrente);
- Defender judicialmente os direitos e interesses das populações indígenas (competência concorrente);
- Expedir notificações nos procedimentos administrativos de sua competência, requisitando informações e documentos para instruí-los, na forma da lei complementar respectiva (competência privativa);
- Exercer o controle externo da atividade policial, na forma da lei complementar mencionada no artigo anterior (competência privativa);
- Requisitar diligências investigatórias e a instauração de inquérito policial, indicados os fundamentos jurídicos de suas manifestações processuais (competência concorrente);
- Exercer outras funções que lhe forem conferidas, desde que compatíveis com sua finalidade, sendo-lhe vedadas a representação judicial e a consultoria jurídica de entidades públicas.

Por sua vez, a LC 75/1993, em seu art. 5.º, também estabelece as funções institucionais do Ministério Público da União, *in verbis*:

> "Art. 5.º São funções institucionais do Ministério Público da União:
>
> I – a defesa da ordem jurídica, do regime democrático, dos interesses sociais e dos interesses individuais indisponíveis, considerados, dentre outros, os seguintes fundamentos e princípios:

a) a soberania e a representatividade popular;

b) os direitos políticos;

c) os objetivos fundamentais da República Federativa do Brasil;

d) a indissolubilidade da União;

e) a independência e a harmonia dos Poderes da União;

f) a autonomia dos Estados, do Distrito Federal e dos Municípios;

g) as vedações impostas à União, aos Estados, ao Distrito Federal e aos Municípios;

h) a legalidade, a impessoalidade, a moralidade e a publicidade, relativas à administração pública direta, indireta ou fundacional, de qualquer dos Poderes da União;

II – zelar pela observância dos princípios constitucionais relativos:

a) ao sistema tributário, às limitações do poder de tributar, à repartição do poder impositivo e das receitas tributárias e aos direitos do contribuinte;

b) às finanças públicas;

c) à atividade econômica, à política urbana, agrícola, fundiária e de reforma agrária e ao sistema financeiro nacional;

d) à seguridade social, à educação, à cultura e ao desporto, à ciência e à tecnologia, à comunicação social e ao meio ambiente;

e) à segurança pública;

III – a defesa dos seguintes bens e interesses:

a) o patrimônio nacional;

b) o patrimônio público e social;

c) o patrimônio cultural brasileiro;

d) o meio ambiente;

e) os direitos e interesses coletivos, especialmente das comunidades indígenas, da família, da criança, do adolescente e do idoso;

IV – zelar pelo efetivo respeito dos Poderes Públicos da União, dos serviços de relevância pública e dos meios de comunicação social aos princípios, garantias, condições, direitos, deveres e vedações previstos na Constituição Federal e na lei, relativos à comunicação social;

V – zelar pelo efetivo respeito dos Poderes Públicos da União e dos serviços de relevância pública quanto:

a) aos direitos assegurados na Constituição Federal relativos às ações e aos serviços de saúde e à educação;

b) aos princípios da legalidade, da impessoalidade, da moralidade e da publicidade;

VI – exercer outras funções previstas na Constituição Federal e na lei."

3.1.10. Estrutura e abrangência

O Ministério Público, nos termos do art. 128 da CF/1988, abrange:

A – Ministério Público da União, que compreende:

- Ministério Público Federal;

- Ministério Público do Trabalho;
- Ministério Público Militar;
- Ministério Público do Distrito Federal e Territórios;

B – Ministérios Públicos dos Estados;

3.2. MINISTÉRIO PÚBLICO DO TRABALHO

3.2.1. Evolução

O nascimento, evolução e desenvolvimento do Ministério Público do Trabalho se confundem com o próprio surgimento da Justiça do Trabalho, uma vez que o *Parquet* laboral exerce seu ofício perante aquela Justiça.

O primeiro embrião do Ministério Público do Trabalho surgiu com a criação, por meio do Decreto 16.027/1923, do denominado Conselho Nacional do Trabalho – CNT, vinculado ao Ministério da Agricultura, Indústria e Comércio, sendo designados para atuarem junto ao Conselho um Procurador-Geral e Procuradores Adjuntos, com a função principal de emitir pareceres nos processos em trâmite no referido Conselho.

Já na era Vargas, em 1930, surgiu o Ministério do Trabalho, Indústria e Comércio, ministério este onde atuavam os Procuradores do Conselho Nacional do Trabalho.

Por força do Decreto Legislativo 19.667, foi instituído, em 1931, o Departamento Nacional do Trabalho, vinculado ao Ministério do Trabalho, passando a atuar um Procurador-Geral.

Em 1932, foram estabelecidas as denominadas Juntas de Conciliação e Julgamento e as Comissões Mistas para solução dos conflitos coletivos de trabalho, ambas vinculadas ao Ministério do Trabalho, passando os Procuradores a promoverem a execução das decisões proferidas pelas Juntas perante a Justiça Comum.

Com a Carta de 1934, surgiu a Justiça do Trabalho, subordinada ao Poder Executivo, atuando como órgão administrativo, o que foi mantido pela Constituição de 1937.

Por meio do Decreto-lei 1.237/1939, a Justiça do Trabalho passou a ser organizada em três instâncias administrativas, a saber:

- Conselho Nacional do Trabalho (3.ª instância);
- Conselhos Regionais do Trabalho (2.ª instância);
- Juntas de Conciliação e Julgamento (1.ª instância).

Perante o Conselho Nacional do Trabalho funcionavam os Procuradores-Gerais e nos Conselhos Regionais do Trabalho atuavam os Procuradores Regionais e Procuradores auxiliares.

Em 15.06.1939, foi editado o Decreto 1.236, que versava sobre o Conselho Nacional do Trabalho. Esse decreto definiu a Procuradoria do Trabalho como órgão de coordenação entre a Justiça do Trabalho e o Ministério do Trabalho, Indústria e Comércio, tendo como funções principais emitir pareceres, atuar nas sessões, realizar diligências, recorrer das decisões, promover a execução dos julgados e atuar no caso de greve.

O Decreto 2.852/1940 alterou a denominação da Procuradoria do Trabalho para Procuradoria da Justiça do Trabalho.

Em 1943, por meio do Decreto 5.452, foi aprovada a Consolidação das Leis do Trabalho, cujo Título IX foi dedicado ao Ministério Público do Trabalho (arts. 736 e seguintes da CLT).

O art. 740 da CLT assim organizou o Ministério Público do Trabalho:

- Perante o Tribunal Superior do Trabalho passou a funcionar uma Procuradoria-Geral, constituída de um Procurador-Geral e de Procuradores do Trabalho;
- Perante os Tribunais Regionais do Trabalho passaram a funcionar tantas Procuradorias Regionais quantos fossem os Tribunais Regionais do Trabalho, sendo as Procuradorias Regionais constituídas de um Procurador Regional auxiliados por Procuradores Adjuntos, todos vinculados ao Procurador-Geral do Trabalho.

Nas Procuradorias Regionais poderiam também atuar os denominados "substitutos de Procurador Regional" (art. 743 da CLT), designados previamente por decreto do Presidente da República, sem ônus para os cofres públicos, somente atuando os substitutos quando convocados pelo Procurador Regional ou pelo Procurador Adjunto.

Vale destacar que nessa época, em função dos arts. 744 e 745 da CLT, não se exigia a prévia aprovação em concurso público para a investidura no cargo de Procurador do Trabalho.

Em 1951 surgiu a Lei 1.341, conhecida como Lei Orgânica do Ministério Público da União, passando este a ser integrado pelos Ministérios Público Federal, Militar, Eleitoral e do Trabalho.

A Lei 1.341/1951 instituiu o concurso público para ingresso na carreira. No entanto, o mencionado diploma legal não extinguiu o cargo de "substituto de procurador do trabalho adjunto", para o qual não se exigia o concurso público.

O Ministério Público do Trabalho permaneceu vinculado ao Ministério da Indústria e Comércio e subordinado ao Ministério dos Negócios da Justiça, restando assim estruturado:

- Procurador-Geral da Justiça do Trabalho, nomeado pelo Presidente da República (sem a obrigação de ser integrante da carreira);
- Procurador do Trabalho de 1.ª Categoria (para integrantes da carreira, atuando no Tribunal Superior do Trabalho);
- Procurador do Trabalho de 2.ª Categoria (para integrantes da carreira, atuando nos Tribunais Regionais do Trabalho);
- Procurador do Trabalho Adjunto (para integrantes da carreira, com atuação principal nas Juntas de Conciliação e Julgamento);
- Substituto de Procurador do Trabalho Adjunto (não integrante da carreira).

A Constituição Federal de 1988 desvinculou o Ministério Público (dentre eles o Ministério Público do Trabalho) da estrutura dos demais poderes, consagrando a autonomia e independência da instituição, ampliando consideravelmente as suas funções.

O art. 127 da Carta Maior definiu o Ministério Público como instituição permanente, essencial à função jurisdicional do Estado, incumbindo-lhe a defesa da ordem jurídica, do regime democrático e dos direitos sociais e individuais indisponíveis.

O Ministério Público do Trabalho atualmente integra o Ministério Público da União, atuando perante a Justiça do Trabalho, na defesa da ordem jurídica, do regime democrático e dos interesses sociais e individuais indisponíveis.

A LC 75/1993 (lei orgânica do Ministério Público da União), reservou o capítulo II ao Ministério Público do Trabalho, definindo seus órgãos, que serão adiante detalhados.

3.2.2. Órgãos e atribuições do Ministério Público do Trabalho

O art. 85 da LC 75/1993 estabelece que são órgãos do Ministério Público do Trabalho:

- O Procurador-Geral do Trabalho;
- O Colégio de Procuradores do Trabalho;
- O Conselho Superior do Ministério Público do Trabalho;
- A Câmara de Coordenação e Revisão do Ministério Público do Trabalho;
- A Corregedoria do Ministério Público do Trabalho;
- Os Subprocuradores-Gerais do Trabalho;
- Os Procuradores Regionais do Trabalho;
- Os Procuradores do Trabalho.

O Procurador-Geral do Trabalho é o chefe do Ministério Público do Trabalho, sendo nomeado pelo Procurador-Geral da República, dentre integrantes da instituição, com mais de trinta e cinco anos de idade e de cinco anos de carreira, integrantes de lista tríplice escolhida mediante voto plurinominal, facultativo e secreto, pelo Colégio de Procuradores, para um mandato de dois anos, permitida uma recondução (arts. 87 e 88 da LC 75/1993).

Caso não haja número de candidatos suficientes com mais de cinco anos na carreira, poderá concorrer à lista tríplice quem contar mais de dois anos.

A exoneração do Procurador-Geral do Trabalho antes do término do mandato será proposta ao Procurador-Geral da República pelo Conselho Superior do Ministério Público do Trabalho, mediante deliberação obtida com base em voto secreto de dois terços de seus integrantes.

Compete ao Procurador-Geral do Trabalho exercer as funções atribuídas ao Ministério Público do Trabalho junto ao Plenário do Tribunal Superior do Trabalho, propondo as ações cabíveis e manifestando-se nos processos de sua competência, bem como as atribuições definidas no art. 91 da LC 75/1993.

O Colégio de Procuradores do Trabalho é integrado por todos os membros da carreira em atividade no Ministério Público do Trabalho, sendo presidido pelo Procurador-Geral do Trabalho, e com atribuições estabelecidas no art. 94 da LC 75/1993.

O Conselho Superior do Ministério Público do Trabalho, presidido pelo Procurador-Geral do Trabalho, possui atribuições definidas no art. 98 da LC 75/1993, apresentando a seguinte composição:

- O Procurador-Geral do Trabalho e o Vice-Procurador-Geral do Trabalho, que o integram como membros natos;
- Quatro Subprocuradores-Gerais do Trabalho, eleitos para um mandato de dois anos, pelo Colégio de Procuradores do Trabalho, mediante voto plurinominal, facultativo e secreto, permitida uma reeleição;
- Quatro Subprocuradores-Gerais do Trabalho, eleitos para um mandato de dois anos, por seus pares, mediante voto plurinominal, facultativo e secreto, permitida uma reeleição.

A Câmara de Coordenação e Revisão do Ministério Público do Trabalho, com atribuições definidas no art. 103 da LC 75/1993, será composta por três membros do Ministério Público do Trabalho, sendo um indicado pelo Procurador-Geral do Trabalho e dois pelo Conselho Superior do Ministério Público do Trabalho, juntamente de seus suplentes, para um mandato de dois anos, sempre que possível, dentre integrantes do último grau da carreira.

O Corregedor-Geral do Ministério Público do Trabalho exerce as funções de fiscalizador das atividades funcionais e da conduta dos membros do Ministério Público, com atribuições definidas no art. 106 da LC 75/1993, sendo nomeado pelo Procurador-Geral do Trabalho, dentre os Subprocuradores-

-Gerais do Trabalho, integrantes de lista tríplice elaborada pelo Conselho Superior, para mandato de dois anos, renovável uma vez.

Os Subprocuradores-Gerais do Trabalho integram o último grau da carreira, oficiando junto ao Tribunal Superior do Trabalho e nos ofícios na Câmara de Coordenação e Revisão, estando lotados, nos ofícios, na Procuradoria-Geral do Trabalho.

Os Procuradores Regionais do Trabalho oficiam perante os Tribunais Regionais do Trabalho, estando lotados, nos ofícios, nas Procuradorias Regionais do Trabalho nos Estados e no Distrito Federal.

Frise-se que os Procuradores Regionais e os Subprocuradores do Trabalho não podem atuar perante os órgãos de primeiro grau da Justiça do Trabalho, salvo se houver interesse do serviço, concordância do membro designado e autorização do Conselho Superior (art. 214, parágrafo único, da LC 75/1993).

Os Procuradores do Trabalho integram o grau inicial da carreira, sendo designados para oficiar perante os Tribunais Regionais do Trabalho e as Varas do Trabalho.

3.2.3. Atuação judicial: previsão legal, atuação como órgão agente e interveniente

3.2.3.1. Previsão legal

Primeiramente, cabe destacar que a atuação do Ministério Público está prevista no art. 177, CPC, onde estatui que o "Ministério Público exercerá o direito de ação em conformidade com suas atribuições constitucionais". A Carta Maior, em seus arts. 127 e 129, indica as hipóteses exemplificativas das duas formas de atuação do *Parquet* laboral, visto que mencionam instrumentos de atuação judicial (ação civil pública) e extrajudicial (inquérito civil).

A atuação judicial do Ministério Público do Trabalho está descrita no art. 83 da LC 75/1993, conforme abaixo transcrito:

> "Art. 83. Compete ao Ministério Público do Trabalho o exercício das seguintes atribuições junto aos órgãos da Justiça do Trabalho:
>
> I – promover as ações que lhe sejam atribuídas pela Constituição Federal e pelas leis trabalhistas;
>
> II – manifestar-se em qualquer fase do processo trabalhista, acolhendo solicitação do juiz ou por sua iniciativa, quando entender existente interesse público que justifique a intervenção;
>
> III – promover a ação civil pública no âmbito da Justiça do Trabalho, para defesa de interesses coletivos, quando desrespeitados os direitos sociais constitucionalmente garantidos;

IV – propor as ações cabíveis para declaração de nulidade de cláusula de contrato, acordo coletivo ou convenção coletiva que viole as liberdades individuais ou coletivas ou os direitos individuais indispensáveis aos trabalhadores;

V – propor as ações necessárias á defesa dos direitos e interesses dos menores, incapazes e índios, decorrentes das relações de trabalho;

VI – recorrer das decisões da Justiça do Trabalho, quando entender necessário, tanto nos processos em que for parte, como naqueles em que oficiar com fiscal da lei, bem como pedir revisão dos Enunciados da Súmula de Jurisprudência do Tribunal Superior do Trabalho;

VII – funcionar nas sessões dos Tribunais Trabalhistas, manifestando-se verbalmente sobre a matéria em debate, sempre que entender necessário, sendo-lhe assegurado o direito de vista dos processos em julgamento, podendo solicitar as requisições e diligências que julgar convenientes;

VIII – instaurar instâncias em caso de greve, quando a defesa da ordem jurídica ou o interesse público assim o exigir;

IX – promover ou participar da instrução e conciliação em dissídios decorrentes da paralisação de serviços de qualquer natureza, oficiando obrigatoriamente nos processos, manifestando sua concordância ou discordância, em eventuais acordos firmados antes da homologação, resguardado o direito de recorrer em caso de violação à lei e à Constituição Federal;

X – promover mandado de injunção, quando a competência for da Justiça do Trabalho;

XI – atuar como árbitro, se assim for solicitado pelas partes, nos dissídios de competência da Justiça do Trabalho;

XII – requerer as diligências que julgar convenientes para o correto andamento dos processos e para a melhor solução das lides trabalhistas;

XIII – intervir obrigatoriamente em todos os feitos nos segundo e terceiro graus de jurisdição da Justiça do Trabalho quando a parte for pessoa jurídica de Direito Público, Estado Estrangeiro ou organismo internacional."

Evidentemente, atuando judicialmente, o *Parquet* laboral poderá fazê-lo na condição de órgão agente (parte) ou interveniente (*custos legis*), o que adiante será objeto de estudo.

3.2.3.2. Atuação como órgão agente

Com a promulgação da Constituição Federal de 1988, a atuação do Ministério Público do Trabalho como órgão agente ganhou enorme relevo, passando a ser a função institucional mais importante exercida pelo *Parquet* laboral, qual seja a defesa dos interesses difusos, coletivos e individuais homogêneos.

Os incisos I, III, IV, V, VI (quando recorrer como parte), VIII e X do art. 83 da LOMPU estabelecem hipóteses de atuação do Ministério Público do Trabalho como órgão agente, ou seja, na qualidade de autor da ação.

O principal instrumento de atuação judicial do Ministério Público do Trabalho, sem dúvida, é a ação civil pública (que será abordada ainda neste livro), utilizada para a proteção dos interesses metaindividuais no campo das relações trabalhistas.

Como exemplos de situações que ensejam o manejo pelo Ministério Público do Trabalho da ação civil pública, podemos destacar:

- Combate ao trabalho escravo e em condições degradantes;
- Combate ao trabalho infantil;
- Combate às cooperativas fraudulentas e à terceirização irregular;
- Combate à discriminação;
- Proteção ao meio ambiente de trabalho;
- Moralidade administrativa, principalmente em função da contratação sem concurso público;
- Desrespeito às normas constitucionais e consolidadas no que atine ao trabalho sem registro (clandestino), jornada de trabalho, salário-mínimo, sonegação e atraso de salários, descontos abusivos etc.

Podemos mencionar outros instrumentos de atuação do *Parquet* laboral como órgão agente, tais como a ação rescisória (art. 967, III, do CPC), o dissídio coletivo de greve, a ação anulatória de cláusula convencional, o mandado de segurança etc.

Por fim, o art. 793 da CLT também menciona hipótese de atuação do Ministério Público do Trabalho como parte, na qualidade de substituto processual do menor, *in verbis*:

> "Art. 793 da CLT – A reclamação trabalhista do menor de 18 anos será feita por seus representantes legais e, na falta destes, pela Procuradoria da Justiça do Trabalho, pelo sindicato, pelo Ministério Público Estadual ou curador nomeado em juízo."

Ainda em relação ao art. 793 consolidado, por interpretação extensiva, quando o menor, sem representante legal, estiver no polo passivo de uma reclamação trabalhista (como nas hipóteses de inquérito para apuração de falta grave ou ação de consignação em pagamento ajuizada pelo empregador em face do empregado menor), atuará o Ministério Público do Trabalho também na defesa do seu interesse.

3.2.3.3. Atuação como órgão interveniente

Os incisos II, VI (quando não for parte), VII, IX, XII e XIII, do art. 83 da LC 75/1993, encerram hipóteses de atuação do Ministério Público do Trabalho como órgão interveniente, na qualidade de fiscal da lei (*custos legis*), participando e manifestando-se o *Parquet* laboral nas sessões realizadas nos Tribunais Regionais do Trabalho e Tribunal Superior do Trabalho, e elaborando pareceres, sempre que o interesse público restar evidenciado.

Também pode atuar o *Parquet* laboral como *custos legis* junto aos órgãos de primeiro grau de jurisdição trabalhista (Varas do Trabalho), acolhendo solicitação do juiz ou por sua iniciativa, quando entender existente interesse público que justifique sua atuação (art. 83, II, da LC 75/1993).

Frise-se que a Orientação Jurisprudencial (OJ) 237 da SDI-I/TST estabelece que o Ministério Público do Trabalho não tem legitimidade para recorrer, como *custos legis*, na defesa de interesse patrimonial privado, inclusive de empresas públicas e sociedades de economia mista.

Por outro lado, a Súmula 407 do TST esclarece que a legitimidade *ad causam* do Ministério Público do Trabalho para propor ação rescisória, ainda que não tenha sido parte no processo que deu origem à decisão rescindenda, não está limitada às hipóteses em que não foi ouvido no processo quando sua intervenção era obrigatória e também quando a sentença é o resultado de simulação ou de colusão entre as partes (art. 967, III, *a*, *b* e *c*, do CPC).

O art. 967, III, alíneas *a*, *b* e *c*, do CPC determinam que o Ministério Público terá legitimidade para propor a ação rescisória se não foi ouvido no processo em que lhe era obrigatória a intervenção (alínea *a*); quando a decisão rescindenda é o efeito de simulação ou de colusão das partes, a fim de fraudar a lei (alínea *b*); e, também, em outros casos em que se imponha sua atuação (alínea *c*). Ou seja, o atual diploma processual estabelece que também será cabível a ação rescisória, pelo Ministério Público, em caso de simulação e em outros casos em que se imponha sua atuação.

Ainda em relação à ação rescisória, o prazo decadencial de dois anos para propositura da ação pelo Ministério Público que não interveio no processo, em caso de colusão das partes, somente começa a fluir a partir do momento em que o *Parquet* teve ciência da fraude, conforme previsão na Súmula 100 do TST (item VI).

Em relação à prescrição arguida pelo Ministério Público na qualidade de órgão interveniente, a OJ 130 da SDI-I/TST, com redação dada pela Res. 209/2016, *DJ* 01, 02 e 03.06.2016, estabelece que, "ao exarar parecer na remessa de ofício, na qualidade de *custos legis*, o Ministério Público não tem legitimidade para arguir a prescrição em favor de entidade de direito público, em matéria de direito patrimonial".

No tocante à atuação concomitante do órgão ministerial como parte e fiscal da lei, o festejado autor, professor e Procurador Regional do Trabalho, Dr. Raimundo Simão de Melo, na obra *Ação civil pública na Justiça do Trabalho*, p. 143-144, leciona que:

> "Finalmente, sendo uno o Ministério Público, torna-se desnecessária, como regra, numa mesma instância, a atuação concomitante de órgãos ministeriais como parte e como fiscais da lei, quando o autor da causa for o próprio *Parquet* e não houver interesses colidentes porque, sendo o opinativo do órgão interveniente (fiscal da lei) concorde com a pretensão do órgão agente (parte), a atuação suplementar constituiria mera superfetação de atividade; sendo contraditório, quebraria os princípios da unidade e da indivisibilidade (CF, art. 127, § 1.º) em prejuízo dos interesses da sociedade. Além disso, quer como parte, quer como fiscal da lei, o MP estará sempre atuando em proteção da sociedade. Somente por exceção, então, cabe a atuação plural do MP, quando colidentes os interesses defendidos, *v.g.*, numa mesma ação, um membro do órgão atuando na defesa do incapaz e outro como curador especial do réu revel ficto, para assegurar o contraditório equilibrado; outro exemplo corrente se dá numa ação ambiental laboral movida pelo MPT contra um incapaz, atuando os órgãos ministeriais, numa como órgão agente, noutra como interveniente obrigatório.
>
> De qualquer maneira, não há falar em quebra dos princípios acima mencionados, quando na primeira instância atua um membro ministerial e na instância superior outro órgão opina de forma diferente porque cada membro tem autonomia funcional para atuar de acordo com a sua consciência jurídica e com as leis do país, embora, na prática, na busca de uniformidade sobre determinadas questões relevantes em que a instituição procura defender de forma unitária a sociedade, os próprios membros, abrindo mão da sua autonomia, simplesmente silenciam, concordando com o ponto de vista majoritariamente acolhido pelos demais membros, o que é muito salutar."

3.2.4. Atuação extrajudicial

A atuação extrajudicial do *Parquet* laboral também ocorre na esfera administrativa, principalmente na instauração e condução de procedimentos administrativos (representações, procedimentos preparatórios, investigatórios ou inquéritos civis), iniciados de ofício, ou mesmo em virtude de denúncias da sociedade.

A participação do Ministério Público do Trabalho na condução de procedimentos administrativos constitui-se em forte mecanismo de investigação e coleta de provas, objetivando a propositura da ação judicial cabível (em geral ação civil pública), ou mesmo funcionando como instrumento de convencimento para que o investigado ajuste sua conduta à lei (mediante a assinatura do Termo de Compromisso de Ajustamento de Conduta).

Nesse sentido, o art. 84 da LC 75/1993 exemplifica hipóteses de atuação extrajudicial do *Parquet* laboral, tais como: integrar os órgãos colegiados previstos no § 1.º do art. 6.º da LOMPU; instaurar inquérito civil e outros procedimentos administrativos, sempre que cabíveis, para assegurar a observância dos direitos sociais dos trabalhadores; requisitar à autoridade administrativa federal competente, dos órgãos de proteção ao trabalho, a instauração de procedimentos administrativos, podendo acompanhá-los e produzir provas etc.

O art. 83, XI, da LC 75/1993 determina que incumbe ao Ministério Público do Trabalho atuar como árbitro, se assim for solicitado pelas partes, nos dissídios de competência da Justiça do Trabalho, ou seja, revela também nesta hipótese atuação extrajudicial do *Parquet*.

A arbitragem é cabível nos dissídios coletivos (art. 114, § 1º, da CF) e individuais, cujos contratos de trabalho tenham remuneração superior a duas vezes o limite máximo estabelecido para os benefícios do Regime Geral de Previdência Social, desde que pactuada cláusula compromissória de arbitragem, por iniciativa do empregado ou mediante a sua concordância expressa, antes ou após o término do contrato (art. 507-A da CLT).

3.3. A EC 45/2004 E SEUS REFLEXOS NA ATUAÇÃO DO MINISTÉRIO PÚBLICO DO TRABALHO

A EC 45, de 08.12.2004, ampliou consideravelmente a competência material da Justiça do Trabalho, trazendo, sem dúvida, reflexos na atuação do *Parquet* laboral.

Com a reforma, passou a Justiça do Trabalho a ter competência para processar e julgar qualquer demanda envolvendo relação de trabalho e não tão somente relação de trabalho subordinado (relação de emprego), como era anteriormente.

Neste contexto, a competência da Justiça laboral passou a abranger também os conflitos que venham a surgir em todos os contratos que envolvam uma relação de trabalho, como nas hipóteses dos prestadores de serviços e empreitada.

Logo, elastecida a competência material da Justiça do Trabalho, por consequência, também resta ampliada a competência do Ministério Público do Trabalho, o qual encontra limites de atuação na própria parcela de jurisdição conferida à instância laboral.

Todavia, o Ministério Público do Trabalho já vinha atuando, de forma ampliada, em toda e qualquer relação de trabalho e não apenas na relação de emprego. Sobre o assunto, vale transcrever os ensinamentos de Sandra Lia Simon, Procuradora-Geral do Trabalho, *A ampliação da competência da Justiça do Trabalho e o Ministério Público do Trabalho*: nova competência da Justiça do Trabalho, São Paulo: LTr, p. 343-344, que leciona:

"A atuação do Ministério Público do Trabalho, no entanto, já vinha apontando nesse sentido, qual seja o de abranger toda e qualquer

> relação laboral, independentemente da existência da clássica noção de trabalho subordinado, protegida pela Consolidação das Leis do Trabalho. Os exemplos dessa atuação ampliada são muitos e dos mais variados e vão além dos limitados contornos do Direito do Trabalho, pois envolvem a defesa dos Direitos Humanos decorrentes das relações laborais, em hipóteses como o combate ao trabalho das crianças nos lixões e o combate ao trabalho infantil doméstico, dentre outros. No primeiro caso, é patente a inexistência do 'contrato de trabalho' tradicional, mas a realidade dos fatos não poderia afastar a atuação do Ministério Público, haja vista tratar-se de verdadeiro atentado aos mínimos princípios que caracterizam a dignidade da pessoa humana, o que por consequência atrairia a competência da Justiça do Trabalho para julgamento dos litígios decorrentes desta aberração. No segundo caso, tampouco há a caracterização clássica da 'relação de emprego', mas é igualmente necessária a atuação do Ministério Público do Trabalho, bem como da Justiça do Trabalho, quando provocada. Saliente-se que estas duas hipóteses são consideradas pela OIT – Organização Internacional do Trabalho como duas das piores formas de exploração do trabalho infantil.
>
> Contudo, a atuação ampliada do Ministério Público do Trabalho vai ainda mais além, abarcando questões permeadas de irregularidades típicas da relação de trabalho, no sentido amplo, mas igualmente sem a caracterização clássica do vínculo celetista, como, por exemplo, os contratos de estágio e a contratação de pessoas jurídicas individuais (que, em princípio, seria mera prestação de serviços, distante da proteção do Direito do Trabalho).
>
> Assim, a alteração constitucional, nesta parte, é absolutamente significativa, por – pelo menos – dois motivos: primeiro, porque não fez outra coisa senão legitimar a já consolidada atuação ampliada do Ministério Público do Trabalho, que a partir de agora, certamente, não mais encontrará óbices que eventualmente encontrava ao provocar o Judiciário Trabalhista, pleiteando a concretização de princípios que corporificam a dignidade da pessoa humana, em especial, da pessoa que trabalha das mais diversas formas; segundo, porque dá à Justiça do Trabalho a possibilidade real e concreta de caracterizar-se como ramo do Judiciário que faz valer os Direitos Humanos Fundamentais, de forma muito mais pontual e objetiva. Aliás, a consolidação desta nova atuação servirá, inclusive para, posteriormente, ampliar-se ainda mais a competência da Justiça do Trabalho para o julgamento de todas as lides que envolvam acidentes do trabalho e, principalmente, todos os crimes decorrentes da relação de trabalho."

Em relação à greve em atividade considerada essencial com possibilidade de lesão do interesse público, a nova redação do § 3.º do art. 114 da Carta Maior passou a dispor que o Ministério Público do Trabalho poderá ajuizar dissídio coletivo, competindo à Justiça do Trabalho decidir o conflito.

A definição das atividades essenciais não oferece maiores dificuldades, uma vez que o art. 10 da Lei 7.783/1989 (Lei de Greve) relaciona tais atividades.

Embora a Constituição tenha explicitado esta possibilidade no art. 114, § 3.º, o fato é que o Ministério Público do Trabalho sempre instaurou instância de greve quando a defesa da ordem jurídica ou o interesse público assim o exigisse, com base na LC 75/1993, art. 83, VIII.

Entretanto a atuação do Ministério Público do Trabalho cinge-se apenas à defesa dos interesses difusos de uma coletividade que se vê prejudicada em função da paralisação de uma atividade considerada essencial, como nas hipóteses de paralisação dos transportes coletivos, coleta de lixo etc.

Em relação às atividades não consideradas essenciais, entendemos que não há espaço para a atuação do *Parquet* laboral, uma vez que a greve é um direito assegurado constitucionalmente aos trabalhadores (art. 9.º da CF/1988), não sendo possível a interferência ministerial neste direito, salvo se, exercido de forma abusiva, comprometer o atendimento das necessidades inadiáveis da comunidade (art. 11 da Lei 7.783/1989).

A EC 45/2004 também estabeleceu como competência material da Justiça do Trabalho processar e julgar as ações que envolvam o exercício do direito de greve.

Neste contexto, nasce para o Ministério Público do Trabalho a possibilidade de atuar na qualidade de fiscal da lei, opinando nas ações que envolvam o exercício do direito de greve, pois, invariavelmente, este tipo de ação poderá ser utilizado como forma de repelir ou impedir o livre exercício do direito de greve, constituindo-se em prática antissindical. A atuação do *Parquet* laboral também poderá ser na qualidade de órgão agente, objetivando garantir o regular exercício do direito de greve, este assegurado constitucionalmente.

Sobre o tema, Sandra Lia Simon, na obra já citada, esclarece que:

> "Há, ainda, a possibilidade do Ministério Público do Trabalho atuar, como *custos legis*, em todas as ações que envolvam o exercício do direito de greve, pois se considerando tratar-se de direito constitucionalmente garantido e, dependendo da forma como esse direito é atacado, poderá haver a caracterização de verdadeiro ato antissindical, o que terminaria ferindo, ainda, outros direitos fundamentais. Mais ainda, o Ministério Público do Trabalho poderá, inclusive, atuar como órgão agente (como aliás já ocorreu, na greve de bancários referida), provocando o Judiciário Trabalhista, para garantir o regular exercício do direito de greve, exatamente por conta das malfadadas liminares concedidas por Juízes de Direito, que na prática – por serem concedidas sem uma análise da questão laboral – funcionam como inibidoras da ação sindical (mesmo que esta ação seja pacífica) e como impeditivas do desenvolvimento das negociações coletivas, expediente dos mais almejados no Direito Coletivo do Trabalho."

Outra novidade trazida pela EC 45/2004 foi a inclusão do inciso IV ao art. 114 da Carta Maior, estabelecendo como competência material da Justiça do Trabalho processar e julgar os mandados de segurança, *habeas corpus* e *habeas data*, quando o ato questionado envolver matéria sujeita à sua jurisdição.

Especificamente em relação ao mandado de segurança, com a mudança constitucional, podemos elencar as seguintes repercussões quanto à atuação do *Parquet* laboral:

- Todos os órgãos da Justiça do Trabalho, inclusive a 1.ª instância, passam a ter competência para julgar os mandados de segurança, quando o ato questionado envolver matéria sujeita à sua jurisdição;
- Atuará o *Parquet* laboral, a teor do art. 12 da Lei 12.016/2009, em todos os *writs* (ajuizados em qualquer instância), emitindo parecer na qualidade de fiscal da lei;
- Poderá o membro do Ministério Público do Trabalho figurar como autoridade coatora em eventual mandado de segurança (de competência da Justiça do Trabalho) proposto em face de ato praticado pelo *Parquet* na condução de procedimentos administrativos investigatórios.

Por último, acabando com qualquer discussão doutrinária ou jurisprudencial remanescente, o inciso VI do art. 114 da CF/1988 (redação dada pela EC 45/2004) fixou como competência da Justiça laboral processar e julgar as ações de indenização por dano moral e patrimonial decorrentes da relação de trabalho, o que veio a fortalecer ainda mais a atuação do Ministério Público do Trabalho relativamente ao pleito de dano moral coletivo, que vem sendo requerido em muitas ações civis públicas, como instrumento inibidor de ilícitos trabalhistas cometidos.

3.4. RESUMO DA MATÉRIA

1. A maioria dos autores revela a origem do Ministério Público na ordenança francesa, de 1302, cujo rei francês Felipe IV, o belo, impunha que seus procuradores prestassem o mesmo juramento dos juízes, proibindo-lhes o patrocínio de outros que não a majestade.
2. A Carta atual desvinculou o Ministério Público da estrutura dos demais poderes, consagrando a autonomia e independência da instituição, ampliando, consideravelmente as suas funções.
3. Passou o Ministério Público à condição de órgão extrapoderes, com o objetivo de controle dos poderes clássicos. Deixou o Ministério Público de representar as entidades públicas (vedação expressa no art. 129, IX, da CF/1988) em juízo ou fora dele. O art. 127 da Carta Maior definiu o Ministério Público como instituição permanente, essencial à função jurisdicional do Estado, incumbindo-lhe a defesa da ordem jurídica, do regime democrático e dos direitos sociais e individuais indisponíveis.

4. A Constituição Federal de 1988 elencou, no art. 127, § 1.º, como princípios institucionais do Ministério Público a unidade, a indivisibilidade e a independência funcional.

5. O princípio institucional da unidade determina que os membros de cada ramo do Ministério Público integram um único órgão, sob a direção única de um só Procurador-Geral.

6. Os membros do Ministério Público não se vinculam aos processos que atuam, admitindo-se a substituição de uns pelos outros na forma da lei, quer quando atuem como órgão agente ou interveniente, sendo a indivisibilidade decorrência do próprio princípio da unidade.

7. Não há hierarquia funcional entre os membros do Ministério Público, sendo este independente no exercício de suas funções, não estando subordinado ou vinculado a ninguém, mas tão somente às leis e à sua consciência. Somente existe hierarquia administrativa, não podendo os superiores hierárquicos do membro do Ministério Público avocarem determinado processo ou procedimento investigatório ou mesmo determinarem ao *Parquet* a forma da condução dos procedimentos investigatórios sob sua direção.

8. O princípio do promotor natural encontra seu fundamento na CF/1988, no art. 5.º, LIII, ao determinar que "ninguém será processado nem sentenciado senão pela autoridade competente", assentando-se, também, nas cláusulas de independência funcional e na inamovibilidade dos membros da instituição.

9. A CF/1988, no art. 127, §§ 2.º e 3.º, estabelece a autonomia funcional, administrativa, a iniciativa legislativa e a elaboração de proposta orçamentária pelo Ministério Público.

10. O art. 128, § 1.º, da CF/1988 dispõe que o Ministério Público da União tem por chefe o Procurador-Geral da República, nomeado pelo Presidente da República dentre integrantes da carreira, maiores de trina e cinco anos, após aprovação de seu nome pela maioria absoluta dos membros do Senado Federal, para mandato de dois anos, permitida a recondução.

11. Nesse contexto, qualquer membro integrante da carreira (membro do Ministério Público da União), cumprido os requisitos do art. 128, § 1.º, da Carta Maior, poderá ser Procurador-Geral da República, havendo a possibilidade de este ser reconduzido várias vezes, desde que precedida de nova decisão do Senado Federal a cada recondução (conforme estabelecido no art. 25 da LC 75/1993).

12. A destituição do Procurador-Geral da República dar-se-á por iniciativa do Presidente da República, precedida de autorização da maioria absoluta do Senado Federal, em votação secreta (CF/1988, art. 128, § 2.º, c/c o art. 25, parágrafo único, da LC 75/1993).

13. Vale destacar que a LC 75/1993 dispõe nos arts. 26 e 49, respectivamente, sobre as atribuições do Procurador-Geral da República como chefe do Ministério Público da União e como chefe do Ministério Público Federal (considerando que o chefe do Ministério Público da União acumula a função de chefe do Ministério Público Federal).

14. O art. 128, § 5.º, I, da CF/1988 assegura aos membros do Ministério Público as garantias da vitaliciedade, inamovibilidade e irredutibilidade de subsídio.

15. A vitaliciedade é adquirida após dois anos de exercício, não podendo o membro do Ministério Público perder o cargo senão por sentença judicial transitada em julgado.

16. Após o estágio probatório, correspondente aos dois primeiros anos de efetivo exercício do cargo, alcançada a vitaliciedade, os membros do Ministério Público somente poderão perder o cargo mediante decisão judicial transitada em julgado.

17. A inamovibilidade consiste na garantia do *Parquet* de não ser transferido compulsoriamente de uma localidade para outra, salvo por motivo de interesse público, mediante decisão do órgão colegiado competente do Ministério Público, por voto da maioria absoluta de seus membros, assegurada ampla defesa ao membro do Ministério Público.

18. Ao membro do Ministério Público foi assegurada a garantia de irredutibilidade de subsídios.

19. As prerrogativas (institucionais e processuais) conferidas aos membros do Ministério Público possibilitam ao *Parquet* o exercício de seu ofício de forma independente e autônoma na defesa da sociedade, sem o risco de sofrer ameaças ou represálias em função das atividades desenvolvidas.

20. O art. 128, § 5.º, II, da CF/1988 estabelece as seguintes vedações aos membros do Ministério Público: receber, a qualquer título e sob qualquer pretexto, honorários, percentagens ou custas processuais; exercer a advocacia; participar de sociedade comercial, na forma da lei; exercer, ainda que em disponibilidade, qualquer outra função pública, salvo uma de magistério; desempenhar atividade político-partidária; e receber, a qualquer título ou pretexto, auxílios ou contribuições de pessoas físicas, entidades públicas ou privadas, ressalvadas as exceções previstas em lei.

21. O art. 129, IX, da CF/1988 estabelece que ao Ministério Público são vedadas a representação judicial e a consultoria jurídica de entidades públicas.

22. A Carta Maior de 1988, no art. 129, enumera as funções institucionais do Ministério Público, sendo algumas exclusivas do Ministério Público (privativas) e outras concorrentes (podendo ser atribuídas a outros órgãos ou pessoas).

23. O Ministério Público, nos termos do art. 128 da CF/1988, abrange Ministério Público da União e os Ministérios Públicos dos Estados.

24. O Ministério Público da União abrange o Ministério Público Federal, o Ministério Público do Trabalho, o Ministério Público Militar e o Ministério Público do Distrito Federal e Territórios.

25. O nascimento, evolução e desenvolvimento do Ministério Público do Trabalho se confundem com o próprio surgimento da Justiça do Trabalho, uma vez que o *Parquet* laboral exerce seu ofício perante aquela Justiça.

26. A Constituição Federal de 1988 desvinculou o Ministério Público (dentre eles o Ministério Público do Trabalho) da estrutura dos demais poderes, consagrando a autonomia e independência da instituição, ampliando, consideravelmente as suas funções.

27. O art. 127 da Carta Maior definiu o Ministério Público como instituição permanente, essencial à função jurisdicional do Estado, incumbindo-lhe a defesa da ordem jurídica, do regime democrático e dos direitos sociais e individuais indisponíveis.

28. O Ministério Público do Trabalho atualmente integra o Ministério Público da União, atuando perante a Justiça do Trabalho, na defesa da ordem jurídica, do regime democrático e dos interesses sociais e individuais indisponíveis dos trabalhadores.

29. São órgãos do Ministério Público do Trabalho: o Procurador-Geral do Trabalho, o Colégio de Procuradores do Trabalho, o Conselho Superior do Ministério Público do Trabalho, a Câmara de Coordenação e Revisão do Ministério Público do Trabalho, a Corregedoria do Ministério Público do Trabalho, os Subprocuradores-Gerais do Trabalho, os Procuradores Regionais do Trabalho e os Procuradores do Trabalho.

30. O Procurador-Geral do Trabalho é o Chefe do Ministério Público do Trabalho, sendo nomeado pelo Procurador-Geral da República, dentre integrantes da instituição, com mais de trinta e cinco anos de idade e de cinco anos de carreira, integrantes de lista tríplice escolhida mediante voto plurinominal, facultativo e secreto, pelo Colégio de Procuradores, para um mandato de dois anos, permitida uma recondução (arts. 87 e 88 da LC 75/1993).

31. A exoneração do Procurador-Geral do Trabalho antes do término do mandato será proposta ao Procurador-Geral da República pelo Conselho Superior do Ministério Público do Trabalho, mediante deliberação obtida com base em voto secreto de dois terços de seus integrantes.

32. A atuação judicial do Ministério Público do Trabalho está descrita no art. 83 da LC 75/1993, competindo-lhe: promover as ações que lhe sejam atribuídas pela Constituição Federal e pelas leis trabalhistas; manifestar-se em qualquer fase do processo trabalhista, acolhendo solicitação do juiz ou por sua iniciativa, quando entender existente interesse público que justifique a intervenção; promover a ação civil pública no âmbito da Justiça do Trabalho, para defesa de interesses coletivos, quando desrespeitados os direitos sociais constitucionalmente garantidos; propor as ações cabíveis para declaração de nulidade de cláusula de contrato, acordo coletivo ou convenção coletiva que viole as liberdades individuais ou coletivas ou os direitos individuais indispensáveis aos trabalhadores; propor as ações necessárias à defesa dos direitos e interesses dos menores, incapazes e índios, decorrentes das relações de trabalho; recorrer das decisões da Justiça do Trabalho, quando entender necessário, tanto nos processos em que for parte como naqueles em que oficiar com fiscal da lei, bem como pedir revisão dos enunciados da súmula de jurisprudência do Tribunal Superior do Trabalho; funcionar nas sessões dos Tribunais Trabalhistas, manifestando-se verbalmente sobre a matéria em debate, sempre que entender necessário, sendo-lhe assegurado o direito de vista dos processos em julgamento, podendo solicitar as requisições e diligências que julgar convenientes; instaurar instâncias em caso de greve, quando a defesa da ordem jurídica ou o interesse público assim o exigir; promover ou participar da instrução e conciliação em dissídios decorrentes da paralisação de serviços de qualquer natureza, oficiando obrigatoriamente nos processos, manifestando sua concordância ou discordância, em eventuais acordos firmados antes da homologação, resguardado o direito de recorrer em caso de violação à lei e à Constituição Federal; promover mandado de injunção, quando a competência for da Justiça do Trabalho; atuar como árbitro, se assim for solicitado pelas partes, nos dissídios de competência da Justiça do Trabalho; requerer as diligências que julgar convenientes para o correto andamento dos processos e para a melhor solução das lides trabalhistas; e intervir obrigatoriamente em todos os feitos nos segundo e terceiro graus de jurisdição da Justiça do Trabalho quando a parte for pessoa jurídica de Direito Público, Estado estrangeiro ou organismo internacional.

33. Os incisos I, III, IV, V, VI (quando recorrer como parte), VIII e X do art. 83 da LOMPU estabelecem hipóteses de atuação do Ministério Público do Trabalho como órgão agente, ou seja, na qualidade de autor da ação.

34. O principal instrumento de atuação judicial do Ministério Público do Trabalho, sem dúvida, é a ação civil pública, utilizada para a proteção dos interesses metaindividuais no campo das relações trabalhistas.

35. Podemos mencionar outros instrumentos de atuação do *Parquet* laboral como órgão agente, tais como: a ação rescisória, o dissídio coletivo de greve, a ação anulatória de cláusula convencional, o mandado de segurança etc.

36. Os incisos II, VI (quando não for parte), VII, IX, XII e XIII do art. 83 da LC 75/1993 encerram hipóteses de atuação do Ministério Público do Trabalho como órgão interveniente, na qualidade de fiscal da lei (*custos legis*), participando e manifestando-se o *Parquet* laboral nas sessões realizadas nos Tribunais Regionais do Trabalho e Tribunal Superior do Trabalho, e elaborando pareceres, sempre que o interesse público restar evidenciado.

37. Também pode atuar o *Parquet* laboral como *custos legis* junto aos órgãos de primeiro grau de jurisdição trabalhista (Varas do Trabalho), acolhendo solicitação do juiz ou por sua iniciativa, quando entender existente interesse público que justifique sua atuação (art. 83, II, da LC 75/1993).

38. A atuação extrajudicial do *Parquet* laboral ocorre na esfera administrativa, destacando-se, principalmente, na instauração e condução de procedimentos administrativos (representações, procedimentos preparatórios, investigatórios ou inquéritos civis), iniciados de ofício, ou mesmo em virtude de denúncias da sociedade.

39. O art. 84 da LC 75/1993 exemplifica hipóteses de atuação extrajudicial do *Parquet* laboral, tais como: integrar os órgãos colegiados previstos no § 1.º do art. 6.º da LOMPU; instaurar inquérito civil e outros procedimentos administrativos, sempre que cabíveis, para assegurar a observância dos direitos sociais dos trabalhadores; requisitar à autoridade administrativa federal competente, dos órgãos de proteção ao trabalho, a instauração de procedimentos administrativos, podendo acompanhá-los e produzir provas etc.

40. O art. 83, XI, da LC 75/1993 determina que incumbe ao Ministério Público do Trabalho atuar como árbitro, se assim for solicitado pelas partes, nos dissídios de competência da Justiça do Trabalho, ou seja, revela também nesta hipótese atuação extrajudicial do *Parquet*.

41. A arbitragem é cabível nos dissídios coletivos (art. 114, § 1º, da CF) e individuais, cujos contratos de trabalho tenham remuneração superior a duas vezes o limite máximo estabelecido para os benefícios do Regime Geral de Previdência Social, desde que pactuada cláusula compromissória de arbitragem, por iniciativa do empregado ou mediante a sua concordância expressa, antes ou após o término do contrato (art. 507-A da CLT).

42. A EC 45, de 08.12.2004, ampliou consideravelmente a competência material da Justiça do Trabalho, trazendo, sem dúvida, reflexos na atuação do *Parquet* laboral.

43. Com a reforma, passou a Justiça do Trabalho a ter competência para processar e julgar qualquer demanda envolvendo relação de trabalho e não tão somente relação de trabalho subordinado (relação de emprego), como era anteriormente.

44. Neste contexto, a competência da Justiça laboral passou a abranger também os conflitos que venham a surgir em todos os contratos que envolvam uma relação de trabalho, como nas hipóteses dos prestadores de serviços e empreitada.

45. Logo, elastecida a competência material da Justiça do Trabalho, por consequência, também resta ampliada a competência do Ministério Público do Trabalho, o qual encontra limites de atuação na própria parcela de jurisdição conferida à instância laboral.

46. Em relação à greve em atividade considerada essencial com possibilidade de lesão do interesse público, a nova redação do § 3.º do art. 114 da Carta Maior passou a dispor que o Ministério Público do Trabalho poderá ajuizar dissídio coletivo, competindo à Justiça do Trabalho decidir o conflito.

47. A atuação do Ministério Público do Trabalho cinge-se apenas à defesa dos interesses difusos de uma coletividade que se vê prejudicada em função da paralisação de uma atividade considerada essencial, como nas hipóteses de paralisação dos transportes coletivos, coleta de lixo etc.

48. Em relação às atividades não consideradas essenciais, entendemos que não há espaço para a atuação do *Parquet* laboral, uma vez que a greve é um direito assegurado constitucionalmente aos trabalhadores (art. 9.º da CF/1988), não sendo possível a interferência ministerial neste direito, salvo se, exercido de forma abusiva, comprometer o atendimento das necessidades inadiáveis da comunidade.

49. A EC 45/2004 também estabeleceu como competência material da Justiça do Trabalho processar e julgar as ações que envolvam o exercício do direito de greve. Neste contexto, nasce para o Ministério Público do Trabalho a possibilidade de atuar na qualidade de fiscal da lei, opinando nas ações que envolvam o exercício do direito de greve, pois, invariavelmente, este tipo de ação poderá ser utilizado como forma de repelir ou impedir o livre exercício do direito de greve, constituindo-se em prática antissindical. A atuação do *Parquet* laboral também poderá ser na qualidade de órgão agente, objetivando garantir o regular exercício do direito de greve, este assegurado constitucionalmente.

50. Outra novidade trazida pela EC 45/2004 foi a inclusão do inciso IV ao art. 114 da Carta Maior, estabelecendo como competência material da Justiça do Trabalho processar e julgar os mandados de segurança, *habeas corpus* e *habeas data*, quando o ato questionado envolver matéria sujeita à sua jurisdição.

51. Por último, acabando com qualquer discussão doutrinária ou jurisprudencial remanescente, o inciso VI do art. 114 da CF/1988 (redação dada pela EC 45/2004) fixou como competência da Justiça laboral processar e julgar as ações de indenização por dano moral e patrimonial decorrentes da relação de trabalho, o que veio a fortalecer ainda mais a atuação do Ministério Público do Trabalho relativamente ao pleito de dano moral coletivo, que vem sendo requerido em muitas ações civis públicas, como instrumento inibidor de ilícitos trabalhistas cometidos.

4

ATOS, TERMOS, PRAZOS E NULIDADES PROCESSUAIS

4.1. ATOS PROCESSUAIS

4.1.1. Conceito

O processo nada mais representa do que um complexo ordenado de atos processuais, destinado à obtenção de um objetivo, qual seja a sentença.

O ato processual constitui-se numa espécie de ato jurídico que objetiva a constituição, a conservação, o desenvolvimento, a modificação ou a extinção da relação processual.

Os atos processuais ocorrem, evidentemente, no curso do processo, podendo ser praticados pelas partes, pelo juiz ou pelos órgãos auxiliares da Justiça.

O Código de Processo Civil aborda o tema (atos processuais) nos arts. 188 a 293, e a Consolidação das Leis do Trabalho, embora de maneira não concentrada, disciplina a matéria a partir do art. 770.

O atual diploma processual civil sistematizou os atos processuais da seguinte forma:

Da forma dos atos processuais em geral – arts. 188 a 192;

Da prática eletrônica de atos processuais – arts. 193 a 199;

Dos atos das partes – arts. 200 a 202;

Dos pronunciamentos do juiz – arts. 203 a 205;

Dos atos do escrivão ou chefe de secretaria – arts. 206 a 211;

Do tempo e do lugar dos atos processuais – arts. 212 a 217;

Dos prazos – arts. 218 a 232;

Da verificação dos prazos e das penalidades – arts. 233 a 235;

Da comunicação dos atos processuais (disposições gerais) – arts. 236 e 237, da citação (arts. 238 a 259), das cartas (arts. 260 a 268), das intimações (arts. 269 a 275);

Das nulidades – arts. 276 a 283;

Da distribuição e do registro – arts. 284 a 290; e

Do valor da causa – arts. 291 a 293.

Vale destacar que o atual diploma processual, atento às dificuldades da implantação do processo judicial eletrônico, admite a coexistência de autos físicos e digitais, ao estatuir em seu art. 193 que os atos processuais podem ser total ou parcialmente digitais, de forma a permitir que sejam produzidos, comunicados, armazenados e validados por meio eletrônico, na forma da lei.

As regras do processo eletrônico serão aplicadas, no que for cabível, à prática de atos notariais e de registro.

4.1.2. Classificação

Não há unanimidade na doutrina acerca da classificação dos atos processuais, havendo duas correntes, a subjetiva e a objetiva.

A corrente objetiva classifica os atos processuais em postulatórios (ex.: apresentação da petição inicial), de desenvolvimento (ex.: atos que impulsionam o processo), de instrução (ex.: alegações no curso do processo e atos probatórios) e de atos de provimento (sentenças, despachos e decisão interlocutória proferida pelo juiz).

O Código de Processo Civil classifica os atos processuais em atos da parte (art. 200 do CPC), pronunciamentos do juiz (art. 203 do CPC) e atos do escrivão ou do chefe de secretaria (art. 206 do CPC).

Estabelece o art. 200 do atual digesto processual civil que os atos das partes, consistentes em declarações unilaterais ou bilaterais de vontade, produzem imediatamente a constituição, a modificação ou a extinção de direitos processuais.

Como exemplo de atos das partes, podemos mencionar: apresentação da petição inicial e contestação; interposição de recursos e contrarrazões; desistência da ação ou renúncia à pretensão; a transação; a convenção das partes para suspensão do processo; sustentação oral; apresentação de razões finais; depoimentos pessoais das partes; pagamento de custas judiciais etc.

Por sua vez, o art. 203 do CPC dispõe por pronunciamentos do juiz em sentenças, decisões interlocutórias e despachos.

Vale ressaltar que o art. 205, § 2º, do CPC dispõe que a assinatura dos juízes, em todos os graus de jurisdição, pode ser feita eletronicamente, na forma da lei.

Seguem as definições dos pronunciamentos do juiz:

Segundo o art. 203, § 1.º, do CPC, sentença é o pronunciamento por meio do qual o juiz, com fundamento nos arts. 485 e 487, põe fim à fase cognitiva do procedimento comum, assim como extingue a execução, ressalvadas as disposições expressas dos procedimentos especiais. O conceito previsto no Código de Processo Civil de 1973 gerava muitas dúvidas práticas no momento de distinguir a sentença das decisões interlocutórias. No Processo do Trabalho, essa diferenciação tem pouco impacto, pois as decisões interlocutórias não desafiam agravo de instrumento, mas no processo comum traz grandes dúvidas sobre o cabimento de apelação ou de agravo de instrumento.

Até 2006, o conceito era muito claro, tratava-se do ato do juiz que colocava fim ao processo, consoante rezam os arts. 267 e 269 do CPC/1973. Neste mesmo ano, definiu-se o conceito segundo o qual a sentença passou a ser definida como o ato do juiz que implica alguma das situações previstas nos arts. 267 e 269 do CPC/1973. Assim, conceitua-se como sentença, por exemplo, o ato do juiz que exclui uma parte ativa por ilegitimidade, muito embora o processo prossiga em primeiro grau. No Processo do Trabalho, esse ato desafia o recurso ordinário, mas na justiça comum, casos como esses ensejam discussão acerca do cabimento de apelação ou de agravo. O atual Código busca acabar com as dúvidas definindo sentença com base em dois critérios: o do momento e o do conteúdo. Assim, sentença é o ato que ao mesmo tempo põe fim ao processo e/ou uma das fases (critério do momento) e implica uma das situações dos arts. 485 e 487 do CPC (critério do conteúdo).

E ainda, para não deixar qualquer margem para confusão entre sentença e decisão interlocutória, o atual dispositivo legal define decisão interlocutória como o pronunciamento judicial, de natureza decisória, que não seja sentença (art. 203, § 2.º, do CPC).

O atual Código conceitua como despachos todos os demais pronunciamentos do juiz praticados no processo, de ofício ou a requerimento da parte, ou seja, todos os pronunciamentos que não se enquadrem no conceito de sentença ou de decisões interlocutórias (art. 203, § 3.º, do CPC).

Por fim, classificam-se como atos meramente ordinatórios os que independem de despacho, devendo ser praticados de ofício pelo servidor e revistos pelo juiz quando necessário, como, por exemplo, a juntada e a vista obrigatória (art. 203, § 4.º, do CPC).

O art. 206 do CPC estabelece que, ao receber a petição inicial de processo, o escrivão ou o chefe de secretaria a autuará, mencionando o juízo, a natureza do processo, o número de seu registro, os nomes das partes e a data de seu início, procedendo do mesmo modo em relação aos volumes em formação, constituindo-se em exemplos de atos praticados pelos órgãos auxiliares da justiça.

O art. 841 da CLT também elenca um exemplo de ato processual realizado pelo escrivão ou chefe da secretaria da Vara do Trabalho, quando determina que o mesmo, no prazo de 48 horas da distribuição da reclamação, remeterá a segunda via da petição ao reclamado, notificando-o para comparecer à audiência.

No processo de execução trabalhista, a citação do executado e posterior penhora pelo oficial de justiça (arts. 880 e 883, ambos da CLT) também representam atos processuais praticados pelos auxiliares da justiça.

4.1.3. Negociação processual

O atual Código de Processo Civil estabelece em seus arts. 190 e 191 uma cláusula geral e atípica de negociação sobre a possível alteração do procedimento nos casos em que o direito admita autocomposição. Ressalte-se que não se exige necessariamente direitos disponíveis, mas apenas que admitam a autocomposição.

> "Art. 190. Versando o processo sobre direitos que admitam autocomposição, é lícito às partes plenamente capazes estipular mudanças no procedimento para ajustá-lo às especificidades da causa e convencionar sobre os seus ônus, poderes, faculdades e deveres processuais, antes ou durante o processo.
>
> Parágrafo único. De ofício ou a requerimento, o juiz controlará a validade das convenções previstas neste artigo, recusando-lhes aplicação somente nos casos de nulidade ou de inserção abusiva em contrato de adesão ou em que alguma parte se encontre em manifesta situação de vulnerabilidade."
>
> "Art. 191. De comum acordo, o juiz e as partes podem fixar calendário para a prática dos atos processuais, quando for o caso.
>
> § 1.º O calendário vincula as partes e o juiz, e os prazos nele previstos somente serão modificados em casos excepcionais, devidamente justificados.
>
> § 2.º Dispensa-se a intimação das partes para a prática de ato processual ou a realização de audiência cujas datas tiverem sido designadas no calendário."

No Processo Civil será possível que as partes estipulem mudanças no procedimento ou convencionem sobre seus ônus, poderes, faculdades ou deveres antes ou durante o processo. Isso significa que as partes poderão estabelecer mudanças quanto aos procedimentos e, também, determinar que as custas processuais sejam pagas pelo reclamado ou que sejam sempre rateadas; ampliar ou reduzir os prazos; instituir que os depoimentos das testemunhas possam ser por escrito, realizado perante um tabelião; estabelecer que não haverá recurso, ou seja, as partes aceitarão a decisão do juiz; o recurso ordinário terá efeito suspensivo; convencionar que a execução seja apenas a definitiva.

Nos termos do parágrafo único do art. 190 do CPC, ao juiz não caberá homologar ou concordar com as mudanças, mas apenas controlar a validade destas, negando aplicação apenas nos casos de nulidade, como, por exemplo, quando determinarem que as reclamações sejam propostas diretamente no TST ou que o processo seja sigiloso, nos casos de inserção abusiva em contrato de adesão ou naquelas em que alguma parte se encontre em manifesta situação de vulnerabilidade.

A grande pergunta é: essa cláusula geral de negociação processual será aplicável no Processo do Trabalho?

A CLT é omissa quanto à questão, de modo que o único impeditivo para aplicar tal cláusula no Processo do Trabalho é próprio parágrafo único do art. 190 do CPC, dispondo que o juiz recusará sua aplicabilidade quando uma das partes se encontrar em manifesta situação de vulnerabilidade.

A questão é: quais os limites da vulnerabilidade? Sem dúvida, o trabalhador autônomo, assistido por advogado, não pode ser considerado parte vulnerável, assim como não há vulnerabilidade nos dissídios coletivos, na execução dos termos de ajustamento de conduta firmados pelo Ministério Público do Trabalho ou nas ações propostas por altos empregados assistidos por advogados. Mas e quanto aos dissídios propostos pelos demais empregados assistidos por advogados ou não? Alguns sustentam que todos eles seriam vulneráveis, à luz do parágrafo único do art. 190 do CPC, estando impedidos de negociar quanto ao processo, além dos casos expressamente permitidos por lei.

A nosso ver, apenas os empregados que se valham do *jus postulandi*, quer dizer, demandem sem advogado, são vulneráveis. Nos demais casos, a cláusula geral de negociação processual poderia ser aplicada.

Entretanto, esse não é o entendimento do TST. A IN 39/2016 do TST, que dispõe sobre normas do Código de Processo Civil de 2015 aplicáveis e não aplicáveis ao Processo do Trabalho, deixa claro, em seu art. 2º, II, que o art. 190, *caput* e parágrafo único, do atual Código não se aplica ao Processo do Trabalho.

Por seu lado, o art. 191 do CPC permite que se organize um calendário processual negociado, isto é, no qual o juiz e as partes poderão determinar previamente, por exemplo, as datas das audiências, da entrega do laudo pericial e da sentença, de modo que não haverá intimação desses atos processuais.

O calendário processual é perfeitamente aplicável ao Processo do Trabalho, como forma de gestão técnica do sistema, atribuindo ao procedimento previsibilidade, e com a redução de inúmeros problemas cartorários, uma vez que as intimações oneram muito as serventias judiciárias.

4.1.4. Comunicação dos atos

Torna-se imprescindível para o desenvolvimento da cadeia procedimental que haja a comunicação dos atos processuais às partes.

O Código de Processo Civil estabelece como formas de comunicação dos atos processuais a citação e a intimação.

Citação é o ato pelo qual são convocados o réu, o executado ou o interessado para integrar a relação processual (art. 238 do CPC). E para validade do processo é indispensável a citação do réu ou do executado, ressalvadas as hipóteses de indeferimento da petição inicial ou de improcedência liminar do pedido (art. 239 do CPC). O comparecimento espontâneo do réu ou do executado supre a falta ou a nulidade da citação, fluindo a partir desta data o prazo para apresentação de contestação ou de embargos à execução, consoante reza o § 1.º do citado artigo.

Intimação é o ato pelo qual se dá ciência a alguém dos atos e dos termos do processo (art. 269 do CPC). As intimações devem ser realizadas, sempre que possível, por meio eletrônico, inclusive sendo aplicada ao Ministério Público, à Defensoria Pública e à Advocacia Pública o disposto no § 1.º do art. 246 (art. 270 do CPC).

O legislador pátrio, entretanto, objetivando justificar a autonomia do Processo do Trabalho, utilizou na Consolidação das Leis do Trabalho, de forma indiscriminada, o termo **notificação**, como o meio adequado para a comunicação de todo e qualquer ato processual realizado no âmbito da Justiça laboral (seja citação ou intimação).

Logo, a legislação processual trabalhista denomina, igualmente, como **notificação** a comunicação dirigida ao autor como também ao réu.

Todavia, no processo de execução, o art. 880 da CLT previu, expressamente, a citação do executado pelo oficial de justiça para que cumpra o julgado, ou, tratando-se de pagamento em dinheiro, para que pague no prazo de 48 horas ou garanta a execução sob pena de penhora. Neste caso, a citação deve ser pessoal.

Na inicial trabalhista, portanto, há notificação do reclamado, por meio de remessa automática pelo servidor da secretaria da Vara, dentro de 48 horas do recebimento da ação, via postal, de cópia da petição inicial ao reclamado, notificando-o a comparecer à audiência de julgamento, que será a primeira desimpedida, depois de cinco dias (art. 841 da CLT), ocasião em que o demandado apresentará, caso deseje, sua defesa. A notificação inicial trabalhista será feita em registro postal com franquia. Se o reclamado criar embaraços ao seu recebimento ou não for encontrado, far-se-á a notificação por edital, inserto no jornal oficial ou no que publicar o expediente forense, ou, na falta, afixado na sede da Junta ou Juízo (art. 841, § 1.º, da CLT).

O art. 774, parágrafo único, da CLT esclarece que, tratando-se de notificação postal, no caso de não ser encontrado o destinatário ou no de recusa de recebimento, o Correio ficará obrigado, sob pena de responsabilidade do servidor, a devolver a notificação ao tribunal de origem, no prazo de 48 horas. Em decorrência disso, o TST presume que a notificação foi recebida no prazo de 48 horas (Súmula 16 do TST). Trata-se de presunção relativa, de modo que o destinatário poderá comprovar o não recebimento neste prazo.

Como se nota, sendo a citação, como regra, via postal, basta a entrega no endereço do reclamado, não havendo qualquer necessidade de entrega ao representante legal. Veja esse julgado esclarecedor do Tribunal Superior do Trabalho:

> *RECURSO ORDINÁRIO. AÇÃO RESCISÓRIA. VIOLAÇÃO LITERAL DE LEI. DOLO DA PARTE VENCEDORA. NULIDADE DA CITAÇÃO REALIZADA NA RECLAMAÇÃO TRABALHISTA. NÃO CONFIGURAÇÃO. Conforme o artigo 841 Consolidado, "recebida e protocolada a reclamação, o escrivão ou secretário, dentro de 48 (quarenta e oito) horas, remeterá a segunda via da petição, ou do termo, ao reclamado, notificando-o ao mesmo tempo, para comparecer à audiência do julgamento, que será a primeira desimpedida, depois de 5 (cinco) dias". Examinando o referido dispositivo legal, constata-se que não há qualquer exigência no sentido de citação pessoal do sócio da empresa, mas sim que ela seja entregue no endereço da reclamada ou do respectivo representante. (...) Recurso ordinário conhecido e desprovido" (RO-965-74.2018.5.09.0000, Subseção II Especializada em Dissídios Individuais, Relator Ministro Emmanoel Pereira, DEJT 13/09/2019).*

Quando se tratar de condomínio edilício ou condomínios horizontais (loteamento), pode ser entregue a citação ao porteiro que recebe as correspondências, mas o responsável pela portaria pode recusar o recebimento se o destinatário está ausente. Veja:

> Art. 248, § 4º, CPC. Nos condomínios edilícios ou nos loteamentos com controle de acesso, será válida a entrega do mandado a funcionário da portaria respon-

sável pelo recebimento de correspondência, que, entretanto, poderá recusar o recebimento, se declarar, por escrito, sob as penas da lei, que o destinatário da correspondência está ausente.

Nos termos do art. 841 da CLT, entre o recebimento da notificação postal e a realização da audiência deverá decorrer o prazo mínimo de cinco dias, sendo este o prazo da defesa.

A falta da notificação pode ser suprida pelo comparecimento espontâneo do réu. Todavia, não respeitado o quinquídio legal previsto no art. 841 consolidado, o reclamado poderá comparecer à audiência apenas para arguir a nulidade de citação, caso em que decretada a nulidade pelo juiz, será designada nova data para a realização da audiência, onde o réu apresentará sua defesa.

Ressalte-se que o atual CPC determina que "a citação da União, dos Estados, do Distrito Federal, dos Municípios e de suas respectivas autarquias e fundações de direito público será realizada perante o órgão de Advocacia Pública responsável por sua representação judicial" (art. 242, § 3.º, do CPC).

A Lei 11.419/2016, regulamentada pela Resolução 185/2017 do CSJT, institui que, nos processos eletrônicos, todas as citações, intimações e notificações, inclusive da Fazenda Pública, far-se-ão por meio eletrônico, sem prejuízo da publicação do *Diário Eletrônico da Justiça do Trabalho* (*DEJT*) nas hipóteses previstas em lei (art. 9º, *caput*, Lei 11.419/2016 e art. 17, *caput*, da Resolução 185/2017, CSJT).

As citações, intimações, notificações e remessas que viabilizem o acesso à íntegra do processo serão consideradas vista pessoal do interessado para todos os efeitos legais (art. 9º, § 1º, Lei 11.419/2006 e art. 19, § 1º, Res. 185/2013).

Em relação ao reclamante, ele será notificado da data designada para a audiência no ato da distribuição da reclamação ou então via postal, nos moldes do art. 841, § 2.º, da CLT.

A jurisprudência e a doutrina têm considerado válida a notificação postal entregue na empresa a empregado do reclamado, zelador ou empregado da administração do edifício, já que não há previsão legal de pessoalidade na realização da comunicação, sendo a notificação considerada válida com a simples entrega do registro postal no endereço da parte.

Reza o § 1.º do art. 841 da CLT que, se o reclamado criar embaraços ao recebimento da notificação postal para comparecimento à audiência ou não for encontrado, far-se-á a notificação por edital, inserto no jornal oficial ou no que publicar o expediente forense, ou, na falta, afixado na sede da Vara ou Juízo.

Na prática, entretanto, quando o reclamado não é encontrado ou opõe embaraços ao recebimento da notificação, esta é feita pelo oficial de justiça, evitando os juízes a notificação por edital, principalmente para impedir gastos com a publicação de editais e para assegurar o efetivo recebimento da notificação pelo réu, prevenindo-se futuros questionamentos de nulidade de citação.

Frise-se que, mesmo que a notificação para comparecimento à audiência seja feita pelo oficial de justiça, ela não precisará ser pessoal, bastando sua entrega pelo meirinho no domicílio do reclamado, salvo na execução, quando a citação do executado, pelo oficial de justiça, será pessoal (art. 880, § 2.º, da CLT).

Justamente pelo fato de a notificação por edital consistir em ato de conteúdo precário, ineficiente, meramente formal, deixando o reclamado, na maioria das vezes, revel e sem defesa, ocasionalmente provocada pela má-fé ou deslealdade processual do reclamante, é que alguns magistrados têm implementado a citação por hora certa pelo oficial de justiça na fase de conhecimento, muito embora não haja previsão explícita no diploma consolidado, apenas havendo previsão no CPC, arts. 252 a 254.

No entanto, se o reclamado estiver em local incerto e não sabido, não restará outra alternativa ao magistrado trabalhista a não ser notificá-lo por edital.

Realizada a notificação por edital e correndo o processo à revelia, entendemos que não haverá nomeação de curador especial para o revel, sendo inaplicável o art. 72, II, do CPC, uma vez que a Consolidação das Leis do Trabalho determina que somente na hipótese do art. 793 (reclamação trabalhista promovida por menor de 18 anos sem representante legal) é que será nomeado curador especial, muito embora sejamos forçados a reconhecer que o tema provoca divergências na doutrina.

Outrossim, se o endereço do reclamado se localizar em zona não servida por entrega domiciliar de correspondência ou se o réu possuir domicílio em zona rural ou de difícil acesso, a citação será feita pelo oficial de justiça. Como se observa no julgado abaixo:

> "NOTIFICAÇÃO POSTAL. DEVOLUÇÃO. PROVIDÊNCIA SEGUINTE. CITAÇÃO POR MANDADO. Devolvida pelo Correio a notificação postal, a providência correta é a repetição do ato pelo oficial de justiça, por mandado do juiz, e não a extinção do processo sem resolução do mérito, devendo o serventuário diligenciar nas imediações do endereço fornecido para efetivamente cumprir o seu mister" (TRT 3.ª Região – RO 00523201309603006 0000523-55.2013.5.03.0096 – Rel. Rogério Valle Ferreira, 6.ª T. – j. 27/08/2013 – *DJ* 02/09/2013).

Bezerra Leite[1] comentando sobre o tema explica que "no processo do trabalho, diferentemente do processo civil (CPC, art. 242), não se aplica

1 BEZERRA LEITE, Carlos Henrique. *Curso de direito processual do trabalho*. 14. ed. São Paulo: Saraiva, 2016. p. 441.

o princípio da pessoalidade da citação (CLT, art. 841, § 1.º), ou seja, ela é válida quando dirigida ao endereço correto do réu e pode ser recebida por qualquer pessoa lá presente, independentemente de ser representante legal ou procurador legalmente autorizado do réu. É, pois, do destinatário o ônus de provar a irregularidade da citação" (Súmula 16 do TST).

Esse parecer também é seguido pelos tribunais:

> "NULIDADE DE CITAÇÃO. CITAÇÃO INAUGURAL. PRINCÍPIO DA PESSOALIDADE. NÃO INCIDÊNCIA NO PROCESSO DO TRABALHO. ÔNUS DA PROVA DO NÃO RECEBIMENTO DA CITAÇÃO. SÚMULA 16 DO TST. No processo do trabalho, diferentemente do processo civil, à notificação citatória (citação inicial) não se aplica o princípio da pessoalidade da citação, ou seja, ela é válida quando dirigida ao correto endereço do réu e pode ser recebida por qualquer pessoa lá presente, independentemente de ser representante legal ou procurador legalmente autorizado da empresa executada. É, pois, do destinatário o ônus de provar a irregularidade da citação. Inteligência da Súmula 16 do c. TST" (TRT 5.ª Região – AP 00567009319925050201/BA – Rel. Edilton Meireles, 1.ª T. – j. 18.05.2015, *DJ* 21.05.2015).

O procedimento sumaríssimo não admite a citação por edital, incumbindo ao autor a correta indicação do nome e endereço do reclamado, sob pena de arquivamento da reclamação.

Todavia, neste caso, se o reclamado estiver em local incerto e não sabido, ao juiz não restará outra alternativa a não ser converter o procedimento sumaríssimo em ordinário, realizando a notificação por edital, sob pena de ofensa ao princípio da inafastabilidade de jurisdição previsto na Constituição Federal de 1988.

Caso o reclamado esteja domiciliado no exterior, a notificação será feita mediante carta rogatória, nos moldes dos arts. 260 e seguintes do CPC.

Residindo o reclamado no Brasil, mas em comarca fora da jurisdição territorial da Vara do Trabalho, alguns juízes mantêm a notificação postal, utilizando-se do argumento de que o art. 247 do CPC autoriza a citação postal em qualquer comarca do País, enquanto outros magistrados expedem a denominada carta precatória, procedendo o juízo deprecado à notificação, ou por oficial de justiça (via mandado), ou mesmo via postal.

O atual Código de Processo Civil prevê, em seu art. 270, que "as intimações realizam-se, sempre que possível, por meio eletrônico, na forma da lei".

Ainda em relação à comunicação dos atos processuais, podemos destacar:

- A partir do momento em que reclamante e reclamado possuírem advogados constituídos nos autos, as futuras notificações serão feitas aos causídicos, via postal. Caso as partes estejam no exercício do *jus postulandi*, as notificações serão enviadas diretamente a elas, também pelos correios;

- Havendo pedido expresso de que as intimações e publicações sejam realizadas exclusivamente em nome de determinado advogado, a comunicação em nome de outro profissional constituído nos autos é nula, salvo se constatada a inexistência de prejuízo (Súmula 427). No mesmo sentido, encontra-se o art. 272, § 5º, do CPC. Entretanto, segundo o art. 16 da IN 39/2016 do TST, "para efeito de aplicação do § 5.º do art. 272 do CPC, não é causa de nulidade processual a intimação realizada na pessoa de advogado regularmente habilitado nos autos, ainda que conste pedido expresso para que as comunicações dos atos processuais sejam feitas em nome de outro advogado, se o profissional indicado não se encontra previamente cadastrado no Sistema de Processo Judicial Eletrônico, impedindo a serventia judicial de atender ao requerimento de envio da intimação direcionada. A decretação de nulidade não pode ser acolhida em favor da parte que lhe deu causa (CPC, art. 276)";
- O art. 825 da CLT indica que as testemunhas comparecerão à audiência independentemente de intimação, sendo intimadas as que não comparecerem, *ex officio*, ou a requerimento da parte, ficando sujeitas à condução coercitiva e multa, caso, sem justo motivo, não atendam à intimação;
- Por sua vez, o art. 852-H determina que no procedimento sumaríssimo também as testemunhas comparecerão à audiência independentemente de notificação, apenas sendo deferida intimação da testemunha que, comprovadamente convidada, deixar de comparecer;
- Em relação à sentença normativa prolatada pelo Tribunal, estabelece o art. 867 da CLT que as partes ou seus representantes legais serão notificadas via postal, fazendo-se, outrossim, a sua publicação no jornal oficial para ciência dos demais interessados;
- Encontrando-se o processo já em fase recursal, as intimações serão feitas por meio de publicação do nome das partes e advogados no órgão oficial;
- O art. 834 da CLT determina, em regra, que a publicação das decisões e sua notificação aos litigantes, ou seus patronos, consideram-se realizadas nas próprias audiências em que forem proferidas;
- No mesmo sentido, dispõe o art. 852 consolidado que da decisão serão os litigantes notificados, pessoalmente ou por seu representante, na própria audiência. No entanto, em caso de revelia, a notificação da decisão será feita via postal;
- Saliente-se que o prazo para recurso da parte que, devidamente intimada, não comparecer à audiência de julgamento para prolação da sentença conta-se da publicação da sentença, na própria audiência, conforme entendimento consubstanciado na Súmula 197 do TST;
- O art. 851, § 2.º, da CLT dispõe que o juiz deverá juntar a ata de sentença aos autos, devidamente assinada, no prazo improrrogável de 48 horas, sob pena de o prazo para recurso apenas ser contado da data em que a parte receber a intimação da sentença (Súmula 30 do TST);
- A Consolidação dos Provimentos da Corregedoria-Geral da Justiça do Trabalho, em seu art. 27, estabelece que os membros do Ministério Público do Trabalho

serão cientificados pessoalmente das decisões proferidas pela Justiça do Trabalho nas causas em que o órgão haja atuado como parte ou como fiscal da lei;

- A comunicação dos atos processuais também pode ser feita por meio de carta precatória, rogatória ou de ordem, consoante estabelecidas nos arts. 260 e ss. do CPC.
- A carta de ordem é emanada pelo tribunal a um juiz a este subordinado;
- A carta rogatória é a comunicação processual dirigida à autoridade judiciária estrangeira, como acontece no caso de eventual execução em face de pessoa jurídica de direito público externo;
- A carta precatória é utilizada quando a comunicação ou prática de atos processuais tenha que ser realizada fora da jurisdição territorial da Vara, como nos casos de notificação do reclamado que resida em outra comarca para comparecer à inicial, oitiva de testemunhas fora da sede do juízo, realização de prova pericial em outra jurisdição, execução de bens em outra comarca etc.;
- À luz do art. 263 do CPC, a carta de ordem, a carta precatória e a carta rogatória poderão ser expedidas por meio eletrônico, situação em que a assinatura do juiz deverá ser eletrônica, na forma da lei.

4.1.5. Publicidade

A EC 45, publicada pelo Senado Federal no dia 08.12.2004, alterou o art. 93 da CF/1988, prestigiando nos incisos IX e X o princípio da publicidade dos julgamentos dos órgãos do Poder Judiciário, *in verbis*:

> "Art. 93. Lei complementar, de iniciativa do Supremo Tribunal Federal, disporá sobre o Estatuto da Magistratura, observados os seguintes princípios: (...)
>
> IX – todos os julgamentos dos órgãos do Poder Judiciário serão públicos, e fundamentadas todas as decisões, sob pena de nulidade, podendo a lei limitar a presença, em determinados atos, às próprias partes e a seus advogados, ou somente a estes, em casos nos quais a preservação do direito à intimidade do interessado no sigilo não prejudique o interesse público à informação;
>
> X – as decisões administrativas dos tribunais serão motivadas e em sessão pública, sendo as disciplinares tomadas pelo voto da maioria absoluta de seus membros."

Portanto, a regra é a publicidade dos atos processuais, permitindo-se que a sociedade fiscalize as atividades forenses.

Somente em casos excepcionais é admitido que o processo, na Justiça do Trabalho, corra em segredo de justiça, como nas hipóteses de preservação do direito à intimidade da parte, discriminação por motivo de doença, sexo, discussão relativa a atos de improbidade praticados pelo obreiro, assédio moral ou sexual etc.

Por seu turno, o art. 770 da CLT dispõe que os atos processuais serão públicos, salvo quando o contrário determinar o interesse social, e realizar-se-ão nos dias úteis das 6 às 20 horas.

O art. 212, § 3.º, do CPC dispõe que quando o ato tiver de ser praticado por meio de petição em autos não eletrônicos, esta deverá ser protocolada no horário de funcionamento do fórum ou tribunal, de acordo com o disposto na lei de organização judiciária local.

A prática eletrônica de ato processual pode ocorrer em qualquer horário até as vinte e quatro horas do último dia do prazo. O horário vigente no juízo perante o qual o ato deve ser praticado será considerado para fim de atendimento do prazo. Do mesmo ponto de vista, dispõe o atual Código de Processo Civil, em seu art. 213.

Por outro lado, a legislação consolidada (art. 770, parágrafo único, da CLT) menciona que o juiz do trabalho poderá autorizar, expressamente (normalmente constando no mandado de citação, penhora e avaliação), que a penhora pelo oficial de justiça possa ser realizada em domingo ou feriado.

4.1.6. Ato processual por fac-símile

A Lei 9.800, de 26.05.1999, instituiu o sistema de transmissão de dados e imagens por meio de fac-símile para a prática de atos processuais que dependam de petição escrita. Destaque-se, entretanto, que somente poderá ser utilizado nas varas e tribunais em que ainda não houver sido implantado o Sistema do Processo Judicial Eletrônico.

Estabelece a lei em comento que a utilização de sistema de transmissão de dados e imagens não prejudica o cumprimento dos prazos, devendo os originais ser entregues em juízo, necessariamente, até cinco dias da data de seu término (art. 2.º).

Relativamente aos atos não sujeitos a prazo, os originais deverão ser entregues, indispensavelmente, até cinco dias do término do prazo processual (Súmula 387 do TST).

Vale frisar que a parte que utilizar o sistema fac-símile, sem prejuízo de outras sanções, será considerada litigante de má-fé se não houver perfeita concordância entre o original remetido por *fax* e o original entregue em juízo.

4.1.7. Informatização do processo judicial

A prática eletrônica de atos processuais será realizada por intermédio do Sistema Processo Judicial Eletrônico (PJe) instalado na Justiça do Trabalho, nos termos da Lei 11.419/2006, arts. 193 a 199 do CPC e da Resolução 185/2017 do Conselho Superior da Justiça.

Destacam-se as seguintes características do Sistema de Processo Judicial Eletrônico da Justiça do Trabalho – PJe-JT:

Nos termos do art. 1.º, § 2.º, da Lei 11.419/2006, considera-se:

a) **Meio Eletrônico:** qualquer forma de armazenamento ou tráfego de documentos e arquivos digitais;

b) **Transmissão Eletrônica**: toda forma de comunicação a distância com a utilização de redes de computadores, preferencialmente a rede mundial de computadores;

c) **Assinatura Eletrônica**: são as seguintes formas de comunicação inequívoca do signatário:

- Assinatura digital: baseada em certificado digital, emitido por Autoridade Certificadora credenciada, na forma de lei específica;
- Mediante cadastro do usuário no poder judiciário, como disciplinado pelos órgãos respectivos.

4.1.7.1. Do acesso

Vigora no Processo do Trabalho o princípio do *jus postulandi* (art. 791 da CLT), segundo o qual empregado e empregador podem demandar pessoalmente na Justiça do Trabalho. Nesses casos, partes ou terceiros interessados desassistidos de advogados poderão apresentar peças processuais e documentos em papel nos locais competentes para recebê-los, que serão inseridos nos autos eletrônicos pela unidade judiciária (art. 4º da Resolução 185/2017, CSJT e art. 14, § 2º, da Resolução 25 Consolidada, CNJ).

O credenciamento dos advogados no PJe dar-se-á pela identificação do usuário por meio de seu certificado digital e remessa do formulário eletrônico disponibilizado no portal de acesso ao PJe, devidamente preenchido e assinado digitalmente (art. 5º, *caput*, da Resolução 185/2017, CSJT).

Por seu lado, a sociedade de advogados fará seu credenciamento através da remessa do formulário eletrônico disponibilizado no portal de acesso ao PJe, devidamente preenchido e assinado digitalmente, dispensando-se a identificação do usuário por meio de seu certificado digital (art. 5º, § 1º, da Resolução 185/2017, CSJT).

As alterações de dados cadastrais poderão ser feitas pelos próprios usuários, a qualquer momento, utilizando funcionalidade específica do PJe para este fim, salvo as informações obtidas de bancos de dados credenciados, como Receita Federal, Justiça Eleitoral e Ordem dos Advogados do Brasil – OAB –, que deverão ser atualizadas diretamente nas respectivas fontes (art. 5º, § 2º, da Resolução 185/2017, CSJT).

Os advogados e sociedades de advogados devem requerer sua habilitação para atuar nos autos eletrônicos cujas partes representarão, juntando a procuração (art. 5º, § 6º, da Resolução 185/2017, CSJT).

É atribuição do magistrado determinar, por despacho ou delegação de ato ordinatório, a alteração da autuação para inativação de advogado indevidamente habilitado, ou que deixou de representar quaisquer das partes (art. 5º, § 7º, da Resolução 185/2017, CSJT).

Os documentos digitalizados juntados em processo eletrônico estarão **disponíveis para acesso por meio da rede externa** pelas respectivas partes processuais, pelos advogados, independentemente de procuração nos autos, pelos membros do Ministério Público e pelos magistrados, sem prejuízo da possibilidade de visualização nas secretarias dos órgãos julgadores, à exceção daqueles que tramitarem em segredo de justiça (art. 11, § 6º, Lei 11.419/ 2006 - incluído pela Lei 13.793/2019).

Os sistemas de informações pertinentes a processos eletrônicos devem possibilitar que advogados, procuradores e membros do Ministério Público **cadastrados**, mas não vinculados a processo previamente identificado, **acessem automaticamente** todos os atos e documentos processuais armazenados em meio eletrônico, desde que **demonstrado interes**se para fins apenas de registro, salvo nos casos de processos em segredo de justiça (art. 11, § 7º, Lei 11.419/ 2006 - incluído pela Lei 13.793/2019).

Para que o advogado, procurador ou membro do Ministério Público tenha acesso a autos eletrônico deve fazer um cadastro identificando-se. Esse cadastro não está sujeito à aprovação, bastando que comprove sua condição profissional. O objetivo é a identificação das pessoas que acessam ao sistema. A demonstração de interesse faz-se pela simples busca do processo, ou seja, não se exige petição justificando a busca pelas informações.

O Estatuto da OAB prevê o mesmo, determinado que, inclusive em processos e procedimentos eletrônicos, é direito do advogado:

a) "**examinar**, em qualquer órgão dos Poderes Judiciário e Legislativo, ou da Administração Pública em geral, autos de processos findos ou em andamento, mesmo sem procuração, quando não estiverem sujeitos a sigilo ou segredo de justiça, assegurada a obtenção de cópias, com possibilidade de tomar apontamentos" (art. 7º, XIII, e § 13, da Lei 8.906/1994 - Estatuto da Advocacia, incluído pela Lei 13.793/2019).

b) "**examinar**, em qualquer instituição responsável por conduzir investigação, mesmo sem procuração, autos de flagrante e de investigações de qualquer natureza, findos ou em andamento, ainda que conclusos à autoridade, podendo copiar peças e tomar apontamentos, em meio físico ou digital" (art. 7º, XIV e § 13, da Lei 8.906/1994 - Estatuto da Advocacia, alterado pela Lei 13.793/2019). O acesso do advogado aos processos e procedimentos de investigação poderá ser delimitado pela autoridade competente aos elementos de prova relacionados a diligências em andamento e ainda não documentados nos autos, quando houver risco de comprometimento da eficiência, da eficácia ou da finalidade das diligências (art. 7º, §§ 11 e 13, da Lei 8.906/1994 – Estatuto da Advocacia, alterado pela Lei 13.793/2019).

Da mesma forma, o Código de Processo Civil estabelece que, inclusive nos processos eletrônicos, é direito do advogado "**examinar**, em cartório de fórum e secretaria de tribunal, mesmo sem procuração, autos de qualquer processo, independentemente da fase de tramitação, assegurados a obtenção de **cópias** e o **registro de anotações**, salvo na hipótese de segredo de justiça, nas quais apenas o advogado constituído terá acesso aos autos" (art. 107, I e § 5º, do CPC – alterado pela Lei 13.793/2019).

4.1.7.2. Da disponibilidade do sistema

Institui a Resolução 185/2017 do CSJT (art. 10) que a disponibilidade do PJe será aferida na forma definida pelo Conselho Nacional de Justiça – CNJ. Por sua vez, a Resolução 25 Consolidada do CNJ de 2016 versa sobre o acesso ao sistema (arts. 7º ao 13).

Consoante o art. 9º da Resolução 25 Consolidada, o sistema ficará disponível 24 horas por dia, salvo durante os períodos de manutenção.

Considera-se indisponibilidade do sistema PJe-JT a falta de oferta ao público externo, diretamente ou por meio de WebService, de qualquer um dos seguintes serviços (art. 10 da Resolução 25 Consolidada, CNJ).

> I – consulta aos autos digitais;
>
> II – transmissão eletrônica de atos processuais;
>
> III – acesso a citações, intimações ou notificações eletrônicas feitas via sistema;

As manutenções programadas do sistema serão sempre informadas ostensivamente, com pelo menos 5 dias de antecedência, e realizadas, preferencialmente, entre 0h de sábado e 22h de domingo, ou entre 0h e 6h dos demais dias da semana (arts. 9º e 13 da Resolução 25 Consolidada, CNJ).

Toda indisponibilidade do sistema PJe será registrada em relatório de interrupções de funcionamento acessível ao público no sítio do Tribunal e dos Conselhos, devendo conter, pelo menos, as seguintes informações: a) data, hora e minuto de início da indisponibilidade; b) data, hora e minuto de término da indisponibilidade; c) os serviços que ficaram indisponíveis; e d) assinatura digital do responsável pela unidade de tecnologia da informação do TRT, ou a quem este delegar, com efeito de certidão, devendo – enquanto não implementada a juntada automática nos processos – estar acessível, preferencialmente, em tempo real, ou, no máximo, até as 12h do dia seguinte ao da indisponibilidade (arts. 11, § 2º, da Resolução 25 Consolidada, CNJ e 10 da Resolução 185/2017, CSJT).

Os prazos que vencerem no dia da ocorrência de indisponibilidade serão prorrogados para o dia útil seguinte à retomada de funcionamento, quando (art. 12 da Resolução 25 Consolidada/CNJ):

> i) a indisponibilidade for superior a 60 minutos ininterruptos ou não, entre as 6h00 e as 23h00;
>
> ii) por qualquer tempo, entre as 23h00 e as 24h00.

Os prazos fixados em hora ou minuto serão prorrogados até as 24 horas do dia útil seguinte, quando (art. 12, § 2º, CNJ):

> i – ocorrer a indisponibilidade superior a 60 minutos ininterruptos ou não, nas últimas 24 horas do prazo; ou
>
> ii – ocorrer a indisponibilidade nos 60 minutos anteriores ao término do prazo.

A indisponibilidade entre 0h00 e 6h00, feriados e finais de semana não levará à prorrogação do prazo (art. 12, § 1.º, da Resolução 25 Consolidada, CNJ).

4.1.7.3. *Petições e documentos*

O sistema receberá arquivos com tamanho máximo definido por ato do Tribunal ou Conselho e apenas nos formatos definidos pela Presidência do Conselho Nacional de Justiça, o qual não poderá ser inferior a 1.5Mb (art. 14, *caput* e § 1º, da Resolução 25 Consolidada 25, CNJ).

Será admitido peticionamento fora do PJe, pelas vias ordinárias, nas seguintes hipóteses: a) quando o PJe estiver indisponível e o prazo para a prática do ato não for prorrogável na forma do art. 12 ou essa prorrogação puder causar perecimento do direito; b) para a prática de ato urgente ou destinado a impedir perecimento de direito, quando o usuário externo não possua, em razão de caso fortuito ou força maior, assinatura digital (art. 14, § 3º, da Resolução 25 Consolidada, CNJ).

Os documentos produzidos eletronicamente, os extratos digitais, bem como os documentos digitalizados e juntados aos autos pelos órgãos da Justiça do Trabalho e seus auxiliares, pelos membros do Ministério Público, pelas procuradorias e por advogados públicos e privados, têm a mesma força probante dos originais, ressalvada a alegação motivada e fundamentada de adulteração (art. 15, *caput*, da Resolução 25 Consolidada, CNJ).

Os documentos originais digitalizados deverão ser preservados pelo seu detentor até o trânsito em julgado da sentença ou, quando admitida, até o final do prazo para propositura de ação rescisória (art. 15, § 2.°, da Resolução 25 Consolidada, CNJ).

A arguição de falsidade dos documentos será processada eletronicamente na forma da lei processual em vigor (art. 15, § 3º, da Resolução 25 Consolidada, CNJ).

Os documentos cuja digitalização mostre-se tecnicamente inviável devido ao grande volume, tamanho/formato ou por motivo de ilegibilidade deverão ser apresentados na secretaria no prazo de 10 dias contados do envio da petição eletrônica comunicando o fato. Após o trânsito em julgado, os referidos documentos serão devolvidos, incumbindo-se à parte preservá-los até o final do prazo para propositura da ação rescisória, quando admitida (art. 15, § 3º, da Resolução 25 Consolidada, CNJ).

Os documentos apresentados pelas partes que se valerem do *jus postulandi* deverão ser retirados no prazo de 45 dias. Após esse prazo, a Unidade Judiciária correspondente poderá inutilizar os documentos mantidos sob sua guarda em meio impresso (art. 16, parágrafo único, da Resolução 25 Consolidada 25, CNJ).

As petições, documentos e seus respectivos anexos enviados sem observância das normas vigentes poderão ser indisponibilizados por expressa determinação do magistrado, com o registro de movimento e exclusão da petição e documentos, assinalando-se, se for o caso, novo prazo para a adequada apresentação da petição (art. 15, *caput* e § 1º, da Resolução 185/2017, CSJT).

Os documentos digitalizados e anexados às petições eletrônicas serão classificados e organizados de forma a facilitar o exame dos autos eletrônicos. Quando a forma de apresentação dos documentos puder ensejar prejuízo ao exercício do contraditório e da ampla defesa, deverá o juiz determinar nova apresentação e a exclusão dos anteriormente juntados (art. 18 da Resolução 25 Consolidada, CNJ).

Os órgãos do Poder Judiciário manterão instalados equipamentos à disposição das partes, advogados e interessados para consulta ao conteúdo dos autos digitais, digitalização e envio de peças processuais e documentos em meio eletrônico, bem como auxílio técnico presencial às pessoas com deficiência ou que comprovem idade igual ou superior a 60 anos (art. 19 da Resolução 25 Consolidada, CNJ).

4.1.7.4. Atos processuais

No processo eletrônico, todas as citações, intimações e notificações, inclusive da Fazenda Pública, far-se-ão por meio eletrônico, nos termos da

Lei 11.419, de 19 de dezembro de 2006, e, caso viabilizem o acesso à íntegra do processo correspondente, serão consideradas vista pessoal do interessado para todos os efeitos legais (art. 20, *caput* e § 1º, da Resolução 25 Consolidada, CNJ).

No expediente de notificação inicial ou de citação constará indicação da forma de acesso ao inteiro teor da petição inicial no endereço referente à consulta pública do PJe, cujo acesso também será disponibilizado nos sítios dos TRTs e do CSJT na rede mundial de computadores (art. 18 da Resolução 185/2017, CSJT).

Os avisos de recebimento (ARs), devidamente assinados pelo recebedor das comunicações feitas pelos Correios, deverão ser digitalizados e os respectivos arquivos juntados aos autos eletrônicos (art. 25 da Resolução 25 Consolidada, CNJ).

A petição inicial deverá conter, além dos requisitos do art. 840, § 1º, da CLT, a indicação do CPF ou CNPJ das partes e, sempre que possível, também os seguintes dados: a) o CEI (Cadastro Específico do INSS, incluindo o número da matrícula do empregador pessoa física); b) o Número de Identificação do Trabalhador (NIT) perante o INSS; c) o PIS ou PASEP; d) o número da CTPS do empregado; e e) o CNAE (Classificação Nacional de Atividades Econômicas – código do ramo de atividade) do empregador (art. 19, *caput* e § 1º, da Resolução 185/2017, CSJT).

O PJe fornecerá, na distribuição da ação, o número atribuído ao processo, o órgão julgador para o qual foi distribuída e, se for o caso, o local, a data e o horário de realização da audiência, da qual estará a parte autora imediatamente intimada. Os dados da autuação automática serão conferidos pela unidade judiciária, que procederá, com determinação do magistrado e registro no PJe, à intimação da parte para alteração em caso de desconformidade com a petição e documentos. A ausência de retificação dos dados da autuação automática, referente à petição inicial, no prazo de 15 dias, ensejará a aplicação do disposto no art. 321, parágrafo único, do CPC, ou seja, o indeferimento da petição inicial (art. 19, *caput* e §§ 2º e 3º, da Resolução 185/2017, CSJT).

As partes poderão atribuir segredo de justiça à petição inicial e sigilo à contestação, reconvenção, petições incidentais e documentos, desde que, justificadamente, fundamentem uma das hipóteses do art. 770, *caput*, da CLT e dos arts. 189 ou 773 do CPC. O magistrado poderá instituir a exclusão de petições e documentos indevidamente protocolados sob sigilo (art. 22, §§ 2º e 3º, da Resolução 185/2017, CSJT).

Diferentemente da opção de sigilo que a parte só pode atribuir nas hipóteses previstas em lei, o reclamado pode manter a contestação, reconvenção e os documentos que as acompanham ocultos até a realização da proposta conciliatória infrutífera (art. 22, § 4º, da Resolução 185/2017, CSJT).

Na hipótese de celebração de acordo, a contestação, reconvenção, exceção e documentos que as acompanham serão excluídos do PJe (art. 22, § 5º, da Resolução 185/2017, CSJT).

As audiências serão sempre reduzidas a termo, ainda que gravadas em áudio e vídeo, e o arquivo eletrônico que utilize linguagem padronizada de marcação genérica daí decorrente será, ao final da audiência: a) imediatamente assinado pelo magistrado, impossibilitando a alteração de sua forma e conteúdo; ou b) facultativamente enviado ao PJe, imediatamente após o término da audiência, também impossibilitando a alteração de sua forma e conteúdo (art. 23, da Resolução 185/2017, CSJT).

Na hipótese de celebração de acordo e ausência de assinatura imediata do arquivo eletrônico que utilize linguagem padronizada de marcação genérica e havendo requerimento da parte, a ata deverá ser impressa, assinada manualmente pelas partes e magistrado e, então, digitalizada e inserida no PJe (art. 23, § 3º, da Resolução 185/2017, CSJT).

4.1.7.5. Contagem dos prazos processuais

No processo judicial eletrônico, o prazo processual começa a contar a partir do momento em que o advogado faz a consulta. Caso não o faça no prazo máximo de 10 dias, a intimação será tida por consumada. O primeiro dos 10 dias será a data subsequente ao da disponibilização do ato de comunicação no sistema, seja dia útil ou não. Todavia, caso o 10º dia recaia em dia sem expediente forense, a consumação da intimação ocorrerá no primeiro dia útil subsequente. Em síntese, o primeiro dos 10 dias pode coincidir com o período sem expediente forense. Entretanto, se o 10º recair em dia sem expediente, prorroga-se para o próximo dia útil a consumação da intimação. A partir do primeiro dia útil seguinte, ainda, começa a correr o prazo para a prática do ato (art. 5.º da Lei 11.419/2006 e art. 22 da Resolução 25 Consolidada, CNJ).

4.2. TERMOS PROCESSUAIS

Termo é a redução escrita de determinado ato processual.

A Consolidação das Leis do Trabalho disciplinou, de maneira singela, os termos processuais nos arts. 771 a 773, *in verbis*:

> "Art. 771. Os atos e termos processuais poderão ser escritos à tinta, datilografados ou a carimbo."

> "Art. 772. Os atos e termos processuais, que devam ser assinados pelas partes interessadas, quando estas, por motivo justificado, não possam fazê-lo, serão firmados a rogo, na presença de duas testemunhas, sempre que não houver procurador legalmente constituído."
>
> "Art. 773. Os termos relativos ao movimento dos processos constarão de simples notas, datadas e rubricadas pelos Chefes de Secretaria ou escrivães."

Considerando que a Consolidação das Leis do Trabalho pouco dispõe sobre os termos processuais, entendemos aplicável ao processo laboral (em função do que dispõe o art. 769 consolidado) o disposto nos arts. 206 a 211 do digesto processual civil.

Neste contexto, ao receber a peça vestibular, o escrivão a autuará, mencionando a Vara do Trabalho, a natureza do feito, o número de seu registro, os nomes das partes e a data do seu início, adotando igual procedimento em relação aos volumes que se forem formando (art. 206 do CPC).

Vale ressaltar que o art. 209, §§ 1º e 2º, do CPC, quando se tratar de processo total ou parcialmente eletrônico, determina que os atos processuais praticados na presença do juiz poderão ser produzidos e armazenados de modo integralmente digital em arquivo eletrônico inviolável, na forma da lei, mediante registro em termo que será assinado digitalmente pelo juiz e pelo escrivão ou chefe de secretaria, bem como pelos advogados das partes, sendo que eventuais contradições na transcrição deverão ser suscitadas oralmente no momento da realização do ato, sob pena de preclusão, devendo o juiz decidir de plano, registrando a alegação e a decisão no termo.

É lícito o uso de taquigrafia, da estenotipia, ou de outro método idôneo, em qualquer juízo ou tribunal (art. 210 do CPC).

Por fim, cabe ressaltar que não serão admitidos, nos atos e termos processuais, espaços em branco, salvo os que forem inutilizados, assim como entrelinhas, emendas ou rasuras, exceto quando aqueles forem inutilizados e estas expressamente ressalvadas (art. 211 do CPC).

4.3. PRAZOS PROCESSUAIS

4.3.1. Classificação

A doutrina adota distintas classificações dos prazos processuais.

A exemplo do mestre Carlos Henrique Bezerra Leite (*Curso de direito processual do trabalho*, p. 450), também adotaremos a classificação de Marcelo Abelha Rodrigues, que classifica os prazos processuais quanto à origem da fixação, à natureza e aos destinatários.

Vejamos:

A – *Quanto à origem da fixação*, os prazos processuais se classificam em:

- **Legais** – os que são estabelecidos pelo ordenamento jurídico vigente, como o prazo para apresentação de recursos, o prazo para o executado pagar ou garantir a execução (48 horas – art. 880 da CLT) etc.;
- **Judicial** – os que são estabelecidos pelo magistrado trabalhista;
- **Convencionais** – os que são acordados entre os litigantes, como a possibilidade de suspensão do processo para tentativa de conciliação (art. 313, II, do CPC).

B – *Quanto à natureza*, os prazos processuais se classificam em:

- **Dilatórios** – são os que admitem prorrogação pelo juiz em vista da solicitação da parte, permitindo-se ao interessado dispor do prazo para a prática de ato específico. Os prazos convencionais também são dilatórios.
- **Peremptórios** – são os prazos fatais, insuscetíveis de prorrogação, decorrendo de normas imperativas, de ordem pública, não podendo ser objeto de convenção entre as partes. Determina o art. 222 do CPC que é defeso às partes, ainda que todas estejam de acordo, reduzir ou prorrogar os prazos peremptórios, sendo certo que o juiz poderá, nas comarcas onde for difícil o transporte, prorrogar quaisquer prazos, mas nunca por mais de 2 meses, ressalvados os casos de calamidade pública (art. 222, § 2.º, do CPC), em que este limite poderá ser excedido.

C – *Quanto aos destinatários*, os prazos processuais se classificam em:

- **Próprios** – são os destinados às partes, sejam os previstos em lei, sejam os fixados pelo juiz, sempre sujeitos à preclusão;
- **Impróprios** – são os fixados pelo ordenamento jurídico e destinados aos juízes e servidores do Poder Judiciário, não sujeitos à preclusão.

4.3.2. Contagem dos prazos

A Consolidação das Leis do Trabalho disciplina, nos arts. 774 e 775, a contagem dos prazos no Processo do Trabalho.

Vejamos:

> "Art. 774. Salvo disposição em contrário, os prazos previstos neste Título contam-se, conforme o caso, a partir da data em que for feita pessoalmente, ou recebida a notificação, daquela em que for publicado o edital no jornal oficial ou no que publicar o expediente da Justiça do Trabalho, ou, ainda, daquela em que for afixado o edital, na sede da Vara, Juízo ou Tribunal.

(...)."

"Art. 775. Os prazos estabelecidos neste Título serão contados em dias úteis, com exclusão do dia do começo e inclusão do dia do vencimento.

§ 1.º Os prazos podem ser prorrogados, pelo tempo estritamente necessário, nas seguintes hipóteses:

I – quando o juízo entender necessário;

II – em virtude de força maior, devidamente comprovada.

§ 2.º Ao juízo incumbe dilatar os prazos processuais e alterar a ordem de produção dos meios de prova, adequando-os às necessidades do conflito de modo a conferir maior efetividade à tutela do direito."

Em função do disposto nos arts. 774 e 775 consolidados, é preciso, na contagem dos prazos, diferenciar o **início do prazo** do **início da contagem do prazo**.

O **início do prazo** ocorre no momento em que o interessado toma conhecimento ou ciência do ato processual a ser realizado.

Portanto, recebida a notificação postal, ou publicado o edital no jornal oficial ou mesmo afixado o edital na sede da Vara, Juízo ou Tribunal, ocorre o início do prazo.

Caso a comunicação dos atos processuais seja feita por meio do oficial de justiça, via mandado, o início do prazo também ocorre no momento da ciência do inteiro teor do mandado.

Por seu turno, o **início da contagem do prazo** acontece no dia útil seguinte ao **início do prazo**.

Em outras palavras, na contagem dos prazos, exclui-se o dia do começo e inclui-se o dia do vencimento.

Da mesma forma, se o interessado for intimado ou notificado no sábado ou no feriado, o início do prazo dar-se-á no primeiro dia útil imediato, e a contagem do prazo, no subsequente (Súmula 262, I, do TST).

À luz do art. 775 da CLT, os prazos são contados em dias úteis, nos mesmos moldes do art. 219 do CPC que preceitua que "na contagem de prazo em dias, estabelecido por lei ou pelo juiz, computar-se-ão somente os úteis".

Incumbe à parte comprovar, apenas quando da interposição do recurso, a existência de feriado local que leve à prorrogação do prazo recursal, com base no art. 1.003, § 6º, do CPC. Caso não o faça, o relator deverá conceder o prazo de 5 dias para que seja sanado o vício, sob pena de não conhecer o recurso por intempestividade, consoante preceitua o art. 932, parágrafo único, do CPC, que consagra o princípio da primazia da decisão de mérito (Súmula 385, I, do TST).

No mesmo sentido, dispõe a Súmula 385, I, do TST. Observe:

> "SÚMULA 385 DO TST. FERIADO LOCAL OU FORENSE. AUSÊNCIA DE EXPEDIENTE. PRAZO RECURSAL. PRORROGAÇÃO. COMPROVAÇÃO. NECESSIDADE (alterada em decorrência do CPC de 2015) – Res. 220/2017 – *DEJT* divulgado em 21, 22 e 25.09.2017.
>
> I – Incumbe à parte o ônus de provar, quando da interposição do recurso, a existência de feriado local que autorize a prorrogação do prazo recursal (art. 1.003, § 6º, do CPC de 2015). No caso de o recorrente alegar a existência de feriado local e não o comprovar no momento da interposição do recurso, cumpre ao relator conceder o prazo de 5 (cinco) dias para que seja sanado o vício (art. 932, parágrafo único, do CPC de 2015), sob pena de não conhecimento se da comprovação depender a tempestividade recursal;

Naturalmente, os Tribunais Regionais e o TST, enquanto juízos "ad quem", não são obrigados a ter ciência da ocorrência de feriado forense, ou seja, dos dias úteis em que não houve expediente forense ou este foi encerrado antes do horário normal; por isso, cabe à autoridade que proferir a decisão de admissibilidade certificar o expediente nos autos (Súmula 385, II, do TST). Caso não o faça, o TST, por meio da Súmula 385, reconhece o direito da parte de produzir prova documental superveniente, em agravo de instrumento, agravo interno, agravo regimental, ou embargos de declaração, visando à reconsideração da tempestividade, desde que, em momento anterior, não tenha havido a concessão de prazo para a comprovação da ausência de expediente forense (Súmula 385, III, do TST).

Observe o disposto nos itens II e III da Súmula 385 do TST:

> "SÚMULA 385. FERIADO LOCAL OU FORENSE. AUSÊNCIA DE EXPEDIENTE. PRAZO RECURSAL. PRORROGAÇÃO. COMPROVAÇÃO. NECESSIDADE (alterada em decorrência do CPC de 2015) – Res. 220/2017 – *DEJT* divulgado em 21, 22 e 25.09.2017).
>
> (...)
>
> II – Na hipótese de feriado forense, incumbirá à autoridade que proferir a decisão de admissibilidade certificar o expediente nos autos;
>
> III – Admite-se a reconsideração da análise da tempestividade do recurso, mediante prova documental superveniente, em agravo de instrumento, agravo interno, agravo regimental, ou embargos de declaração, desde que, em momento anterior, não tenha havido a concessão de prazo para a comprovação da ausência de expediente forense."

Segundo o atual Código, os prazos se suspendem durante a execução de programa instituído pelo Poder Judiciário para promover a autocomposição, incumbindo aos tribunais especificar, com antecedência, a duração dos trabalhos (art. 221, parágrafo único, do CPC).

Os prazos judiciais podem ser prorrogados, pelo tempo estritamente necessário, quando o juízo entender necessário e em virtude de força maior, devidamente comprovada (art. 775, § 1º, I e II, da CLT).

Não havendo preceito legal ou prazo determinado pelo juiz, será de cinco dias o prazo para a prática de ato processual a cargo da parte (art. 218, § 3.º, do CPC).

O atual Código de Processo Civil também determina que "quando a lei ou o juiz não determinar prazo, as intimações somente obrigarão a comparecimento após decorridas 48 (quarenta e oito) horas" (art. 218, § 2.º, do CPC).

Outrossim, as pessoas jurídicas de direito público (União, Estados, Municípios, Distrito Federal e suas respectivas autarquias e fundações de direito público) têm prazo em dobro para todas as suas manifestações processuais, contado a partir de sua intimação pessoal (art. 183 do CPC).

Há apenas uma exceção: o prazo para a contestação, que é em quádruplo, consoante preceitua o art. 1º, II, do Decreto-lei 779/1969, que dispõe sobre a aplicação de normas processuais trabalhistas à Fazenda Pública, sendo, portanto, lei específica.

Observe o art. 1º, II, do Decreto-lei 779/1969:

> "Art. 1º Nos processos perante a Justiça do Trabalho, constituem privilégio da União, dos Estados, do Distrito Federal, dos Municípios e das autarquias ou fundações de direito público federais, estaduais ou municipais que não explorem atividade econômica:
>
> (...)
>
> II - o quádruplo do prazo fixado no artigo 841, *"in fine"*, da Consolidação das Leis do Trabalho;
>
> III - o prazo em dobro para recurso;"

Estabelece o art. 841 da CLT que entre a data do recebimento da notificação e a data da audiência deve decorrer um prazo mínimo de 5 dias. Uma vez que a contestação é apresentada em audiência, esse é o prazo mínimo para a elaboração da contestação. Para a Fazenda Pública, esse prazo é em quádruplo; logo, entre a data do recebimento da notificação e a data da audiência deve decorrer no mínimo 20 dias.

Esse entendimento é confirmado pelo art. 56 da Consolidação dos Provimentos da Corregedoria-Geral da Justiça do Trabalho. Verifique:

> "Art. 56. As secretarias das varas do trabalho velarão para que nas ações ajuizadas em desfavor de entes públicos (Decreto-lei 779/1969), inclusive Estado estrangeiro

> ou organismo internacional, observe-se lapso temporal para preparação da defesa de, no mínimo, 20 (vinte) dias entre o recebimento da notificação citatória e a realização da audiência."

Ressalte-se que a Empresa de Correios e Telégrafos (EBCT) equipara-se à Fazenda Pública quanto as prerrogativas processuais de impenhorabilidade de seus bens, rendas e serviços, foro, prazos e custas processuais (art. 12, Decreto-lei 509/1969[2]). Assim, conta com prazo em quádruplo para contestar e em dobro para todas as demais manifestações.

Da mesma forma, à luz do art. 180 do CPC, o Ministério Público tem prazo em dobro para todas as suas manifestações, cuja contagem terá início a partir de sua intimação pessoal, a qual far-se-á por carga, remessa ou meio eletrônico. Não se aplica o benefício da contagem em dobro quando a lei estabelecer, de forma expressa, prazo próprio para o Ministério Público (art. 180, § 2.º, do CPC), como é o caso do art. 12 da Lei 12.016/2009 – Lei do Mandado de Segurança –, que prevê que o representante do Ministério Público tem o prazo improrrogável de 10 dias para opinar.

A Lei 5.010, de 30.05.1966, em seu art. 62, estabeleceu como feriado, entre outros, o recesso forense anual, no período compreendido entre 20 de dezembro e 6 de janeiro, *in verbis*:

> "Art. 62. Além dos fixados em lei, serão feriados na Justiça Federal, inclusive nos Tribunais Superiores:
>
> I – os dias compreendidos entre 20 de dezembro e 6 de janeiro, inclusive;
>
> II – os dias da Semana Santa, compreendidos entre a quarta-feira e o domingo de páscoa;
>
> III – os dias de segunda e terça-feira de Carnaval;
>
> IV – os dias 11 de agosto, 1.º e 2.º de novembro e 8 de dezembro."

Portanto, durante o recesso forense, a Justiça do Trabalho suspende o expediente forense e assim o atendimento ao público, garantindo atendimento aos casos urgentes, por meio dos plantões judiciários, tal como ocorre no período noturno, nos finais de semana e feriados.

Convém destacar que o art. 93, XII, com redação dada pela EC 45/2004, aboliu as férias coletivas nos juízos e tribunais de segundo grau, funcionando, nos dias em que não houver expediente forense normal, juízes em plantão

---

[2] Art. 12, Decreto-lei 509/1969 – "A ECT gozará de isenção de direitos de importação de materiais e equipamentos destinados aos seus serviços, dos privilégios concedidos à Fazenda Pública, quer em relação a imunidade tributária, direta ou indireta, impenhorabilidade de seus bens, rendas e serviços, quer no concernente a foro, prazos e custas processuais".

permanente. No entanto, o recesso forense não foi abolido pela Carta Maior, permanecendo em vigor a Lei 5.010/1966.

Institui o art. 775-A da CLT que suspende-se o curso do prazo processual nos dias compreendidos entre 20 de dezembro e 20 de janeiro, inclusive. Durante a suspensão do prazo, não se realizarão audiências nem sessões de julgamento (art. 775-A, § 2.º, da CLT). Já os juízes, os membros do Ministério Público, da Defensoria Pública e da Advocacia Pública e os auxiliares da Justiça exercerão suas atribuições normalmente durante o período referido, ressalvadas as férias individuais e os feriados instituídos por lei (art. 775-A, § 1.º, da CLT).

O recesso forense e o art. 775-A da CLT, que prevê a suspensão dos prazos dos dias 20/12 a 20/01, coexistem, como esclarece o Conselho Nacional de Justiça, na Resolução 244/2016. Desse modo, em síntese: a) no recesso forense (20/12 a 06/01) não há expediente forense. Há apenas o plantão judiciário para medidas urgentes; e b) no período de suspensão dos prazos processuais, entre os dias 20/12 a 20/01, ficam suspensos apenas os prazos processuais, as audiências e sessões de julgamento. Excetuado o período de recesso forense e ressalvadas as férias individuais e os feriados instituídos por lei, os juízes, os membros do Ministério Público, da Defensoria Pública e da Advocacia Pública e os auxiliares da Justiça exercerão suas atribuições normalmente durante esse período.

O art. 221 do CPC dispõe que se suspende o curso do prazo por obstáculo criado pela parte ou ocorrendo qualquer das hipóteses do art. 313 do CPC, quais sejam: morte ou perda da capacidade processual de qualquer das partes, de seu representante legal ou de seu procurador; pela convenção das partes; pela arguição de impedimento ou de suspeição; pela admissão de incidente de resolução de demandas repetitivas; quando a sentença de mérito depender do julgamento de outra causa ou da declaração de existência ou de inexistência de relação jurídica que constitua o objeto principal de outro processo pendente ou tiver de ser proferida somente após a verificação de determinado fato ou a produção de certa prova, requisitada a outro juízo; por motivo de força maior; quando se discutir em juízo questão decorrente de acidentes e fatos da navegação de competência do Tribunal Marítimo; nos demais casos regulados pelo CPC. Nesses casos, o prazo será restituído por tempo igual ao que faltava para sua complementação.

Um exemplo de obstáculo criado pela parte é a não devolução dos autos em cartório no prazo fixado (em caso de prazos sucessivos), impedindo o outro litigante de ter acesso aos autos.

Nesse caso, o prejudicado terá direito à devolução integral do prazo.

Caso os pedidos da reclamatória sejam julgados parcialmente procedentes, haverá prazo comum para interposição de eventual recurso, não podendo os autos ser retirados da Vara do Trabalho.

Vale destacar que no âmbito da Justiça do Trabalho não será aplicado o art. 229 do CPC, que determina que quando os litisconsortes tiverem diferentes procuradores, de escritórios de advocacia distintos, terão prazo em dobro para todas as suas manifestações, em qualquer juízo ou tribunal, independentemente de requerimento, já que tal preceito atenta contra o princípio da celeridade processual trabalhista (entendimento consubstanciado na OJ 310 da SDI-I/TST).

Ainda que os litisconsortes com procuradores diferentes não tenham prazos diferenciados no Processo do Trabalho, convém destacar que o atual Código de Processo Civil trouxe mudanças. Não basta que os litisconsortes tenham patronos diversos, estes devem pertencer a escritórios de advocacia distintos, para que os prazos sejam computados em dobro (art. 229 do CPC). Além disso, o prazo será contado normalmente se, havendo apenas dois réus, for oferecida defesa por apenas um deles (art. 229, § 1.º, do CPC). Da mesma forma, o prazo não será em dobro quando os autos forem eletrônicos (art. 229, § 2.º, do CPC).

4.3.3. Principais prazos trabalhistas

Objetivando facilitar o estudo do leitor, passamos a mencionar os principais prazos trabalhistas:

HIPÓTESE	FUNDAMENTO LEGAL	PRAZO
Envio da petição inicial ao reclamado	Art. 841, CLT	48 horas
Defesa verbal	Art. 847, CLT	20 minutos
Razões finais	Art. 850, CLT	10 minutos
Recurso ordinário	Art. 895, CLT	8 dias
Recurso de revista	Art. 896, CLT	8 dias
Agravo de petição	Art. 897, *a*, CLT	8 dias
Agravo de instrumento	Art. 897, *b*, CLT	8 dias
Embargos de declaração	Art. 897-A, CLT	5 dias
Embargos de divergência	Art. 3.º, III, *b*, Lei 7.701/1988	8 dias
Embargos infringentes	Art. 2.º, II, *c*, Lei 7.701/1988	8 dias

HIPÓTESE	FUNDAMENTO LEGAL	PRAZO
Recurso adesivo	Art. 997 CPC e Súmula 283, TST	8 dias
Recurso extraordinário	Art. 102, III, CF/1988 c/c art. 266, § 1.º, Regimento Interno do TST (Res. Adm. 1.295/2008)	15 dias
Pedido de revisão	Art. 2.º, § 1.º, Lei 5.584/1970	48 horas
Agravo regimental	Regimento interno dos Tribunais	8 dias
Depósito recursal	Art. 7.º, Lei 5.584/1970 e Súmula 245, TST	Deve ser pago e comprovado dentro do prazo recursal
Custas judiciais	Art. 789, § 1.º, CLT	Serão pagas pelo vencido após o trânsito em julgado. Em caso de recurso, deverão ser pagas e comprovadas dentro do prazo recursal
Custas da execução	Art. 789-A, CLT	Pagas ao final conforme tabela prevista no art. 789-A da CLT
Embargos à execução	Art. 884, CLT	5 dias
Embargos à execução pela Fazenda Pública	Art. 1.º-B, Lei 9.494/1997 e art. 910, CPC	30 dias
Devolução da notificação postal pelos correios ao Tribunal ou Vara, em caso de o destinatário não ser encontrado ou de recusa de recebimento	Art. 774, parágrafo único, CLT	48 horas
Redução a termo de reclamação verbal	Art. 786, parágrafo único, CLT	5 dias
Perda do direito de reclamar à Justiça do Trabalho – não redução a termo de reclamação verbal ou quando o reclamante der causa a dois arquivamentos seguidos	Arts. 731 e 732, CLT	6 meses
Arguição de nulidade	Art. 795, CLT	Primeira oportunidade em que a parte tiver que falar nos autos e/ou audiência

HIPÓTESE	FUNDAMENTO LEGAL	PRAZO
Exceção de incompetência – prazo para manifestação do exceto	Art. 800, CLT	No prazo de cinco dias, a contar da notificação, antes da audiência.
Duração máxima da audiência	Art. 813, CLT	5 horas seguidas, salvo matéria urgente
Audiência designada para outro local – comunicação por meio de edital fixado na sede do juízo ou tribunal – antecedência mínima	Art. 813, § 1.º, CLT	24 horas
Prazo decadencial para ajuizamento de inquérito para apuração de falta grave	Art. 853, CLT	30 dias contados da suspensão do empregado
Prazo para ajuizamento de ação rescisória	Art. 975, CPC e art. 836, CLT	2 anos contados do trânsito em julgado da decisão
Retirada das partes, testemunhas e demais presentes em função do atraso do juiz para comparecimento à audiência	Art. 815, parágrafo único, CLT	15 minutos após a hora marcada para a audiência
Audiência de conciliação – dissídio coletivo	Art. 860, CLT	10 dias após recebida e protocolada a representação
Audiência de conciliação – instauração *ex officio* (paralisação dos serviços pelos empregados)	Art. 860, parágrafo único, CLT	O mais breve possível
Extensão do dissídio coletivo a toda categoria profissional – prazo para manifestação dos interessados	Art. 870, § 1.º, CLT	Prazo não inferior a 30 nem superior a 60 dias
Revisão do dissídio coletivo – prazo para manifestação dos interessados	Art. 874, parágrafo único, CLT	30 dias
Prazo para pagamento ou garantia da execução trabalhista	Art. 880, CLT	48 horas
Prazo para realização de audiência – produção de provas – embargos à execução	Art. 884, § 2.º, CLT	5 dias

HIPÓTESE	FUNDAMENTO LEGAL	PRAZO
Prazo mínimo necessário entre o recebimento da notificação postal pelo reclamado e a realização da audiência	Art. 841, CLT	5 dias
Prazo para as pessoas jurídicas de direito público que não explorem atividade econômica	Art. 1º, II e III, Decreto-Lei nº 779/69 e Art. 183, CPC	Prazo quadriplicado para contestar e dobro para recorrer
Prazo para o Ministério Público	Art. 180, CPC.	Prazo em dobro para todas as manifestações
Prazo para o oficial de justiça cumprir os atos processuais ordenados	Art. 721, § 2.º, CLT	9 dias
Prazo prescricional para postulação de créditos trabalhistas	Art. 7.º, XXIX, CF/1988	5 anos na vigência do contrato do trabalho, limitado a 2 anos após a extinção do vínculo

4.4. NULIDADES PROCESSUAIS

4.4.1. Introdução

Antigamente, prevalecia no direito o sistema legalista ou formalista, sendo que qualquer desrespeito à forma determinada na legislação então vigente implicava a nulidade do processo.

Após a edição do Código de Processo Civil de 1939 e, posteriormente, do Código de Processo Civil de 1973, o sistema de nulidades foi radicalmente renovado, prevalecendo atualmente o sistema instrumental do processo, mitigando-se o rigor das formalidades dos atos e termos processuais.

Nesse contexto, o próprio art. 188 do digesto processual civil dispõe que os atos e termos processuais não dependem de forma determinada senão quando a lei expressamente a exigir, reputando-se válidos os atos e termos que, realizados de outro modo, lhe preencham a finalidade essencial.

Portanto, nos dias atuais a forma é apenas um instrumento para se alcançar a finalidade do processo, não sendo, em regra, essencial para a validade do ato.

4.4.2. Vícios dos atos processuais

A nulidade do ato ocorre quando lhe falta algum requisito que a lei prescreve como necessário para a sua validade.

A exemplo dos atos jurídicos em geral, os atos processuais podem estar eivados de vícios ou irregularidades que podem vir a contaminar ou não a sua validade.

Com efeito, alguns atos processuais praticados são dotados de irregularidades que não o contaminam, não produzindo maiores consequências, como um despacho exarado a lápis, o uso de abreviaturas nos autos, a ausência de numeração e rubrica das folhas dos autos etc. Ressalte-se que o atual Código de Processo Civil veda abreviaturas apenas nos nomes das partes (art. 272, § 3.º, do CPC), bem como não repetiu a determinação do Código de 1973 de que os atos e termos processuais devem ser datilografados ou escritos com tinta escura e indelével.

Por outro lado, os vícios podem gerar nulidades absolutas, relativas e inexistência.

Nessa esteira, considerando a natureza do ato processual e a gravidade dos vícios, estes podem ser classificados da seguinte maneira:

- Irregularidades – consoante já mencionado, são vícios desprovidos de força suficiente para invalidar o ato, devendo ser ignorados, ou mesmo, quando necessário, realizada simples correção, seja de ofício, ou a requerimento de qualquer das partes. Frise-se que alguns atos processuais praticados com inobservância de determinado requisito legal apenas conduzem à sanção extraprocessual, como na hipótese em que o juiz ou o servidor, injustificadamente, retarda a prática de um ato ou quando ocorre a juntada de um documento redigido em língua estrangeira, desde que não torne a petição incompreensível, muito embora contrarie o disposto no art. 192, parágrafo único, do CPC.
- Inexistência – o ato processual sequer chega a surgir, em face de uma circunstância que impede o seu nascimento, como nos casos da sentença não assinada pelo juiz, ou mesmo os atos processuais não ratificados praticados por advogado que atua sem procuração (art. 104, § 2.º, do CPC);
- Nulidades – de acordo com a gravidade do vício processual, haverá uma consequência processual, classificando-se em nulidades absoluta e relativa.

A nulidade absoluta será declarada toda vez que o ato processual viciado violar normas de interesse público, podendo ser declarada de ofício pelo magistrado, não se permitindo às partes disporem sobre esse interesse, como no caso da incompetência absoluta, a qual deve ser declarada de ofício e pode ser alegada em qualquer tempo e grau de jurisdição, independentemente de exceção (art. 64, § 1.º, do CPC). Durante o trâmite processual, a nulidade absoluta não preclui, podendo a qualquer momento ser declarada. Essa nulidade é considerada tão grave que há a possibilidade de ser conhecida de ofício pelo juiz (art. 377, § 5º, do CPC) ou de rescindir a sentença proferida por juiz impedido ou absolutamente incompetente (art. 966, II, do CPC).

Quanto à nulidade relativa, o vício do ato processual viola normas de interesse privado, dependendo sempre da provocação do interessado, não podendo ser declarada de ofício pelo magistrado, como ocorre nos casos de incompetência relativa, em que esta pode ser prorrogada se não oposta exceção pelo reclamado no prazo de 5 dias contados do recebimento da notificação.

4.4.3. Princípios

A Consolidação das Leis do Trabalho disciplina as nulidades processuais, especificamente nos arts. 794 a 798, em que encontramos regras e princípios que devem ser observados, para a efetiva garantia das partes em face de eventuais abusos, bem como para o correto encadeamento dos atos processuais até o provimento final (sentença).

Passamos a destacar os princípios que norteiam o sistema de nulidades processuais:

- **Princípio da instrumentalidade das formas ou da finalidade** – de acordo com o já explicitado, na legislação processual atual, a forma é apenas um instrumento para se alcançar a finalidade do processo, não sendo, em regra, essencial para a validade do ato, pelo que se depreende que, se a lei prescrever que o ato tenha determinada forma, sem cominar nulidade, o juiz considerará válido o ato se, realizado de outra forma, lhe alcançar a finalidade. O atinente princípio está inserido nos arts.188 e 277 do CPC e nos arts. 795, 796, *a*, e 798 da CLT.
- **Princípio do prejuízo ou da transcendência** – o princípio em comento está previsto no art. 794 da CLT, ao dispor que nos processos sujeitos à apreciação da Justiça do Trabalho somente haverá nulidade quando resultar dos atos inquinados manifesto prejuízo processual aos litigantes. Os arts. 282, §§ 1.º e 2.º, e 283, do CPC também alberga tal princípio.

Logo, exemplificando, se o reclamado é notificado por edital e, posteriormente, comparece de forma espontânea à audiência, apresentando sua defesa, não poderá, no futuro, alegar nulidade em função da ausência de notificação via postal, uma vez que a nulidade apontada não lhe causou prejuízo.

- **Princípio da convalidação ou da preclusão** – está explícito no art. 795 da CLT, segundo o qual as nulidades não serão declaradas senão mediante provocação das partes, as quais deverão argui-las na primeira vez em que tiverem de falar em audiência ou nos autos. Esse princípio se aplica apenas às nulidades relativas.

Impende destacar que o princípio da convalidação somente é aplicável às nulidades relativas (que dependem de provocação do interessado), não se aplicando às nulidades absolutas (que devem ser declaradas de ofício pelo magistrado).

O art. 795, § 1.º, da CLT estabelece que deverá ser declarada *ex officio* a nulidade fundada em incompetência de foro, sendo considerados em tal caso nulos os atos decisórios. No entanto, a redação do artigo mencionado é frágil, sendo desprovida da boa técnica legislativa.

Com efeito, quando o art. 795, § 1.º, consolidado, menciona a "incompetência de foro", em verdade referiu-se à incompetência absoluta (seja em razão da matéria ou da pessoa), a qual pode ser declarada de ofício, e não à incompetência territorial (foro), que é relativa, dependendo de provocação do interessado.

O CPC, no art. 278, também adotou o princípio da convalidação ou preclusão.

- **Princípio da economia processual** – por esse princípio não obedecer à forma prevista na lei, apenas serão anulados os atos que não possam ser aproveitados.

Os arts. 796, *a* e o 797, ambos da CLT, prestigiam o princípio da economia processual. Vejamos:

> "Art. 796. A nulidade não será pronunciada:
>
> a) quando for possível suprir-se a falta ou repetir-se o ato;"
>
> "Art. 797. O juiz ou Tribunal que pronunciar a nulidade declarará os atos a que ela se estende."

O princípio da economia processual também encontra fundamento no art. 282, do CPC, *in verbis*:

> "Art. 282. Ao pronunciar a nulidade, o juiz declarará que atos são atingidos e ordenará as providências necessárias a fim de que sejam repetidos ou retificados".

- **Princípio do interesse** – está previsto no art. 796, *b*, da CLT, segundo o qual a nulidade do ato processual não será pronunciada quando arguida por quem lhe tiver dado causa, não podendo a parte obter vantagem, prevalecendo-se de sua própria torpeza. O princípio em comento também está previsto no art. 276, CPC;
- **Princípio da utilidade** – este princípio encontra suporte no art. 798 da CLT, o qual determina que a nulidade do ato não prejudicará senão os posteriores que dele dependam ou sejam consequência.

Portanto, o princípio da utilidade impõe o aproveitamento, ao máximo, dos atos processuais posteriores, desde que não sejam atingidos pelo ato inquinado.

O Código de Processo Civil também dispõe sobre o princípio da utilidade em seu art. 281.

Destacamos, ainda, as seguintes jurisprudências:

"RECURSO DE REVISTA. CUSTAS. DESERÇÃO. PREENCHIMENTO DO DARF. Se do preenchimento do DARF é possível constatar o recolhimento mediante documento específico, no valor devido, com observância do prazo, em verdadeira demonstração do ânimo de se desincumbir de tal encargo processual, mostra-se irrelevante a falta de indicação de outros elementos, nos termos da legislação pertinente. Adotando o princípio da instrumentalidade das formas e verificando-se que o depósito atingiu a finalidade de ressarcir a União das despesas processuais, considera-se válido o ato (artigo 244 do CPC) (art. 277 do atual CPC). Precedentes. Recurso de revista conhecido e provido" (TST – 3.ª T. – RR 46100-09.2007.5.01.0521 – Rel. Min. Horácio Raymundo de Senna Pires – j. 1.º12.2010 – *DEJT* 10.12.2010).

"AGRAVO EM AGRAVO DE INSTRUMENTO EM RECURSO DE REVISTA. IRREGULARIDADE DE REPRESENTAÇÃO. REVOGAÇÃO TÁCITA DE MANDATO. Aplicável o princípio da fungibilidade para receber como agravo inominado o agravo regimental interposto à decisão monocrática que nega seguimento a recurso, nos termos do artigo 896, § 5.º, da CLT. De fato, constata-se a irregularidade de representação processual, porquanto a procuração que visava a conferir poderes às subscritoras do agravo de instrumento foi tacitamente revogada, antes da interposição do recurso. Incidência da Orientação Jurisprudencial n.º 349 da SBDI-1 do TST. Mantido o despacho agravado. Agravo conhecido e não provido" (TST – 8.ª T. – AG-AIRR 120640-17.2006.5.01.0342 – Rel. Min. Dora Maria da Costa – j. 02.12.2009 – *DEJT* 04.12.2009).

"NULIDADE ABSOLUTA – DECISÃO DO JUÍZO FEDERAL – PRINCÍPIO DA CELERIDADE – ART. 7.º, LXXVIII, CF. O Processo do Trabalho, no que pertine ao tema das nulidades absolutas, rende ensejo ao Princípio da Celeridade, elevado ao patamar constitucional. Assim, em que pese a indicação de nulidade absoluta nos presentes autos, sentença prolatada pelo Juízo Federal após a Emenda 45/2004, não há justificativa para a declaração de nulidade e remessa dos autos ao d. Juízo de Origem a fim de que uma nova sentença seja prolatada, pois o presente processo encontra-se apto a julgamento, ensejando a aplicação do princípio da celeridade da prestação jurisdicional, elevado ao patamar constitucional, bem como em atenção ao princípio instrumental do processo, visando a efetividade da jurisdição. Auto de infração. Veracidade e legitimidade. Presunção *iuris tantum*. Prova em contrário. Inexistência. Portaria 3.626/1991 do MTPS. O auto de infração lavrado por fiscal do trabalho goza da presunção relativa de veracidade e legitimidade, presunção esta que pode ser elidida por qualquer meio de prova admitido em direito, entretanto, desse ônus não se desincumbiu a empregadora, já que não comprovou nos autos que possuía tão somente 04 (quatro) empregados no seu estabelecimento situado na Cidade de Jundiaí-SP, fazendo-se presumir, como Prestadora de Serviços – nos termos da Portaria 3.626/1991, que possuía mais de 10 (dez) empregados vinculados ao seu estabelecimento, como apontado no auto de infração."

"NULIDADE ABSOLUTA – FALTA DE INTIMAÇÃO PESSOAL DA ADVOCACIA GERAL DA UNIÃO – ART. 6.º DA LEI 9.028/1995 – PRINCÍPIO DA CELERIDADE – ART. 7.º, LXXVIII,

CF. O Processo do Trabalho, no que pertine ao tema das nulidades absolutas, rende ensejo ao Princípio da Celeridade, elevado ao patamar constitucional. Assim, em que pese a indicação de nulidade absoluta nos presentes autos, por conta da falta de intimação pessoal da Advocacia Geral da União, em razão da realização do ato – apresentação do recurso pela Fundação Recorrente – tenho para mim que não há justificativa para a declaração de nulidade e retorno dos autos ao d. Juízo de Origem a fim de que a ora Recorrente seja intimada de forma pessoal para repetição deste mesmo ato, frente ao princípio da celeridade, elevado ao patamar constitucional, bem como por ausência de prejuízo. Responsabilidade subsidiária – O inadimplemento das obrigações trabalhistas, por parte da empresa prestadora de serviços, implica a responsabilidade subsidiária dos entes públicos tomadores dos serviços, nos termos do inciso IV da Súmula 331 do colendo TST, cuja nova redação é posterior à Lei 8.666/1993. Levando-se em conta que a Recorrente beneficiou-se dos serviços prestados pela Autora, correta a aplicação da referida Súmula, devendo permanecer incólume a r. sentença que imputou à Recorrente a condenação subsidiária pelo adimplemento dos créditos devidos à Reclamante" (TRT – 23.ª Região – RO 00320.2005.081.23.00-1 – Rel.ª Leila Calvo – publicado em 13.11.2006).

"EMBARGOS DECLARATÓRIOS – AUSÊNCIA DE CITAÇÃO DA UNIÃO FEDERAL – NULIDADE ABSOLUTA – EFEITO MODIFICATIVO – Os embargos de declaração configuram-se em meio processual hábil a sanar contradições, obscuridades ou omissões existentes no julgado, bem como para corrigir eventuais erros materiais, razão pela qual, entendo por correto o seu manejo com o fito de sanar nulidade absoluta existente no processo, a qual poderia inclusive ser declarada de ofício por este juízo. Assim, diante da ausência de intimação pessoal da União Federal, dando-lhe ciência da r. sentença que concedeu a segurança, acolho os presentes Embargos de Declaração, concedendo-lhes efeito modificativo, com vistas a facultar a União oferecer recurso contra aquela decisão. Outrossim, deixo de declarar a nulidade de todos os atos posteriores à sentença, ante as disposições contidas no art. 248 do CPC (art. 281 do atual CPC)" (TRT – 23.ª Região – RO 01519.2005.009.23.00-0 – Rel.ª Leila Calvo – publicado em 30.10.2006).

"NULIDADE DE SENTENÇA DECRETADA DE OFÍCIO – AUSÊNCIA DE FUNDAMENTAÇÃO. Padece de nulidade absoluta a sentença que, a despeito de constar no dispositivo a condenação ao pagamento do adicional de insalubridade, não menciona em sua fundamentação os motivos de tal condenação, suprimindo assim um dos elementos da sentença, em flagrante inobservância ao art. 93, IX, da Carta Magna e ao art. 458, do CPC (art. 489 do atual CPC) e art. 832 da CLT. Decisão anulada de ofício. Recursos prejudicados" (TRT – 23.ª Região – RO 00134.2006.002.23.00-1 – Rel. Luiz Alcântara – publicado em 09.05.2007).

"NULIDADE PROCESSUAL – PREJUÍZO MANIFESTO – OCORRÊNCIA. É cediço que a declaração de nulidade nos processos sujeitos à apreciação da Justiça do Trabalho tem como pressuposto o manifesto prejuízo aos litigantes, conforme preceitua o artigo 794 da CLT, pois o princípio da transcendência, um dos informadores do sistema de nulidades processuais, evidencia que a nulificação do ato processual não emerge do interesse da lei, mas do efetivo prejuízo às partes, o que ocorreu no caso sob exame. Preliminar de nulidade acolhida" (TRT – 23.ª Região – RO 00135.2005.022.23.00-0 – Rel. José Simioni – publicado em 24.05.2006).

"AGRAVO DE INSTRUMENTO. RECURSO DE REVISTA. RESPONSABILIDADE SUBSIDIÁRIA. JUROS DE MORA. NULIDADE. PRECLUSÃO. AUSÊNCIA DE INTIMAÇÃO PESSOAL.

Constata-se na decisão recorrida que a parte não alegou a nulidade por falta de intimação pessoal na primeira oportunidade que teve para falar nos autos. Assim, como não se manifestou no momento oportuno, está precluso o direito de alegar a nulidade. Agravo de instrumento a que se nega provimento" (AIRR 239400-96.2005.5.02.0061 – Rel.ª Min.ª Kátia Magalhães Arruda – j. 11.12.2013 – 6.ª T. – Data de Publicação: 13.12.2013).

"AGRAVO DE INSTRUMENTO EM RECURSO DE REVISTA EM EXECUÇÃO. AUSÊNCIA DE INTIMAÇÃO PESSOAL DE REPRESENTANTE DA PROCURADORIA FEDERAL. PRECLUSÃO PARA ARGUIR A NULIDADE. Não se dá provimento a agravo de instrumento que pretende destrancar recurso de revista interposto em desacordo com o art. 896, § 2.º, da CLT. No caso vertente, não foi arguida a nulidade na primeira oportunidade em que a União se manifestou nos autos, qual seja nos embargos à execução. Somente quando interpôs agravo de petição é que a União arguiu a ausência de intimação pessoal do representante da Procuradoria Federal. A jurisprudência desta Corte consagra o entendimento de que, não havendo arguição de nulidade na primeira oportunidade que a parte teve para se manifestar nos autos, ocorre a preclusão, nos termos do art. 795 do CPC (art. 925 do atual CPC). Assim, não se divisa ofensa à literalidade dos arts. 5.º, II, XXXV, LIV e LV, e 131, da Constituição Federal. Precedentes. Agravo de instrumento a que se nega provimento" (AIRR 1695-10.2009.5.10.0021 – Rel. Min. Walmir Oliveira da Costa – j. 10.04.2013 – 1.ª T. – Data de Publicação: 19.04.2013).

"ARREMATAÇÃO – NULIDADE RELATIVA. Prevalece no sistema adotado pela Consolidação, o princípio da convalidação, ou seja: o ato irregular está convalidado se a parte por ele prejudicada não arguir sua nulidade no momento processual oportuno. No presente caso, o momento oportuno para alegar o vício de intimação era nos Embargos à Arrematação. Constato que a Agravante, acertadamente, utilizou-se destes, contudo, não indicou nulidade por ausência de intimação pessoal, mas tão somente ausência de publicação do edital de praça. Diante disto, convalidou-se o ato dito irregular, não podendo esta Corte sobre ele manifestar-se, já que não houve insurgência específica no Agravo de Petição" (TRT – 23.ª Região – AP 01402.2000.003.23.00-3 – Rel.ª Leila Calvo – publicado em 06.12.2006).

"NULIDADE PROCESSUAL – AUSÊNCIA DE DISCRIMINAÇÃO NO DISPOSITIVO DAS VERBAS DEFERIDAS. O dispositivo da sentença constitui requisito formal de sua existência, deste modo, sua ausência torna o ato inexistente, pois reside no dispositivo o comando que caracteriza a sentença quanto ao acolhimento ou a rejeição, ainda que parciais, da pretensão deduzida em Juízo. De outro vértice, a ausência de discriminação pormenorizada na parte dispositiva da sentença não colima na declaração de nulidade da mesma, quando a sentença consigna expressamente que as verbas deferidas na fundamentação, assim como, as restrições e os parâmetros estabelecidos, integram o dispositivo. Nas palavras de Moacyr Amaral Santos, citado por Arruda Alvim, *Nulidades Processuais*, RT, 1986, p. 243, o dispositivo da sentença é quanto à forma direto ou indireto, 'Dispositivo direto é aquele que decide diretamente, exprimindo o Juiz, com suas palavras a decisão, *v.g.*, condeno o réu a pagar ao Autor a quantia pedida; condeno o réu a indenizar o Autor na importância a ser apurada em liquidação. O dispositivo será indireto se o juiz se limita a referir-se ao pedido, declarando-o procedente ou improcedente, *v.g.*, julgo procedente a ação na forma do pedido'. Logo, constando da sentença a declaração da procedência ou improcedência do pedido e a integração dos termos aduzidos na fundamentação, a sentença possui, ainda que de forma indireta, dispositivo como exigido pela legislação processual vigente" (TRT – 9.ª Região – RO 00174-2004-091-09-00-7 – Rel. Ubirajara Carlos Mendes – publicado em 10.05.2005).

"MANDADO DE SEGURANÇA – NULIDADES PROCESSUAIS – ILEGITIMIDADE PARA FIGURAR NO POLO PASSIVO DA EXECUÇÃO. Os fatos alegados pelos impetrantes necessitam de ampla dilação probatória, o que não se alinha com o manejo do remédio heroico que, face à sua excepcionalidade, não pode servir como palco de discussão de matérias afeitas às vias ordinárias, afigurando-se flagrante a inadequação da via eleita pelos impetrantes, os quais teriam à sua disposição, no Juízo de origem, ação e recurso próprios, mais especificamente embargos de terceiro (art. 1.046 do CPC) (art. 674 do atual CPC) e agravo de petição (art. 897 da CLT), dotados de efeito suspensivo (art. 1.052 do CPC) (sem correspondente no atual CPC), a fim de discutir a matéria abordada indevidamente nesta via mandamental. Assim, não há direito líquido e certo dos impetrantes a ser amparado nesta via mandamental" (TRT – 2.ª Região – MS 12685-2004-000-02-00-8 – T.: SDI, Rel. Marcelo Freire Gonçalves – publicado em 16.07.2007).

"NULIDADES PROCESSUAIS – PRINCÍPIOS DA FINALIDADE E DO PREJUÍZO – INDEFERIMENTO DE PROVA TESTEMUNHAL. Em se tratando de nulidades processuais, predominam os princípios da finalidade e do prejuízo (art. 244 do CPC) (art. 277 do atual CPC). Dessa forma, ainda que convencido o Juízo *a quo* da inexistência do direito a horas extras, em face da configuração de cargo de confiança, deve autorizar a realização de prova testemunhal, porquanto, procedendo eventual reforma no tocante a essa matéria, o Juízo *ad quem* estará impossibilitado de examinar a veracidade da jornada de trabalho declinada na exordial, cujo ônus de prova é do autor. Destarte, a decisão que indefere a produção dessa prova cerceia o direito do reclamante de provar suas alegações, causando-lhe prejuízo evidente que impõe a nulidade do julgado" (TRT – 2.ª Região – RO 02970002900 – 8.ª T. – Rel.ª Wilma Nogueira de Araujo Vaz da Silva – publicado em 17.03.1998).

4.5. RESUMO DA MATÉRIA

1. O ato processual constitui-se numa espécie de ato jurídico que objetiva a constituição, a conservação, o desenvolvimento, a modificação ou a extinção da relação processual.
2. O Código de Processo Civil adotou a corrente subjetiva, classificando os atos processuais em atos da parte, do juiz e dos órgãos auxiliares da justiça.
3. O Código de Processo Civil classifica os atos processuais em atos da parte (art. 200 do CPC), pronunciamentos do juiz (art. 203 do CPC) e atos do escrivão ou do chefe de secretaria (art. 206 do CPC).
4. O Código de Processo Civil estabelece como formas de comunicação dos atos processuais a citação e a intimação.

5. **Citação** é o ato pelo qual são convocados o réu, o executado ou o interessado para integrar a relação processual (art. 238 do CPC). E para validade do processo é indispensável a citação do réu ou do executado, ressalvadas as hipóteses de indeferimento da petição inicial ou de improcedência liminar do pedido (art. 239 do CPC).

6. **Intimação** é o ato pelo qual se dá ciência a alguém dos atos e dos termos do processo (art. 269 do CPC). As intimações devem ser realizadas, sempre que possível, por meio eletrônico, inclusive sendo aplicado ao Ministério Público, à Defensoria Pública e à Advocacia Pública o disposto no § 1.º do art. 246 (art. 270 do CPC).

7. O legislador pátrio, objetivando justificar a autonomia do Processo do Trabalho, utilizou na Consolidação das Leis do Trabalho, de forma indiscriminada, o termo **notificação**, como o meio adequado para a comunicação de todo e qualquer ato processual realizado no âmbito da Justiça laboral (seja citação ou intimação).

8. No processo de execução, o art. 880 da CLT previu, expressamente, a citação do executado pelo oficial de justiça para que cumpra o julgado, ou, tratando de pagamento em dinheiro, para que pague no prazo de 48 horas ou garanta a execução sob pena de penhora.

9. Na inicial trabalhista, portanto, não há citação do reclamado, mas notificação do mesmo, por meio de remessa automática pelo servidor da secretaria da Vara, dentro de 48 horas do recebimento da ação, via postal, de cópia da petição inicial ao reclamado, notificando-o a comparecer à audiência de julgamento, que será a primeira desimpedida, depois de 5 dias (art. 841 da CLT), ocasião em que o demandado apresentará, caso deseje, sua defesa.

10. A notificação inicial trabalhista será feita em registro postal com franquia. Se o reclamado criar embaraços ao seu recebimento ou não for encontrado, far-se-á a notificação por edital, inserto no jornal oficial ou no que publicar o expediente forense, ou, na falta, afixado na sede da Junta ou Juízo (art. 841, § 1.º, da CLT).

11. O art. 774, parágrafo único, da CLT esclarece que, tratando-se de notificação postal, no caso de não ser encontrado o destinatário ou no de recusa de recebimento, o Correio ficará obrigado, sob pena de responsabilidade do servidor, a devolver a notificação ao tribunal de origem, no prazo de 48 horas.

12. À luz do art. 841 da CLT, entre o recebimento da notificação postal e a realização da audiência deverá decorrer o prazo mínimo de cinco dias, tempo necessário para que o demandado prepare a sua defesa.

13. O Decreto-lei 779/1969 (art. 1.º, II) assegura às pessoas jurídicas de direito público o quádruplo do prazo fixado no art. 841 da CLT (20 dias entre o recebimento da notificação e a realização da audiência), não sendo concedido este benefício às empresas públicas e sociedades de economia mista que exploram atividade econômica, por serem pessoas jurídicas de direito privado.

14. Em relação ao reclamante, este será notificado da data designada para a audiência no ato da distribuição da reclamação ou então via postal, nos moldes do art. 841, § 2.º, da CLT.

15. O Tribunal Superior do Trabalho, por meio da Súmula 16, firmou o entendimento de que se presume recebida a notificação postal no prazo de 48 horas após a sua postagem, constituindo o não recebimento da correspondência ou a entrega após o decurso desse prazo ônus de prova do destinatário.

16. A jurisprudência e doutrina têm considerado válida a notificação postal entregue na empresa a empregado do reclamado, zelador ou empregado da administração do edifício ou mesmo depositada em caixa postal, visto que não há previsão legal de pessoalidade na realização da comunicação, sendo a notificação considerada válida com a simples entrega do registro postal no endereço da parte.

17. Estabelece o § 1.º do art. 841 da CLT que, se o reclamado criar embaraços ao recebimento da notificação postal para comparecimento à audiência ou não for encontrado, far-se-á a notificação por edital, inserto no jornal oficial ou no que publicar o expediente forense, ou, na falta, afixado na sede da Vara ou Juízo.

18. Quando o reclamado não é encontrado ou opõe embaraços ao recebimento da notificação, esta é feita pelo oficial de justiça, evitando os juízes a notificação por edital, principalmente para impedir gastos com a publicação de editais e para assegurar o efetivo recebimento da notificação pelo réu, prevenindo-se futuros questionamentos de nulidade de citação.

19. Se o reclamado estiver em local incerto e não sabido, não restará outra alternativa ao magistrado trabalhista a não ser notificá-lo por edital.

20. Realizada a notificação por edital e correndo o processo à revelia, entendemos que não haverá nomeação de curador especial para o revel, sendo inaplicável o art. 72, II, do CPC, já que a Consolidação das Leis do Trabalho determina que somente na hipótese do art. 793 (reclamação trabalhista promovida por menor de 18 anos sem representante legal) é que será nomeado curador especial, muito embora sejamos forçados a reconhecer que o tema provoca divergências na doutrina.

21. Outrossim, se o endereço do reclamado se localizar em zona não servida por entrega domiciliar de correspondência ou se o réu possuir domicílio em zona rural ou de difícil acesso, a citação será feita pelo oficial de justiça.

22. O procedimento sumaríssimo não admite a citação por edital, incumbindo ao autor a correta indicação do nome e endereço do reclamado.

23. Caso o reclamado esteja domiciliado no exterior, a notificação será feita por meio de carta rogatória, nos moldes do arts. 260 e seguintes do CPC.

24. Residindo o reclamado no Brasil, mas em comarca fora da jurisdição territorial da Vara do Trabalho, alguns juízes mantêm a notificação postal, utilizando-se do argumento de que o art. 247 do CPC autoriza a citação postal em qualquer comarca do país; enquanto outros magistrados expedem a denominada carta precatória, procedendo o juízo deprecado a notificação, ou por oficial de justiça (via mandado), ou mesmo via postal.

25. Na hipótese de a parte constituir pluralidade de advogados no processo e um deles solicitar que a intimação seja feita de forma exclusiva em seu nome, não será considerada válida a intimação realizada em nome do outro advogado, salvo se constatada a inexistência prejuízo, conforme Súmula 427 do TST.

26. O art. 834 da CLT determina, em regra, que a publicação das decisões e sua notificação aos litigantes, ou seus patronos, consideram-se realizadas nas próprias audiências em que forem proferidas.

27. No mesmo sentido, dispõe o art. 852 da CLT que da decisão serão os litigantes notificados, pessoalmente ou por seu representante, na própria audiência. No entanto, em caso de revelia, a notificação da decisão será feita via postal.

28. Saliente-se que o prazo para recurso da parte que, devidamente intimada, não comparecer à audiência de julgamento para prolação da sentença conta-se da publicação da sentença, na própria audiência, consoante entendimento consubstanciado na Súmula 197 do TST.

29. O art. 851, § 2.º, da CLT dispõe que o juiz deverá juntar a ata de sentença, devidamente assinada, no prazo improrrogável de 48 horas, sob pena de o prazo para recurso apenas ser contado da data em que a parte receber a intimação da sentença (Súmula 30 do TST).

30. A Consolidação dos Provimentos da Corregedoria-Geral da Justiça do Trabalho, em seu art. 27, estabelece que os membros do Ministério Público do Trabalho serão cientificados pessoalmente das decisões proferidas pela Justiça do Trabalho nas causas em que o órgão haja atuado como parte ou como fiscal da lei.

31. A comunicação dos atos processuais também pode ser feita mediante carta precatória, rogatória ou de ordem, conforme estabelecidas nos arts. 260 e seguintes do CPC.

32. A EC 45/2004, publicada pelo Senado Federal no dia 08.12.2004, alterou o art. 93 da CF/1988, prestigiando nos incisos IX e X o princípio da publicidade dos julgamentos dos órgãos do Poder Judiciário.

33. A Lei 11.419, de 19 de dezembro de 2006, regulamentou o uso de meio eletrônico na tramitação de processos judiciais (civil, penal e trabalhista), na comunicação de atos e na transmissão de peças processuais. Para tanto, estabeleceu que o envio de petições, de recursos e a prática de atos processuais em geral por meio eletrônico serão admitidos mediante uso de assinatura eletrônica, sendo obrigatório o credenciamento prévio no Poder Judiciário.

34. Somente em casos excepcionais é admitido que o processo, na Justiça do Trabalho, corra em segredo de justiça, como nas hipóteses de preservação do direito à intimidade da parte, discriminação por motivo de doença, sexo, discussão relativa a atos de improbidade praticados pelo obreiro, assédio moral ou sexual etc.

35. Por seu turno, o art. 770 da CLT dispõe que os atos processuais serão públicos, salvo quando o contrário determinar o interesse social, e realizar-se-ão nos dias úteis das 6 às 20 horas.

36. A legislação consolidada (art. 770, parágrafo único, da CLT) menciona que o juiz do trabalho poderá autorizar, expressamente (normalmente constando no mandado de citação penhora e avaliação), que a penhora pelo oficial de justiça possa ser realizada em domingo ou feriado.

37. A prática eletrônica de atos processuais será realizada por intermédio do Sistema Processo Judicial Eletrônico (PJe) instalado na Justiça do Trabalho, nos termos da Lei 11.419/2006, arts. 193 a 199 do CPC e da Resolução 185/2017 do Conselho Superior da Justiça.

38. Vigora no Processo do Trabalho o princípio do "jus postulandi" (art. 791 da CLT), segundo o qual empregado e empregador podem demandar pessoalmente na Justiça do Trabalho. Nesses casos, partes ou terceiros interessados desassistidos de advogados poderão apresentar peças processuais e documentos em papel nos locais competentes para recebê-los, que serão inseridos nos autos eletrônicos pela unidade judiciária (art. 4º da Resolução 185/2017, CSJT e art. 14, § 2º, da Resolução 25 Consolidada, CNJ).

39. Os advogados e sociedades de advogados devem requerer sua habilitação para atuar nos autos eletrônicos cujas partes representarão, juntando a procuração (art. 5º, § 6º, da Resolução 185/2017, CSJT).

40. É atribuição do magistrado determinar, por despacho ou delegação de ato ordinatório, a alteração da autuação para inativação de advogado indevidamente habilitado, ou que deixou de representar quaisquer das partes (art. 5º, § 7º, da Resolução 185/2017, CSJT).

É direito do advogado examinar, em qualquer órgão dos Poderes Judiciário e Legislativo, ou da Administração Pública em geral, autos de processos findos ou em andamento, mesmo sem procuração, quando não estiverem sujeitos a sigilo ou segredo de justiça, assegurada a obtenção de cópias, com possibilidade de tomar apontamentos, inclusive em processos e procedimentos eletrônicos, (art. 7º, XIII, e § 13, da Lei 8.906/1994 - Estatuto da Advocacia, incluído pela Lei 13.793/2019).

Da mesma forma, é direito do advogado examinar, em qualquer instituição responsável por conduzir investigação, mesmo sem procuração, processos e procedimentos de investigações de qualquer natureza, findos ou em andamento, ainda que conclusos, à autoridade, podendo copiar peças e tomar apontamentos, em meio físico ou digital, inclusive em processos e procedimentos eletrônicos, salvo nos casos sujeitos a sigilo (art. 7º, XIV e § 13, da Lei 8.906/1994 - Estatuto da Advocacia, alterado pela Lei 13.793/2019).

O acesso ao advogado poderá ser delimitado pela autoridade competente aos elementos de prova relacionados a diligências em andamento e ainda não documentados nos autos, quando houver risco de comprometimento da eficiência, da eficácia ou da finalidade das diligências (art. 7º, §§ 11 e 13, da Lei 8.906/1994 - Estatuto da Advocacia, alterado pela Lei 13.793/2019).

41. Institui a Resolução 185/2017 do CSJT (art. 10) que a disponibilidade do PJe será aferida na forma definida pelo Conselho Nacional de Justiça - CNJ. Por sua vez, a Resolução 25 Consolidada do CNJ de 2016 versa sobre o acesso ao sistema (arts. 7º ao 13).

42. Consoante o art. 9º da Resolução 25 Consolidada, o sistema ficará disponível 24 horas por dia, salvo durante os períodos de manutenção.

43. Considera-se indisponibilidade do sistema PJe-JT a falta de oferta ao público externo, diretamente ou por meio de WebService, de qualquer um dos seguintes serviços (art. 10 da Resolução 25 Consolidada, CNJ): a) consulta aos autos digitais; b) transmissão eletrônica de atos processuais, e c) acesso a citações, intimações ou notificações eletrônicas feitas via sistema.

44. As manutenções programadas do sistema serão sempre informadas ostensivamente com pelo menos 5 dias de antecedência e realizadas, preferencialmente, entre 0h de sábado e 22h de domingo, ou entre 0h e 6h dos demais dias da semana (arts. 9º e 13 da Resolução 25 Consolidada, CNJ).

45. Toda indisponibilidade do sistema PJe será registrada em relatório de interrupções de funcionamento acessível ao público no sítio do Tribunal e dos Conselhos, devendo conter, pelo menos, as seguintes informações: a) data, hora e minuto de início da indisponibilidade; b) data, hora e minuto de término da indisponibilidade; c) os serviços que ficaram indisponíveis; e d) assinatura digital do responsável pela unidade de tecnologia da informação do TRT, ou a quem este delegar, com efeito de certidão, devendo – enquanto não implementada a juntada automática nos processos – estar acessível, preferencialmente, em tempo real, ou, no máximo, até as 12h do dia seguinte ao da indisponibilidade (art. 11, § 2º, da Resolução 25 Consolidada, CNJ e art. 10 da Resolução 185/2017, CSJT).

46. Os prazos que vencerem no dia da ocorrência de indisponibilidade serão prorrogados para o dia útil seguinte à retomada de funcionamento, quando (art. 12 da Resolução 25 Consolidada, CNJ): a) a indisponibilidade for superior a 60 minutos ininterruptos ou não, entre as 6h00 e as 23h00; e b) por qualquer tempo, entre as 23h00 e as 24h00.

47. Os prazos fixados em hora ou minuto serão prorrogados até as 24 horas do dia útil seguinte, quando (art. 12, § 2º, CNJ): a) ocorrer a indisponibilidade superior a 60 minutos ininterruptos ou não, nas últimas 24 horas do prazo; ou b) ocorrer a indisponibilidade nos 60 minutos anteriores ao término do prazo.

48. A indisponibilidade entre 0h00 e 6h00, feriados e finais de semana não levará à prorrogação do prazo (art. 12, § 1.º, da Resolução 25 Consolidada, CNJ).

49. O sistema receberá arquivos com tamanho máximo definido por ato do Tribunal ou Conselho e apenas nos formatos definidos pela Presidência do Conselho Nacional de Justiça, o qual não poderá ser inferior a 1.5Mb (art. 14, *caput* e § 1º, da Resolução 25 Consolidada, CNJ).

50. Será admitido peticionamento fora do PJe, pelas vias ordinárias, nas seguintes hipóteses: a) quando o PJe estiver indisponível e o prazo para a prática do ato não for prorrogável na forma do art. 12 ou essa prorrogação puder causar perecimento do direito; b) para a prática de ato urgente ou destinado a impedir perecimento de direito, quando o usuário externo não possua, em razão de caso fortuito ou força maior, assinatura digital (art. 14, § 3º, da Resolução 25 Consolidada 25, CNJ).

51. Os documentos produzidos eletronicamente, os extratos digitais, bem como os documentos digitalizados e juntados aos autos pelos órgãos da Justiça do Trabalho e seus auxiliares, pelos membros do Ministério Público, pelas procuradorias e por advogados públicos e privados, têm a mesma força probante dos originais, ressalvada a alegação motivada e fundamentada de adulteração (art. 15, *caput*, da Resolução 25 Consolidada, CNJ).

52. Os documentos originais digitalizados deverão ser preservados pelo seu detentor até o trânsito em julgado da sentença ou, quando admitida, até o final do prazo para propositura de ação rescisória (art. 15, § 2.º, da Resolução 25 Consolidada, CNJ).

53. A arguição de falsidade dos documentos será processada eletronicamente na forma da lei processual em vigor (art. 15, § 3º, da Resolução 25 Consolidada, CNJ).

54. Os documentos cuja digitalização mostre-se tecnicamente inviável devido ao grande volume, tamanho/formato ou por motivo de ilegibilidade deverão ser apresentados na secretaria no prazo de 10 dias contados do envio da petição eletrônica comunicando o fato. Após o trânsito em julgado, os referidos documentos serão devolvidos, incumbindo-se à parte preservá-los até o final do prazo para propositura da ação rescisória, quando admitida (art. 15, § 3º, da Resolução 25 Consolidada, CNJ).

55. Os documentos apresentados pelas partes que se valerem do jus postulandi deverão ser retirados no prazo de 45 dias. Após esse prazo, a Unidade Judiciária correspondente poderá inutilizar os documentos mantidos sob sua guarda em meio impresso (art. 16, parágrafo único, da Resolução 25 Consolidada, CNJ).

56. As petições, documentos e seus respectivos anexos enviados sem observância das normas vigentes poderão ser indisponibilizados por expressa determinação do magistrado, com o registro de movimento e exclusão da petição e documentos, assinalando-se, se for o caso, novo prazo para a adequada apresentação da petição (art. 15, *caput* e § 1º, da Resolução 185/2017, CSJT).

57. Os documentos digitalizados e anexados às petições eletrônicas serão classificados e organizados de forma a facilitar o exame dos autos eletrônicos. Quando a forma de apresentação dos documentos puder ensejar prejuízo ao exercício do contraditório e da ampla defesa, deverá o juiz determinar nova apresentação e a exclusão dos anteriormente juntados (art. 18, da Resolução 25 Consolidada, CNJ).

58. Os órgãos do Poder Judiciário manterão instalados equipamentos à disposição das partes, advogados e interessados para consulta ao conteúdo dos autos digitais, digitalização e envio de peças processuais e documentos em meio eletrônico, bem como auxílio técnico presencial às pessoas com deficiência ou que comprovem idade igual ou superior a 60 anos (art. 19 da Resolução 25 Consolidada 25, CNJ).

59. No processo eletrônico, todas as citações, intimações e notificações, inclusive da Fazenda Pública, far-se-ão por meio eletrônico, nos termos da Lei n. 11.419, de 19 de dezembro de 2006, e, caso viabilizem o acesso à íntegra do processo correspondente, serão consideradas vista pessoal do interessado para todos os efeitos legais (art. 20 da Resolução 25 Consolidada, CNJ).

60. No expediente de notificação inicial ou de citação constará indicação da forma de acesso ao inteiro teor da petição inicial no endereço referente à consulta pública do PJe, cujo acesso também será disponibilizado nos sítios dos TRTs e do CSJT na rede mundial de computadores (art. 18, da Resolução 185/2017, CSJT).

61. Os avisos de recebimento (ARs), devidamente assinados pelo recebedor das comunicações feitas pelos Correios, deverão ser digitalizados e os respectivos arquivos juntados aos autos eletrônicos (art. 25 da Resolução 25 Consolidada, CNJ).

62. A petição inicial deverá conter, além dos requisitos do art. 840, § 1º, da CLT, a indicação do CPF ou CNPJ das partes, e, sempre que possível, também os seguintes dados: a) o CEI (Cadastro Específico do INSS incluindo número da matrícula do empregador pessoa física); b) o Número de Identificação do Trabalhador (NIT) perante o INSS; c) o PIS ou PASEP; d) o número da CTPS do empregado; e e) o CNAE (Classificação Nacional de Atividades Econômicas – código do ramo de atividade) do empregador (art. 19, *caput* e § 1º, da Resolução 185/2017, CSJT).

63. O PJe fornecerá, na distribuição da ação, o número atribuído ao processo, o órgão julgador para o qual foi distribuída e, se for o caso, o local, a data e o horário de realização da audiência, da qual estará a parte autora imediatamente intimada. Os dados da autuação automática serão conferidos pela unidade judiciária, que procederá, com determinação do magistrado e registro no PJe, à intimação da parte para alteração em caso de desconformidade com a petição e documentos. A ausência de retificação dos dados da autuação automática, referente à petição inicial, no prazo de 15 dias, ensejará a aplicação do disposto no art. 321, parágrafo único, do CPC, ou seja, o indeferimento da petição inicial (art. 19, *caput* e §§ 2º e 3º, da Resolução 185/2017, CSJT).

64. As partes poderão atribuir segredo de justiça à petição inicial e sigilo à contestação, reconvenção, petições incidentais e documentos, desde que, justificadamente, fundamentem uma das hipóteses do art. 770, *caput*, da CLT e dos arts. 189 ou 773 do CPC. O magistrado poderá determinar a exclusão de petições e documentos indevidamente protocolados sob sigilo (art. 22, §§ 2º e 3º, da Resolução 185/2017, CSJT).

65. Diferentemente da opção de sigilo que a parte só pode atribuir nas hipóteses previstas em lei, o reclamado pode manter a contestação, reconvenção e documentos que as acompanham ocultos até a realização da proposta conciliatória infrutífera (art. 22, § 4º, da Resolução 185/2017, CSJT).

66. Na hipótese de celebração de acordo, a contestação, reconvenção e documentos que as acompanham serão excluídos do PJe (art. 22, § 5º, da Resolução 185/2017, CSJT).

67. As audiências serão sempre reduzidas a termo, ainda que gravadas em áudio e vídeo, e o arquivo eletrônico que utilize linguagem padronizada de marcação genérica daí decorrente será, ao final da audiência: a) imediatamente assinado pelo magistrado, impossibilitando a alteração de sua forma e conteúdo; ou b) facultativamente enviado ao PJe, imediatamente após o término da audiência, também impossibilitando a alteração de sua forma e conteúdo (art. 23 da Resolução 185/2017, CSJT).

68. Na hipótese de celebração de acordo e ausência de assinatura imediata do arquivo eletrônico que utilize linguagem padronizada de marcação genérica e havendo requerimento da parte, a ata deverá ser impressa, assinada manualmente pelas partes e magistrado e, então, digitalizada e inserida no PJe (art. 23, § 3º, da Resolução 185/2017, CSJT).

69. No processo judicial eletrônico, o prazo processual começa a contar a partir do momento em que o advogado faz a consulta. Caso não o faça no prazo máximo de 10 dias, a intimação será tida por consumada. O primeiro dos 10 dias será a data subsequente ao da disponibilização do ato de comunicação no sistema, seja dia útil ou não. Todavia, caso o 10º dia recaia em dia sem expediente forense, a consumação da intimação ocorrerá no primeiro dia útil subsequente.

70. Em síntese, o primeiro dos 10 dias pode coincidir com o período sem expediente forense. Entretanto, se o 10º recair em dia sem expediente, prorroga-se para o próximo dia útil a consumação da intimação. A partir do primeiro dia útil seguinte, ainda, começa a correr o prazo para a prática do ato (art. 5.º da Lei 11.419/2006 e art. 22 da Resolução 25 Consolidada, CNJ).

71. Os atos e termos do processo serão datilografados ou escritos com tinta escura e indelével, assinando-os as pessoas que neles intervieram, salvo quando estas não puderem ou não quiserem firmá-los, quando o serventuário certificará nos autos a ocorrência.

72. Não serão admitidos, nos atos e termos, espaços em branco, bem como entrelinhas, emendas ou rasuras, salvo se aqueles forem inutilizados e estas expressamente ressalvadas.

73. Prazos dilatórios são os que admitem prorrogação pelo juiz em vista da solicitação da parte, permitindo-se ao interessado dispor do prazo para a prática de ato específico.

74. Prazos peremptórios são os prazos fatais, insuscetíveis de prorrogação, decorrendo de normas imperativas, de ordem pública, não podendo ser objeto de convenção entre as partes.

75. O **início do prazo** ocorre no momento em que o interessado toma conhecimento ou ciência do ato processual a ser realizado. Portanto, recebida a notificação postal, ou publicado o edital no jornal oficial ou mesmo afixado o edital na sede da Vara, Juízo ou Tribunal, ocorre o início do prazo.

76. Por seu lado, o **início da contagem do prazo** ocorre no dia útil seguinte ao **início do prazo**. Em outras palavras, na contagem dos prazos, exclui-se o dia do começo e inclui-se o dia do vencimento.

77. Se o interessado for intimado ou notificado no sábado ou no feriado, o início do prazo dar-se-á no primeiro dia útil imediato, e a contagem do prazo, no subsequente.

78. Quando a intimação tiver lugar na sexta-feira, ou a publicação com efeito de intimação for feita nesse dia, o prazo judicial será contado da segunda-feira imediata, inclusive, salvo se não houver expediente, caso em que fluirá do dia útil que se seguir.

79. Os prazos judiciais são contados em dias úteis (art. 775 da CLT).

80. Incumbe à parte comprovar, apenas quando da interposição do recurso, a existência de feriado local que leve à prorrogação do prazo recursal, à luz do art. 1.003, § 6º, do CPC. Caso não o faça, o relator deverá conceder o prazo de 5 dias para que seja sanado o vício, sob pena de não conhecer o recurso por intempestividade, consoante preceitua o art.

932, parágrafo único, do CPC, que consagra o princípio da primazia da decisão de mérito (Súmula 385, I, do TST).

81. Os Tribunais Regionais e o TST, enquanto juízos "ad quem", não são obrigados a ter ciência da ocorrência de feriado forense, ou seja, dos dias úteis em que não houve expediente forense ou este foi encerrado antes do horário normal; por isso, cabe à autoridade que proferir a decisão de admissibilidade certificar o expediente nos autos (Súmula 385, II, do TST). Caso não o faça, o TST, por meio da Súmula 385, reconhece o direito da parte de produzir prova documental superveniente, em agravo de instrumento, agravo interno, agravo regimental, ou embargos de declaração, visando à reconsideração da tempestividade, desde que, em momento anterior, não tenha havido a concessão de prazo para a comprovação da ausência de expediente forense (Súmula 385, II, do TST).

82. Não havendo preceito legal, nem assinalação pelo juiz, será de cinco dias o prazo para a prática de ato processual a cargo da parte.

83. As pessoas jurídicas de direito público (União, Estados, Municípios, Distrito Federal e suas respectivas autarquias e fundações de direito público) têm prazo em dobro para todas as suas manifestações processuais, contados a partir de sua intimação pessoal (art. 183 do CPC), com exceção apenas do prazo para a contestação, que é em quádruplo, como determina o art. 1º, II, do Decreto-Lei 779/1969. As mesmas regras aplicam-se à Empresa Brasileira de Correios e Telégrafos, que possui as mesmas prerrogativas processuais da Fazenda Pública (art. 12, Decreto-lei 509/1969).

84. O Ministério Público tem prazo em dobro para todas as manifestações, cuja contagem terá início a partir de sua intimação pessoal, a qual far-se-á por carga, remessa ou meio eletrônico (art. 180 do CPC)

85. Institui o art. 775-A da CLT que suspende-se o curso do prazo processual nos dias compreendidos entre 20 de dezembro e 20 de janeiro, inclusive. Durante a suspensão do prazo, não se realizarão audiências nem sessões de julgamento (art. 775-A, § 2º, da CLT). Já os juízes, os membros do Ministério Público, da Defensoria Pública e da Advocacia Pública e os auxiliares da Justiça exercerão suas atribuições normalmente durante o período referido, ressalvadas as férias individuais e os feriados instituídos por lei (art. 775-A, § 1º, da CLT). O recesso forense e o art. 775-A da CLT, que prevê a suspensão dos prazos dos dias 20/12 a 20/01, coexistem, como esclarece o Conselho Nacional de Justiça, na Resolução 244/2016. Desse modo, em síntese: a) no recesso forense (20/12 a 06/01) não há expediente forense. Há apenas o plantão judiciário para medidas urgentes e b) no período de suspensão dos prazos processuais, entre os dias 20/12 a 20/01 ficam suspensos apenas os prazos processuais, as audiências e sessões de julgamento. Excetuado o período de recesso forense e ressalvadas as férias individuais e os feriados instituídos por lei, os juízes, os membros do Ministério Público, da Defensoria Pública e da Advocacia Pública e os auxiliares da Justiça exercerão suas atribuições normalmente durante esse período.

86. O art. 221 do CPC dispõe que se suspende o curso do prazo por obstáculo criado pela parte ou ocorrendo qualquer das hipóteses do art. 313 do CPC, quais sejam: morte ou perda da capacidade processual de qualquer das partes, de seu representante legal ou de seu procurador; pela convenção das partes; pela arguição de impedimento ou de suspeição; pela admissão de incidente de resolução de demandas repetitivas; quando a sentença de mérito depender do julgamento de outra causa ou da declaração de existência ou de inexistência de relação jurídica que constitua o objeto principal de outro processo pendente ou tiver de ser proferida somente após a verificação de determinado fato ou a produção de certa prova, requisitada a outro juízo; por motivo de força maior; quando se discutir em juízo questão decorrente de acidentes e fatos da navegação de competência do Tribunal Marítimo; nos demais casos regulados pelo CPC. Nesses casos, o prazo será restituído por tempo igual ao que faltava para sua complementação.

87. Vale destacar que no âmbito da Justiça do Trabalho não será aplicado o art. 229 do CPC que determina que quando os litisconsortes tiverem diferentes procuradores, ser-lhes-ão contados em dobro os prazos para recorrer e, de modo geral, para falar nos autos, uma vez que tal preceito atenta contra o princípio da celeridade processual trabalhista (entendimento consubstanciado na OJ 310 da SDI-I/TST).

88. A nulidade do ato ocorre quando lhe falta algum requisito que a lei prescreve como necessário para a sua validade.

89. A exemplo dos atos jurídicos em geral, os atos processuais podem estar eivados de vícios ou irregularidades que podem vir a contaminar ou não a sua validade.

90. Com efeito, alguns atos processuais praticados são dotados de irregularidades que não o contaminam, não produzindo maiores consequências, como um despacho exarado a lápis, o uso de abreviaturas nos autos, a ausência de numeração e rubrica das folhas dos autos etc.

91. Ato processual inexistente é aquele que sequer chega a surgir, em face de uma circunstância que impede o seu nascimento, como nos casos da sentença não assinada pelo juiz, ou mesmo os atos processuais não ratificados praticados por advogado que atua sem procuração (art. 104, § 2.º, do CPC).

92. A nulidade absoluta será declarada toda vez que o ato processual viciado violar normas de interesse público, podendo ser declarada de ofício pelo magistrado, não se permitindo às partes disporem sobre esse interesse, como no caso da incompetência absoluta, a qual deve ser declarada de ofício e pode ser alegada em qualquer tempo e grau de jurisdição, independentemente de exceção (art. 64, § 1.º, do CPC). Durante o trâmite processual, a nulidade absoluta não preclui, podendo a qualquer momento ser declarada. Essa nulidade é considerada tão grave que há a possibilidade de ser conhecida de ofício pelo juiz (art. 377, § 5.º, do CPC) ou de rescindir a sentença proferida por juiz impedido ou absolutamente incompetente (art. 966, II, do CPC).

93. Quanto à nulidade relativa, o vício do ato processual viola normas de interesse privado, dependendo sempre da provocação do interessado, não podendo ser declarada de ofício pelo magistrado, como ocorre nos casos de incompetência relativa, em que a mesma pode ser prorrogada se não oposta exceção pelo reclamado no prazo de 5 dias contados do recebimento da notificação (art. 800 da CLT).

94. O princípio da instrumentalidade das formas ou da finalidade determina que a forma é apenas um instrumento para se alcançar a finalidade do processo, não sendo, em regra, essencial para a validade do ato, pelo que se depreende que, se a lei prescrever que o ato tenha determinada forma, sem cominar nulidade, o juiz considerará válido o ato se, realizado de outra forma, lhe alcançar a finalidade. O atinente princípio está inserido nos arts. 188 e 277 do CPC e nos arts. 795, 796, *a*, e 798 da CLT.

95. O princípio da transcendência ou do prejuízo está inserido no art. 794 da CLT, ao dispor que nos processos sujeitos à apreciação da Justiça do Trabalho somente haverá nulidade quando resultar dos atos inquinados manifesto prejuízo processual aos litigantes. Os arts. 282, §§ 1.º e 2.º, e 283, do CPC também albergam tal princípio.

96. O princípio da convalidação ou da preclusão está previsto no art. 795 da CLT, segundo o qual as nulidades não serão declaradas senão mediante provocação das partes, as quais deverão argui-las na primeira vez em que tiverem de falar em audiência ou nos autos. Esse princípio se aplica apenas às nulidades relativas.

97. O art. 795, § 1.º, da CLT estabelece que deverá ser declarada *ex officio* a nulidade fundada em incompetência de foro, sendo considerados em tal caso nulos os atos decisórios. No entanto, a redação do artigo mencionado é frágil, sendo desprovida da boa técnica legislativa.

98. Com efeito, quando o art. 795, § 1.º, consolidado, menciona a "incompetência de foro", em verdade referiu-se à incompetência absoluta (seja em razão da matéria ou da pessoa), a qual pode ser declarada de ofício, e não à incompetência territorial (foro), que é relativa, dependendo de provocação do interessado.

99. O princípio da economia processual estabelece que, não obedecida a forma prevista na lei, apenas serão anulados os atos que não possam ser aproveitados. Os arts. 796, *a*, e 797, ambos da CLT, prestigiam tal princípio.

100. O princípio do interesse está previsto no art. 796, *b*, da CLT, segundo o qual a nulidade do ato processual não será pronunciada quando arguida por quem lhe tiver dado causa, não podendo a parte obter vantagem, prevalecendo-se de sua própria torpeza.

101. O princípio da utilidade encontra suporte no art. 798 da CLT, o qual determina que a nulidade do ato não prejudicará senão os posteriores que dele dependam ou sejam consequência.

5

PARTES E PROCURADORES

5.1. PARTES

5.1.1. Conceito, denominação e capacidade

5.1.1.1. Conceito

Tradicionalmente, conceitua-se como parte aquele que demanda em nome próprio a prestação jurisdicional do Estado, ou mesmo a pessoa em cujo nome é demandada. Em outras palavras, partes são o autor, que demanda a tutela jurisdicional, e o réu, contra quem a atuação é postulada.

Moacyr Amaral Santos, *Primeiras linhas de direito processual*, v. 1, p. 346, ao estabelecer o conceito de partes, leciona que:

> "Partes, no sentido processual, são as pessoas que pedem ou em relação às quais se pede a tutela jurisdicional. Podem ser, e geralmente

> o são, sujeitos da relação jurídica substancial deduzida, mas esta circunstância não as caracteriza, porquanto nem sempre são sujeitos dessa relação. São, de um lado, as pessoas que pedem a tutela jurisdicional, isto é, formulam uma pretensão e pedem ao órgão jurisdicional a atuação da lei à espécie. Temos aí a figura do autor. É este que pede, por si ou por seu representante legal, a tutela jurisdicional. Pede-a ele próprio, se capaz para agir em juízo... De outro lado, são partes as pessoas contra as quais, ou em relação às quais, se pede a tutela jurisdicional: sentença condenatória, providência executiva, ou providências cautelares (...)".

Por sua vez, Wilson de Souza Campos Batalha, *Tratado de direito judiciário do trabalho*, p. 334, conceitua autor "como aquele que tem a iniciativa de provocar o pronunciamento judicial e réu aquele que é chamado a juízo para alegar e provar quanto lhe interesse a respeito do objeto da demanda".

Cabe destacar que nem sempre os sujeitos do conflito coincidem com os sujeitos do processo, ou seja, com aqueles que tomam assento na relação processual como autor e réu. Imaginemos a situação de um empregado que sofre assédio sexual de um gerente (superior hierárquico) na empresa. Nesta hipótese, temos como sujeitos do conflito o empregado e o gerente da empresa (preposto do empregador). Todavia, em eventual ação reparatória pelos danos morais sofridos, o obreiro poderá ajuizar a ação trabalhista diretamente contra o empregador, em função da responsabilidade objetiva do mesmo. Logo, como sujeitos do processo, teremos o empregado e o empregador, diferentemente dos sujeitos do conflito, que são o obreiro e o gerente da empresa.

Ademais, entendemos que o conceito clássico de partes revela-se insuficiente, uma vez que o processo não envolve tão somente o autor, réu e juiz, englobando, por vezes, outras pessoas (terceiros) que podem ingressar no processo em momento posterior à sua formação, seja para apoiar uma das partes principais, seja para defender interesse próprio.

Nesse sentido, cabe ressaltar os ensinamentos de Alexandre Freitas Câmara, *Lições de direito processual civil*, p. 150-151, *in verbis*:

> "É tradicional o conceito de partes como sendo 'aquele que pleiteia e aquele em face de quem se pleiteia a tutela jurisdicional'. Por esta definição seriam partes, tão somente, o autor (ou demandante), isto é, aquele que, ajuizando uma demanda, provoca o exercício, pelo Estado, da função jurisdicional, pleiteando a tutela jurisdicional e, de outro lado, o réu (ou demandado), aquele em face de quem a tutela jurisdicional é pleiteada.
>
> Tal conceito, embora correto, não é adequado a explicar todos os fenômenos de relevância teórica a respeito das partes. Tal insuficiência, porém, facilmente se explica. É que o conceito aqui apresentado corresponde ao de 'partes da demanda'. Este conceito não se confunde com outro, mais amplo, que é o de partes do processo. Assim é que

> devem ser consideradas 'partes do processo' todas aquelas pessoas que participam do procedimento em contraditório. Em outras palavras, ao lado do autor e do réu, que são partes da demanda e também do processo, outras pessoas podem ingressar na relação processual, alterando o esquema mínimo daquela relação a que já se fez referência, e que corresponde à configuração tríplice do processo. Assim, por exemplo, na assistência (...), ou na intervenção do Ministério Público como *custos legis* (...), ingressam no processo sujeitos diversos daqueles que denominamos 'partes da demanda'. Esses novos sujeitos, embora não apareçam na demanda, são 'partes do processo'."

5.1.1.2. Denominação

Objetivando induzir uma ideia de autonomia do processo laboral em relação ao processo civil, ou mesmo considerando as raízes históricas da Justiça do Trabalho (a qual era órgão administrativo vinculado ao Poder Executivo), o legislador processual do trabalho inovou na terminologia autor e réu.

Com efeito, no Processo do Trabalho o autor é denominado reclamante e o réu, reclamado.

5.1.1.3. Capacidade

Inicialmente, convém distinguir os institutos capacidade de ser parte, capacidade processual e capacidade postulatória.

A capacidade de ser parte (ou capacidade de direito) diz respeito à possibilidade de a pessoa (física ou jurídica) se apresentar em juízo como autor ou réu, ocupando um dos polos do processo.

Nessa esteira, a capacidade para ser parte exige a "personalidade civil", que em relação à pessoa natural ou física inicia-se com o seu nascimento com vida (art. 2.º do CC), muito embora a lei ponha a salvo, desde a concepção, os direitos do nascituro.

Quanto à pessoa jurídica, a sua "personalidade civil" inicia-se com a inscrição dos atos constitutivos no respectivo registro (art. 45 do CC) – Junta Comercial, órgão de classe (exemplificadamente, a OAB, no caso de sociedade de advogados) etc.

Confere-se ainda a capacidade para ser parte aos denominados "entes despersonalizados", como a massa falida, o condomínio, o espólio, as sociedades e os órgãos desprovidos de personalidade jurídica etc.

Sobre o tema, destacamos os ensinamentos de Carlos Henrique Bezerra Leite, *Curso de direito processual do trabalho*, p. 244-245, *in verbis*:

> "Sabemos que toda pessoa humana, também chamada de pessoa natural ou física, é capaz de adquirir direitos e contrair obrigações.

Trata-se da capacidade civil, que se inicia com o nascimento com vida, muito embora a lei já garanta ao nascituro, desde a concepção, os direitos fundamentais. Assim, todo ser humano tem capacidade de ser parte em juízo, seja para propor ação, seja para defender-se. Trata-se, pois, de um direito universalmente aceito.

Além das pessoas naturais, os ordenamentos jurídicos reconhecem às pessoas jurídicas a capacidade de ser parte, uma vez que também podem ser titulares de direitos e obrigações. As pessoas jurídicas, que não se confundem com as pessoas naturais, são abstrações criadas pelo gênio humano com vistas à facilitação da circulação da riqueza e dos negócios, principalmente o comércio. Por serem entes abstratos, a lei dispõe que necessitam ser representadas judicial e extrajudicialmente por determinada pessoa natural, como veremos no instituto da representação, adiante estudado.

Existem, também, outros entes abstratos aos quais a lei não confere a condição de pessoa jurídica, mas que têm capacidade de estar em Juízo, tal como ocorre com a massa falida, o espólio, etc."

Quanto à capacidade processual, também conhecida como capacidade de estar em juízo (ou capacidade de fato ou de exercício), é ela outorgada pelo art. 70 do CPC, o qual estabelece que: "Toda pessoa que se encontre no exercício de seus direitos tem capacidade para estar em juízo".

Portanto, adquirida a capacidade de ser parte, impõe-se verificar se os sujeitos do processo podem praticar os atos processuais pessoalmente, sem o auxílio ou acompanhamento de outras pessoas, ou seja, se possuem capacidade processual plena para se manterem na relação processual sem amparo de qualquer espécie.

Assim, possuindo os sujeitos a capacidade civil plena (capacidade de praticar todos os atos da vida civil e de administrar seus bens), também possuirão a chamada capacidade processual, que é exigida para a prática de atos processuais. Por consequência, não possuem capacidade processual as pessoas arroladas nos arts. 3.º e 4.º do CC, embora tenham capacidade de ser parte. Vejamos:

"Art. 3.º São absolutamente incapazes de exercer pessoalmente os atos da vida civil os menores de 16 (dezesseis) anos."

"Art. 4.º São incapazes, relativamente a certos atos ou à maneira de os exercer:

I – os maiores de dezesseis e menores de dezoito anos;

II – os ébrios habituais e os viciados em tóxico;

III – aqueles que, por causa transitória ou permanente, não puderem exprimir sua vontade;

IV – os pródigos.

Parágrafo único. A capacidade dos indígenas será regulada por legislação especial."

Sobre o tema, transcrevemos os ensinamentos de Misael Montenegro Filho, *Curso de direito processual civil*, p. 295, o qual explica que:

> "Em algumas situações, contudo, observamos que a pessoa física ou jurídica pode tomar assento no processo, em seu próprio nome litigando, porque apresenta capacidade civil. No entanto, por externar discernimento prejudicado (incompleto ou ausente), é imposto que se eleja pessoa – com discernimento pleno – para que a assista ou a represente na prática dos atos processuais, necessários a que o processo alcance o seu término, liberando-se o Estado do poder-dever que lhe foi atribuído, a saber: de eliminar o conflito de interesses instalado.
>
> Não ostentam capacidade processual as pessoas arroladas nos arts. 3.º e 4.º do CC, embora tenham capacidade para ser parte, referindo-se os preceitos aos absolutamente e aos relativamente incapazes de exercer pessoalmente os atos da vida civil.
>
> O recém-nascido, com poucos dias de vida, por exemplo, ostenta capacidade de ser parte, por apresentar personalidade civil. Não obstante a constatação, percebemos que não é dotado de capacidade processual (para agir em juízo – ele próprio – praticando os atos processuais), necessitando do apoio dos seus genitores ou de um tutor."

No direito do trabalho, a capacidade civil plena dos empregados, ou seja, a plena capacidade de, na qualidade de parte, estar em juízo sem a assistência ou representação (maioridade trabalhista), ocorre aos 18 anos (art. 792 da CLT).

Ressalte-se que a CF/1988, art. 7.º, XXXIII, proíbe o trabalho noturno, perigoso e insalubre aos menores de 18 anos e de qualquer trabalho aos menores de 16 anos, salvo na condição de aprendiz, a partir dos 14 anos. Portanto, o menor de 16 anos não poderá trabalhar, salvo na condição de aprendiz (a partir dos 14 anos). No entanto, o art. 439 da CLT estabelece que: "É lícito ao menor firmar recibo pelo pagamento dos salários". Tratando-se, porém, de rescisão do contrato de trabalho, é vedado ao menor de 18 anos dar, sem assistência dos seus responsáveis legais, quitação ao empregador pelo recebimento de indenização que lhe for devida.

Impende salientar que o Código Civil, no art. 5.º, parágrafo único, possibilita a emancipação do obreiro com menos de 18 anos nos seguintes casos: pela concessão dos pais, pelo casamento, pelo exercício de emprego público efetivo, pela colação de grau em curso de ensino superior ou pela existência de relação de emprego, desde que, neste último caso, o menor com 16 anos completos tenha economia própria.

Com relação à emancipação pela existência de vínculo de emprego, transcrevemos Mauro Schiavi:[1]

---

1 Op. cit., p. 327.

> "Quanto ao inciso V do art. 5.º do CC que prevê a emancipação do menor em razão da relação de emprego e desde que, em razão dela, o menor tenha economia própria, pensamos que a menoridade cessará pela existência de vínculo de emprego, caso o menor receba um salário-mínimo por mês. Embora se possa dizer que o menor que recebe apenas um salário-mínimo não tem economia própria, acreditamos que a finalidade da lei ao conceder a emancipação legal foi no sentido de deferir a emancipação ao menor que apresenta maior maturidade em razão das responsabilidades inerentes ao contrato de trabalho.
>
> Portanto, desde que receba um salário-mínimo e exista a relação de emprego, o menor de 18 anos e maior de 16 anos estará emancipado de pleno direito, inclusive para postular em juízo sem necessidade de representação ou assistência, independentemente de declaração judicial de emancipação.
>
> A nosso sentir, apesar de o salário-mínimo ser muito baixo no Brasil, segundo disposição constitucional, ele atende às necessidades do trabalhador (art. 7.º, IV, da CF). De outro lado, o menor empregado estará emancipado a partir de 16 anos completos, pois o trabalho é proibido antes dessa idade" (art. 7.º, XXIII, da CF).

Entendemos que em caso de emancipação do menor, nos moldes do Código Civil, não será aplicado o art. 439 da CLT que veda ao menor de 18 anos dar, sem assistência dos seus responsáveis legais, quitação ao empregador pelo recebimento de indenização que lhe for devida. Ora, não é razoável que o menor emancipado possa realizar todos os atos da vida civil, como comprar, vender e dar recibo, mas seja incapaz de dar quitação ao empregador das verbas indenizatórias provenientes do rompimento do pacto laboral. Em outras palavras, emancipado o menor, terá o mesmo capacidade plena de praticar todos os atos da vida civil independentemente de assistência.

Pelo mesmo motivo, entendemos que contra o menor emancipado corre, normalmente, a prescrição, não se aplicando o art. 440 da CLT.

Todavia, quanto às normas de proteção a saúde do trabalhador, como a que proíbe o trabalho noturno, perigoso ou insalubre ao menor de 18 anos (art. 7.º, inciso XXXIII, da CF/1988), ou como a norma que impede que o menor labore em locais prejudiciais à sua formação, ao seu desenvolvimento físico, psíquico, moral e social (art. 403, parágrafo único, da CLT), entendemos que tais dispositivos legais deverão ser respeitados, não obstante a emancipação do menor. Tais normas são de ordem pública, de indisponibilidade absoluta, e objetivam proteger a formação integral do menor, ainda incompleta, apesar da emancipação.

Já o empregador pessoa física também adquire capacidade civil plena para estar em juízo (capacidade processual) aos 18 anos, salvo nos casos de emancipação (art. 5.º do CC).

Por último, quanto à capacidade postulatória, no âmbito do processo civil, é a mesma privativa de advogado regularmente inscrito na OAB, não sendo permitido à própria parte (em regra) elaborar e subscrever a petição inicial, exigindo-se que esta manifestação processual seja praticada por profissional devidamente habilitado.

Todavia, no âmbito do Processo do Trabalho, a capacidade postulatória, nas demandas envolvendo relação de emprego, é conferida também às próprias partes, conforme analisaremos no item a seguir, que versa sobre o denominado *jus postulandi* da parte na seara trabalhista.

Destacamos, ainda, as seguintes jurisprudências:

> "AUSÊNCIA DE INTERVENÇÃO DO MINISTÉRIO PÚBLICO DO TRABALHO. MENOR REPRESENTADO POR SUA MÃE. NULIDADE NÃO CARACTERIZADA. A ausência de intervenção do MPT como *custos legis* não importa em nulidade processual quando a menor estiver sob a representação legal, como no caso concreto, em que estava representada por sua mãe. Nesse contexto, não se verifica violação dos artigos 82, I e III, e 246, caput, parágrafo único, do CPC (arts. 178, I, e 279). Inteligência dos artigos 793 da CLT e 112 e 83, V, da Lei Complementar nº 75/1993. Preliminar de nulidade por ausência de intervenção obrigatória do MPT que se rejeita" (TRT 2ª Região – 13.ª Turma – RO 00028849820135020055/SP – Rel. Cíntia Táffari – j 16.12.2014 – *DEJT* 12.01.2015).

> "RESCISÃO CONTRATUAL. EMPREGADO MENOR DE IDADE. PEDIDO DE DEMISSÃO E TERMO DE RESCISÃO. VALIDADE. Em se tratando de trabalhador menor de idade, a validade e eficácia do pedido de demissão e da entrega do referido documento, além da quitação das verbas trabalhistas declinadas no TRCT, está condicionada à presença dos representantes legais, assistindo-o aos atos, sob pena de declarar a nulidade, em face do descumprimento do que dispõe o artigo 439 da CLT. A interpretação do dispositivo celetário visa assegurar a assistência dos representantes legais ao empregado menor, dando efetividade à proteção a quem a lei elegeu como ator da relação empregatícia que dela, inegavelmente, necessita, em virtude do contexto social e mercadológico atual" (TRT – 9.ª Região – RO 07299-2002-014-09-00-7 – Rel. Ubirajara Carlos Mendes – publicado em 28.06.2005).

> "AGRAVO DE INSTRUMENTO. RESCISÃO CONTRATUAL. EMPREGADO MENOR. INVALIDADE DO PEDIDO DE DEMISSÃO SEM ASSISTÊNCIA DO REPRESENTANTE LEGAL. 1.1. O Acórdão Regional deu parcial provimento ao recurso autoral, reconhecendo a nulidade do pedido de demissão do obreiro e, por conseguinte, a sua dispensa sem justa causa, pois, embora o tempo de serviço superasse um ano, constatou tratar-se de menor de 18 (dezoito) anos, estando sem assistência do responsável legal no momento da quitação das verbas rescisórias, a configurar o descumprimento da norma contida no artigo 439 da CLT. 1.2. Trata-se de processo submetido ao rito sumaríssimo no qual, a teor do disposto no § 9º, do artigo 896 da CLT, a admissibilidade do recurso de revista se sujeita às hipóteses de contrariedade à súmula de jurisprudência uniforme do Tribunal Superior do Trabalho e violação direta da Constituição Federal. 1.3. A análise de ofensa ao art. 5º, XXXVI, da Constituição Federal demanda necessariamente a verificação de violação de dispositivo infraconstitucional (art. 439 da CLT). Assim, a suposta

afronta, se existente, somente poderia ocorrer pela via indireta e interpretativa, hipótese exatamente oposta àquela prevista no dispositivo supramencionado. Agravo de instrumento a que se nega provimento" (TST – AIRR 18578220135150002 – 1.ª T. – j. em 12.08.2015 – *DRJT* 18.08.2015).

"AÇÃO RESCISÓRIA. ABSOLUTAMENTE INCAPAZ. INTERVENÇÃO DO MINISTÉRIO PÚBLICO. Os herdeiros menores do de cujus possuíam representante legal. Na hipótese, não é imprescindível a intervenção do Ministério Público do Trabalho, em primeiro grau de jurisdição, eis que os incapazes estavam representados por sua genitora, nos termos do art. 793, CLT" (TRT – 2.ª Região – AR 00001838338201350238 SP – SDI T. – Rel. Wilma Gomes da Silva Hernandes – publicado em 09.01.2015).

"RECURSO DE REVISTA. CITAÇÃO POR EDITAL. REVELIA. CURADOR ESPECIAL. Embora omissa a CLT quanto à nomeação de curador especial nos casos de revelia da parte, o art. 796 desse dispositivo indica ser necessária a compatibilidade com os princípios do processo do trabalho para que possa ser aplicado o procedimento previsto na legislação processual comum. Ademais, a previsão de necessidade de nomeação do curador especial apenas na hipótese de empregador menor de 18 anos, sem a devida representação ou assistência (art. 793 da CLT), pode indicar, embora ali não se limite sua aplicação de forma expressa, a existência de regulamento exaustivo quanto às hipóteses de utilização do instituto nesta Justiça do Trabalho. No que diz respeito à nomeação de curador especial, portanto, trata-se de procedimento que contraria diretamente o princípio da simplicidade instrumental do processo do trabalho, bem como o da celeridade processual, que ganha contornos mais nítidos e mais incisivos nesta Justiça especializada. Recurso de revista conhecido, ao qual se nega provimento. RESPONSABILIDADE SUBSIDIÁRIA. ENTE PÚBLICO, SÚMULA 331, V, DO TST. Em que pese o reconhecimento da constitucionalidade do artigo 71 da Lei 8.666/1993 pelo Supremo Tribunal Federal (ADC 16, julgada pelo STF em 24.11.2010), não foi afastada, *in totum*, pela Excelsa Corte, a responsabilidade subsidiária dos entes estatais, tomadores de serviços, pela fiscalização do correto cumprimento da legislação trabalhista e previdenciária na vigência do contrato administrativo. Com efeito, subsiste, ainda, a possibilidade de responsabilização subsidiária da entidade pública, tomadora de serviços, quando existente sua culpa *in vigilando* observada a partir da análise fática da conduta específica da administração pública. No caso em tela, todavia, o Regional não analisou o recurso ordinário à luz do entendimento exarado pelo STF, ou seja, não se manifestou quanto à configuração da culpa *in vigilando*. Desta forma, torna-se necessário que o Tribunal Regional aprecie a pretensão objeto da ação, levando em consideração a existência dos elementos que norteiam a responsabilidade da entidade pública. Logo, deve ser parcialmente provido o recurso de revista, para determinar o retorno dos autos ao Tribunal Regional a fim de que se examine o pedido sob o enfoque da existência de culpa *in vigilando*, em respeito ao comando que se extrai do julgamento do ADC 16 do STF. Recurso de revista conhecido e parcialmente provido" (TST – RR 17700-20.2007.5.10.0008 – 6.ª T. – Rel. Augusto César Leite de Carvalho – publicado em 08.05.2013 – *DEJT* 10.05.2013).

Verificada a incapacidade processual ou a irregularidade da representação da parte, o juiz suspenderá o processo e designará prazo razoável para que seja sanado o vício.

5.1.1.4. *Jus postulandi*

Conforme já abordado no capítulo primeiro desta obra, o princípio do *jus postulandi* da parte está consubstanciado no art. 791 da CLT, o qual estabelece que os empregados e os empregadores poderão reclamar pessoalmente perante a Justiça do Trabalho e acompanhar as suas reclamações.

Nessa esteira, o art. 839, *a*, da CLT também salienta que a reclamação trabalhista poderá ser apresentada pelos empregados e empregadores, pessoalmente, ou por seus representantes, e pelos sindicatos de classe.

Logo, em função do *jus postulandi*, reclamante e reclamado poderão atuar sem a presença de advogados, perante os juízos de primeiro grau e Tribunais Regionais. A atuação perante o TST, como se verá abaixo, não segue esta regra.

Uma corrente minoritária defendia que, após a Constituição Federal de 1988, em função de o art. 133 estabelecer que o advogado é indispensável à administração da justiça, o art. 791 da CLT não mais estaria em vigor, em face da incompatibilidade com o texto constitucional mencionado.

Essa corrente ganhou mais força com a edição da Lei 8.906/1994 (Estatuto da OAB) que, em seu art. 1.º, I, considerava atividade privativa da advocacia "a postulação a *qualquer* órgão do Poder Judiciário e aos juizados especiais" (grifo nosso).

Os tribunais trabalhistas, contudo, em sua maioria, firmaram jurisprudência no sentido de que o art. 791 da CLT está em vigor, permanecendo o *jus postulandi* da parte na Justiça do Trabalho, mesmo após a promulgação da Constituição Federal de 1988.

Tal jurisprudência restou confirmada com o julgamento da ADI 1.127, proposta pela Associação dos Magistrados do Brasil – AMB, na qual o Supremo Tribunal Federal declarou inconstitucional a expressão "qualquer", constante do art. 1.º, I, da Lei 8.906/1994 (Estatuto da OAB), prevalecendo o entendimento de que é possível a parte postular sem a presença do advogado, em algumas hipóteses.

Observe-se, no entanto, que o Pleno do TST decidiu que não se admite a prática do *jus postulandi* perante esta Corte, exceto para a impetração de *Habeas Corpus* (E-AIRR e RR 85.581/03-900.02.00-5, Rel. p/ o acórdão João Oreste Dalazen, j. em 13.10.2009).

Outrossim, foi publicada a Súmula 425 do TST, limitando o *jus postulandi* às varas do trabalho e TRT:

> "O *jus postulandi* das partes, estabelecido no art. 791 da CLT, limita-se às Varas do Trabalho e aos Tribunais Regionais do Trabalho, não alcançando a ação rescisória, a ação cautelar, o mandado de segurança e os recursos de competência do Tribunal Superior do Trabalho."

Quando o art. 791 da CLT determina que as partes podem acompanhar suas causas até o final isso significa que podem demandar pessoalmente enquanto for possível discutir fatos e provas, ou seja, nas varas do trabalho e nos TRTs. Os recursos para o TST não se propõem ao reexame de fatos ou provas, sendo os seus objetivos a uniformização da jurisprudência e a garantia da ordem legal e constitucional. Logo, o *jus postulandi* da parte somente prevalece nas instâncias ordinárias, significando dizer que, em caso de recurso dirigido ao TST, ele deverá ser subscrito por advogado, sob pena de não ser conhecido.

Em caso de eventual recurso extraordinário para o Supremo Tribunal Federal, ou mesmo o recurso encaminhado ao Superior Tribunal de Justiça (para examinar, por exemplo, conflito de competência), também deve ele ser subscrito por advogado, sob pena de o apelo não ser conhecido.

A Súmula 425 do TST estabelece que o *jus postulandi* não se aplica às tutelas cautelares. Esta súmula foi editada na vigência do CPC de 1973, que previa o processo cautelar como um processo autônomo. O atual diploma processual substituiu o processo autônomo pela tutela cautelar antecedente e incidental (art. 294, parágrafo único, do CPC), sendo que em ambos há uma única relação processual, razão pela qual deve se admitir o *jus postulandi* em relação a elas. Não seria razoável não permitir o *jus postulandi* para a tutela cautelar antecedente, mas sim para o pedido principal. Da mesma forma, seria ilógico negar a aplicabilidade do *jus postulandi* apenas para a petição, requerendo a tutela cautelar incidental, e concedê-la demais atos.

Por último, frise-se que, após a EC 45/2004, que ampliou a competência material da Justiça do Trabalho para processar e julgar qualquer lide envolvendo relação de trabalho (art. 114 da CF/1988), o *jus postulandi* da parte é restrito às ações que envolvam relação de emprego, não se aplicando às demandas referentes à relação de trabalho distintas da relação empregatícia. Nesse aspecto, o TST se posicionou através dos arts. 3º, § 3º, e 5º da IN 27/2005 ao estabelecer que nestas hipóteses o pagamento de honorários advocatícios decorre da mera sucumbência, isto é, exigiu implicitamente a existência de advogado para esses casos.

Logo, em caso de ação trabalhista ligada à relação de trabalho não subordinado, as partes deverão estar representadas por advogados, a elas não se aplicando o art. 791 da CLT, restrito a empregados e empregadores.

5.1.1.5. Representação e assistência

A representação não se confunde com a assistência.

Na representação, o representante age no processo em nome do titular da pretensão defendendo o direito do próprio representado. Em outras palavras, o representante figura no processo em nome e na defesa de interesse de outrem.

No tocante às pessoas físicas, a incapacidade civil absoluta ou relativa é resolvida com a intervenção de um representante ou assistente, respectivamente. As hipóteses de incapacidade absoluta estão previstas no art. 3.º do Código Civil:

> "Art. 3.º São absolutamente incapazes de exercer pessoalmente os atos da vida civil os menores de 16 (dezesseis) anos."

Por sua vez, as hipóteses de incapacidade relativa estão previstas no art. 4.º do CC:

> "Art. 4.º São incapazes, relativamente a certos atos ou à maneira de os exercer:
>
> I – os maiores de dezesseis e menores de dezoito anos;
>
> II – os ébrios habituais e os viciados em tóxico;
>
> III – aqueles que, por causa transitória ou permanente, não puderem exprimir sua vontade;
>
> IV – os pródigos.
>
> Parágrafo único. A capacidade dos indígenas será regulada por legislação especial."

À luz do art. 71 do CPC, "O incapaz será representado ou assistido por seus pais, por tutor ou por curador, na forma da lei".

Segundo o art. 72, I, do CPC, o Juiz nomeará curador especial ao incapaz que não tiver "representante legal".

Entretanto, o art. 793 da CLT dispõe que as reclamações trabalhistas de menores de 18 anos serão feitas por seus representantes legais e, na falta destes, pela Procuradoria Regional do Trabalho (Ministério Público do Trabalho), pelo sindicato profissional, pelo Ministério Público Estadual ou curador nomeado em juízo, sendo esta a única hipótese em que ocorrerá a nomeação de curador na Justiça do Trabalho.

Com relação à assistência, esta pode ter inúmeros significados, consistindo numa assistência interventiva, litisconsorcial, assistência judiciária e assistência judicial dos relativamente incapazes (art. 4.º do CC).

No que atine à assistência judicial dos relativamente incapazes, a grande diferença para a representação consiste no fato de que na assistência (ao contrário da representação) o assistente apenas supre a deficiência da declaração de vontade do assistido, sem substituí-la. Em outras palavras, não cabe ao assistente, por exemplo, fazer acordo em nome do assistido, mas simplesmente ratificar ou não a declaração de vontade deste.

Em outras palavras, na assistência faz-se necessária a declaração de vontade de ambos (assistente e assistido), enquanto na representação basta a declaração de vontade do representante em substituição a do representado.

Ainda sobre a representação em juízo, estabelece o art. 75 do CPC que:

> "Art. 75. Serão representados em juízo, ativa e passivamente:
>
> I – a União, pela Advocacia-Geral da União, diretamente ou mediante órgão vinculado;
>
> II – o Estado e o Distrito Federal, por seus procuradores;
>
> III – o município, por seu prefeito ou procurador;
>
> IV – a autarquia e a fundação de direito público, por quem a lei do ente federado designar;
>
> V – a massa falida, pelo administrador judicial;
>
> VI – a herança jacente ou vacante, por seu curador;
>
> VII – o espólio, pelo inventariante;
>
> VIII – a pessoa jurídica, por quem respectivos atos constitutivos designarem ou, não havendo essa designação, por seus diretores;
>
> IX – a sociedade e a associação irregulares e outros entes organizados sem personalidade jurídica, pela pessoa a quem couber a administração de seus bens;
>
> X – a pessoa jurídica estrangeira, pelo gerente, representante ou administrador de sua filial, agência ou sucursal aberta ou instalada no Brasil;
>
> XI – o condomínio, pelo administrador ou síndico."

O atual Código esclarece, principalmente, que a União será representada pela Advocacia Geral da União, diretamente ou mediante órgão vinculado; os Estados e o Distrito Federal, por seus procuradores e os Municípios, por seu prefeito ou procurador. Outrossim, estabelece que a massa falida será representada pelo administrador judicial, tal como já instituía o art. 76, parágrafo único, da Lei 11.101/2005.

Conforme já dito anteriormente, realizada a notificação por edital e correndo o processo à revelia, entendemos que não haverá nomeação de curador especial para o revel, sendo inaplicável o art. 72, II, do CPC, uma vez que a Consolidação das Leis do Trabalho determina que somente na hipótese do art. 793 (reclamação trabalhista promovida por menor de 18 anos sem representante legal) é que será nomeado curador especial.

Em relação ao grupo econômico, admite-se um único preposto. Se há possibilidade de o empregado prestar serviços para as empresas de um mesmo grupo econômico sem configurar a coexistência de mais de um contrato de trabalho (Súmula 129 do TST), é evidente que esse grupo possa ser representado judicialmente pelo mesmo preposto, sem atrair a revelia e a confissão, desde que, naturalmente, o preposto tenha conhecimento dos fatos.

Dispõe o art. 791, § 1.º, da CLT:

"Art. 791. Os empregados e os empregadores poderão reclamar pessoalmente perante a Justiça do Trabalho e acompanhar as suas reclamações até o final.

§ 1.º Nos dissídios individuais os empregados e empregadores poderão fazer-se representar por intermédio do sindicato, advogado, solicitador, ou provisionado, inscrito na Ordem dos Advogados do Brasil."

A representação a que se refere o art. 791 da CLT não se confunde com a representação legal, como bem explica o professor Mauro Schiavi:[2]

> "O referido dispositivo não trata de representação legal para suprir incapacidade, mas sim de representação voluntária ou convencional, cumprindo as pessoas mencionadas no § 1.º, do art. 791, da CLT atuar em nome do empregado ou empregador em juízo, desde que autorizado por ele. Nesse sentido, ensinam Pablo Stolze Gagliano e Rodolfo Pamplona Filho: não se pode confundir representação legal com a representação voluntária ou convencional, a exemplo do que ocorre no mandato. Nesse caso, uma parte (mandante) cuida de outorgar, por ato de vontade, mediante procuração (instrumento de mandato), poderes gerais ou específicos para que a outra (mandatário) pratique atos jurídicos em seu nome e no seu interesse."

5.2. PROCURADORES

Já vimos que no âmbito laboral as partes (empregado e empregador) são dotadas de capacidade postulatória, possuindo o chamado *jus postulandi*.

Por outro lado, nada impede que as partes sejam representadas por advogado regularmente constituído nos autos mediante instrumento de mandato (procuração). Nesse caso, o advogado não será admitido a postular em juízo sem procuração, salvo para evitar preclusão, decadência ou prescrição, ou para praticar ato considerado urgente. Assim, deverá exibir a procuração no prazo de 15 dias, prorrogável por igual período por despacho do juiz. O ato não ratificado será considerado **ineficaz** relativamente àquele em cujo nome foi praticado, respondendo o advogado pelas despesas e por perdas e danos, nos termos do art. 104, §§ 1º e 2º, do CPC:

"Art. 104, CPC. O advogado não será admitido a postular em juízo sem procuração, salvo para evitar preclusão, decadência ou prescrição, ou para praticar ato considerado urgente.

[2] Op. cit., p. 329.

> § 1º Nas hipóteses previstas no *caput*, o advogado deverá, independentemente de caução, exibir a procuração no prazo de 15 (quinze) dias, prorrogável por igual período por despacho do juiz.
>
> § 2º O ato não ratificado será considerado ineficaz relativamente àquele em cujo nome foi praticado, respondendo o advogado pelas despesas e por perdas e danos."

Ressalte-se que ao estabelecer que é admitido postular em juízo sem procuração para evitar a preclusão, o atual Código de Processo Civil consagrou a possibilidade de juntada *a posteriori* da procuração na fase recursal.

Por sua vez, o art. 76, § 2º, do atual CPC prevê também expressamente a possibilidade de regularização processual na fase recursal em prazo razoável previsto pelo juiz:

> "Art. 76, CPC. Verificada a incapacidade processual ou a irregularidade da representação da parte, o juiz suspenderá o processo e designará prazo razoável para que seja sanado o vício.
>
> § 1º Descumprida a determinação, caso o processo esteja na instância originária:
>
> I – o processo será extinto, se a providência couber ao autor;
>
> II – o réu será considerado revel, se a providência lhe couber;
>
> III – o terceiro será considerado revel ou excluído do processo, dependendo do polo em que se encontre.
>
> § 2º Descumprida a determinação em fase recursal perante tribunal de justiça, tribunal regional federal ou tribunal superior, o relator:
>
> I – não conhecerá do recurso, se a providência couber ao recorrente;
>
> II – determinará o desentranhamento das contrarrazões, se a providência couber ao recorrido."

Cumpre destacar que o TST, no art. 3º, I, da IN 39/2016, deixou claro que entende que o art. 76 do CPC é aplicável ao Processo do Trabalho.

Dessa forma, o CPC prevê duas situações distintas: a) ausência de procuração, caso em que se aplica o art. 104 do CPC; e b) a procuração foi juntada aos autos, porém houve irregularidade de representação, hipótese em que se aplica o art. 76 do CPC.

Em ambos os casos, o TST entende que o prazo para a juntada de procuração e regularização da representação é de 5 dias, ainda que o art. 104 do CPC contemple o prazo de 15 dias, como se extrai da Súmula 383 do TST, o que nos parece ter sido feito por equívoco:

> "SÚMULA-383. RECURSO. MANDATO. IRREGULARIDADE DE REPRESENTAÇÃO. CPC DE 2015, ARTS. 104 E 76, § 2º (nova redação em decorrência do CPC de 2015) – Res. 210/2016, *DEJT* divulgado em 30.06, 1º e 04.07.2016.

I – É inadmissível recurso firmado por advogado sem procuração juntada aos autos até o momento da sua interposição, salvo mandato tácito. Em caráter excepcional (art. 104 do CPC de 2015), admite-se que o advogado, independentemente de intimação, exiba a procuração no prazo de 5 (cinco) dias após a interposição do recurso, prorrogável por igual período mediante despacho do juiz. Caso não a exiba, considera-se ineficaz o ato praticado e não se conhece do recurso.

II – Verificada a irregularidade de representação da parte em fase recursal, em procuração ou substabelecimento já constante dos autos, o relator ou o órgão competente para julgamento do recurso designará prazo de 5 (cinco) dias para que seja sanado o vício. Descumprida a determinação, o relator não conhecerá do recurso, se a providência couber ao recorrente, ou determinará o desentranhamento das contrarrazões, se a providência couber ao recorrido" (art. 76, § 2º, do CPC de 2015).

O art. 791, § 3.º, da CLT (incluído pela Lei 12.437/2011) dispõe que a constituição de procurador com poderes para o foro em geral poderá ser efetivada, mediante simples registro em ata de audiência, a requerimento verbal do advogado interessado, com anuência da parte representada.

Vale mencionar que o mandato tácito apenas alcança os poderes do foro em geral, chamados *ad iudicia*, não englobando os poderes previstos no art. 105 do CPC (receber citação inicial, confessar, reconhecer a procedência do pedido, transigir, desistir, renunciar ao direito sobre o qual se funda a ação, receber, dar quitação, firmar compromisso e assinar declaração de hipossuficiência econômica, que devem constar de cláusula específica). Saliente-se que o advogado com poderes para o foro em geral não poderá assinar declaração de hipossuficiência econômica, sendo esta uma inovação do atual Código de Processo Civil. Uma vez que o art. 15 do CPC determina que este será aplicável subsidiária e supletivamente no Processo do Trabalho, acreditamos que o procurador somente poderá declarar a situação econômica do reclamante quando tiver poderes expressos para tanto.

Vale lembrar que o TST não diferencia mandato tácito de mandato apud acta. Veja:

(...) PROCURAÇÃO APUD ACTA. SUBSTABELECIMENTO INVÁLIDO. IRREGULARIDADE DE REPRESENTAÇÃO PROCESSUAL. NÃO CONHECIMENTO. Este Tribunal não diferencia mandato tácito de procuração apud acta, compreendendo que essa modalidade de mandato foi apenas regulamentada pelo § 3º do art. 791 da CLT, acrescido pela Lei n. 12.437/2011, o qual estabelece que "a constituição de procurador com poderes para o foro em geral poderá ser efetivada, mediante simples registro em ata de audiência, a requerimento verbal do advogado interessado, com anuência da parte representada". (...) (AIRR - 3092-14.2012.5.02.0089, Relator Desembargador Convocado: Arnaldo Boson Paes, Data de Julgamento: 25/02/2015, 7ª Turma, Data de Publicação: DEJT 06/03/2015).

Também não poderá o advogado detentor de mandato tácito substabelecer os poderes, sendo considerado o recurso assinado pelo causídico substabelecido inexistente.

Na mesma esteira, o TST, por meio da OJ 200, da SDI-I, com redação dada pela Res. 129/2005, *DJ* 20.04.2005, firmou entendimento no sentido de considerar inválido o substabelecimento de advogado investido de mandato tácito.

A procuração pode ser assinada digitalmente na forma da lei (art. 105, § 1º, do CPC).

A procuração deverá conter o nome do advogado, seu número de inscrição na Ordem dos Advogados do Brasil e endereço completo (art. 105, § 2º, do CPC). O atual Código determinou também que se o advogado integrar sociedade de advogados, a procuração também deverá conter o nome desta, seu número de registro na Ordem dos Advogados do Brasil e endereço completo (art. 105, § 3º, do CPC). Salvo disposição expressa em sentido contrário constante do próprio instrumento, a procuração outorgada na fase de conhecimento é eficaz para todas as fases do processo, inclusive para o cumprimento de sentença (art. 105, § 4º, do CPC).

Com base no art. 75, I e II, do CPC, a União será representada pela Advocacia Geral da União; os Estados e o Distrito Federal, por seus procuradores; e os Municípios, pelo prefeito ou procuradores, o que torna dispensável a juntada da procuração, visto que os atos de nomeação são publicados pelo *Diário Oficial* (Súmula 436 do TST)

Estabelece o art. 9.º da Lei 9.469/1997 que "a representação judicial das autarquias e fundações públicas por seus procuradores ou advogados, ocupantes de cargos efetivos dos respectivos quadros, independe da apresentação do instrumento de mandato".

Quanto às autarquias, também, a Súmula 644 do STF estabelece que "ao titular do cargo de procurador de autarquia não se exige a apresentação de instrumento de mandato para representá-la em juízo".

Assim, a publicação em diário oficial da nomeação para o cargo de procurador da União, Estados, Distrito Federal, Municípios e suas autarquias e fundações públicas, torna dispensável a juntada do instrumento de mandato, uma vez que é inerente ao cargo o poder de representá-las em juízo.

Cientes de tal prerrogativa, procuradores das pessoas jurídicas de direito público assinavam as petições sem sequer mencionar a designação para o exercício do cargo de procurador, muitas vezes indicando apenas o número de inscrição na OAB. Reiteradamente o TST decidiu pela irregularidade de representação nestes casos.

O TST reconhece que a União, Estados, Distrito Federal, Municípios e respectivas autarquias e fundações, quando representadas em juízo, ativa ou passivamente, por seus procuradores estão dispensadas da juntada de instrumento de mandato ou de comprovação do ato de nomeação, devendo, para tanto, declarar-se ao menos exercente do cargo de procurador, não bastando a indicação do número da OAB.

Nesse aspecto é o entendimento da Súmula 436 do TST:

> "SÚMULA 436 DO TST. REPRESENTAÇÃO PROCESSUAL. PROCURADOR DA UNIÃO, ESTADOS, MUNICÍPIOS E DISTRITO FEDERAL, SUAS AUTARQUIAS E FUNDAÇÕES PÚBLICAS. JUNTADA DE INSTRUMENTO DE MANDATO (conversão da Orientação Jurisprudencial n.º 52 da SBDI-I e inserção do item II à redação) – Res. 185/2012, *DEJT* divulgado em 25, 26 e 27.09.2012.
>
> I – A União, Estados, Municípios e Distrito Federal, suas autarquias e fundações públicas, quando representadas em juízo, ativa e passivamente, por seus procuradores, estão dispensadas da juntada de instrumento de mandato e de comprovação do ato de nomeação.
>
> II – Para os efeitos do item anterior, é essencial que o signatário ao menos declare-se exercente do cargo de procurador, não bastando a indicação do número de inscrição na Ordem dos Advogados do Brasil."

À luz dos §§ 1.º e 2.º do art. 272 do CPC, os advogados poderão requerer que, na intimação a eles dirigida, figure apenas o nome da sociedade a que pertençam, desde que devidamente registrada na Ordem dos Advogados do Brasil. Sob pena de nulidade, é indispensável que da publicação constem os nomes das partes e de seus advogados, com o respectivo número de inscrição na Ordem dos Advogados do Brasil, ou, se assim requerido, da sociedade de advogados.

Nos termos do art. 272, § 5º, do CPC, constando dos autos pedido expresso para que as comunicações dos atos processuais sejam feitas em nome dos advogados indicados, o seu desatendimento implicará nulidade. O TST, entretanto, faz uma ressalva no art. 16 da IN 39/2016: "Para efeito de aplicação do § 5º do art. 272 do CPC, não é causa de nulidade processual a intimação realizada na pessoa de advogado regularmente habilitado nos autos, ainda que conste pedido expresso para que as comunicações dos atos processuais sejam feitas em nome de outro advogado, se o profissional indicado não se encontra previamente cadastrado no Sistema de Processo Judicial Eletrônico, impedindo a serventia judicial de atender ao requerimento de envio da intimação direcionada. A decretação de nulidade não pode ser acolhida em favor da parte que lhe deu causa (CPC, art. 276)".

No mesmo contexto encontra-se a Súmula 427 do TST:

> "SÚMULA 427 DO TST. INTIMAÇÃO. PLURALIDADE DE ADVOGADOS. PUBLICAÇÃO EM NOME DE ADVOGADO DIVERSO DAQUELE EXPRESSAMENTE INDICADO. NULIDADE Havendo pedido expresso de que as intimações e publicações sejam realizadas exclusivamente em nome de determinado advogado, a comunicação em nome de outro profissional constituído nos autos é nula, salvo se constatada a inexistência de prejuízo."

O art. 107 do CPC relaciona os direitos do advogado. Observe:

> "Art. 107. O advogado tem direito a:
>
> I – examinar, em cartório de fórum e secretaria de tribunal, mesmo sem procuração, autos de qualquer processo, independentemente da fase de tramitação, assegurados a obtenção de cópias e o registro de anotações, salvo na hipótese de segredo de justiça, nas quais apenas o advogado constituído terá acesso aos autos;
>
> II – requerer, como procurador, vista dos autos de qualquer processo, pelo prazo de 5 (cinco) dias;
>
> III – retirar os autos do cartório ou da secretaria, pelo prazo legal, sempre que neles lhe couber falar por determinação do juiz, nos casos previstos em lei.
>
> § 1.º Ao receber os autos, o advogado assinará carga em livro ou documento próprio.
>
> § 2.º Sendo o prazo comum às partes, os procuradores poderão retirar os autos somente em conjunto ou mediante prévio ajuste, por petição nos autos.
>
> § 3.º Na hipótese do § 2º, é lícito ao procurador retirar os autos para obtenção de cópias, pelo prazo de 2 (duas) a 6 (seis) horas, independentemente de ajuste e sem prejuízo da continuidade do prazo.
>
> § 4.º O procurador perderá no mesmo processo o direito a que se refere o § 3º se não devolver os autos tempestivamente, salvo se o prazo for prorrogado pelo juiz.
>
> § 5º O disposto no inciso I do caput deste artigo aplica-se integralmente a processos eletrônicos. (Incluído pela Lei nº 13.793, de 2019)"

Por último, podemos ainda ressaltar as seguintes Súmulas e Orientações Jurisprudenciais envolvendo o tema MANDATO, editadas de acordo com a Res. 129/2005, *DJ* 20.04.2005, com a nova redação dada pela Res. 211/2016, *DEJT* divulgado em 24, 25 e 26.08.2016, *in verbis*:

> "SÚMULA 395 DO TST – MANDATO E SUBSTABELECIMENTO. CONDIÇÕES DE VALIDADE.
>
> I – Válido é o instrumento de mandato com prazo determinado que contém cláusula estabelecendo a prevalência dos poderes para atuar até o final da demanda (§ 4º do art. 105 do CPC de 2015).
>
> II – Se há previsão, no instrumento de mandato, de prazo para sua juntada, o mandato só tem validade se anexado ao processo o respectivo instrumento no aludido prazo.
>
> III – São válidos os atos praticados pelo substabelecido, ainda que não haja, no mandato, poderes expressos para substabelecer (art. 667, e parágrafos, do Código Civil de 2002).
>
> IV – Configura-se a irregularidade de representação se o substabelecimento é anterior à outorga passada ao substabelecente.
>
> V – Verificada a irregularidade de representação nas hipóteses dos itens II e IV, deve o juiz suspender o processo e designar prazo razoável para que seja sanado o vício, ainda que em instância recursal" (art. 76 do CPC de 2015).

"OJ 75/SDI-I/TST – SUBSTABELECIMENTO SEM O RECONHECIMENTO DE FIRMA DO SUBSTABELECENTE. INVÁLIDO (ANTERIOR À LEI 8.952/1994) – Não produz efeitos jurídicos recurso subscrito por advogado com poderes conferidos em substabelecimento em que não consta o reconhecimento de firma do outorgante. Entendimento aplicável antes do advento da Lei 8.952/1994."

"SÚMULA 456 DO TST. REPRESENTAÇÃO. PESSOA JURÍDICA. PROCURAÇÃO. INVALIDADE. IDENTIFICAÇÃO DO OUTORGANTE E DE SEU REPRESENTANTE. (inseridos os itens II e III em decorrência do CPC de 2015) – Res. 211/2016, *DEJT* divulgado em 24, 25 e 26.08.2016.

I – É inválido o instrumento de mandato firmado em nome de pessoa jurídica que não contenha, pelo menos, o nome do outorgante e do signatário da procuração, pois estes dados constituem elementos que os individualizam.

II – Verificada a irregularidade de representação da parte na instância originária, o juiz designará prazo de 5 (cinco) dias para que seja sanado o vício. Descumprida a determinação, extinguirá o processo, sem resolução de mérito, se a providência couber ao reclamante, ou considerará revel o reclamado, se a providência lhe couber" (art. 76, § 1º, do CPC de 2015).

"OJ 255/SDI-1/TST – MANDATO. CONTRATO SOCIAL. DESNECESSÁRIA A JUNTADA (atualizada pela Resolução 208 do TST, de 19.04.2016).

O art. 75, VIII, CPC (art. 12, VI, do CPC de 1973) não determina a exibição dos estatutos da empresa em juízo como condição de validade do instrumento de mandato outorgado ao seu procurador, salvo se houver impugnação da parte contrária."

"SÚMULA 427 DO TST. INTIMAÇÃO. PLURALIDADE DE ADVOGADOS. PUBLICAÇÃO EM NOME DE ADVOGADO DIVERSO DAQUELE EXPRESSAMENTE INDICADO. NULIDADE.

Havendo pedido expresso de que as intimações e publicações sejam realizadas exclusivamente em nome de determinado advogado, a comunicação em nome de outro profissional constituído nos autos é nula, salvo se constatada a inexistência de prejuízo."

5.3. JUSTIÇA GRATUITA

5.3.1. Beneficiários da justiça gratuita

O benefício da justiça gratuita está previsto no art. 790, §§ 3º e 4º, da CLT. Observe:

"Art. 790, CLT. Nas Varas do Trabalho, nos Juízos de Direito, nos Tribunais e no Tribunal Superior do Trabalho, a forma de pagamento das custas e emolumentos obedecerá às instruções que serão expedidas pelo Tribunal Superior do Trabalho. (Redação dada pela Lei n.º 10.537, de 27.8.2002)

(...)

§ 3º É facultado aos juízes, órgãos julgadores e presidentes dos tribunais do trabalho de qualquer instância conceder, a requerimento ou de ofício, o benefício da justiça gratuita, inclusive quanto a traslados e instrumentos, àqueles que perceberem salário igual ou inferior a 40% (quarenta por cento) do limite máximo dos benefícios do Regime Geral de Previdência Social.

§ 4.º O benefício da justiça gratuita será concedido à parte que comprovar insuficiência de recursos para o pagamento das custas do processo."

Em primeiro lugar, esclarece-se que o benefício da justiça gratuita é devido às pessoas físicas e jurídicas, uma vez que o art. 790, § 3º, da CLT vale-se da palavra "aqueles" para se referir aos que farão jus à gratuidade da justiça. A CLT está em consonância com o disposto no art. 5º, LXXIV, da CF, segundo o qual "o Estado prestará assistência jurídica integral e gratuita aos que comprovarem insuficiência de recursos".

A justiça gratuita, portanto, será concedida em duas hipóteses: a) àqueles que receberem salário igual ou inferior a 40% do limite máximo dos benefícios do Regime Geral de Previdência Social; e b) àqueles que receberem mais, porém não tiverem recursos para arcar com as despesas do processo.

Discute-se se as pessoas físicas e jurídicas devem comprovar sua situação econômica para valerem-se do benefício da justiça gratuita. O debate deve-se à redação do § 4º do art. 790 da CLT, que dispõe que "o benefício da justiça gratuita será concedido à parte que **comprovar** insuficiência de recursos para o pagamento das custas do processo".

Entendemos que para a pessoa física basta a mera declaração de ausência de recursos, sendo tal comprovação exigida apenas para a pessoa jurídica.

A nosso ver, esta é a interpretação correta pelo seguinte motivo. Antes mesmo do disposto no art. 790, § 4º, da CLT, a Constituição, em seu art. 5º, LXXIV, já se referia à comprovação da insuficiência de recursos e os Tribunais entendiam que para a pessoa física bastava a simples declaração de tal insuficiência, sendo inexigível qualquer demonstração de pobreza.

Depois, a CLT institui a comprovação da insuficiência de recursos, mas não esclarece em quais situações ou como a prova deve ser realizada, hipóteses em que os arts. 769 da CLT e 15 do CPC autorizam a aplicação supletiva do CPC, neste caso do art. 99, § 3º, do CPC.

Por seu turno, o art. 99, § 3º, do CPC, prevê a presunção de veracidade da alegação de que não há recursos financeiros para arcar com as despesas processuais apenas para a pessoa natural, sendo que a pessoa jurídica deverá comprovar tal impossibilidade financeira.

A declaração de hipossuficiência econômica de pessoa física pode ser firmada pela parte ou por seu advogado, desde que munido de procuração com poderes específicos para esse fim, como exige o art. 105 do CPC.

As pessoas jurídicas devem fazer prova cabal da impossibilidade de arcar com as despesas do processo, uma vez que não milita a seu favor a presunção de pobreza.

Nesse sentido é o posicionamento do TST, consubstanciado na Súmula 463 do TST:

> Súmula 463, TST. ASSISTÊNCIA JUDICIÁRIA GRATUITA. COMPROVAÇÃO (conversão da Orientação Jurisprudencial nº 304 da SBDI-1, com alterações decorrentes do CPC de 2015) – Res. 219/2017, *DEJT* divulgado em 28, 29 e 30.06.2017 – republicada – *DEJT* divulgado em 12, 13 e 14.07.2017
>
> I – A partir de 26.06.2017, para a concessão da assistência judiciária gratuita à pessoa natural, basta a declaração de hipossuficiência econômica firmada pela parte ou por seu advogado, desde que munido de procuração com poderes específicos para esse fim (art. 105 do CPC de 2015);
>
> II – No caso de pessoa jurídica, não basta a mera declaração: é necessária a demonstração cabal de impossibilidade de a parte arcar com as despesas do processo.

5.3.2. Abrangência do benefício da justiça gratuita

Segundo o art. 790-B, *caput* e § 4º, da CLT, a responsabilidade pelo pagamento dos honorários periciais é da parte sucumbente na pretensão objeto da perícia, ainda que beneficiária da justiça gratuita. Somente no caso em que o beneficiário da justiça gratuita não tenha obtido em juízo créditos capazes de suportar a despesa referida, ainda que em outro processo, a União responderá pelo encargo.

À luz do art. 791-A da CLT, ao advogado, ainda que atue em causa própria, serão devidos honorários de sucumbência, fixados entre o mínimo de 5% e o máximo de 15% sobre o valor que resultar da liquidação da sentença, do proveito econômico obtido ou, não sendo possível mensurá-lo, sobre o valor atualizado da causa.

Institui o art. 791-A, § 4º, da CLT que, vencido o beneficiário da justiça gratuita, desde que não tenha obtido em juízo, ainda que em outro processo, créditos capazes de suportar a despesa, as obrigações decorrentes de sua sucumbência ficarão sob condição suspensiva de exigibilidade e somente poderão ser executadas se, nos dois anos subsequentes ao trânsito em julgado da decisão que as certificou, o credor demonstrar que deixou de existir a situação de insuficiência de recursos que justificou a concessão de gratuidade, extinguindo-se, passado esse prazo, tais obrigações do beneficiário.

Atenção! – ADI 5766, STF – Decisão: O Tribunal, por maioria, julgou parcialmente procedente o pedido formulado na ação direta, para declarar inconstitucionais os arts. 790-B, caput e § 4º, e 791-A, § 4º, da Consolidação das Leis do Trabalho (CLT), vencidos, em parte, os Ministros Roberto Barroso (Relator), Luiz Fux (Presidente), Nunes Marques e Gilmar Mendes. Por maioria, julgou improcedente a ação no tocante ao art. 844, § 2º, da CLT, declarando-o constitucional, vencidos os Ministros Edson Fachin, Ricardo Lewandowski e Rosa Weber. Redigirá o acórdão o Ministro Alexandre de Moraes. Plenário, 20.10.2021 (Sessão realizada por videoconferência - Resolução 672/2020/STF).

Com base no art. 844, *caput*, da CLT, o não comparecimento do reclamante à audiência importa o arquivamento da reclamação.

Estabelecem os §§ 2º e 3º do art. 844 da CLT que a ausência do reclamante importará sua condenação ao pagamento de custas processuais, ainda que beneficiário da justiça gratuita, salvo se comprovar, no prazo de 15 dias, que a ausência ocorreu por motivo legalmente justificável. O pagamento de tais custas é condição para a propositura de nova demanda.

Os honorários advocatícios, periciais e as custas por ausência injustificada do reclamante em audiência são devidos pelo beneficiário da justiça gratuita apenas nas ações propostas após 11.11.2017, data em que entrou em vigor a Lei 13.467/2017 (Reforma Trabalhista) (arts. 5º, 6º e 12, IN 41/2018, do TST).

Os arts. 790-B, *caput* e § 4º, 791-A, § 4º e 844, § 2º, todos da CLT, apontam inconstitucionalidade material por impor restrições inconstitucionais à garantia da gratuidade da justiça àqueles que apresentam insuficiência de recursos, violando as garantias constitucionais de amplo acesso à jurisdição e a assistência judiciária integral aos necessitados, especificamente o art. 5º, XXXV, da CF, que determina que "a lei não excluirá da apreciação do Poder Judiciário lesão ou ameaça a direito", e o art. 5º, LXXIV, da CF, que garante que "o Estado prestará assistência jurídica integral e gratuita aos que comprovarem insuficiência de recurso". A Procuradoria Geral da República ajuizou a ADIn 5.766 com tais fundamentos.

Também está abrangida pela gratuidade da justiça a memória de cálculos quando exigida para a instauração da execução (art. 98, VII, do CPC). Esta foi uma importante definição do legislador aplicável ao Processo do Trabalho, pois o art. 879, § 6º, da CLT preceitua que "tratando-se de cálculos de liquidação complexos, o juiz poderá nomear perito para a elaboração e fixará, depois da conclusão do trabalho, o valor dos respectivos honorários com observância, entre outros, dos critérios de razoabilidade e proporcionalidade", mas não define quem fará o pagamento, mormente nos casos de gratuidade da justiça. Nesta hipótese, aplica-se o CPC, de modo que o beneficiário de tal gratuidade estará isento de antecipar os honorários do perito.

Institui o art. 98, VIII, do CPC que ainda estão incluídos pela gratuidade da justiça os depósitos previstos em lei para interposição de recurso, para propositura de ação e para a prática de outros atos processuais inerentes ao exercício da ampla defesa e do contraditório. Frise-se, inclusive, que tal benefício abrange o depósito recursal, nos termos do art. 899, § 10, da CLT.

Uma grande mudança introduzida pelo atual CPC foi a estabelecida em seu art. 98, IX, que estende a gratuidade da justiça para atos cartorários, notariais ou de registro, decorrentes de processo em que houver a concessão da gratuidade da justiça. Refere-se aos atos necessários à efetivação da decisão judicial ou à continuidade do processo. O notário ou registrador poderá suscitar a dúvida quanto à insuficiência de recursos, após praticar o ato, requerendo, ao juízo competente para decidir questões notariais ou registrais, a revogação total ou parcial do benefício ou a sua substituição pelo parcelamento, caso em que o beneficiário será citado para, em 15 (quinze) dias, manifestar-se sobre esse requerimento (art. 98, § 8º, do CPC). Uma vez que o notário ou registrador sejam vencedores na dúvida, poderão expedir uma certidão incluindo o valor das custas que valerá como título executivo extrajudicial.

5.3.3. Não extensão do benefício da justiça gratuita

As multas processuais que lhe sejam impostas não se incluem nos benefícios da gratuidade da justiça (art. 98, § 4º, do CPC).

A concessão do benefício confere ao beneficiário o direito de não ter de adiantar as despesas, mas se no final o beneficiário for vencido será responsável por elas. Reza o art. 98, § 2º, do CPC que "a concessão da gratuidade não afasta a responsabilidade do beneficiário pelas despesas processuais e pelos honorários advocatícios decorrentes de sua sucumbência". O responsável será condenado nas verbas de sucumbência adiantadas ou não. Uma vez vencido o beneficiário da gratuidade da justiça, as obrigações decorrentes de sua sucumbência ficarão sob condição suspensiva de exigibilidade, podendo ser executadas, se nos cinco anos subsequentes o credor demonstrar que deixou de existir a situação de insuficiência de recursos (art. 98, § 3º, do CPC). Caso em cinco anos não seja demonstrada a mudança de sua situação financeira, as despesas não poderão mais ser exigidas.

5.3.4. Modulação da concessão dos benefícios justiça gratuita

O atual Código previu a modulação dos benefícios da gratuidade da justiça, estabelecendo que poderá ser concedida: a) em relação a um ou a alguns atos; b) em relação a todos os atos; c) com redução percentual das despesas processuais; e d) com parcelamento das despesas processuais.

Tal determinação está prevista nos §§ 4º e 5º do art. 98 do CPC, *in verbis*:

> "Art. 98. A pessoa natural ou jurídica, brasileira ou estrangeira, com insuficiência de recursos para pagar as custas, as despesas processuais e os honorários advocatícios tem direito à gratuidade da justiça, na forma da lei.
>
> (...)
>
> § 4.º A concessão de gratuidade não afasta o dever de o beneficiário pagar, ao final, as multas processuais que lhe sejam impostas.
>
> § 5.º A gratuidade poderá ser concedida em relação a algum ou a todos os atos processuais, ou consistir na redução percentual de despesas processuais que o beneficiário tiver de adiantar no curso do procedimento."

5.3.5. Requerimento da gratuidade da justiça gratuita

O pedido de gratuidade da justiça será feito na petição inicial, na contestação, na petição de ingresso do terceiro no processo ou em recurso (art. 99 do CPC). O pedido superveniente poderá ser formulado por meio de simples petição nos próprios autos, não sendo o processo suspenso (art. 99, § 1º, do CPC).

Do mesmo modo, no Processo do Trabalho, o benefício da gratuidade da justiça poderá ser requerido em qualquer fase do processo, e, na seara trabalhista, inclusive de ofício. Observe o disposto no art. 790, § 3º, da CLT:

> "Art. 790, § 3º, da CLT. É facultado aos juízes, órgãos julgadores e presidentes dos tribunais do trabalho de qualquer instância conceder, a requerimento ou de ofício, o benefício da justiça gratuita, inclusive quanto a traslados e instrumentos, àqueles que perceberem salário igual ou inferior a 40% (quarenta por cento) do limite máximo dos benefícios do Regime Geral de Previdência Social."

No mesmo sentido, veja o entendimento do TST, de acordo com o disposto na OJ 269 da SDI-1 do TST:

> "OJ 269 DA SDI-1 DO TST. JUSTIÇA GRATUITA. REQUERIMENTO DE ISENÇÃO DE DESPESAS PROCESSUAIS. MOMENTO OPORTUNO (inserido item II em decorrência do CPC de 2015) – Res. 219/2017, *DEJT* divulgado em 28, 29 e 30.06.2017 – republicada – *DEJT* divulgado em 12, 13 e 14.07.2017.
>
> I – O benefício da justiça gratuita pode ser requerido em qualquer tempo ou grau de jurisdição, desde que, na fase recursal, seja o requerimento formulado no prazo alusivo ao recurso;
>
> II – Indeferido o requerimento de justiça gratuita formulado na fase recursal, cumpre ao relator fixar prazo para que o recorrente efetue o preparo" (art. 99, § 7º, do CPC de 2015).

Ressalte-se o disposto no item II da OJ 269 da SDI-1 do TST, anteriormente transcrita, o qual está em conformidade com o art. 99, § 7º, do CPC, e estabelece que quando a concessão da gratuidade for feita em grau de recurso, o requerente estará dispensado de realizar o preparo. O relator examinará a gratuidade, e se indeferir fixará prazo para a realização do recolhimento.

O atual diploma processual preceitua que a declaração de hipossuficiência de recursos por parte do advogado requer poderes especiais para tanto, nos termos prescritos em seu art. 105.

O juiz somente poderá indeferir o pedido de gratuidade da justiça se houver nos autos elementos que evidenciem a falta dos pressupostos legais para a sua concessão. Porém, em atenção aos princípios da cooperação e do contraditório, antes de indeferir o pedido, o juiz deverá determinar à parte a comprovação do preenchimento dos referidos pressupostos (art. 99, § 2º, do CPC).

Conforme já exposto, presume-se verdadeira a alegação de insuficiência de recursos deduzida exclusivamente por pessoa natural (art. 99, § 3º, do CPC), isto é, a pessoa jurídica terá de comprovar tal situação.

A assistência do requerente por advogado particular não impede a concessão da gratuidade da justiça (art. 99, § 4º, do CPC). O atual diploma processual deixa claro que o fato de a parte ter advogado particular não significa que ela tem condições financeiras de arcar com as demais despesas processuais, afinal o advogado pode não estar cobrando para defendê-la em juízo.

Caso o advogado seja particular e o recurso interposto verse apenas sobre honorários, como trata de matéria que interessa apenas ao advogado, este deverá arcar com as despesas processuais, não podendo aproveitar o benefício da gratuidade concedido à parte. Estará dispensado do preparo, quando for o caso, apenas se comprovar que ele, advogado, tem também direito à gratuidade (art. 99, § 5º, do CPC).

O direito à gratuidade da justiça é pessoal, não se estendendo a litisconsorte ou a sucessor do beneficiário, salvo requerimento e deferimento expressos (art. 99, § 6º, do CPC). A gratuidade é divisível e leva em conta as especificidades de cada um.

Quando a concessão da gratuidade for feita em grau de recurso, o requerente estará dispensado de realizar o preparo. O relator examinará a gratuidade, e se indeferir fixará prazo para a realização do recolhimento (art. 99, § 7º, do CPC).

5.3.6. Impugnação ao pedido da justiça gratuita

Consoante o *caput* do art. 100 do atual CPC, deferido o pedido de gratuidade, a parte ex-adversa poderá oferecer impugnação na contestação (se requerida na petição inicial); na réplica (se requerida na contestação); nas contrarrazões (se requerida no recurso) e no prazo de 15 dias (se requerida em petição avulsa). A impugnação será feita nos próprios autos, sem suspensão do processo.

Caso o benefício seja revogado, a parte arcará com as despesas processuais que deixou de adiantar, e pagará, somente em caso de má-fé, até o décuplo de seu valor a título de multa, que será revertida em favor da Fazenda Pública estadual ou federal, e poderá ser inscrita em dívida ativa.

5.3.7. Recurso

São quatro as decisões que se aplicam à gratuidade da justiça: a que concede a gratuidade, a que a indefere, a que a revoga e a que não a revoga. Todas elas são decisões interlocutórias. Acerca da decisão que concede o pedido de gratuidade da justiça cabe o pedido de sua revogação. Já quanto às decisões que a deferem ou indeferem e, também, em relação àquelas que não concedem de plano o pedido de gratuidade são impugnáveis no Processo do Trabalho por meio do recurso da decisão definitiva (art. 893, § 1º, da CLT).

Caso sobrevenha o trânsito em julgado de decisão que revoga a gratuidade, a parte deverá efetuar o recolhimento de todas as despesas de cujo adiantamento foi dispensada, inclusive as relativas ao recurso interposto, se houver, no prazo fixado pelo juiz, sem prejuízo de aplicação das sanções previstas em lei. Se o autor não efetuar o recolhimento, o processo será extinto sem resolução de mérito, e, nos demais casos, não poderá ser deferida a realização de nenhum ato ou diligência requerida pela parte enquanto não for efetuado o depósito (art. 102 do CPC).

Requerida a concessão de gratuidade da justiça em recurso, o recorrente estará dispensado de comprovar o recolhimento do preparo, incumbindo ao relator, neste caso, apreciar o requerimento e, se indeferi-lo, fixar prazo para realização do recolhimento (art. 99, § 7º, do CPC e OJ 269, SDI-1, do TST).

5.4. ASSISTÊNCIA JUDICIÁRIA GRATUITA

A assistência judiciária gratuita consiste no patrocínio gratuito da causa; e, nos termos do art. 5º, LXXIV, da CF, "cabe ao Estado prestar assistência judiciária gratuita e integral aos que comprovarem insuficiência de recursos". Observe:

> "Art. 5.º Todos são iguais perante a lei, sem distinção de qualquer natureza, garantindo-se aos brasileiros e aos estrangeiros residentes no País a inviolabilidade do direito à vida, à liberdade, à igualdade, à segurança e à propriedade, nos termos seguintes:

> (...)
>
> LXXIV – O Estado prestará assistência jurídica integral e gratuita aos que comprovarem insuficiência de recursos;"

Na Justiça do Trabalho, por força do art. 14 da Lei 5.584/1970, a assistência judiciária gratuita será prestada pelo sindicato da categoria profissional, inclusive para aquele que não esteja associado ao sindicato, como determina expressamente o art. 18 da mesma lei.

O art. 14, § 1º, da Lei 5.584/1970 trazia os requisitos para que a assistência fosse prestada pelo sindicato, assegurando-a ao trabalhador que recebesse salário igual ou inferior a 2 salários-mínimos ou que, recebendo salário maior, declarasse que não tinha condições de demandar sem prejuízo de seu próprio sustento ou de sua família. Observe:

> "Art. 14, Lei 5.584/1970. Na Justiça do Trabalho, a assistência judiciária a que se refere a Lei nº 1.060, de 5 de fevereiro de 1950, será prestada pelo Sindicato da categoria profissional a que pertencer o trabalhador.
>
> § 1.º A assistência é devida a todo aquele que perceber salário igual ou inferior ao dobro do mínimo legal, ficando assegurado igual benefício ao trabalhador de maior salário, uma vez provado que sua situação econômica não lhe permite demandar, sem prejuízo do sustento próprio ou da família."

A Lei 13.467/2017 alterou o § 3º do art. 790 da CLT e incluiu o § 4º ao mesmo artigo, caracterizando como necessitado aqueles que perceberem salário igual ou inferior a 40% do limite máximo dos benefícios do Regime Geral de Previdência Social ou que, recebendo mais, não tenham condições de arcar com as despesas do processo, passando a ser esses os requisitos para a assistência judiciária gratuita pelo sindicato.

Bezerra Leite[3] adverte que "é importante notar que a Lei Complementar 80, de 12 de janeiro de 1994, que dispõe sobre a organização da Defensoria Pública, não revogou a Lei 5.584/1970, pois aquela é lei geral aplicável a todas as pessoas e em qualquer processo no âmbito da Justiça Comum, federal ou estadual; esta é lei especial aplicável, exclusivamente, no âmbito dos processos que tramitam na Justiça (especial) do Trabalho nos quais figurem como partes empregado e empregador".

Reforce-se que a assistência judiciária será prestada ao trabalhador pelo seu sindicato profissional, mesmo que o obreiro não seja associado ao respectivo ente sindical, de acordo com o previsto no art. 18 da Lei 5.584/1970, não sendo lícito, portanto, ao sindicato profissional negar assistência jurídica

---

3 BEZERRA LEITE, Carlos Henrique. *Curso de direito processual do trabalho*. 14. ed. São Paulo: Saraiva, 2016. p. 541.

ao trabalhador (ou mesmo condicioná-la à sua associação) pelo simples fato de ele não ser sindicalizado.

Uma vez concedidos os benefícios da assistência judiciária gratuita ao reclamante, na hipótese de sucumbência do reclamado, este será condenado a pagar honorários advocatícios, entre o mínimo de 5% e o máximo de 15%, sobre o valor que resultar da liquidação da sentença, do proveito econômico obtido ou, não sendo possível mensurá-lo, sobre o valor atualizado da causa reversíveis ao advogado (art. 791-A da CLT).

O art. 791-A, § 1º, da CLT determina que os honorários sucumbenciais são devidos ainda que a parte esteja assistida pelo sindicato. Por serem honorários sucumbenciais e não assistenciais, são de titularidade do advogado, que pode revertê-los ao sindicato contratualmente.

Em síntese, no Processo do Trabalho, a assistência judiciária é prestada pelo sindicato ao trabalhador com insuficiência de recursos para pagar as custas, as despesas processuais e os honorários advocatícios (ou seja, que receber salário igual ou inferior a 40% do limite máximo dos benefícios do Regime Geral de Previdência Social ou que, recebendo mais, não tenham condições de arcar com as despesas do processo), caso em que serão devidos honorários advocatícios sucumbenciais ao advogado, entre o mínimo de 5% e o máximo de 15%, sobre o valor que resultar da liquidação, do proveito econômico obtido ou, não sendo possível mensurá-lo, sobre o valor atualizado da causa.

5.5. SUBSTITUIÇÃO PROCESSUAL

Ocorre a substituição processual quando a parte, em nome próprio, pleiteia direito alheio, desde que autorizado por lei. Nessa perspectiva, estabelece o art. 18 do CPC: "Ninguém poderá pleitear, em nome próprio, direito alheio, salvo quando autorizado pelo ordenamento jurídico". Acrescenta, todavia, o atual Código, no parágrafo único do artigo referido, que: "Havendo substituição processual, o substituído poderá intervir como assistente litisconsorcial", regra que entendemos aplicável no Processo do Trabalho.

A substituição processual, portanto, confere à parte legitimidade extraordinária, podendo o substituto praticar todos os atos processuais, como a apresentação da petição inicial, da defesa, produção de provas, interposição de recursos etc., não lhe sendo dado, contudo, o direito de transigir, renunciar ou de reconhecer o pedido, uma vez que o direito material não lhe pertence, e sim ao sujeito da lide, ao substituído.

Sobre o tema, Nelson Nery Junior, *Código de Processo Civil comentado*, p. 388, ensina que:

> "Poderes do substituto. Tem atividade autônoma da vontade do substituído. Pode praticar todos os atos processuais permitidos às partes (produzir prova, recorrer, etc.). Como autor pode ajuizar ação; como réu, contestar. Para poder reconvir ou ajuizar declaratória incidental, deverá também estar legitimado ordinária ou extraordinariamente para tanto. Como a pretensão discutida em juízo não lhe pertence, não pode o substituto processual praticar atos de disposição do direito material, como a transação, renúncia e reconhecimento jurídico do pedido. Para tanto, deverá ter anuência expressa do substituído."

A Lei 5.764/1971 determinou que o estatuto da cooperativa pode investi-la de poder para agir como substituta processual de seus associados (art. 21, XI, inserido pela Lei 13.806/2019).

O estatuto pode dotar a cooperativa de legitimidade extraordinária autônoma concorrente para agir como substituta processual em defesa dos direitos coletivos de seus associados quando a causa de pedir versar sobre atos de interesse direto dos associados que tenham relação com as operações de mercado da cooperativa. Para tanto, além de tal previsão em seu estatuto, ainda deve haver expressa autorização manifestada individualmente pelo associado ou por meio de assembleia geral que delibere sobre a propositura da medida judicial (art. 88-A da Lei 5.764/1971, inserido pela Lei 13.806/2019).

Antes da promulgação da Constituição Federal de 1988, no âmbito laboral, a substituição processual era realizada pelo sindicato de forma limitada, restrita às hipóteses previstas no ordenamento jurídico vigente, tais como:

- **Art. 195, § 2.º, da CLT** – Reclamações trabalhistas promovidas pelo sindicato profissional postulando pagamento de adicional de insalubridade ou periculosidade em favor de grupos de associados;
- **Art. 872, parágrafo único, da CLT –** Ações de cumprimento promovidas pelo sindicato profissional em favor dos associados objetivando o pagamento de salários fixados no bojo de sentença normativa;
- **Leis 6.708/1979, art. 3.º, § 2.º, e 7.238/1984, art. 3.º, § 2.º** – Ações trabalhistas promovidas pelo sindicato em favor de todos os integrantes da categoria, objetivando o pagamento das correções automáticas dos salários.

A Carta Maior de 1988, no art. 8.º, III, previu que cabe ao sindicato a defesa dos direitos e interesses coletivos ou individuais da categoria, inclusive em questões judiciais ou administrativas.

O referido dispositivo constitucional (art. 8.º, III) gerou grande cizânia doutrinária e jurisprudencial, entendendo alguns que a Constituição havia autorizado a substituição processual ampla e irrestrita aos sindicatos e outros concedendo uma interpretação restritiva à possibilidade de substituição processual pelos entes sindicais.

Posteriormente, novas leis surgiram possibilitando a legitimação extraordinária dos sindicatos, a saber:

- **Lei 7.788/1989** – Esta lei, que versava sobre política salarial, estabelecia em seu art. 8.º que, nos termos do art. 8.º, III, da CF/1988, as entidades sindicais poderiam atuar como substitutos processuais da categoria, não tendo eficácia a desistência, a renúncia e a transação individuais. Tal diploma legal foi revogado pela Lei 8.030/1990 (art. 14);
- **Lei 8.036/1990** – Autorizou o sindicato profissional a ajuizar ação trabalhista acionando diretamente a empresa, para compeli-la a efetuar o depósito das importâncias devidas a título de FGTS, em autêntica hipótese de substituição processual;
- **Lei 8.073/1990** – Previu no art. 3.º que as entidades sindicais poderiam atuar como substitutos processuais dos integrantes da categoria.

O Tribunal Superior do Trabalho adotou uma posição restritiva, consubstanciada no antigo Enunciado 310, já revogado, de que o art. 8.º, III, da CF/1988 não havia assegurado a substituição processual ampla e irrestrita aos sindicatos, apenas podendo agir nesta qualidade nos casos previstos na lei.

Portanto, para o Tribunal Superior do Trabalho, os sindicatos somente poderiam atuar na qualidade de substituto processual, quando houvesse autorização legal para tanto, como ocorria nas ações de cumprimento de sentenças normativas e/ou convenção coletiva ou acordo coletivo (art. 872, parágrafo único, da CLT, c/c a Súmula 286 do TST), nas lides que envolviam delimitação de insalubridade ou periculosidade (art. 195, § 2.º, da CLT e OJ 121, SDI-I, do TST), no caso de mandado de segurança coletivo (art. 5.º, LXX, CF/1988) ou mesmo em ações abrangendo aumentos e reajustes em face de aplicação de lei salarial (art. 3.º da Lei 8.073/1990).

O Supremo Tribunal Federal, no entanto, sempre concedeu uma interpretação ampliativa ao art. 8.º, III, da Carta Maior, no sentido de que aos sindicatos restou assegurada a substituição processual geral e irrestrita, possuindo a mesma legitimação extraordinária para agir em nome próprio na tutela dos interesses dos integrantes da categoria que representam.

Sobre o tema, podemos enfatizar o seguinte julgado do Supremo Tribunal Federal:

> "1. LEGITIMAÇÃO PARA A CAUSA. Ativa. Caracterização. Sindicato. Interesse dos membros da categoria. Substituição processual. Art. 8.º, III, da Constituição da República. Recurso extraordinário inadmissível. Agravo regimental improvido. O art. 8.º, III, da Constituição da República, confere legitimidade extraordinária aos sindicatos para defender em juízo os direitos e interesses coletivos ou individuais dos integrantes da categoria que representam. 2. RECURSO. Agravo regimental. Reconhecimento de repercussão geral. Temas distintos. Erro material. Decisão

de prejudicialidade do agravo e retorno dos autos à origem, para os fins do art. 543-B do CPC (art. 1.036 do CPC). Correção, de ofício, para torná-la sem efeito. Corrige-se, de ofício, decisão que contém erro material" (STF – 2.ª T. – Ag. Reg. no RE 213.974-RS – Rel. Min. Cezar Peluso – j. em 02.02.2010).

No julgamento do Recurso Extraordinário 202.063-0, de 27.06.1997, em acórdão da 1.ª Turma do STF, tendo como relator o Min. Octavio Gallotti, a Suprema Corte adotou igual posicionamento, no sentido de que o art. 8.º, III, da CF/1988, combinado com o art. 3.º da Lei 8.073/1990, autorizou a substituição processual ao sindicato, para atuar na defesa dos direitos e interesses coletivos ou individuais dos seus associados.

Curvando-se ao entendimento do Supremo Tribunal Federal, o Tribunal Superior do Trabalho, por meio da Resolução 119/2003 (*DJ* 01.10.2003), cancelou o antigo Enunciado 310, que impedia a substituição processual ampla e irrestrita pelos entes sindicais, não mais havendo, portanto, a necessidade de arrolar na petição inicial os substituídos, conforme era exigido pelo cancelado Enunciado 310 do TST.

Ainda sobre o tema, vale destacar que o STF, em 12.06.2006, por maioria, deu provimento ao Recurso Extraordinário (RE) 210.029 interposto pelo Sindicato dos Empregados em Estabelecimentos Bancários de Passo Fundo (RS) em face de decisão anterior proferida pelo TST (o qual havia entendido que o art. 8.º, III, da CF/1988 não autorizava a substituição processual ampla pelo sindicato), estabelecendo a Suprema Corte que o sindicato poderá atuar tanto nas ações de conhecimento como na liquidação e nas execuções das sentenças trabalhistas, entendendo, por consequência, que os sindicatos têm legitimação para defender qualquer direito do trabalhador relacionado ao vínculo empregatício.

Apontamos, ainda, as seguintes jurisprudências:

"RECURSO DE REVISTA. SINDICATO. SUBSTITUTO PROCESSUAL. DIREITOS INDIVIDUAIS HOMOGÊNEOS. LEGITIMIDADE ATIVA *AD CAUSAM*. SUBSTITUIÇÃO DE DOIS EMPREGADOS. Nos termos do entendimento da SDI-1/TST, o artigo 8º, III, da Constituição Federal assegura aos sindicatos a possibilidade de substituição processual ampla e irrestrita para agir no interesse de toda a categoria. Assim, o sindicato, na qualidade de substituto processual, detém legitimidade para ajuizar ação, pleiteando a tutela de direitos e interesses individuais homogêneos, provenientes de causa comum ou de política da empresa, que atingem o universo dos trabalhadores substituídos, não havendo óbice legal à hipótese em que dois empregados constem como substituídos. Recurso de revista conhecido e provido" (TST – 8.ª T. – RR 4223420125030102 – Rel. Min. Dora Maria da Costa, – j. em 29.04.2015 – *DEJT* 04.05.2015).

"AGRAVO DE INSTRUMENTO EM RECURSO DE REVISTA. EQUIPARAÇÃO SALARIAL. SINDICATO. SUBSTITUIÇÃO PROCESSUAL. LEGITIMIDADE ATIVA. O Tribunal Regional decidiu no sentido de que o Sindicato não seria parte legítima para atuar como substituto processual para postular equiparação salarial. Aparente violação do art. 8º, III, da CF, nos moldes do art. 896 da CLT, a ensejar o provimento do agravo de instrumento, nos termos do artigo 3º da Resolução Administrativa nº 928/2003. Agravo de instrumento conhecido e provido. RECURSO DE REVISTA. EQUIPARAÇÃO SALARIAL. SINDICATO. SUBSTITUIÇÃO PROCESSUAL. LEGITIMIDADE ATIVA. 1. O Tribunal Regional deixa registrado a pretensão do Sindicato autor de 'condenar a COPEL às diferenças salariais existentes entre os salários dos substituídos e os do paradigma Carlito Marques dos Santos, que são em torno de 25 a 35%, bem como seus reflexos'. 2. A atual jurisprudência desta Corte Superior, após decisão proferida pelo Supremo Tribunal Federal, firmou-se no sentido de que o artigo 8º, III, da Constituição Federal autoriza direta e expressamente a atuação ampla dos sindicatos na defesa – inclusive judicial dos interesses da categoria. Precedentes. 3. Violação do art. 8º, III, da Constituição Federal caracterizada. Recurso de revista conhecido e provido" (TST – 1.ª T. – RR 6273420105090242 – j. em 11.02.2015 – *DEJT* 20.02.2015).

"RECURSO DE REVISTA INTERPOSTO NA VIGÊNCIA DA LEI Nº 13.015/2014. LEGITIMIDADE DO SINDICATO. SUBSTITUTO PROCESSUAL. COMPROVAÇÃO. ROL DOS SUBSTITUÍDOS. DESNECESSIDADE.

O Tribunal Pleno desta Corte, mediante a Resolução nº 119/2003, em face da interpretação conferida pelo Supremo Tribunal Federal ao artigo 8º, inciso III, da Constituição Federal, reconhecendo a legitimidade ad causam do sindicato para atuar na defesa dos direitos e interesses das categorias profissionais de modo amplo, reviu posicionamento anterior e cancelou a Súmula nº 310, mediante a seguinte condenação: "REVISÃO DO ENUNCIADO Nº 310 DO TST. Considerando que o cerne da discussão é a abrangência do art. 8º, inciso III, da Constituição Federal e considerando ainda que o STF já decidiu contra a jurisprudência do Tribunal Superior do Trabalho, consubstanciada no Enunciado nº 310/TST, deve o Enunciado nº 310 ser cancelado (*DJ* 1º.10.2003)". Esta Corte, portanto, passou a adotar o entendimento de que o artigo 8º, inciso III, da Constituição Federal assegura ao sindicato a possibilidade de substituição processual ampla e irrestrita para agir no interesse de toda a categoria que representa bem como legitimidade processual para atuar na defesa de todos e quaisquer direitos subjetivos individuais e coletivos dos integrantes da categoria por ele representada, não cabendo falar em limitação aos associados, tampouco em necessidade de apresentação do rol dos substituídos. Nessa esteira, a jurisprudência desta Corte é firme no sentido de que, para que se configure a legitimidade de entidade sindical para figurar em demanda na condição de substituto processual, não é exigível a comprovação da condição de associados dos empregados substituídos e individualização dos substituídos pelo sindicato, sendo, portanto, desnecessária a apresentação do rol dos substituídos. Precedentes. Recurso de revista conhecido e provido" (TST – 2.ª T. – RR 103267920135150047 – Rel. José Roberto Freire Pimenta – j. em 12.08.2015 – *DEJT* 21.08.2015).

Entendemos que a substituição processual ampla conferida aos sindicatos é benéfica por vários motivos:

- diminui o número de ações individuais distribuídas à Justiça do Trabalho, uma vez que, na qualidade de substituto processual, o sindicato, por meio de uma única ação proposta, possibilita ao Judiciário Trabalhista resolver centenas de conflitos, contribuindo para desafogar a já tão assoberbada Justiça do Trabalho;

- evita que a Justiça do Trabalho profira decisões conflitantes envolvendo o mesmo tema (Princípio da Segurança Jurídica);
- contribui para a celeridade processual;
- possibilita que o trabalhador, por meio do seu sindicato de classe, tenha acesso ao Judiciário em busca de direitos provenientes do pacto laboral antes mesmo do rompimento do vínculo contratual. Infelizmente, nos dias atuais, a Justiça do Trabalho passou a ser a justiça dos desempregados, visto que, no curso da relação de emprego, dificilmente o obreiro irá buscar seus direitos na Justiça, com medo de sofrer represálias por parte do seu empregador. Com isso, em função do tempo decorrido até a ruptura do liame empregatício, inúmeros direitos trabalhistas acabam prescritos, o que com a substituição processual pelos sindicatos não ocorreria.

Impende salientar que o TST, por meio da OJ 121, da SDI-I, com redação dada pela Res. 129/2005, *DJ* 20.04.2005, reconheceu que o sindicato tem legitimidade para atuar na qualidade de substituto processual para pleitear diferença de adicional de insalubridade.

O Tribunal Superior do Trabalho vem admitindo a substituição processual passiva quando o sindicato figura como réu na ação rescisória proposta em face de decisão proferida em processo no qual tenha atuado, nessa qualidade, no polo ativo da demanda originária, conforme se depreende pela transcrição da Súmula 406 do TST, *in verbis*:

> "SÚMULA 406 DO TST – AÇÃO RESCISÓRIA. LITISCONSÓRCIO. NECESSÁRIO NO POLO PASSIVO E FACULTATIVO NO ATIVO. INEXISTENTE QUANTO AOS SUBSTITUÍDOS PELO SINDICATO. (conversão das Orientações Jurisprudenciais 82 e 110 da SDI-II – Res. 137/2005 – *DJ* 22.08.2005).
>
> I – (...)
>
> II – O Sindicato, substituto processual e autor da reclamação trabalhista, em cujos autos fora proferida a decisão rescindenda, possui legitimidade para figurar como réu na ação rescisória, sendo descabida a exigência de citação de todos os empregados substituídos, porquanto inexistente litisconsórcio passivo necessário" (ex-OJ 110 – *DJ* 29.04.2003).

Por último, no âmbito da jurisdição civil coletiva, quanto aos direitos individuais homogêneos, este de natureza individual e divisível, em que cada titular pode buscar a reparação individual do dano, a legitimação para propositura de eventual ação civil pública é extraordinária, ocorrendo também a denominada substituiçao processual por parte dos entes legitimados, dentre eles, o Ministério Público e os sindicatos. Sobre o tema remetemos o leitor ao capítulo 10 da presente obra, na parte concernente à legitimação para propositura de ação civil pública.

5.6. SUCESSÃO DAS PARTES E DOS PROCURADORES

A sucessão processual consiste na substituição das partes no curso do processo, podendo decorrer de ato *inter vivos* ou *causa mortis*.

A sucessão processual não se confunde com a substituição processual, uma vez que na sucessão uma pessoa sucede a outra na relação processual, assumindo a titularidade da ação, seja no polo ativo ou passivo, enquanto na substituição processual, o substituto pleiteia, em nome próprio, direito alheio.

A sucessão processual pode ocorrer tanto em relação ao empregado quanto ao empregador.

A sucessão processual da parte pessoa física se dá com a sua morte. Logo, falecendo o empregado ou o empregador no curso da ação, serão os mesmos substituídos pelo espólio, representado pelo inventariante.

Vale ressaltar que, na maioria das vezes, em face da insuficiência econômica do obreiro e consequente inexistência de bens, não há inventário do empregado falecido. Nessa hipótese, haverá a habilitação incidente no processo diretamente pelos dependentes habilitados perante a Previdência Social (Lei 6.858/1980, art. 1.º). Caso não haja dependentes inscritos perante a Previdência Social, os sucessores é que serão habilitados.

Sobre o tema, destacamos os ensinamentos de Sergio Pinto Martins, *Direito processual do trabalho*, p. 198, *in verbis*:

> "Normalmente, se o empregado não deixa bens ou tem filhos maiores não há por que se falar em inventário. Nesses casos, tem-se entendido que a viúva e os filhos ingressarão no polo ativo da ação em curso, mediante apresentação da certidão de casamento e nascimento dos filhos ou por meio de certidão do INSS que comprove dependência das pessoas anteriormente mencionadas. Não havendo qualquer impugnação da reclamada, o fato é tolerado."

Todavia, havendo a necessidade de inventário, em face da existência de bens do falecido ou de filhos menores, não haverá habilitação incidente imediata, devendo o processo laboral ser suspenso até a nomeação do inventariante. Após a nomeação do inventariante e sua habilitação incidente nos autos, o processo volta ao seu curso normal (art. 313, I, c/c os arts. 687 a 692, todos do CPC).

Caso o empregado venha a falecer antes do ajuizamento da ação, não haverá sucessão processual, mas propositura da ação diretamente pelos sucessores.

Frise-se que, nos termos do art. 483, § 2.º, da CLT, a morte do empregador pessoa física não importa, necessariamente, em extinção do pacto laboral, tendo em vista que a atividade econômica pode continuar a ser desenvolvida pelos herdeiros, facultando-se ao obreiro, neste caso, a permanência no emprego ou mesmo a resilição do contrato.

Todavia, se no curso do processo falecer o empregador pessoa física, deverá o juiz intimar o espólio, como sucessor da parte, que passará a ser representado pelo inventariante.

Em caso de morte de reclamado empregador pessoa física é comum seus herdeiros não terem interesse na habilitação incidente, podendo a habilitação, nesta hipótese, ser requerida pelo próprio reclamante, conforme disposto no art. 688, I, do CPC.

Vale enfatizar que, se o empregador for pessoa jurídica, haverá sucessão processual nas hipóteses dos arts. 10 e 448 da CLT. Com efeito, sucessão de empregadores é a alteração subjetiva do contrato de trabalho (polo do empregador), com a transferência da titularidade do negócio de um titular (sucedido) para outro (sucessor), assumindo o novo titular do empreendimento todos os direitos e deveres existentes.

O contrato de trabalho em relação ao empregado é *intuitu personae*, ou seja, o obreiro deve prestar os serviços pessoalmente, não podendo fazer-se substituir por outro empregado (caráter infungível).

No entanto, em relação ao empregador, a regra é que o contrato de trabalho não seja *intuitu personae*, operando-se a vinculação do pacto de emprego com o empreendimento empresarial, independentemente de seu titular, prevalecendo o princípio da despersonalização do empregador, que permite a alteração contratual subjetiva da figura do empregador.

Em outras palavras, enquanto a atividade do empregado é personalíssima, o empregador poderá ser substituído ao longo da relação empregatícia, sem que isso provoque a ruptura ou mesmo a descaracterização do liame laboral.

Nessa esteira, conforme já explicitado, a sucessão de empregadores é regulada exatamente pelos arts. 10 e 448 consolidados, consistindo na alteração subjetiva do contrato de trabalho, em que a titularidade do negócio é transferida de um titular para outro, operando-se a transmissão de todos os créditos e dívidas trabalhistas do sucedido para o sucessor.

Vejamos os arts. 10 e 448 da CLT:

> "Art. 10 da CLT. Qualquer alteração na estrutura jurídica da empresa não afetará os direitos adquiridos por seus empregados."

> "Art. 448 da CLT. A mudança na propriedade ou na estrutura jurídica da empresa não afetará os contratos de trabalho dos respectivos empregados."

Por consequência, qualquer alteração na estrutura jurídica da empresa, como fusão, incorporação, transformação, cisão, transferência de cotas etc., à luz dos arts. 10 e 448 da CLT, não afetará os contratos de trabalho dos empregados, permanecendo o liame empregatício intangível quanto ao novo empregador.

Logo, caso a sucessão de empresas ocorra antes do ajuizamento da ação trabalhista pelo obreiro, a empresa sucessora será a legitimada passiva para a lide. No entanto, se a sucessão acontecer no curso do processo, teremos mera alteração da titularidade da ação, passando a sucessora a responder, integralmente, pelos débitos trabalhistas, anteriormente de responsabilidade da empresa sucedida.

A parte que revogar o mandato outorgado a seu advogado constituirá, no mesmo ato, outro que assuma o patrocínio da causa. Não sendo constituído novo procurador no prazo de 15 (quinze) dias, o juiz suspenderá o processo e designará prazo razoável para que seja sanado o vício (art. 111 do CPC).

O advogado poderá renunciar ao mandato a qualquer tempo, provando que comunicou a renúncia ao mandante, a fim de que este nomeie sucessor. Durante os 10 dias seguintes, o advogado continuará a representar o mandante, desde que necessário para lhe evitar prejuízo. Dispensa-se a referida comunicação quando a procuração tiver sido outorgada a vários advogados e a parte continuar representada por outro, apesar da renúncia (art. 112 do CPC).

5.7. DEVERES DAS PARTES E DE SEUS PROCURADORES

O art. 77 do CPC contempla o princípio da probidade processual consistente na atuação das partes com lealdade e boa-fé. Vejamos a redação do art. 77 do atual digesto processual civil:

> "Art. 77 do CPC. Além de outros previstos neste Código, são deveres das partes, de seus procuradores e de todos aqueles que de qualquer forma participem do processo:
>
> I – expor os fatos em juízo conforme a verdade;
>
> II – não formular pretensão ou de apresentar defesa quando cientes de que são destituídas de fundamento;
>
> III – não produzir provas e não praticar atos inúteis ou desnecessários à declaração ou à defesa do direito;
>
> IV – cumprir com exatidão as decisões jurisdicionais, de natureza provisória ou final, e não criar embaraços à sua efetivação;

V – declinar, no primeiro momento que lhes couber falar nos autos, o endereço residencial ou profissional onde receberão intimações, atualizando essa informação sempre que ocorrer qualquer modificação temporária ou definitiva;

VI – não praticar inovação ilegal no estado de fato de bem ou direito litigioso.

§ 1.º Nas hipóteses dos incisos IV e VI, o juiz advertirá qualquer das pessoas mencionadas no *caput* de que sua conduta poderá ser punida como ato atentatório à dignidade da justiça.

§ 2.º A violação ao disposto nos incisos IV e VI constitui ato atentatório à dignidade da justiça, devendo o juiz, sem prejuízo das sanções criminais, civis e processuais cabíveis, aplicar ao responsável multa de até vinte por cento do valor da causa, de acordo com a gravidade da conduta.

§ 3.º Não sendo paga no prazo a ser fixado pelo juiz, a multa prevista no § 2.º será inscrita como dívida ativa da União ou do Estado após o trânsito em julgado da decisão que a fixou, e sua execução observará o procedimento da execução fiscal, revertendo-se aos fundos previstos no art. 97.

§ 4.º A multa estabelecida no § 2.º poderá ser fixada independentemente da incidência das previstas nos arts. 523, § 1.º, e 536, § 1.º.

§ 5.º Quando o valor da causa for irrisório ou inestimável, a multa prevista no § 2.º poderá ser fixada em até 10 (dez) vezes o valor do salário-mínimo.

§ 6.º Aos advogados públicos ou privados e aos membros da Defensoria Pública e do Ministério Público não se aplica o disposto nos §§ 2.º a 5.º, devendo eventual responsabilidade disciplinar ser apurada pelo respectivo órgão de classe ou corregedoria, ao qual o juiz oficiará.

§ 7.º Reconhecida violação ao disposto no inciso VI, o juiz determinará o restabelecimento do estado anterior, podendo, ainda, proibir a parte de falar nos autos até a purgação do atentado, sem prejuízo da aplicação do § 2.º.

§ 8.º O representante judicial da parte não pode ser compelido a cumprir decisão em seu lugar."

Em suma, são deveres das partes e de seus procuradores:

- **expor os fatos em juízo conforme a verdade** – exemplificativamente, não pode a empresa reclamada alegar que efetuou o pagamento das horas extraordinárias ou dos depósitos do FGTS, quando tem plena consciência de que tais parcelas não foram quitadas, restando configurada a má-fé processual;
- **proceder com lealdade e boa-fé** – não pode agir a parte ou o seu procurador de forma dolosa, maliciosa, com o claro objetivo de obstar o regular andamento do processo, afastando-se por completo da pretendida celeridade processual;
- **formular pretensões e/ou defesas devidamente fundamentadas** – não deve a parte ou o seu procurador procrastinar o andamento processual, com apoio em tese teratológica, sem qualquer sustentação jurídica, como ocorre quando a parte opõe embargos de declaração meramente protelatórios, com plena convicção de que não há qualquer omissão, obscuridade ou contradição a ser sanada, objetivando, unicamente, garantir a interrupção do prazo para a interposição do recurso principal;

- **se abster de produzir provas e/ou prática de atos inúteis ou desnecessários à declaração ou defesa de direito** – ao produzir a prova, a parte deve atentar para os princípios da razoabilidade e adequação, abstendo-se de produzir prova que saiba ser imprestável para esclarecer os fatos controvertidos;
- **cumprir os provimentos mandamentais e não criar embaraços à efetivação de provimentos judiciais** – devem a parte e seus procuradores cumprir, integralmente e de forma imediata, as liminares e as antecipações de tutela concedidas, bem como as sentenças proferidas, salvo, evidentemente, se tais decisões forem suspensas mediante recursos, mandados de segurança, cautelares etc.
- declinar, no primeiro momento que lhes couber falar nos autos, o endereço residencial ou profissional onde receberão intimações, atualizando essa informação sempre que ocorrer qualquer modificação temporária ou definitiva;
- não praticar inovação ilegal no estado de fato de bem ou direito litigioso.

A atual norma legal estabelece também que apenas a violação ao disposto nos incisos IV (cumprir com exatidão as decisões jurisdicionais, de natureza provisória ou final, e não criar embaraços à sua efetivação) e VI (não praticar inovação ilegal no estado de fato de bem ou direito litigioso) constitui ato atentatório à dignidade da justiça, devendo o juiz, sem prejuízo das sanções criminais, civis e processuais cabíveis, aplicar ao responsável multa de até 20 % do valor da causa, de acordo com a gravidade da conduta (art. 77, § 2.º).

Caso o valor da causa seja irrisório ou inestimável, a referida multa poderá ser fixada em até dez vezes o valor do salário-mínimo (art. 77, § 5º, do CPC). Decreta o referido artigo, em seu § 3.º, que não sendo paga no prazo a ser fixado pelo juiz, a multa prevista no § 2º será inscrita como dívida ativa da União ou do Estado após o trânsito em julgado da decisão que a fixou, e sua execução observará o procedimento da execução fiscal, revertendo-se aos fundos previstos no art. 97 do CPC. Tal multa é cumulável com outras multas processuais (art. 77, § 4º, do CPC).

Aos advogados públicos ou privados e aos membros da Defensoria Pública e do Ministério Público não se aplica a multa por ato atentatório à dignidade da justiça, devendo eventual responsabilidade disciplinar ser apurada pelo respectivo órgão de classe ou corregedoria, ao qual o juiz oficiará (art. 77, § 6º, do CPC).

O representante judicial da parte não pode ser compelido a cumprir decisão em seu lugar (art. 77, § 8º, do CPC).

Ademais, estabelece o art. 78 do CPC que é defeso às partes, aos procuradores, aos juízes, aos membros do Ministério Público e da Defensoria Pública e a qualquer pessoa que participe do processo empregar expressões ofensivas nos escritos apresentados no processo, cabendo ao juiz, de ofício ou a requerimento do ofendido, mandar riscá-las, e, a requerimento do ofendido, determinará a expedição de certidão com o inteiro teor das expressões ofensivas e a colocará a disposição da parte interessada (art. 78, § 2.º, do CPC).

5.8. LITIGÂNCIA DE MÁ-FÉ

As partes devem proceder em juízo com lealdade e boa-fé, respondendo por perdas e danos aquele que pleitear de má-fé como reclamante, reclamado ou interveniente, nos termos do art. 793-A da CLT.

Logo, o comportamento desleal e revestido de má-fé e malícia pode acarretar prejuízos à parte contrária e à administração da justiça, ensejando um retardamento na prestação da tutela jurisdicional pelo Estado, respondendo a parte desleal pelo dano processual causado.

O art. 793-B da CLT relaciona as condutas que caracterizam a litigância de má-fé. Observe:

> "Art. 793-B. Considera-se litigante de má-fé aquele que:
>
> I – deduzir pretensão ou defesa contra texto expresso de lei ou fato incontroverso;
>
> II – alterar a verdade dos fatos;
>
> III – usar do processo para conseguir objetivo ilegal;
>
> IV – opuser resistência injustificada ao andamento do processo;
>
> V – proceder de modo temerário em qualquer incidente ou ato do processo;
>
> VI – provocar incidente manifestamente infundado;
>
> VII – interpuser recurso com intuito manifestamente protelatório."

O litigante de má-fé será condenado, de ofício ou a requerimento, a: a) pagar multa, que deverá ser superior a 1% e inferior a 10% do valor corrigido da causa; b) indenizar a parte contrária pelos prejuízos que esta sofreu; c) arcar com os honorários advocatícios; e d) pagar todas as despesas que a pare contrária efetuou (art. 793-C da CLT).

Ressalte-se quanto aos honorários que serão fixados entre o mínimo de 5% e o máximo de 15%, conforme prevê o art. 791-A da CLT, calculados sobre o valor da multa.

Quando forem dois ou mais os litigantes de má-fé, o juízo condenará cada um na proporção de seu respectivo interesse na causa ou solidariamente aqueles que se coligaram para lesar a parte contrária (art.793-C, § 1º, da CLT).

Se o valor da causa for irrisório ou inestimável, a multa poderá ser fixada em até duas vezes o limite máximo dos benefícios do Regime Geral de Previdência Social (art. 793-C, § 2º, da CLT).

O valor da indenização será fixado pelo juízo ou, caso não seja possível mensurá-lo, liquidado por arbitramento ou pelo procedimento comum, nos próprios autos (art. 793-C, § 3º, da CLT).

Todas as disposições acerca da litigância de má-fé previstas na CLT equiparam-se às do CPC, com exceção do disposto no art. 793-D, que determina que a multa por litigância de má-fé será aplicada à testemunha que alterar a verdade dos fatos ou omitir fatos essenciais ao julgamento da causa, sendo a execução da mesma nos próprios autos. É imensa a importância deste dispositivo para promover a verdade no processo, uma vez que anteriormente a testemunha respondia apenas pelo crime de falso testemunho e raríssimos são os casos em que a testemunha foi condenada por tal crime no Processo do Trabalho.

Os arts. 793-A, 793-B e 793-C, § 1º, da CLT, que, em regra, caracterizam as condutas do litigante de má-fé, têm aplicação imediata (art. 7º, IN 41/2018, do TST). Por sua vez, as penalidades e a multa aplicável à testemunha, previstas respectivamente nos arts. 793-C, e §§ 2º e 3º, da CLT, são cabíveis nas ações ajuizadas depois de 11.11.2017 (arts. 8º, 9º e 10º, IN 41/2018).

5.9. HONORÁRIOS DE ADVOGADO

Há três tipos de honorários: contratuais, assistenciais (nos casos em que o reclamante é assistido pelo sindicato de sua categoria) e sucumbenciais.

Quanto aos honorários contratuais, cumpre destacar a incompetência da Justiça do Trabalho para ação de cobrança relativas a eles (Súmula 363, STJ).

Em relação aos honorários assistenciais, remetemos o leitor ao item 5.4 deste capítulo que se refere à assistência judiciária gratuita.

Nos ateremos, a partir de então, aos honorários advocatícios sucumbenciais.

Os honorários passaram a ser devidos em razão da mera sucumbência, com a Lei 13.467/2017 (Reforma Trabalhista), para as ações propostas após 11.11.2017, data em que esta lei entrou em vigor (art. 6º, IN 41/2018, do TST).

O *caput* do art. 791-A da CLT assegura ao advogado honorário sem razão da sucumbência, entre o mínimo de 5% e o máximo de 15%, sobre: 1) o valor que resultar da liquidação da sentença; 2) do proveito econômico obtido ou, 3) não sendo possível mensurá-lo, sobre o valor atualizado da causa.

Na hipótese de procedência parcial, o juízo arbitrará honorários de sucumbência recíproca, vedada a compensação entre os honorários (art. 791, § 3º, da CLT). Dessa forma, se o reclamante formular pedidos no importe de R$ 20.000,00, sucumbindo em R$ 10.000,00, e o juiz fixar honorários em

10% para ambas as partes, o reclamante pagará ao advogado do reclamado R$ 1.000,00 e o reclamado ao advogado do reclamante R$ 1.000,00, sendo vedada a compensação.

A sucumbência deve ser avaliada a partir do deferimento ou pedido e não do seu valor. Assim, se o reclamante pediu 3 horas extras por dia e foram deferidas somente 2, o pedido foi julgado procedente; logo os honorários devem ser suportados pelo reclamado, sobre o valor que resultar da liquidação. Ressalte-se que, nos termos do art. 12, § 2º, da IN 41/2018, o valor dos pedidos será meramente estimado.

Se todos os pedidos forem julgados improcedentes, os honorários serão calculados sobre o valor atualizado da causa.

Tendo em vista que cada pedido é uma reclamação em si e que é obrigatória a indicação do valor de cada um deles por estimativa, na hipótese de improcedência de alguns pedidos, os honorários sucumbenciais devem ser calculados com base no valor atribuído aos respectivos pedidos.

O TST entende que os honorários advocatícios devem incidir sobre o valor líquido da condenação, sendo permitida a dedução apenas das despesas processuais, ou seja, sem a dedução de imposto de renda e contribuições previdenciárias, as quais são obrigação da própria parte que recebeu o montante da condenação, conforme se extrai da OJ 348 da SDI-1 do TST.

Ao fixar os honorários, o juízo observará: a) o grau de zelo do profissional; b) o lugar de prestação do serviço; c) a natureza e a importância da causa; e d) o trabalho realizado pelo advogado e o tempo exigido para o seu serviço (art. 791, § 2º, da CLT). Em razão de tais critérios, os honorários poderão ser fixados em porcentagens diferentes inclusive para o reclamante e para o reclamado.

Quanto aos honorários, trata-se de crédito de caráter alimentar, devidos ao advogado, razão pela qual é vedada a compensação, e ele pode recorrer em nome próprio, bem como, quando devidos pela Fazenda Pública, requerer que o valor seja pago por requisição de pequeno valor, ainda que para o reclamante seja cabível apenas o pagamento por precatório em função do valor.

Sendo o advogado titular dos honorários, na hipótese de acordo, as partes devem pactuá-los junto com o advogado e, caso nada fique definido a esse respeito, cada parte pagará os honorários de seu advogado.

Uma vez que vigora no Processo do Trabalho o *jus postulandi*, segundo o qual empregado e empregador podem demandar sem advogado (art. 791 da CLT), se o acordo for realizado em audiência sem que o advogado que atuou na causa esteja presente, os honorários deverão ser fixados pelo juiz, considerando o trabalho realizado na causa e o seu grau de zelo.

Institui o art. 791-A, § 4º, da CLT que, vencido o beneficiário da justiça gratuita, desde que não tenha obtido em juízo, ainda que em outro processo, créditos capazes de suportar a despesa, as obrigações decorrentes de sua sucumbência ficarão sob condição suspensiva de exigibilidade e somente poderão ser executadas se, nos dois anos subsequentes ao trânsito em julgado da decisão que as certificou, o credor demonstrar que deixou de existir a situação de insuficiência de recursos que justificou a concessão de gratuidade, extinguindo-se, passado esse prazo, tais obrigações do beneficiário.

Observe que o legislador considera duas situações distintas:

a) o momento do trânsito em julgado: caso em que os honorários serão pagos com os créditos existentes naquele processo ou em outro, no momento do trânsito em julgado;
b) após o trânsito em julgado: hipótese em que os honorários poderão ser executados se até o final de 2 anos, após o trânsito em julgado da decisão, a parte contrária ou o próprio advogado, demonstrar que deixou de existir a situação de insuficiência de recursos que justificou a concessão de gratuidade.

No segundo caso, em 2 anos, o credor pode, por exemplo, demonstrar que o devedor conseguiu um outro emprego e recebe mais do que 40% do teto dos benefícios da Previdência Social ou que recebeu uma herança ou pensão capaz de retirar-lhe a condição de beneficiário da justiça gratuita. Trata-se de condição suspensiva, sendo a obrigação extinta após 2 anos.

Ressalte-se que o § 4º do art. 791 da CLT aponta inconstitucionalidade material por impor restrições inconstitucionais à garantia da justiça gratuita àqueles que apresentam insuficiência de recursos, violando a garantia constitucional de assistência judiciária integral aos necessitados, especificamente o art. 5º, LXXIV, da CF, que garante que "o Estado prestará assistência jurídica integral e gratuita aos que comprovarem insuficiência de recurso". A Procuradoria Geral da República ajuizou a ADIn 5.766 requerendo a declaração de inconstitucionalidade da expressão "desde que não tenha obtido em juízo créditos capazes de suportar a despesa".

Atenção! – **ADI 5766, STF** - Decisão: O Tribunal, por maioria, julgou parcialmente procedente o pedido formulado na ação direta, para declarar inconstitucionais os arts. 790-B, caput e § 4º, e 791-A, § 4º, da Consolidação das Leis do Trabalho (CLT), vencidos, em parte, os Ministros Roberto Barroso (Relator), Luiz Fux (Presidente), Nunes Marques e Gilmar Mendes. Por maioria, julgou improcedente a ação no tocante ao art. 844, § 2º, da CLT, declarando-o constitucional, vencidos os Ministros Edson Fachin, Ricardo Lewandowski e Rosa Weber. Redigirá o acórdão o Ministro Alexandre de

Moraes. Plenário, 20.10.2021 (Sessão realizada por videoconferência - Resolução 672/2020/STF).

Alguns defendem que é possível interpretar o art. 791, § 4º, da CLT à luz da Constituição. Ou seja, é possível garantir a assistência judiciária gratuita e integral aos que apresentem insuficiência de recursos (aos beneficiários da justiça gratuita), conforme institui o art. 5º, LXXIV da CF, se observado que a CLT determina que o beneficiário da justiça gratuita somente deve arcar com os honorários se tiver obtido em juízo "créditos capazes de suportar a despesa". E só é possível considerar que recebeu créditos capazes de suportar o pagamento dos honorários quando o montante recebido lhe retira a condição de beneficiário da justiça gratuita.[4]

Por esse entendimento, os honorários sucumbenciais somente serão pagos por aqueles que não preenchem os requisitos da gratuidade da justiça porque:

a) no momento da decisão judicial receberam créditos de afastá-los de tal condição, tornando-os capazes de suportar o pagamento dos honorários; ou b) no prazo de 2 anos, foi possível demonstrar que perderam tal condição.

Dispõe o art. 791-A, § 1º, da CLT que os honorários são devidos também nas ações contra a Fazenda Pública e nas ações em que a parte estiver assistida ou substituída pelo sindicato de sua categoria.

Nas condenações contra a Fazenda Pública aplica-se supletivamente no Processo do Trabalho os §§ 3º e 4º do art. 85 do CPC[5], que prevê limites

---

4 MIESSA, Elisson. *Processo do Trabalho para Concursos*. 6. ed. Salvador: Editora Jus Podivm, 2018. p. 342.

5 Art. 85. A sentença condenará o vencido a pagar honorários ao advogado do vencedor.

(...)

§ 3º Nas causas em que a Fazenda Pública for parte, a fixação dos honorários observará os critérios estabelecidos nos incisos I a IV do § 2º e os seguintes percentuais:

I – mínimo de dez e máximo de vinte por cento sobre o valor da condenação ou do proveito econômico obtido até 200 (duzentos) salários-mínimos;

II – mínimo de oito e máximo de dez por cento sobre o valor da condenação ou do proveito econômico obtido acima de 200 (duzentos) salários-mínimos até 2.000 (dois mil) salários-mínimos;

III – mínimo de cinco e máximo de oito por cento sobre o valor da condenação ou do proveito econômico obtido acima de 2.000 (dois mil) salários-mínimos até 20.000 (vinte mil) salários-mínimos;

IV – mínimo de três e máximo de cinco por cento sobre o valor da condenação ou do proveito econômico obtido acima de 20.000 (vinte mil) salários-mínimos até 100.000 (cem mil) salários-mínimos;

V – mínimo de um e máximo de três por cento sobre o valor da condenação ou do proveito econômico obtido acima de 100.000 (cem mil) salários-mínimos.

§ 4º Em qualquer das hipóteses do § 3º:

I – os percentuais previstos nos incisos I a V devem ser aplicados desde logo, quando for líquida a sentença;

II – não sendo líquida a sentença, a definição do percentual, nos termos previstos nos incisos I a V, somente ocorrerá quando liquidado o julgado;

III – não havendo condenação principal ou não sendo possível mensurar o proveito econômico obtido, a condenação em honorários dar-se-á sobre o valor atualizado da causa;

aos honorários devidos pela Fazenda, de modo a preservar o erário público nos casos de grandes condenações contra a Fazenda Pública. Os percentuais previstos no CPC devem ser adaptados pelo judiciário para o Processo do Trabalho, na medida em que no diploma processual os honorários são devidos entre o mínimo de 10% e o máximo de 20%, e a CLT estabelece o mínimo de 5% e o máximo de 15%.

À luz do art. 791-A, § 5º, da CLT, são devidos honorários de sucumbência na reconvenção. Não poderia ser diferente, uma vez que a reconvenção é uma outra ação dentro da mesma relação processual.

Visto que a CLT tratou exclusivamente da reconvenção, é inaplicável no Processo do Trabalho o art. 85, § 1º, do CPC, que prevê que são devidos honorários advocatícios não só na reconvenção, mas também especificamente em razão do trabalho realizado pelo advogado no cumprimento de sentença, provisório ou definitivo, na execução, resistida ou não, e nos recursos interpostos.

A respeito dos honorários, trata-se de pedidos implícitos, já que o art. 322, § 1º, do CPC determina que "compreendem-se no principal os juros legais, a correção monetária e as verbas de sucumbência, inclusive os honorários advocatícios". Logo, o juiz pode deferir os honorários ainda que não haja pedido, não podendo, entretanto, incluí-los nos cálculos sem que tenham sido objeto da decisão.

Caso a decisão seja omissa quanto ao direito aos honorários ou ao seu valor, desafia embargos de declaração para que seja sanada a omissão. Contudo, se a decisão transitar em julgado, é cabível ação autônoma para sua definição e cobrança, com fulcro no art. 85, § 18, do CPC, que se aplica no Processo do Trabalho.

Na ação rescisória são devidos honorários advocatícios, nos moldes do CPC, uma vez que o art. 836 da CLT institui que o Código de Processo Civil regulamentará a matéria. Dessa forma, os honorários serão devidos entre o mínimo de 10% e o máximo de 20% sobre o valor da condenação, do proveito econômico obtido ou, não sendo possível mensurá-lo, sobre o valor atualizado da causa, com base no art. 85, § 2º, do CPC.

Na hipótese de homologação de acordo extrajudicial (art. 852-B da CLT), é obrigatória a representação das partes por advogados distintos, sendo os honorários pagos pelas respectivas partes contratantes. Em caso de jurisdição voluntária, aplica-se o art. 88 do CPC, que determina que "as despesas serão adiantadas pelo requerente e rateadas entre os interessados".

IV – será considerado o salário-mínimo vigente quando prolatada sentença líquida ou o que estiver em vigor na data da decisão de liquidação.

No litisconsórcio, os vencidos respondem proporcionalmente pelos honorários em proporção definida em sentença e, em caso de não pagamento, os demais respondem de forma solidária (art. 87, *caput* e § 2º, do CPC).

Com base no art. 90, *caput* e § 1º, do CPC, nas hipóteses de desistência, renúncia ou reconhecimento do pedido, os honorários serão pagos pela parte que desistiu, renunciou ou reconheceu; sendo parcial a desistência, a renúncia ou o reconhecimento, a responsabilidade pelos honorários será proporcional à parcela reconhecida, à qual se renunciou ou da qual se desistiu.

O não comparecimento do reclamante em audiência leva ao arquivamento do processo (art. 844 da CLT), o que equivale à desistência, sendo devidos honorários proporcionais ao trabalho do advogado do reclamado na causa, ainda que a contestação não tenha sido apresentada, pois deve-se levar em conta o trabalho que envolve o estudo do caso e a preparação da contestação, que, embora concluída, deve ser apresentada apenas antes da audiência no PJe, nos termos do art. 847, parágrafo único, do CPC.

Por fim, entendemos aplicável no Processo do Trabalho o disposto no art. 90, § 4º, do CPC, segundo o qual "se o réu reconhecer a procedência do pedido e, simultaneamente, cumprir integralmente a prestação reconhecida, os honorários serão reduzidos pela metade".

Prevê o art. 467 da CLT que as verbas rescisórias incontroversas devem ser pagas em primeira audiência, sob pena de multa de 50%, o que torna relativamente comum no Processo do Trabalho o pagamento dessas verbas em audiência. Logo, nesses casos, os honorários relativos às verbas rescisórias pagas serão reduzidos pela metade, incentivando ainda mais o empregador a efetuar tal pagamento em primeira audiência.

Quando a ação trabalhista é movida por dependentes ou sucessores do trabalhador falecido: o sindicato não possui obrigação de dar assistência jurídica gratuita aos sucessores ou dependentes do trabalhador falecido. Além disso, como esses sucessores não integram a relação empregatícia, eles não possuem capacidade postulatória e evidentemente necessitam de advogado. Assim, partindo dessa premissa, são devidos honorários advocatícios sucumbenciais caso os sucessores sejam vencedores.

Veja dois julgados do TST sobre o tema:

> *HONORÁRIOS ADVOCATÍCIOS. INDENIZAÇÃO POR DANO MORAL. AÇÃO PROPOSTA PELOS SUCESSORES DO EMPREGADO. 1. A jurisprudência desta Corte Superior é firme no sentido de que, na ação ajuizada pelos sucessores do empregado, pleiteando reparação por dano moral, são devidos honorários advocatícios pela mera sucumbência, uma vez que, no caso, a lide não deriva da relação de emprego. 2. Ante a consonância do acórdão embargado com a jurisprudência desta Subseção,*

o recurso de embargos se afigura incabível, nos termos do art. 894, § 2º, da CLT. Recurso de embargos de que não se conhece" (E-ED-RR-1497-98.2011.5.15.0041, Subseção I Especializada em Dissídios Individuais, Relator Ministro Walmir Oliveira da Costa, DEJT 20/03/2020).

(...) HONORÁRIOS ADVOCATÍCIOS. Esta Corte Superior tem adotado o posicionamento de que, nas hipóteses em que a ação é proposta por pensionista, sucessor ou herdeiro, em nome próprio, o deferimento dos honorários advocatícios decorre da sucumbência e se submete ao disposto no Código de Processo Civil, conforme preconizado no item IV da Súmula 219 do TST. Precedentes. Recurso de revista não conhecido" (RR-526-70.2012.5.04.0531, 6ª Turma, Relator Ministro Augusto César Leite de Carvalho, DEJT 19/12/2019).

5.10. ASSÉDIO PROCESSUAL

A doutrina e a jurisprudência priorizam a razoável duração do processo, principalmente na justiça trabalhista, considerando que os créditos possuem um caráter alimentar. Ainda assim, a morosidade é uma questão inquietante e, por essa razão, o legislador procura elaborar normas que colaborem para que a prestação jurisdicional seja alcançada de forma mais eficaz.

O assédio processual vem recebendo destaque na doutrina e na jurisprudência, sendo considerado como um desdobramento do assédio moral, mas com suas particularidades.

O assédio processual é conceituado por Nilton Rangel Barreto e Jaime Hillesheim[6] como "o conjunto de práticas reprováveis de uma das partes do processo, observadas ao longo do seu desenrolar, que aterrorizando, desgastando, desestimulando e humilhando a parte adversa, visam tumultuar e protelar o feito".

Podemos concluir que o assédio processual deriva de atos supostamente válidos, executados de forma repetida por uma das partes com o objetivo de aterrorizar e desestimular a outra parte e assim conseguir alcançar vantagens econômicas para si. O assediado suporta os ônus da demora do processo e fica desmotivado.

Nesse aspecto, apontamos o seguinte julgado:

"INDENIZAÇÃO POR DANO MORAL. ASSÉDIO PROCESSUAL. CONSTATAÇÃO DE SIMULAÇÃO ENTRE AS RECLAMADAS. APLICABILIDADE DO CÓDIGO CIVIL. 1. A questão envolvendo indenização por danos morais decorrente de ato ilícito é matéria eminentemente de Direito Civil, cuja competência se desloca para a Justiça do Trabalho quando o ato lesivo decorre da relação de emprego, razão por que são perfeitamente aplicáveis os dispositivos do Código Civil com relação ao

6 Barreto, Nilton Rangel e HILLESHEIM, Jaime. *Litigância de má-fé e lealdade processual*. Curitiba: Juruá, 2006. p. 159.

tema. 2. As reclamadas, por um lado, não impugnam o fundamento exposto pelo Tribunal Regional para considerar ter havido simulação entre as empresas para propiciar uma ilegítima interferência da primeira reclamada em processo anterior entre as partes, com interposição de recursos ilegítimos, portanto. Por outro lado, verifica-se a incidência da Súmula 126 desta Corte, pois não há como pretender-se considerar a apreciação da legitimidade da interposição dos referidos recursos, como sustentam as partes ter ocorrido, sem se revolver o contexto probatório acerca da constatada simulação. A incidência da Súmula 126 desta Corte, por si só, impede o exame do Recurso tanto por violação a disposição de lei como por divergência jurisprudencial. Recursos de Revista de que não se conhece" (TST – RR 1597-41.2010.5.03.0035 – 5.ª T. – Rel. João Batista Brito Pereira – j. em 17.09.2013 – *DEJT* 27.09.2013).

Mauro Chiavi[7] aborda a distinção entre o assédio processual, a litigância de má-fé e o ato atentatório à dignidade da justiça da seguinte forma:

"O assédio processual aproxima-se da litigância de má-fé e do ato atentatório à dignidade da justiça, mas com eles não se confunde, pois os atos de litigância de má-fé e o ato atentatório têm tipificação legal e se consumam num único ou por alguns atos processuais praticados pela parte. Já o assédio processual é conduta insidiosa, não prevista em lei, mas que tem por objetivo minar a resistência do litigante, atentando contra sua dignidade, desencorajando-o a litigar."

Com relação à indenização cabível no caso de assédio processual, Mauro Chiavi[8] orienta que:

"Uma vez caracterizado o assédio processual, a parte lesada tem direito à reparação. Esta reparação não é tarifada, tampouco se confunde com as cominações de litigância de má-fé e ato atentatório à dignidade da justiça, pois não é possível quantificar a extensão do dano, tampouco indenizar a violação de um direito da personalidade da parte litigante, pois o assédio atenta contra sua dignidade. Desse modo, a indenização pelo assédio moral deve ser fixada conforme a reparação por danos morais". E continua: "Por outro lado, deve ser destacado que a reparação do assédio processual tem caráter publicista, pois visa não só a compensar a parte lesada, mas também a resguardar a dignidade do processo. Por isso, é relevante a função do Judiciário não só em prevenir o assédio processual, mas também em repará-lo devidamente."

5.11. LITISCONSÓRCIO

5.11.1. Conceito

O litisconsórcio é caracterizado pela coexistência de duas ou mais pessoas no polo ativo ou no polo passivo, ou em ambas as posições da relação jurídica.

7 SCHIAVI, Mauro. *Manual de direito processual do trabalho*. 10. ed. São Paulo: LTr, 2016. p. 402 e 403.

8 *Idem, ibidem*, p. 408 e 409.

Em outras palavras, sempre que houver a pluralidade de autores e/ou de réus, estaremos diante do denominado litisconsórcio.

Misael Montenegro Filho, *Curso de direito processual civil*, p. 307, ao conceituar litisconsórcio, ensina que:

> "O processo pode apresentar um único autor e um único réu nos polos ativo e passivo, ou mais de um titular de direito envolvido na lide. No último caso, estamos diante da hipótese de litisconsórcio (consórcio ou comunhão de várias pessoas), que pode ser **ativo** (mais de um autor), **passivo** (mais de um réu) ou **misto** (pluralidade de autores e réus), gerando, em qualquer dos casos, o fenômeno da pluralidade ou do acúmulo de partes."

5.11.2. Classificação

Adotaremos, quanto à classificação do litisconsórcio, a apresentada por Alexandre Freitas Câmara, *Lições de direito processual civil*, p. 162-163, que elencou quatro formas de classificação do instituto em comento:

- **Quanto à posição** – o litisconsórcio pode ser ativo, passivo ou misto.

O litisconsórcio ativo ocorre quando no polo ativo há a presença de diversos autores litigando em face de um único demandado. Já no litisconsórcio passivo temos apenas um único autor litigando em face de vários réus. E por último, no litisconsórcio misto, vários autores demandam em face de diversos réus.

Na seara trabalhista o art. 842 da CLT estabelece que, sendo várias as reclamações e havendo identidade de matéria, poderão ser acumuladas num só processo, desde que se trate de empregados da mesma empresa ou estabelecimento. Esta hipótese, conhecida como reclamatória plúrima, muito comum na Justiça do Trabalho, constitui-se, em verdade, numa hipótese de litisconsórcio ativo, formado pela reunião de vários empregados litigando em face do mesmo empregador.

Em relação ao litisconsórcio passivo, também é muito comum a sua formação no âmbito laboral, como nos casos de ação trabalhista que tenham no polo passivo empreiteiro principal e subempreiteiro várias empresas do mesmo grupo econômico, empresa sucessora e sucedida, empresa fornecedora de mão de obra e tomador de serviços etc.

- **Quanto ao poder aglutinador das razões que conduzem à sua formação** – o litisconsórcio pode ser necessário ou facultativo.

O litisconsórcio será necessário quando a presença de todos os litisconsortes for essencial para a prestação da tutela jurisdicional pelo Estado. Nos termos do art. 114 do CPC, "o litisconsórcio será necessário por disposição de lei ou quando, pela natureza da relação jurídica controvertida, a eficácia da sentença depender da citação de todos que devam ser litisconsortes". O atual CPC prevê uma terceira hipótese de litisconsórcio necessário, a determinada por força do negócio processual firmado entre as partes.

O litisconsórcio necessário poderá ser simples ou unitário. Será simples quando a decisão não precisar ser a mesma para todos os litisconsortes e unitário, quando, pela natureza da relação jurídica, o juiz tiver de decidir o mérito de modo uniforme para todos os litisconsortes (art. 116 do CPC).

No litisconsórcio unitário, a ausência de citação de um dos litisconsortes implica a nulidade da sentença. Já no caso do litisconsórcio simples, a sentença será válida e eficaz para aquele que foi citado.

Parte da doutrina entende não ser possível a formação de litisconsórcio necessário ativo, uma vez que esta espécie de litisconsórcio violaria a garantia constitucional do livre acesso ao Judiciário, tendo em vista que ninguém pode ser obrigado a exercer o direito de ação.

Nos domínios do Processo do Trabalho, um exemplo de litisconsórcio necessário ocorre com a propositura de ação anulatória de cláusula convencional, em que os sindicatos subscritores de convenção coletiva ou de acordo coletivo de trabalho deverão participar, como litisconsortes necessários, em ação individual ou coletiva, que tenha como objeto a anulação de cláusulas desses instrumentos (art. 611, § 5º, da CLT).

Tal exigência é apenas para os processos iniciados após 11.11.2017, data em que entrou em vigor a Lei 13.467/2017 (Reforma Trabalhista) (art. 3º, IN 41/2018, do TST).

Outro exemplo seria a proposição pelo Ministério Público do Trabalho de ação rescisória em caso de colusão das partes.

O litisconsórcio facultativo é a regra geral, na qual a reunião das partes se dá por opção delas, e não por imperativo de lei. Nesta hipótese, não se impõe a formação do litisconsórcio, mas tão somente permite-se a existência do mesmo, podendo a ação ser proposta por vários litigantes ou em face de diversos réus.

Com efeito, o art. 113 do CPC versa sobre as hipóteses em que pode haver a formação do litisconsórcio facultativo, como abaixo transcrito:

> "Art. 113. Duas ou mais pessoas podem litigar, no mesmo processo, em conjunto, ativa ou passivamente, quando:
>
> I – entre elas houver comunhão de direitos ou de obrigações relativamente à lide;
>
> II – entre as causas houver conexão pelo pedido ou pela causa de pedir;

> III – ocorrer afinidade de questões por ponto comum de fato ou de direito.
>
> § 1.º O juiz poderá limitar o litisconsórcio facultativo quanto ao número de litigantes na fase de conhecimento, na liquidação de sentença ou na execução, quando este comprometer a rápida solução do litígio ou dificultar a defesa ou o cumprimento da sentença.
>
> § 2.º O requerimento de limitação interrompe o prazo para manifestação ou resposta, que recomeçará da intimação da decisão que o solucionar."

O art. 113 do CPC estabelece que o juiz poderá limitar o litisconsórcio facultativo quanto ao número de litigantes, quando este comprometer a rápida solução do litígio ou dificultar a defesa. Logo, o magistrado poderá limitar o número de litisconsortes de determinada demanda (limitação de litisconsórcio multitudinário ou litisconsórcio das multidões), evitando, com isso, que a quantidade excessiva de litigantes ocasione o retardo demasiado do andamento processual, postergando a solução da lide.

Evidentemente, esta limitação apenas poderá ocorrer no litisconsórcio facultativo e jamais no litisconsórcio necessário.

Em relação ao destino dos litisconsortes que não poderão permanecer na relação processual, a doutrina se divide em duas correntes: uma corrente no sentido de que o juiz não deverá determinar a extinção do feito em relação aos litisconsortes não admitidos no processo, mas sim o desdobramento da demanda, formando-se nova relação processual, em regra, conexa com a ação primitiva; e outra, no sentido de que o magistrado deve determinar, pura e simplesmente, a exclusão dos litisconsortes excedentes.

O Tribunal Superior do Trabalho tem adotado entendimento no sentido da impossibilidade da limitação pelo magistrado do número de autores numa demanda trabalhista, quando a matéria for unicamente de direito e a causa de pedir e o pedido forem homogêneos, em face da autorização legal prevista no art. 842 consolidado. Vejamos:

> "LIMITAÇÃO DO LITISCONSÓRCIO FACULTATIVO MULTITUDINÁRIO. No processo do trabalho, o art. 842 da CLT, que trata da reclamação plúrima, estabelece como requisitos para o acúmulo de reclamações num só processo apenas a identidade de matéria e o mesmo empregador. No caso dos autos, em se tratando de matéria exclusivamente de direito e tendo em vista a homogeneidade na causa de pedir e no pedido, não se justifica a limitação do litisconsórcio multitudinário. Contudo, no processo do trabalho existe a previsão legal, contida no art. 843, § 2.º, da CLT, de que, se por motivo ponderoso, devidamente comprovado, não for possível ao empregado comparecer pessoalmente, poderá fazer-se representar por outro empregado que pertença à mesma profissão ou pelo seu sindicato. Revista de que se conhece e a que se dá provimento para, anulando as decisões ordinárias, determinar a remessa dos autos à Vara do Trabalho de origem a fim de que profira novo julgamento, devendo o juiz, com base no art. 843, § 2.º, da CLT, dar oportunidade aos autores para que indiquem os seus representantes em

número que entendam adequado para o prosseguimento da ação ou para que se façam representar pelo sindicato da categoria" (TST – 1.ª T. – RR 346306 – Rel. Min. Ronaldo José Lopes Leal – *DJU* 18.08.2000, p. 422).

"RECLAMAÇÃO PLÚRIMA. Estando preenchidos os pressupostos do art. 842 da CLT, no sentido da existência de identidade de matéria e mesmo empregador, não se justifica a recusa do litisconsórcio ativo. Recurso provido" (TST – 4.ª T. – RR 324112/1996 – Rel. Min. Leonardo Silva – *DJU* 03.09.1999, p. 00461).

- **Quanto ao regime de tratamento dos litisconsortes** – os litisconsortes serão considerados, em suas relações com a parte adversa, como litigantes distintos, exceto no litisconsórcio unitário, caso em que os atos e as omissões de um não prejudicarão os outros, mas os poderão beneficiar (art. 117 do CPC)
- **Quanto ao momento de sua formação** – o litisconsórcio pode ser inicial ou originário, ou ulterior ou superveniente.

O litisconsórcio inicial ou originário é o que se forma no momento da apresentação da petição inicial, com vários autores demandando conjuntamente ou mesmo sendo ofertada a ação em face de diversos réus.

Por outro lado, o litisconsórcio pode ocorrer após a distribuição da ação, sendo denominado de ulterior ou superveniente, muito comum no caso de sucessão processual.

5.11.3. Consequências e procedimentos

Estabelece o art. 117 do CPC que, salvo disposição em contrário, os litisconsortes serão considerados, em suas relações com a parte adversa, como litigantes distintos, exceto no litisconsórcio unitário, caso em que os atos e as omissões de um não prejudicarão os outros, mas os poderão beneficiar.

Já o art. 118 do CPC dispõe que cada litisconsorte tem o direito de promover o andamento do processo e todos devem ser intimados dos respectivos atos.

Os artigos acima mencionados revelam que os litisconsortes são vistos de forma individualizada, não sendo um litisconsorte prejudicado pelo insucesso dos demais (produção de uma prova desqualificada, confissão etc.).

Nesta esteira, podemos ressaltar que:

- Os efeitos da revelia serão afastados se, havendo pluralidade de réus, algum deles contestar a ação – art. 342, I, do CPC;
- A confissão judicial faz prova contra o confitente, não prejudicando, todavia, os litisconsortes – art. 391 do CPC;
- Quando os litisconsortes tiverem diferentes procuradores, ser-lhes-ão contados em dobro os prazos para contestar, para recorrer e, de modo geral, para falar

nos autos – art. 229 do CPC. Todavia, no âmbito do Processo do Trabalho, este artigo do CPC não é aplicado, uma vez que o mesmo atenta contra o princípio da celeridade processual trabalhista, conforme entendimento consubstanciado na OJ 310 da SDI-I/TST;

- O recurso interposto por um dos litisconsortes a todos aproveita, salvo se distintos ou opostos os seus interesses – art. 1.005 do CPC (somente no caso de litisconsórcio unitário).

5.12. INTERVENÇÃO DE TERCEIROS

5.12.1. Conceito

A intervenção de terceiros ocorre quando uma pessoa, física ou jurídica, que não seja parte originária no processo, nele ingressa para defender interesse próprio ou de uma das partes primitivas da lide. Em outras palavras, a intervenção de terceiro consiste no ingresso nos autos de quem não é parte.

Como leciona Misael Montenegro Filho, em obra já mencionada neste capítulo, p. 315, "em decorrência da intervenção, pessoa que não foi incluída na ação no momento de sua propositura ali ingressa, de forma voluntária ou forçada, com o intuito de auxiliar a uma das partes, de excluir a pretensão destas, de se atar ao réu em vista da existência de uma obrigação solidária, para que prepare o exercício do direito de regresso etc."

Nessa esteira, a intervenção de terceiros pode gerar algumas consequências para o processo, provocando algumas vezes a substituição da parte primitiva, com a inclusão do terceiro em seu lugar, ou mesmo a ampliação da relação processual, com a inclusão do terceiro num dos polos da demanda, sem a retirada da parte primitiva.

Outra repercussão importante é que a intervenção de terceiros pode ocasionar eventualmente o deslocamento da competência do órgão judicial, caso ocorra, por exemplo, a intervenção da União em processo cujas partes primitivas sejam pessoas físicas (deslocando-se a competência, que anteriormente era da Justiça Estadual, para a Justiça Federal – art. 109, I, da CF/1988).

O gênero intervenção de terceiros apresenta-se em duas modalidades: intervenção voluntária (espontânea) e intervenção forçada (coacta).

Na intervenção voluntária, o ingresso do terceiro no processo se dá de forma voluntária, por iniciativa própria, como ocorre na assistência e no recurso de terceiro prejudicado.

Ao revés, na intervenção forçada o ingresso do terceiro origina-se por convocação de um dos litigantes (na maioria das vezes, por convocação do réu), como acontece na nomeação à autoria, denunciação da lide e chamamento ao processo.

São seis as formas de intervenção de terceiros previstas no Código de Processo Civil: assistência, nomeação à autoria, denunciação da lide, chamamento ao processo, e com o advento do atual diploma processual civil surgiram mais duas modalidades, o incidente de desconsideração da personalidade jurídica e o *amicus curiae*. A oposição que sob a égide do CPC de 1973 era considerada intervenção de terceiros, com o atual Código, passou a ser um procedimento especial, previsto nos arts. 682 e seguintes do CPC. Nesse contexto, autor e réu do processo originário serão réus no procedimento especial.

5.12.2. Modalidades

5.12.2.1. Assistência

A assistência é uma espécie de intervenção voluntária em que o terceiro, denominado assistente, ingressa na relação processual objetivando auxiliar uma das partes primitivas, que será chamada de assistido.

Carlos Henrique Bezerra Leite, *Curso de direito processual do trabalho*, p. 556 e 557, sobre a modalidade de intervenção de terceiro denominada assistência explica que:

> "A assistência é uma espécie de intervenção espontânea, na qual o terceiro simplesmente ingressa na relação processual em curso, sem necessidade de propor uma ação para tal fim. Na verdade, o terceiro assistente torna-se sujeito do processo, mas não chega a se tornar parte, uma vez que se insere na relação processual com a finalidade exclusiva de auxiliar uma das partes. Seu interesse é 'jurídico', pois, consiste em que a sentença venha a ser favorável ao assistido."

Nessa esteira, estabelece o art. 119 do CPC que: "Pendendo uma causa entre duas ou mais pessoas, o terceiro, que tiver interesse jurídico em que a sentença seja favorável a uma delas, poderá intervir no processo para assisti-la".

Deve o assistente, portanto, demonstrar ter interesse jurídico a preservar no litígio, decorrente do prejuízo juridicamente relevante que adviria para o mesmo caso a parte contrária fosse vencedora da demanda, em relação à qual não foi objetada a assistência, não se admitindo a assistência, consequentemente, por mero interesse econômico ou moral.

Nessa direção, dispõe a Súmula 82 do TST que: "A intervenção assistencial, simples ou adesiva, só é admissível se demonstrado o interesse jurídico e não o meramente econômico".

A assistência é cabível em qualquer procedimento e em todos os graus de jurisdição, admitindo-se, portanto, o ingresso do assistente em qualquer fase do processo, recebendo este no estado em que se encontra, não sendo aceitável em ação de execução.

A assistência apresenta-se por meio de duas espécies: assistência simples ou litisconsorcial.

Na assistência simples (art. 119 do CPC), o assistente não possui qualquer relação jurídica com o adversário do assistido. Como exemplo clássico, podemos citar a assistência prestada pelo sublocatário (assistente) ao locatário (assistido) em face de uma ação de despejo proposta pelo locador (adversário do assistido). Neste caso, temos presente uma assistência simples ou adesiva, uma vez que o sublocatário, embora não mantenha qualquer relação jurídica com o locador, autor da ação de despejo, possui interesse jurídico de que o locatário saia vencedor da demanda. O assistente simples atuará como auxiliar da parte principal, exercerá os mesmos poderes e sujeitar-se-á aos mesmos ônus processuais que o assistido (art. 121 do CPC).

Frise-se que o assistente, na assistência simples ou adesiva, vincula-se às manifestações de vontade da parte principal (assistido), uma vez que, embora tenha interesse jurídico no deslinde do feito, o direito em litígio é de titularidade do assistido, e não do assistente.

Neste contexto, conforme estabelecido no art. 122, CPC, a assistência simples não obsta que a parte principal reconheça a procedência do pedido, desista da ação, renuncie ao direito sobre o que se funda a ação ou transija sobre direitos controvertidos, casos em que, terminando o processo, cessa, obrigatoriamente, a intervenção do assistente.

Por outro lado, ao assistente simples é permitido interpor recurso, desde que não haja expressa manifestação do assistido em sentido contrário, ou seja, de não recorrer. Sendo revel ou, de qualquer outro modo, omisso o assistido, o assistente será considerado seu substituto processual (art. 121, parágrafo único, do CPC).

Sendo revel ou omisso de outro modo o assistido, o assistente simples será considerado seu substituto processual.

Essa norma parecia ser a solução para um problema antigo: poderia o assistente simples recorrer quando o assistido simplesmente ficasse omisso? A literalidade da norma parece indicar em sentido positivo. No entanto, não foi essa a posição adotada pelo TST que reconhece que, havendo inércia do assistido, não pode o assistente simples recorrer:

> *EMBARGOS DE DECLARAÇÃO EM EMBARGOS EM EMBARGOS DE DECLARAÇÃO EM RECURSO DE REVISTA. Nos termos dos artigos 119 e 996, parágrafo único, do CPC, falece legitimidade recursal ao assistente para interpor recursos quando o assistido não o faz, uma vez que o direito em litígio pertence a este último*

e não ao terceiro interveniente, pois a lei permite a assistência para ajudar à obtenção de decisão favorável. A assistência simples possui caráter acessório e cessa quando o assistido não demonstra interesse em recorrer ou desiste do recurso interposto. Na hipótese, não houve oposição de embargos de declaração, situação que inviabiliza a oposição do recurso horizontal pela assistente. Precedente do Superior Tribunal de Justiça. Embargos de declaração de que não se conhece (ED-E-ED-RR-146800-52.2007.5.17.0131, Subseção I Especializada em Dissídios Individuais, Relator Ministro Claudio Mascarenhas Brandao, DEJT 14/10/2016).

De outra forma, na assistência qualificada ou litisconsorcial, considera-se litisconsorte da parte principal o assistente sempre que a sentença influir na relação jurídica entre ele e o adversário do assistido (art. 124 do CPC). O assistente mantém relação jurídica com o adversário do assistido, isto é, o assistente também é titular da relação jurídica deduzida no processo, embora não tenha sido parte na demanda. Ilustrativamente, podemos mencionar a hipótese do fiador que, na qualidade de assistente (litisconsorcial), ingressa nos autos de uma ação de cobrança de alugueres promovida pelo locador (adversário do assistido) em face do locatário (assistido). Nessa hipótese, o assistente (fiador) mantém relação jurídica com o locador, pois assinou o contrato de locação como garantidor dos pagamentos dos alugueres e encargos incidentes sobre o imóvel objeto de locação.

A assistência litisconsorcial está prevista no art. 124 do CPC, o qual dispõe que se considera litisconsorte da parte principal o assistente, toda vez que a sentença houver de influir na relação jurídica entre ele e o adversário do assistido.

Logo, para a configuração da assistência litisconsorcial ou qualificada, é imprescindível que o direito em litígio possa ser também discutido pelo assistente em ação proposta individualmente ou em litisconsórcio com o assistido. Essa é a posição adotada pelo Superior Tribunal de Justiça nos seguintes arestos:

"PROCESSO CIVIL – LICITAÇÃO PÚBLICA – ASSISTÊNCIA LITISCONSORCIAL – REQUISITOS – ART. 54 – CPC (art. 124 DO CPC). 1. Na assistência litisconsorcial, também denominada qualificada, é imprescindível que o direito em litígio, sendo também do assistente, confira a este legitimidade para discuti-lo individualmente ou em litisconsórcio com o assistido. 2. Insatisfeito esse requisito, não há como deferir-se o pedido de admissão no feito dos requerentes. 3. Recurso especial não conhecido" (STJ – 2.ª T. – REsp 205249-MG – Rel. Min. Francisco Peçanha Martins – j. em 20.03.2001 – *DJ* 04.06.2001, p. 92).

"AGRAVO REGIMENTAL. PROCESSUAL CIVIL. CESSIONÁRIO DOS CRÉDITOS DECORRENTES DO EMPRÉSTIMO COMPULSÓRIO SOBRE ENERGIA ELÉTRICA. INGRESSO NA LIDE NA QUALIDADE DE ASSISTENTE LITISCONSORCIAL. INTERESSE JURÍDICO. EXISTÊNCIA.

1. O instituto da assistência é modalidade espontânea, ou voluntária, de intervenção de terceiro, que reclama, como pressuposto, interesse jurídico que se distingue do

interesse meramente econômico (Precedentes do STJ: REsp 1.093.191/PE, Rel. Min. Benedito Gonçalves, 1.ª T., j. em 11.11.2008, *DJe* 19.11.2008; REsp 821.586/PR, Rel. Min. Luiz Fux, 1.ª T., j. em 07.10.2008, *DJe* 03.11.2008; AgRg no Ag 428.669/RJ, Rel. Min. Fernando Gonçalves, 4.ª T., j. em 19.06.2008, *DJe* 30.06.2008; AgRg na Pet 5.572/PB, Rel. Min. Denise Arruda, 1.ª T., j. em 25.09.2007, *DJ* 05.11.2007; REsp 763.136/RS, Rel. Min. Francisco Falcão, 1.ª T., j. em 04.10.2005, *DJ* 05.12.2005; EDcl nos EDcl no AgRg na MC 3.997/RJ, Rel. Min. Eliana Calmon, 2.ª T., j. em 06.06.2002, *DJ* 05.08.2002).

2. O assistente luta pela vitória do assistido ou porque a sua relação jurídica é vinculada àquele, ou [porque] a *res in iudicium deducta* também lhe pertence. De toda sorte, além desses fatores, o assistente intervém porque a decisão proferida na causa entre o assistido e a parte contrária interferirá na sua esfera jurídica.

3. Doutrina abaliza pontifica que: "Somente pode intervir como assistente o terceiro que tiver interesse jurídico em que uma das partes vença a ação. Há interesse jurídico do terceiro quando a relação jurídica da qual seja titular possa ser reflexamente atingida pela sentença que vier a ser proferida entre assistido e parte contrária. Não há necessidade de que o terceiro tenha, efetivamente, relação jurídica com o assistido, ainda que isto ocorra na maioria dos casos. Por exemplo, há interesse jurídico do sublocatário em ação de despejo movida contra o locatário. O interesse meramente econômico ou moral não enseja a assistência, se não vier qualificado como interesse também jurídico" (Nelson Nery Júnior e Rosa Maria de Andrade Nery, *Código de Processo Civil Comentado e Legislação Extravagante*, 9. ed. São Paulo: RT, 2006. p. 232).

4. *In casu*, a requerente, cessionária de créditos decorrentes do empréstimo compulsório sobre energia elétrica devidos à autora, formula pedido de ingresso na lide na condição de assistente litisconsorcial.

5. Deveras, a *quaestio iuris* atinente à possibilidade da cessão de créditos decorrentes do empréstimo compulsório sobre energia elétrica encontra-se pendente de julgamento pelo rito do art. 543-C (art. 1.036 do CPC), do CPC (Recurso Especial 1.119.558/SC).

6. Entrementes, as normas insertas nos arts. 42, § 2.º (art. 109, § 2º, do CPC) (o adquirente ou cessionário poderá intervir no processo, assistindo o alienante ou o cedente), e 54 do CPC (art. 124, do CPC) ('considera-se litisconsorte da parte principal o assistente, toda vez que a sentença houver de influir na relação jurídica entre ele e o adversário do assistido'), autorizam o ingresso na lide do ora requerente na qualidade de assistente litisconsorcial.

7. Agravo regimental desprovido, confirmando-se o deferimento do pedido de ingresso da cessionária na lide na qualidade de assistente litisconsorcial, a qual receberá o processo no estado em que se encontra (art. 50, parágrafo único, do CPC) (art. 119, parágrafo único, do CPC)" (STJ – 1.ª T. – AgRg no REsp 1.080.709/RS – Rel. Ministro Luiz Fux – j. em 24.08.2010 – *DJe* 10.09.2010).

Em outras palavras, do ponto de vista prático, a assistência qualificada ou litisconsorcial assemelha-se a uma espécie de litisconsórcio facultativo ulterior, uma vez que o assistente litisconsorcial poderia, desde o início do processo, ter sido litisconsorte facultativo da parte assistida.

Portanto, em relação à assistência qualificada, não se aplica o art. 122 do CPC, podendo o assistente litisconsorcial se opor à desistência da ação pelo assistido, à procedência do pedido, à transação e ao acordo, assumindo o assistente posição diversa do assistido.

Quanto ao processamento da assistência, o art. 120 do CPC dispõe que:

> "Art. 120. Não havendo impugnação no prazo de 15 (quinze) dias, o pedido do assistente será deferido, salvo se for caso de rejeição liminar.
>
> Parágrafo único. Se qualquer parte alegar que falta ao requerente interesse jurídico para intervir, o juiz decidirá o incidente, sem suspensão do processo."

Havendo impugnação, o juiz decidirá o incidente processual, sem a suspensão do processo, podendo haver a produção de provas, decidindo o magistrado o incidente, posteriormente.

Transitada em julgado a sentença no processo em que interveio o assistente, este não poderá, em processo posterior, discutir a justiça da decisão, salvo se alegar e provar que: a) pelo estado em que recebeu o processo ou pelas declarações e pelos atos do assistido, foi impedido de produzir provas suscetíveis de influir na sentença; e b) desconhecia a existência de alegações ou de provas das quais o assistido, por dolo ou culpa, não se valeu (art. 123 do CPC).

5.12.2.2. Denunciação da lide

A denunciação da lide está prevista nos arts. 125 a 129 do atual digesto processual civil.

Preceitua o art. 125 do CPC:

> "Art. 125. É admissível a denunciação da lide, promovida por qualquer das partes:
>
> I – ao alienante imediato, no processo relativo à coisa cujo domínio foi transferido ao denunciante, a fim de que possa exercer os direitos que da evicção lhe resultam;
>
> II – àquele que estiver obrigado, por lei ou pelo contrato, a indenizar, em ação regressiva, o prejuízo de quem for vencido no processo.
>
> § 1.º O direito regressivo será exercido por ação autônoma quando a denunciação da lide for indeferida, deixar de ser promovida ou não for permitida.
>
> § 2.º Admite-se uma única denunciação sucessiva, promovida pelo denunciado, contra seu antecessor imediato na cadeia dominial ou quem seja responsável por indenizá-lo, não podendo o denunciado sucessivo promover nova denunciação, hipótese em que eventual direito de regresso será exercido por ação autônoma."

A denunciação à lide é uma opção, ou seja, se não ocorrer não gerará perda do direito de regresso (art. 125, § 1º, do CPC).

A denunciação da lide é espécie de intervenção forçada, mediante convocação do autor ou do réu (hipótese mais comum), com o objetivo de assegurar o direito de regresso contra o denunciado (terceiro), na própria sentença que impôs a condenação contra o denunciante.

Nesta esteira, na denunciação da lide serão julgadas tanto a demanda entre as partes primitivas quanto a lide decorrente da denunciação (art. 129, CPC), possuindo a sentença, portanto, dupla finalidade.

Alexandre Freitas Câmara, *Lições de direito processual civil*, p. 196, assim conceitua a denunciação da lide:

> "Pode-se definir a denunciação da lide como 'uma ação regressiva *in simultaneus processus*, proponível tanto pelo autor como pelo réu, sendo citada como denunciada aquela pessoa contra quem o denunciante terá uma pretensão indenizatória, pretensão de 'reembolso', caso ele, denunciante, vier a sucumbir na ação principal'. Em outros termos, pode-se dizer que a denunciação da lide é a modalidade de intervenção forçada de terceiro provocada por uma das partes da demanda original, quando esta pretende exercer contra aquele direito de regresso que decorrerá de eventual sucumbência na causa principal."

A citação do denunciado será requerida com a do réu, se o denunciante for o autor, e, no prazo para contestar, se o denunciante for o réu.

Feita a denunciação pelo autor, o denunciado, comparecendo, poderá assumir a posição de litisconsorte do denunciante e acrescentar novos argumentos à petição inicial, procedendo-se em seguida à citação do réu (art. 127 do CPC).

Ao revés, se a denunciação for feita pelo réu, três consequências poderão ocorrer:

- Se o denunciado contestar o pedido formulado pelo autor, o processo prosseguirá tendo, na ação principal, em litisconsórcio, denunciante e denunciado;
- Se o denunciado for revel, o denunciante pode deixar de prosseguir com sua defesa, eventualmente oferecida, e abster-se de recorrer, restringindo sua atuação à ação regressiva;
- Se o denunciado confessar os fatos alegados pelo autor, poderá o denunciante prosseguir na defesa ou, aderindo a tal reconhecimento, pedir apenas a procedência da ação de regresso.

O CPC de 1973 ordenava que se o denunciado fosse revel, o denunciante deveria prosseguir com a defesa. O atual Código determina o contrário, isto é, que o denunciante pode deixar de prosseguir com sua defesa, eventualmente oferecida, e abster-se de recorrer, restringindo sua atuação à ação regressiva.

Evidentemente, nos domínios do Processo do Trabalho, a denunciação da lide é incabível na hipótese do inciso I do art. 125 do CPC.

Quanto à possibilidade da utilização, no âmbito da Justiça do Trabalho, da intervenção denominada denunciação da lide na hipótese do art. 125, II, do CPC, não há uniformidade na doutrina e na jurisprudência.

Sobre o tema, Sérgio Pinto Martins, *Direito processual do trabalho*, p. 215, apesar de entender inaplicável a denunciação da lide no processo trabalhista, cita a opinião de outros doutrinadores. Vejamos:

> "Discute-se o cabimento da denunciação da lide no processo do trabalho, inexistindo unanimidade de posicionamento a respeito do tema.
>
> Na doutrina, Amauri Mascaro Nascimento (1992: 194), Carlos Coqueijo Costa (1977: 162) e Christóvão Piragibe Tostes Malta (1991: 228) admitem a denunciação da lide em casos em que se discuta a sucessão de empregadores, podendo o sucedido denunciar à lide o sucessor, se estiver obrigado pela lei ou pelo contrato a indenizar em ação regressiva o prejuízo decorrente da perda da demanda. José Augusto Rodrigues Pinto (1991: 193) entende cabível a denunciação da lide e a recomenda em razão da celeridade processual, todavia sob a forma voluntária. Seria, portanto, o caso da aplicação dos arts. 70 e ss. do CPC (art. 125 e ss. do CPC), em função da omissão da CLT sobre o tema e da compatibilidade da denunciação da lide com os princípios do processo do trabalho (art. 769 da CLT).
>
> Wagner Giglio (1984:124) e Manoel Antônio Teixeira Filho (1991: 215/20) entendem ser inaplicável a denunciação da lide no processo do trabalho, principalmente pelo fato da incompetência da Justiça do Trabalho para resolver a controvérsia entre o denunciante e o denunciado."

Carlos Henrique Bezerra Leite, em obra já citada neste capítulo, p. 564, menciona um exemplo descrito pela doutrina de denunciação da lide, embora discorde do mesmo. Vejamos:

> "Na denunciação da lide, a sentença conterá dois títulos, uma vez que julgará tanto a lide entre as partes originárias quanto a lide que decorre da denunciação.
>
> Parece-nos incabível a denunciação da lide no Processo do Trabalho na hipótese do inciso I do art. 125 do CPC.
>
> Há, todavia, cizânia doutrinária e jurisprudencial no tocante ao inciso III do mesmo artigo, sendo a hipótese mais citada a prevista no art. 455 da CLT, que trata da responsabilidade subsidiária do empreiteiro em relação aos débitos trabalhistas não adimplidos pelo subempreiteiro, pois, se o empreiteiro cumpre a obrigação, a lei lhe assegura direito de regresso em face do subempreiteiro.

> Pensamos ser incabível a denunciação da lide em tal hipótese, pois a Justiça do Trabalho é incompetente para processar e julgar a segunda lide, ou seja, aquela que surge entre o denunciante (empreiteiro) e o denunciado (subempreiteiro), pois ambos se encontram na relação processual na qualidade de corresponsáveis pelas obrigações trabalhistas, isto é como 'empregadores'."

Alguns doutrinadores citam o fato do príncipe previsto no art. 486 da CLT como hipótese de denunciação da lide.

O fato do príncipe ocorre quando, por lei ou ato administrativo do ente público federal, estadual, municipal ou distrital, houver a paralisação das atividades, temporária ou definitivamente, de modo a importar o término dos contratos de trabalho dos empregados.

Em verdade, o § 1.º do art. 486 refere-se à figura do chamamento à autoria, prevista no Código de Processo Civil de 1939 e que não foi repetida pelo Código de Processo Civil de 1973.

No entanto, considerando que a modalidade de intervenção em comento objetiva antecipar a ação regressiva nos próprios autos, não vislumbramos o fato do príncipe como hipótese de denunciação da lide, mas apenas como forma de intervenção atípica.

Ora, arguido o fato do príncipe pela empresa, o juiz notificará a Administração para que se manifeste no prazo de 30 dias.

Verificado que, de fato, houve a materialização do fato do príncipe, o magistrado condenará, nos próprios autos (entendemos que, após a Constituição Federal de 1988, o Juiz do Trabalho não se dará por incompetente, não remetendo, por consequência, o processo à Vara da Fazenda Pública), a Administração Pública a pagar a indenização ao trabalhador (multa de 40% nos casos de contratos por prazo indeterminado), não havendo qualquer possibilidade de ação regressiva nos próprios autos, em face da flagrante incompetência da Justiça do Trabalho.

Entendemos que a denunciação da lide, em algumas hipóteses, pode ser compatível com o Processo do Trabalho, não gerando a incompetência material da Justiça do Trabalho para julgar a segunda lide (ação regressiva), conforme acentuado pelos críticos do instituto.

Nessa esteira, imaginemos que uma empregada promova uma ação de danos morais no âmbito da Justiça do Trabalho em face do seu empregador, por ter sido assediada sexualmente por um gerente da empresa (seu superior hierárquico). Neste caso, entendemos que o empregador poderá denunciar à lide o seu empregado gerente, tendo a Justiça laboral competência para processar e julgar a segunda lide, ou seja, aquela que surge entre o denunciante (empregador) e o denunciado (gerente empregado).

Por fim, vale salientar que o TST cancelou a Orientação Jurisprudencial 227 da SDI-I (*DJ* 22.11.2005), que apontava a incompatibilidade da denunciação da lide com o Processo do Trabalho. O atinente cancelamento ocorreu em face da ampliação da competência da Justiça do Trabalho, imposta pela EC 45/2004. Logo, com o cancelamento da OJ 227, passou o TST a admitir a denunciação da lide no âmbito laboral.

Todavia, o cancelamento da OJ 277 não significa dizer que o Judiciário Trabalhista adotará indiscriminadamente a denunciação à lide no processo laboral. Cada situação deverá ser analisada individualmente pela Justiça do Trabalho, visto que muitas vezes a denunciação à lide poderá funcionar como mero instrumento procrastinatório visando retardar e tumultuar o andamento do feito, em prejuízo do trabalhador.

> *(...) DENUNCIAÇÃO DA LIDE (...) 2 - O instituto da denunciação da lide tem atual previsão nos arts. 125-129 do CPC de 2015 e é, em tese, admissível no processo do trabalho, quando compatível com os princípios que o regem. Em apertada síntese, tem-se com o instituto dois escopos principais. Visa-se que não se instaure novo processo entre denunciante e denunciado, aproveitando-se da instrução e demais elementos da ação principal; e que seja oportunizada ao denunciado a possibilidade de intervir na demanda, em assistência ao réu-denunciante, haja vista que, em ultimama ratio, será o responsável pelo pagamento mediante a ação de regresso. (...) (ARR-11709-51.2014.5.03.0028, 6ª Turma, Relatora Ministra Katia Magalhaes Arruda, DEJT 04/10/2019).*

Isso torna extremamente difícil a aplicação da denunciação sucessiva na seara laboral (aquela em que o denunciado faz uma denunciação a uma quarta pessoa). Tal conclusão ocorre porque raramente se verá competência da Justiça Especializada para apreciar a relação entre o primeiro denunciado e aquele que foi denunciado por este.

A análise acerca da admissibilidade da denunciação não pode deixar de observar a necessidade de tutela do **princípio da celeridade** e do **princípio da duração razoável do processo** (art. 5º, LXXVIII, da CF).

A aceitação da denunciação em qualquer caso poderia trazer ao processo original discussão sobre tema inovatório que exija dilação processual, prejudicando o andamento da lide originária.

O TST, atento a tal questão, decidiu no sentido do indeferimento da denunciação:

> *RECURSO DE REVISTA. 1. PRELIMINAR DE NULIDADE POR REJEIÇÃO DA DENUNCIAÇÃO DA LIDE. APLICAÇÃO DO INSTITUTO PROCESSUAL À JUSTIÇA DO TRABALHO. INTERESSE EXCLUSIVAMENTE PATRONAL NO DIREITO DE REGRESSO. INVIABILIDADE. A jurisprudência desta Corte Superior, em que pese venha enten-*

> *dendo pela aplicabilidade da denunciação da lide na Justiça do Trabalho após a EC n. 45/04, o faz com parcimônia e em proveito da elucidação da reclamação trabalhista. Na hipótese, a denunciação da lide tinha como suporte exclusivamente o interesse do empregador no direito de regresso contra terceiros que ele entende serem os verdadeiros responsáveis pelo dano causado ao trabalhador. Nesse contexto, não visualizado o proveito da medida para a elucidação e celeridade do processo trabalhista, é inoportuno o deferimento da referida medida, pelo que não configura nulidade a sua rejeição pelas instâncias inferiores. (...) (RR-3500-16.2006.5.01.0421, 5ª Turma, Relator Desembargador Convocado Joao Pedro Silvestrin, DEJT 13/03/2020).*
>
> *RECURSO DE REVISTA DO RECLAMANTE. (...) DENUNCIAÇÃO DA LIDE. A questão da aplicabilidade do instituto da denunciação à lide, no processo do trabalho, a despeito da ampliação da competência desta Justiça Especial, deve ser analisada caso a caso, considerando-se o interesse do trabalhador na celeridade processual, tendo em vista a natureza alimentar dos créditos trabalhistas, bem como a própria competência da Justiça do Trabalho para apreciar a controvérsia surgida entre o denunciante e o denunciado. (...) (ARR-319-98.2011.5.12.0041, 1ª Turma, Relator Ministro Luiz Jose Dezena da Silva, DEJT 15/03/2019).*

A denunciação será requerida na petição inicial, se o denunciante for autor, ou na contestação, se o denunciante for réu (art. 126 do CPC).

Admite-se uma única denunciação sucessiva, promovida pelo denunciado, contra seu antecessor imediato na cadeia dominial ou quem seja responsável por indenizá-lo, não podendo o denunciado sucessivo promover nova denunciação, hipótese em que eventual direito de regresso será exercido por ação autônoma (art. 125, § 2º, do CPC).

5.12.2.3. Chamamento ao processo

O chamamento ao processo é uma espécie de intervenção forçada, cabível apenas no processo de cognição, que visa incluir na lide terceiro que não foi previsto como réu pelo autor no momento da propositura da peça vestibular, havendo, portanto, uma ampliação subjetiva da relação processual, com a formação de um litisconsórcio passivo ulterior entre o chamante e o chamado.

Com efeito, assim dispõe o art. 130 do CPC:

> "Art. 130. É admissível o chamamento ao processo, requerido pelo réu:
>
> I – do afiançado, na ação em que o fiador for réu;
>
> II – dos demais fiadores, na ação proposta contra um ou alguns deles;
>
> III – dos demais devedores solidários, quando o credor exigir de um ou de alguns o pagamento da dívida comum."

Essa modalidade de intervenção é provocada pelo réu, que tem a faculdade de trazer ao processo os coobrigados, promovendo um litisconsórcio passivo.

Para que o juiz declare, na mesma sentença, as responsabilidades dos obrigados (chamante e chamado), o réu deverá requerer, no prazo da contestação, a citação do chamado, suspendendo o juiz o processo (objetivando citar o chamado), aplicando-se, subsidiariamente, as mesmas regras previstas para a denunciação da lide.

A sentença de procedência que julgar procedentes os pedidos, condenando os devedores, valerá como título executivo em favor do réu que satisfizer a dívida, a fim de que possa exigi-la, por inteiro, do devedor principal, ou, de cada um dos codevedores a sua quota, na proporção que lhes tocar (art. 132 do CPC).

Frise-se que, mesmo com a inclusão do terceiro (chamado) na lide, o autor poderá executar a sentença favorável tão somente em face do réu originário, desprezando a presença do terceiro. Neste caso, a sentença sub-roga o réu nos direitos antes titularizados pelo demandante e possibilita aquele exigir do devedor solidário a correspondente cota da dívida.

A exemplo das demais figuras interventivas, o cabimento do chamamento ao processo na seara trabalhista também é objeto de discordância pela doutrina.

Carlos Henrique Bezerra Leite, em obra já mencionada, p. 570, aponta alguns exemplos de cabimento do chamamento ao processo no âmbito laboral, *in verbis*:

> "Nos domínios do processo do trabalho, a única hipótese plausível de cabimento do instituto sob exame é a prevista no inciso III do art. 130 do CPC e, ainda assim, não se mostra cabível o instituto no processo (ou fase) de execução ou no dissídio coletivo. Eis algumas hipóteses de chamamento ao processo admitidas na Justiça do Trabalho: a) 'grupo empresarial', também chamado de 'solidariedade de empregadores', consubstanciado no art. 2.º, § 2.º, da CLT; b) condomínio residencial que não possui convenção devidamente registrada, situação em que o condômino demandado pode chamar ao processo os demais condôminos como corresponsáveis pelas obrigações trabalhistas; c) sociedade de fato irregularmente constituída, na qual todos os sócios são solidariamente responsáveis pelas obrigações trabalhistas; d) consórcio de empregadores rurais, pois todos são responsáveis solidários pelas obrigações trabalhistas, por aplicação conjunta do art. 3.º, § 2.º, da Lei 5.889/1973 e do art. 25-A da Lei 10.256, de 9-7-2001."

Sergio Pinto Martins, em obra já citada, p. 220, entende inaplicável o chamamento ao processo no âmbito laboral, explicando que:

> "Entendo, ao contrário da respeitável orientação do professor Manoel Antônio Teixeira Filho (1991: 238), que não se pode fazer um temperamento ou adaptação de instituto do chamamento ao processo

> previsto no CPC para o processo do trabalho, sob pena de termos de fazê-lo também em relação à nomeação à autoria, à oposição e à denunciação da lide, o que desnaturaria os referidos institutos previstos no processo civil. Daí a dificuldade de adaptação de certos institutos do processo civil ao processo do trabalho, que tem condições e circunstâncias, muitas vezes, totalmente distintas. Na verdade, a sentença trabalhista proferida não valerá como título executivo em relação ao chamado e a quem o chamou no processo, pois será preciso que a ação de regresso seja ajuizada na Justiça Comum, como admite Teixeira Filho" (1991: 239 e 245).

Wagner Giglio, *Direito processual do trabalho*, 13. ed., p. 138-139, passou a admitir o chamamento ao processo nos domínios do Processo do Trabalho. Vejamos a opinião do autor:

> "Revertendo posição adotada nas edições anteriores desta obra, novos estudos nos convenceram de que a razão está com C.P. Tostes Malta. Com base na lição deste, transcrita por Coqueijo Costa (*Direito judiciário do trabalho*, cit., p 166), passamos a admitir o cabimento do chamamento ao processo nos casos de o empregador ser uma sociedade de fato ou um condomínio irregular, ainda inexistente síndico ou administrador, a fim de que venham a integrar a lide todos os sócios ou condôminos, se apenas um deles for citado, ou se somente alguns os foram. Manoel A. Teixeira Filho admite o chamamento ao processo também no caso de grupo de empresas (art. 2.º, § 2.º, da CLT), embora com ressalvas e restrições (*Litisconsórcio*, cit., p. 238).
>
> Nesses casos, deve o empregador demandado, 'na contestação, ou antes dela (que se produz em audiência), requerer a citação dos demais sócios ou condôminos para integrarem a lide. O juiz adia a audiência e manda citar'" (Coqueijo Costa, *Direito judiciário do trabalho*, cit.).

Entendemos que o chamamento ao processo na seara laboral poderá, eventualmente, beneficiar o reclamante da ação, visto que o mesmo poderá executar a sentença em face do reclamado primitivo e/ou dos chamados. Em nossa opinião, trata-se de instituto cabível no Processo do Trabalho na hipótese do art. 130, III, do CPC.

Acompanhe alguns julgados sobre o tema:

> "COMPLEMENTAÇÃO DE APOSENTADORIA. INDEFERIMENTO DO PEDIDO DE CHAMAMENTO AO PROCESSO DA FAZENDA PÚBLICA DO ESTADO DE SÃO PAULO. 1. A jurisprudência desta Corte superior tem decidido que é possível a intervenção de terceiros na modalidade de chamamento ao processo na Justiça do Trabalho, desde que, no caso concreto, seja observado o interesse do trabalhador na celeridade processual, considerando a natureza alimentar dos créditos postulados. 2. Observa-se, todavia, que o instituto não é adequado à presente hipótese, visto que o pretendido chamamento ao processo não consiste em medida que vá ao

encontro dos interesses do reclamante. 3. O objeto da presente reclamação é a responsabilização da Fundação para o Desenvolvimento da Educação – FDE, sucessora da COMPANHIA DE CONSTRUÇÕES ESCOLARES DO ESTADO DE SÃO PAULO – CONESP, na qualidade de empregadora, pela complementação de aposentadoria, sendo certo que a Fazenda Pública do Estado de São Paulo apenas cuida do repasse das verbas para o custeio das complementações de aposentadoria. 4. Tem-se, portanto, que não se trata de litisconsórcio necessário, na medida em que o Estado de São Paulo seria mero repassador do numerário para o pagamento da complementação de aposentadoria. Incólumes os artigos 47 e 77, III, do CPC (arts. 114 e 130, III, do CPC). 5. Agravo de instrumento a que se nega provimento" (TST – AIRR 3204408219985020017 – 1.ª T. – Rel. Marcelo Lamego Pertence – j. em 12.08.2015 – *DEJT* 18.08.2015).

"NULIDADE DA SENTENÇA. CERCEAMENTO DE DEFESA NÃO CONFIGURADO. INDEFERIMENTO DO PEDIDO DE DENUNCIAÇÃO DA LIDE/CHAMAMENTO AO PROCESSO. No caso em questão verifica-se que o ora recorrente, S.A. 'O Estado de São Paulo', é sócio da empresa que pretende denunciar à lide, além de ser o final destinatário dos serviços prestados pelo reclamante. Conforme consignado pelo Regional, não há falar em cerceamento de defesa em razão do indeferimento dos pedidos de denunciação à lide e chamamento ao processo, uma vez que cabe ao autor escolher contra quem formulará a pretensão a ser deduzida em juízo. Assim, a contrario sensu, inviável ao réu o requerimento de inclusão de terceiro no polo passivo da demanda. Desse modo, não há falar em configuração do alegado cerceamento do direito de defesa nem em ofensa ao artigo 5º, incisos LIV e LV, da Constituição Federal. Neste contexto, ilesos, também, os artigos 70, inciso III do CPC e 769 da CLT. Recurso de revista não conhecido. RESPONSABILIDADE SUBSIDIÁRIA. TOMADOR DE SERVIÇOS. DECISÃO REGIONAL EM CONSONÂNCIA COM A SÚMULA Nº 331, ITEM IV, DO TST. O Regional consignou que S.A. O Estado de São Paulo na qualidade de tomador de serviços, era beneficiário dos serviços prestados pelo reclamante, em razão do contrato celebrado entre as empresas para a prestação de serviços. Salientou, ainda, que não se encontram presentes nos autos as características próprias de que as atividades das reclamadas são independentes (franquias), como pretende fazer crer a recorrente, tendo em vista que as reclamadas não se desincumbiram de tal comprovação, tratando-se, pois, a hipótese de verdadeira terceirização de serviços. Portanto, o Regional, ao atribuir responsabilidade subsidiária às reclamadas, decidiu em harmonia com o item IV da Súmula nº 331 deste Tribunal, cujo entendimento é de que responde o tomador de serviços, de forma subsidiária, pelos créditos trabalhistas do autor não adimplidos pela empresa prestadora dos serviços. Recurso de revista não conhecido" (TST – RR 719008020095020314 – 2.ª T. – Rel. José Roberto Freire Pimenta – j. em 12.08.2015 – *DETJ* 21.08.2015).

Por outro lado, vale registrar que alguns julgados do TST não admitem nem mesmo a hipótese do art. 130, III, do CPC (que correspondia a art. 77, III, do antigo CPC). Veja um caso:

(...) CHAMAMENTO AO PROCESSO. INAPLICABILIDADE AO PROCESSO DO TRABALHO. (...) O processo do trabalho tem como fundamentos próprios a simplicidade dos atos processuais, bem como a celeridade processual. Tais princípios, contudo, são

> *incompatíveis com o instituto do chamamento ao processo que a parte ora pretende seja observado e que, nos termos do artigo 77, inciso III, do CPC, caberiam para inserir no polo passivo desta ação trabalhista "todos os devedores solidários, quando o credor exigir de um ou de alguns deles, parcial ou totalmente, a dívida comum". Isso porque, em primeiro lugar, a inclusão de novos reclamados no polo passivo da demanda ensejaria, inevitavelmente, atraso no prosseguimento do feito. Ademais, cabe ao autor escolher contra quem formulará a pretensão a ser deduzida em Juízo. Assim, a contrario sensu, inviável o requerimento de inclusão de terceiros no polo passivo da demanda. (...) (RR-461-76.2011.5.09.0012, 2ª Turma, Relator Ministro Jose Roberto Freire Pimenta, DEJT 19/06/2020).*

Existem julgados que inclusive apontam sua incompatibilidade diante da natureza alimentar do crédito trabalhista:

> *RECURSO DE REVISTA INTERPOSTO SOB A ÉGIDE DA LEI N. 13.015/2014 E NA VIGÊNCIA DO CPC/2015. CERCEAMENTO DE DEFESA. CHAMAMENTO AO PROCESSO. Esta Corte Superior tem decidido ser admissível a intervenção de terceiros no processo do trabalho, desde que, no caso concreto, o ingresso do terceiro na relação processual não prejudique o interesse do trabalhador, tendo em vista a natureza alimentar do crédito trabalhista. Na hipótese, o indeferimento do pedido de chamamento ao processo da cooperativa prestadora de serviços não caracterizou cerceamento do direito de defesa, dado que, consoante o acórdão regional, implicaria, a princípio, em possível demanda entre a tomadora e prestadora de serviços, matéria que foge à competência da Justiça do Trabalho, e, ainda, por não haver evidência de que a reclamada tenha sido impedida ou prejudicada em sua defesa. Recurso de revista de que não se conhece (RR-11335-79.2015.5.01.0020, 1ª Turma, Relator Ministro Walmir Oliveira da Costa, DEJT 08/06/2018).*

5.12.2.4. Desconsideração da personalidade jurídica

Os estudiosos do direito e Processo do Trabalho têm manifestado enorme preocupação com a chamada "crise do processo de execução", causada pela dificuldade em dar cumprimento ao julgado.

Diversos artifícios têm sido utilizados pelos executados para impedir a efetivação da execução, seja por meio do desvio de bens da empresa para o patrimônio pessoal dos sócios, de sucessões fraudulentas, de alienação de bens em fraude à execução, de utilização de sócios "laranjas" ou "testas de ferro" etc.

Com isso, é negado ao exequente um direito fundamental da pessoa humana, isto é, a eficácia da jurisdição, comprometendo, sem dúvida, a credibilidade de todo o sistema normativo, uma vez que é decepcionante para o credor não ver garantida a efetivação do seu direito, após longa e cansativa demanda judicial.

É nesse cenário que surge o estudo da denominada teoria da desconsideração da personalidade jurídica do executado, também chamada de *disregard doctrine*, teoria da penetração, *disregard of legal entity* ou *teoria do disregard*.

A desconsideração da personalidade jurídica do executado permite que os atos executórios alcancem os bens particulares dos sócios, segundo duas teorias: a) quando se verifica a insuficiência do patrimônio societário (teoria menor), e b) quando se verifica a insuficiência do patrimônio societário e, concomitantemente, restar comprovado o abuso da personalidade jurídica, caracterizado pelo desvio de finalidade, ou pela confusão patrimonial (teoria maior).

A teoria menor está pautada no art. 28, § 5º, do CDC:

> "Art. 28. O juiz poderá desconsiderar a personalidade jurídica da sociedade quando, em detrimento do consumidor, houver abuso de direito, excesso de poder, infração da lei, fato ou ato ilícito ou violação dos estatutos ou contrato social. A desconsideração também será efetivada quando houver falência, estado de insolvência, encerramento ou inatividade da pessoa jurídica provocados por má administração.
>
> (...)
>
> § 5.º Também poderá ser desconsiderada a pessoa jurídica sempre que sua personalidade for, de alguma forma, obstáculo ao ressarcimento de prejuízos causados aos consumidores."

Por sua vez, a teoria maior está prevista no art. 50 do CC:

> Art. 50. Em caso de abuso da personalidade jurídica, caracterizado pelo desvio de finalidade ou pela confusão patrimonial, pode o juiz, a requerimento da parte, ou do Ministério Público quando lhe couber intervir no processo, desconsiderá-la para que os efeitos de certas e determinadas relações de obrigações sejam estendidos aos bens particulares de administradores ou de sócios da pessoa jurídica beneficiados direta ou indiretamente pelo abuso. (Redação dada pela Lei nº 13.874, de 2019)

Entendemos que a Lei 8.078/1990 (CDC), na parte processual, é aplicável ao Processo do Trabalho. Ademais, a regra insculpida no art. 28, § 5º, do CDC está em consonância com os princípios da celeridade, proteção ao trabalhador hipossuficiente, da efetividade da execução trabalhista e do privilégio do crédito laboral, merecendo plena aplicação ao Processo do Trabalho.

Desta forma, basta que se verifique a insuficiência de bens por parte da pessoa jurídica para arcar com a condenação trabalhista, para que seja possível a desconsideração de sua personalidade jurídica da empresa, uma vez que esta constitui obstáculo ao ressarcimento de prejuízos causados aos consumidores.

É nesse sentido o posicionamento dos tribunais do trabalho, conforme se pode observar nos julgados abaixo:

> "À FALTA DE BENS DA EMPRESA QUE SEJAM SUFICIENTES PARA COBRIR O VALOR DO CRÉDITO EXEQUENDO (NÃO HÁ PROVA EM SENTIDO CONTRÁRIO NOS AUTOS), OS BENS DOS SEUS SÓCIOS RESPONDEM PELA EXECUÇÃO. COMO BEM DECIDIU O COLENDO TST: 'RESPONSABILIDADE SOLIDÁRIA. SÓCIO COTISTA. TEORIA DA DESCONSIDERAÇÃO DA PESSOA JURÍDICA. Em sede de direito do trabalho, em que créditos trabalhistas não podem ficar a descoberto, vem-se abrindo uma exceção ao princípio da responsabilidade limitada (*disregard of legal entity*) para que o empregado possa, verificando a insuficiência do patrimônio societário, sujeitar à execução os bens dos sócios da pessoa jurídica, não havendo bem da sociedade para saldar a dívida, encontra respaldo nos artigos 10 do Decreto 3.708/19, 592, II, do CPC (art. 790, II, do CPC) e 134, VII, do Código Tributário Nacional. Independentemente de que a executada não tenha encerrado suas atividades. Agravo de petição a que se dá provimento'" (TRT – 6.ª Região – 2.ª T. – AP 00654.1990.141.06.00.0 – Rel. Des. Josélia Morais da Costa – *DEJTPE* 15.12.2009).
>
> "EXECUÇÃO – RESPONSABILIDADE DO SÓCIO DA EXECUTADA. O agravante é sócio da executada. O fato de o sócio não constar do título executivo como devedor ou mesmo de não fazer parte do polo passivo da reclamação trabalhista na fase cognitiva não significa ausência de responsabilidade para efeito de execução. O artigo 592, II, do CPC (art. 790, II, do CPC), de aplicação subsidiária ao processo do trabalho dispõe que os sócios têm responsabilidade na execução da sociedade, quando os bens dessa mostram-se insuficientes para o pagamento de débitos trabalhistas, pois o não pagamento de tais haveres constitui violação à lei e os empregados nunca assumem o risco do empreendimento" (TRT – 2.ª Região – 6.ª T. – AP 03334-2005-202-02-00-6 – Rel. Ivani Contini Bramante – publicado em 29.09.2006).

Sem versar sobre os requisitos para a desconsideração da personalidade jurídica da empresa, o CPC instituiu regras para o seu processamento, prevendo o incidente de desconsideração da personalidade jurídica da empresa em seus arts. 133 a 137, e a CLT, no art. 855-A, define que se aplicam no Processo do Trabalho. Observe:

> "Art. 855-A, CLT. Aplica-se ao processo do trabalho o incidente de desconsideração da personalidade jurídica previsto nos arts. 133 a 137 da Lei 13.105, de 16 de março de 2015 – Código de Processo Civil."
>
> "Art. 133. O incidente de desconsideração da personalidade jurídica será instaurado a pedido da parte ou do Ministério Público, quando lhe couber intervir no processo.
>
> § 1.º O pedido de desconsideração da personalidade jurídica observará os pressupostos previstos em lei.
>
> § 2.º Aplica-se o disposto neste Capítulo à hipótese de desconsideração inversa da personalidade jurídica."
>
> "Art. 134. O incidente de desconsideração é cabível em todas as fases do processo de conhecimento, no cumprimento de sentença e na execução fundada em título executivo extrajudicial.

§ 1.º A instauração do incidente será imediatamente comunicada ao distribuidor para as anotações devidas.

§ 2.º Dispensa-se a instauração do incidente se a desconsideração da personalidade jurídica for requerida na petição inicial, hipótese em que será citado o sócio ou a pessoa jurídica.

§ 3.º A instauração do incidente suspenderá o processo, salvo na hipótese do § 2º.

§ 4.º O requerimento deve demonstrar o preenchimento dos pressupostos legais específicos para desconsideração da personalidade jurídica."

"Art. 135. Instaurado o incidente, o sócio ou a pessoa jurídica será citado para manifestar-se e requerer as provas cabíveis no prazo de 15 (quinze) dias."

"Art. 136. Concluída a instrução, se necessária, o incidente será resolvido por decisão interlocutória.

Parágrafo único. Se a decisão for proferida pelo relator, cabe agravo interno."

"Art. 137. Acolhido o pedido de desconsideração, a alienação ou a oneração de bens, havida em fraude de execução, será ineficaz em relação ao requerente."

Aquele cujo patrimônio busca-se alcançar fará parte do processo, por isso, o incidente de desconsideração da personalidade jurídica é uma espécie de intervenção de terceiros. Trata-se de uma intervenção provocada, ou seja, ele não compõe o processo espontaneamente.

Institui o art. 133 do CPC que o incidente de desconsideração da personalidade jurídica será instaurado a pedido da parte ou do Ministério Público, isto é, não será processado de ofício, estando em consonância com o art. 878 da CLT, segundo o qual "a execução será promovida pelas partes, permitida a execução de ofício pelo juiz ou pelo Presidente do Tribunal apenas nos casos em que as partes não estiverem representadas por advogado".

Saliente-se que o atual diploma processual previu a desconsideração inversa da personalidade jurídica (art. 133, § 2º, do CPC), a qual ocorre quando se litiga contra o indivíduo e busca-se bens na pessoa jurídica.

Dispensa-se a instauração do incidente se a desconsideração da personalidade jurídica for requerida na petição inicial, hipótese em que será citado o sócio ou a pessoa jurídica (art. 134, § 2º, do CPC).

O requerimento suspende o processo e o requerente deve demonstrar o preenchimento dos pressupostos legais específicos para desconsideração da personalidade jurídica, ou seja, a insuficiência de patrimônio da pessoa demandada (teoria menor - art. 28, § 5º, do CDC).

A pessoa jurídica ou o sócio será citado para se manifestar e requerer as provas cabíveis no prazo de 15 dias, sendo a decisão interlocutória (art. 135 do CPC).

Acolhido o pedido de desconsideração, a alienação ou a oneração de bens, havida em fraude de execução, será ineficaz em relação ao requerente (art. 137 do CPC).

Esclarece o art. 855-A, § 1º, da CLT que da decisão interlocutória que acolher ou rejeitar o incidente:

> I – na fase de cognição, não cabe recurso de imediato, na forma do art. 893, § 1º, da CLT;
>
> II – na fase de execução, cabe agravo de petição, independentemente de garantia do juízo;
>
> III – cabe agravo interno se proferida pelo relator em incidente instaurado originariamente no tribunal.

A instauração do incidente suspenderá o processo, sem prejuízo de concessão da tutela de urgência de natureza cautelar de que trata o art. 301 do CPC (art. 855-A, § 2º, da CLT), sendo muito utilizada para o bloqueio de contas.

5.12.2.5. *Amicus curiae*

O juiz ou o relator, considerando a relevância da matéria, a especificidade do tema objeto da demanda ou a repercussão social da controvérsia, poderá, por decisão irrecorrível, de ofício ou a requerimento das partes ou de quem pretenda manifestar-se, solicitar ou admitir a participação de pessoa natural ou jurídica, órgão ou entidade especializada, com representatividade adequada, no prazo de 15 (quinze) dias de sua intimação (art. 138 do CPC).

Veja um caso em que o TST não reconheceu essa representatividade adequada:

> *(...) INTERVENÇÃO DE TERCEIRO. PEDIDO DE INGRESSO NA LIDE COMO AMICUS CURIAE. QUESTÃO MERAMENTE PROCESSUAL. INVIABILIDADE. A partir da vigência do Código de Processo Civil de 2015, a atuação do amicus curiae, anteriormente prevista somente em legislação especial, incorporou-se ao regramento processual geral. O amicus curiae é um terceiro interveniente, detentor de interesse institucional, que demonstra condições de contribuir de forma útil no enriquecimento e pluralização do debate para a formação do convencimento do magistrado. Nos termos do art. 138 do CPC, o ingresso do amicus curiae pressupõe o preenchimento de pressupostos objetivos, consistentes na relevância da matéria, na especificidade do tema objeto da demanda e na repercussão social da controvérsia, bem como pressuposto subjetivo, relativo à representatividade adequada. No caso, a OAB não comprova que sua atuação seja útil e desejável para a solução do litígio, tendo em vista que a questão ora em debate - pressupostos de admissibilidade do Recurso de Revista no que se refere à preliminar de nulidade por negativa de prestação jurisdicional - é meramente processual. Pedido de ingresso no feito*

que se indefere. (...) (AIRR-10112-69.2019.5.03.0061, 8ª Turma, Relator Ministro Joao Batista Brito Pereira, DEJT 11/05/2020).

Por outro lado, veja um outro julgado em que admite essa representação:

I – INTERVENÇÃO DE TERCEIRO. PEDIDO DE INGRESSO NA LIDE COMO AMICUS CURIAE. PRESSUPOSTOS OBJETIVOS. ARTIGO 138 DO CPC. ESPECIALIZAÇÃO E REPRESENTATIVIDADE. ADMISSÃO. Na perspectiva da realização do processo cooperativo e substancialmente justo, o legislador processual passou a admitir o ingresso de terceiros com representatividade adequada, referidos como "amicus curiae", nos casos em que sejam veiculadas matérias relevantes ou específicas ou ainda que ofereçam grande repercussão social (CPC, artigo 138). No caso presente, em que são discutidas questões jurídicas relevantes, entre elas a definição da legislação aplicável aos contratos de trabalho celebrados por tripulantes de cruzeiros marítimos, a participação da Associação Brasileira de Cruzeiros Marítimos - CLIA BRASIL, fornecendo subsídios e contribuições de ordem técnica e jurídica, mostra-se relevante para auxiliar esta Corte a equacionar a controvérsia, considerados os seus mais diferentes ângulos ou perspectivas de análise. Assim atendidos os requisitos para a admissão da Requerente como amicus curiae, nos termos dos artigos 138 do CPC e 3º, II, da IN 39 do TST, defere-se o ingresso pretendido. (...) (ARR310-80.2017.5.13.0015, 5ª Turma, Relator Ministro Douglas Alencar Rodrigues, DEJT 28/06/2019).

A decisão do juiz ou do relator que aceita ou rejeita o pedido de ingresso do *amicus curiae* é irrecorrível, conforme indica o art. 138, *caput*, do CPC e a posição do TST:

AMICUS CURIAE - REJEIÇÃO - NATUREZA INSTRUTÓRIA DA PARTICIPAÇÃO - INDEFERIMENTO DE INGRESSO - AUSÊNCIA DE PREJUÍZO - IRRECORRIBILIDADE. 1. O Código de Processo Civil de 2015 trata especificamente da figura jurídica do amicus curiae, estabelecendo em seu art. 138 e parágrafos os procedimentos sobre a questão. 2. Exata normatização encerra comando no sentido de que, por decisão irrecorrível do relator, o ingresso de terceiros no processo se dará considerando a relevância da matéria, a especificidade do tema objeto da demanda ou a repercussão social da controvérsia. 3. Em recente julgado do Supremo Tribunal Federal, estabeleceu-se que o § 1º da citada norma permite apenas, contra a decisão do relator, a oposição de embargos de declaração, para prestar esclarecimentos. 4. O ingresso do amicus curiae está inserido nas faculdades exclusivas do relator, as quais não se submetem ao crivo do Tribunal, pois, nos termos da lei, referido instituto detém natureza de diligência predominantemente instrutória, cuja apreciação está primariamente submetida ao relator ou, se este julgar necessário, ao escrutínio coletivo do Tribunal, não constituindo direito subjetivo do requerente (ADIn 3.460-ED/DF, Rel. Min. Teori Zavascki). 5. A Corte Especial do Superior Tribunal de Justiça, no julgamento da Questão de Ordem no REsp 1.696.396/MT (1º/8/2018), decidiu que "a leitura do art. 138 do CPC/15, não deixa dúvida de que a decisão unipessoal que verse sobre a admissibilidade do amlcus curiae não é impugnável por agravo interno, seja porque o caput expressamente a coloca como uma decisão irrecorrível, seja porque o § 1º expressamente diz que a intervenção não autoriza a interposição de recursos, ressalvada a oposição de embargos de declaração ou a interposição de recurso contra a decisão que julgar o IRDR" (Questão de Ordem no REsp 1.696.396/MT, Rel. Min. Nancy Andrighi). 6. Na doutrina assim também se reconhece a irrecorribilidade da decisão, quando Araken de Assis (2016, p. 708) leciona que "o art. 138, caput, generalizou a inadmissibilidade do recurso próprio contra o ato admitindo, ou não, a intervenção do amicus curiae, excepcionando, nesse caso, o art. 1.015, IX, do NCPC". 7. Na mesma esteira, Didier (2015, p. 524) revela que a decisão sobre a intervenção do amicus curiae, admitindo-a ou não, é irrecorrível (art. 138, caput, CPC). Agravo não conhecido" (Ag-IAC-5639-31.2013.5.12.0051, Tribunal Pleno, Relator Ministro Luiz Philippe Vieira de Mello Filho, DEJT 20/09/2019).

Para aceitação da intervenção do *amicus curiae*, o juiz avaliará a contribuição dele para o processo.

A intervenção do *amicus curiae* não implica alteração de competência, ou seja, a intervenção de um ente federal não desloca a competência para a Justiça Federal.

Caberá ao juiz ou ao relator, na decisão que solicitar ou admitir a intervenção, definir os poderes do *amicus curiae*, com exceção daqueles já estabelecidos em lei, como: a) a oposição de embargos de declaração; e b) a possibilidade de recorrer da decisão que julgar o incidente de resolução de demandas repetitivas.

É irrecorrível a decisão do juízo que não aceita a participação do *amicus curiae*.

O *amicus curiae* só precisará de advogado para recorrer ou fazer sustentação oral.

Segundo o art. 3º, II, da IN 39/2016, que versa sobre as normas do Código de Processo Civil de 2015 aplicáveis ao Processo do Trabalho o *amicus curiae* é perfeitamente aplicável na seara trabalhista.

5.13. RESUMO DA MATÉRIA

1. Tradicionalmente, conceitua-se como parte aquele que demanda em nome próprio a prestação jurisdicional do Estado, ou mesmo a pessoa em cujo nome é demandada. Em outras palavras, partes são o autor, que demanda a tutela jurisdicional, e o réu, contra quem a atuação é postulada.

2. Entendemos, todavia, que o conceito clássico de partes revela-se insuficiente, uma vez que o processo não envolve tão somente o autor, réu e juiz, englobando, por vezes, outras pessoas (terceiros) que podem ingressar no processo em momento posterior à sua formação, seja para apoiar uma das partes principais, seja para defender interesse próprio.

3. No Processo do Trabalho o autor é denominado de reclamante e o réu, de reclamado.

4. A capacidade de ser parte (ou capacidade de direito) diz respeito à possibilidade de a pessoa (física ou jurídica) apresentar-se em juízo como autor ou réu, ocupando um dos polos do processo.

5. A capacidade para ser parte exige a "personalidade civil", que, em relação à pessoa natural ou física, inicia-se com o seu nascimento com vida (art. 2.º do CC), muito embora a lei ponha a salvo, desde a concepção, os direitos do nascituro.

6. Quanto à pessoa jurídica, a sua "personalidade civil" inicia-se com a inscrição dos atos constitutivos no respectivo registro.

7. Confere-se ainda a capacidade para ser parte aos denominados "entes despersonalizados", como a massa falida, o condomínio, o espólio, as sociedades e os órgãos desprovidos de personalidade jurídica etc.

8. Quanto à capacidade processual, também conhecida como capacidade de estar em juízo (ou capacidade de fato ou de exercício), é a mesma outorgada pelo art. 70 do CPC, o qual estabelece que: "Toda pessoa que se encontre no exercício de seus direitos tem capacidade para estar em juízo".

9. Portanto, adquirida a capacidade de ser parte, impõe-se verificar se os sujeitos do processo podem praticar os atos processuais pessoalmente, sem o auxílio ou acompanhamento de outras pessoas, ou seja, se possuem capacidade processual plena para se manterem na relação processual sem amparo de qualquer espécie.

10. No direito do trabalho, a capacidade civil plena dos empregados, ou seja, a plena capacidade de, na qualidade de parte, estar em juízo sem a assistência ou representação (maioridade trabalhista), ocorre aos 18 anos (art. 792 da CLT).

11. Ressalte-se que a CF/1988, art. 7.º, XXXIII, proíbe o trabalho noturno, perigoso e insalubre aos menores de 18 anos e de qualquer trabalho aos menores de 16 anos, salvo na condição de aprendiz, a partir dos 14 anos.

12. Portanto, o menor de 16 anos não poderá trabalhar, salvo na condição de aprendiz (a partir dos 14 anos). No entanto, o art. 439 da CLT estabelece que: "É lícito ao menor firmar recibo pelo pagamento dos salários. Tratando-se, porém, de rescisão do contrato de trabalho, é vedado ao menor de 18 anos dar, sem assistência dos seus responsáveis legais, quitação ao empregador pelo recebimento de indenização que lhe for devida."

13. Frise-se também que o art. 793 da CLT dispõe que as reclamações trabalhistas dos menores de 18 anos serão feitas por seus representantes legais, e, na falta destes, pela Procuradoria Regional do Trabalho, pelo sindicato profissional, pelo Ministério Público Estadual ou curador nomeado em juízo.

14. Impende destacar que o Código Civil, no art. 5.º, parágrafo único, possibilita a emancipação do obreiro com menos de 18 anos nos seguintes casos: pela concessão dos pais, pelo casamento, pelo exercício de emprego público efetivo, pela colação de grau em curso de ensino superior ou pela existência de relação de emprego, desde que, neste último caso, o menor com 16 anos completos tenha economia própria.

15. No âmbito do Processo do Trabalho, a capacidade postulatória, nas demandas envolvendo relação de emprego, é conferida também às próprias partes.

16. O princípio do *jus postulandi* da parte está consubstanciado no art. 791 da CLT, o qual estabelece que os empregados e os empregadores poderão reclamar pessoalmente perante a Justiça do Trabalho e acompanhar as suas reclamações até o final. Entretanto, o *jus postulandi* não prevalece no TST. Logo, em caso de recurso de revista interposto, este deverá ser subscrito por advogado, assim como qualquer outro recurso que venha a tramitar no TST. Em outras palavras, o *jus postulandi* doravante somente prevalecerá nas instâncias ordinárias. Segundo o instituído na Súmula 425 do TST, o *jus postulandi* das partes, estabelecido no art. 791 da CLT, limita-se às Varas do Trabalho e aos Tribunais Regionais do Trabalho, não alcançando a ação rescisória, o mandado de segurança e os recursos de competência do Tribunal Superior do Trabalho. A Súmula 425 do TST dispõe que o *jus postulandi* não se aplica às ações cautelares. Esta súmula foi editada na vigência do CPC de 1973, que previa o processo cautelar como um processo autônomo. Atual diploma processual civil substituiu o processo autônomo pela tutela cautelar antecedente e incidental (art. 294, parágrafo único, do CPC), sendo que em ambos há uma única relação processual, razão pela qual se deve admitir o *jus postulandi* em relação a elas. Não seria razoável não permitir o *jus postulandi* para a tutela cautelar antecedente, mas sim para o pedido principal. Da mesma forma, seria ilógico negar a aplicabilidade do *jus postulandi* apenas para a petição, requerendo a tutela cautelar incidental, e concedê-la aos demais atos.

17. Nessa esteira, o art. 839, *a*, da CLT também salienta que a reclamação trabalhista poderá ser apresentada pelos empregados e empregadores, pessoalmente, ou por seus representantes, e pelos sindicatos de classe. Logo, em função do *jus postulandi*, reclamante e reclamado poderão atuar sem a presença de advogados no juízo de primeiro grau e nos Tribunais Regionais, exceto no TST.

18. Em caso de eventual recurso extraordinário para o Supremo Tribunal Federal, ou mesmo recurso encaminhado ao Superior Tribunal de Justiça (para examinar, por exemplo, conflito de competência), deve o mesmo ser subscrito por advogado, sob pena de o apelo não ser conhecido.

19. Frise-se que, após a EC 45/2004, que ampliou a competência material da Justiça do Trabalho para processar e julgar qualquer lide envolvendo relação de trabalho (art. 114 da CF/1988), entendemos que o *jus postulandi* da parte é restrito às ações que abrangem relação de emprego, não se aplicando às demandas que envolvem relação de trabalho distintas da relação empregatícia. Logo, em caso de ação trabalhista que se refira à relação de trabalho não subordinado, as partes deverão estar representadas por advogados, a elas não se aplicando o art. 791 da CLT, restrito a empregados e empregadores.

20. Na representação, o representante age no processo em nome do titular da pretensão defendendo o direito do próprio representado. Em outras palavras, o representante figura no processo em nome e na defesa de interesse de outrem.

21. A representação pode ser legal, como na hipótese de representação de pessoas jurídicas de direito público (art. 75, I a IV, do CPC), ou convencional, como ocorre em relação aos representantes indicados pelas pessoas jurídicas de direito privado (art. 75, VIII, do CPC).

22. No que atine à assistência judicial dos relativamente incapazes, a grande diferença para a representação consiste no fato de que na assistência (ao contrário da representação) o assistente apenas supre a deficiência da declaração de vontade do assistido, sem substituí-la.

23. O art. 791, § 3.º, da CLT (incluído pela Lei 12.437/2011) dispõe que a constituição de procurador com poderes para o foro em geral poderá ser efetivada, mediante simples registro em ata de audiência, a requerimento verbal do advogado interessado, com anuência da parte representada.

24. Vale mencionar que o mandato tácito apenas alcança os poderes do foro em geral, chamados *ad iudicia*, não englobando os poderes previstos no art. 105 do CPC (confessar, transigir, desistir, receber e dar quitação etc.).

25. A justiça gratuita será concedida em duas hipóteses: a) àqueles que receberem salário igual ou inferior a 40% do limite máximo dos benefícios do Regime Geral de Previdência Social; e b) àqueles que receberem mais, porém não tiverem recursos para arcar com as despesas do processo.

26. Discute-se se as pessoas físicas e jurídicas devem comprovar sua situação econômica para valerem-se do benefício da justiça gratuita. O debate deve-se à redação do § 4º do art. 790 da CLT, que dispõe que "o benefício da justiça gratuita será concedido à parte que comprovar insuficiência de recursos para o pagamento das custas do processo".

27. Entendemos que para a pessoa física basta a mera declaração de ausência de recursos, sendo tal comprovação exigida apenas para a pessoa jurídica.

28. A nosso ver, esta é a interpretação correta pelo seguinte motivo. Antes mesmo do disposto no art. 790, § 4º, da CLT, a Constituição, em seu art. 5º, LXXIV, já se referia à comprovação da insuficiência de recursos e os Tribunais entendiam que para a pessoa física bastava a simples declaração de tal insuficiência, sendo inexigível qualquer demonstração de pobreza.

29. Depois, a CLT institui a comprovação da insuficiência de recursos, mas não esclarece em quais situações ou como a prova deve ser realizada, hipóteses em que os arts. 769 da CLT e 15 do CPC autorizam a aplicação supletiva do CPC, neste caso do art. 99, § 3º, do CPC.

30. Por seu turno, o art. 99, § 3º, do CPC, prevê a presunção de veracidade da alegação de que não há recursos financeiros para arcar com as despesas processuais apenas para a pessoa natural, sendo que a pessoa jurídica deverá comprovar tal impossibilidade financeira.

31. O beneficiário da gratuidade da justiça terá de arcar com os honorários periciais e advocatícios e pagar as custas quando não comparecer em audiência, dando causa ao arquivamento da reclamação, observado o disposto nos arts. 790-B, 791-A, § 4º e 844, §§ 2º e 3º, todos da CLT.

32. Segundo o art. 790-B, *caput* e § 4º, da CLT, a responsabilidade pelo pagamento dos honorários periciais é da parte sucumbente na pretensão objeto da perícia, ainda que beneficiária da justiça gratuita. Somente no caso em que o beneficiário da justiça gratuita não tenha obtido em juízo créditos capazes de suportar a despesa referida, ainda que em outro processo, a União responderá pelo encargo.

33. À luz do art. 791-A da CLT, ao advogado, ainda que atue em causa própria, serão devidos honorários de sucumbência, fixados entre o mínimo de 5% e o máximo de 15% sobre o valor que resultar da liquidação da sentença, do proveito econômico obtido ou, não sendo possível mensurá-lo, sobre o valor atualizado da causa. Na hipótese de procedência parcial, o juízo arbitrará honorários de sucumbência, sendo vedada a compensação (art. 791, § 3º, da CLT).

34. Institui o art. 791-A, § 4º, da CLT que, vencido o beneficiário da justiça gratuita, desde que não tenha obtido em juízo, ainda que em outro processo, créditos capazes de suportar a despesa, as obrigações decorrentes de sua sucumbência ficarão sob condição suspensiva de exigibilidade e somente poderão ser executadas se, nos dois anos subsequentes ao trânsito em julgado da decisão que as certificou, o credor demonstrar que deixou de existir a situação de insuficiência de recursos que justificou a concessão de gratuidade, extinguindo-se, passado esse prazo, tais obrigações do beneficiário.

35. Com fulcro no art. 844, *caput*, da CLT, o não comparecimento do reclamante à audiência importa o arquivamento da reclamação.

36. Estabelecem os §§ 2º e 3º do art. 844 da CLT que ausência do reclamante importará sua condenação ao pagamento de custas processuais, ainda que beneficiário da justiça gratuita, salvo se comprovar, no prazo de 15 dias, que a ausência ocorreu por motivo legalmente justificável. O pagamento de tais custas é condição para a propositura de nova demanda.

37. Os arts. 790-B, *caput* e § 4º, 791-A, § 4º e 844, § 2º, todos da CLT, apontam inconstitucionalidade material por impor restrições inconstitucionais à garantia da gratuidade da justiça àqueles que apresentam insuficiência de recursos, violando as garantias constitucionais de amplo acesso à jurisdição e a assistência judiciária integral aos necessitados, especificamente o art. 5º, XXXV, da CF, que determina que "a lei não excluirá da apreciação do Poder Judiciário lesão ou ameaça a direito", e o art. 5º, LXXIV, da CF, que garante que "o Estado prestará assistência jurídica integral e gratuita aos que comprovarem insuficiência de recurso". A Procuradoria Geral da República ajuizou a ADIn 5.766 com tais fundamentos.

38. Também está abrangida pela gratuidade da justiça a memória de cálculos quando exigida para a instauração da execução (art. 98, VII, do CPC). Esta foi uma importante definição do legislador aplicável ao Processo do Trabalho, pois o art. 879, § 6º, da CLT preceitua que "tratando-se de cálculos de liquidação complexos, o juiz poderá nomear perito para a elaboração e fixará, depois da conclusão do trabalho, o valor dos respectivos honorários com observância, entre outros, dos critérios de razoabilidade e proporcionalidade", mas não define quem fará o pagamento, mormente nos casos de gratuidade da justiça. Nesta hipótese, aplica-se o CPC, de modo que o beneficiário de tal gratuidade estará isento de antecipar os honorários do perito.

39. Em síntese, no Processo do Trabalho, a assistência judiciária é prestada pelo sindicato ao trabalhador com insuficiência de recursos para pagar as custas, as despesas processuais e os honorários advocatícios (ou seja, que receber salário igual ou inferior a 40% do limite máximo dos benefícios do Regime Geral de Previdência Social ou que, recebendo mais, não tenham condições de arcar com as despesas do processo), caso em que serão devidos honorários advocatícios sucumbenciais ao advogado entre o mínimo de 5% e o máximo de 15% sobre o valor que resultar da liquidação, do proveito econômico obtido ou, não sendo possível mensurá-lo, sobre o valor atualizado da causa.

40. Ocorre a substituição processual quando a parte, em nome próprio, pleiteia direito alheio, desde que autorizado por lei. Nessa perspectiva, estabelece o art. 18 do CPC: "Ninguém poderá pleitear direito alheio em nome próprio, salvo quando autorizado pelo ordenamento jurídico".

41. A substituição processual, portanto, confere à parte legitimidade extraordinária, podendo o substituto praticar todos os atos processuais, como a apresentação da petição inicial, da defesa, produção de provas, interposição de recursos etc., não lhe sendo dado, contudo, o direito de transigir, renunciar ou de reconhecer o pedido, uma vez que o direito material não lhe pertence, e sim ao sujeito da lide, ao substituído.

42. A Lei 5.764/1971 determinou que o estatuto da cooperativa pode investi-la de poder para agir como substituta processual de seus associados (art. 21, XI, inserido pela Lei 13.806/2019).

O estatuto pode dotar a cooperativa de legitimidade extraordinária autônoma concorrente para agir como substituta processual em defesa dos direitos coletivos de seus associados quando a causa de pedir versar sobre atos de interesse direto dos associados que tenham relação com as operações de mercado da cooperativa. Para tanto, além de tal previsão em seu estatuto, ainda deve haver expressa autorização manifestada individualmente pelo associado ou por meio de assembleia geral que delibere sobre a propositura da medida judicial (art. 88-A da Lei 5.764/1971, inserido pela Lei 13.806/2010).

43. O Supremo Tribunal Federal sempre concedeu uma interpretação ampliativa ao art. 8.º, III, da Carta Maior, no sentido de que aos sindicatos restou assegurada a substituição processual geral e irrestrita, possuindo este legitimação extraordinária para agir em nome próprio na tutela dos interesses dos integrantes da categoria que representam.

44. Curvando-se ao entendimento do Supremo Tribunal Federal, o Tribunal Superior do Trabalho, por meio da Resolução 119/2003 (*DJ* 01.10.2003), cancelou o antigo Enunciado 310, que impedia a substituição processual ampla e irrestrita pelos entes sindicais, não mais havendo, portanto, a necessidade de arrolar na petição inicial os substituídos, conforme era exigido pelo cancelado Enunciado 310 do TST.

45. O Tribunal Superior do Trabalho vem admitindo a substituição processual passiva quando o sindicato figura como réu na ação rescisória proposta em face de decisão proferida em processo no qual tenha atuado, nessa qualidade, no polo ativo da demanda originária.

46. A sucessão processual consiste na substituição das partes no curso do processo, podendo decorrer de ato *inter vivos* ou *causa mortis.*

47. A sucessão processual não se confunde com a substituição processual, uma vez que na sucessão uma pessoa sucede a outra na relação processual, assumindo a titularidade da ação, seja no polo ativo ou passivo, enquanto na substituição processual o substituto pleiteia, em nome próprio, direito alheio.

48. A sucessão processual da parte pessoa física ocorre com a sua morte. Logo, falecendo o empregado ou o empregador no curso da ação, serão os mesmos substituídos pelo espólio, representado pelo inventariante.

49. Vale salientar que, na maioria das vezes, em face da insuficiência econômica do obreiro e consequente inexistência de bens, não há inventário do empregado falecido. Nessa hipótese, haverá a habilitação incidente no processo diretamente pelos dependentes habilitados perante a Previdência Social (Lei 6.858/1980, art. 1.º). Caso não haja dependentes inscritos perante a Previdência Social, os sucessores é que serão habilitados.

50. Havendo a necessidade de inventário, em face da existência de bens do falecido ou de filhos menores, não haverá habilitação incidente imediata, devendo o processo laboral ser suspenso até a nomeação do inventariante. Após a nomeação do inventariante e sua habilitação incidente nos autos, o processo volta ao seu curso normal (art. 313, I, c/c arts. 687 a 692, todos do CPC).

51. Frise-se que, com base no art. 483, § 2.º, da CLT, a morte do empregador pessoa física não importa, necessariamente, em extinção do pacto laboral, tendo em vista que a atividade econômica pode continuar a ser desenvolvida pelos herdeiros, facultando-se ao obreiro, neste caso, a permanência no emprego ou mesmo a resilição do contrato.

52. Vale ressaltar que, se o empregador for pessoa jurídica, haverá sucessão processual nas hipóteses dos arts. 10 e 448 da CLT. Com efeito, sucessão de empregadores é a alteração subjetiva do contrato de trabalho (polo do empregador), com a transferência da titularidade do negócio de um titular (sucedido) para outro (sucessor), assumindo o novo titular do empreendimento todos os direitos e deveres existentes.

53. Logo, caso a sucessão de empresas ocorra antes do ajuizamento da ação trabalhista pelo obreiro, a empresa sucessora será a legitimada passiva para a lide. No entanto, se a sucessão se der no curso do processo, teremos mera alteração da titularidade da ação, passando a sucessora a responder, integralmente, pelos débitos trabalhistas, anteriormente de responsabilidade da empresa sucedida.

54. O art. 77 do CPC contempla o princípio da probidade processual, consistente na atuação das partes com lealdade e boa-fé.

55. Reza o art. 78 do CPC que é defeso às partes, aos procuradores, aos juízes, aos membros do Ministério Público e da Defensoria Pública e a qualquer pessoa que participe do processo empregar expressões ofensivas nos escritos apresentados no processo, cabendo ao juiz, de ofício ou a requerimento do ofendido, mandar riscá-las, e, a requerimento do ofendido, determinará a expedição de certidão com o inteiro teor das expressões ofensivas e a colocará à disposição da parte interessada (art. 78, § 2.º, do CPC).

56. As partes devem proceder em juízo com lealdade e boa-fé, respondendo por perdas e danos aquele que pleitear de má-fé como reclamante, reclamado ou interveniente, nos termos do art. 793-A, da CLT. Logo, o comportamento desleal e revestido de má-fé e malícia pode acarretar prejuízos à parte contrária e à administração da justiça, ensejando um retardamento na prestação da tutela jurisdicional pelo Estado, respondendo a parte desleal pelo dano processual causado.

57. O litigante de má-fé será condenado, de ofício ou a requerimento, a: a) pagar multa, que deverá ser superior a 1% e inferior a 10% do valor corrigido da causa; b) indenizar a parte contrária pelos prejuízos que esta sofreu; c) arcar com os honorários advocatícios; e d) pagar todas as despesas que a pare contrária efetuou (art. 793-C da CLT).

58. Ressalte-se quanto aos honorários que serão fixados entre o mínimo de 5% e o máximo de 15%, conforme prevê o art. 791-A da CLT, calculados sobre o valor da multa.

59. Quando forem dois ou mais os litigantes de má-fé, o juízo condenará cada um na proporção de seu respectivo interesse na causa ou solidariamente aqueles que se coligaram para lesar a parte contrária (art. 793-C, § 1º, da CLT).

60. Se o valor da causa for irrisório ou inestimável, a multa poderá ser fixada em até duas vezes o limite máximo dos benefícios do Regime Geral de Previdência Social (art. 793-C, § 2º, da CLT).

61. O valor da indenização será fixado pelo juízo ou, caso não seja possível mensurá-lo, liquidado por arbitramento ou pelo procedimento comum, nos próprios autos (art. 793-C, § 3º, da CLT).

62. Todas as disposições acerca da litigância de má-fé previstas na CLT equiparam-se às do CPC, com exceção do disposto no art. 793-D, que determina que a multa por litigância de má-fé será aplicada à testemunha que alterar a verdade dos fatos ou omitir fatos essenciais ao julgamento da causa, sendo a execução da mesma nos próprios autos. É imensa a importância deste dispositivo para promover a verdade no processo, uma vez que anteriormente a testemunha respondia apenas pelo crime de falso testemunho e raríssimos são os casos em que a testemunha foi condenada por tal crime no Processo do Trabalho.

63. Há três tipos de honorários: contratuais, assistenciais (nos casos em que o reclamante é assistido pelo sindicato de sua categoria) e sucumbenciais. Nos ateremos, a partir de então, aos honorários advocatícios sucumbenciais.

64. O *caput* do art. 791-A da CLT assegura ao advogado honorário sem razão da sucumbência entre o mínimo de 5% e o máximo de 15% sobre o valor que resultar da liquidação da sentença, do proveito econômico obtido ou, não sendo possível mensurá-lo, sobre o valor atualizado da causa.

65. O TST entende que os honorários advocatícios devem incidir sobre o valor líquido da condenação, sendo permitida a dedução apenas das despesas processuais, ou seja, sem a dedução de imposto de renda e contribuições previdenciárias, as quais são obrigação da própria parte que recebeu o montante da condenação, conforme se extrai da OJ 348 da SDI-1 do TST.

66. Ao fixar os honorários, o juízo observará: a) o grau de zelo do profissional; b) o lugar de prestação do serviço; c) a natureza e a importância da causa; e d) o trabalho realizado pelo advogado e o tempo exigido para o seu serviço (art. 791, § 2º, da CLT). Em razão de tais critérios, os honorários poderão ser fixados em porcentagens diferentes inclusive para o reclamante e para o reclamado.

67. Na hipótese de procedência parcial, o juízo arbitrará honorários de sucumbência recíproca, vedada a compensação entre os honorários (art. 791, § 3º, da CLT). Dessa forma, se o reclamante formular pedidos no importe de R$ 20.000,00, sucumbindo em R$ 10.000,00, e o juiz fixar honorários em 10% para ambas as partes, o reclamante pagará ao advogado do reclamado R$ 1.000,00 e o reclamado ao advogado do reclamante R$ 1.000,00, sendo vedada a compensação.

68. A respeito dos honorários, trata-se de crédito de caráter alimentar, devidos ao advogado, razão pela qual é vedada a compensação, e ele pode recorrer em nome próprio, bem como, quando devidos pela Fazenda Pública, requerer que o valor seja pago por requisição de pequeno valor, ainda que para o reclamante seja cabível apenas o pagamento por precatório em função do valor.

69. Sendo o advogado titular dos honorários, na hipótese de acordo, as partes devem pactuá-los junto com o advogado e, caso nada fique definido a esse respeito, cada parte pagará os honorários de seu advogado.

70. Uma vez que vigora no Processo do Trabalho o *jus postulandi*, segundo o qual empregado e empregador podem demandar sem advogado (art. 791 da CLT), se o acordo for realizado em audiência sem que o advogado que atuou na causa esteja presente, os honorários deverão ser fixados pelo juiz, considerando o trabalho realizado na causa e o seu grau de zelo.

71. Institui o art. 791-A, § 4º, da CLT que, vencido o beneficiário da justiça gratuita, desde que não tenha obtido em juízo, ainda que em outro processo, créditos capazes de suportar a despesa, as obrigações decorrentes de sua sucumbência ficarão sob condição suspensiva de exigibilidade e somente poderão ser executadas se, nos dois anos subsequentes ao trânsito em julgado da decisão que as certificou, o credor demonstrar que deixou de existir a situação de insuficiência de recursos que justificou a concessão de gratuidade, extinguindo-se, passado esse prazo, tais obrigações do beneficiário.

72. Observe que o legislador considera duas situações distintas: a) o momento do trânsito em julgado: em que os honorários serão pagos com os créditos existentes naquele processo ou em outro, no momento do trânsito em julgado; e b) após o trânsito em julgado: hipótese em que os honorários poderão ser executados se até o final de 2 anos, após o trânsito em julgado da decisão, o credor demonstrar que deixou de existir a situação de insuficiência de recursos que justificou a concessão de gratuidade.

73. No segundo caso, em 2 anos, o credor pode, por exemplo, demonstrar que o devedor conseguiu um outro emprego e recebe mais do que 40% do teto dos benefícios da Previdência Social ou que recebeu uma herança ou pensão capaz de retirar-lhe a condição de beneficiário da justiça gratuita. Trata-se de condição suspensiva, sendo a obrigação extinta após 2 anos.

74. Ressalte-se que o § 4º do art. 791 da CLT aponta inconstitucionalidade material por impor restrições inconstitucionais à garantia da gratuidade da justiça àqueles que apresentam insuficiência de recursos, violando a garantia constitucional de assistência judiciária integral aos necessitados, especificamente o art. 5º, LXXIV, da CF, que garante que "o Estado prestará assistência jurídica integral e gratuita aos que comprovarem insuficiência de recurso". A Procuradoria Geral da República ajuizou a ADIn 5.766 sustentando tal inconstitucionalidade.

75. Dispõe o art. 791-A, § 1º, da CLT que os honorários são devidos também nas ações contra a Fazenda Pública e nas ações em que a parte estiver assistida ou substituída pelo sindicato de sua categoria.

76. Nas hipóteses em que o sindicato assistir à parte, os honorários serão devidos ao advogado.

77. Nas condenações contra a Fazenda Pública aplica-se supletivamente no Processo do Trabalho os §§ 3º e 4º do art. 85, do CPC, que prevê limites aos honorários devidos pela Fazenda de modo a preservar o erário público nos casos de grandes condenações contra a Fazenda Pública. Os percentuais previstos no CPC devem ser adaptados pelo judiciário para o Processo do Trabalho, na medida em que no diploma processual os honorários são devidos entre o mínimo de 10% e o máximo de 20%, e a CLT estabelece o mínimo de 5% e o máximo de 15%.

78. À luz do art. 791-A, § 5º, da CLT, são devidos honorários de sucumbência na reconvenção. Não poderia ser diferente, uma vez que a reconvenção é uma outra ação dentro da mesma relação processual.

79. Visto que a CLT tratou exclusivamente da reconvenção, é inaplicável no Processo do Trabalho o art. 85, § 1º, do CPC, que prevê que são devidos honorários advocatícios não só na reconvenção, mas também especificamente em razão do trabalho realizado pelo advogado no cumprimento de sentença, provisório ou definitivo, na execução, resistida ou não, e nos recursos interpostos.

80. A respeito dos honorários, trata-se de pedidos implícitos, já que o art. 322, § 1º, do CPC determina que "compreendem-se no principal os juros legais, a correção monetária e as verbas de sucumbência, inclusive os honorários advocatícios. Logo, o juiz pode deferir os honorários ainda que não haja pedido, não podendo, entretanto, incluí-los nos cálculos sem que tenham sido objeto da decisão.

81. Caso a decisão seja omissa quanto ao direito aos honorários ou ao seu valor, desafia embargos de declaração para que seja sanada a omissão. Contudo, se a decisão transitar em julgado, é cabível ação autônoma para sua definição e cobrança, com fulcro no art. 85, § 18, do CPC, que se aplica no Processo do Trabalho.

82. Na ação rescisória são devidos honorários advocatícios, nos moldes do CPC, uma vez que o art. 836 da CLT institui que o Código de Processo Civil regulamentará a matéria. Dessa forma, os honorários serão devidos entre o mínimo de 10% e o máximo de 20% sobre o valor da condenação, do proveito econômico obtido ou, não sendo possível mensurá-lo, sobre o valor atualizado da causa, com base no art. 85, § 2º, do CPC.

83. Na hipótese de homologação de acordo extrajudicial (art. 852-B da CLT), é obrigatória a representação das partes por advogados distintos, sendo os honorários pagos pelas respectivas partes contratantes. Em caso de jurisdição voluntária, aplica-se o art. 88 do CPC, que determina que "as despesas serão adiantadas pelo requerente e rateadas entre os interessados".

84. No litisconsórcio, os vencidos respondem proporcionalmente pelos honorários em proporção definida em sentença e, em caso de não pagamento, os demais respondem de forma solidária (art. 87, *caput* e § 2º, do CPC).

85. Com base no art. 90, *caput* e § 1º, do CPC, nas hipóteses de desistência, renúncia ou reconhecimento do pedido, os honorários serão pagos pela parte que desistiu, renunciou ou reconheceu; sendo parcial a desistência, a renúncia ou o reconhecimento, a responsabilidade pelos honorários será proporcional à parcela reconhecida, à qual se renunciou ou da qual se desistiu.

86. O não comparecimento do reclamante em audiência leva ao arquivamento do processo (art. 844 da CLT), o que equivale à desistência, sendo devidos honorários proporcionais ao trabalho do advogado do reclamado na causa, ainda que a contestação não tenha sido apresentada, pois deve-se levar em conta o trabalho que envolve o estudo do caso e a preparação da contestação, que, embora concluída, deve ser apresentada apenas antes da audiência no PJe, nos termos do art. 847, parágrafo único, do CPC.

87. Por fim, entendemos aplicável no Processo do Trabalho o disposto no art. 90, § 4º, do CPC, segundo o qual "se o réu reconhecer a procedência do pedido e, simultaneamente, cumprir integralmente a prestação reconhecida, os honorários serão reduzidos pela metade".

88. Prevê o art. 467 da CLT que as verbas rescisórias incontroversas devem ser pagas em primeira audiência, sob pena de multa de 50%, o que torna relativamente comum no Processo do Trabalho o pagamento dessas verbas em audiência. Logo, nesses casos, os honorários relativos às verbas rescisórias pagas serão reduzidos pela metade, incentivando ainda mais o empregador a efetuar tal pagamento em primeira audiência.

89. O litisconsórcio é caracterizado pela coexistência de duas ou mais pessoas no polo ativo ou no polo passivo, ou em ambas as posições da relação jurídica.

90. O litisconsórcio ativo ocorre quando no polo ativo há a presença de diversos autores litigando em face de um único demandado. Já no litisconsórcio passivo temos apenas um único autor litigando em face de vários réus. E por último, no litisconsórcio misto, vários autores demandam em face de diversos réus.

91. Na seara trabalhista o art. 842 da CLT estabelece que, sendo várias as reclamações e havendo identidade de matéria, poderão ser acumuladas num só processo, desde que se trate de empregados da mesma empresa ou estabelecimento. Esta hipótese, conhecida como reclamatória plúrima, muito comum na Justiça do Trabalho, constitui-se, em verdade, numa hipótese de litisconsórcio ativo, formado pela reunião de vários empregados litigando em face do mesmo empregador.

92. Em relação ao litisconsórcio passivo, também é muito comum a sua formação no âmbito laboral, como nos casos de ação trabalhista que tenham no polo passivo empreiteiro principal e subempreiteiro, várias empresas do mesmo grupo econômico, empresa sucessora e sucedida, empresa fornecedora de mão de obra e tomador de serviços etc.

93. O litisconsórcio será necessário quando a presença de todos os litisconsortes for essencial para a prestação da tutela jurisdicional pelo Estado. Em outras palavras, a relação processual apenas será considerada válida se estiverem presentes todos os litisconsortes necessários.

94. O litisconsórcio facultativo é a regra geral, em que a reunião das partes se dá por opção delas, e não por imperativo de lei. Nesta hipótese, não se impõe a formação do litisconsórcio, mas tão somente permite-se a existência do mesmo, podendo a ação ser proposta por vários litigantes ou em face de diversos réus.

95. O art. 113, § 1º, do CPC determina que o juiz poderá limitar o litisconsórcio facultativo quanto ao número de litigantes, quando este comprometer a rápida solução do litígio ou dificultar a defesa. Logo, o magistrado poderá restringir o número de litisconsortes de determinada demanda (limitação de litisconsórcio multitudinário ou litisconsórcio das multidões), evitando, com isso, que a quantidade excessiva de litigantes ocasione o retardo demasiado do andamento processual, postergando a solução da lide.

96. O Tribunal Superior do Trabalho tem adotado entendimento no sentido da impossibilidade da limitação pelo magistrado do número de autores numa demanda trabalhista, quando a matéria for unicamente de direito e a causa de pedir e o pedido forem homogêneos, em face da autorização legal prevista no art. 842 consolidado.

97. O litisconsórcio necessário poderá ser simples ou unitário.

98. Será simples quando a decisão não precisar ser a mesma para todos os litisconsortes, e unitário quando, pela natureza da relação jurídica, o juiz tiver de decidir o mérito de modo uniforme para todos os litisconsortes (art. 116 do CPC).

99. O litisconsórcio inicial ou originário é o que se forma no momento da apresentação da petição inicial, com vários autores demandando conjuntamente ou mesmo sendo ofertada a ação em face de diversos réus.

100. O litisconsórcio pode ocorrer após a distribuição da ação, sendo denominado ulterior ou superveniente, muito comum no caso de sucessão processual.

101. Estabelece o art. 117 do CPC que, salvo disposição em contrário, os litisconsortes serão considerados, em suas relações com a parte adversa, litigantes distintos, exceto no litisconsórcio unitário, caso em que os atos e as omissões de um não prejudicarão os outros, mas os poderão beneficiar.

102. O art. 118 do CPC dispõe que cada litisconsorte tem o direito de promover o andamento do processo e todos devem ser intimados dos respectivos atos.

103. Assédio processual deriva de atos supostamente válidos, executados de forma repetida por uma das partes com o objetivo de aterrorizar e desestimular a outra parte e assim conseguir alcançar vantagens econômicas para si. O assediado suporta os ônus da demora do processo e fica desmotivado.

104. A intervenção de terceiros ocorre quando uma pessoa, física ou jurídica, que não parte originária no processo, nele ingressa para defender interesse próprio ou de uma das partes primitivas da lide. Em outras palavras, a intervenção de terceiro consiste no ingresso nos autos de quem não é parte.

105. A intervenção de terceiros pode gerar algumas consequências para o processo, provocando algumas vezes a substituição da parte primitiva, com a inclusão do terceiro em seu lugar, ou mesmo a ampliação da relação processual, com a inclusão do terceiro num dos polos da demanda, sem a retirada da parte primitiva.

106. São seis as formas de intervenção de terceiros previstas no Código de Processo Civil: assistência, nomeação à autoria, denunciação da lide, chamamento ao processo, e, com o advento do atual diploma processual civil surgiram mais duas modalidades, o incidente de desconsideração da personalidade jurídica e o *amicus curiae*. A oposição que sob a égide do CPC de 1973 era considerada intervenção de terceiros, com o atual Código passou a ser um procedimento especial, previsto nos arts. 682 e seguintes do CPC. Nesse contexto, autor e réu do processo originário serão réus no procedimento especial.

107. Sem versar sobre os requisitos para a desconsideração da personalidade jurídica da empresa, o CPC instituiu regras para o seu processamento, prevendo o incidente de desconsideração da personalidade jurídica da empresa em seus arts. 133 a 137, e a CLT, no art. 855-A, define que se aplicam no Processo do Trabalho.

108. Aquele cujo patrimônio busca-se alcançar fará parte do processo, por isso, o incidente de desconsideração da personalidade jurídica é uma espécie de intervenção de terceiros. Trata-se de uma intervenção provocada, ou seja, ele não compõe o processo espontaneamente.

109. Institui o art. 133 do CPC que o incidente de desconsideração da personalidade jurídica será instaurado a pedido da parte ou do Ministério Público, isto é, não será processado de ofício, estando em consonância com o art. 878 da CLT, segundo o qual "a execução será promovida pelas partes, permitida a execução de ofício pelo juiz ou pelo Presidente do Tribunal apenas nos casos em que as partes não estiverem representadas por advogado".

110. Saliente-se que o atual diploma processual previu a desconsideração inversa da personalidade jurídica (art. 133, § 2º, do CPC), a qual ocorre quando se litiga contra o indivíduo e busca-se bens na pessoa jurídica.

111. Dispensa-se a instauração do incidente se a desconsideração da personalidade jurídica for requerida na petição inicial, hipótese em que será citado o sócio ou a pessoa jurídica (art. 134, § 2º, do CPC).

112. O requerimento suspende o processo e o requerente deve demonstrar o preenchimento dos pressupostos legais específicos para desconsideração da personalidade jurídica, ou seja, a insuficiência de patrimônio da pessoa demandada (teoria menor - art. 28, § 5º, do CDC).

113. A pessoa jurídica ou o sócio será citado para se manifestar e requerer as provas cabíveis no prazo de 15 dias, sendo a decisão interlocutória (art. 135 do CPC).

114. Acolhido o pedido de desconsideração, a alienação ou a oneração de bens, havida em fraude de execução, será ineficaz em relação ao requerente (art. 137 do CPC).

115. Esclarece o art. 855-A, § 1º, da CLT que da decisão interlocutória que acolher ou rejeitar o incidente:

I – na fase de cognição, não cabe recurso de imediato, na forma do art. 893, § 1º, da CLT;

II – na fase de execução, cabe agravo de petição, independentemente de garantia do juízo;

III – cabe agravo interno se proferida pelo relator em incidente instaurado originariamente no tribunal.

116. A instauração do incidente suspenderá o processo, sem prejuízo de concessão da tutela de urgência de natureza cautelar de que trata o art. 301 do CPC (art. 855-A, § 2º, da CLT), sendo muito utilizada para o bloqueio de contas.

6

AÇÃO TRABALHISTA

6.1. CONCEITO E CARACTERÍSTICAS

O Estado moderno avocou para si o monopólio da jurisdição, ou seja, o poder-dever de dizer o direito.

Todavia, a função jurisdicional de dizer o direito deve, em regra, ser provocada, apresentando-se a jurisdição inerte, aguardando que a pessoa física ou jurídica, de direito público ou privado, provoque o Estado para que este solucione o conflito de interesses anunciado.

A provocação da jurisdição, portanto, é implementada por meio da ação. Logo, o direito de ação consiste no direito à pessoa, natural ou jurídica, de invocar a prestação jurisdicional.

Para melhor conceituarmos ação, é imperioso que destaquemos as características do direito de ação, conforme abaixo consignado:

- **Abstração e autonomia** – o direito de ação não impõe, necessariamente, o reconhecimento do direito material postulado pela parte, ou seja, o direito de ação nada mais é do que o direito à composição da lide pelo Estado, independentemente da efetiva existência do direito material tido por violado pela parte que provoca a jurisdição (teoria da ação como direito abstrato). Em outros termos, a pessoa dita lesada ou prejudicada tem o direito ao acesso ao órgão do Poder Judiciário competente para dirimir o conflito de interesses, não havendo, no entanto, direito assegurado ao resultado favorável do processo. O direito de ação, destarte, é **abstrato** e **autônomo.**

Opondo-se à teoria abstrata, temos a teoria (já ultrapassada) da ação como direito concreto, em que o direito de ação estaria subordinado à preexistência do direito subjetivo material. Em outras palavras, somente existiria ação como direito autônomo se o autor obtivesse uma sentença favorável à sua pretensão.

- **Direito público e subjetivo** – o direito de ação é um direito público e subjetivo. É público, porque cabe ao Estado, detentor do monopólio da jurisdição, o poder-dever de solucionar os conflitos de interesses trazidos em decorrência do exercício do direito de ação. É subjetivo, pois é exercitado por qualquer pessoa, física ou jurídica, de direito público ou privado, podendo também ser exercido pelos *entes despersonalizados*, como a massa falida, o espólio, o condomínio etc.

Entretanto, Carlos Henrique Bezerra Leite, *Curso de direito processual do trabalho*, p. 374-375, leciona que a conceituação do direito de ação como direito subjetivo concerne apenas à ação individual, tendo em vista que, em relação às ações coletivas, o titular da ação não é o mesmo do direito material nela veiculado. Vejamos a opinião do renomado jurista:

> "À luz dessas singelas considerações, a doutrina tradicional conceitua a ação como direito subjetivo, público, constitucional, autônomo e abstrato de invocar a tutela jurisdicional do Estado. Cabe advertir, por oportuno, que tal conceituação concerne apenas à ação individual, uma vez que, em se tratando de ação coletiva *lato sensu*, o seu autor não é o titular do direito ou interesse material nela veiculado. Dito de outro modo, nos domínios da ação coletiva, esta deixa de ter conotação de 'direito subjetivo', pois o seu titular não é o indivíduo que defende direito próprio, e sim ente coletivo ou 'representante ideológico' da coletividade, tal como ocorre na ação civil pública e na ação popular, respectivamente.
>
> É preciso deixar claro, nesse passo, que a concepção da ação como direito subjetivo repousa na clássica formulação dicotômica direito público/direito privado, sendo certo que essa formulação entra em xeque quando confronta com os chamados direitos ou interesses metaindividuais (difusos, coletivos e individuais homogêneos), que, na verdade, não são nem públicos nem privados.
>
> Para nós, os direitos subjetivos são direitos humanos de primeira dimensão, também chamados de direitos civis ou individuais, e constituem uma conquista dos súditos em face do Estado absoluto. Não há como negar, porém, que os ordenamentos jurídicos modernos reconhecem outras dimensões dos direitos humanos, entre elas, os de segunda di-

mensão, que são os direitos sociais, econômicos e culturais, bem como os de terceira dimensão, como atualmente são denominados os interesses ou direitos globais, também chamados de interesses metaindividuais, transindividuais ou direitos de solidariedade.

Ora, para permitir a judicialização desses novos direitos metaindividuais é condição necessária uma nova formulação conceitual para a ação, no sentido de suprimir a expressão 'subjetivo'. Ademais, parece-nos factível afirmar que a ação coletiva, além de direito, de natureza coletiva, cuja titularidade é conferida ao legitimado autônomo para condução do processo (tutela de direitos difusos e coletivos) ou ao substituto processual (tutela de direitos individuais homogêneos), é também dever de cidadania (ação popular) ou dever institucional (ação civil pública). Afinal, o Título II, Capítulo I, da CF consagra um rol exemplificativo dos direitos e deveres fundamentais e lá estão abrigadas algumas ações coletivas, como a ação popular, o mandado de injunção (individual e coletivo) e o mandado de segurança (individual e coletivo). Ademais, a ação civil pública encontra-se catalogada no rol das funções institucionais do Ministério Público (CF, art. 129, III), ou seja, é um dever institucional do MP ajuizá-la sempre que constatar a presença de lesão ou ameaça de lesão a direitos metaindividuais."

- **Direito constitucional** – o direito de ação decorre de comando previsto na Constituição Federal de 1988, encontrando suporte no art. 5.º, XXXV, o qual determina que a lei não excluirá da apreciação do Poder Judiciário lesão ou ameaça a direito (princípio da inafastabilidade da jurisdição).

Estabelecidas as características do direito de ação, podemos conceituar a ação como direito abstrato, autônomo, público e em regra subjetivo, constitucionalmente assegurado a qualquer pessoa física, jurídica ou ente despersonalizado, objetivando provocar a prestação da tutela jurisdicional pelo Estado.

Por fim, cabe salientar que o direito de ação não se esgota com a propositura da peça vestibular, mas estende-se ao direito de tramitação regular do processo, com a observância dos princípios constitucionais do contraditório e da ampla defesa.

Sobre o tema, Misael Montenegro Filho, *Curso de direito processual civil*, p. 138-139, ensina que:

"O direito à prestação jurisdicional não se esgota com o ingresso da ação. Há, além disso, direito de tramitação regular da ação, segundo as previsões da lei, sendo julgada por representante do Poder Judiciário com competência para dirimir o conflito, assegurando-se a observância, dentre outros, dos primados do contraditório e da ampla defesa.

Vimos, com isso, que o direito de ação, depois de exercitado, desencadeia uma série de garantias constitucionais voltadas ao processo, de sorte que apenas o exercício de todas elas, na sua plenitude, é que nos faz concluir ter sido assegurado o direito de ação. Ficaria este obstaculizado, e sem aplicação, se restrito estivesse ao acesso à máquina judicial. O só direito de se propor a ação, sem que se tenha direito à resposta judicial, frustraria o direito de ação, que se apresentaria de forma meramente hipotética.

O simples acesso, desapegado do compromisso com etapas posteriores, refere-se ao *direito de petição*, que não se confunde com o direito de ação. O primeiro é de menor grandeza, se comparado ao segundo."

6.2. CONDIÇÕES DA AÇÃO E O ATUAL CÓDIGO DE PROCESSO CIVIL

O Código de Processo Civil de 1973 considerava a possibilidade jurídica do pedido, a legitimidade das partes e o interesse processual, determinando a extinção do processo sem resolução do mérito pela ausência de qualquer das tais condições da ação (art. 267, VI). Também o art. 301, X, do CPC estabelecia que a carência de ação (falta de qualquer das condições da ação) deveria ser tratada em preliminar de contestação.

No atual diploma processual civil não há mais menção à condição da ação.

Com o atual Código, a impossibilidade jurídica passou a ser analisada no mérito, e o art. 485, VI, prevê a extinção do processo sem resolução do mérito nas hipóteses de ausência de legitimidade e de interesse processual. Da mesma forma, o art. 330, *caput* e § 1.º não inserem mais a impossibilidade jurídica do pedido dentre as hipóteses de indeferimento da petição inicial por inépcia.

Assim, conclui-se que a impossibilidade jurídica do pedido não levaria à decisão de inadmissibilidade, mas sim de mérito.

De fato, se o ordenamento jurídico veda determinado pedido, a parte não tem direito ao bem postulado, sendo esta uma questão de mérito, que deve ser declarada em uma sentença de improcedência que produz coisa julgada material.

Dentre aquelas que eram as condições da ação restaram, portanto, apenas a ilegitimidade e a falta de interesse processual, e, ainda assim, em relação àquela sustenta-se que apenas a ilegitimidade extraordinária pode acarretar a extinção do processo sem resolução do mérito, sendo a ilegitimidade ordinária julgada no mérito.

A legitimidade extraordinária se caracteriza pela legitimação conferida a alguém para defender, em nome próprio, interesse alheio.

A propositura da demanda por aquele que não possui legitimidade ordinária encerra-se com a declaração de que não é o titular do direito postulado em juízo, o que é uma questão de mérito.

O art. 485, VI, do CPC autoriza a extinção do processo sem resolução do mérito pela falta de "legitimidade ou interesse processual".

O atual diploma processual também não fez menção às expressões "condições da ação" e "carência de ação", o que permite a conclusão de que passaram a ser pressupostos processuais.

Em razão da ausência das expressões "carência de ação" e "condições da ação", a doutrina inclina-se para reconhecer a legitimidade extraordinária da parte e o interesse processual como pressupostos processuais. Isso porque só há duas questões que o órgão jurisdicional pode apreciar: as questões de mérito e de admissibilidade. Não há espaço, portanto, para uma terceira categoria, as condições da ação, impondo-se o desaparecimento desta classificação.

6.3. ELEMENTOS DA AÇÃO

6.3.1. Considerações gerais

Os elementos da ação são: partes, causa de pedir e pedido.

A ação judicial sempre deverá expressar os elementos acima identificados, pois refletem, como leciona Calamandrei, os "dados pessoais" da demanda.

Com efeito, mediante a comparação dos elementos de duas ou mais ações, e verificada a sua identidade, evita-se que o mérito de uma demanda seja julgada mais de uma vez pelo mesmo juízo ou juízos diversos, respeitando-se, assim, o instituto da coisa julgada.

Nessa esteira, o art. 337, § 2º, do CPC dispõe que uma ação é idêntica à outra quando tem as mesmas partes, a mesma causa de pedir e o mesmo pedido.

A comparação dos elementos de duas ou mais ações também se revela importante para determinar a ocorrência da conexão ou da continência (arts. 55 e 56 do CPC), o que resultaria na reunião das ações para julgamento em conjunto, evitando, pois, a contradição nos julgados.

Por outro lado, a comparação dos elementos de duas ações pode ensejar, inclusive, a extinção de uma delas sem resolução do mérito, quando se verificar a litispendência, que ocorre quando são propostas ações idênticas (que apresentam os mesmos elementos), ainda sem trânsito em julgado.

Ademais, assumem os elementos da ação papel importante na fixação da competência do juízo, estabelecendo também os limites de atuação do magistrado, uma vez que, a teor do art. 141 do CPC, o juiz decidirá a lide nos limites em que foi proposta, sendo-lhe defeso conhecer de questões não suscitadas a cujo respeito a lei exige a iniciativa da parte.

Em última análise, a comparação dos elementos das ações é de suma importância para o estudo da coisa julgada, da conexão, continência, da litispendência e da própria competência do juízo.

6.3.2. Partes

Partes são os sujeitos da ação que figuram no polo ativo e passivo da demanda.

As partes distinguem-se em processual e material.

Parte processual é a que se encontra em uma relação jurídico-processual com as seguintes características: a) atua com parcialidade; b) participa do contraditório e c) sofre consequências com a decisão.

A parte processual pode ser: a) principal: demandante e demandado, ou b) auxiliar: é parcial, sujeita-se ao contraditório, porém não formula pedido e não tem pedido formulado contra si. É o caso, por exemplo, do assistente simples. Parte material é o sujeito da relação jurídica discutida em juízo. Pode não ser parte processual. É o que ocorre quando aquele que propõe a ação tem legitimação extraordinária, ou seja, a ação é proposta por aquele que tem legitimação para, em nome próprio, postular direito alheio. É o caso do sindicato, que propõe a ação em nome próprio postulando direitos da categoria.

Dessa forma, aquele que promove a ação, no exercício constitucional do direito de ação, denomina-se autor. Ao revés, denomina-se réu a pessoa em face da qual foi promovida a ação.

Como já mencionado no capítulo anterior, o autor na Justiça do Trabalho é denominado reclamante e o réu, reclamado.

A definição dos elementos subjetivos da ação (autor e réu) é de suma importância para estabelecer os limites subjetivos da própria coisa julgada.

O instituto da coisa julgada será analisado no capítulo 7 deste trabalho. No entanto, inicialmente, podemos afirmar que a sentença faz coisa julgada entre as partes às quais se refere a decisão proferida, não beneficiando nem prejudicando terceiros. Então, a verificação das partes é fundamental para identificar quem serão os atingidos pelos efeitos da sentença judicial prolatada.

Em relação aos limites da coisa julgada nas ações coletivas, remetemos o leitor ao capítulo 10, em que o assunto será abordado especificamente.

6.3.3. Causa de pedir

Estabelece o art. 319, III, do CPC que a petição inicial indicará o fato e os fundamentos jurídicos do pedido.

O fato em si denomina-se "causa de pedir remota" e a fundamentação jurídica intitula-se "causa de pedir próxima".

O Código de Processo Civil, por conseguinte, adotou a teoria da substanciação, exigindo a coexistência dessas duas segmentações para que se possa afirmar a existência da causa de pedir.

Nos domínios do Processo do Trabalho, o art. 840, § 1.º, da CLT, ao elencar os requisitos da petição inicial trabalhista, não fez qualquer referência à fundamentação jurídica (causa de pedir remota), apenas exigindo do requerente "uma breve exposição dos fatos" e o pedido. Neste contexto, doutrina e jurisprudência divergem sobre a necessidade ou não da inicial trabalhista indicar os fundamentos jurídicos do pedido, muito embora prevaleça o entendimento de que se trata de requisito da petição inicial também na seara trabalhista.

6.3.4. Pedido

6.3.4.1. Pedido imediato e mediato

O pedido classifica-se em imediato e mediato.

O pedido imediato consiste na solicitação de prestação jurisdicional pelo Estado, ou seja, que o Poder Judiciário solucione o conflito de interesses, proferindo a respectiva sentença, seja ela declaratória, constitutiva ou condenatória.

Já o pedido mediato concerne ao bem da vida pretendido pelo autor por meio da ação judicial, como a condenação da empresa no pagamento de horas extras, 13.º salário, férias etc.

O pedido assume importante papel no estabelecimento dos limites de atuação do magistrado no julgamento da lide, uma vez que, diante de um pedido certo e determinado, não será lícito ao juiz deferir ao demandante bem da vida (pedido mediato) diverso ou superior ao postulado.

Neste sentido, estabelece o art. 492 do CPC que é defeso ao juiz proferir sentença, a favor do autor, de natureza diversa da pedida, bem como condenar o réu em quantidade superior ou em objeto diverso do que lhe foi demandado.

O art. 492 do CPC contempla, em verdade, o princípio da congruência ou da adstrição, o qual determina que o magistrado deve obediência à tutela invocada pelo interessado, não podendo o julgador omitir-se de apreciar o que foi postulado, nem julgar acima ou diferentemente dos pedidos elencados pelo autor na peça vestibular.

Por outro lado, não podemos esquecer que, em situações excepcionais, o magistrado pode aplicar o princípio da extrapetição, permitindo-se que o juiz, nos casos expressamente previstos em lei, condene o réu em pedidos não contidos na petição inicial, ou seja, autoriza o julgador a conceder mais do que o pleiteado, ou mesmo vantagem diversa da que foi requerida.

No âmbito do Processo do Trabalho podemos mencionar alguns exemplos da aplicação do princípio da extrapetição. Senão vejamos:

- "Art. 137, § 2.º, da CLT. Caso o empregado ajuíze reclamação trabalhista requerendo que o juiz fixe a data de gozo de suas férias, a sentença cominará, independentemente de pedido autoral, pena diária de 5% por cento do salário-mínimo, devida ao empregado até que seja cumprida."
- "Art. 467 da CLT. Em caso de rescisão de contrato de trabalho, havendo controvérsia sobre o montante das verbas rescisórias, o empregador é obrigado a pagar ao trabalhador, à data do comparecimento à Justiça do Trabalho, a parte incontroversa dessas verbas, sob pena de pagá-las acrescidas de 50%, independentemente de pedido autoral."
- "Art. 496 da CLT. O princípio da extrapetição também está presente na autorização legal conferida ao juiz para determinar o pagamento de indenização, apesar de postulada apenas a reintegração de empregado alcançado pela estabilidade no emprego, quando a reintegração do obreiro for desaconselhável, dado o grau de incompatibilidade resultante do dissídio, especialmente quando for o empregador pessoa física."
- "Súmula 211 do TST. Os juros de mora e a correção monetária incluem-se na liquidação, ainda que omisso o pedido inicial ou a condenação."

Nos termos do art. 292, V, do CPC, aplicável ao Processo do Trabalho, consoante determina a IN 39/2016, o valor da causa na ação indenizatória, inclusive a fundada em dano moral, corresponderá ao valor pretendido.

6.3.4.2. Pedido certo, determinado e líquido

O pedido deverá, em regra, ser certo e determinado, admitindo os arts. 322 e 324 do CPC o pedido genérico em algumas situações. Vejamos a redação dos arts. 322 e 324 do digesto processual civil:

> "Art. 322. O pedido deve ser certo.
>
> § 1.º Compreendem-se no principal os juros legais, a correção monetária e as verbas de sucumbência, inclusive os honorários advocatícios.
>
> § 2.º A interpretação do pedido considerará o conjunto da postulação e observará o princípio da boa-fé".
>
> "Art. 324. O pedido deve ser determinado.
>
> § 1.º É lícito, porém, formular pedido genérico:
>
> I – nas ações universais, se o autor não puder individuar os bens demandados;
>
> II – quando não for possível determinar, desde logo, as consequências do ato ou do fato;

> III – quando a determinação do objeto ou do valor da condenação depender de ato que deva ser praticado pelo réu.
>
> § 2.º O disposto neste artigo aplica-se à reconvenção."

Portanto, em regra, o autor deverá explicitar o que pretende e em que quantidade, impondo-se a determinação e certeza do pedido.

Além de certo e determinado, o pedido deverá ser líquido, ou seja, o reclamante deve indicar o valor correspondente a cada pedido no Processo do Trabalho nos procedimentos sumário, sumaríssimo e ordinário, com base no art. 840, § 1º, da CLT.

> "Art. 840. A reclamação poderá ser escrita ou verbal.
>
> § 1º Sendo escrita, a reclamação deverá conter a designação do juízo, a qualificação das partes, a breve exposição dos fatos de que resulte o dissídio, o pedido, que deverá ser certo, determinado e com indicação de seu valor, a data e a assinatura do reclamante ou de seu representante" (grifos nossos).

O Tribunal Superior do Trabalho entende que o valor de cada pedido é exigido apenas para as ações propostas após 11.11.2017 (data em que entrou em vigor a Lei 13.467/2017) e deverá ser indicado por estimativa (art. 12, *caput*, e § 2º, IN 41/2018, do TST).

Isso significa que o valor do pedido não precisa ser exato e assim não poderá limitar a condenação ou a sucumbência. Assim, se postuladas as horas extras laboradas além da 8ª hora diária e/ou 44ª horas semanais, sendo estimado como valor R$ 20.000,00, uma vez deferidas as horas extras, os valores exatos devidos serão apurados em liquidação de sentença, não estando limitados ao valor de R$ 20.000,00. Da mesma forma, se a liquidação apurar valor menor, não incidirão honorários sucumbenciais sobre a diferença.

Por sua vez, o art. 840, § 3º, da CLT institui que os pedidos que não atendam às prescrições do § 1º serão extintos sem resolução do mérito. Apesar de não haver previsão expressa na CLT, entendemos que é aplicável supletivamente no Processo do Trabalho o disposto no art. 321 do CPC, segundo o qual, antes da extinção, o juiz deve determinar que o autor, no prazo de 15 dias, a emende ou a complete, indicando com precisão o que deve ser corrigido ou completado, em homenagem ao princípio da primazia da decisão de mérito.

Uma ponderação deve ser feita. A indicação de valor para cada um dos pedidos não significa que o reclamante esteja obrigado a fazer uma demonstração contábil de como chegou aos referidos valores, não podendo ser obrigado a juntar planilha de cálculos. O Tribunal Superior do Trabalho não admite essa prática, conforme se ilustra pelo seguinte julgado:

> *RECURSO ORDINÁRIO EM MANDADO DE SEGURANÇA. ATO COATOR CONSUBSTANCIADO EM DETERMINAÇÃO DE EMENDA DA PETIÇÃO INICIAL PARA JUNTADA DE PLANILHA CONTÁBIL. ÓBICE INJUSTIFICADO AO ACESSO À JUSTIÇA. LEI N. 13.467, DE 2017. EXIGÊNCIA QUE NÃO CONSTA DO ART. 840, §1º, DA CLT TAMPOUCO DO ART. 319 A 324 DO CPC DE 2015. ATO TERATOLÓGICO. AFASTAMENTO DA APLICAÇÃO DA OJ N. 92 DA SBDI-2 DO TST. SEGURANÇA CONCEDIDA. Cuida-se de mandado de segurança impetrado para impugnar despacho de emenda da petição inicial, em fase de conhecimento de reclamação trabalhista. A autoridade reputada coatora, com base no art. 840, §1º, da CLT, exigiu que o Reclamante complementasse a petição inicial com planilha contábil, sob pena de extinção do processo sem resolução do mérito. Na sessão de julgamento ocorrida em 6 de novembro de 2018, por ocasião do julgamento dos RO - 406-27.2017.5.10.0000 e RO - 144-28.2011.5.05.0000, a SBDI-2/TST considerou inaplicável o teor da Orientação Jurisprudencial n. 92 da SBDI-2/TST sempre que o ato coator se revestir de ilegalidade ou for divergente da jurisprudência pacífica dessa Corte Superior e não houver meio processual para evitar o prejuízo imediato à parte impetrante. No caso em tela, verifica-se que, na petição inicial do processo subjacente, o Reclamante atribuiu valor a cada um dos pedidos. O pedido é certo e determinado, tal como exigem os arts. 840 e 319 a 324 do CPC de 2015. No âmbito da fase processual de conhecimento, não há a impreterível necessidade de que profissionais da contabilidade apurem, de início, o alegado " quantum" devido. Com isso, o condicionamento do exercício do direito de ação à juntada de planilha contábil é medida manifestamente ilegal. Segurança concedida para assegurar o processamento da reclamatória independentemente da juntada de laudo pericial contábil. Recurso ordinário provido " (RO-368-24.2018.5.12.0000, Subseção II Especializada em Dissídios Individuais, Relatora Ministra Maria Helena Mallmann, DEJT 22/11/2019).*

6.3.4.3. *Pedidos implícitos*

Já vimos que não é lícito ao magistrado deferir parcelas não incluídas na peça inaugural ao autor, devendo os pedidos ser interpretados restritivamente.

Todavia, alguns pedidos, denominados implícitos, podem ser deferidos pelo magistrado ao autor, independentemente de sua postulação na petição inicial.

Como exemplo de pedidos implícitos, temos as verbas de sucumbência, os honorários advocatícios, os juros e a correção monetária, à luz do art. 322 do CPC:

> "Art. 322. O pedido deve ser certo.
>
> § 1º Compreendem-se no principal os juros legais, a correção monetária e as verbas de sucumbência, inclusive os honorários advocatícios."

Neste contexto, assim estabelece a Súmula 211 do TST:

> "JUROS DE MORA E CORREÇÃO MONETÁRIA – INDEPENDÊNCIA DO PEDIDO INICIAL E DO TÍTULO EXECUTIVO JUDICIAL. Os juros de mora e a correção monetária incluem-se na liquidação, ainda que omisso o pedido inicial ou a condenação."

Os honorários advocatícios podem ser deferidos independentemente de pedido; entretanto, se a sentença for omissa não podem ser incluídos nos cálculos de liquidação, como ocorre com os juros e a correção monetária.

Caso a decisão seja omissa quanto ao direito aos honorários ou ao seu valor, desafia embargos de declaração para que seja sanada a omissão. Contudo, se a decisão transitar em julgado, é cabível ação autônoma para sua definição e cobrança, consoante reza o art. 85, § 18, do CPC, que se aplica no Processo do Trabalho.

> "Art. 85. A sentença condenará o vencido a pagar honorários ao advogado do vencedor.
>
> (...)
>
> § 18 Caso a decisão transitada em julgado seja omissa quanto ao direito aos honorários ou ao seu valor, é cabível ação autônoma para sua definição e cobrança."

A *astreinte* correspondente à multa processual diária fixada pelo magistrado em função do descumprimento de obrigação de fazer, não fazer e de dar também pode ser fixada de ofício pelo magistrado, sem provocação do autor da demanda, uma vez que o interesse no cumprimento da decisão judicial não é apenas da parte, mas também do próprio Estado, que tem o monopólio da prestação da tutela jurisdicional.

Por último, em relação às prestações periódicas (obrigações de trato sucessivo), independentemente da postulação do autor, serão consideradas incluídas nos pedidos as que vencerem no curso da lide, conforme previsto no art. 323 do CPC e arts. 891 e 892 da CLT, *in verbis*:

> "Art. 323. Na ação que tiver por objeto cumprimento de obrigação em prestações sucessivas, essas serão consideradas incluídas no pedido, independentemente de declaração expressa do autor, e serão incluídas na condenação, enquanto durar a obrigação, se o devedor, no curso do processo, deixar de pagá-las ou de consigná-las."
>
> "Art. 891 da CLT. Nas prestações sucessivas por tempo determinado, a execução pelo não pagamento de uma prestação compreenderá as que lhe sucederem."
>
> "Art. 892 da CLT. Tratando-se de prestações sucessivas, por tempo indeterminado, a execução compreenderá inicialmente as prestações devidas até a data do ingresso na execução."

Veja um julgado do TST nessa direção:

> *(...) PRELIMINAR DE NULIDADE POR JULGAMENTO EXTRA PETITA. HORAS EXTRAS. PARCELAS VINCENDAS. PEDIDO IMPLÍCITO. A jurisprudência desta Corte quanto ao direito às parcelas vincendas, quando advém da natureza periódica da obrigação, nos termos do artigo 290 do CPC de 1973 (art. 323 do CPC de 2015), vigente na data de publicação da decisão recorrida, é no sentido de considerá-las incluídas*

> *no pedido, independentemente de declaração expressa do autor. Recurso de revista não conhecido. (...) (RR-1900-90.2006.5.01.0022, 6ª Turma, Relator Ministro Augusto César Leite de Carvalho, DEJT 01/09/2017).*

O pedido implícito também pode decorrer de um pedido expresso. Para ilustrar, quando um empregado pede a anotação na CTPS sem pleitear expressamente o reconhecimento de vínculo de emprego, a pretensão declaratória de sua condição empregatícia é um pedido implícito. Veja este julgado do TST:

> *(...) INÉPCIA DA PETIÇÃO INICIAL. NÃO CONFIGURAÇÃO. PLEITO DE ANOTAÇÃO DA CTPS E DE VERBAS TÍPICAS DA RELAÇÃO DE EMPREGO. PEDIDO IMPLÍCITO DE RECONHECIMENTO DE VÍNCULO DE EMPREGO. POSSIBILIDADE. (...) Nesse contexto, conclui-se que não se configura a inépcia da petição inicial, uma vez que o pedido de anotação da carteira de trabalho tem como implícita a condição de empregado do reclamante, sendo, assim, dispensável, a existência de pedido explícito, nesses exatos termos, de reconhecimento do vínculo de emprego. Deve, portanto, ser afastada a declaração de inépcia da inicial, pois há possibilidade de defesa e de julgamento do mérito da demanda, em face da pretensão manifestada pelo reclamante, em consonância com os estritos limites impostos pela lide. Recurso de revista conhecido e provido. (RR - 216-48.2012.5.05.0010, Relator Ministro: José Roberto Freire Pimenta, Data de Julgamento: 11/03/2015, 2ª Turma, Data de Publicação: DEJT 20/03/2015).*

Por outro lado, se o empregado expressamente pede o vínculo de emprego, mas não demanda a anotação da CTPS (que é consectário lógico da relação mencionada), então a obrigação de fazer é considerada pedido implícito:

> *RECURSO DE REVISTA. (...) 6. DO JULGAMENTO EXTRA E/OU ULTRA PETITA. ANOTAÇÃO DE CTPS. Considerando que foi reconhecida a relação de emprego com a primeira reclamada, a assinatura das carteiras profissionais dos reclamantes deve ser realizada por ela, uma vez que se trata de obrigação legal. Pode-se admitir que o pedido dos reclamantes foi implícito já que compreende-se no pedido tudo aquilo que dele logicamente decorre. Assim, tendo havido pleito por reconhecimento de vínculo, também o teve acerca da necessidade de se cumprir a obrigação legal de se proceder às anotações na CTPS. Ausentes as ofensas citadas aos artigos 128 e 460 do CPC; 282, III e IV e 286, caput do CPC e 840, § 1º, da CLT. Revista não conhecida. (...) (RR - 548109-38.1999.5.03.5555, Relatora Juíza Convocada: Dora Costa, Data de Julgamento: 16/05/2007, 1ª Turma, Data de Publicação: DJ 15/06/2007).*

6.3.4.4. Cumulação de pedidos

A cumulação de pedidos possibilita ao autor formular dois ou mais pedidos no processo.

O art. 327 do CPC, a respeito da cumulação de pedidos, dispõe:

"Art. 327. É lícita a cumulação, em um único processo, contra o mesmo réu, de vários pedidos, ainda que entre eles não haja conexão.

§ 1.º São requisitos de admissibilidade da cumulação que:

I – os pedidos sejam compatíveis entre si;

II – seja competente para conhecer deles o mesmo juízo;

III – seja adequado para todos os pedidos o tipo de procedimento.

§ 2.º Quando, para cada pedido, corresponder tipo diverso de procedimento, será admitida a cumulação se o autor empregar o procedimento comum, sem prejuízo do emprego das técnicas processuais diferenciadas previstas nos procedimentos especiais a que se sujeitam um ou mais pedidos cumulados, que não forem incompatíveis com as disposições sobre o procedimento comum.

§ 3.º O inciso I do § 1.º não se aplica às cumulações de pedidos de que trata o art. 326."

O grande objetivo da cumulação de pedidos, prevista no art. 327 do CPC, é a economia processual, evitando-se a proliferação de inúmeras ações perante juízos diversos, abarrotando ainda mais a já assoberbada Justiça do nosso país.

Esta cumulação pode ser *própria* ou *imprópria*. Será própria quando for possível a procedência simultânea de todos os pedidos e imprópria se formulado mais de um pedido, somente um deles puder ser conhecido.

A cumulação própria pode ser *simples* ou *sucessiva*.

Na *cumulação própria simples* permite-se ao autor a formulação de vários pedidos contra o réu, tendo aquele interesse na procedência de todos, indistintamente. É o que ocorre nas reclamações trabalhistas, em que o autor postula pagamento de horas extras, férias, 13.º salário, adicional noturno, adicional de insalubridade etc. Nesta hipótese não há pelo autor preferência por qualquer parcela, mas, sim, pretensão de todas elas.

A *cumulação própria sucessiva* ocorre sempre que a análise do pedido posterior depender da procedência do pedido que lhe precede. Assim sendo, o acolhimento do pedido secundário apenas acontecerá caso seja acolhido o pedido principal, como na hipótese de condenação da empresa nos reflexos das horas extraordinárias prestadas e não pagas (reflexo nas férias, no FGTS, no 13.º salário, no repouso semanal remunerado etc. – pedido secundário), o que somente acontecerá se reconhecida pelo juízo a realização de horas suplementares pelo obreiro e consequente condenação ao respectivo pagamento (pedido principal).

Na *cumulação imprópria*, somente um dos pedidos cumulados pode ser acolhido. Existem duas espécies de cumulação imprópria:

a) cumulação subsidiária, também chamada de eventual, quando o segundo pedido somente será analisado se o primeiro não for concedido; e

b) cumulação alternativa, com a reunião de pedidos, dentre os quais o juiz acolherá somente um deles.

Em relação à cumulação imprópria subsidiária/eventual, embora sejam formulados dois ou mais pedidos pelo autor, sua pretensão não é a de que sejam acolhidos todos os pleitos conjuntamente. A pretensão é externada em ordem subsidiária, de sorte que, não se acolhendo o primeiro, denominado principal, admita o magistrado o seguinte, chamado subsidiário/eventual.

Ilustrativamente, imaginemos a hipótese de um trabalhador portador de estabilidade provisória ser dispensado imotivadamente (sem justa causa), sem também receber suas verbas rescisórias. Nesta hipótese, o pedido principal será a reintegração no emprego, com pagamento de todas as parcelas vencidas e vincendas durante o transcurso da lide. Sucessivamente, caso o magistrado não entenda pela reintegração, o pedido subsidiário será o pagamento de todas as verbas rescisórias decorrentes da dispensa sem justa causa.

Sobre o tema, Misael Montenegro Filho, em obra já citada neste capítulo (v. 1, p. 176) ensina que:

> "O primeiro dos pedidos apresenta-se como principal, em termos de preferência de acolhimento, sendo o seguinte subsidiário, apenas se justificando o seu deferimento na hipótese de o primeiro deles não receber a chancela judicial. Desse modo, e considerando a prevalência do primeiro dos pedidos, anotamos que, na hipótese de ter sido a pretensão deferida à parte, com o acolhimento do primeiro pedido (pedido principal), não se justifica a interposição de qualquer recurso pelo fato de o segundo dos pedidos (pedido subsidiário) não ter sido enfrentado e consequentemente acolhido, visto que esse deferimento encontrava-se atrelado e condicionado ao indeferimento da primeira das pretensões."

A cumulação sucessiva imprópria está prevista no art. 326 do CPC, o qual informa que é lícito formular mais de um pedido em ordem sucessiva, a fim de que o juiz conheça do posterior, não podendo acolher o anterior:

> "Art. 326. É lícito formular mais de um pedido em ordem subsidiária, a fim de que o juiz conheça do posterior, quando não acolher o anterior.
>
> Parágrafo único. É lícito formular mais de um pedido, alternativamente, para que o juiz acolha um deles."

Frise-se que, se o juiz não acolher o pedido principal, mas apenas o subsidiário, entendemos que o autor da demanda poderá recorrer, uma vez que a parte não auferiu a totalidade da tutela jurisdicional pleiteada, considerando que o pedido principal rejeitado seria mais abrangente e benéfico para o demandante do que o efetivamente concedido.

Na cumulação imprópria alternativa, o autor cumula diversos pedidos, mas não estabelece uma ordem de preferência entre eles, de maneira que a escolha do pedido a ser acolhido fica a cargo do juiz.

6.3.4.5. *Pedidos alternativos*

Estabelece o art. 252 do CC que nas obrigações alternativas a escolha cabe ao devedor, se outra coisa não se estipulou.

Destarte, na hipótese de pedidos alternativos, relativos a obrigações também alternativas, deverá o juiz, ao proferir a sentença, garantir ao devedor o direito de escolha, podendo este preterir a obrigação que lhe seja mais gravosa.

Com efeito, dispõe o art. 325 do CPC que o pedido será alternativo, quando, pela natureza da obrigação, o devedor puder cumprir a prestação de mais de um modo.

Quando, pela lei ou pelo contrato, a escolha couber ao devedor, o juiz lhe assegurará o direito de cumprir a prestação de um ou de outro modo, ainda que o autor não tenha formulado pedido alternativo (art. 325, parágrafo único, do CPC).

Na hipótese de pedidos alternativos, o valor da causa será o correspondente ao do valor do maior pedido, conforme previsto no art. 292, VII, do CPC.

É preciso cuidado com o "pedido alternativo" previsto no art. 325 do CPC. Ao afirmar que o pedido será alternativo, quando, pela natureza da obrigação, o devedor puder cumprir a prestação de mais de um modo, o dispositivo legal não cria verdadeira cumulação de pedidos, mas sim cumulação na forma de satisfação da obrigação caso o pedido seja julgado procedente. O pedido continua sendo um só, cabendo ao réu, entretanto, mais de uma forma de satisfazê-lo.[1]

6.4. PRESSUPOSTOS PROCESSUAIS

Os pressupostos processuais apresentam-se como condições mínimas para constituição e desenvolvimento regular do processo. Logo, a ausência

[1] ASSUMPÇÃO NEVES, Daniel Amorim. *Manual de direito processual civil*. 5. ed. São Paulo: GEN/Método, p. 115.

de algum desses pressupostos importará, também, na extinção do processo sem resolução do mérito, conforme preceitua o art. 485, IV, do CPC.

O reconhecimento judicial da ausência de qualquer pressuposto de conhecimento e desenvolvimento regular do processo pode ocorrer a qualquer tempo e grau de jurisdição, não estando sujeita à preclusão temporal ou consumativa (art. 485, § 3º, do CPC).

Passemos a analisar, separadamente, os pressupostos de constituição e desenvolvimento válido e regular do processo, lembrando que não há unanimidade na doutrina na identificação de tais pressupostos.

6.4.1. Pressupostos processuais de constituição

São os seguintes os pressupostos processuais de constituição ou de existência:

- **Petição inicial** – Em função do princípio da inércia da jurisdição, o juiz somente prestará a tutela jurisdicional uma vez provocado. O exercício do direito de ação, por conseguinte, dá-se por meio da petição inicial, em que são veiculados os respectivos pedidos. Vale ressaltar que, na seara trabalhista, a reclamação trabalhista poderá ser escrita ou verbal (art. 840 da CLT);
- **Jurisdição** – O juiz deverá estar investido na jurisdição. O processo é uma relação que envolve autor, réu e juiz. Caso não exista juiz investido na função jurisdicional, o processo também não existirá;
- **Citação** – O processo somente se forma com a citação do réu. A citação, como explica Misael Montenegro Filho, em obra já aludida (v. 1, p. 235), "é ato que angulariza a relação processual, atando o autor ao réu, através do juiz, que se encontra assentado na lide em posição soberana". Em outras palavras, o processo somente se forma com a citação válida e regular do réu. Cabendo a ele, antes de discutir o mérito, alegar a inexistência ou nulidade da citação (art. 337, I, do CPC);
- **Capacidade de ser parte** – Refere-se à capacidade do sujeito de gozo e exercício de direitos e obrigações, existindo para as pessoas físicas, jurídicas, pessoas formais e a maioria dos entes despersonalizados. A capacidade de ser parte não se confunde com a capacidade de estar em juízo, da qual são desprovidos, por exemplo, os incapazes, que têm capacidade de ser parte, mas necessitam de um representante legal para estar em juízo.

6.4.2. Pressupostos de desenvolvimento válido e regular do processo

Em relação aos pressupostos de desenvolvimento válido e regular do processo, a doutrina os divide em pressupostos positivos e negativos.

Vejamos:

A – Pressupostos positivos de desenvolvimento válido e regular do processo

- **Petição inicial apta** – A petição inicial deverá atender aos requisitos exigidos pela lei processual, sob pena de seu indeferimento. No âmbito do Processo do

Trabalho, os requisitos da petição inicial estão previstos no art. 840, § 1.º, da CLT, os quais não são muito rigorosos, tendo em vista a capacidade postulatória das próprias partes (*jus postulandi*);

- **Citação válida** – A regularidade da citação é pressuposto positivo de desenvolvimento válido e regular do processo. Dispõe o art. 240 do CPC que a citação válida torna prevento o juízo, induz litispendência e faz litigiosa a coisa.
- **Competência do juízo** – O processo deverá ser instruído e julgado por um juiz absolutamente competente. Incumbe ao réu, antes de discutir o mérito, alegar a incompetência absoluta e relativa (art. 337, II, do CPC);
- **Imparcialidade do juiz** – Para desenvolvimento válido do processo, deverá ser o mesmo conduzido por um juiz que não seja impedido ou suspeito para processar e julgar o feito.
- **Capacidade processual** – É a aptidão para praticar atos processuais independentemente da assistência ou representação, pessoalmente, ou por pessoas indicadas pela lei, tais como o síndico, o inventariante etc.
- **Capacidade postulatória** – A parte deverá encontrar-se no processo representada por advogado legalmente constituído. Frise-se que nos domínios do Processo do Trabalho impera, nas relações de emprego, o *jus postulandi*, em que empregado e empregador são dotados de capacidade postulatória (art. 791 da CLT), podendo distribuir e acompanhar seus processos até o final. Todavia, conforme já mencionado em capítulos anteriores desta obra, o *jus postulandi* da parte somente prevalece até o TRT, ou seja, não alcança a ação rescisória, o mandado de segurança e os recursos para o TST, ele deverá ser subscrito por advogado, conforme dispõe a Súmula 425 do TST.

Consoante já referido neste capítulo, a legitimidade *ad causam* e o interesse de agir não são mais classificadas como condições da ação. São requisitos de admissibilidade do processo que, se ausentes, implicam a extinção do processo sem resolução do mérito, com fulcro no art. 485, VI, do CPC. Enquadram-se atualmente na categoria de pressupostos processuais de desenvolvimento válido e regular do processo.

B – Pressupostos negativos de desenvolvimento válido e regular do processo

- **Litispendência** – A reprodução de ação idêntica à outra em andamento importa em litispendência (art. 337, §§ 1.º e 3.º, do CPC), determinando a extinção do processo repetido sem resolução do mérito (art. 485, V, do CPC);
- **Coisa julgada** – A reprodução de ação idêntica à outra com decisão definitiva transitada em julgado importa violação ao instituto da coisa julgada (art. 337, §§ 1.º e 3.º, do CPC), instituindo também a extinção do processo repetido sem resolução do mérito (art. 485, V, do CPC);
- **Convenção arbitral** – A arbitragem é cabível nos dissídios coletivos (art. 114, § 1º, da CF) e individuais, cujos contratos de trabalho tenham remuneração superior a duas vezes o limite máximo estabelecido para os benefícios do Regime Geral de

Previdência Social, desde que pactuada cláusula compromissória de arbitragem, por iniciativa do empregado ou mediante a sua concordância expressa, antes ou após o término do contrato (art. 507-A da CLT).

- **Perempção** – Na seara trabalhista, não temos a figura da perempção nos moldes previstos no Código de Processo Civil, mas tão somente a denominada "perempção provisória", prevista nos arts. 731 e 732 da CLT. Com efeito, aquele que houver distribuído reclamação verbal e não comparecer à Vara ou Juízo para reduzi-la a termo no prazo de 5 dias, incorrerá na pena de perda, pelo prazo de 6 meses, do direito de reclamar perante a Justiça do Trabalho. Na mesma pena incorrerá o reclamante que, por duas vezes seguidas, der causa ao arquivamento da reclamação trabalhista em face do seu não comparecimento à audiência.

6.4.3. Legitimidade *ad causam* e interesse processual

Consoante já referido, o CPC não adota mais a categoria das condições da ação, dentre as quais se incluíam a legitimidade *ad causam* e interesse de agir.

Sob a égide do atual Código, a legitimidade e o interesse continuam sendo requisitos de admissibilidade do processo, porém não mais classificados como condições da ação. A ausência de qualquer dele implicará a extinção do processo sem resolução do mérito, à luz do art. 485, VI, do CPC.

6.4.3.1. Legitimidade das partes

A legitimidade das partes está ligada à titularidade ativa ou passiva da ação.

Dispõe o art. 17 do CPC que para propor a ação é necessário ter interesse e legitimidade.

O processo civil estabeleceu duas hipóteses clássicas de legitimação para propositura de ação: a legitimação ordinária e a extraordinária.

A legitimação das partes, também designada como *legitimatio ad causam*, é conferida, em regra, ao titular do direito material em litígio, configurando-se a denominada legitimação ordinária. Em outras palavras, será legitimado para atuar em juízo, em regra, o titular do interesse levado a juízo.

Por outro lado, o art. 18 do CPC ao dispor que ninguém poderá pleitear em nome próprio direito alheio, salvo quando autorizado por lei, possibilita que o ordenamento jurídico conceda a chamada legitimação extraordinária, ou seja, em algumas situações expressamente previstas em lei, terá legitimidade de parte alguém que não é o titular do direito material deduzido em juízo.

A Lei 5.764/1971 prescreve que o estatuto da cooperativa pode investi-la de poder para agir como substituta processual de seus associados (art. 21, XI, inserido pela Lei 13.806/2019).

O estatuto pode dotar a cooperativa de legitimidade extraordinária autônoma concorrente para agir como substituta processual em defesa dos direitos coletivos de seus associados quando a causa de pedir versar sobre atos de interesse direto dos associados que tenham relação com as operações de mercado da cooperativa. Para tanto, além de tal previsão em seu estatuto, ainda deve haver expressa autorização manifestada individualmente pelo associado ou por meio de assembleia geral que delibere sobre a propositura da medida judicial (art. 88-A da Lei 5.764/1971, inserido pela Lei 13.806/2019).

A legitimação extraordinária ocorre também quando o sindicato atua em juízo na defesa dos interesses dos seus associados (art. 8.º, III, da CF/1988).

Outro aspecto importante a ser esclarecido é o tipo de legitimação conferida ao Ministério Público do Trabalho para a propositura da ação civil pública, uma vez que as regras de legitimação previstas no Código de Processo Civil não são adequadas para definir a legitimação nas ações coletivas, pelo menos no que atine à defesa dos interesses difusos e coletivos.

Com efeito, a legitimação ordinária e extraordinária do Código de Processo Civil foi concebida considerando a individualização do sujeito, em que o titular do direito de ação coincide com o titular do direito material (estes determinados e identificáveis).

No âmbito dos interesses coletivos (*lato sensu*), prepondera a indeterminação dos sujeitos, em que o titular do direito de ação é distinto dos próprios titulares (indeterminados) do direito material.

Logo, a melhor doutrina, afastando a conceituação tradicional de legitimação prevista no Código de Processo Civil, classifica a legitimação *ad causam* do Ministério Público para a defesa de direitos difusos e coletivos como uma legitimação autônoma para a condução do processo.

Todavia, em relação aos direitos individuais homogêneos, como se trata de direitos de natureza individual e divisível, em que cada titular pode buscar a reparação individual do dano, a legitimação para propositura de ação civil pública é extraordinária, ocorrendo a substituição processual por parte do ente legitimado.

6.4.3.2. *Interesse processual*

O interesse processual encontra-se relacionado com o binômio necessidade + utilidade, impondo-se ao demandante a demonstração, no momento da apresentação da peça inaugural, da necessidade de o Estado prestar a tutela jurisdicional como forma de solução do conflito de interesses apresentado.

Em outras palavras, o processo deve ser utilizado pela parte quando houver a necessidade de intervenção do Poder Judiciário na tutela do direito vindicado pelo autor.

Ademais, o processo também deve ser útil para o autor reparar ou prevenir a ocorrência ou ameaça do dano injusto, não se admitindo postulação autoral apenas para que sejam respondidas dúvidas subjetivas, ou para solucionar mera consulta acadêmica do requerente.

Neste contexto, ilustrativamente, podemos mencionar a hipótese de sindicatos que ajuízam dissídio coletivo sem esgotar a via negocial. Nesta hipótese, como não obedecido o comando constitucional imposto pelo art. 114, § 2.º, da CF/1988, que condiciona o ajuizamento do dissídio coletivo ao esgotamento da negociação coletiva, o processo será extinto sem resolução do mérito, com base no art. 485, VI, do CPC, por ausência de interesse processual.

6.5. RESUMO DA MATÉRIA

1. O Estado moderno avocou para si o monopólio da jurisdição, ou seja, o poder-dever de dizer o direito. Todavia, a função jurisdicional de dizer o direito deve, em regra, ser provocada, apresentando-se a jurisdição inerte, aguardando que a pessoa física ou jurídica, de direito público ou privado, que se sinta prejudicada em função de uma conduta assumida por outrem, provoque o Estado para que o mesmo resolva o conflito de interesses anunciado.

2. A provocação da jurisdição, portanto, é implementada mediante a ação. Logo, o direito de ação consiste no direito à pessoa, natural ou jurídica, de invocar a prestação jurisdicional.

3. Podemos conceituar a ação como direito abstrato, autônomo, público e em regra subjetivo, constitucionalmente assegurado a qualquer pessoa física, jurídica ou ente despersonalizado, objetivando provocar a prestação da tutela jurisdicional pelo Estado.

4. Cabe salientar que o direito de ação não se esgota com a propositura da peça vestibular, mas estende-se ao direito de tramitação regular do processo, com a observância dos princípios constitucionais do contraditório e da ampla defesa.

5. Dispõe o art. 17 do CPC que para propor a ação é necessário ter interesse e legitimidade. O processo civil estabeleceu duas hipóteses clássicas de legitimação para propositura de ação: a legitimação ordinária e a extraordinária.

6. A legitimação das partes, também designada como *legitimatio ad causam*, é conferida, em regra, ao titular do direito material em litígio, configurando-se a denominada legitimação ordinária. Em outras palavras, será

legitimado para atuar em juízo, em regra, o titular do interesse levado a juízo.

7. Por outro lado, o art. 18 do CPC, ao dispor que ninguém poderá pleitear em nome próprio direito alheio, salvo quando autorizado por lei, possibilita que o ordenamento jurídico conceda a chamada legitimação extraordinária, ou seja, em algumas situações expressamente previstas em lei, terá legitimidade de parte alguém que não é o titular do direito material deduzido em juízo.

8. A Lei 5.764/1971 prescreve que o estatuto da cooperativa pode investi-la de poder para agir como substituta processual de seus associados (art. 21, XI, inserido pela Lei 13.806/2019).

9. O estatuto pode dotar a cooperativa de legitimidade extraordinária autônoma concorrente para agir como substituta processual em defesa dos direitos coletivos de seus associados quando a causa de pedir versar sobre atos de interesse direto dos associados que tenham relação com as operações de mercado da cooperativa. Para tanto, além de tal previsão em seu estatuto, ainda deve haver expressa autorização manifestada individualmente pelo associado ou por meio de assembleia geral que delibere sobre a propositura da medida judicial (art. 88-A da Lei 5.764/1971, inserido pela Lei 13.806/2019).

10. A melhor doutrina, afastando a conceituação tradicional de legitimação prevista no Código de Processo Civil, classifica a legitimação *ad causam* do Ministério Público para a defesa de direitos difusos e coletivos como uma legitimação autônoma para a condução do processo. Todavia, em relação aos direitos individuais homogêneos, como se trata de direitos de natureza individual e divisível, em que cada titular pode buscar a reparação individual do dano, a legitimação para propositura de ação civil pública é extraordinária, ocorrendo a substituição processual por parte do ente legitimado.

11. Há possibilidade jurídica do pedido quando a pretensão do demandante se referir à providência admissível, em tese, pelo ordenamento jurídico vigente.

12. A impossibilidade jurídica do pedido passou a ser analisada no mérito com o atual Código de Processo Civil, implicando a improcedência do pedido.

13. A legitimidade *ad causam* e o interesse processual incluem-se atualmente na categoria de pressupostos de admissibilidade do processo.

14. Os elementos da ação são: partes, causa de pedir e pedido.

15. Por meio da comparação dos elementos de duas ou mais ações, e verificada a sua identidade, evita-se que o mérito de uma demanda seja julgada mais de uma vez pelo mesmo juízo ou juízos diversos, respeitando-se, assim, o instituto da coisa julgada.

16. A comparação dos elementos de duas ou mais ações também se revela importante para determinar a ocorrência da conexão ou da continência (arts. 55 e 56 do CPC), o que resultaria na reunião das ações para julgamento em conjunto, evitando, pois, a contradição nos julgados.

17. A comparação dos elementos de duas ações pode ensejar, inclusive, a extinção de uma delas sem resolução do mérito, quando se verificar a litispendência, que ocorre quando são propostas ações idênticas (que apresentam os mesmos elementos), ainda sem trânsito em julgado.

18. Assumem os elementos da ação papel importante na fixação da competência do juízo, estabelecendo também os limites de atuação do magistrado, uma vez que, a teor do art. 141, CPC, o juiz decidirá a lide nos limites em que foi proposta, sendo-lhe defeso conhecer de questões não suscitadas a cujo respeito a lei exige a iniciativa da parte.

19. Partes são os sujeitos da ação, que figuram no polo ativo e passivo da demanda. Por isso, aquele que promove a ação, no exercício constitucional do direito de ação, denomina-se autor. Ao revés, denomina-se réu a pessoa em face da qual foi promovida a ação.

20. Estabelece o art. 319, III, do CPC que a petição inicial indicará o fato e os fundamentos jurídicos do pedido. O fato em si denomina-se "causa de pedir remota" e a fundamentação jurídica intitula-se "causa de pedir próxima".

21. O Código de Processo Civil, por conseguinte, adotou a teoria da substanciação, exigindo a coexistência dessas duas segmentações para que se possa afirmar a existência da causa de pedir.

22. Nos domínios do Processo do Trabalho, o art. 840, § 1.º, da CLT, ao elencar os requisitos da petição inicial trabalhista, não fez qualquer referência à fundamentação jurídica (causa de pedir próxima), apenas exigindo do requerente "uma breve exposição dos fatos" e o pedido.

23. A causa de pedir remota (fundamentação jurídica) não foi exigida como requisito da petição inicial trabalhista em função da possibilidade do *jus postulandi* na Justiça do Trabalho, onde empregados e empregadores poderão reclamar pessoalmente, sem a presença de advogados, ou seja, possuem capacidade postulatória (art. 791 da CLT).

24. O pedido classifica-se em imediato e mediato.

25. O pedido imediato consiste na solicitação de prestação jurisdicional pelo Estado, ou seja, que o Poder Judiciário solucione o conflito de interesses, proferindo a respectiva sentença, seja ela declaratória, constitutiva ou condenatória.

26. Já o pedido mediato concerne ao bem da vida pretendido pelo autor por meio da ação judicial, como a condenação da empresa no pagamento de horas extras, 13.º salário, férias etc.

27. O art. 492 do CPC contempla, em verdade, o princípio da congruência ou da adstrição, o qual determina que o magistrado deve obediência à tutela invocada pelo interessado, não podendo o julgador omitir-se de apreciar o que foi postulado, nem julgar acima ou diferentemente dos pedidos elencados pelo autor na peça vestibular.

28. Em regra, o autor deverá explicitar o que pretende e em que quantidade pretende, impondo-se a determinação e certeza do pedido.

29. Muitas vezes, porém, não é possível, no momento da apresentação da peça vestibular, determinar precisamente o pedido, o que ocorre em algumas ações de indenização por danos morais e materiais, quando o dano ainda continua atuando no momento da instauração da demanda.

30. Além de certo e determinado, o pedido deverá ser líquido, ou seja, o reclamante deve indicar o valor correspondente a cada pedido no Processo do Trabalho nos procedimentos sumário, sumaríssimo e ordinário, com base no art. 840, § 1º, da CLT. O valor deve ser estimado.

31. Por sua vez, o art. 840, § 3º, da CLT institui que os pedidos que não atendam às prescrições do § 1º serão extintos sem resolução do mérito. Apesar de não haver previsão expressa na CLT, entendemos que é aplicável supletivamente no Processo do Trabalho o disposto no art. 321 do CPC, segundo o qual, antes da extinção, o juiz deve determinar que o autor, no prazo de 15 dias, a emende ou a complete, indicando com precisão o que deve ser corrigido ou completado, em homenagem ao princípio da primazia da decisão de mérito.

32. A cumulação de pedidos possibilita ao autor formular dois ou mais pedidos no processo, podendo assumir a modalidade de cumulação própria (simples) ou cumulação sucessiva, também dividida em imprópria e própria.

33. Na cumulação própria (simples) permite-se ao autor a formulação de vários pedidos contra o réu, tendo aquele interesse na procedência de todos, indistintamente.

34. Em relação à cumulação sucessiva imprópria (também chamada de eventual ou alternativa), embora sejam formulados dois ou mais pedidos pelo autor, sua pretensão não é a de que sejam acolhidos todos os pleitos conjuntamente. A pretensão é externada em ordem sucessiva, de sorte que, não se acolhendo o primeiro, denominado principal, admita o magistrado o seguinte, chamado subsidiário.

35. A cumulação sucessiva imprópria está prevista no art. 326 do CPC, o qual informa que é lícito formular mais de um pedido em ordem sucessiva, a fim de que o juiz conheça do posterior, não podendo acolher o anterior.

36. Estabelece o art. 252 do CC que, nas obrigações alternativas, a escolha cabe ao devedor, se outra coisa não se estipulou. Dessa maneira, na hipótese de pedidos alternativos, relativos a obrigações também alternativas, deverá o juiz, ao proferir a sentença, garantir ao devedor o direito de escolha, podendo este preterir a obrigação que lhe seja mais gravosa.

37. Com efeito, dispõe o art. 325 do CPC que o pedido será alternativo, quando, pela natureza da obrigação, o devedor puder cumprir a prestação de mais de um modo.

38. Os pressupostos processuais apresentam-se como condições mínimas para constituição e desenvolvimento regular do processo. Logo, a ausência de algum desses pressupostos importará, também, na extinção do processo sem resolução do mérito, consoante institui o art. 485, IV, CPC.

39. O reconhecimento judicial da ausência de qualquer pressuposto de conhecimento e desenvolvimento regular do processo pode ocorrer a qualquer tempo e grau de jurisdição, não estando sujeita à preclusão temporal ou consumativa (art. 485, § 3º, do CPC).

40. São os seguintes os pressupostos processuais de constituição ou de existência: petição inicial, jurisdição, citação e capacidade postulatória.

41. Em relação aos pressupostos de desenvolvimento válido e regular do processo, a doutrina os divide em pressupostos positivos e negativos.

42. Os pressupostos processuais positivos de desenvolvimento válido e regular do processo são constituídos em: petição inicial apta, citação válida, competência do juízo e imparcialidade do juiz.

43. Os pressupostos processuais negativos de desenvolvimento válido e regular do processo são: litispendência, coisa julgada, convenção arbitral e perempção.

44. De acordo com o atual Código de Processo Civil, são pressupostos processuais: a legitimidade *ad causam* e o interesse de agir.

7

DISSÍDIO INDIVIDUAL

7.1. PROCEDIMENTO COMUM

7.1.1. Postulação do autor

7.1.1.1. Reclamação verbal ou escrita

Em função do princípio da inércia da jurisdição, o juiz somente prestará a tutela jurisdicional uma vez provocado, impondo-se, por conseguinte, a apresentação da reclamação trabalhista pelo interessado.

O texto consolidado (art. 840) permite que a reclamação trabalhista seja apresentada de maneira verbal (oral) ou escrita.

Por sua vez, o art. 786 da CLT determina que a reclamação verbal será distribuída antes de sua redução a termo (ato realizado por um servidor da Vara do Trabalho consistente em dar forma escrita à reclamação apresentada oralmente).

Uma vez distribuída a reclamação verbal, o reclamante deverá, salvo motivo de força maior, apresentar-se no prazo de 5 dias, ao cartório ou à secretaria, para reduzi-la a termo, sob pena de perda, pelo prazo de seis meses, do direito de reclamar perante a Justiça do Trabalho (art. 786, parágrafo único, c/c o art. 731 da CLT).

7.1.1.2. Requisitos da petição inicial trabalhista

O § 1.º do art. 840 da CLT estabelece os requisitos da petição inicial trabalhista, ao dispor que:

> "Art. 840. A reclamação poderá ser escrita ou verbal.
>
> § 1º Sendo escrita, a reclamação deverá conter a designação do juízo, a qualificação das partes, a breve exposição dos fatos de que resulte o dissídio, o pedido, que deverá ser certo, determinado e com indicação de seu valor, a data e a assinatura do reclamante ou de seu representante."

Portanto, a inicial trabalhista deverá conter, obrigatoriamente:

- **Designação da autoridade judiciária a quem for dirigida** – deverá o reclamante indicar a autoridade competente que apreciará os termos contidos na peça vestibular.

- **Qualificação das partes** – a peça vestibular deverá conter os nomes completos do reclamante e reclamado, os prenomes, o estado civil, a existência de união estável, a profissão, o número de inscrição no Cadastro de Pessoas Físicas ou no Cadastro Nacional da Pessoa Jurídica, o endereço eletrônico, o domicílio e a residência do autor e do réu, nos termos do art. 319, II, do CPC.
- **Breve exposição dos fatos de que resulte o dissídio** – em regra, no Processo do Trabalho não é peculiar o formalismo exigido no processo civil. Ao elaborar a inicial, basta uma breve exposição dos fatos que deram origem ao dissídio e consequente pedido.

Doutrina e jurisprudência divergem sobre a necessidade ou não da inicial trabalhista indicar os fundamentos jurídicos do pedido.

Nessa esteira, parte da doutrina entende que a fundamentação jurídica não foi exigida como requisito da petição inicial trabalhista em função da possibilidade do *jus postulandi* na Justiça do Trabalho, em que empregados e empregadores poderão reclamar pessoalmente, sem a presença de advogados, ou seja, possuem capacidade postulatória (art. 791 da CLT).

Outra corrente, à qual nos filiamos, embora reconheça que não devam ser exigidos os rigorismos do Código de Processo Civil, entende fundamental a indicação da causa de pedir, principalmente para assegurar os princípios do devido processo legal e da ampla defesa.

A causa de pedir é o porquê do pedido do autor, ou seja, é formada pelos fatos essenciais da causa, mais os fundamentos jurídicos do pedido.

No Processo do Trabalho, menos formalista e onde a parte poderá postular sem a presença de advogado, abdica-se do formalismo ocioso, mas não daquele necessário à segurança das partes. Assim, são irrecusáveis, a exemplo do processo comum (art. 319, II, do CPC), a narração do fato e o fundamento em que se respalda o pedido.

Carlos Henrique Bezerra Leite, *Curso de direito processual do trabalho*, 13. ed., p. 566, sobre o tema, leciona que nosso sistema processual adotou a teoria da substanciação, impondo a indicação da causa de pedir na petição inicial:

> "Afinal, no que respeita à causa de pedir, nosso sistema processual adotou o princípio (ou teoria) da substanciação da causa de pedir, segundo o qual a petição inicial deve conter a descrição dos fatos oriundos da relação de direito material e os fundamentos jurídicos do pedido.
>
> O princípio da substanciação contrapõe-se ao princípio da individualização, pois este se contenta com a mera afirmação da relação jurídico-material, que fundamenta o pedido, isto é, "basta ao autor apontar genericamente o título com que age em juízo, como, por exemplo, o de proprietário, o de locatário, o do credor" e formule o pedido."

- **Pedido** – O pedido, sem dúvida, é a parte mais importante da petição inicial, assumindo relevante papel no estabelecimento dos limites de atuação do magistrado no julgamento da lide, uma vez que, diante de um pedido certo, determinado e líquido, não será lícito ao juiz deferir ao demandante o bem da vida (pedido mediato) diverso ou superior ao postulado. Embora a indicação do valor de cada pedido na petição inicial não afaste a liquidação, após a sentença, o pedido não poderá ser deferido em valor superior ao postulado, sob pena de nulidade sentença como ser *ultra petita*.

- **Data e assinatura do subscritor** – Sendo escrita a petição inicial, deverá ser datada e assinada pelo subscritor (pela própria parte, em função do *jus postulandi*, ou por seu representante). Sendo verbal, a data a ser considerada será aquela em que o demandante comparecer à Vara do Trabalho para apresentar sua reclamação, devendo também ser assinada pela parte ou seu representante, após reduzida a termo a inicial apresentada oralmente. Neste contexto, petição inicial sem a assinatura da parte ou de seu representante será considerada apócrifa, importando na inexistência do próprio processo.
- **Valor da causa:** o art. 840, § 1º, da CLT dispõe que em todos os procedimentos no Processo do Trabalho o pedido deve ser líquido. Sendo o valor da causa a somatória de todos os pedidos, este é um requisito da petição inicial. O valor deve ser indicado por estimativa e é exigível para o procedimento ordinário nas ações propostas após 11.11.2017, data em que entrou em vigor a Reforma Trabalhista (art. 12, IN 41/2018, do TST).

Isso significa que o valor do pedido não precisa ser exato e assim não poderá limitar a condenação ou a sucumbência. Assim, se postuladas as horas extras laboradas além da 8ª hora diária e/ou 44ª horas semanais, sendo estimado como valor R$ 20.000,00, uma vez deferidas as horas extras, os valores exatos devidos serão apurados em liquidação de sentença, não estando limitados ao valor de R$ 20.000,00. Do mesmo modo, se a liquidação apurar valor menor, não incidirão honorários sucumbenciais sobre a diferença.

7.1.1.3. Outros requisitos da petição inicial

Comparando-se os requisitos exigidos para a petição inicial no processo civil (art. 319 do CPC) com os da petição inicial trabalhista (art. 840, § 1.º, da CLT), verificamos que no processo do trabalho não é requisito da petição inicial a indicação das provas com que o reclamante pretende demonstrar a verdade dos fatos alegados e a menção da opção ou não do reclamante pela realização da audiência de conciliação e de mediação.

O art. 840, § 1.º, da CLT não elenca a especificação das provas como requisito essencial da petição inicial trabalhista, principalmente pelo fato de que as provas são produzidas em audiência no Processo do Trabalho.

Já quanto às audiências de conciliação e mediação (art. 334 do CPC), o art. 2º, IV, da Instrução Normativa 39/2016 do TST institui que são incabíveis no Processo do Trabalho:

> "Art. 2° Sem prejuízo de outros, não se aplicam ao Processo do Trabalho, em razão de inexistência de omissão ou por incompatibilidade, os seguintes preceitos do Código de Processo Civil:
>
> (...)
>
> IV – art. 334 (audiência de conciliação ou de mediação);"

7.1.1.4. *Petição inicial no PJe-JT*

A petição inicial no sistema do Processo Judicial Eletrônico da Justiça do Trabalho - PJe-JT -, nos termos do art. 19, *caput* e § 1º, da Resolução 185/2017, CSJT), além dos requisitos do art. 840, § 1º, da CLT, conterá a indicação do CPF ou CNPJ das partes e, sempre que possível, também os seguintes dados: a) o CEI (Cadastro Específico do INSS, contendo número da matrícula do empregador pessoa física); b) o Número de Identificação do Trabalhador (NIT) perante o INSS; c) o PIS ou PASEP; d) o número da CTPS do empregado; e e) o CNAE (Classificação Nacional de Atividades Econômicas - código do ramo de atividade) do empregador.

O sistema fornecerá, por ocasião da distribuição da ação, o número atribuído ao processo, o órgão julgador para o qual foi distribuída e, se for o caso, o local, a data e o horário de realização da audiência, da qual estará a parte autora imediatamente intimada (art. 19, *caput* e § 2º, da Resolução 185/2017, CSJT).

Os dados da autuação automática serão conferidos pela unidade judiciária, que procederá, com determinação do magistrado e registro no PJe, à intimação da parte para alteração em caso de desconformidade com a petição e documentos. A ausência de retificação dos dados da autuação automática, referente à petição inicial, no prazo de 15 dias, ensejará a aplicação do disposto no art. 321, parágrafo único, do CPC, ou seja, o indeferimento da petição inicial (art. 19, *caput* e § 3º, da Resolução 185/2017, CSJT).

7.1.1.5. *Aditamento da petição inicial*

O aditamento da petição inicial é a possibilidade de alterar o pedido ou a causa de pedir.

Preceitua o art. 329, I, do CPC que o autor poderá, até a citação, aditar ou alterar o pedido ou a causa de pedir, independentemente de consentimento do réu.

Por outro lado, dispõe o art. 329, II, do CPC que, feita a citação e até o saneamento do processo, o aditamento só será permitido com consentimento do réu, assegurado o contraditório mediante a possibilidade de manifestação deste no prazo mínimo de 15 (quinze) dias, facultado o requerimento de prova suplementar.

A Consolidação das Leis do Trabalho é omissa em relação à possibilidade de aditamento da petição inicial, permitindo a aplicação subsidiária do Código de Processo Civil, em face do disposto no art. 769 consolidado. No entanto, considerando que o Processo do Trabalho é dotado de regras e princípios próprios, em que a contestação é apresentada em audiência, as normas sobre o aditamento da petição inicial previstas no Código de Processo Civil devem ser adaptadas ao processo laboral.

Neste contexto, a doutrina trabalhista majoritária admite que o aditamento da petição inicial seja requerido até a audiência, antes da apresentação da resposta do réu.

Em outras palavras, nos domínios do Processo do Trabalho, permitem-se a emenda, a ampliação, a retificação, enfim, o aditamento da petição inicial até a apresentação da defesa pelo reclamado, o que ocorre em audiência.

Portanto, o aditamento da petição inicial pode ser requerido pelo reclamante até o dia da audiência, desde que seja antes da apresentação da defesa pelo reclamado. Acolhendo o aditamento, o juiz designará nova audiência para que o réu possa também contestar o novo pedido objeto do aditamento, respeitado o prazo mínimo para defesa de 5 dias, previsto no art. 841 da CLT.

Todavia, apresentada a defesa, o autor não mais poderá requerer o aditamento da inicial, salvo se o reclamado anuir.

Sérgio Pinto Martins, *Direito processual do trabalho*, p. 246, comunga de igual opinião, ao mencionar que:

> "Se o pedido for feito antes da audiência, poderá o juiz determinar seu aditamento, para que a empresa tenha oportunidade de conhecer do novo pedido e poder contestá-lo. Para tanto, designará nova audiência.
>
> O aditamento poderia ser feito até na própria audiência, desde que o juiz designasse nova audiência para ser apresentada a contestação.
>
> Apresentada a defesa não é possível aditar a inicial, salvo se a empresa assim o consentir. Da mesma forma, pedidos feitos na réplica ou em razões finais são inadmissíveis."

Assim, mesmo após a citação, poderá ser realizado o aditamento. Caso a reclamada seja notificada do aditamento do pedido e da causa de pedir antes do prazo mínimo de 5 dias, que deve ser respeitado, entre a data da notificação e a da audiência, nenhum prejuízo haverá para a defesa, razão pela qual não precisará ser designada nova audiência.

Nesse sentido, podemos colher o seguinte julgado:

> "NULIDADE PROCESSUAL. CERCEAMENTO DE PROVA Considerando os princípios da oralidade e celeridade, bem como que apenas em audiência, o Juiz entra em contato com a inicial, permite-se o aditamento à inicial, mesmo após a citação, desde que seja garantido o direito do contraditório ao Reclamado e, a partir da notificação, transcorra o prazo de cinco dias até a data da audiência em que será apresentada a defesa (art. 841 da CLT). A decisão obstando a parte de aditar à inicial, mesmo após a citação, revela flagrante cerceamento probatório" (TRT – 2ª Região – 00028087420135020055/SP – 2ª T., Rel. Persio Luis Teixeira de Carvalho, j. em 28.10.2015, *DEJT* 09.11.2015).
>
> À luz do art. 847, § 2º, da CLT, no processo eletrônico, a defesa pode ser encaminhada por escrito antes da audiência. Nesse caso, a petição inicial não poderá mais ser alterada sem o consentimento do reclamado.

A jurisprudência majoritária vem reconhecendo que o autor pode aditar a petição inicial, mesmo após a citação, sem o consentimento do réu, conforme se constata dos seguintes julgados:

> *AGRAVO DE INSTRUMENTO EM RECURSO DE REVISTA INTERPOSTO PELA RECLAMADA (SERPRO). ACÓRDÃO REGIONAL PUBLICADO NA VIGÊNCIA DA LEI N. 13.015/2014. 1. NULIDADE PROCESSUAL. ADITAMENTO À PETIÇÃO INICIAL REALIZADO APÓS A CITAÇÃO. NOTIFICAÇÃO DA PARTE CONTRÁRIA E PRAZO PARA MANIFESTAÇÃO. AUSÊNCIA DE EFETIVO PREJUÍZO. NÃO PROVIMENTO. I. No caso, é incontroverso que houve o adi tamento da petição inicial. O Tribunal Regional registrou que a Reclamada foi notificada do referido aditamento cerca de dois meses antes da audiência inicial. II. Esta Corte tem o entendimento no sentido de que, é possível o aditamento da petição inicial, com a alteração do pedido ou da causa de pedir, mesmo após a citação e sem o consentimento da parte contrária, desde que se conceda oportunidade para que a parte interessada se pronuncie sobre o eventual novo pedido, como no caso. III. Agravo de instrumento de que se conhece e a que se nega provimento. (...)" (AIRR-304-26.2013.5.02.0078, 4ª Turma, Relator Ministro Alexandre Luiz Ramos, DEJT 16/08/2019).*
>
> *RECURSO DE REVISTA. APELO INTERPOSTO SOB A ÉGIDE DO NOVO CPC. CERCEAMENTO DO DIREITO DE DEFESA. ADITAMENTO À PETIÇÃO INICIAL APÓS A NOTIFICAÇÃO E A APRESENTAÇÃO DA CONTESTAÇÃO, MAS ANTES DA AUDIÊNCIA INAUGURAL. No processo do trabalho, regido pelos princípios da celeridade, economia processual, simplicidade e instrumentalidade das formas, o momento para o exercício do direito de defesa é a data da audiência inaugural, de acordo com o previsto no art. 847 da CLT, independentemente da data da citação. Dessa forma, admite-se o aditamento da inicial até a apresentação da defesa em audiência, visto que é neste momento que se dá a estabilização da lide trabalhista, desde que seja garantido o direito do contraditório ao Reclamado. (...) (RR - 1652-59.2014.5.06.0005, Relatora Ministra: Maria de Assis Calsing, Data de Julgamento: 28/06/2017, 4ª Turma, Data de Publicação: DEJT 30/06/2017).*

A leitura dos julgados evidencia a preocupação com a garantia do contraditório e da ampla defesa. Nesse particular, ainda que a contestação tenha sido protocolizada antes do aditamento, terá o réu oportunidade de aditar sua defesa, dando concreção à garantia constitucional. Assim, o reclamado terá oportunidade de impugnar o que foi demandado no aditamento.

7.1.1.6. *Emenda e indeferimento da petição inicial*

A emenda da petição inicial objetiva corrigir vícios sanáveis.

Em relação ao indeferimento da petição inicial, o art. 330 do CPC dispõe que:

> "Art. 330. A petição inicial será indeferida quando:
>
> I – for inepta;
>
> II – a parte for manifestamente ilegítima;
>
> III – o autor carecer de interesse processual;
>
> IV – não atendidas as prescrições dos arts. 106 e 321.
>
> § 1.º Considera-se inepta a petição inicial quando:
>
> I – lhe faltar pedido ou causa de pedir;
>
> II – o pedido for indeterminado, ressalvadas as hipóteses legais em que se permite o pedido genérico;
>
> III – da narração dos fatos não decorrer logicamente a conclusão;
>
> IV – contiver pedidos incompatíveis entre si.
>
> § 2.º Nas ações que tenham por objeto a revisão de obrigação decorrente de empréstimo, de financiamento ou de alienação de bens, o autor terá de, sob pena de inépcia, discriminar na petição inicial, dentre as obrigações contratuais, aquelas que pretende controverter, além de quantificar o valor incontroverso do débito.
>
> § 3.º Na hipótese do § 2.º, o valor incontroverso deverá continuar a ser pago no tempo e modo contratados."

As hipóteses de indeferimento da petição inicial estão previstas no art. 330 do CPC, anteriormente transcrito. Entretanto, é preciso separá-las em dois grupos: a) aquelas dos incisos I ao III, que levam à extinção imediata do processo sem resolução do mérito, sem a intimação das partes para modificar a petição inicial; e b) as do inciso IV, em que o indeferimento ocorrerá apenas se não atendida a determinação judicial nos prazos previstos nos arts. 106 e 321 do CPC. Esse é o posicionamento adotado pelo Tribunal Superior do Trabalho, consubstanciado na Súmula 263, *in verbis*:

> "SÚMULA 263 DO TST. PETIÇÃO INICIAL. INDEFERIMENTO. INSTRUÇÃO OBRIGATÓRIA DEFICIENTE (atualizada em decorrência do CPC de 2015) – Resolução 208/2016, *DEJT* divulgado em 22, 25 e 26.04.2016). Salvo nas hipóteses do art. 330 do CPC de 2015 (art. 295 do CPC de 1973), o indeferimento da petição inicial, por encontrar-se desacompanhada de documento indispensável à propositura da ação ou não preencher outro requisito legal, somente é cabível se, após intimada para

suprir a irregularidade em 15 (quinze) dias, mediante indicação precisa do que deve ser corrigido ou completado, a parte não o fizer" (art. 321 do CPC de 2015).

Institui o art. 106 do CPC que cabe ao advogado que postular em causa própria declarar, na petição inicial ou na contestação, o endereço, seu número de inscrição na OAB e o nome da sociedade de advogados da qual participa, para o recebimento de intimações. Caso não o faça, primeiro o juiz ordenará que se supra a omissão, no prazo de 5 dias, e, se a prescrição não for atendida, indeferirá a petição inicial.

Por seu turno, o art. 840, § 1º, da CLT em conjunto com os arts. 319 e 320 do CPC contemplam os requisitos da petição inicial no Processo do Trabalho. Uma vez inobservados, ou se a petição inicial apresentar defeitos e irregularidades capazes de dificultar o julgamento de mérito, o juiz, em um primeiro momento, determinará que o autor, no prazo de 15 dias, a emende ou a complete, indicando com precisão o que deve ser corrigido ou completado, e se ele não o fizer, indeferirá a petição inicial (art. 321 do CPC).

Também são hipóteses de indeferimento da petição inicial: a inépcia da petição inicial, a ilegitimidade de parte e a falta de interesse processual. Porém, nesses casos, o juiz indefere de plano a petição inicial, sem a intimação prévia da parte.

Cumpre destacar que nos domínios do Processo do Trabalho, não é comum o indeferimento liminar da petição inicial pelos magistrados, principalmente pelo fato de que, em regra, o primeiro contato do juiz com a petição inicial ocorre na audiência, sendo a notificação para a audiência ato automático realizado pelos servidores da Vara do Trabalho. Todavia, nada impede que o juiz, antes mesmo da expedição da notificação pela secretaria da Vara, analise e indefira a petição inicial.

Tema polêmico diz respeito à possibilidade ou não de o juiz determinar a emenda da petição inicial quando o reclamante não formula pedido líquido. Os arts. 840, §§ 1º e 3º e 852-B, § 1º, ambos da CLT, impõem a extinção do processo sem resolução do mérito se o reclamante não apresentar pedidos líquidos, sem prever a prévia intimação do reclamante para emendar a petição inicial no prazo de 15 dias, consoante prescreve o art. 321 do CPC.

Entendemos que a omissão da CLT autoriza a aplicação supletiva do art. 321 do CPC, assim como dos arts. 769 da CLT e 15 do CPC. O princípio da primazia da decisão de mérito orienta o nosso sistema jurídico e afasta do Processo do Trabalho a necessidade de intimar o reclamante para emendar a petição inicial. Nesses casos, seria negar a aplicação de tal princípio, promovendo justamente o contrário do que se busca, que é a análise do mérito.

7.1.1.7. Desistência da ação

A CLT dispõe expressamente sobre o momento final para o reclamante desistir da ação sem o consentimento do réu em seu art. 841, § 3º:

> "Art. 841. (...)
>
> § 3º Oferecida a contestação, ainda que eletronicamente, o reclamante não poderá, sem o consentimento do reclamado, desistir da ação."

Após a contestação, o reclamante não poderá desistir sem o consentimento do réu (art. 485, § 4º, do CPC).

7.1.2. Atos intermediários de órgãos auxiliares da Justiça

Nas localidades onde houver mais de uma Vara do Trabalho ou mais de um Juízo, a reclamação trabalhista será, preliminarmente, submetida à distribuição, conforme determina o art. 838 da CLT.

Por outro lado, nas localidades em que houver apenas uma Vara do Trabalho ou Juízo, a reclamação será apresentada diretamente à secretaria da Vara, ou ao cartório do Juízo (art. 837 da CLT).

A distribuição deverá obedecer a ordem rigorosa de sua apresentação ao distribuidor, quando houver (art. 783 da CLT).

Estabelece o art. 841 da CLT que, recebida e protocolada a reclamação, o escrivão ou chefe de secretaria, dentro de 48 horas, remeterá a segunda via da petição, ou do termo, ao reclamado, notificando-o ao mesmo tempo, para comparecer à audiência de julgamento, que será a primeira desimpedida, depois de 5 dias.

Logo, recebida a reclamação trabalhista pela Vara do Trabalho, o escrivão ou chefe de secretaria, no prazo de 48 horas, notificará, via postal, o reclamado, para comparecer à audiência, presumindo-se o recebimento da atinente notificação pelo réu também no prazo de 48 horas (contados da postagem nos correios).

Na Justiça do Trabalho, ao contrário do que ocorre na Justiça Comum e na Justiça Federal, o reclamado não é citado para apresentar de imediato a resposta, mas sim para comparecer à audiência, onde apresentará sua defesa.

Nos termos do art. 847, parágrafo único, da CLT, o reclamado poderá apresentar defesa escrita pelo sistema de processo judicial eletrônico até a audiência.

Entre o recebimento da notificação postal e a realização da audiência, consoante dispõe o art. 841 consolidado, exige-se um decurso mínimo de 5 dias, tempo necessário para o reclamado preparar sua defesa e documentos que serão apresentados.

Não respeitado o quinquídio legal previsto no art. 841 consolidado, o reclamado, comparecendo a juízo, poderá requerer a designação de nova data para realização da audiência.

O § 1.º do art. 841 da CLT informa que, se o reclamado criar embaraços ao seu recebimento, ou não for encontrado, far-se-á a notificação por edital.

No entanto, tendo em vista o alto custo da notificação por edital, na prática, quando o reclamado cria embaraços ao seu recebimento ou não é encontrado, o juiz do trabalho determina a notificação do reclamado por intermédio de oficial de justiça.

O reclamante será notificado da audiência no ato da distribuição da reclamação ou poderá ser notificado, via postal, da data designada para a realização da audiência (art. 841, § 2.º, da CLT).

Sobre o tema, remetemos o leitor ao capítulo quarto, em que o assunto foi tratado especificamente no item "comunicação dos atos processuais".

Destacamos, ainda, as seguintes jurisprudências:

> "RECURSO DE REVISTA INTERPOSTO NA VIGÊNCIA DA LEI Nº 13.015/2014. PROCESSO DO TRABALHO. NOTIFICAÇÃO INICIAL POR MEIO POSTAL. VALIDADE. NECESSIDADE DE ENCAMINHAMENTO AO CORRETO ENDEREÇO DA EMPRESA. Não ofende os arts. 841, § 1º, e 844 da CLT, a decisão regional que, partindo da premissa de que duas empresas compõem o polo passivo (tomadora e prestadora de serviços), a notificação inicial, conquanto impessoal, deve ser procedida no correto endereço da sede da empresa. Assim, tendo o autor indicado apenas o endereço da tomadora, local da prestação de serviços, a primeira reclamada (prestadora) logrou êxito em comprovar, por meio do endereço constante do TRCT, do contrato social e do contrato de trabalho do autor, que não foi validamente citada no endereço correto de sua sede, razão por que não compareceu à audiência inicial designada. Diante desse contexto, o eg. TRT entendeu correta a redesignação da audiência inicial, à qual a reclamada compareceu e apresentou defesa, razão por que afastou a pretensão autoral de aplicação da pena de revelia e confissão ficta. Em relação à divergência jurisprudencial, é de se aplicar o art. 896, § 8º, da CLT, que atribui ao recorrente o ônus de demonstrar as "circunstâncias que identifiquem ou assemelhem os casos confrontados". Recurso de revista não conhecido" (TST – RR 10633020125090013 – 6ª T., Rel. Aloysio Corrêa da Veiga, j. em 17.02.2016, *DEJT* 19.02.2016).
>
> "RECURSO ORDINÁRIO. AÇÃO RESCISÓRIA. VIOLAÇÃO LITERAL DE LEI. NULIDADE DE CITAÇÃO. NÃO CONFIGURAÇÃO. A CLT prevê a notificação do reclamado para apresentar defesa pela via postal e, no caso de o demandado criar embaraços para a concretização do ato citatório, ou não ser encontrado, estabelece a citação por edital (art. 841, § 1º). No caso dos autos, restou devidamente observada essa norma, havendo exaurimento de todas as alternativas de comunicação do ato processual. A determinação para a prática da citação por edital ocorreu após o insucesso das tentativas via oficial de justiça, realizadas no endereço em que restou frutífera citação em outra reclamação trabalhista e que, na fase de

execução da ação matriz, a própria Reclamada indica como endereço de sua residência. Houve, ainda, tentativa de intimação, via oficial de justiça, em nome de patronas da Reclamada que atuaram em outra reclamação trabalhista e na fase de execução da reclamação matriz, oportunidade em que foi informado ao oficial de justiça, por uma delas, que não mais representavam a Reclamada e não sabiam o endereço desta. Constatado que a ora Autora encontrava-se em lugar incerto e ignorado, não há irregularidade na citação feita por edital. Recurso ordinário não provido" (TST – RO 26739120105180000, Rel. Emmanoel Pereira – j. em 10.11.2015 – *DEJT* 13.11.2015).

"AGRAVO DE INSTRUMENTO EM RECURSO DE REVISTA. NULIDADE DE CITAÇÃO. CITAÇÃO POR EDITAL. No caso dos autos procedeu-se à tentativa de notificação da primeira – reclamada inclusive por carta precatória, a qual, contudo, restou infrutífera, passando-se a considerar que a empresa encontrava-se em local incerto e não sabido. Na forma como posto, portanto, a notificação por edital operou-se somente após esgotada a tentativa por notificação postal, em exata conformidade à regra prevista nos arts. 231 do CPC (art. 256 do atual CPC) e 841, § 1.º, da CLT. Agravo de instrumento desprovido" (TST – 1.ª T. – AIRR 10526-44.2010.5.04.0000 – Rel. Min. Luiz Philippe Vieira de Mello Filho – j. 27.10.2010, *DEJT* 05.11.2010).

"RECURSO DE REVISTA DO BANCO DO BRASIL. NOTIFICAÇÃO INICIAL VIA POSTAL. VALIDADE. 1. Consoante estabelece o art. 841, § 1.º, da CLT, a notificação será feita em registro postal com franquia e, se o reclamado criar embaraços ao seu recebimento ou não for encontrado, far-se-á a notificação por edital, inserto no jornal oficial ou no que publicar o expediente forense, ou, na falta, afixado na sede da Vara ou Juízo. 2. No caso, a notificação foi remetida via postal para o endereço do Banco-Reclamado e foi recebida por empregado seu que exercia a função de 'caixa'" (TST – RR 1846/2004-029-12-00 – 4.ª T. – Rel. Ives Gandra Martins Filho – publicado em 08.06.2007).

7.1.3. Resposta do réu

7.1.3.1. Espécies

Inicialmente, cabe destacar que, nos domínios do Processo do Trabalho, a defesa do reclamado será apresentada em audiência. Com efeito, na Justiça do Trabalho, proposta a inicial trabalhista, o reclamado será notificado, via postal, para comparecer à audiência, onde, querendo, apresentará sua defesa.

Aberta a audiência e não havendo acordo, estabelece o art. 847 consolidado que o reclamado terá vinte minutos para aduzir sua defesa, após a leitura da reclamação, quando esta não for dispensada por ambas as partes.

A defesa do reclamado pode tanto ser apresentada verbalmente como por escrito, sendo mais comum que a peça de resistência seja exposta na forma escrita. Nos termos do art. 847, parágrafo único, da CLT, o reclamado poderá apresentar defesa escrita pelo sistema de processo judicial eletrônico até a audiência.

São respostas do réu no Processo do Trabalho: a contestação (a reconvenção é apresentada na contestação) e as exceções de incompetência e de suspeição e impedimento.

Cabe ressaltar que o reclamado não é obrigado a se defender. A apresentação da defesa, portanto, constitui-se em faculdade do réu, conforme bem acentua Misael Montenegro Filho, *Curso de direito processual civil*, p. 359-360, *in verbis*:

> "Não se impõe ao réu a obrigação de se defender. A apresentação ou não da sua defesa constitui uma faculdade, de modo que a omissão do promovido implica a presunção de que não tem interesse pelo objeto do processo contra si movido. A imperfeição processual emerge não da ausência de resposta do réu, mas sim da constatação de não lhe ter sido assegurada a oportunidade para a apresentação da sua contrariedade."

Passemos a analisar as espécies de defesa do réu, isoladamente.

7.1.3.2. *Contestação*

7.1.3.2.1. Conceito e princípios da impugnação especificada e eventualidade

A contestação, sem dúvida, é a espécie principal de defesa do réu. Podemos conceituar a contestação, também chamada de "peça de resistência" ou "peça de bloqueio", como uma das modalidades de resposta do réu, pela qual o réu exerce o seu direito constitucionalmente assegurado de defesa, insurgindo-se contra a pretensão deduzida pelo autor na petição inicial.

A Consolidação das Leis do Trabalho utilizou o termo "defesa", não se referindo, especificamente, à contestação (arts. 847 e 848).

A redação da contestação não exige requisitos específicos, como ocorre na petição inicial, sendo conferida ao reclamado liberdade na elaboração da "peça de bloqueio", quanto à sua forma.

O art. 336 do CPC, de aplicação subsidiária ao Processo do Trabalho, contempla o princípio da eventualidade, dispondo que compete ao réu alegar, na contestação, toda a matéria de defesa, expondo as razões de fato e de direito, com que impugna o pedido do autor.

No que atine ao princípio da eventualidade, deverá o réu incluir no bojo da "peça de resistência" todas as matérias de irresignação, vedando-se a denominada "contestação por etapas".

Aliás, o princípio da eventualidade estabelece que todos os meios de defesa sejam apresentados em uma única oportunidade processual, possibilitando ao magistrado, caso não aceite um deles, conhecer dos posteriores. Logo, toda a matéria de defesa deve ser arguida na contestação, sob pena de preclusão.

Por seu lado, o art. 341 do CPC prevê o princípio da impugnação específica, instituindo que incumbe também ao réu manifestar-se precisamente sobre as alegações de fato constantes da petição inicial, presumindo-se verdadeiras as não impugnadas, salvo se: a) não for admissível, a seu respeito, a confissão; b) a petição inicial não estiver acompanhada de instrumento que a lei considerar da substância do ato; e c) estiverem em contradição com a defesa, considerada em seu conjunto. O ônus da impugnação especificada dos fatos não se aplica ao defensor público, ao advogado dativo e ao curador especial.

Em relação ao princípio da impugnação especificada, o art. 341 do CPC dispõe que:

> "Art. 341. Incumbe também ao réu manifestar-se precisamente sobre as alegações de fato constantes da petição inicial, presumindo-se verdadeiras as não impugnadas, salvo se:
>
> I – não for admissível, a seu respeito, a confissão;
>
> II – a petição inicial não estiver acompanhada de instrumento que a lei considerar da substância do ato;
>
> III – estiverem em contradição com a defesa, considerada em seu conjunto.
>
> Parágrafo único. O ônus da impugnação especificada dos fatos não se aplica ao defensor público, ao advogado dativo e ao curador especial."

Sobre o tema, Alexandre Freitas Câmara, *Lições de direito processual civil*, p. 326, explica que:

> "Consequência do ônus da impugnação especificada dos fatos é a inadmissibilidade da 'contestação por negação geral', aquela em que o réu se limita a afirmar que todas as alegações do autor são inverídicas, ou que sua pretensão é improcedente. Contestar por negação geral é o mesmo que não contestar. Esta forma de contestação só é admitida, nos termos do art. 302, parágrafo único, do CPC (art. 341 do atual CPC, parágrafo único), quando apresentada pelo curador especial (nomeado nas hipóteses do art. 9.º (art. 72 do atual CPC) e pelo Ministério Público."

O princípio da impugnação específica, portanto, impede que o réu apresente contestação genérica, em que o demandado se limita a indicar que os argumentos do autor não merecem guarida, requerendo, simplesmente, a improcedência dos pedidos contidos na peça vestibular, sem especificar as razões que subsidiam essa conclusão.

De outra maneira, o réu deverá impugnar, individual e especificamente, todos os pedidos postulados pelo autor, sendo considerada a contestação por negação geral ineficaz, presumindo-se verdadeiros os fatos articulados na petição inicial.

Nessa perspectiva, após a apresentação da contestação, não se admite que o réu complemente a sua defesa, salvo se versarem sobre direito superveniente (matéria surgida após a apresentação da contestação), se tratar de questões de ordem pública (as quais o juiz pode conhecer de ofício, como as hipóteses previstas no art. 337 do CPC, exceto compromisso arbitral) ou em caso de matérias que a lei permita serem conhecidas a qualquer tempo e grau de jurisdição, hipóteses em que não se opera a preclusão consumativa, conforme previsto no art. 342 do CPC, *in verbis*:

> "Art. 342. Depois da contestação, só é lícito ao réu deduzir novas alegações quando:
>
> I – relativas a direito ou a fato superveniente;
>
> II – competir ao juiz conhecer delas de ofício;
>
> III – por expressa autorização legal, puderem ser formuladas em qualquer tempo e grau de jurisdição."

Caso o réu não conteste a ação, reputar-se-ão verdadeiros os fatos afirmados pelo autor (art. 344 do CPC).

O prazo para contestação na justiça do trabalho é diferente do prazo no processo civil. Aberta a audiência, o juiz proporá a conciliação. Havendo acordo, o termo será assinado pelo presidente e pelos litigantes. Contudo, não havendo acordo, o reclamado terá vinte minutos para aduzir sua defesa, após a leitura da reclamação, quando esta não for dispensada por ambas as partes.

À luz do art. 847, parágrafo único, da CLT, o reclamado poderá apresentar defesa escrita pelo sistema de processo judicial eletrônico até a audiência.

7.1.3.2.2. Revelia

Dispõe o art. 344 do CPC que, se o réu não contestar a ação, será considerado revel e presumir-se-ão verdadeiras as alegações de fato formuladas pelo autor.

Por outro lado, estabelece a parte final do art. 844 da CLT que, se o reclamado não comparecer à audiência, importará revelia, além de confissão, quanto à matéria de fato, ou seja, presumem-se verdadeiros os fatos alegados pelo demandante.

Com base no art. 844, § 5º, da CLT, ainda que ausente o reclamado, presente o advogado na audiência, serão aceitos a contestação e os documentos eventualmente apresentados, nas ações propostas depois de 11.11.2017, data em que entrou em vigor a Lei 13.467/2017 (Reforma Trabalhista) (art. 12, IN 41/2018, do TST).

Outrossim, a revelia não gerará a presunção de veracidade dos fatos alegados na petição inicial se (art. 844, § 4º, da CLT):

- Se, havendo pluralidade de réus, algum deles contestar a ação;
- Se o litígio versar sobre direitos indisponíveis;
- Se a petição inicial não estiver acompanhada do instrumento público, que a lei considere indispensável à prova do ato;
- Se as alegações de fato formuladas pelo autor forem inverossímeis ou estiverem em contradição com prova constante dos autos.

Ressalte-se que não há tolerância para o atraso das partes em audiência, conforme preconiza a OJ 245 da SDI-1 do TST, *in verbis*:

> "OJ 245 – SDI-1/TST. REVELIA. ATRASO. AUDIÊNCIA (inserida em 20.06.2001)
>
> Inexiste previsão legal tolerando atraso no horário de comparecimento da parte na audiência".

Dessa forma, o atraso injustificado do reclamante implicará o arquivamento da demanda, e para o reclamado, revelia e confissão quanto à matéria de fato.

Note-se, contudo, que "a vedação à produção de prova posterior pela parte confessa somente a ela se aplica, não afetando o exercício, pelo magistrado, do poder-dever de conduzir o processo" (Súmula 74, III, do TST).

Por sua vez, estabelece o art. 346 do CPC:

> "Art. 346. Os prazos contra o revel que não tenha patrono nos autos fluirão da data de publicação do ato decisório no órgão oficial.
>
> Parágrafo único. O revel poderá intervir no processo em qualquer fase, recebendo-o no estado em que se encontrar."

Impende destacar que, nos domínios do Processo do Trabalho, mesmo que ocorra a revelia, o revel será notificado, via postal, da sentença proferida, conforme previsto no art. 852 da CLT.

Por outro lado, ainda que consumada a revelia, caso exista na petição inicial trabalhista pedido envolvendo adicional de insalubridade ou periculosidade, o juiz deverá determinar a realização de perícia, em função do disposto no art. 195, § 2.º, da CLT, nada obstando que o reclamado revel indique assistente técnico e produza provas em face de tal pleito.

Destacamos, ainda, os seguintes julgados acerca da revelia no Processo do Trabalho:

> "RECURSO DE REVISTA DA RECLAMADA. MFB – MARFRIG FRIGORÍFICOS BRASIL S.A. COMPARECIMENTO DA PREPOSTA DA RECLAMADA COM ATRASO À AUDIÊNCIA DE INSTRUÇÃO. INGRESSO À SALA DE AUDIÊNCIAS APÓS JÁ DECLARADA A REVELIA E A COMINAÇÃO DE CONFISSÃO FICTA. MOMENTO EM QUE O JUÍZO DA INSTRUÇÃO JÁ ESTAVA DETERMINANDO O ADIAMENTO. Consoante o entendimento assentado na Orientação Jurisprudencial nº 245 da SBDI-1 do TST, inexiste previsão em lei tolerando atraso no horário de comparecimento da parte na audiência. A jurisprudência desta Corte tem considerado descabida a aplicação da revelia e da confissão ficta, em face do comparecimento da reclamada à audiência com atraso ínfimo e antes da prática de qualquer ato processual. Todavia, no caso, o atraso da preposta da reclamada não foi ínfimo, mas, sim, de doze minutos, tendo ela comparecido à audiência depois que o Juízo da instrução já lhe havia declarado revel e confessa quanto à matéria de fato, encontrando-se no momento da marcação da data da audiência de prosseguimento. Além disso, a presença do advogado munido de procuração e de defesa, não afasta a revelia, sendo nesse sentido a Súmula nº 122 do TST. A aplicação das regras processuais pertinentes à hipótese não comparecimento do réu à audiência inaugural não caracteriza o alegado cerceamento de defesa. Recurso de revista não conhecido. HONORÁRIOS ADVOCATÍCIOS. REQUISITOS NÃO PREENCHIDOS. AUSÊNCIA DE ASSISTÊNCIA SINDICAL. A condenação ao pagamento de honorários advocatícios no processo do trabalho não decorre pura e simplesmente da sucumbência. É imperiosa a observância conjunta dos requisitos afetos à prestação de assistência jurídica pelo sindicato profissional e à insuficiência econômica do autor, que não estão presentes no caso. Inteligência das Súmulas nºs 219, I, e 329 do TST. Recurso de revista conhecido e provido" (TST – RR 2648720115040812 – 7ª T. – Rel. Luiz Philippe Vieira de Mello Filho – j. em 09.03.2016 – *DEJT* 11.03.2016).
>
> "RECURSO ORDINÁRIO. REVELIA. EFEITOS. No processo trabalhista, a lei exige a presença das partes, independentemente da presença de seus advogados, cominando à ausência do empregado o arquivamento do processo e à ausência do empregador, o julgamento do processo à revelia e a confissão dos fatos alegados na petição inicial, nos moldes do artigo 844 da CLT, limitada à prova dos fatos já existente nos autos" (TRT – 1ª Região – RO 00021249720125010222 RJ – 2ª T. – Rel. José Antonio Piton – j. em 30.07.2014 – *DEJT* 06.08.2014).
>
> "REVELIA E CONFISSÃO. O direito ao contraditório e à ampla defesa deve ser exercido em consonância com as normas processuais em vigor e dentro dos limites do devido processo legal. O art. 844 da CLT define que o atraso do reclamado, ou o não comparecimento à audiência no horário marcado e para o qual estava cientificado, conduz à revelia e, por outro lado, o do reclamante, ao arquivamento. Assim, quem não comparece à audiência tem mitigada a aplicação dos princípios acima citados, arcando com as consequências do seu atraso, sendo revel e confesso quanto à matéria fática. Ademais, de acordo com a Orientação Jurisprudencial 245 da SBDI-I deste Tribunal Superior, 'inexiste previsão legal

tolerando atraso no horário de comparecimento da parte na audiência'. Recurso de revista a que se dá provimento" (RR 441000-37.2004.5.12.0026 – 5.ª T. – Rel. Min. Kátia Magalhães Arruda – 05.05.2010).

"REVELIA. NOTIFICAÇÃO PESSOAL PARA COMPARECIMENTO À AUDIÊNCIA EM ENDEREÇO DESATUALIZADO DO FORO. INEXISTÊNCIA. NULIDADE DOS ATOS PROCESSUAIS. Emprestando a jurisprudência majoritária interpretação literal ao disposto no art. 844 da CLT no sentido de configuração da revelia do reclamado ausente à audiência, ainda que compareça seu advogado munido de contestação, procuração e provas, é essencial que o ato de notificação do reclamado seja eficaz e inquestionável. Neste contexto, merece anulação o processo, a partir da realização da audiência inaugural, em que o reclamado foi avisado de que deveria comparecer a endereço diverso daquele onde o ato foi realizado em decorrência de mudança não notificada. Irrelevante, pela ineficácia processual da presença do advogado do réu à audiência, a presença deste ao ato processual. Recurso conhecido e provido" (TRT – 10ª Região – RO 01327-2013-103-10-00-4/DF, 1ª T., Rel. Antonio Umberto de Souza Júnior – j. em 27.08.2014 – *DEJT* 05.09.2014).

"ATESTADO MÉDICO. IMPOSSIBILIDADE DE LOCOMOÇÃO. REVELIA. AFASTADA. O atestado médico colacionado aos autos antes mesmo da audiência de instrução demonstra que o Reclamado, idoso de 73 anos, estava impossibilitado de locomover-se, porquanto disposto naquele documento que necessitava permanecer em repouso. Assim, o d. Juízo Singular ao declarar a revelia e confissão ficta do Reclamado incidiu em cerceamento de defesa, razão pela qual declaro a nulidade da r. sentença e determino o retorno dos autos ao d. Juízo Singular, para reabertura da instrução processual" (TRT – 23.ª Região – RO 01536.2006.036.23.00-0 – Rel. Leila Calvo – publicado em 13.08.2007).

"ATRASO NO COMPARECIMENTO À AUDIÊNCIA INICIAL. REVELIA. Por força do disposto no art. 844 da CLT, o não comparecimento da Reclamada à audiência, no horário previamente marcado, importa em revelia e confissão ficta quanto à matéria de fato. Mesmo na hipótese de atraso da parte ré, que adentrou na sala de audiências após encerrada a instrução e impressão da ata respectiva, deve ser aplicado o aludido diploma legal, mormente porque inexiste previsão legal para abonar qualquer retarde" (OJ 245 da SDI-1) (TRT – 23.ª Região – RO 00062.2007.009.23.00-8 – Rel. Tarcísio Valente – publicado em 23.08.2007).

7.1.3.2.3. Defesa processual

O réu poderá apresentar defesa processual na contestação, constituindo-se numa defesa indireta do demandado, sem apreciação das questões de mérito da lide, mas tão somente baseando-a em aspectos meramente processuais.

Em outras palavras, na defesa processual (que será sempre indireta) não há a abordagem de questões meritórias, mas apenas de questões processuais, de vícios verificados na inicial, no exercício do direito de ação (condições da ação) ou na própria existência ou no desenvolvimento válido e regular do processo (pressupostos processuais).

A defesa processual, conhecida nos domínios jurídicos como "preliminares", é classificada pela doutrina em "peremptórias" e "dilatórias".

A defesa processual peremptória, uma vez acolhida, põe fim ao processo. As dilatórias apenas suspendem ou dilatam o curso do processo, sem extingui-lo, retomando o processo o curso normal após saneado o vício.

O art. 337 do CPC estabelece as hipóteses de defesa processual do réu, conhecidas também como "objeção". Vejamos:

> "Art. 337. Incumbe ao réu, antes de discutir o mérito, alegar:
>
> I – inexistência ou nulidade da citação;
>
> II – incompetência absoluta e relativa;
>
> III – incorreção do valor da causa;
>
> IV – inépcia da petição inicial;
>
> V – perempção;
>
> VI – litispendência;
>
> VII – coisa julgada;
>
> VIII – conexão;
>
> IX – incapacidade da parte, defeito de representação ou falta de autorização;
>
> X – convenção de arbitragem;
>
> XI – ausência de legitimidade ou de interesse processual;
>
> XII – falta de caução ou de outra prestação que a lei exige como preliminar;
>
> XIII – indevida concessão do benefício de gratuidade de justiça."

Destaque-se que o art. 337, § 5.º, do digesto processual civil dispõe que, com exceção à convenção de arbitragem e à incompetência relativa, o juiz conhecerá de ofício das matérias enumeradas neste artigo.

Além das matérias arroladas no art. 337 do CPC, o réu poderá alegar também, se for o caso, outras previstas no art. 485 do mesmo diploma processual, tais como: quando houver confusão entre autor e réu; quando a ação for considerada intransmissível por disposição legal ou quando o autor já houver desistido da ação.

7.1.3.2.4. Defesa de mérito

Quanto ao mérito, a contestação pode apresentar duas espécies de defesa: defesa indireta de mérito e defesa direta de mérito.

Analisaremos a defesa de mérito, separadamente.

A - Defesa indireta de mérito

Na contestação indireta do mérito, também denominada "exceção substancial", o réu reconhece o fato constitutivo do direito, mas alega um fato extintivo, impeditivo ou modificativo do direito do autor.

A alegação de **fato impeditivo** pelo réu é o que provoca a ineficácia dos fatos arguidos pelo demandante. A título de exemplo, podemos mencionar a hipótese em que o reclamante requer o pagamento da indenização compensatória de 40% do FGTS e o reclamado alega que a dispensa ocorreu por justa causa, em função de falta grave cometida pelo trabalhador, sendo a indenização indevida. Trata-se de fato impeditivo do direito do autor.

Já o **fato modificativo** provoca a alteração dos fatos alegados pelo demandante. Como exemplo, podemos citar a reclamação trabalhista em que o reclamante postula os depósitos do FGTS relativos a todo o período do contrato de trabalho e o reclamado demonstre que houve recolhimento parcial dos depósitos fundiários. Neste caso está arguindo um fato modificativo do direito do autor.

Por último, o **fato extintivo** extingue a obrigação assumida pelo demandado, não podendo mais esta ser exigida do réu. A renúncia, a transação, a decadência e a prescrição são exemplos típicos de fatos extintivos do direito do autor alegados pelo réu.

B – Defesa direta de mérito

A defesa direta de mérito ocorre com a negação do fato constitutivo do direito do autor.

No âmbito do Processo do Trabalho, podemos apresentar os seguintes exemplos de defesa direta do mérito:

- O reclamante postula reconhecimento de vínculo de emprego, o qual é negado pelo reclamado;
- O reclamante postula o adicional de transferência e o reclamado contesta alegando que não houve transferência do empregado, uma vez que não houve mudança de domicílio;
- O reclamante postula horas extras e o reclamado junta cartões de ponto afirmando que o obreiro não laborou em jornada suplementar;
- O reclamante alega que foi dispensado pela empresa, a qual nega o despedimento do obreiro.

7.1.3.2.5. Compensação, dedução e retenção

A compensação, a teor do art. 767 consolidado, somente pode ser alegada como matéria de defesa. Quer dizer, a compensação deve ser alegada na contestação, sob pena de preclusão.

Estabelece a Súmula 18 do TST que a compensação na Justiça do Trabalho está restrita a dívidas de natureza trabalhista.

Por sua vez, o art. 477, § 5.º, da CLT dispõe que, na rescisão, qualquer compensação no pagamento a que fizer jus o empregado não poderá exceder o equivalente a um mês de remuneração.

A compensação, em verdade, é uma forma indireta de extinção de obrigações, destinada a possibilitar a solução de dívidas entre as partes litigantes, quando autor e réu são reciprocamente credor e devedor. Neste contexto, estabelece o art. 368 do CC que, "se duas pessoas forem ao mesmo tempo credor e devedor uma da outra, as duas obrigações extinguem-se, até onde se compensarem". A compensação efetua-se entre dívidas líquidas, vencidas e de coisas fungíveis.

Carlos Henrique Bezerra Leite, *Curso de direito processual do trabalho*, 14. ed., p. 715, apresenta os seguintes exemplos de compensação na seara laboral, em que o reclamado pode requerer ao juiz que a dívida do empregado seja compensada com eventuais créditos deste: "a) aviso-prévio não dado pelo empregado-reclamante que pede a sua demissão (CLT, art. 487, § 2.º); b) prejuízo decorrente de dolo causado pelo empregado-reclamante no curso do contrato de trabalho (CLT, art. 462, § 1.º). Em ambos os casos, a lei faculta ao reclamado pedir ao juiz que autorize a compensação de tais débitos com os eventuais créditos a que o empregado-reclamante tenha direito".

Outrossim, os institutos da compensação e dedução não se confundem. A dedução dos valores pagos pelo empregador em relação aos títulos pleiteados pelo autor pode ser deferida de ofício pelo magistrado, evitando-se, assim, o enriquecimento ilícito do reclamante, devendo ser determinada sempre que restem comprovados os pagamentos já efetuados pelo reclamado. Já a compensação depende de requerimento do reclamado até a contestação, podendo ser utilizada quando autor e réu são reciprocamente credores e devedores.

A retenção consiste no direito do réu de reter alguma coisa do autor até que o mesmo quite sua dívida com o demandado, também devendo ser requerida no prazo da defesa, sob pena de preclusão (art. 767 da CLT).

O TST editou algumas súmulas sobre o tema:

> "SÚMULA 87. PREVIDÊNCIA PRIVADA (mantida) – Res. 121/2003, *DJ* 19, 20 e 21.11.2003. Se o empregado, ou seu beneficiário, já recebeu da instituição previdenciária privada, criada pela empresa, vantagem equivalente, é cabível a dedução de seu valor do benefício a que faz jus por norma regulamentar anterior."
>
> SÚMULA 401. AÇÃO RESCISÓRIA. DESCONTOS LEGAIS. FASE DE EXECUÇÃO. SENTENÇA EXEQUENDA OMISSA. INEXISTÊNCIA DE OFENSA À COISA JULGADA (conversão da Orientação Jurisprudencial nº 81 da SBDI-2) – Res. 137/2005 – *DJ* 22, 23 e 24.08.2005. Os descontos previdenciários e fiscais devem ser efetuados pelo juízo executório, ainda que a sentença exequenda tenha sido omissa sobre a questão, dado o caráter de ordem pública ostentado pela norma que os disciplina. A ofensa à coisa julgada somente poderá ser caracterizada na hipótese

de o título exequendo, expressamente, afastar a dedução dos valores a título de imposto de renda e de contribuição previdenciária" (ex-OJ 81 da SBDI-2 – inserida em 13.03.2002).

Destacamos, ainda, os seguintes julgados:

"COMPENSAÇÃO. DÉBITO DO RECLAMANTE DE NATUREZA CIVIL. NÃO CABIMENTO. Não se mostra admissível o pedido de compensação do débito trabalhista do empregador com o suposto empréstimo pessoal que fizera ao trabalhador, porquanto a alegada dívida do Reclamante não possui natureza trabalhista" (exegese da Súmula 18 do colendo TST) (TRT – 23.ª Região – RO 00119.2006.056.23.00-5 – Rel. Tarcísio Valente – publicado em 23.07.2007).

"COMPENSAÇÃO. NÃO OBSERVÂNCIA DOS REQUISITOS LEGAIS – INVALIDADE. É cediço que o implemento do instituto da compensação na seara do Direito do Trabalho está condicionado à observância de dois pressupostos: a dívida compensada tem que possuir natureza eminentemente trabalhista (aplicação da Súmula 18/TST) e o valor não pode ultrapassar 'o equivalente a um mês de remuneração do empregado' (§ 5.º do art. 477 da CLT). No caso em tela, o débito, invocado na defesa, é, indiscutivelmente, de caráter civil e o seu valor excede consideravelmente a remuneração da Autora, logo, impõe-se manter o posicionamento do Juízo a quo no sentido de invalidar a compensação implementada pelo Reclamado no ato da rescisão contratual, por se encontrar fora dos parâmetros legais" (TRT – 23.ª Região – RO 02080.2006.051.23.00-9 – Rel. Tarcísio Valente – publicado em 05.07.2007).

"RECURSO DE REVISTA – CEF – BANCÁRIO – ALTERAÇÃO DA JORNADA LEGAL COM DURAÇÃO REDUZIDA DE SEIS HORAS MEDIANTE IMPLANTAÇÃO DE PLANO DE CARGOS COMISSIONADOS – INVALIDADE DA OPÇÃO FORMALIZADA PELO TRABALHADOR – COMPENSAÇÃO DOS VALORES PERCEBIDOS A TÍTULO DE GRATIFICAÇÃO DE FUNÇÃO COM AS HORAS EXTRAORDINÁRIAS DEVIDAS AO OBREIRO – POSSIBILIDADE – E-RR-8861/2005-037-12-00.0. A previsão inserta no § 2.º do art. 224 da CLT assegura ao bancário jornada de trabalho com duração de apenas seis horas. Só excepcionalmente pode o empregado bancário, portanto, estar sujeito à jornada com duração de oito horas, e tais condições, exatamente por serem excepcionais (como o é o exercício de funções de chefia, fiscalização, gerência ou equivalentes), dependem de prova, de aferição prática, porque o direito do trabalho rege-se a partir do princípio da primazia da realidade. Dessa forma, não é possível reconhecer validade a mera previsão, em norma de hierarquia inferior à legal, no sentido de que a simples posse do empregado em determinado cargo, com o pagamento de gratificação, afaste seu direito ao cumprimento de jornada especial. Entretanto, ressalvado o posicionamento deste Relator, no sentido de ser inviável a compensação dos valores percebidos pelo reclamante a título de gratificação de função com as horas extraordinárias que lhe são devidas, a SBDI-1 do TST, no julgamento do E-RR-8861/2005-037-12-00.0, firmou o entendimento de que a referida compensação não contraria os termos da Súmula n.º 109 do TST, razão pela qual se impõe, no particular, o acolhimento da pretensão esposada pela reclamada. Recurso de revista conhecido e parcialmente provido" (TST – 1.ª T. – Rel. Min. Luiz Philippe Vieira de Mello Filho – RR 16400-33.2006.5.10.0016 – j. em 1.º.12.2009 – *DEJT* 11.12.2009).

7.1.3.2.6. Prescrição

Nos termos do art. 189 do Código Civil, "violado o direito, nasce para o titular a pretensão, a qual se extingue pela prescrição, nos prazos a que aludem os arts. 205 e 206". Dessa forma, a prescrição consiste na perda da pretensão de reparação do direito violado, em virtude da inércia de seu titular no decurso de certo período. Aliás, prescrição consiste na perda da exigibilidade judicial de um direito em consequência de não ter sido exigido pelo credor ao devedor durante certo lapso temporal. Extinta a pretensão, incabível a ação.

Os prazos prescricionais estão previstos em lei, não podendo ser estipulados pelas partes.

À luz do art. 7.º, XXIX, da Constituição Federal e do art. 11, da CLT, o prazo de prescrição das verbas trabalhistas é de cinco anos, observados dois anos para a propositura da ação, após a extinção do contrato de trabalho. Observe-se:

> "Art. 7.º da CF. São direitos dos trabalhadores urbanos e rurais, além de outros que visem à melhoria de sua condição social:
>
> (...)
>
> XXIX – ação, quanto aos créditos resultantes das relações de trabalho, com prazo prescricional de cinco anos para os trabalhadores urbanos e rurais, até o limite de dois anos após a extinção do contrato de trabalho;"
>
> "Art. 11 da CLT. A pretensão quanto a créditos resultantes das relações de trabalho prescreve em cinco anos para os trabalhadores urbanos e rurais, até o limite de dois anos após a extinção do contrato de trabalho.
>
> (...)

A prescrição quinquenal conta-se retroativamente da data do ajuizamento da ação e não do término do contrato de trabalho, como determina a Súmula 308, I, do TST:

> "SÚMULA 308 DO TST. PRESCRIÇÃO QUINQUENAL (incorporada a Orientação Jurisprudencial 204 da SBDI-1) – Res. 129/2005, *DJ* 20, 22 e 25.04.2005.
>
> I. Respeitado o biênio subsequente à cessação contratual, a prescrição da ação trabalhista concerne às pretensões imediatamente anteriores a cinco anos, contados da data do ajuizamento da reclamação e, não, às anteriores ao quinquênio da data da extinção do contrato. (ex-OJ 204 da SBDI-1 – inserida em 08.11.2000)
>
> II. A norma constitucional que ampliou o prazo de prescrição da ação trabalhista para 5 (cinco) anos é de aplicação imediata e não atinge pretensões já alcançadas pela prescrição bienal quando da promulgação da CF/1988" (ex-Súmula 308 – Res. 6/1992, *DJ* 05.11.1992).

Segundo o art. 11, § 2º, da CLT, tratando-se de pretensão que envolva pedido de prestações sucessivas decorrente de alteração ou descumprimento do pactuado, a prescrição é total, exceto quando o direito à parcela esteja também assegurado por preceito de lei. Observe:

> "Art. 11 da CLT. A pretensão quanto a créditos resultantes das relações de trabalho prescreve em cinco anos para os trabalhadores urbanos e rurais, até o limite de dois anos após a extinção do contrato de trabalho.
>
> (...)
>
> § 2º Tratando-se de pretensão que envolva pedido de prestações sucessivas decorrente de alteração ou descumprimento do pactuado, a prescrição é total, exceto quando o direito à parcela esteja também assegurado por preceito de lei."

No mesmo sentido, podemos mencionar a Súmula 294 do TST:

> "SÚMULA 294 do TST. PRESCRIÇÃO. ALTERAÇÃO CONTRATUAL. TRABALHADOR URBANO (mantida) – Res. 121/2003, *DJ* 19, 20 e 21.11.2003.
>
> Tratando-se de ação que envolva pedido de prestações sucessivas decorrente de alteração do pactuado, a prescrição é total, exceto quando o direito à parcela esteja também assegurado por preceito de lei."

A distinção entre prescrição total e parcial produz-se em função do título jurídico a conferir fundamento e validade à parcela pretendida. Se o título jurídico da parcela está assegurado por norma legal, a **actio nata** incide em cada parcela especificamente lesionada, sendo parcial a prescrição, que é contada do vencimento de cada prestação periódica resultante do direito legalmente protegido. Se a verba foi concedida por instrumento infralegal, seja o regulamento empresarial, seja o contrato, a prescrição é total (Súmula 294, TST).

O prazo de prescrição para todas as parcelas trabalhistas (previstas em lei ou não) é de 5 anos. Ocorre que, quando a parcela está prevista em lei, o direito renova-se a cada ano, mês, dia ou semana, dependo da verba, e nas parcelas não decorrentes de lei isso não ocorre, contando-se o prazo de prescrição do ato único de supressão ou da alteração da parcela.

Dessa forma, se a parcela está prevista em lei, basta contar os 5 anos da data do ajuizamento da ação. Estarão prescritas as verbas postuladas anteriores aos últimos 5 anos. Isso porque, mesmo que a supressão da verba devida tenha ocorrido há mais de 5 anos, o direito foi sendo renovado pela lei. Logo, a prescrição é parcial, ou seja, apenas uma parte das verbas estará prescrita, as anteriores aos últimos 5 anos contados da data do ajuizamento da ação. Esta é também conhecida como prescrição quinquenal.

Por sua vez, quanto à prescrição parcial, cumpre destacar que o art. 468 da CLT determina que é ilícita a alteração contratual que traga prejuízo ao empregado. Portanto, a alteração ou supressão de parcela não prevista em lei que assegura direito ao empregado é ilegal. A inércia do exequente em postulá-la leva à prescrição. O prazo de prescrição neste caso é de 5 anos, contados da data da supressão ou da alteração da parcela. Uma vez transcorrido esse prazo, se a parcela não for postulada ocorre a prescrição total, ou seja, toda a parcela estará fulminada pela prescrição. Diversamente das parcelas previstas em lei, esta não se renova ano a ano, mês a mês etc.

Em síntese, para identificar a prescrição parcial (quinquenal), basta contar os 5 anos da data do ajuizamento da ação para trás. As verbas anteriores aos últimos 5 anos estarão prescritas. Para encontrar a prescrição total deve-se contar os 5 anos da data da supressão ou da alteração da parcela não prevista em lei e observar se a ação foi ajuizada após esse prazo. Em caso afirmativo, terá ocorrido a prescrição de toda a parcela.

O Plenário do Supremo Tribunal Federal (recurso extraordinário com agravo (ARE) 709212, com repercussão geral reconhecida) declarou a inconstitucionalidade das normas que previam prazo prescricional de 30 anos para ações relativas a valores não depositados no Fundo de Garantia do Tempo de Serviço (FGTS). O entendimento é o de que o FGTS está expressamente definido na Constituição da República (art. 7.º, XXIX) como direito dos trabalhadores urbanos e rurais e, portanto, deve se sujeitar à prescrição trabalhista, de 5 anos.

Assim, se a Constituição regula a matéria, a lei ordinária não poderia tratar o tema de outra forma.

Segundo o ministro relator Gilmar Mendes, o prazo prescricional de 30 anos do art. 23 da Lei 8.036/1990 e do art. 55 do Decreto 99.684/1990, que regulamentam o FGTS, está "em descompasso com a literalidade do texto constitucional e atenta contra a necessidade de certeza e estabilidade nas relações jurídicas". O STF modulou os efeitos da decisão para determinar que nos casos cujo termo inicial da prescrição – ou seja, a ausência de depósito no FGTS – ocorra após a data do julgamento do referido recurso extraordinário, aplica-se, desde logo, o prazo de 5 anos. Para aqueles em que o prazo prescricional já esteja em curso, aplica-se o que ocorrer primeiro: 30 anos, contados do termo inicial, ou 5 anos, a partir do julgamento.

Nesse sentido, segue, a Súmula 362 do TST, que prevê a prescrição trintenária:

> SÚMULA 362. FGTS. PRESCRIÇÃO (nova redação) – Res. 198/2015, republicada em razão de erro material – *DEJT* divulgado em 12, 15 e 16.06.2015.
>
> I – Para os casos em que a ciência da lesão ocorreu a partir de 13.11.2014, é quinquenal a prescrição do direito de reclamar contra o não-recolhimento de contribuição para o FGTS, observado o prazo de dois anos após o término do contrato;

> II – Para os casos em que o prazo prescricional já estava em curso em 13.11.2014, aplica-se o prazo prescricional que se consumar primeiro: trinta anos, contados do termo inicial, ou cinco anos, a partir de 13.11.2014" (STF-ARE-709212/DF).

Como as verbas trabalhistas prescrevem em cinco anos contados da data do ajuizamento da ação, as horas extras postuladas, por exemplo, anteriores aos últimos cinco anos contados da data do ajuizamento da ação, encontram-se prescritas e, como o acessório segue a sorte do principal, o FGTS incidente sobre essas horas extras, que não foram pagas durante a relação contratual e encontram-se prescritas, também está prescrito.

Nesse sentido é a Súmula 206 do TST:

> "SÚMULA 206. FGTS. INCIDÊNCIA SOBRE PARCELAS PRESCRITAS (nova redação) – Res. 121/2003, *DJ* 19, 20 e 21.11.2003. A prescrição da pretensão relativa às parcelas remuneratórias alcança o respectivo recolhimento da contribuição para o FGTS."

O art. 11, § 1.º, da CLT prevê a imprescritibilidade das ações declaratórias quando dispõe que não se aplicam os prazos prescricionais às ações que objetivem apenas o reconhecimento do vínculo de emprego para fins de anotação da CTPS para fazer prova junto à Previdência. Verifique:

> "Art. 11 da CLT. A pretensão quanto a créditos resultantes das relações de trabalho prescreve em cinco anos para os trabalhadores urbanos e rurais, até o limite de dois anos após a extinção do contrato de trabalho.
>
> I – (revogado);
>
> II – (revogado).
>
> § 1º O disposto neste artigo não se aplica às ações que tenham por objeto anotações para fins de prova junto à Previdência Social (Incluído pela Lei nº 9.658, de 5.6.1998)."

As ações declaratórias são imprescritíveis. Manoel Antônio Teixeira Filho[1] conceitua tais ações:

> "1. Ação Declaratória. Por meio dela o autor colima alcançar um pronunciamento jurisdicional que declare: a) a existência ou inexistência de uma relação jurídica; ou b) a falsidade ou a autenticidade de documento (CPC, art. 4.º, I e II) (art. 19, I e II, do atual CPC); essa espécie de ação é admissível quando já tenha ocorrido a violação do direito (ibidem, parágrafo único), hipótese em que será declaratória-incidental" (CPC, arts. 5.º e 325) (ambos sem correspondentes no atual CPC).

São exemplos de ações declaratórias aquelas em que se pretenda o reconhecimento do vínculo de emprego ou da estabilidade provisória no emprego.

---

1 TEIXEIRA FILHO, Manoel Antônio. *Curso de direito processual do trabalho*. São Paulo: LTr, 2009. p. 490.

Entende o TST que, em caso de terceirização, a ação declaratória em que o empregado postula vínculo de emprego com a tomadora dos serviços, se proposta antes do término do contrato de trabalho, tem o condão de interromper a prescrição para futura ação condenatória, em que o reclamante requeira, por exemplo, a sua reintegração. O direito do reclamante de buscar sua reintegração no emprego surge com o trânsito em julgado da decisão proferida na ação declaratória de vínculo de emprego, e não com o término do contrato de trabalho. Vislumbra-se que a tomadora violou o direito do empregado à reintegração apenas depois de reconhecido o vínculo de emprego. Violado o direito, nasce a pretensão e inicia-se a contagem do prazo de prescrição.

Observe a OJ 401 da SDI-1 do TST:

> "OJ 401 da SDI-1. PRESCRIÇÃO. MARCO INICIAL. AÇÃO CONDENATÓRIA. TRÂNSITO EM JULGADO DA AÇÃO DECLARATÓRIA COM MESMA CAUSA DE PEDIR REMOTA AJUIZADA ANTES DA EXTINÇÃO DO CONTRATO DE TRABALHO (*DEJT* divulgado em 02, 03 e 04.08.2010).
>
> O marco inicial da contagem do prazo prescricional para o ajuizamento de ação condenatória, quando advém a dispensa do empregado no curso de ação declaratória que possua a mesma causa de pedir remota, é o trânsito em julgado da decisão proferida na ação declaratória e não a data da extinção do contrato de trabalho."

Élisson Miessa e Henrique Correia[2] enumeram os requisitos para o enquadramento da orientação jurisprudencial:

> "De plano, percebe-se que o fato a ensejar a aplicação dessa orientação é específico, exigindo pelo menos quatro requisitos: 1) terceirização ilícita; 2) ação declaratória ajuizada durante a relação de trabalho, postulando o vínculo direto com a tomadora do serviço; 3) decisão reconhecendo o vínculo com a tomadora; 4) ação condenatória em face da tomadora do serviço."

Para o TST, a mudança de regime jurídico de celetista para estatutário implica extinção do contrato de trabalho, iniciando-se a partir de então o prazo de prescrição bienal. Observe a Súmula 382 do TST:

> "SÚMULA 382. MUDANÇA DE REGIME CELETISTA PARA ESTATUTÁRIO. EXTINÇÃO DO CONTRATO. PRESCRIÇÃO BIENAL (conversão da Orientação Jurisprudencial 128 da SBDI-1) – Res. 129/2005, *DJ* 20, 22 e 25.04.2005. A transferência do regime jurídico de celetista para estatutário implica extinção do contrato de trabalho,

---

2 SANTOS, Élisson Miessa; CORREIA, Henrique. *Súmulas e Orientações Jurisprudenciais do TST organizadas e comentadas*. 2. ed. Salvador: JusPodivm, 2012. p. 558.

fluindo o prazo da prescrição bienal a partir da mudança de regime" (ex-OJ 128 da SBDI-1 – inserida em 20.04.1998).

Os prazos prescricionais submetem-se a causas impeditivas, suspensivas e interruptivas.

São impeditivas as hipóteses que obstam o início do prazo prescricional. São suspensivas aquelas que levam a paralisação do prazo de prescrição já iniciado e, uma vez terminada a causa suspensiva, o prazo volta a fluir pelo que lhe resta. Por fim, as interruptivas são as que reiniciam o prazo de prescrição.

São **causas impeditivas e suspensivas** da prescrição as previstas nos arts. 197 a 199 do Código Civil, aplicáveis no Processo do Trabalho:

"Art. 197 do CC. Não corre a prescrição:

I – entre os cônjuges, na constância da sociedade conjugal;

II – entre ascendentes e descendentes, durante o poder familiar;

III – entre tutelados ou curatelados e seus tutores ou curadores, durante a tutela ou curatela.

Art. 198 do CC. Também não corre a prescrição:

I – contra os incapazes de que trata o art. 3.º;

II – contra os ausentes do País em serviço público da União, dos Estados ou dos Municípios;

III – contra os que se acharem servindo nas Forças Armadas, em tempo de guerra."

"Art. 199 do CC. Não corre igualmente a prescrição:

I – pendendo condição suspensiva;

II – não estando vencido o prazo;

III – pendendo ação de evicção."

A CLT prevê expressamente apenas uma hipótese impeditiva do prazo prescricional, em seu art. 440, segundo o qual "contra os menores de 18 (dezoito) anos não corre nenhum prazo de prescrição". É certo que a regra inserta no art. 440 da CLT tem aplicação restrita ao menor empregado.

Há se distinguir a hipótese em que o menor é o empregado daquela em que é herdeiro de empregado falecido. No primeiro caso, aplica-se o art. 440 da CLT e, portanto, não corre prescrição contra o trabalhador até que alcance a maioridade, com 18 anos. Sendo, entretanto, o menor herdeiro do empregado falecido, aplica-se o Código Civil. Nos termos do art. 198, I, do CC, apenas não corre a prescrição contra os incapazes de que trata o art. 3.º, ou seja, os menores de 16 anos (absolutamente incapazes).

Nesse sentido é o posicionamento do TST:

"AGRAVO DE INSTRUMENTO EM RECURSO DE REVISTA. PROCESSO SUMARÍSSIMO. 1. MENOR SUCESSOR DEPENDENTE DE EMPREGADO FALECIDO – PRESCRIÇÃO

BIENAL. Esta Corte tem firme entendimento de que, nos termos do art. 198 do Código Civil, aplicado subsidiariamente ao processo do trabalho, em razão da lacuna no ordenamento trabalhista, o prazo prescricional não flui contra herdeiro menor enquanto estiver na condição de absolutamente incapaz. 2. LIMITES LEGAIS PARA CONDENAÇÃO – SUCESSÃO *CAUSA MORTIS*. Trata-se de demanda submetida ao rito sumaríssimo, procedimento em que o recurso de revista somente será admitido por violação direta e literal de dispositivo da Constituição Federal e/ou contrariedade à súmula deste Tribunal, nos exatos termos do art. 896, § 6.º, da CLT. Nesse contexto, não prospera a alegação de afronta aos artigos 1.572 e 1.829, I, do Código Civil. 3. MULTA POR EMBARGOS PROTELATÓRIOS. O artigo 896, § 6.º, da Consolidação das Leis do Trabalho condiciona a admissibilidade da revista, em causa sujeita ao procedimento sumaríssimo, à demonstração de contrariedade a súmula de jurisprudência uniforme desta Corte, e/ou de inequívoca violação direta e literal de preceito da Constituição Federal. Conclusivo, pois, que o exame da matéria fica vedado a esta Corte, ante o óbice de que eventual ofensa ao art. 5.º, XXXV, LIV, LV, da Constituição Federal só ocorreria de forma reflexa ou indireta, visto que, antes, seria necessário demonstrar-se violação da legislação ordinária (arts. 897-A da CLT e 538 do CPC) (art. 1.026 do atual CPC). Agravo de instrumento não provido" (AIRR 474-55.2010.5.03.0084, Rel. Min. Maria das Graças Silvany Dourado Laranjeira, j. 18.12.2012, 2.ª T., publicado em: 1º.02.2013).

"PRESCRIÇÃO. ACIDENTE DE TRABALHO. ÓBITO. AÇÃO AJUIZADA POR MENORES IMPÚBERES. Segundo a regra do art. 198, inc. I, do Código Civil de 2002, aplicado subsidiariamente ao Direito do Trabalho (art. 8.º, parágrafo único, da CLT), não há fluência do prazo prescricional contra o absolutamente incapaz (art. 3.º, inc. I, da referida lei). (...)" (RR 340400-33.2006.5.11.0004, Rel. Min. João Batista Brito Pereira, j. 17.10.2012, 5.ª T., publicado em: 19.10.2012).

A prescrição flui normalmente para os relativamente incapazes (maiores de 16 e menores de 18 anos – art. 4.º, I, do CC), entretanto, estes têm direito de ação contra os seus assistentes ou representantes legais, que derem causa à prescrição, ou não a alegarem oportunamente (art. 195 do CC).

Verifica-se a **suspensão** do prazo prescricional na hipótese da passagem da demanda pela Comissão de Conciliação Prévia (CCP), nos termos do art. 625-G da CLT:

"Art. 625-G da CLT. O prazo prescricional será suspenso a partir da provocação da Comissão de Conciliação Prévia, recomeçando a fluir, pelo que lhe resta, a partir da tentativa frustrada de conciliação ou do esgotamento do prazo previsto no art. 625-F."

Em 14 de maio de 2009, o Supremo Tribunal Federal, dando interpretação conforme a Constituição ao art. 625-D da CLT, estabeleceu, liminarmente, que demandas trabalhistas podem ser ajuizadas sem prévia submissão às Comissões de Conciliação Prévia, em observância ao direito universal de acesso à Justiça (ADI 2.139/DF-MC e ADI 2.160/DF-MC, Plenário, Rel. Min. Octavio Gallotti, Red. p/ acórdão Min. Marco Aurélio, *DJ* 23.10.2009).

Caso, entretanto, o empregado opte por passar pela Comissão de Conciliação Prévia (CCP), o prazo de prescrição bienal e quinquenal ficará suspenso desde a submissão da demanda à Comissão até a data da sessão de tentativa de conciliação ou até 10 dias (prazo máximo para a realização da mencionada sessão), o que ocorrer antes. Logo, o prazo máximo de suspensão é de 10 dias.

Pensando na prescrição bienal, caso o término do contrato de trabalho tenha ocorrido em 18 de setembro de 2010 e o reclamante submetido sua demanda à CCP em 18 de setembro de 2011, sendo a sessão designada para ocorrer em 5 dias, terminada a causa suspensiva, ou seja, esses 5 dias, o prazo de prescrição volta a correr pelo período faltante, por um ano, sendo assim, a prescrição bienal ocorrerá em 24 de setembro de 2012.

Na hipótese, entretanto, de a sessão ser designada para ocorrer em 23 dias, como o prazo de prescrição fica suspenso até a data da sessão ou até 10 dias, o que ocorrer antes, tem-se que a suspensão do prazo prescricional ocorre por 10 dias (prazo máximo de suspensão), a contar da data da passagem pela CCP. Assim, vejamos: como a submissão da demanda à Comissão ocorreu em 18 de setembro de 2011, até o dia 28 de setembro de 2011 (dez dias) o prazo estava paralisado em razão da suspensão. A partir do dia seguinte volta a fluir pelo que lhe resta, neste caso, por um ano, ocorrendo a prescrição bienal em 29 de setembro de 2012.

Quanto à prescrição quinquenal, para verificar a data a partir da qual as verbas estão prescritas, a melhor maneira é computando inicialmente os dias de suspensão do prazo prescricional. Na hipótese em que entre a data da passagem pela CCP e a sessão tenham decorrido 7 dias, o prazo de suspensão é de 7 dias (repise-se que a passagem pela CCP suspende o prazo de prescrição até a data da sessão ou até 10 dias, o que ocorrer antes). Lembrando que a suspensão da prescrição favorece o reclamante, depois da contagem do prazo de prescrição quinquenal (cinco anos a partir da data do ajuizamento da ação), deve-se considerar mais 7 dias de verbas não prescritas. Caso o ajuizamento da reclamatória tenha ocorrido em 17 de setembro de 2012, estariam prescritas as verbas postuladas anteriores a 17 de setembro de 2007, sem considerar os 7 dias de suspensão. Computando-os, estão prescritas apenas as verbas postuladas anteriores a 10 de setembro de 2007, ou seja, o reclamante tem mais 10 dias de verbas imprescritas a seu favor.

A petição com pedido de homologação de acordo extrajudicial formulada com fulcro nos arts. 855-B a 855-E da CLT suspende o prazo prescricional da ação exclusivamente quanto aos direitos nela especificados, o qual voltará a fluir no dia útil seguinte ao do trânsito em julgado da decisão que negar a homologação do acordo (art. 852-E da CLT).

A suspensão do contrato de trabalho em virtude de **auxílio-doença ou aposentadoria por invalidez** impede a fluência do prazo de prescrição quinquenal?

Para o TST, não, salvo se houver absoluta impossibilidade de acesso do empregado ao Judiciário. Sustenta o Tribunal que a suspensão contratual nesses casos não constitui hipóteses de impedimento ou suspensão do prazo prescricional, não estando prevista nos arts. 197 a 199 do Código Civil.

Nesse sentido é a recente OJ 375 da SDI-1 do TST:

> "OJ 375, SDI-1. AUXÍLIO-DOENÇA. APOSENTADORIA POR INVALIDEZ. SUSPENSÃO DO CONTRATO DE TRABALHO. PRESCRIÇÃO. CONTAGEM (*DEJT* divulgado em 19, 20 e 22.04.2010). A suspensão do contrato de trabalho, em virtude da percepção do auxílio-doença ou da aposentadoria por invalidez, não impede a fluência da prescrição quinquenal, ressalvada a hipótese de absoluta impossibilidade de acesso ao Judiciário."

Entretanto, Mauro Schiavi[3] entende que essa é uma outra hipótese de suspensão do contrato de trabalho:

> "Em que pesem as razões acima, pensamos que durante a suspensão do contrato de trabalho, máxime em razão da doença do empregado, o prazo prescricional ficará suspenso, por aplicação do art. 199, I, do CC. De mais a mais, prestigia o acesso do trabalhador à justiça, imprime maior equilíbrio ao processo do trabalho, destacando o caráter humanista da Justiça trabalhista."

Ressalte-se que o art. 199, I, do CC estabelece que não corre prescrição "pendendo condição suspensiva". Para Schiavi, o auxílio-doença e a aposentadoria por invalidez enquadram-se nesse comando legal.

No tocante à interrupção do prazo prescricional, o art. 11, § 3º, da CLT determina que a interrupção da prescrição ocorrerá pelo ajuizamento de reclamação trabalhista, mesmo que em juízo incompetente, ainda que venha a ser extinta sem resolução do mérito.

O TST, na Súmula 268 do TST, deixa claro que no Processo do Trabalho é o ajuizamento da ação que interrompe a prescrição quanto aos pedidos idênticos:

> "SÚMULA 268. PRESCRIÇÃO. INTERRUPÇÃO. AÇÃO TRABALHISTA ARQUIVADA (nova redação) – Res. 121/2003, *DJ* 19, 20 e 21.11.2003. A ação trabalhista, ainda que arquivada, interrompe a prescrição somente em relação aos pedidos idênticos."

---

3 SCHIAVI, Mauro. *Manual de Direito Processual do Trabalho*. 10. ed. São Paulo: LTr, 2016. p. 493.

Nos termos do art. 202 do CC, o ajuizamento da ação interrompe a prescrição apenas uma vez:

> "Art. 202. A interrupção da prescrição, que somente poderá ocorrer uma vez, dar-se-á:
>
> (...)"

O ajuizamento da ação interrompe a prescrição bienal e quinquenal. A interrupção da prescrição é útil quando a ação ajuizada é extinta sem resolução do mérito, caso em que é possível a propositura de uma nova reclamação trabalhista.

Assim, uma vez que a prescrição pressupõe inércia do reclamante, apenas do trânsito em julgado da decisão proferida na ação anteriormente ajuizada é que este tornar-se inerte, e assim reinicia o prazo de 2 anos da prescrição bienal para o ajuizamento de uma nova reclamação.

Já a prescrição quinquenal conta-se da data do ajuizamento da primeira reclamação trabalhista. Isso porque o art. 202, parágrafo único, do CC preceitua que "a prescrição interrompida recomeça a correr da data do ato que a interrompeu, ou do último ato do processo para a interromper", ou seja, do ajuizamento da primeira ação.

Nesse sentido destacam-se as ementas seguintes:

> "PRESCRIÇÃO. INTERRUPÇÃO. RECLAMAÇÃO ANTERIOR ARQUIVADA. A reclamação trabalhista interrompe a prescrição bienal e a quinquenal. Logo, o cômputo do biênio é reiniciado a partir do término da condição interruptiva, qual seja, o trânsito em julgado da decisão proferida na primeira ação, enquanto a prescrição quinquenal conta-se do primeiro ato de interrupção, isto é, a propositura da primeira reclamação trabalhista, na forma dos artigos 219, § 1.º, do CPC (art. 240, § 1.º, do atual CPC) e 202, parágrafo único, do Código Civil de 2002. Recurso parcialmente provido" (TRT – 1.ª Região – RO 00007229020115010003/RJ, 4.ª T., Rel. Bruno Losada Albuquerque Lopes, j. em 30.09.2014, *DJU* 09.10.2014).
>
> "EMBARGOS. PRESCRIÇÃO QUINQUENAL. ARQUIVAMENTO DA PRIMEIRA AÇÃO. PROPOSITURA DE NOVA AÇÃO. INTERRUPÇÃO DO PRAZO PRESCRICIONAL. MARCO INICIAL. A ação trabalhista, ainda que arquivada, interrompe a prescrição, nos termos da Súmula n.º 268 do TST. Ou seja, reinicia-se o cômputo do prazo prescricional. Nota-se que, ali, não se faz nenhuma distinção entre a prescrição bienal e a quinquenal. Assim, reiniciando o prazo prescricional bienal a partir do trânsito em julgado da decisão proferida na primeira ação, a prescrição quinquenal deve ser contada do primeiro ato de interrupção, isto é, da propositura da primeira reclamação trabalhista, na forma dos artigos 219, inciso I, do CPC (art. 240 do atual CPC) e 202, parágrafo único, do Código Civil de 2002. Embargos não conhecidos" (TST-E-RR-625.457-28.2000.5.02.5555, SBDI-I, Rel. Min. Vantuil Abdala, *DEJT* 29.10.2009).

No Processo do Trabalho, o protesto judicial tem o condão de interromper o prazo de prescrição a contar da data de seu ajuizamento, uma vez que nele a notificação da parte *ex-adversa* ocorre de forma automática, nos termos do art. 841 da CLT, diversamente do processo civil, em que a citação deve ser promovida pelo réu (art. 240, § 2.º, do CPC).

Nesse sentido, veja a OJ 392 da SDI-1 do TST:

> "OJ-SDI1 392. PRESCRIÇÃO. INTERRUPÇÃO. AJUIZAMENTO DE PROTESTO JUDICIAL. MARCO INICIAL. (Res. 209/2016, *DEJT* divulgado em 01, 02 e 03.06.2016). O protesto judicial é medida aplicável no processo do trabalho, por força do art. 769 da CLT e do art. 15 do CPC de 2015. O ajuizamento da ação, por si só, interrompe o prazo prescricional, em razão da inaplicabilidade do § 2º do art. 240 do CPC de 2015 (art. 219, § 2º, CPC de 1973), incompatível com o disposto no art. 841 da CLT."

Quanto à **legitimidade para arguir a prescrição**, discute-se a legitimidade do Ministério Público do Trabalho para fazê-lo em favor das entidades de direito público.

O TST entende pela sua ilegitimidade, conforme se observa pela redação da OJ 130 da SDI-1 do TST:

> "OJ 130 DA SDI-1. PRESCRIÇÃO. MINISTÉRIO PÚBLICO. ARGUIÇÃO. *CUSTOS LEGIS*. ILEGITIMIDADE – Res. 209/2016, *DEJT* divulgado em 01, 02 e 03.06.2016. Ao exarar o parecer na remessa de ofício, na qualidade de "custos legis", o Ministério Público não tem legitimidade para arguir a prescrição em favor de entidade de direito público, em matéria de direito patrimonial."

Nesse sentido posiciona-se Sérgio Pinto Martins:[4]

> "A prescrição deve ser arguida apenas pela parte a quem aproveita (art. 193 do Código Civil) e não por outras pessoas. O Ministério Público do Trabalho não tem legitimidade para arguir a prescrição em favor de entidade de direito público, quando atua como fiscal da lei, pois não é parte" (Orientação Jurisprudencial 130 da SBDI-1 do TST).

Élisson Miessa e Henrique Correia,[5] entretanto, defendem o contrário:

> "Pensamos, *data venia,* que o Tribunal Superior do Trabalho equivocou-se na presente orientação.
>
> Primeiro, porque a tutela do patrimônio público é função institucional do Ministério Público, descrita no ápice do ordenamento jurídico (CF, art. 129, III).
>
> Segundo, porque o reexame tem como foco resguardar o patrimônio público, impondo-se inclusive a atuação obrigatória no Ministério Público.

---

4 MARTINS, Sérgio Pinto. *Direito processual do trabalho.* 34. ed. São Paulo: Atlas, 2013. p. 305.

5 Op. cit., p. 560.

> Terceiro, porque, como já declinado na análise da Súmula 407 do TST, ao ingressar no processo afasta-se a distinção entre fiscal da lei e órgão agente, passando o Ministério Público a ser parte, sendo sujeito de posições jurídicas ativas e passivas (faculdades, ônus, deveres, estado de sujeição), podendo, assim, arguir a prescrição.
>
> Quarto porque o art. 332, § 1º, do CPC autoriza o juiz a julgar improcedente liminarmente o pedido de se verificar desde logo a prescrição ou a decadência. Ora, não parece lógico e jurídico que o juiz, inerte na relação de trabalho, possa pronunciar a prescrição *ex officio,* e Ministério Público não a possa arguir em parecer.
>
> Admitir tal interpretação é violar a Constituição Federal, restringindo indevidamente a atuação do Ministério Público do Trabalho. Melhor seria, pois, o cancelamento dessa orientação jurisprudencial."

A alegação de prescrição pelo réu surge como uma "prejudicial de mérito", sendo alegada como defesa indireta de mérito. Com efeito, estabelece o art. 487, II, do CPC que o processo será extinto com resolução do mérito quando o juiz pronunciar a decadência ou a **prescrição**.

Contudo, a Súmula 153 do TST dispõe que não se conhece de prescrição não arguida na instância ordinária. Nota-se que o Tribunal Superior do Trabalho mantém posição sustentando a não aplicação da prescrição de ofício na seara laboral, em função do princípio da proteção, também existente no Processo do Trabalho. Defende que as normas processuais trabalhistas foram criadas para servir como instrumento efetivador dos direitos trabalhistas, e não de instrumento aniquilador dos direitos dos obreiros.

O art. 11-A, *caput* e §§ 1º e 2º, da CLT torna aplicável a prescrição intercorrente mediante requerimento ou de ofício no Processo do Trabalho, de modo que a Súmula 114 do TST, que determina o contrário, deve ser cancelada.

Veja o disposto no art. 11-A, § 1º, da CLT:

> "Art. 11-A. Ocorre a prescrição intercorrente no processo do trabalho no prazo de dois anos.
>
> § 1.º A fluência do prazo prescricional intercorrente inicia-se quando o exequente deixa de cumprir determinação judicial no curso da execução.
>
> § 2.º A declaração da prescrição intercorrente pode ser requerida ou declarada de ofício em qualquer grau de jurisdição."

A prescrição intercorrente conta-se a partir do descumprimento da ordem da determinação judicial feita ao exequente no curso da execução, desde que realizada após 11.11.2017 (art. 2º, IN 41/2018, do TST).

Prescrição intercorrente é a perda de um direito pelo decurso do tempo, em razão da inércia da parte, que não toma iniciativa no sentido de praticar atos processuais necessários para a execução da dívida, paralisando o processo, por mais de 2 anos.

Saliente-se que só há prescrição intercorrente quando o exequente deixar de praticar ato que dependa exclusivamente dele para a continuação da execução. É comum na liquidação por procedimento comum em que a continuação do processo depende do exequente alegar e provar fatos novos (art. 509, II, do CPC).

A execução no Processo do Trabalho não se inicia de ofício, nos termos do art. 878 da CLT, e, em razão disso, medidas como o bloqueio de dinheiro via Bacen-Jud para posterior conversão em penhora (art. 854 do CPC) e a desconsideração da personalidade jurídica da empresa (art. 855-A, CLT c/c o art. 133 do CPC), dentre outros, dependem do requerimento do exequente. Ou seja, cabe ao exequente buscar meios para localizar o executado e bens penhoráveis, ainda que restem infrutíferos. Sua inércia poderá conduzir à prescrição intercorrente.

Ressalte-se, entretanto, que a contagem da prescrição não se inicia de mediato. Primeiro ocorre a suspensão pelo prazo de 1 ano e apenas após esse prazo terá início a contagem da prescrição intercorrente. É o que institui a Lei de Execução Fiscal (Lei 6.830/1980) e o CPC, que estão em consonância.

O art. 40, *caput* e §§ 2º e 3º, da Lei 6.830/1980 e o art. 921, III e §§ 1º ao 5º, do CPC determinam que o juiz suspenderá a execução se não localizado o devedor ou encontrados bens sobre os quais possa recair a penhora e nesse período não corre a prescrição.

A suspensão perdurará pelo prazo máximo de 1 ano. Não localizado o devedor ou bens penhoráveis, o processo será arquivado e iniciará o prazo de prescrição intercorrente de 2 anos.

Encontrados que sejam, a qualquer tempo, o devedor ou os bens, serão desarquivados os autos para prosseguimento da execução.

Frise-se que se da decisão que ordenar o arquivamento tiver decorrido o prazo prescricional, o juiz, depois de ouvido o exequente, poderá, de ofício, reconhecer a prescrição intercorrente e decretá-la de imediato (art. 40, § 4º, da Lei 6.830/1980).

Observe o disposto no art. 40, *caput* e §§ 2º e 3º, da Lei 6.830/1980 e no art. 921, III e §§ 1º ao 5º, do CPC:

> "Art. 40, Lei 6.830/1980. O Juiz suspenderá o curso da execução, enquanto não for localizado o devedor ou encontrados bens sobre os quais possa recair a penhora, e, nesses casos, não correrá o prazo de prescrição.
>
> § 1.º Suspenso o curso da execução, será aberta vista dos autos ao representante judicial da Fazenda Pública.

§ 2.º Decorrido o prazo máximo de 1 (um) ano, sem que seja localizado o devedor ou encontrados bens penhoráveis, o Juiz ordenará o arquivamento dos autos.

§ 3.º Encontrados que sejam, a qualquer tempo, o devedor ou os bens, serão desarquivados os autos para prosseguimento da execução.

§ 4.º Se da decisão que ordenar o arquivamento tiver decorrido o prazo prescricional, o juiz, depois de ouvida a Fazenda Pública, poderá, de ofício, reconhecer a prescrição intercorrente e decretá-la de imediato."

"Art. 921. Suspende-se a execução:

I - nas hipóteses dos arts. 313 e 315 , no que couber;

II - no todo ou em parte, quando recebidos com efeito suspensivo os embargos à execução;

~~III - quando o executado não possuir bens penhoráveis;~~

III - quando não for localizado o executado ou bens penhoráveis; (Redação dada pela Lei nº 14.195, de 2021)

IV - se a alienação dos bens penhorados não se realizar por falta de licitantes e o exequente, em 15 (quinze) dias, não requerer a adjudicação nem indicar outros bens penhoráveis;

V - quando concedido o parcelamento de que trata o art. 916 .

§ 1º Na hipótese do inciso III, o juiz suspenderá a execução pelo prazo de 1 (um) ano, durante o qual se suspenderá a prescrição.

§ 2º Decorrido o prazo máximo de 1 (um) ano sem que seja localizado o executado ou que sejam encontrados bens penhoráveis, o juiz ordenará o arquivamento dos autos.

§ 3º Os autos serão desarquivados para prosseguimento da execução se a qualquer tempo forem encontrados bens penhoráveis.

~~§ 4º Decorrido o prazo de que trata o § 1º sem manifestação do exequente, começa a correr o prazo de prescrição intercorrente.~~

§ 4º O termo inicial da prescrição no curso do processo será a ciência da primeira tentativa infrutífera de localização do devedor ou de bens penhoráveis, e será suspensa, por uma única vez, pelo prazo máximo previsto no § 1º deste artigo. (Redação dada pela Lei nº 14.195, de 2021)

§ 4º-A A efetiva citação, intimação do devedor ou constrição de bens penhoráveis interrompe o prazo de prescrição, que não corre pelo tempo necessário à citação e à intimação do devedor, bem como para as formalidades da constrição patrimonial, se necessária, desde que o credor cumpra os prazos previstos na lei processual ou fixados pelo juiz. (Incluído pela Lei nº 14.195, de 2021)

~~§ 5º O juiz, depois de ouvidas as partes, no prazo de 15 (quinze) dias, poderá, de ofício, reconhecer a prescrição de que trata o § 4º e extinguir o processo.~~

§ 5º O juiz, depois de ouvidas as partes, no prazo de 15 (quinze) dias, poderá, de ofício, reconhecer a prescrição no curso do processo e extingui-lo, sem ônus para as partes. (Redação dada pela Lei nº 14.195, de 2021)

§ 6º A alegação de nulidade quanto ao procedimento previsto neste artigo somente será conhecida caso demonstrada a ocorrência de efetivo prejuízo, que será presumido apenas em caso de inexistência da intimação de que trata o § 4º deste artigo. (Incluído pela Lei nº 14.195, de 2021)

§ 7º Aplica-se o disposto neste artigo ao cumprimento de sentença de que trata o art. 523 deste Código." (Incluído pela Lei nº 14.195, de 2021)

Por fim, é importante destacar que somente depois de ouvidas as partes, no prazo de 15 dias, o juiz poderá, de ofício, reconhecer a prescrição intercorrente e extinguir o processo (art. 921, § 5º, do CPC).

7.1.3.2.7. Decadência

A **decadência**, também chamada de caducidade, consiste na perda do próprio direito, em face do seu não exercício no prazo legal, ou mesmo, consoante conceitua Maurício Godinho Delgado, *Curso de direito do trabalho*, p. 250, como "perda da possibilidade de obter uma vantagem jurídica e garanti-la judicialmente, em face do não exercício oportuno da correspondente faculdade de obtenção".

A decadência constitui uma "prejudicial de mérito", devendo ser utilizada como uma defesa indireta de mérito, podendo também ser conhecida de ofício pelo juiz.

Acolhida a decadência, o processo será extinto com resolução do mérito, com base no art. 487, II, do CPC.

Institui a Súmula 62 do TST que o prazo de decadência do direito do empregador de ajuizar inquérito em face do empregado que incorre em abandono de emprego (30 dias – art. 853 da CLT) é contado a partir do momento em que o empregado pretendeu seu retorno ao serviço.

A ação rescisória também está sujeita ao prazo decadencial de 2 anos, contados do trânsito em julgado da última decisão proferida na causa, consoante previsto no art. 975 do CPC e na Súmula 100 do TST.

À luz do art. 7º, parágrafo único, da IN 39/2016 do TST, aplica-se no Processo do Trabalho, com adaptações, o art. 332, § 1º, do CPC, de modo que o juiz poderá julgar liminarmente improcedente o pedido se verificar desde logo a decadência, isto é, o mesmo não poderá ocorrer quanto à prescrição, visto que esta não pode ser reconhecida de ofício pelo juiz.

7.1.3.3. Exceção

7.1.3.3.1. Generalidades

As exceções processuais constituem-se em espécie de defesa do reclamado que objetivam resolver determinada questão pendente, sem operar a extinção do processo com ou sem resolução do mérito. Com efeito, objetivam as exceções processuais atacar a imparcialidade do magistrado ou a competência do juízo a ele vinculado para processar e julgar a demanda.

Nessa esteira, nos termos dos arts. 799 a 802 da CLT, é lícito a qualquer das partes arguir, por meio de exceção, a incompetência relativa, o impedimento e a suspeição do magistrado.

O atual Código de Processo Civil eliminou a figura exceção, admitindo apenas uma resposta do réu, a contestação, de modo que determinou que a incompetência relativa deverá ser tratada em preliminar de contestação (art. 337, II, do CPC), e o impedimento e a suspeição, por simples petição, no prazo de 15 dias, a contar do conhecimento do fato (art. 146 do CPC).

A CLT, por sua vez, mantém a terminologia exceção (art. 799 da CLT), de modo que permanecerá usual no Processo do Trabalho petição com essa denominação para arguição de incompetência territorial, suspeição e impedimento.

A incompetência territorial deve ser arguida em peça processual denominada exceção de incompetência e tramitará segundo as regras previstas no art. 800 da CLT.

Por sua vez, a suspeição e o impedimento serão arguidos em petições denominadas exceções de suspeição e impedimento, porém o trâmite é o do art. 146 do CPC.

Nada impede que seja arguida mais de uma exceção ao mesmo tempo, devendo a exceção de impedimento e suspeição do juiz serem apreciadas antes da exceção de incompetência (primeiro julga-se o impedimento do juiz, depois a suspeição e, por último, a incompetência), uma vez que o magistrado impedido ou suspeito não poderá sequer declarar a incompetência ou competência do juízo.

O oferecimento de qualquer das espécies de exceção acarreta a suspensão do processo até que a questão seja decidida.

Analisemos as hipóteses de exceção.

7.1.3.3.2. Exceção de incompetência

Cabe destacar que a incompetência absoluta é arguida, em regra, em preliminar de contestação (art. 337, II, do CPC – defesa processual). Dispõe o art. 64, § 1.º, do digesto processual civil que a incompetência absoluta deve ser declarada de ofício e pode ser alegada em qualquer tempo e grau de jurisdição, independentemente de exceção.

Contudo, não sendo a incompetência absoluta deduzida no prazo da contestação, ou na primeira oportunidade em que couber à parte falar nos autos, responderá a esta integralmente pelo pagamento das custas.

O atual Código de Processo Civil elimina a figura exceção, admitindo apenas uma resposta do réu, a contestação, de modo que determinou que a incompetência relativa deverá ser tratada em preliminar de contestação (art. 337, II, do CPC), e o impedimento e a suspeição, por simples petição, no prazo de 15 dias, a contar do conhecimento do fato (art. 146 do CPC).

A CLT determina que a incompetência territorial será arguida por exceção de incompetência, logo não é omissa a respeito do tema, razão pela qual é inaplicável o CPC no Processo do Trabalho nesse particular.

A fixação da competência territorial das Varas do Trabalho dá-se nos moldes do art. 651 da CLT, o qual dispõe que:

> "Art. 651. A competência das Varas do Trabalho é determinada pela localidade onde o empregado, reclamante ou reclamado, prestar serviços ao empregador, ainda que tenha sido contratado noutro local ou no estrangeiro.
>
> § 1.º Quando for parte no dissídio agente ou viajante comercial, a competência será da Vara da localidade em que a empresa tenha agência ou filial e a esta o empregado esteja subordinado e, na falta, será competente a Vara da localização em que o empregado tenha domicílio ou a localidade mais próxima.
>
> § 2.º A competência das Varas do Trabalho, estabelecida neste artigo, estende-se aos dissídios ocorridos em agência ou filial no estrangeiro, desde que o empregado seja brasileiro e não haja convenção internacional dispondo em contrário.
>
> § 3.º Em se tratando de empregador que promova realização de atividades fora do lugar do contrato de trabalho, é assegurado ao empregado apresentar reclamação no foro da celebração do contrato ou no da prestação dos respectivos serviços."

Cumpre salientar que a incompetência relativa não pode ser declarada de ofício (Súmula 33 do STJ), significando dizer que, se o reclamado não invocar a incompetência em razão do lugar (territorial) no prazo da defesa, que na Justiça do Trabalho é apresentada em audiência, será materializado o fenômeno da prorrogação da competência, tornando-se o juízo competente em face da inércia do promovido, operando-se a preclusão temporal.

Logo, proposta a ação trabalhista pelo reclamante perante a Vara do Trabalho incompetente e não oposta pelo reclamado, a exceção declinatória do foro, prorroga-se a competência da atinente Vara do Trabalho.

O art. 800 da CLT estabelece que a exceção de incompetência territorial deverá ser apresentada no prazo de 5 dias a contar da notificação, antes da audiência e em peça que sinalize a existência desta exceção.

Uma vez protocolada a exceção, o processo será suspenso e não se realizará a audiência até que se decida a exceção (art. 800, § 1º, da CLT).

Os autos serão imediatamente conclusos ao juiz, que intimará o reclamante e, se existentes, os litisconsortes, para manifestação no prazo comum de 5 dias (art. 800, § 2º, da CLT).

Se entender necessária a produção de prova oral, o juízo designará audiência, garantindo o direito de o excipiente e suas testemunhas serem ouvidos, por carta precatória, no juízo que este houver indicado como competente (art. 800, § 3º, da CLT).

Decidida a exceção de incompetência territorial, o processo retomará o seu curso, com a designação de audiência, a apresentação de defesa e a instrução processual perante o juízo competente (art. 800, § 4º, da CLT).

O art. 799, § 2.º, da CLT dispõe que "das decisões sobre exceções de suspeição e incompetência, salvo, quanto a estas, se terminativas do feito, não caberá recurso, podendo, no entanto, as partes alegá-las novamente no recurso que couber da decisão final".

Interpretando o art. 799, § 2.º, da CLT, admite o Tribunal Superior do Trabalho a interposição de recurso ordinário da decisão interlocutória que, acolhendo exceção de incompetência em razão do lugar (relativa), remete os autos para Tribunal Regional distinto daquele a que se vincula o juízo excepcionado (que proferiu a decisão interlocutória), conforme se vislumbra pela análise da Súmula 214 do TST, com redação dada pela Resolução 127/2005, publicada no *DJU* em 16.03.2005, *in verbis*:

> "Súmula 214 do TST – Decisão interlocutória – Irrecorribilidade. Na Justiça do Trabalho, nos termos do art. 893, § 1.º, da CLT, as decisões interlocutórias não ensejam recurso de imediato, salvo nas hipóteses de decisão:
>
> a) de Tribunal Regional do Trabalho contrária à Súmula ou Orientação Jurisprudencial do Tribunal Superior do Trabalho;
>
> b) suscetível de impugnação mediante recurso para o mesmo Tribunal;
>
> c) que acolhe exceção de incompetência territorial, com a remessa dos autos para Tribunal Regional distinto daquele a que se vincula o juízo excepcionado, consoante o disposto no art. 799, § 2.º, da CLT."

Por fim, cabe salientar que o art. 795, § 1.º, da CLT, de forma inadvertida, estabeleceu que deverá ser declarada *ex officio* a nulidade fundada em incompetência de foro.

A doutrina combate tal dispositivo legal, pois, em verdade, somente pode ser declarada de ofício pelo magistrado trabalhista a incompetência absoluta, ou seja, em razão da matéria ou da hierarquia (art. 64, § 1.º, do CPC). Logo, a incompetência do foro prevista no art. 795, § 1.º, consolidado, refere-se à competência em razão da matéria ou da pessoa (incompetência do foro trabalhista) e não em razão do território.

7.1.3.3.3. Exceções de suspeição e impedimento

A imparcialidade do juiz, um dos sustentáculos do princípio do juiz natural, consistente na inexistência de impedimento ou suspeição para julgamento da demanda pelo magistrado, apresenta-se como pressuposto de desenvolvimento válido e regular do processo.

Misael Montenegro Filho, *Curso de direito processual civil*, p. 387-388, leciona que:

> "Estas espécies de exceção são marcadas não pela incompetência do magistrado, mas pelo traço da sua imparcialidade, porque ligado à causa em decorrência de uma pessoa que lhe é próxima, por ter ali funcionado numa outra condição processual etc. Não se está nesses casos duvidando da competência processual e/ou intelectual do magistrado. A necessidade do seu afastamento do feito decorre, repita-se, da sua maior ou menor imparcialidade, não tendo como conduzir e sentenciar a lide com a esperada isenção de opinião."

O art. 799 da CLT determina que, nas causas da jurisdição da Justiça do Trabalho, somente podem ser opostas, com suspensão do feito, as exceções de suspeição ou incompetência, não se referindo o texto consolidado à figura do **impedimento**.

A omissão da Consolidação das Leis do Trabalho a respeito da exceção de impedimento ocorreu porque o texto consolidado foi promulgado em 1943, ainda sob a égide do Código de Processo Civil de 1939, o qual não se referia à figura do impedimento, espécie de exceção introduzida a partir do digesto processual civil de 1973.

Neste contexto, e sob a influência do Código de Processo Civil de 1939, o art. 801 da CLT, ao estabelecer as hipóteses de suspeição arguíveis no âmbito laboral, em verdade, acabou incluindo em seu rol situações que não ensejam a suspeição do magistrado, mas sim o próprio impedimento do juiz para processar e julgar o feito.

Vejamos:

> "Art. 801 da CLT – O juiz, presidente ou vogal, é obrigado a dar-se por suspeito, e pode ser recusado por algum dos seguintes motivos, em relação à pessoa do litigante:
>
> *a)* inimizade pessoal;
>
> *b)* amizade íntima;
>
> *c)* parentesco por consanguinidade ou afinidade até o terceiro grau civil;
>
> *d)* interesse particular na causa;
>
> Parágrafo único. Se o recusante houver praticado algum ato pelo qual haja consentido na pessoa do juiz, não mais poderá alegar exceção de suspeição, salvo sobrevindo novo motivo. A suspeição não será também admitida, se do processo constar que o recusante deixou de alegá-la anteriormente, quando já a conhecia, ou que, depois de conhecida, aceitou o juiz recusado ou, finalmente, se procurou de propósito o motivo de que ela se originou."

José Augusto Rodrigues Pinto, *Processo trabalhista de conhecimento*, p. 317-318, ao comentar sobre a exceção de suspeição, assim destaca:

> "A Consolidação das Leis do Trabalho subordinou ao título genérico de suspeição hipóteses em que esta se caracteriza e outras em que se configura, realmente, o impedimento do Juiz. Nisso o legislador trabalhista se deixou influenciar pela estruturação unitária do CPC/39 (art. 185), sem dúvida.
>
> Existe, porém, sensível diferença entre suspeição e impedimento, marcada pela diferença de natureza de suas causas.
>
> Com efeito, as causas capazes de gerar o impedimento têm natureza objetiva, isto é, revelam-se por sinais exteriores suficientes em si mesmos para imprimir a certeza do comprometimento da imparcialidade. Enquanto isso, as causas geradoras da suspeição têm natureza subjetiva, isto é, seus sinais exteriores carecem de força própria para convencer da quebra da imparcialidade, dependendo do exame do ânimo ou do sentimento do juiz.
>
> Captando essa distinção com propriedade, o legislador processual civil de 1973 separou as figuras do impedimento e da suspeição, determinando para o primeiro 'uma proibição dirigida ao Juiz, de funcionar nas causas em que acontecem as circunstâncias enumeradas no art. 134 (art. 144 do atual CPC), ao passo que limitou a suspeição a apenas um dever do Juiz de se afastar do processo, em função do seu sentimento de perda de imparcialidade'."

Nessa esteira, as hipóteses previstas no art. 801 da CLT são meramente exemplificativas, aplicando-se, de forma subsidiária, os arts. 144 e 145 do CPC, que elencam possibilidades de impedimento e suspeição, *in verbis*:

> "Art. 144. Há impedimento do juiz, sendo-lhe vedado exercer suas funções no processo:
>
> I – em que interveio como mandatário da parte, oficiou como perito, funcionou como membro do Ministério Público ou prestou depoimento como testemunha;
>
> II – de que conheceu em outro grau de jurisdição, tendo proferido decisão;
>
> III – quando nele estiver postulando, como defensor público, advogado ou membro do Ministério Público, seu cônjuge ou companheiro, ou qualquer parente, consanguíneo ou afim, em linha reta ou colateral, até o terceiro grau, inclusive;
>
> IV – quando for parte no processo ele próprio, seu cônjuge ou companheiro, ou parente, consanguíneo ou afim, em linha reta ou colateral, até o terceiro grau, inclusive;
>
> V – quando for sócio ou membro de direção ou de administração de pessoa jurídica parte no processo;
>
> VI – quando for herdeiro presuntivo, donatário ou empregador de qualquer das partes;
>
> VII – em que figure como parte instituição de ensino com a qual tenha relação de emprego ou decorrente de contrato de prestação de serviços;
>
> VIII – em que figure como parte cliente do escritório de advocacia de seu cônjuge, companheiro ou parente, consanguíneo ou afim, em linha reta ou colateral, até o terceiro grau, inclusive, mesmo que patrocinado por advogado de outro escritório;

IX – quando promover ação contra a parte ou seu advogado.

§ 1.º Na hipótese do inciso III, o impedimento só se verifica quando o defensor público, o advogado ou o membro do Ministério Público já integrava o processo antes do início da atividade judicante do juiz.

§ 2.º É vedada a criação de fato superveniente a fim de caracterizar impedimento do juiz.

§ 3.º O impedimento previsto no inciso III também se verifica no caso de mandato conferido a membro de escritório de advocacia que tenha em seus quadros advogado que individualmente ostente a condição nele prevista, mesmo que não intervenha diretamente no processo."

"Art. 145. Há suspeição do juiz:

I – amigo íntimo ou inimigo de qualquer das partes ou de seus advogados;

II – que receber presentes de pessoas que tiverem interesse na causa antes ou depois de iniciado o processo, que aconselhar alguma das partes acerca do objeto da causa ou que subministrar meios para atender às despesas do litígio;

III – quando qualquer das partes for sua credora ou devedora, de seu cônjuge ou companheiro ou de parentes destes, em linha reta até o terceiro grau, inclusive;

IV – interessado no julgamento do processo em favor de qualquer das partes.

§ 1.º Poderá o juiz declarar-se suspeito por motivo de foro íntimo, sem necessidade de declarar suas razões.

§ 2.º Será ilegítima a alegação de suspeição quando:

I – houver sido provocada por quem a alega;

II – a parte que a alega houver praticado ato que signifique manifesta aceitação do arguido."

Portanto, não há dúvidas de que as hipóteses de suspeição e impedimento extraem-se dos arts. 144 e 145 do CPC. Também não há dúvidas de que devem ser arguidas por exceção de suspeição e impedimento, uma vez que a CLT não é omissa quanto ao tema e adota essa nomenclatura em seu art. 799. Entretanto, quanto ao seu processamento aplica-se o CPC.

A CLT tornou-se inaplicável quanto ao processamento das exceções de suspeição e impedimento, pois segundo o art. 802, 1º, da CLT, se o juiz não se reconhecer suspeito ou impedido, designará uma audiência e julgará a exceção. O mesmo foi estabelecido para um órgão colegiado: a Junta de Conciliação e Julgamento. A partir da EC 24/1999, com extinção das juntas de conciliação e julgamento, a jurisdição na 1ª instância passou a ser exercida pelo juiz titular ou substituto de forma singular (art. 116 da CF).

As alterações instituídas pela EC 24/1999 são incompatíveis com o disposto no § 1º do art. 802 da CLT, porque não faz sentido o próprio juiz peitado (suspeito ou impedido) instruir e julgar a exceção de suspeição ou impedimento contra si oposta. O julgamento deveria ser feito por um órgão colegiado, dele não participando o juiz "interessado". À medida que a Vara do Trabalho passa a funcionar apenas com juiz singular, a CLT tornou-se omissa quanto ao tema. Assim, o processamento das exceções de suspeição e impedimento deve reger-se pelo CPC.

O atual Código de Processo Civil preceitua em seu art. 146, *caput* e parágrafos, que a parte alegará o impedimento ou a suspeição em 15 dias, a contar do conhecimento do fato, em petição específica dirigida ao juiz do processo, na qual indicará o fundamento da recusa, podendo instruí-la com documentos em que se fundar a alegação e com rol de testemunhas.

Se reconhecer o impedimento ou a suspeição ao receber a petição, o juiz ordenará imediatamente a remessa dos autos a seu substituto legal, caso contrário, instituirá a autuação em apartado da petição e, no prazo de 15 (quinze) dias, apresentará suas razões, acompanhadas de documentos e de rol de testemunhas, se houver, ordenando a remessa do incidente ao tribunal.

Caso seja acolhida a alegação, tratando-se de impedimento ou de manifesta suspeição, o tribunal condenará o juiz nas custas e remeterá os autos ao seu substituto legal, podendo o juiz recorrer da decisão. Neste caso, o tribunal fixará o momento a partir do qual o juiz não poderia ter atuado e decretará a nulidade dos seus atos, se praticados quando já presente o motivo de impedimento ou de suspeição.

Segue o disposto no art. 146 do CPC:

> "Art. 146. No prazo de 15 (quinze) dias, a contar do conhecimento do fato, a parte alegará o impedimento ou a suspeição, em petição específica dirigida ao juiz do processo, na qual indicará o fundamento da recusa, podendo instruí-la com documentos em que se fundar a alegação e com rol de testemunhas.
>
> § 1.º Se reconhecer o impedimento ou a suspeição ao receber a petição, o juiz ordenará imediatamente a remessa dos autos a seu substituto legal, caso contrário, determinará a autuação em apartado da petição e, no prazo de 15 (quinze) dias, apresentará suas razões, acompanhadas de documentos e de rol de testemunhas, se houver, ordenando a remessa do incidente ao tribunal.
>
> § 2.º Distribuído o incidente, o relator deverá declarar os seus efeitos, sendo que, se o incidente for recebido:
>
> I – sem efeito suspensivo, o processo voltará a correr;
>
> II – com efeito suspensivo, o processo permanecerá suspenso até o julgamento do incidente.
>
> (...)."

Ressalte-se, por fim, que, nos termos do art. 801, parágrafo único, da CLT, aplicável ao Processo do Trabalho, se o recusante houver praticado algum ato pelo qual haja consentido na pessoa do juiz, não mais poderá alegar exceção de suspeição, salvo sobrevindo novo motivo. A suspeição não será também admitida se do processo constar que o recusante deixou de alegá-la anteriormente, quando já a conhecia, ou que, depois de conhecida, aceitou o juiz recusado ou, finalmente, se procurou de propósito o motivo de que ela se originou.

7.1.3.4. Reconvenção

7.1.3.4.1. Conceito e natureza jurídica

A reconvenção é uma modalidade de resposta do réu, concernente não a uma defesa (como ocorre na contestação e na exceção), mas sim a uma manifestação de ataque contra o autor.

De outro modo, a reconvenção constitui-se num contra-ataque do réu em face do autor dentro do mesmo processo. Com efeito, estabelece o art. 343 do CPC que:

> "Art. 343. Na contestação, é lícito ao réu propor reconvenção para manifestar pretensão própria, conexa com a ação principal ou com o fundamento da defesa".

Assume a reconvenção natureza jurídica de ação autônoma proposta pelo réu em face do autor, aproveitando-se do mesmo processo. O processo será único, a peça processual será a mesma, a contestação, mas englobando dois tipos de pedidos: o principal e o reconvencional.

Não obstante, a reconvenção não é obrigatória, mas sim facultativa, significando dizer que a sua não apresentação não retira do réu a possibilidade de ver reconhecido o seu direito em ação autônoma.

Na reconvenção, que deve ser apresentada na contestação, o reclamado passa a se chamar reclamado-reconvinte e o autor, reclamante-reconvindo.

A doutrina majoritária admite a reconvenção nos domínios do Processo do Trabalho, principalmente em função de sua compatibilidade com os dispositivos consolidados, bem como em função dos princípios da celeridade e economia processual, tão defendidos na seara laboral, sendo aplicável o Código de Processo Civil.

Se o autor for substituto processual, o reconvinte deverá afirmar ser titular de direito em face do substituído, e a reconvenção deverá ser proposta em face do autor, também na qualidade de substituto processual (art. 343, § 5.º, do CPC).

A reconvenção pode ser proposta contra o autor e terceiro, bem como pelo réu em litisconsórcio com terceiro (art. 343, §§ 3º e 4º, do CPC).

Com base no art. 791-A, § 5º, da CLT, são devidos honorários de sucumbência na reconvenção. Não poderia ser diferente, já que a reconvenção é uma outra ação dentro da mesma relação processual.

7.1.3.4.2. Requisitos específicos da reconvenção

A lei impõe requisitos para a admissibilidade da reconvenção, quais sejam:

- que o juízo da causa principal seja competente para apreciar a demanda reconvencional. A reconvenção deve cingir-se à matéria afeta à competência material da Justiça do Trabalho, nos moldes do art. 114 da CF/1988, com redação dada pela EC 45/2004;

- haver compatibilidade entre os procedimentos aplicáveis à causa principal e à reconvenção – ressalte-se que entendemos que a reconvenção é possível, mesmo que a demanda principal envolva uma ação submetida ao procedimento sumaríssimo ou sumário, uma vez que não há dispositivo legal específico na seara trabalhista que proíba tal situação;
- haver conexão entre a reconvenção e a ação principal (art. 343 do CPC) – a reconvenção deve ser conexa com a demanda principal ou com os fundamentos da defesa. Há conexão entre duas ou mais ações quando lhes for comum o objeto ou a causa de pedir, nos moldes do art. 55 do CPC.

Nesse âmbito, posiciona-se a jurisprudência:

> "RECONVENÇÃO NO PROCESSO DO TRABALHO. POSSIBILIDADE E REQUISITOS. O art. 343 do CPC, aplicável supletivamente ao processo trabalhista por força do art. 769 da CLT, permite ao réu reconvir ao autor no mesmo processo, desde que a reconvenção seja conexa com a ação principal ou com o fundamento da defesa, sendo certo, outrossim, que há conexão entre duas ou mais ações quando lhes for comum o objeto ou a causa de pedir, nos moldes do art. 55 do mesmo CPC, requisitos atendidos na espécie. E evidenciado pelo acervo probatório, notadamente pela prova testemunhal, que a reclamante/reconvinda recebeu valores de clientes sem repassá-los aos reclamados/reconvintes, mantenho o comando que a condenou" (TRT – 3ª Região – RO 01209201405803005 0001209-30.2014.5.03.0058 – 6ª Turma, Relator Jose Murilo de Morais, j. em 30.05.2016).

7.1.3.4.3. Reconvenção e ações dúplices

A contestação, em regra, se qualifica como peça de defesa do réu, utilizada como instrumento processual apto a resistir à pretensão do autor. No entanto, algumas ações, por exceção, permitem ao demandado, além de se defender, contra-atacar os argumentos autorais no bojo da própria peça de bloqueio, a qual passa a exercer a dupla função de peça de resistência e ataque, simultaneamente.

A este tipo de ação atípica foi adotada pela doutrina a nomenclatura "dúplice". Em relação a tais ações, não se admite a apresentação da reconvenção, uma vez que o mesmo resultado prático pode ser alcançado mediante simples requerimento na contestação, por ser da natureza da ação.

Podemos destacar como exemplos a consignação em pagamento, a ação de prestação de contas, as ações possessórias e o inquérito para apuração de falta grave (arts. 494/495 e 853 da CLT), em que por simples requerimento na contestação faculta-se ao demandado se defender e contra-atacar os argumentos do autor, de forma simultânea, tornando-se desnecessária a reconvenção.

Logo, ajuizada na Justiça do Trabalho, por exemplo, uma ação de inquérito para apuração de falta grave pelo empregador, descabe a reconvenção pelo empregado, uma vez que o art. 495 da CLT já estabelece que, reconhecida a inexistência de falta grave praticada pelo empregado, fica o empregador obrigado a reintegrá-lo no serviço e a pagar-lhe os salários a que teria direito no período da suspensão.

O mesmo se pode dizer em relação à ação de consignação em pagamento proposta pelo empregador que alega que o obreiro foi dispensado por justa causa e não compareceu para receber seus haveres rescisórios. Nesta hipótese, a reconvenção objetivando discutir valores a serem recebidos pelo trabalhador é desnecessária, tendo em vista que o art. 545, §§ 1.º e 2.º, do CPC, de aplicação subsidiária ao Processo do Trabalho, permite que na própria sentença da ação de consignação em pagamento seja fixada condenação em face do autor (empregador), em caso de insuficiência dos valores consignados.

Apesar do entendimento doutrinário acima exposto, acreditamos que em relação às hipóteses citadas (inquérito para apuração de falta grave e ação de consignação em pagamento) será possível a reconvenção se o objeto da mesma for mais amplo do que o contido no inquérito ou na ação consignatória, como na hipótese em que o obreiro pretende postular indenização por danos morais em face do procedimento adotado por seu empregador.

Destacamos, ainda, os seguintes julgados:

> "RECURSO DE REVISTA. AÇÃO DE CONSIGNAÇÃO EM PAGAMENTO. JUSTA CAUSA. PEDIDO DE REINTEGRAÇÃO AO EMPREGO. NECESSIDADE DE RECONVENÇÃO. POSSIBILIDADE DE APRESENTAÇÃO NA PEÇA CONTESTATÓRIA. NÃO CONCESSÃO DE PRAZO PARA O RECONVINDO. CERCEAMENTO DE DEFESA. PROVIMENTO. A ação de consignação em pagamento possui natureza dúplice (art. 899, § 2.º, do CPC) (art. 545, § 2.º, do atual CPC), isto é, há a possibilidade de condenação do consignante, independentemente de reconvenção. Esse caráter dúplice, no entanto, restringe-se às obrigações em dinheiro objeto da consignatória, não alcançando o pedido de reintegração ao emprego formulado pela consignatária, para o qual se faz necessária a apresentação de reconvenção. Por outro lado, em observância aos princípios da oralidade e informalidade, inerentes ao processo do trabalho, se a reconvenção e a contestação podem ser ofertadas de forma oral, constando da mesma ata de audiência, nos termos do art. 847 da CLT, nada impede que tais espécies de defesa sejam apresentadas na mesma peça processual. Desse modo, não se revela imprescindível o oferecimento da reconvenção em peça autônoma, sendo admissível o seu manejo na peça contestatória. Assim, como o pedido de reintegração ao emprego constitui verdadeira reconvenção, a ausência de concessão de prazo ao reconvindo para se manifestar sobre tal pretensão caracteriza cerceamento do direito de defesa. Recurso de revista conhecido e provido" (TST – RR 151240-07.2007.5.05.0461 – 2.ª T. – Rel. Min. Guilherme Augusto Caputo Bastos – j. 10.11.2010 – *DEJT* 19.11.2010).

7.1.3.4.4. Reconvenção e compensação

A compensação, conforme já exposto neste capítulo, em verdade, é uma forma indireta de extinção de obrigações, destinada a possibilitar a solução de dívidas entre as partes litigantes, quando autor e réu são reciprocamente credor e devedor.

Portanto, a compensação, como instituto do direito material, pode ser invocada nos domínios do Processo do Trabalho da seguinte forma: a) como matéria de defesa; e b) na reconvenção.

a) Poderá ser arguida como matéria de defesa, nos moldes do art. 767 consolidado, desde que o montante a ser compensado pelo empregador reclamado não seja superior ao crédito do reclamante obreiro.
b) Por sua vez, poderá ser objeto de reconvenção na contestação (art. 343 do CPC) quando o crédito do empregador reclamado for superior ao do obreiro.

7.1.3.4.5. A defesa na reconvenção

Estabelece o art. 847 da CLT que, não havendo acordo, o reclamado terá vinte minutos para aduzir sua defesa, o que inclui a apresentação de contestação e da reconvenção.

O reclamado poderá apresentar defesa escrita pelo sistema de processo judicial eletrônico até a audiência (art. 847, § 1º, da CLT).

Caso o autor-reconvindo não apresente defesa, será ele considerado revel e confesso quanto à matéria fática. Todavia, considerando as peculiaridades do Processo do Trabalho, caso seja apresentada reconvenção pelo reclamado em audiência, deverá o juiz determinar a suspensão da audiência, designando nova data para o seu prosseguimento, respeitado o quinquídio legal previsto no art. 841 da CLT, para que o reclamante-reconvindo apresente sua defesa, salvo se este abrir mão desse prazo na própria audiência onde foi apresentada a reconvenção.

7.1.3.4.6. Ação e reconvenção – sentença

Vale destacar que o pedido principal e o reconvencional são institutos distintos, muito embora o andamento de ambos ocorra no mesmo processo. Nesse aspecto, estabelece o art. 343, § 2.º, do CPC que a desistência da ação, ou a existência de qualquer causa que a extinga, não obsta ao prosseguimento da reconvenção.

Portanto, a desistência ou extinção da ação quanto ao pedido principal não interfere no andamento e julgamento da reconvenção e vice-versa.

Todavia, não havendo desistência ou qualquer causa de extinção de uma delas, julgar-se-ão, na mesma sentença, os pedidos principal e reconvencional.

Por outro lado, muito embora a decisão da reconvenção e do pedido principal seja dada no mesmo corpo da sentença, cada uma deverá ter fundamentação e conclusões específicas. Desta sentença caberá recurso ordinário no prazo de 8 dias (art. 895 da CLT).

7.1.3.4.7. Reconvenção e execução

Não é cabível a reconvenção no processo de execução, uma vez que ela objetiva a constrição judicial de bens do devedor para a satisfação do comando judicial, não havendo sentença a ser proferida.

Ademais, o art. 16, § 3.º, da Lei 6.830/1980 (que dispõe sobre a cobrança judicial da dívida ativa da Fazenda Pública), de aplicação subsidiária ao Processo do Trabalho, por força do art. 889 da CLT, veda a reconvenção na execução.

Quando ao procedimento sumaríssimo, existe divergência, no âmbito do Tribunal Superior do Trabalho sobre a admissibilidade de reconvenção nesse rito. Veja exemplo de julgados que seguem entendimentos opostos:

> *"AGRAVO DE INSTRUMENTO EM RECURSO DE REVISTA – PROCEDIMENTO SUMARÍSSIMO – PEDIDO CONTRAPOSTO FORMULADO EM CONTESTAÇÃO - COMPATIBILIDADE. A Lei n. 9.957/2000, que acrescentou os dispositivos da CLT referentes à instituição do procedimento sumaríssimo para dissídios individuais cujo valor não exceda a quarenta vezes o salário-mínimo, não contém disposição expressa quanto à admissão de pedido contraposto, nem de reconvenção nos processos sob esse rito. A questão deve ser analisada a partir da interpretação simétrica com as leis que disciplinam mecanismos de celeridade na prestação jurisdicional em causas de valores limitados. Nesse sentido, a Lei n. 9.099/95, que disciplina os Juizados Especiais Cíveis para causas cujo valor não exceda a quarenta vezes o salário-mínimo, e a Lei n. 9.245/95, que instituiu dispositivos do Código de Processo Civil para adoção do rito sumário nas causas cujo valor não exceda a sessenta vezes o salário-mínimo, não admitem a reconvenção, restringindo a resposta do réu à formulação de pedido contraposto, que deve ser fundado nos mesmos fatos da inicial. A jurisdição como exercício do poder soberano do Estado é una, motivo pelo qual a instituição de procedimentos que busquem impingir celeridade na prestação jurisdicional a causas com valores limitados deve buscar a harmonia entre institutos correlatos. Com fulcro no princípio da duração razoável do processo e amparo no art. 769 da CLT, a lacuna de norma específica na legislação do trabalho deve ser suprida pela observância do disposto nos arts. 31 da Lei n. 9.099/95 e 278, § 1º, do CPC. Por corolário, deve ser admitida, em processos submetidos ao rito sumaríssimo, a pretensão formulada em contestação como pedido contraposto, a qual deve ser fundada nos mesmos fatos da inicial. Logo, incólume o princípio do devido processo legal gravado no art. 5º, LIV, da Constituição Federal, em face da compatibilidade do instituto do pedido contraposto nas reclamações trabalhistas sob rito sumaríssimo. Agravo de instrumento desprovido" (AIRR639-61.2011.5.03.0151, 4ª Turma, Relator Ministro Luiz Philippe Vieira de Mello Filho, DEJT 17/08/2012).*
>
> *"(...) OFENSA AO ARTIGOS 267, IV, DO CPC, 267, 605 E 606, DA CLT. AÇÃO DE COBRANÇA DE CONTRIBUIÇÃO SINDICAL. RECONVENÇÃO. PROCEDIMENTO SUMARÍSSIMO. (...) VI - Pois bem, o Regional, ao proferir o entendimento de que a reconvenção é possível mesmo que o processo principal envolva uma ação submetido ao procedimento sumário, uma vez que não há dispositivo legal específico na seara trabalhista que proíba tal situação, não violou os legais invocados. Ora, a decisão fundada em interpretação razoável do texto normativo, empreendida*

mediante cotejo à disciplina acerca da matéria, não justifica a sua rescisão, a teor do art. 485, V, do CPC. VII - De toda sorte, asseverou o Regional que se tratava de matéria controvertida nos Tribunais, o que atrai a incidência do entendimento expresso na Súmula n. 83, I, do TST, bem como o da Súmula n. 343 do STF. (...)" (RO-1195-11.2010.5.05.0000, Subseção II Especializada em Dissídios Individuais, Relator Ministro Antonio José de Barros Levenhagen, DEJT 01/07/2016).

Por último, não se pode esquecer que é possível a reconvenção em ação declaratória. O Supremo Tribunal Federal consolidou a matéria na Súmula 258:

É admissível reconvenção em ação declaratória.

7.1.3.5. Impugnação ao valor da causa

A impugnação ao valor da causa se qualifica como modalidade de defesa, pelo fato de impugnar requisito da petição inicial (o valor da causa), adequando esse valor à pretensão econômica postulada, gerando, por consequência, a modificação da base de cálculo das custas judiciais atinentes e honorários advocatícios sucumbenciais.

O reclamado tem interesse na elevação do valor da causa para adequá-lo à pretensão econômica deduzida em juízo, afastando os valores a menor indicados pelo reclamante, visto que na hipótese de improcedência o reclamante deverá pagar honorários advocatícios entre o mínimo de 5% e o máximo de 15% do valor da causa, consoante reza o art. 791-A da CLT.

O Estado, por sua vez, tem interesse na majoração do valor da causa, pois na hipótese de improcedência as custas serão maiores.

O art. 840, § 1º, da CLT determina que é requisito da petição inicial a indicação do valor correspondente a cada pedido. Sendo o valor da causa a somatória de todos os pedidos, este é um requisito da petição inicial. Se o reclamante não indicar o valor da causa, estará inobservando um dos requisitos da petição inicial previsto nos art. 840, § 1º, da CLT e 319 do CPC, caso em que o juiz deverá conceder o prazo de 15 (quinze) dias para que o reclamante emende a petição inicial, sob pena de indeferimento da mesma (art. 321 do CPC).

Por outro lado, indicado o valor da causa na inicial, o juiz poderá corrigi-lo, de ofício, quando verificar que não corresponde ao conteúdo patrimonial em discussão ou ao proveito econômico perseguido pelo autor, e o réu poderá impugnar o valor da causa em preliminar de contestação, consoante determinam os arts. 292, § 3º e 293 do CPC, *in verbis*:

"Art. 292. O valor da causa constará da petição inicial ou da reconvenção e será: (...)

§ 3º O juiz corrigirá, de ofício e por arbitramento, o valor da causa quando verificar que não corresponde ao conteúdo patrimonial em discussão ou ao proveito

> econômico perseguido pelo autor, caso em que se procederá ao recolhimento das custas correspondentes."
>
> "Art. 293. O réu poderá impugnar, em preliminar da contestação, o valor atribuído à causa pelo autor, sob pena de preclusão, e o juiz decidirá a respeito, impondo, se for o caso, a complementação das custas."

Assim, resta superada a Súmula 71 do TST que determina que não sendo impugnado o valor da causa no momento oportuno, este se torna inalterável:

> "Súmula 71 do TST. A alçada é fixada pelo valor dado à causa na data de seu ajuizamento, desde que não impugnado, sendo inalterável no curso do processo".

Em síntese, determina o atual Código de Processo Civil que o juiz corrigirá, de ofício e por arbitramento, o valor da causa quando verificar que não corresponde ao conteúdo patrimonial em discussão ou ao proveito econômico perseguido pelo autor, caso em que se procederá ao recolhimento das custas correspondentes (art. 292, § 3.º, do CPC). Destarte, assegura ao réu impugnar, em preliminar de contestação, o valor atribuído à causa pelo autor, sob pena de preclusão, e o juiz decidirá a respeito, impondo, se for o caso, a complementação das custas.

É nesse sentido o posicionamento do TST, que na IN 39/2016, que dispõe sobre as normas do CPC aplicáveis ao Processo do Trabalho, determina em seu art. 3º, V, que o art. 292, § 3º, será aplicável ao Processo do Trabalho.

7.1.4. Provas

7.1.4.1. Conceito

O vocábulo prova é originário do latim *proba, de probare*, no sentido de demonstrar a veracidade de uma proposição ou a realidade de um fato.

No processo de cognição, para que o magistrado possa formar o seu convencimento sobre os fatos controvertidos e proferir a sentença, é fundamental que seja realizada a colheita das provas necessárias ao convencimento do julgador acerca dos fatos ocorridos na causa.

Prova, no âmbito do direito processual, é o meio utilizado para a demonstração no processo da veracidade dos fatos controvertidos.

Manoel Antônio Teixeira, *A prova no processo do trabalho*, p. 34-35, elenca uma série de conceitos de doutrinadores estrangeiros a respeito da prova, a saber:

> "Na doutrina estrangeira moderna colhemos, dentre tantos, os seguintes conceitos: a prova é a demonstração da verdade de um fato ou também o mesmo meio que as partes empregam para demonstrar o fato discutido (*Laurent*, da Escola Exegética); é o meio regulado pela lei para descobrir e estabelecer com certeza a verdade de um fato controvertido (*Domat*); é um fato suposto ou verdadeiro que se consi-

> dera destinado a servir de causa de credibilidade para a existência ou inexistência de um fato (*Bentham*); provar significa fazer conhecidos ao juiz os fatos controvertidos e duvidosos e dar-lhe a certeza do seu modo de ser (*Carlos Lessona*); provar é estabelecer a existência da verdade, e as provas são os diversos meios pelos quais a inteligência chega ao descobrimento da verdade (*Eduardo Couture*); é o conjunto de diversos meios pelos quais a inteligência chega à descoberta da verdade (*Bonnier*); é a soma dos meios produtores da certeza (*Mittemaier*); é o meio objetivo pelo qual o espírito humano se apodera da verdade (*Malatesta*); é a consequência legítima que resulta de um fato, cuja certeza leva a concluir que um outro fato, do qual se ignora a verdade, é verdadeiro ou não" (*Merlin*).

Por sua vez, Misael Montenegro Filho, *Curso de direito processual civil*, p. 459, sobre o conceito de prova, ensina que: "Não obstante o agito doutrinário, e cingindo as nossas considerações à sua importância em termos processuais, indicamos que em nosso sentir a prova refere-se à demonstração no processo judicial instaurado, pela parte a quem foi atribuído ônus correspondente, da veracidade do fato antes afirmado, garantindo-se, com isto, a procedência ou a improcedência da ação".

Não há uma definição do conceito de prova no atual diploma processual civil, mas há informação do que pode ser usado como prova: "As partes têm o direito de empregar todos os meios legais, bem como os moralmente legítimos, ainda que não especificados neste Código, para provar a verdade dos fatos em que se funda o pedido ou a defesa e influir eficazmente na convicção do juiz" (art. 369). Dessa forma, as partes não ficam restritas aos meios de prova previstos no Código, mas podem utilizar todo e qualquer meio de prova legítimo, que não atente contra à moral e aos bons costumes.

7.1.4.2. Princípios

Em relação às provas, podemos destacar os seguintes princípios:

- **Necessidade da prova** – os fatos narrados pela parte nos autos devem ser irrefutavelmente provados. Não basta apenas alegar, mas é preciso que a parte prove, demonstre a veracidade de suas alegações. Fatos não provados são inexistentes no mundo jurídico;
- **Unidade da prova** – A prova deve ser apreciada no seu conjunto, como um todo, não devendo a prova ser considerada isoladamente. Isto não significa dizer que o magistrado deva decidir, necessariamente, com exclusividade, em favor de um dos litigantes;
- **Lealdade da prova ou probidade** – As provas devem ser produzidas com ética e lealdade. Com efeito, o ordenamento jurídico vigente é dotado de instrumentos que objetivam coibir a produção de provas ilícitas, falsas ou desleais. O art. 5º do CPC, por exemplo, dispõe que é dever das partes proceder com boa-fé. Outrossim, o art. 80 do digesto processual civil estabelece várias hipóteses de litigância de

má-fé, dentre elas, alteração da verdade dos fatos e o uso do processo com o intuito de conseguir objetivo ilegal (incisos II e III).

Também o Código de Processo Civil, no art. 142 do CPC, dispõe que: "Convencendo-se, pelas circunstâncias, de que autor e réu se serviram do processo para praticar ato simulado ou conseguir fim vedado por lei, o juiz proferirá decisão que impeça os objetivos das partes, aplicando, de ofício, as penalidades da litigância de má-fé".

Nesse contexto, a Constituição Federal de 1988, em seu art. 5.º, LVI, determina que são inadmissíveis, no processo, as provas obtidas por meios ilícitos.

Carlos Henrique Bezerra Leite, em seu *Curso de direito processual do trabalho*, 14. ed., p. 739 e 740, comentando o princípio da licitude da prova (art. 5.º, LVI, CF/1988) no item referente ao princípio da proibição da prova obtida ilicitamente, ensina que:

> "As partes têm o dever de agir com lealdade em todos os atos processuais, mormente na produção de prova. O princípio da licitude da prova encontra residência no art. 5º, LVI, da CF, segundo o qual "são inadmissíveis, no processo, as provas obtidas por meios ilícitos.
>
> É factível afirmar que prova ilícita é aquela que implica violação de norma do direito material, uma vez que é obtida por meio de ato ilícito. Já as provas que decorrem de violação de norma processual são chamadas de ilegítimas.
>
> O princípio da proibição da prova ilícita vem sendo mitigado, em casos concretos, com base nos princípios da proporcionalidade (ou razoabilidade), segundo o qual não se deve chegar ao extremo de negar validade a toda e qualquer prova obtida por meios ilícitos, como, por exemplo, uma gravação sub-reptícia utilizada por empregada que deseja fazer prova de que fora vítima de assédio sexual pelo seu empregador ou superior hierárquico, sem o conhecimento deste.
>
> A revista íntima também pode ensejar a violação ao princípio em epígrafe. Há entendimentos que admitem a revista íntima, desde que o empregador adote todos os meios necessários à preservação da intimidade e da dignidade do trabalhador."

Cabe destacar que a simples presença de prova ilícita nos autos não invalida o processo. Portanto, retiradas as provas obtidas por meios ilícitos, caso ainda restem provas autônomas, independentes, não contaminadas por aquelas (provas ilícitas), deverá o magistrado dar prosseguimento ao processo. Em outras palavras, identificadas as "provas ilícitas", serão elas "desentranhadas" dos autos, continuando a correr o processo, desde que existam outras provas lícitas autônomas.

Por último, não se pode esquecer que o Supremo Tribunal Federal assentou entendimento no sentido de aplicação da "teoria dos frutos da árvore envenenada" (*fruits of the poisonous tree*), segundo a qual todas as provas conseguidas a partir de outra prova ilícita, são, igualmente, ilícitas, ou seja, a prova ilícita contamina todas as demais provas produzidas a partir dela.

- **Contraditório** – Apresentada em juízo a prova por uma parte, tem a parte contrária o direito de impugná-la pelos meios previstos em lei, inclusive podendo realizar a denominada contraprova (pela qual objetiva eliminar a prova realizada pela parte contrária, constituindo-se numa outra prova). O art. 5.º, LV, da CF/1988 determina que aos litigantes, em processo judicial ou administrativo, e aos acusados em geral são assegurados o contraditório e ampla defesa, com os meios e recursos a ela inerentes. Contraditório é, pois, o direito que tem a parte de tomar conhecimento e contraditar todos os fatos e provas trazidos pela parte adversa aos autos;
- **Igualdade de oportunidades** – O tratamento igualitário que o magistrado deve administrar às partes também alcança as provas, devendo ser conferida à mesma igualdade de oportunidade para apresentação das provas no momento processual adequado;
- **Oportunidade da prova** – A prova deverá ser produzida no momento processual adequado, oportuno. Exemplificativamente, é evidente que não será admitida, em regra, a produção de provas em grau de recurso (Súmula 8 do TST). Todavia, em situações excepcionais, conforme será ainda tratado neste capítulo, a prova poderá ser produzida antecipadamente;
- **Legalidade** – As partes estão submetidas à lei, a qual disciplina o regramento quanto à produção das provas, considerando o momento da sua produção, o lugar onde serão produzidas, os meios de prova admitidos e a utilização da prova adequada à natureza do fato a ser provado.

Sobre o tema, Manoel Antônio Teixeira, em obra já citada no presente capítulo (p. 73-74), explica que:

> "O direito à produção de provas não pode ser exercido ao talante exclusivo das partes; a lei, prudente, o subordina à observância de determinados requisitos, como os de tempo, lugar, meio, adequação etc.
>
> *Tempo*, porque há momentos oportunos para que sejam produzidas. Assim, salvo exceções, não se admite a produção de provas em grau de recurso (Súmula n.º 8 do TST), sabendo-se que esses momentos são fixados, igualmente, na fase de conhecimento; *lugar*, porque, por princípio legal, as provas devem ser elaboradas em audiência (CPC, art. 336, *caput*) (art. 449 do atual CPC); *meio*, porque a lei especifica quais os que são hábeis para demonstrar a verdade dos fatos controvertidos na ação (CPC, art. 332) (art. 369 do atual CPC); *adequação*, porque certos fatos só podem ser provados mediante determinada espécie de meio. O pagamento de salários, *e.g.*, só se prova documentalmente (CLT, art. 464), assim como a comprovação da existência de atividades ou locais insalubres, e a consequente graduação, só é admissível por meio de prova pericial" (CLT, art. 195, § 2.º).

- **Imediação** – As provas devem ser produzidas para o juiz, destinatário da prova. Neste contexto, é o magistrado que dirige o processo, determinando as provas a serem produzidas pelas partes. Nessa linha de raciocínio, determina o art. 765 da CLT que os Juízos e Tribunais do Trabalho terão ampla liberdade na direção do processo e velarão pelo andamento rápido das causas, podendo determinar qualquer diligência necessária ao esclarecimento delas. O art. 848 consolidado, por sua vez, faculta ao juiz, de ofício, interrogar os litigantes. Já o art. 852-D da CLT (procedimento sumaríssimo) dispõe que o juiz dirigirá o processo com liberdade para determinar as provas a serem produzidas, considerando o ônus probatório de cada litigante, podendo limitar ou excluir as que considerar excessivas, impertinentes ou protelatórias, bem como para apreciá-las e dar especial valor às regras de experiência comum ou técnica;
- **motivação** – O juiz deve formar o seu convencimento mediante a apreciação do valor das provas contidas no caderno processual, desde que atenda aos fatos e às circunstâncias ali contidos, mesmo que não alegados pelas partes. Com efeito, determina o art. 371 do CPC que: "O juiz apreciará a prova constante dos autos, independentemente do sujeito que a tiver promovido, e indicará na decisão as razões da formação de seu convencimento". Igualmente, estabelece o art. 832 da CLT determinando que deverá constar na sentença "a apreciação das provas" e os "fundamentos da decisão".

O atual diploma processual não repetiu a expressão "livre" ou "livremente" do CPC de 1973, passando a adotar o princípio do convencimento motivado.

7.1.4.3. *Objeto da prova*

O objeto da prova são os fatos relevantes, pertinentes e controvertidos narrados no processo pelo autor e réu.

Impende ressaltar que, em regra, apenas os fatos devem ser provados pelas partes, uma vez que o direito não depende de prova (*ius allegatur, non probatur*). Ou melhor, o juiz conhece o direito (*iura novit curia*), cabendo aos litigantes narrar e provar os fatos, e ao juiz aplicar a norma legal admissível à espécie.

O direito federal é de conhecimento obrigatório do juiz. Todavia, em relação ao direito estrangeiro, municipal, estadual, distrital ou consuetudinário, poderá o magistrado, a teor do art. 376 do CPC (aplicável subsidiariamente ao Processo do Trabalho - art. 769 da CLT), determinar que a parte interessada faça prova do teor e da vigência da legislação mencionada.

Nos domínios do Processo do Trabalho, poderá também o magistrado determinar, caso a parte invoque direito previsto em norma coletiva (convenção coletiva, acordo coletivo), em sentença normativa ou mesmo calcado em regulamento empresarial, que faça prova do teor e da vigência de tais instrumentos.

A regra geral, portanto, dispõe que os fatos devem ser provados. No entanto, o art. 374 do CPC aponta algumas exceções a esta regra, *in verbis*:

> "Art. 374. Não dependem de prova os fatos:
>
> I – notórios;
>
> II – afirmados por uma parte e confessados pela parte contrária;
>
> III – admitidos no processo como incontroversos;
>
> IV – em cujo favor milita presunção legal de existência ou de veracidade."

Fato notório é aquele cujo conhecimento faz parte da cultura normal de determinado segmento social no momento do julgamento da causa. Quer dizer, um fato é notório quando conhecido por um grande número de pessoas, sendo considerado verdadeiro, certo e indiscutível.

Os fatos confessados e incontroversos também não dependem de prova. São considerados fatos incontroversos aqueles afirmados, postulados, requeridos por uma parte e confessados, admitidos, confirmados, não contestados pela parte contrária. Nessa linha, o art. 467 da CLT determina que as parcelas incontroversas devem ser quitadas pelo empregador na audiência sob pena de o mesmo ser condenado a pagá-las com o acréscimo de 50%.

Por último, os fatos cuja existência ou veracidade é legalmente presumida também não dependem de prova.

Todavia, a parte, ao alegar em seu favor a presunção legal, deverá demonstrar que está na situação de poder invocá-la, ou seja, não estará a parte obrigada a provar o fato presumido, mas sim que existe a presunção legal.

Nos domínios do Processo do Trabalho, podemos mencionar dois exemplos de presunção legal de existência ou veracidade do fato, a saber:

- Art. 447 da CLT – estipula que, na falta de acordo ou prova sobre condição essencial ao contrato verbal, esta se presume existente, como se a tivessem estatuído os interessados, na conformidade dos preceitos jurídicos adequados à sua legitimidade;
- Art. 456, parágrafo único, da CLT – estipula que a prova do contrato individual do trabalho será feita pelas anotações constantes da carteira profissional ou por instrumento escrito e suprida por todos os meios permitidos em direito. À falta de prova ou inexistindo cláusula expressa a tal respeito, entender-se-á que o empregado se obrigou a todo e qualquer serviço compatível com a sua condição pessoal.

Destacamos algumas Súmulas:

> "Súmula 12 do TST. Carteira Profissional – Res. 121/2003, *DJ* 19, 20 e 21.11.2003. As anotações apostas pelo empregador na carteira profissional do empregado não geram presunção *juris et de jure*, mas apenas *juris tantum*."

"Súmula 43 do TST. Transferência – Res. 121/2003, *DJ* 19, 20 e 21.11.2003."

Presume-se abusiva a transferência de que trata o § 1º do art. 469 da CLT, sem comprovação da necessidade do serviço.

"Súmula 443 do TST. Dispensa discriminatória. Presunção. Empregado portador de doença grave. Estigma ou preconceito. Direito à reintegração – Res. 185/2012, *DEJT* divulgado em 25, 26 e 27.09.2012."

Presume-se discriminatória a despedida de empregado portador do vírus HIV ou de outra doença grave que suscite estigma ou preconceito. Inválido o ato, o empregado tem direito à reintegração no emprego.

As presunções judiciais são apenas relativas, podendo ser derrubadas por prova em contrário. Veja um exemplo:

AGRAVO DE INSTRUMENTO EM RECURSO DE REVISTA. RECURSO REGIDO PELO CPC/2015 E PELA INSTRUÇÃO NORMATIVA N. 40/2016 DO TST. DISPENSA DISCRIMINATÓRIA. NEOPLASIA MALIGNA. (...) INCIDÊNCIA DA SÚMULA N. 443 DO TRIBUNAL SUPERIOR DO TRABALHO. ÔNUS DA PROVA DO EMPREGADOR. Discute-se in casu se a neoplasia maligna é considerada doença estigmatizante, para o fim de incidência do disposto na Súmula n. 443 desta Corte, a ensejar a presunção de dispensa discriminatória. Nos termos da referida súmula, "presume-se discriminatória a despedida de empregado portador do vírus HIV ou de outra doença grave que suscite estigma ou preconceito. Inválido o ato, o empregado tem direito à reintegração no emprego". Tratando-se de presunção relativa, adota-se o entendimento de que deve ser invertido o ônus da prova, que, naturalmente seria do empregado, em detrimento do empregador, cabendo a este provar, de forma robusta, que dispensou o empregado, portador de doença grave, por algum motivo plausível, razoável e socialmente justificável, de modo a afastar o caráter discriminatório da rescisão contratual, o que não ocorreu, no caso, conforme consta do acórdão regional. (...) (AIRR-1002111-75.2016.5.02.0008, 2ª Turma, Relator Ministro Jose Roberto Freire Pimenta, DEJT 14/02/2020).

7.1.4.4. *Ônus da prova*

Conforme destaca Fredie Didier Junior:[6] "Ônus é o encargo cuja inobservância pode colocar o sujeito numa posição de desvantagem. Não é um dever e, por isso, não se pode exigir o seu cumprimento. Normalmente, o sujeito a quem se impõe o ônus tem interesse em observá-lo, justamente para evitar essa situação de desvantagem que pode advir de sua inobservância".

---

6 DIDIER JR., Fredie; BRAGA, Paula Sarna; DE OLIVEIRA, Rafael Alexandria. *Curso de direito processual civil:* teoria da prova, direito probatório, ações probatórias, decisão, precedente, coisa julgada e antecipação dos efeitos da tutela. 10. ed. Salvador: Jus Podivm, 2015. v. 2, p. 106/107.

O ônus da prova é, portanto, um encargo atribuído a um sujeito para demonstrar determinadas alegações de fato, sob pena de arcar com a situação de desvantagem advinda da não demonstração do fato.

São destinatários de tais regras: *as partes* (ônus subjetivo ou formal) e o *juiz* (ônus objetivo ou material). Às partes, na medida em que as orienta sobre o que lhes cabe comprovar, pois arcarão com as consequências da ausência ou insuficiência da demonstração dos fatos cuja prova lhes cabia. Trata-se, portanto, de *regra de conduta das partes*. Por sua vez, também se dirige ao juiz, pois o instituto é igualmente visto como uma *regra de julgamento* a ser aplicado pelo juiz no momento de proferir a sentença quando a prova se mostre insuficiente ou inexistente.[7]

Pelo princípio da aquisição processual, as provas pertencem ao processo independentemente de quem as tenha produzido, de modo que, no momento do julgamento, o juiz analisará as provas constantes dos autos em busca dos fatos que restaram comprovados. Caso não esteja convencido quanto à ocorrência de determinados fatos, julgará segundo as regras de distribuição do ônus da prova, uma vez que não se admite que não seja proferia a sentença quando há um *non liquet* (do latim *non liquere*: "não está claro") em matéria de fato.

Assim, se o ônus da prova cabia ao autor e ele não se desincumbiu dele, o pedido será julgado improcedente, ou seja, o autor arcará com as consequências negativas advindas da ausência ou insuficiência de prova. Da mesma forma, se o ônus cabia ao réu e dele este não se desincumbiu, o pedido será julgado procedente.

As regras de distribuição do ônus da prova, portanto, são aplicadas no momento do julgamento, entretanto, não se deve diminuir a importância de sua função subjetiva, visto que orientam a atividade probatória e a demonstração da verdade.

Na concepção de Barbosa Moreira:[8] "O desejo de obter a vitória cria para os litigantes a necessidade, antes de mais nada, de pesar os meios de que se poderá valer no trabalho de persuasão e, de esforçar-se, depois, para que tais meios sejam efetivamente utilizados na instrução da causa. Fala-se ao propósito de ônus da prova, num primeiro sentido (ônus subjetivo ou formal)".

---

7 ASSUMPÇÃO, Daniel Amorim. *Manual de direito processual civil*. 5. ed. Rio de Janeiro: Forense; São Paulo: Método, 2013. p. 420.

8 MOREIRA. José Carlos. *Julgamento e ônus da prova*. Temas de Direito Processual Civil – segunda série. São Paulo: Saraiva, 1998, p. 74-75.

No mesmo sentido, posiciona-se Luiz Guilherme Marinoni:[9] "Como regra de instrução o ônus da prova visa estimular as partes a bem desempenharem os seus encargos probatórios e adverti-las dos riscos inerentes à ausência de provas de suas alegações. Serve para a boa formação do material probatório da causa, condição para que se possa chegar a uma solução justa para o litígio".

7.1.4.4.1. Distribuição do ônus da prova no Processo do Trabalho

O art. 818 da CLT prevê a distribuição do ônus da prova nos mesmos moldes do art. 373 do CPC, determinando que cabe ao autor o ônus da prova dos fatos constitutivos de seu direito, e ao réu, o ônus da prova dos fatos modificativos, impeditivos ou extintivos do direito do autor. In verbis:

> "Art. 818. O ônus da prova incumbe:
>
> I – ao reclamante, quanto ao fato constitutivo de seu direito;
>
> II – ao reclamado, quanto à existência de fato impeditivo, modificativo ou extintivo do direito do reclamante.
>
> I – ao reclamante, quanto ao fato constitutivo de seu direito;
>
> II – ao reclamado, quanto à existência de fato impeditivo, modificativo ou extintivo do direito do reclamante."

O art. 818, § 1º, da CLT conferiu ao juiz a distribuição do ônus da prova, consideradas as particularidades do caso concreto, sendo denominada distribuição dinâmica do ônus da prova.

> "Art. 818. (...)
>
> § 1.º Nos casos previstos em lei ou diante de peculiaridades da causa relacionadas à impossibilidade ou à excessiva dificuldade de cumprir o encargo nos termos deste artigo ou à maior facilidade de obtenção da prova do fato contrário, poderá o juízo atribuir o ônus da prova de modo diverso, desde que o faça por decisão fundamentada, caso em que deverá dar à parte a oportunidade de se desincumbir do ônus que lhe foi atribuído."

O juiz, de ofício ou a requerimento, poderá distribuir diversamente o ônus da prova nas seguintes hipóteses:

a) de impossibilidade ou de excessiva dificuldade de cumprir o encargo nos moldes fixados estaticamente pelo legislador;
b) quando houver maior facilidade de obtenção de prova de modo diverso.

---

9 MARINONI, Luiz Guilherme. MITIDIERO, Daniel. *Código de processo civil:* comentado artigo por artigo. 6. ed. São Paulo: Revista dos Tribunais, 2014. p. 336.

Saliente-se que a distribuição do ônus pode ser realizada a favor do reclamante ou do reclamado, devendo a decisão ser fundamentada, como expressamente estabelece o referido § 1º.

A distribuição do ônus da prova pelo juiz já vinha sendo adotada em nosso ordenamento jurídico, e durante muito tempo se discutiu qual o momento para a sua realização. A CLT definiu tal momento.

O art. 818, § 2º, da CLT prescreve que a decisão que determinar a distribuição do ônus da prova deverá ser proferida antes da abertura da instrução e, a requerimento da parte, implicará o adiamento da audiência e possibilitará provar os fatos por qualquer meio em direito admitido:

> "Art. 818. (...)
>
> § 2.º A decisão referida no § 1.º deste artigo deverá ser proferida antes da abertura da instrução e, a requerimento da parte, implicará o adiamento da audiência e possibilitará provar os fatos por qualquer meio em direito admitido."

Frise-se que é nula a decisão que inverte o ônus probatório sem permitir a parte a quem ele foi atribuído desincumbir-se do mesmo, consoante institui o art. 818, § 3º, da CLT:

> "Art. 818. (...)
>
> § 3.º A decisão referida no § 1º deste artigo não pode gerar situação em que a desincumbência do encargo pela parte seja impossível ou excessivamente difícil."

A distribuição do ônus da prova pelo juiz não pode gerar situação em que a desincumbência do encargo pela parte seja impossível ou excessivamente difícil, ou seja, o juiz não pode distribuir o encargo probatório de modo a tornar a prova diabólica para a parte ex-adversa.

Sob a ótica de Fredie Didier:[10] "Nas hipóteses em que identificada a hipótese de prova diabólica para ambas as partes, não deve haver a utilização da dinamização probatória. Em tal situação deve ser utilizada a regra da inesclarecibilidade, de forma a analisar qual das partes assumiu o risco da situação de dúvida insolúvel, devendo esta ser submetida à decisão desfavorável".

Ressalte-se que os Tribunais já vêm adotando a distribuição diversa do ônus da prova pelo juiz, a exemplo da Súmula 338, I, do TST:

> "SÚMULA 338 DO TST. JORNADA DE TRABALHO. REGISTRO. ÔNUS DA PROVA (incorporadas as Orientações Jurisprudenciais nºs 234 e 306 da SBDI-1) – Res. 129/2005, *DJ* 20, 22 e 25.04.2005.
>
> I – É ônus do empregador que conta com mais de 10 (dez) empregados o registro da jornada de trabalho na forma do art. 74, § 2º, da CLT. A não apresentação

10 Op. cit., p. 126.

injustificada dos controles de frequência gera presunção relativa de veracidade da jornada de trabalho, a qual pode ser elidida por prova em contrário" (ex-Súmula 338 – alterada pela Res. 121/2003, *DJ* 21.11.2003).

Embora o ônus da prova das horas extras seja do reclamante, o Tribunal impõe ao empregador o encargo probatório da jornada de trabalho, quando tiver mais de 10 empregados, pois nos termos do art. 74, § 2º, da CLT, neste caso, cabe a ele o registro da jornada, sendo muito maior a aptidão do reclamado de produzir a prova.

Ainda como exemplo, podemos citar a Súmula 443 do TST, que também atribui ao empregador ônus que seria do empregado. Veja:

"SÚMULA 443 DO TST. DISPENSA DISCRIMINATÓRIA. PRESUNÇÃO. EMPREGADO PORTADOR DE DOENÇA GRAVE. ESTIGMA OU PRECONCEITO. DIREITO À REINTEGRAÇÃO – Res. 185/2012, *DEJT* divulgado em 25, 26 e 27.09.2012.

Presume-se discriminatória a despedida de empregado portador do vírus HIV ou de outra doença grave que suscite estigma ou preconceito. Inválido o ato, o empregado tem direito à reintegração no emprego."

Com fulcro no art. 775, 2º, da CLT, ao juízo compete alterar a ordem de produção dos meios de prova, adequando-os às necessidades do conflito, de modo a conferir maior efetividade à tutela do direito. O juiz deverá levar em conta a distribuição do ônus da prova no processo para determinar a ordem da produção das provas.

O art. 373, § 3º, do CPC também prevê a distribuição convencional do ônus da prova realizada pelas partes, salvo quando recair sobre direito indisponível da parte ou quando tornar excessivamente difícil a uma parte o exercício do direito, caso em que se denomina a prova de diabólica. Sempre que a produção da prova for muito difícil ou impossível chama-se a prova de diabólica, de modo que tal encargo probatório não poderá ser atribuído à outra parte. O atual Código manteve o conteúdo normativo do Código anterior, entretanto, alterou a sua redação, tornando-a mais clara, com o intuito de estimular a sua utilização. Observe o parágrafo único do art. 333 do CPC de 1973 e o § 3º do art. 373 do atual CPC:

CPC/1973	Atual CPC
Art. 333. O ônus da prova incumbe: Parágrafo único. É nula a convenção que distribui de maneira diversa o ônus da prova quando: I – recair sobre direito indisponível da parte; II – tornar excessivamente difícil a uma parte o exercício do direito.	Art. 373. O ônus da prova incumbe: § 3º A distribuição diversa do ônus da prova também pode ocorrer por convenção das partes, salvo quando: I – recair sobre direito indisponível da parte; II – tornar excessivamente difícil a uma parte o exercício do direito.

Nesse contexto, seja para inverter o ônus, seja para impedir a inversão, certo é que não se pode admitir a chamada prova diabólica, ou seja, aquela que impõe ônus de impossível ou difícil cumprimento. Veja esses julgados do Tribunal Superior do Trabalho que ilustra ambas as situações (inversão e impossibilidade de inversão):

> *AGRAVO DE INSTRUMENTO. LICENÇA-PRÊMIO. CONVERSÃO EM PECÚNIA. NORMA COLETIVA. OPÇÃO PELA CONVERSÃO. ÔNUS DA PROVA. 1. O egrégio Tribunal Regional concluiu que a conversão da licença-prêmio em pecúnia dependeria de opção por parte do empregado e que não foi provado que essa opção foi realizada oportunamente. 2. Nesse contexto, não prospera a alegação de que caberia à reclamada a prova de que "o reclamante não cumpriu os pressupostos estabelecidos na norma coletiva para fazer jus ao recebimento das licenças prêmios em pecúnia". Não se pode imputar à reclamada a produção de fato negativo (no caso, a prova da não opção do reclamante pela conversão da licença-prêmio em pecúnia), ou seja, prova impossível ou excessivamente difícil de ser produzida - a chamada prova diabólica. 3. Agravo de Instrumento a que se nega provimento (AIRR-6294069.2008.5.01.0033, 1ª Turma, Relator Desembargador Convocado Marcelo Lamego Pertence, DEJT 02/12/2016).*
>
> *GRATIFICAÇÃO POR PRODUTIVIDADE. NULIDADE DAS AVALIAÇÕES. ÔNUS DA PROVA. Trata-se de pedido de pagamento de diferenças de Gratificação por Produtividade instituída por lei em razão da redução do valor pago aos reclamantes calcada em avaliação de desempenho insatisfatória. O Juízo de primeiro grau deferiu o pleito, por entender que as avaliações de desempenho eram nulas, sob o fundamento de que não houve prova de alteração da qualidade do serviço prestado, consoante os critérios previstos em lei. A Corte regional entendeu que, por ser fato extintivo do direito dos autores, incumbia ao reclamado provar o baixo desempenho dos reclamantes ou a queda na arrecadação, o que justificaria a diminuição da gratificação, ônus do qual não se desincumbiu. Por outro lado, aquela Corte consignou que o reclamado não provou que as avaliações respeitaram os critérios estabelecidos na lei que disciplina o pagamento da Gratificação por Produtividade, pelo que concluiu que não houve queda no índice de desempenho individual dos reclamantes. Ainda registrou que as planilhas de arrecadação não comprovam a alegação patronal de que a produtividade dos autores diminuiu. Além disso, cumpre esclarecer que, em observância ao princípio da aptidão para a prova, corolário da teoria das regras de distribuição dinâmica do ônus probatório, cabia ao reclamado provar a queda de desempenho dos autores, por ser a parte que dispunha de meios para fazê-lo, não sendo razoável exigir dos reclamantes o encargo probatório de demonstrar que mantiveram o mesmo nível de produção, sob pena de atribuir-lhes o ônus de produzir prova diabólica. Nesse contexto, verifica-se que o Regional observou, detidamente, as regras de do ônus subjetivo da prova, já que o reclamado não provou o alegado fato extintivo do direito dos autores, qual seja o baixo desempenho que motivaria a redução da Gratificação por Produtividade. Recurso de revista não conhecido. (...) (RR-410-75.2013.5.12.0056, 2ª Turma, Relator Ministro Jose Roberto Freire Pimenta, DEJT 31/10/2014).*

A distribuição convencional não tem aplicação no Processo do Trabalho, em razão das peculiaridades deste e da dificuldade probatória que apresenta o reclamante.

No mesmo sentido é o entendimento do TST, consubstanciado no art. 2º, VII, da IN 39/2016 do TST, que determina que o art. 373, §§ 3º e 4º do Código de Processo Civil, que prevê a distribuição diversa do ônus da prova por convenção das partes não se aplica ao Processo do Trabalho.

7.1.4.4.2. Súmulas e OJs do TST sobre a Distribuição do Ônus da Prova

O TST tem diversas súmulas e OJs a respeito da distribuição do ônus da prova.

À luz da Súmula 212 do TST, o ônus de provar o término do contrato de trabalho, quando negados a prestação de serviço e o despedimento, é do empregador, pois o princípio da continuidade da relação de emprego constitui presunção favorável ao empregado.

As anotações apostas da CTPS do empregado pelo empregador geram presunção relativa de veracidade – *juris tantum* –, admitindo prova em contrário (Súmula 12, TST).

Presume-se recebida a notificação 48 horas depois de sua postagem. O seu não recebimento ou a entrega após o decurso desse prazo constitui ônus de prova do destinatário (Súmula 16, TST).

O ônus da prova da jornada de trabalho delimitada na inicial, em regra, é do empregado, pois esta representa fato constitutivo do direito às horas extras.

Os cartões uniformes são inválidos como meio de prova, invertendo-se o ônus da prova que passa a ser do empregador (Súmula 338, III, do TST).

A presunção de veracidade da jornada de trabalho, ainda que prevista em instrumento normativo, pode ser elidida por prova em contrário. Verifique o quadro abaixo:

Recte.	**Rcdo.**	**Número de empregados**	**Obrigação de juntar cartões**	**Juntou?**	**Ônus**
Requer HE	Nega	até 10	Não	Não	Recte.
Requer HE	Nega	Mais de 10	Sim	Sim	Recte.
Requer HE	Nega	Mais de 10	Sim	Não	Recdo.
Requer	Nega	Mais de 10	Sim	Sim, porém são britânicos (horários de entrada e saída uniformes) – cartões inválidos.	Recdo.

Saliente-se que o art. 12 da LC 150/2015 estabelece que "é obrigatório o registro do horário de trabalho do empregado doméstico por qualquer meio manual, mecânico ou eletrônico, desde que idôneo". Dessa forma, ainda que o empregador tenha apenas um empregado doméstico, é obrigatório o registro dos seus horários de entrada, saída e intervalos. A consequência da ausência do registro ou da anotação de horários uniformes, sempre de acordo com a jornada contratual, é a presunção de veracidade da jornada descrita pelo empregado em sua petição inicial, ficando com o empregador o ônus de provar que não é verdadeira.

A decisão que defere horas extras com base em prova oral ou documental não ficará limitada ao tempo por ela abrangido, desde que o julgador fique convencido de que o procedimento questionado superou aquele período (OJ 233, SDI-1, do TST). Desse modo, ainda que a testemunha tenha trabalhado com o autor por apenas um ano, o juiz convencendo-se de que essa era uma prática comum por parte do empregado, pode deferir horas extras por período superior.

Segundo estabelece a Súmula 6, VIII, do TST, é ônus do empregador comprovar os fatos impeditivos, modificativos os extintivos da equiparação salarial.

O termo inicial do direito ao salário-família coincide com a prova da filiação. Caso seja realizada em juízo, corresponde à data de ajuizamento do pedido, salvo se comprovado que anteriormente o empregador se recusara a receber a respectiva certidão (Súmula 254, TST).

É do empregador o ônus de comprovar que o empregado não satisfaz os requisitos indispensáveis para a concessão do vale-transporte ou não pretenda fazer uso do benefício (Súmula 460, TST).

Por fim, nos termos da Súmula 461 do TST, é do empregador o ônus da prova em relação à regularidade dos depósitos do FGTS, pois o pagamento é fato extintivo do direito do autor.

No que atine à prova da existência ou não da relação de emprego, para a distribuição do ônus da prova, devemos considerar as seguintes situações:

- Se o reclamante requerer em juízo o reconhecimento do vínculo de emprego e a reclamada negar a prestação de tais serviços, é do empregado o ônus de provar o fato constitutivo do seu direito;
- Se o reclamante requerer em juízo o reconhecimento do vínculo de emprego e a reclamada, na defesa, admitir a prestação de serviços do obreiro, não como empregado, mas como trabalhador autônomo, será do empregador o ônus de comprovar que a relação havida não era de emprego (fato obstativo do direito do autor).

7.1.4.5. Prova do fato negativo

O direito romano estabeleceu um sistema de distribuição do ônus da prova, em que uma das regras era a desnecessidade de provar o fato negativo. No entanto, a doutrina e jurisprudência atuais admitem a prova do fato negativo, uma vez que toda negação contém, implicitamente, uma afirmação, passível de prova.

Em outras palavras, a prova de um fato negativo se faz por meio da prova de um outro positivo. Assim, por exemplo, quando o empregador, na defesa, nega que tenha dispensado o empregado (fato negativo), estará aquele, de forma implícita, afirmando que o empregado pediu demissão ou abandonou o emprego (fato afirmativo), carreando para si o ônus da prova dessa alegação.

7.1.4.6. Finalidade da prova

A finalidade principal da prova consiste no convencimento do magistrado, considerado destinatário da prova.

Manoel Antônio Teixeira Filho, na obra já mencionada neste capítulo, p. 66, leciona que a prova também pode assumir uma finalidade secundária, destinando-se também a persuadir a própria parte contra a qual foi produzida. Vejamos os ensinamentos do autor:

> "Não haverá erronia, contudo, em afirmar-se que em certos casos a prova se dirige, também, a convencer a parte contrária. Tem-se visto, *e.g.*, o empregado postular o recebimento do repouso semanal remunerado, de adicional noturno e o mais, e o empregador, em sua contestação, juntar documentos comprovativos de que o pagamento foi feito – documentos esses que acabam sendo reconhecidos como verdadeiros pelo empregado, em audiência. Como negar-se, diante disto, que a prova não tenha sido produzida para convencer a parte adversa, ou seja, o empregado? E o que não dizer, ainda, do empregado que, pretendendo, apenas, que o empregador comprove o recolhimento dos valores devidos ao FGTS, vê diante de si, também em audiência, a prova de que os recolhimentos foram feitos – chegando, muitas vezes, em decorrência disto, a desistir da ação?
>
> Podemos concluir, por esse motivo, que embora vise a prova, precipuamente, a convencer o juiz, não se pode negar que, em um plano secundário, ela se destina, por igual, à persuasão da parte contra a qual foi produzida, embora essa finalidade a *latere* raramente obtenha êxito, na prática."

7.1.4.7. Valoração da prova

Os ordenamentos processuais, em sua evolução histórica, utilizaram-se de quatro sistemas de apreciação das provas, quais sejam:

- sistema das ordálias;
- da prova legal ou positiva;
- da livre convicção;
- da persuasão racional ou do convencimento motivado.
- da valoração democrática da prova

O sistema das "ordálias" ou "juízos de Deus" foi muito empregado na Antiguidade, onde religião e direito se fundiam.

Os povos antigos acreditavam que o Criador do Universo se envolvia nas coisas terrenas, indicando culpas e castigos. Eram as chamadas ordálias, em que a prova fugia do controle do juiz, que, em verdade, não julgava, mas tão somente controlava a obediência do ritual. A ordália, portanto, consistia em submeter a pessoa a determinada prova, supondo-se que Deus não a deixaria sair com vida, ou sem algum sinal evidente, caso estivesse faltando com a verdade.

Vários povos adotaram o sistema das ordálias, dentre eles os hebreus, os gregos, os hindus e os europeus, que sob o domínio germânico-barbárico difundiram, amplamente, a utilização das ordálias.

Como exemplo de ordálias adotadas pelos povos antigos, podemos mencionar:

- Prova do fogo – que obrigava o acusado a andar em brasas ou a tocar com a língua no ferro quente. Caso manifestasse dor, era culpado;
- Prova do pão e do queijo – em que o acusado era forçado a engoli-los em grande quantidade. Caso não conseguisse ingerir todo o pão e o queijo, era considerado culpado;
- Prova das serpentes – em que o acusado era lançado no meio de cobras venenosas. Caso fosse picado por alguma das serpentes, seria considerado culpado;
- Prova do rio – prevista no Código de Hamurabi, na qual o acusado era obrigado a mergulhar num rio. Se o rio o dominasse, seu acusador tomaria para si a sua casa;
- Prova do cadáver – em caso de homicídio, o réu que se dizia inocente devia jurá-lo tocando as feridas ou o umbigo do morto. Se este recomeçasse a sangrar, espumasse ou esbravejasse, sua sorte estaria lançada;
- Prova das bebidas amargas – a mulher acusada de adultério bebia uma mistura. Se o seu rosto se contraísse e os seus olhos se injetassem de sangue, era tida por culpada;
- Prova do duelo ou combate judiciário – considerada a ordália mais famosa e utilizada, em que o acusador e acusado duelavam, muitas vezes, até a morte de um deles.

Posteriormente, o sistema das ordálias, sob a influência do direito romano, foi substituído pelo sistema de prova legal ou positiva, em que cada prova tinha um valor rígido, inflexível, tarifado, funcionando o juiz como um quantificador de provas. Exemplificadamente, à época, um testemunho fidedigno poderia valer como meia prova (*semiplena probatio*), um testemunho duvidoso (*testis suspectus*) tinha valor inferior à meia prova (*probatio semiplena minor*), e um testemunho fidedigno mais um testemunho duvidoso equivaliam a mais de meia prova (*probatio semiplena major*). A prova testemunhal valia 1 ponto, a documental, 2 pontos, e a pericial, 3.

Com o advento da Revolução Francesa, surgiu o sistema da livre convicção, no qual o sistema legal ou positivado foi substituído pela liberdade absoluta, passando os juízes a decidir segundo a sua consciência e íntima convicção. A prova já não era tão importante para o magistrado proferir o julgamento, mas sim o seu íntimo convencimento. Restou consagrada a soberania do juiz na busca da verdade e da apreciação das provas. O juiz não precisava motivar suas sentenças, podendo inclusive não decidir o litígio quando a prova fosse insuficiente.

Depois imperou entre nós o sistema da persuasão racional ou convencimento racional, uma espécie de síntese dos anteriores, em que, embora se permita ao magistrado apreciar as provas, sua convicção deve ser formada com base nas provas produzidas nos autos. Logo, cabia ao juiz apreciar livremente as provas, atendendo aos fatos e circunstâncias constantes dos autos, ainda que não alegados pelas partes, e indicar, na sentença, os motivos que lhe formaram o convencimento. O Código de Processo Civil de 1973 adotou, claramente, o princípio da persuasão racional (livre convencimento motivado), conforme previsto no art. 131 daquele digesto processual civil.

O atual Código de Processo Civil refere-se ao sistema da valoração democrática da prova, exigindo que o juiz fundamente sua decisão, expondo as razão que o fizerem acolher ou rejeitar as provas produzidas nos autos, deixando claro a ausência de discricionariedade em sua decisão. Tal sistema também se aplica no Processo do Trabalho.

7.1.4.8. Produção antecipada de prova

No campo processual, as normas procedimentais fixam o momento e o lugar oportuno para a produção das provas pelas partes, evitando-se, assim, atropelos ou tumulto no andamento do processo.

Em regra, as provas são produzidas no curso da ação principal. Todavia, muitas vezes, surge para a parte o interesse ou a necessidade de produzir determinada prova antes do momento processual oportuno fixado pela norma processual.

Institui o art. 381 do CPC que a produção antecipada da prova será admitida nos casos em que: a) haja fundado receio de que venha a tornar-se impossível ou muito difícil a verificação de certos fatos na pendência da ação; b) a prova a ser produzida seja suscetível de viabilizar a autocomposição ou outro meio adequado de solução de conflito; e c) o prévio conhecimento dos fatos possa justificar ou evitar o ajuizamento de ação.

Na Justiça do Trabalho, é comum a produção antecipada de provas em relação ao interrogatório de parte ou testemunha, quando tais pessoas forem ausentar-se por longo período (residir no exterior, por exemplo), ou mesmo quando a parte ou testemunha forem portadoras de doença grave ou terminal.

Também poderá ser requerida produção antecipada de provas, na hipótese de o trabalhador postular adicional de insalubridade ou periculosidade, e a empresa estiver modificando o ambiente de trabalho ou mesmo extinguindo o setor onde o obreiro prestava os seus serviços. Nesse caso, a produção antecipada de provas é necessária para que o trabalhador veja seu pleito demonstrado e atendido pela Justiça.

Na petição, o requerente apresentará as razões que justificam a necessidade de antecipação da prova e mencionará com precisão os fatos sobre os quais a prova há de recair (art. 382 do CPC).

O juiz determinará, de ofício ou a requerimento da parte, a citação de interessados na produção da prova ou no fato a ser provado, salvo se inexistente caráter contencioso (art. 382, § 1º, do CPC).

O juiz não se pronunciará sobre a ocorrência ou a inocorrência do fato, nem sobre as respectivas consequências jurídicas (art. 382, § 2º, do CPC).

Os interessados poderão requerer a produção de qualquer prova no mesmo procedimento, desde que relacionada ao mesmo fato, salvo se a sua produção conjunta acarretar excessiva demora (art. 382, § 3º, do CPC).

Neste procedimento, não se admitirá defesa ou recurso, salvo contra decisão que indeferir totalmente a produção da prova pleiteada pelo requerente originário (art. 382, § 4º, do CPC).

7.1.4.9. Meios de prova

O atual Código de Processo Civil inovou ao tipificar dois meios de provas: a prova emprestada e a ata notarial.

A prova emprestada encontra-se prevista no art. 372, e o legislador ressaltou a necessidade de observância do contraditório e determinou que o juiz atribuirá a ela o valor que considerar adequado:

> "Art. 372. O juiz poderá admitir a utilização de prova produzida em outro processo, atribuindo-lhe o valor que considerar adequado, observado o contraditório."

Já a ata notarial está prevista no art. 384 do CPC e o seu objetivo é o de documentar ou atestar a existência ou o modo de existir de algum fato mediante ata lavrada por tabelião. Os dados representados por imagem ou som gravados em arquivos eletrônicos poderão constar da ata notarial. Atente-se para o teor do art. 384 do CPC:

> "Art. 384. A existência e o modo de existir de algum fato podem ser atestados ou documentados, a requerimento do interessado, mediante ata lavrada por tabelião.
>
> Parágrafo único. Dados representados por imagem ou som gravados em arquivos eletrônicos poderão constar da ata notarial."

Embora ainda não estivesse tipificada no Código de Processo Civil, a ata já vem sendo utilizada para documentar dados publicados na internet.

7.1.4.9.1. Depoimento pessoal e interrogatório

7.1.4.9.1.1. Diferenciação

O CPC diferencia o depoimento pessoal e o interrogatório.

O depoimento pessoal trata-se de meio de prova que visa ao interrogatório da parte, a fim de obter a confissão. Assim, se a parte, pessoalmente intimada para prestar depoimento pessoal e advertida da pena de confesso, não comparecer ou, comparecendo, se recusar a depor, o juiz aplicar-lhe-á a pena de confissão. O depoimento pessoal pode ser requerido pela parte ex-adversa ou determinado pelo juiz (art. 385, *caput* e § 1º, do CPC).

Observe o disposto no art. 385, *caput* e § 1º do CPC:

> "Art. 385. Cabe à parte requerer o depoimento pessoal da outra parte, a fim de que esta seja interrogada na audiência de instrução e julgamento, sem prejuízo do poder do juiz de ordená-lo de ofício.
>
> § 1.º Se a parte, pessoalmente intimada para prestar depoimento pessoal e advertida da pena de confesso, não comparecer ou, comparecendo, se recusar a depor, o juiz aplicar-lhe-á a pena."

O interrogatório é estabelecido pelo juiz, que pode determiná-lo a qualquer momento. Tem por objetivo o esclarecimento dos fatos, não produzindo a pena de confissão, nos termos do art. 139, VII, do CPC.

> "Art. 139. O juiz dirigirá o processo conforme as disposições deste Código, incumbindo-lhe:

> (...)
>
> VIII – determinar, a qualquer tempo, o comparecimento pessoal das partes, para inquiri-las sobre os fatos da causa, hipótese em que não incidirá a pena de confesso."

Nos domínios do Processo do Trabalho, a CLT se refere apenas ao interrogatório, não diferenciando os institutos. Confira:

> "Art. 848. Terminada a defesa, seguir-se-á a instrução do processo, podendo o presidente, *ex officio* ou a requerimento de qualquer juiz temporário, ***interrogar*** as partes."

Por essa razão, alguns sustentam que não há depoimento pessoal no Processo do Trabalho. Entretanto, esse não é o nosso posicionamento e tão pouco do TST, consoante pode ser observado na Súmula 74, I, do TST:

> "SÚMULA 74, I, DO TST. CONFISSÃO. (atualizada em decorrência do CPC de 2015) – Res. 208/2016, *DEJT* divulgado em 22, 25 e 26.04.2016
>
> I – Aplica-se a confissão à parte que, expressamente intimada com aquela cominação, não comparecer à audiência em prosseguimento, na qual deveria depor" (ex-Súmula nº 74 – RA 69/1978, *DJ* 26.09.1978).

O requerimento de uma das partes para oitiva da parte contrária poderá ser indeferido (de forma fundamentada) pelo juiz, sem que isso, necessariamente, configure cerceio de defesa, o que ocorre quando a sentença pauta-se em outras provas constantes dos autos.

O atual diploma processual possibilita que o depoimento pessoal da parte, que residir em comarca, seção ou subseção judiciária diversa daquela onde tramita o processo, seja colhido por meio de videoconferência ou outro recurso tecnológico de transmissão de sons e imagens em tempo real, o que poderá ocorrer, inclusive, durante a realização da audiência de instrução e julgamento (art. 385, § 3.º, do CPC).

À luz do art. 775, 2º, da CLT, ao juízo compete alterar a ordem de produção dos meios de prova, adequando-os às necessidades do conflito, de modo a conferir maior efetividade à tutela do direito. O juiz deverá levar em conta a distribuição do ônus da prova no processo para determinar a ordem da produção das provas. Desse modo, se for do reclamante o ônus da prova quanto ao único pedido formulado, o juiz deve determinar que o depoimento pessoal do reclamado preceda ao do reclamante, uma vez que este visa à confissão real.

7.1.4.9.1.2. Confissão

Estabelece o art. 389 do CPC que há confissão quando a parte admite a verdade de um fato contrário ao seu interesse e favorável ao do adversário.

A confissão pode ser judicial, se realizada no curso do processo, ou extrajudicial, se realizada fora do processo.

A confissão judicial pode ser espontânea ou provocada (art. 390 do CPC). A confissão espontânea é feita, em regra, por petição. Já a provocada é proveniente do depoimento pessoal da parte.

Por meio da oitiva das partes, poderá o magistrado extrair a denominada confissão real, conhecida popularmente como a rainha das provas. Na confissão real (realizada expressamente pela parte), o juiz consegue extrair a verdade dos fatos alegados pelos litigantes, mediante o próprio depoimento das partes.

A confissão espontânea e a provocada, que são reais, geram a presunção absoluta de veracidade dos fatos narrados pela parte adversa.

A confissão ficta ocorre pelo não comparecimento da parte à audiência em que deveria prestar seu depoimento pessoal, desde que devidamente intimada para esse ato, ou, comparecendo, o litigante se recuse a responder às perguntas formuladas pelo magistrado ou afirme ignorar os fatos relevantes e pertinentes para a solução da lide (art. 385, § 1.º, do CPC).

Outrossim, se o reclamado não comparecer à audiência inaugural, além da revelia, também incidirá sobre o mesmo a confissão ficta, a teor do art. 844 da CLT.

O Tribunal Superior do Trabalho, por meio da Súmula 74, com redação dada pela Res. 208/2016, *DEJT* 22, 25 e 26.04.2016, dispõe sobre a pena de confissão ficta à parte que não comparece à audiência em prosseguimento, na qual deveria depor, *in verbis*:

> "SÚMULA 74 DO TST. CONFISSÃO. I – Aplica-se a confissão à parte que, expressamente intimada com aquela cominação, não comparecer à audiência em prosseguimento, na qual deveria depor. II – A prova pré-constituída nos autos pode ser levada em conta para confronto com a confissão ficta (arts. 442 e 443, do CPC de 2015 – art. 400, I, do CPC de 1973), não implicando cerceamento de defesa o indeferimento de provas posteriores. III – A vedação à produção de prova posterior pela parte confessa somente a ela se aplica, não afetando o exercício, pelo magistrado, do poder/dever de conduzir o processo."

A confissão ficta goza de presunção relativa, prevalecendo, se não houver outros meios de prova nos autos capazes de elidi-la.

Com efeito, a jurisprudência do Colendo Tribunal Superior do Trabalho (Súmula 74, III, do TST) vem se firmando no sentido de que, aplicada a confissão ficta, a parte que sofreu os seus efeitos não poderá ouvir testemunhas ou produzir outras provas sobre esses fatos admitidos como verdadeiros, os quais somente poderão ser elididos por prova contrária já existente nos autos, conforme se observa pelos julgados abaixo transcritos:

> "AGRAVO DE INSTRUMENTO DO RECLAMADO EM RECURSO DE REVISTA EM FACE DE DECISÃO PUBLICADA ANTES DA VIGÊNCIA DA LEI Nº 13.015/2014. CERCEAMENTO DE DEFESA. AUSÊNCIA INJUSTIFICADA NA AUDIÊNCIA INAUGURAL. REVELIA. CONFISSÃO FICTA. Depreende-se da leitura do acórdão recorrido que o reclamado não compareceu à audiência inaugural para a qual foi regularmente notificado. Também constou que o documento apresentado posteriormente não se mostrou hábil a justificar a ausência, pois consistiu em relatório médico que não comprovava a efetiva impossibilidade de locomoção. Nesse contexto, a decisão regional, ao confirmar a revelia e a confissão ficta decorrente, encontra-se em consonância com a jurisprudência desta Corte, consubstanciada na Súmula nº 74 do TST. Agravo de instrumento a que se nega provimento. Nulidade do acórdão regional por negativa de prestação jurisdicional. O exame dos autos revela que a Corte a quo proferiu decisão completa, válida e devidamente fundamentada, razão pela qual não prospera a alegada negativa de prestação jurisdicional. Agravo de instrumento a que se nega provimento. (...). RECURSO DE REVISTA DO RECLAMANTE EM FACE DE DECISÃO PUBLICADA ANTES DA VIGÊNCIA DA LEI Nº 13.015/2014. HONORÁRIOS ADVOCATÍCIOS. AÇÃO DE INDENIZAÇÃO POR DANOS MORAIS E MATERIAIS DECORRENTES DE ACIDENTE DE TRABALHO. AJUIZAMENTO NA JUSTIÇA COMUM DEPOIS DA PROMULGAÇÃO DA EMENDA CONSTITUCIONAL Nº 45/2004. A Seção de Dissídios Individuais I desta Corte, por meio da edição da Orientação Jurisprudencial nº 421, firmou posicionamento de que 'a condenação em honorários advocatícios nos autos de ação de indenização por danos morais e materiais decorrentes de acidente de trabalho ou de doença profissional, remetida à Justiça do Trabalho após ajuizamento na Justiça comum, antes da vigência da Emenda Constitucional nº 45/2004, decorre da mera sucumbência, nos termos do art. 20 do CPC (arts. 82, § 2º, 84, 85, §§ 2º, 8º, 9º e 17, do atual CPC), não se sujeitando aos requisitos da Lei nº 5.584/1970'. Portanto, a *contrario sensu*, na ação ajuizada na Justiça Comum após a vigência da Emenda Constitucional mencionada, a condenação em honorários advocatícios não decorre da mera sucumbência (art. 20 do CPC) (arts. 82, § 2º, 84, 85, §§ 2º, 8º, 9º e 17, do atual CPC), mas devem observância ao contido na Súmula nº 219 do TST. Por conseguinte, ressalvado meu posicionamento pessoal, verifico que, ao indeferir os honorários advocatícios, porque o autor não está assistido pelo sindicato, a Corte Regional decidiu em sintonia com as Súmulas nº s 219 e 329 desta Corte Superior. Recurso de revista de que não se conhece" (TST – ARR 241003720065010040 – 7ª T. – Rel. Cláudio Mascarenhas Brandão – j. em 25.11.2015 – *DEJT* 04.12.2015).

> "AGRAVO DE INSTRUMENTO DO RECLAMADO EM RECURSO DE REVISTA EM FACE DE DECISÃO PUBLICADA ANTES DA VIGÊNCIA DA LEI Nº 13.015/2014. CERCEAMENTO DE DEFESA. AUSÊNCIA INJUSTIFICADA NA AUDIÊNCIA INAUGURAL. REVELIA. CONFISSÃO FICTA. Depreende-se da leitura do acórdão recorrido que o reclamado não compareceu à audiência inaugural para a qual foi regularmente notificado. Também constou que o documento apresentado posteriormente não se mostrou hábil a justificar a ausência, pois consistiu em relatório médico que não comprovava a efetiva impossibilidade de locomoção. Nesse contexto, a decisão regional, ao confirmar a revelia e a confissão ficta decorrente, encontra-se em

consonância com a jurisprudência desta Corte, consubstanciada na Súmula nº 74 do TST. Agravo de instrumento a que se nega provimento. Nulidade do acórdão regional por negativa de prestação jurisdicional. O exame dos autos revela que a Corte a quo proferiu decisão completa, válida e devidamente fundamentada, razão pela qual não prospera a alegada negativa de prestação jurisdicional. Agravo de instrumento a que se nega provimento. (...). RECURSO DE REVISTA DO RECLAMANTE EM FACE DE DECISÃO PUBLICADA ANTES DA VIGÊNCIA DA LEI Nº 13.015/2014. HONORÁRIOS ADVOCATÍCIOS. AÇÃO DE INDENIZAÇÃO POR DANOS MORAIS E MATERIAIS DECORRENTES DE ACIDENTE DE TRABALHO. AJUIZAMENTO NA JUSTIÇA COMUM DEPOIS DA PROMULGAÇÃO DA EMENDA CONSTITUCIONAL Nº 45/2004. A Seção de Dissídios Individuais I desta Corte, por meio da edição da Orientação Jurisprudencial nº 421, firmou posicionamento de que 'a condenação em honorários advocatícios nos autos de ação de indenização por danos morais e materiais decorrentes de acidente de trabalho ou de doença profissional, remetida à Justiça do Trabalho após ajuizamento na Justiça comum, antes da vigência da Emenda Constitucional nº 45/2004, decorre da mera sucumbência, nos termos do art. 20 do CPC (arts. 82, § 2º, 84, 85, §§ 2º, 8º, 9º e 17, do atual CPC), não se sujeitando aos requisitos da Lei nº 5.584/1970'. Portanto, a contrario sensu, na ação ajuizada na Justiça Comum após a vigência da Emenda Constitucional mencionada, a condenação em honorários advocatícios não decorre da mera sucumbência (art. 20 do CPC) (arts. 82, § 2º, 84, 85, §§ 2º, 8º, 9º e 17, do atual CPC), mas devem observância ao contido na Súmula nº 219 do TST. Por conseguinte, ressalvado meu posicionamento pessoal, verifico que, ao indeferir os honorários advocatícios, porque o autor não está assistido pelo sindicato, a Corte Regional decidiu em sintonia com as Súmulas nº s 219 e 329 desta Corte Superior. Recurso de revista de que não se conhece" (TST – ARR 241003720065010040 – 7ª T. – Relator Cláudio Mascarenhas Brandão – j. em 25.11.2015 – *DEJT* 04.12.2015).

"NULIDADE PROCESSUAL. INDEFERIMENTO DA OITIVA DE TESTEMUNHA. CONFISSÃO FICTA DO PREPOSTO. SÚMULA Nº 74, II, DO TST. CERCEAMENTO DE DEFESA NÃO CARACTERIZADO. Segundo disposição contida no item II da Súmula nº 74 do c. TST, apenas a prova pré-constituída nos autos deve ser considerada para confronto com a confissão ficta da parte. Diante disso, não configura cerceio ao direito de defesa do Réu a ensejar a nulidade processual postulada o indeferimento, por parte do Magistrado, da oitiva de testemunhas nas situações em que o seu Preposto incorre em confissão ficta. RESCISÃO DO VÍNCULO EMPREGATÍCIO. JUSTA CAUSA. ÔNUS DA PROVA. Nos termos do inciso II do art. 333 do CPC (art. 373, II, do atual CPC), de aplicação subsidiária nesta Especializada, e do art. 818 da CLT, é do empregador o ônus de provar o fato impeditivo do direito obreiro à percepção das parcelas rescisórias postuladas na peça de ingresso, o que ocorre quando alega que despediu o empregado por justa causa em face de falta grave por ele praticada, até porque milita em favor do obreiro o princípio das presunções favoráveis e o da continuidade da relação de emprego, sem contar que, ainda, tratando-se a despedida em comento da manifestação do poder disciplinar do empregador na sua modalidade mais severa, não prescinde de prova farta e robusta para a sua caracterização" (TRT – 5ª Região – Rec Ord 0001501-57.2013.5.05.0102/BA – 2ª T. – Rel.ª Débora Machado, *DJ* 18.12.2014). Podem confessar as partes, desde que possuam capacidade processual e legitimidade, o preposto, cujas declarações obrigam o proponente (art. 843, § 1.º, da CLT), e os advogados com poderes específicos para esse fim" (art. 390, § 1.º, do CPC).

O empregado da mesma profissão ou o representante do sindicato que, nos termos do art. 843, § 2.º, da CLT, comparecer à audiência não poderá confessar, pois apenas estará substituindo o reclamante quando este estiver doente ou impossibilitado de comparecer, evitando-se o arquivamento da ação, designando o magistrado nova data de audiência.

Estabelece o art. 395 do CPC que a confissão é indivisível, não podendo a parte, que a quiser invocar como prova, aceitá-la no tópico que a beneficiar e rejeitá-la no que lhe for desfavorável.

A confissão é irrevogável, salvo quando emanar de erro de fato ou de coação (art. 393 do CPC), neste caso podendo ser revogada por ação anulatória no curso do processo ou por ação rescisória, depois de transitada em julgado a sentença da qual constituir o único fundamento.

Ressalte-se que o Código Civil (art. 214) já estabelecia que a confissão é irrevogável, somente podendo ser anulada se decorreu de erro de fato ou de coação. Neste contexto, a doutrina majoritária vinha entendendo que não mais cabia anular a confissão por dolo, mas apenas por erro de fato ou coação. O atual Código de Processo Civil não previu a possibilidade de anulação da confissão por dolo, resolvendo a celeuma. Prevaleceu a corrente dominante, segundo a qual, o importante é que o fato foi confessado, provado.

Alice Monteiro Barros, no *Compêndio de direito processual do trabalho*, p. 414, sobre a possibilidade de aplicação da pena de confissão ao menor, ensina que:

> "Indaga-se se o menor de 18 (dezoito) anos e maior de 16 (dezesseis) pode ser interrogado. Entendemos que sim, desde que assistido pelo responsável (pai, mãe, tutor, curador), pois, se ele está apto a trabalhar, evidentemente que deve prestar esclarecimentos a respeito da relação de emprego; o mesmo ocorre com o menor na faixa etária compreendida entre 14 (quatorze) e 16 (dezesseis) anos, se for aprendiz. Se desse interrogatório resultar a confissão, ela será válida. Inteligência dos arts. 7.º, XXXIII, da Constituição de 1988 e 792 da CLT."

Estabelece o art. 385, § 2.º, do CPC que é vedado a quem ainda não depôs assistir ao interrogatório da outra parte, ou seja, primeiro o reclamante e depois o reclamado.

As partes que não souberem falar a língua nacional prestarão depoimento por meio de intérprete nomeado pelo juiz (art. 819 da CLT), o mesmo ocorrendo em relação ao surdo-mudo ou mudo que não saiba escrever.

Terminado o interrogatório, as partes poderão retirar-se, prosseguindo a instrução com os seus representantes (art. 848, § 1.º, da CLT).

Estabelece a Súmula 155 do TST que as horas que o empregado falta ao serviço para comparecimento necessário, como parte, à Justiça do Trabalho não serão descontadas de seus salários.

Por fim, vale lembrar que os entes públicos também se sujeitam aos efeitos da revelia prevista no art. 844 da CLT (OJ 152 da SDI-I/TST) e confissão ficta.

7.1.4.9.2. Testemunhas

7.1.4.9.2.1. Conceito

A prova testemunhal consiste no meio de prova judiciário mais antigo, presente desde os Códigos primitivos, representando, nos primórdios, prova significativa para a elucidação da verdade dos fatos, muitas vezes prevalecendo sobre os meios escritos.

Nos dias atuais, infelizmente, a prova testemunhal já não goza mais do mesmo prestígio de outrora, principalmente pelo fato de serem forjados inúmeros testemunhos, na ânsia de a parte provar fatos que, muitas vezes, efetivamente não ocorreram. Manoel Antônio Teixeira, em obra já citada neste capítulo (p. 323-324), com muita propriedade, esclarece que:

> "Essa profunda alteração quanto à importância da prova testemunhal para o processo proveio da constatação da sua falibilidade, da sua natureza condutível, plástica, segundo seja o interesse da parte em ver provados certos fatos, ainda que não tenham ocorrido. É possível falar-se, portanto, nos dias de hoje, em um desprestígio, um certo descrédito (inclusive popular) nesse meio provativo, cuja causa Porras Lópes atribui, preponderantemente, 'a la crisis moral del régimen económico-social en el que vivimos'". No que está certo."

Todavia, não se pode negar que, no âmbito laboral, a prova testemunhal ainda é o meio de prova mais utilizado, constituindo-se, muitas vezes, no único meio de prova da parte.

Podemos conceituar testemunha como a pessoa chamada a juízo para depor sobre fatos constantes do litígio, atestando ou não a veracidade dos mesmos ou ainda prestando esclarecimentos sobre fatos indagados pelo magistrado.

Nessa esteira, Manuel Cândido Rodrigues, *Compêndio de direito processual do trabalho*, p. 353, conceitua testemunha como:

> "(...) a pessoa chamada a depor sobre fatos constantes do litígio; é uma pessoa distinta dos sujeitos processuais que, convidada na forma da lei, por ter conhecimento do fato ou ato controvertido entre as partes, depõe sobre este em Juízo, para atestar sua existência; ou finalmente, a pessoa que não tendo parte na causa, nem seu representante, é chamada a narrar suas percepções sobre fatos passados que interessam ao julgamento da causa.

> Em síntese: testemunha é toda e qualquer pessoa naturalmente capaz que, sem interesse de qualquer espécie na causa, e isenta de qualquer tipo de relação com as partes que a compõem, tendo conhecimento direto ou indireto do objeto da lide, livremente se dispõe a comunicá-lo em Juízo."

7.1.4.9.2.2. Obrigação de testemunhar

O art. 463 do CPC dispõe que o depoimento prestado em juízo é considerado serviço público. Portanto, testemunhar não é uma faculdade, mas sim um dever público de colaboração com o Estado no exercício do poder-dever de prestar a tutela jurisdicional.

Com efeito, o art. 378 do CPC determina que ninguém se exime do dever de colaborar com o Poder Judiciário para o descobrimento da verdade. Por outro lado, o próprio art. 380, I, do CPC dispõe que compete ao terceiro, em relação a qualquer pleito, informar ao juiz os fatos e as circunstâncias de que tenha conhecimento.

Neste contexto, salvo se forem incapazes, impedidas ou suspeitas (art. 447 do CPC), todas as pessoas são obrigadas a testemunhar a respeito de fatos que são do seu conhecimento e que interessam à causa.

Ressalte-se que o art. 448 do CPC traz algumas exceções, em que a testemunha não seria obrigada a depor sobre determinados fatos. Vejamos:

> "Art. 448. A testemunha não é obrigada a depor sobre fatos:
>
> I – que lhe acarretem grave dano, bem como ao seu cônjuge ou companheiro e aos seus parentes consanguíneos ou afins, em linha reta ou colateral, até o terceiro grau;
>
> II – a cujo respeito, por estado ou profissão, deva guardar sigilo."

Nos domínios do Processo do Trabalho, as testemunhas comparecerão, independentemente de intimação (arts. 825 e 852-H, § 2.º, ambos da CLT). As que não comparecerem serão intimadas pelo juízo, ficando sujeitas à condução coercitiva (arts. 825, parágrafo único, e 852-H, § 3.º, ambos da CLT) e multa (art. 730 da CLT), caso, sem motivo justificado, não atendam à intimação.

7.1.4.9.2.3. Espécies de testemunhas

Existem duas espécies de testemunhas, a saber:

- **Instrumentárias** – também chamadas de signatárias, abonatórias ou certificadoras, as testemunhas instrumentárias são aquelas convocadas para assistir à lavratura e assinatura de um instrumento escrito, público ou particular, assinando o referido instrumento, garantindo sua autenticidade, bem como a veracidade do fato;

- **Judiciais** – pessoa chamada a juízo para depor sobre fatos constantes no litígio, atestando ou não a veracidade de um ato ou fato, ou mesmo prestando esclarecimentos sobre os fatos indagados pelo magistrado.

Quanto à classificação das testemunhas judiciais, estas se subdividem em várias espécies, não havendo uniformidade na doutrina quanto a elas.

Neste contexto, quanto às testemunhas judiciais, podemos classificar algumas subespécies, conforme abaixo transcrito:

- **Oculares e auriculares** – são as testemunhas judiciais que prestam o depoimento segundo os fatos que presenciaram ou de que tiveram notícia, respectivamente;
- **Originárias e referidas** – conforme tenham sido indicadas pelas partes ou mencionadas por outras testemunhas, em suas declarações, respectivamente;
- **Idôneas e inidôneas** – relacionadas com o valor do seu depoimento, sendo as inidôneas afetadas por algum vício ou defeito capaz de lhes tirar ou diminuir a credibilidade (testemunhas suspeitas, impedidas, escusadas de depor etc.).

Manuel Cândido Rodrigues, em obra já referida neste capítulo (p. 356), sobre o tema explica que:

> "Realmente, existe uma grande diferença entre uma e outra espécie: a instrumentária, com efeito, participa do próprio ato, dando-lhe veracidade e autenticidade; a judiciária, por sua vez, reproduz um fato buscando a verdade procurada.
>
> Entre as segundas, por seu turno, contamos com extenso rol de subespécies – consideradas estas quanto à pessoa, seu conhecimento do fato e a natureza de seu depoimento no processo (tendo, assim, no *primeiro caso*, as idôneas ou abonadas, defeituosas ou inidôneas, falsárias, hábeis, inábeis, viciosas, imprestáveis, subornadas, peitadas, suspeitas, impedidas e escusadas de depor; *no segundo*, as diretas, indiretas, informantes, de vista ou oculares, de ouvida alheia e referentes e referidas; *no terceiro*, as nomeadas, contestes, contraditórias, de crédito diminuído e discordantes; *finalmente*, as arroladas, nomeadas e numerárias)."

7.1.4.9.2.4. Incapacidade, suspeição e impedimento de testemunha

Podem depor como testemunha todas as pessoas físicas que estejam no pleno exercício de suas capacidades e que tenham conhecimento de fatos da lide.

Nessa esteira, dispõe o art. 447 do CPC que podem depor como testemunhas todas as pessoas, exceto as incapazes, impedidas ou suspeitas. Vejamos:

> "Art. 447. Podem depor como testemunhas todas as pessoas, exceto as incapazes, impedidas ou suspeitas.
>
> § 1.º São incapazes:
>
> I – o interdito por enfermidade ou deficiência mental;
>
> II – o que, acometido por enfermidade ou retardamento mental, ao tempo em que ocorreram os fatos, não podia discerni-los, ou, ao tempo em que deve depor, não está habilitado a transmitir as percepções;
>
> III – o que tiver menos de 16 (dezesseis) anos;
>
> IV – o cego e o surdo, quando a ciência do fato depender dos sentidos que lhes faltam.
>
> § 2.º São impedidos:
>
> I – o cônjuge, o companheiro, o ascendente e o descendente em qualquer grau e o colateral, até o terceiro grau, de alguma das partes, por consanguinidade ou afinidade, salvo se o exigir o interesse público ou, tratando-se de causa relativa ao estado da pessoa, não se puder obter de outro modo a prova que o juiz repute necessária ao julgamento do mérito;
>
> II – o que é parte na causa;
>
> III – o que intervém em nome de uma parte, como o tutor, o representante legal da pessoa jurídica, o juiz, o advogado e outros que assistam ou tenham assistido as partes.
>
> § 3.º São suspeitos:
>
> I – o inimigo da parte ou o seu amigo íntimo;
>
> II – o que tiver interesse no litígio.
>
> § 4.º Sendo necessário, pode o juiz admitir o depoimento das testemunhas menores, impedidas ou suspeitas.
>
> § 5.º Os depoimentos referidos no § 4.º serão prestados independentemente de compromisso, e o juiz lhes atribuirá o valor que possam merecer."

No entanto, embora os incapazes, suspeitos e impedidos não possam prestar depoimento como testemunhas, poderá o magistrado ouvi-los como simples informantes, consoante previsão nos §§ 4.º e 5.º dos arts. 447 do CPC e 829 da CLT, *in verbis*:

> "Art. 447. (...)
>
> § 4.º Sendo necessário, pode o juiz admitir o depoimento das testemunhas menores, impedidas ou suspeitas.
>
> § 5.º Os depoimentos referidos no § 4.º serão prestados independentemente de compromisso, e o juiz lhes atribuirá o valor que possam merecer."
>
> "Art. 829 da CLT – A testemunha que for parente até o terceiro grau civil, amigo íntimo ou inimigo de qualquer das partes, não prestará compromisso, e seu depoimento valerá como simples informação."

Estabelece o art. 452 do CPC que, quando for arrolado como testemunha o juiz da causa, este declarar-se-á impedido, se tiver conhecimento de fatos que possam influir na decisão (caso em que será defeso à parte, que o incluiu no rol, desistir de seu depoimento), ou, se nada souber, mandará excluir o seu nome do rol de testemunhas.

Vale mencionar que o Tribunal Superior do Trabalho editou a Súmula 357 firmando entendimento no sentido de que não torna suspeita a testemunha o simples fato de estar litigando ou de ter litigado contra o mesmo empregador. Sobre o tema, podemos destacar ainda os seguintes julgados:

> "RECURSO DE REVISTA DA RECLAMANTE. TESTEMUNHA CONSIDERADA SUSPEITA POR MOVER AÇÃO CONTRA O MESMO EMPREGADOR COM OBJETOS IDÊNTICOS. OITIVA COMO INFORMANTE. AUSÊNCIA DE PREJUÍZO. A suspeição por interesse no litígio ou troca de favores não pode ser simplesmente presumida, mas cabalmente demonstrada nos autos, ainda que a demanda ajuizada pela testemunha trate da mesma matéria objeto do processo. O simples fato de a testemunha exercer seu direito de ação, mesmo que também esteja demandando contra a reclamada em ação com idêntico objeto e na qual a reclamante tenha prestado depoimento, não significa que necessariamente faltará com a verdade em juízo, não revelando, isoladamente, a existência de interesse na causa ou inimizade capital com o empregador. A existência de troca de favores a tornar suspeita uma testemunha é circunstância que deve ser provada nos autos, conforme determina a Súmula nº 357 do TST. Entretanto, no caso concreto, embora tida por suspeita, a testemunha obreira fora ouvida e suas declarações foram sopesadas na qualidade de informante do juízo. As instâncias ordinárias valoraram as declarações prestadas pela testemunha em comento, sendo que o Tribunal de origem as considerou na qualidade de informante. Nessa quadra, não se cogita em prejuízo processual à reclamante, nem em restrição ao seu direito de defesa. Desse modo, desnecessária a reabertura da instrução processual, uma vez que a referida testemunha fora ouvida e suas declarações valoradas pelo magistrado, conforme lhe autorizam os arts. 131 e 405, § 4º, do CPC (arts. 371 e 447, § 4º, do atual CPC). Recurso de revista não conhecido. EQUIPARAÇÃO SALARIAL. EXERCÍCIO DAS MESMAS FUNÇÕES EM SETORES DIFERENTES DA MESMA EMPRESA. Para indeferir a equiparação salarial no caso concreto, apega-se a Corte a quo ao fato de que a reclamante atuava no setor de faturamento ambulatorial, enquanto a paradigma laborava no setor de Autorização e Internamento (AIH). O exercício das mesmas funções perante setores diferentes da mesma empresa, na concepção do Tribunal Regional, obstaria o deferimento da equiparação salarial. A tese do julgador regional orienta-se no sentido de impor requisito não contemplado em lei para a equiparação salarial. Da leitura adequada do art. 461 da CLT extrai-se que, havendo identidade entre o conjunto de atribuições principais do trabalhador e do paradigma, irrelevante que esse conjunto de tarefas se refira a este ou aquele setor da empresa, salvo se tal diferenciação de importância dos setores empresariais implicar diferença de volume de demanda ou complexidade das tarefas, mas daí já se estaria novamente a avaliar identidade de funções, produtividade, complexidade e perfeição técnica, e não a especialização dentro da atividade empresarial. A tese da Corte regional, no sentido de que a diferença de setores impede a equiparação, não

encontra respaldo legal e acaba por inviabilizar a isonomia salarial entre ocupantes de funções gerenciais, que tendem a não ser mais de um em relação a cada um dos setores das empresas. Recurso de revista conhecido e provido" (TST – RR 3971620135090006 – 7ª Turma – Rel. Luiz Philippe Vieira de Mello Filho – j. em 10.06.2015 – *DEJT* 12.06.2015).

"I – AGRAVO DE INSTRUMENTO EM RECURSO DE REVISTA. CERCEAMENTO DO DIREITO DE DEFESA. OITIVA DE TESTEMUNHA. TROCA DE FAVORES NÃO CONFIGURADA. Constatada violação do artigo 5º, LV, da Constituição da República, impõe-se o provimento o Agravo de Instrumento para determinar o processamento do Recurso de Revista. Agravo de Instrumento conhecido e provido. II – RECURSO DE REVISTA. CERCEAMENTO DO DIREITO DE DEFESA. OITIVA DE TESTEMUNHA. TROCA DE FAVORES NÃO CONFIGURADA. A jurisprudência desta Corte, a teor da Súmula 357 do TST, não reconhece a suspeição de testemunha mesmo quando existe identidade de pedidos e reclamante e testemunha prestam depoimentos recíprocos, um no processo do outro, exigindo-se a demonstração inequívoca do interesse na solução do litígio a configurar a troca de favores. Recurso de Revista conhecido e provido" (TST – RR 1774005720075040571 – 8ª T. – Relator Márcio Eurico Vitral Amaro – j. em 21.10.2015 – *DEJT* 23.10.2015).

"RECURSO DE REVISTA. PRELIMINAR DE NULIDADE POR NEGATIVA DE PRESTAÇÃO JURISDICIONAL. Havendo tese explícita sobre a matéria, na decisão recorrida, desnecessário contenha nela referência expressa do dispositivo legal para ter-se como prequestionado este. Inteligência da OJ 118, da SBDI-1, do TST. Relativamente ao disposto no art. 611, §§ 1.º e 2.º, da CLT, incide a orientação expressa na Súmula 184 do TST. Recurso de revista não conhecido. CONTRADITA DAS TESTEMUNHAS. O simples fato de a testemunha estar litigando ou de ter litigado contra o mesmo empregador, com pedidos idênticos ou semelhantes, não a torna suspeita, tampouco caracteriza inimizade capital. Inteligência da Súmula 357 do TST. Recurso de revista não conhecido. HORAS EXTRAS. A decisão recorrida mostra-se em perfeita consonância com a Súmula 338, itens II e III, desta Corte, o que atrai a incidência do teor do § 4.º do art. 896 da CLT e da Súmula 333 do TST. Recurso de revista não conhecido. INTEGRAÇÃO DAS HORAS EXTRAS NA LICENÇA-PRÊMIO. Os arestos trazidos para o cotejo revelam-se inespecíficos, nos termos da Súmula 296 do TST, ou oriundos de Turma do TST, fonte não autorizada, nos termos do art. 896, alínea 'a', da CLT. Recurso de revista não conhecido" (TST – 6.ª T. – RR 58300-68.2003.5.04.0662 – Rel. Min. Augusto César Leite de Carvalho – j. 24.11.2010 – *DEJT* 03.12.2010).

"RECURSO DE REVISTA. CERCEAMENTO DE DEFESA. INDEFERIMENTO DE TESTEMUNHA. AÇÃO CONTRA A MESMA RECLAMADA. DECISÃO NO MÉRITO POR AUSÊNCIA DE PROVA. O Tribunal Regional, ao rejeitar a preliminar de cerceamento de defesa arguida no recurso ordinário e manter o indeferimento da testemunha do reclamante, decidiu em contrariedade à Súmula n.º 357 do TST, segundo a qual: '*Não torna suspeita a testemunha o simples fato de estar litigando ou de ter litigado contra o mesmo empregador*'. Recurso de revista conhecido e provido" (TST – 8.ª T. – RR 194700-55.2006.5.02.0043 – Rel. Min. Dora Maria da Costa, j. 15.12.2010 – *DEJT* 17.12.2010).

Não obstante, deverá o juiz, antes do início do depoimento, inquirir se a testemunha tem interesse jurídico no resultado do litígio, o que pode ocorrer quando o depoente já utilizou o reclamante como sua própria testemunha em outro processo, em geral postulando por meio do mesmo advogado, constituindo-se numa verdadeira troca de favores, retirando da testemunha a necessária isenção de ânimo para prestar o depoimento, devendo, nessa hipótese, ser o depoente ouvido como mero informante.

É lícito à parte contraditar a testemunha, arguindo-lhe a incapacidade, o impedimento ou a suspeição. Caso a testemunha negue os fatos que lhe são imputados, a parte poderá provar a contradita com documentos ou testemunhas, até o número de três, apresentadas no ato e inquiridas em separado. Sendo provados ou confessados os fatos, o juiz dispensará a testemunha, ou lhe tomará o depoimento sem o compromisso, na qualidade de informante (art. 457, §§ 1.º e 2.º, do CPC).

Contradita, portanto, é a denúncia pela parte interessada dos motivos que impedem ou tornam suspeito o depoimento da testemunha. O momento processual oportuno de a parte oferecer a contradita da testemunha ocorre antes de o depoente ser compromissado, logo após a qualificação da testemunha (arts. 457 do CPC e 828 da CLT).

Manoel Antônio Teixeira Filho, *A prova no processo do trabalho*, p. 371-72, apresenta interessante argumento sobre o momento da apresentação da prova da contradita arguida no âmbito laboral. Vejamos os ensinamentos do autor:

> "Estabelece o processo civil que, se a testemunha negar os fatos que lhe são imputados, a parte poderá provar a contradita com documentos ou com testemunhas, em número de três, no máximo, apresentadas no ato e inquiridas em separado. Como no processo do trabalho não há obrigação de a parte arrolar as suas testemunhas (estas comparecerão independentemente de intimação: CLT, art. 825, *caput*), torna-se evidente que, havendo contradita, o litigante, colhido de surpresa pela apresentação da testemunha, não poderá provar no ato a contradita, como prevê o CPC. Haverá necessidade, por isso, que o Juiz, suspendendo a audiência, designe uma outra, para o mais breve possível, a fim de possibilitar que a parte contraditante possa produzir prova dos fatos em que se fundam as suas alegações. A não ser assim, estar-se-lhe-á lesando um direito líquido e certo. Seria temerário, ademais, que o Juiz, baseando-se exclusivamente nas declarações da parte contraditante ou da testemunha destinatária, acolhesse ou rejeitasse a contradita, conforme fosse o caso. Daí por que há necessidade de proceder-se à instrução, desde que, como é elementar, a parte contraditante tenha formulado requerimento neste sentido."

Referente à contradita da testemunha, destacamos o julgado abaixo:

"NULIDADE DA SENTENÇA POR CERCEAMENTO DO DIREITO DE AMPLA DEFESA DA OBREIRA. TESTEMUNHA CONTRADITADA OUVIDA COMO INFORMANTE. NÃO

DEMONSTRAÇÃO NOS PRESENTES AUTOS DA EXISTÊNCIA DE TROCA DE FAVORES. NULIDADE CONFIGURADA. Extrai-se, dos autos, que o Juízo de 1º Grau acolheu a contradita da testemunha autoral, pelo fato de ter ação contra o mesmo empregador e com pedidos idênticos. Não comprovado o efetivo interesse da testemunha, ou seja, a 'troca de favores', o acolhimento da contradita conduz à nulidade do feito, desde a tomada do respectivo depoimento. Inteligência da Súmula nº 357 do TST. Desse modo, acolhe-se a preliminar de nulidade, por cerceamento do direito de ampla defesa, para declarar a nulidade do processo, a partir da oitiva do depoimento da testemunha autoral, determinando-se, ainda, o retorno dos autos à origem, para reabertura da instrução processual e prolação de nova decisão, como entender de direito, restando prejudicada a análise dos demais itens do recurso" (TRT – 7ª Região – RO 00001777120155070016 – Rel. Emmanuel Teófilo Furtado – j. em 26.10.2016 – *DEJT* 26.10.2016).

7.1.4.9.2.5. Limite legal do número de testemunhas

Em relação ao número de testemunhas que cada parte poderá indicar, temos:

- **Procedimento ordinário** – **três** testemunhas, a teor do art. 821 da CLT;
- **Inquérito para apuração de falta grave** – **seis** testemunhas, a teor do art. 821 da CLT;
- **Procedimento sumaríssimo** – **duas** testemunhas, a teor do art. 852-H, § 2.º, da CLT.

Não obstante o limite de testemunhas acima especificado, poderá o juiz na condução do processo determinar a intimação de outras testemunhas referidas nos depoimentos das partes ou de outras testemunhas do juízo (art. 461, I, do CPC), desde que entenda ser o depoimento essencial para o esclarecimento dos fatos e seu convencimento.

Quanto ao depósito do rol de testemunhas, no âmbito do processo civil, estabelece o art. 357, §§ 4.º e 5.º que incumbe às partes, no prazo que o juiz fixar ao designar a data da audiência, depositar em cartório o rol de testemunhas, precisando-lhes o nome, profissão, residência e o local de trabalho. Na omissão do juiz, o rol será apresentado em 15 dias antes da audiência.

Contudo, no âmbito do Processo do Trabalho, não há depósito de rol de testemunhas, as quais comparecerão à audiência, independentemente de notificação, conforme previsão nos arts. 825, 845 e 852-H, § 2.º, todos do diploma consolidado.

As testemunhas que não comparecerem serão intimadas de ofício pelo juiz, ou a requerimento da parte interessada, consoante disposto no art. 825, parágrafo único, da CLT.

Em verdade, a não obrigatoriedade de indicação do rol de testemunhas no Processo do Trabalho acaba funcionando como um instrumento de proteção à própria prova testemunhal a ser apresentada pelo empregado reclamante. Ora, a indicação prévia das testemunhas do obreiro, principalmente em locais afastados dos grandes centros e nas áreas rurais, poderia ensejar, por parte do reclamado, ameaças e coações às testemunhas, para que estas não comparecessem para depor ou mesmo para que mudassem ou omitissem dados nos depoimentos.

Nessa esteira, mesmo que a parte tenha se comprometido a levar a testemunha à audiência, independentemente de intimação, e ela não comparecer, deverá o juiz determinar a sua intimação, não se aplicando, por conseguinte, o art. 455, § 2.º, do CPC.

Sobre o tema, colhemos seguinte julgado:

> "AGRAVO DE INSTRUMENTO EM RECURSO DE REVISTA. PRELIMINAR DE NULIDADE POR CERCEAMENTO DO DIREITO DE DEFESA. PEDIDO DE ADIAMENTO DA AUDIÊNCIA DE INSTRUÇÃO PARA INTIMAÇÃO DE TESTEMUNHA. INDEFERIMENTO. Em razão de provável caracterização de ofensa ao art. 5º, LV, da Constituição Federal, dá-se provimento ao agravo de instrumento para determinar o prosseguimento do recurso de revista. Agravo de instrumento provido. RECURSO DE REVISTA. PRELIMINAR DE NULIDADE POR CERCEAMENTO DO DIREITO DE DEFESA. PEDIDO DE ADIAMENTO DA AUDIÊNCIA DE INSTRUÇÃO PARA INTIMAÇÃO DE TESTEMUNHA. INDEFERIMENTO. Extrai-se do art. 825 da CLT que, na seara trabalhista, as partes deverão comparecer à audiência acompanhadas das suas testemunhas, independentemente de intimação, não havendo previsão para a necessidade de arrolamento prévio. Em caso de não comparecimento, o parágrafo único do mesmo artigo é expresso ao dispor que deverão ser intimadas para tanto, sob pena de condução coercitiva, não sendo cabível, portanto, a declaração de preclusão do direito de produzir a prova testemunhal, ainda que, como no caso, a parte tenha se comprometido a comparecer acompanhado das testemunhas na audiência seguinte, independentemente de intimação, uma vez que há previsão expressa em lei tratando da questão. Assim, ao manter a decisão de primeiro grau que indeferiu o pedido de intimação das testemunhas, porque o reclamante não compareceu à audiência delas acompanhado, incorreu em ofensa ao art. 5º, LV, da Constituição Federal. Precedentes. Recurso de revista conhecido e provido" (TST – RR 21272920115020038 – j. em 18.03.2015 – *DEJT* 20.03.2015).

Não obstante, em relação ao procedimento sumaríssimo (que será objeto de estudo específico ainda neste capítulo), o art. 852-H, § 3.º, da CLT estabelece que somente será deferida intimação de testemunha que, comprovadamente convidada, deixar de comparecer. Portanto, exclusivamente na hipótese do procedimento sumaríssimo, deverá a parte interessada demonstrar que a testemunha foi comprovadamente convidada (por meio de telegrama, carta com aviso de recebimento, notificação extrajudicial ou mesmo mediante outras testemunhas).

Em resumo, caso à parte pretenda a intimação, deve apresentar o nome e qualificação da testemunha de maneira a permitir sua intimação judicial. Claro que essa técnica não impede que a parte silente possa levar sua testemunha na audiência. Significa que, na hipótese de não fazer a indicação no prazo, o juiz admitirá as testemunhas que espontaneamente comparecerem, mas poderá indeferir o pedido de intimação apresentado fora do prazo.

Veja esse julgado esclarecedor do TST:

> *AGRAVO INTERPOSTO CONTRA DECISÃO MONOCRÁTICA DO RELATOR DENEGATÓRIA DE SEGUIMENTO DE EMBARGOS REGIDOS PELA LEI N. 13.015/2014. CERCEAMENTO DE DEFESA. AUDIÊNCIA DE ENCERRAMENTO DA INSTRUÇÃO. AUSÊNCIA DE APRESENTAÇÃO DO ROL DE TESTEMUNHAS. INDEFERIMENTO DO REQUERIMENTO DE ADIAMENTO DA AUDIÊNCIA PARA INTIMAÇÃO DE TESTEMUNHAS. (...) No Processo do Trabalho, as partes devem comparecer à audiência acompanhadas de suas testemunhas, independentemente de haver, ou não, intimação. Na hipótese de não comparecimento das testemunhas, estas devem ser intimadas a comparecimento, inclusive sob pena de condução coercitiva. Portanto, em tese, no âmbito processual trabalhista, não há obrigação da parte de requerer, previamente, o arrolamento de testemunha. Não se olvida que esta Corte tem posicionamento firmado de que o indeferimento da prova testemunhal, ante o não comparecimento da testemunha na audiência de instrução e julgamento, induz ao entendimento de que houve cerceamento do direito de defesa. Todavia, esse não é o caso dos autos, em que o reclamante foi notificado da necessidade de indicação, na audiência de prosseguimento, da necessidade de arrolamento das testemunhas para intimação. Comparecendo o reclamante à audiência seguinte desacompanhado das suas testemunhas e não tendo apresentado o rol prévio para intimação delas, o juiz indeferiu seu requerimento de adiamento. Assim, havendo ciência prévia às partes quanto à necessidade de apresentação do rol de testemunhas para intimação, de modo que as não arroladas deveriam ser trazidas independentemente de intimação, sob pena de não serem ouvidas, é incabível o adiamento da audiência para intimá-las. Nesse contexto, não houve cerceamento do direito de defesa do reclamante, mas estrita observância às normas que regem o processo do trabalho, quais sejam os artigos 825 e 845 da CLT. Esse foi o entendimento que prevaleceu, por maioria de 9x3, nesta Subseção no julgamento do Processo E-RR - 1810-18.2012.5.15.0108, em 12/4/2018, acórdão publicado no DEJT de 20/4/2018, de Relatoria do Ministro Hugo Carlos Scheuermann, ocasião em que, no exame de idêntica controvérsia, decidiu-se que o indeferimento do pedido de adiamento da audiência, para que fosse intimada a testemunha não arrolada e que não compareceu espontaneamente, não viola o artigo 825 da CLT, tampouco caracteriza cerceamento de defesa. Agravo desprovido (Ag-E-RR-54800-78.2011.5.17.0006, Subseção I Especializada em Dissídios Individuais, Relator Ministro Jose Roberto Freire Pimenta, DEJT 21/06/2019).*
>
> *RECURSO DE EMBARGOS. REGÊNCIA DA LEI N. 11.496/2007. CERCEAMENTO DE DEFESA. NÃO CONFIGURAÇÃO. AUDIÊNCIA UNA. ADIAMENTO. INTIMAÇÃO. EXI-*

GÊNCIA DE APRESENTAÇÃO DO ROL DE TESTEMUNHAS. 1. A eg. Terceira Turma negou provimento ao recurso de revista interposto pela reclamada, ao fundamento de que não viola o art. 825, parágrafo único, da CLT a exigência de apresentação, com antecedência de quinze dias, do rol das testemunhas a serem intimadas, na hipótese de não comparecimento espontâneo. 2. O indeferimento do pedido de adiamento de audiência una para intimação das testemunhas que não compareceram espontaneamente não implica nulidade processual, por cerceamento de defesa, quando a parte, embora ciente, não apresenta tempestivamente o referido rol, conforme determinação do Juízo de primeiro grau. Precedentes desta Subseção. Recurso de embargos conhecido e desprovido (E-RR-28900- 08.2004.5.15.0067, Subseção I Especializada em Dissídios Individuais, Relator Ministro Walmir Oliveira da Costa, DEJT 04/05/2018).

7.1.4.9.2.6. Procedimentos na inquirição de testemunhas

Antes do início da inquirição da testemunha, será esta qualificada, indicando o nome, nacionalidade, profissão, idade, residência e, quando empregada, o tempo de serviço prestado ao empregador (art. 828 da CLT).

Ao início da inquirição, a testemunha prestará o compromisso de dizer a verdade do que souber e lhe for perguntado (art. 458 do CPC), sendo ela advertida pelo juiz que incorrerá em sanção penal caso faça afirmação falsa, se cale ou oculte a verdade (crime de falso testemunho – CP, art. 342).

Nesse diapasão, tendo em vista a inimputabilidade penal do menor de 18 anos de idade (não podendo este responder pelo crime de falso testemunho), não será tomado o seu compromisso legal, ou seja, o menor de 18 anos não poderá ser ouvido como testemunha compromissada, mas apenas como mero informante.

O art. 793-D da CLT institui que a multa por litigância de má-fé será aplicada à testemunha que alterar a verdade dos fatos ou omitir fatos essenciais ao julgamento da causa, sendo a execução da mesma nos próprios autos. É imensa a importância deste dispositivo para promover a verdade no processo, uma vez que são raríssimos os casos em que a testemunha foi condenada por faltar com a verdade no Processo do Trabalho.

Entende o TST que após a colheita da prova oral, a aplicação de multa à testemunha dar-se-á na sentença e será precedida de instauração de incidente mediante o qual o juiz indicará o ponto ou os pontos controvertidos no depoimento, assegurados o contraditório, a defesa, com os meios a ela inerentes, além de possibilitar a retratação (art. 10, parágrafo único, IN 41/2018, do TST).

Embora o legislador não tenha previsto a instauração do incidente, o entendimento do TST está em consonância com o princípio do contraditório substancial, que tem 3 vertentes: o direito à informação, o direito de reação e o direito de reação em tempo de influenciar a decisão do juiz.

Quanto ao direito de retratação, não previsto em lei, e assegurado pelo TST, entendemos que está em consonância com o art. 342, § 2º, do CP, que versa sobre o crime de falso testemunho e institui que "O fato deixa de ser punível se, antes da sentença no processo em que ocorreu o ilícito, o agente se retrata ou declara a verdade". O dispositivo aplica-se analogicamente.

As testemunhas serão inquiridas pelo juiz, podendo ser reinquiridas, por seu intermédio, a requerimento das partes, seus representantes ou advogados (art. 820 da CLT). Uma vez que a CLT não é omissa, não se aplicará a regra do art. 459 do atual Código ao Processo do Trabalho, segundo a qual as perguntas serão formuladas pelas partes diretamente à testemunha, começando pela que a arrolou, não admitindo o juiz aquelas que puderem induzir a resposta, não tiverem relação com as questões de fato objeto da atividade probatória ou importarem repetição de outra já respondida.

Nesse sentido, é o entendimento do TST, consubstanciado ao art. 11, da IN 39/2016, segundo a qual: "Não se aplica ao Processo do Trabalho a norma do art. 459 do CPC no que permite a inquirição direta das testemunhas pela parte (CLT, art. 820)."

Quando reinquiridas, a requerimento dos litigantes, caberá primeiro à parte que a arrolou, e depois à parte contrária, formular perguntas tendentes a esclarecer ou completar o depoimento (art. 459 do CPC).

Nos termos do art. 775, 2º, da CLT, ao juízo compete alterar a ordem de produção dos meios de prova, adequando-os às necessidades do conflito, de modo a conferir maior efetividade à tutela do direito. O juiz deverá levar em conta a distribuição do ônus da prova no processo para determinar a ordem da produção das provas.

As partes deverão tratar as testemunhas com urbanidade, não lhes fazendo perguntas ou considerações impertinentes, capciosas ou vexatórias. Conforme mencionado, reza o atual Código de Processo Civil que o juiz inquirirá as testemunhas separada e sucessivamente, primeiro as do autor e depois as do réu (art. 456 do CPC). Define, entretanto, que o magistrado poderá alterar a ordem de oitiva das testemunhas se as partes concordarem (art. 456, parágrafo único, do CPC).

Essa regra pode ser flexibilizada quando as partes concordarem, como afirma a lei, mas também quando houver justificativa, independentemente de concordância das partes, desde que não haja prejuízo. Observe esse julgado do TST:

RECURSO DE REVISTA. ACÓRDÃO PUBLICADO ANTES DA VIGÊNCIA DA LEI N.13.015/2014. NULIDADE POR CERCEAMENTO DO DIREITO DE DEFESA. INVERSÃO DA ORDEM DA OITIVA DE TESTEMUNHAS DISCIPLINADA NO ART. 413 DO CPC/73 (ART. 456 DO CPC DE 2015), EM RAZÃO DA NECESSIDADE DE UTILIZAÇÃO DE CARTA PRECATÓRIA. AUSÊNCIA DE PREJUÍZO. ART.794 DA CLT. O art. 769 da CLT prevê que, "Nos casos omissos, o direito processual comum será fonte subsidiária do direito processual do trabalho, exceto naquilo em que for incompatível com as normas deste Título". Tratando-se de nulidades, o art. 794 da CLT disciplina que "Nos processos sujeitos à apreciação da Justiça do Trabalho só haverá nulidade quando resultar dos atos inquinados manifesto prejuízo às partes litigantes". A despeito de o art. 413 do CPC/73 (atual art. 456 do CPC de 2015) disciplinar a ordem para oitiva de testemunhas e a garantia da incomunicabilidade da prova testemunhal, tal norma deve ser interpretada em atenção ao disposto no já citado art. 794 da CLT, que exige manifesto prejuízo às partes litigantes. No caso concreto, diante da necessidade de oitiva das testemunhas indicadas pelo reclamante por carta precatória, por clara impossibilidade fática, não haveria como se observar a regra do art. 413 do CPC/73 (art. 456 do CPC/2015), seja no tocante à ordem sequencial para oitiva de testemunhas, seja acerca da própria garantia da incomunicabilidade da prova testemunhal. Isso porque, em se tratando de oitiva de testemunhas por Juízos diversos, natural e precatado, não se há como observar o critério de concentração dos atos processuais em uma única audiência. Nesse contexto, só haveria nulidade na hipótese de a reclamada comprovar manifesto prejuízo, como, por exemplo, demonstrar que o depoimento prestado pela testemunha ouvida a convite do autor foi influenciado decisivamente pelos depoimentos prestados pelas testemunhas ouvidas a seu convite, o que, segundo o Tribunal Regional, soberano no exame da matéria fática, não restou comprovado, de modo que acolher a argumentação da reclamada em sentido oposto implicaria revolvimento de fatos e provas, o que encontra óbice na Súmula n.º 126 do TST. Assim, o quadro fático consignado no acórdão regional não permite que se verifique nulidade por cerceamento do direito de defesa. Incólumes os arts. 413 do CPC/73 e 5º, LIV e LV, da Constituição Federal. Recurso de revista não conhecido. (...) (RR-96100-09.2009.5.09.0072, 5ª Turma, Relator Ministro Breno Medeiros, DEJT 05/10/2018).

O juiz providenciará para que o depoimento de uma testemunha não seja ouvido pelas demais que ainda tenham de depor no processo, conforme previsto no art. 824 consolidado. Assim procedendo, caso existam divergências entre as declarações das testemunhas, relativamente a fatos relevantes para o deslinde da demanda, poderá o magistrado proceder à acareação (art. 461, II, do CPC), colocando frente a frente as testemunhas, e tentando extrair delas a verdade dos fatos ante a divergência de depoimentos.

Os depoimentos prestados oralmente pelas testemunhas serão resumidos (transcritos de forma sucinta) na ata de audiência, devendo assiná-la o juiz e os depoentes (arts. 828, parágrafo único, e 852-F, ambos da CLT). Já em relação aos dissídios de alçada (procedimento sumário – demandas que não ultrapassam dois salários-mínimos), estabelece o art. 2.º, § 3.º, da Lei

5.584/1970 que será dispensável o resumo dos depoimentos, devendo constar da ata a conclusão da Vara quanto à matéria de fato.

O juiz poderá indeferir as perguntas impertinentes e irrelevantes para o esclarecimento ou complementação dos fatos, ou mesmo as que sejam vexatórias ou capciosas à testemunha, devendo as perguntas indeferidas ser obrigatoriamente transcritas no termo se a parte o requerer (art. 459, § 3.º, do CPC).

As testemunhas não poderão sofrer qualquer desconto pelas faltas ao serviço, ocasionadas pelo seu comparecimento para depor, quando devidamente arroladas ou convocadas (art. 822 da CLT). No mesmo sentido, o art. 473, VIII, da CLT determina que o empregado poderá deixar de comparecer ao serviço sem prejuízo do salário pelo tempo que se fizer necessário, quando tiver que comparecer a juízo.

Caso a testemunha seja funcionário público ou militar, e tiver de depor em hora de serviço, será requisitado ao chefe da repartição para comparecer à audiência marcada (art. 823 da CLT).

O art. 454 do CPC elenca uma série de autoridades que deverão ser inquiridas em sua residência ou onde exercerem a sua função, *in verbis*:

> "Art. 454. São inquiridos em sua residência ou onde exercem sua função:
>
> I – o presidente e o vice-presidente da República;
>
> II – os ministros de Estado;
>
> III – os ministros do Supremo Tribunal Federal, os conselheiros do Conselho Nacional de Justiça e os ministros do Superior Tribunal de Justiça, do Superior Tribunal Militar, do Tribunal Superior Eleitoral, do Tribunal Superior do Trabalho e do Tribunal de Contas da União;
>
> IV – o procurador-geral da República e os conselheiros do Conselho Nacional do Ministério Público;
>
> V – o advogado-geral da União, o procurador-geral do Estado, o procurador-geral do Município, o defensor público-geral federal e o defensor público-geral do Estado;
>
> VI – os senadores e os deputados federais;
>
> VII – os governadores dos Estados e do Distrito Federal;
>
> VIII – o prefeito;
>
> IX – os deputados estaduais e distritais;
>
> X – os desembargadores dos Tribunais de Justiça, dos Tribunais Regionais Federais, dos Tribunais Regionais do Trabalho e dos Tribunais Regionais Eleitorais e os conselheiros dos Tribunais de Contas dos Estados e do Distrito Federal;
>
> XI – o procurador-geral de justiça;
>
> XII – o embaixador de país que, por lei ou tratado, concede idêntica prerrogativa a agente diplomático do Brasil.

> § 1.º O juiz solicitará à autoridade que indique dia, hora e local a fim de ser inquirida, remetendo-lhe cópia da petição inicial ou da defesa oferecida pela parte que a arrolou como testemunha.
>
> § 2.º Passado 1 (um) mês sem manifestação da autoridade, o juiz designará dia, hora e local para o depoimento, preferencialmente na sede do juízo.
>
> § 3.º O juiz também designará dia, hora e local para o depoimento, quando a autoridade não comparecer, injustificadamente, à sessão agendada para a colheita de seu testemunho no dia, hora e local por ela mesma indicados."

Os membros do Ministério Público da União também gozam da prerrogativa processual de serem ouvidos como testemunha em dia, hora e local previamente ajustados com o magistrado ou a autoridade competente, conforme previsão no art. 18, II, *g*, da LC 75/1993.

As testemunhas que não souberem falar a língua nacional prestarão depoimento por meio de intérprete nomeado pelo juiz (art. 819 da CLT), o mesmo ocorrendo em relação ao surdo-mudo ou mudo que não saiba escrever. As despesas do intérprete correrão por conta da parte sucumbente, salvo se beneficiária de justiça gratuita (art. 819, § 2.º, da CLT).

O texto consolidado é omisso quanto à ordem dos depoimentos das testemunhas, aplicando-se, de forma subsidiária, o art. 456 do CPC, ou seja, primeiramente será inquirida a testemunha do reclamante (autor) e depois as do reclamado (réu). Contudo, alguns doutrinadores entendem que, em função da omissão da CLT, o juiz poderá determinar a oitiva da testemunha da parte que tiver o ônus de provar o correspondente fato.

7.1.4.9.3. Documentos

7.1.4.9.3.1. Conceito e generalidades

Documento é o meio idôneo utilizado como prova material da existência de um fato, abrangendo não só os escritos, mas também os gráficos, as fotografias, os desenhos, reproduções cinematográficas, entre outros.

O diploma consolidado pouco versou sobre a prova documental, apenas mencionando-a nos arts. 777, 787, 780 e 830, permitindo, pois, a aplicação subsidiária do Código de Processo Civil, tendo em vista o art. 769 da CLT.

Vale destacar que o Presidente da República sancionou a Lei 11.925, de 17 de abril de 2009, que dá nova redação ao art. 830 da CLT, *in verbis:*

> "Art. 830. O documento em cópia oferecido para prova poderá ser declarado autêntico pelo próprio advogado, sob sua responsabilidade pessoal.
>
> Parágrafo único. Impugnada a autenticidade da cópia, a parte que a produziu será intimada para apresentar cópias devidamente autenticadas ou o original, cabendo

> ao serventuário competente proceder à conferência e certificar a conformidade entre esses documentos."

Caso a parte junte documento de conhecimento comum às partes sem a devida autenticação (muito comum no âmbito laboral, por meio da juntada aos autos de convenção coletiva, acordo coletivo de trabalho ou sentença normativa), este terá validade se não for impugnado pela parte contrária, já que o silêncio enseja o reconhecimento da veracidade do seu conteúdo.

Nesse sentido, o Tribunal Superior do Trabalho firmou entendimento consubstanciado na OJ 36 da SDI-I, com redação dada pela Res. 129/2005, *DJ* 20.04.2005, de que o instrumento normativo em cópia não autenticada possui valor probante, desde que não haja impugnação ao seu conteúdo, eis que se trata de documento comum às partes.

Vale ressaltar que o art. 425, IV, do CPC estabelece que fazem a mesma prova que os originais as cópias reprográficas de peças do próprio processo judicial declaradas autênticas pelo próprio advogado, sob sua responsabilidade pessoal, se não lhes for impugnada a autenticidade.

Por outro lado, o art. 425, V, VI e §§ 1.º e 2.º, do CPC permite que os documentos digitalizados façam a mesma prova que os originais. Vejamos as modificações implementadas no art. 425 do CPC:

> "Art. 425 (...)
>
> V – os extratos digitais de bancos de dados públicos e privados, desde que atestado pelo seu emitente, sob as penas da lei, que as informações conferem com o que consta na origem;
>
> VI – as reproduções digitalizadas de qualquer documento público ou particular, quando juntadas aos autos pelos órgãos da justiça e seus auxiliares, pelo Ministério Público e seus auxiliares, pela Defensoria Pública e seus auxiliares, pelas procuradorias, pelas repartições públicas em geral e por advogados, ressalvada a alegação motivada e fundamentada de adulteração.
>
> § 1.º Os originais dos documentos digitalizados mencionados no inciso VI deverão ser preservados pelo seu detentor até o final do prazo para propositura de ação rescisória.
>
> § 2.º Tratando-se de cópia digital de título executivo extrajudicial ou de documento relevante à instrução do processo, o juiz poderá determinar seu depósito em cartório ou secretaria."

O art. 456 da CLT dispõe que a prova do contrato individual do trabalho será feita pelas anotações constantes da carteira profissional ou por instrumento escrito e suprida por todos os meios permitidos em direito. Tais anotações, portanto, geram presunção relativa (*juris tantum*), admitindo-se prova em contrário, conforme previsto na Súmula 12 do TST e na Súmula 225 do STF, *in verbis*:

"SÚMULA 12 DO TST. CARTEIRA PROFISSIONAL – VALOR DAS ANOTAÇÕES. As anotações apostas pelo empregador na carteira profissional do empregado não geram presunção *juris et de jure*, mas apenas *juris tantum*."

"SÚMULA 225 DO STF. CARTEIRA PROFISSIONAL – VALOR PROBATÓRIO. Não é absoluto o valor probatório das anotações da carteira profissional."

Ressalte-se que as anotações feitas na CTPS gozam de presunção relativa tão somente em relação ao empregado, uma vez que, quanto ao empregador, a presunção é absoluta, salvo se este demonstrar a ocorrência de erro material.

Uma das características do contrato de trabalho é a sua informalidade. Todavia, existem alguns contratos que, por exceção, obrigatoriamente, devem obedecer à forma escrita, dentre eles: o contrato de trabalho temporário (Lei 6.019/1974, art. 11), o contrato do trabalhador aprendiz (art. 428 da CLT), atleta profissional (Lei 9.615/1998, art. 28), e outros.

Relativamente ao pagamento de salários, o art. 464 da CLT determina que ele deverá ser efetuado contra recibo, assinado pelo empregado, mesmo menor de 18 anos; tratando-se de analfabeto, mediante sua impressão digital ou, não sendo esta possível, a seu rogo.

Logo, a apresentação do recibo de salários é essencial para a validade do ato, e, preterida tal exigência, considerar-se-á que o pagamento não foi realizado pelo empregador, salvo se o obreiro confessar que recebeu os salários.

O pedido de demissão ou o recibo de quitação de rescisão do contrato de trabalho, firmado por empregado com mais de um ano de serviço, só será válido quando feito com a assistência do respectivo sindicato ou perante a autoridade do Ministério do Trabalho (art. 477, § 1.º, da CLT). Quando não existir na localidade sindicato ou autoridade do Ministério do Trabalho, a assistência será prestada pelo representante do Ministério Público ou, onde houver, pelo defensor público e, na falta ou impedimento destes, pelo juiz de paz.

Por outro lado, o art. 477, § 2.º, da CLT dispõe que o instrumento de rescisão ou recibo de quitação, qualquer que seja a causa ou forma de dissolução do contrato, deve ter especificada a natureza de cada parcela paga ao empregado e discriminado o seu valor, sendo válida a quitação apenas relativamente às mesmas parcelas.

O não cumprimento das formalidades previstas no art. 477, §§ 1.º e 2.º, da CLT determinará a inexistência do pagamento, ficando o empregador obrigado a efetuar novo pagamento, não se admitindo outro meio de prova em contrário.

O Tribunal Superior do Trabalho, sobre a quitação das parcelas rescisórias, editou a Súmula 330, dispondo que:

> "SÚMULA 330 DO TST. A quitação passada pelo empregado, com assistência de entidade sindical de sua categoria, ao empregador, com observância dos requisitos exigidos nos parágrafos do art. 477 da CLT, tem eficácia liberatória em relação às parcelas expressamente consignadas no recibo, salvo se oposta ressalva expressa e especificada ao valor dado à parcela ou parcelas impugnadas. I – A quitação não abrange parcelas não consignadas no recibo de quitação e, consequentemente, seus reflexos em outras parcelas, ainda que estas constem desse recibo. II – Quanto a direitos que deveriam ter sido satisfeitos durante a vigência do contrato de trabalho, a quitação é válida em relação ao período expressamente consignado no recibo de quitação."

Ainda em relação à prova documental, para os estabelecimentos que tiverem mais de 10 trabalhadores é exigido o registro manual, mecânico ou eletrônico dos horários de entrada e saída dos empregados, contendo ainda, a pré-assinalação do período de repouso, conforme instruções a serem expedidas pelo Ministério do Trabalho (art. 74, § 2.º, da CLT).

Neste contexto, se o empregador for intimado pelo juiz a apresentar os registros de horários e deixar de fazê-lo, sem justificativa, presumir-se-á verdadeira a jornada de trabalho alegada na inicial, a qual poderá ser elidida por prova em contrário, conforme entendimento consubstanciado na Súmula 338 do TST.

Caso o trabalho seja executado fora do estabelecimento, o horário dos empregados constará, explicitamente, de ficha ou papeleta em seu poder, conforme previsto no art. 74, § 3.º, da CLT.

Quanto à possibilidade de o empregador efetuar descontos no salário do trabalhador, o Tribunal Superior do Trabalho, com base no art. 462 da CLT, editou a Súmula 342, entendendo serem possíveis descontos nos salários dos empregados para serem integrados em planos de assistência odontológica, médico-hospitalar, de seguro, de previdência privada ou de entidade cooperativa, cultural ou recreativa associativa de seus trabalhadores, em seu benefício e de seus dependentes, mediante autorização prévia e **por escrito** do empregado, salvo se ficar demonstrada a existência de coação ou de outro defeito que vicie o ato jurídico.

Por último, o Decreto 3.048/1999, no art. 84, determina que o pagamento do salário-família ao empregado será devido a partir da data da apresentação da certidão de nascimento do filho ou da documentação relativa ao equiparado (esse também é o entendimento do Tribunal Superior do Trabalho, Súmula 254), estando condicionado à apresentação anual de atestado de vacinação obrigatória, até seis anos de idade, e de comprovação semestral de frequência à escola do filho ou equiparado, a partir dos sete anos de idade.

7.1.4.9.3.2. Classificação

Em relação à classificação dos documentos, adotaremos a classificação de Moacir Amaral dos Santos, *Primeiras linhas de direito processual civil*, p. 340, a saber:

- **Quanto ao autor, origem ou procedência** – podem ser públicos ou privados, autógrafos (o autor do documento é o mesmo do fato documentado) ou heterógrafos (quando o documento é elaborado por terceira pessoa), assinados ou não assinados, autênticos, autenticados ou sem autenticidade;
- **Quanto ao meio, maneira ou material usado na sua formação** – podem ser diretos ou indiretos, escritos, gráficos (desenhos), plásticos (gesso, madeira etc.) e estampados (fotografias, cinematografia etc.);
- **Quanto ao seu conteúdo** – podem ser narrativos ou constitutivos;
- **Quanto à sua finalidade** – podem ser pré-constituídos ou casuais;
- **Quanto à forma (em relação à prova que produzem)** – podem ser formais (solenes) e não formais;
- **Quanto à forma em si** – podem ser originais ou cópias.

7.1.4.9.3.3. Momento da apresentação dos documentos

Estabelece o art. 787 da CLT que a reclamação escrita deverá ser formulada em duas vias e desde logo acompanhada dos documentos em que se fundar.

O art. 434 do CPC, por sua vez, dispõe que compete à parte instruir a petição inicial ou a resposta com os documentos destinados a provar-lhe as alegações.

Nessa esteira, o art. 845 consolidado preceitua que o reclamante e o reclamado comparecerão à audiência acompanhados de suas testemunhas, apresentando, nessa ocasião, as demais provas.

Em função dos diplomas legais anteriormente mencionados, podemos concluir que a prova documental deve ser apresentada pelo reclamante juntamente da peça vestibular e pelo reclamado, em audiência, quando da apresentação da sua defesa.

Como bem leciona Carlos Henrique Bezerra Leite, em seu *Curso de direito processual do trabalho*, 14. ed., p. 785, "o descumprimento dessa regra pode ensejar: a) o encerramento da instrução sem direito das partes à suspensão ou adiamento da audiência para apresentação dos documentos que deveriam acompanhar a petição inicial e a contestação, salvo se a parte provar motivo relevante ou se o documento tiver por objetivo contrapor; b) a desconsideração do documento juntado serodiamente; c) a preclusão".

Manoel Antônio Teixeira Filho, em obra já aludida neste capítulo (p. 78-79), ensina que:

> "Temos, então, que, tripartida a audiência trabalhista (inicial, instrução e julgamento), o processo especializado, adaptando-se a esse fracionamento, fixa três momentos próprios para a produção de provas no procedimento ordinário: 1) com a inicial; 2) com a resposta do réu (na primeira audiência); 3) na audiência de instrução (que é a segunda), valendo observar que, quanto à prova documental, a sua produção deve restringir-se aos dois primeiros momentos, ressalvada a hipótese do art. 397 do CPC (art. 435 do atual CPC).
>
> (...)
>
> Realmente, muitas vezes se verifica que as partes, embora pudessem ter juntado os documentos à inicial e à contestação, porque já os tinham em seu poder, se reservam para fazê-lo somente na audiência dita de instrução, com a finalidade indisfarçável de colher de surpresa o adversário. O processo, *concessa venia*, não se presta a tais rasgos de sensacionalismo; por este motivo, se deve tolher, o quanto possível, procedimento dessa natureza, porquanto prejudica a parte contra quem se produziu o documento de poder, na ânsia do seu interrogatório, sobre eles manifestar-se satisfatoriamente, não se podendo esquecer, ademais, que neste caso ela teria o prazo de cinco dias para pronunciar-se (CPC, art. 398) (art. 437, § 1.º, do atual CPC). Nem ignoremos, além do mais, que não raro são apresentados em audiência diversos documentos, que ascendem a dezenas, dificultando, sobremaneira, a manifestação da parte contra quem foram produzidos."

Contudo, não se pode esquecer que o art. 435 do CPC permite que as partes, a qualquer tempo (significando dizer, em princípio, até o encerramento da instrução e antes da sentença), juntem aos autos documentos novos, quando destinados a fazer prova de fatos ocorridos depois dos articulados, ou para contrapô-los aos que foram produzidos nos autos.

O Tribunal Superior do Trabalho firmou entendimento por meio da Súmula 8, de que a juntada de documentos na fase recursal só se justifica quando provado o justo impedimento para sua oportuna apresentação ou se referir a fato posterior à sentença.

Sobre o tema, podemos ainda expor os seguintes julgados:

> "PRELIMINAR DE NULIDADE POR CERCEAMENTO DE DEFESA. JUNTADA DE DOCUMENTOS. Não há falar em nulidade do acórdão regional por cerceamento de defesa, uma vez que a juntada de documento em prazo posterior ao momento fixado por lei, na forma do artigo 397 do CPC (art. 435, do atual CPC), constitui hipótese exceptiva, sendo possível somente em circunstâncias especialíssimas, como prevê a Súmula nº 8 do TST. Não conheço do recurso de revista. CONAB. DIFERENÇAS SALARIAIS. PROMOÇÕES POR MERECIMENTO. PLANO DE CARGOS E SALÁRIOS. DESCUMPRIMENTO. NECESSIDADE DE REALIZAÇÃO DAS AVALIAÇÕES DE DESEMPENHO. A controvérsia nos autos cinge-se em saber se é possível considerar implementada a condição contratual ine-

> rente à promoção por merecimento, justamente quando o empregador não cumpre o critério previsto no plano de cargos e salários e deixa de realizar as avaliações necessárias à progressão em comento. Relativamente à promoção por merecimento, as avaliações de desempenho constituem requisito essencial, por se revestirem de critérios subjetivos e comparativos inerentes à excelência profissional do empregado, que somente pode ser avaliado pelo empregador, não cabendo ao julgador substituí-lo nessa análise. A propósito, a SBDI-1, em decisão, por maioria de votos, no qual este Relator ficou vencido, entendeu que, no que concerne às promoções por merecimento, em face do seu caráter subjetivo, estão condicionadas aos critérios do regulamento empresarial, sendo essencial para sua aferição a deliberação da diretoria da empresa (E-RR – 51-16.2011.5.24.0007 – Redator Ministro: Renato de Lacerda Paiva, data de julgamento: 08.11.2012, Subseção I Especializada em Dissídios Individuais, data de publicação: 09.08.2013). Dessa forma, no caso de omissão do empregador em proceder à avaliação de desempenho funcional do empregado, não há como considerar implementadas as condições necessárias à promoção por merecimento. Recurso de revista conhecido e provido" (TST – RR 106127220135180015 – 2ª T. – Rel. José Roberto Freire Pimenta

No procedimento sumaríssimo, consoante o disposto no art. 852-H da CLT, todas as provas serão produzidas em audiência, inclusive a documental, e sobre os documentos apresentados por uma das partes manifestar-se-á imediatamente a parte contrária, sem interrupção da audiência, salvo absoluta impossibilidade, a critério do juiz (§ 1.º do art. 852-H da CLT). Nesse caso, a audiência será dividida, prosseguindo em nova data, determinada pelo juiz após a manifestação por escrito.

Para vertente moderna, a prova documental pode ser produzida a qualquer tempo até o encerramento da instrução processual. Assim, mesmo durante uma audiência de instrução, pode a parte juntar documentos, sempre garantida à parte contrária a possibilidade de manifestação em atendimento à ampla defesa e ao contraditório.

A posição majoritária do TST milita no sentido de admitir a vertente moderna:

> *RECURSO DE EMBARGOS REGIDO PELA LEI 13.015/2014. PROVA. POSSIBILIDADE DE JUNTADA DE DOCUMENTOS ANTES DO ENCERRAMENTO DA INSTRUÇÃO PROCESSUAL PARA FINS DE PROVA DO DIREITO ÀS DIFERENÇAS SALARIAIS PELO DESVIO DE FUNÇÃO. No processo do trabalho, admite-se a juntada de documentos destinados à produção de provas até o encerramento da instrução, tendo em vista a disciplina constante do artigo 845 da CLT, a qual estabelece que as partes comparecerão à audiência com suas testemunhas, apresentando, nessa oportunidade, as demais provas, entre as quais se inclui a prova documental. Assim, em face do permissivo legal, que viabiliza aos litigantes a apresentação de provas na audiência, há de se entender que a lei abre possibilidade às partes de, durante a fase instrutória, trazer as provas que lhes possam favorecer. Prece-*

dentes de todas as Turmas e desta Subseção. Recurso de embargos conhecido e não provido (E-RR-2416-68.2012.5.18.0009, Subseção I Especializada em Dissídios Individuais, Relator Ministro Augusto Cesar Leite de Carvalho, DEJT 11/04/2017).

AGRAVO. AGRAVO DE INSTRUMENTO EM RECURSO DE REVISTA. ACÓRDÃO PUBLICADO NA VIGÊNCIA DA LEI N. 13.015/2014. CERCEAMENTO DE DEFESA. JUNTADA DE DOCUMENTOS. OPORTUNIDADE PROCESSUAL. O Regional rejeitou a preliminar de cerceamento de defesa, ao fundamento de que as partes, em audiência de instrução, declararam que não teriam mais provas a produzir. Assim, a pretensão da ré de juntar os instrumentos coletivos nas razões finais se mostrou inviável, em virtude da preclusão. Tal como proferido, o v. acórdão regional está em consonância com a jurisprudência do TST, que é firme no sentido de que no processo do trabalho admite-se a juntada de documentos destinados à produção de provas até o encerramento da instrução, tendo em vista a disciplina constante dos arts. 845 e 850 da CLT. Precedentes. Incidem, portanto, a Súmula n. 333 desta Corte e o art. 896, § 7º, da CLT como óbices ao prosseguimento da revista. Agravo não provido (Ag-AIRR-10737-43.2013.5.03.0149, 5ª Turma, Relator Ministro Breno Medeiros, DEJT 28/02/2020).

7.1.4.9.3.4. Falsidade documental

O art. 430 do CPC dispõe que a arguição da falsidade documental tem lugar em qualquer tempo e grau de jurisdição, incumbindo à parte, contra quem foi produzido o documento, suscitá-lo na contestação, na réplica ou no prazo de 15 dias, contados da intimação de sua juntada aos autos.

Quando o documento for oferecido antes de encerrada a instrução, a parte o arguirá de falso, em petição dirigida ao juiz da causa, expondo os motivos em que se fundam a sua pretensão e os meios com que provará o alegado (art. 431 do CPC).

Intimada a parte que produziu o documento a responder no prazo de 15 dias, o juiz ordenará o exame pericial. Logo que for suscitado o incidente de falsidade, o juiz suspenderá o processo principal.

Não se procederá ao exame pericial, se a parte que produziu o documento concordar em retirá-lo e a parte contrária não se opuser ao desentranhamento (art. 432, parágrafo único, do CPC).

De acordo com o atual Código de Processo Civil, a parte que produziu o documento será intimada para se manifestar em 15 dias (art. 432 do CPC). Além disso, uma vez arguida, a falsidade será resolvida como questão incidental, salvo se a parte requerer que o juiz a decida como questão principal. Neste caso, como a declaração sobre a falsidade do documento foi suscitada como questão principal, constará da parte dispositiva da sentença e sobre ela incidirá também a autoridade da coisa julgada (art. 433 do CPC).

7.1.4.9.3.5. Exibição de documentos

A exibição pode ser requerida pelo juiz (arts. 396 e seguintes do CPC).

Muitas vezes o litigante pretende provar suas alegações mediante documentos que se encontram em poder da parte adversa ou de um terceiro. Nessa hipótese, deverá a parte interessada requerer ao juiz a sua exibição, sob pena de serem considerados verdadeiros os fatos que o requerente almejava provar com o atinente documento.

Com efeito, estabelece o art. 396 do CPC que o juiz poderá ordenar que a parte exiba documento ou coisa que se ache em seu poder.

O pedido de exibição de documentos deverá conter:

- A individualização, tão completa quanto possível, do documento ou da coisa;
- A finalidade da prova, indicando os fatos que se relacionam com os documentos ou a coisa;
- As circunstâncias em que se funda o requerente para afirmar que o documento ou a coisa existe e se acha em poder da parte contrária ou de um terceiro.

Requerida a exibição de documentos, o requerido terá o prazo de resposta de 5 dias, contados da sua intimação. Caso afirme que não possui o documento ou a coisa, o juiz permitirá que o requerente prove, por qualquer meio, que a declaração não corresponde à verdade.

Todavia, o juiz não admitirá a recusa: a) se o requerido tiver a obrigação legal de exibir; b) se o requerido aludiu ao documento ou à coisa no processo, com o intuito de constituir prova; c) se o documento, por seu conteúdo, for comum às partes (art. 399 do CPC).

Caso o requerido não exiba o documento, ou não faça qualquer declaração no prazo de resposta (cinco dias), ou ainda a recusa for havida por ilegítima, o magistrado proferirá decisão interlocutória, admitindo como verdadeiros os fatos que, por meio do documento ou coisa, a parte pretendia provar (art. 400 do CPC).

Na hipótese de o documento ou a coisa estar em poder de terceiro, o juiz mandará citá-lo para responder no prazo de 15 dias (art. 401 do CPC). Se o terceiro, sem justo motivo, negar a obrigação de exibir, ou a posse do documento ou da coisa, o juiz designará audiência especial, tomando-lhe o depoimento, bem como o das partes e, se necessário, de testemunhas. Em seguida, proferirá parecer (interlocutória) decidindo o incidente.

Sobre o tema, apontamos o seguinte julgado:

> "AÇÃO DE EXIBIÇÃO DE DOCUMENTOS. OBRIGAÇÃO DE FAZER. MULTA. LICITUDE. 1. Ainda que o pedido de exibição de documento recaia sobre aquele com a ca-

> racterística de comum às partes, a circunstância não afasta a necessária prática do ato, em relação a quem detém o dever legal de preservá-lo. 2. A imposição de multa, decorrente do eventual descumprimento de obrigação de fazer, além de não padecer de qualquer vício e encontrar previsão legal (art. 461 do CPC) (art. 497, do atual CPC), ostenta harmonia com o princípio da efetividade das decisões judiciais" (TRT – 10ª Região – RO 462201100910000/DF – 2ª T. – Rel. João Amílcar – j. em 28.06.2013 – *DEJT* 05.07.2013).

7.1.4.9.4. Perícia

Perícia é a espécie de prova que objetiva fornecer esclarecimentos ao juiz a respeito de questões técnicas, que extrapolam o conhecimento científico do julgador.

O art. 156 do CPC dispõe que, quando a prova do fato depender de conhecimento técnico ou científico, o juiz será assistido por perito, considerado auxiliar da justiça.

Os peritos serão nomeados entre os profissionais legalmente habilitados e os órgãos técnicos ou científicos devidamente inscritos em cadastro mantido pelo tribunal ao qual o juiz está vinculado.

O atual diploma processual determina que as partes podem, em comum acordo, escolher o perito, indicando-o mediante requerimento, desde que sejam plenamente capazes e a causa possa ser resolvida por autocomposição (art. 471 do CPC).

O perito deverá cumprir o ofício no prazo que lhe assina a lei, empregando toda a sua diligência. Todavia, poderá escusar-se do encargo, desde que alegue motivo legítimo. A escusa será apresentada dentro de 15 dias, contados da intimação ou do impedimento superveniente, sob pena de se reputar renunciado o direito de alegá-la, conforme previsto nos arts. 157, § 1.º e 467 do CPC.

Determina o art. 158 do CPC que o perito que, por dolo ou culpa, prestar informações inverídicas responderá pelos prejuízos que causar à parte, ficando inabilitado, por dois a cinco anos, a funcionar em outras perícias e incorrerá na sanção que a lei penal estabelecer.

A prova pericial consiste em exame, vistoria ou avaliação.

O juiz indeferirá a perícia quando:

- a prova do fato não depender de conhecimento especial ou técnico;
- for desnecessária em vista de outras provas produzidas;
- a verificação for impraticável.

A Lei 5.584/1970, em seu art. 3.º (que revogou tacitamente o art. 826 da CLT), dispõe que os exames periciais serão realizados por perito único, designado pelo juiz, que fixará o prazo para entrega do laudo. Cada parte poderá indicar um assistente técnico, cujo laudo deverá ser apresentado no mesmo prazo assinado para o perito, sob pena de desentranhamento dos autos.

Em relação ao procedimento sumaríssimo, o art. 852-H, § 4.º, da CLT estabelece que, somente quando a prova do fato o exigir ou for legalmente imposta, será deferida prova técnica, incumbindo ao juiz, desde logo, fixar o prazo, o objeto da perícia e nomear o perito, sendo as partes intimadas para se manifestarem sobre o laudo, no prazo comum de 5 dias (§ 5.º do mesmo artigo).

Atualmente, não há mais a necessidade de o perito prestar compromisso, podendo ele ser substituído nas seguintes hipóteses:

- quando alegado motivo legítimo (art. 157 do CPC);
- quando for acolhida a tese de impedimento ou de suspeição (art. 148, III, do CPC), devendo ser anotado que as hipóteses de cada espécie encontram-se previstas nos arts. 144 e 145 do mesmo Código);
- nas situações previstas no art. 468, I e II, do CPC, gerando, na situação específica do inciso II, a possibilidade de ser expedido ofício à corporação profissional a que pertence o profissional, objetivando a eventual punição disciplinar, além do arbitramento de uma multa pelo retardo processual causado com a espera que se revelou como frustrada (art. 468, § 1.º, do CPC).

A substituição do perito pelo esgotamento do prazo que lhe foi concedido para a realização do exame, da inspeção ou vistoria, deve apenas ocorrer na hipótese de atraso relevante, podendo o prazo ser prorrogado, especialmente quando o retardo for justificado pela complexidade do trabalho (art. 432 da CLT).

Somente os peritos estarão sujeitos às causas de suspeição e impedimento previstas no Código de Processo Civil, o mesmo não ocorrendo em relação aos assistentes técnicos (art. 466, § 1.º, do CPC).

A produção de prova pericial nos domínios do Processo do Trabalho poderá ser determinada de ofício pelo magistrado trabalhista ou requerido pelo litigante interessado.

Conforme já tratado neste capítulo, ainda que consumadas a revelia e confissão ficta, caso exista na petição inicial trabalhista pedido envolvendo adicional de insalubridade ou periculosidade, o juiz deverá determinar a realização de perícia, em função do disposto no art. 195, § 2.º, da CLT, nada obstando que o reclamado revel indique assistente técnico e produza provas em face de tal pleito.

De acordo com o art. 790-B, *caput* e § 4º, da CLT, a responsabilidade pelo pagamento dos honorários periciais é da parte sucumbente na pretensão objeto da perícia, ainda que beneficiária da justiça gratuita. Somente no caso em que o beneficiário da justiça gratuita não tenha obtido em juízo créditos capazes de suportar a despesa referida, ainda que em outro processo, a União responderá pelo encargo. Por isso, ao fixar o valor dos honorários periciais, o juízo deverá respeitar o limite máximo estabelecido pelo Conselho Superior da Justiça do Trabalho (art. 790-B, § 1º, da CLT).[11]

Atenção! ADI 5766, STF - Decisão: O Tribunal, por maioria, julgou parcialmente procedente o pedido formulado na ação direta, para declarar inconstitucionais os arts. 790-B, caput e § 4º, e 791-A, § 4º, da Consolidação das Leis do Trabalho (CLT), vencidos, em parte, os Ministros Roberto Barroso (Relator), Luiz Fux (Presidente), Nunes Marques e Gilmar Mendes. Por maioria, julgou improcedente a ação no tocante ao art. 844, § 2º, da CLT, declarando-o constitucional, vencidos os Ministros Edson Fachin, Ricardo Lewandowski e Rosa Weber. Redigirá o acórdão o Ministro Alexandre de Moraes. Plenário, 20.10.2021 (Sessão realizada por videoconferência - Resolução 672/2020/STF).

O art. 790-B, § 4º, da CLT aponta inconstitucionalidade material por impor restrições inconstitucionais à garantia da gratuidade da justiça àqueles que apresentam insuficiência de recursos, violando as garantias constitucionais de amplo acesso à jurisdição e assistência judiciária integral aos necessitados, especificamente o art. 5º, XXXV, da CF, que determina que "a lei não excluirá da apreciação do Poder Judiciário lesão ou ameaça a direito"; e o art. 5º, LXXIV, da CF, que garante que "o Estado prestará assistência jurídica integral e gratuita aos que comprovarem insuficiência de recurso". A Procuradoria Geral da República ajuizou a ADIn 5.766 pedindo a declaração de inconstitucionalidade da expressão "ainda que beneficiária da justiça gratuita", inserida no *caput* e no § 4º do art. 790-B da CLT.

Dispõe expressamente o art. 790-B, § 3º, da CLT que "o juízo não poderá exigir adiantamento de valores para realização de perícias".[12]

O mesmo se depreende da OJ 98 da SDI-II/TST, *in verbis*:

> "OJ 98 da SDI-II/TST – MANDADO DE SEGURANÇA. CABÍVEL PARA ATACAR EXIGÊNCIA DE DEPÓSITO PRÉVIO DE HONORÁRIOS PERICIAIS. Inserida em 27.09.2002 (nova redação – *DJ* 22.08.2005) É ilegal a exigência de depósito prévio para

---

[11] O art. 790-B, §§ 1º ao 4º, da CLT, não se aplica aos processos iniciados antes de 11.11.2017, data em que entrou em vigor a Lei 13.467/2017 (Reforma Trabalhista).

[12] O art. 790-B, §§ 1º ao 4º, da CLT, não se aplica aos processos iniciados antes de 11.11.2017, data em que entrou em vigor a Lei 13.467/2017 (Reforma Trabalhista).

> custeio dos honorários periciais, dada a incompatibilidade com o processo do trabalho, sendo cabível o mandado de segurança visando à realização da perícia, independentemente do depósito."

O juízo poderá deferir parcelamento dos honorários periciais (art. 790-B, § 2º, da CLT).

Relativamente aos honorários periciais dos assistentes técnicos das partes, o Tribunal Superior do Trabalho, por meio da Súmula 341, firmou entendimento no sentido de que a indicação do perito assistente é faculdade da parte, a qual deve responder pelos respectivos honorários, ainda que vencedora no objeto da perícia.

O juiz nomeará perito especializado no objeto da perícia e fixará de imediato o prazo para a entrega do laudo. O prazo para as partes arguir o impedimento ou a suspeição do perito, indicar assistente técnico e apresentar quesitos é de 15 dias, contados da nomeação do perito, conforme reza o § 1.º do art. 465.

Apresentado o laudo, o juiz determinará a intimação das partes para se manifestarem. Poderá ainda o magistrado ouvir o perito em audiência, objetivando que o profissional preste esclarecimentos sobre o objeto da perícia (art. 827 da CLT) (art. 477, § 3.º, do CPC).

Poderá também o juiz determinar, de ofício ou a requerimento da parte, a realização de nova perícia, quando a matéria não lhe parecer suficientemente esclarecida, caso em que a segunda perícia terá por objeto os mesmos fatos que recaíram sobre a primeira, destinando-se a corrigir eventual omissão ou inexatidão dos resultados a que esta conduziu.

Cumpre enfatizar que a segunda perícia, que se rege pelas disposições estabelecidas para a primeira, não a substitui, cabendo ao juiz atribuir o valor de uma e outra.

O atual Código de Processo Civil também estatui que o juiz não está vinculado ao laudo pericial, entretanto, preceitua que o magistrado deve indicar na sentença os motivos que o levaram a considerar ou a deixar de considerar as conclusões do laudo, levando em conta o método utilizado pelo perito (art. 479 do CPC).

Sobre o tema, vale transcrever os ensinamentos de Misael Montenegro Filho, em obra já citada neste capítulo (v. 1, p. 536-537), *in verbis*:

> "Contudo, e uma vez admitida e produzida, embora possa ser desprezada ou mitigada pelo magistrado em face de outras provas que constam dos autos (art. 436 do CPC) (art. 479 do atual CPC), dando ao fato, com maior firmeza, probabilidade da sua ocorrência de modo

diverso, anotamos que esse desprezo não pode ocorrer sem embasamento jurídico que o apoie, sob pena de ser configurado o cerceamento do direito de defesa da parte que demonstrou interesse na colheita da prova específica.

Em extensão ao articulado, perceba-se que, embora possa o magistrado desprezar as conclusões contidas no laudo pericial, não se lhe confere o direito de julgar a lide, após a apresentação do laudo, sem oportunizar às partes a prerrogativa de se manifestarem sobre o documento vindo ao processo. Assim agindo, independentemente do prestígio ou não às conclusões do laudo, há cerceamento do direito de defesa das partes, fulminando, em tese, o processo de nulidade."

Ressaltamos, ainda, a seguinte Súmula do TST:

"SÚMULA 453 DO TST. ADICIONAL DE PERICULOSIDADE. PAGAMENTO ESPONTÂNEO. CARACTERIZAÇÃO DE FATO INCONTROVERSO. DESNECESSÁRIA A PERÍCIA DE QUE TRATA O ART. 195 DA CLT. (conversão da Orientação Jurisprudencial nº 406 da SBDI-1) – Res. 194/2014, *DEJT* divulgado em 21, 22 e 23.05.2014.

O pagamento de adicional de periculosidade efetuado por mera liberalidade da empresa, ainda que de forma proporcional ao tempo de exposição ao risco ou em percentual inferior ao máximo legalmente previsto, dispensa a realização da prova técnica exigida pelo art. 195 da CLT, pois torna incontroversa a existência do trabalho em condições perigosas."

A jurisprudência entende ser cabível a realização de nova perícia quando o juiz considerar que a matéria não foi suficientemente esclarecida:

"RECURSO DE REVISTA. NULIDADE POR CERCEAMENTO DO DIREITO DE DEFESA. PEDIDO DE PRODUÇÃO DE NOVA PROVA PERICIAL. INDEFERIMENTO. O indeferimento do pedido de produção de nova perícia, quando reputada desnecessária pelo julgador que já possui à sua disposição elementos suficientes à formação do seu livre convencimento motivado, não configura cerceamento do direito de defesa, pois constitui faculdade do juiz (art. 437 do CPC) (art. 480 do atual CPC), em face do princípio do livre convencimento e da celeridade processual, decidir sobre a oportunidade e a conveniência da prova, desde que respeitado o princípio constitucional da ampla defesa (art. 131 do CPC) (art. 371 do atual CPC). Recurso de Revista não conhecido. AÇÃO DE DANOS MORAIS E MATERIAIS. ACIDENTE DE TRABALHO. PRESCRIÇÃO. CIÊNCIA INEQUÍVOCA DA LESÃO ANTES DA PROMULGAÇÃO DA EMENDA CONSTITUCIONAL Nº 45/2004. PRAZO PREVISTO NO CÓDIGO CIVIL. A Subseção de Dissídios Individuais 1 do TST, em composição plena, decidiu na sessão de 22 de maio de 2014 (Processo nº TST-E-RR-2700-23.2006.5.10.0005, Rel. Min. Aloysio Corrêa da Veiga), que, se o acidente de trabalho ou a ciência inequívoca do dano deu-se em data anterior à Emenda Constitucional nº 45/2004, incide a regra de prescrição civil, observando-se as regras de transição do Código Civil de 2002, vigentes a partir de 12/1/2003. Assim, no caso em que a ciência da lesão se deu com a aposentadoria por invalidez do Reclamante, incide a regra de transição de que trata o art. 2.028 do Código Civil, segundo a qual "serão os da lei anterior os prazos, quando reduzidos por este Código, e se, na data de sua entrada em vigor, já houver transcorrido mais da metade do tempo estabelecido na lei revogada". Transcorridos menos de dez anos entre a data da ciência da lesão e a data da entrada em vigor do Código Civil de 2002, aplica-se a prescrição trienal (art. 206, § 3º, V, do Código Civil) contada a partir da vigência do Código Civil, cujo marco final, portanto, ocorreu em 12/1/2006. Se a reclamação foi ajuizada em 16/05/2008, impõe-se manter a pronúncia da prescrição total da pretensão às indenizações por danos morais e materiais decorrentes de acidente de trabalho. Recurso de Revista não conhecido" (TST – RR 788004420085170008 – 8ª T. – Rel. Márcio Eurico Vitral Amaro, j. em 14.10.2015, *DEJT* 23.10.2015).

A posição majoritária do TST admite, de forma excepcional, a utilização do conjunto de outros documentos técnicos para dispensar a realização de prova pericial, tais como programa de prevenção de riscos ambientais (PPRA) e o programa de controle médico da saúde ocupacional (PCMSO):

RECURSO DE EMBARGOS. REGÊNCIA DA LEI N. 13.015/14. ADICIONAL DE INSALUBRIDADE. LOCAL DE TRABALHO DE DIFÍCIL ACESSO. SITUAÇÃO EXCEPCIONAL. INVIABILI DADE DA PRODUÇÃO DE PROVA PERICIAL. CONDENAÇÃO COM FUNDAMENTO EM PROGRAMA DE PREVENÇÃO DE RISCOS AMBIENTAIS - PPRA. (...) 2. Embora o art. 195 da CLT preveja a caracterização da insalubridade por meio de perícia, o art. 427 do CPC/1973 (art. 472 do CPC/2015) faculta ao juiz dispensar a prova pericial quando já houver nos autos pareceres técnicos ou documentos elucidativos suficientes à formação do seu convencimento. 3. Acrescente-se que a presunção das condições insalubres de trabalho, a partir do PPRA, é relativa e, portanto, poderia ter sido elidida, mediante laudo pericial em contrário, cabendo à empregadora o ônus da prova, conforme a teoria da aptidão. (...) (E-RR-223400-20.2007.5.08.0114, Subseção I Especializada em Dissídios Individuais, Redator Ministro Walmir Oliveira da Costa, DEJT 19/05/2017).

RECURSO DE REVISTA DA RECLAMADA VALE S.A. ADICIONAL DE INSALUBRIDADE. NECESSIDADE DE PROVA PERICIAL. REGISTRO DE INSALUBRIDADE DO MEIO-AMBIENTE LABORAL NO PROGRAMA DE PREVENÇÃO DE RISCOS AMBIENTAIS - PPRA (NR 9 DO MTE). APRESENTADOS LTCAT e PCMSO' S. O art. 195 da CLT foi elaborado em 1977, quando ainda não havia obrigatoriedade de o empregador acompanhar a evolução do quadro de saúde de seus empregados, relativamente a agravos causados pelo trabalho, bem como mapear os riscos ambientais presentes nos ambientes laborais. Essa imposição somente veio a ocorrer em 1978, com a advento das Normas Regulamentadoras 7 (Programa de Controle Médico de Saúde Ocupacional - PCMSO) e 9 (Programa de Prevenção de Riscos Ambientais - PPRA), presentes na Portaria 3.214/78 do MTE. Havendo normas que obrigam o empregador a ter prévia ciência dos riscos ambientais, inclusive se eles excedem os limites de tolerância previstos na NR 15 do MTE (atividades insalubres), bem como a acompanhar periodicamente o quadro clínico dos seus empregados, entende-se que é desnecessária a realização de perícia, quando a insalubridade do meio estiver registrada em tais documentos, produzidos unilateralmente pelo empregador. Aplicação do art. 427 do CPC de 1973(art. 472 do CPC/2015). Ademais, há outro fundamento autônomo para embasar a desnecessi-

dade de determinação de perícia nesse caso (documento unilateralmente produzido pelo empregador que comprova a insalubridade do meio-ambiente), qual seja, a incidência do princípio da adequação processual, o qual já foi adotado por esta Corte (OJ 278 da SDI-1/TST e Súmula 435 do TST). Pode o magistrado adaptar o procedimento às peculiaridades da causa que lhe é submetida, dado que um procedimento geral e abstrato, previsto em lei, deixa de considerar situações do caso em concreto que podem refletir na adoção de expedientes inadequados para a busca da satisfação do direito material em debate. Há precedentes. Recurso de revista conhecido e não provido. (...) (ARR-658-63.2013.5.08.0117, 6ª Turma, Relator Ministro Augusto Cesar Leite de Carvalho, DEJT 31/08/2018).

7.1.4.9.5. Inspeção judicial

Em função da omissão da norma consolidada acerca da inspeção judicial, aplicam-se, de forma subsidiária, os dispositivos correlatos sobre a matéria, previstos nos arts. 481 a 484 do CPC.

Com efeito, estabelece o art. 481 do CPC que o juiz pode, de ofício ou a requerimento da parte, em qualquer fase do processo, inspecionar pessoas ou coisas, a fim de esclarecer sobre fato que interesse à decisão da causa.

Muitas vezes a inspeção faz-se importante à medida que, a partir do contato com a pessoa ou a coisa, o magistrado pode extrair impressões e fazer avaliações que serão úteis na formação do seu convencimento.

Na inspeção, o juiz poderá ser assistido por um ou mais peritos. O juiz irá ao local onde se encontre a pessoa ou a coisa quando: julgar necessário para a melhor verificação ou interpretação dos fatos que deva observar; quando a coisa não puder ser apresentada em juízo sem consideráveis despesas ou graves dificuldades; ou quando o magistrado determinar a reconstituição dos fatos.

As partes poderão sempre assistir à inspeção, prestando esclarecimentos e fazendo observações que reputem de interesse para a causa. Para isso, torna-se necessária a intimação prévia do dia, hora e local da diligência, em observância ao princípio do contraditório e da ampla defesa.

Concluída a diligência, o juiz mandará lavrar auto circunstanciado, mencionando nele tudo quanto for útil ao julgamento da causa, podendo o auto ser instruído com desenho, gráfico ou fotografia.

Contudo, a jurisprudência tem flexibilizado essa exigência, quando a ciência prévia das partes ou seu acompanhamento possa prejudicar o resultado da perícia. É que a parte, em algumas situações, poderia alterar a coisa inspecionada. Nesse caso, vem-se admitindo que a parte apenas se manifeste depois da inspeção, quando o juiz concede vista do auto de inspeção. O juiz realiza inspeção e depois intima as partes.

Trata-se de postergação do contraditório, o qual não é eliminado, mas somente adiado para que a prova não seja perdida. É o contraditório diferido ou postergado.

O Tribunal Superior do Trabalho possui julgado nesse sentido:

> *RECURSO DE REVISTA. 1) HORAS EXTRAS. INDEFERIMENTO DE PRODUÇÃO DE PROVA ORAL. ALEGAÇÃO DE NULIDADE POR CERCEAMENTO DO DIREITO DE DEFESA. 2) INSPEÇÃO JUDICIAL REALIZADA SEM PRÉVIA INTIMAÇÃO DAS PARTES. ALEGAÇÃO DE NULIDADE POR CERCEAMENTO DO DIREITO DE DEFESA. A inspeção judicial compreende procedimento instrutório que permite ao julgador, se assim entender necessário para firmar o seu convencimento, inspecionar pessoas ou coisas, a fim de se esclarecer sobre fato que interesse à decisão da causa (art. 440 do CPC/73). Releva ponderar que o CPC/2015 (nos arts. 481 a 484) não promoveu alterações no tratamento normativo para a inspeção judicial, em relação às disposições constantes no CPC/73. Com efeito, é certo que o parágrafo único do art. 442 do CPC/73 (correspondente ao parágrafo único do art. 483 do CPC/2015) assegura às partes o "direito a assistir à inspeção, prestando esclarecimentos e fazendo observações que reputem de interesse para a causa". O subsequente art. 443 do CPC/73 determina que "Concluída a diligência, o juiz mandará lavrar auto circunstanciado, mencionando nele tudo quanto for útil à decisão da causa". No caso dos autos, o Tribunal Regional assentou que as partes efetivamente não foram intimadas para a realização desse procedimento, sob o fundamento de que "acaso intimadas as partes, a ré poderia ter se preparado para inspeção, frustrando assim a diligência". Não obstante, a Corte Regional registrou que houve a concreta intimação para a manifestação sobre o auto circunstanciado da inspeção - o que foi atendido pela Reclamante. Nesse contexto, conquanto o parágrafo único do art. 442 do CPC/73 confira às partes o direito de participar da inspeção, constata-se que a sua inobservância não gera nulidade, quando, ponderadas as particularidades de cada caso concreto, o Magistrado, com fulcro em resguardar a própria finalidade almejada com a inspeção judicial, deixar de proceder à intimação prévia das partes para acompanhar o procedimento, desde que resguarde o contraditório ao intimá-las para se pronunciar sobre o auto circunstanciado, produzido em consequência da inspeção (art. 443 do CPC/73). Recurso de revista não conhecido nos temas (RR-3864-72.2011.5.23.0106, 3ª Turma, Relator Ministro Mauricio Godinho Delgado, DEJT 03/07/2017).*

7.1.4.9.6. Prova emprestada

Consiste a prova emprestada na transferência de provas realizadas no bojo de um processo para outro, mediante certidão. É o que ocorre quando se transfere de um processo para outro determinado documento, depoimento pessoal, prova testemunhal, pericial etc.

A prova emprestada será inserida no processo como mera prova documental, devendo ser utilizada apenas excepcionalmente, uma vez que, em regra, as provas devem ser produzidas no mesmo juízo onde corre a demanda.

Um exemplo de utilização da prova emprestada nos domínios do Processo do Trabalho seria na hipótese de a empresa ter fechado o estabelecimento onde trabalhava o reclamante, descaracterizando o local de trabalho. Nesse caso, não obstante o art. 195, § 2.º, da CLT determinar a realização de perícia para a aferição de insalubridade no local de trabalho, considerando que a empresa está desativada e o local não oferece possibilidade de reprodução das condições ambientais imperantes quando em atividade, poderá a prova pericial ser suprida pela juntada de laudos emprestados de outros processos, desde que estabelecida perfeita correspondência entre a situação periciada e o caso *sub judice*.

De outra maneira, no exemplo acima transcrito, a prova emprestada poderia suprir a ausência da prova pericial desde que as condições de fato, relativas à demanda atual, coincidam com aquelas que motivaram a realização do exame pericial, no processo anterior.

O atual Código de Processo Civil prevê expressamente a prova emprestada no art. 372, ressaltando a observância do contraditório e determinando que o juiz atribuirá a ela o valor que considerar adequado:

> "Art. 372. O juiz poderá admitir a utilização de prova produzida em outro processo, atribuindo-lhe o valor que considerar adequado, observado o contraditório".

O Tribunal Superior do Trabalho já vinha admitindo a utilização da prova emprestada, conforme se observa pelos arestos abaixo transcritos:

> "NULIDADE. CERCEAMENTO DE DEFESA. INOBSERVÂNCIA DO DEVIDO PROCESSO LEGAL. ADICIONAL DE RISCO. INSALUBRIDADE. PROVA PERICIAL EMPRESTADA. A lei não exige que o laudo pericial por meio do qual se constatou a insalubridade ensejadora do pagamento de adicional de risco no trabalho do reclamante seja elaborado exclusivamente para cada hipótese. Com efeito, tanto a doutrina quanto a jurisprudência têm se manifestado no sentido de que é admissível a prova pericial emprestada, desde que caracterizada a identidade dos fatos. Esta é a hipótese dos autos, consoante atestado pela Corte de origem. Não que se há falar, portanto, em invalidade da prova emprestada. Recurso de revista não conhecido. NULIDADE. CERCEAMENTO DE DEFESA. INDEFERIMENTO DE PERGUNTAS FORMULADAS AO PREPOSTO. O sistema processual pátrio consagra o princípio do livre convencimento motivado, sendo facultado ao magistrado firmar sua convicção a partir de qualquer elemento de prova legalmente produzido, desde que fundamente sua decisão. Não se vislumbra, assim, cerceamento de defesa quando o juízo de primeiro grau indefere o pedido do patrono da reclamada de reinquirição do preposto, por considerar suficientes as demais provas constantes nos autos.

Não há que se falar, portanto, em ofensa aos arts. 5.º, LV, da Constituição da República e 820 da Consolidação das Leis do Trabalho. Recurso de revista não conhecido. APOSENTADORIA ESPONTÂNEA. EFEITOS. UNICIDADE CONTRATUAL. PRESCRIÇÃO. NULIDADE DO SEGUNDO CONTRATO DE EMPREGO QUE NÃO SE RECONHECE. 1. Afastada a premissa de que a aposentadoria espontânea extingue o contrato de trabalho, consoante a melhor exegese do art. 7.º, I, da Constituição da República, tem-se como corolário o reconhecimento da unicidade contratual e, consequentemente, do direito aos haveres trabalhistas relativos a todo o período contratual. Exegese da Orientação Jurisprudencial n.º 361 da SBDI-I do Tribunal Superior do Trabalho. 2. Nesse diapasão, não há que se falar na existência de um segundo contrato de trabalho, não se configurando a hipótese de celebração de contrato de emprego com a Administração Pública sem prévia aprovação em concurso público, tampouco em incidência da prescrição bienal extintiva. 3. Recurso de revista não conhecido. ADICIONAL DE RISCO. ÔNUS DA PROVA. 1. O art. 195 da Consolidação das Leis do Trabalho não veda a adoção, como prova, de laudo pericial emprestado, não havendo que se falar, portanto, em condenação desamparada em prova pericial, porquanto a prova da existência de efetivo exercício de atividade insalubre fora realizada, mas não especificamente para o caso concreto. 2. Nesse diapasão, o debate sobre a valoração da prova efetivamente produzida – ônus objetivo de prova – tende à reavaliação do conjunto probatório dos autos, o que, induvidosamente, não rende ensejo ao recurso de revista, em face de sua natureza extraordinária. Óbice da Súmula n.º 126 desta Corte superior. 3. Recurso de revista não conhecido. ADICIONAL DE RISCO. PROPORCIONALIDADE. ÁREA DE RISCO. *'O adicional de risco dos portuários, previsto no art. 14 da Lei n.º 4.860/1965, deve ser proporcional ao tempo efetivo no serviço considerado sob risco e apenas concedido àqueles que prestam serviços na área portuária'.* (Orientação Jurisprudencial n.º 316 da SBDI-I desta Corte superior). Imperioso adequar o decidido à jurisprudência pacificada nesta Core superior. Recurso de revista conhecido e provido" (TST – 1.ª T. – RR 5290200-85.2002.5.08.0900 – Rel. Min. Lelio Bentes Corrêa – j. 30.06.2010 – *DEJT* 06.08.2010).

"PERÍCIA. REALIZAÇÃO EM LOCAL DIVERSO DO TRABALHADO. Inexistindo meios de realização da perícia no local de trabalho do autor, porque desativado, somente seria possível a constatação da insalubridade mediante a prova emprestada, por retratar as mesmas condições ambientais a que estavam sujeitos todos os que ali trabalhavam. Diante da impossibilidade de se realizar a perícia no local de trabalho e da inexistência da prova emprestada, revela-se impraticável a perícia, a teor do art. 420, parágrafo único, inciso III, do CPC (art. 464, § 1.º, III, do atual CPC). Recurso de revista provido" (TST – 4.ª T. – RR 466488-80.1998.5.02.5555 – Rel. Min. Antônio José de Barros Levenhagen – j. 10.10.2001 – *DJ* 09.11.2001).

"AGRAVO DE INSTRUMENTO – RECURSO DE REVISTA – ADICIONAL DE INSALUBRIDADE – LAUDO PERICIAL – PROVA EMPRESTADA. A prova pericial, como prova emprestada, plenamente admissível na Justiça do Trabalho, é hábil a comprovar o direito ao adicional de insalubridade, mormente quando feito no local em que trabalhou o autor, relativamente à mesma função por ele desenvolvida. No mais, o convencimento do Regional teve como base o conjunto fático-probatório, porquanto baseado em laudo pericial técnico que concluiu pela presença de ruído acima dos limites toleráveis, sendo que o exame da pretensão recursal exigiria investigação deste contexto (Enunciado n. 126 do TST). Demais disso, a decisão está em sintonia com a jurisprudência desta Corte, consolidada nos Enunciados n. 80 e 289. Por fim, vale ressaltar que os arts. 5.º, XXXV, XXXVI e LIV, da CF/1988 e 9.º da CLT carecem do requisito do prequestionamento, atraindo a aplicação do Enunciado n. 297. No que tange aos arts. 19, 20 e 118 da Lei 8.213/1991, além de não prequestionados, não guardam qualquer pertinência com a matéria discutida nos autos. Ante o exposto, não há que se falar em violação dos arts. 5.º, II, XXXV, XXXVI e LV, e 93, IX, ambos da CF/1988; arts. 9.º; 191, I e II, 194 e 818, todos da CLT; arts. 128; 333; I, e 436 do CPC (arts. 141, 373, I e 479 do atual CPC) e arts. 19, 20 e 118 da Lei n. 8.213/1991. Agravo conhecido e não provido" (TST – 3.ª T. – AIR 990/2002-203-08-41-5 – Rel. Juiz Convocado Cláudio Armando Couce de Menezes – *DJ* 18.02.2005).

"ADICIONAL DE PERICULOSIDADE – REALIZAÇÃO DE PERÍCIA – PROVA EMPRESTADA. A doutrina e a jurisprudência, na interpretação do artigo 195 e § 2.º da CLT, entendem ser admissível, no processo de trabalho, a prova pericial emprestada, desde que fique caracterizada a identidade dos fatos. Assim, tendo o Regional traçado o quadro fático-probatório com o reconhecimento desta premissa, desnecessária a realização da perícia, sendo admissível, nesta hipótese, a prova emprestada. Recurso de revista não conhecido" (TST – 3.ª T. – RR 668193/2000 – Rel. Min. Carlos Alberto Reis de Paula – *DJ* 10.12.2004).

"RECURSO DE REVISTA – PRELIMINAR DE NULIDADE POR NEGATIVA DE PRESTAÇÃO JURISDICIONAL. Há de se mostrar omissa a decisão, mesmo após a provocação da manifestação por intermédio de embargos de declaração, para que reste demonstrada a negativa de prestação jurisdicional ensejadora do conhecimento do recurso de revista. Exegese do disposto no art. 535, inciso II, do CPC (art. 1.022, II, do atual CPC). Recurso de revista não conhecido. PERÍCIA TÉCNICA. LAUDO EMPRESTADO. Não vislumbro afronta à literalidade do art. 195, *caput* e § 2.º, da Consolidação das Leis do Trabalho, bem como violação direta e literal do art. 5.º, LV, da Constituição Federal. O Tribunal Regional, ao dispor que a jurisprudência é unânime no sentido de que em virtude da identidade dos fatos será possível admitir-se o cabimento da prova pericial emprestada do Direito Processual do Trabalho, deu a exata subsunção da descrição dos fatos ao conceito contido no dispositivo legal e preceito constitucional supracitados. Por outro lado, não demonstrada a existência de teses diversas na interpretação de um mesmo dispositivo legal, não há como se determinar o seguimento do recurso de revista com fundamento na letra *a* do art. 896 da Consolidação das Leis do Trabalho. Aplicação do Enunciado/TST n. 296. Recurso de revista não conhecido" (TST – 2.ª T. – RR 623131/2000 – Rel. Min. Renato de Lacerda Paiva – *DJ* 24.09.2004).

Destacamos, ainda, as seguintes jurisprudências:

"RECURSO ORDINÁRIO – PROVA EMPRESTADA. É eficaz no processo do trabalho quando enseja o pronunciamento prévio das partes (sob o crivo do contraditório) e diga respeito, especificamente, às condições semelhantes de prestação de trabalho, o que não ocorre no caso" (TRT – 2.ª Região – RO 00961-2002-039-02-00-2 – 11.ª T. – Rel. Carlos Francisco Berardo – publicado em 12.06.2007).

"ADICIONAL DE INSALUBRIDADE – CARACTERIZAÇÃO – PROVA. De acordo com o artigo 195, *caput*, e § 2.º da Consolidação das Leis do Trabalho, arguida em juízo a insalubridade, sua caracterização se dará exclusivamente através de prova técnica, admitida a prova emprestada em caso de impossibilidade de realização da perícia pela desativação do local de trabalho. Hipótese em que, concedido prazo para tanto, não providenciou a autora a prova emprestada, prova essa que, à vista da disposição legal, não admite substituição por prova testemunhal. Recurso da autora a que se nega provimento" (TRT – 2.ª Região – RO 02737-2002-009-02-00-3 – 11.ª T. – Rel. Eduardo de Azevedo Silva – publicado em 06.03.2007).

"MOLÉSTIA PROFISSIONAL – PROVA EMPRESTADA – INCAPACIDADE LABORAL – DIREITO À REINTEGRAÇÃO – EXTINÇÃO DO ESTABELECIMENTO – CONVERSÃO EM INDENIZAÇÃO. Tem direito à garantia de emprego o trabalhador que preencher os requisitos cumulativos previstos na norma coletiva. É bom e valioso o laudo pericial realizado perante ação acidentária movida no Juízo Cível, que conclui pela existência de incapacidade laborativa para o exercício das mesmas funções anteriormente realizadas. No caso de haver extinção apenas do estabelecimento da prestação de serviços, mas continuidade das atividades da Reclamada, converte-se a reintegração em indenização, durante o período de garantia definido no instrumento coletivo" (TRT – 2.ª Região – RO 01001-2002-465-02-00-9 – 4.ª T. – Rel. Sergio Winnik – publicado em 20.10.2006).

"PROVA EMPRESTADA – MEIO ATÍPICO DE PRODUÇÃO DE PROVA – CONFISSÃO DO RECLAMANTE – IMPOSSIBILIDADE DE JULGAMENTO POR EQUIDADE QUANDO NÃO HOUVER PERMISSIVO PARA TANTO – ART. 127 DO CPC (ART. 140, PARÁGRAFO ÚNICO, DO ATUAL CPC). Não se pode proferir julgamento por equidade quando não houver permissivo bastante para tanto, utilizando-se de prova emprestada de outros autos de processo, quando o Reclamante é confesso por não comparecer à audiência de instrução e ficar expressamente assentado na ata da audiência de encerramento da fase probatória a inexistência de outros meios de prova para a dilucidação dos fatos, sendo vedada, em hipóteses tais, a determinação de traslado de cópias de ata de instrução realizada em outro feito para amparar o julgamento a ser proferido" (TRT – 23.ª Região – RO 00545.2004.026.23.00-5 – Rel. Paulo Brescovici – publicado em 07.04.2006).

AGRAVO DE INSTRUMENTO. RECURSO DE REVISTA. PROCESSO SOB A ÉGIDE DA LEI 13.015/2014 E ANTERIOR À LEI 13.467/17. PRELIMINAR DE NULIDADE POR CERCEAMENTO DO DIREITO DE DEFESA. DEPOIMENTO DA PRÓPRIA RECLAMANTE PRESTADO COMO TESTEMUNHA EM OUTRO PROCESSO. PROVA EMPRESTADA. 1. A grande vantagem da prova emprestada consubstancia-se na economia processual que propicia, evitando a repetição inútil da produção de prova de idêntica natureza. 2. A jurisprudência desta Corte tem admitido a utilização de prova emprestada, desde que haja demonstração de identidade dos fatos e observado o contraditório no processo para o qual a prova será trasladada (art. 372 do CPC/15), sendo despiciendo o consentimento da Reclamada na produção da prova emprestada, pois lhe é garantido o direito de impugná-la em momento oportuno. 3. Na hipótese, a despeito de o Tribunal Regional ter concluído pela imprescindibilidade da anuência da Reclamada para fins de admissão da prova emprestada - conclusão esta dissonante da jurisprudência atual, pacífica e notória deste Tribunal Superior Trabalhista -, não se verifica a necessidade da utilização

> da prova emprestada pugnada pela Reclamante - consubstanciada no seu próprio depoimento, prestado como testemunha, em outro processo trabalhista. 4. Isso porque as mesmas alegações prestadas pela Obreira, na qualidade de testemunha em outro processo, poderiam ser novamente narradas em seu interrogatório realizado perante o magistrado sentenciante deste processo. 5. Assim, a utilização da prova emprestada desta qualidade iria de encontro com a duração razoável do processo, colidindo com a eficiência que se espera da admissão da prova emprestada. 6. Diante disso, correto se mostra o acórdão recorrido que manteve a decisão do magistrado que indeferiu a prova emprestada no presente caso. Agravo de instrumento desprovido (AIRR-70-69.2015.5.06.0011, 3ª Turma, Relator Ministro Mauricio Godinho Delgado, DEJT 24/05/2019).

Além disso, o TST reconhece que a admissão da prova emprestada se inclui nos poderes instrutórios do juiz:

> *(...) CERCEAMENTO DE DEFESA. A decisão prolatada não se baseou apenas em provas emprestadas, como faz crer a reclamada, mas especialmente nos depoimentos testemunhais colhidos no presente feito, razão pela qual não se evidencia a alegada afronta ao art. 372 do CPC. De outro lado, convém frisar que a prova emprestada o é tão-somente por ter sido produzida em processo similar, o que força a ilação de que as situações retratadas se assemelham. Saudável relembrar, por oportuno, que o instituto de prova emprestada é, não somente legal, mas também compatível e desejável no processo do trabalho, conquanto viabilize e avulte a celeridade processual e a harmonia dos julgamentos em vários casos iguais, circunstâncias ínsitas a esta modalidade de processo. Além do mais, não configura cerceamento do direito de defesa a utilização de prova emprestada, tendo em vista os amplos poderes conferidos ao juízo na direção do processo (art. 765 da CLT, c/c os arts. 369, 370, 371 do CPC). Precedentes. Inviável o processamento do apelo, por óbice da Súmula n. 333 do TST e do art. 896, § 7º, da CLT. Agravo não provido. (...) (ARR-3644-10.2016.5.10.0802, 5ª Turma, Relator Ministro Breno Medeiros, DEJT 12/04/2019).*

Registre-se que não existe qualquer exigência de legal de concordância da parte contra quem essa prova será usada:

> *AGRAVO DE INSTRUMENTO. RECURSO DE REVISTA. LEI 13.015/2014. ADICIONAL DE INSALUBRIDADE. UTILIZAÇÃO DE PROVA EMPRESTADA. CERCEAMENTO DE DEFESA. NÃO OCORRÊNCIA. Conforme já decidiu o TST, não há cerceamento de defesa por ausência de concordância da reclamada na utilização da prova emprestada, mormente quando os requisitos para sua admissibilidade foram preenchidos, quais sejam, ser a prova lícita e oriunda de processo envolvendo ao menos uma das partes e haver identidade de fatos e observância do contraditório. Agravo de instrumento a que se nega provimento. (...) (AIRR - 24366-52.2016.5.24.0066, Relatora Ministra: Maria Helena Mallmann, Data de Julgamento: 06/09/2017, 2ª Turma, Data de Publicação: DEJT 15/09/2017).*

7.1.5. Audiência

7.1.5.1. *Generalidades*

Estabelece o art. 813 da CLT que as audiências dos órgãos da Justiça do Trabalho serão públicas e realizar-se-ão na sede do Juízo ou Tribunal em dias úteis previamente fixados entre 8 e 18 horas, não podendo ultrapassar cinco horas seguidas, salvo quando houver matéria urgente.

Em casos especiais, poderá ser designado outro local para a realização das audiências, mediante edital afixado na sede do Juízo ou Tribunal, com a antecedência mínima de 24 horas.

Conforme determina a Constituição Federal de 1988, em seu art. 93, IX (com redação da pela EC 45/2004), todos os julgamentos dos órgãos do Poder Judiciário serão públicos, e fundamentadas todas as decisões, sob pena de nulidade, podendo a lei limitar a presença, em determinados atos, às próprias partes e a seus advogados, ou somente a estes, em casos nos quais a preservação do direito à intimidade do interessado no sigilo não prejudique o interesse público à informação.

Às audiências deverão estar presentes, comparecendo com a necessária antecedência, os escrivães ou chefes de Secretaria (art. 814 da CLT). À hora marcada, o juiz declarará aberta a audiência, cabendo a um funcionário da Vara realizar o pregão, convocando as partes para comparecerem à sala de audiências.

A Lei 8.906/1994 (Estatuto da Advocacia), em seu art. 7.º, XX, dispõe que o advogado pode retirar-se do recinto onde se encontre aguardando pregão para ato judicial, após 30 minutos do horário designado e ao qual ainda não tenha comparecido a autoridade que deva presidi-lo, mediante comunicação protocolizada em juízo. Entretanto, no Processo do Trabalho, se o juiz não comparecer ao local da audiência até 15 minutos após a hora marcada, os presentes poderão retirar-se, devendo o ocorrido constar do livro de registro de audiências (art. 815, parágrafo único, da CLT).

O art. 362, III, do CPC que determina que a audiência poderá ser adiada por atraso injustificado de seu início em tempo superior a 30 minutos do horário marcado não se aplica no Processo do Trabalho, como determina o art. 2º, VI, da IN 39/2016 do TST.

Ressalte-se que não há tolerância para o atraso das partes em audiência, conforme preconiza a OJ 245 da SDI-1 do TST, *in verbis*:

> "OJ 245 – SDI-1/TST. REVELIA. ATRASO. AUDIÊNCIA (inserida em 20.06.2001). Inexiste previsão legal tolerando atraso no horário de comparecimento da parte na audiência."

Contudo, quando se trata de atraso ínfimo da parte (poucos minutos) e não houve ainda a realização de ato processual, então a jurisprudência vem flexibilizando esse rigor, afastando as consequências da ausência injustificada. Observe esses julgados:

> *RECURSO DE EMBARGOS - ACÓRDÃO PUBLICADO NA VIGÊNCIA DA LEI N. 13.015/2014 - ATRASO À AUDIENCIA. OITIVA JÁ INICIADA E ULTRAPASSADO O MOMENTO OPORTUNO PARA APRESENTAÇÃO DE DEFESA. PREJUÍZO AO ITER PROCESSUAL. Não se desconhece que a jurisprudência do TST se inclina pela não decretação da revelia na hipótese em que a parte se atrasa em poucos minutos, se não houver prejuízo ao iter processual, porquanto assim se considera demonstrado o ânimo de defesa da parte, afastando-se a incidência da Orientação Jurisprudencial n. 245 da SBDI-1 do TST, segundo a qual " Inexiste previsão legal tolerando atraso no horário de comparecimento da parte na audiência ". No caso concreto, porém, apesar de o atraso do preposto totalizar apenas seis minutos do início efetivo da audiência, que se deu às 14h27min, tem-se que ela fora designada para as 14h, de modo que o comparecimento do preposto somente às 14h33min, trinta e três minutos após o horário marcado para a audiência, quando já iniciada a oitiva do autor e ultrapassado o momento oportuno para a apresentação da contestação, configurando-se o prejuízo ao iter processual, ao arrepio da citada jurisprudência, que erige duas condições para o afastamento da OJ 245 da SBDI-1, quais sejam, atraso ínfimo e ausência de prejuízo ao iter processual. Incide à espécie a diretriz da Orientação Jurisprudencial 245 da SBDI-1 do TST. Julgado da SBDI-1. Recurso de embargos conhecido e provido (E-ED-ED-RR-1040-39.2014.5.05.0009, Subseção I Especializada em Dissídios Individuais, Relator Ministro Breno Medeiros, DEJT 11/10/2019).*
>
> *EMBARGOS EM RECURSO DE REVISTA. REVELIA. NÃO INCIDÊNCIA. ATRASO DA RECLAMADA À AUDIÊNCIA. CINCO MINUTOS. TEMPO ÍNFIMO E AUSÊNCIA DE PREJUÍZO AO ITER PROCESSUAL. 1. Acórdão embargado em que rechaçada a revelia da Reclamada, que atrasou cinco minutos à audiência e apresentou defesa antes da prática de qualquer ato processual, em audiência, pelo magistrado. 2. A jurisprudência da SBDI-1 está sedimentada no sentido da razoabilidade da não decretação da revelia e seus efeitos quando o atraso da reclamada à audiência ocorrer por tempo ínfimo (poucos minutos) e não importar em prejuízo ao iter processual, pois tal entendimento consubstancia os princípios da razoabilidade, da simplicidade e da informalidade, que orientam o processo do trabalho. Presentes os dois elementos - atraso ínfimo e ausência de prejuízo ao iter processual - não se cogita de afronta à O.J. n. 245 da SBDI-1, porque sua assertiva apenas elide a pretensão de aplicação, às partes, da tolerância de 15 minutos prevista para o magistrado no art. 815, parágrafo único, da CLT. Recurso de embargos não conhecido. (E-RR-19700-20.2009.5.15.0093, Subseção I Especializada em Dissídios Individuais, Relator Ministro Alexandre de Souza Agra Belmonte, DEJT 28/07/2017).*

O art. 817 da CLT determina que o registro das audiências será feito em livro próprio, constando de cada registro os processos apreciados e a respectiva solução, bem como as ocorrências eventuais. É facultado a qualquer interessado requerer certidão dos atos realizados na audiência, e, em geral, as Varas do Trabalho fornecem cópias das atas de audiência na própria sessão.

As audiências e sessões judiciárias devem ser realizadas em clima de ordem e tranquilidade, cabendo aos juízes ordenar medidas para manutenção do respeito e ordem, requisitando, se necessário, auxílio da força policial.

Nessa esteira, o art. 816 da CLT dispõe que o juiz ou o presidente manterá a ordem nas audiências, podendo mandar retirar do recinto os assistentes que a perturbarem. Logo, deve o juiz exercer o denominado "poder de polícia processual", objetivando manter a ordem, o decoro e a segurança nos recintos destinados às audiências e sessões dos tribunais.

O poder de polícia do juiz também está previsto no art. 360 do CPC, *in verbis*:

> "Art. 360. O juiz exerce o poder de polícia, incumbindo-lhe:
>
> I – manter a ordem e o decoro na audiência;
>
> II – ordenar que se retirem da sala de audiência os que se comportarem inconvenientemente;
>
> III – requisitar, quando necessário, força policial;
>
> IV – tratar com urbanidade as partes, os advogados, os membros do Ministério Público e da Defensoria Pública e qualquer pessoa que participe do processo;
>
> V – registrar em ata, com exatidão, todos os requerimentos apresentados em audiência."

Destacamos as seguintes jurisprudências:

> "REVELIA E CONFISSÃO. O direito ao contraditório e à ampla defesa deve ser exercido em consonância com as normas processuais em vigor e dentro dos limites do devido processo legal. O art. 844 da CLT define que o atraso do reclamado, ou o não comparecimento à audiência no horário marcado e para o qual estava cientificado, conduz à revelia e, por outro lado, o do reclamante, ao arquivamento. Assim, quem não comparece à audiência tem mitigada a aplicação dos princípios acima citados, arcando com as consequências do seu atraso, sendo revel e confesso quanto à matéria fática. Ademais, de acordo com a Orientação Jurisprudencial 245 da SBDI-I deste Tribunal Superior, 'inexiste previsão legal tolerando atraso no horário de comparecimento da parte na audiência'. Recurso de revista a que se dá provimento" (RR 441000-37.2004.5.12.0026 – 5.ª T. – Rel. Min. Kátia Magalhães Arruda – 05.05.2010).
>
> "REVELIA E CONFISSÃO. ATRASO INJUSTIFICADO DA PARTE RECLAMADA NA AUDIÊNCIA EM QUE DEVERIA COMPARECER PARA APRESENTAR DEFESA. CARACTERIZAÇÃO. Estando a parte ciente do dia e do horário em que deveria comparecer em Juízo para apresentar defesa, tendo sido devidamente notificada para tanto, inclusive da cominação legal em caso de descumprimento de tal determinação judicial, não há razão para ser tolerado o seu atraso na referida assentada, especialmente se não é apresentado motivo plausível para justificá-lo, até mesmo porque inexiste no ordenamento jurídico qualquer norma legal prevendo tal situação. Aplica-se, à espécie, os efeitos da confissão quanto às matérias de fato. Inteligência da Orientação Jurisprudencial nº 245 da SDI-1 do c. TST" (TRT – 5ª Região – Rec Ord 0001113-89.2013.5.05.0641/BA – 2ª T. – Rel.ª Débora Machado, *DEJT* 23.07.2015).

7.1.5.2. Audiência de conciliação e mediação

Estabelece o art. 334 do CPC que se a petição inicial preencher os requisitos essenciais e não for o caso de improcedência liminar do pedido, o juiz designará audiência de conciliação ou de mediação com antecedência mínima de 30 (trinta) dias, devendo ser citado o réu com pelo menos 20 (vinte) dias de antecedência.

O objetivo é a realização da solução consensual dos conflitos fora do ambiente da Justiça do Trabalho.

O conciliador atuará, preferencialmente, nos casos em que não houver vínculo anterior entre as partes, e o mediador, quando houver vínculo anterior entre elas (art. 165, §§ 2º e 3º, do CPC).

O não comparecimento injustificado do autor ou do réu à audiência de conciliação é considerado ato atentatório à dignidade da justiça e será sancionado com multa de até dois por cento da vantagem econômica pretendida ou do valor da causa, revertida em favor da União ou do Estado (art. 334, § 8º, do CPC).

A audiência não será marcada apenas se o autor indicar, na petição inicial, seu desinteresse na autocomposição, e o réu fizer o mesmo, por petição, apresentada com 10 dias de antecedência, contados da data da audiência (art. 334, § 5º, do CPC).

A experiência infrutífera com as comissões de conciliação prévia leva a doutrina a sustentar sua inaplicabilidade no Processo do Trabalho, o que se justifica juridicamente na medida em que não há omissão da Consolidação das Leis do Trabalho quanto às audiências, razão pela qual não pode ser aplicável o Código de Processo Civil de forma subsidiária ou supletiva.

No mesmo sentido é a posição do TST. A IN 39/2016 do TST, que dispõe sobre normas do Código de Processo Civil de 2015 aplicáveis e não aplicáveis ao Processo do Trabalho, determina em seu art. 2º, IV, que o art. 334 do atual Código, que dispõe sobre a audiência de conciliação e mediação não se aplica ao Processo do Trabalho.

A mesma instrução normativa também determina que "não se aplica ao Processo do Trabalho o art. 165 do CPC, salvo nos conflitos coletivos de natureza econômica (Constituição Federal, art. 114, §§ 1º e 2º)".

7.1.5.3. Fracionamento da audiência

O art. 849 da CLT determina que a audiência de julgamento será contínua, única, em observância ao princípio da celeridade processual.

Todavia, se não for possível, por motivo de força maior, conclui-la no mesmo dia, o juiz marcará sua continuação para a primeira desimpedida, independentemente de nova notificação.

Em verdade, alguns juízes do trabalho, com base nos arts. 765 (ampla liberdade na direção do processo) e 849, ambos da CLT, costumam dividir a audiência no procedimento ordinário em audiência inicial e de instrução. E nesta, as partes saem intimadas da data em que será publicada a sentença.

Não obstante, muito juízes, mesmo no procedimento comum, realizam sessão única, concentrando todos os atos processuais em um só momento.

Carlos Henrique Bezerra Leite, em obra já mencionada neste capítulo (p. 643), adverte sobre o tema que:

> "O costume processual, portanto, acabou fracionando a audiência de julgamento em três: 'audiência de conciliação', 'audiência de instrução' e 'audiência de julgamento'.
>
> Cumpre advertir, entretanto, que nem todos os juízes fracionam as audiências, o que recomenda aos advogados e às partes redobrado cuidado, a fim de evitar surpresas de última hora. O ideal é que as partes e seus advogados comportem-se como se a audiência fosse sempre una, pois o juiz é que, com base no art. 765 da CLT, tem a faculdade de fracionar ou não a audiência."

Precisamos ter muita atenção para um detalhe: não se pode esquecer da **Recomendação 1/2019 da Corregedoria Geral da Justiça do Trabalho**. Isso porque, considerando que os entes públicos (União, Estados, Distrito Federal e Municípios) e suas autarquias e fundações públicas apenas formalizam acordo mediante autorização prévia em lei, não faz sentido obrigá-los a comparecer à audiência inicial. Logo, a recomendação ocorre no sentido de que não seja designada audiência inicial, exceto se houver interesse de acordo.

Recomendação 1/2019 da CGJT:

> Art. 1º Recomendar que, nos processos em que forem partes os entes da Administração Pública Direta, Autarquias e Fundações Públicas, não seja designada audiência inicial, exceto quando, a requerimento de quaisquer das partes, haja interesse na celebração de acordo.
>
> § 1º Os entes referidos no caput que tiverem interesse na realização da audiência inicial, com vistas à conciliação, deverão apresentar manifestação perante a Corregedoria Regional, que fará a devida comunicação aos Juízos de competência territorial correspondente;

Neste caso, se não for designada audiência inicial, o ente ou a entidade pública terá o prazo de 20 dias para apresentar contestação.

Recomendação n. 1/2019 da CGJT:

> Art. 2º Na hipótese do artigo 1º, o(s) Reclamado(s) será(ão) notificado(s) para, no prazo de 20 (vinte) dias, apresentar defesa escrita mediante inserção no Processo Judicial Eletrônico (PJe-JT), acompanhada dos documentos que a instruem.

Claro que, se houver necessidade de provas orais, o juiz designará uma audiência de instrução.

Recomendação n. 1/2019 da CGJT:

> Art. 4º Apresentada a defesa, se o Reclamado alegar quaisquer das matérias do artigo 337 do CPC e, ainda, fato impeditivo, modificativo ou extintivo do direito, o Reclamante será ouvido no prazo de 15 (quinze) dias.
>
> § 1º Havendo necessidade de produção de provas orais, o juiz designará audiência para instrução do feito, determinando a intimação das partes para comparecimento, sob as cominações legais;

Essa recomendação não é vinculante, de maneira que os juízes podem decidir designar audiência inicial, quando então a defesa será apresentada na forma do art. 847 da CLT.

Recomendação n. 1/2019 da CGJT:

> Art. 2º (...)
>
> § 2º Caso seja designada audiência, a apresentação da defesa deverá ser feita na forma do art. 847 e seu parágrafo único, da CLT.
>
> Ressalte-se que essa mesma lógica da desnecessidade de se designar audiência inicial também serve para as ações civis públicas e as ações civis coletivas ajuizadas pelo Ministério Público do Trabalho, ainda que se trate de pessoa jurídica de direito privado.
>
> Recomendação n. 1/2019 da CGJT:
>
> Art. 5º Aplicam-se, no que couber, as disposições do presente Provimento às ações civis públicas e ações civis coletivas ajuizadas pelo Ministério Público do Trabalho, ainda que em face de pessoa jurídica de direito privado.

7.1.5.4. Abertura

Na audiência deverão estar presentes o reclamante e o reclamado, independentemente do comparecimento de seus representantes, salvo nos casos de reclamatórias plúrimas (ação trabalhista com vários autores) ou ações de cumprimento, quando os empregados poderão fazer-se representar pelo Sindicato de sua categoria (art. 843 da CLT).

De fato, a presença do advogado na audiência trabalhista (quando a demanda envolva relação de emprego) é dispensável, uma vez que na Justiça do Trabalho permanece o chamado *jus postulandi* da parte, em que o trabalhador e o empregador poderão propor e acompanhar seus processos até o final, sem a presença de advogado, salvo os recursos dirigidos ao TST. Salvo as exceções legais previstas no art. 843 da CLT, o empregado deverá comparecer pessoalmente à audiência.

Outrossim, se por doença ou qualquer outro motivo poderoso, devidamente comprovado, não for possível ao empregado comparecer pessoalmente, poderá fazer-se representar por outro empregado que pertença à mesma profissão ou pelo sindicato profissional, os quais apenas justificarão sua ausência, evitando-se, assim, o arquivamento da reclamação trabalhista, sendo designada nova data de audiência (art. 843, § 2.º, da CLT). Nessa hipótese, o representante presente não poderá confessar, transigir, renunciar ao direito que se funda a ação, recorrer etc.

Já ao empregador é facultado fazer-se substituir pelo gerente, ou qualquer outro preposto que tenha conhecimento do fato, e cujas declarações obrigarão o preponente.

O art. 843, § 3º, da CLT preceitua expressamente que o preposto não precisa ser empregado da empresa. Ressalte-se que não se admite que o advogado acumule também a função de preposto (art. 23 do Código de Ética e Disciplina da OAB[13] e art. 13, § 3º, IN 41/2018, do TST).

Tal regra é aplicável às ações propostas após 11.11.2017, data em que entrou em vigor a Lei 13.467/2017 (Reforma Trabalhista).

Vale destacar que a Lei Complementar 123, de 14.12.2006, que instituiu o Estatuto Nacional da Microempresa e da Empresa de Pequeno Porte, estabeleceu no art. 54 que é facultado ao empregador de microempresa ou de empresa de pequeno porte fazer-se substituir ou representar perante a Justiça do Trabalho por terceiros que conheçam dos fatos, ainda que não possuam vínculo trabalhista ou societário.

Será decretada a revelia da empresa se o preposto não comparecer em audiência (art. 844 da CLT). Apesar disso, se o advogado da reclamada estiver presente na audiência, serão aceitos a contestação e os documentos eventualmente apresentados por ele (art. 844, § 5º, da CLT), nas ações propostas depois de 11.11.2017, data em que entrou em vigor a Lei 13.467/2017 (Reforma Trabalhista) (art. 12, IN 41/2018, do TST).

---

[13] Art. 23, Código de Ética e Discplina da OAB. "É defeso ao advogado funcionar no mesmo processo, simultaneamente, como patrono e preposto do empregador ou cliente."

Cumpre destacar que a revelia não gera confissão quanto à matéria de fato se estas estiverem em contradição com prova constante dos autos (art. 844, § 4º, IV, da CLT).

O art. 3.º da Lei 8.906/1994 (Estatuto da OAB) proíbe que o advogado funcione no mesmo processo, simultaneamente, como patrono e preposto do empregador ou cliente.

O não comparecimento do reclamante à audiência de conciliação importa o arquivamento da reclamação trabalhista (extinção do processo sem resolução do mérito).

Na hipótese de ausência do reclamante, este será condenado ao pagamento das custas (2% sobre o valor da causa), ainda que beneficiário da justiça gratuita, salvo se comprovar, no prazo de 15 dias, que a ausência ocorreu por motivo legalmente justificável, sendo o pagamento das custas condição para a propositura de nova demanda (art. 844, §§ 2º e 3º, da CLT).

O art. 844, § 2º, da CLT aponta inconstitucionalidade material por impor restrições inconstitucionais à garantia da gratuidade da justiça Àqueles que apresentam insuficiência de recursos, violando as garantias constitucionais de amplo acesso à jurisdição e assistência judiciária integral aos necessitados, especificamente o art. 5º, XXXV da CF, que determina que "a lei não excluirá da apreciação do Poder Judiciário lesão ou ameaça a direito"; e o art. 5º, LXXIV, da CF, que garante que "o Estado prestará assistência jurídica integral e gratuita aos que comprovarem insuficiência de recurso". A Procuradoria Geral da República ajuizou a ADIn 5.766 pedindo a declaração da inconstitucionalidade da expressão "ainda que beneficiário da justiça gratuita", do art. 844, § 2º, da CLT.

Atenção! O STF no dia 20/10/2021 reconheceu a constitucionalidade do art. 844, §2º da CLT. D modo então que se o beneficiário da justiça gratuita falta a audiência ele terá que pagar as custas processuais. O dispositivo, portanto, passa a ser intacto, sem maiores discussões na seara trabalhista.

Se o reclamante der causa a dois arquivamentos seguidos, por não ter comparecido à audiência, nos termos dos arts. 731 e 732 da CLT, ficará impossibilitado, pelo prazo de seis meses, de propor nova reclamação trabalhista em face do mesmo empregador, envolvendo o mesmo objeto.

O não comparecimento do reclamado à audiência de conciliação importa revelia, além de confissão, quanto à matéria de fato.

Vale destacar que, caso o reclamante não compareça à audiência de instrução (audiência de prosseguimento), realizada posteriormente à audiência de conciliação, o processo não será arquivado (Súmula 9 do TST), podendo haver, no entanto, confissão quanto à matéria fática, se o autor, expressamente intimado para prestar depoimento pessoal, não comparecer à audiência de instrução (Súmula 74 do TST).

Não é necessário que o preposto tenha presenciado os fatos, mas apenas que tenha conhecimento deles, sob pena de, em eventual depoimento pessoal do preposto, seu silêncio ou incerteza sobre os mesmos ensejar a confissão da reclamada.

7.1.5.5. *Primeira tentativa de conciliação*

Determina o art. 846 consolidado que, aberta a audiência, o juiz proporá, obrigatoriamente, a conciliação, constituindo-se na primeira tentativa de conciliação.

Havendo acordo será lavrado o respectivo termo de conciliação, sendo normalmente fixada uma multa pelo seu descumprimento (indenização convencionada – art. 846, § 2.º, da CLT).

Impende destacar que é lícito às partes celebrar acordo que ponha termo ao processo, mesmo que encerrado o juízo conciliatório (art. 764 da CLT).

Outrossim, firmada a conciliação, o termo que for lavrado valerá como decisão irrecorrível, salvo para a União (que poderá interpor recurso ordinário) quanto às contribuições que lhe forem devidas (art. 831, parágrafo único, da CLT).

Vale frisar que a SDI-I do TST, em dezembro de 2008, editou a OJ 368, *in verbis*:

> "OJ 368 – SDI-I/TST – DESCONTOS PREVIDENCIÁRIOS. ACORDO HOMOLOGADO EM JUÍZO. INEXISTÊNCIA DE VÍNCULO EMPREGATÍCIO. PARCELAS INDENIZATÓRIAS. AUSÊNCIA DE DISCRIMINAÇÃO. INCIDÊNCIA SOBRE O VALOR TOTAL.
>
> É devida a incidência das contribuições para a Previdência Social sobre o valor total do acordo homologado em juízo, independentemente do reconhecimento de vínculo de emprego, desde que não haja discriminação das parcelas sujeitas à incidência da contribuição previdenciária, conforme parágrafo único do art. 43 da Lei 8.212, de 24.07.1991, e do art. 195, I, 'a', da CF/1988."

7.1.5.6. *Postulação do réu*

Não havendo acordo, estipula o art. 847 da CLT que o reclamado terá 20 minutos para aduzir sua defesa, após a leitura da reclamação, quando esta não for dispensada por ambas as partes.

O art. 847, § 1º, da CLT assegura expressamente o direito do reclamado de apresentar defesa escrita pelo sistema de processo judicial eletrônico até a audiência.

A contestação, a exceção e os documentos deverão ser protocolados no PJe até a realização da proposta conciliatória infrutífera, com a utilização de equipamento próprio, sendo automaticamente juntados, facultada a apresentação de defesa oral, na forma do art. 847, paragrafo único, da CLT (art. 22, da Resolução 185/2017, CSJT).

As partes poderão atribuir segredo de justiça à petição inicial e sigilo à contestação, reconvenção, exceção, petições incidentais e documentos, desde que, justificadamente, fundamentem uma das hipóteses do art. 770, *caput*, da CLT e dos arts. 189 ou 773 do CPC. O magistrado poderá determinar a exclusão de petições e documentos indevidamente protocolados sob sigilo (art. 22, §§ 2º e 3º, da Resolução 185/2017, CSJT).

Diferentemente da opção de sigilo que a parte só pode atribuir nas hipóteses previstas em lei, o reclamado pode manter a contestação, a exceção e os documentos que os acompanham ocultos até a realização da proposta conciliatória infrutífera (art. 22, § 4º, da Resolução 185/2017, CSJT).

Evidentemente, a contestação apresentada não poderá ser genérica, devendo todos os pedidos da petição inicial ser contestados individualmente (princípio da impugnação específica dos pedidos), sob pena de se presumirem verdadeiros os fatos alegados pelo reclamante.

Lembramos que o assunto já foi tratado especificamente neste capítulo.

Conforme já explicitado, muitos juízes costumam dividir a audiência, que é única, em três sessões.

Portanto, encerrada a "audiência de conciliação", o juiz designa nova data quando será realizada a "audiência de instrução" (também chamada de audiência de prosseguimento), ocasião em que serão produzidas as provas.

7.1.5.7. Instrução probatória

Após a apresentação da defesa pelo réu, inicia-se a instrução do processo, com a apresentação das provas.

A finalidade da prova é formar a convicção do juiz a respeito dos fatos da causa, sendo o magistrado o destinatário da prova.

O art. 371 do CPC determina que o juiz apreciará a prova, atendendo aos fatos e às circunstâncias constantes dos autos, ainda que não alegados pelas partes, devendo indicar, na sentença, os motivos que lhe formaram o convencimento, *in verbis*: "O juiz apreciará a prova constante dos autos, independentemente do sujeito que a tiver promovido, e indicará na decisão as razões da formação de seu convencimento".

Por sua vez, o art. 374 do CPC esclarece que não dependem de prova os fatos notórios, os afirmados por uma parte e confessados pela parte contrária, os admitidos no processo como incontroversos e os fatos em cujo favor milita presunção legal de existência ou de veracidade.

Os meios de prova mais utilizados na Justiça do Trabalho são: depoimento pessoal, documentos, testemunhas e perícias.

Lembramos que o assunto já foi tratado especificamente neste capítulo.

7.1.5.8. Razões finais

O art. 850 da CLT esclarece que, terminada a instrução, poderão as partes aduzir razões finais, em prazo não excedente de dez minutos para cada uma.

As razões finais consistem numa faculdade que têm as partes de se manifestarem oralmente nos autos antes da prolação da sentença, assumindo papel importante tanto na arguição de nulidades como também no fortalecimento do convencimento do magistrado.

Todavia, muitos juízes têm permitido que o reclamante e o reclamado apresentem razões finais por escrito, em forma de memoriais.

Destacamos, sobre o tema, as seguintes jurisprudências:

> "RECURSO ORDINÁRIO. I – Memorial – Art. 850, CLT (art. 454, § 3.º, do CPC) (art. 364, § 3.º, do atual CPC). A praxe consagrou a possibilidade de substituição das razões finais pelo memorial. Trata-se de faculdade que a lei outorga às partes e a juntada aos autos de tal manifestação posteriormente à prolação da sentença não é causa de nulidade. Consiste em mera remissão ao que foi alegado e provado. Em nada modifica tanto os termos do contraditório quanto a prova produzida. E são apenas esses limites que obrigam o julgador. II – Substituição – Sucessão no cargo – Equiparação salarial. O acesso de um empregado a cargo anteriormente ocupado por outro que deixou a empresa não configura substituição, mas sucessão de cargo. A equiparação salarial exige, entre outros requisitos, a simultaneidade no exercício das funções. III – Brasileiro que exerce função análoga à do empregado estrangeiro do mesmo empregador. Isonomia salarial. O art. 358 da CLT perdeu eficácia com a vigência da Constituição Federal de 1988" (TRT – 2.ª Região – RO 02854-2005-004-02-00-8 – 11.ª T. – Rel. Carlos Francisco Berardo – publicado em 10.07.2007).

> "INDEFERIMENTO DE PEDIDO PARA JUNTADA DE RAZÕES POR MEMORIAIS –AUSÊNCIA DE CERCEAMENTO DE DEFESA. Não afronta o princípio da ampla defesa o indeferimento, pelo Juízo, do pedido de juntada de razões finais, por memoriais. A regra, no Processo do Trabalho é a de que as razões finais sejam formuladas oralmente, no prazo de não mais do que dez minutos para cada parte, conforme dispõe o art. 850 da CLT. Concedido prazo para que a parte formule suas razões finais orais, em audiência, não há que se falar em cerceamento de defesa. Pre-

liminar que se rejeita" (TRT – 9.ª Região – RO 06213-2003-010-09-00-4 – Rel. Arnor Lima Neto – publicado em 23.07.2004).

Frise-se que no procedimento sumaríssimo as partes não apresentam razões finais.

7.1.5.9. Segunda tentativa de conciliação

Vimos que, aberta a audiência, o juiz proporá a conciliação (art. 846 da CLT – primeira proposta de conciliação).

Pois bem, após aduzir razões finais, determina o art. 850 consolidado que o juiz renovará a proposta de conciliação, sendo esta considerada a segunda tentativa de conciliação, também obrigatória.

No mesmo sentido, o art. 831 da CLT institui que a decisão somente será proferida depois de rejeitada pelas partes a proposta de conciliação.

A doutrina considera que ambas as propostas de conciliação são obrigatórias, mas somente gerando nulidade absoluta da decisão há ausência da segunda proposta de conciliação, visto que a ausência da primeira proposta conciliatória seria suprida pela segunda tentativa de conciliação.

Após as razões finais, o juiz proferirá a sentença.

Os trâmites de instrução e julgamento da reclamação serão resumidos em ata, na qual constará, na íntegra, a decisão.

As partes serão intimadas da sentença na própria audiência em que for proferida (art. 852 da CLT), salvo no caso de revelia, pois o revel será intimado nos moldes previstos no art. 841, § 1.º, consolidado (notificação postal, exceto se o revel não for encontrado ou opuser resistência ao recebimento do mandado, quando a notificação será feita por edital).

A ata de julgamento, devidamente assinada pelo juiz, será juntada ao processo no prazo improrrogável de 48 horas, contado da audiência de julgamento, conforme previsto no art. 851, § 2.º, da CLT.

Frise-se que o prazo para interposição do recurso pela parte que, intimada, não comparecer à audiência em prosseguimento para a prolação da sentença, conta-se da sua publicação, a teor da Súmula 197 do TST.

Todavia, quando não juntada a ata ao processo em 48 horas, contados da audiência de julgamento (art. 851, § 2.º, da CLT), o prazo para interposição do recurso será contado a partir do momento em que a parte for intimada da sentença, conforme entendimento consubstanciado na Súmula 30 do TST.

No processo eletrônico, as audiências serão sempre reduzidas a termo, ainda que gravadas em áudio e vídeo, e o arquivo eletrônico que utilize linguagem padronizada de marcação genérica daí decorrente será, ao final da audiência: a) imediatamente assinado pelo magistrado, impossibilitando a alteração de sua forma e conteúdo; ou b) facultativamente enviado ao PJe, imediatamente após o término da audiência, também impossibilitando a alteração de sua forma e conteúdo (art. 23 da Resolução 185/2017, CSJT).

Na hipótese de celebração de acordo e ausência de assinatura imediata do arquivo eletrônico que utilize linguagem padronizada de marcação genérica e havendo requerimento da parte, a ata deverá ser impressa, assinada manualmente pelas partes e magistrado e, então, digitalizada e inserida no PJe (art. 23, § 3º, da Resolução 185/2017, CSJT).

7.1.6. Sentença e coisa julgada

7.1.6.1. Sentença

7.1.6.1.1. Conceito

A atuação do magistrado, no exercício da atividade jurisdicional, pode ensejar a prática dos seguintes pronunciamentos judiciais:

- **Despachos** – todos os pronunciamentos que não se enquadrem no conceito de sentença ou decisões interlocutórias (art. 203. § 3º, do CPC);
- **Sentença** – é o pronunciamento por meio do qual o juiz, com fundamento nos arts. 485 e 487, põe fim à fase cognitiva do procedimento comum, bem como extingue a execução (art. 203, § 1.º, do CPC).
- **Acórdãos** – é o julgamento colegiado proferido pelos tribunais (art. 204 do CPC).

Proferida a sentença, cumprido o seu ofício jurisdicional, o juiz não mais poderá voltar a atuar no processo, a não ser nas seguintes hipóteses:

- para julgar eventual recurso de embargos de declaração (art. 494, II, do CPC – c/c o art. 897-A da CLT);
- para corrigir inexatidões materiais ou lhe retificar erros de cálculo (art. 494, I, do CPC – c/c o art. 897-A da CLT);
- para conduzir o processo de execução posteriormente (art. 877 da CLT);
- para proferir sentença de mérito, quando tenha, em ato anterior, extinto o mesmo processo sem resolução do mérito, posicionamento este modificado pelo Tribunal, em função de recurso ordinário interposto pela parte prejudicada.

7.1.6.1.2. Classificação

No que atine à classificação da sentença, podemos elencar duas espécies: quanto à natureza da ação em que foi proferida e quanto ao resultado da lide. Vejamos:

A – Quanto à natureza da ação:

- **Sentença declaratória** – consistente no provimento judicial que julga uma ação declaratória. Na sentença de cunho declaratório, o provimento jurisdicional limita-se a declarar a existência ou inexistência de relação jurídica ou a autenticidade ou falsidade do documento (art. 19 do CPC). Nos domínios do processo do trabalho, podemos mencionar como exemplo de ação declaratória a reclamação trabalhista proposta pelo obreiro em busca do reconhecimento judicial da existência da relação de emprego. Outro exemplo de sentença declaratória ocorre no julgamento de um dissídio coletivo de natureza jurídica, em que o Tribunal declarará, por meio da sentença normativa, a interpretação de determinada norma. Por outro lado, não se pode negar que em qualquer tipo de ação, seja declaratória, condenatória ou constitutiva, sempre a sentença terá, de forma explícita ou implícita, um cunho declaratório (seja positivo ou negativo);
- **Sentença condenatória** – consistente no provimento judicial que julga uma ação condenatória. As sentenças condenatórias impõem determinada condenação ao réu, afirmando a existência do direito, reconhecendo a sua violação e dirigindo ao demandado um preceito sancionatório sob a forma de obrigação de entregar coisa certa ou incerta, de fazer ou de não fazer ou mesmo de pagar quantia certa. As sentenças condenatórias são as mais frequentes na seara laboral, por exemplo, as proferidas em ações trabalhistas em que o reclamado é condenado a pagar horas extras, aviso-prévio, férias, 13.º salário etc. As ações civis públicas também ensejam uma sentença condenatória (obrigação de fazer e não fazer);
- **Sentença constitutiva** – consistente no provimento judicial que julga uma ação constitutiva. As sentenças constitutivas objetivam criar, modificar ou extinguir determinada relação jurídica. Elas subdividemse em positivas e negativas. Nos domínios do processo do trabalho podemos citar os seguintes exemplos de sentença constitutiva: sentença normativa proferida no bojo de um dissídio coletivo de natureza econômica, sentença que julga procedente pedido de rescisão indireta de contrato de trabalho (art. 483 da CLT), sentença que julga procedente ação de inquérito para apuração de falta grave promovida em face de empregado estável (art. 494 c/c o art. 853, ambos da CLT) etc. Por último, a sentença constitutiva também pode assumir, em certos casos, cunho condenatório, como na hipótese que reconhece a equiparação salarial (criando uma nova relação jurídica – natureza constitutiva) e determina o pagamento das diferenças salariais provenientes da equiparação salarial (cunho condenatório).

B – Quanto ao resultado da lide:

- **Sentença terminativa** – As sentenças que extinguem o processo sem resolução do mérito são denominadas terminativas. Portanto, nas sentenças terminativas, o desfecho do processo na instância não aprecia o mérito, não sendo enfrentado o pedido formulado pelo autor na peça vestibular em função da existência de algum vício formal que macula a relação jurídica.

Neste contexto, o art. 485 do CPC determina que se extingue o processo sem resolução do mérito, nas seguintes hipóteses:

1. quando o juiz indeferir a petição inicial;
2. quando ficar parado durante mais de um ano por negligência das partes;
3. quando, por não promover os atos e diligências que lhe competir, o autor abandonar a causa por mais de trinta dias;
4. quando se verificar a ausência de pressupostos de constituição e de desenvolvimento válido e regular do processo;
5. quando o juiz acolher a alegação de perempção, litispendência ou coisa julgada;
6. quando se verificar a ausência de legitimidade ou de interesse processual;
7. quando se acolher a alegação de existência de convenção de arbitragem ou quando o juízo arbitral reconhecer sua competência;
8. quando o juízo homologar a desistência da ação;
9. quando, em caso de morte da parte, a ação for considerada intransmissível por disposição legal;
10. nos demais casos prescritos neste Código.

Uma outra hipótese de extinção do processo sem resolução do mérito reside na possibilidade de o juiz proferir sentença terminativa em caso de ato simulado ou colusão das partes, conforme previsto no art. 142 do CPC, *in verbis*:

> "Art. 142. Convencendo-se, pelas circunstâncias, de que autor e réu se serviram do processo para praticar ato simulado ou conseguir fim vedado por lei, o juiz proferirá decisão que impeça os objetivos das partes, aplicando, de ofício, as penalidades da litigância de má-fé."

Outrossim, quando o art. 844 da CLT determina o arquivamento da reclamação trabalhista em caso de não comparecimento do reclamante à audiência de conciliação, em verdade estará o juiz proferindo uma sentença terminativa, com a extinção do processo sem resolução do mérito.

- **Sentença definitiva** – As sentenças que julgam o mérito da demanda são denominadas definitivas. Portanto, nas sentenças definitivas, o desfecho do processo na instância aprecia o mérito, sendo enfrentado o pedido formulado pelo autor na peça vestibular. Para a prolação da sentença definitiva torna-se necessário que estejam presentes todos os pressupostos de constituição e desenvolvimento regular do processo, encontrando-se superadas todas as causas impeditivas ou questões prejudiciais ao enfrentamento do mérito.

Com efeito, o art. 487 do CPC dispõe que:

> "Art. 487. Haverá resolução de mérito quando o juiz:
>
> I – acolher ou rejeitar o pedido formulado na ação ou na reconvenção;
>
> II – decidir, de ofício ou a requerimento, sobre a ocorrência de decadência ou prescrição;

III – homologar:

a) o reconhecimento da procedência do pedido formulado na ação ou na reconvenção;

b) a transação;

c) a renúncia à pretensão formulada na ação ou na reconvenção.

Parágrafo único. Ressalvada a hipótese do § 1.º do art. 332, a prescrição e a decadência não serão reconhecidas sem que antes seja dada às partes oportunidade de manifestar-se."

Institui o atual Código de Processo Civil que o juiz proferirá despachos em 5 dias, decisões interlocutórias em 10 dias e sentenças em 30 dias (art. 226 do CPC), sendo, entretanto, os prazos impróprios, ou seja, fixados em lei apenas como parâmetro para a prática do ato, sendo que seu desatendimento não acarreta situação detrimentosa para aquele que o descumpriu, mas apenas sanções disciplinares.

Perceba ainda, que o inciso II e o parágrafo único indicam o dever de o juiz decretar a prescrição de ofício, o que não se aplica ao Processo do Trabalho em relação aos créditos do trabalhador. O TST entende que, diante do princípio da proteção ao hipossuficiente, não existe a decretação de ofício. Veja um julgado exemplificativo:

I – RECURSO DE REVISTA DO RECLAMANTE INTERPOSTO SOB A ÉGIDE DA LEI N. 13.467/2017 - PRESCRIÇÃO - PRONUNCIAMENTO DE OFÍCIO - IMPOSSIBILIDADE No processo do trabalho, a prescrição é matéria de defesa e não pode ser pronunciada de ofício, não havendo falar em aplicação subsidiária do art. 487, II, do NCPC (art. 219, § 5º, do CPC de 1973). Julgados. Recurso de Revista conhecido e provido. (...) (ARR1000546-21.2015.5.02.0361, 8ª Turma, Relatora Ministra Maria Cristina Irigoyen Peduzzi, DEJT 26/04/2019).

7.1.6.1.3. Ordem cronológica da conclusão

Além disso, visando à concretização do princípio da igualdade e da duração razoável do processo, o art. 12 do CPC impõe aos juízes e aos tribunais que atendam, **preferencialmente**, à ordem cronológica de conclusão para proferir uma decisão final, ao estabelecer que "os juízes e os tribunais atenderão, preferencialmente, à ordem cronológica de conclusão para proferir sentença ou acórdão ". Diante da omissão da CLT e sua compatibilidade com os princípios gerais do Processo do Trabalho não há como negar sua aplicabilidade de forma subsidiária à legislação processual trabalhista.

A regra aplica-se apenas às decisões finais, ou seja, às sentenças e aos acórdãos finais, de modo que ficam excluídas as decisões interlocutórias.

Conclusão é o "ato em que o escrivão ou chefe de secretaria (ou outro servidor) certifica que o processo está pronto para a decisão, pois nada mais há para ser feito, por isso, os autos (eletrônicos ou não) são "entregues" (eletronicamente ou não) ao gabinete do juiz para que ele profira a decisão".[14]

A lista de processos aptos a julgamento deverá estar permanentemente à disposição para consulta pública em cartório e na rede mundial de computadores (art. 12, § 1º, do CPC).

Caso o processo haja sido incluído na lista, eventual requerimento posterior não o retira dela, salvo se for necessário reabrir a instrução (art. 12, § 4º, do CPC). Observa-se que o legislador preocupou-se em evitar manobras para retirar o processo da fila. Decidido o requerimento, o processo voltará à mesma posição em que anteriormente se encontrava na lista (art. 12, § 5º, do CPC).

Ocupará o primeiro da fila nas listas já publicadas: a) sentenças ou acórdãos anulados, salvo se houver necessidade de diligência ou complementação de instrução, e b) a hipótese do art. 1.040, II, do CPC (art. 12, § 6º, do CPC).

A regra da obediência à ordem cronológica de conclusão, para que sejam proferidos sentença ou acórdão finais, tem exceções previstas no art. 12, § 2º, do CPC, o qual conta com nove incisos, quais sejam:

> "Inciso I – as sentenças proferidas em audiência, homologatórias de acordo ou de improcedência liminar do pedido;"
>
> "Inciso II – o julgamento de processos em bloco para aplicação de tese jurídica firmada em julgamento de casos repetitivos;"

Podemos citar como exemplos as teses firmadas em incidentes de resolução de demandas repetitivas, em recursos de revista repetitivos e extraordinários repetitivos. Agrupam-se os processos para a aplicação da tese. Trata-se de técnica de aceleração dos julgados.

> "Inciso III – o julgamento de recursos repetitivos ou de incidente de resolução de demandas repetitivas;"

Trata-se do julgamento dos recursos de revista repetitivos pelo TST e incidentes de resolução de demandas repetitivas pelos TRTs. Determina o art. 12, § 3º, do CPC que também para estas preferências legais deve-se elaborar uma lista própria, sendo respeitada a ordem cronológica de suas conclusões. Haverá uma lista de conclusão dos incidentes de resolução de demandas repetitivas e uma lista de julgamento de recursos de revista e extraordinários repetitivos.

> "Inciso IV – as decisões proferidas com base nos arts. 485 e 932;"

[14] DIDIER JUNIOR, Fredie. Op. cit., v. 1, p. 146-147.

Apenas as decisões finais submetem-se à observância da ordem cronológica de conclusão. As decisões referidas no art. 485 do CPC tratam-se daquelas que não resolvem o mérito, e as elencadas no art. 932 da CLT referem-se às proferidas monocraticamente pelo relator.

> "Inciso V – o julgamento de embargos de declaração;"

O julgamento de embargos de declaração integra o julgamento embargado. Trata-se de um complemento dele, ou seja, de sua continuação; logo se a sentença ou o acórdão já foram proferidos, os embargos, visando à sua complementação, não precisam ficar na fila.

> "Inciso VI – o julgamento de agravo interno;"

O agravo interno trata-se de recurso cabível contra a decisão do relator. Não faria sentido incluir na fila o agravo interno quando a própria decisão monocrática do relator, prevista no art. 932 do CPC, está excluída. Ressalte-se que o caso já foi julgado monocraticamente pelo relator, de maneira que o agravo apenas submete a decisão à revisão pelo órgão colegiado.

> "Inciso VII –as preferências legais e as metas estabelecidas pelo Conselho Nacional de Justiça;"

São preferências legais: a) feitos em que figure como parte ou interessado pessoa com idade igual ou superior a 60 anos – idoso (art. 1.048, I, do CPC); b) casos regulamentados no Estatuto da Criança e do Adolescente (art. 1.048, II, do CPC); c) dissídios que versem apenas sobre salários ou decorra, da falência do empregador (art. 652 da CLT); d) Portadores de doença grave, assim considerados os elencados no art. 6º, XIV, da Lei 7.713/1988:

> "Art. 6º, XIV, da Lei 7.713/1988 – os proventos de aposentadoria ou reforma motivada por acidente em serviço e os percebidos pelos portadores de moléstia profissional, tuberculose ativa, alienação mental, esclerose múltipla, neoplasia maligna, cegueira, hanseníase, paralisia irreversível e incapacitante, cardiopatia grave, doença de Parkinson, espondiloartrose anquilosante, nefropatia grave, hepatopatia grave, estados avançados da doença de Paget (osteíte deformante), contaminação por radiação, síndrome da imunodeficiência adquirida, com base em conclusão da medicina especializada, mesmo que a doença tenha sido contraída depois da aposentadoria ou reforma;"

O Conselho Nacional de Justiça terá importante atividade na eficiência, na medida em que pode definir ações que terão prioridade de tramitação, como as ações coletivas, por exemplo.

A inobservância das metas do CNJ para julgamento com prioridade de processos ajuizados em determinado ano pode acarretar infração disciplinar.

É preciso criar uma lista de conclusão para as preferências legais (art. 12, § 3º, do CPC).

> "Inciso VIII – os processos criminais, nos órgãos jurisdicionais, que tenham competência penal;"

Esse inciso não se aplica à Justiça do Trabalho, na medida em que esta não tem competência penal (ADI 3684).

> "Inciso IX – a causa que exija urgência no julgamento, assim reconhecida por decisão fundamentada."

Tratam-se das situações excepcionais, como, por exemplo, o pedido de entrega da CTPS para que o empregado possa ingressar em novo emprego.

O descumprimento da regra poderá levar o terceiro preterido a representar contra o juiz no respectivo tribunal e no Conselho Nacional de Justiça.

Ressalte-se, entretanto, que não é o caso de nulidade da decisão, por ausência de norma nesse sentido e também porque o desrespeito à ordem cronológica de conclusão não prejudica a nenhuma das partes. Embora o prejuízo seja de terceiros, a decisão proferida antes não tem por objeto qualquer direito de terceiro, por isso não autoriza recurso de terceiro com o objetivo de invalidar a decisão.

O desrespeito a ordem cronológica, por si só, não pode caracterizar a suspeição do juiz, mas pode constituir indício desta por interesse no julgamento do processo em favor de uma das partes (art. 145, IV, do CPC).

A regra de transição está prevista no art. 1.046, § 5º, do CPC, segundo o qual, "a primeira lista de processos para julgamento em ordem cronológica observará a antiguidade da distribuição entre os já conclusos na data da entrada em vigor deste Código".

As principais críticas negativas dirigidas a esta regra são no sentido de que: a) ingressa a gestão de gabinete; e b) impede a aplicação do princípio da eficiência. Já as positivas são no sentido de que: a) cria-se um modelo de gestão de gabinete para aqueles que não tinham; b) os processos mais complicados serão julgados; e c) haverá maior equilíbrio entre o trabalho das varas do trabalho, evitando que algumas julguem muito mais reclamações que outras por priorizarem os processos mais fáceis que demandam menos tempo.

A regra de obediência à ordem de julgamento estende-se á atuação dos servidores ou chefes de secretarias.

À luz do art. 153, CPC, "o escrivão ou o chefe de secretaria atenderá, preferencialmente, à ordem cronológica de recebimento para publicação e efetivação dos pronunciamentos judiciais ".

A lista de processos recebidos deverá ser disponibilizada, de forma permanente, para consulta pública (art. 153, § 1º, do CPC).

Estão excluídos da regra da obediência e da ordem cronológica de recebimento apenas dois casos: a) os atos urgentes, assim reconhecidos pelo juiz no pronunciamento judicial a ser efetivado; e b) as preferências legais (art. 153, § 2º, do CPC).

Serão elaboradas listas próprias de situações de urgência e preferências legais. Após a criação destas listas, respeitar-se-á a ordem cronológica de recebimento entre os atos urgentes e as preferências legais.

A parte que se considerar preterida na ordem cronológica poderá reclamar, nos próprios autos ao juiz do processo, que requisitará informações ao servidor, a serem prestadas no prazo de 2 (dois) dias (art. 153, § 4º, do CPC).

Constatada a preterição, o juiz determinará o imediato cumprimento do ato e a instauração de processo administrativo disciplinar contra o servidor (art. 153, § 5º, do CPC).

7.1.6.1.4. Requisitos essenciais da sentença

7.1.6.1.4.1. Introdução

Os requisitos essenciais da sentença estão previstos no art. 489 do CPC, a saber:

> "Art. 489. São elementos essenciais da sentença:
>
> I – o relatório, que conterá os nomes das partes, a identificação do caso, com a suma do pedido e da contestação, e o registro das principais ocorrências havidas no andamento do processo;
>
> II – os fundamentos, em que o juiz analisará as questões de fato e de direito;
>
> III – o dispositivo, em que o juiz resolverá as questões principais que as partes lhe submeterem.
>
> § 1.º Não se considera fundamentada qualquer decisão judicial, seja ela interlocutória, sentença ou acórdão, que:
>
> I – se limitar à indicação, à reprodução ou à paráfrase de ato normativo, sem explicar sua relação com a causa ou a questão decidida;

> II – empregar conceitos jurídicos indeterminados, sem explicar o motivo concreto de sua incidência no caso;
>
> III – invocar motivos que se prestariam a justificar qualquer outra decisão;
>
> IV – não enfrentar todos os argumentos deduzidos no processo capazes de, em tese, infirmar a conclusão adotada pelo julgador;
>
> V – se limitar a invocar precedente ou enunciado de súmula, sem identificar seus fundamentos determinantes nem demonstrar que o caso sob julgamento se ajusta àqueles fundamentos;
>
> VI – deixar de seguir enunciado de súmula, jurisprudência ou precedente invocado pela parte, sem demonstrar a existência de distinção no caso em julgamento ou a superação do entendimento.
>
> § 2.º No caso de colisão entre normas, o juiz deve justificar o objeto e os critérios gerais da ponderação efetuada, enunciando as razões que autorizam a interferência na norma afastada e as premissas fáticas que fundamentam a conclusão.
>
> § 3.º A decisão judicial deve ser interpretada a partir da conjugação de todos os seus elementos e em conformidade com o princípio da boa-fé."

Nessa linha, o relatório, a fundamentação (também chamada de motivação) e a parte dispositiva são os requisitos essenciais, obrigatórios da sentença, de modo que a ausência de quaisquer deles, em regra, impõe o reconhecimento da nulidade da sentença ou até mesmo da inexistência do ato judicial.

Segundo o TST (art. 3º, IX, da IN 39/2016), o art. 489, § 1º, do CPC que elenca os casos em que as decisões judiciais não estarão fundamentadas aplica-se ao Processo do Trabalho.

A IN 39/2016 do TST apresenta algumas diretrizes para aplicação do art. 489, § 1º, do CPC, que se refere a fundamentação das decisões. Observe-se:

> "Art. 15. O atendimento à exigência legal de fundamentação das decisões judiciais (CPC, art. 489, § 1.º) no Processo do Trabalho observará o seguinte:
>
> I – por força dos arts. 332 e 927 do CPC, adaptados ao Processo do Trabalho, para efeito dos incisos V e VI do § 1.º do art. 489 considera-se "precedente" apenas:
>
> a) acórdão proferido pelo Supremo Tribunal Federal ou pelo Tribunal Superior do Trabalho em julgamento de recursos repetitivos (CLT, art. 896-B; CPC, art. 1.046, § 4.º);
>
> b) entendimento firmado em incidente de resolução de demandas repetitivas ou de assunção de competência;
>
> c) decisão do Supremo Tribunal Federal em controle concentrado de constitucionalidade;
>
> d) tese jurídica prevalecente em Tribunal Regional do Trabalho e não conflitante com súmula ou orientação jurisprudencial do Tribunal Superior do Trabalho (CLT, art. 896, § 6.º);

e) decisão do plenário, do órgão especial ou de seção especializada competente para uniformizar a jurisprudência do tribunal a que o juiz estiver vinculado ou do Tribunal Superior do Trabalho.

II – para os fins do art. 489, § 1.º, incisos V e VI do CPC, considerar-se-ão unicamente os precedentes referidos no item anterior, súmulas do Supremo Tribunal Federal, orientação jurisprudencial e súmula do Tribunal Superior do Trabalho, súmula de Tribunal Regional do Trabalho não conflitante com súmula ou orientação jurisprudencial do TST, que contenham explícita referência aos fundamentos determinantes da decisão (*ratio decidendi*).

III – não ofende o art. 489, § 1.º, inciso IV do CPC a decisão que deixar de apreciar questões cujo exame haja ficado prejudicado em razão da análise anterior de questão subordinante.

IV – o art. 489, § 1.º, IV, do CPC não obriga o juiz ou o Tribunal a enfrentar os fundamentos jurídicos invocados pela parte, quando já tenham sido examinados na formação dos precedentes obrigatórios ou nos fundamentos determinantes de enunciado de súmula.

V – decisão que aplica a tese jurídica firmada em precedente, nos termos do item I, não precisa enfrentar os fundamentos já analisados na decisão paradigma, sendo suficiente, para fins de atendimento das exigências constantes no art. 489, § 1.º, do CPC, a correlação fática e jurídica entre o caso concreto e aquele apreciado no incidente de solução concentrada.

VI – é ônus da parte, para os fins do disposto no art. 489, § 1.º, V e VI, do CPC, identificar os fundamentos determinantes ou demonstrar a existência de distinção no caso em julgamento ou a superação do entendimento, sempre que invocar precedente ou enunciado de súmula."

O art. 832 da CLT, por sua vez, também traz os requisitos essenciais da sentença, ao dispor que da decisão deverão constar:

- **o nome das partes e o resumo do pedido e da defesa** – equivalendo ao relatório;
- **a apreciação das provas e os fundamentos da decisão** – equivalendo à fundamentação;
- **a respectiva conclusão** – equivalendo à parte dispositiva.

7.1.6.1.4.2. Relatório

No relatório, será realizada pelo julgador a descrição resumida das principais ocorrências verificadas no curso do processo, com indicação do pleito formulado pelo demandante e seus fundamentos, bem como as defesas opostas pelo demandado.

No procedimento sumaríssimo, que será objeto de estudo específico ainda neste capítulo, o art. 852-I da CLT determina que a sentença mencionará os elementos de convicção do juízo, com resumo dos fatos relevantes ocorridos em audiência, dispensado o relatório.

Nessa esteira, qualquer sentença, salvo se proferida num processo submetido ao procedimento sumaríssimo, sem o devido relatório, será nula de pleno direito, considerando a norma impositiva prevista no art. 832 da CLT c/c o art. 489, I, do CPC.

7.1.6.1.4.3. Motivação

Na motivação, o magistrado deverá expor os fundamentos fáticos e jurídicos que motivaram a sua convicção na prolação da decisão, mediante análise circunstanciada dos argumentos dos litigantes. Aliás, deverá o juiz indicar suas razões de decidir, ou seja, apresentando os fatores que contribuíram para a formação do seu convencimento mediante a análise das questões processuais, as alegações das partes e as provas produzidas.

A ausência de fundamentação ocasiona a nulidade do julgado, conforme previsto na própria CF/1988, art. 93, IX, com redação dada pela EC 45/2004, a saber:

> "Art. 93 (...)
>
> IX – todos os julgamentos dos órgãos do Poder Judiciário serão públicos, e fundamentadas todas as decisões, sob pena de nulidade, podendo a lei limitar a presença, em determinados atos, às próprias partes e a seus advogados, ou somente a estes, em casos nos quais a preservação do direito à intimidade do interessado no sigilo não prejudique o interesse público à informação."

Por outro lado, a falta de fundamentação da sentença pode gerar, inclusive, a interposição de recurso extraordinário para o Supremo Tribunal Federal, por afronta a dispositivo da Constituição (art. 93, IX), com fulcro no art. 102, III, *a*, da Carta Maior.

Com efeito, na fundamentação da decisão, deverá o magistrado observar, nesta ordem:

- pressupostos processuais de constituição e desenvolvimento regular do processo;
- questões prejudiciais de mérito (prescrição, por exemplo);
- mérito propriamente dito.

O juiz deverá examinar de forma exaustiva todas as questões suscitadas pelas partes, sob pena de nulidade por ausência de prestação jurisdicional. Ademais, a falta de análise pelo magistrado de todas as questões levantadas pelos litigantes muitas vezes pode impedir a parte de recorrer às Cortes Superiores em função do imperativo do prequestionamento, necessário ao acesso à instância extraordinária, violando, pois, o princípio da ampla defesa.

Nesse perspectiva, atente-se para o julgado:

> "RECURSO DE REVISTA. PRELIMINAR DE NULIDADE POR NEGATIVA DE PRESTAÇÃO JURISDICIONAL. SÚMULA 297, III, DO TST. Ante o que preceitua a Súmula 297, III, do TST, não se declara a nulidade do julgado por negativa de prestação jurisdicional se as omissões indicadas correspondem à questão jurídica ou matéria de direito. Recurso de Revista não conhecido. GESTANTE. INDENIZAÇÃO. RECLAMAÇÃO TRABALHISTA AJUIZADA APÓS O TÉRMINO DO PERÍODO DE GARANTIA NO EMPREGO. AJUIZAMENTO DA RECLAMAÇÃO NO PRAZO PRESCRICIONAL. Nos termos da Orientação Jurisprudencial 399 da SBDI-1 do TST, o ajuizamento de ação trabalhista após decorrido o período de garantia de emprego não configura abuso do exercício do direito de ação, pois este está submetido apenas ao prazo prescricional inscrito no art. 7º, XXIX, da CF, sendo devida a indenização desde a dispensa até a data do término do período estabilitário. Assim, a decisão que não reconhece o direito à indenização decorrente da estabilidade provisória contraria o entendimento da Súmula 244, II, do TST. Recurso de Revista conhecido e provido. AVISO-PRÉVIO INDENIZADO. ANOTAÇÃO NA CTPS. Nos termos da OJ 82 da SBDI-1 do TST, a data de saída a ser anotada na CTPS deve corresponder à do término do prazo do aviso-prévio, ainda que indenizado. Recurso de Revista conhecido e provido. INTERVALO INTRAJORNADA. TEMPO À DISPOSIÇÃO. O Regional consignou que a Reclamante efetivamente laborava 8 horas diárias, razão pela qual fazia jus ao intervalo de uma hora, previsto no art. 71 da CLT. Dessa forma, não há falar em afronta ao art. 224, § 1º, da CLT, nem em contrariedade à Súmula 118 do TST, porquanto não houve concessão de intervalo não previsto em lei. Ademais, os arestos transcritos não atendem às disposições da Súmula 296, I, do TST. Recurso de Revista não conhecido. HORAS EXTRAS. O Recurso de Revista, quanto ao tema, encontra-se desfundamentado à luz do art. 896 da CLT, pois não foi indicada afronta a dispositivo legal/constitucional ou contrariedade à Súmula de Jurisprudência Uniforme do TST, tampouco cuidou a Recorrente de transcrever aresto para o confronto de teses. Recurso de Revista não conhecido" (TST – RR 261500-02.2004.5.02.0022 – 8ª T. – Rel. Márcio Eurico Vitral Amaro, j. em 24.04.2013, *DEJT* 26.04.2013).

Por último, vale destacar que o atual CPC em seu art. 489, §§ 1º a 3º, exige uma fundamentação detalhada, denominada fundamentação exauriente, como se observa na leitura abaixo:

> "Art. 489. (...)
>
> § 1.º Não se considera fundamentada qualquer decisão judicial, seja ela interlocutória, sentença ou acórdão, que:
>
> I – se limitar à indicação, à reprodução ou à paráfrase de ato normativo, sem explicar sua relação com a causa ou a questão decidida;
>
> II – empregar conceitos jurídicos indeterminados, sem explicar o motivo concreto de sua incidência no caso;
>
> III – invocar motivos que se prestariam a justificar qualquer outra decisão;

IV – não enfrentar todos os argumentos deduzidos no processo capazes de, em tese, infirmar a conclusão adotada pelo julgador;

V – se limitar a invocar precedente ou enunciado de súmula, sem identificar seus fundamentos determinantes nem demonstrar que o caso sob julgamento se ajusta àqueles fundamentos;

VI – deixar de seguir enunciado de súmula, jurisprudência ou precedente invocado pela parte, sem demonstrar a existência de distinção no caso em julgamento ou a superação do entendimento.

§ 2.º No caso de colisão entre normas, o juiz deve justificar o objeto e os critérios gerais da ponderação efetuada, enunciando as razões que autorizam a interferência na norma afastada e as premissas fáticas que fundamentam a conclusão.

§ 3.º A decisão judicial deve ser interpretada a partir da conjugação de todos os seus elementos e em conformidade com o princípio da boa-fé."

Há um debate na doutrina sobre a aplicação ou não dos §§ 1º ao 3º do art. 489 do CPC na justiça do trabalho, havendo duas correntes, consoante ensina Bezerra Leite[15] em seu livro:

> "Para uns, a resposta é não, pois, além de inexistir lacuna da CLT, já que o art. 832 exige apenas os fundamentos da sentença, a aplicação dos referidos dispositivos na seara laboral colide com os princípios da simplicidade e da celeridade que informam o processo do trabalho, máxime porque neste setor especializado a petição inicial veicula normalmente múltiplos pedidos lastreados em inúmeras causas de pedir e, se o juiz do trabalho for compelido a fundamentar de forma exauriente todos os argumentos deduzidos pelas partes, restariam olvidados os princípios constitucionais de efetividade do acesso à justiça e da duração razoável do processo.
>
> Outros sustentam que, por força do art. 15 do CPC, a lacuna da CLT permite a aplicação dos citados dispositivos, mesmo porque eles efetivam os princípios constitucionais do contraditório e ampla defesa, da segurança jurídica e da fundamentação das decisões judiciais (CF, art. 93, IX), aumentando a confiança dos jurisdicionados no Poder Judiciário e reduzindo a litigiosidade e o elevado número de recursos judiciais."

7.1.6.1.4.4. Parte dispositiva

O terceiro elemento essencial da sentença é o dispositivo, que se constitui na parte da sentença que tem conteúdo decisório. É na parte dispositiva que o magistrado apresentará sua conclusão, extinguindo o processo com ou sem resolução do mérito.

---

15 BEZERRA LEITE, Carlos Henrique. *Curso de direito processual do trabalho*. 14. ed. São Paulo: Saraiva, 2016. p. 863.

O dispositivo é o elemento mais importante do *decisum*, pois é nele que encontraremos o "comando" contido na sentença, o qual será, posteriormente, coberto pelo manto da coisa julgada.

Poderá o dispositivo ser direto ou indireto. No dispositivo direto o juiz mencionará, expressamente, a conclusão da sentença, como na hipótese em que o magistrado condena o réu a pagar determinada quantia ao demandante. Já no indireto, o juiz, na parte dispositiva, limita-se a fazer referência ao lugar onde será localizado o teor da sua decisão, como na hipótese de julgar procedentes os pedidos de n. 1 a 8, contidos na petição inicial.

Existem sentenças em que a parte dispositiva se reporta à própria motivação, ocorrendo quando o magistrado julga procedentes os pedidos deferidos no bojo da fundamentação. Alguns tribunais, no entanto, têm declarado a nulidade de tais julgados, uma vez que a prática de substituir o dispositivo da sentença pela simples indicação dos fundamentos desta pode ocasionar dúvidas e querelas na fase de execução, muitas vezes funcionando como incentivador da perpetuação da lide, devendo a parte dispositiva conter, expressamente, a teor do art. 832 da CLT, as parcelas nela deferidas.

A ausência de parte dispositiva importa a inexistência da sentença, conforme bem acentua Vallisney de Souza Oliveira, na obra *Nulidade da sentença e o princípio da congruência*, p. 200, *in verbis*:

> "Inexistindo parte dispositiva – defende-se, com acerto, em doutrina – faltará a vontade estatal, não havendo de se cogitar apenas na declaração de nulidade, pois, como o dispositivo é essencial para caracterizar o que se entende por sentença, ocorrerá a própria inexistência do ato processual, em razão da falta da atividade jurisdicional (...)."

Alexandre Freitas Câmara, em obra já referida neste capítulo (v. 1, p. 430), também comunga igual entendimento, ao lecionar que:

> "Já a falta de dispositivo implica inexistência jurídica da sentença. Isto porque a ausência de dispositivo torna o ato irreconhecível como sentença, visto que o mesmo não contém decisão (o que, como parece óbvio, é elemento constitutivo mínimo da sentença)."

Há quem sustente ser nula a sentença no caso de dispositivo indireto, embora tal entendimento não seja majoritário. Citamos, inclusive, julgados representativos da corrente prevalecente:

> *(...) 2. NULIDADE DA SENTENÇA. DISPOSITIVO INDIRETO. INEXISTÊNCIA. NÃO CONHECIMENTO. I. A jurisprudência desta Corte é no sentido de que a decisão que, na parte dispositiva, faz remissão aos seus próprios fundamentos é válida, sendo a nulidade declarada apenas se constatado prejuízo à parte, o que não*

ocorreu na hipótese dos autos. II. Recurso de revista de que não se conhece. (...) (RR-380-63.2012.5.09.0022, 4ª Turma, Relator Ministro Alexandre Luiz Ramos, DEJT 22/02/2019).

(...) SENTENÇA GENÉRICA - DISPOSITIVO INDIRETO Não é nula a decisão em que a conclusão faça remissão aos seus próprios fundamentos (dispositivo indireto). Inexistentes as violações aventadas. Julgados. (...) (ARR-494-83.2015.5.12.0031, 8ª Turma, Relatora Ministra Maria Cristina Irigoyen Peduzzi, DEJT 18/08/2017).

7.1.6.1.5. *Requisitos complementares*

Os §§ 1.º, 2.º e 3.º do art. 832 consolidado estabelecem alguns requisitos complementares da sentença, os quais serão inseridos na parte dispositiva da sentença.

Com efeito, a sentença deverá ser dotada, também, dos seguintes requisitos:

- Quando a decisão concluir pela procedência do pedido, determinará o prazo e as condições para o seu cumprimento (art. 832, § 1.º, da CLT);
- A decisão mencionará sempre as custas que devam ser pagas pela parte vencida (art. 832, § 2.º, da CLT);
- As decisões cognitivas ou homologatórias deverão sempre indicar a natureza jurídica das parcelas constantes da condenação ou do acordo homologado, inclusive o limite de responsabilidade de cada parte pelo recolhimento da contribuição previdenciária, se for o caso (art. 832, § 3.º, da CLT).

7.1.6.1.6. *Julgamento* citra, *ultra e* extra petita

A sentença judicial se encontra subordinada ao princípio da congruência, também conhecido como princípio da correlação, da adstrição, da correspondência, da simetria etc., em que o magistrado, ao proferir a sentença, deve se ater aos limites em que foi proposta a lide.

Com efeito, vaticinam os arts. 141 e 492 do CPC:

> "Art. 141. O juiz decidirá o mérito nos limites propostos pelas partes, sendo-lhe vedado conhecer de questões não suscitadas a cujo respeito a lei exige iniciativa da parte."
>
> "Art. 492. É vedado ao juiz proferir decisão de natureza diversa da pedida, bem como condenar a parte em quantidade superior ou em objeto diverso do que lhe foi demandado."

Entretanto, a par do princípio da congruência, não podemos esquecer que o magistrado, nos casos expressamente previstos em lei, poderá condenar o réu em pedidos não contidos na petição inicial. Em situações excepcionais, o próprio ordenamento jurídico vigente autoriza o julgador a conceder mais do que o pleiteado, ou mesmo, vantagem diversa da que foi requerida (princípio da extrapetição).

O art. 322 do CPC, por exemplo, permite que o juiz determine que sobre a condenação da parcela principal incidam juros e correção monetária, mesmo que no rol de pedidos não conste tal requerimento.

Os honorários também se tratam de pedidos implícitos, já que o art. 322, § 1º, do CPC estabelece que "compreendem-se no principal os juros legais, a correção monetária e as verbas de sucumbência, inclusive os honorários advocatícios". Logo, o juiz pode deferir os honorários ainda que não haja pedido, não podendo, entretanto, incluí-los nos cálculos sem que tenham sido objeto da decisão.

Caso a decisão seja omissa quanto ao direito aos honorários ou ao seu valor, desafia embargos de declaração para que seja sanada a omissão. Contudo, se a decisão transitar em julgado, é cabível ação autônoma para sua definição e cobrança, com base no art. 85, § 18, do CPC, que se aplica no Processo do Trabalho.

No âmbito do Processo do Trabalho também podemos mencionar alguns exemplos da aplicação do princípio da extrapetição. Vejamos:

- Art. 137, § 2.º, da CLT – caso o empregado ajuíze reclamação trabalhista requerendo que o juiz fixe a data de gozo de suas férias, a sentença cominará, independentemente de pedido autoral, pena diária de 5% do salário-mínimo, devida ao empregado até que seja cumprida;
- Art. 467 da CLT – em caso de rescisão de contrato de trabalho, havendo controvérsia sobre o montante das verbas rescisórias, o empregador é obrigado a pagar ao trabalhador, à data do comparecimento à Justiça do Trabalho, a parte incontroversa dessas verbas, sob pena de pagá-las acrescidas de 50%, independentemente de pedido autoral;
- Art. 496 da CLT – o princípio da extrapetição também está presente na autorização legal conferida ao juiz para determinar o pagamento de indenização, apesar de postulada apenas a reintegração de empregado alcançado pela estabilidade no emprego, quando a reintegração do obreiro for desaconselhável dado o grau de incompatibilidade resultante do dissídio, especialmente quando for o empregador pessoa física;
- A Súmula 211 do TST também determina que os juros de mora e a correção monetária incluem-se na liquidação, ainda que omisso o pedido inicial ou a condenação.

Neste contexto, o distanciamento do provimento judicial do pedido formulado na peça vestibular, ao arrepio dos arts. 141 e 492 do CPC, caracteriza-se como julgamento:

- ***Ultra petita*** – consiste na sentença conferir à parte mais do que foi pleiteado;
- ***Extra petita*** – consiste na sentença conferir à parte pedido ou parcela do pedido diferente do que foi pleiteado;
- ***Citra petita*** – consiste na sentença conferir à parte menos do que foi por ela pleiteado, com omissão na análise das matérias invocadas.

As sentenças que contenham julgamento *ultra*, *extra* ou *citra petita*, além de poderem ser impugnadas por recurso, podem ser passíveis de ataque por meio do corte rescisório (art. 966, V, do CPC) e por violação dos arts. 141 e 492, ambos do CPC.

Em relação à sentença *citra petita*, ela poderá ser corrigida por meio do manejo dos embargos de declaração, o mesmo não ocorrendo quanto à sentença *extra* ou *ultra petita*, em que se fará necessária a interposição do recurso ordinário. Nesse sentido, Nelson Nery Junior (*Código de Processo Civil comentado*, 7. ed., p. 779) ensina que:

> "O autor fixa os limites da lide e da causa de pedir na petição inicial (CPC, art. 128) (art. 141 do atual CPC), cabendo ao juiz decidir de acordo com esse limite. É vedado ao magistrado proferir sentença acima (*ultra*), fora (*extra*) ou abaixo (*citra* ou *infra*) do pedido. Caso o faça, a sentença estará eivada de vício, corrigível por meio de recurso. A sentença *citra* ou *infra petita* pode ser corrigida por meio de embargos de declaração, cabendo ao juiz suprir a omissão; a sentença *ultra* ou *extra petita* não pode ser corrigida por embargos de declaração, mas só por apelação. Cumpre ao tribunal, ao julgar o recurso, reduzi-la aos limites do pedido."

O Tribunal Superior do Trabalho, por meio da OJ 41 da SDI-II, firmou entendimento no sentido de que a sentença *citra petita* enseja o manejo da ação rescisória. Vejamos:

> "AÇÃO RESCISÓRIA. SENTENÇA 'CITRA PETITA'. CABIMENTO (atualizada em decorrência do CPC de 2015) – Res. 208/2016, *DEJT* divulgado em 22, 25 e 26.04.2016. Revelando-se a sentença 'citra petita', o vício processual vulnera os arts. 141 e 492 do CPC de 2015 (arts. 128 e 460 do CPC de 1973), tornando-a passível de desconstituição, ainda que não interpostos embargos de declaração."

Ressaltamos ainda os seguintes julgados sobre o tema em destaque:

> "RECURSO DE REVISTA. JULGAMENTO EXTRA PETITA. MULTA DO ARTIGO 467 DA CLT. AUSÊNCIA DE PEDIDO EXPRESSO. IMPOSSIBILIDADE DE APLICAÇÃO *EX OFFICIO*. Embora seja dada ao magistrado a incumbência de promover a correta qualificação jurídica dos fatos expostos pelas partes, segundo a máxima do brocardo latino iura novit curia, é 'defeso ao juiz proferir sentença, a favor do autor, de natureza diversa da pedida, bem como condenar o réu em quantidade

superior ou em objeto diverso do que lhe foi demandado' (art. 460 do CPC) (art. 492 do atual CPC). A multa prevista no artigo 467 da CLT não integra as parcelas rescisórias, mas decorre da ausência do pagamento das verbas incontroversas na primeira audiência, cuja incidência não se dá de forma automática, ex officio, mas depende de pedido expresso na petição inicial, a fim de viabilizar o exercício do contraditório e da ampla defesa. Nesse contexto, a aplicação da referida penalidade caracteriza o julgamento extra petita, tendo em vista a inexistência de pedido específico na petição inicial, ficando o Juízo adstrito aos limites da lide, nos moldes do art. 128 do CPC (art. 141 do atual CPC). Recurso de revista conhecido e não provido" (TST – RR 201171120135040522 – 8ª T. – Rel.ª Dora Maria da Costa, j. em 22.04.2015, *DEJT* 24.04.2015).

"RECURSO ORDINÁRIO EM AÇÃO RESCISÓRIA. I. RECURSO ORDINÁRIO DO AUTOR. HONORÁRIOS ADVOCATÍCIOS PLEITEADOS NA INICIAL. AUSÊNCIA DE APRECIAÇÃO. JULGAMENTO '*CITRA PETITA*'. VIOLAÇÃO LEGAL. CARACTERIZAÇÃO. ART. 485, V, DO CPC (ART. 966, V, DO ATUAL CPC). INCIDÊNCIA DA COMPREENSÃO DEPOSITADA NA ORIENTAÇÃO JURISPRUDENCIAL N.º 41 DA SBDI-2 DO TST. I – 'Revelando-se a sentença '*citra petita*', o vício processual vulnera os arts. 128 e 460 do CPC (arts. 141 e 492 do atual CPC), tornando-a passível de desconstituição, ainda que não opostos embargos declaratórios' (OJ 41/SBDI-2/TST). 2. Havendo, nos autos, declaração de hipossuficiência econômica e prova da assistência jurídica sindical, restam atendidos os requisitos do art. 14 da Lei n.º 5.584/1970, ensejando o deferimento dos honorários advocatícios. Recurso ordinário em ação rescisória conhecido e provido. II – RECURSO ADESIVO DO PRIMEIRO RÉU. AÇÃO RESCISÓRIA. ILEGITIMIDADE PASSIVA. AUSÊNCIA DE EXCLUSÃO DA LIDE NA AÇÃO PRINCIPAL. SUCESSÃO DE EMPREGADORES. RESPONSABILIDADE DO SUCEDIDO CONDICIONADA TEMPORALMENTE. Inexistindo exclusão da lide no processo matriz, permanece o primeiro réu no polo passivo da rescisória, respondendo pelos valores da condenação, na medida da sua responsabilidade, tal como decidido no processo principal. Recurso ordinário em ação rescisória conhecido e desprovido" (TST – Subseção II Especializada em Dissídios Individuais – ROAR 36900-78.2008.5.18.0000 – Rel. Min. Alberto Luiz Bresciani de Fontan Pereira – j. 09.11.2010 – *DEJT* 12.11.2010).

"NULIDADE POR NEGATIVA DE PRESTAÇÃO JURISDICIONAL. JULGAMENTO *EXTRA PETITA*. EVENTUALIDADE DA EXPOSIÇÃO AO AGENTE PERIGOSO. TEMPO REDUZIDO. O Regional apreciou as questões relativas ao alegado julgamento *extra petita* e ao adicional de periculosidade, reafirmando sua tese de que no cálculo das horas *in itinere* há de ser incluído o adicional noturno e excluído o adicional de periculosidade, o primeiro porque decorre de mandamento constitucional e o segundo em razão da limitação do pedido. E, quanto ao adicional de periculosidade, afirmou novamente que o contato com o agente periculoso era permanente e não eventual, como entende a recorrente. Incólumes os arts. 832 da CLT, 458 do CPC (art. 489 do atual CPC), e 93, IX, da CF. Incidência da OJ 115/SDBI-1/TST. Recurso de revista não conhecido. JULGAMENTO *EXTRA PETITA*. O pedido de diferença das horas *in itinere* abrange, por óbvio, a base de cálculo adequada para o seu pagamento e, nesse sentido, decorrendo o adicional noturno de norma constitucional não se vislumbra a hipótese de julgamento *ultra petita*. Incólumes os dispositivos legais e constitucionais tidos como violados pelo recorrente. Não demonstrada existência de divergência jurisprudencial. Recurso de revista não conhecido. ADICIONAL DE PERICULOSIDADE. ABASTECIMENTO DE TRATOR. CON-

TATO PERMANENTE. DIÁRIO. TEMPO REDUZIDO. Periculosidade reconhecida pela perícia técnica, pois o abastecimento diário do trator dava-se por mangueira de caminhão de comboio. Situação fática que demonstra a exposição do reclamante ao efetivo risco do infortúnio, ainda que o contato diário ocorresse de 10 a 15 minutos. Acórdão regional em consonância com a Súmula 364 do TST. Precedente da SDBI-1 do TST. Recurso de revista não conhecido. HONORÁRIOS PERICIAIS. PEDIDO ACESSÓRIO. ART. 790-B. Não sendo conhecido o apelo, quanto à pretensão de afastamento do adicional de periculosidade, o pleito acessório de exclusão dos honorários periciais segue a mesma sorte do pedido principal. Recurso de revista não conhecido. RURÍCULA. INTERVALO INTRAJORNADA. USOS E COSTUMES. O art. 71, § 4.º, da CLT é aplicável subsidiariamente ao trabalhador rural, desde que não concedido o intervalo intrajornada de uma hora e inexistente adoção do critério relacionado aos usos e costumes locais. A situação fática delineada pelo Regional no sentido de inexistência de outros usos e costumes da região quanto à concessão do intervalo intrajornada e, sendo a jornada efetiva do empregado superior a seis horas, sem a fruição de uma hora para descanso e alimentação, encontra-se o acórdão regional, no particular, em consonância com a iterativa jurisprudência desta Corte. Incidência do art. 896, § 4.º, da CLT. Recurso de revista não conhecido. RURÍCOLA. HORA NOTURNA REDUZIDA. Esta Corte já pacificou o entendimento de que a hora noturna do empregado rural é de 60 minutos, por força da existência de norma específica fixada na Lei n.º 5.889/1973, o que afasta assim, na hipótese, a redução ficta prevista no art. 73, § 1.º, da CLT, até porque o trabalhador rural conta com adicional de 25%, superior ao percentual de 20% do empregado urbano. Recurso de revista conhecido e provido" (TST – 6.ª T. –RR 15600-58.2003.5.15.0052 – Rel. Min. Augusto César Leite de Carvalho – j. 07.12.2010 – *DEJT* 17.12.2010).

"AGRAVO DE INSTRUMENTO. RECURSO DE REVISTA INTERPOSTO SOB A ÉGIDE DA LEI Nº 13.015/2014 – DESCABIMENTO. NEGATIVA DE PRESTAÇÃO JURISDICIONAL. JULGAMENTO 'ULTRA', 'EXTRA' OU "CITRA PETITA". INTERVALO INTRAJORNADA. Não merece ser provido o agravo de instrumento em que não se consegue infirmar os fundamentos do despacho denegatório do processamento do recurso de revista. Agravo de instrumento conhecido e desprovido" (TST – AIRR 10834020135030017 – 3ª T. – Rel. Alberto Luiz Bresciani de Fontan Pereira – j. em 29.06.2015, *DEJT* 06.07.2015).

"RECURSO DE REVISTA DO RECLAMANTE – JULGAMENTO *CITRA PETITA* – VIOLAÇÃO DOS ARTIGOS 128 E 460 DO CPC (ARTS. 141 e 492 DO ATUAL CPC) – OCORRÊNCIA. Constatado no acórdão dos embargos de declaração o equívoco em que incorreu o Regional ao excluir da sanção jurídica as parcelas vincendas na suposição de que não tinham sido pleiteadas na inicial quando reconhecidamente o foram, depara-se com o julgamento *citra petita*, pelo que se impõe o conhecimento e provimento do recurso de revista a fim de que seja restabelecida, no particular, a sentença de primeiro grau. Recurso conhecido e provido" (TST – 4.ª T. – RR 359025/1997 – Rel. Min. Antônio José de Barros Levenhagen – *DJ* 10.12.2004).

"NULIDADE DO ACÓRDÃO DO REGIONAL – JULGAMENTO *CITRA* OU *INFRA PETITA*. Ao compor a lide, o juiz não poderá se afastar dos limites indicados no pedido e na causa de pedir do autor, bem como nos fundamentos da contestação da reclamada. É defeso o julgamento *citra* (que se omite de apreciar parte do pedido), *extra* (que se pronuncia sobre o que não se constituiu objeto do pedido) ou *ultra petita* (que concede mais do que expressamente pedido). Entretanto, ao órgão judicante incumbe promover a correta qualificação jurídica dos fatos expostos pelas partes, contanto que não extravase os limites da lide balizados na petição inicial e na contestação, isto é, desde que não se alheie dos fatos caracterizadores da causa de pedir e do pedido. Na presente hipótese, não se verifica o julgamento *citra* ou *infra petita*, porque o Regional, ao analisar o recurso ordinário da reclamada relativamente ao tópico de integração da ajuda alimentação, limitou-se a apreciar matéria discutida na sentença, bem como as alegações postas na defesa, indeferido o pedido de integração, uma vez que a ajuda-alimentação era fornecida a título oneroso, não se podendo falar, assim, em salário-utilidade, a partir da análise do conjunto fático-probatório delineado. Recurso de revista não conhecido" (TST – 1.ª T. – RR 612499/1999 – Rel. Min. Lélio Bentes Corrêa – *DJ* 18.02.2005).

Com relação à inexistência de sentença *extra petita* em face da decisão que defere o pagamento de salários quando o pedido for de reintegração, cabe destacar a Súmula 396 do TST, com redação dada pela Res. 129/2005, *DJ* 20.04.2005, *in verbis*:

"ESTABILIDADE PROVISÓRIA. PEDIDO DE REINTEGRAÇÃO. CONCESSÃO DO SALÁRIO RELATIVO AO PERÍODO DE ESTABILIDADE JÁ EXAURIDO. INEXISTÊNCIA DE JULGAMENTO *EXTRA PETITA*. I – Exaurido o período de estabilidade, são devidos ao empregado apenas os salários do período compreendido entre a data da despedida e o final do período de estabilidade, não lhe sendo assegurada a reintegração no emprego. II – Não há nulidade por julgamento *extra petita* da decisão que deferir salário quando o pedido for de reintegração, dados os termos do art. 496 da CLT."

7.1.6.1.7. Sentença de improcedência liminar do pedido

O art. 332 do Código de Processo Civil prevê as hipóteses de improcedência liminar do pedido e aplica-se ao Processo do Trabalho, como determina o TST na IN 39/2016:

"Art. 332. Nas causas que dispensem a fase instrutória, o juiz, independentemente da citação do réu, julgará liminarmente improcedente o pedido que contrariar:

I – enunciado de súmula do Supremo Tribunal Federal ou do Superior Tribunal de Justiça;

II – acórdão proferido pelo Supremo Tribunal Federal ou pelo Superior Tribunal de Justiça em julgamento de recursos repetitivos;

III – entendimento firmado em incidente de resolução de demandas repetitivas ou de assunção de competência;

IV – enunciado de súmula de tribunal de justiça sobre direito local.

§ 1.º O juiz também poderá julgar liminarmente improcedente o pedido se verificar, desde logo, a ocorrência de decadência ou de prescrição.

> § 2.º Não interposta a apelação, o réu será intimado do trânsito em julgado da sentença, nos termos do art. 241."

No âmbito do Processo do Trabalho, encontramos espaço para a aplicação subsidiária da regra agora prevista no art. 332 do CPC. Em verdade, tal dispositivo prestigia o princípio da celeridade e economia processual, evitando-se a utilização desnecessária e onerosa da já sobrecarregada máquina judiciária laboral para processamento de ações cujo posicionamento quanto ao mérito pelo juízo já tenha sido expressivamente manifestado em julgados anteriores.

O TST, entretanto, na IN 39/2016 esclarece que o art. 332 do CPC deverá ser aplicado ao Processo do Trabalho com as seguintes adaptações:

> "Art. 7.° Aplicam-se ao Processo do Trabalho as normas do art. 332 do CPC, com as necessárias adaptações á legislação processual trabalhista, cumprindo ao juiz do trabalho julgar liminarmente improcedente o pedido que contrariar:
>
> I – enunciado de súmula do Supremo Tribunal Federal ou do Tribunal Superior do Trabalho (CPC, art. 927, inciso V);
>
> II – acórdão proferido pelo Supremo Tribunal Federal ou pelo Tribunal Superior do Trabalho em julgamento de recursos repetitivos (CLT, art. 896-B; CPC, art. 1046, § 4.º);
>
> III – entendimento firmado em incidente de resolução de demandas repetitivas ou de assunção de competência;
>
> IV – enunciado de súmula de Tribunal Regional do Trabalho sobre direito local, convenção coletiva de trabalho, acordo coletivo de trabalho, sentença normativa ou regulamento empresarial de observância obrigatória em área territorial que não exceda à jurisdição do respectivo Tribunal (CLT, art. 896, 'b', a *contrario sensu*).
>
> Parágrafo único. O juiz também poderá julgar liminarmente improcedente o pedido se verificar, desde logo, a ocorrência de decadência."

7.1.6.1.8. Julgamento Antecipado Parcial do Mérito.

O julgamento antecipado parcial do mérito está previsto no art. 356 do CPC, o qual se aplica ao Processo do Trabalho, com exceção do quinto parágrafo, como determina o TST, na IN 39/2016, que versa sobre as normas do Código de Processo Civil de 2015 aplicáveis e inaplicáveis na seara processual trabalhista.

O juiz decidirá parcialmente o mérito quando um ou mais dos pedidos formulados ou parcela deles:

> I mostrar se incontroverso;
>
> II – estiver em condições de imediato julgamento, nos termos do art. 355 do CPC, ou seja: a) não houver necessidade de produção de outras provas; ou b) se o réu

for revel e sofrer o efeito de se considerarem verdadeiros os fatos alegados pela parte reclamante e não houver requerimento de prova (art. 356, *caput*, do CPC).

A decisão que julgar parcialmente o mérito poderá reconhecer a existência de obrigação líquida ou ilíquida (art. 356, § 1º, do CPC).

A parte poderá liquidar ou executar, desde logo, a obrigação reconhecida na decisão que julgar parcialmente o mérito, independentemente de caução, ainda que haja recurso contra essa interposto. Nesse caso, se houver trânsito em julgado da decisão, a execução será definitiva (art. 356, §§ 2º e 3º, do CPC).

A liquidação e o cumprimento da decisão que julgar parcialmente o mérito poderão ser processados em autos suplementares, a requerimento da parte ou a critério do juiz (art. 356, § 4º, do CPC).

O parágrafo quinto é inaplicável ao Processo do Trabalho porque determina que "a decisão proferida com base neste artigo é impugnável por agravo de instrumento". Trata-se de decisão interlocutória e, portanto, irrecorrível de imediato no Processo do Trabalho.

7.1.6.2. Coisa julgada

7.1.6.2.1. Conceito

Prolatada a sentença, com ou sem resolução do mérito, poderá ela ainda ser objeto de recurso (em regra). Todavia, embora o ordenamento jurídico ainda preveja muitos recursos, o que acaba por postergar a marcha processual, o fato é que, esgotadas todas as possibilidades de recurso, a decisão torna-se irrecorrível, imutável. O mesmo ocorre quando a parte não apresenta o recurso no prazo legal (intempestividade).

No momento em que se torna irrecorrível a decisão judicial, ocorre o seu trânsito em julgado, surgindo a denominada coisa julgada, consistente no *status* assumido pelo pronunciamento judicial quando a decisão nele emanada não tenha sido objeto de apelo, ou mesmo se já foram esgotados todos os recursos possíveis.

A coisa julgada é definida como qualidade especial da sentença, a qual, por força de lei, torna imutável e indiscutível as questões já decididas no bojo do processo. Ou melhor, a sentença judicial, quando acobertada pela coisa julgada, é tratada como verdadeira, impedindo que seja renovada a discussão da sua parte dispositiva, atingindo não apenas autor e réu, mas também terceiros.

Por outro lado, frise-se que a coisa julgada é uma característica da jurisdição, uma vez que somente o ato jurisdicional está sujeito à coisa julgada, a qual confere imutabilidade e definitividade às decisões. Transitada em julgado a decisão, portanto, nenhuma outra pessoa, nem mesmo as próprias partes, outro juiz, enfim, ninguém mais poderá apreciar a matéria ali contida.

Nessa esteira, repetida uma ação judicial que já foi decidida por sentença judicial transitada em julgado, será o processo extinto sem resolução do mérito, a teor do art. 485, V, do CPC c/c o art. 337, VII e respectivo § 3.º, ambos do CPC.

Alexandre Freitas Câmara, em obra já mencionada neste capítulo (v. 1, p. 459-460), ao definir o fenômeno da coisa julgada, esclarece que:

> "Diversas são as definições do fenômeno encontradas na doutrina. Interessa, aqui, referir a posição defendida por Enrico Tullio Liebman, por ser a posição mais aceita na doutrina brasileira. Assim é que, para aquele jurista italiano, mentor da escola processual brasileira, coisa julgada é 'a imutabilidade do comando emergente de uma sentença'. Consistiria a coisa julgada, segundo Liebman, na imutabilidade da sentença em sua existência formal, e ainda dos efeitos dela provenientes."

Por esta teoria dominante – consoante já afirmado entre os processualistas brasileiros –, a coisa julgada tornaria imutável a sentença, fazendo com que aquele ato processual se tornasse insuscetível de alteração em sua forma, e faria ainda imutáveis os seus efeitos (todos eles: declaratórios, constitutivos e condenatórios)".

7.1.6.2.2. Coisa julgada formal e material

A – Coisa julgada formal

A doutrina divide a coisa julgada em formal e material.

A coisa julgada formal é comum a todas as sentenças que se tornem irrecorríveis, isto é, qualquer sentença, seja definitiva ou terminativa, que transite em julgado, tornando impossível sua alteração, estará acobertada pelo manto da coisa julgada formal.

Em outras palavras, proferida a sentença, seja terminativa ou definitiva, a ausência de recurso no prazo legal ou o esgotamento dos apelos possíveis – tornando a decisão imutável – enseja a formação da coisa julgada formal.

Logo, a coisa julgada formal existirá em qualquer processo, consistindo na situação concreta de não mais ser cabível nenhum recurso, surgindo, portanto, como consequência da preclusão recursal.

A coisa julgada formal, outrossim, não impede a propositura de nova ação, uma vez que torna a decisão imodificável apenas no processo em que esta foi prolatada, (art. 486 do CPC). No caso de extinção em razão de litispendência e nos casos dos incisos I, IV, VI e VII do art. 485, a propositura da nova ação depende da correção do vício que levou à sentença sem resolução do mérito.

B – Coisa julgada material

Quanto à coisa julgada material, o art. 502 do CPC estabelece que: "Denomina-se coisa julgada material a eficácia, que torna imutável e indiscutível a sentença, não mais sujeita a recurso ordinário ou extraordinário."

A coisa julgada material é típica das sentenças definitivas, em que houve a resolução do mérito. Neste contexto, transitada em julgada a decisão definitiva, ocorre a coisa julgada material, tornando-se imutável a decisão, não sendo permitida a rediscussão da sua parte dispositiva dentro do mesmo processo nem em outra relação jurídico-processual.

De outro modo, a sentença que julgar o pedido (sentença de mérito), ao transitar em julgado, produz a denominada coisa julgada material, também designada de *res judicata*.

Cabe destacar, portanto, que nas sentenças definitivas operam-se tanto a coisa julgada formal quanto a coisa julgada material, embora sejam nítidas as suas diferenças.

A diferença crucial entre ambas reside no fato de que, quando o processo é extinto sem resolução do mérito, se permite a renovação da demanda, salvo exceções legais, porque não há coisa julgada material, em razão de a decisão não ser definitiva, mas apenas coisa julgada formal. Ao revés, quando ocorre a resolução do mérito, não se permite a renovação da ação, justamente porque a decisão se tornou definitiva e imutável, atingindo toda e qualquer demanda seguinte, a qual seja idêntica à anterior, formando-se a coisa julgada material.

Sobre o tema, não podemos deixar de transcrever os ensinamentos do Professor Misael Montenegro Filho, em obra já citada neste capítulo (v. 1, p. 595-596), que explica:

> "A depender do conteúdo do pronunciamento judicial, em tendo sido ou não atacado (na primeira hipótese com o correspondente inacolhimento da irresignação recursal), poderá se imutabilizar através da coisa julgada material ou da coisa julgada formal. Na primeira espécie, a imutabilidade a que nos referimos é total, a ponto de não permitir a rediscussão da sua parte dispositiva dentro do mesmo processo (porque já encerrado) e nem em outra relação jurídico-processual.
>
> A coisa julgada, neste caso, projeta-se para além da relação processual na qual foi a decisão proferida, não admitindo que qualquer das partes renove os elementos da ação em outra demanda idêntica à primeira.

> Essa espécie de coisa julgada é própria das sentenças de mérito, não se apresentando quando a sentença for apenas terminativa. É que, neste último caso, não se enfrentou a questão de fundo, esbarrando a pretensão do autor em óbices processuais.
>
> Por conta dessa circunstância, poderá o autor dirigir nova pretensão contra o réu, com idêntica causa de pedir e pedido, desde que afaste a mácula que impôs a extinção prematura da causa."

Com a coisa julgada material, portanto, ocorre a estabilização definitiva da relação jurídica em função da prestação jurisdicional pelo Estado, não mais sendo permitido que sejam rediscutidos os elementos da ação finda, evitando-se, assim, a instabilidade processual e conferindo-se, por consequência, segurança às relações jurídicas atingidas pelos efeitos da sentença.

A coisa julgada material merece, inclusive, proteção da Carta Maior (art. 5.º, XXXVI), a qual estabelece que a lei não prejudicará o direito adquirido, o ato jurídico perfeito e a coisa julgada.

Vale mencionar que somente a coisa julgada material pode ser impugnada mediante o manejo do corte rescisório (art. 966, IV, do CPC).

O acordo homologado judicialmente, sem ressalvas, dá plena e ampla quitação ao contrato de trabalho, de modo que a propositura de nova reclamação trabalhista viola a coisa julgada.

Nesse aspecto, confira a OJ 132 da SBDI-2 do TST:

> **AÇÃO RESCISÓRIA. ACORDO HOMOLOGADO. ALCANCE. OFENSA À COISA JULGADA (*DJ* 04.05.2004).** Acordo celebrado – homologado judicialmente – em que o empregado dá plena e ampla quitação, sem qualquer ressalva, alcança não só o objeto da inicial, como também todas as demais parcelas referentes ao extinto contrato de trabalho, violando a coisa julgada, a propositura de nova reclamação trabalhista.

7.1.6.2.3. Limites objetivos e subjetivos da coisa julgada

A – Limites objetivos

Estabelece o art. 503 do CPC que a sentença que julgar total ou parcialmente a demanda tem força de lei nos limites da lide e das questões decididas.

No limite objetivo, o que se torna definitivo e imutável é a parte dispositiva da sentença, ou seja, a decisão que apreciou o pedido formulado pela parte (a decisão que, ao final, acolhe ou rejeita o pedido). Logo, o relatório e a fundamentação da sentença não são alcançados pela coisa julgada.

Portanto, a coisa julgada faz lei entre as partes nos limites da demanda, isto é, do pedido e da causa de pedir, bem como das questões decididas no processo, desde que constem da parte dispositiva do julgado.

Nos termos do art. 503, § 1º, do CPC, também faz coisa julgada a resolução de questão prejudicial, decidida expressa e incidentemente no processo, se:

> 1 – dessa resolução depender o julgamento do mérito;
>
> 2 – a seu respeito tiver havido contraditório prévio e efetivo, não se aplicando no caso de revelia;
>
> 3 – o juízo tiver competência em razão da matéria e da pessoa para resolvê-la como questão principal.

A declaração sobre a falsidade do documento, quando suscitada como questão principal, constará da parte dispositiva da sentença e sobre ela incidirá também a autoridade da coisa julgada (art. 433 do CPC).

Por outro lado, o art. 504 do CPC dispõe que não fazem coisa julgada:

> 1 – os motivos, ainda que importantes para determinar o alcance da parte dispositiva da sentença;
>
> 2 – a verdade dos fatos, estabelecida como fundamento da sentença.

Tratando-se de relação jurídica continuativa, caso ocorra modificação no estado de fato ou de direito, a parte poderá requerer a revisão do que foi estatuído na sentença, não obstante tenha havido coisa julgada material (art. 505, I, do CPC).

Nos domínios do Processo do Trabalho, podemos mencionar como exemplo o art. 873 da CLT, o qual permite que, decorrido mais de um ano, a sentença normativa seja revisada, desde que tiverem se modificado as circunstâncias que as ditaram, de modo que tais condições se hajam tornado injustas ou inaplicáveis.

Outro exemplo na seara laboral seria a possibilidade de ser revisada a condenação da empresa no adicional de insalubridade, quando alteradas as condições que ensejaram o respectivo pagamento. Nessa esteira, eliminada ou reduzida a exposição a agentes insalubres, poderá a sentença condenatória ser revista, mediante ajuizamento de ação revisional pelo interessado.

B – Limites subjetivos

Além do limite objetivo, a coisa julgada também sofre o limite subjetivo, significando dizer que ela somente atinge as partes envolvidas no processo. Aliás, diz-se que a coisa julgada é *inter omnes*, somente alcançando os litigantes do processo (autor, réu, litisconsorte, assistente litisconsorcial e todos aqueles que adquiriram a condição de parte). Por consequência, os terceiros, que não fizeram parte da relação processual não serão atingidos pela coisa julgada.

O limite subjetivo da coisa julgada sofre exceções, como nas demandas coletivas, em que a coisa julgada atinge pessoas que não foram partes no processo (art. 103 da Lei 8.078/1990).

7.1.6.2.4. *Coisa julgada nas ações coletivas*

Sobre o tema, remetemos o leitor ao capítulo 10 do presente trabalho, item 10.3.12 (coisa julgada e litispendência – ação civil pública), em que a matéria foi tratada especificamente.

7.1.6.2.5. *Efeitos da coisa julgada criminal no processo trabalhista*

Matéria controvertida na doutrina gira em torno do alcance ao Processo do Trabalho da coisa julgada operada no processo penal.

O art. 8.º, parágrafo único, do diploma consolidado dispõe que o direito comum será fonte subsidiária do direito do trabalho, naquilo em que não for incompatível com os princípios fundamentais deste.

Nesta esteira, torna-se possível a aplicação subsidiária do art. 935 do CC, que dispõe:

> "Art. 935 do CC – A responsabilidade civil é independente da criminal, não se podendo questionar mais sobre a existência do fato, ou sobre quem seja o seu autor, quando estas questões se acharem decididas no juízo criminal."

A utilização dessa norma nos domínios do Processo do Trabalho ocorre principalmente quando o empregado é dispensado por justa causa, acusado da prática de ato de improbidade, capitulado no art. 482, *a*, da CLT.

Aplicando-se a regra inserta no art. 935 do CC, caso o empregado seja condenado criminalmente pelo crime motivador de sua dispensa por justa causa, com sentença transitada em julgado, em que restaram configurados o fato e a autoria imputados ao obreiro, tais questões não mais poderão ser discutidas na esfera trabalhista. Nessa hipótese, qualquer decisão diferente da Justiça do Trabalho (decisão que inocentasse o trabalhador do ato de improbidade) feriria a coisa julgada configurada no processo penal.

De outra forma, se a sentença penal absolveu o trabalhador por reconhecer a inexistência do fato delituoso, ou negada a autoria do delito pelo obreiro, ou mesmo na hipótese de ser acolhida alguma excludente da licitude, como a legítima defesa, o estado de necessidade etc., a Justiça do Trabalho também deverá respeitar a coisa julgada formada no juízo penal, abstendo-se de rediscutir tais fatos, sob pena de ofensa a *res judicata*.

No entanto, caso o obreiro seja absolvido por falta de provas no juízo criminal, nada impede que na esfera laboral seja reconhecido o ato de improbidade praticado pelo trabalhador, não havendo que falar, nessa hipótese, em ofensa à coisa julgada prolatada no juízo penal.

Embora não seja obrigatório o juiz do trabalho suspender o processo trabalhista até o desfecho final do processo criminal (quando se discutem em ambas as esferas, trabalhista e penal, os mesmos fatos), parece de todo aconselhável que seja decretada a sua suspensão, até mesmo para evitar decisões contraditórias entre os juízos. Sobre a matéria, pedimos vênia para transcrever os ensinamentos de Wagner D. Giglio, *Direito processual do trabalho*, 13. ed., p. 262-263, *in verbis*:

> "Lembremos que sempre que houver processo-crime ainda em andamento, a respeito dos mesmos fatos discutidos no processo trabalhista, é de boa técnica aguardar-se o trânsito em julgado da decisão criminal. Não há obrigação legal de assim proceder, entretanto: o Juízo Trabalhista poderá sentenciar, pendente a ação penal. Não convém, contudo, que o faça, pois tal fato poderia vir a desprestigiar o conceito social do Poder Judiciário, caso as decisões trabalhista e criminal venham a ser divergentes.
>
> Se se optar pelo sobrestamento do processo trabalhista, até o trânsito em julgado da sentença criminal, é de toda conveniência fazê-lo somente após proceder-se à instrução completa do processo, suspendendo-se apenas o julgamento. E isso porque o tempo dilui a prova. Se o sobrestamento ocorrer antes da instrução, a demora no pronunciamento da Justiça Criminal dificultará muito a colheita das provas no processo trabalhista, principalmente no que diz respeito à prova testemunhal."

Se a decisão penal transita em julgado antes da formação da coisa julgada trabalhista, existe uma vinculação da esfera trabalhista, de forma a evitar contradição, sobretudo quando se considera que a jurisdição é una. Vejamos um jugado do TST sobre o tema:

> *VIOLAÇÃO DA COISA JULGADA E DOCUMENTO NOVO. SENTENÇA PENAL CONDENATÓRIA. ATO DE IMPROBIDADE. PERDA DO EMPREGO PÚBLICO. TRÂNSITO EM JULGADO ANTERIOR AO TRÂNSITO EM JULGADO DA DECISÃO RESCINDENDA, NA ESFERA TRABALHISTA, QUE DETERMINAVA A REINTEGRAÇÃO DO EMPREGADO. CORTE RESCISÓRIO DEVIDO. RECURSO ORDINÁRIO DO RÉU DESPROVIDO. No caso concreto, a coisa julgada que se formou, no processo criminal - em relação ao ato de improbidade praticado pelo empregado, do que resultaram a pena de reclusão e perda do emprego público – não permite nova discussão na seara trabalhista. E tampouco há dúvida de que se operou a coisa julgada penal - 22/8/2008 - antes do trânsito em julgado do acórdão rescindendo - 22/9/2008 -, de maneira que aquela se sobrepõe a este. Nem se diga que a decisão proferida na reclamação*

trabalhista que determinara a reintegração do empregado - porque não comprovada a imediatidade ou a justa causa que lhe fora imputada - foi muito anterior ao trânsito em julgado na ação penal, porque a coisa julgada válida pressupõe, de um lado, a decisão, de outro, o trânsito em julgado que a consolida. Assim, ainda que a sentença proferida na esfera trabalhista, em 30/9/1997, haja declarado a nulidade da dispensa do então reclamante, o que foi corroborado pelo acórdão regional que se seguiu (decisão rescindenda), o trânsito em julgado no dissídio trabalhista é posterior ao trânsito em julgado da decisão na esfera criminal, aviltando, portanto, a coisa julgada sedimentada na Ação Penal. Importa para o caso o entendimento de que a jurisdição é, sim, una, ao revés do que faz crer o réu recorrente. E é em decorrência dessa unidade da função jurisdicional (apesar de fracionada tecnicamente, para possibilitar melhor eficiência em prol do jurisdicionado, dentro de cada competência) que os limites subjetivos da coisa julgada formada na ação penal atingem diretamente o recorrente no presente feito e que, por ser na reclamação trabalhista - em que se discute idêntica questão em torno dos motivos que ensejaram a justa causa e o pedido de reintegração - tais limites atingem também, objetivamente, a própria manutenção do acórdão rescindendo na seara trabalhista, que não pode subsistir com conteúdo decisório exatamente contrário àquele já perfectibilizado, corporificado pelo manto da coisa julgada. É a exata compreensão que se deve ter do disposto no art. 935 do Código Civil: quando a existência do fato ou a autoria já tenha sido decidida na esfera penal, não mais pode ser questionada, ainda que a responsabilidade civil seja independente da criminal. E tanto é assim que a decisão proferida no juízo criminal torna-se título executivo para o juízo cível (CPC/73, arts. 475-N e 584, II). (...)" (RO-9301-70.2010.5.01.0000, Subseção II Especializada em Dissídios Individuais, Relator Ministro Alexandre de Souza Agra Belmonte, DEJT 14/12/2018).

7.2. PROCEDIMENTO SUMARÍSSIMO

O procedimento sumaríssimo foi instituído pela Lei 9.957/2000 (que acrescentou os arts. 852-A a 852-I da CLT), objetivando tornar o Processo do Trabalho mais célere, sendo aplicado aos dissídios individuais, cujo valor não exceda a quarenta vezes o salário-mínimo vigente na data do ajuizamento da reclamação (art. 852-A da CLT).

Em relação ao procedimento sumaríssimo, é importante destacar:

- Somente é aplicado aos dissídios individuais cujo valor da causa não exceda a 40 salários-mínimos na data do ajuizamento da reclamação trabalhista;
- Não se aplica aos dissídios coletivos;
- Aplica-se às ações plúrimas, desde que o valor total dos pedidos para todos os reclamantes não exceda a 40 salários-mínimos;
- A administração pública direta, autárquica e fundacional não será submetida ao procedimento sumaríssimo;

- O pedido deverá ser certo e determinado, indicando cada parcela o valor correspondente;
- Não se fará a citação por edital, incumbindo ao autor a correta indicação do nome e endereço do reclamado;
- A apreciação do dissídio deverá ocorrer no prazo máximo de 15 dias do seu ajuizamento;
- Se o pedido não for liquidado ou não forem indicados o nome e o endereço corretos do reclamado, a reclamação será arquivada e o reclamante será condenado ao pagamento de custas, calculadas sobre o valor da causa, não sendo possível a emenda à inicial;
- As demandas sujeitas a rito sumaríssimo serão instruídas e julgadas em audiência única, não sendo possível o magistrado, em regra, partilhar a audiência, conforme ocorre frequentemente no procedimento ordinário;
- Serão decididos de plano todos os incidentes e exceções que possam interferir no prosseguimento da audiência e do processo (como a incompetência relativa, a conexão, a litispendência, a coisa julgada etc.). As demais questões (relativas ao mérito) serão decididas na sentença;
- Todas as provas serão produzidas na audiência de instrução e julgamento, ainda que não requeridas previamente;
- Sobre os documentos apresentados por uma das partes manifestar-se-á imediatamente a parte contrária, sem interrupção da audiência, salvo absoluta impossibilidade, a critério do juiz (como ocorre nas hipóteses em que a reclamada apresenta um número excessivo de documentos);
- As testemunhas, até o máximo de duas para cada parte, comparecerão à audiência de instrução e julgamento independentemente de intimação;
- Somente será deferida intimação da testemunha que, comprovadamente convidada, deixar de comparecer (por meio de carta com aviso de recebimento, telegrama, notificação extrajudicial etc.). Não comparecendo a testemunha intimada, o juiz poderá determinar sua imediata condução coercitiva;
- Somente quando a prova do fato o exigir, ou for legalmente imposta (princípio da celeridade processual), será deferida prova técnica, incumbindo ao juiz, desde logo, fixar o prazo, o objeto da perícia e nomear perito, devendo as partes ser intimadas a manifestar-se sobre o laudo, no prazo comum de 5 dias;
- Interrompida a audiência, o seu prosseguimento e a solução do processo dar-se-ão no prazo máximo de 30 dias, salvo motivo relevante justificado nos autos pelo juiz da causa;
- A sentença mencionará os elementos de convicção do juízo, com resumo dos fatos relevantes ocorridos em audiência, dispensado o relatório (art. 852-I da CLT);
- Nas reclamações trabalhistas sujeitas ao procedimento sumaríssimo, o recurso ordinário: a) será imediatamente distribuído, uma vez recebido no tribunal, devendo o relator liberá-lo no prazo máximo de 10 dias, e a Secretaria do Tribunal ou Turma colocá-lo imediatamente em pauta para julgamento, sem revisor; b) terá parecer oral do representante do Ministério Público presente à sessão de julgamento, se este entender necessário o parecer, com registro na certidão; c) terá acórdão consistente unicamente na certidão de julgamento, com a indica-

ção suficiente do processo e parte dispositiva, e das razões de decidir do voto prevalente. Se a sentença for confirmada pelos próprios fundamentos, a certidão de julgamento, registrando tal circunstância, servirá de acórdão; d) os Tribunais Regionais, divididos em Turmas, poderão designar Turma para o julgamento dos recursos ordinários interpostos das sentenças prolatadas nas demandas sujeitas ao procedimento sumaríssimo (art. 895, § 1.º, II, III, e IV e § 2.º, da CLT);

- Nas causas sujeitas ao procedimento sumaríssimo, somente será admitido recurso de revista por contrariedade à súmula de jurisprudência uniforme do Tribunal Superior do Trabalho, súmula vinculante e violação direta à Constituição da República, por ausência de previsão no art. 896, § 9.º, da CLT (Súmula 442 do TST).

Em relação ao procedimento sumaríssimo, podemos destacar os seguintes julgados:

(...) B) RECURSO DE REVISTA. NULIDADE PROCESSUAL. CONVERSÃO DO RITO SUMARÍSSIMO PARA ORDINÁRIO. CITAÇÃO POR EDITAL. PREJUÍZO MANIFESTO CONFIGURADO. Este Tribunal já se manifestou no sentido de que o não atendimento dos requisitos previstos no art. 852-B da CLT não importa necessariamente o arquivamento do feito, podendo o julgador, por questão de economia e celeridade processual e, desde que não haja prejuízo às partes, determinar a conversão do rito sumaríssimo em ordinário. No caso vertente, ao contrário do entendimento expendido pelo Regional, houve prejuízo manifesto às partes, uma vez que em face da conversão do rito sumaríssimo para ordinário, com a consequente citação por edital, as reclamadas foram consideradas revéis. Recurso de revista conhecido e provido (RR-1067-55.2016.5.08.0207, 8ª Turma, Relatora Ministra Dora Maria da Costa, DEJT 26/10/2018).

"AGRAVO DE INSTRUMENTO EM RECURSO DE REVISTA. PROCEDIMENTO SUMARÍSSIMO. ÔNUS DA PROVA. AVISO-PRÉVIO. MULTA DO ART. 477 DA CLT. Em se tratando de recurso sujeito ao procedimento sumaríssimo, devem-se observar as exigências contidas no art. 896, § 6.º (art. 896, § 9º) da Consolidação das Leis do Trabalho; quais sejam, indicação de ofensa a dispositivo da Constituição Federal ou contrariedade a súmula desta Corte. Assim, não se há de analisar, nesta fase, alegação de violação a dispositivo infraconstitucional, tampouco divergência jurisprudencial. Agravo de instrumento a que se nega provimento" (TST – 7.ª T. – AIRR 45240-21.2006.5.06.0192 – Rel. Min. Pedro Paulo Manus – j. em 02.12.2009 – *DEJT* 04.12.2009).

"AGRAVO DE INSTRUMENTO EM RECURSO DE REVISTA. RITO SUMARÍSSIMO. NULIDADE DO ACÓRDÃO POR NEGATIVA DE PRESTAÇÃO JURISDICIONAL. O Tribunal Regional justificou suas razões de decidir declinando, de forma minuciosa, os motivos de convencimento acerca das questões levantadas pela reclamada nos embargos de declaração. A simples contrariedade às pretensões da parte, pelas razões de decidir, não configura abstenção da atividade julgadora. COMISSÃO DE CONCILIAÇÃO PRÉVIA. O recurso de revista está desfundamentado, à luz do art. 896, § 6.º, da CLT (art. 896, § 9º, da CLT), porquanto não há indicação de ofensa a dispositivo constitucional ou de contrariedade a súmula de jurisprudência desta Corte. MULTA DO FGTS. EXPURGOS INFLACIONÁRIOS. CARÊNCIA DE AÇÃO. IMPOSSIBILIDADE JURÍDICA DO PEDIDO. SÚMULA N.º 330 DO TRIBUNAL SUPE-

RIOR DO TRABALHO. A parcela em discussão não poderia ter integrado o TRCT, na medida em que o reconhecimento da sua existência se deu somente com a vigência da Lei Complementar n.º 110/2001; portanto, em momento posterior à rescisão do contrato de trabalho. Contrariedade à Súmula n.º 330 do TST não configurada. MULTA DO FGTS. EXPURGOS INFLACIONÁRIOS. PRESCRIÇÃO. Não logra processamento o recurso, uma vez que a matéria se encontra pacificada, no âmbito desta Corte, por meio da Orientação Jurisprudencial n.º 344 da SBDI-1 desta Corte. Incidência da Súmula n.º 333 e da Orientação Jurisprudencial nº 336 da SBDI, ambas do TST. DENUNCIAÇÃO DA LIDE. A violação de dispositivo de lei federal não autoriza o conhecimento de recurso de revista no procedimento sumaríssimo, consoante o § 6.º do art. 896 da CLT. OFENSA AO DUPLO GRAU DE JURISDIÇÃO. A Turma julgadora afastou a prescrição, passando ao exame do pedido, sob o argumento de que se tratava de matéria exclusivamente de direito, motivo pelo qual o processo estava em condições de imediato julgamento, em conformidade com o art. 515 do CPC (art. 1.013 do atual CPC). Nessa linha, não se afere a suposta vulneração direta à literalidade do art. 5.º, II, LIV e LV, da Constituição Federal, visto que o julgado se encontra amparado em dispositivo infraconstitucional, o que obstaculiza o franqueamento do recurso, no particular. MULTA DO FGTS. EXPURGOS INFLACIONÁRIOS. RESPONSABILIDADE PELO PAGAMENTO. O acórdão recorrido está em harmonia com a jurisprudência atual e pacífica desta Corte, consubstanciada na Orientação Jurisprudencial n.º 341 da SBDI-1. Incidência da Súmula n.º 333 e da Orientação Jurisprudencial n.º 336 da SBDI, ambas do TST. Agravo de instrumento a que se nega provimento" (TST – 7ª T. – AIRR 153240-93.2003.5.15.0023 – Rel. Min. Pedro Paulo Manus – j. 02.12.2009 – *DEJT* 04.12.2009).

"AGRAVO. AGRAVO DE INSTRUMENTO. RECURSO DE REVISTA. CONVERSÃO PARA O RITO SUMARÍSSIMO. AUSÊNCIA DE PREJUÍZO PROCESSUAL. NULIDADE. NÃO CARACTERIZAÇÃO. Em se tratando de nulidades processuais, incide o conteúdo normativo disposto no art. 794 da CLT, consoante o qual só será declarada a ineficácia do ato se houver manifesto prejuízo para o litigante. Embora tenha ocorrido a conversão de rito ordinário para o sumaríssimo ao tempo do julgamento do recurso interposto pela parte Agravante, o Tribunal Regional lavrou acórdão fundamentado. Ademais, consoante os termos do item II da OJ/260/SBDI-1/TST, é possível ao juízo *ad quem* afastar a limitação contida no art. 896, § 6.º, da CLT e examinar imediatamente o mérito da controvérsia. Agravo desprovido" (TST – 6.ª T. – A-AIRR 1902200-44.2002.5.15.0900 – Rel. Min. Mauricio Godinho Delgado – j. 02.12.2009 – *DEJT* 11.12.2009).

"A) AGRAVO DE INSTRUMENTO EM RECURSO DE REVISTA. CONVERSÃO DE RITO. NULIDADE. A alteração do procedimento ordinário para o sumaríssimo no curso do processo viola o art. 5.º, LV, da Constituição Federal. Agravo de instrumento provido. B) RECURSO DE REVISTA. CONVERSÃO DE RITO. NULIDADE. No caso concreto, o Tribunal *a quo* valeu-se de regra pertinente ao rito sumaríssimo, alterado pela sentença, adotando seus fundamentos para mantê-la. Esse procedimento afetou o acesso da parte ao duplo grau de jurisdição, causando-lhe prejuízos. Recurso de revista conhecido e provido" (TST – 8.ª T. – RR 28240-05.2007.5.08.0002 – Rel. Min. Dora Maria da Costa – j. 10.11.2010 – *DEJT* 03.12.2010).

"AGRAVO DE INSTRUMENTO EM RECURSO DE REVISTA – RITO SUMARÍSSIMO – CONVERSÃO. A despeito da conversão de rito, operada ao tempo do julgamento do recurso ordinário interposto pelo ora agravante, o Tribunal Regional lavrou acórdão fundamentando sua decisão. Assim, não se evidencia a nulidade perseguida, uma vez que se pode afastar a limitação contida no art. 896, § 6.º, da CLT e examinar o mérito da controvérsia, sem prejuízo algum à parte. Orientação Jurisprudencial n.º 260 da SBDI-1 do TST. PROGRAMA DE INCENTIVO À DEMISSÃO VOLUNTÁRIA – TRANSAÇÃO EXTRAJUDICIAL – EFEITOS. A jurisprudência pacífica desta Corte Superior evoluiu no sentido de que a adesão ao programa de demissão voluntária não confere quitação plena aos direitos advindos do extinto contrato de trabalho, por ser princípio de Direito do Trabalho a irrenunciabilidade de direitos. Exegese que se extrai da Orientação Jurisprudencial n.º 270 da SBDI-1 do TST. Agravo de instrumento desprovido" (TST – 1.ª T. – AIRR 163040-44.2006.5.02.0463 – Rel. Min. Luiz Philippe Vieira de Mello Filho – j. 13.10.2010 – *DEJT* 22.10.2010).

7.3. PROCEDIMENTO SUMÁRIO

A Lei 5.584/1970, no art. 2.º, §§ 3.º e 4.º, instituiu o dissídio de alçada, também conhecido como procedimento sumário, para as causas cujo valor não exceda a dois salários-mínimos.

Vejamos:

"Lei 5.584/1970, art. 2.º Nos dissídios individuais, proposta a conciliação, e não havendo acordo, o Presidente da Junta (atual Vara do Trabalho) ou o Juiz, antes de passar à instrução da causa, fixar-lhe-á o valor para a determinação da alçada, se este for indeterminado no pedido.

(...)

§ 3.º Quando o valor fixado para a causa, na forma deste artigo, não exceder de 2 (duas) vezes o salário-mínimo vigente na sede do juízo, será dispensável o resumo dos depoimentos, devendo constar da Ata a conclusão da Junta quanto à matéria de fato.

§ 4.º Salvo se versarem sobre matéria constitucional, nenhum recurso caberá das sentenças proferidas nos dissídios de alçada a que se refere o parágrafo anterior, considerado, para esse fim, o valor do salário-mínimo à data do ajuizamento da ação."

Portanto, estabeleceu a Lei 5.584/1970 (art. 2.º, § 4.º) que, salvo se versarem sobre matéria constitucional, nenhum recurso seria cabível das sentenças proferidas nos dissídios de alçada (demandas que não ultrapassem dois salários-mínimos – procedimento sumário), considerando a lei, o valor do salário-mínimo à data do ajuizamento da ação.

7.4. COMISSÕES DE CONCILIAÇÃO PRÉVIA

As Comissões de Conciliação Prévia surgiram por meio da Lei 9.958/2000 (que introduziu à Consolidação das Leis do Trabalho os arts. 625-A a 625-

H), com o claro objetivo de tentar diminuir o número de ações submetidas à Justiça do Trabalho.

Para tanto, o art. 625-A da CLT estabelece que as empresas e os sindicatos podem instituir Comissões de Conciliação Prévia, de composição paritária, composta de representantes dos trabalhadores e empregadores, com a atribuição de tentar conciliar os conflitos individuais do trabalho.

Em relação às Comissões de Conciliação Prévia, cumpre destacar que:

- Podem ser instituídas no âmbito da empresa (em geral grandes empresas, onde haja rotatividade de mão de obra) ou serem formadas por sindicatos;
- Terão sempre composição paritária, com representantes em igual número dos trabalhadores e empregadores;
- A comissão instituída no âmbito da empresa será composta de, no mínimo, 2 (dois) e, no máximo, 10 (dez) membros, devendo obedecer às seguintes normas: a) a metade de seus membros será indicada pelo empregador e a outra metade eleita pelos empregados, em escrutínio secreto, fiscalizado pelo sindicato da categoria profissional; b) haverá na comissão tantos suplentes quantos forem os representantes titulares; e c) o mandato dos seus membros, titulares e suplentes é de um ano, permitida uma recondução;
- É vedada a dispensa dos representantes dos empregados membros da Comissão, titulares e suplentes, até um ano após o final do mandato, salvo se cometerem falta grave, nos termos da lei;
- O representante dos empregados desenvolverá seu trabalho normal na empresa, afastando-se de suas atividades apenas quando convocado para atuar como conciliador, sendo computado como tempo de trabalho efetivo o despendido nessa atividade;
- A comissão instituída no âmbito do sindicato terá sua constituição e normas de funcionamento definidas em convenção ou acordo coletivo;
- O art. 625-D da CLT determina que qualquer demanda de natureza trabalhista será submetida à Comissão de Conciliação Prévia se, na localidade da prestação de serviços, houver sido instituída a Comissão no âmbito da empresa ou do sindicato da categoria. O STF concedeu liminar no julgamento das ADIns 2.139 e 2.160, conferindo interpretação conforme a Constituição ao art. 625-D da CLT, para afastar qualquer interpretação no sentido de ser condição para propositura da reclamação trabalhista a prévia submissão da demanda à Comissão de Conciliação Prévia.
- Em caso de motivo relevante que impossibilite a submissão da demanda à Comissão de Conciliação Prévia, será tal circunstância declarada na petição inicial da ação intentada perante a Justiça do Trabalho;
- A demanda será formulada por escrito ou reduzida a termo por qualquer dos membros da Comissão;
- Não prosperando a conciliação, será fornecida aos interessados declaração da tentativa conciliatória frustrada (carta de malogro), que deverá ser juntada em eventual reclamação trabalhista;

- Aceita a conciliação, será lavrado termo assinado pelo empregado, pelo empregador ou seu preposto e pelos membros da Comissão, fornecendo-se cópia às partes, sendo o termo de conciliação considerado um título executivo extrajudicial, com eficácia liberatória geral, exceto quanto às parcelas expressamente ressalvadas;
- As Comissões de Conciliação Prévia têm prazo de 10 dias para a realização da sessão de tentativa de conciliação, a partir da provocação do interessado, cabendo destacar que, esgotado o prazo sem a realização da sessão, será fornecida, no último dia do prazo, a declaração da tentativa conciliatória frustrada;
- O prazo prescricional será suspenso a partir da provocação da Comissão de Conciliação Prévia, recomeçando a fluir, pelo que lhe resta, a partir da tentativa frustrada de conciliação ou do esgotamento do prazo de 10 dias para realização da sessão de conciliação pela Comissão.

Vale destacar que o Supremo Tribunal Federal determinou (13.05.2009) que as demandas trabalhistas podem ser submetidas ao Poder Judiciário antes que tenham sido analisadas por uma comissão de conciliação prévia, preservando-se, assim, o direito universal dos cidadãos de acesso à Justiça.

A decisão foi proferida liminarmente e vale até o julgamento final da matéria, contestada em duas Ações Diretas de Inconstitucionalidade (ADIns 2.139 e 2.160) ajuizadas por quatro partidos políticos e pela Confederação Nacional dos Trabalhadores do Comércio (CNTC). Tanto a confederação quanto o PC do B, o PSB, o PT e o PDT argumentaram que a regra da CLT representava um limite à liberdade de escolha da via mais conveniente para submeter eventuais demandas trabalhistas.

Portanto, após a decisão do STF, não é obrigatória a submissão da demanda previamente à eventual Comissão de Conciliação Prévia existente.

Quanto às comissões de conciliação prévia, podemos destacar os seguintes arestos:

> "RECURSO DE REVISTA. 1. COMISSÃO DE CONCILIAÇÃO PRÉVIA. AUSÊNCIA DE SUBMISSÃO. De acordo com a jurisprudência já pacificada do Supremo Tribunal Federal e do Tribunal Superior do Trabalho, a submissão das demandas de natureza trabalhista à Comissão de Conciliação Prévia encerra faculdade da parte reclamante e, como tal, não estabelece pressuposto de constituição e desenvolvimento válido e regular do processo. Precedentes. Recurso de revista não conhecido. 2. COMISSÕES. PRESCRIÇÃO TOTAL. O acórdão de origem não apresenta elementos fáticos suficientes para se afirmar, de forma inequívoca, o momento em que se configura a *actio nata*. A Súmula 126 desta Corte impede que se incursione no caderno processual com tal objetivo. Recurso de revista não conhecido. 3. COMISSÕES. ALTERAÇÃO NA FORMA DE PAGAMENTO. O reclamante não aponta violação de lei, da Constituição Federal e tampouco traz aresto para configuração de divergência jurisprudencial. Dessa forma, está desfundamentado nos termos do art. 896 da CLT. Recurso de revista não conhecido. 4. ENQUADRAMENTO SINDICAL. SÚMULA 374 DO TST. Nos termos da jurisprudência cristalizada na Súmula 374 do TST, o empregado integrante de

categoria profissional diferenciada não tem o direito de haver de seu empregador vantagens previstas em instrumento coletivo no qual a empresa não foi representada por órgão de classe de sua categoria. Recurso de revista conhecido e provido. 5. HONORÁRIOS ADVOCATÍCIOS. O Regional asseverou que o reclamante juntou aos autos declaração de pobreza e credencial sindical. Portanto, restaram comprovados os requisitos previstos no art. 14 da Lei n.º 5.584/1970 e nas Súmulas 219 e 329 do TST. Recurso de revista não conhecido" (TST – 8.ª T. – RR 92700-29.2006.5.04.0331 – Rel. Min. Dora Maria da Costa – j. 15.12.2010 – *DEJT* 17.12.2010).

"RECURSO DE REVISTA. PRELIMINAR DE CARÊNCIA DE AÇÃO. FEITO NÃO SUBMETIDO À COMISSÃO DE CONCILIAÇÃO PRÉVIA – EFEITOS. Embora não se deva desestimular a atuação das Comissões de Conciliação Prévia, a omissão de sua interveniência, em processos que seguiram regular tramitação, restando frustradas as tentativas de acordo, não podem conduzir à extinção do feito, quanto mais em sede extraordinária. Não bastassem esses fundamentos, tem-se que em 14/05/2009, o Supremo Tribunal Federal, dando interpretação, conforme a Constituição, ao art. 625-D da CLT, estabeleceu, liminarmente, que demandas trabalhistas podem ser ajuizadas sem prévia submissão às Comissões de Conciliação Prévia, em observância ao direito universal de acesso à Justiça, bem assim à liberdade de escolha, pelo cidadão, da via mais conveniente para submeter suas demandas (ADI 2.139/DF--MC e ADI 2.160/DF-MC, Plenário, rel. Min. Octavio Gallotti, red. p/ acórdão Min. Marco Aurélio, *DJ* 23.10.2009). Precedentes. Recurso de revista não conhecido" (TST – 3.ª T. – RR 107000-32.2008.5.09.0025 – Rel. Min. Horácio Raymundo de Senna Pires – j. 07.12.2010 – *DEJT* 17.12.2010).

"RECURSO DE REVISTA. COMISSÃO DE CONCILIAÇÃO PRÉVIA – CCP. TERMO DE CONCILIAÇÃO. EFICÁCIA LIBERATÓRIA. ALCANCE. Cinge-se a controvérsia a se saber qual a eficácia liberatória do termo celebrado perante uma Comissão de Conciliação Prévia – CCP. Realmente, em um exame primeiro da matéria, parece inescapável a conclusão de conflito aparente entre o artigo 625-E, parágrafo único, da CLT (que prevê a eficácia liberatória geral ao termo lavrado perante tais comissões, salvo quanto a parcelas ressalvadas expressamente), por um lado, e o artigo 477, § 2º, in fine, da CLT (que limita a eficácia liberatória do pagamento registrado por meio de termo de rescisão de contrato de trabalho apenas às parcelas nele registradas), por outro, razão por que, considerando-se os princípios gerais de Direito do Trabalho, pareceu a este Relator que o caso era de fazer prevalecer esta última disposição sobre a primeira. No entanto, por disciplina judiciária impõe-se fazer incidir a jurisprudência majoritária da egrégia SBDI-1, que se inclina no sentido de que o acordo celebrado perante a Comissão de Conciliação Prévia tem natureza de ato jurídico perfeito e, na forma daquele dispositivo primeiro mencionado, o termo dessa conciliação constitui-se em título executivo extrajudicial e terá eficácia liberatória geral, exceto quanto às parcelas expressamente ressalvadas. Assim, diante da premissa consignada pela egrégia Corte Regional, de que a quitação é expressa somente em relação aos valores e às parcelas constantes do instrumento, tem-se que assiste razão às rés quanto à eficácia liberatória geral do termo firmado na Comissão de Conciliação Prévia, uma vez que não foi constatado que havia ressalvas no termo de conciliação. Precedentes. Recurso de revista conhecido por violação do artigo 625-E, parágrafo único, da CLT e provido" (TST – RR 2766720125040521 – 3ª Turma, Rel. Alexandre de Souza Agra Belmonte – j. em 02.03.2016 – *DEJT* 11.03.2016).

"RECURSO DE REVISTA – COMISSÃO PRÉVIA DE CONCILIAÇÃO – TERMO DE CONCILIAÇÃO EXTRAJUDICIAL – EFICÁCIA LIBERATÓRIA PLENA – QUITAÇÃO DO EXTINTO CONTRATO DE TRABALHO SEM RESSALVAS – DESCONSIDERAÇÃO – OFENSA AO ART. 625-E E PARÁGRAFO ÚNICO DA CLT – CARACTERIZAÇÃO. Configura-se em afronta ao teor do art. 625-E e parágrafo único da CLT, acórdão regional que desconsidera o Termo **de Conciliação** firmado perante CCP, mesmo reconhecendo sua regular entabulação, sem nenhum vício nulificador, máxime quando no documento de transação consta expressamente a quitação **geral** e irrestrita do contrato de trabalho ofertada pelo empregado. Recurso de Revista a que se conhece por violação ao art. 625-E e parágrafo único da CLT e a que se empresta provimento para julgar extinto o feito sem julgamento do mérito, nos termos do art. 267, IV, do CPC" (art. 485, IV, do atual CPC) (TST – RR-619/2002-034-02-40.5 – Rel. Juiz Convocado Ricardo Machado – 3.ª T., *DJ* 04.11.2005). "RECURSO DE REVISTA INTERPOSTO SOB A ÉGIDE DA LEI Nº 13.105/2014 – COMISSÃO DE CONCILIAÇÃO PRÉVIA – ACORDO FIRMADO EXTRAJUDICIALMENTE SEM RESSALVA – VALIDADE – QUITAÇÃO AMPLA DO CONTRATO DE TRABALHO. O art. 625-E, parágrafo único, da CLT é expresso ao determinar que o termo de conciliação é título executivo extrajudicial, tendo eficácia liberatória geral, abrangendo todas as parcelas oriundas do vínculo de emprego, exceto as expressamente ressalvadas. Precedentes. Recurso de Revista conhecido e provido" (TST – RR 7399620125120032 – 8ª T. – Rel.ª Maria Cristina Irigoyen Peduzzi – j. em 14.10.2015 – *DEJT* 16.10.2015).

7.5. RESUMO DA MATÉRIA

1. Em função do princípio da inércia da jurisdição, o juiz somente prestará a tutela jurisdicional uma vez provocado, impondo-se, por conseguinte, a apresentação da reclamação trabalhista pelo interessado.

2. O texto consolidado (art. 840) permite que a reclamação trabalhista seja apresentada de maneira verbal (oral) ou escrita.

3. Por sua vez, o art. 786 da CLT determina que, nas localidades onde existirem mais de uma Vara do Trabalho, a reclamação verbal será distribuída antes de sua redução a termo (ato realizado por um servidor da Vara do Trabalho consistente em dar forma escrita à reclamação apresentada oralmente).

4. A inicial trabalhista deverá conter: designação do juízo a quem a petição é dirigida, qualificação das partes, breve exposição dos fatos de que resultem o dissídio, o pedido certo, determinado e com indicação de seu valor, data e assinatura do reclamante ou de seu representante.

5. Comparando-se os requisitos exigidos para a petição inicial no processo civil (art. 319 do CPC) com os da petição inicial trabalhista (art. 840, § 1.º, da CLT), verificamos que no Processo do Trabalho não é requisito da petição inicial a indicação das provas com que o reclamante pretende

demonstrar a verdade dos fatos alegados e a menção da opção ou não do reclamante pela realização da audiência de conciliação e de mediação.

6. No Processo do Trabalho, o aditamento da petição inicial pode ser requerido pelo reclamante até o dia da audiência, desde que antes da apresentação da defesa pelo reclamado. Acolhendo o aditamento, o juiz designará nova audiência para que o réu possa também contestar o novo pedido objeto do aditamento, respeitado o prazo mínimo para defesa de 5 dias, previsto no art. 841 da CLT.

7. As hipóteses de indeferimento da petição inicial estão previstas no art. 330 do CPC. É preciso separá-las em dois grupos (Súmula 263, TST): a) aquelas dos incisos I a III, que levam à extinção imediata do processo sem resolução do mérito, sem a intimação das partes para modificar a petição inicial; e b) e as do inciso IV, em que o indeferimento ocorrerá apenas se não atendida a determinação judicial nos prazos previstos nos arts. 106 e 321 do CPC.

8. Preceitua o art. 106 do CPC que cabe ao advogado que postular em causa própria declarar, na petição inicial ou na contestação, o endereço, seu número de inscrição na OAB e o nome da sociedade de advogados da qual participa, para o recebimento de intimações. Caso não o faça, primeiro o juiz ordenará que se supra a omissão, no prazo de 5 dias, e, se a prescrição não for atendida, indeferirá a petição inicial.

9. Por seu turno, o art. 840, § 1º, da CLT em conjunto com os arts. 319 e 320 do CPC contemplam os requisitos da petição inicial no Processo do Trabalho. Uma vez inobservados, ou se a petição inicial apresentar defeitos e irregularidades capazes de dificultar o julgamento de mérito, o juiz, em um primeiro momento, determinará que o autor, no prazo de 15 dias, a emende ou a complete, indicando com precisão o que deve ser corrigido ou completado, e se ele não o fizer, indeferirá a petição inicial (art. 321 do CPC).

10. Também são hipóteses de indeferimento da petição inicial (demais hipóteses do art. 330 do CPC): a inépcia da petição inicial, a ilegitimidade de parte e a falta de interesse processual. Porém, nesses casos, o juiz indefere de plano a petição inicial, sem a intimação prévia da parte.

11. Tema polêmico diz respeito à possibilidade ou não de o juiz determinar a emenda da petição inicial quando o reclamante não formula pedido líquido. Os arts. 840, §§ 1º e 3º e 852-B, § 1º, ambos da CLT, impõem a extinção do processo sem resolução do mérito se o reclamante não apresentar pedidos líquidos, sem prever a prévia intimação do reclamante para emendar a petição inicial no prazo de 15 dias, consoante prescreve o art. 321 do CPC.

12. Entendemos que a omissão da CLT autoriza a aplicação supletiva do art. 321 do CPC, assim como dos arts. 769 da CLT e 15 do CPC. O princípio da primazia da decisão de mérito orienta o nosso sistema jurídico e afasta do Processo do Trabalho a necessidade de intimar o reclamante para emendar a petição inicial. Nesses casos, seria negar a aplicação de tal princípio, promovendo justamente o contrário do que se busca, que é a análise do mérito.

13. Nas localidades onde houver mais de uma Vara do Trabalho ou mais de um Juízo, a reclamação trabalhista será, preliminarmente, submetida à distribuição, conforme dispõe o art. 838 da CLT. Por outro lado, nas localidades em que houver apenas uma Vara do Trabalho ou Juízo, a reclamação será apresentada diretamente à secretaria da Vara, ou ao cartório do Juízo (art. 837 da CLT).

14. Estabelece o art. 841 da CLT que, recebida e protocolada a reclamação, o escrivão ou chefe de secretaria, dentro de 48 horas, remeterá a segunda via da petição, ou do termo, ao reclamado, notificando-o ao mesmo tempo para comparecer à audiência de julgamento, que será a primeira desimpedida, depois de 5 dias. Logo, recebida a reclamação trabalhista pela Vara do Trabalho, o escrivão ou chefe de secretaria, no prazo de 48 horas, notificará, via postal, o reclamado, para comparecer à audiência, presumindo-se o recebimento da atinente notificação pelo réu também no prazo de 48 horas (contados da postagem nos correios).

15. Na Justiça do Trabalho, ao contrário do que ocorre na Justiça Comum e na Justiça Federal, o reclamado não é citado para apresentar de imediato a resposta, mas sim para comparecer à audiência, onde apresentará sua defesa. Nos termos do art. 847, parágrafo único, da CLT, o reclamado poderá apresentar defesa escrita pelo sistema de processo judicial eletrônico até a audiência.

16. Entre o recebimento da notificação postal e a realização da audiência, consoante dispõe o art. 841 consolidado, exige-se um decurso mínimo de 5 dias, tempo necessário para o reclamado preparar sua defesa e documentos que serão apresentados.

17. Não respeitado o quinquídio legal previsto no art. 841 consolidado, o reclamado, comparecendo a juízo, poderá requerer a designação de nova data para realização da audiência.

18. O § 1.º do art. 841 da CLT informa que, se o reclamado criar embaraços ao seu recebimento, ou não for encontrado, far-se-á a notificação por edital. No entanto, tendo em vista o alto custo da notificação por edital, na prática, quando o reclamado cria embaraços ao seu recebimento ou não é encontrado, o Juiz do Trabalho determina a notificação do reclamado por intermédio de oficial de justiça.

19. O reclamante será notificado da audiência no ato da distribuição da reclamação ou poderá ser notificado, via postal, da data designada para a realização da audiência (art. 841, § 2.º, da CLT).

20. São respostas do réu no Processo do Trabalho: a contestação (a reconvenção é apresentada na contestação) e as exceções de incompetência e de suspeição e impedimento.

21. Podemos conceituar a contestação, também chamada de "peça de resistência" ou "peça de bloqueio", como uma das modalidades de resposta do réu, pela qual o réu exerce o seu direito constitucionalmente assegurado de defesa, insurgindo-se contra a pretensão deduzida pelo autor na petição inicial.

22. O art. 336 do CPC, de aplicação subsidiária ao Processo do Trabalho, contempla o princípio da eventualidade, dispondo que compete ao réu alegar, na contestação, toda a matéria de defesa, expondo as razões de fato e de direito, com que impugna o pedido do autor.

23. No que atine ao princípio da eventualidade, deverá o réu incluir no bojo da "peça de resistência" todas as matérias de irresignação, vedando-se a denominada "contestação por etapas". Em outras palavras, o princípio da eventualidade estabelece que todos os meios de defesa sejam apresentados em uma única oportunidade processual, possibilitando ao magistrado, caso não aceite um deles, conhecer dos posteriores. Logo, toda a matéria de defesa deve ser arguida na contestação, sob pena de preclusão.

24. Por sua vez, o art. 341 do CPC prevê o princípio da impugnação específica, instituindo que incumbe também ao réu manifestar-se precisamente sobre as alegações de fato constantes da petição inicial, presumindo-se verdadeiras as não impugnadas, salvo se: a) não for admissível, a seu respeito, a confissão; b) a petição inicial não estiver acompanhada de instrumento que a lei considerar da substância do ato; e c) estiverem em contradição com a defesa, considerada em seu conjunto. O ônus da impugnação especificada dos fatos não se aplica ao defensor público, ao advogado dativo e ao curador especial.

25. Dispõe o art. 344 do CPC que, se o réu não contestar a ação, reputar-se-ão verdadeiros os fatos afirmados pelo autor. Por outro lado, estabelece a parte final do art. 844 da CLT que, se o reclamado não comparecer à audiência, importará revelia, além de confissão, quanto à matéria de fato, ou seja, presumem-se verdadeiros os fatos alegados pelo demandante.

26. Estabelece a parte final do art. 844 da CLT que, se o reclamado não comparecer à audiência, importará revelia, além de confissão, quanto à matéria de fato, ou seja, presumem-se verdadeiros os fatos alegados pelo demandante.

27. À luz do art. 844, § 5º, do CPC, ainda que ausente o reclamado, presente o advogado na audiência, serão aceitos a contestação e os documentos eventualmente apresentados, nas ações propostas depois de 11/11/2017, data em que entrou em vigor a Lei 13.467/2017 (Reforma Trabalhista) (art. 12, IN 41/2018, TST).

28. Impende destacar que, nos domínios do Processo do Trabalho, mesmo que ocorra a revelia, o revel será notificado, via postal, da sentença proferida, conforme previsto no art. 852 da CLT.

29. O réu poderá apresentar defesa processual na contestação, constituindo-se numa defesa indireta do demandado, sem apreciação das questões de mérito da lide, mas tão somente baseando-a em aspectos meramente processuais. Aliás, na defesa processual (que será sempre indireta) não há a abordagem de questões meritórias, mas apenas de questões processuais, de vícios verificados na inicial, no exercício do direito de ação (condições da ação) ou na própria existência ou no desenvolvimento válido e regular do processo (pressupostos processuais).

30. A defesa processual, conhecida nos domínios jurídicos como "preliminares", é classificada pela doutrina em "peremptórias" e "dilatórias". A defesa processual peremptória, uma vez acolhida, põe fim ao processo. As dilatórias apenas suspendem ou dilatam o curso do processo, sem extingui-lo, retomando o processo o curso normal após saneado o vício.

31. Quanto ao mérito, a contestação pode apresentar duas espécies de defesa: defesa indireta de mérito e defesa direta de mérito.

32. Na contestação indireta do mérito, também denominada "exceção substancial", o réu reconhece o fato constitutivo do direito, mas alega um fato extintivo, impeditivo ou modificativo do direito do autor. Já a defesa direta de mérito ocorre com a negação do fato constitutivo do direito do autor.

33. A compensação, a teor do art. 767 consolidado, somente pode ser alegada como matéria de defesa. De outra maneira, a compensação deve ser alegada na contestação, sob pena de preclusão. Estabelece a Súmula 18 do TST que a compensação na Justiça do Trabalho está restrita a dívidas de natureza trabalhista. Por seu turno, o art. 477, § 5.º, da CLT dispõe que, na rescisão, qualquer compensação no pagamento a que fizer jus o empregado não poderá exceder o equivalente a um mês de remuneração.

34. A compensação, em verdade, é uma forma indireta de extinção de obrigações, destinada a possibilitar a solução de dívidas entre as partes litigantes, quando autor e réu são reciprocamente credor e devedor. Neste contexto, estabelece o art. 368 do CC que, "se duas pessoas forem ao mesmo tempo credor e devedor uma da outra, as duas obrigações extinguem-se, até onde se compensarem". A compensação efetua-se entre dívidas líquidas, vencidas e de coisas fungíveis.

35. Outrossim, os institutos da compensação e dedução não se confundem. A dedução dos valores pagos pelo empregador em relação aos títulos pleiteados pelo autor pode ser deferida de ofício pelo magistrado, evitando-se, assim, o enriquecimento ilícito do reclamante, devendo ser determinada sempre que restem comprovados os pagamentos já efetuados pelo reclamado. Já a compensação depende de requerimento do reclamado até a contestação, podendo ser utilizada quando autor e réu são reciprocamente credores e devedores.

36. A retenção consiste no direito do réu de reter alguma coisa do autor até que este quite sua dívida com o demandado, também devendo ser requerida no prazo da defesa, sob pena de preclusão (art. 767 da CLT).

37. A prescrição consiste na perda do direito de ação em virtude da inércia de seu titular no decurso de certo período. Quer dizer, prescrição consiste na perda da exigibilidade judicial de um direito em consequência de não ter sido exigido pelo credor ao devedor durante certo lapso temporal. A alegação de prescrição pelo réu surge como uma "prejudicial de mérito", sendo alegada como defesa indireta de mérito. Com efeito, estabelece o art. 487, II, do CPC que o processo será extinto com resolução do mérito quando o juiz pronunciar a decadência ou a prescrição.

38. O juiz poderá julgar liminarmente improcedente o pedido se verificar, desde logo, a ocorrência de prescrição. (art. 332, § 1º, do CPC e IN 39/2016, TST).

39. A prescrição dos créditos trabalhistas, tanto dos trabalhadores urbanos quanto rurais, está prevista nos arts. 7.º, XXIX, da CF/1988 e 11 da CLT, os quais determinam que a ação, quanto aos créditos resultantes das relações de trabalho, tem prazo prescricional de 5 anos, até o limite de 2 anos após a extinção do contrato de trabalho.

40. A prescrição quinquenal conta-se retroativamente da data do ajuizamento da ação e não do término do contrato de trabalho (Súmula 308, I, do TST).

41. Segundo o art. 11, § 2º, da CLT, tratando-se de pretensão que envolva pedido de prestações sucessivas decorrente de alteração ou descumprimento do pactuado, a prescrição é total, exceto quando o direito à parcela esteja também assegurado por preceito de lei.

42. A distinção entre prescrição total e parcial produz-se em função do título jurídico a conferir fundamento e validade à parcela pretendida. Se o título jurídico da parcela está assegurado por norma legal, a actio nata incide em cada parcela especificamente lesionada, sendo parcial a prescrição, que é contada do vencimento de cada prestação periódica resultante do direito legalmente protegido. Se a verba foi concedida por instrumento infralegal, seja o regulamento empresarial, seja o contrato, a prescrição é total (Súmula 294, TST).

43. O prazo de prescrição para todas as parcelas trabalhistas (previstas em lei ou não) é de 5 anos. Ocorre que quando a parcela está prevista em lei o direito renova-se a cada ano, mês, dia ou semana, dependo da verba; e nas parcelas não decorrentes de lei isso não ocorre, contando-se o prazo de prescrição do ato único de supressão ou da alteração da parcela.

44. Em síntese, para identificar a prescrição parcial (quinquenal), basta contar os 5 anos da data do ajuizamento da ação para trás. As verbas anteriores aos últimos 5 anos estarão prescritas. Para encontrar a prescrição total, deve-se contar os 5 anos da data da supressão ou da alteração da parcela não prevista em lei e observar se a ação foi ajuizada após esse prazo. Em caso afirmativo terá ocorrido a prescrição de toda a parcela.

45. O art. 11, § 1.º, da CLT prevê a imprescritibilidade das ações declaratórias quando determina que não se aplicam os prazos prescricionais às ações que objetivem apenas o reconhecimento do vínculo de emprego para fins de anotação da CTPS para fazer prova junto à Previdência.

46. A petição com pedido de homologação de acordo extrajudicial formulada nos termos do art. 855-B a 855-E da CLT suspende o prazo prescricional da ação exclusivamente quanto aos direitos nela especificados, o qual voltará a fluir no dia útil seguinte ao do trânsito em julgado da decisão que negar a homologação do acordo (art. 852-E da CLT).

47. No tocante à interrupção do prazo prescricional, o art. 11, § 3º, da CLT preceitua que a interrupção da prescrição ocorrerá pelo ajuizamento de reclamação trabalhista, mesmo que em juízo incompetente, ainda que venha a ser extinta sem resolução do mérito

48. O TST, na Súmula 268 do TST, deixa claro que no Processo do Trabalho é o ajuizamento da ação que interrompe a prescrição quanto aos pedidos idênticos.

49. O art. 11-A, *caput* e §§ 1º e 2º, da CLT torna aplicável a prescrição intercorrente mediante requerimento ou de ofício no Processo do Trabalho, de modo que a Súmula 114 do TST, que determina o contrário, deve ser cancelada.

50. Prescrição intercorrente é a perda de um direito pelo decurso do tempo, em razão da inércia da parte, que não toma iniciativa no sentido de praticar atos processuais necessários para a execução da dívida, paralisando o processo, por mais de 2 anos.

51. A decadência, também chamada de caducidade, consiste na perda do próprio direito, em face do seu não exercício no prazo legal, ou mesmo, consoante conceitua Maurício Godinho Delgado, *Curso de direito do trabalho*, 4. ed., p. 250, como "perda da possibilidade de obter uma vantagem jurídica e garanti-la judicialmente, em face do não exercício oportuno da correspondente faculdade de obtenção".

52. A decadência constitui uma "prejudicial de mérito", devendo ser utilizada como uma defesa indireta de mérito, podendo também ser conhecida de ofício pelo juiz. Acolhida a decadência, o processo será extinto com resolução do mérito, com base no art. 487, II, do CPC.

53. Institui a Súmula 62 do TST que o prazo de decadência do direito do empregador de ajuizar inquérito em face do empregado que incorre em abandono de emprego (30 dias – art. 853 da CLT) é contado a partir do momento em que o empregado pretendeu seu retorno ao serviço. A ação rescisória também está sujeita ao prazo decadencial de 2 anos, contados do trânsito em julgado da última decisão proferida na causa, conforme previsto no art. 975 do CPC e na Súmula 100 do TST.

54. Com base no art. 7º, parágrafo único, da IN 39/2016 do TST, aplica-se no Processo do Trabalho, com adaptações, o art. 332, § 1º, do CPC, de modo que o juiz poderá julgar liminarmente improcedente o pedido se verificar desde logo a decadência, isto é, o mesmo não poderá ocorrer quanto à prescrição, visto que esta não pode ser reconhecida de ofício pelo juiz.

55. As exceções processuais constituem-se em espécie de defesa do reclamado que objetivam resolver determinada questão pendente, sem operar a extinção do processo com ou sem a resolução do mérito. Com efeito, objetivam as exceções processuais atacar a imparcialidade do magistrado ou a competência do juízo a ele vinculado para processar e julgar a demanda.

56. Nessa esteira, com fulcro nos arts. 799 a 802 da CLT, é lícito a qualquer das partes arguir, por meio de exceção, a incompetência relativa, o impedimento e a suspeição do magistrado.

57. O atual Código de Processo Civil eliminou a figura exceção, admitindo apenas uma resposta do réu, a contestação, de modo que determinou que a incompetência relativa deverá ser tratada em preliminar de contestação (art. 337, II, do CPC), e o impedimento e a suspeição, por simples petição, no prazo de 15 dias, a contar do conhecimento do fato (art. 146 do CPC).

58. A CLT, por seu turno, mantém a terminologia exceção (art. 799 da CLT), de modo que permanecerá usual no Processo do Trabalho petição com essa denominação para arguição de incompetência territorial, suspeição e impedimento.

59. A incompetência territorial deve ser arguida em peça processual denominada exceção de incompetência e tramitará segundo as regras previstas no art. 800 da CLT.

60. Por sua vez, a suspeição e o impedimento serão arguidos em petições denominadas exceções de suspeição e impedimento, porém o trâmite é o do art. 146 do CPC.

61. O art. 800 da CLT estabelece que a exceção de incompetência territorial deverá ser apresentada no prazo de 5 dias a contar da notificação, antes da audiência e em peça que sinalize a existência desta exceção.

62. Uma vez protocolada a exceção, o processo será suspenso e não se realizará a audiência até que se decida a exceção (art. 800, § 1º, da CLT).

63. Os autos serão imediatamente conclusos ao juiz, que intimará o reclamante e, se existentes, os litisconsortes, para manifestação no prazo comum de 5 dias (art. 800, § 2º, CLT).

64. Se entender necessária a produção de prova oral, o juízo designará audiência, garantindo o direito de o excipiente e de suas testemunhas serem ouvidos, por carta precatória, no juízo que este houver indicado como competente (art. 800, § 3º, da CLT).

65. Decidida a exceção de incompetência territorial, o processo retomará o seu curso, com a designação de audiência, a apresentação de defesa e a instrução processual perante o juízo competente (art. 800, § 4º, da CLT).

66. Já que a CLT prevê expressamente a exceção como medida processual cabível para arguição da suspeição e impedimento, elas permanecem existentes no Processo do Trabalho, observando, entretanto, o processamento previsto no CPC.

67. O atual Código de Processo Civil preceitua que em seu art. 146, *caput* e parágrafos, a parte alegará o impedimento ou a suspeição em 15 dias, a contar do conhecimento do fato, em petição específica dirigida ao juiz do processo, na qual indicará o fundamento da recusa, podendo instruí-la com documentos em que se fundar a alegação e com rol de testemunhas. Se reconhecer o impedimento ou a suspeição ao receber a petição, o juiz ordenará, imediatamente, a remessa dos autos a seu substituto legal, caso contrário, instituirá a autuação em apartado da petição e, no prazo de 15 (quinze) dias, apresentará suas razões, acompanhadas de documentos e de rol de testemunhas, se houver, ordenando a remessa do incidente ao tribunal. Caso seja acolhida a alegação, tratando-se de impedimento ou de manifesta suspeição, o tribunal condenará o juiz nas custas e remeterá os autos ao seu substituto legal, podendo o juiz recorrer da decisão. Neste caso, o tribunal fixará o momento a partir do qual o juiz não poderia ter atuado e decretará a nulidade dos seus atos, se praticados quando já presente o motivo de impedimento ou de suspeição.

68. Na contestação, é lícito ao réu propor reconvenção para manifestar pretensão própria, conexa com a ação principal ou com o fundamento da defesa (art. 343 do CPC). Há conexão entre duas ou mais ações quando lhes for comum o objeto ou a causa de pedir, nos moldes do art. 55 do CPC.

69. A reconvenção pode ser utilizada como medida de economia processual, pois por meio de um único processo, duas relações jurídicas serão solucionadas, envolvendo a ação principal e a reconvencional.

70. A doutrina majoritária admite a reconvenção nos domínios do Processo do Trabalho, principalmente em função de sua compatibilidade com os dispositivos consolidados, bem como em função dos princípios da celeridade e economia processual, tão defendidos na seara laboral.

71. A contestação, como regra, se qualifica como peça de defesa do réu, utilizada como instrumento processual apto a resistir à pretensão do autor. No entanto, algumas ações, por exceção, permitem ao demandado, além de se defender, contra-atacar os argumentos autorais no bojo da própria peça de bloqueio, a qual passa a exercer a dupla função de peça de resistência e ataque, simultaneamente. A este tipo de ação atípica foi adotada pela doutrina a nomenclatura "dúplice". Em relação a tais ações, não se admite a apresentação da reconvenção.

72. Como exemplos de ações dúplices, podemos destacar a de consignação em pagamento, a de prestação de contas, as ações possessórias, o inquérito para apuração de falta grave (arts. 494/495 e 853 da CLT) etc., em que no próprio bojo da contestação faculta-se ao demandado se defender e contra-atacar os argumentos do autor, de forma simultânea, tornando-se desnecessário o pedido reconvencional. Nessas hipóteses, portanto, em regra, não será admitida a reconvenção, impondo-se sua rejeição liminar por falta de interesse processual (art. 485, VI, do CPC).

73. Nos termos do art. 791-A, § 5º, da CLT, são devidos honorários de sucumbência na reconvenção. Não poderia ser diferente, visto que a reconvenção é uma outra ação dentro da mesma relação processual.

74. Dispõe o art. 847 da CLT que, não havendo acordo, o reclamado terá vinte minutos para aduzir sua defesa, o que inclui a apresentação de contestação e da exceção. O reclamado poderá apresentar defesa escrita pelo sistema de processo judicial eletrônico até a audiência (art. 847, § 1º, da CLT).

75. Se o reclamante-reconvindo não apresentar defesa, será ele considerado revel e confesso quanto à matéria fática.

76. Caso seja apresentada reconvenção pelo reclamado em audiência, considerando as peculiaridades do Processo do Trabalho, deverá o juiz determinar a suspensão da audiência, designando nova data para o seu prosseguimento, respeitado o quinquídio legal previsto no art. 841 da CLT, para que o reclamante-reconvindo apresente sua defesa, salvo se o mesmo abrir mão desse prazo na própria audiência onde foi apresentada a reconvenção.

77. O art. 840, § 1º, da CLT determina que é requisito da petição inicial a indicação do valor correspondente a cada pedido. Sendo o valor da causa a somatória de todos os pedidos, este é um requisito da petição inicial.

78. Se o reclamante não indicar o valor da causa, estará inobservando um dos requisitos da petição inicial previsto nos arts. 840, § 1º, da CLT e 319 do CPC, caso em que o juiz deverá conceder o prazo de 15 (quinze) dias para que o reclamante emende a petição inicial, sob pena de indeferimento da mesma (art. 321 do CPC).

79. Uma vez indicado o valor da causa na peça vestibular, deve ser aplicado o art. 293 do CPC, devendo o reclamado impugnar o valor da causa em preliminar de contestação (art. 337, III, do CPC). O juiz, de ofício, pode corrigir o valor da causa quando não corresponder ao conteúdo patrimonial em discussão ou ao proveito econômico perseguido pelo autor (art. 292, § 3º, do CPC).

80. No processo de cognição, para que o magistrado possa formar o seu convencimento sobre os fatos controvertidos e proferir a sentença, é fundamental que seja realizada a colheita das provas necessárias ao convencimento do julgador acerca dos fatos ocorridos na causa. Prova, no âmbito do direito processual, é o meio utilizado para a demonstração no processo da veracidade dos fatos controvertidos.

81. Não há uma definição do conceito de prova no Código de Processo Civil, mas a informação do que pode ser usado como prova: "As partes têm o direito de empregar todos os meios legais, bem como os moralmente legítimos, ainda que não especificados neste Código, para provar a verdade dos fatos em que se funda o pedido ou a defesa e influir eficazmente na convicção do juiz" (art. 369). Dessa forma, as partes não ficam restritas aos meios de prova previstos no Código, mas podem utilizar todo e qualquer meio de prova legítimo, desde que não atente contra à moral e aos bons costumes.

82. Em relação às provas, podemos destacar os seguintes princípios: necessidade da prova, unidade da prova, lealdade da prova ou probidade, contraditório, igualdade de oportunidades, oportunidade da prova, legalidade, imediação e motivação.

83. O objeto da prova são os fatos relevantes, pertinentes e controvertidos narrados no processo pelo autor e réu. Impende frisar que apenas os fatos devem ser provados pelas partes, já que, em regra, o direito não depende de prova (*ius allegatur, non probatur*). Ou melhor, o juiz conhece o direito (*iura novit curia*), cabendo aos litigantes narrar e provar os fatos, e ao juiz aplicar a norma legal admissível à espécie.

84. O direito federal é de conhecimento obrigatório do juiz. Todavia, em relação ao direito estrangeiro, municipal, estadual, distrital ou consuetudinário, poderá o magistrado, a teor do art. 376 do CPC (aplicável subsidiariamente ao Processo do Trabalho – art. 769 da CLT), determinar que a parte interessada faça prova do teor e da vigência da legislação mencionada.

85. Nos domínios do Processo do Trabalho, poderá também o magistrado instituir, caso a parte invoque direito previsto em norma coletiva (convenção coletiva, acordo coletivo), em sentença normativa ou mesmo calcado em regulamento empresarial, que faça prova do teor e da vigência de tais instrumentos.

86. O art. 818 da CLT prevê a distribuição do ônus da prova nos mesmos moldes do art. 373 do CPC, determinando que cabe ao autor o ônus da prova dos fatos constitutivos de seu direito, e ao réu, o ônus da prova dos fatos modificativos, impeditivos ou extintivos do direito do autor.

87. O art. 818, § 1º, da CLT conferiu ao juiz a distribuição do ônus da prova, consideradas as particularidades do caso concreto, sendo denominada distribuição dinâmica do ônus da prova.

88. Os pressupostos para a distribuição dinâmica do ônus da prova pelo juiz estão previstos no § 1º do art. 818 da CLT, que compreendem: a) impossibilidade ou excessiva dificuldade de cumprir o encargo por aquele que tem o ônus previsto em lei; e b) maior facilidade de obtenção da prova do fato contrário.

89. Saliente-se que a distribuição do ônus pode ser realizada a favor do reclamante ou do reclamado, devendo a decisão ser fundamentada, como expressamente dispõe o § 1º referido.

90. O art. 818, § 2º, da CLT prescreve que a decisão que determinar a distribuição do ônus da prova deverá ser proferida antes da abertura da instrução e, a requerimento da parte, implicará o adiamento da audiência e possibilitará provar os fatos por qualquer meio em direito admitido.

91. A distribuição do ônus da prova pelo juiz não pode gerar situação em que a desincumbência do encargo pela parte seja impossível ou excessivamente difícil, ou seja, o juiz não pode distribuir o encargo probatório de modo a tornar a prova diabólica para a parte ex-adversa.

92. O CPC diferencia o depoimento pessoal e o interrogatório.

93. O depoimento pessoal trata-se de meio de prova que visa ao interrogatório da parte, a fim de obter a confissão. Assim, se a parte, pessoalmente intimada para prestar depoimento pessoal e advertida da pena de confesso, não comparecer ou, comparecendo, se recusar a depor, o juiz aplicar-lhe-á a pena de confissão. O depoimento pessoal pode ser requerido pela parte ex-adversa ou determinado pelo juiz (art. 385, *caput* e § 1º, do CPC).

94. O interrogatório é estabelecido pelo juiz, que pode determiná-lo a qualquer momento. Tem por objetivo o esclarecimento dos fatos, não produzindo a pena de confissão, nos termos do art. 139, VII, do CPC.

95. Nos domínios do Processo do Trabalho, a CLT se refere apenas ao interrogatório, não diferenciando os institutos. Por essa razão, alguns sustentam que não há depoimento pessoal no Processo do Trabalho. Entretanto, esse não é o nosso posicionamento e tão pouco do TST, consoante pode ser comprovado no texto da Súmula 74, I, do TST.

96. Estabelece o art. 389 do CPC que há confissão quando a parte admite a verdade de um fato, contrário ao seu interesse e favorável ao do adversário. A confissão pode ser judicial, se realizada no curso do processo, ou extrajudicial, se realizada fora do processo.

97. A confissão judicial pode ser espontânea ou provocada (art. 390 do CPC). A confissão espontânea é feita, em regra, por petição. Já a provocada é proveniente do depoimento pessoal da parte.

98. Mediante a oitiva das partes, poderá o magistrado extrair a denominada confissão real, conhecida popularmente como a "rainha das provas". Na confissão real (realizada expressamente pela parte), o juiz consegue extrair a verdade dos fatos alegados pelos litigantes, por meio do próprio depoimento das partes.

99. A confissão espontânea e a provocada, que são reais, geram a presunção absoluta de veracidade dos fatos narrados pela parte adversa.

100. A confissão ficta ocorre pelo não comparecimento da parte à audiência em que deveria prestar seu depoimento pessoal, desde que devidamente intimada para esse ato, ou, comparecendo, o litigante se recuse a responder às perguntas formuladas pelo magistrado ou afirme ignorar os fatos relevantes e pertinentes para a solução da lide (art. 385, § 1.º, do CPC).

101. Outrossim, se o reclamado não comparecer à audiência inaugural, além da revelia, também incidirá sobre ele a confissão ficta, a teor do art. 844 da CLT. O Tribunal Superior do Trabalho, por meio da Súmula 74, dispõe sobre a pena de confissão ficta à parte que não comparece à audiência em prosseguimento, na qual deveria depor.

102. A confissão ficta goza de presunção relativa, prevalecendo, se não houver outros meios de prova nos autos capazes de elidi-la. Com efeito, a jurisprudência do Colendo Tribunal Superior do Trabalho vem se firmando no sentido de que, aplicada a confissão ficta, a parte que sofreu os seus efeitos não poderá ouvir testemunhas ou produzir outras provas sobre esses fatos admitidos como verdadeiros, os quais somente poderão ser elididos por prova contrária já existente nos autos.

103. Quanto à confissão extrajudicial, prevista no art. 394 do CPC, não deve ser aceita nos domínios do Processo do Trabalho, caso o confitente seja o empregado, principalmente considerando a indisponibilidade e a irrenunciabilidade dos direitos trabalhistas, como também pela presunção de coação sofrida pelo obreiro na confissão.

104. Podem confessar as partes, desde que possuam capacidade processual e legitimidade, o preposto, cujas declarações obrigam o proponente (art. 843, § 1.º, da CLT), e os advogados com poderes específicos para esse fim (art. 390, § 1.º, do CPC). O empregado da mesma profissão ou o representante do sindicato que, nos termos do art. 843, § 2.º, da CLT, comparecer à audiência, não poderá confessar, pois apenas estará substituindo o reclamante quando este estiver doente ou impossibilitado de comparecer, evitando-se o arquivamento da ação, designando o magistrado nova data de audiência.

105. Estabelece o art. 395 do CPC que a confissão é indivisível, não podendo a parte, que a quiser invocar como prova, aceitá-la no tópico que a beneficiar e rejeitá-la no que lhe for desfavorável.

106. A confissão é irrevogável, salvo quando emanar de erro de fato ou coação (art. 393 do CPC), neste caso, podendo ser revogada por ação anulatória no curso do processo ou por ação rescisória, depois de transitada em julgado a sentença da qual constituir o único fundamento.

107. As partes serão interrogadas na forma prescrita para a inquirição de testemunhas (art. 456 do CPC), ou seja, primeiro o reclamante e depois o reclamado. A parte que ainda não depôs está proibida de ouvir o depoimento da outra (art. 385, § 2.º, do CPC).

108. Terminado o interrogatório, as partes poderão retirar-se, prosseguindo a instrução com os seus representantes (art. 848, § 1.º, da CLT).

109. A prova testemunhal consiste no meio de prova judiciário mais antigo, presente desde os Códigos primitivos, representando, nos primórdios, prova significativa para a elucidação da verdade dos fatos, muitas vezes prevalecendo sobre os meios escritos. Podemos conceituar testemunha como a pessoa chamada a juízo para depor sobre fatos constantes do litígio, atestando ou não a veracidade destes ou ainda prestando esclarecimentos sobre fatos indagados pelo magistrado.

110. Nos dias atuais, está totalmente superado o princípio talhado no aforisma latino de que *testis unus, testis nullus*, prevalecendo a qualidade dos depoimentos e não a quantidade. Logo, o depoimento firme, coerente e seguro de uma única testemunha não pode ser desprezado, constituindo-se em fonte esclarecedora a ser utilizada pelo magistrado no seu convencimento.

111. O art. 463 do CPC dispõe que o depoimento prestado em juízo é considerado serviço público. Portanto, testemunhar não é uma faculdade, mas sim um dever público de colaboração com o Estado no exercício do poder-dever de prestar a tutela jurisdicional. Neste contexto, salvo se forem incapazes, impedidas ou suspeitas (art. 447 do CPC), todas as pessoas são obrigadas a testemunhar a respeito de fatos que são do seu conhecimento e que interessam à causa.

112. Nos domínios do Processo do Trabalho, as testemunhas comparecerão, independentemente de intimação (arts. 825 e 852-H, § 2.º, ambos da CLT). As que não comparecerem serão intimadas pelo juízo, ficando sujeitas à condução coercitiva (arts. 825, parágrafo único, e 852-H, § 3.º, ambos da CLT) e multa (art. 730 da CLT), caso, sem motivo justificado, não atendam à intimação.

113. Podem depor como testemunha todas as pessoas físicas que estejam no pleno exercício de suas capacidades e que tenham conhecimento de fatos da lide. Nessa esteira, dispõe o art. 447 do CPC que podem depor como testemunhas todas as pessoas, exceto as incapazes, impedidas ou suspeitas.

114. No entanto, embora os incapazes, suspeitos e impedidos não possam prestar depoimento como testemunhas, poderá o magistrado ouvi-los como simples informantes, conforme previsão nos §§ 4.º e 5.º dos arts. 447 do CPC e 829 da CLT.

115. Vale mencionar que o Tribunal Superior do Trabalho editou a Súmula 357 firmando entendimento no sentido de que não torna suspeita a testemunha o simples fato de estar litigando ou de ter litigado contra o mesmo empregador.

116. É lícito à parte contraditar a testemunha, arguindo-lhe a incapacidade, o impedimento ou a suspeição. Caso a testemunha negue os fatos que lhe são imputados, a parte poderá provar a contradita com documentos ou testemunhas, até o número de três, apresentadas no ato e inquiridas em separado. Sendo provados ou confessados os fatos, o juiz dispensará a testemunha, ou lhe tomará o depoimento sem o compromisso, na qualidade de informante (art. 457, §§ 1.º e 2.º, do CPC).

117. Contradita, portanto, é a denúncia pela parte interessada dos motivos que impedem ou tornam suspeito o depoimento da testemunha. O momento processual oportuno de a parte oferecer a contradita da testemunha ocorre antes de o depoente ser compromissado, logo após a qualificação da testemunha (arts. 457 do CPC e 828 da CLT).

118. Em relação ao número de testemunhas que cada parte poderá indicar, temos: procedimento ordinário – 3 (três) testemunhas, a teor do art. 821 da CLT; inquérito para apuração de falta grave – 6 (seis) testemunhas, a teor do art. 821 da CLT; procedimento sumaríssimo – 2 (duas) testemunhas, a teor do art. 852-H, § 2.º, da CLT.

119. Não obstante o limite de testemunhas acima especificado, poderá o juiz, na condução do processo, determinar a intimação de outras testemunhas referidas nos depoimentos das partes ou de outras testemunhas do juízo (art. 461, I, do CPC), desde que entenda ser o depoimento essencial para o esclarecimento dos fatos e seu convencimento.

120. No âmbito do Processo do Trabalho, não há depósito de rol de testemunhas, as quais comparecerão à audiência, independentemente de notificação, conforme previsão nos arts. 825, 845 e 852-H, § 2.º, todos do diploma consolidado. As testemunhas que não comparecerem serão intimadas, de ofício, pelo juiz, ou a requerimento da parte interessada, consoante disposto no art. 825, parágrafo único, da CLT.

121. Antes do início da inquirição da testemunha, será esta qualificada, indicando o nome, nacionalidade, profissão, idade, residência e, quando empregada, o tempo de serviço prestado ao empregador (art. 828 da CLT).

122. Ao início da inquirição, a testemunha prestará o compromisso de dizer a verdade do que souber e lhe for perguntado (art. 458 do CPC), sendo ela advertida pelo juiz que incorrerá em sanção penal caso faça afirmação falsa, se cale ou oculte a verdade (crime de falso testemunho – CP, art. 342).

123. Considerando a inimputabilidade penal do menor de 18 anos de idade (não podendo este responder pelo crime de falso testemunho), não será tomado o seu compromisso legal, ou seja, o menor de 18 anos não poderá ser ouvido como testemunha compromissada, mas apenas como mero informante.

124. O art. 793-D da CLT institui que a multa por litigância de má-fé será aplicada à testemunha que alterar a verdade dos fatos ou omitir fatos essenciais ao julgamento da causa, sendo a execução da mesma nos próprios autos. É imensa a importância deste dispositivo para promover a verdade no processo, uma vez que são raríssimos os casos em que a testemunha foi condenada por faltar com a verdade no Processo do Trabalho.

125. As testemunhas serão inquiridas pelo juiz, podendo ser reinquiridas, por seu intermédio, a requerimento das partes, seus representantes ou advogados (art. 820 da CLT). Quando reinquiridas, a requerimento dos litigantes, caberá primeiro à parte que a arrolou, e depois à parte contrária, formular perguntas tendentes a esclarecer ou completar o depoimento (art. 459 do CPC). As partes deverão tratar as testemunhas com urbanidade, não lhes fazendo perguntas ou considerações impertinentes, capciosas ou vexatórias.

126. O juiz providenciará para que o depoimento de uma testemunha não seja ouvido pelas demais que ainda tenham de depor no processo, conforme previsto no art. 824 consolidado. Assim procedendo, caso existam divergências entre as declarações das testemunhas, relativamente a fatos relevantes para o deslinde da demanda, poderá o magistrado proceder à acareação (art. 461, II, do CPC), colocando frente a frente as testemunhas, e tentando extrair delas a verdade dos fatos ante a divergência de depoimentos.

127. Os depoimentos prestados oralmente pelas testemunhas serão resumidos (transcritos de forma sucinta) na ata de audiência, devendo assiná-la o juiz e os depoentes (arts. 828, parágrafo único, e 852-F, ambos da CLT). Já em relação aos dissídios de alçada (procedimento sumário – demandas que não ultrapassam dois salários-mínimos), estabelece o art. 2.º, § 3.º, da Lei 5.584/1970 que será dispensável o resumo dos depoimentos, devendo constar da ata a conclusão da Vara quanto à matéria de fato.

128. O juiz poderá indeferir as perguntas impertinentes e irrelevantes para o esclarecimento ou complementação dos fatos, ou mesmo as que sejam vexatórias ou capciosas à testemunha, devendo as perguntas indeferidas serem obrigatoriamente transcritas no termo se a parte o requerer (art. 459, § 3.º, do CPC).

129. O texto consolidado é omisso quanto à ordem dos depoimentos das testemunhas, aplicando-se, de forma subsidiária, o art. 456 do CPC, ou seja, primeiramente será inquirida a testemunha do reclamante (autor) e depois as do reclamado (réu). O juiz poderá alterar a ordem referida se as partes concordarem (art. 456, parágrafo único, do CPC).

130. Documento é o meio idôneo utilizado como prova material da existência de um fato, abrangendo não só os escritos, mas também os gráficos, as fotografias, os desenhos, reproduções cinematográficas, entre outros.

131. O documento oferecido como prova poderá ser declarado autêntico pelo próprio advogado, sob sua responsabilidade pessoal (art. 830 da CLT, com redação alterada pela Lei 11.925/2009). Caso a parte junte documento de conhecimento comum às partes sem a devida autenticação (muito comum no âmbito laboral, por meio da juntada aos autos de convenção coletiva, acordo coletivo de trabalho ou sentença normativa), este terá validade se não for impugnado pela parte contrária, já que o silêncio enseja o reconhecimento da veracidade do seu conteúdo. Uma vez impugnada a autenticidade da cópia, a parte que a produziu será intimada para apresentar cópias devidamente autenticadas ou o original, cabendo ao serventuário competente proceder à conferência e certificar a conformidade entre esses documentos (novo parágrafo único do art. 830 da CLT).

132. O Tribunal Superior do Trabalho firmou entendimento consubstanciado na OJ 36 da SDI-I, de que, sendo o documento comum às partes, o fato de não se encontrar autenticado não o invalida, cabendo à parte que o impugnar comprovar eventual falsidade.

133. Discute-se muito na doutrina o momento processual oportuno para a apresentação da prova documental. Com efeito, estabelece o art. 787 da CLT que a reclamação escrita deverá ser formulada em duas vias e desde logo acompanhada dos documentos em que se fundar. O art. 434 do CPC, por sua vez, dispõe que compete à parte instruir a petição inicial ou a resposta com os documentos destinados a provar-lhe as alegações. Nessa esteira, o art. 845 consolidado estabelece que o reclamante e o reclamado comparecerão à audiência acompanhados de suas testemunhas, apresentando, nessa ocasião, as demais provas.

134. Em função dos diplomas legais anteriormente mencionados, podemos concluir que a prova documental deve ser apresentada pelo reclamante juntamente da peça vestibular e pelo reclamado, em audiência, quando da apresentação da sua defesa.

135. Contudo, não se pode esquecer que o art. 435 do CPC permite que as partes, a qualquer tempo (significando dizer, em princípio, até o encerramento da instrução e antes da sentença), juntem aos autos documentos novos, quando destinados a fazer prova de fatos ocorridos depois dos articulados, ou para contrapô-los aos que foram produzidos nos autos.

136 O Tribunal Superior do Trabalho firmou entendimento por meio da Súmula 8 de que a juntada de documentos na fase recursal só se justifica quando provado o justo impedimento para sua oportuna apresentação ou se referir a fato posterior à sentença.

137. O art. 430 do CPC dispõe que a arguição da falsidade tem lugar na contestação, na réplica ou no prazo de 15 (quinze) dias, contado a partir da intimação da juntada do documento aos autos.

138. Quando o documento for oferecido antes de encerrada a instrução, a parte o arguirá de falso, em petição dirigida ao juiz da causa, expondo os motivos em que se fundam a sua pretensão e os meios com que provará o alegado (art. 431 do CPC).

139. Intimada a parte que produziu o documento a responder no prazo de 15 dias, o juiz ordenará o exame pericial. Logo que for suscitado o incidente de falsidade, o juiz suspenderá o processo principal. Não se procederá ao exame pericial, se a parte que produziu o documento concordar em retirá-lo e a parte contrária não se opuser ao desentranhamento.

140. Muitas vezes o litigante pretende provar suas alegações por meio de documentos que se encontram em poder da parte adversa ou de um terceiro. Nessa hipótese, deverá a parte interessada requerer ao juiz a sua exibição, sob pena de serem considerados verdadeiros os fatos que o requerente almejava provar com o atinente documento.

141. Caso o requerido não exiba o documento, ou não faça qualquer declaração no prazo de resposta (cinco dias), ou, ainda, a recusa for havida por ilegítima, o magistrado proferirá decisão interlocutória, admitindo como verdadeiros os fatos que, por meio do documento ou coisa, a parte pretendia provar (art. 400 do CPC).

142. Perícia é a espécie de prova que objetiva fornecer esclarecimentos ao juiz a respeito de questões técnicas, que extrapolam o conhecimento científico do julgador. O art. 156 do CPC dispõe que, quando a prova do fato depender de conhecimento técnico ou científico, o juiz será assistido por perito, considerado auxiliar da justiça.

143. A nomeação do perito é realizada pelo juiz, devendo haver correlação entre a especialidade do profissional e a natureza do exame, da vistoria ou inspeção que se pretende efetivar, cabendo às partes, no prazo de 15 dias após a nomeação do perito, arguir o seu impedimento ou suspeição, indicar assistentes técnicos e quesitos, se desejarem (art. art. 465, § 3º, do CPC).

144. Determina o art. 158 do CPC que o perito que, por dolo ou culpa, prestar informações inverídicas responderá pelos prejuízos que causar à parte, ficando inabilitado, por dois a cinco anos, a funcionar em outras perícias, e incorrerá na sanção que a lei penal estabelecer.

145. A prova pericial consiste em exame, vistoria ou avaliação.

146. A Lei 5.584/1970, em seu art. 3.º (que revogou tacitamente o art. 826 da CLT), dispõe que os exames periciais serão realizados por perito único, designado pelo juiz, que fixará o prazo para entrega do laudo. Cada parte poderá indicar um assistente técnico, cujo laudo deverá ser apresentado no mesmo prazo assinado para o perito, sob pena de desentranhamento dos autos.

147. Em relação ao procedimento sumaríssimo, o art. 852-H, § 4.º, da CLT institui que, somente quando a prova do fato o exigir ou for legalmente imposta, será deferida prova técnica, incumbindo ao juiz, desde logo, fixar o prazo, o objeto da perícia e nomear o perito, sendo as partes intimadas para se manifestarem sobre o laudo, no prazo comum de 5 dias (§ 5.º do mesmo artigo).

148. A produção de prova pericial nos domínios do Processo do Trabalho poderá ser determinada de ofício pelo magistrado trabalhista ou requerido pelo litigante interessado.

149. Segundo o art. 790-B, *caput* e § 4º, da CLT, a responsabilidade pelo pagamento dos honorários periciais é da parte sucumbente na pretensão objeto da perícia, ainda que beneficiária da justiça gratuita. Somente no caso em que o beneficiário da justiça gratuita não tenha obtido em juízo créditos capazes de suportar a despesa referida, ainda que em outro processo, a União responderá pelo encargo. Por isso, ao fixar o valor dos honorários periciais, o juízo deverá respeitar o limite máximo estabelecido pelo Conselho Superior da Justiça do Trabalho (art. 790-B, § 1º, da CLT).

150. O art. 790-B, § 4º, da CLT aponta inconstitucionalidade material por impor restrições inconstitucionais à garantia da gratuidade da justiça àqueles que apresentam insuficiência de recursos, violando as garantias constitucionais de amplo acesso à jurisdição e assistência judiciária integral aos necessitados, especificamente o art. 5º, XXXV, da CF, que determina que "a lei não excluirá da apreciação do Poder Judiciário lesão ou ameaça a direito"; e o art. 5º, LXXIV, da CF, que garante que "o Estado prestará assistência jurídica integral e gratuita aos que comprovarem insuficiência de recurso". A Procuradoria Geral da República ajuizou a ADIn 5.766 com tais fundamentos, pedindo a declaração de inconstitucionalidade da expressão "ainda que beneficiária da justiça gratuita", inserida no *caput* e no § 4º do art. 790-B da CLT.

Atenção! ADI 5766, STF - Decisão: O Tribunal, por maioria, julgou parcialmente procedente o pedido formulado na ação direta, para declarar inconstitucionais os arts. 790-B, caput e § 4º, e 791-A, § 4º, da Consolidação das Leis do Trabalho (CLT), vencidos, em parte, os Ministros Roberto Barroso (Relator), Luiz Fux (Presidente), Nunes Marques e Gilmar Mendes. Por maioria, julgou improcedente a ação no to-cante ao art. 844, § 2º, da CLT, declarando-o constitucional, vencidos os Ministros Edson Fachin, Ricardo Lewandowski e Rosa Weber. Redigirá o acórdão o Ministro Alexandre de Moraes. Plenário, 20.10.2021 (Sessão realizada por videoconferência - Resolução 672/2020/STF).

151. Preceitua expressamente o art. 790-B, § 3º, da CLT que "o juízo não poderá exigir adiantamento de valores para realização de perícias".

152. O juízo poderá deferir parcelamento dos honorários periciais (art. 790-B, § 2º, da CLT).

153. Com relação aos honorários periciais dos assistentes técnicos das partes, o Tribunal Superior do Trabalho, por meio da Súmula 341, firmou entendimento no sentido de que a indicação do perito assistente é faculdade da parte, a qual deve responder pelos respectivos honorários, ainda que vencedora no objeto da perícia.

154. O juiz nomeará perito especializado no objeto da perícia e fixará de imediato o prazo para a entrega do laudo. O prazo para as partes arguir o impedimento ou a suspeição do perito, indicar assistente técnico e apresentar quesitos é de 15 dias, conforme reza o § 1.º do art. 465.

155. Apresentado o laudo, o juiz determinará a intimação das partes para e manifestarem. Poderá ainda o magistrado ouvir o perito em audiência, objetivando que o profissional preste esclarecimentos sobre o objeto da perícia (art. 827 da CLT). Poderá também o juiz estabelecer, de ofício ou a requerimento da parte, a realização de nova perícia, quando a matéria não lhe parecer suficientemente esclarecida, caso em que a segunda perícia terá por objeto os mesmos fatos que recaíram sobre a primeira, destinando-se a corrigir eventual omissão ou inexatidão dos resultados a que esta conduziu.

156. Cumpre enfatizar que a segunda perícia, que se rege pelas disposições estabelecidas para a primeira, não a substitui, cabendo ao juiz atribuir o valor de uma e outra.

157. Em função da omissão da norma consolidada acerca da inspeção judicial, aplicam-se, de forma subsidiária, os dispositivos correlatos sobre a matéria, previstos nos arts. 481 a 484 do CPC. Com efeito, estabelece o art. 481 do CPC que o juiz pode, de ofício ou a requerimento da parte, em qualquer fase do processo, inspecionar pessoas ou coisas, a fim de esclarecer sobre fato que interesse à decisão da causa. Muitas vezes a inspeção faz-se importante à medida que, a partir do contato com a pessoa ou a coisa, o magistrado pode extrair impressões e fazer avaliações que serão úteis na formação do seu convencimento.

158. Consiste a prova emprestada na transferência de provas realizadas no bojo de um processo para outro, mediante certidão. É o que ocorre quando se transfere de um processo para outro determinado documento, depoimento pessoal, prova testemunhal, pericial etc. A prova emprestada encontra-se prevista no art. 372, e o legislador ressaltou a necessidade de observância do contraditório e determinou que o juiz atribuirá a ela o valor que considerar adequado.

159. A prova emprestada será inserida no processo como mera prova documental, somente devendo ser utilizada excepcionalmente, uma vez que, em regra, as provas devem ser produzidas no mesmo juízo onde corre a demanda.

160. Estabelece o art. 813 da CLT que as audiências dos órgãos da Justiça do Trabalho serão públicas e realizar-se-ão na sede do Juízo ou Tribunal em dias úteis previamente fixados entre 8 e 18 horas, não podendo ultrapassar cinco horas seguidas, salvo quando houver matéria urgente.

161. Em casos especiais, poderá ser designado outro local para a realização das audiências, mediante edital afixado na sede do Juízo ou Tribunal, com a antecedência mínima de 24 horas.

162. Às audiências deverão estar presentes, comparecendo com a necessária antecedência, os escrivães ou chefes de Secretaria (art. 814 da CLT). À hora marcada, o juiz declarará aberta a audiência, cabendo a um funcionário da Vara realizar o pregão, convocando as partes para comparecerem à sala de audiências.

163. Frise-se que, se o juiz não comparecer ao local da audiência até 15 minutos após a hora marcada, os presentes poderão retirar-se, devendo o ocorrido constar do livro de registro de audiências (art. 815, parágrafo único, da CLT).

164. O art. 849 da CLT determina que a audiência de julgamento será contínua, única, em observância ao princípio da celeridade processual. Todavia, se não for possível, por motivo de força maior, concluí-la no mesmo dia, o juiz marcará sua continuação para a primeira desimpedida, independentemente de nova notificação.

165. Em verdade, alguns juízes do trabalho, com base nos arts. 765 (ampla liberdade na direção do processo) e 849, ambos da CLT, vêm adotando a praxe de dividir a audiência em audiência inicial e de instrução. E nesta, as partes saem intimadas da data em que será publicada a sentença.

166. Na audiência deverão estar presentes o reclamante e o reclamado, independentemente do comparecimento de seus representantes, salvo nos casos de reclamatórias plúrimas (ação trabalhista com vários autores) ou ações de cumprimento, quando os empregados poderão fazer-se representar pelo sindicato de sua categoria (art. 843 da CLT).

167. De fato, a presença do advogado na audiência trabalhista (quando a demanda envolva relação de emprego) é dispensável, uma vez que na Justiça do Trabalho permanece o chamado *jus postulandi* da parte, em que o trabalhador e o empregador poderão propor e acompanhar seus processos até o final, sem a presença de advogado, salvo os recursos dirigidos ao TST (Súmula 425 do TST).

168. Salvo as exceções legais previstas no art. 843 da CLT, o empregado deverá comparecer pessoalmente à audiência. Outrossim, se por doença ou qualquer outro motivo poderoso, devidamente comprovado, não for possível ao empregado comparecer pessoalmente, poderá fazer-se representar por outro empregado que pertença à mesma profissão ou pelo sindicato profissional, os quais apenas justificarão sua ausência, evitando-se, assim, o arquivamento da reclamação trabalhista, sendo designada nova data de audiência (art. 843, § 2.º, da CLT). Nessa hipótese, o representante presente não poderá confessar, transigir, renunciar ao direito que se funda a ação, recorrer etc.

169. Já ao empregador é facultado fazer-se substituir pelo gerente, ou qualquer outro preposto que tenha conhecimento do fato, e cujas declarações obrigarão o preponente.

170. O art. 843, § 3º, da CLT preceitua expressamente que o preposto não precisa ser empregado da empresa. Tal regra é aplicável às ações propostas após 11.11.2017, data em que entrou em vigor a Lei 13.467/2017 (Reforma Trabalhista).

171. Será decretada a revelia da empresa se o preposto não comparecer em audiência (art. 844 da CLT). Apesar disso, se o advogado da reclamada estiver presente na audiência, serão aceitos a contestação e os documentos eventualmente apresentados por ele (art. 844, § 5º, da CLT), nas ações propostas depois de 11.11.2017, data em que entrou em vigor a Lei 13.467/2017 (Reforma Trabalhista) (art. 12, IN 41/2018, TST).

172. Cumpre destacar que a revelia não gera confissão quanto à matéria de fato se as alegações de fato formuladas pelo reclamante estiverem em contradição com prova constante dos autos (art. 844, § 4º, IV, da CLT).

173. O não comparecimento do reclamante à audiência de conciliação importa o arquivamento da reclamação trabalhista (extinção do processo sem resolução do mérito).

174. Na hipótese de ausência do reclamante, este será condenado ao pagamento das custas (2% sobre o valor da causa), ainda que beneficiário da justiça gratuita, salvo se comprovar, no prazo de 15 dias, que a ausência ocorreu por motivo legalmente justificável, sendo o pagamento das custas condição para a propositura de nova demanda (art. 844, §§ 2º e 3º, da CLT).

175. O art. 844, § 2º, da CLT aponta inconstitucionalidade material por impor restrições inconstitucionais à garantia da gratuidade da justiça àqueles que apresentam insuficiência de recursos, violando as garantias constitucionais de amplo acesso à jurisdição e assistência judiciária integral aos necessitados, especificamente o art. 5º, XXXV, da CF, que determina que "a lei não excluirá da apreciação do Poder Judiciário lesão ou ameaça a direito"; e o art. 5º, LXXIV, da CF, que garante que "o Estado prestará assistência jurídica integral e gratuita aos que comprovarem insuficiência de recurso". A Procuradoria Geral da República ajuizou a ADIn 5.766 pedindo a declaração da inconstitucionalidade da expressão "ainda que beneficiário da justiça gratuita", do art. 844, § 2º, da CLT.

Atenção! O STF no dia 20/10/2021 reconheceu a constitucionalidade do art. 844, §2º da CLT. D modo então que se o beneficiário da justiça gratuita falta a audiência ele terá que pagar as custas processuais. O dispositivo, portanto, passa a ser intac-to, sem maiores discussões na seara trabalhista.

176. Se o reclamante der causa a dois arquivamentos seguidos, por não ter comparecido à audiência, nos termos dos arts. 731 e 732 da CLT, ficará impossibilitado, pelo prazo de seis meses, de propor nova reclamação trabalhista em face do mesmo empregador, envolvendo o mesmo objeto.

177. Vale destacar que, caso o reclamante não compareça à audiência de instrução (audiência de prosseguimento), realizada posteriormente à audiência de conciliação, o processo não será arquivado (Súmula 9 do TST), podendo haver, no entanto, confissão quanto à matéria fática, se o autor, expressamente intimado para prestar depoimento pessoal, não comparecer à audiência de instrução (Súmula 74 do TST).

178. Determina o art. 846 consolidado que, aberta a audiência, o juiz proporá, obrigatoriamente, a conciliação, constituindo-se na primeira tentativa de conciliação.

179. Havendo acordo, será lavrado o respectivo termo de conciliação, sendo normalmente fixada uma multa pelo seu descumprimento (indenização convencionada - art. 846, § 2.º, da CLT). Impende apontar que é lícito às partes celebrar acordo que ponha termo ao processo, mesmo que encerrado o juízo conciliatório (art. 764 da CLT).

180. Outrossim, firmada a conciliação, o termo que for lavrado valerá como decisão irrecorrível, salvo para a Previdência Social quanto às contribuições que lhe forem devidas (art. 831, parágrafo único, da CLT).

181. Não havendo acordo, estipula o art. 847 da CLT que o reclamado terá vinte minutos para aduzir sua defesa, após a leitura da reclamação, quando esta não for dispensada por ambas as partes.

182. O art. 847, § 1º, da CLT assegura expressamente o direito do reclamado de apresentar defesa escrita pelo sistema de processo judicial eletrônico até a audiência.

183. A contestação, a exceção e documentos deverão ser protocolados no PJe até a realização da proposta conciliatória infrutífera, com a utilização de equipamento próprio, sendo automaticamente juntados, facultada a apresentação de defesa oral, na forma do art. 847, paragrafo único, da CLT (art. 22 da Resolução 185/2017, CSJT).

184. As partes poderão atribuir segredo de justiça à petição inicial e sigilo à contestação, reconvenção, exceção, petições incidentais e documentos, desde que, justificadamente, fundamentem uma das hipóteses do art. 770, *caput*, da CLT e dos arts. 189 ou 773 do CPC. O magistrado poderá determinar a exclusão de petições e documentos indevidamente protocolados sob sigilo (art. 22, §§ 2º e 3º, da Resolução 185/2017, CSJT).

185. Diferentemente da opção de sigilo que a parte só pode atribuir nas hipóteses previstas em lei, o reclamado pode manter a contestação, a exceção e os documentos que os acompanham ocultos até a realização da proposta conciliatória infrutífera (art. 22, § 4º, da Resolução 185/2017, CSJT).

186. Após a apresentação da defesa pelo réu, inicia-se a instrução do processo, com a apresentação das provas, começando pelo interrogatório das partes (art. 848 da CLT).

187. Por sua vez, o art. 374 do CPC esclarece que não dependem de prova os fatos notórios, os afirmados por uma parte e confessados pela parte contrária, os admitidos no processo como incontroversos e os fatos em cujo favor milita presunção legal de existência ou de veracidade.

188. O art. 850 da CLT esclarece que, terminada a instrução, poderão as partes aduzir razões finais, em prazo não excedente de dez minutos para cada uma. As razões finais consistem numa faculdade que têm as partes de se manifestarem oralmente nos autos antes da prolação da sentença, assumindo papel importante tanto na arguição de nulidades como também no fortalecimento do convencimento do magistrado.

189. Após aduzir razões finais, determina o art. 850 consolidado que o juiz renovará a proposta de conciliação, sendo esta considerada a segunda tentativa de conciliação, também obrigatória. No mesmo sentido, o art. 831 da CLT institui que a decisão somente será proferida depois de rejeitada pelas partes a proposta de conciliação.

190. A doutrina considera que ambas as propostas de conciliação são obrigatórias, mas somente gerando nulidade absoluta da decisão há ausência da segunda proposta de conciliação, visto que a ausência da primeira proposta conciliatória seria suprida pela segunda tentativa de conciliação.

191. Após as razões finais, o juiz proferirá a sentença, sendo, na prática, determinada nova audiência, designada "audiência de julgamento", na qual o magistrado fará a publicação da decisão.

192. As partes serão intimadas da sentença na própria audiência em que for proferida (art. 852 da CLT), salvo no caso de revelia, pois o revel será intimado nos moldes previstos no art. 841, § 1.º, consolidado (notificação postal, salvo se o revel não for encontrado ou opuser resistência ao recebimento do mandado, quando a notificação será feita por edital).

193. A ata de julgamento, devidamente assinada pelo juiz, será juntada ao processo no prazo improrrogável de 48 horas, contado da audiência de julgamento, conforme previsto no art. 851, § 2.º, da CLT. Frise-se que o prazo para interposição de recurso pela parte que, intimada, não comparecer à audiência em prosseguimento para a prolação da sentença conta-se da sua publicação, a teor da Súmula 197 do TST. Todavia, não sendo juntada a ata aos autos no prazo de 48 horas, o prazo para interposição do recurso será contado a partir do momento em que a parte for intimada da sentença, conforme entendimento consubstanciado na Súmula 30 do TST.

194. No processo eletrônico as audiências serão sempre reduzidas a termo, ainda que gravadas em áudio e vídeo, e o arquivo eletrônico que utilize linguagem padronizada de marcação genérica daí decorrente será, ao final da audiência: a) imediatamente assinado pelo magistrado, impossibilitando a alteração de sua forma e conteúdo; ou b) facultativamente enviado ao PJe, imediatamente após o término da audiência, também impossibilitando a alteração de sua forma e conteúdo (art. 23, da Resolução 185/2017, CSJT).

195. Na hipótese de celebração de acordo e ausência de assinatura imediata do arquivo eletrônico que utilize linguagem padronizada de marcação genérica e, havendo requerimento da parte, a ata deverá ser impressa, assinada manualmente pelas partes e magistrado e, então, digitalizada e inserida no PJe (art. 23, § 3º, da Resolução 185/2017, CSJT).

196. O art. 203, § 1.º, do CPC estabelece que "sentença é o pronunciamento por meio do qual o juiz, com fundamento nos arts. 485 e 487, põe fim à fase cognitiva do procedimento comum, bem como extingue a execução".

197. Sentenças terminativas são as que extinguem o processo sem resolução do mérito. Portanto, nas sentenças terminativas, o desfecho do processo na instância não aprecia o mérito, não sendo enfrentado o pedido formulado pelo autor na peça vestibular em função da existência de algum vício formal que macula a relação jurídica.

198. As sentenças que resolvem o mérito da demanda são denominadas definitivas. Portanto, nas sentenças definitivas, o desfecho do processo na instância aprecia o mérito, sendo enfrentado o pedido formulado pelo autor na peça vestibular.

199. O relatório, a fundamentação (também chamada de motivação) e a parte dispositiva são os requisitos essenciais, obrigatórios da sentença, de modo que a ausência de quaisquer deles, em regra, impõe o reconhecimento da nulidade da sentença ou até mesmo da inexistência do ato judicial.

200. No relatório, será realizada pelo julgador a descrição resumida das principais ocorrências verificadas no curso do processo, com indicação do pleito formulado pelo demandante e seus fundamentos, bem como as defesas opostas pelo demandado.

201. No procedimento sumaríssimo, o art. 852-I da CLT determina que a sentença mencionará os elementos de convicção do juízo, com resumo dos fatos relevantes ocorridos em audiência, dispensado o relatório.

202. Nessa esteira, qualquer sentença, salvo se proferida num processo submetido ao procedimento sumaríssimo, sem o devido relatório, será nula de pleno direito, considerando a norma impositiva prevista no art. 832 da CLT c/c o art. 489, I, do CPC).

203. Na motivação, o magistrado deverá expor os fundamentos fáticos e jurídicos que motivaram a sua convicção na prolação da decisão, mediante análise circunstanciada dos argumentos dos litigantes. Em outras palavras, deverá o juiz indicar suas razões de decidir, ou seja, apresentando os fatores que contribuíram para a formação do seu convencimento por meio da análise das questões processuais, das alegações das partes e das provas produzidas.

204. O terceiro elemento essencial da sentença é o dispositivo, que se constitui na parte da sentença que tem conteúdo decisório. É na parte dispositiva que o magistrado apresentará sua conclusão, extinguindo o processo com ou sem resolução do mérito. O dispositivo é o elemento mais importante do *decisium*, pois é nele que encontraremos o "comando" contido na sentença, o qual será, posteriormente, coberto pelo manto da coisa julgada.

205. A ausência de parte dispositiva importa a inexistência da sentença.

206. Julgamento *ultra petita* consiste na sentença conferir à parte mais do que foi pleiteado.

207. Julgamento *extra petita* consiste na sentença conferir à parte pedido ou parcela do pedido diferente do que foi pleiteado.

208. Julgamento *citra petita* consiste na sentença conferir à parte menos do que foi por ela pleiteado, com omissão na análise das matérias invocadas.

209. As sentenças que contenham julgamento *ultra*, *extra* ou *citra petita*, além de poderem ser impugnadas por recurso, podem ser passíveis de ataque mediante o corte rescisório (art. 966, V, do CPC) e por violação dos arts. 141 e 492, ambos do CPC.

210. Em relação à sentença *citra petita*, ela poderá ser corrigida por meio do manejo dos embargos de declaração, o mesmo não ocorrendo quanto à sentença *extra* ou *ultra petita*, em que se fará necessária a interposição do recurso ordinário.

211. A coisa julgada é definida como qualidade especial da sentença, a qual, por força de lei, torna imutáveis e indiscutíveis as questões já decididas no bojo do processo. Aliás, a sentença judicial, quando acobertada pela coisa julgada, é havida como verdadeira, impedindo que seja renovada a discussão da sua parte dispositiva, atingindo não apenas autor e réu, mas também terceiros.

212. Por outro lado, frise-se que a coisa julgada é uma característica da jurisdição, uma vez que somente o ato jurisdicional está sujeito à coisa julgada, a qual confere imutabilidade e definitividade às decisões. Transitada em julgado a decisão, portanto, nenhuma outra pessoa, nem mesmo as próprias partes, outro juiz, enfim, ninguém mais poderá apreciar a matéria ali contida.

213. A coisa julgada formal é comum a todas as sentenças que se tornem irrecorríveis, isto é, qualquer sentença, seja definitiva ou terminativa, que transite em julgado, tornando impossível sua alteração, estará acobertada pelo manto da coisa julgada formal. De outro modo, proferida a sentença, seja terminativa ou definitiva, a ausência de recurso no prazo legal ou o esgotamento dos apelos possíveis - tornando a decisão imutável - enseja a formação da coisa julgada formal.

214. Quanto à coisa julgada material, o art. 502 do CPC estabelece que: "Denomina-se coisa julgada material a eficácia, que torna imutável e indiscutível a sentença, não mais sujeita a recurso." A coisa julgada material é típica das sentenças definitivas, onde ocorre a resolução do mérito. Neste contexto, transitada em julgado a decisão definitiva, ocorre a coisa julgada material, tornando-se imutável a decisão, não sendo permitida a rediscussão da sua parte dispositiva dentro do mesmo processo nem em outra relação jurídico-processual.

215. A diferença crucial entre ambas reside no fato de que, quando o processo é extinto sem resolução do mérito, se permite a renovação da demanda, salvo exceções legais, porque não há coisa julgada material, em razão de a decisão não ser definitiva, mas apenas coisa julgada formal. Ao revés, quando ocorre a resolução do mérito não se permite a renovação da ação, justamente porque a decisão se tornou definitiva e imutável, atingindo toda e qualquer demanda seguinte, a qual seja idêntica à anterior, formando-se a coisa julgada material.

216. No limite objetivo, o que torna definitivo e imutável é a parte dispositiva da sentença, ou seja, a decisão que apreciou o pedido formulado pela parte (a decisão que, ao final, acolhe ou rejeita o pedido). Logo, o relatório e a fundamentação da sentença não são alcançados pela coisa julgada. Portanto, a coisa julgada faz lei entre as partes nos limites da demanda, isto é, do pedido e da causa de pedir, bem como das questões decididas no processo, desde que constem da parte dispositiva do julgado.

217. No entanto, o art. 503, § 1º, do digesto processual civil determina que faz coisa julgada a resolução de questão prejudicial, se dessa resolução depender o julgamento do mérito, a seu respeito tiver havido contraditório prévio e efetivo (não se aplicando no caso de revelia) e se o juízo tiver competência em razão da matéria e da pessoa para resolvê-la como questão principal.

218. Tratando-se de relação jurídica continuativa, caso ocorra modificação no estado de fato ou de direito, a parte poderá requerer a revisão do que foi estatuído na sentença (art. 505, I, do CPC).

219. Além do limite objetivo, a coisa julgada também sofre o limite subjetivo, significando dizer que esta somente atinge as partes envolvidas no processo. Ou melhor, diz-se que a coisa julgada é *inter omnes*, somente alcançando os litigantes do processo (autor, réu, litisconsorte, assistente litisconsorcial e todos aqueles que adquiriram a condição de parte). Por consequência, os terceiros, que não fizeram parte da relação processual, não serão atingidos pela coisa julgada (art. 506 do CPC).

220. O procedimento sumaríssimo foi instituído pela Lei 9.957/2000 (que acrescentou os arts. 852-A a 852-I da CLT), objetivando tornar o Processo do Trabalho mais célere, sendo aplicado aos dissídios individuais, cujo valor não exceda a quarenta vezes o salário-mínimo vigente na data do ajuizamento da reclamação (art. 852-A da CLT).

221. A administração pública direta, autárquica e fundacional não será submetida ao procedimento sumaríssimo.

222. No procedimento sumaríssimo, o pedido deverá ser certo e determinado, indicando cada parcela o valor correspondente. Não se fará a citação por edital, incumbindo ao autor a correta indicação do nome e endereço do reclamado. A apreciação do dissídio deverá ocorrer no prazo máximo de 15 dias do seu ajuizamento.

223. Ainda em relação ao procedimento sumaríssimo, se o pedido não for liquidado ou não forem indicados o nome e o endereço corretos do reclamado, a reclamação será arquivada e o reclamante será condenado ao pagamento de custas, calculadas sobre o valor da causa, não sendo possível a emenda à inicial.

224. As demandas sujeitas a rito sumaríssimo serão instruídas e julgadas em audiência única, não sendo possível o magistrado, em regra, dividir a audiência, conforme ocorre frequentemente no procedimento ordinário. Serão decididos de plano todos os incidentes e exceções que possam interferir no prosseguimento da audiência e do processo (como a incompetência relativa, a conexão, a litispendência, a coisa julgada etc.). As demais questões (relativas ao mérito) serão decididas na sentença.

225. No procedimento sumaríssimo, todas as provas serão produzidas na audiência de instrução e julgamento, ainda que não requeridas previamente. Sobre os documentos apresentados por uma das partes manifestar-se-á imediatamente a parte contrária, sem interrupção da audiência, salvo absoluta impossibilidade, a critério do juiz. Nesse caso, a audiência será dividida, prosseguindo em nova data, determinada pelo juiz após a manifestação por escrito. As testemunhas, até o máximo de duas para cada parte, comparecerão à audiência de instrução e julgamento independentemente de intimação. Somente será deferida intimação da testemunha que, comprovadamente convidada, deixar de comparecer (por meio de carta com aviso de recebimento, telegrama, notificação extrajudicial etc.). Não comparecendo a testemunha intimada, o juiz poderá determinar sua imediata condução coercitiva.

226. Interrompida a audiência, o seu prosseguimento e a solução do processo dar-se-ão no prazo máximo de 30 dias, salvo motivo relevante justificado nos autos pelo juiz da causa. A sentença mencionará os elementos de convicção do juízo, com resumo dos fatos relevantes ocorridos em audiência, dispensado o relatório (art. 852-I da CLT).

227. A Lei 5.584/1970, no art. 2.º, § 4.º, dispõe que, salvo se versarem sobre matéria constitucional, nenhum recurso será cabível das sentenças proferidas nos dissídios de alçada (demandas que não ultrapassam a dois salários-mínimos – procedimento sumário), considerando a lei o valor do salário-mínimo à data do ajuizamento da ação.

228. As Comissões de Conciliação Prévia surgiram por meio da Lei 9.958/2000 (que introduziu à Consolidação das Leis do Trabalho os arts. 625-A a 625-H), com o claro objetivo de tentar diminuir o número de ações submetidas à Justiça do Trabalho.

229. Para tanto, o art. 625-A da CLT estabelece que as empresas e os sindicatos podem instituir Comissões de Conciliação Prévia, de composição paritária, composta de representantes dos trabalhadores e empregadores, com a atribuição de tentar conciliar os conflitos individuais do trabalho.

230. A comissão instituída no âmbito da empresa será composta de, no mínimo, 2 (dois) e, no máximo, 10 (dez) membros, devendo obedecer às seguintes normas: a) a metade de seus membros será indicada pelo empregador e a outra metade eleita pelos empregados, em escrutínio secreto, fiscalizado pelo sindicato da categoria profissional; b) haverá na comissão tantos suplentes quantos forem os representantes titulares; e c) o mandato dos seus membros, titulares e suplentes é de um ano, permitida uma recondução.

231. É vedada a dispensa dos representantes dos empregados membros da Comissão, titulares e suplentes, até um ano após o final do mandato, salvo se cometerem falta grave, nos termos da lei.

232. O art. 625-D da CLT determina que qualquer demanda de natureza trabalhista será submetida à Comissão de Conciliação Prévia se, na localidade da prestação de serviços, houver sido instituída a Comissão no âmbito da empresa ou do sindicato da categoria. Esse dispositivo é muito criticado, inclusive tendo sido propostas ações diretas de inconstitucionalidade – ADIN – perante o Supremo Tribunal Federal, com base na ofensa ao princípio da inafastabilidade de jurisdição. O STF concedeu liminar no julgamento das ADIns 2.139 e 2.160, conferindo interpretação conforme a Constituição ao art. 625-D da CLT, para afastar qualquer interpretação no sentido de ser condição para propositura da reclamação trabalhista a prévia submissão da demanda à Comissão de Conciliação Prévia.

233. Não prosperando a conciliação, será fornecida aos interessados declaração da tentativa conciliatória frustrada (carta de malogro), que deverá ser juntada em eventual reclamação trabalhista. Aceita a conciliação, será lavrado termo assinado pelo empregado, pelo empregador ou seu preposto e pelos membros da Comissão, fornecendo-se cópia às partes, sendo o termo de conciliação considerado um título executivo extrajudicial, com eficácia liberatória geral, exceto quanto às parcelas expressamente ressalvadas.

234. As Comissões de Conciliação Prévia têm prazo de 10 dias para a realização da sessão de tentativa de conciliação, a partir da provocação do interessado, cabendo destacar que, esgotado o prazo sem a realização da sessão, será fornecida, no último dia do prazo, a declaração da tentativa conciliatória frustrada. O prazo prescricional será suspenso a partir da provocação da Comissão de Conciliação Prévia, recomeçando a fluir, pelo que lhe resta, a partir da tentativa frustrada de conciliação ou do esgotamento do prazo de 10 dias para realização da sessão de conciliação pela Comissão.

8

RECURSOS TRABALHISTAS

8.1. CONCEITO E NATUREZA JURÍDICA

Recurso é a provocação do reexame de determinada decisão pela autoridade hierarquicamente superior, em regra, ou pela própria autoridade prolatora da decisão, objetivando a reforma ou modificação do julgado.

Em outras palavras, recurso é o remédio processual concedido às partes, ao terceiro prejudicado ou ao Ministério Público, objetivando que a decisão judicial impugnada seja submetida a novo julgamento, ordinariamente, pela autoridade hierarquicamente superior àquela que proferiu a decisão.

Em relação à natureza jurídica do recurso existem duas correntes.

A primeira corrente, minoritária, sustenta que o recurso é uma ação autônoma em relação àquela em que as partes se encontram envolvidas, ou seja, o recurso consistiria em nova ação (de natureza constitutiva negativa) diversa da que originou a peça vestibular.

Podemos citar alguns meios impugnativos autônomos, como a ação rescisória, o mandado de segurança e os embargos à execução, os quais, todavia, não são considerados recursos, mas, sim, ação.

A segunda corrente, majoritária, afirma que a natureza jurídica do recurso seria a de prolongamento do exercício do direito de ação, dentro do mesmo processo.

Recurso, portanto, seria um direito subjetivo processual, atuando como espécie de extensão do próprio direito de ação já exercido.

8.2. CLASSIFICAÇÃO

A doutrina não é unânime na classificação dos recursos.

Adotaremos a classificação de Lúcio Rodrigues de Almeida (*Recursos trabalhistas*, p. 15-16), a saber:

A – Quanto à autoridade à qual se dirigem:

- Próprios – julgados pelo órgão hierarquicamente superior;
- Impróprios – julgados pela mesma autoridade que proferiu a decisão impugnada.

B – Quanto ao assunto:

- Ordinários – objetivam a revisão do julgado, devolvendo ao Tribunal *ad quem* o exame de toda a matéria impugnada;
- Extraordinários – recurso que versa sobre matéria exclusivamente de direito, sendo vedado ao órgão julgador o reexame de fatos e provas. Seu objetivo é de uniformização de jurisprudência e garantia da ordem legal e constitucional.

C – Quanto à extensão da matéria:

- Total – ataca toda a decisão impugnada;
- Parcial – ataca parte da decisão impugnada.

D – Quanto à forma de recorrer:

- Principal – interposto no prazo por uma ou ambas as partes;
- Adesivo – interposto no prazo alusivo às contrarrazões.

8.3. PRINCÍPIOS RECURSAIS

Os princípios no âmbito trabalhista sintetizam os fundamentos e norteiam os recursos. Por sua vez, estes recursos são enumerados de forma taxativa na legislação do Processo do Trabalho. Podemos elencar os seguintes princípios recursais:

8.3.1. Duplo grau de jurisdição

A Constituição Federal de 1988 não assegura o duplo grau de jurisdição obrigatório, mas apenas garante aos litigantes em processo judicial ou administrativo e aos acusados em geral o contraditório e a ampla defesa, com os meios e recursos a ela inerentes (art. 5.º, LV).

Todavia, havendo recurso previsto na legislação, aos litigantes será preservada a sua utilização.

Frise-se também que das decisões prolatadas nos dissídios de alçada (que não ultrapassam dois salários-mínimos) não caberá recurso, salvo se versarem sobre matéria constitucional (Lei 5.584/1970, art. 2.º, § 4.º).

Nesse aspecto, enfatizamos o seguinte julgado:

> "AGRAVO DE INSTRUMENTO. RECURSO DE REVISTA. 1 – DIREITO AO DUPLO GRAU DE JURISDIÇÃO. Quando a instância revisora fica encerrada na jurisdição dos Tribunais Regionais, é impróprio dizer-se, nesta situação, que o recurso de revista constitui direito constitucional ao duplo grau de jurisdição, porque dá a falsa impressão de que o acesso seria ilimitado e irrestrito. Ao contrário, os balizamentos que informam o apelo a esta jurisdição extraordinária, constituem os meios de recurso que a própria Constituição Federal atrela ao exercício do direito de estar em juízo. No exame das premissas contidas no artigo 896 CLT, o Regional exerce sua atribuição legal ao evidenciar não preenchidos os requisitos de admissibilidade do apelo, do que não se há concluir por violação constitucional concernente ao direito invocado. 2 – SINDICATO. LEGITIMIDADE ATIVA. A jurisprudência desta Casa está posta no sentido de que, na busca de interpretação do art. 8º, III, da Carta Magna, chega-se à conclusão de que, para postular qualquer direito relacionado ao vínculo empregatício, o sindicato profissional tem legitimação extraordinária plena para agir no interesse de toda a categoria e buscando os direitos que componham seus patrimônios jurídicos. A tutela coletiva, portanto, encontra justificativa na extensão social do direito vindicado, quando ultrapassa a esfera meramente individual, atingindo uma coletividade de trabalhadores (excerto inspirado no Processo nº RR-800-88.2012.5.03.0037, Rel. Min. Alberto Luiz Bresciani de Fontan Pereira). Agravo de instrumento conhecido e não provido" (TST –AIRR 10304920125030064 – 3ª T. – Rel. Cláudio Soares Pires, j. em 03.09.2014, *DEJT* 05.09.2014).

8.3.2. Princípio da unirrecorribilidade

Também conhecido como princípio da singularidade ou da unicidade recursal, o princípio em comento não permite a interposição de mais de um recurso contra a mesma decisão.

Portanto, não podem ser utilizados vários recursos simultaneamente, mas, tão somente, sucessivamente.

Nesse sentido, mencionamos o julgado abaixo:

> "PROCESSUAL CIVIL. AGRAVO REGIMENTAL NO AGRAVO EM RECURSO ESPECIAL. EXAURIMENTO DAS INSTÂNCIAS ORDINÁRIAS. AUSÊNCIA. RECURSO ESPECIAL INTERPOSTO CONTRA DECISÃO MONOCRÁTICA, PROFERIDA NO ÂMBITO DO TRIBUNAL DE ORIGEM. APLICAÇÃO, POR ANALOGIA, DA SÚMULA 281/STF. INTERPOSIÇÃO SIMULTÂNEA DE DOIS AGRAVOS REGIMENTAIS, CONTRA A MESMA DECISÃO. IMPOSSIBILIDADE. PRINCÍPIO DA UNIRRECORRIBILIDADE RECURSAL. PRIMEIRO AGRAVO REGIMENTAL IMPROVIDO. SEGUNDO AGRAVO REGIMENTAL NÃO CONHECIDO. I. Nos termos do art. 105, III, da Constituição Federal, compete ao Superior Tribunal de Justiça julgar 'as causas decididas, em única ou última instância, pelos Tribunais Regionais Federais ou pelos tribunais dos Estados, do Distrito Federal e Territórios'. II. É firme a jurisprudência desta Corte no sentido de que 'não é possível o conhecimento do recurso especial interposto contra decisão monocrática que, na origem, aprecia o mérito da controvérsia, em razão da ausência de esgotamento das instâncias. Incidência da Súmula 281/STF' (STJ, AgRg no AREsp 570.814/SP, Rel. Ministro OG FERNANDES, SEGUNDA TURMA, *DJe* de 04.12.2014). III. Na forma da jurisprudência, 'a interposição de dois recursos simultâneos pela mesma parte e contra a mesma decisão impede o conhecimento do segundo recurso, haja vista a preclusão consumativa e o princípio da unirrecorribilidade das decisões' (STJ – AgRg no REsp 1499232/PI – Rel. Min. Humberto Martins, 2ª T. –, *DJe* 25.03.2015). IV. Caso concreto em que, contra a decisão prolatada pelo Ministro Presidente do STJ, que negou seguimento ao Agravo em Recurso Especial – por sua vez, interposto contra decisão monocrática proferida pelo Relator, no Tribunal de origem –, foram interpostos, pelo Instituto de Assistência, Previdência e Pensões dos Servidores Públicos Municipais de Iguaba Grande, dois Agravos Regimentais idênticos. V. Primeiro Agravo Regimental improvido. Segundo Agravo Regimental não conhecido" (STJ – AgRg no AREsp 625090 RJ 2014/0313975-3 – 2ª T. – Rel. Min. Assusete Magalhães – j. em 21.05.2015 – *DJe* 02.06.2015). No processo do trabalho há uma exceção à regra da unirrecorribilidade. Em face da decisão de turma do TST, admite-se a interposição simultânea de embargos ao TST, para a SDI (embargos por divergência) e recurso extraordinário para o STF.

8.3.3. Princípio da fungibilidade ou conversibilidade

O princípio da fungibilidade permite que o juiz conheça de um recurso que foi erroneamente interposto como se fosse o recurso cabível.

Por este princípio, permite-se o aproveitamento do recurso erroneamente nominado, como se fosse o que deveria ser interposto, atendendo-se ao princípio da finalidade e da simplicidade do Processo do Trabalho.

Para aplicação do princípio da fungibilidade, torna-se necessária a conjugação de três fatores:

- inexistir erro grosseiro;

- tem que haver dúvida plausível quanto ao recurso cabível;
- o recurso erroneamente interposto deve obedecer ao prazo do recurso cabível.

O Tribunal Superior do Trabalho tem reconhecido o princípio da fungibilidade, conforme previsto na Orientação Jurisprudencial 69 da SDBI-II e na Súmula 421 (item II), ambas do TST, *in verbis*:

"SÚMULA 421 DO TST. EMBARGOS DE DECLARAÇÃO. CABIMENTO. DECISÃO MONOCRÁTICA DO RELATOR CALCADA NO ART. 932 DO CPC DE 2015. ART. 557 DO CPC DE 1973. (atualizada em decorrência do CPC de 2015) – Res. 208/2016 – *DEJT* divulgado em 22, 25 e 26.04.2016.

I – Cabem embargos de declaração da decisão monocrática do relator prevista no art. 932 do CPC de 2015 (art. 557 do CPC de 1973), se a parte pretende tão somente juízo integrativo retificador da decisão e, não, modificação do julgado.

II – Se a parte postular a revisão no mérito da decisão monocrática, cumpre ao relator converter os embargos de declaração em agravo, em face dos princípios da fungibilidade e celeridade processual, submetendo-o ao pronunciamento do Colegiado, após a intimação do recorrente para, no prazo de 5 (cinco) dias, complementar as razões recursais, de modo a ajustá-las às exigências do art. 1.021, § 1º, do CPC de 2015."

"OJ 69/SDBI-II. FUNGIBILIDADE RECURSAL. INDEFERIMENTO LIMINAR DE AÇÃO RESCISÓRIA OU MANDADO DE SEGURANÇA. RECURSO PARA O TST. RECEBIMENTO COMO AGRAVO REGIMENTAL E DEVOLUÇÃO DOS AUTOS AO TRT. Recurso ordinário interposto contra despacho monocrático indeferitório da petição inicial de ação rescisória ou de mandado de segurança pode, pelo princípio de fungibilidade recursal, ser recebido como agravo regimental. Hipótese de não conhecimento do recurso pelo TST e devolução dos autos ao TRT, para que aprecie o apelo como agravo regimental".

"OJ-SDI1-412. AGRAVO INTERNO OU AGRAVO REGIMENTAL. INTERPOSIÇÃO EM FACE DE DECISÃO COLEGIADA. NÃO CABIMENTO. ERRO GROSSEIRO. INAPLICABILIDADE DO PRINCÍPIO DA FUNGIBILIDADE RECURSAL (nova redação em decorrência do CPC de 2015) – Res. 209/2016 – *DEJT* divulgado em 01, 02 e 03.06.2016

É incabível agravo interno (art. 1.021 do CPC de 2015, art. 557, § 1º, do CPC de 1973) ou agravo regimental (art. 235 do RITST) contra decisão proferida por Órgão colegiado. Tais recursos destinam-se, exclusivamente, a impugnar decisão monocrática nas hipóteses previstas. Inaplicável, no caso, o princípio da fungibilidade ante a configuração de erro grosseiro."

"OJ-SDI2-152. AÇÃO RESCISÓRIA E MANDADO DE SEGURANÇA. RECURSO DE REVISTA DE ACÓRDÃO REGIONAL QUE JULGA AÇÃO RESCISÓRIA OU MANDADO DE SEGURANÇA. PRINCÍPIO DA FUNGIBILIDADE. INAPLICABILIDADE. ERRO GROSSEIRO NA INTERPOSIÇÃO DO RECURSO (*DEJT* divulgado em 03, 04 e 05.12.2008).

A interposição de recurso de revista de decisão definitiva de Tribunal Regional do Trabalho em ação rescisória ou em mandado de segurança, com fundamento em violação legal e divergência jurisprudencial e remissão expressa ao art. 896 da CLT, configura erro grosseiro, insuscetível de autorizar o seu recebimento como recurso ordinário, em face do disposto no art. 895, 'b', da CLT."

8.3.4. Princípio da voluntariedade

O recurso, em regra, é voluntário, encerrando manifestação do princípio dispositivo.

Neste contexto, o órgão julgador não poderá conhecer de matéria não suscitada no recurso, salvo as de ordem pública, sobre as quais enquanto não houver o trânsito em julgado não se opera a preclusão (ex.: arts. 485, § 3.º, e 337, § 5.º, ambos do CPC).

No entanto, o reexame necessário, também chamado de remessa de ofício, constitui exceção à regra dispositiva do recurso.

O art. 496 do CPC estabelece o duplo grau de jurisdição obrigatório (chamado de reexame necessário) nos casos de sentença proferida em face de pessoas jurídicas de direito público (União, Estado, Distrito Federal, Municípios, Autarquias e Fundações Públicas), bem como a sentença que julgar procedentes, no todo ou em parte, os embargos à execução de dívida ativa da Fazenda Pública:

> "Art. 496, CPC. Está sujeita ao duplo grau de jurisdição, não produzindo efeito senão depois de confirmada pelo tribunal, a sentença:
>
> I – proferida contra a União, os Estados, o Distrito Federal, os Municípios e suas respectivas autarquias e fundações de direito público;
>
> II – que julgar procedentes, no todo ou em parte, os embargos à execução fiscal.
>
> § 1.º Nos casos previstos neste artigo, não interposta a apelação no prazo legal, o juiz ordenará a remessa dos autos ao tribunal, e, se não o fizer, o presidente do respectivo tribunal avocá-los-á.
>
> § 2.º Em qualquer dos casos referidos no § 1.º, o tribunal julgará a remessa necessária.
>
> § 3.º Não se aplica o disposto neste artigo quando a condenação ou o proveito econômico obtido na causa for de valor certo e líquido inferior a:
>
> I – 1.000 (mil) salários-mínimos para a União e as respectivas autarquias e fundações de direito público;
>
> II – 500 (quinhentos) salários-mínimos para os Estados, o Distrito Federal, as respectivas autarquias e fundações de direito público e os Municípios que constituam capitais dos Estados;
>
> III – 100 (cem) salários-mínimos para todos os demais Municípios e respectivas autarquias e fundações de direito público.
>
> § 4.º Também não se aplica o disposto neste artigo quando a sentença estiver fundada em:
>
> I – súmula de tribunal superior;
>
> II – acórdão proferido pelo Supremo Tribunal Federal ou pelo Superior Tribunal de Justiça em julgamento de recursos repetitivos;
>
> III – entendimento firmado em incidente de resolução de demandas repetitivas ou de assunção de competência;

> IV – entendimento coincidente com orientação vinculante firmada no âmbito administrativo do próprio ente público, consolidada em manifestação, parecer ou súmula administrativa."

Entende o TST que o art. 496, *caput*, e seus parágrafos são aplicáveis ao Processo do Trabalho, inclusive no que diz respeito as exceções à remessa necessária previstas no parágrafo terceiro do referido artigo.

Nesse contexto, aludimos à Súmula 303 do TST:

> "SÚMULA 303 DO TST. FAZENDA PÚBLICA. REEXAME NECESSÁRIO (nova redação em decorrência do CPC de 2015) – Res. 211/2016, *DEJT* divulgado em 24, 25 e 26.08.2016
>
> I – Em dissídio individual, está sujeita ao reexame necessário, mesmo na vigência da Constituição Federal de 1988, decisão contrária à Fazenda Pública, salvo quando a condenação não ultrapassar o valor correspondente a: a) 1.000 (mil) salários-mínimos para a União e as respectivas autarquias e fundações de direito público; b) 500 (quinhentos) salários-mínimos para os Estados, o Distrito Federal, as respectivas autarquias e fundações de direito público e os Municípios que constituam capitais dos Estados; c) 100 (cem) salários-mínimos para todos os demais Municípios e respectivas autarquias e fundações de direito público.
>
> II – Também não se sujeita ao duplo grau de jurisdição a decisão fundada em:
>
> a) súmula ou orientação jurisprudencial do Tribunal Superior do Trabalho;
>
> b) acórdão proferido pelo Supremo Tribunal Federal ou pelo Tribunal Superior do Trabalho em julgamento de recursos repetitivos;
>
> c) entendimento firmado em incidente de resolução de demandas repetitivas ou de assunção de competência;
>
> d) entendimento coincidente com orientação vinculante firmada no âmbito administrativo do próprio ente público, consolidada em manifestação, parecer ou súmula administrativa.
>
> III – Em ação rescisória, a decisão proferida pelo Tribunal Regional do Trabalho está sujeita ao duplo grau de jurisdição obrigatório quando desfavorável ao ente público, exceto nas hipóteses dos incisos anteriores. (ex-OJ n.º 71 da SBDI-1 – inserida em 03.06.1996)
>
> IV – Em mandado de segurança, somente cabe reexame necessário se, na relação processual, figurar pessoa jurídica de direito público como parte prejudicada pela concessão da ordem. Tal situação não ocorre na hipótese de figurar no feito como impetrante e terceiro interessado pessoa de direito privado, ressalvada a hipótese de matéria administrativa" (ex-OJs nºs 72 e 73 da SBDI-1 – inseridas, respectivamente, em 25.11.1996 e 03.06.1996).

8.3.5. Princípio da proibição da *reformatio in pejus*

Pelo princípio da *non reformatio in pejus*, é vedado ao tribunal, no julgamento de um recurso, proferir decisão mais desfavorável ao recorrente, do que aquela recorrida.

A sentença pode ser impugnada total ou parcialmente (art. 1.002 do CPC), sendo que o recurso devolve ao tribunal o conhecimento da matéria impugnada (art. 1.013 do CPC – *tantum devolutum quantum appellatum*).

Portanto, se a sentença for objeto de recurso por uma das partes, o julgamento pelo tribunal não pode agravar a condenação que não foi objeto de recurso, sob pena de violação ao princípio em comento.

Saliente-se, outrossim, que o Superior Tribunal de Justiça, por meio da Súmula 45, firmou entendimento de que, no caso de reexame necessário, é defeso ao tribunal agravar a condenação imposta à Fazenda Pública.

Veja uma aplicação prática:

> *AGRAVO INTERNO EM AGRAVO DE INSTRUMENTO EM RECURSO DE REVISTA. LEI N. 13.015/2014. CPC/2015. INSTRUÇÃO NORMATIVA N. 40 DO TST. RESPONSABILIDADE SOLIDÁRIA. FORMAÇÃO DE GRUPO ECONÔMICO. PRINCÍPIO NA NON REFORMATIO IN PEJUS. No caso, o Tribunal Regional reconheceu a formação de grupo econômico entre as empresas reclamadas, mantendo, contudo, a responsabilidade subsidiária da primeira ré, em razão do princípio da non reformatio in pejus. Anotou, para tanto, que a recorrente possui controle sobre os negócios e administração da primeira reclamada. O exame da tese recursal, em sentido contrário, esbarra no teor da Súmula n. 126 do TST, pois demanda o revolvimento dos fatos e das provas. Logo, preenchidos os requisitos do artigo 2º, § 2º, da CLT (redação anterior a dada pela Lei n. 13.467, de 2017), correta a decisão que reconheceu a formação do grupo econômico. Agravo conhecido e não provido (Ag-AIRR-1239-77.2015.5.05.0251, 7ª Turma, Relator Ministro Cláudio Mascarenhas Brandão, DEJT 13/12/2019).*

8.3.6. Princípio da irrecorribilidade imediata das decisões interlocutórias

O Processo do Trabalho traz em seu bojo uma peculiaridade ao informar, no art. 893, § 1.º, da CLT, que as decisões interlocutórias não são recorríveis de imediato, somente permitindo-se a apreciação do seu merecimento em recurso da decisão definitiva.

O Tribunal Superior do Trabalho, em relação à possibilidade de recurso de imediato em face de decisão interlocutória, editou a Súmula 214 do TST, a qual apresenta a seguinte redação:

> "SÚMULA 214 DO TST. DECISÃO INTERLOCUTÓRIA. IRRECORRIBILIDADE. Na Justiça do Trabalho, nos termos do art. 893, § 1.º, da CLT, as decisões interlocutórias não ensejam recurso de imediato, salvo nas hipóteses de decisão:
>
> a) de Tribunal Regional do Trabalho contrária à Súmula ou Orientação Jurisprudencial do Tribunal Superior do Trabalho;
>
> b) suscetível de impugnação mediante recurso para o mesmo Tribunal;
>
> c) que acolhe exceção de incompetência territorial, com a remessa dos autos para Tribunal Regional distinto daquele a que se vincula o juízo excepcionado, consoante o disposto no art. 799, § 2.º, da CLT."

8.3.7. Princípio da dialeticidade

O art. 899 da CLT dispõe que os recursos serão interpostos por simples petição.

Nessa perspectiva, alguns sustentam que o texto consolidado permite que os recursos sejam interpostos sem qualquer fundamentação ou razões de apelo.

Todavia, a fundamentação do recurso é imprescindível para assegurar o princípio da ampla defesa e do contraditório, bem como para possibilitar que o tribunal analise as razões do inconformismo.

Nesse sentido, atente-se para a Súmula 422 do TST:

> "SÚMULA 422 DO TST. RECURSO. FUNDAMENTO AUSENTE OU DEFICIENTE. NÃO CONHECIMENTO (redação alterada, com inserção dos itens I, II e III) – Res. 199/2015, *DEJT* divulgado em 24, 25 e 26.06.2015. Com errata publicada no *DEJT* divulgado em 01.07.2015.
>
> I – Não se conhece de recurso para o Tribunal Superior do Trabalho se as razões do recorrente não impugnam os fundamentos da decisão recorrida, nos termos em que proferida.
>
> II – O entendimento referido no item anterior não se aplica em relação à motivação secundária e impertinente, consubstanciada em despacho de admissibilidade de recurso ou em decisão monocrática.
>
> III – Inaplicável a exigência do item I relativamente ao recurso ordinário da competência de Tribunal Regional do Trabalho, exceto em caso de recurso cuja motivação é inteiramente dissociada dos fundamentos da sentença."

Em síntese, entende o TST:

> "a) o recurso ordinário: exige motivação simples, associada aos fundamentos da defesa (Súmula 422, III, do TST);
>
> b) recursos para o TST: exigem exposição completa e exaustiva dos fundamentos com os quais impugnam a decisão recorrida."

8.4. PECULIARIDADES RECURSAIS

Podemos mencionar algumas características peculiares dos recursos trabalhistas, dentre elas:

- uniformidade de prazo para recurso;
- instância única nos dissídios de alçada.

8.4.1 Uniformidade de prazo para recurso

O art. 6.º da Lei 5.584/1970 estabelece que será de 8 dias o prazo para interpor e contra-arrazoar qualquer recurso trabalhista.

No entanto, alguns recursos possuem prazos diferenciados.

Os embargos de declaração serão interpostos no prazo de 5 dias (art. 897-A da CLT).

O prazo para interposição e contrarrazões do recurso extraordinário é de 15 dias (Lei 8.038/1990).

Frise-se que a CLT institui, nos arts. 894, § 4º, e 896, § 12, que da decisão denegatória de embargos ao TST e recurso de revista pelo relator, no Tribunal, caberá agravo (agravo regimental), no prazo de 8 dias.

Convém lembrar que o art. 229 do CPC, o qual estabelece que quando os litisconsortes possuírem diferentes procuradores, de escritórios de advocacia distintos, atuando em processos não eletrônicos, o prazo de recurso será contado em dobro, não é aplicado no âmbito da Justiça do Trabalho, conforme entendimento consubstanciado na OJ 310 da SDI-I/TST, pois tal dispositivo atenta contra o princípio da celeridade processual trabalhista.

As pessoas jurídicas de direito público têm prazo em dobro para todas as suas manifestações processuais, contado a partir de sua intimação pessoal (art. 183 do CPC). Logo, têm prazo em dobro para recorrer.

Há apenas uma exceção: o prazo para a contestação, que é em quádruplo, conforme institui o art. 1º, II, do Decreto-lei 779/1969, que dispõe sobre a aplicação de normas processuais trabalhistas à Fazenda Pública, sendo, portanto, lei específica.

Observe o art. 1º, II, do Decreto-lei 779/1969:

> "Art. 1º Nos processos perante a Justiça do Trabalho, constituem privilégio da União, dos Estados, do Distrito Federal, dos Municípios e das autarquias ou fundações de direito público federais, estaduais ou municipais que não explorem atividade econômica:
>
> (...)
>
> II - o quádruplo do prazo fixado no artigo 841, *"in fine"*, da Consolidação das Leis do Trabalho;
>
> III - o prazo em dobro para recurso;"

Esse entendimento é confirmado pelo art. 56 da Consolidação dos Provimentos da Corregedoria-Geral da Justiça do Trabalho. Verifique:

> "Art. 56. As secretarias das varas do trabalho velarão para que nas ações ajuizadas em desfavor de entes públicos (Decreto-lei 779/1969), inclusive Estado estrangeiro ou organismo internacional, observe-se lapso temporal para preparação da defesa de, no mínimo, 20 (vinte) dias entre o recebimento da notificação citatória e a realização da audiência."

Ressalte-se que a Empresa de Correios e Telégrafos (EBCT) equipara-se à Fazenda Pública quanto as prerrogativas processuais de impenhorabilidade de seus bens, rendas e serviços, foro, prazos e custas processuais (art. 12, Decreto-lei 509/1969[1]). Logo, conta com prazo em quádruplo para contestar e em dobro para todas as demais manifestações.

O Ministério Público do Trabalho também possui prazo em dobro para recorrer, em função do art. 180 do CPC, de aplicação subsidiária ao Processo do Trabalho (art. 769 da CLT).

Nos termos do art. 218, § 4º, do CPC, é considerado tempestivo o recurso interposto ao de seu termo inicial, ou seja, antes de publicado o acórdão impugnado. O atual posicionamento do TST é também nesse sentido, como se extrai do cancelamento da Súmula 434 do TST, que determinava o contrário.

Objetivando facilitar o estudo do leitor, preparamos um quadro com a indicação do recurso e seu respectivo prazo. Vejamos:

Recurso	Prazo de interposição e contrarrazões
Ordinário – art. 895 da CLT	8 dias
De Revista – art. 896 da CLT	8 dias
Embargos de Declaração – art. 897-A da CLT	5 dias Obs.: somente haverá contrarrazões se houver pedido de efeito modificativo do julgado
Agravo de Petição – art. 897, *a*, da CLT	8 dias
Agravo de Instrumento – art. 897, *b*, da CLT	8 dias
Agravo Regimental – arts. 894, § 4º e 896, § 12 da CLT	Agravo contra a decisão do relator que denega seguimento a recurso de revista e embargos ao TST tem prazo de 8 dias.
Recurso Extraordinário – art. 102, III, da CF/1988 e art. 26 da Lei 8.038/1990	15 dias
Recurso Adesivo	8 dias – Súmula 283 do TST
Embargos do TST (infringentes, de nulidade e de divergência) – art. 894 da CLT	8 dias

8.4.2. Instância única nos dissídios de alçada

1 Art. 12, Decreto-lei 509/1969 – "A ECT gozará de isenção de direitos de importação de materiais e equipamentos destinados aos seus serviços, dos privilégios concedidos à Fazenda Pública, quer em relação a imunidade tributária, direta ou indireta, impenhorabilidade de seus bens, rendas e serviços, quer no concernente a foro, prazos e custas processuais".

Conforme já mencionado anteriormente, em relação às decisões prolatadas nos dissídios de alçada (que não ultrapassam dois salários-mínimos) não caberá recurso, salvo se versarem sobre matéria constitucional (Lei 5.584/1970, art. 2.º, § 4.º).

O STF e o TST entendem que é cabível o recurso ordinário e o recurso de revista para o TST, limitados a arguição de violação à Constituição, para somente então ser cabível recurso extraordinário para o STF, uma vez que a CLT prevê como hipótese de cabimento desses recursos a violação à Constituição. Esse também é o nosso entendimento.

Outros, entretanto, sustentam que nos dissídios de alçada, em caso de decisão que viole diretamente a Constituição Federal, o recurso cabível seria o próprio recurso extraordinário endereçado ao Supremo Tribunal Federal, visto que o recurso ordinário não tem fundamentação vinculada.

Essa é a opinião do mestre Carlos Henrique Bezerra Leite que, em sua obra *Curso de direito processual do trabalho*, 14. ed., p. 1.176, ensina:

> "Defendemos o cabimento do recurso extraordinário da sentença proferida por Juiz de Vara do Trabalho em procedimento sumário (§ 4.º do art. 2.º da Lei n.º 5.584/1970) que violar direta e literalmente norma da Constituição Federal."

No mesmo sentido, podemos colher os ensinamentos de Manoel Antônio Teixeira Filho, em sua obra *Sistema dos recursos trabalhistas*, 10. ed., p. 532, *in verbis*:

> "Logo, parece-nos sustentável o entendimento de que as sentenças proferidas nas ações de alçada exclusiva dos órgãos de primeiro grau, da Justiça do Trabalho, instituídas pela Lei n.º 5.584/1970, comportam recurso extraordinário ao Supremo Tribunal Federal, sempre que implicarem violação à Suprema Carta Política do País."

De igual maneira, seguem alguns julgados.

> "VALOR DA CAUSA DE ATÉ 2 SALÁRIO-MÍNIMOS. RITO SUMÁRIO. DISSÍDIO DE ALÇADA. MATÉRIA CONSTITUCIONAL. RECURSO EXTRAORDINÁRIO. Os dissídios cujo valor da causa não supere o montante de 2 salários-mínimos sujeitam-se ao rito sumário, apenas sendo admissível insurgência recursal acerca de matéria de índole constitucional, por meio da interposição de recurso extraordinário. Recurso ordinário não conhecido" (TRT-7 – RO 1338008320095070004 – Rel. Francisco Tarcisio Guedes Lima Verde Junior – j. 21.03.2012 – 1.ª T. – *DEJT* 27.03.2012).

> "AGRAVO DE INSTRUMENTO EM RECURSO DE REVISTA. DISSÍDIO DE ALÇADA. MATÉRIA CONSTITUCIONAL. RECURSO ORDINÁRIO INCABÍVEL. Não merece ser provido agravo de instrumento que visa a liberar recurso de revista que não preenche os pressupostos de cabimento do art. 896 da CLT. Agravo de instrumento a que se

nega provimento" (TST – AIRR 42040-93.2006.5.24.0001 – Rel. Delaíde Miranda Arantes – j. 25.05.2011 – 7.ª T. – *DEJT* 03.06.2011).

De qualquer forma, dificilmente um dissídio de alçada será julgado atualmente pelo STF, em função do preceituado nos arts. 102, § 3.º, da CF/1988 e 1.035 do CPC, que estabelecem que a Suprema Corte, em decisão irrecorrível, não conhecerá do recurso extraordinário, quando a questão constitucional nele versada não oferecer repercussão geral do ponto de vista econômico, político, social ou jurídico, que ultrapasse os interesses subjetivos da causa.

8.5. EFEITOS DOS RECURSOS

Podemos destacar os seguintes efeitos dos recursos:

8.5.1. Devolutivo

No Processo do Trabalho, os recursos, ordinariamente, são dotados apenas de efeito devolutivo, ou seja, não possuem efeito suspensivo, logo não impedem o início da execução provisória (art. 899 da CLT).

Há, entretanto, exceções a essa regra.

As Leis 7.701/1988 (art. 9.º) e 10.192/2001 (art. 14) permitem que o presidente do Tribunal Superior do Trabalho conceda efeito suspensivo ao recurso ordinário interposto em face de sentença normativa prolatada pelo Tribunal Regional do Trabalho, pelo prazo improrrogável de 120 dias, contados da publicação, salvo se o recurso for julgado antes do término do prazo.

O autor Bezerra Leite,[2] comentando o efeito devolutivo, explica que pode ser examinado em relação à sua extensão ou à sua profundidade:

> "No que concerne à extensão do efeito devolutivo, deve-se verificar a quantidade de materiais veiculadas no recurso que serão apreciadas e julgadas pelo órgão *ad quem*. A base legal da extensão do efeito devolutivo está consagrada no art. 1.013, *caput*, e seu § 1º, do CPC. Vale dizer, o efeito devolutivo em extensão diz respeito ao conhecimento pelo tribunal das matérias impugnadas ou das questões suscitadas e discutidas no processo, ainda que a sentença não as tenha julgado por inteiro.
>
> Quanto à profundidade do efeito devolutivo, deve-se examinar a qualidade das matérias que são submetidas à apreciação do órgão *ad quem*. Noutro falar, a profundidade do efeito devolutivo diz respeito à

2 BEZERRA LEITE, Carlos Henrique. *Curso de direito processual do trabalho*. 14. ed. São Paulo: Saraiva, 2016. p. 924.

existência de pluralidade de fundamentos contidos no pedido (petição inicial) ou na defesa (contestação) e o juiz tenha acolhido apenas um deles, silenciando-se quanto aos demais fundamentos (causa de pedir). Neste caso, a apelação (ou recurso ordinário trabalhista) devolve ao tribunal o conhecimento de todos os fundamentos da inicial e da defesa."

A respeito do tema, podemos citar o seguinte julgado:

"RECURSO DE EMBARGOS INTERPOSTO SOB A ÉGIDE DA LEI N.º 11.496/2007. PRESCRIÇÃO. ARGUIÇÃO RENOVADA EM CONTRARRAZÕES AO RECURSO ORDINÁRIO. APLICAÇÃO DO ARTIGO 515, §§ 1º E 2º, DO CÓDIGO DE PROCESSO CIVIL (ART. 1.013, §§ 1.º e 2.º, DO ATUAL CPC). EFEITO DEVOLUTIVO EM PROFUNDIDADE. 1. Consoante entendimento consagrado na Súmula n.º 153 desta Corte superior, 'não se conhece de prescrição não arguida na instância ordinária'. Esta colenda SBDI-I, de forma reiterada, tem estabelecido como limite para a arguição da prescrição o momento da interposição do recurso ordinário ou do oferecimento das contrarrazões ao recurso ordinário interposto pela parte ex adversa. 2. Destaca-se, ainda, o entendimento consubstanciado na Súmula n.º 393 do TST, no sentido de que 'o efeito devolutivo em profundidade do recurso ordinário, que se extrai do § 1º do art. 515 do CPC (art. 1.013, § 1.º, do atual CPC), transfere ao Tribunal a apreciação dos fundamentos da inicial ou da defesa, não examinados pela sentença, ainda que não renovados em contrarrazões. Não se aplica, todavia, ao caso de pedido não apreciado na sentença, salvo a hipótese contida no § 3º do art. 515 do CPC (art. 1.013, § 3.º, do atual CPC)'. 3. A jurisprudência mais recente desta Corte superior tem – se orientado no sentido de que as preliminares arguidas pelo empregador, na contestação, devem ser objeto de apreciação pela Corte regional, por ocasião do exame do recurso ordinário interposto pelo obreiro, sucumbente no primeiro grau quanto ao mérito da demanda, ainda que não tenham sido renovadas em contrarrazões. Inexigível, nessas circunstâncias, a veiculação de recurso autônomo pelo empregador. 4. No caso dos autos, com ainda maior razão, a prejudicial de mérito arguida pela reclamada deveria ter sido examinada, porquanto articulada na contestação e renovada nas contrarrazões ao recurso ordinário. 5. Recurso de embargos conhecido e provido" (TST – E-RR 2050003920015010024 – Subseção I Especializada em Dissídios Individuais – Rel. Lelio Bentes Corrêa – j. em 02.10.2014 – *DEJT* 20.03.2015).

8.5.2. Suspensivo

No processo laboral, em regra, os recursos não são dotados de efeito suspensivo. Ao contrário do que ocorre no direito processual civil, em que a regra consiste na existência do efeito suspensivo dos recursos (art. 1.012 do CPC).

Consoante já referido, a Lei 7.701/1988, em seu art. 9.º, e a Lei 10.192/2001, em seu art. 14, comtemplam exceções a essa regra, pois permitem que o presidente do Tribunal Superior do Trabalho conceda efeito suspensivo ao recurso ordinário interposto em face de sentença normativa prolatada pelo Tribunal Regional do Trabalho, pelo prazo improrrogável de 120 dias, contados da publicação, salvo se o recurso for julgado antes do término do prazo.

Para que seja atribuído efeito suspensivo no recurso ordinário, a medida cabível é a tutela cautelar (Súmula 414, III, do TST).

8.5.3. Translativo

Em relação às questões de ordem pública, as quais devem ser conhecidas de ofício, não se opera a preclusão, podendo o juiz ou tribunal decidir tais questões ainda que não constem das razões recursais ou das contrarrazões, gerando o denominado efeito translativo do recurso.

De outra forma, podemos dizer que o ordenamento jurídico vigente permite a autoridade julgadora do apelo conhecer de questões não ventiladas no recurso ou contrarrazões, sem que isto consista num julgamento *ultra* ou *extra petita*, como, por exemplo, nas hipóteses dos arts. 485, § 3.º e 337, § 5.º, ambos do CPC (que elencam matérias conhecidas de ofício pelo magistrado).

Parte da doutrina, contudo, entende que esse efeito nada mais é do que o efeito devolutivo em profundidade, devolvendo ao tribunal todas as questões debatidas no processo, inclusive as de ordem pública.

Sobre o efeito translativo nos recursos do trabalho, colacionamos o seguinte julgado:

> "I – AGRAVO DE INSTRUMENTO. RECURSO DE REVISTA. MULTA PREVISTA NO ART. 538, PARÁGRAFO ÚNICO, DO CPC (ART. 1.026, §§ 2º e 3º, DO ATUAL CPC). Agravo de instrumento a que se dá provimento, ante uma provável violação do art. 538, parágrafo único, do CPC (art. 1.026, §§ 2º e 3º, do atual CPC). Agravo de instrumento a que se dá provimento. II – RECURSO DE REVISTA. 1. MULTA PREVISTA NO ART. 538, PARÁGRAFO ÚNICO, DO CPC (ART. 1.026, §§ 2º e 3º, DO ATUAL CPC). O fundamento utilizado pelo Regional para aplicar a multa prevista no art. 538, parágrafo único, do CPC (art. 1.026, §§ 2º e 3º, do atual CPC), qual seja, procrastinação do feito, não se justifica no caso, pois a reclamada visava a manifestação do TRT sobre a prescrição arguida nas contrarrazões ao recurso ordinário do reclamante, e que já havia sido suscitada em contestação e devidamente examinada na sentença. Não houve, assim, intuito de procrastinar o feito por parte da demandada, que tinha o direito de ver examinada a matéria pelo Regional. No processo do trabalho, a prescrição não é matéria de ordem pública, pelo que não é devolvida ao exame do TRT por força de efeito translativo do recurso ordinário do reclamante. A prescrição, examinada na sentença, ante a contestação, também não é submetida ao exame do TRT por força do efeito devolutivo do recurso ordinário do empregado. Prevalece, portanto, a conclusão de que a prescrição deve ser arguida pela reclamada, até o segundo grau de jurisdição, por meio de recurso ordinário adesivo ou contrarrazões, conforme, aliás, é previsto desde longa data nos termos da Súmula n.º 153 do TST. Precedentes. Recurso de que se conhece e a que se dá provimento. 2. TUTELA ANTECIPADA. O recurso de

revista não tem condições de ser conhecido, por violação dos arts. 1º, § 3º e 3º da Lei nº 8.437/92, 1º, § 4º, da Lei nº 5.021/1966, 2º-B da Lei nº 9.494/97, 37, 100, 167 e 169 da Constituição da República, pois o Regional não antecipou os efeitos da tutela, tanto que determinou que a reclamada implantasse em folha de pagamento as diferenças de complementação de aposentadoria e reflexos, no prazo de 30 dias do trânsito em julgado da decisão, sob pena de multa diária de 10% do salário que seria devido no mês da implantação da diferença. Assim, a Fazenda Pública do Estado de São Paulo não tem interesse para recorrer, quanto ao tema. Recurso de revista de que não se conhece. 3. INCOMPETÊNCIA DA JUSTIÇA DO TRABALHO. Não há discussão no acórdão recorrido sobre a matéria referente à incompetência da Justiça do Trabalho, o que atrai a incidência da OJ n.º 62 da SBDI-1 do TST, ante a falta de prequestionamento. Recurso de revista de revista de que não se conhece. 4. PRESCRIÇÃO QUINQUENAL PARCIAL. Tratando-se de pedido de diferenças de complementação de aposentadoria, incide a prescrição quinquenal parcial, nos termos da Súmula n.º 327 do TST. Recurso de revista de que não se conhece. 5. DIFERENÇAS DE COMPLEMENTAÇÃO DE APOSENTADORIA. O Regional deu provimento ao recurso ordinário do reclamante e deferiu o pedido de diferenças de complementação de aposentadoria, com base na interpretação da Lei Estadual nº 9.343/96, dos arts. 192 e 193 do Estatuto dos Ferroviários e do Contrato Coletivo de Trabalho 95/96. Quando há discussão no recurso de revista acerca da interpretação conferida por Tribunal Regional a lei estadual, como no caso em exame, esta Corte Superior Trabalhista só se pronuncia sobre a questão se ficar demonstrado que outro Tribunal Regional conferiu interpretação divergente à mesma lei estadual. Isso porque somente assim terá sido demonstrado que a lei tem aplicação 'em área territorial que exceda a jurisdição do Tribunal Regional prolator da decisão recorrida', justificando a atuação do Tribunal Superior do Trabalho em seu papel de uniformizador da jurisprudência trabalhista em âmbito nacional, por meio do recurso de revista, como disposto no art. 896, 'b', da CLT. Entretanto, todos os arestos colacionados são do TRT prolator da decisão recorrida, o que não viabiliza o conhecimento do recurso de revista. Recurso de revista de que não se conhece" (TST – RR 19190012200951500003 – 6ª T. – Rel.ª Kátia Magalhães Arruda, j. em 18.03.2015, *DEJT* 20.03.2015)".

8.5.4. Substitutivo

Estabelece o art. 1.008 do CPC que o julgamento proferido pelo tribunal substituirá a sentença ou a decisão recorrida no que tiver sido objeto de recurso.

O efeito substitutivo nasce quando o tribunal aprecia e julga o mérito da causa, operando-se a substituição da sentença *a quo*, pelo acórdão do tribunal, na parte objeto do apelo.

Todavia, caso o tribunal não julgue o mérito do recurso, não se operará o chamado efeito substitutivo.

A Súmula 192 do TST versa sobre o efeito substitutivo:

"SÚMULA 192 do TST. AÇÃO RESCISÓRIA. COMPETÊNCIA (atualizada em decorrência do CPC de 2015) – Res. 212/2016, *DEJT* divulgado em 20, 21 e 22.09.2016.

I – Se não houver o conhecimento de recurso de revista ou de embargos, a competência para julgar ação que vise a rescindir a decisão de mérito é do Tribunal Regional do Trabalho, ressalvado o disposto no item II.

II – Acórdão rescindendo do Tribunal Superior do Trabalho que não conhece de recurso de embargos ou de revista, analisando arguição de violação de dispositivo de lei material ou decidindo em consonância com súmula de direito material ou com iterativa, notória e atual jurisprudência de direito material da Seção de Dissídios Individuais (Súmula n.º 333), examina o mérito da causa, cabendo ação rescisória da competência do Tribunal Superior do Trabalho (ex-Súmula n.º 192 – alterada pela Res. 121/2003 – *DJ* 21.11.2003).

III – Sob a égide do art. 512 do CPC de 1973, é juridicamente impossível o pedido explícito de desconstituição de sentença quando substituída por acórdão do Tribunal Regional ou superveniente sentença homologatória de acordo que puser fim ao litígio.

IV – Na vigência do CPC de 1973, é manifesta a impossibilidade jurídica do pedido de rescisão de julgado proferido em agravo de instrumento que, limitando-se a aferir o eventual desacerto do juízo negativo de admissibilidade do recurso de revista, não substitui o acórdão regional, na forma do art. 512 do CPC. (ex-OJ n.º 105 da SBDI-2 – *DJ* 29.04.2003).

V – A decisão proferida pela SBDI, em agravo regimental, calcada na Súmula n.º 333, substitui acórdão de Turma do TST, porque emite juízo de mérito, comportando, em tese, o corte rescisório" (ex-OJ n.º 133 da SBDI-2 – *DJ* 04.05.2004).

8.5.5. Extensivo

O efeito extensivo do recurso caracteriza-se pela possibilidade de a decisão do recurso atingir matérias não impugnadas e/ou sujeitos que não recorreram.

O efeito extensivo do recurso é aplicado em caso de litisconsórcio unitário, em que a decisão tenha de ser uniforme para todos os litisconsortes.

Nesse sentido, estabelece o art. 1.005 do CPC que o recurso interposto por um dos litisconsortes a todos aproveita, salvo se distintos ou opostos os seus interesses.

Em contrapartida, sempre que os interesses dos litisconsortes forem distintos, o recurso interposto por um não aproveitará aos demais, não se operando o efeito extensivo do recurso.

8.5.6. Regressivo

O efeito regressivo do recurso consiste na possibilidade de retratação ou reconsideração pela mesma autoridade prolatora da decisão.

Ocorre, por exemplo, no agravo de instrumento e nas seguintes hipóteses de recurso ordinário:

a) indeferimento da petição inicial: o art. 331 confere ao juiz, no prazo de 5 dias, a possibilidade se retratar, caso o autor interponha o recurso ordinário do indeferimento da petição inicial;

b) improcedência liminar do pedido: o art. 332, § 3º, do CPC confere ao juiz, no prazo de 5 dias, a possibilidade se retratar, caso o autor interponha o recurso ordinário da decisão de improcedência liminar do pedido;

c) da decisão do juiz que extingue o processo sem resolução do mérito: o art. 485, § 7º, do CPC, confere ao juiz, no prazo de 5 dias, a possibilidade se retratar, caso o autor interponha o recurso ordinário da decisão que extingue o processo sem resolução do mérito.

Quanto ao agravo de instrumento, exemplificativamente, se um recurso não foi conhecido por ausência de um pressuposto recursal (ex.: intempestividade, falta de preparo etc.), e a parte, em eventual agravo de instrumento, demonstrar a presença de todos os requisitos de admissibilidade recursal, pode o juiz *a quo* reconsiderar a decisão e conhecer do recurso principal, perdendo o objeto o agravo de instrumento interposto.

8.6. JUÍZOS DE ADMISSIBILIDADE

Em regra, interposto um recurso, o apelo é submetido à análise de dois juízos de admissibilidade, quais sejam:

- juízo *a quo* – prolator da decisão impugnada;
- juízo *ad quem* – competente para julgar o recurso.

O objetivo principal dos juízos de admissibilidade é verificar a presença dos pressupostos recursais, também chamados de requisitos de admissibilidade recursal, os quais serão objetos de análise adiante.

Estando presentes todos os pressupostos recursais, o recurso será conhecido.

No entanto, a ausência de apenas um requisito de admissibilidade recursal leva ao não conhecimento do apelo.

O despacho exarado pelo juízo de admissibilidade *a quo* não vincula o juízo *ad quem*, não havendo que falar em coisa julgada ou mesmo preclusão.

Em outras palavras, o juízo *ad quem* pode conhecer de um recurso que não foi conhecido pelo juízo *a quo* e vice-versa.

Determina o art. 1º, IN 40/2016, do TST que, "admitido apenas parcialmente o recurso de revista, constitui ônus da parte impugnar, mediante agravo de instrumento, o capítulo denegatório da decisão, sob pena de preclusão". Em razão deste posicionamento, o TST cancelou a Súmula 285 do TST, segundo a qual era incabível o agravo de instrumento neste caso. Observe o teor da Súmula 285 do TST:

> "SÚMULA 285 DO TST. RECURSO DE REVISTA – ADMISSIBILIDADE PARCIAL PELO JUIZ PRESIDENTE DO TRIBUNAL REGIONAL DO TRABALHO – EFEITO. O fato de o juízo primeiro de admissibilidade do recurso de revista entendê-lo cabível apenas quanto a parte das matérias veiculadas não impede a apreciação integral pela Turma do Tribunal Superior do Trabalho, sendo imprópria a interposição de agravo de instrumento."

O TST também esclareceu que "se houver omissão no juízo de admissibilidade do recurso de revista quanto a um ou mais temas, é ônus da parte interpor embargos de declaração para o órgão prolator da decisão embargada supri-la" (art. 1.024, § 2º, do CPC), sob pena de preclusão (art. 1º, § 1º, da IN 40/2016).

Incorre em nulidade a decisão regional que se abstiver de exercer controle de admissibilidade sobre qualquer tema objeto de recurso de revista, não obstante interpostos embargos de declaração (CF/1988, art. 93, inciso IX e § 1º do art. 489 do CPC).

Sem prejuízo da nulidade, a recusa do Presidente do Tribunal Regional do Trabalho a emitir juízo de admissibilidade sobre qualquer tema equivale à decisão denegatória. É ônus da parte, assim, após a intimação da decisão dos embargos de declaração, impugná-la mediante agravo de instrumento (CLT, art. 896, § 12), sob pena de preclusão (art. 3º, IN 40/2016, do TST).

Faculta-se ao Ministro Relator, por decisão irrecorrível (CLT, art. 896, § 5º, por analogia), determinar a restituição do agravo de instrumento ao Presidente do Tribunal Regional do Trabalho de origem para que complemente o juízo de admissibilidade, desde que interpostos embargos de declaração (art. 1º, § 4º, IN 39/2016, do TST).

Impende destacar que o recurso denominado embargos de declaração (art. 897-A da CLT) somente possui um juízo de admissibilidade, tendo em vista que esse recurso é julgado pela própria autoridade que proferiu a decisão recorrida.

Conforme já mencionado, os juízos de admissibilidade sempre tiveram a função primordial de verificar a presença ou não dos pressupostos recursais.

O legislador atribuiu aos relatores poderes para julgar monocraticamente os recursos, consoante previsto nos arts. 894, § 3.º, da CLT e 557 do CPC (art. 932, III e V, do atual CPC), aplicável subsidiariamente ao Processo do Trabalho, nos termos da Súmula 435 do TST e IN 17/2000, III, do TST:

> "Art. 894 da CLT. No Tribunal Superior do Trabalho cabem embargos, no prazo de 8 (oito) dias:
>
> (...)
>
> § 3.º O Ministro Relator denegará seguimento aos embargos: (Incluído pela Lei nº 13.015, de 2014)
>
> (...)
>
> I – se a decisão recorrida estiver em consonância com súmula da jurisprudência do Tribunal Superior do Trabalho ou do Supremo Tribunal Federal, ou com iterativa, notória e atual jurisprudência do Tribunal Superior do Trabalho, cumprindo-lhe indicá-la; (Incluído pela Lei nº 13.015, de 2014)
>
> II – nas hipóteses de intempestividade, deserção, irregularidade de representação ou de ausência de qualquer outro pressuposto extrínseco de admissibilidade" (Incluído pela Lei nº 13.015, de 2014).
>
> "Art. 932. Incumbe ao relator: (...)
>
> III – não conhecer de recurso inadmissível, prejudicado ou que não tenha impugnado especificamente os fundamentos da decisão recorrida; (...)
>
> V – depois de facultada a apresentação de contrarrazões, dar provimento ao recurso se a decisão recorrida for contrária a:
>
> a) súmula do Supremo Tribunal Federal, do Superior Tribunal de Justiça ou do próprio tribunal;
>
> b) acórdão proferido pelo Supremo Tribunal Federal ou pelo Superior Tribunal de Justiça em julgamento de recursos repetitivos;
>
> c) entendimento firmado em incidente de resolução de demandas repetitivas ou de assunção de competência;
>
> (...)."
>
> "SÚMULA 435 DO TST. DECISÃO MONOCRÁTICA. RELATOR. ART. 932 DO CPC DE 2015. ART. 557 DO CPC DE 1973. APLICAÇÃO SUBSIDIÁRIA AO PROCESSO DO TRABALHO (atualizada em decorrência do CPC de 2015) – Res. 208/2016, *DEJT* divulgado em 22, 25 e 26.04.2016.
>
> Aplica-se subsidiariamente ao Processo do Trabalho o art. 932 do CPC de 2015" (art. 557 do CPC de 1973).
>
> "IN 17/2000 do TST. "III – Aplica-se ao Processo do Trabalho o artigo 557, *caput* e §§ 1.º-A, 1.º e 2.º do Código de Processo Civil (art. 932, III e V, do atual CPC), segundo a redação dada pela Lei n.º 9.756/98, adequando-se o prazo do agravo ao prazo de oito dias."

A decisão do relator tem conteúdo, decisório, definitivo e conclusivo da lide, comportando ser esclarecida pela via dos embargos de declaração, em que o juízo integrativo da decisão será realizado pelo único apto a fazê-lo, o próprio julgador. Ele esclarecerá os pontos omissos, contraditórios e obscuros de sua decisão. Tal atividade não pode ser conferida ao órgão colegiado, pois este não participou da decisão e, assim, não poderá prestar esclarecimentos quanto a ela.

Caso objetivem as partes a modificação da decisão do relator, a via adequada é o agravo inominado, que será interposto para o órgão colegiado.

Assim, se as partes opuserem os embargos de declaração, visando à modificação da decisão, terão optado pelo recurso inadequado, entretanto, este será recebido como agravo, em homenagem aos princípios da fungibilidade e celeridade processual.

Nesse sentido, veja o posicionamento do TST, conforme se extrai da sua Súmula 421:

> "SÚMULA 421 DO TST. EMBARGOS DE DECLARAÇÃO. CABIMENTO. DECISÃO MONOCRÁTICA DO RELATOR CALCADA NO ART. 932 DO CPC DE 2015. ART. 557 DO CPC DE 1973. (atualizada em decorrência do CPC de 2015) – Res. 208/2016 – *DEJT* divulgado em 22, 25 e 26.04.2016.
>
> I – Cabem embargos de declaração da decisão monocrática do relator prevista no art. 932 do CPC de 2015 (art. 557 do CPC de 1973), se a parte pretende tão somente juízo integrativo retificador da decisão e, não, modificação do julgado.
>
> II – Se a parte postular a revisão no mérito da decisão monocrática, cumpre ao relator converter os embargos de declaração em agravo, em face dos princípios da fungibilidade e celeridade processual, submetendo-o ao pronunciamento do Colegiado, após a intimação do recorrente para, no prazo de 5 (cinco) dias, complementar as razões recursais, de modo a ajustá-las às exigências do art. 1.021, § 1º, do CPC de 2015."

8.7. PRESSUPOSTOS RECURSAIS OBJETIVOS E SUBJETIVOS

Os pressupostos recursais, também chamados de requisitos de admissibilidade recursal, classificam-se em objetivos (extrínsecos) e subjetivos (intrínsecos).

Passemos à análise individualizada dos pressupostos recursais objetivos e subjetivos.

8.7.1. Objetivos

- **Recorribilidade do ato** – o ato deve ser recorrível. Caso a decisão judicial não seja passível de impugnação via recurso (como ocorre em relação aos despachos de mero expediente ou relativamente às decisões interlocutórias), o recurso não será conhecido em face da ausência deste pressuposto;
- **Adequação** – a parte deve utilizar o recurso adequado. Logo, não basta simplesmente recorrer, mas sim impugnar a decisão, utilizando-se o recurso cabível à espécie. É bem verdade que, conforme já mencionado neste capítulo, aplica-se ao Processo do Trabalho o princípio da "fungibilidade", o qual autoriza o conhecimento de um recurso que foi erroneamente interposto, como se fosse o recurso cabível (desde

que não consista num erro grosseiro, haja dúvida sobre qual o recurso cabível e o mesmo tenha sido interposto no prazo do recurso cabível). Todavia, em caso de erro grosseiro na interposição do recurso, o mesmo não será conhecido em face de sua inadequação, não se aplicando o princípio da fungibilidade .

- **Tempestividade** – o recurso deve ser interposto no prazo legal, sob pena de não conhecimento do apelo. Logo, se o recurso for interposto após o prazo estabelecido no ordenamento jurídico vigente, será considerado intempestivo;

O atual diploma processual também determina que é considerado tempestivo o recurso interposto antes do termo inicial do prazo, ou seja, antes de publicado o acórdão impugnado (art. 218, § 4.º, do CPC). No mesmo sentido, temos o posicionamento atual do TST, que cancelou a Súmula 434, que estabelecia o contrário.

Outrossim, as pessoas jurídicas de direito público (União, Estados, Municípios, Distrito Federal e suas respectivas autarquias e fundações de direito público) têm prazo em dobro para todas as suas manifestações processuais, cuja contagem terá início a partir da intimação pessoal (art. 183 do CPC).

Registre-se que os entes estatais (União, estados, DF e municípios), autarquias e fundações públicas de direito público possuem prazo em dobro para recorrer.

Decreto-Lei nº 779/69:

> Art. 1º Nos processos perante a Justiça do Trabalho, constituem privilégio da União, dos Estados, do Distrito Federal, dos Municípios e das autarquias ou fundações de direito público federais, estaduais ou municipais que não explorem atividade econômica:
>
> III – o prazo em dobro para recurso.
>
> Da mesma forma, nos termos do art. 180 do CPC, o Ministério Público tem prazo em dobro para todas as suas manifestações, cuja contagem terá início a partir de sua intimação pessoal, a qual far-se-á por carga, remessa ou meio eletrônico. Não se aplica o benefício da contagem em dobro quando a lei estabelecer, de forma expressa, prazo próprio para o Ministério Público (art. 180, § 2.º, do CPC), como é caso do art. 12 da Lei 12.016/2009 – Lei do Mandado de Segurança –, a qual prevê que o representante do Ministério Público tem o prazo improrrogável de 10 dias para opinar.

Além disso, os escritórios/núcleos de prática jurídica das faculdades de Direito e as entidades que prestam assistência técnica gratuita em convênio com a Defensoria Pública possuem prazo em dobro: Art. 186, §3º, CPC. O disposto no caput aplica-se aos escritórios de prática jurídica das faculdades de Direito reconhecidas na forma da lei e às entidades que prestam assistência jurídica gratuita em razão de convênios firmados com a Defensoria Pública.

Por outro lado, as empresas públicas e as sociedades de economia mista não possuem prazo em dobro. De fato, deve-se considerar que as empresas estatais, como regra, sujeitam-se ao regime jurídico das empresas privadas, por força do art. 173, § 1º, II, da Constituição da República:

> Art. 173, § 1º A lei estabelecerá o estatuto jurídico da empresa pública, da sociedade de economia mista e de suas subsidiárias que explorem atividade econômica de produção ou comercialização de bens ou de prestação de serviços, dispondo sobre:
>
> II – a sujeição ao regime jurídico próprio das empresas privadas, inclusive quanto aos direitos e obrigações civis, comerciais, trabalhistas e tributários;

Nesta direção da ausência de vantagens processuais das empresas estatais, segue inclusive a inteligência da Súmula 170 do TST:

Os privilégios e isenções no foro da Justiça do Trabalho não abrangem as sociedades de economia mista, ainda que gozassem desses benefícios anteriormente ao Decreto-Lei n. 779, de 21.08.1969.

Todavia, uma ressalva deve ser feita em relação aos Correios (ECT), empresa pública que possui determinadas prerrogativas da Fazenda Pública, dentre elas o prazo em dobro para recorrer, em decorrência do art. 12 do Decreto-Lei 509/69:

Decreto-Lei nº 509/69:

> Art. 12 A ECT gozará de isenção de direitos de importação de materiais e equipamentos destinados aos seus serviços, dos privilégios concedidos à Fazenda Pública, quer em relação a imunidade tributária, direta ou indireta, impenhorabilidade de seus bens, rendas e serviços, quer no concernente a foro, prazos e custas processuais.

Na direção da existência de prerrogativa da ECT, observe um julgado do TST:

> *RECURSO DE REVISTA. EMPRESA BRASILEIRA DE CORREIOS E TELÉGRAFOS - ECT. INTEMPESTIVIDADE DO RECURSO ORDINÁRIO. NÃO OCORRÊNCIA. RECEPÇÃO DO DECRETO-LEI N. 509/69 PELA CONSTITUIÇÃO FEDERAL. É pacífico o entendimento desta Corte Superior, no sentido de que a ECT goza de prazo em dobro para recorrer, uma vez que recepcionado o art. 12 do Decreto-Lei n. 509/69 pela Constituição Federal vigente, aplicando-se à Empresa Brasileira de Correios e Telégrafos os mesmos privilégios processuais destinados à Fazenda Pública. Precedentes. Recurso de revista conhecido e provido. (RR-112-05.2011.5.05.0006, 1ª Turma, Relator Desembargador Convocado Marcelo Lamego Pertence, DEJT 26/10/2018).*

A Lei 5.010, de 30.05.1966, em seu art. 62, estabeleceu como feriado, entre outros, o recesso forense anual, no período compreendido entre 20 de dezembro e 6 de janeiro, *in verbis*:

> "Art. 62. Além dos fixados em lei, serão feriados na Justiça Federal, inclusive nos Tribunais Superiores:
>
> I – os dias compreendidos entre 20 de dezembro e 6 de janeiro, inclusive;
>
> II – os dias da Semana Santa, compreendidos entre a quarta-feira e o domingo de páscoa;
>
> III – os dias de segunda e terça-feira de Carnaval;
>
> IV – os dias 11 de agosto, 1.º e 2.º de novembro e 8 de dezembro."

Portanto, durante o recesso forense, a Justiça do Trabalho suspende o expediente forense e assim o atendimento ao público, garantindo atendimento aos casos urgentes, por meio dos plantões judiciários, tal como ocorre no período noturno, nos finais de semana e feriados.

Convém destacar que o art. 93, XII, com a redação dada pela EC 45/2004, aboliu as férias coletivas nos juízos e tribunais de segundo grau, funcionando, nos dias em que não houver expediente forense normal, juízes em plantão permanente. No entanto, o recesso forense não foi abolido pela Carta Maior, permanecendo em vigor a Lei 5.010/1966.

Institui o art. 775-A da CLT que suspende-se o curso do prazo processual nos dias compreendidos entre 20 de dezembro e 20 de janeiro, inclusive. Durante a suspensão do prazo, não se realizarão audiências nem sessões de julgamento (art. 775-A, § 2º, da CLT). Já os juízes, os membros do Ministério Público, da Defensoria Pública e da Advocacia Pública e os auxiliares da Justiça exercerão suas atribuições normalmente durante o período referido, ressalvadas as férias individuais e os feriados instituídos por lei (art. 775-A, § 1º, da CLT).

O recesso forense e o art. 775-A da CLT, que prevê a suspensão dos prazos dos dias 20/12 a 20/01, coexistem, como esclarece o Conselho Nacional de Justiça, na Resolução 244/2016. Desse modo, em síntese: a) no recesso forense (20/12 a 06/01) não há expediente forense. Há apenas o plantão judiciário para medidas urgentes e b) no período de suspensão dos prazos processuais, entre os dias 20/12 a 20/01 ficam suspensos apenas os prazos processuais, as audiências e sessões de julgamento. Excetuado o período de recesso forense e ressalvadas as férias individuais e os feriados instituídos por lei, os juízes, os membros do Ministério Público, da Defensoria Pública e da Advocacia Pública e os auxiliares da Justiça exercerão suas atribuições normalmente durante esse período.

À luz do art. 775 da CLT, os prazos são contados em dias úteis, nos mesmos moldes do art. 219 do CPC, o qual determina que "na contagem de prazo em dias, estabelecido por lei ou pelo juiz, computar-se-ão somente os dias úteis".

Incumbe à parte comprovar, apenas quando da interposição do recurso, a existência de feriado local que leve à prorrogação do prazo recursal, com base no art. 1.003, § 6º, do CPC. Caso não o faça, o relator deverá conceder o prazo de 5 dias para que seja sanado o vício, sob pena de não conhecer o recurso por intempestividade, conforme institui o art. 932, parágrafo único, do CPC, que consagra o princípio da primazia da decisão de mérito (Súmula 385, I, do TST).

No mesmo aspecto, dispõe a súmula 385, I, do TST. Observe:

> "SÚMULA 385. FERIADO LOCAL OU FORENSE. AUSÊNCIA DE EXPEDIENTE. PRAZO RECURSAL. PRORROGAÇÃO. COMPROVAÇÃO. NECESSIDADE (alterada em decorrência do CPC de 2015) – Res. 220/2017 – *DEJT* divulgado em 21, 22 e 25.09.2017).
>
> I – Incumbe à parte o ônus de provar, quando da interposição do recurso, a existência de feriado local que autorize a prorrogação do prazo recursal (art. 1.003, § 6º, do CPC de 2015). No caso de o recorrente alegar a existência de feriado local e não o comprovar no momento da interposição do recurso, cumpre ao relator conceder o prazo de 5 (cinco) dias para que seja sanado o vício (art. 932, parágrafo único, do CPC de 2015), sob pena de não conhecimento se da comprovação depender a tempestividade recursal;"

Naturalmente, os Tribunais Regionais e o TST, enquanto juízos "ad quem", não são obrigados a ter ciência da ocorrência de feriado forense, isto é, dos dias úteis em que não houve expediente forense ou este foi encerrado antes do horário normal, por isso cabe à autoridade que proferir a decisão de admissibilidade certificar o expediente nos autos (Súmula 385, II, do TST). Caso não o faça, o TST, na Súmula 385, reconhece o direito da parte de produzir prova documental superveniente, em agravo de instrumento, agravo interno, agravo regimental, ou embargos de declaração, visando à reconsideração da tempestividade, desde que, em momento anterior, não tenha havido a concessão de prazo para a comprovação da ausência de expediente forense (Súmula 385, III, do TST).

Atente-se para o disposto nos itens II e III da Súmula 385 do TST:

> "SÚMULA 385. FERIADO LOCAL OU FORENSE. AUSÊNCIA DE EXPEDIENTE. PRAZO RECURSAL. PRORROGAÇÃO. COMPROVAÇÃO. NECESSIDADE (alterada em decorrência do CPC de 2015) – Res. 220/2017 – *DEJT* divulgado em 21, 22 e 25.09.2017).
>
> (...)
>
> II – Na hipótese de feriado forense, incumbirá à autoridade que proferir a decisão de admissibilidade certificar o expediente nos autos;
>
> III – Admite-se a reconsideração da análise da tempestividade do recurso, mediante prova documental superveniente, em agravo de instrumento, agravo interno, agravo regimental, ou embargos de declaração, desde que, em momento

anterior, não tenha havido a concessão de prazo para a comprovação da ausência de expediente forense."

- **Preparo** – no Processo do Trabalho, para fins recursais, exige-se que o recorrente recolha as custas e realize o depósito recursal. Portanto, não efetuado o pagamento das custas processuais e do depósito recursal, o recurso será considerado deserto;

As custas sempre serão pagas pelo vencido, após o trânsito em julgado da decisão.

Outrossim, em caso de recurso, as custas serão pagas e comprovado o recolhimento dentro do prazo recursal (art. 789, § 1.º, da CLT), sob pena de não conhecimento do recurso por deserção.

Na hipótese de recolhimento insuficiente das custas, o recorrente deverá ser intimado para promover a complementação no prazo de 5 dias, e somente se não o fizer ocorrerá a deserção (art. 1.007, § 2º, do CPC). Trata-se de exemplo do princípio da primazia da decisão de mérito.

Nesse sentido, podemos citar a OJ 140 da SDI-1 do TST:

> "OJ 140, SDI-1, TST. DEPÓSITO RECURSAL E CUSTAS PROCESSUAIS. RECOLHIMENTO INSUFICIENTE. DESERÇÃO (nova redação em decorrência do CPC de 2015) – Res. 217/2017 – *DEJT* divulgado em 20, 24 e 25.04.2017
> Em caso de recolhimento insuficiente das custas processuais ou do depósito recursal, somente haverá deserção do recurso se, concedido o prazo de 5 (cinco) dias previsto no § 2º do art. 1.007 do CPC de 2015, o recorrente não complementar e comprovar o valor devido."

Aqui cabe uma ponderação. Note que a orientação da Corte Superior trata de "recolhimento insuficiente" e não de "ausência de recolhimento". E isso faz toda a diferença. A possibilidade de complementação ocorre quando se trata de depósito que existe, mas se revela insuficiente. Por outro lado, quando se trata de depósito inexistente, não há possibilidade de regularização.

Nesse contexto, o TST tem entendido que a intimação para regularização das custas e do depósito recursal apenas se aplica quando o recolhimento for insuficiente e não quando for ausente. Veja essa ementa do TST:

> *AGRAVO INTERPOSTO CONTRA DECISÃO DENEGATÓRIA DE SEGUIMENTO DE EMBARGOS PROFERIDA POR MINISTRO PRESIDENTE DE TURMA SOB A ÉGIDE DA LEI 13.015/2014. DESERÇÃO DO APELO. AUSÊNCIA DE RECOLHIMENTO DO DEPÓSITO RECURSAL. Não merece reparos a decisão singular por meio da qual se denegou seguimento aos embargos. Isso porque a Reclamada, ao interpor o recurso de embargos, não procedeu ao recolhimento do depósito recursal, operando-se, portanto, a deserção do apelo. Ademais, versando o presente caso sobre ausência de comprovação do recolhimento do depósito recursal e não sobre recolhimento insuficiente, não há falar em intimação para sanar o vício, consoante entendimento consolidado na OJ 140 da SBDI-I do TST. Agravo de que se conhece e a que se nega provimento. (AgR-E-Ag-AIRR-24081-59.2016.5.24.0066, Subseção I Especializada em Dissídios Individuais, Relator Ministro Alexandre Luiz Ramos, DEJT 13/12/2019).*

Segundo o art. 1.007, § 7º, do CPC, também aplicável ao Processo do Trabalho, "o equívoco no preenchimento da guia de custas não implicará a aplicação da pena de deserção, cabendo ao relator, na hipótese de dúvida quanto ao recolhimento, intimar o recorrente para sanar o vício no prazo de 5 (cinco) dias".

Se a parte fizer o recolhimento por meio da guia errada, a posição majoritária do TST milita no sentido de considerar o recurso deserto. Veja esse julgado esclarecedor:

> *AGRAVO REGIMENTAL EM EMBARGOS EM EMBARGOS DE DECLARAÇÃO EM EMBARGOS DE DECLARAÇÃO EM RECURSO DE REVISTA - REGÊNCIA PELA LEI N. 13.015/2014 - DESERÇÃO DOS EMBARGOS. CUSTAS PROCESSUAIS RECOLHIDAS MEDIANTE A UTILIZAÇÃO DE GUIA IMPRÓPRIA. Não merece reparos a decisão monocrática por meio da qual se denegou seguimento ao recurso de embargos. Isso porque, no caso dos autos, restou evidenciada a deserção do referido apelo, porquanto o recolhimento das custas processuais deu-se em manifesta inobservância à diretriz fixada no Ato Conjunto TST. CSJT.GP.SG n. 21/2010, pois efetuado mediante a utilização de Documento de Arrecadação de Receitas Federais (DARF), e não por meio da Guia de Recolhimento da União (GRU Judicial). Inaplicável à espécie o princípio da instrumentalidade das formas, pois, embora os valores recolhidos tenham se revertido ao Tesouro Nacional, certo é que se somaram, em virtude da errônea utilização do DARF, às receitas administradas pela Receita Federal do Brasil (RFB) e pela Procuradoria-Geral da Fazenda Nacional (PGFN), refugindo, dessa forma, ao controle do Poder Judiciário; e consoante se extrai do item 7 do documento intitulado "Orientações ao Judiciário Relativas à Arrecadação de Receitas da União" (Portal Siafi), nem sequer é possível a retificação da arrecadação, pois, " Face à inexistência de instrumento normativo para retificação para GRU de valores recolhidos por meio Darf, e vice-versa, o procedimento indicado é a restituição do valor ao contribuinte, para que este efetue o recolhimento correto por meio de GRU. Entretanto, por se tratar de restituição de Darf, matéria pertinente à Secretaria da Receita Federal do Brasil, a documentação deve ser encaminhada diretamente àquela Secretaria, para a unidade de jurisdição do contribuinte - unidade da RFB no município de domicílio informado pelo contribuinte em seu cadastro nessa Secretaria. Agravo regimental a que se nega provimento" (AgR-E-ED-ED-RR-299-52.2011.5.02.0311, Subseção I Especializada em Dissídios Individuais, Relator Ministro Marcio Eurico Vitral Amaro, DEJT 20/05/2016).*

Em caso de acordo judicial, se de outra forma não for convencionado, o pagamento das custas caberá em partes iguais aos litigantes (art. 789, § 3º, da CLT).

O valor das custas incidirá à base de 2%, com o valor mínimo de R$ 10,64 e o máximo de quatro vezes o limite máximo dos benefícios do Regime Geral de Previdência Social e serão calculadas (art. 789 da CLT)[3]:

[3] O limite máximo para as custas é de 4 vezes o teto dos benefícios do Regime Geral da Previdência Social nas decisões que fixarem custas proferidas a partir de 11.11.2017, data em que entrou em vigor a Lei

- quando houver acordo ou condenação, sobre o respectivo valor;
- quando houver extinção do processo, sem resolução do mérito, ou julgado totalmente improcedente o pedido, sobre o valor da causa;
- no caso de procedência do pedido formulado em ação declaratória e em ação constitutiva, sobre o valor da causa;
- quando o valor for indeterminado, sobre o que o juiz fixar.

Quanto aos dissídios coletivos, as partes vencidas responderão solidariamente pelo pagamento das custas, calculadas sobre o valor arbitrado na decisão, ou pelo presidente do tribunal.

Por sua vez, o art. 790-A da CLT determina que são isentos de custas a União, os Estados, o Distrito Federal, os Municípios e respectivas autarquias e fundações públicas federais, estaduais ou municipais que não explorem atividade econômica, bem como o Ministério Público do Trabalho.

A atinente isenção não alcança as entidades fiscalizadoras do exercício profissional (OAB, CREA etc.) nem exime as pessoas jurídicas referidas acima da obrigação de reembolsar as despesas judiciais realizadas pela parte vencedora (art. 790-A, parágrafo único, da CLT).

As empresas públicas e sociedades de economia mista também não estão isentas de custas, por estarem sujeitas ao regime jurídico próprio das empresas privadas (art. 173, § 1.º, da CF/1988).

Vale destacar que, após a EC 45/2004, a Justiça do Trabalho passou a ter competência para processar e julgar todas as ações oriundas da relação de trabalho. Neste contexto, objetivando disciplinar normas procedimentais aplicáveis ao Processo do Trabalho em decorrência da ampliação de competência mencionada, o Tribunal Superior do Trabalho editou a IN 27/2005, determinando que as ações ajuizadas perante a Justiça do Trabalho, sejam as derivadas da relação de emprego ou da relação de trabalho *lato sensu*, obedecerão, quanto às custas, aos dispositivos legais previstos na norma consolidada.

Todavia, estabeleceu a IN 27/2005 que, salvo nas lides decorrentes da relação de emprego, é aplicável o princípio da sucumbência recíproca, relativamente às custas.

Portanto, nas lides que envolvam relação de trabalho distintas da relação de emprego aplica-se o art. 86 do CPC que estabelece: "Se cada litigante for, em parte, vencedor e vencido, serão proporcionalmente distribuídas entre eles as despesas". Porém, se um litigante decair de parte mínima do pedido, o outro responderá, por inteiro, pelas despesas e honorários (art. 86, parágrafo único, do CPC).

13.467/2017 (Reforma Trabalhista) (art. 4º, IN 41/2018, do TST).

Vale destacar a Súmula 25 do TST:

> "SÚMULA 25 DO TST. CUSTAS PROCESSUAIS. INVERSÃO DO ÔNUS DA SUCUMBÊNCIA. (alterada a Súmula e incorporadas as Orientações Jurisprudenciais nºs 104 e 186 da SBDI-1) – Res. 197/2015 – *DEJT* divulgado em 14, 15 e 18.05.2015.
>
> I – A parte vencedora na primeira instância, se vencida na segunda, está obrigada, independentemente de intimação, a pagar as custas fixadas na sentença originária, das quais ficara isenta a parte então vencida;
>
> II – No caso de inversão do ônus da sucumbência em segundo grau, sem acréscimo ou atualização do valor das custas e se estas já foram devidamente recolhidas, descabe um novo pagamento pela parte vencida, ao recorrer. Deverá ao final, se sucumbente, **reembolsar** a quantia; (ex-OJ n.º 186 da SBDI-I);
>
> III – Não caracteriza deserção a hipótese em que, acrescido o valor da condenação, não houve fixação ou cálculo do valor devido a título de custas e tampouco intimação da parte para o preparo do recurso, devendo ser as custas pagas ao final (ex-OJ n.º 104 da SBDI-I);
>
> IV – O reembolso das custas à parte vencedora faz-se necessário mesmo na hipótese em que a parte vencida for pessoa isenta do seu pagamento, nos termos do art. 790-A, parágrafo único, da CLT."

Por outro lado, o art. 789-A da CLT determina que no processo de execução são devidas custas quando da interposição de recursos, sempre de responsabilidade do executado e pagas ao final (ainda que o recurso seja interposto pela outra parte).

No processo executivo, sendo as custas pagas ao final, elas não são exigidas para a admissão dos recursos interpostos na execução. Nesta direção, veja o seguinte julgado do TST:

> *RECURSO DE REVISTA. EXECUÇÃO. AGRAVO DE PETIÇÃO. EMBARGOS DE TERCEIRO. CUSTAS PROCESSUAIS. DESERÇÃO. A Lei n. 10.537/02, que inseriu o artigo 789-A na CLT, não prevê a satisfação das custas como requisito de admissibilidade recursal na fase de execução, isto porque dispõe que serão pagas ao final. Ademais, a Orientação Jurisprudencial Transitória n. 53 da SDI-1 desta Corte nada consigna sobre a necessidade de recolhimento das custas processuais por parte do terceiro embargante, no período posterior à Lei n. 10.537/2002. Recurso de revista conhecido e provido. (RR-629-58.2017.5.12.0053, 8ª Turma, Relatora Ministra Dora Maria da Costa, DEJT 31/08/2018).*

Em relação ao depósito recursal, ele objetiva garantir o juízo para o pagamento de futura execução a ser movida pelo empregado, portanto, só é realizado pelo reclamado quando empregador ou tomador dos serviços.

Por consequência, vencida a empresa, mesmo que parcialmente, é necessário que ela efetue o depósito recursal, garantindo-se o juízo, não se exigindo o depósito recursal por parte do empregado, em caso de eventual recurso.

Exigem depósito recursal: recurso ordinário, recurso de revista, embargos ao TST, recurso extraordinário, recurso ordinário em ação rescisória e o agravo de instrumento.

Impende ressaltar que, conforme já mencionado anteriormente, o Tribunal Superior do Trabalho editou a IN 27/2005, dispondo sobre normas procedimentais aplicáveis ao Processo do Trabalho em decorrência da ampliação da competência da Justiça do Trabalho pela EC 45/2004. Nesta esteira, o parágrafo único do art. 2.º da instrução normativa em comento estabeleceu que o depósito recursal a que se refere o art. 899 da CLT é sempre exigível como requisito extrínseco do recurso, quando houver condenação em pecúnia.

Logo, mesmo nas ações que envolvam relação de trabalho distintas da relação de emprego, em caso de eventual condenação em pecúnia, será necessário que o recorrente realize o depósito recursal, sob pena de não conhecimento do recurso.

Neste contexto, para interposição de recurso ordinário, recurso de revista, embargos ao TST, recurso extraordinário e recurso ordinário em ação rescisória, o reclamado depositará o valor da condenação ainda não depositado até o limite do teto estabelecido pelo TST.

Outrossim, o presidente do Tribunal Superior do Trabalho fixou novos valores referentes ao depósito recursal, os quais passaram a vigorar a partir de 1.º de agosto de 2021, quais sejam:

a) R$ 10.986,80, no caso de interposição de Recurso Ordinário;
b) R$ 21.973,60, no caso de interposição de Recurso de Revista, Embargos e Recurso Extraordinário e Recurso Ordinário em Ação Rescisória.

O agravo de instrumento terá depósito recursal no montante de 50% do seu valor quando da interposição do recurso que não foi conhecido (art. 899, § 7.º, da CLT, com a redação dada pela Lei 12.275/2010). Não haverá, entretanto, obrigatoriedade de se efetuar o depósito para interposição do agravo de instrumento para destrancar recurso de revista interposto em face de decisão do TRT, em recurso ordinário, com fundamento em contrariedade à súmula ou à orientação jurisprudencial do TST. Veja o art. 899, § 8º, da CLT, *in verbis*:

> "Art. 899, § 8.º, da CLT. Quando o agravo de instrumento tem a finalidade de destrancar recurso de revista que se insurge contra decisão que contraria a jurisprudência uniforme do Tribunal Superior do Trabalho, consubstanciada nas suas súmulas ou em orientação jurisprudencial, não haverá obrigatoriedade de se efetuar o depósito referido no § 7.º deste artigo."

Caso a arguição de contrariedade à súmula ou à orientação jurisprudencial seja infundada, temerária ou artificiosa, o agravo de instrumento será considerado deserto (art. 23, Ato 491/SEGJUD.GP/2014 – Presidência do TST).

Contudo, a dispensa do § 8.º do art. 899 da CLT não será aplicável aos casos em que o agravo de instrumento se refira a uma parcela da condenação, pelo menos, que não seja objeto de arguição de contrariedade à súmula ou à orientação jurisprudencial do TST (art. 23, Ato 491/SEGJUD.GP/2014 – Presidência do TST).

Somente haverá depósito recursal quando houver decisão condenatória, em que a empresa tenha sido condenada a pagar certa quantia (Súmula 161 do TST), sendo devido também em caso de interposição de recurso adesivo.

Dessa maneira, se a condenação for apenas de obrigação de fazer, não fazer ou entregar, não há que se falar em depósito recursal. Tampouco haverá depósito das decisões puramente declaratórias ou nas decisões constitutivas. Veja um julgado do TST nesse sentido:

> *(...) II - AGRAVO DE INSTRUMENTO. DESERÇÃO. DEPÓSITO RECURSAL. AUSÊNCIA DE CONDENAÇÃO EM PECÚNIA. OBRIGAÇÃO DE FAZER. SÚMULA 161 DO TST. O Juízo primeiro de admissibilidade denegou seguimento ao recurso de revista, por deserto. A sentença mantida pelo Tribunal Regional condenou a reclamada apenas em obrigações de fazer, não estabelecendo nenhuma condenação pecuniária que exigisse a garantia do juízo, sendo, portanto, inexigível o pagamento de depósito recursal, nos estritos termos da Súmula n. 161 do TST. (...). (AgR-AIRR-192-37.2014.5.09.0657, 3ª Turma, Relator Ministro Alexandre de Souza Agra Belmonte, DEJT 12/04/2019).*

O depósito recursal poderá ser substituído por fiança bancária ou seguro garantia judicial (art. 899, § 11, da CLT).[4]

A fiança bancária consiste em um contrato em que o banco garante o cumprimento da obrigação de seu cliente, que é o reclamado.

Por sua vez, o seguro garantia judicial trata-se de um contrato de seguro firmado pelo reclamado com uma seguradora, que garante o pagamento de depósitos judiciais em dinheiro e/ou a penhora de bens que possam ser devidos pelo segurado/executado na pendência de execução judicial.

Essa previsão gerou inúmeros debates acerca dos requisitos desse seguro e dessa fiança. Diante desse quadro, houve a edição do Ato Conjunto 1/2019 pelo Tribunal Superior do Trabalho, pela Corregedoria-Geral da Justiça do

[4] O dispositivo será aplicável aos recursos interpostos contra as decisões proferidas a partir de 11..11.2017, data em que entrou em vigor a Lei 13.467/2017 (Reforma Trabalhista) (art. 20, IN 41/2018, do TST).

Trabalho e pelo Conselho Superior da Justiça do Trabalho. O art. 1º esclarece a possibilidade de uso do seguro-garantia:

> Art. 1º O seguro garantia judicial para a execução trabalhista e o seguro garantia judicial em substituição a depósito recursal visam garantir o pagamento de débitos reconhecidos em decisões proferidas por órgãos da Justiça do Trabalho, constituindo, no caso do segundo, pressuposto de admissibilidade dos recursos.

A fiança seguirá, no que for cabível, as mesmas regras do seguro:

> Art. 1º, Parágrafo único. As regras previstas neste Ato Conjunto aplicam-se à fiança bancária para garantia de execução trabalhista ou para substituição de depósito recursal, observadas as peculiaridades do respectivo instrumento.

Quando se fala em seguro, fala-se em apólice, prêmio, sinistro e indenização. Para facilitar a adequação do seguro-garantia a esses conceitos, o ato conjunto definiu esses pontos no art. 2º, cujo trecho transcrevemos:

> Art. 2º Aplicam-se ao seguro garantia previsto no art. 1º as seguintes definições:
>
> I – Apólice: documento assinado pela seguradora que representa formalmente o contrato de seguro garantia judicial;
>
> II – Expectativa de sinistro: verificação pelo segurado da possibilidade de ocorrência de sinistro;
>
> III – Indenização: pagamento pelas seguradoras das obrigações cobertas pelo seguro, a partir da caracterização do sinistro;
>
> IV – Prêmio: importância devida pelo tomador à seguradora em razão da cobertura do seguro;
>
> V – Segurado: o reclamante ou o exequente;
>
> VI – Seguradora: a sociedade de seguros garantidora, nos termos da apólice, do cumprimento das obrigações assumidas pelo tomador perante os órgãos da Justiça do Trabalho;
>
> VII – Seguro garantia judicial para substituição a depósito recursal: modalidade destinada a oferecer garantia real de satisfação da condenação;
>
> IX – Sinistro: o inadimplemento das obrigações do tomador cobertas pelo seguro ou a determinação judicial para recolhimento dos valores correspondentes à apólice;
>
> X – Tomador: devedor de obrigações trabalhistas que deve prestar garantia no processo judicial;
>
> XI – Cláusula de renovação automática: obrigação da Seguradora de renovar automaticamente a apólice do seguro garantia por período igual ao inicialmente

contratado, enquanto durar o processo judicial garantido, nos termos do Ofício 23/2019/SUSEP/DICON/CGCOM/COSET.

O valor do depósito recursal será reduzido pela metade para entidades sem fins lucrativos, empregadores domésticos, microempreendedores individuais, microempresas e empresas de pequeno porte (art. 899, § 9º, da CLT)[5].

São isentos do depósito recursal os beneficiários da justiça gratuita, as entidades filantrópicas e as empresas em recuperação judicial (art. 899, § 10, da CLT)[6].

Também são isentas as pessoas jurídicas de direito público (art. 1.º, IV, do Decreto-lei 779/1969 e item X da IN 3/1993 do TST) e o Ministério Público do Trabalho.

No que tange aos Correios, por possuírem as mesmas prerrogativas da Fazenda Pública quanto a prazos e custas, o TST vem entendendo que não é necessário realizar o depósito recursal:

> *(...) RECURSO DE REVISTA INTERPOSTO PELA RECLAMADA ANTERIORMENTE À VIGÊNCIA DA LEI N. 13.015/2014. ECT. PRIVILÉGIOS CONCEDIDOS À FAZENDA PÚBLICA. (...) A jurisprudência desta Corte Superior, na esteira de precedentes do Supremo Tribunal Federal, é firme no sentido de que a Empresa Brasileira de Correios e Telégrafos – ECT goza dos mesmos privilégios concedidos à Fazenda Pública, nos termos do art. 12 do Decreto-Lei n. 509/69, dentre os quais a isenção das custas processuais e a inexigibilidade de depósito recursal. Recurso de revista conhecido e provido, no particular" (ARR190300-68.2006.5.15.0129, 1ª Turma, Relator Ministro Walmir Oliveira da Costa, DEJT 15/06/2018).*

Todavia, em relação às empresas públicas e às sociedades de economia mista, em caso de recurso, deverá ser recolhido o respectivo depósito recursal (Súmula 170 do TST).

A massa falida também não está sujeita ao pagamento de custas nem ao depósito recursal (Súmula 86 do TST).

No entanto, em relação às empresas em liquidação extrajudicial, a Súmula 86 do TST estabelece a obrigatoriedade do recolhimento das custas e depósito recursal.

---

5 O dispositivo será aplicável aos recursos interpostos contra as decisões proferidas a partir de 11.11.2017, data em que entrou em vigor a Lei 13.467/2017 (Reforma Trabalhista) (art. 20, IN 41/2018, do TST).

6 O dispositivo será aplicável aos recursos interpostos contra as decisões proferidas a partir de 11.11.2017, data em que entrou em vigor a Lei 13.467/2017 (Reforma Trabalhista) (art. 20, IN 41/2018, do TST).

Os Estados Estrangeiros também estão dispensados de realizar o depósito recursal, conforme inciso X da IN 3/93 do TST:

> X – Não é exigido depósito recursal, em qualquer fase do processo ou grau de jurisdição, dos entes de direito público externo e das pessoas de direito público contempladas no Decreto-Lei n. 779, de 21.8.69, bem assim da massa falida e da herança jacente.

Observe um julgado do TST nesse sentido:

> *RECURSO DE REVISTA. PRELIMINAR ARGUIDA EM CONTRARRAZÕES. DESERÇÃO. O reclamado, por ser Estado estrangeiro, está dispensado do recolhimento das custas e do depósito recursal, em qualquer fase do processo, nos termos do item X da Instrução Normativa n. 3 do TST. Não se há de falar em renúncia a tal prerrogativa, em razão de o réu não a ter utilizado, por ocasião da interposição do recurso ordinário. (...) (RR-49700-32.2005.5.10.0012, 7ª Turma, Relator Ministro Pedro Paulo Manus, DEJT 24/06/2011).*

Uma vez depositado integralmente o valor da condenação, o juízo estará garantido, de modo que nenhum outro depósito precisará ser realizado pelo recorrente, salvo se majorada a condenação (Súmula 128, I, do TST).

Transitada em julgado a decisão recorrida, o juiz ordenará o levantamento imediato do depósito recursal em favor da parte vencedora (art. 899, § 1.º, da CLT).

O depósito recursal será feito em conta vinculada ao juízo e corrigido com os mesmos índices da poupança, de acordo com o art. 899, § 4º, da CLT[7].

No entanto, a constitucionalidade desse dispositivo foi discutida na ADI 5867, sob o argumento de que essa atualização era incapaz de recompor o valor no tempo, violando o direito de propriedade, definindo o STF que não deverá mais incidir a taxa TR, mas a taxa Selic para a atualização destes depósitos.

Vale lembrar de que o depósito recursal é apenas exigível do tomador de serviços (inclusive empregador) e não do trabalhador. Se o trabalhador for condenado em uma ação trabalhista ou em reconvenção a pagar algum valor ao empregador, ele, para recorrer, não precisa fazer depósito recursal. Esta é a posição prevalecente na jurisprudência. Neste sentido colacionamos os seguintes julgados do TST:

---

[7] O dispositivo será aplicável aos recursos interpostos contra as decisões proferidas a partir de 11.11.2017, data em que entrou em vigor a Lei 13.467/2017 (Reforma Trabalhista) (art. 20, IN 41/2018, do TST).

> *I - RECURSO DE REVISTA DA RECLAMADA INTERPOSTO ANTES DA LEI N. 13.015/2014. PRELIMINAR DE NÃO CONHECIMENTO DO RECURSO ORDINÁRIO. DESERÇÃO. (...) Outrossim, a jurisprudência desta Corte firmou-se no sentido de que, quando o empregado estiver na condição de demandado na ação de reconvenção, ou seja, como reconvinte, ele estará isento do pagamento de depósito recursal. Logo, não há se falar em deserção. Recurso de revista não conhecido. (...) (RR-845-88.2010.5.09.0007, 2ª Turma, Relatora Ministra Maria Helena Mallmann, DEJT 15/02/2019).*

> *RECURSO DE REVISTA EM FACE DE DECISÃO PUBLICADA ANTES DA VIGÊNCIA DA LEI N. 13.015/2014. PRELIMINAR DE NÃO CONHECIMENTO ARGUIDA EM CONTRARRAZÕES -DESERÇÃO - AUSÊNCIA DE DEPÓSITO RECURSAL DO EMPREGADO RECONVINDO. Não há previsão legal da exigência de depósito recursal por parte do trabalhador, ainda que sucumbente em reconvenção. Isso porque os §§ 1º, 4º e 5º do artigo 899 da CLT são expressos ao direcionar apenas ao empregador a obrigação da garantia do juízo como pressuposto extrínseco de admissibilidade recursal. Precedentes, inclusive da SBDI-1 e da 3ª Turma. Preliminar rejeitada. (...) (RR-405000-25.2007.5.09.0670, 3ª Turma, Relator Ministro Alexandre de Souza Agra Belmonte, DEJT 26/08/2016).*

À luz da Súmula 245 do TST, o depósito recursal deve ser feito e comprovado no prazo alusivo ao recurso, e a interposição antecipada do recurso não prejudica a dilação legal. A Súmula aplica-se ao recurso ordinário, recurso de revista, embargos ao TST e recurso extraordinário. No caso do agravo de instrumento, o depósito deve ser realizado e comprovado no ato da interposição do recurso (art. 899, § 7.º, da CLT).

Assim como ocorre com as custas, na hipótese de recolhimento insuficiente do depósito recursal, o recorrente deverá ser intimado para promover a complementação no prazo de 5 dias, e somente se não o fizer ocorrerá a deserção (art. 1.007, § 2º, do CPC e OJ 140, SDI-1, do TST). Trata-se de exemplo do princípio da primazia da decisão de mérito.

Havendo condenação solidária de duas ou mais empresas, o depósito recursal efetuado por uma delas aproveita as demais, desde que a empresa que realizou o depósito não pleiteie sua exclusão da lide (Súmula 128, III do TST).

E se houve condenação subsidiária? Haveria o aproveitamento realizado por um dos litisconsortes? Nessa hipótese, se a empresa condenada principal efetuar o depósito, esse depósito aproveita ao devedor subsidiário se a devedora principal não pretende sua exclusão da lide. É a mesma lógica estudada anteriormente na Súmula 128, III. Veja um julgado do TST:

> *(...) RECURSO DE REVISTA. RESPONSABILIDADE SUBSIDIÁRIA. DESERÇÃO. PREPARO EFETUADO PELO DEVEDOR PRINCIPAL. DESNECESSIDADE DE RECOLHIMENTO PELO DEVEDOR SUBSIDIÁRIO. (...) Por oportuno, a SBDI-1 desta Corte, no julgamento dos Processos E-AIRR - 88840-38.2006.5.18.0005, Relatora Ministra Maria de*

> *Assis Calsing, DEJT 06/08/2010 (decisão por maioria, vencido o Ex.mo Ministro Aloysio Corrêa da Veiga) e E-ED-RR - 39900-19.2004.5.18.0003, Relatora Ministra Rosa Maria Weber, DEJT 1º/10/2010 (decisão por unanimidade), uniformizou jurisprudência no sentido de aplicar, de forma analógica, a Súmula n. 128, item III, do TST, ao devedor subsidiário e considerar que o depósito realizado pelo devedor principal aproveita à empresa condenada subsidiariamente. Desse modo, os autos devem retornar ao Tribunal Regional de origem para que julgue o recurso ordinário da segunda reclamada (Salete Residence SPE Ltda), como entender de direito. Recurso de revista conhecido e provido" (ARR1458 90.2015.5.02.0084, 2ª Turma, Relator Ministro José Roberto Freire Pimenta, DEJT 16/11/2018).*

Por outro lado, se o depósito foi realizado somente pelo devedor subsidiário, este depósito não aproveita ao devedor principal, segundo a posição majoritária do TST:

> *AGRAVO DE INSTRUMENTO EM RECURSO DE REVISTA. DESERÇÃO DO RECURSO DE REVISTA DETECTADA NO EXAME PRÉVIO DE ADMISSIBILIDADE. AUSÊNCIA DE RECOLHIMENTO DO DEPÓSITO RECURSAL E DAS CUSTAS PROCESSUAIS. (...) De outro lado, a jurisprudência deste Tribunal Superior tem-se orientado no sentido de que o depósito efetuado pelo devedor subsidiário não aproveita ao devedor principal. Portanto, não socorre a primeira reclamada, ora recorrente e devedora principal, o entendimento consagrado no item III da Súmula 128 do TST, porquanto referido verbete não contempla a hipótese de depósito efetuado pelo devedor subsidiário. (...). (AIRR-20005-74.2015.5.04.0812, 8ª Turma, Relatora Ministra Dora Maria da Costa, DEJT 04/06/2018).*
>
> *I) AGRAVO DE INSTRUMENTO DA SEGUNDA RECLAMADA - ORTENG SPE PROJETOS E MONTAGENS LTDA. 1. DESERÇÃO DO RECURSO DE REVISTA. CONDENAÇÃO SUBSIDIÁRIA. SÚMULA N. 128. RECURSO INTERPOSTO NA VIGÊNCIA DA LEI N. 13.467/2017. TRANSCENDÊNCIA. NÃO RECONHECIDA. (...) Ademais, a jurisprudência desta Corte é no sentido de que, em se tratando de condenação subsidiária, o depósito é aproveitado quando realizado pela devedora principal. Precedentes. (...)" (AIRR-1066-61.2016.5.08.0016, 4ª Turma, Relator Ministro Guilherme Augusto Caputo Bastos, DEJT 13/09/2019).*

No dissídio coletivo não é exigido o depósito recursal, pois a natureza jurídica da sentença no dissídio coletivo é constitutiva ou declaratória, e nunca condenatória.

Quanto à ação rescisória, estabelece a Súmula 99 do TST a obrigatoriedade de o empregador vencido, em caso de recurso, efetuar o depósito recursal, sob pena de o apelo não ser conhecido por falta de preparo (deserção).

O recolhimento do valor da multa imposta como sanção por litigância de má-fé (art. 793-C da CLT) não é pressuposto objetivo para interposição dos recursos de natureza trabalhista, pois entende o TST que tal multa não se qualifica como custas processuais (OJ 409, SDI-1, do TST).

Com o objetivo de facilitar o estudo do leitor, preparamos um quadro sintético indicando os recursos em que será obrigatório o depósito recursal por parte do empregador recorrente e outros em que não haverá dito recolhimento. Vejamos:

Recursos sem depósito recursal	Recursos com depósito recursal obrigatório por parte do empregador recorrente
Agravo de petição	Recurso ordinário
Agravo regimental	Recurso de revista
Embargos de declaração	Embargos no TST
	Recurso extraordinário
	Recurso adesivo
	Agravo de instrumento

Requerida a concessão de gratuidade da justiça em recurso, o recorrente estará dispensado de comprovar o recolhimento do preparo, incumbindo ao relator, neste caso, apreciar o requerimento e, se indeferi-lo, fixar prazo para realização do recolhimento (art. 99, § 7º, do CPC).

- **Regularidade de representação** – o recurso deve ser subscrito pela própria parte (*jus postulandi*) ou mesmo por advogado com procuração nos autos ou portador de mandato tácito (art. 791, § 3º, da CLT).

Com relação à representação processual das pessoas jurídicas de direito público em geral, confira a Súmula 436 do TST:

> "SÚMULA 436 DO TST. REPRESENTAÇÃO PROCESSUAL. PROCURADOR DA UNIÃO, ESTADOS, MUNICÍPIOS E DISTRITO FEDERAL, SUAS AUTARQUIAS E FUNDAÇÕES PÚBLICAS. JUNTADA DE INSTRUMENTO DE MANDATO (conversão da Orientação Jurisprudencial nº 52 da SBDI-I e inserção do item II à redação) – Res. 185/2012, *DEJT* divulgado em 25, 26 e 27.09.2012.
>
> I – A União, Estados, Municípios e Distrito Federal, suas autarquias e fundações públicas, quando representadas em juízo, ativa e passivamente, por seus procuradores, estão dispensadas da juntada de instrumento de mandato e de comprovação do ato de nomeação.
>
> II – Para os efeitos do item anterior, é essencial que o signatário ao menos declare-se exercente do cargo de procurador, não bastando a indicação do número de inscrição na Ordem dos Advogados do Brasil."

O advogado não será admitido a postular em juízo sem procuração, salvo para evitar preclusão, decadência ou prescrição, ou para praticar ato considerado urgente. Assim, deverá exibir a procuração no prazo de 15 dias, prorrogável por igual período por despacho do juiz. O ato não ratificado será considerado **ineficaz** relativamente àquele em cujo nome foi praticado, respondendo o advogado pelas despesas e por perdas e danos, com fulcro no art. 104, §§ 1º e 2º, do CPC:

> "Art. 104 do CPC. O advogado não será admitido a postular em juízo sem procuração, salvo para evitar preclusão, decadência ou prescrição, ou para praticar ato considerado urgente.
>
> § 1.º Nas hipóteses previstas no *caput*, o advogado deverá, independentemente de caução, exibir a procuração no prazo de 15 (quinze) dias, prorrogável por igual período por despacho do juiz.
>
> § 2.º O ato não ratificado será considerado ineficaz relativamente àquele em cujo nome foi praticado, respondendo o advogado pelas despesas e por perdas e danos."

Ressalte-se que ao estabelecer que é admitido postular em juízo sem procuração para evitar a preclusão, o atual Código de Processo Civil consagrou a possibilidade de juntada *a posteriori* da procuração na fase recursal.

Por sua vez, o art. 76, § 2º, do atual CPC prevê também expressamente a possibilidade de regularização processual na fase recursal em prazo razoável previsto pelo juiz:

> "Art. 76 do CPC. Verificada a incapacidade processual ou a irregularidade da representação da parte, o juiz suspenderá o processo e designará prazo razoável para que seja sanado o vício.
>
> § 1.º Descumprida a determinação, caso o processo esteja na instância originária:
>
> I – o processo será extinto, se a providência couber ao autor;
>
> II – o réu será considerado revel, se a providência lhe couber;
>
> III – o terceiro será considerado revel ou excluído do processo, dependendo do polo em que se encontre.
>
> § 2.º Descumprida a determinação em fase recursal perante tribunal de justiça, tribunal regional federal ou tribunal superior, o relator:
>
> I – não conhecerá do recurso, se a providência couber ao recorrente;
>
> II – determinará o desentranhamento das contrarrazões, se a providência couber ao recorrido."

Cumpre destacar que o TST, no art. 3º, I, da IN 39/2016, deixou claro que entende que o art. 76 do CPC é aplicável no Processo do Trabalho.

Dessa forma, o CPC prevê duas situações distintas: a) ausência de procuração, caso em que se aplica o art. 104 do CPC; e b) a procuração foi juntada aos autos, porém houve irregularidade de representação, hipótese em que se aplica o art. 76 do CPC.

Em ambos os casos, o TST entende que o prazo para a juntada de procuração e regularização da representação é de 5 dias, ainda que o art. 104 do CPC contemple o prazo de 15 dias, consoante se extrai da Súmula 383 do TST, o que nos parece que o fez por equívoco:

> "SÚMULA 383 DO TST. RECURSO. MANDATO. IRREGULARIDADE DE REPRESENTAÇÃO. CPC DE 2015, ARTS. 104 E 76, § 2.º (nova redação em decorrência do CPC de 2015) – Res. 210/2016, *DEJT* divulgado em 30.06, 1.º e 04.07.2016.
>
> I – É inadmissível recurso firmado por advogado sem procuração juntada aos autos até o momento da sua interposição, salvo mandato tácito. Em caráter excepcional (art. 104 do CPC de 2015), admite-se que o advogado, independentemente de intimação, exiba a procuração no prazo de 5 (cinco) dias após a interposição do recurso, prorrogável por igual período mediante despacho do juiz. Caso não a exiba, considera-se ineficaz o ato praticado e não se conhece do recurso.
>
> II – Verificada a irregularidade de representação da parte em fase recursal, em procuração ou substabelecimento já constante dos autos, o relator ou o órgão competente para julgamento do recurso designará prazo de 5 (cinco) dias para que seja sanado o vício. Descumprida a determinação, o relator não conhecerá do recurso, se a providência couber ao recorrente, ou determinará o desentranhamento das contrarrazões, se a providência couber ao recorrido" (art. 76, § 2º, do CPC de 2015).
>
> Nos termos da OJ 120 da SDI-1 do TST, é válido o recurso assinado, ao menos, na petição de apresentação ou nas razões recursais. Entretanto, verificada a total ausência de assinatura no recurso, o juiz ou o relator concederá prazo de 5 (cinco) dias para que seja sanado o vício. Descumprida a determinação, o recurso será reputado inadmissível (art. 932, parágrafo único, do CPC de 2015).

8.7.2. Subjetivos

- **Legitimidade** – o art. 996 do CPC determina que o recurso pode ser interposto pela parte vencida, pelo terceiro prejudicado e pelo Ministério Público, como parte ou como fiscal da ordem jurídica.

Logo, se o recurso for interposto por parte ilegítima, ele não será conhecido, por ausência de pressuposto recursal subjetivo.

Cabe ressaltar que o Ministério Público do Trabalho possui legitimidade recursal nos processos em que figura como parte, bem como naqueles em que atua como fiscal da lei (*custos legis*), conforme previsão no art. 83, VI, da LC 75/1993.

A respeito da legitimidade do Ministério Público para recorrer há a edição das seguintes OJs:

> "OJ 237 DA SDI-1 DO TST. MINISTÉRIO PÚBLICO DO TRABALHO. LEGITIMIDADE PARA RECORRER. SOCIEDADE DE ECONOMIA MISTA. EMPRESA PÚBLICA (incorporada a Orientação Jurisprudencial nº 338 da SBDI-I) – Res. 210/2016, *DEJT* divulgado em 30.06.2016 e 01 e 04.07.2016.

I – O Ministério Público do Trabalho não tem legitimidade para recorrer na defesa de interesse patrimonial privado, ainda que de empresas públicas e sociedades de economia mista.

II – Há legitimidade do Ministério Público do Trabalho para recorrer de decisão que declara a existência de vínculo empregatício com sociedade de economia mista ou empresa pública, após a Constituição Federal de 1988, sem a prévia aprovação em concurso público, pois é matéria de ordem pública."

"OJ 338 DA SDI-1 do TST. MINISTÉRIO PÚBLICO DO TRABALHO. LEGITIMIDADE PARA RECORRER. SOCIEDADE DE ECONOMIA MISTA E EMPRESA PÚBLICA. CONTRATO NULO (cancelada em decorrência da sua incorporação à nova redação da Orientação Jurisprudencial nº 237 da SBDI-1) – Res. 210/2016, *DEJT* divulgado em 30.06.2016 e 01 e 04.07.2016.

Há interesse do Ministério Público do Trabalho para recorrer contra decisão que declara a existência de vínculo empregatício com sociedade de economia mista ou empresa pública, após a CF/1988, sem a prévia aprovação em concurso público."

"OJ 350 DA SDI-1 DO TST. MINISTÉRIO PÚBLICO DO TRABALHO. NULIDADE DO CONTRATO DE TRABALHO NÃO SUSCITADA PELO ENTE PÚBLICO NO MOMENTO DA DEFESA. ARGUIÇÃO EM PARECER. POSSIBILIDADE (alterada em decorrência do julgamento do processo TST IUJERR 526538/1999.2) – Res. 162/2009, *DEJT* divulgado em 23, 24 e 25.11.2009.

O Ministério Público do Trabalho pode arguir, em parecer, na primeira vez que tenha de se manifestar no processo, a nulidade do contrato de trabalho em favor de ente público, ainda que a parte não a tenha suscitado, a qual será apreciada, sendo vedada, no entanto, qualquer dilação probatória."

- **Capacidade** – além da legitimação, a parte deverá demonstrar no momento da interposição do recurso que está plenamente capaz de praticar o ato processual.

Portanto, se o recorrente não se encontrar no exercício pleno de suas faculdades mentais, não terá ele capacidade para recorrer, devendo, na hipótese, ser representado nos termos da Lei Civil.

- **Interesse** – o recurso tem que ser útil e necessário à parte, sob pena de não conhecimento;

Suponhamos a hipótese de o reclamante recorrer de um pedido que lhe foi favorável.

Nesse caso, o recurso interposto não será útil nem necessário ao recorrente, não sendo, portanto, admitido, por ausência de um pressuposto recursal subjetivo, qual seja ausência de interesse.

Todavia, o interesse pelo recurso não necessariamente está relacionado com a sucumbência, pois há casos em que, mesmo sendo vencedor na lide, tem a parte interesse no apelo.

Podemos destacar o exemplo do processo que é extinto sem resolução do mérito, o que, sem dúvidas, beneficia o reclamado, mas não o impede de recorrer do julgado.

Na hipótese presente, pode haver interesse do demandado beneficiado em recorrer, objetivando uma sentença definitiva de mérito, visto que a extinção do processo sem resolução do mérito não impede o ajuizamento de nova ação.

Cabe mencionar ainda a OJ 338 da SDI-I/TST, *in verbis*;

> "OJ 338 DA SDI-1 DO TST. MINISTÉRIO PÚBLICO DO TRABALHO. LEGITIMIDADE PARA RECORRER. SOCIEDADE DE ECONOMIA MISTA E EMPRESA PÚBLICA. CONTRATO NULO (cancelada em decorrência da sua incorporação à nova redação da Orientação Jurisprudencial nº 237 da SBDI-1) – Res. 210/2016, *DEJT* divulgado em 30.06.2016 e 01 e 04.07.2016.
>
> Há interesse do Ministério Público do Trabalho para recorrer contra decisão que declara a existência de vínculo empregatício com sociedade de economia mista ou empresa pública, após a CF/1988, sem a prévia aprovação em concurso público.".

8.8. RECURSOS EM ESPÉCIES

8.8.1. Recurso ordinário

O recurso ordinário está previsto no art. 895 consolidado, cabendo, no prazo de 8 dias, das seguintes decisões:

- Das sentenças terminativas ou definitivas prolatadas pela Vara do Trabalho ou pelo juiz de direito no exercício da jurisdição trabalhista;
- Das decisões definitivas ou terminativas prolatadas pelos Tribunais Regionais do Trabalho em processos de sua competência originária (mandado de segurança, ação rescisória, ação anulatória, dissídio coletivo, *habeas corpus* etc.), seja nos dissídios individuais ou coletivos.

Portanto, tanto as sentenças definitivas (com resolução do mérito) como as terminativas (sem exame do mérito) serão passíveis de recurso ordinário.

Nesta esteira, indeferida a petição inicial, extinto o processo sem resolução do mérito por ausência das condições da ação ou dos pressupostos de constituição e desenvolvimento válido e regular do processo ou mesmo arquivada a reclamação trabalhista em função da ausência do reclamante à audiência, restará ao prejudicado a opção de interpor recurso ordinário, em função da sentença terminativa proferida.

A Súmula 158 do TST esclarece que, da decisão de Tribunal Regional do Trabalho em ação rescisória, é cabível recurso ordinário para o Tribunal Superior do Trabalho, a ser julgado pela SDI-II.

No mesmo sentido, a Súmula 201 do TST dispõe que da decisão de Tribunal Regional do Trabalho em mandado de segurança cabe recurso ordinário, no prazo de 8 dias, para o Tribunal Superior do Trabalho, a ser julgado pela

SDI-II, e igual dilação para o recorrido e interessados apresentarem razões de contrariedade (contrarrazões).

A OJ do Tribunal Pleno do TST, de n. 5, estabelece que não cabe recurso ordinário contra decisão em agravo regimental interposto em reclamação correicional ou em pedido de providência.

O recurso ordinário interposto de decisão do TRT em dissídio coletivo será julgado pelo TST (SDC).

Há três hipóteses em que o juiz poderá retratar-se em 5 dias: a) indeferimento da petição inicial; b) improcedência liminar do pedido; e c) extinção do processo sem resolução do mérito.

Impende destacar que, em caso de **indeferimento da petição inicial**, uma vez interposto o recurso ordinário pelo reclamante, é facultado ao juiz, no prazo de 5 dias, reconsiderar sua decisão, por aplicação subsidiária do art. 331 do CPC.

Se não houver retratação, o juiz mandará citar o réu para responder somente ao recurso. Sendo a sentença reformada pelo tribunal, será designada audiência para a apresentação da defesa no Processo do Trabalho (art. 331, §§ 1º e 2º, do CPC).

Não interposto o recurso ordinário, o réu será intimado do trânsito em julgado da sentença. (art. 331, § 3º, do CPC).

Também é cabível retratação pelo juiz no caso de recurso ordinário interposto em face da **sentença que julgar liminarmente improcedente o pedido**.

Nos termos do art. 7º, IN 39/2016, do TST aplicam-se ao Processo do Trabalho as normas do art. 332 do CPC, com as necessárias adaptações à legislação processual trabalhista:

> "Art. 7.º, IN 39/2016, DO TST. Aplicam-se ao Processo do Trabalho as normas do art. 332 do CPC, com as necessárias adaptações à legislação processual trabalhista, cumprindo ao juiz do trabalho julgar liminarmente improcedente o pedido que contrariar:
>
> I – enunciado de súmula do Supremo Tribunal Federal ou do Tribunal Superior do Trabalho (CPC, art. 927, inciso V);
>
> II – acórdão proferido pelo Supremo Tribunal Federal ou pelo Tribunal Superior do Trabalho em julgamento de recursos repetitivos (CLT, art. 896-B; CPC, art. 1046, § 4.º);
>
> III – entendimento firmado em incidente de resolução de demandas repetitivas ou de assunção de competência;
>
> IV – enunciado de súmula de Tribunal Regional do Trabalho sobre direito local, convenção coletiva de trabalho, acordo coletivo de trabalho, sentença normativa

ou regulamento empresarial de observância obrigatória em área territorial que não exceda à jurisdição do respectivo Tribunal (CLT, art. 896, 'b', a *contrario sensu*).

Parágrafo único. O juiz também poderá julgar liminarmente improcedente o pedido se verificar, desde logo, a ocorrência de decadência."

Não interposto o recurso ordinário, o réu será intimado do trânsito em julgado da sentença (art. 332, § 2º, do CPC).

Interposto o recurso ordinário, o juiz poderá retratar-se em 5 dias, nos termos do art. 332, § 3º, do CPC. Se houver retratação, o juiz determinará o prosseguimento do processo, com a citação do réu; e, se não houver retratação, determinará a citação do réu para apresentar as contrarrazões, no prazo de 8 dias (art. 332, § 4º, do CPC).

Por último, interposto o recurso ordinário em face da decisão do juiz que extingue o processo sem resolução do mérito, o juiz, no prazo de 5 dias, poderá retratar-se (art. 485, § 7º, do CPC).

No Processo do Trabalho é comum a cumulação de pedidos, sendo aplicável o art. 356 do CPC que autoriza o julgamento antecipado de parte dos pedidos que estivem em condições de imediato julgamento ou forem incontroversos:

"Art. 356. O juiz decidirá parcialmente o mérito quando um ou mais dos pedidos formulados ou parcela deles:

I – mostrar-se incontroverso;

II – estiver em condições de imediato julgamento, nos termos do art. 355.

§ 1.º A decisão que julgar parcialmente o mérito poderá reconhecer a existência de obrigação líquida ou ilíquida.

§ 2.º A parte poderá liquidar ou executar, desde logo, a obrigação reconhecida na decisão que julgar parcialmente o mérito, independentemente de caução, ainda que haja recurso contra essa interposto.

§ 3.º Na hipótese do § 2.º, se houver trânsito em julgado da decisão, a execução será definitiva.

§ 4.º A liquidação e o cumprimento da decisão que julgar parcialmente o mérito poderão ser processados em autos suplementares, a requerimento da parte ou a critério do juiz."

Segundo o art. 5º, IN 39/2016, do TST, a decisão que julga antecipadamente o mérito quanto a alguns pedidos tem natureza jurídica de sentença, desafiando recurso ordinário:

"Art. 5.º, IN 39/2016, DOTST. Aplicam-se ao Processo do Trabalho as normas do art. 356, §§ 1º a 4º, do CPC que regem o julgamento antecipado parcial do mérito, cabendo recurso ordinário de imediato da sentença."

Outrossim, algumas decisões interlocutórias de natureza terminativa do feito podem ser impugnadas mediante recurso ordinário, conforme previsto no art. 799, § 2.º, da CLT.

É o que ocorre quando o juiz declara a incompetência absoluta (em razão da matéria) da Justiça do Trabalho e determina a remessa dos autos à Justiça Comum. Trata-se de decisão interlocutória que termina o feito na Justiça do Trabalho.

Outra hipótese de utilização de recurso ordinário em face de decisão interlocutória de natureza terminativa do feito ocorre quando o magistrado acolhe exceção de incompetência em razão do lugar e determina a remessa dos autos à Vara do Trabalho submetida à jurisdição de outro Tribunal Regional do Trabalho, conforme bem esclarece a Súmula 214, "c", do TST.

No que atine às decisões prolatadas nos dissídios de alçada (que não ultrapassam dois salários-mínimos) não caberá qualquer recurso, salvo se versarem sobre matéria constitucional (Lei 5.584/1970, art. 2.º, § 4.º).

Em relação ao recurso ordinário interposto em face de sentenças proferidas em reclamações trabalhistas sujeitas ao **procedimento sumaríssimo**, o art. 895, §§ 1.º e 2.º, da CLT estabelece que:

> "Art. 895 (*omissis*)
>
> § 1.º Nas reclamações sujeitas ao procedimento sumaríssimo, o recurso ordinário:
>
> I – (*Vetado*);
>
> II – será imediatamente distribuído, uma vez recebido no Tribunal, devendo o relator liberá-lo no prazo máximo de dez dias, e a Secretaria do Tribunal ou Turma colocá-lo imediatamente em pauta para julgamento, sem revisor;
>
> III – terá parecer oral do representante do Ministério Público presente à sessão de julgamento, se este entender necessário o parecer, com registro na certidão;
>
> IV – terá acórdão consistente unicamente na certidão de julgamento, com a indicação suficiente do processo e parte dispositiva, e das razões de decidir do voto prevalente. Se a sentença for confirmada pelos próprios fundamentos, a certidão de julgamento, registrando tal circunstância, servirá de acórdão.
>
> § 2.º Os Tribunais Regionais, divididos em Turmas, poderão designar Turma para o julgamento dos recursos ordinários interpostos das sentenças prolatadas nas demandas sujeitas ao procedimento sumaríssimo."

O recurso ordinário visa à reforma da decisão ou a sua anulação. A reforma ocorre quando há *error in judicando* e a anulação quando há *error in procedendo*. Neste caso, a decisão será anulada e os autos retornarão ao juízo *a quo*, que proferirá uma nova decisão.

O art. 1.013, § 3º, do CPC, entretanto, permite que o tribunal analise diretamente o mérito da causa quando o processo estiver em condições de imediato julgamento e diante de uma das hipóteses descritas no referido artigo:

> "Art. 1.013. A apelação devolverá ao tribunal o conhecimento da matéria impugnada.
>
> (...)

§ 3.º Se o processo estiver em condições de imediato julgamento, o tribunal deve decidir desde logo o mérito quando:

I – reformar sentença fundada no art. 485;

II – decretar a nulidade da sentença por não ser ela congruente com os limites do pedido ou da causa de pedir;

III – constatar a omissão no exame de um dos pedidos, hipótese em que poderá julgá-lo;

IV – decretar a nulidade de sentença por falta de fundamentação."

Considerando que o recurso ordinário não possui efeito suspensivo, sendo apenas dotado de efeito devolutivo, o recorrente poderá nas razões requerer tal efeito mediante requerimento dirigido ao tribunal, ao relator ou ao presidente ou ao vice-presidente do tribunal recorrido, por aplicação subsidiária ao Processo do Trabalho, conforme art. 1.029, § 5º, do CPC de 2015 (Súmula 414, I, do TST).

Nessa perspectiva, temos o posicionamento do TST. Verifique o disposto na Súmula 414, I, do TST:

"SÚMULA 414 DO TST. MANDADO DE SEGURANÇA. TUTELA PROVISÓRIA CONCEDIDA ANTES OU NA SENTENÇA (nova redação em decorrência do CPC de 2015) – Res. 217/2017 – *DEJT* divulgado em 20, 24 e 25.04.2017.

I – A tutela provisória concedida na sentença não comporta impugnação pela via do mandado de segurança, por ser impugnável mediante recurso ordinário. É admissível a obtenção de efeito suspensivo ao recurso ordinário mediante requerimento dirigido ao tribunal, ao relator ou ao presidente ou ao vice-presidente do tribunal recorrido, por aplicação subsidiária ao processo do trabalho do artigo 1.029, § 5º, do CPC de 2015.

II – No caso de a tutela provisória haver sido concedida ou indeferida antes da sentença, cabe mandado de segurança, em face da inexistência de recurso próprio.

III – A superveniência da sentença, nos autos originários, faz perder o objeto do mandado de segurança que impugnava a concessão ou o indeferimento da tutela provisória."

O **processamento do recurso ordinário** segue a seguinte cronologia:

- Interposto o recurso ordinário, o magistrado verificará a presença ou não dos pressupostos recursais (cabimento, adequação, tempestividade, preparo etc.). Ressalte-se que o art. 1.010, § 3º, do atual Código de Processo Civil que determina que o juízo *a quo* não fará o primeiro juízo de admissibilidade na apelação não se aplica ao Processo do Trabalho para o recurso ordinário, como previsto no 2º, XI, da IN 39/2016, editada para estabelecer as normas do Código de Processo Civil de 2015 aplicáveis e inaplicáveis ao Processo do Trabalho;
- Conhecido o recurso, o juiz concederá prazo de 8 dias para o recorrido apresentar contrarrazões, caso deseje;

- Após as contrarrazões, ou findo o prazo para tanto sem manifestação do recorrido, o juiz poderá reconsiderar ou não a decisão que admitiu o recurso (uma vez que as razões de contrariedade podem trazer elementos que convençam o magistrado pelo não conhecimento do apelo). Após a apresentação da resposta pelo recorrido, é dado ao juízo *a quo* reexaminar os pressupostos de admissibilidade recursal do recurso ordinário;
- Mantida a decisão que admitiu o recurso, o magistrado remeterá os autos ao tribunal para julgamento do apelo;
- No Tribunal, o trâmite do recurso ordinário observará o disposto nos arts. 929 e 946 do CPC, bem como o disposto no regimento interno de cada tribunal. Em síntese:
- Será sorteado o relator, salvo se prevento (art. 930, parágrafo único, do CPC). O relator será prevento para eventual recurso subsequente àquele já protocolado, interposto no mesmo processo ou em processo conexo.
- O relator:

  a) fará o segundo juízo de admissibilidade, podendo não conhecer do recurso ordinário interposto, caso conclua pela inexistência de algum requisito de admissibilidade recursal;

  b) julgar monocraticamente o recurso nas hipóteses previstas no art. 932, III a V, do CPC. (art. 1.011, I, do CPC);

  c) conceder o prazo de 5 dias para que o recorrente possa sanar o vício ou complementar a documentação exigível (art. 1.021 do CPC).
- O relator elaborará seu voto e devolverá os autos à secretaria, caso não tenha julgado monocraticamente o recurso.
- A secretaria encaminhará para o presidente, que designará a sessão julgamento.
- Na sessão de julgamento, o relator fará a exposição da causa e, na sequência, terão a palavra, nessa ordem: o recorrente, o recorrido, o membro do Ministério Público, nos casos em que seja obrigatória a sua intervenção, pelo prazo de 15 minutos (art. 937 do CPC).
- Proferidos os votos, o presidente anunciará o resultado, determinando que o relator redija o acórdão, ou se vencido, o autor do primeiro voto vencedor (art. 941 do CPC).
- A ementa do acórdão será publicada no órgão oficial no prazo de 10 dias (art. 943. § 2º, do CPC).

Ressalte-se que o art. 940 do CPC, que versa sobre a vista regimental, é aplicável ao Processo do Trabalho, conforme determina a IN 39/2016 do TST, de modo que o relator ou outro juiz, que não se considerar habilitado a proferir imediatamente seu voto, poderá solicitar vista pelo prazo máximo de 10 dias, após o qual o recurso será reincluído em pauta para julgamento na sessão seguinte à data da devolução.

Se os autos não forem devolvidos tempestivamente ou se não for solicitada pelo juiz prorrogação de prazo de no máximo mais dias, o presidente do órgão fracionário os requisitará para julgamento do recurso na sessão ordinária subsequente, com publicação da pauta em que for incluído.

Quando da requisição dos autos, se aquele que fez o pedido de vista ainda não se sentir habilitado a votar, o presidente convocará substituto para proferir voto, na forma estabelecida no regimento interno do tribunal.

Estabelece o art. 932, parágrafo único, do CPC, aplicável ao Processo do Trabalho, como determina o art. 10, IN 39/2016 do TST que antes de considerar inadmissível o recurso, o relator concederá o prazo de 5 dias ao recorrente para que seja sanado vício ou complementada a documentação exigível (art. 932, parágrafo único, do CPC).

A mesma instrução normativa prevê que é aplicável ao Processo do Trabalho o art. 938 do CPC:

> "Art. 938. A questão preliminar suscitada no julgamento será decidida antes do mérito, deste não se conhecendo caso seja incompatível com a decisão.
>
> § 1.º Constatada a ocorrência de vício sanável, inclusive aquele que possa ser conhecido de ofício, o relator determinará a realização ou a renovação do ato processual, no próprio tribunal ou em primeiro grau de jurisdição, intimadas as partes.
>
> § 2.º Cumprida a diligência de que trata o § 1.º, o relator, sempre que possível, prosseguirá no julgamento do recurso.
>
> § 3.º Reconhecida a necessidade de produção de prova, o relator converterá o julgamento em diligência, que se realizará no tribunal ou em primeiro grau de jurisdição, decidindo-se o recurso após a conclusão da instrução.
>
> § 4.º Quando não determinadas pelo relator, as providências indicadas nos §§ 1.º e 3.º poderão ser determinadas pelo órgão competente para julgamento do recurso."

8.8.2. Embargos de declaração

O recurso de embargos de declaração está previsto no art. 897-A da CLT, que dispõe:

> "Art. 897-A da CLT. Caberão embargos de declaração da sentença ou acórdão, no prazo de cinco dias, devendo seu julgamento ocorrer na primeira audiência ou sessão subsequente à sua apresentação, registrada na certidão, admitido efeito modificativo da decisão nos casos de omissão e contradição no julgado e manifesto equívoco no exame dos pressupostos extrínsecos do recurso."

Segundo o art. 9º da IN 39/2016 do TST, "o cabimento dos embargos de declaração no Processo do Trabalho, para impugnar qualquer decisão judicial, rege-se pelo art. 897-A da CLT e, supletivamente, pelo Código de Processo Civil (arts. 1.022 a 1.025; §§ 2º, 3º e 4º do art. 1.026), excetuada a garantia de prazo em dobro para litisconsortes" (§ 1º do art. 1.023).

Embora ainda existam divergências doutrinárias, prevalece o entendimento de que os embargos de declaração possuem natureza jurídica de recurso.

A primeira observação importante é que os embargos de declaração não estão sujeitos a dois juízos de admissibilidade recursal, mas tão somente a um, visto que são julgados pela própria autoridade que proferiu a decisão embargada.

A primeira inovação trazida pelo CPC ao Processo do Trabalho no que diz respeito aos embargos de declaração é a previsão expressa no art. 1.022 do CPC de que são cabíveis de qualquer decisão e não apenas de sentenças ou acórdãos:

> "Art. 1.022. Cabem embargos de declaração contra qualquer decisão judicial para:
>
> I – esclarecer obscuridade ou eliminar contradição;
>
> II – suprir omissão de ponto ou questão sobre o qual devia se pronunciar o juiz de ofício ou a requerimento;
>
> III – corrigir erro material.
>
> Parágrafo único. Considera-se omissa a decisão que:
>
> I – deixe de se manifestar sobre tese firmada em julgamento de casos repetitivos ou em incidente de assunção de competência aplicável ao caso sob julgamento;
>
> II – incorra em qualquer das condutas descritas no art. 489, § 1.º."

O recurso embargos de declaração pode, portanto, ser oposto com as seguintes finalidades:

- Sanar omissão, obscuridade ou contradição ou corrigir erro material, mediante o esclarecimento ou complementação do julgado (arts. 897-A, § 1.º e 1.023 do CPC);
- Sanar manifesto equívoco no exame dos pressupostos de admissibilidade recursal (art. 897-A da CLT);
- Prequestionar determinada matéria não apreciada na decisão, objetivando futura interposição de recurso de natureza extraordinária (recurso de revista, embargos, recurso extraordinário).

Segundo Mauro Schiavi:[8]

> "Conjugando-se o art. 1.022 do CPC em cotejo com o art. 897-A da CLT, os embargos de declaração são cabíveis no Processo do Trabalho nas seguintes hipóteses da sentença ou acórdão:
>
> a) Omissão: É a falta de apreciação de algo. A omissão típica configura-se na sentença *citra petita* em que a sentença não aprecia um ou mais pedidos. Conforme o posicionamento que adotamos, não é omissa a sentença quando não aprecia todas as razões da inicial e da defesa, entretanto, aprecia todos os pedidos e requerimentos de

[8] Op. cit., p. 983.

defesa, pois o efeito devolutivo do recurso ordinário transfere ao Tribunal os fundamentos não apreciados pela sentença de primeiro grau;

b) Contradição: É o conflito entre duas proposições, a atual e a anterior – por exemplo, a sentença diz que o reclamante não ultrapassava o limite de 8 horas diárias e 44 semanais, mas condena no pagamento de horas extras;

c) Obscuridade: É a falta de clareza, a proposição contida na sentença é de difícil compreensão. Embora o art. 897-A não se refira a hipótese de obscuridade, pensamos que ela se aplica aos embargos de declaração na Justiça do Trabalho, por omissão e compatibilidade com o Direito Processual do Trabalho (art. 769 da CLT);

d) Manifesto equívoco no exame dos pressupostos extrínsecos do recurso (art. 897-A da CLT);

e) Erro material: assevera o § 1º do art. 897-A da CLT: 'Os erros materiais poderão ser corrigidos de ofício ou a requerimento de qualquer das partes. Embora os erros materiais possam ser corrigidos de ofício pelo juiz ou até mediante simples petição, os embargos de declaração também são admissíveis para tal hipótese;

f) Decisões *extra, ultra e citra petita*: a doutrina tem fixado entendimento de não ser possível a correção das decisões *extra petita* – fora do pedido e *ultra petita* – além do pedido, por meio dos embargos de declaração, uma vez que os embargos não se destinam à correção do julgamento. Asseveram ser possível os embargos de declaração em se tratando de decisão *citra petita* – aquém do pedido.

Os embargos de declaração com esse fundamento podem ser opostos em face da decisão de admissibilidade do recurso proferida pelo juízo *"a quo"* e também pelo juízo *ad quem*, segundo o atual posicionamento do TST, que resultou no cancelamento da OJ 377 da SDI-1 do TST que determinava que nessa hipótese os embargos apenas serão cabíveis em face do acórdão do tribunal" (juízo *ad quem*).

O art. 1.023 do CPC aponta um pressuposto específico dos embargos de declaração, isto é, a obrigatoriedade, sob pena de não conhecimento do apelo, da indicação do ponto obscuro, contraditório, omisso ou o erro material a ser corrigido.

Os erros materiais poderão ser corrigidos de ofício ou a requerimento de qualquer das partes (art. 897-A, § 1.º, da CLT).

Em regra, não há manifestação da outra parte nos embargos de declaração. Entretanto, se o juiz vislumbrar efeito modificativo no julgado, deverá permitir a manifestação da outra parte em 5 dias, sob pena de nulidade da decisão, à luz do art. 897-A, § 2.º, da CLT.

No mesmo sentido, podemos mencionar a OJ 142 da SDI-1 do TST: "É passível de nulidade decisão que acolhe embargos de declaração com efeito modificativo sem que seja concedida oportunidade de manifestação prévia à parte contrária".

O prazo para oposição dos embargos de declaração é de 5 dias. Contudo, para as pessoas jurídicas de direito público, este prazo é contado em dobro, conforme previsto na OJ 192 da SDI-I do TST.

Caso o acolhimento dos embargos de declaração implique modificação da decisão embargada, o embargado que já tiver interposto outro recurso contra a decisão originária tem o direito de complementar ou alterar suas razões, nos exatos limites da modificação, no prazo de 8 dias, contado da intimação da decisão dos embargos de declaração (art. 1.024, § 4º, do CPC).

Os embargos de declaração interrompem o prazo para interposição de outros recursos, por qualquer das partes, voltando a contá-lo para interposição do recurso principal a partir da publicação da decisão de embargos, salvo quando intempestivos, irregular a representação da parte ou ausente a sua assinatura (art. 897-A, § 3.º, da CLT).

Em função disso, algumas partes se utilizam do recurso embargos de declaração apenas como meio meramente protelatório, objetivando ganhar tempo para interposição do recurso cabível em face da sentença ou acórdão proferido.

Nesta esteira, estabelece o art. 1.026, §§ 2º e 3º, do digesto processual civil que: "Quando manifestamente protelatórios os embargos de declaração, o juiz ou o tribunal, em decisão fundamentada, condenará o embargante a pagar ao embargado multa não excedente a dois por cento sobre o valor atualizado da causa. Na reiteração de embargos de declaração manifestamente protelatórios, a multa será elevada a até dez por cento sobre o valor atualizado da causa, e a interposição de qualquer recurso ficará condicionada ao depósito prévio do valor da multa, à exceção da Fazenda Pública e do beneficiário de gratuidade da justiça, que a recolherão ao final."

Não serão admitidos novos embargos de declaração se os 2 (dois) anteriores houverem sido considerados protelatórios (art. 1.026, § 4.º, do CPC).

Também cabe mencionar a Súmula 98 do STJ, a qual dispõe que "embargos de declaração manifestados com notório propósito de prequestionamento não têm caráter protelatório".

O prequestionamento é um pressuposto exclusivo dos recursos de natureza extraordinária (recurso de revista, embargos ao TST e recurso extraordinário). Nesse sentido, atente-se para Súmula 184 do TST:

> "Súmula 184 do TST. Ocorre preclusão quando não forem opostos embargos declaratórios para suprir omissão apontada em recurso de revista ou de embargos."

Raymundo Antônio Carneiro Pinto[9] explica que o prequestionamento exige que "o acórdão contra o qual se recorre deve conter, de forma explícita, referência à tese que se deseja impugnar. Às vezes, o Tribunal Regional, ao julgar, omite-se a respeito de um argumento utilizado nas razões ou contrarrazões do recurso. Tal ocorrendo, compete à parte oferecer embargos de declaração, sob pena de preclusão".

> "Súmula 297 do TST. I – Diz-se prequestionada a matéria ou questão quando na decisão impugnada haja sido adotada, explicitamente, tese a respeito. II – Incumbe à parte interessada, desde que a matéria haja sido invocada no recurso principal, opor embargos declaratórios objetivando o pronunciamento sobre o tema, sob pena de preclusão. III – Considera-se prequestionada a questão jurídica invocada no recurso principal sobre a qual se omite o Tribunal de pronunciar tese, não obstante opostos embargos de declaração."

A omissão para fins do prequestionamento dá-se no caso de o Tribunal Regional do Trabalho, mesmo instado mediante embargos de declaração, recusar-se a emitir tese sobre questão jurídica pertinente, na forma da Súmula 297, item III, do Tribunal Superior do Trabalho (art. 9º, parágrafo único, IN 39/2016).

O art. 932, III e V, do CPC e o art. 894, § 3.º, da CLT apresentam algumas situações em que o relator, por meio de uma decisão monocrática, poderá negar seguimento ou dar provimento a um recurso. Consoante a Súmula 421, I, do TST, nestas situações, em que a decisão possui conteúdo decisório definitivo e conclusivo da lide, mesmo sendo uma decisão monocrática do relator, poderá ser esclarecida pela via dos embargos de declaração.

Caso, entretanto, qualquer das partes deseje a reforma da decisão proferida monocraticamente, o meio adequado para submetê-la a reapreciação do colegiado é o agravo.

Apesar disso, entende o TST, consoante se observa no item II da Súmula 421, que os embargos de declaração opostos com o propósito de reforma da decisão poderão ser recebidos como agravo, submetendo-os ao pronunciamento do Colegiado, após a intimação do recorrente para, no prazo de 5 dias, complementar as razões recursais, em homenagem aos princípios da fungibilidade e celeridade processual:

> "SÚMULA 421 DO TST. EMBARGOS DE DECLARAÇÃO. CABIMENTO. DECISÃO MONOCRÁTICA DO RELATOR CALCADA NO ART. 932 DO CPC DE 2015. ART. 557 DO CPC DE 1973. (atualizada em decorrência do CPC de 2015) – Res. 208/2016 – *DEJT* divulgado em 22, 25 e 26.04.2016. I – Cabem embargos de declaração da decisão monocrática do relator prevista no art. 932 do CPC de 2015 (art. 557 do CPC de 1973), se a parte pretende tão somente juízo integrativo retificador da decisão

[9] PINTO, Raymundo Antonio Carneiro. *Súmulas do TST comentadas*. 10. ed. São Paulo: Ltr, 2008. p. 251.

> e, não, modificação do julgado. II – Se a parte postular a revisão no mérito da decisão monocrática, cumpre ao relator converter os embargos de declaração em agravo, em face dos princípios da fungibilidade e celeridade processual, submetendo-o ao pronunciamento do Colegiado, após a intimação do recorrente para, no prazo de 5 (cinco) dias, complementar as razões recursais, de modo a ajustá-las às exigências do art. 1.021, § 1º, do CPC de 2015."

8.8.3. Agravo de petição

O agravo de petição está previsto no art. 897, "a", da CLT, sendo utilizado para impugnar as decisões judiciais proferidas no curso do processo de execução.

Em regra, o agravo de petição será interposto em face das decisões definitivas ou terminativas proferidas em processo de execução trabalhista, como na decisão que julga eventuais embargos à execução ou embargos de terceiros, ou ainda extingue, total ou parcialmente, a execução.

O termo "decisões" gera uma série de controvérsias, porquanto há uma corrente no sentido de que o agravo de petição é cabível apenas de sentenças terminativas ou definitivas em execução, bem como outra corrente no sentido de que certos tipos de decisões interlocutórias também podem ser atacadas pelo recurso.

De fato, na maioria das vezes, este recurso é cabível contra sentença, como ocorre nos casos de sentença de embargos à execução.

Assim, em regra, não caberia agravo de petição contra decisão interlocutória na execução:

> *AGRAVO. AGRAVO DE INSTRUMENTO EM RECURSO DE REVISTA. ACÓRDÃO PUBLICADO NA VIGÊNCIA DA LEI N. 13.015/2014. AGRAVO DE PETIÇÃO. INTERPOSIÇÃO CONTRA DECISÃO PROFERIDA NA EXECUÇÃO. RECONHECIMENTO DA CONDIÇÃO DE EXECUTADA DA AGRAVANTE, COM INCLUSÃO NO POLO PASSIVO. RECURSO INCABÍVEL. A decisão do Regional pelo não cabimento do agravo de petição em face da decisão que determinou a inclusão da reclamada, ora agravante, no polo passivo da execução mostra-se escorreita, uma vez que não se trata de decisão terminativa do feito, mas sim de decisão interlocutória, não sendo cabível a interposição de agravo de petição, nos termos do artigo 893, § 1º, da CLT e da Súmula 214 do TST. Nesse contexto, não se verifica violação direta e literal ao artigo 5º, incisos XXXV e LV, da Constituição Federal, conforme preceituado no art. 896, § 2º da CLT e na Súmula n. 266 do TST. Agravo não provido. (Ag-AIRR-642-41.2013.5.12.0039, 5ª Turma, Relator Ministro Breno Medeiros, DEJT 25/10/2019).*

Entretanto, algumas situações permitem que decisões interlocutórias possam ser objeto de ataque pelo agravo quando não há outro meio impugnativo passível de utilização.

Tal situação ocorre, por exemplo, na hipótese em que juiz aplica multa por ato atentatório à dignidade da Justiça após já ter sido ultrapassada a fase de embargos à execução. Outro exemplo ocorre quando o juiz decide um incidente de desconsideração da personalidade jurídica, na forma do art. 855-A, § 1º, II, da CLT:

> Art. 855-A, § 1º Da decisão interlocutória que acolher ou rejeitar o incidente:
>
> II – na fase de execução, cabe agravo de petição, independentemente de garantia do juízo;

O prazo para interposição e contrarrazões do agravo de petição é de 8 dias, sendo o recurso julgado pelo próprio tribunal presidido pela autoridade recorrida, salvo se tratar de decisão de juiz do trabalho de 1.ª instância ou de juiz de direito no exercício da jurisdição trabalhista, quando o julgamento competirá a uma das turmas do Tribunal Regional a que estiver subordinado o prolator da decisão (art. 897, § 3.º, da CLT).

O art. 897, § 1.º, da CLT estabelece um pressuposto específico de admissibilidade do agravo de petição, qual seja a delimitação, justificada, das matérias e valores impugnados. Vejamos:

> "Art. 897. (...)
>
> § 1.º O Agravo de Petição só será recebido quando o agravante delimitar, justificadamente, as matérias e valores impugnados, permitida a execução imediata da parte remanescente até o final, nos próprios autos ou por carta de sentença."

Portanto, não será admitido agravo de petição genérico, devendo ser indicado pelo agravante, sob pena de não conhecimento do apelo, as matérias e valores impugnados, bem como a fundamentação da irresignação.

As parcelas que não foram impugnadas mediante agravo de petição poderão, de imediato, ser executadas definitivamente, não havendo qualquer efeito suspensivo. Dessa forma, não fere direito líquido e certo do executado o prosseguimento da execução quanto aos tópicos e valores não especificados no agravo.

Nesse contexto, verifique o teor da Súmula 416 do TST:

> "SÚMULA 416 DO TST. MANDADO DE SEGURANÇA. EXECUÇÃO. LEI Nº 8.432/1992. ART. 897, § 1º, DA CLT. CABIMENTO (conversão da Orientação Jurisprudencial nº 55 da SBDI-II) – Res. 137/2005, *DJ* 22, 23 e 24.08.2005.
>
> Devendo o agravo de petição delimitar justificadamente a matéria e os valores objeto de discordância, não fere direito líquido e certo o prosseguimento da execução quanto aos tópicos e valores não especificados no agravo" (ex-OJ n.º 55 da SBDI-II – inserida em 20.09.2000).

Destaca-se o seguinte julgado sobre o agravo de petição:

> "AGRAVO DE PETIÇÃO DA EXECUTADA. AUSÊNCIA DE DELIMITAÇÃO DOS VALORES INCONTROVERSOS. MANEJO IRREGULAR DO APELO. NÃO CONHECIDO. Não se conhece de agravo de petição que deixa de delimitar os valores incontroversos, pressuposto subjetivo dessa modalidade de apelo. O agravo de petição, além dos pressupostos extrínsecos (tempestividade e regularidade de representação), pelas suas características, exige como condição intrínseca, a impugnação circunstanciada de matérias e valores, com expressa indicação dos incontroversos, de modo a possibilitar à parte contrária o imediato soerguimento de tais importes, nos termos do art. 897, parágrafo 1º, da CLT ('o agravo de petição só será recebido quando o agravante delimitar, justificadamente, as matérias e os valores impugnados, permitida a execução imediata da parte remanescente até o final, nos próprios autos ou por carta de sentença'). Agravo de petição não conhecido" (TRT – 2ª Região – AP 02856007919955020040/SP – 4ª T. – Rel. Ricardo Artur Costa e Trigueiros – j. em 1º.04.2014, *DEJT* 11.04.2014).
>
> RECURSO DE REVISTA. EXECUÇÃO. (...) 2. PRELIMINAR DE NULIDADE POR CERCEAMENTO DO DIREITO DE DEFESA. NÃO CONHECIMENTO DO AGRAVO DE PETIÇÃO. AUSÊNCIA DE DELIMITAÇÃO DE VALORES. NÃO CONHECIMENTO. O artigo 897, § 1º, da CLT dispõe que o agravo de petição somente será recebido quando houver delimitação das matérias e dos valores impugnados. Desse modo, é ônus da parte delimitar os valores incontroversos, sob pena de o recurso não ser conhecido. Verifica-se, portanto, que se trata de pressuposto de admissibilidade recursal, o qual tem por finalidade evitar a interposição de recurso genérico, o que obstaria o prosseguimento imediato da execução em relação às parcelas incontroversas e, por consequência, a satisfação do crédito do exequente. (...). (RR-22200-18.2009.5.09.0096, 4ª Turma, Relator Ministro Guilherme augusto caputo bastos, DEJT 31/01/2020).

Logo, não havendo efeito suspensivo, torna-se possível a extração de carta de sentença pelo exequente para a execução definitiva da parte não objeto de impugnação, remetendo o juiz ao Tribunal Regional do Trabalho os autos originais contendo o agravo de petição.

Admite-se também o inverso, ou seja, que seja determinado o traslado das peças necessárias ao exame da matéria controvertida, remetendo-as, em autos apartados, ao tribunal, permanecendo os autos principais no juízo da execução, o qual prosseguirá com os atos executórios (art. 897, § 3.º, da CLT).

Ressalte-se que a exigência de delimitação de valores não é exigência de atualização desses valores. O TST entende que exigir a atualização de valores viola o direito de defesa:

> *(...) RECURSO DE REVISTA. AGRAVO DE PETIÇÃO. ATUALIZAÇÃO DOS VALORES IMPUGNADOS. INEXIGIBILIDADE, VIOLAÇÃO CONSTITUCIONAL. O parágrafo 1º do art. 897 da CLT estabelece que "o agravo de petição só será recebido quando o agravante delimitar, justificadamente, as matérias e os valores impugnados, permitida a execução imediata da parte remanescente até o final, nos próprios*

autos ou por carta de sentença". Assim, a decisão do Regional, que não conheceu do Agravo de Petição em razão de obstáculo processual não previsto em lei (atualização de valores), configura cerceamento do direito de defesa, já que preenchido o pressuposto específico de admissibilidade, qual seja, a delimitação das matérias e dos valores impugnados, configurando ofensa ao art. 5º, inciso LV, da Constituição da Federal. Recurso de Revista conhecido e parcialmente provido (RR-10969-31.2014.5.01.0002, 1ª Turma, Relator Ministro Luiz José Dezena da Silva, DEJT 17/05/2019).

A partir da implantação do PJe na segunda instância das Regiões da Justiça do Trabalho, será dispensada a formação de autos suplementares.

Não é necessário o depósito recursal para se interpor agravo de petição; entretanto, o juízo deverá estar previamente garantido com a penhora ou nomeação de bens.

O art. 789-A da CLT prevê o pagamento de custas em caso de interposição de agravo de petição, pagas ao final pelo executado, no valor de R$ 44,26.

8.8.4. Agravo de instrumento

O agravo de instrumento está previsto no art. 897, "*b*", da CLT, sendo o recurso adequado para impugnar os despachos que denegarem seguimento a recurso.

O prazo para interposição e contrarrazões do agravo de instrumento é de 8 dias.

O agravo de instrumento será julgado pelo tribunal que seria competente para conhecer o recurso cuja interposição foi denegada, conforme previsão no art. 897, § 4.º, consolidado.

Vale destacar que o agravo de instrumento na Justiça do Trabalho somente é utilizado para destrancar recurso ao qual foi negado seguimento pelo 1.º juízo de admissibilidade e não para recorrer de decisões interlocutórias, como acontece na justiça comum.

Neste diapasão, sempre que o 1.º juízo de admissibilidade negar seguimento a recurso ordinário, recurso de revista, agravo de petição e extraordinário, ainda que interposto de forma adesiva, caberá a interposição de agravo de instrumento objetivando destrancar o apelo e fazer com que o mesmo suba à instância superior.

O agravo de instrumento é interposto perante o juízo que não conheceu o recurso, admitindo o chamado juízo de retratação ou reconsideração.

Portanto, interposto o agravo de instrumento, o juiz poderá reconsiderar a decisão agravada, conhecendo do recurso e dando continuidade ao seu processamento.

Caso a decisão objeto do agravo de instrumento seja mantida, o agravado será intimado para que, no prazo de 8 dias, ofereça razões de contrariedade ao agravo e ao recurso principal, instruindo o agravo com as peças que entender necessárias ao seu julgamento.

O art. 897, § 2.º, da CLT esclarece que o agravo de instrumento interposto contra despacho que não receber agravo de petição não suspende a execução da sentença.

Vale frisar que das decisões que denegarem seguimento a recurso de embargos no Tribunal Superior do Trabalho o recurso cabível não é o agravo de instrumento, mas sim o agravo regimental, o qual será estudado adiante.

As partes devem promover, sob pena de não conhecimento do apelo, a formação do instrumento do agravo, instruindo o recurso com peças necessárias e facultativas, de modo a permitir o imediato julgamento do recurso denegado, em caso de provimento do agravo, à luz do art. 897, § 5º, da CLT:

> "Art. 897. (...)
>
> § 5.º Sob pena de não conhecimento, as partes promoverão a formação do instrumento do agravo de modo a possibilitar, caso provido, o imediato julgamento do recurso denegado, instruindo a petição de interposição:
>
> I – obrigatoriamente, com cópias da decisão agravada, da certidão da respectiva intimação, das procurações outorgadas aos advogados do agravante e do agravado, da petição inicial, da contestação, da decisão originária, do depósito recursal referente ao recurso que se pretende destrancar, da comprovação do recolhimento das custas e do depósito recursal a que se refere o § 7.º do art. 899 desta Consolidação; (alterado pela Lei 12.275/2010)
>
> II – facultativamente, com outras peças que o agravante reputar úteis ao deslinde da matéria de mérito controvertida.
>
> § 6.º O agravado será intimado para oferecer resposta ao agravo e ao recurso principal, instruindo-a com as peças que considerar necessárias ao julgamento de ambos os recursos.
>
> § 7.º Provido o agravo, a Turma deliberará sobre o julgamento do recurso principal, observando-se, se for o caso, daí em diante, o procedimento relativo a esse recurso."

Entretanto, o Ato Conjunto TST. CSJT 10/2010 determina a digitalização de processos, pelos Tribunais Regionais, para a remessa ao Tribunal Superior do Trabalho. Em razão disso, o TST estabeleceu, por meio da Resolução Administrativa 1.418, que o agravo de instrumento interposto de despacho que negar seguimento a recurso para o Tribunal Superior do Trabalho deve ser processado nos autos do recurso denegado (art. 1.º). Nesses casos, portanto, é desnecessária a formação do instrumento.

Frise-se que, uma vez implantado o PJe na segunda instância das Regiões da Justiça do Trabalho, será dispensada a formação de autos suplementares em casos como de agravos de instrumento, precatórios, agravos regimentais e execução provisória.

O mestre Carlos Henrique Bezerra Leite, em sua obra *Curso de direito processual do trabalho*, 14. ed., p. 1142, com relação ao imediato julgamento do recurso principal em caso de provimento do agravo de instrumento, leciona que:

> "Provido o agravo, a Turma deliberará sobre a conveniência do julgamento do recurso principal, observando-se, se for o caso, daí em diante, o procedimento relativo a esse recurso. A deliberação sobre o julgamento deve atender a critérios objetivos, de modo que harmonize o princípio da celeridade com o princípio da ampla defesa e do contraditório. Deve-se, por exemplo, julgar o recurso trancado não na mesma, mas na próxima sessão, permitindo, ao menos, a possibilidade de sustentação oral dos causídicos de ambas as partes. É salutar que os regimentos internos dos tribunais cuidem do *inter procedimentalis* acerca do julgamento do recurso que teve seu curso obstaculizado."

Institui o art. 1º, IN 40/2016, do TST que, "admitido apenas parcialmente o recurso de revista, constitui ônus da parte impugnar, mediante agravo de instrumento, o capítulo denegatório da decisão, sob pena de preclusão". Em razão deste posicionamento, o TST cancelou a Súmula 285 do TST, segundo a qual era incabível o agravo de instrumento neste caso. Observe o teor da Súmula 285 do TST:

> "SÚMULA 285 DO TST. RECURSO DE REVISTA – ADMISSIBILIDADE PARCIAL PELO JUIZ PRESIDENTE DO TRIBUNAL REGIONAL DO TRABALHO – EFEITO. O fato de o juízo primeiro de admissibilidade do recurso de revista entendê-lo cabível apenas quanto a parte das matérias veiculadas não impede a apreciação integral pela Turma do Tribunal Superior do Trabalho, sendo imprópria a interposição de agravo de instrumento."

O TST também esclareceu que "se houver omissão no juízo de admissibilidade do recurso de revista quanto a um ou mais temas, é ônus da parte interpor embargos de declaração para o órgão prolator da decisão embargada supri-la (CPC, art. 1.024, § 2º), sob pena de preclusão (art. 1º, § 1º, da IN 40/2016).

Incorre em nulidade a decisão regional que se abstiver de exercer controle de admissibilidade sobre qualquer tema objeto de recurso de revista, não obstante interpostos embargos de declaração (CF/1988, art. 93, inciso IX e § 1º do art. 489 do CPC).

Sem prejuízo da nulidade, a recusa do Presidente do Tribunal Regional do Trabalho a emitir juízo de admissibilidade sobre qualquer tema equivale à decisão denegatória. É ônus da parte, assim, após a intimação da decisão dos embargos de declaração, impugná-la mediante agravo de instrumento (CLT, art. 896, § 12), sob pena de preclusão (art. 3º, IN 40/2016, do TST).

Faculta-se ao Ministro Relator, por decisão irrecorrível (CLT, art. 896, § 5º, por analogia), determinar a restituição do agravo de instrumento ao Presidente do Tribunal Regional do Trabalho de origem para que complemente o juízo de admissibilidade, desde que interpostos embargos de declaração (art. 1º, § 4º, IN 39/2016, do TST).

O agravo de instrumento terá depósito recursal no montante de 50% do seu valor quando da interposição do recurso que não foi conhecido (art. 899, § 7.º, da CLT, com a redação dada pela Lei 12.275/2010). Não haverá, entretanto, obrigatoriedade de se efetuar o depósito para interposição do agravo de instrumento para destrancar recurso de revista interposto em face de decisão do TRT, em recurso ordinário, com fundamento em contrariedade à súmula ou à orientação jurisprudencial do TST. Veja o art. 899, § 8º, da CLT, *in verbis*:

> "Art. 899, § 8.º, da CLT. (...)
>
> Quando o agravo de instrumento tem a finalidade de destrancar recurso de revista que se insurge contra decisão que contraria a jurisprudência uniforme do Tribunal Superior do Trabalho, consubstanciada nas suas súmulas ou em orientação jurisprudencial, não haverá obrigatoriedade de se efetuar o depósito referido no § 7.º deste artigo."

Caso a arguição de contrariedade à súmula ou à orientação jurisprudencial seja infundada, temerária ou artificiosa, o agravo de instrumento será considerado deserto (art. 23, Ato 491/SEGJUD.GP/2014 – Presidência do TST).

Contudo, a dispensa do § 8.º do art. 899 da CLT não será aplicável aos casos em que o agravo de instrumento se refira a uma parcela da condenação, pelo menos, que não seja objeto de arguição de contrariedade à súmula ou à orientação jurisprudencial do TST (art. 23, Ato 491/SEGJUD.GP/2014 – Presidência do TST).

8.8.5. Recurso de revista

8.8.5.1. Natureza do recurso de revista

Os recursos classificam-se em recurso de natureza ordinária ou extraordinária, segundo tabela a seguir:

Recursos de natureza ordinário	Recursos de natureza extraordinária
Recurso ordinário, agravo de petição e embargos infringentes	RR, embargos ao TST e recurso extraordinário
Objetivo: revisão da decisão	Objetivo: uniformização de jurisprudência
Matérias: fatos, provas e direito	Matérias: só matérias de direito (Súmulas 126 do TST e 279 do STF)

"Súmula 126 do TST. Incabível o recurso de revista ou de embargos (arts. 896 e 894, "b", da CLT) para reexame de fatos e provas."

"Súmula 279 do STF. Para simples reexame de prova não cabe recurso extraordinário."

Importante saber que o recurso de revista é cabível apenas em dissídios individuais, o que significa dizer que não é cabível em dissídios coletivos, sendo possível nas ações coletivas, como é o caso da ação civil pública.

Mauro Schiavi[10] conceitua recurso de revista

> "como sendo um recurso de natureza extraordinária, cabível em face de acórdãos proferidos pelos Tribunais Regionais do Trabalho em dissídios individuais, tendo por objetivo uniformizar a interpretação das legislações estadual, federal e constitucional (tanto de direito material como processual) no âmbito da competência da Justiça do Trabalho, bem como resguardar a aplicabilidade de tais instrumentos normativos".

8.8.5.2. *Hipóteses de cabimento*

Cabe recurso de revista em *duas* hipóteses:

1) de decisão do TRT em recurso ordinário; e
2) de decisão do TRT em agravo de petição.

Não é cabível recurso de revista em face de decisão do TRT em agravo de instrumento (Súmula 218 do TST).

O recurso de revista somente será cabível quando: a) a questão for exclusivamente de direito; b) o recorrente estiver diante de uma das hipóteses específicas de cabimento de recurso de revista; c) a matéria estiver prequestionada; e d) quando a causa oferecer transcendência com relação aos reflexos gerais de natureza econômica, política, social e jurídica (art. 896-A, § 1º, da CLT).

[10] SCHIAVI, Mauro. *Manual de direito processual do trabalho*. 10. ed. São Paulo: LTr, 2016. p. 933.

8.8.5.2.1. Hipóteses específicas de cabimento do recurso de revista

As hipóteses específicas de cabimento do recurso de revista variam de acordo com o procedimento.

Esclarece-se, desde logo, que os dissídios de alçada, sujeitos ao procedimento sumário são de única instância. Da sentença proferida neste procedimento é cabível recurso apenas se houver violação à Constituição Federal (art. 2.º, § 4.º, da Lei 5.584/1970).

O STF e o TST entendem que nos dissídios de alçada é cabível o recurso ordinário e o recurso de revista para o TST, limitados a arguição de violação à Constituição, para somente então ser cabível recurso extraordinário para o STF, uma vez que a CLT prevê como hipótese de cabimento desses recursos a violação à Constituição. Esse também é o nosso entendimento.

No procedimento sumaríssimo, a admissibilidade do recurso de revista está limitada à demonstração de violação direta a dispositivo da Constituição Federal ou contrariedade à Súmula do Tribunal Superior do Trabalho ou à Súmula Vinculante do Supremo Tribunal Federal, não se admitindo o recurso por contrariedade à Orientação Jurisprudencial do TST.

Recurso de revista na execução é cabível, em regra, apenas se houver ofensa literal e direta à Constituição da República (art. 896, § 2°, da CLT e Súmula 266 do TST). Entretanto, cabe recurso de revista por violação à lei federal, por divergência jurisprudencial e por ofensa à Constituição Federal nas execuções fiscais e nas controvérsias da fase de execução que envolvam a Certidão Negativa de Débitos Trabalhistas (CNDT) (art. 896, § 10º, da CLT).

No procedimento ordinário, com base no art. 896 "a" e "c", da CLT, o recurso de revista é cabível nos seguintes casos:

a) violação literal e direta à Constituição Federal;

b) violação literal à lei federal;

c) contrariedade à súmula do TST;

d) contrariedade à orientação jurisprudencial do TST (OJ 219, SDI-1, do TST);

e) contrariedade à súmula vinculante do STF;

f) quando, na interpretação de lei federal, a decisão recorrida contrariar outro TRT (Pleno ou Turma);e

g) quando o acórdão recorrido divergir, na interpretação de lei federal, de decisão da Seção de Dissídios Individuais I ou II do TST.

A Divergência jurisprudencial ocorre, por exemplo, quando o TRT da 9.ª Região julga um caso hipotético, estabelecendo que: não basta as verbas rescisórias serem depositadas no prazo previsto no art. 477, § 6.º, da CLT, para afastar a incidência da multa do art. 477, § 8.º, da CLT, devendo a homologação da rescisão acontecer também no prazo. Por outro lado, o TRT da 4.ª Região determina que: basta o depósito das verbas rescisórias ser realizado no prazo para que a multa do art. 477, § 8.º, da CLT não tenha cabimento. Há, neste caso, uma divergência, visto que os tribunais interpretam o art. 477, § 8.º, da CLT de forma diversa.

Uma vez que o recurso de revista é cabível quando a decisão regional contrariar o posicionamento de outro TRT quanto à matéria recorrida, o recurso poderá ter por fundamento acórdão de outro TRT, contrariedade à súmula ou à tese jurídica prevalecente no âmbito de outro TRT ou aos entendimentos firmados pelos tribunais em assunção de competência e incidentes de resolução de demandas repetitivas.

Quando ocorrer divergência jurisprudencial entre turmas de um mesmo Tribunal Regional do Trabalho não será cabível o recurso de revista, conforme OJ 111, SDI-1, do TST:

> "OJ 111, SDI-1, DO TST. RECURSO DE REVISTA. DIVERGÊNCIA JURISPRUDENCIAL. ARESTO ORIUNDO DO MESMO TRIBUNAL REGIONAL. LEI Nº 9.756/98. INSERVÍVEL AO CONHECIMENTO" (nova redação) – *DJ* 20.04.2005.

Não é servível ao conhecimento de recurso de revista aresto oriundo de mesmo Tribunal Regional do Trabalho, salvo se o recurso houver sido interposto anteriormente à vigência da Lei 9.756/1998.

No procedimento ordinário cabe, ainda, recurso de revista por divergência jurisprudencial na hipótese do *art. 896, "b", da CLT*, ou seja, quando o acórdão recorrido der ao mesmo dispositivo de lei estadual, convenção coletiva de trabalho, acordo coletivo, sentença normativa ou regulamento empresarial de observância obrigatória em área territorial que exceda a jurisdição do Tribunal Regional prolator da decisão recorrida, interpretação divergente, na forma da alínea "a" do art. 896 da CLT.

Como exemplo, podemos citar um caso hipotético em que o TRT da 9.ª Região, ao julgar o recurso ordinário, interprete cláusula de acordo coletivo de trabalho de aplicação na área de jurisdição de mais de um TRT (TRT da 9.ª região e da 12.ª Região, por exemplo), de forma diversa da adotada pelo TRT da 12.ª Região. Da mesma forma, o regulamento de uma empresa de âmbito nacional pode ser interpretado de maneira diversa por mais de um TRT.

É importante frisar que o recurso de revista somente será cabível nesses casos quando a norma inobservada (lei estadual, acordo coletivo de trabalho, convenção coletiva de trabalho ou regulamento de empresa) for de aplicação na área de jurisdição de mais de um TRT. Neste aspecto temos o item I da OJ 147 da SDI-1 do TST:

> "OJ 147, SDI-1, DO TST. Lei estadual, normal coletiva ou norma regulamentar. Conhecimento indevido do recurso de revista ou divergência jurisprudencial.
>
> I – É inadmissível o recurso de revista fundado tão somente em divergência jurisprudencial, a parte não comprovar que a lei estadual, a norma coletiva ou o regulamento empresarial extrapolam o âmbito do TRT prolator de decisão recorrida."

Em casos como este, caberá recurso de revista se esta decisão recorrida contrariar súmula do TST, orientação jurisprudencial do TST (OJ 219, SDI-1, do TST), súmula vinculante do STF ou acórdão da Seção de Dissídios Individuais.

Cumpre destacar quanto à divergência na interpretação de lei estadual, que somente poderá ocorrer no estado de São Paulo, único no qual existem dois TRTs (TRT da 2.ª Região e TRT da 15.ª Região), pois eles podem interpretar a mesma lei de forma diferente.

Acentuem-se quanto à *divergência jurisprudencial* os seguintes dispositivos:

> a) Sob pena de não conhecimento, é ônus da parte (art. 896, § 1.º-A, da CLT):
>
> I – indicar o trecho da decisão recorrida que consubstancia o *prequestionamento da controvérsia* objeto do recurso de revista;
>
> II – indicar, de forma explícita e fundamentada, *contrariedade a dispositivo de lei, súmula ou orientação jurisprudencial* do Tribunal Superior do Trabalho que conflite com a decisão regional;
>
> III – expor as *razões do pedido de reforma*, impugnando todos os fundamentos jurídicos da decisão recorrida, inclusive mediante *demonstração analítica de cada dispositivo de lei, da Constituição Federal, de súmula ou orientação jurisprudencial cuja contrariedade aponte.*
>
> b) A divergência apta a ensejar o recurso de revista *deve ser atual*, não se considerando como tal a ultrapassada por súmula do Tribunal Superior do Trabalho ou do Supremo Tribunal Federal, ou superada por iterativa e notória jurisprudência do Tribunal Superior do Trabalho (art. 896, § 7.º, da CLT).
>
> c) Súmulas e orientações jurisprudenciais aplicadas por analogia não autorizam o conhecimento ou provimento do recurso de revista.
>
> d) Quando o recurso fundar-se em *dissenso de julgados*, incumbe ao recorrente o ônus de produzir *prova da divergência jurisprudencial*, mediante certidão, cópia ou citação do repositório de jurisprudência, oficial (TRT ou TST) ou credenciado (no site do TST há a relação de repositórios credenciados), inclusive em mídia eletrônica, em que houver sido publicada a decisão divergente, ou ainda pela reprodução de julgado disponível na internet, com indicação da respectiva fonte, mencionando, em qualquer caso, as circunstâncias que identifiquem ou assemelhem os casos confrontados (art. 896, § 8.º, da CLT).

Permanece aplicável a Súmula 337 do TST quanto à comprovação da divergência. Observe:

"SÚMULA 337 DO TST. COMPROVAÇÃO DE DIVERGÊNCIA JURISPRUDENCIAL. RECURSOS DE REVISTA E DE EMBARGOS (incluído o item V) – Res. 220/2017, *DEJT* divulgado em 21, 22 e 25.09.2017.

I – Para comprovação da divergência justificadora do recurso, é necessário que o recorrente.

a) **Junte certidão ou cópia autenticada** do acórdão paradigma ou **cite a fonte** oficial ou o repositório autorizado em que foi publicado; e

b) **Transcreva**, nas razões recursais, as **ementas e/ou trechos dos acórdãos** trazidos à configuração do dissídio, **demonstrando o conflito** de teses que justifique o conhecimento do recurso, ainda que os acórdãos já se encontrem nos autos ou venham a ser juntados com o recurso.

II – A concessão de registro de publicação como repositório autorizado de jurisprudência do TST torna válidas todas as suas edições anteriores.

III – A mera indicação da data de publicação, em fonte oficial, de aresto paradigma é inválida para comprovação de divergência jurisprudencial, nos termos do item I, "a", desta súmula, quando a parte pretende demonstrar o conflito de teses mediante a transcrição de trechos que integram a fundamentação do acórdão divergente, uma vez que só se publicam o dispositivo e a ementa dos acórdãos.

IV – É válida **para a comprovação da divergência jurisprudencial** justificadora do recurso a indicação de aresto extraído de repositório oficial na internet, desde que o recorrente:

a) transcreva o trecho divergente;

b) aponte o sítio de onde foi extraído; e

c) decline o número do processo, o órgão prolator do acórdão e a data da respectiva publicação no Diário Eletrônico da Justiça do Trabalho.

V – A existência do código de autenticidade na cópia, em formato pdf, do inteiro teor do aresto paradigma, juntada aos autos, torna-a equivalente ao documento original e também supre a ausência de indicação da fonte oficial de publicação."

Ressalte-se que os Tribunais Regionais deverão manter e dar publicidade às suas súmulas e teses jurídicas prevalecentes mediante banco de dados, organizando-as por questão jurídica decidida e divulgando-as, preferencialmente, na rede mundial de computadores (art. 21, IN 38/2016, do TST). O intuito é o de facilitar aos jurisdicionados a pesquisa sobre o entendimento predominante no Tribunal.

Os tribunais devem uniformizar a sua jurisprudência nos termos dos arts. 926 a 928 do CPC, aplicável ao Processo do Trabalho, consoante preceitua a IN 39/2016:

"Art. 926. Os tribunais devem uniformizar sua jurisprudência e mantê-la estável, íntegra e coerente.

§ 1.º Na forma estabelecida e segundo os pressupostos fixados no regimento interno, os tribunais editarão enunciados de súmula correspondentes a sua jurisprudência dominante.

> § 2.º Ao editar enunciados de súmula, os tribunais devem ater-se às circunstâncias fáticas dos precedentes que motivaram sua criação."
>
> "Art. 927. Os juízes e os tribunais observarão:
>
> I – as decisões do Supremo Tribunal Federal em controle concentrado de constitucionalidade;
>
> II – os enunciados de súmula vinculante;
>
> III – os acórdãos em incidente de assunção de competência ou de resolução de demandas repetitivas e em julgamento de recursos extraordinário e especial repetitivos;
>
> IV – os enunciados das súmulas do Supremo Tribunal Federal em matéria constitucional e do Superior Tribunal de Justiça em matéria infraconstitucional;
>
> V – a orientação do plenário ou do órgão especial aos quais estiverem vinculados.
>
> § 1.º Os juízes e os tribunais observarão o disposto no art. 10 e no art. 489, § 1º, quando decidirem com fundamento neste artigo.
>
> § 2.º A alteração de tese jurídica adotada em enunciado de súmula ou em julgamento de casos repetitivos poderá ser precedida de audiências públicas e da participação de pessoas, órgãos ou entidades que possam contribuir para a rediscussão da tese.
>
> § 3.º Na hipótese de alteração de jurisprudência dominante do Supremo Tribunal Federal e dos tribunais superiores ou daquela oriunda de julgamento de casos repetitivos, pode haver modulação dos efeitos da alteração no interesse social e no da segurança jurídica.
>
> § 4.º A modificação de enunciado de súmula, de jurisprudência pacificada ou de tese adotada em julgamento de casos repetitivos observará a necessidade de fundamentação adequada e específica, considerando os princípios da segurança jurídica, da proteção da confiança e da isonomia.
>
> § 5.º Os tribunais darão publicidade a seus precedentes, organizando-os por questão jurídica decidida e divulgando-os, preferencialmente, na rede mundial de computadores."
>
> "Art. 928. Para os fins deste Código, considera-se julgamento de casos repetitivos a decisão proferida em:
>
> I – incidente de resolução de demandas repetitivas;
>
> II – recursos especial e extraordinário repetitivos.
>
> Parágrafo único. O julgamento de casos repetitivos tem por objeto questão de direito material ou processual."

No mesmo sentido é o posicionamento do TST, consubstanciado no art. 18 da IN 41/2018 do TST:

> "Art. 18. O dever de os Tribunais Regionais do Trabalho uniformizarem a sua jurisprudência faz incidir, subsidiariamente ao processo do trabalho, o art. 926 do CPC, por meio do qual os Tribunais deverão manter sua jurisprudência íntegra, estável e coerente."

O TST entende também que "as teses jurídicas prevalecentes e os enunciados de Súmulas decorrentes do julgamento dos incidentes de uniformização de jurisprudência suscitados ou iniciados anteriormente à edição da Lei 13.467/2017, no âmbito dos Tribunais Regionais do Trabalho, conservam sua natureza vinculante, à luz dos arts. 926, §§ 1º e 2º, e 927, III e V, do CPC" (art. 18, § 3º, IN 41/2018, do TST).

Observe-se, entretanto, que o art. 927 do CPC deve ser interpretado de acordo com as peculiaridades do Processo do Trabalho, ou seja, ao editar suas súmulas os tribunais regionais deverão observar: a) as decisões do Supremo Tribunal Federal em controle concentrado de constitucionalidade; b) os enunciados de súmula vinculante; c) os acórdãos em incidente de assunção de competência ou de resolução de demandas repetitivas e em julgamento de recursos extraordinário e recurso de revista repetitivos (e não em recursos especiais repetitivos, como prevê o inciso III do referido artigo); d) os enunciados das súmulas do Supremo Tribunal Federal em matéria constitucional e Tribunal Superior do Trabalho em matéria infraconstitucional; e) a orientação do plenário ou do órgão especial aos quais estiverem vinculados.

O mesmo ocorre com o art. 928 do CPC, o qual deve ser interpretado da seguinte maneira: considera-se julgamento de casos repetitivos a decisão proferida em: a) incidente de resolução de demandas repetitivas; e b) recursos de revista (e não especial) e extraordinário repetitivos.

Da decisão denegatória do recurso de revista caberá agravo no prazo de 8 dias (art. 896, § 12, da CLT).

8.8.5.3. Prequestionamento

O prequestionamento é pressuposto do recurso de revista, assim como dos demais recursos de natureza extraordinária. A matéria estará prequestionada quando houver sido tratada no acórdão impugnado (Súmula 297, I, do TST), isto é, o TST só conhecerá o recurso se houver manifestação explícita do TRT no acórdão sobre a discussão abordada no recurso de revista, inclusive quanto à matéria de ordem pública (OJ 62, SDI-I, do TST).

Contanto que o TRT não se pronuncie quanto à matéria impugnada, deverão ser opostos embargos de declaração com o objetivo de que se manifeste a respeito de tal matéria, sob pena de preclusão (Súmulas 297, II, e 184 do TST).

Entretanto, apesar de opostos embargos de declaração, se o Tribunal não se manifestar em relação à matéria impugnada, será considerada prequestionada (Súmula 297 do TST).

Registre-se que a palavra "explicitamente" presente no inciso I da Súmula 297 do TST não faz alusão ao dispositivo legal, exigindo-se apenas que seja evidenciada a tese sustentada na decisão, sendo indiferente a referência expressa da norma legal (OJ 118, SDI-1, do TST).

Segundo o art. 896, § 1º-A, I, da CLT, o recorrente deve indicar o trecho da decisão recorrida que consubstancia o prequestionamento da controvérsia objeto do recurso de revista.

Nos termos do art. 12 da IN 39/2016 do TST, "aplica-se ao Processo do Trabalho o parágrafo único do art. 1.034 do CPC. Assim, admitido o recurso de revista por um fundamento, devolve-se ao Tribunal Superior do Trabalho o conhecimento dos demais fundamentos para a solução apenas do capítulo impugnado."

8.8.5.4. Transcendência

O art. 896-A da CLT impõe como pressuposto de admissibilidade do recurso de revista a transcendência, regulamentando a matéria.

O Tribunal Superior do Trabalho, no recurso de revista, examinará previamente se a causa oferece transcendência com relação aos reflexos gerais de natureza econômica, política, social ou jurídica.

São indicadores de transcendência, entre outros (art. 896-A, § 1º, da CLT):

a) econômica, o elevado valor da causa;
b) política, o desrespeito da instância recorrida à jurisprudência sumulada do Tribunal Superior do Trabalho ou do Supremo Tribunal Federal;
c) social, a postulação, por reclamante-recorrente, de direito social constitucionalmente assegurado;
d) jurídica, a existência de questão nova em torno da interpretação da legislação trabalhista.

As normas relativas ao exame da transcendência dos recursos de revista, previstas no art. 896-A da CLT, somente incidirão naqueles interpostos contra decisões proferidas pelos Tribunais Regionais do Trabalho publicadas a partir de 11.11.2017, data da vigência da Lei 13.467/2017 (art. 246 do Regimento Interno do Tribunal Superior do Trabalho e art. 19, IN 41/2018, do TST).

O juízo de admissibilidade do recurso de revista exercido pela Presidência dos Tribunais Regionais do Trabalho limita-se à análise dos pressupostos intrínsecos e extrínsecos do apelo, não abrangendo o critério da transcendência das questões nele veiculadas (art. 896-A, § 6º, da CLT). Apenas o relator poderá realizar tal análise.

Em face da decisão monocrática do relator que denegar seguimento ao recurso de revista por não demonstrar transcendência, cabe agravo para o colegiado (art. 896-A, § 2º, da CLT).

Interposto o agravo, o recorrente poderá realizar sustentação oral sobre a questão da transcendência, durante cinco minutos em sessão (art. 896-A, § 3º, da CLT).

Mantido o voto do relator quanto à não transcendência do recurso, será lavrado acórdão com fundamentação sucinta, que constituirá decisão irrecorrível no âmbito do tribunal (art. 896-A, § 4º, da CLT).

8.8.5.5. *Recursos repetitivos*

A Lei 13.015/2014 inseriu na CLT os arts. 896-B e 896-C, instituindo o recurso de revista de causas repetitivas.

Em síntese, em casos de recursos de revista repetitivos, escolhe-se alguns para julgamento e forma-se uma tese jurídica a ser aplicada para os demais processos idênticos ou semelhantes que estejam em andamento ou que venham a ser propostos com o mesmo objeto.

Ao receber um recurso de revista, se a matéria é repetitiva, isto é, se houver **multiplicidade de recursos de revista fundados em idênticas questões de direito**, todos os recursos que estiverem nos TRTs sobre o mesmo tema ficarão sobrestados aguardando a decisão do primeiro caso. Uma vez julgado o recurso paradigma – ou *leading case* –, todos os demais que estavam sobrestados e serão ajuizados no futuro deverão ser julgados no mesmo sentido, salvo se a matéria fática for distinta ou questão jurídica não examinada exigirem solução jurídica diversa.

O TST também admite que os embargos para a SDI repetitivos sejam julgados pelo rito dos recursos repetitivos.

8.8.5.5.1. Requisitos

Quando houver **multiplicidade de recursos de revista** fundados em **idêntica questão de direito**, essa questão poderá ser afetada à Seção Especializada em Dissídios Individuais ou ao Tribunal Pleno, por decisão da maioria simples de seus membros, mediante requerimento de um dos Ministros que compõem a Seção Especializada, considerando a relevância da matéria ou a existência de entendimentos divergentes entre os Ministros dessa Seção ou das Turmas do Tribunal (art. 896-C da CLT).

Em síntese, para que o recurso de revista seja julgado pelo rito de recursos repetitivos devem ser preenchidos dois requisitos:

a) multiplicidade de recursos de revista;

b) idêntica questão de direito.

Os recursos repetitivos podem ter como objeto questão de direito material ou processual (art. 928, parágrafo único, do CPC).

8.8.5.5.2. Proposta de afetação

A **Turma do TST** poderá afetar o recurso para a **Seção de Dissídios Individuais** e, esta, por sua vez, poderá afetar a questão para julgamento pelo Pleno do TST sob o rito dos recursos repetitivos.

Atente-se para o procedimento:

a) Quando a Turma do TST entender necessária a adoção do procedimento de julgamento de recursos de revista repetitivos, seu presidente deverá submeter ao Presidente da SDI-1 a proposta de afetação do recurso de revista.

O Presidente da Turma ou da Seção Especializada, por indicação dos relatores, **afetará um ou mais recursos** representativos da controvérsia para julgamento pela Seção Especializada em Dissídios Individuais ou pelo Tribunal Pleno, sob o rito dos recursos repetitivos (art. 896-C, § 1º, da CLT).

Além disso, o Presidente da Turma ou da Seção Especializada que afetar processo para julgamento sob o rito dos recursos repetitivos **deverá expedir comunicação aos demais Presidentes de Turma ou de Seção Especializada**, que poderão afetar outros processos sobre a questão para julgamento conjunto, a fim de conferir ao órgão julgador visão global da questão (art. 896-C, § 2º, da CLT) e, assim, confirmar a presença dos requisitos.

b) O Presidente da SDI-1 submeterá a proposta ao colegiado no prazo máximo de 30 dias de seu recebimento.

c) Acolhida a proposta, por maioria simples, a SDI também decidirá se ela própria julgará a questão ou se será analisada pelo Pleno.

d) Acolhida a proposta, o recurso repetitivo será **distribuído** a um dos Ministros membros da Seção Especializada ou do Tribunal Pleno e a um Ministro revisor (art. 896-C, § 6º, da CLT).

e) Rejeitada a proposta, os autos serão remetidos para a turma para que o julgamento do recurso de revista prossiga normalmente.

8.8.5.5.3. Processamento

Uma vez acolhida a proposta de afetação, o relator na SDI ou no Pleno proferirá a decisão de afetação, na qual identificará com precisão a questão a ser submetida a julgamento.

O Presidente da Subseção de Dissídios Individuais I que afetar processo para julgamento sob o rito dos recursos repetitivos deverá expedir comunicação aos demais Presidentes de Turma, que poderão afetar outros processos sobre a questão para julgamento conjunto, a fim de conferir ao órgão julgador visão global da questão (art. 3º, IN 38/2015, do TST).

Selecionados os recursos, o relator, na Subseção Especializada em Dissídios Individuais ou no Tribunal Pleno, constatada a presença de multiplicidade de recursos de revista fundados em idêntica questão de direito, proferirá decisão de afetação, sempre fundamentada, na qual:

- I – identificará com precisão a questão a ser submetida a julgamento;
- II – poderá determinar a suspensão dos recursos de revista ou de embargos que tenham como objeto controvérsia idêntica à do recurso afetado como repetitivo (art. 896-C, § 5º, da CLT). Admite-se a suspensão dos recursos de revista e embargos ao TST e dos recursos de revista no TRT ainda não encaminhados ao TRT.
- III – poderá solicitar aos Tribunais Regionais do Trabalho informações a respeito da controvérsia, a serem prestadas no prazo de 15 (quinze) dias, e requisitar aos Presidentes ou Vice-Presidentes dos Tribunais Regionais do Trabalho a remessa de até dois recursos de revista representativos da controvérsia (art. 896-C, §§ 4º e 7º, da CLT);
- IV – concederá o prazo de 15 (quinze) dias para a manifestação escrita das pessoas, órgãos ou entidades interessados na controvérsia, que poderão ser admitidos como *amici curiae* (art. 896-c, § 5º, da CLT);
- V – informará aos demais Ministros sobre a decisão de afetação;
- VI – poderá conceder vista ao Ministério Público e às partes, nos termos e para os efeitos do § 9º do art. 896-C da CLT.

Decidida pela afetação, o presidente do Tribunal Superior do Trabalho oficiará os Presidentes dos Tribunais Regionais do Trabalho para que suspendam os recursos interpostos em casos idênticos aos afetados como recursos repetitivos, e ainda não encaminhados a este Tribunal, bem como os recursos ordinários interpostos contra as sentenças proferidas em casos idênticos aos afetados como recursos repetitivos, até o pronunciamento definitivo do Tribunal Superior do Trabalho (art. 896-C, § 3º, da CLT c/c o art. 6º, IN 38/2015, do TST).

O relator requisitará ao Presidente ou aos Vice-Presidentes do Tribunal de origem que admitam até dois recursos representativos da controvérsia, os quais serão encaminhados ao Tribunal Superior do Trabalho, ficando suspensos os demais recursos de revista até o pronunciamento definitivo do TST

Se após receber os recursos de revistas encaminhados não realizar a sua afetação, o relator no Tribunal Superior do Trabalho comunicará o fato ao presidente ou vice-presidente que os houver enviado para que seja revogada a decisão de suspensão (art. 8º, IN 38/2015, do TST).

As partes deverão ser intimadas da decisão de suspensão de seu processo, a ser proferida pelo respectivo relator (art. 9º, IN 38/2015, do TST).

A parte poderá requerer o prosseguimento de seu processo se demonstrar a intempestividade do recurso nele interposto ou a existência de distinção entre a questão de direito a ser decidida no seu processo e aquela a ser julgada sob o rito dos recursos repetitivos.

Tal requerimento será dirigido:

> I – ao juiz, se o processo sobrestado estiver em primeiro grau;
>
> II – ao relator, se o processo sobrestado estiver no tribunal de origem;
>
> III – ao relator do acórdão recorrido, se for sobrestado recurso de revista no tribunal de origem;
>
> IV – ao relator, no Tribunal Superior do Trabalho, do recurso de revista ou de embargos cujo processamento houver sido sobrestado.

A outra parte deverá ser ouvida sobre o requerimento, no prazo de 5 dias.

Transcorrido o prazo para o Ministério Público e remetida cópia do relatório aos demais Ministros, o processo será incluído em pauta na Seção Especializada ou no Tribunal Pleno, devendo ser julgado com preferência sobre os demais feitos (art. 896-C, § 10, da CLT).

O conteúdo do acórdão paradigma abrangerá a análise de todos os fundamentos da tese jurídica discutida, favoráveis ou contrários (art. 11, IN 38/2015, do TST).

Os recursos afetados serão julgados em, no máximo, um ano e terão preferência sobre os demais, caso contrário cessa automaticamente a afetação e a suspensão dos processos (art. 11, § 1º, IN 38/2015, do TST).

Quando os recursos requisitados do TRT contiverem outras questões além daquela que é objeto de afetação, caberá ao órgão jurisdicional competente decidir esta em primeiro lugar e depois as demais, em acórdão específico para cada processo (art. 13, parágrafo único, IN 38/2015, do TST).

8.8.5.5.4. Julgamento

O **acórdão paradigma abrangerá** a análise de todos os fundamentos suscitados à tese jurídica discutida, sejam favoráveis ou contrários.

Publicado o acórdão paradigma, os recursos de revista sobrestados na origem (art. 896-C, § 11, da CLT e art. 14, IN 38/2015, do TST):

> I – terão seguimento denegado na hipótese se o acórdão recorrido coincidir com a orientação a respeito da matéria no Tribunal Superior do Trabalho; ou

II – na hipótese de o **acórdão recorrido divergir da orientação do Tribunal Superior do Trabalho** a respeito da matéria, os autos retornarão ao órgão prolator do acórdão recorrido para novo reexame e aplicação da tese firmada pelo Tribunal Superior.

O **TRT poderá manter decisão divergente da firmada pelo TST apenas** se demonstrar fundamentadamente a existência de distinção, por se tratar de caso particularizado por hipótese fática distinta ou questão jurídica não examinada a impor solução jurídica diversa.

Neste caso, **se mantida a decisão divergente pelo Tribunal de origem**, far-se-á o exame de admissibilidade do recurso de revista (art. 896-C, § 12, da CLT e art. 15, § 1º, IN 38/2015, do TST).

Realizado o juízo de retratação, com alteração do acórdão divergente, o tribunal de origem, se for o caso, **decidirá as demais questões** ainda não decididas, cujo enfrentamento se tornou necessário em decorrência da alteração.

Caberá **revisão da decisão firmada em julgamento de recursos repetitivos** quando se alterar a situação econômica, social ou jurídica, caso em que será respeitada a segurança jurídica das relações firmadas sob a égide da decisão anterior, podendo o Tribunal Superior do Trabalho modular os efeitos da decisão que a tenha alterado (art. 896-C, § 17, da CLT e art. 17, IN 38/2015, do TST).

8.8.5.5.5. Questão constitucional

A decisão proferida pelo Tribunal Pleno, quanto à questão afetada e julgada sob o rito dos recursos repetitivos que também **contenha questão constitucional**, não obstará o conhecimento de eventuais **recursos extraordinários** sobre a questão constitucional (art. 896-C, § 13, da CLT e art. 18, IN 38/2015, do TST).

Aos recursos extraordinários interpostos perante o TST será aplicado o procedimento no Código de Processo Civil para julgamento de recursos extraordinários repetitivos, cabendo ao Presidente do TST selecionar um ou mais recursos representativos da controvérsia e encaminhá-los ao STF, sobrestando os demais até o pronunciamento definitivo da Corte (art. 896-C, § 14, da CLT).

O Presidente do TST **poderá oficiar os TRTs e os Presidentes das Turmas e da Seção Especializada do Tribunal** para que suspendam os processos idênticos aos selecionados como recursos representativos da controvérsia e encaminhados ao STF, até o seu pronunciamento definitivo (art. 896-C, § 15, da CLT).

Os recursos repetitivos representam um avanço em termos de celeridade e também de oportunizar a real discussão sobre os temas objeto de recursos de revista recorrentes na sociedade, entretanto, esbarram em um problema na seara trabalhista, que são as reclamações com diversos pedidos, os quais extrapolam a matéria repetitiva. Ao suspender um determinado recurso em razão de uma matéria ser repetitiva é possível causar prejuízo aos demais pedidos contidos no mesmo recurso.

Para evitar o referido prejuízo, o recurso repetitivo deve conter apenas uma matéria ou os demais pedidos devem estar intimamente ligados ao principal.

Do contrário, ao sobrestar um processo por ser repetitivo com matérias não relacionadas à questão de direito discutida, o Tribunal poderá causar um atraso maior à prestação jurisdicional.

8.8.5.6. Nulidade por negativa de prestação jurisdicional

Ao julgar, os Juízes e Tribunais devem apreciar os pedidos formulados pelas partes, caso contrário a decisão será omissa, desafiando embargos de declaração, conforme determina o art. 1.022, II, do CPC), *in verbis*:

> "Art. 1.022. Cabem embargos de declaração contra qualquer decisão judicial para:
>
> I – esclarecer obscuridade ou eliminar contradição;
>
> II – suprir omissão de ponto ou questão sobre o qual devia se pronunciar o juiz de ofício ou a requerimento; (...)"

Os recursos de natureza extraordinária, como é o recurso de revista, exigem o prequestionamento, ou seja, que a matéria recorrida tenha sido tratada no acórdão impugnado (Súmula 297, I, do TST[11]). Caso isso não ocorra, devem ser interpostos os embargos de declaração, visando o pronunciamento do Tribunal quanto à matéria recorrida, sob pena de preclusão. Nesse sentido é a Súmula 184 do TST:

> "SÚMULA 184 DO TST. EMBARGOS DECLARATÓRIOS. OMISSÃO EM RECURSO DE REVISTA. PRECLUSÃO (mantida) – Res. 121/2003, *DJ* 19, 20 e 21.11.2003. Ocorre preclusão se não forem opostos embargos declaratórios para suprir omissão apontada em recurso de revista ou de embargos."

[11] SÚMULA 297 do TST. PREQUESTIONAMENTO. OPORTUNIDADE. CONFIGURAÇÃO (nova redação) – Res. 121/2003, *DJ* 19, 20 e 21.11.2003.

I. Diz-se prequestionada a matéria ou questão quando na decisão impugnada haja sido adotada, explicitamente, tese a respeito. II. Incumbe à parte interessada, desde que a matéria haja sido invocada no recurso principal, opor embargos declaratórios objetivando o pronunciamento sobre o tema, sob pena de preclusão. III. Considera-se prequestionada a questão jurídica invocada no recurso principal sobre a qual se omite o Tribunal de pronunciar tese, não obstante opostos embargos de declaração.

Nos termos do art. 141 do CPC, o juiz decidirá a lide nos limites em que foi proposta; esta decisão deve ser fundamentada (art. 93, IX, da CF) e, ainda, observar os requisitos previstos nos arts. 832 da CLT e 489 do CPC, ou seja, devem possuir relatório, fundamentação e dispositivo.

Quando o Tribunal não se pronuncia quanto à matéria recorrida, negando a prestação jurisdicional, profere uma decisão nula. Essa nulidade pode ser alegada em preliminar de recurso de revista quando a parte opôs os embargos de declaração visando tal pronunciamento, ou seja, realizou o prequestionamento da matéria e não obteve êxito.

No caso de suscitar preliminar de nulidade de julgado por negativa de prestação jurisdicional, o recorrente deve transcrever o trecho dos embargos declaratórios em que foi pedido o pronunciamento do tribunal sobre questão veiculada no recurso ordinário e o trecho da decisão regional que rejeitou os embargos quanto ao pedido, para cotejo e verificação, de plano, da ocorrência da omissão, sob pena de não conhecimento do recurso (art. 896, § 1º-A, IV, da CLT).

A preliminar objetiva a declaração pelo TST de nulidade do acórdão e retorno dos autos ao TRT para que finalmente aprecie a matéria sobre a qual se omitiu.

O conhecimento do recurso de revista, quanto à preliminar de nulidade, por negativa de prestação jurisdicional, supõe indicação de violação do art. 832 da CLT, do art. 489 do CPC de 2015 (art. 458 do CPC de 1973) ou do art. 93, IX, da CF/1988 (Súmula 459 do TST).

8.8.6. Agravo interno e agravo regimental

A doutrina não é unânime quanto à distinção de agravo interno e agravo regimental.

Alguns sustentam que o atual CPC deixou claro que não há qualquer distinção, uma vez que o art. 1.021 refere-se apenas ao agravo interno:

> "Art. 1.021. Contra decisão proferida pelo relator caberá agravo interno para o respectivo órgão colegiado, observadas, quanto ao processamento, as regras do regimento interno do tribunal.
>
> § 1.º Na petição de agravo interno, o recorrente impugnará especificadamente os fundamentos da decisão agravada.
>
> § 2.º O agravo será dirigido ao relator, que intimará o agravado para manifestar-se sobre o recurso no prazo de 15 (quinze) dias, ao final do qual, não havendo retratação, o relator levá-lo-á a julgamento pelo órgão colegiado, com inclusão em pauta.

§ 3.º É vedado ao relator limitar-se à reprodução dos fundamentos da decisão agravada para julgar improcedente o agravo interno.

§ 4.º Quando o agravo interno for declarado manifestamente inadmissível ou improcedente em votação unânime, o órgão colegiado, em decisão fundamentada, condenará o agravante a pagar ao agravado multa fixada entre um e cinco por cento do valor atualizado da causa.

§ 5.º A interposição de qualquer outro recurso está condicionada ao depósito prévio do valor da multa prevista no § 4.º, à exceção da Fazenda Pública e do beneficiário de gratuidade da justiça, que farão o pagamento ao final."

Para outros, a exemplo de Elisson Miessa[12], com quem concordamos, o agravo interno é o previsto nos arts. 894, § 3º, da CLT e 1.021 do CPC, aplicável ao Processo do Trabalho; e o agravo regimental é o previsto no regimento interno do tribunal. Portanto, estaremos diante do agravo regimental quando o recurso não tiver previsão legal, mas estiver disciplinado no regimento interno do tribunal. Por outro lado, havendo previsão legal, o recurso será o agravo interno.

Em verdade, o agravo interno, é cabível nas hipóteses de agravo previstas em lei, tais como:

- das decisões monocráticas não proferidas com base no art. 894, § 4º, da CLT;
- das decisões monocráticas proferidas nos termos do art. 932 do CPC, ou seja, decisão do relator que monocraticamente apreciar o pedido de tutela provisória; não conhecer de recurso inadmissível, prejudicado ou que não tenha impugnado especificamente os fundamentos da decisão; negar provimento ou dar provimento ao recurso, nos casos do art. 932, V e V, do CPC; decidir incidente de desconsideração da personalidade jurídica, quando instaurado originariamente no tribunal.
- em face de decisão monocrática do relator no julgamento dos recursos, à luz do art. 1.021 do CPC e art. 9º, parágrafo único, da Lei 5584/1970.
- A Lei 7.701/1988, nos arts. 2.º, II, "d", e 3.º, III, estabelece a possibilidade de interposição de agravo regimental contra a decisão que indeferir recurso em ações coletivas e nos embargos de divergência em ações individuais. Muito embora faça referência a agravo regimental, na verdade, trata-se de agravo interno.

O prazo do agravo regimental e interno é de 8 dias.

O prazo do agravo é contado em dobro, caso o agravante seja pessoa jurídica de direito público ou mesmo o Ministério Público (arts. 183 e 180 do CPC).

O agravo interno é interposto perante o órgão judicial que proferiu a decisão impugnada, havendo também a possibilidade do juízo de reconsi-

12 MIESSA, Elisson. *Manual dos recursos trabalhistas* – teoria e prática. Salvador: *Juspodivm*, 2016. 2. ed. p. 450.

deração ou retratação; e o agravo regimental, em face do órgão colegiado definido no regimento interno do tribunal.

O processamento do agravo regimental também depende do previsto no regimento interno de cada tribunal.

> "OJ 412 DA SDI-I/TST. AGRAVO INTERNO OU AGRAVO REGIMENTAL. INTERPOSIÇÃO EM FACE DE DECISÃO COLEGIADA. NÃO CABIMENTO. ERRO GROSSEIRO. INAPLICABILIDADE DO PRINCÍPIO DA FUNGIBILIDADE RECURSAL (nova redação em decorrência do CPC de 2015) – Res. 209/2016, *DEJT* divulgado em 01, 02 e 03.06.2016.
>
> É incabível agravo interno (art. 1.021 do CPC de 2015, art. 557, § 1.º, do CPC de 1973) ou agravo regimental (art. 235 do RITST) contra decisão proferida por Órgão colegiado. Tais recursos destinam-se, exclusivamente, a impugnar decisão monocrática nas hipóteses previstas. Inaplicável, no caso, o princípio da fungibilidade ante a configuração de erro grosseiro."

O agravo regimental tramita nos próprios autos do processo principal, com exceção se o regimento interno do tribunal dispuser de forma diversa, como se pode observar na leitura da OJ 132 do TST:

> "OJ 132 DA SDI-I/TST. AGRAVO REGIMENTAL. PEÇAS ESSENCIAIS NOS AUTOS PRINCIPAIS (inserida em 27.11.1998).
>
> Inexistindo lei que exija a tramitação do agravo regimental em autos apartados, tampouco previsão no Regimento Interno do Regional, não pode o agravante ver-se apenado por não haver colacionado cópia de peças dos autos principais, quando o agravo regimental deveria fazer parte dele."

Estabelece a IN 39/2013 do TST que o art. 1.021 do CPC relativo ao agravo interno aplica-se ao Processo do Trabalho, exceto quanto ao prazo que na seara trabalhista é de 8 dias:

> "Art. 1.021 do CPC. Contra decisão proferida pelo relator caberá agravo interno para o respectivo órgão colegiado, observadas, quanto ao processamento, as regras do regimento interno do tribunal.
>
> § 1.º Na petição de agravo interno, o recorrente impugnará especificadamente os fundamentos da decisão agravada.
>
> § 2.º O agravo será dirigido ao relator, que intimará o agravado para manifestar-se sobre o recurso no prazo de 15 (quinze) dias, ao final do qual, não havendo retratação, o relator levá-lo-á a julgamento pelo órgão colegiado, com inclusão em pauta.
>
> § 3.º É vedado ao relator limitar-se à reprodução dos fundamentos da decisão agravada para julgar improcedente o agravo interno.
>
> § 4.º Quando o agravo interno for declarado manifestamente inadmissível ou improcedente em votação unânime, o órgão colegiado, em decisão fundamentada,

condenará o agravante a pagar ao agravado multa fixada entre um e cinco por cento do valor atualizado da causa.

§ 5.º A interposição de qualquer outro recurso está condicionada ao depósito prévio do valor da multa prevista no § 4º, à exceção da Fazenda Pública e do beneficiário de gratuidade da justiça, que farão o pagamento ao final."

8.8.7. Embargos

No Processo do Trabalho cabem embargos infringentes ao TST, a serem julgados pela Seção de dissídios coletivos (art. 894, I, "a", da CLT), e embargos por divergência (art. 894, II, da CLT).

Os primeiros, embargos infringentes, são cabíveis nas hipóteses indicadas no art. 894, I, "a", da CLT. Repare:

"Art. 894. No Tribunal Superior do Trabalho cabem embargos, no prazo de 8 dias:

I – de decisão não unânime de julgamento que:

a) conciliar, julgar ou homologar conciliação em dissídios coletivos que excedam a competência territorial dos Tribunais Regionais do Trabalho e estender ou rever as sentenças normativas do Tribunal Superior do Trabalho, nos casos previstos em lei;"

Os embargos por divergência ao TST serão julgados pela SDI, sendo cabíveis na hipótese de decisões de Turma do TST que contrariar:

a) acórdão de outra Turma do TST;

b) acórdão da SDI;

c) súmula do TST;

d) orientação jurisprudencial do TST; ou

d) súmula vinculante do STF.

A *divergência apta a ensejar os embargos* deve ser atual, não se considerando tal a ultrapassada por súmula do Tribunal Superior do Trabalho ou do Supremo Tribunal Federal, ou superada por iterativa e notória jurisprudência do Tribunal Superior do Trabalho (art. 894, § 2.º, da CLT).

O Ministro Relator denegará seguimento aos embargos:

I – se a decisão recorrida estiver em consonância com súmula da jurisprudência do Tribunal Superior do Trabalho ou do Supremo Tribunal Federal, ou com iterativa, notória e atual jurisprudência do Tribunal Superior do Trabalho, cumprindo-lhe indicá-la;

II – nas hipóteses de intempestividade, deserção, irregularidade de representação ou de ausência de qualquer outro pressuposto extrínseco de admissibilidade.

Da decisão denegatória dos embargos caberá agravo, no prazo de 8 dias.

Tendo em vista que o recurso de revista na execução é cabível só quando houver ofensa à Constituição Federal (art. 896, § 2.º, da CLT), da decisão da turma do TST proferida em recurso de revista na execução serão admissíveis embargos ao TST, quando a decisão recorrida contrariar acórdão de outra turma do TST ou da SDI, desde que diga respeito a interpretação da Constituição Federal, ou seja, a divergência hábil a ensejar o recurso de revista nesta fase processual condiciona-se a interpretação de dispositivo constitucional.

Nesse sentido:

> "SÚMULA 433 DO TST. EMBARGOS. ADMISSIBILIDADE. PROCESSO EM FASE DE EXECUÇÃO. ACÓRDÃO DE TURMA PUBLICADO NA VIGÊNCIA DA LEI N.º 11.496, DE 26.06.2007. DIVERGÊNCIA DE INTERPRETAÇÃO DE DISPOSITIVO CONSTITUCIONAL – Res. 177/2012, *DEJT* divulgado em 13, 14 e 15.02.2012.
>
> A admissibilidade do recurso de embargos contra acórdão de Turma em Recurso de Revista em fase de execução, publicado na vigência da Lei n.º 11.496, de 26.06.2007, condiciona-se à demonstração de divergência jurisprudencial entre Turmas ou destas e a Seção Especializada em Dissídios Individuais do Tribunal Superior do Trabalho em relação à interpretação de dispositivo constitucional."

Contudo, a Lei 13.015/2014 acrescentou o § 10 ao art. 896 da CLT, determinando que nas execuções fiscais e nas controvérsias da fase de execução que envolvam a Certidão Negativa de Débitos Trabalhistas (CNDT) caberá recurso de revista por violação à lei federal, por divergência jurisprudencial e por ofensa à Constituição Federal, o que significa que nesses casos também serão cabíveis os embargos ao TST para SDI-1.

Uma vez que a legislação determinava que cabia recurso de revista no *procedimento sumaríssimo* apenas na hipótese de violação à Constituição e contrariedade à súmula do TST, este Tribunal, na Súmula 458 do TST, estabeleceu que neste procedimento também só caberiam embargos ao TST quando demonstrada a divergência jurisprudencial entre Turmas do TST, fundada em interpretações diversas acerca da aplicação de mesmo dispositivo constitucional ou de matéria sumulada.

Porém, a Lei 13.015/2014 incluiu mais uma hipótese de cabimento de recurso de revista no procedimento sumaríssimo, isto é: confronto com súmula vinculante do STF. Observando o mesmo raciocínio, também caberão embargos ao TST quando demonstrada a divergência jurisprudencial entre Turmas do TST, fundada em interpretações diversas acerca de súmula vinculante.

Perceba que os embargos ao TST por divergência tratam-se de recursos de natureza extraordinária e, como tal, exigem o prequestionamento, ou seja, que a matéria recorrida tenha sido tratada no acórdão impugnado. No procedimento sumaríssimo, o necessário prequestionamento somente poderá ser alcançado quanto às matérias objeto do recurso de revista, quais sejam:

a) violação à Constituição;

b) contrariedade à súmula do TST;

c) contrariedade à súmula vinculante do STF.

Desse modo, apenas nessas hipóteses caberão embargos ao TST no procedimento sumaríssimo.

Ressalte-se que os embargos são cabíveis em face de decisão do órgão colegiado do Tribunal Superior do Trabalho, sendo inadmissíveis contra decisão monocrática exarada nos moldes dos arts. 932, III a V, do CPC e 894, § 3.º, da CLT, pois o comando legal restringe seu cabimento à pretensão de reforma de decisão colegiada proferida por Turma do Tribunal Superior do Trabalho.

Nesse sentido, fique atento à OJ 378 da SDI-1 do TST:

> "OJ 378 DA SDI-1 DO TST. EMBARGOS. INTERPOSIÇÃO CONTRA DECISÃO MONOCRÁTICA. NÃO CABIMENTO (atualizada em decorrência do CPC de 2015) – Res. 208/2016, *DEJT* divulgado em 22, 25 e 26.04.2016. Não encontra amparo no art. 894 da CLT, quer na redação anterior quer na redação posterior à Lei n.º 11.496, de 22.06.2007, recurso de embargos interposto à decisão monocrática exarada nos moldes do art. 932 do CPC de 2015 (art. 557 do CPC de 1973), pois o comando legal restringe seu cabimento à pretensão de reforma de decisão colegiada proferida por Turma do Tribunal Superior do Trabalho."

Em face da decisão de turma do TST em agravo de instrumento e agravo regimental, em regra, é incabível o recurso de embargos ao TST, salvo nas hipóteses descritas na Súmula 353 do TST:

> "SÚMULA 353 DO TST. EMBARGOS. AGRAVO. CABIMENTO (atualizada em decorrência do CPC de 2015) – Res. 208/2016, *DEJT* divulgado em 22, 25 e 26.04.2016.

Não cabem embargos para a Seção de Dissídios Individuais de decisão de Turma proferida em agravo, salvo:

a) da decisão que não conhece de agravo de instrumento ou de agravo pela ausência de pressupostos extrínsecos;

b) da decisão que nega provimento a agravo contra decisão monocrática do Relator, em que se proclamou a ausência de pressupostos extrínsecos de agravo de instrumento;

c) para revisão dos pressupostos extrínsecos de admissibilidade do recurso de revista, cuja ausência haja sido declarada originariamente pela Turma no julgamento do agravo;

d) para impugnar o conhecimento de agravo de instrumento;

e) para impugnar a imposição de multas previstas nos arts. 1.021, § 4º, do CPC de 2015 ou 1.026, § 2º, do CPC de 2015 (art. 538, parágrafo único, do CPC de 1973, ou art. 557, § 2º, do CPC de 1973);

f) contra decisão de Turma proferida em agravo em recurso de revista, nos termos do art. 894, II, da CLT."

A jurisprudência sustenta a constitucionalidade do cabimento dos embargos em face das decisões proferidas em agravos indicadas apenas na Súmula 353, conforme razões expostas na ementa a seguir:

"RECURSO DE EMBARGOS REGIDO PELA LEI 11.496/2007. AGRAVO DE INSTRUMENTO EM RECURSO DE REVISTA NÃO PROVIDO. NÃO CABIMENTO DOS EMBARGOS. SÚMULA 353 DO TST. O cabimento do recurso de embargos interposto contra acórdão proferido em agravo de instrumento encontra-se adstrito às hipóteses previstas na Súmula 353 do TST. Com efeito, não são cabíveis os embargos quando se discute pressuposto intrínseco do recurso de revista, como, por exemplo, a aplicação dos efeitos da confissão ficta à jornada de trabalho, haja vista que, nesse tema, o acórdão recorrido negou provimento ao agravo de instrumento do reclamante.

(...)

O cabimento dos embargos em processo de agravo de instrumento está adstrito às situações enumeradas na Súmula 353 do TST, que representa o entendimento consolidado da jurisprudência deste Tribunal, não sendo possível nova discussão a respeito dos pressupostos intrínsecos do recurso de revista relacionados com a aplicação dos efeitos da confissão ficta à jornada de trabalho.

Frise-se que a questão relativa à inconstitucionalidade da Súmula 353 do TST, à luz do que dispõem os arts. 5.º, LIV, e 22, I, da Constituição Federal, foi objeto de vários precedentes desta Subseção, com análise pormenorizada das regras do ordenamento jurídico-processual, observando-se especificamente as normas processuais sobre a competência dos tribunais, o cabimento dos recursos e as garantias processuais das partes. *In verbis*:

'AGRAVO EM EMBARGOS EM AGRAVO DE INSTRUMENTO EM RECURSO DE REVISTA. SÚMULA N.º 353 DO TST. OFENSA À CONSTITUIÇÃO FEDERAL NÃO CARACTERIZADA 1 – Hipótese em que a decisão agravada pronuncia o não seguimento do recurso de embargos com fundamento na Súmula n.º 353 do TST. Pretensão recursal que envolve o propósito de submissão da Súmula n.º 353 do TST à sindicância, considerados os arts. 5.º, II, XXXV, LIV e LV, e 22, I, da Constituição Federal de 1988. 2 – Editada com inspiração no art. 5.º, 'b', da Lei n.º 7.701/1988 – que estabelece a competência das Turmas desta Corte para julgamento, em última instância, dos agravos de instrumento interpostos contra decisões denegatórias do trânsito de recursos de revista –, a Súmula n.º 353 do TST não viola os arts. 5.º, LIV, e 22, I, da Constituição Federal. Afinal, além de a edição de súmulas não configurar atividade legislativa típica, traduzindo apenas a síntese de julgados reiterados acerca de questões jurídicas específicas, a Constituição Federal confere competência aos tribunais para elaboração de seus regimentos internos, dispondo sobre a competência dos respectivos órgãos jurisdicionais e administrativos, respeitadas as normas de processo e as garantias processuais das partes (art. 96, I, 'a'). Daí porque, no âmbito desta Corte, o Tribunal Pleno possui competência para 'aprovar, modificar ou revogar, em caráter de urgência e com preferência na pauta, Súmula de Jurisprudência predominante em Dissídios Individuais e os Precedentes Normativos da Seção Especializada em Dissídios Coletivos' (RITST, art. 68, VII). Não se divisa, pois, qualquer inconstitucionalidade na Súmula n.º 353 do TST, quando delimita, à luz das regras legais aplicáveis, as hipóteses de cabimento do recurso de embargos contra decisão proferida em agravo ou agravo de instrumento. Nesse sentido, o julgamento do recurso de agravo de instrumento por turma do TST, viabilizando o reexame dos pressupostos recursais intrínsecos de admissibilidade do recurso de revista (CLT, art. 896), confere densidade à garantia constitucional implícita do duplo grau de jurisdição, não sendo, por isso, lícito cogitar de negativa de acesso à jurisdição ou ofensa ao princípio da legalidade (Constituição Federal, art. 5.º, II e XXXV). 3 – A garantia constitucional do devido processo legal (Constituição Federal, art. 5.º, LIV), em sua expressão instrumental, alcança concreção nas regras infraconstitucionais editadas com base nos princípios lógico, político, econômico e jurídico. Nesse sentido, a restrição legal de exame de questões jurídicas determinadas – preenchimento de pressupostos recursais intrínsecos do recurso de revista (art. 5.º, 'b', da Lei n.º 7.701/1988) – por apenas dois órgãos jurisdicionais posicionados em níveis hierárquicos distintos, não configura afronta ao art. 5.º, LIV, da Constituição Federal. 4 – Tem-se, ademais, que a Constituição Federal também impõe aos jurisdicionados a observância das normas processuais cabíveis, nas quais estão inseridas as Súmulas da jurisprudência firmada pelos Tribunais acerca dos dispositivos de lei. Ao decidir de acordo com Súmula, este Tribunal está conferindo a devida prestação jurisdicional, nos termos do art. 93, IX, da Constituição Federal. 5 – A alteração da redação do art. 894 da CLT, ditada pela Lei n.º 11.496/2007, pondo fim aos embargos de nulidade e circunscrevendo a função da SBDI-1 à uniformização da jurisprudência trabalhista, não impôs qualquer alteração na sistemática legal informativa da competência das Turmas, subsistindo, pois, plenamente válida, legal e constitucional, a restrição prevista na Súmula n.º 353 do TST ao cabimento do recurso de embargos contra acórdão proferido em agravo de instrumento. Agravo a que se nega provimento.' (AIRR-122840-65.2004.5.09.0658, SBDI-1, Rel. Juiz Convocado Douglas Alencar Rodrigues, *DEJT* de 18/12/2009). Assim, diante das razões acima expostas, não conheço do recurso de embargos, no particular, aplicando na espécie o entendimento jurisprudencial recomendado na Súmula 353 do TST" (AIRR e RR-726739-80.2001.5.09.5555 – Rel. Min. Augusto Cesar Leite de Carvalho – 29.04.2010).

8.8.8. Recurso adesivo

O recurso adesivo não tem previsão explícita na Consolidação das Leis do Trabalho, sendo aplicável, subsidiariamente, o art. 997, §§ 1º e 2º, do CPC, conforme estabelecido na Súmula 283 do TST, abaixo transcrita:

"SÚMULA 283 DO TST. RECURSO ADESIVO. PERTINÊNCIA NO PROCESSO DO TRABALHO. CORRELAÇÃO DE MATÉRIAS. REVISÃO DO ENUNCIADO 196 – RES. 2/1985, *DJ* 01.04.1985 – REPUBLICADA COM CORREÇÃO *DJ* 12.04.1985. O recurso adesivo é compatível com o processo do trabalho e cabe, no prazo de 8 (oito) dias, nas hipóteses de interposição de recurso ordinário, de agravo de petição, de revista e de embargos, sendo desnecessário que a matéria nele veiculada esteja relacionada com a do recurso interposto pela parte contrária."

Neste contexto, assim estabelece o art. 997 do CPC:

"Art. 997. Cada parte interporá o recurso independentemente, no prazo e com observância das exigências legais.

§ 1.º Sendo vencidos autor e réu, ao recurso interposto por qualquer deles poderá aderir o outro.

§ 2.º O recurso adesivo fica subordinado ao recurso independente, sendo-lhe aplicáveis as mesmas regras deste quanto aos requisitos de admissibilidade e julgamento no tribunal, salvo disposição legal diversa, observado, ainda, o seguinte:

I – será dirigido ao órgão perante o qual o recurso independente fora interposto, no prazo de que a parte dispõe para responder;

II – será admissível na apelação, no recurso extraordinário e no recurso especial;

III – não será conhecido, se houver desistência do recurso principal ou se for ele considerado inadmissível."

Podemos destacar as seguintes características do recurso adesivo:

- Conforme previsto na Súmula 283 do TST, o recurso adesivo pode ser interposto em face do recurso ordinário, recurso de revista, embargos e agravo de petição, sempre no prazo de 8 dias;
- Embora a Súmula 283 do TST não mencione, também é possível a utilização de recurso adesivo ao recurso extraordinário, nesse caso, interposto no prazo de 15 dias;
- O recurso adesivo é interposto no prazo das contrarrazões do recurso principal, conforme previsto no art. 997, § 2.º, I, do CPC;
- O recurso adesivo é sempre dependente, subordinado ao recurso principal, de forma que, se o recurso principal por qualquer motivo não for conhecido, o julgamento do recurso adesivo restará prejudicado, também não sendo conhecido (art. 997, § 2.º, III, do CPC);
- Para utilização do recurso adesivo é preciso que tenha havido sucumbência recíproca, ou seja, que reclamante e reclamado tenham sido vencedores e vencidos parcialmente;
- Em outras palavras, nasce a possibilidade de utilização do recurso adesivo quando os pedidos forem julgados parcialmente procedentes, nos exatos termos do art. 997 do CPC, que dispõe que, vencidos autor e réu, ao recurso interposto por qualquer deles poderá aderir a outra parte;

- O recurso adesivo também deve preencher os demais pressupostos gerais e específicos de admissibilidade exigidos dos recursos principais (inclusive com pagamento de custas e recolhimento do depósito recursal, quando for o caso), sendo recebido apenas no efeito devolutivo;
- Conforme estabelecido na Súmula 283 do TST, não há necessidade de que a matéria deduzida no recurso adesivo esteja relacionada com a do recurso principal interposto pela parte contrária;
- Não cabe a interposição de recurso adesivo no caso de reexame necessário (remessa *ex officio*) em face de decisão proferida contra ente público, a uma porque o magistrado ao encaminhar o processo à instância superior não o faz na qualidade de parte e a duas porque na remessa obrigatória não há razões de contrariedade, não sendo possível, por consequência, a interposição de recurso adesivo (que deve ser interposto no prazo das contrarrazões do recurso principal);
- Caso o litigante recorra de forma autônoma da parte da decisão que lhe seja desfavorável, não poderá mais se valer do recurso adesivo, em função da denominada preclusão consumativa.
- Por outro lado, caso o recurso principal não seja conhecido, em face da ausência de algum pressuposto de admissibilidade recursal, entendemos que não seria possível o emprego do recurso adesivo, uma vez que também já restaria consumada a preclusão, em função da interposição do recurso principal;
- Em verdade, o recurso adesivo é usado pela parte que já estava conformada com a decisão, mas que em função do recurso da parte contrária optou por aderir ao recurso principal;

Sobre o tema recurso adesivo, destacamos os seguintes julgados:

"AGRAVO DE INSTRUMENTO EM RECURSO DE REVISTA. RECURSO DE REVISTA ADESIVO DO RECLAMANTE. INVIABILIDADE DO RECURSO DE REVISTA PRINCIPAL. Consoante o disposto no art. 500, *caput* e III, do CPC (art. 997 e § 2.º, III, do atual CPC), o recurso adesivo fica subordinado ao apelo principal e não será conhecido quando a insurgência principal for inadmissível. Na hipótese, ante o não conhecimento do recurso de revista principal interposto pelo reclamado, não tem viabilidade o recurso de revista adesivo do reclamante. Agravo de instrumento desprovido" (AIRR 129340-43.2000.5.02.0025 – 1.ª T. – Rel. Min. Luiz Philippe Vieira de Mello Filho – 20.04.2010).

"AGRAVO DE INSTRUMENTO EM RECURSO DE REVISTA. RECURSO ADESIVO – SUBORDINAÇÃO AO APELO PRINCIPAL. Conquanto não haja dúvida quanto à possibilidade de interposição de recurso de revista adesivo (Súmula 283 do TST), uma vez mantido o trancamento do recurso de revista principal por esta Corte Superior, impossível o conhecimento do apelo adesivo, nos termos do art. 500, III e parágrafo único, do Código de Processo Civil (art. 997 e § 2.º, III, do atual CPC). Agravo de instrumento não conhecido" (TST – 6.ª T. – AIRR 82341-42.2003.5.04.0002 – Rel. Juiz Convocado Douglas Alencar Rodrigues – j. 02.12.2009 – *DEJT* 11.12.2009).

"RECURSO DE REVISTA. INTEMPESTIVIDADE DO RECURSO ORDINÁRIO. RECURSO ADESIVO. AUSÊNCIA DE INDICAÇÃO DO ART. 500 DO CPC (ART. 997 DO ATUAL CPC) OU DO TERMO ADESIVO. O Regional concluiu pela intempestividade do recurso ordinário, a despeito da interposição dentro do prazo legal para apresentação das contrarrazões ao recurso ordinário patronal, em face da ausência de indicação do art. 500 do CPC (art. 997 do atual CPC) ou do termo adesivo. A SBDI-1 do TST, enfrentando questão análoga, entendeu pela possibilidade de se conhecer do recurso como adesivo, se tal denominação e/ou fundamento legal não foram expressamente invocados nas respectivas razões. Nesse contexto, revela-se equivocado o acórdão que declarou a intempestividade do recurso ordinário, assim denominado, porque interposto apenas no prazo alusivo ao adesivo. Recurso de revista conhecido e provido, no particular" (TST – 8.ª T. – RR 1934400-40.2002.5.09.0652 – Rel.ª Min.ª Dora Maria da Costa – j. 02.12.2009 – *DEJT* 04.12.2009).

"RECURSO ADESIVO – CABIMENTO. A admissão do recurso adesivo não está atrelada à 'vontade' da parte em recorrer 'só porque a outra recorreu', mas ao 'direito' da parte de recorrer, exatamente porque, recorrendo a outra, nasce o 'interesse' desta, independentemente de ter mudado de ideia, o que não pode ser admitido, sob pena de ferir a preclusão operada, que levou a sentença a ter eficácia e coisa julgada material, conforme definida no artigo 467 do CPC (art. 502 do atual CPC). O que interessa, realmente, é que o apelo adesivo tenha essa qualidade – de ser adesivo –, podendo ser chamado de recurso ordinário adesivo ou recurso adesivo, ou simplesmente, recurso ordinário ou recurso, porque a sua essência é de adesividade, com caráter de subordinação, que tem na incidentalidade a sua identificação. Portanto, ainda que inominado, o recurso adesivo tem o seu momento próprio para ser apresentado, no prazo das contrarrazões, com a finalidade de resguardar direitos no processo, sabendo-se a parte vencedora na questão de fundo, portanto, não tendo legitimidade para recorrer, a teor do artigo 499 do CPC (art. 996 do atual CPC) –, é vencida em questão incidental – portanto, potencialmente interessada em recorrer e resguardar o seu direito. Potencialmente, porque somente nasce o seu direito a recurso se a parte contrária recorrer, colocando em risco o sucesso na demanda, vez que a instância revisora poderá prover o apelo da parte vencida no mérito, deixando descoberto o vencedor, que não tinha, até então, o interesse em recorrer, porque não era vencido, como preceitua o já mencionado artigo 499 do CPC (art. 996 do atual CPC). A jurisprudência tem o sentido de que os litigantes podem recorrer, independentemente do tema discutido no recurso da outra parte, conforme Enunciado 283 do TST. Por exemplo, se o autor pede a + b + c e sai vencedor em a e b, se o réu recorrer da decisão que lhe fora desfavorável, o autor poderá, no prazo das contrarrazões, recorrer adesivamente, pedindo a condenação da parcela c, o que entendo não ser possível" (TRT – 3.ª Região – RO 00204-2007-057-03-00-0 – 3.ª T. – Rel. Bolívar Viégas Peixoto – publicado em 10.11.2007).

"RECURSO DE REVISTA. RECURSO ADESIVO TEMPESTIVO. PRAZO PARA INTERPOSIÇÃO DE OITO DIAS. ART. 500, I, DO CPC (ART. 997, § 2.º, I, DO ATUAL CPC). 1. Da interpretação do art. 500, I, do CPC (art. 997, § 2.º, I, do atual CPC), em conjunto com a Súmula 283 desta Corte, conclui-se que o recurso adesivo é cabível no prazo de oito dias para a resposta ao recurso principal, a contar da intimação do despacho de admissibilidade do recurso principal. 2. O recurso adesivo não está condicionado à apresentação de contrarrazões ao recurso principal, mas sim ao prazo para essa resposta, uma vez que são institutos de direito processual independentes. 3. É necessário também que o recurso principal tenha preenchido os requisitos de admissibilidade (art. 500, III, do CPC) (art. 997, § 2.º, III, do atual CPC) para que o recurso adesivo seja conhecido. 4. No caso, o recurso adesivo foi interposto dentro do prazo para as contrarrazões, tempestivamente. Violação do art. 500, I, do CPC (art. 997, § 2.º, I, do atual CPC) demonstrada. Recurso de revista a que se dá provimento" (TST – RR 1342004820085120019 – 6ª T. – Rel.ª Kátia Magalhães Arruda – j. em 26.03.2014 – *DEJT* 28.03.2014).

"AGRAVO DE INSTRUMENTO EM RECURSO DE REVISTA ADESIVO INTERPOSTO APÓS DENEGADO CONHECIMENTO AO RECURSO DE REVISTA PRINCIPAL INTERPOSTO PELA MESMA PARTE. PRINCÍPIO DA UNIRRECORRIBILIDADE. DESPROVIMENTO. Correta a decisão que não admitiu o recurso de revista adesivo, quando a parte já se servira do recurso de revista, que teve seu seguimento denegado por irregularidade de representação, ante o princípio da unirrecorribilidade. Agravo de instrumento a que se nega provimento." (TST – AIRR 21442420105090000 – 6ª T. – Rel. Aloysio Corrêa da Veiga – j. em 26.03.2014 – *DEJT* 28.03.2014).

8.8.9. Recurso extraordinário

O recurso extraordinário encontra seu fundamento no art. 102, III, da CF/1988, que estabelece:

"Art. 102 da CF/1988. Compete ao Supremo Tribunal Federal, precipuamente, a guarda da Constituição, cabendo-lhe:

(...)

III – julgar mediante recurso extraordinário, as causas decididas em única ou última instância, quando a decisão recorrida:

a) contrariar dispositivo desta Constituição;

b) declarar a inconstitucionalidade de tratado ou lei federal;

c) julgar válida lei ou ato de governo local contestado em face desta Constituição;

d) julgar válida lei local contestada em face de lei federal."

A Consolidação das Leis do Trabalho apenas menciona a possibilidade de utilização do recurso extraordinário no art. 893, § 2.º, quando dispõe que "a interposição de recurso para o Supremo Tribunal Federal não prejudicará a execução do julgado".

O recurso extraordinário é cabível de decisão de única ou última instância.

É decisão de última instância no Processo do Trabalho aquela proferida pelo TST, que compreendem: a) decisões das turmas proferidas em recurso de revista; b) decisões da SDI-1 nos embargos ao TST por divergência; c) decisões da SDC em recursos ordinários e nos embargos infringentes; e d) decisões da SDI-2 em recurso ordinário de ações de competência originárias dos TRTs.

Saliente-se que, nos dissídios individuais, das decisões das turmas do TST, em recurso de revista, que desafiem embargos ao TST por divergência (por não haver divergência), é cabível o recurso extraordinário para o STF.

Caso a decisão tenha mais de um capítulo e apenas em relação a um deles se verifique a divergência autorizadora dos embargos ao TST serão cabíveis dois recursos: embargos ao TST e recurso extraordinário.

Por sua vez, as decisões de única instância não se submetem a nenhum recurso de natureza ordinária ou extraordinária, salvo se houver violação à Constituição. O STF e o TST entendem que é cabível o recurso ordinário e o recurso de revista para o TST, limitados a arguição de violação à Constituição, para somente então ser cabível recurso extraordinário para o STF, uma vez que a CLT prevê como hipótese de cabimento desses recursos a violação à Constituição. Esse também é o nosso entendimento.

Outros, entretanto, sustentam que nos dissídios de alçada, em caso de decisão que viole diretamente a Constituição Federal, o recurso cabível seria o próprio recurso extraordinário endereçado ao Supremo Tribunal Federal, já que o recurso ordinário não tem fundamentação vinculada.

Essa é a opinião do mestre Carlos Henrique Bezerra Leite que, em sua obra *Curso de direito processual do trabalho*, 14. ed., p. 1176, ensina:

> "Defendemos o cabimento do recurso extraordinário da sentença proferida por Juiz de Vara do Trabalho em procedimento sumário (§ 4.º do art. 2.º da Lei n. 5.584/1970) que violar direta e literalmente norma da Constituição Federal."

No mesmo sentido, podemos colher os ensinamentos de Manoel Antônio Teixeira Filho, em sua obra *Sistema dos recursos trabalhistas*, 10. ed., p. 532, *in verbis*:

> "Logo, parece-nos sustentável o entendimento de que as sentenças proferidas nas ações de alçada exclusiva dos órgãos de primeiro grau, da Justiça do Trabalho, instituídas pela Lei n. 5.584/1970, comportam recurso extraordinário ao Supremo Tribunal Federal, sempre que implicarem violação à Suprema Carta Política do País."

De igual modo, seguem alguns julgados.

> "VALOR DA CAUSA DE ATÉ 2 SALÁRIO-MÍNIMOS. RITO SUMÁRIO. DISSÍDIO DE ALÇADA. MATÉRIA CONSTITUCIONAL. RECURSO EXTRAORDINÁRIO. Os dissídios cujo valor da causa não supere o montante de 2 salários-mínimos sujeitam-se ao rito sumário, apenas sendo admissível insurgência recursal acerca de matéria de índole constitucional, por meio da interposição de recurso extraordinário. Recurso ordinário não conhecido" (TRT-7 – RO 1338008320095070004 – Rel. Francisco Tarcisio Guedes Lima Verde Junior – j. 21.03.2012 – 1.ª T. – *DEJT* 27.03.2012)

> "AGRAVO DE INSTRUMENTO EM RECURSO DE REVISTA DISSÍDIO DE ALÇADA. MATÉRIA CONSTITUCIONAL. RECURSO ORDINÁRIO INCABÍVEL. Não merece ser provido agravo de instrumento que visa a liberar recurso de revista que não preenche os

> pressupostos de cabimento do art. 896 da CLT. Agravo de instrumento a que se nega provimento" (TST – AIRR 42040-93.2006.5.24.0001 – Rel. Delaíde Miranda Arantes – j. 25.05.2011 – 7.ª T. – *DEJT* 03.06.2011).

De qualquer forma, dificilmente um dissídio de alçada será julgado atualmente pelo STF, em função do estabelecido nos arts. 102, § 3.º, da CF/1988 e art. 1.035 do CPC, que estabelecem que a Suprema Corte, em decisão irrecorrível, não conhecerá do recurso extraordinário, quando a questão constitucional nele versada não oferecer repercussão geral do ponto de vista econômico, político, social ou jurídico, que ultrapasse os interesses subjetivos da causa.

O prazo para interpor e contra-arrazoar o recurso extraordinário é de 15 dias (art. 26 da Lei 8.038/1990).

Também não se admite a interposição de recurso extraordinário para o simples reexame de prova, conforme previsto na Súmula 279 do STF.

O *jus postulandi* não pode ser exercido em relação ao recurso extraordinário, o qual deve ser subscrito, necessariamente, por advogado, não se aplicando, por consequência, o art. 791 da CLT.

Além dos pressupostos gerais, o recurso extraordinário submete-se a pressupostos específicos de admissibilidade, quais sejam: a) existência de uma causa; b) que essa causa tenha sido decidida em última ou única instância; c) que a decisão tenha envolvido, direta ou indiretamente, questão federal.

O recurso extraordinário também exige que a questão federal seja prequestionada, de maneira explícita (por meio, normalmente, de embargos de declaração), sob pena de não conhecimento do apelo.

Vale destacar o posicionamento da Suprema Corte a respeito do prequestionamento:

> "A razão de ser do prequestionamento está na necessidade de proceder-se a cotejo para, somente então, concluir-se pelo enquadramento do extraordinário no permissivo constitucional. O conhecimento do recurso extraordinário não pode ficar ao sabor da capacidade intuitiva do órgão competente para julgá-lo. Daí a necessidade de o prequestionamento ser explícito, devendo a parte sequiosa de ver o processo guindado à sede excepcional procurar expungir dúvidas, omissões, contradições e obscuridades, para o que conta com os embargos declaratórios" (STF – Ac. 2.ª T. – AgRg-AI 162.682-9-SP – Rel. Marco Aurélio).
>
> "É inadmissível o recurso extraordinário, quando não ventilada, na decisão recorrida, a questão federal suscitada" (Súmula 282 do STF).
>
> "O ponto omisso da decisão, sobre o qual não foram opostos embargos declaratórios, não pode ser objeto de recurso extraordinário, por faltar o requisito do prequestionamento" (Súmula 356 do STF).

Sobre o tema, destaquem-se as seguintes súmulas do Supremo Tribunal Federal:

> "SÚMULA 634 DO STF – MEDIDA CAUTELAR – EFEITO SUSPENSIVO A RECURSO EXTRAORDINÁRIO QUE AINDA NÃO FOI OBJETO DE JUÍZO DE ADMISSIBILIDADE NA ORIGEM – INCOMPETÊNCIA DO STF. Não compete ao Supremo Tribunal Federal conceder medida cautelar para dar efeito suspensivo a recurso extraordinário que ainda não foi objeto de juízo de admissibilidade na origem."
>
> "SÚMULA 635 DO STF – MEDIDA CAUTELAR – RECURSO EXTRAORDINÁRIO PENDENTE DE JUÍZO DE ADMISSIBILIDADE – COMPETÊNCIA – PRESIDENTE DO TRIBUNAL DE ORIGEM. Cabe ao Presidente do Tribunal de origem decidir o pedido de medida cautelar em recurso extraordinário ainda pendente do seu juízo de admissibilidade."

Doutrina e jurisprudência discutem se a sentença sujeita a recurso extraordinário ensejaria a execução provisória ou definitiva, havendo vozes defendendo posicionamentos distintos.

O Supremo Tribunal Federal editou a Súmula 228 que dispõe: "Não é provisória a execução na pendência de recurso extraordinário, ou de agravo destinado a fazê-lo admitir".

Todavia, a Suprema Corte tem se posicionado no sentido de que, após a vigência do Código de Processo Civil de 1973, a sentença pendente de recurso extraordinário somente poderá ser executada provisoriamente, não se aplicando a Súmula 228, conforme se verifica pelo seguinte julgado:

> "EXECUÇÃO. Em face do novo CPC, é provisória a execução de sentença enquanto pende o julgamento do recurso extraordinário. Por isso, afasta-se, no caso, a aplicação da Súmula 228. Recurso extraordinário conhecido e provido" (Tribunal Pleno – RE 84.334-SP – Rel. Moreira Alves).

O art. 27, § 2.º, da Lei 8.038/1990 (que institui normas procedimentais para os processos que especifica, perante o Superior Tribunal de Justiça e o Supremo Tribunal Federal) estabeleceu que o recurso extraordinário será recebido no efeito devolutivo, o que reforçou a tese dos processualistas civis de considerar provisória a execução cuja sentença esteja pendente de julgamento de recurso extraordinário.

No entanto, doutrinadores renomados, como Carlos Henrique Bezerra Leite, Valentin Carrion e Manoel Antônio Teixeira Filho, perfilam a mesma opinião de que a execução será definitiva, mesmo que a sentença penda de recurso extraordinário, com base, fundamentalmente, na Súmula 228 do STF, no art. 995 do CPC e no art. 893, § 2.º, da CLT.

Os arts. 1.035, 1.036 e 1.039, parágrafo único, do CPC, regulamentando o art. 102, § 3.º, da CF/1988, determinam que no recurso extraordinário o recorrente deverá demonstrar a repercussão geral das questões constitucionais discutidas no caso, a fim de que o Tribunal examine a admissão do recurso. Vejamos a redação dos referidos artigos:

> "Art. 1.035. O Supremo Tribunal Federal, em decisão irrecorrível, não conhecerá do recurso extraordinário quando a questão constitucional nele versada não tiver repercussão geral, nos termos deste artigo.
>
> § 1.º Para efeito de repercussão geral, será considerada a existência ou não de questões relevantes do ponto de vista econômico, político, social ou jurídico que ultrapassem os interesses subjetivos do processo.
>
> § 2.º O recorrente deverá demonstrar a existência de repercussão geral para apreciação exclusiva pelo Supremo Tribunal Federal.
>
> § 3.º Haverá repercussão geral sempre que o recurso impugnar acórdão que:
>
> I – contrarie súmula ou jurisprudência dominante do Supremo Tribunal Federal;
>
> II – Revogado pela Lei 13.256/16;
>
> III – tenha reconhecido a inconstitucionalidade de tratado ou de lei federal, nos termos do art. 97 da Constituição Federal.
>
> § 4.º O relator poderá admitir, na análise da repercussão geral, a manifestação de terceiros, subscrita por procurador habilitado, nos termos do Regimento Interno do Supremo Tribunal Federal.
>
> § 5.º Reconhecida a repercussão geral, o relator no Supremo Tribunal Federal determinará a suspensão do processamento de todos os processos pendentes, individuais ou coletivos, que versem sobre a questão e tramitem no território nacional.
>
> § 6.º O interessado pode requerer, ao presidente ou ao vice-presidente do tribunal de origem, que exclua da decisão de sobrestamento e inadmita o recurso extraordinário que tenha sido interposto intempestivamente, tendo o recorrente o prazo de 5 (cinco) dias para manifestar-se sobre esse requerimento.
>
> § 7.º Da decisão que indeferir o requerimento referido no § 6º ou que aplicar entendimento firmado em regime de repercussão geral ou em julgamento de recursos repetitivos caberá agravo interno.
>
> § 8.º Negada a repercussão geral, o presidente ou o vice-presidente do tribunal de origem negará seguimento aos recursos extraordinários sobrestados na origem que versem sobre matéria idêntica.
>
> § 9.º O recurso que tiver a repercussão geral reconhecida deverá ser julgado no prazo de 1 (um) ano e terá preferência sobre os demais feitos, ressalvados os que envolvam réu preso e os pedidos de *habeas corpus*.
>
> § 10. Revogado pela Lei 13.256/16.
>
> § 11. A súmula da decisão sobre a repercussão geral constará de ata, que será publicada no diário oficial e valerá como acórdão."
>
> "Art. 1.036. Sempre que houver multiplicidade de recursos extraordinários ou especiais com fundamento em idêntica questão de direito, haverá afetação para

julgamento de acordo com as disposições desta Subseção, observado o disposto no Regimento Interno do Supremo Tribunal Federal e no do Superior Tribunal de Justiça."

"Art. 1.039. (...)

Parágrafo único. Negada a existência de repercussão geral no recurso extraordinário afetado, serão considerados automaticamente inadmitidos os recursos extraordinários cujo processamento tenha sido sobrestado."

Trata-se de pressuposto específico de admissibilidade do recurso extraordinário, uma vez que deverá o recorrente demonstrar, em preliminar de recurso, a existência de repercussão geral em relação à questão constitucional ventilada, sob pena de não conhecimento do apelo extraordinário, decisão esta irrecorrível.

Por último, cabe destacar algumas súmulas do Supremo Tribunal Federal, envolvendo o recurso extraordinário:

"Súmula 283 do STF – É inadmissível o recurso extraordinário quando a decisão recorrida assenta em mais de um fundamento suficiente e o recurso não abrange todos eles."

"Súmula 284 do STF – É inadmissível o recurso extraordinário, quando a deficiência da sua fundamentação não permitir a exata compreensão da controvérsia."

"Súmula 285 do STF – Não sendo razoável a arguição de inconstitucionalidade, não se conhece do recurso extraordinário fundado na letra *c*."

"Súmula 286 do STF – Não se conhece do recurso extraordinário fundado em divergência jurisprudencial quando a orientação do Plenário do Supremo Tribunal Federal já se firmou no sentido da decisão recorrida."

"Súmula 289 do STF – O provimento do agravo por uma das Turmas, ainda que sem ressalva, não prejudica a questão do cabimento do extraordinário."

"Súmula 389 do STF – Salvo limite legal, a fixação de honorários de advogado, em complemento da condenação, depende das circunstâncias da causa, não dando lugar a recurso extraordinário."

"Súmula 400 do STF – Decisão que deu razoável interpretação à lei, ainda que não seja a melhor, não autoriza recurso extraordinário pela letra *"a" do art. 101, III, da CF.*"

"Súmula 454 do STF – Simples interpretação de cláusulas contratuais não dá lugar a recurso extraordinário."

8.8.10. Pedido de revisão

Entendemos que o pedido de revisão previsto no art. 2º, § 2º, da Lei 5.584/1970, que era cabível exclusivamente para impugnar o valor da causa fixado pelo juiz no procedimento sumário, foi revogado tacitamente pelo art. 840, § 1º, da CLT.

O art. 840, § 1º, da CLT determina que é requisito da petição inicial a indicação do valor correspondente a cada pedido. Sendo o valor da causa a somatória de todos os pedidos, este é um requisito da petição inicial.

Se o reclamante não indicar o valor da causa, estará inobservado um dos requisitos da petição inicial previsto nos arts. 840, § 1º, da CLT e 319 do CPC, caso em que o juiz deverá conceder o prazo de 15 (quinze) dias para que o reclamante emende a petição inicial, sob pena de indeferimento da mesma (art. 321 do CPC).

8.9. INCIDENTE DE ASSUNÇÃO DE COMPETÊNCIA

A assunção de competência, prevista no art. 947 do CPC, aplica-se ao Processo do Trabalho, consoante determina o TST, na IN 39/2016, e trata-se de instituto admissível quando o julgamento de recurso, de remessa necessária ou de processo de competência originária envolver relevante questão de direito, com grande repercussão social, sem repetição em múltiplos processos.

Ocorrendo a hipótese de assunção de competência, o relator proporá, de ofício ou a requerimento da parte, do Ministério Público ou da Defensoria Pública, que seja o recurso, a remessa necessária ou o processo de competência originária julgado pelo órgão colegiado que o regimento indicar.

O órgão colegiado julgará o recurso, a remessa necessária ou o processo de competência originária se reconhecer interesse público na assunção de competência.

O acórdão proferido em assunção de competência vinculará todos os juízes e órgãos fracionários, exceto se houver revisão de tese.

O incidente também é cabível quando ocorrer relevante questão de direito a respeito da qual seja conveniente a prevenção ou a composição de divergência entre câmaras ou turmas do tribunal.

8.10. INCIDENTE DE RESOLUÇÃO DE DEMANDAS REPETITIVAS

O incidente de resolução de demandas repetitivas está previsto nos arts. 976 a 986 do CPC, os quais são aplicáveis ao Processo do Trabalho, como determina o TST, na IN 39/2016.

Nos termos do art. 976 do CPC é cabível a instauração do incidente de resolução de demandas repetitivas quando houver, simultaneamente:

> I – efetiva repetição de processos que contenham controvérsia sobre a mesma questão unicamente de direito;
>
> II – risco de ofensa à isonomia e à segurança jurídica.

A desistência ou o abandono do processo não impede o exame de mérito do incidente (art. 976, § 1º, do CPC).

Se não for o requerente, o Ministério Público intervirá obrigatoriamente no incidente e deverá assumir sua titularidade em caso de desistência ou de abandono (art. 976, § 2º, do CPC).

A inadmissão do incidente de resolução de demandas repetitivas por ausência de qualquer de seus pressupostos de admissibilidade não impede que, uma vez satisfeito o requisito, seja o incidente novamente suscitado (art. 976, § 3º, do CPC).

É incabível o incidente de resolução de demandas repetitivas quando um dos tribunais superiores, no âmbito de sua respectiva competência, já tiver afetado recurso para definição de tese sobre questão de direito material ou processual repetitiva (art. 976, § 4º, do CPC).

Não serão exigidas custas processuais no incidente de resolução de demandas repetitivas (art. 976, § 5º, do CPC).

Nos termos do art. 977 do CPC, o pedido de instauração do incidente será dirigido ao presidente de tribunal:

> I – pelo juiz ou relator, por ofício;
>
> II – pelas partes, por petição;
>
> III – pelo Ministério Público ou pela Defensoria Pública, por petição.

O ofício ou a petição será instruído com os documentos necessários à demonstração do preenchimento dos pressupostos para a instauração do incidente.

O julgamento do incidente caberá ao órgão indicado pelo regimento interno dentre aqueles responsáveis pela uniformização de jurisprudência do tribunal. Este julgará igualmente o recurso, a remessa necessária ou o processo de competência originária de onde se originou o incidente (art. 978, do CPC).

A instauração e o julgamento do incidente serão sucedidos da mais ampla e específica divulgação e publicidade, por meio de registro eletrônico no Conselho Nacional de Justiça (art. 979 do CPC).

Os tribunais manterão banco eletrônico de dados atualizados com informações específicas sobre questões de direito submetidas ao incidente, comunicando-o imediatamente ao Conselho Nacional de Justiça para inclusão no cadastro.

Para possibilitar a identificação dos processos abrangidos pela decisão do incidente, o registro eletrônico das teses jurídicas constantes do cadastro conterá, no mínimo, os fundamentos determinantes da decisão e os dispositivos normativos a ela relacionados.

O incidente será julgado no prazo de 1 (um) ano e terá preferência sobre os demais feitos, ressalvados os que envolvam réu preso e os pedidos de habeas corpus. Superado este prazo, cessa a suspensão dos processos, salvo decisão fundamentada do relator em sentido contrário (art. 980 do CPC).

Após a distribuição, o órgão colegiado competente para julgar o incidente procederá ao seu juízo de admissibilidade, considerando a presença dos pressupostos do art. 976 do CPC (art. 981 do CPC).

Nos termos do art. 982 do CPC e do art. 8º, § 1º, da IN 39/2016 do TST, admitido o incidente, o relator:

a) o relator suspenderá o julgamento dos processos pendentes, individuais ou coletivos, que tramitam na Região, no tocante ao tema objeto de IRDR, sem prejuízo da instrução integral das causas e do julgamento dos eventuais pedidos distintos e cumulativos igualmente deduzidos em tais processos (art. 8º, § 1º, IN 39/2016, do TST).

b) poderá requisitar informações a órgãos em cujo juízo tramita processo no qual se discute o objeto do incidente, que as prestarão no prazo de 15 (quinze) dias;

c) intimará o Ministério Público para, querendo, manifestar-se no prazo de 15 (quinze) dias.

A suspensão será comunicada aos órgãos jurisdicionais competentes.

Durante a suspensão, o pedido de tutela de urgência deverá ser dirigido ao juízo onde tramita o processo suspenso.

O relator ouvirá as partes e os demais interessados, inclusive pessoas, órgãos e entidades com interesse na controvérsia, que, no prazo comum de 15 dias, poderão requerer a juntada de documentos, bem como as diligências necessárias para a elucidação da questão de direito controvertida, e, em seguida, manifestar-se-á o Ministério Público, no mesmo prazo (art. 983 do CPC).

Para instruir o incidente, o relator poderá designar data para, em audiência pública, ouvir depoimentos de pessoas com experiência e conhecimento na matéria (art. 983, § 1º, do CPC).

Concluídas as diligências, o relator solicitará dia para o julgamento do incidente (art. 983, § 2º, do CPC).

Nos termos do art. 984 do CPC no julgamento do incidente, observar-se-á a seguinte ordem:

I – o relator fará a exposição do objeto do incidente;

II – poderão sustentar suas razões, sucessivamente:

a) o autor e o réu do processo originário e o Ministério Público, pelo prazo de 30 (trinta) minutos;

b) os demais interessados, no prazo de 30 (trinta) minutos, divididos entre todos, sendo exigida inscrição com 2 (dois) dias de antecedência.

Considerando o número de inscritos, o prazo poderá ser ampliado (art. 894, § 1º, do CPC).

O conteúdo do acórdão abrangerá a análise de todos os fundamentos suscitados concernentes à tese jurídica discutida, sejam favoráveis ou contrários (art. 894, § 2º,do CPC).

Nos termos do art. 8º, § 2º, da IN 39/2016 do julgamento do mérito do incidente caberá recurso de revista para o "Tribunal Superior do Trabalho, dotado de efeito meramente devolutivo, nos termos dos arts. 896 e 899 da CLT".

Apreciado o mérito do recurso, a tese jurídica adotada pelo Tribunal Superior do Trabalho será aplicada no território nacional a todos os processos, individuais ou coletivos, que versem sobre idêntica questão de direito (art. 8º, § 3º, IN 39/2016).

Não observada a tese adotada no incidente, caberá reclamação (art. 895, § 1º, do CPC).

Por fim, nos termos do art. 986 do CPC, a revisão da tese jurídica firmada no incidente far-se-á pelo mesmo tribunal, de ofício ou mediante requerimento dos legitimados mencionados no art. 977, inciso III, ou seja: pelo Ministério Público ou pela Defensoria Pública, por petição.

8.11. RECLAMAÇÃO CORREICIONAL

A reclamação correicional, também chamada de correição parcial, é regulamentada pelos Regimentos Internos dos Tribunais do Trabalho.

No Processo do Trabalho, a correição parcial é mencionada no art. 709, II, da CLT, que dispõe:

> "Art. 709 da CLT. Compete ao Corregedor, eleito dentre os Ministros togados do Tribunal Superior do Trabalho:
>
> (...)
>
> II – decidir reclamações contra atos atentatórios da boa ordem processual praticados pelos Tribunais Regionais e seus presidentes, quando inexistir recurso específico."

Em verdade, a reclamação correicional não é recurso, e sim um mero procedimento administrativo que visa sustar procedimentos do juiz que atentem contra a boa ordem processual vigente.

Todavia, Manoel Antônio Teixeira Filho, na obra *Sistema dos recursos trabalhistas*, p. 565-566, confere à reclamação correicional a natureza jurídica de recurso judicial *sui generis* e de origem manifestamente clandestina. Vejamos a opinião do autor:

> "Pertencem ao passado as correntes de pensamento que sustentavam ser a correição parcial uma providência ou um recurso administrativo, mero exercício do direito de petição, ou um direito político. Para a moderna doutrina publicista, essa providência tem caráter recursal, embora se trate de um recurso judicial *sui generis* e de origem manifestamente clandestina.
>
> É verdade que há vozes objetando a natureza recursal que se vem atribuindo à correição parcial, sob o argumento de que apenas são recursos aqueles meios de impugnação aos atos dos juízes previstos em lei, e nas leis processuais vigentes – dizem – inexiste qualquer referência a essa medida (CPC, CLT). O fato de, efetivamente, a correição parcial não estar incluída no rol dos recursos (CPC, art. 496 [art. 293 do atual CPC]; CLT, art. 893, *caput*) apenas confirma a sua clandestinidade, uma vez que essa figura penetrou nos Regimentos Internos dos Tribunais brasileiros e, por esse modo, vem sobrevivendo até os dias de hoje. A possibilidade, entretanto, de a correição parcial acarretar a reforma ou a cassação do ato judicial atacado revela o seu perfil recursal."

A reclamação correicional deve preencher alguns requisitos, a saber:

- o ato deve ser atentatório à boa ordem processual;
- não deve haver recurso cabível contra este ato;
- deve ser demonstrado o prejuízo processual à parte recorrente do referido ato.

Como exemplos de atos atentatórios à boa ordem processual passíveis de correição, podemos destacar o juiz que não julga o processo, estando este concluso para sentença há vários meses, ou mesmo a decisão do magistrado que ordena retirar dos autos uma contestação apresentada no prazo legal etc.

A reclamação correicional será dirigida ao Corregedor-Regional do TRT se o ato impugnado for da vara do trabalho; ou ao Corregedor-Geral do TST se o ato impugnado for do TST.

8.12. RESUMO DA MATÉRIA

1. Recurso é a provocação do reexame de determinada decisão pela autoridade hierarquicamente superior, em regra, ou pela própria autoridade prolatora da decisão, objetivando a reforma ou modificação do julgado.

2. Em outras palavras, recurso é o remédio processual concedido às partes, ao terceiro prejudicado ou ao Ministério Público, objetivando que a decisão judicial impugnada seja submetida a novo julgamento, ordinariamente, pela autoridade hierarquicamente superior àquela que proferiu a decisão.

3. A corrente majoritária, afirma que a natureza jurídica do recurso seria a de prolongamento do exercício do direito de ação, dentro do mesmo processo.

4. Os princípios no âmbito trabalhista sintetizam os fundamentos e norteiam os recursos. Por sua vez, estes recursos são enumerados de forma taxativa na legislação do Processo do Trabalho.

5. A Constituição Federal de 1988 não assegura o duplo grau de jurisdição obrigatório, apenas garante aos litigantes em processo judicial ou administrativo e aos acusados em geral o contraditório e a ampla defesa, com os meios e recursos a ela inerentes (art. 5.º, LV).

6. Também conhecido como princípio da singularidade ou da unicidade recursal, o princípio em comento não permite a interposição de mais de um recurso contra a mesma decisão.

7. O princípio da fungibilidade permite que o juiz conheça de um recurso que foi erroneamente interposto como se fosse o recurso cabível.

8. Para aplicação do princípio da fungibilidade, torna-se necessária a conjugação de três fatores: inexistir erro grosseiro, tem que haver dúvida plausível quanto ao recurso cabível e o recurso erroneamente interposto deve obedecer ao prazo do recurso cabível.

9. O recurso, em regra, é voluntário, encerrando manifestação do princípio dispositivo.

10. Neste contexto, o órgão julgador não poderá conhecer de matéria não suscitada no recurso, salvo as de ordem pública, sobre as quais, enquanto não houver o trânsito em julgado, não se opera a preclusão (ex.: arts. 485, § 3.º e 337, § 5.º, ambos do CPC).

11. Pelo princípio da *non reformatio in pejus*, é vedado ao tribunal, no julgamento de um recurso, proferir decisão mais desfavorável ao recorrente, do que aquela recorrida.

12. O Processo do Trabalho traz em seu bojo uma peculiaridade ao informar, no art. 893, § 1.º, da CLT, que as decisões interlocutórias não são recorríveis de imediato, somente permitindo-se a apreciação do seu merecimento em recurso da decisão definitiva.

13. O art. 899 consolidado determina que os recursos serão dotados, em regra, de efeito meramente devolutivo, permitindo-se a execução provisória até a penhora.

14. O art. 6.º da Lei 5.584/1970 estabelece que será de 8 dias o prazo para interpor e contra-arrazoar qualquer recurso trabalhista.

15. No entanto, alguns recursos possuem prazos diferenciados, como os embargos de declaração (interpostos no prazo de 5 dias – art. 897-A da CLT) e o recurso extraordinário (prazo para interposição e razões de contrariedade de 15 dias).

16. Em relação às decisões prolatadas nos dissídios de alçada (que não ultrapassam dois salários-mínimos) não caberá recurso, salvo se versarem sobre matéria constitucional (Lei 5.584/1970, art. 2.º, § 4.º).

17. Em relação às questões de ordem pública, as quais devem ser conhecidas de ofício, não se opera a preclusão, podendo o juiz ou tribunal decidir tais questões ainda que não constem das razões recursais ou das contrarrazões, gerando o denominado efeito translativo do recurso.

18. De outra forma, podemos dizer que o ordenamento jurídico vigente permite à autoridade julgadora do apelo conhecer de questões não ventiladas no recurso ou contrarrazões, sem que isto consista num julgamento *ultra* ou *extra petita*, como nas hipóteses dos arts. 485, § 3.º e 337, § 5.º, ambos do CPC (que elencam matérias conhecidas de ofício pelo magistrado).

19. O efeito substitutivo nasce quando o tribunal aprecia e julga o mérito da causa, operando-se a substituição da sentença *a quo*, pelo acórdão do Tribunal, na parte objeto do apelo.

20. Caso o tribunal não julgue o mérito do recurso, não se operará o chamado efeito substitutivo.

21. O efeito extensivo do recurso é aplicado em caso de litisconsórcio unitário, em que a decisão tenha de ser uniforme para todos os litisconsortes.

22. Nesse sentido, estabelece o art. 1.005 do CPC que o recurso interposto por um dos litisconsortes a todos aproveita, salvo se distintos ou opostos os seus interesses.

23. O efeito regressivo do recurso consiste na possibilidade de retratação ou reconsideração pela mesma autoridade prolatora da decisão.

24. Há três hipóteses em que o juiz poderá se retratar no prazo de 5 dias quando interposto o recurso ordinário: a) indeferimento da petição inicial; b) improcedência liminar do pedido; e c) extinção do processo sem resolução do mérito.

25. Em regra, o recurso passa por dois juízos de admissibilidade, quais sejam: o juízo *a quo* (prolator da decisão impugnada) e juízo *ad quem* (juízo competente para julgar o recurso).

26. O objetivo principal dos juízos de admissibilidade é verificar a presença dos pressupostos recursais, também chamados requisitos de admissibilidade recursal.

27. Estando presentes todos os pressupostos recursais, o recurso será conhecido. No entanto, a ausência de apenas um requisito de admissibilidade recursal leva ao não conhecimento do apelo.

28. Quantos aos pressupostos de admissibilidade destacam-se o depósito recursal exigido para o recurso ordinário, recurso de revista, embargos ao TST, recurso extraordinário, recurso ordinário em ação rescisória e o agravo de instrumento.

29. O agravo de instrumento terá depósito recursal no montante de 50% do seu valor quando da interposição do recurso que não foi conhecido (art. 899, § 7.º, da CLT, com a redação dada pela Lei 12.275/2010). Não haverá, entretanto, obrigatoriedade de se efetuar o depósito para interposição do agravo de instrumento para destrancar recurso de revista interposto em face de decisão do TRT, em recurso ordinário, com fundamento em contrariedade à súmula ou à orientação jurisprudencial do TST.

30. Somente haverá depósito recursal quando houver decisão condenatória, em que a empresa tenha sido condenada a pagar certa quantia (Súmula 161 do TST), sendo devido também em caso de interposição de recurso adesivo.

31. O depósito recursal poderá ser substituído por fiança bancária ou seguro garantia judicial (art. 899, § 11, da CLT).

32. O valor do depósito recursal será reduzido pela metade para entidades sem fins lucrativos, empregadores domésticos, microempreendedores individuais, microempresas e empresas de pequeno porte (art. 899, § 9º, da CLT).

33. São isentos do depósito recursal os beneficiários da justiça gratuita, as entidades filantrópicas e as empresas em recuperação judicial (art. 899, § 10, da CLT).

34. Também são isentas as pessoas jurídicas de direito público (art. 1.º, IV, do Decreto-lei 779/1969 e item X da IN 3/1993 do TST) e o Ministério Público do Trabalho.

35. Com relação às empresas públicas e às sociedades de economia mista, em caso de recurso, deverá ser recolhido o respectivo depósito recursal (Súmula 170 do TST).

36. A massa falida também não está sujeita ao pagamento de custas nem ao depósito recursal (Súmula 86 do TST).

37. No tocante às empresas em liquidação extrajudicial, a Súmula 86 do TST estabelece a obrigatoriedade do recolhimento das custas e depósito recursal.

38. Uma vez depositado integralmente o valor da condenação, o juízo estará garantido, de modo que nenhum outro depósito precisará ser realizado pelo recorrente, salvo se majorada a condenação (Súmula 128, I, do TST).

39. Transitada em julgado a decisão recorrida, o juiz ordenará o levantamento imediato do depósito recursal em favor da parte vencedora (art. 899, § 1.º, da CLT).

40. O depósito recursal será feito em conta vinculada ao juízo e corrigido com os mesmos índices da poupança (art. 899, § 4º, da CLT).

41. Nos termos da Súmula 245 do TST, o depósito recursal deve ser feito e comprovado no prazo alusivo ao recurso, e a interposição antecipada do recurso não prejudica a dilação legal. A Súmula aplica-se ao recurso ordinário, recurso de revista, embargos ao TST e recurso extraordinário. No caso do agravo de instrumento, o depósito deve ser realizado e comprovado no ato da interposição do recurso (art. 899, § 7.º, da CLT).

42. Assim como ocorre com as custas, na hipótese de recolhimento insuficiente do depósito recursal, o recorrente deverá ser intimado para promover a complementação no prazo de 5 dias, e somente se não o fizer ocorrerá a deserção (art. 1.007, § 2º, do CPC e OJ 140, SDI-1, do TST). Trata-se de exemplo do princípio da primazia da decisão de mérito.

43. Havendo condenação solidária de duas ou mais empresas, o depósito recursal efetuado por uma delas aproveita as demais, desde que a empresa que realizou o depósito não pleiteie sua exclusão da lide (Súmula 128 do TST).

44. No dissídio coletivo não é exigido o depósito recursal, pois a natureza jurídica da sentença no dissídio coletivo é constitutiva ou declaratória, e nunca condenatória.

45. Quanto à ação rescisória, institui a Súmula 99 do TST a obrigatoriedade de o empregador vencido, em caso de recurso, efetuar o depósito recursal, sob pena de o apelo não ser conhecido por falta de preparo (deserção).

46. O recolhimento do valor da multa imposta como sanção por litigância de má-fé (art. 81 do CPC de 2015 – art. 18 do CPC de 1973) não é pressuposto objetivo para interposição dos recursos de natureza trabalhista, pois entende o TST que tal multa não se qualifica como custas processuais (OJ 409, SDI-1, do TST).

47. O despacho exarado pelo juízo de admissibilidade *a quo* não vincula o juízo *ad quem*, não havendo que falar em coisa julgada ou mesmo preclusão.

48. Impende destacar que o recurso denominado embargos de declaração (art. 897-A da CLT) somente possui um juízo de admissibilidade, tendo em vista que esse recurso é julgado pela própria autoridade que proferiu a decisão recorrida.

49. Determina o art. 897-A, § 1.º, da CLT que os erros materiais poderão ser corrigidos de ofício ou a requerimento de qualquer das partes.

50. Os embargos de declaração interrompem o prazo para interposição de outros recursos, por qualquer das partes, salvo quando intempestivos, irregular a representação da parte ou ausente a sua assinatura (art. 897-A, § 3.º, da CLT)

51. Os arts. 932, III e V, do CPC e 894, § 3.º, da CLT apresentam algumas situações em que o relator, por meio de uma decisão monocrática, poderá negar seguimento ou dar provimento a um recurso.

52. O Tribunal Superior do Trabalho firmou entendimento no sentido da aplicação do art. 932, III e V, do CPC ao Processo do Trabalho, conforme previsto na Súmula 435 do TST. A matéria está regulamentada na IN 17/2000.

53. Os pressupostos recursais, também chamados requisitos de admissibilidade recursal, classificam-se em objetivos (extrínsecos) e subjetivos (intrínsecos).

54. Os pressupostos recursais objetivos são os seguintes: recorribilidade do ato, adequação, tempestividade, preparo (pagamento de custas e recolhimento do depósito recursal) e regularidade de representação.

55. Os pressupostos recursais subjetivos são a legitimidade, capacidade e interesse.

56. O recurso ordinário está previsto no art. 895 da CLT e é cabível nas seguintes hipóteses: a) das sentenças terminativas ou definitivas prolatadas pela Vara do Trabalho ou pelo juiz de direito no exercício da jurisdição trabalhista; b) das decisões definitivas ou terminativas prolatadas pelos Tribunais Regionais do Trabalho em processos de sua competência originária (mandado de segurança, ação rescisória, dissídio coletivo, *habeas corpus* etc.), seja nos dissídios individuais ou coletivos.

57. Portanto, tanto as sentenças definitivas (com resolução do mérito) como as terminativas (sem exame do mérito) serão passíveis de recurso ordinário.

58. A Súmula 158 do TST esclarece que, da decisão de Tribunal Regional do Trabalho em ação rescisória, é cabível recurso ordinário para o TST.

59. No que atine às decisões prolatadas nos dissídios de alçada (que não ultrapassam dois salários-mínimos) não caberá qualquer recurso, salvo se versarem sobre matéria constitucional (Lei 5.584/1970, art. 2.º, § 4.º), hipótese que o STF e TST entendem serem cabíveis os recursos trabalhistas (recurso ordinário e recurso de revista exclusivamente em matéria constitucional) e, somente depois, o recurso extraordinário.

60. Levando em conta que o recurso ordinário não possui efeito suspensivo, sendo apenas dotado de efeito devolutivo, o recorrente poderá nas razões requerer tal efeito mediante requerimento dirigido ao tribunal, ao relator ou ao presidente ou ao vice-presidente do tribunal recorrido, por aplicação subsidiária ao Processo do Trabalho do art. 1.029, § 5º, do CPC de 2015 (Súmula 414, I, do TST).

61. O recurso embargos de declaração está previsto no art. 897-A da CLT. Caberão embargos de declaração contra qualquer decisão, no prazo de 5 dias, devendo seu julgamento ocorrer na primeira audiência ou sessão subsequente à sua apresentação, registrada na certidão, admitido efeito modificativo da decisão nos casos de omissão e contradição no julgado e manifesto equívoco no exame dos pressupostos extrínsecos do recurso.

62. No Código de Processo Civil, os embargos de declaração estão previstos nos arts. 1.022 e seguintes, de aplicação subsidiária ao Processo do Trabalho.

63. O prazo para interposição de embargos de declaração é de 5 dias, contados da intimação da sentença ou do acórdão, não havendo a oposição de contrarrazões pelo embargado, salvo se houver pedido de efeito modificativo do julgado pelo recorrente, quando se torna obrigatória, sob pena de nulidade, a oitiva da parte contrária, conforme determina o art. 897-A, § 2.º, da CLT e a OJ 142, I, da SDI-I/TST.

64. O art. 1.023 do CPC aponta um pressuposto específico dos embargos de declaração, qual seja a obrigatoriedade, sob pena de não conhecimento do apelo, da indicação do ponto obscuro, contraditório, omisso ou erro material.

65. Em função disso, algumas partes se utilizam do recurso embargos de declaração apenas como meio meramente protelatório, objetivando ganhar tempo para interposição do recurso cabível em face da sentença ou acórdão proferido.

66. Nesta esteira, estabelece o art. 1.026, § 2.º, do digesto processual civil que: "Quando manifestamente protelatórios os embargos de declaração, o juiz ou o tribunal, em decisão fundamentada, condenará o embargante a pagar ao embargado multa não excedente a dois por cento sobre o valor atualizado da causa"

67. Na reiteração de embargos de declaração manifestamente protelatórios, a multa será elevada a até dez por cento sobre o valor atualizado da causa, e a interposição de qualquer recurso ficará condicionada ao depósito prévio do valor da multa, à exceção da Fazenda Pública e do beneficiário de gratuidade da justiça, que a recolherão ao final (art. 1.026, § 3º, do CPC).

68. Também cabe mencionar a Súmula 98 do STJ, a qual dispõe que "embargos de declaração manifestados com notório propósito de prequestionamento não têm caráter protelatório".

69. O agravo de petição está previsto no art. 897, *a*, da CLT, sendo utilizado para impugnar as decisões judiciais proferidas no curso do processo de execução.

70. Em regra, o agravo de petição será interposto em face das decisões definitivas ou terminativas proferidas em processo de execução trabalhista, como na decisão que julga eventuais embargos à execução ou embargos de terceiros, ou ainda extingue, total ou parcialmente, a execução.

71. O prazo para interposição e contraminuta ao agravo de petição é de 8 dias, sendo o recurso julgado pelo próprio tribunal presidido pela autoridade recorrida, salvo se tratar de decisão de juiz do trabalho de 1.ª instância ou de juiz de direito no exercício da jurisdição trabalhista, quando o julgamento competirá a uma das turmas do Tribunal Regional a que estiver subordinado o prolator da decisão (art. 897, § 3.º, da CLT).

72. O art. 897, § 1.º, da CLT estabelece um pressuposto específico de admissibilidade do agravo de petição, qual seja a delimitação, justificada, das matérias e valores impugnados.

73. As parcelas que não foram impugnadas mediante agravo de petição poderão, de imediato, ser executadas definitivamente, não havendo qualquer efeito suspensivo.

74. A doutrina majoritária entende que não é necessário o depósito judicial para se interpor agravo de petição, bastando que o juízo esteja previamente garantido com a penhora ou nomeação de bens.

75. O agravo de instrumento está previsto no art. 897, *b*, da CLT, sendo o recurso adequado para impugnar os despachos que denegarem seguimento a recurso.

76. O prazo para interposição e contraminuta do agravo de instrumento é de 8 dias, devendo ser realizado o pagamento das custas e o depósito de 50% do valor do depósito recursal efetuado quando da interposição do recurso que não foi conhecido, conforme redação dada pela Lei 12.275/2010 ao art. 897, § 5.º, I, da CLT.

77. Quando o agravo de instrumento tem a finalidade de destrancar recurso de revista que se insurge contra decisão que contraria a jurisprudência uniforme do Tribunal Superior do Trabalho, consubstanciada nas suas súmulas ou em orientação jurisprudencial, não haverá obrigatoriedade de se efetuar o depósito recursal.

78. O agravo de instrumento será julgado pelo tribunal que seria competente para conhecer o recurso cuja interposição foi denegada, conforme previsão no art. 897, § 4.º, consolidado.

79. Vale destacar que o agravo de instrumento na Justiça do Trabalho somente é utilizado para destrancar recurso ao qual foi negado seguimento pelo 1.º juízo de admissibilidade e não para recorrer de decisões interlocutórias, como acontece na Justiça Comum.

80. Neste diapasão, sempre que o 1.º juízo de admissibilidade negar seguimento a recurso ordinário, recurso de revista, agravo de petição, recurso extraordinário, ainda que interposto adesivamente, caberá a interposição de agravo de instrumento objetivando destrancar o apelo e fazer com que o mesmo suba à instância superior.

81. O agravo de instrumento é interposto perante o juízo que não conheceu do recurso, admitindo o chamado juízo de retratação ou reconsideração.

82. Caso a decisão objeto do agravo de instrumento seja mantida, o agravado será intimado para que, no prazo de 8 dias, ofereça razões de contrariedade ao agravo e ao recurso principal, instruindo o agravo com as peças que entender necessárias ao seu julgamento.

83. Com o advento da Lei 9.756/1998 e posterior edição da Lei 12.275/2010, as partes passaram a ser obrigadas a promover, sob pena de não conhecimento do apelo, a formação do instrumento do agravo, instruindo o recurso com peças necessárias e facultativas (nos exatos termos do § 5.º do art. 897 consolidado), de modo a permitir o imediato julgamento do recurso denegado, em caso de provimento do agravo.

84. O Ato Conjunto TST. CSJT 10/2010 determina a digitalização de processos, pelos Tribunais Regionais, para a remessa ao Tribunal Superior do Trabalho. Em razão disso, o TST determinou, por meio da Resolução Administrativa 1.418, que o agravo de instrumento interposto de despacho que negar seguimento a recurso para o Tribunal Superior do Trabalho deve ser processado nos autos do recurso denegado (art. 1.º). Nesses casos, portanto, é desnecessária a formação do instrumento.

85. Frise-se que, a partir da implantação do PJe na segunda instância das Regiões da Justiça do Trabalho, será dispensada a formação de autos suplementares em casos como de agravos de instrumento, precatórios, agravos regimentais e execução provisória (art. 26 da Res. 94/2012).

86. O recurso de revista, previsto no art. 896 da CLT, é um recurso eminentemente técnico, estando sua admissibilidade subordinada ao atendimento de determinados pressupostos que serão adiante estudados, não objetivando o recurso em destaque a corrigir a má apreciação da prova produzida, ou até mesmo a injustiça da decisão, mas sim a interpretação correta da lei pelos tribunais do trabalho.

87. Cabe destacar que o prazo para interposição e contrarrazões do recurso de revista é de 8 dias, sendo o mesmo julgado por uma das Turmas do Tribunal Superior do Trabalho (art. 5.º, *a*, da Lei 7.701/1988).

88. O recurso de revista será utilizado para impugnar acórdão proferido pelo Tribunal Regional do Trabalho em dissídios individuais, proferido em grau de recurso ordinário e de agravo de petição.

89. A exemplo dos demais recursos trabalhistas, o recurso de revista deve preencher todos os requisitos de admissibilidade recursal (tempestividade, preparo, legitimidade, capacidade etc.), sob pena de não conhecimento.

90. O art. 896-A da CLT impõe como pressuposto de admissibilidade do recurso de revista a transcendência, regulamentando a matéria. O Tribunal Superior do Trabalho, no recurso de revista, examinará previamente se a causa oferece transcendência com relação aos reflexos gerais de natureza econômica, política, social ou jurídica.

91. São indicadores de transcendência, entre outros (art. 896-A, § 1º, da CLT): a) econômica, o elevado valor da causa; b) política, o desrespeito da instância recorrida à jurisprudência sumulada do Tribunal Superior do Trabalho ou do Supremo Tribunal Federal; c) social, a postulação, por reclamante-recorrente, de direito social constitucionalmente assegurado; e d) jurídica, a existência de questão nova em torno da interpretação da legislação trabalhista.

92. Cabe recurso de revista em duas hipóteses: a) de decisão do TRT em recurso ordinário; e b) de decisão do TRT em agravo de petição. Não é cabível recurso de revista em face de decisão do TRT em agravo de instrumento (Súmula 218 do TST).

93. No *procedimento sumaríssimo*, a admissibilidade de recurso de revista está limitada à demonstração de violação direta a dispositivo da Constituição Federal ou contrariedade à Súmula do Tribunal Superior do Trabalho ou à súmula vinculante do STF, não se admitindo o recurso por contrariedade à Orientação Jurisprudencial deste Tribunal (Livro II, Título II, Capítulo III, do RITST), ante a ausência de previsão no art. 896, § 6º, da CLT.

94. Recurso de revista na execução é cabível apenas quando houver ofensa literal e direta à Constituição da República (art. 896, § 2.º, da CLT e Súmula 266 do TST). Entretanto, nas execuções fiscais e nas controvérsias da fase de execução que envolvam a Certidão Negativa de Débitos Trabalhistas (CNDT) cabe recurso de revista por violação à lei federal, divergência jurisprudencial e ofensa à Constituição Federal (art. 896, § 10, da CLT).

95. No procedimento ordinário, nos termos do art. 896 "a" e "c", da CLT, o recurso de revista é cabível nos seguintes casos: a) violação literal e direta à Constituição Federal; b) violação literal à lei federal; c) contrariedade à súmula do TST; d) contrariedade à orientação jurisprudencial do TST (OJ 219, SDI-1, do TST); e) contrariedade à súmula vinculante do STF; f) quando, na interpretação de lei federal, a decisão recorrida contrariar outro TRT (Pleno ou Turma); e g) quando o acórdão recorrido divergir, na interpretação de lei federal, de decisão da Seção de Dissídios Individuais I ou II do TST

96. No procedimento ordinário cabe, ainda, recurso de revista por divergência jurisprudencial na hipótese do art. 896, "b", da CLT, ou seja, quando o acórdão recorrido der ao mesmo dispositivo de lei estadual, convenção coletiva de trabalho, acordo coletivo, sentença normativa ou regulamento empresarial de observância obrigatória em área territorial que exceda a jurisdição do Tribunal Regional prolator da decisão recorrida, interpretação divergente, na forma da alínea "a" do art. 896 da CLT.

97. O prequestionamento é pressuposto do recurso de revista, assim como dos demais recursos de natureza extraordinária. A matéria estará prequestionada quando houver sido tratada no acórdão impugnado (Súmula 297, I, do TST), ou seja, o TST só conhecerá o recurso se houver manifestação explícita do TRT no acórdão sobre a discussão abordada no recurso de revista, inclusive quanto à matéria de ordem pública (OJ 62, SDI-I, do TST).

98. Segundo o art. 896, § 1º-A, I, da CLT, o recorrente deve indicar o trecho da decisão recorrida que consubstancia o prequestionamento da controvérsia objeto do recurso de revista.

99. Contanto que o TRT não se pronuncie quanto à matéria impugnada, deverão ser opostos embargos de declaração com o objetivo de que se manifeste a respeito de tal matéria, sob pena de preclusão (Súmulas 297, II, e 184, do TST).

100. Entretanto, apesar de opostos embargos de declaração, se o Tribunal não se manifestar em relação à matéria impugnada, será considerada prequestionada (Súmula 297 do TST).

101. A doutrina não é unânime quanto à distinção de agravo interno e agravo regimental. Alguns sustentam que o atual CPC deixou claro que não há qualquer distinção, uma vez que o art. 1.021 refere-se apenas a agravo interno.

102. Para outros, com quem concordamos, o agravo interno é o previsto nos arts. 894, § 3º, da CLT e 1.021 do CPC, aplicável ao Processo do Trabalho; e o agravo regimental é o previsto no regimento interno do tribunal. Portanto, estaremos diante do agravo regimental quando o recurso não tiver previsão legal, mas estiver disciplinado no regimento interno do tribunal. Por outro lado, havendo previsão legal, o recurso será o agravo interno.

103. O prazo do agravo regimental e interno é de 8 dias. O prazo do agravo é contado em dobro, caso o agravante seja pessoa jurídica de direito público ou mesmo o Ministério Público.

104. O agravo interno é interposto perante o órgão judicial que proferiu a decisão impugnada, havendo também a possibilidade do juízo de reconsideração ou retratação; e o agravo regimental, em face do órgão colegiado definido no regimento interno do tribunal.

105. É incabível agravo interno (art. 1.021 do CPC de 2015, art. 557, § 1º, do CPC de 1973) ou agravo regimental (art. 235 do RITST) contra decisão proferida por Órgão colegiado. Tais recursos destinam-se, exclusivamente, a impugnar decisão monocrática nas hipóteses previstas. Inaplicável, no caso, o princípio da fungibilidade ante a configuração de erro grosseiro (OJ 412, SDI-1, do TST).

106. Estabelece a IN 39/2013 do TST que o art. 1.021 do CPC relativo ao agravo interno aplica-se ao Processo do Trabalho, exceto quanto ao prazo que na seara trabalhista é de 8 dias.

107. O art. 894 da CLT prevê a existência de dois tipos de embargos, os quais são interpostos no âmbito do Tribunal Superior do Trabalho, que são: embargos infringentes, de divergência.

108. Cabem embargos, no prazo de 8 dias: a) de decisão não unânime de julgamento que conciliar, julgar ou homologar conciliação em dissídios coletivos que excedam a competência territorial dos Tribunais Regionais do Trabalho e estender ou rever as sentenças normativas do Tribunal Superior do Trabalho, nos casos previstos em lei; b) das decisões das Turmas que divergirem entre si ou das decisões proferidas pela Seção de Dissídios Individuais, ou contrárias à súmula ou orientação jurisprudencial do Tribunal Superior do Trabalho ou súmula vinculante do Supremo Tribunal Federal.

109. O recurso adesivo não tem previsão explícita na Consolidação das Leis do Trabalho, sendo aplicável, subsidiariamente, o art. 997, §§ 1º e 2º, do CPC, conforme estabelecido na Súmula 283 do TST.

110. Conforme previsto na Súmula 283 do TST, o recurso adesivo pode ser interposto em face do recurso ordinário, recurso de revista, embargos ao TST e agravo de petição, sempre no prazo de 8 dias.

111. Embora a Súmula 283 do TST não mencione, também é possível a utilização de recurso adesivo ao recurso extraordinário, nesse caso, interposto no prazo de 15 dias.

112. O recurso adesivo é interposto no prazo das contrarrazões do recurso principal, consoante previsto no art. 997, § 2.º, I, do CPC.

113. O recurso adesivo é sempre dependente, subordinado ao recurso principal, de forma que, se o recurso principal, por qualquer motivo, não for conhecido, o julgamento do recurso adesivo restará prejudicado, também não sendo conhecido (art. 997, § 2.º, III, do CPC).

114. Para utilização do recurso adesivo é preciso que tenha havido sucumbência recíproca, ou seja, que reclamante e reclamado tenham sido vencedores e vencidos parcialmente.

115. Em outras palavras, nasce a possibilidade de utilização do recurso adesivo quando os pedidos forem julgados parcialmente procedentes, nos exatos termos do art. 997, § 1º, do CPC, que dispõe que, vencidos autor e réu, ao recurso interposto por qualquer deles poderá aderir a outra parte.

116. O recurso adesivo também deve preencher os demais pressupostos gerais e específicos de admissibilidade exigidos dos recursos principais (inclusive com pagamento de custas e recolhimento do depósito recursal, quando for o caso), sendo recebido apenas no efeito devolutivo.

117. Conforme também determina a Súmula 283 do TST, não há necessidade de que a matéria deduzida no recurso adesivo esteja relacionada com a do recurso principal interposto pela parte contrária.

118. O recurso extraordinário encontra seu fundamento no art. 102, III, da CF/1988. Estabelecem os arts. 1.035, 1.036 e 1.039, parágrafo único, do CPC, regulamentando o art. 102, § 3.º, da CF/1988, determinam que no recurso extraordinário o recorrente deverá demonstrar a repercussão geral das questões constitucionais discutidas no caso, a fim de que o Tribunal examine a admissão do recurso.

119. A Consolidação das Leis do Trabalho apenas menciona a possibilidade de utilização do recurso extraordinário no art. 893, § 2.º, quando dispõe que "a interposição de recurso para o Supremo Tribunal Federal não prejudicará a execução do julgado".

120. O recurso extraordinário é cabível de decisão de única ou última instância.

121. É decisão de última instância no Processo do Trabalho aquela proferida pelo TST, que compreendem: a) decisões das turmas proferidas em recurso de revista; b) decisões da SDI-1 nos embargos ao TST por divergência; c) decisões da SDC em recursos ordinários e nos embargos infringentes; e c) decisões da SDI-2 em recurso ordinário de ações de competência originárias dos TRTs.

122. Frise-se que, nos dissídios individuais, das decisões das turmas do TST, em recurso de revista, que desafiem embargos ao TST por divergência (por não haver divergência), é cabível o recurso extraordinário para o STF. Caso a decisão tenha mais de um capítulo e apenas em relação a um deles se verifique a divergência autorizadora dos embargos ao TST serão cabíveis dois recursos: embargos ao TST e recurso extraordinário.

123. Por sua vez, as decisões de única instância são se submetem a nenhum recurso de natureza ordinária ou extraordinária, com exceção apenas de um recurso, o recurso extraordinário para o STF.

124. O prazo para interpor e contrarrazoar o recurso extraordinário é de 15 dias (art. 26 da Lei 8.038/1990), não se admitindo a sua interposição para o simples reexame de prova, conforme previsto na Súmula 279 do STF.

125. O *jus postulandi* não pode ser exercido em relação ao recurso extraordinário, o qual deve ser subscrito, necessariamente, por advogado, não se aplicando, por consequência, o art. 791 da CLT.

126. Além dos pressupostos gerais, o recurso extraordinário submete-se a pressupostos específicos de admissibilidade, quais sejam: a) existência de uma causa; b) que essa causa tenha sido decidida em última ou única instância; c) que a decisão tenha envolvido, direta ou indiretamente, questão federal.

127. O recurso extraordinário também exige que a questão federal seja prequestionada, de maneira explícita (por meio, normalmente, de embargos de declaração), sob pena de não conhecimento do apelo.

128. Os arts. 1.035, 1.036 e 1.039, parágrafo único, do CPC, regulamentando o art. 102, § 3.º, da CF/1988, determinam que no recurso extraordinário o recorrente deverá demonstrar a repercussão geral das questões constitucionais discutidas no caso, a fim de que o Tribunal examine a admissão do recurso.

129. A reclamação correicional, também chamada correição parcial, é um procedimento administrativo regulamentado pelos regimentos internos dos Tribunais do Trabalho.

130. Em verdade, a reclamação correicional não é recurso, e sim um mero procedimento administrativo que visa sustar procedimentos do juiz que atentem contra a boa ordem processual vigente.

131. A reclamação correicional deve preencher alguns requisitos, a saber: a) o ato deve ser atentatório à boa ordem processual; b) não deve haver recurso cabível contra este ato; e c) deve ser demonstrado o prejuízo processual à parte recorrente do referido ato.

132. A reclamação correicional será dirigida ao Corregedor-Regional do TRT se o ato impugnado for da vara do trabalho; ou ao Corregedor-Geral do TST se o ato impugnado for do TST.

9

EXECUÇÃO TRABALHISTA

9.1. INTRODUÇÃO

A legislação em vigor na Roma Antiga era extremamente rigorosa em relação à pessoa que não adimplisse a obrigação assumida.

Os credores romanos, ao contrário do que ocorre atualmente, não podiam executar o patrimônio do executado, recaindo a execução na pessoa do próprio devedor.

Em outras palavras, a execução era corporal e não patrimonial.

Exemplificativamente, pelo sistema da *manus iniectio* (consagrada na Lei das Doze Tábuas), decorridos 30 dias da data da prolação da sentença, o credor tinha a faculdade de conduzir o devedor a Juízo, valendo-se, se necessário, de medidas drásticas e violentas, objetivando receber seu crédito.

Ao devedor restavam as seguintes alternativas: quitar a dívida ou encontrar alguém que a honrasse; não pago o crédito, o devedor era conduzido à residência do credor, permanecendo acorrentado em regime de cárcere privado, cabendo ao exequente anunciar a dívida em três feiras consecutivas, de modo a permitir que familiares do executado, ou mesmo terceiros, honrassem a dívida.

Não surgindo interessado em quitar a dívida, ao credor restava a opção de vender o devedor como escravo ou mesmo matá-lo.

Na hipótese de serem vários os credores, assegurava-se a estes o direito de esquartejar o executado, partilhando-se os restos mortais, ou, alternativamente, vendê-lo como escravo, partilhando o produto da venda na proporção dos respectivos créditos.

Resta claro que nos dias atuais essa prática não mais é tolerada, dispondo o art. 789 do CPC que o devedor responde com todos seus bens presentes e futuros pelas dívidas contraídas, sendo, portanto, respeitada sua integridade física, liberdade, dignidade humana e vida.

No processo de conhecimento ou cognitivo, a parte provoca o Judiciário, impondo que o Estado-juiz preste a tutela jurisdicional aplicando o direito ao caso concreto, por meio de uma sentença de mérito, a qual poderá ter cunho declaratório, constitutivo ou condenatório.

Na sentença de cunho declaratório, o provimento jurisdicional limita-se a declarar a existência ou inexistência de relação jurídica ou autenticidade ou falsidade do documento (art. 19 do CPC).

Por sua vez, as sentenças constitutivas objetivam criar, modificar ou extinguir determinada relação jurídica.

Por último, as sentenças condenatórias impõem determinada condenação ao réu, afirmando a existência do direito, reconhecendo a sua violação e dirigindo ao demandado um preceito sancionatório sob a forma de obrigação de entregar coisa certa ou incerta, de fazer ou de não fazer ou mesmo de pagar quantia certa.

Neste contexto, só estarão sujeitas ao processo de execução as ações condenatórias.

Por último, temos o processo de execução, que objetiva assegurar a satisfação do direito do credor imposto no comando sentencial.

O mestre Carlos Henrique Bezerra Leite, em seu *Curso de direito processual do trabalho*, 14. ed., p. 1.294 e 1.295, leciona que:

> "Em nosso ordenamento jurídico, a prestação jurisdicional civil e trabalhista era efetivada, basicamente, por meio de duas espécies de ações: as ações de conhecimento, nas quais o Estado decidiria o conflito, mediante ato judicial específico (sentença ou acórdão) declaratório da certeza do direito, e as ações de execução, destinadas à realização prática da sentença (ou acórdão), ou seja, ao seu efetivo cumprimento.
>
> (...)
>
> Por conseguinte, a íntima relação entre ação e processo desaguaria na existência de dois processos distintos: o processo de conhecimento, que seria 'extinto' por meio de sentença, e o processo de execução, que destinado a efetivar o conteúdo obrigacional da sentença.
>
> (...)
>
> O CPC de 2015 mantém e aperfeiçoa o chamado processo sincrético, uma vez que a Parte Especial contém o Livro I (Do Processo de Conhecimento) que, por sua vez, contempla o procedimento comum e o cumprimento da sentença.
>
> Podemos concluir, portanto, que o processo (sincrético) de conhecimento é destinado a realizar as funções cognitivas e executivas em um único processo.
>
> No CPC, o cumprimento da sentença (título executivo judicial) é regulado no Livro I da Parte Especial (arts. 513 a 538), enquanto o processo de execução (título executivo extrajudicial) está disciplinado no Livro II da Parte Especial" (arts. 771 a 913).

Também sobre o tema, o festejado autor Manoel Antônio Teixeira (*Execução no processo do trabalho*, p. 71), ensina que:

> "Sem embargo, é por intermédio do processo de cognição que o Estado, declarando com quem está a razão jurídica disputada, faz incidir, com a autoridade que lhe é inerente, a vontade concreta da lei; o provimento jurisdicional, aqui, é provido de um comando sancionatório, a que se submete o réu; por outro lado, esse mesmo provimento materializa um título executivo judicial, com base no qual o autor promoverá a execução forçada, tendente a compelir o réu a

> satisfazer a obrigação espelhada nesse título sentencial. Diz-se, por isso, que o objeto do processo executivo é a obtenção de um provimento satisfativo do direito do credor."

Em função da legislação vigente, a execução trabalhista encontra-se disciplinada por quatro normas legais a serem aplicadas na seguinte ordem:

1 – Consolidação das Leis do Trabalho;

2 – Lei 5.584/1970;

3 – Lei 6.830/1980;

4 – Código de Processo Civil.

Portanto, primeiramente aplica-se a Consolidação das Leis do Trabalho, vez que os arts. 876 a 892 são dedicados à execução trabalhista.

Na omissão da norma consolidada, utiliza-se a Lei 5.584/1970, que traz apenas um artigo (art. 13) dedicado à execução trabalhista, especificamente disciplinando o instituto da remição da execução pelo devedor.

Persistindo a omissão, determina o art. 889 da CLT a aplicação subsidiária, no que não for incompatível com a norma consolidada, dos preceitos que regem o processo dos executivos fiscais para a cobrança da dívida ativa da Fazenda Pública Federal, disciplinada na Lei 6.830/1980.

Por último, sendo também omissa a Lei 6.830/1980, utilizam-se, de forma subsidiária à execução trabalhista, os preceitos contidos no Código de Processo Civil.

9.2. PRINCÍPIOS INFORMATIVOS

Passamos a destacar os princípios informativos que norteiam a execução trabalhista:

A – Da igualdade de tratamento das partes

Embora a Constituição Federal de 1988 assegure a igualdade de tratamento perante a Lei (art. 5.º, *caput*), na execução o tratamento igualitário resume-se à observância da Lei, pois a posição do credor é de superioridade ou preeminência jurídica, ao passo que a posição do devedor é de sujeição ao comando do preceito condenatório que se irradia da sentença ou do título executivo extrajudicial.

Portanto, o executado deverá suportar os efeitos dos atos expropriatórios derivados da execução, apenas sendo assegurado ao mesmo que, no cumprimento do julgado, seja observada a legislação vigente.

B - Da natureza real

O princípio da natureza real determina que os atos executórios atuem sobre os bens do devedor e não sobre a pessoa física deste, conforme dispõem os arts. 789 e 824 do CPC, *in verbis:*

> "Art. 789. O devedor responde com todos os seus bens presentes e futuros para o cumprimento de suas obrigações, salvo as restrições estabelecidas em lei."
>
> "Art. 824. A execução por quantia certa realiza-se pela expropriação de bens do executado, ressalvadas as execuções especiais."

C - Da limitação expropriatória

O princípio da limitação expropriatória impede a alienação total do patrimônio do devedor, quando parte dos bens for bastante para atender a satisfação do direito do credor.

Nesse contexto, os arts. 831 e 899, ambos do CPC, e o art. 883 da CLT estabelecem:

> "Art. 831. A penhora deverá recair sobre tantos bens quantos bastem para o pagamento do principal atualizado, dos juros, das custas e dos honorários advocatícios."
>
> "Art. 891. Não será aceito lance que ofereça preço vil.
>
> Parágrafo único. Considera-se vil o preço inferior ao mínimo estipulado pelo juiz e constante do edital, e, não tendo sido fixado preço mínimo, considera-se vil o preço inferior a cinquenta por cento do valor da avaliação."
>
> "Art. 899. Será suspensa a arrematação logo que o produto da alienação dos bens for suficiente para o pagamento do credor e para a satisfação das despesas da execução."
>
> "Art. 883 da CLT – Não pagando o executado, nem garantindo a execução, seguir-se-á penhora dos bens, tantos quantos bastem ao pagamento da importância da condenação, acrescida de custas e juros de mora, sendo estes, em qualquer caso, devidos a partir da data em que for ajuizada a reclamação inicial."

D - Da utilidade para o credor

O credor não pode utilizar da execução apenas para acarretar danos ao devedor, quando o patrimônio do executado não for suficiente para suportar a dívida.

Nesta esteira de raciocínio, o art. 836 do CPC dispõe que não se efetuará a penhora quando ficar evidente que o produto da alienação dos bens encontrados será inteiramente absorvido pelo pagamento das custas da execução.

Nesta hipótese, caberá ao magistrado, nos termos do art. 40 da Lei 6.830/1980, suspender o curso da execução trabalhista enquanto não for localizado o devedor ou encontrado bens sobre os quais possa recair a penhora.

Decorrido o prazo máximo de um ano da suspensão do curso da execução, sem que seja localizado o devedor ou encontrados bens penhoráveis, o juiz ordenará o arquivamento dos autos, o qual poderá ser desarquivado, a qualquer tempo, para prosseguimento da execução, caso sejam encontrados o devedor ou os bens (art. 40, §§ 2.º e 3.º, da Lei 6.830/1980).

E – Da não prejudicialidade do devedor

Reza o art. 805 do CPC que, quando o credor puder, por diversos meios, promover a execução, o juiz determinará que se faça pelo modo menos gravoso ao devedor. Ao executado que alegar ser a medida executiva mais gravosa incumbe indicar outros meios mais eficazes e menos onerosos, sob pena de manutenção dos atos executivos já determinados (art. 805, parágrafo único, do CPC). O art. 805 e parágrafo são aplicáveis ao Processo do Trabalho, consoante determina o TST na IN 39/2016.

O próprio art. 847 do CPC faculta ao executado requerer, no prazo de 10 (dez) dias, contados a intimação da penhora, a substituição do bem penhorado, desde que comprove que a substituição será menos onerosa e não trará prejuízo algum ao exequente.

Não se deve esquecer, que tanto o direito laboral quanto o Processo do Trabalho são permeados de princípios que objetivam proteger o trabalhador hipossuficiente, em geral credor da execução, o qual, muitas vezes, encontra-se desempregado e em situação econômica delicada.

F – Da especificidade

O princípio da especificidade relaciona-se com a execução para entrega de coisa e as obrigações de fazer e não fazer, segundo o qual o credor tem direito a receber, além de perdas e danos, o valor da coisa, quando esta não lhe for entregue, se deteriorou, não for encontrada ou não for reclamada do poder do terceiro adquirente.

Os arts. 809 e 816, ambos do CPC, contemplam esse princípio, *in verbis*:

> "Art. 809. O exequente tem direito a receber, além de perdas e danos, o valor da coisa, quando essa se deteriorar, não lhe for entregue, não for encontrada ou não for reclamada do poder de terceiro adquirente.
>
> § 1.º Não constando do título o valor da coisa e sendo impossível sua avaliação, o exequente apresentará estimativa, sujeitando-a ao arbitramento judicial.
>
> § 2.º Serão apurados em liquidação o valor da coisa e os prejuízos."
>
> "Art. 816. Se o executado não satisfizer a obrigação no prazo designado, é lícito ao exequente, nos próprios autos do processo, requerer a satisfação da obriga-

ção à custa do executado ou perdas e danos, hipótese em que se converterá em indenização.

Parágrafo único. O valor das perdas e danos será apurado em liquidação, seguindo-se a execução para cobrança de quantia certa."

G – Da responsabilidade pelas despesas processuais

O devedor é responsável pelo pagamento, além dos valores devidos ao credor, de todas as despesas processuais.

Os arts. 789-A e 789-B da CLT, instituídos pela Lei 10.537/2002, normatizaram a incidência de custas no processo de execução, sendo estas pagas ao final, sob a responsabilidade do executado.

H – Do não aviltamento do devedor

A execução não deve afrontar a dignidade humana do executado (art. 1.º, III, da CF/1988), expropriando-lhe bens indispensáveis à sua subsistência e a dos membros de sua família.

Seguindo este entendimento, o Código de Processo Civil, no art. 833, bem como a Lei 8.009/1990, os quais serão objeto de estudo ainda neste capítulo, estabeleceram a impenhorabilidade de alguns bens imprescindíveis à sobrevivência do devedor.

I – Da livre disponibilidade do processo pelo credor

O Código de Processo Civil faculta ao credor desistir da execução ou de alguma medida executiva, independentemente da concordância do devedor (art. 775, parágrafo único, do CPC).

No entanto, a desistência da execução pelo credor somente produzirá efeitos após homologação por sentença, nos moldes do disposto no art. 200 do CPC.

Doutrina e jurisprudência divergem quanto à possibilidade de a desistência da execução se operar de modo unilateral quando o devedor houver oferecido embargos à execução.

Sobre o tema, o festejado autor Manoel Antônio Teixeira Filho (*Execução no processo do trabalho*, p. 122-123) explica que:

"Há certa indefinição da doutrina e jurisprudência quanto à validade dessa desistência, sem audição do devedor, quando este houver oferecido embargos à execução. Sem pretendermos exacerbar tal cinca, somos de opinião que opostos os embargos, o credor somente poderá desistir da execução se nisso convier o devedor, porquanto este poderá ter interesse em obter um pronunciamento jurisdicional acerca da quitação, da prescrição extintiva e de outras matérias alegadas, cuja expectativa restaria frustrada se se reconhecesse à desistência da execução, manifestada pelo credor, a qualidade de direito processual potestativo, vale dizer, cujo exercício não fica subordinado à concordância do devedor. Ora, se a desistência da ação, no processo de conhecimento, só será eficaz se – decorrido o prazo para resposta – a ela anuir o réu (CPC, art. 267, § 4.º) (art. 485, § 4.º, do atual CPC), parece-nos razoável concluir que essa mesma regra deve imperar no processo de execução."

9.3. LEGITIMIDADE

9.3.1. Ativa

O art. 878 da CLT dispõe que a execução será promovida pelas partes, permitida a execução de ofício pelo juiz ou pelo Presidente do Tribunal apenas nos casos em que as partes não estiverem representadas por advogado.

Segundo o TST, a partir da vigência da Lei 13.467/2017 (Reforma Trabalhista), o ato do juiz de iniciar de ofício a execução ficará limitada aos casos em que as partes não estiverem representadas por advogado (art. 13, IN 41/2018, do TST).

Embora o art. 878 da CLT faça referência apenas às partes quando determina quem poderá iniciar a execução, ela poderá ser promovida também pelos legitimados do art. 778, § 1.º, do CPC, quais sejam:

- Ministério Público do Trabalho
- espólio, herdeiros ou sucessores do credor, sempre que, por morte deste, lhes for transmitido o direito resultante do título executivo;
- o cessionário, quando o direito resultante do título executivo lhe foi transferido por ato entre vivos; e
- o sub-rogado, nos casos de sub-rogação legal ou convencional.

O Ministério Público do Trabalho também detém legitimidade para promover a execução, nos seguintes casos:

- existência de títulos executivos judiciais, em função de ações promovidas originariamente pelo *Parquet* laboral, seja na primeira instância (principalmente ação civil pública), ou mesmo em segunda instância;
- execução do título executivo extrajudicial denominado termo de compromisso de ajustamento de conduta (legitimidade exclusiva);
- como substituto processual do menor, nos casos do art. 793 da CLT;
- nos casos de ações civis coletivas patrocinadas por outros legitimados, quando houver abandono da ação pelo autor (Lei 8.078/1990, arts. 82, 92, 97 e 98);

Por sua vez, dispõe o art. 877 consolidado que é competente para execução das decisões o juiz ou o presidente do tribunal que tiver conciliado ou julgado originariamente o dissídio.

Em relação à execução dos títulos executivos extrajudiciais, institui o art. 877-A consolidado que será competente para a execução o juiz que teria competência para o processo de conhecimento relativo à matéria.

Sobrevindo a morte do credor, o juiz suspenderá a execução (art. 921, I, do CPC) até que se formalize a habilitação do espólio, dos herdeiros ou dos sucessores.

O art. 878-A da CLT, por sua vez, também faculta ao devedor, na execução das contribuições previdenciárias devidas, o pagamento imediato da parte que entender devida à Previdência Social, sem prejuízo da cobrança de eventuais diferenças encontradas na execução *ex officio*.

9.3.2. Passiva

Normalmente, é o empregador (pessoa física ou jurídica) quem figura no polo passivo da execução trabalhista.

Portanto, será o empregador-devedor a pessoa legalmente legitimada a responder pela execução.

Todavia, em alguns casos, o próprio reclamante pode ser o sujeito passivo de uma execução trabalhista, como nas hipóteses em que seja devedor de custas, honorários periciais, honorários advocatícios, indenização ao empregador em função de prejuízos causados, devolução de materiais, ferramentas ou instrumentos de trabalho ao patrão etc.

A Lei 6.830/1980, de aplicação subsidiária ao Processo do Trabalho (art. 889 da CLT), legitima como sujeitos passivos da execução o devedor, o fiador, o espólio, a massa, o responsável tributário e os sucessores a qualquer título.

Outrossim, o art. 779 do CPC estabelece que:

> "Art. 779. A execução pode ser promovida contra:
>
> I – o devedor, reconhecido como tal no título executivo;
>
> II – o espólio, os herdeiros ou os sucessores do devedor;
>
> III – o novo devedor que assumiu, com o consentimento do credor, a obrigação resultante do título executivo;
>
> IV – o fiador do débito constante em título extrajudicial;
>
> V – o responsável titular do bem vinculado por garantia real ao pagamento do débito;
>
> VI – o responsável tributário, assim definido em lei."

Perceba que esse rol é exemplificativo, porquanto existem situações em que o executado não está listado ali.

É o caso, por exemplo, do integrante do grupo econômico, o qual pode ser incluído na execução mesmo não tendo participado do processo de conhecimento, conforme já reconheceu o Tribunal Superior do Trabalho diversas vezes. Veja esse julgado:

> *AGRAVO INTERNO EM AGRAVO DE INSTRUMENTO EM RECURSO DE REVISTA. EXECUÇÃO. CONFIGURAÇÃO DO GRUPO ECONÔMICO. AUSÊNCIA DE INSTAURAÇÃO DO INCIDENTE DE DESCONSIDERAÇÃO DA PERSONALIDADE JURÍDICA. CERCEAMENTO DE DEFESA. INDEFERIMENTO DE OITIVA DE TESTEMUNHA. (...) Relativamente à inclusão da reclamada no polo passivo da demanda apenas na fase de execução, o Regional registrou a existência da responsabilidade do grupo econômico (art. 2º, § 2º, da CLT) formado entre as executadas. Ademais, desde o cancelamento da Súmula n.º 205 desta Corte não se vislumbra óbice a essa possibilidade, desde que devidamente configurada a existência de grupo econômico, como na hipótese dos autos. (...) (Ag-AIRR-10162-39.2016.5.03.0146, 1ª Turma, Relator Ministro Luiz José Dezena da Silva, DEJT 27/09/2019).*

Na hipótese de sucessão trabalhista, o TST também reconhece a possibilidade de inclusão da empresa sucessora no polo passivo do feito executivo. Veja esse trecho:

> *(...) 8. RESPONSABILIDADE. SUCESSÃO. GRUPO ECONÔMICO. AUSÊNCIA DE FRAUDE. ATO JURÍDICO PERFEITO. NULIDADE. Conforme concluiu o acórdão recorrido, a inclusão da empresa sucessora na fase de execução não está condicionada à sua participação na fase de conhecimento. Outrossim, foi rejeitada a pretensão da ora recorrente quanto à sua exclusão da lide, uma vez que é patente a sucessão de empregadores, devendo, portanto, responder pela integralidade do débito exequendo, na qualidade de legítima sucessora. Além disso, restou esclarecido que o que ocorreu no caso dos autos foi legítima hipótese de sucessão empresarial e não reconhecimento de formação de grupo econômico. (...) (AIRR-25400-14.1996.5.03.0045, 8ª Turma, Relatora Ministra Dora Maria da Costa, DEJT 29/03/2019).*

9.3.3. Sucessão de empregadores

A sucessão de empregadores no âmbito da execução trabalhista é um tema complexo, não comportando solução única, generalizada, devendo cada situação ser investigada individualmente, cabendo ao juiz empenho na verificação da presença ou não da sucessão, principalmente para coibir condutas e instrumentos fraudatórios utilizados por alguns executados.

Doutrina e jurisprudência firmaram entendimento de que, na hipótese de sucessão trabalhista devidamente comprovada (art. 448-A da CLT), a empresa sucessora responde pelas dívidas trabalhistas assumidas e não adimplidas pela empresa sucedida, assumindo o sucessor o polo passivo da execução trabalhista. A empresa sucedida responderá solidariamente com a sucessora quando ficar comprovada fraude na transferência (art. 448-A, parágrafo único, da CLT).

O juiz pode reconhecer a sucessão de empresas em qualquer momento do processo, inclusive na execução, uma vez que o sucessor possui a responsabilidade patrimonial. Ainda que não tenha feito parte da fase de conhecimento, seu patrimônio pode ser atingido.

Vale mencionar, na hipótese, o inteiro teor da OJ 411 da SDI-I/TST, *in verbis*:

> "OJ 411 da SDI-I – SUCESSÃO TRABALHISTA. AQUISIÇÃO DE EMPRESA PERTENCENTE A GRUPO ECONÔMICO. RESPONSABILIDADE SOLIDÁRIA DO SUCESSOR POR DÉBITOS TRABALHISTAS DE EMPRESA NÃO ADQUIRIDA. INEXISTÊNCIA. O sucessor não responde solidariamente por débitos trabalhistas de empresa não adquirida, integrante do mesmo grupo econômico da empresa sucedida, quando, à época, a empresa devedora direta era solvente ou idônea economicamente, ressalvada a hipótese de má-fé ou fraude na sucessão."

Sobre o tema, cabe destacar os ensinamentos de Manoel Antônio Teixeira Filho (*Execução no processo do trabalho*, p. 147), *in verbis*:

> "Estando a sucessão cabalmente comprovada nos autos, a execução será promovida contra a sucessora (ou contra ela prosseguirá, conforme seja a época em que o fato sucessório ocorreu), pouco importando que esta não tenha participado do processo de conhecimento. O direito constitucional de resposta (CF, art. 5.º, LV) – que se revela no âmbito processual sob a forma de garantia de ampla defesa – foi nessa hipótese respeitado, pois no processo cognitivo se ofereceu à ré (empregadora primitiva) oportunidade para defender-se amplamente (assim se está a pressupor em decorrência do preceito constitucional há pouco citado), de modo que, transitada em julgado a sentença condenatória, o adimplemento da obrigação, nela contida, será exigido à sucessora; esta deverá satisfazê-la ou sujeitar-se ao comando sancionatório da sentença, que poderá acarretar a expropriação, total ou parcial, de seus bens patrimoniais."

Frise-se que é comum nas alienações a incidência de cláusula entre os contratantes atribuindo exclusivamente à empresa sucedida a responsabilidade pelo adimplemento das obrigações trabalhistas dos empregados por ela dispensados antes da sucessão (o que ocorreu na maioria das privatizações realizadas nos bancos estaduais).

É evidente que esta cláusula, em relação aos credores trabalhistas, não produzirá qualquer efeito, respondendo a empresa sucessora pelos créditos trabalhistas cuja responsabilidade tentou atribuir à empresa sucedida, sob pena de os empregados restarem totalmente desamparados, principalmente se a sucedida não tiver saúde financeira para suportar a dívida.

Honrando a dívida, a empresa sucessora poderá mover ação regressiva na Justiça Comum, em face da empresa sucedida.

Sobre a responsabilidade trabalhista em caso de celebração de contrato administrativo de concessão de serviço público e posterior arrendamento, cabe destacar a OJ 225, da SDI-I/TST, com redação dada pela Res. 129/2005, *DJ* 20.04.2005, *in verbis*:

> "OJ 225 da SDI-I/TST – CONTRATO DE CONCESSÃO DE SERVIÇO PÚBLICO. RESPONSABILIDADE TRABALHISTA – Celebrado contrato de concessão de serviço público em que uma empresa (primeira concessionária) outorga a outra (segunda concessionária), no todo ou em parte, mediante arrendamento, ou qualquer outra forma contratual, a título transitório, bens de sua propriedade:
>
> I – em caso de rescisão do contrato de trabalho após a entrada em vigor da concessão, a segunda concessionária, na condição de sucessora, responde pelos direitos decorrentes do contrato de trabalho, sem prejuízo da responsabilidade subsidiária da primeira concessionária pelos débitos trabalhistas contraídos até a concessão;
>
> II – no tocante ao contrato de trabalho extinto antes da vigência da concessão, a responsabilidade pelos direitos dos trabalhadores será exclusivamente da antecessora."

Em relação ao grupo econômico, vale mencionar que o Tribunal Superior do Trabalho cancelou, por meio da Resolução Administrativa 121/2003, o antigo Enunciado 205, o qual determinava que "o responsável solidário, integrante do grupo econômico, que não participou da relação processual como reclamado e que, portanto, não consta no título executivo judicial como devedor, não pode ser sujeito passivo na execução".

Em função disso, ganhou ainda mais força o entendimento doutrinário de que a execução pode ser promovida em face de qualquer integrante do grupo econômico, mesmo que não tenha participado do processo de conhecimento e não conste no título executivo judicial.

9.3.4. Desconsideração da personalidade jurídica do executado

Os estudiosos do direito e Processo do Trabalho têm manifestado enorme preocupação com a chamada "crise do processo de execução", causada pela dificuldade em dar cumprimento ao julgado.

Diversos artifícios têm sido utilizados pelos executados para impedir a efetivação da execução, seja por meio do desvio de bens da empresa para o patrimônio pessoal dos sócios, de sucessões fraudulentas, de alienação de bens em fraude à execução, de utilização de sócios "laranjas" ou "testas de ferro" etc.

Com isso, é negado ao exequente um direito fundamental da pessoa humana, isto é, a eficácia da jurisdição, comprometendo, sem dúvida, a credibilidade de todo o sistema normativo, uma vez que é decepcionante para o credor não ver garantida a efetivação do seu direito, após longa e cansativa demanda judicial.

É nesse cenário que surge o estudo da denominada teoria da desconsideração da personalidade jurídica do executado, também chamada de *disregard doctrine*, teoria da penetração, *disregard of legal entity* ou *teoria do disregard*.

A desconsideração da personalidade jurídica do executado permite que os atos executórios alcancem os bens particulares dos sócios, segundo duas teorias: a) quando se verifica a insuficiência do patrimônio societário (teoria menor), e b) quando se verifica a insuficiência do patrimônio societário e, concomitantemente, restar comprovado o abuso da personalidade jurídica, caracterizado pelo desvio de finalidade, ou pela confusão patrimonial (teoria maior).

A teoria menor está pautada no art. 28, § 5º, do CDC:

> "Art. 28. O juiz poderá desconsiderar a personalidade jurídica da sociedade quando, em detrimento do consumidor, houver abuso de direito, excesso de poder, infração da lei, fato ou ato ilícito ou violação dos estatutos ou contrato social. A desconsideração também será efetivada quando houver falência, estado de insolvência, encerramento ou inatividade da pessoa jurídica provocados por má administração.
>
> (...)
>
> § 5.º Também poderá ser desconsiderada a pessoa jurídica sempre que sua personalidade for, de alguma forma, obstáculo ao ressarcimento de prejuízos causados aos consumidores."

Por sua vez, a teoria maior está prevista no art. 50 do CCB:

> "Art. 50. Em caso de abuso da personalidade jurídica, caracterizado pelo desvio de finalidade ou pela confusão patrimonial, pode o juiz, a requerimento da parte, ou do Ministério Público quando lhe couber intervir no processo, desconsiderá-la para que os efeitos de certas e determinadas relações de obrigações sejam estendidos aos bens particulares de administradores ou de sócios da pessoa jurídica beneficiados direta ou indiretamente pelo abuso". (Redação dada pela Lei nº 13.874, de 2019)

Entendemos que a Lei 8.078/1990 (CDC), na parte processual, é aplicável ao Processo do Trabalho. Ademais, a regra insculpida no art. 28, § 5º, do CDC está em consonância com os princípios da celeridade, proteção ao trabalhador hipossuficiente, da efetividade da execução trabalhista e do privilégio do crédito laboral, merecendo plena aplicação ao Processo do Trabalho.

Desta forma, basta que se verifique a insuficiência de bens por parte da pessoa jurídica para arcar com a condenação trabalhista, para que seja possível a desconsideração de sua personalidade jurídica da empresa, visto que esta constitui obstáculo ao ressarcimento de prejuízos causados aos consumidores.

É nesse aspecto o posicionamento dos tribunais do trabalho, conforme se pode observar nos julgados abaixo:

> "À FALTA DE BENS DA EMPRESA QUE SEJAM SUFICIENTES PARA COBRIR O VALOR DO CRÉDITO EXEQUENDO (NÃO HÁ PROVA EM SENTIDO CONTRÁRIO NOS AUTOS), OS BENS DOS SEUS SÓCIOS RESPONDEM PELA EXECUÇÃO. COMO BEM DECIDIU O COLENDO TST: 'RESPONSABILIDADE SOLIDÁRIA. SÓCIO COTISTA. TEORIA DA DESCONSIDERAÇÃO DA PESSOA JURÍDICA. Em sede de direito do trabalho, em que créditos trabalhistas não podem ficar a descoberto, vem-se abrindo uma exceção ao princípio da responsabilidade limitada (*disregard of legal entity*) para que o empregado possa, verificando a insuficiência do patrimônio societário, sujeitar à execução os bens dos sócios da pessoa jurídica, não havendo bem da sociedade para saldar a dívida, encontra respaldo nos artigos 10 do Decreto 3.708/19, 592, II, do CPC (art. 790, II, do atual CPC) e 134, VII, do Código Tributário Nacional. Independentemente de que a executada não tenha encerrado suas atividades. Agravo de petição a que se dá provimento'" (TRT – 6.ª Região – 2.ª T. – AP 00654.1990.141.06.00.0 – Rel. Des. Josélia Morais da Costa – *DEJTPE* 15.12.2009).

> "EXECUÇÃO. RESPONSABILIDADE DO SÓCIO DA EXECUTADA. O agravante é sócio da executada. O fato de o sócio não constar do título executivo como devedor ou mesmo de não fazer parte do polo passivo da reclamação trabalhista na fase cognitiva não significa ausência de responsabilidade para efeito de execução. O artigo 592, II, do CPC (art. 790, II, do atual CPC), de aplicação subsidiária ao processo do trabalho dispõe que os sócios têm responsabilidade na execução da sociedade, quando os bens dessa mostram-se insuficientes para o pagamento de débitos trabalhistas, pois o não pagamento de tais haveres constitui violação à lei e os empregados nunca assumem o risco do empreendimento" (TRT – 2.ª Região – 6.ª T. – AP 03334-2005-202-02-00-6 – Rel. Ivani Contini Bramante – publicado em 29.09.2006).

Sem versar sobre os requisitos para a desconsideração da personalidade jurídica da empresa, o CPC instituiu regras para o seu processamento, prevendo o incidente de desconsideração da personalidade jurídica da empresa em seus arts. 133 a 137; e a CLT, em seu art. 855-A, determina que eles se apliquem ao Processo do Trabalho. Confira:

> "Art. 855-A, CLT. Aplica-se ao processo do trabalho o incidente de desconsideração da personalidade jurídica previsto nos arts. 133 a 137 da Lei nº 13.105, de 16 de março de 2015 – Código de Processo Civil."

"Art. 133. O incidente de desconsideração da personalidade jurídica será instaurado a pedido da parte ou do Ministério Público, quando lhe couber intervir no processo.

§ 1.º O pedido de desconsideração da personalidade jurídica observará os pressupostos previstos em lei.

§ 2.º Aplica-se o disposto neste Capítulo à hipótese de desconsideração inversa da personalidade jurídica".

"Art. 134. O incidente de desconsideração é cabível em todas as fases do processo de conhecimento, no cumprimento de sentença e na execução fundada em título executivo extrajudicial.

§ 1.º A instauração do incidente será imediatamente comunicada ao distribuidor para as anotações devidas.

§ 2.º Dispensa-se a instauração do incidente se a desconsideração da personalidade jurídica for requerida na petição inicial, hipótese em que será citado o sócio ou a pessoa jurídica.

§ 3.º A instauração do incidente suspenderá o processo, salvo na hipótese do § 2º.

§ 4.º O requerimento deve demonstrar o preenchimento dos pressupostos legais específicos para desconsideração da personalidade jurídica".

"Art. 135. Instaurado o incidente, o sócio ou a pessoa jurídica será citado para manifestar-se e requerer as provas cabíveis no prazo de 15 (quinze) dias".

"Art. 136. Concluída a instrução, se necessária, o incidente será resolvido por decisão interlocutória.

Parágrafo único. Se a decisão for proferida pelo relator, cabe agravo interno".

"Art. 137. Acolhido o pedido de desconsideração, a alienação ou a oneração de bens, havida em fraude de execução, será ineficaz em relação ao requerente.".

De acordo com o TST, a partir da vigência da Lei 13.467/2017 (Reforma Trabalhista), somente poderá iniciar de ofício o incidente de desconsideração da personalidade jurídica nos casos em que as partes não estiverem representadas por advogado (art. 13, IN 41/2018, do TST).

Aquele cujo patrimônio busca-se alcançar fará parte do processo, por isso, o incidente de desconsideração da personalidade jurídica é uma espécie de intervenção de terceiros. Trata-se de uma intervenção provocada, ou seja, ele não compõe o processo espontaneamente.

Preceitua o art. 133 do CPC que o incidente de desconsideração da personalidade jurídica será instaurado a pedido da parte ou do Ministério Público, isto é, não será processado de ofício, estando em consonância com o art. 878 da CLT, segundo o qual "a execução será promovida pelas partes, permitida a execução de ofício pelo juiz ou pelo Presidente do Tribunal apenas nos casos em que as partes não estiverem representadas por advogado".

Ressalte-se que o atual diploma processual previu a desconsideração inversa da personalidade jurídica (art. 133, § 2º, do CPC), a qual ocorre quando se litiga contra o indivíduo e buscam-se bens na pessoa jurídica.

Dispensa-se a instauração do incidente se a desconsideração da personalidade jurídica for requerida na petição inicial, hipótese em que será citado o sócio ou a pessoa jurídica (art.134, § 2º, do CPC).

O requerimento suspende o processo e o requerente deve demonstrar o preenchimento dos pressupostos legais específicos para desconsideração da personalidade jurídica, ou seja, a insuficiência de patrimônio da pessoa demandada (teoria menor – art. 28, § 5º, do CDC).

A pessoa jurídica ou o sócio será citado para se manifestar e requerer as provas cabíveis no prazo de 15 dias, sendo a decisão interlocutória (art. 135 do CPC).

Uma vez acolhido o pedido de desconsideração, a alienação ou a oneração de bens, havida em fraude de execução, será ineficaz em relação ao requerente (art. 137 do CPC).

Esclarece o art. 855-A, § 1º, que da decisão interlocutória que acolher ou rejeitar o incidente:

> I – na fase de cognição, não cabe recurso de imediato, na forma do art. 893, § 1º, da CLT;
>
> II – na fase de execução, cabe agravo de petição, independentemente de garantia do juízo;
>
> III – cabe agravo interno, se proferida pelo relator em incidente instaurado originariamente no tribunal.

A instauração do incidente suspenderá o processo, sem prejuízo de concessão da tutela de urgência de natureza cautelar de que trata o art. 301 do CPC (art. 855-A, § 2º, da CLT), sendo muito utilizada para o bloqueio de contas.

Em síntese, o incidente será aplicável na seara trabalhista com algumas adaptações:

- Poderá ser instaurado a requerimento da parte e do Ministério Público
- A pessoa jurídica ou o sócio será citado para manifestar-se e requerer as provas cabíveis no prazo de 15 dias
- A decisão é interlocutória.

Se examinado na fase de cognição, não cabe recurso de imediato;

Se examinado na fase de execução, cabe agravo de petição, independentemente de garantia do juízo;

- Se apreciado pelo Relator, em incidente instaurado originariamente no tribunal (CPC, art. 932, inciso VI), caberá agravo interno;

9.4. RESPONSABILIDADE PATRIMONIAL DO DEVEDOR

Conforme menciona o art. 789 do CPC, o devedor responde com todos os seus bens presentes e futuros para o cumprimento de suas obrigações, salvo as restrições estabelecidas em lei.

Portanto, a execução é sempre real, ensejando um dever para o devedor e uma responsabilidade para o seu patrimônio.

Estarão sujeitos à penhora e à consequente expropriação judicial não apenas os bens que o devedor possuía ao tempo em que a execução se iniciou, mas, também, todos que venham a ser adquiridos ou integrados ao seu patrimônio enquanto não satisfeita a obrigação.

Com efeito, iniciada a execução por quantia certa, não localizado o executado ou demonstrado que o devedor não possui bens capazes de satisfazê-la, a execução não será extinta, cabendo ao magistrado, conforme já mencionado neste capítulo, nos termos do art. 40 da Lei 6.830/1980, suspender o curso da execução trabalhista enquanto não for localizado o devedor ou encontrado bens sobre os quais possa recair a penhora.

Ultrapassado o prazo máximo de um ano da suspensão do curso da execução, sem que seja localizado o devedor ou encontrados bens penhoráveis, o juiz ordenará o arquivamento dos autos, o qual poderá ser desarquivado, a qualquer tempo, para prosseguimento da execução, caso sejam encontrados o devedor ou os bens (art. 40, §§ 2.º e 3.º, da Lei 6.830/1980 e art. 921, III e §§ 1º ao 5º, do CPC).

A responsabilidade patrimonial, em regra geral, recai sobre o patrimônio do devedor, contudo, pode ocorrer de a responsabilidade ser atribuída a sujeito diverso do devedor, como, por exemplo, o fiador. Quando essa situação ocorre é chamada de responsabilidade patrimonial secundária. Para aplicação desse tipo de responsabilidade é necessária expressa previsão legal, e o atual CPC, em seu art. 790, disciplina as hipóteses. Confira:

> "Art. 790. São sujeitos à execução os bens:
>
> I – do sucessor a título singular, tratando-se de execução fundada em direito real ou obrigação reipersecutória;
>
> II – do sócio, nos termos da lei;
>
> III – do devedor, ainda que em poder de terceiros;
>
> IV – do cônjuge ou companheiro, nos casos em que seus bens próprios ou de sua meação respondem pela dívida;

> V – alienados ou gravados com ônus real em fraude à execução;
>
> VI – cuja alienação ou gravação com ônus real tenha sido anulada em razão do reconhecimento, em ação autônoma, de fraude contra credores;
>
> VII – do responsável, nos casos de desconsideração da personalidade jurídica."

9.5. ATO ATENTATÓRIO À DIGNIDADE DA JUSTIÇA, FRAUDE À EXECUÇÃO E FRAUDE CONTRA CREDORES

O digesto processual civil disponibilizou instrumentos ao magistrado objetivando impedir que o devedor se utilize de manobras protelatórias ou fraudatórias, alongando, por anos, a execução e, por consequência, impedindo a efetividade da prestação jurisdicional pelo Poder Judiciário.

Com efeito, o art. 774 do CPC considera atentatório à dignidade da justiça a conduta comissiva ou omissiva do devedor que frauda a execução; opõe-se maliciosamente à execução, empregando ardis e meios artificiosos; dificulta ou embaraça a realização da penhora; resiste injustificadamente às ordens judiciais ou, intimado, não indica ao juiz quais são e onde se encontram os bens sujeitos à penhora e seus respectivos valores, nem exibe prova de sua propriedade e, se for o caso, certidão negativa de ônus.

Evidenciadas as hipóteses previstas no art. 774 do CPC, o juiz poderá, em qualquer momento do processo, advertir o executado de que seu procedimento constitui ato atentatório à dignidade da justiça (art. 772, II, do CPC).

Nessa esteira, o art. 774, parágrafo único, do CPC determina que o juiz fixará multa em montante não superior a 20% do valor atualizado do débito em execução, a qual será revertida em proveito do exequente, exigível nos próprios autos do processo, sem prejuízo de outras sanções de natureza processual ou material.

Com relação ao tema, citamos o seguinte julgado:

> "AGRAVO DE INSTRUMENTO EM RECURSO DE REVISTA. ACÓRDÃO PUBLICADO ANTES DA VIGÊNCIA DA LEI Nº 13.015/2014. MULTA POR ATO ATENTATÓRIO À DIGNIDADE DA JUSTIÇA. Em razão de provável caracterização de ofensa ao art. 5º, LV, da Constituição Federal, dá-se provimento ao agravo de instrumento para determinar o prosseguimento do recurso de revista. Agravo de instrumento provido. RECURSO DE REVISTA. MULTA POR ATO ATENTATÓRIO À DIGNIDADE DA JUSTIÇA. O acórdão do e. TRT condenou a executada por ato atentatório à dignidade à justiça por ter suscitado 'nos embargos à arrematação, questão relacionada não àquele ato, mas sim à penhora, que não fora impugnada, no momento processual oportuno'. Extrai-se do Regional que em 10.12.2012, a reclamada foi intimada da penhora de seus bens, tendo o juízo, em 17.12.2012, ainda no prazo para interposição dos embargos à execução, desconstituído

tal penhora em face da desobediência da gradação legal, ordenando que se procedesse ao bloqueio do valor devido junto ao sistema BacenJud. Ocorre que, posteriormente, em vista das tentativas infrutíferas da penhora 'on-line', o juízo *a quo* considerou a primeira penhora subsistente, não tendo intimado a executada de tal ato. Assim, o juízo *a quo*, ao condenar a executada na multa por ato atentatório à dignidade da justiça por ter alegado nos embargos à arrematação matéria relacionada à penhora, incorreu em violação do inciso LV do art. 5º da Constituição Federal, que assegura aos litigantes, em processo judicial ou administrativo, 'o contraditório e a ampla defesa, com os meios e recursos a ela inerentes'. Recurso de revista conhecido e provido" (TST – RR 1953520105010081 – j. em 21.10.2015 – *DEJT* 23.10.2015).

Outrossim, o art. 792 do CPC estabelece as hipóteses de fraude à execução, *in verbis*:

"Art. 792. A alienação ou a oneração de bem é considerada fraude à execução:

I – quando sobre o bem pender ação fundada em direito real ou com pretensão reipersecutória, desde que a pendência do processo tenha sido averbada no respectivo registro público, se houver;

II – quando tiver sido averbada, no registro do bem, a pendência do processo de execução, na forma do art. 828;

III – quando tiver sido averbado, no registro do bem, hipoteca judiciária ou outro ato de constrição judicial originário do processo onde foi arguida a fraude;

IV – quando, ao tempo da alienação ou da oneração, tramitava contra o devedor ação capaz de reduzi-lo à insolvência;

V – nos demais casos expressos em lei.

§ 1.º A alienação em fraude à execução é ineficaz em relação ao exequente.

§ 2.º No caso de aquisição de bem não sujeito a registro, o terceiro adquirente tem o ônus de provar que adotou as cautelas necessárias para a aquisição, mediante a exibição das certidões pertinentes, obtidas no domicílio do vendedor e no local onde se encontra o bem.

§ 3.º Nos casos de desconsideração da personalidade jurídica, a fraude à execução verifica-se a partir da citação da parte cuja personalidade se pretende desconsiderar.

§ 4.º Antes de declarar a fraude à execução, o juiz deverá intimar o terceiro adquirente, que, se quiser, poderá opor embargos de terceiro, no prazo de 15 (quinze) dias."

As hipóteses de fraude contra credores estão previstas no Código Civil, nos arts. 158 a 165:

"Art. 158. Os negócios de transmissão gratuita de bens ou remissão de dívida, se os praticar o devedor já insolvente, ou por eles reduzido à insolvência, ainda quando o ignore, poderão ser anulados pelos credores quirografários, como lesivos dos seus direitos.

§ 1º Igual direito assiste aos credores cuja garantia se tornar insuficiente.

> § 2º Só os credores que já o eram ao tempo daqueles atos podem pleitear a anulação deles".
>
> "Art. 159. Serão igualmente anuláveis os contratos onerosos do devedor insolvente, quando a insolvência for notória, ou houver motivo para ser conhecida do outro contratante".
>
> "Art. 160. Se o adquirente dos bens do devedor insolvente ainda não tiver pago o preço e este for, aproximadamente, o corrente, desobrigar-se-á depositando-o em juízo, com a citação de todos os interessados.
>
> Parágrafo único. Se inferior, o adquirente, para conservar os bens, poderá depositar o preço que lhes corresponda ao valor real".
>
> "Art. 161. A ação, nos casos dos arts. 158 e 159, poderá ser intentada contra o devedor insolvente, a pessoa que com ele celebrou a estipulação considerada fraudulenta, ou terceiros adquirentes que hajam procedido de má-fé".
>
> "Art. 162. O credor quirografário, que receber do devedor insolvente o pagamento da dívida ainda não vencida, ficará obrigado a repor, em proveito do acervo sobre que se tenha de efetuar o concurso de credores, aquilo que recebeu".
>
> "Art. 163. Presumem-se fraudatórias dos direitos dos outros credores as garantias de dívidas que o devedor insolvente tiver dado a algum credor".
>
> "Art. 164. Presumem-se, porém, de boa-fé e valem os negócios ordinários indispensáveis à manutenção de estabelecimento mercantil, rural, ou industrial, ou à subsistência do devedor e de sua família".
>
> "Art. 165. Anulados os negócios fraudulentos, a vantagem resultante reverterá em proveito do acervo sobre que se tenha de efetuar o concurso de credores.
>
> Parágrafo único. Se esses negócios tinham por único objeto atribuir direitos preferenciais, mediante hipoteca, penhor ou anticrese, sua invalidade importará somente na anulação da preferência ajustada".

Cabe ressaltar que fraude à execução não se confunde com fraude contra credores, conforme ensina Manoel Antônio Teixeira Filho (*Execução no processo do trabalho*, p. 250):

> "A fraude de execução não se confunde com a fraude contra credores. Esta é disciplinada pelo direito material (CC, arts. 158 a 165), tendo como elementos tipificadores o dano (*eventus damni*) e a fraude (*consilium fraudis*); o dano se configura pela insuficiência de bens patrimoniais para responder à execução; a fraude se caracteriza pela ciência ou pela previsão do dano causado. Os atos praticados em fraude a credores podem ser anulados por ação revogatória; dispõe, com efeito, o art. 158, *caput*, do CC que 'Os negócios de transmissão gratuita de bens ou remissão de dívida, quando se praticar o devedor já insolvente, ou por eles reduzido à insolvência, ainda quando o ignore, poderão ser anulados pelos credores quirografários como lesivos dos seus direitos'. É conveniente registrar, a propósito, que: a) somente as pessoas que eram credoras ao tempo em que esses atos foram cometidos poderão pleitear-lhes a anulação (CC, art. 158, § 2.º); b) a

ação, no caso do art. 158 (para nos fixarmos apenas neste), poderá ser ajuizada contra o devedor insolvente; a pessoa que com ele celebrou a estipulação considerada fraudulenta, ou os terceiros adquirentes que tenham procedido de má-fé (CC, art. 161).

Assinale-se, ainda, que na fraude contra credores a alienação dos bens os prejudica na qualidade de particulares (*ut singulis*), motivo por que, juridicamente, apenas eles terão interesse em aforar ação com o objetivo de obter a declaração de nulidade do ato lesivo perpetrado pelo devedor.

A fraude de execução, por sua vez, é regulada pelo direito processual (dela também cuida o CP, no art. 179), que integra a classe dos direitos públicos; assim é porque, transitando em julgado a sentença condenatória, ou sendo inadimplido o acordo realizado em juízo, o Estado possui interesse em que – para salvaguardar o prestígio do próprio Poder Judiciário e da autoridade que se irradia da *res iudicata* – a obrigação materializada no título executivo seja plenamente cumprida; reiteremos, neste ponto, que na fraude contra credores o interesse se vincula, com exclusividade, ao trinômio: credor/devedor/terceiro adquirente, estando ausente, portanto, o Estado.

Na fraude de execução, a má-fé por parte do devedor não precisa ser provada pelo credor, como se lhe exige no caso de fraude contra credores (CC, art. 161), pois é presumida pela própria norma legal (CPC, art. 593) (art. 792 do atual CPC); além disso, enquanto os atos praticados em fraude contra credores são anuláveis, os realizados em fraude de execução são ineficazes. Os primeiros são desconstituídos; os segundos, declarados nenhum."

9.6. TÍTULOS EXECUTIVOS TRABALHISTAS JUDICIAIS E EXTRAJUDICIAIS

O art. 876 da CLT disciplina os títulos executivos trabalhistas, dividindo-os em judiciais e extrajudiciais, quais sejam:

a) judiciais:

- sentenças transitadas em julgado;
- sentenças sujeitas a recurso desprovido de efeito suspensivo;
- acordos judiciais não cumpridos.

b) extrajudiciais:

- termos de compromisso de ajustamento de conduta firmados perante o Ministério Público do Trabalho;
- termos de conciliação firmados perante a comissão de conciliação prévia.

Vale destacar que a CF/1988, no art. 114, VIII, o parágrafo único do art. 876 da CLT e a Súmula 368, I, do TST estabelecem que serão executados de ofício pela Justiça do Trabalho os créditos previdenciários devidos em decorrência das sentenças condenatórias ou acordos proferidos pelos juízes e Tribunais do Trabalho.

Também são títulos executivos extrajudiciais executáveis na Justiça do Trabalho as multas inscritas na Dívida Ativa da União provenientes dos autos de infração lavrados pelos Auditores Fiscais do Trabalho (art. 114, VII, da CF/1988 c/c o art. 784, IX, do CPC).

Além desses, o cheque e a nota promissória também são títulos executáveis na Justiça do Trabalho. Nos termos do art. 13, da IN 39/2016, do TST "por aplicação supletiva do art. 784, I (art. 15 do CPC), o cheque e a nota promissória emitidos em reconhecimento de dívida inequivocamente de natureza trabalhista também são títulos extrajudiciais para efeito de execução perante a Justiça do Trabalho", na forma dos arts. 876 e seguintes da CLT.

Somente as ações condenatórias, com pedidos julgados total ou parcialmente procedentes, é que ensejarão o processo de execução.

As ações declaratórias e constitutivas somente ensejarão a execução no que atine às custas e despesas processuais, igualmente ocorrendo nas ações condenatórias, nos casos de extinção do processo sem resolução do mérito ou mesmo quando julgados totalmente improcedentes os pedidos, salvo se o reclamante for beneficiário da justiça gratuita.

Não é possível a execução na Justiça do Trabalho dos demais títulos executivos extrajudiciais, como, por exemplo, a duplicata, não possuindo, portanto, força executiva no âmbito laboral, apenas constituindo-se em documentos aptos a instruir eventual ação monitória, caso os títulos tenham origem na relação de emprego (ou mesmo ajuizar uma reclamação trabalhista).

As sentenças normativas também só ensejam execução das custas e despesas processuais, uma vez que o seu descumprimento apenas faz nascer uma ação de cumprimento (mera ação de conhecimento proposta perante a Vara do Trabalho).

Impende destacar que a arbitragem é cabível nos dissídios coletivos (art. 114, § 1º, da CF) e nos dissídios individuais cujos contratos de trabalho tenham remuneração superior a duas vezes o limite máximo estabelecido para os benefícios do Regime Geral de Previdência Social, desde que pactuada cláusula compromissória de arbitragem, por iniciativa do empregado ou mediante a sua concordância expressa, antes ou após o término do contrato (art. 507-A da CLT). Portanto, a sentença arbitral, quando condenatória, é um título executivo, podendo ser executada na Justiça do Trabalho (art. 31 da Lei 9.307/1996).

9.7. EXECUÇÃO PROVISÓRIA E DEFINITIVA

9.7.1. Execução provisória

9.7.1.1. Conceito

O cumprimento definitivo da sentença decorre de decisão que não se sujeita mais a recurso, isto é, que transitou em julgado, conforme dispõem os arts. 523 a 526 do CPC. O art. 527 do CPC preceitua a aplicação subsidiária das normas ao cumprimento provisório da sentença, no que couber.

No Processo do Trabalho, a execução provisória é cabível toda vez que a decisão exarada ainda pender de recurso desprovido de efeito suspensivo (art. 876 da CLT).

Em outras palavras, a execução provisória pode ser utilizada quando a sentença condenatória ainda não tiver transitado em julgado, limitando-se esta a atos de constrição e não de expropriação.

O art. 899 da CLT dispõe que:

> "Os recursos serão interpostos por simples petição e terão efeito meramente devolutivo, salvo as exceções previstas neste Título, permitida a execução provisória até a penhora."

Outrossim, também não é possível a execução provisória *ex officio*, devendo ser requerida diretamente pelo interessado.

9.7.1.2. Requisitos para instrução

No Processo do Trabalho, o cumprimento provisório da sentença é feito por meio de petição dirigida ao juízo competente, cujos requisitos para sua instrução estão previstos no art. 522 do CPC *in verbis*:

> "Art. 522. O cumprimento provisório da sentença será requerido por petição dirigida ao juízo competente.
>
> Parágrafo único. Não sendo eletrônicos os autos, a petição será acompanhada de cópias das seguintes peças do processo, cuja autenticidade poderá ser certificada pelo próprio advogado, sob sua responsabilidade pessoal:
>
> I – decisão exequenda;
>
> II – certidão de interposição do recurso não dotado de efeito suspensivo;
>
> III – procurações outorgadas pelas partes;
>
> IV – decisão de habilitação, se for o caso;
>
> V – facultativamente, outras peças processuais consideradas necessárias para demonstrar a existência do crédito."

9.7.1.3. *Embargos à penhora e agravo de petição na execução provisória*

Conforme previsto no art. 899 da CLT, a execução provisória é realizada até a penhora, o que não impede a oposição de embargos à penhora ou mesmo posterior agravo de petição, objetivando tornar insubsistente a penhora, ou mesmo para se discutirem os cálculos de liquidação.

Neste sentido, podemos destacar o seguinte julgado:

> "EXECUÇÃO PROVISÓRIA. IMPUGNAÇÃO À SENTENÇA DE LIQUIDAÇÃO. EMBARGOS À EXECUÇÃO. POSSIBILIDADE DE JULGAMENTO DE AMBOS. INTELIGÊNCIA DO ART. 899 DA CLT. O mero fato de se tratar de execução provisória, não inviabiliza, por si só, o exame da impugnação e dos embargos à execução, pois o que encontra vedação, nessa modalidade de execução, são apenas os atos processuais subsequentes à penhora, conforme dispõe o art. 899 da CLT. Agravo de Petição do exequente provido" (TRT – 2ª Região – AP 00005572820125020020 SP – 14ª T. – Rel. Manoel Ariano, j. em 11.09.2014, *DEJT* 19.09.2014).

Não obstante, corrente minoritária entende não ser possível a oposição de embargos à execução ou mesmo a interposição de agravo de petição na execução provisória, uma vez que, conforme previsto no art. 899 consolidado, esta é paralisada após a penhora.

9.7.1.4. *Aplicação dos arts. 520, 521 e 522 do CPC*

Na execução provisória trabalhista não se exige que o credor, para promovê-la, preste caução, uma vez que, na maioria dos casos, o exequente é um trabalhador hipossuficiente e, portanto, sem condições de prestar caução.

Exigir caução inviabilizaria, na prática, a execução provisória pelo obreiro.

Ressalte-se que no atual Código de Processo Civil dispensa a caução para os créditos de natureza alimentar, sem estabelecer qualquer limite. Verifique o disposto no art. 521, I, do CPC:

> "Art. 521. A caução prevista no inciso IV do art. 520 poderá ser dispensada nos casos em que:
>
> I – o crédito for de natureza alimentar, independentemente de sua origem;"

9.7.1.5. *Sentença pendente de recurso extraordinário e execução provisória*

O atual Código de Processo Civil preceitua a matéria em seu art. 513, § 1.º, do CPC:

"Art. 513. O cumprimento da sentença será feito segundo as regras deste Título, observando-se, no que couber e conforme a natureza da obrigação, o disposto no Livro II da Parte Especial deste Código.

§ 1.º O cumprimento da sentença que reconhece o dever de pagar quantia, provisório ou definitivo, far-se-á a requerimento do exequente."

É provisória a execução processada na pendência de recurso extraordinário. Nessa esteira, também podemos mencionar a OJ 56 da SDI-II/TST:

"OJ 56 DA SDI-II/TST. MANDADO DE SEGURANÇA. EXECUÇÃO. PENDÊNCIA DE RECURSO EXTRAORDINÁRIO. Não há direito líquido e certo à execução definitiva na pendência de recurso extraordinário, ou de agravo de instrumento visando a destrancá-lo."

9.7.1.6. *Penhora de dinheiro em execução provisória*

O art. 520 do CPC determina que o cumprimento provisório da sentença impugnada por recurso desprovido de efeito suspensivo será realizado da mesma forma que o cumprimento definitivo.

Isso significa que, embora a execução provisória tenha certas limitações, deverá observar as mesmas regras da execução definitiva.

Dessa forma, a ordem preferencial de penhora prevista no art. 835 do CPC deve ser aplicada também na execução provisória.

Nos termos do art. 835, I, do CPC, está em primeiro lugar na ordem de preferência para penhora "dinheiro, em espécie ou em depósito, ou aplicação em instituição financeira".

O § 1º do art. 835 do CPC esclarece que "é prioritária a penhora em dinheiro, podendo o juiz, nas demais hipóteses, alterar a ordem prevista no *caput* de acordo com as circunstâncias do caso concreto", ou seja, é prioritária a penhora em dinheiro, podendo o juiz alterar a ordem apenas nas demais hipóteses.

Ressalte-se, entretanto, o disposto no art. 805 do CPC, que preceitua que quando por vários meios o exequente puder promover a execução, o juiz mandará que se faça pelo modo menos gravoso para o executado. Porém, se o executado alegar que a medida executiva adotada é mais gravosa, incumbe a ele indicar outros meios mais eficazes e menos onerosos, sob pena de manutenção dos atos executivos já estabelecidos.

Poucos são os meios mais eficazes e menos onerosos que o dinheiro; entretanto, podemos citar a carta de fiança bancária e o seguro garantia judicial, desde que em valor não inferior ao do débito em execução, acrescido de 30%. Para o TST, à luz da OJ 59 da SDI-II, equivalem a dinheiro para efeito da gradação dos bens penhoráveis previstos no art. 835 do CPC:

> "OJ-SDI2-59 MANDADO DE SEGURANÇA. PENHORA. CARTA DE FIANÇA BANCÁRIA. SEGURO GARANTIA JUDICIAL" (nova redação em decorrência do CPC 2015) – Res. 209/2016 – *DEJT* divulgado em 01, 02 e 03.06.2016.
>
> A carta de fiança bancária e o seguro garantia judicial, desde que em valor não inferior ao do débito em execução, acrescido de 30%, equivalem a dinheiro para efeito da gradação dos bens penhoráveis, instituída no art. 835 do CPC de 2015" (art. 655 do CPC de 1973).

Ressalte-se o acréscimo de 30% justifica-se, pois visa à atualização do valor da execução.

O art. 899, § 11, da CLT[1] determina que "o depósito recursal poderá ser substituído por fiança bancária ou seguro garantia judicial", isto é, não exige o acréscimo de 30% do valor do débito, conforme fez o CPC para a substituição da penhora em dinheiro.

Apesar disso, entendemos que os dispositivos são compatíveis, pois o depósito recursal visa apenas à garantia do juízo para futura execução, possibilitando futuros ajustes na fase de execução; enquanto a substituição da penhora em dinheiro pelo seguro garantia judicial ou fiança bancária, no valor da execução acrescido de 30%, já ocorre na fase de execução propriamente dita, em que o valor penhorado deve corresponder ao valor real da execução.

O melhor seria que o legislador tivesse previsto o acréscimo de 30% para a substituição do depósito recursal por fiança bancária ou seguro garantia judicial.

9.7.1.7. *Execução provisória de obrigação de fazer*

A possibilidade de execução provisória em obrigações de fazer comporta grandes discussões doutrinárias e jurisprudenciais.

No Processo Trabalhista são frequentes as condenações em obrigações de fazer, tais como: reintegração de empregado estável, sentença que impeça a transferência de empregado, sentença que obrigue a empresa a promover o obreiro, a anotar ou retificar a CTPS, a entregar ao trabalhador as guias de seguro-desemprego etc.

Não obstante, é comum os juízes da Vara do Trabalho concederem antecipação de tutela ou liminar determinando o cumprimento de obrigações

---

1 O art. 899, § 11, da CLT, serão aplicado aos recursos interpostos contra as decisões proferidas a partir de 11.11.2017, data em que entrou em vigor a Lei 13.467/2017 (Reforma Trabalhista) (art. 20, IN 41/2018, do TST).

de fazer ou não fazer provisoriamente, principalmente nos casos previstos no art. 659, IX e X, da CLT (concessão de medida liminar para tornar sem efeito transferência abusiva de empregado ou mesmo para determinar a reintegração no emprego de dirigente sindical afastado, suspenso ou dispensado pelo empregador), ou ainda nos casos de estabilidade provisória prevista na lei ou em norma coletiva.

Segue a OJ 142 da SDI-II, do TST, que versa sobre a matéria:

> "OJ 142, SDI-II, DOTST. MANDADO DE SEGURANÇA. REINTEGRAÇÃO LIMINARMENTE CONCEDIDA. Inexiste direito líquido e certo a ser oposto contra ato de juiz que, antecipando a tutela jurisdicional, determina a reintegração do empregado até a decisão final do processo, quando demonstrada a razoabilidade do direito subjetivo material, como nos casos de anistiado pela Lei n. 8.878/1994, aposentado, integrante de comissão de fábrica, dirigente sindical, portador de doença profissional, portador de vírus HIV ou detentor de estabilidade provisória prevista em norma coletiva".

Ademais, também tem sido comum a concessão de antecipação de tutela pelos magistrados do trabalho em ações civis públicas propostas pelo Ministério Público do Trabalho, cujos pedidos consistem em obrigações de fazer e não fazer (conforme previsto no art. 3.º da Lei 7.347/1985).

Ao cumprimento provisório de sentença que reconheça obrigação de fazer, de não fazer ou de dar coisa aplica-se, no que couber, as normas referentes ao cumprimento provisório da sentença que reconheça obrigação de pagar quantia certa (art. 52, § 5.º, do CPC).

9.7.2. Execução definitiva

Nos termos dos arts. 876 da CLT, 784, I, do CPC (art. 13, IN 39/2016) e 507-A c/c o art. 31 da Lei 9.307/1996, teremos a execução definitiva nos seguintes casos:

- trânsito em julgado da sentença condenatória;
- inadimplemento do acordo realizado em juízo;
- inadimplemento da conciliação firmada perante as Comissões de Conciliação Prévia;
- inadimplemento dos Termos de Compromisso de Ajustamento de Conduta firmados perante o Ministério Público do Trabalho;
- cheque;
- nota promissória;
- Sentença arbitral quando condenatória (art. 31 da Lei 9.307/1996).

Cumpre destacar que a arbitragem é cabível nos dissídios coletivos (art 114, § 1º, da CF) e nos dissídios individuais cujos contratos de trabalho tenham remuneração superior a duas vezes o limite máximo estabelecido para os benefícios do Regime Geral de Previdência Social, desde que pactuada cláusula compromissória de arbitragem, por iniciativa do empregado ou mediante a sua concordância expressa, antes ou após o término do contrato (art. 507-A da CLT). Portanto, a sentença arbitral, quando condenatória, é um título executivo, podendo ser executada na Justiça do Trabalho (art. 31 da Lei 9.307/1996).

9.8. LIQUIDAÇÃO DA SENTENÇA

9.8.1. Introdução

Não há uniformidade doutrinária a respeito do conceito e natureza jurídica da liquidação da sentença.

Para alguns, a liquidação não integra o processo executivo, mas o antecede, constituindo-se num procedimento complementar do processo cognitivo para tornar líquido o título judicial.

Para outros, a liquidação da sentença constitui-se numa fase preparatória da execução.

Já a doutrina mais moderna conceitua a liquidação da sentença como uma ação declaratória do valor da condenação, situada entre o processo de conhecimento e o processo executivo, prestigiando a sua autonomia.

Todavia, a doutrina laboral (Manoel Antônio Teixeira, Wagner Giglio e Carlos Henrique Bezerra Leite, dentre outros) não aceita a autonomia da liquidação da sentença no Processo do Trabalho, revelando-se a liquidação, para os especialistas, numa fase preparatória ou preliminar da execução, ou, simplesmente, num procedimento prévio da execução.

Nesse âmbito, o mestre Carlos Henrique Bezerra Leite, em seu *Curso de direito processual do trabalho*, 14. ed., p. 1.250, orienta:

> "Parece-nos que o art. 879 da CLT, ao prescrever que 'sendo ilíquida a sentença ordenar-se-á previamente a sua liquidação', deixa claro que a liquidação constitui simples procedimento prévio da execução. É exatamente por essa razão que não se pode falar – ao menos nos processos trabalhistas individuais – que a liquidação constitui uma ação autônoma."

A execução para cobrança de crédito fundar-se-á sempre em título líquido, certo e exigível, devendo ser realizada a liquidação quando a sentença não determinar o valor ou não individualizar o objeto da condenação.

No Processo do Trabalho nem todas as decisões proferidas podem ser executadas de imediato, dependendo algumas de prévia apuração dos respectivos valores contidos no comando obrigacional.

Embora os arts. 840, § 1º, e 852-B, II, ambos da CLT (para o procedimento sumaríssimo), determinem que os pedidos precisam ser líquidos, o legislador não estabeleceu que as sentenças sejam líquidas, de modo que também se sujeitam à fase de liquidação.

Os pedidos líquidos apenas limitam o pedido ao valor postulado, de modo que os cálculos de liquidação limitam-se a eles. O art. 879 da CLT dispõe sobre a liquidação da sentença na seara laboral. Vejamos:

> "Art. 879. Sendo ilíquida a sentença exequenda, ordenar-se-á, previamente, a sua liquidação, que poderá ser feita por cálculo, por arbitramento ou por artigos.
>
> § 1.º Na liquidação, não se poderá modificar, ou inovar, a sentença liquidanda, nem discutir matéria pertinente à causa principal.
>
> § 1.º-A A liquidação abrangerá, também, o cálculo das contribuições previdenciárias devidas.
>
> § 1.º-B As partes deverão ser previamente intimadas para a apresentação do cálculo de liquidação, inclusive da contribuição previdenciária incidente.
>
> § 2.º Elaborada a conta e tornada líquida, o juízo deverá abrir às partes prazo comum de oito dias para impugnação fundamentada com a indicação dos itens e valores objeto da discordância, sob pena de preclusão.
>
> § 3.º Elaborada a conta pela parte ou pelos órgãos auxiliares da Justiça do Trabalho, o juiz procederá à intimação da União para manifestação, no prazo de dez dias, sob pena de preclusão (parágrafo com redação dada pela Lei 11.457/2007).
>
> § 4.º A atualização do crédito devido à Previdência Social observará os critérios estabelecidos na legislação previdenciária.
>
> § 5.º O Ministro de Estado da Fazenda poderá, mediante ato fundamentado, dispensar a manifestação da União quando o valor total das verbas que integram o salário de contribuição, na forma do art. 28 da Lei 8.212, de 24 de julho de 1991, ocasionar perda de escala decorrente da atuação do órgão jurídico (parágrafo com redação dada pela Lei 11.457/2007).
>
> § 6.º Tratando-se de cálculos de liquidação complexos, o juiz poderá nomear perito para a elaboração e fixará, depois da conclusão do trabalho, o valor dos respectivos honorários com observância, entre outros, dos critérios de razoabilidade e proporcionalidade (Incluído pela Lei n.º 12.405, de 2011).
>
> § 7.º A atualização dos créditos decorrentes de condenação judicial será feita pela Taxa Referencial (TR), divulgada pelo Banco Central."

9.8.2. Modalidades

No Processo do Trabalho, a liquidação da sentença pode ser realizada de três modos: por cálculo, por arbitramento e pelo procedimento comum. Esta ainda é denominada pela CLT como liquidação por artigos, como se observa pelo disposto no art. 879 da CLT:

> "Art. 879. Sendo ilíquida a sentença exequenda, ordenar-se-á, previamente, a sua liquidação, que poderá ser feita por cálculo, por arbitramento ou por artigos."

Assim, onde se lê na CLT liquidação por artigos deve-se ler liquidação pelo procedimento comum (art. 509, II, do CPC).

Cabe destacar também que existe a possibilidade de a liquidação se processar, simultaneamente, por mais de uma das modalidades previstas em lei (cálculos, procedimento comum, arbitramento), constituindo-se na denominada liquidação mista.

É comum, portanto, determinada parte da sentença ser liquidada por cálculos e outra parte por arbitramento (como no caso de fixação de determinada parcela *in natura*), processando-se a liquidação de maneira mista.

Outrossim, pode ocorrer que a sentença exequenda contenha parte líquida e ilíquida.

Nesse caso, a parte ilíquida será objeto de prévia liquidação, enquanto a parte líquida, a critério do credor, poderá ser imediatamente executada, mediante a extração da carta de sentença.

9.8.2.1. Liquidação por cálculo

A liquidação por cálculo, sem dúvida, é a mais utilizada na Justiça do Trabalho, e é realizada quando a determinação do valor da condenação depender apenas de cálculo aritmético.

Portanto, na liquidação por cálculo, todos os elementos necessários para se chegar ao *quantum* devido já se encontram nos autos.

A liquidação por cálculos é realizada segundo as regras previstas na CLT.

Diversas verbas podem ser liquidadas por simples cálculo, desde que sua apuração dependa apenas de operações aritméticas, como as parcelas rescisórias, as férias, a gratificação natalina, horas extras, saldo de salários etc.

Os juros de mora também são liquidados por meio de cálculos e são devidos a partir do ajuizamento da ação até o pagamento ou a efetivação do depósito, incidindo sobre a importância da condenação já corrigida monetariamente (art. 883 da CLT e Súmula 200 do TST).

Prevê o art. 879, § 7º, da CLT que a atualização dos créditos decorrentes de condenação judicial será feita pela Taxa Referencial (TR), divulgada pelo Banco Central do Brasil, conforme a Lei 8.177, de 1º de março de 1991.

Todavia, o STF mantém a decisão do TST que considera inconstitucional o uso da TR para atualização dos débitos trabalhistas e determina que se utilize em seu lugar o IPCA-E.

Veja a explicação:

Em sede de execução da condenação imposta ao Município de Gravataí, nos autos da Ação Trabalhista 0000479-60.2011.5.04.0231, o TST declarou a inconstitucionalidade do art. 39 da Lei 8.177/1991 (que institui o mesmo que o art. 879, § 7º, da CLT), na parte em que ele regulamenta a incidência da TR a título de índice de correção monetária.

Adotou-se a técnica da interpretação do dispositivo consoante a Constituição para preservar o direito à atualização monetária dos débitos trabalhistas constituídos por força de decisão judicial em conformidade com "a variação do Índice de Preços ao Consumidor Amplo Especial (IPCA-E)" no período. O TST o fez observando a *ratio decidendi* das decisões proferidas pelo STF nas ADIs 4.357 e 4.425, que declarou inconstitucional o uso da TR para atualização dos precatórios.

Após o julgamento da Ação Trabalhista 0000479-60.2011.5.04.0231, o TST expediu ofício ao Presidente do Conselho Superior da Justiça do Trabalho (CSJT) para retificação da tabela de atualização monetária da Justiça do Trabalho (tabela única), o que evidencia não estarem os efeitos da decisão reclamada adstritos ao caso concreto, alcançando todos os processos trabalhistas em curso, e que ainda não houve pagamento ou foi extinta a obrigação, bem como os "processos futuros, bastando que tramitem na Justiça do Trabalho.

A FENABAN propôs Reclamação Constitucional (RCL 22012/RS) sustentando que a Corte trabalhista usurpou a competência do Supremo para efetuar controle concentrado de constitucionalidade da lei em decisão que teve o indevido efeito *erga omnes* e vinculante. A Federação ainda alegou que a deliberação aplicou indevidamente o entendimento do STF nas ADIs 4.357 e 4.425 sobre a correção monetária dos precatórios à correção dos débitos trabalhistas.

Ao julgar a Reclamação, o STF entendeu que "apesar da ausência de identidade material entre os fundamentos do ato reclamado e o que foi efetivamente decidido na ação direta de inconstitucionalidade apontada como paradigma, o *decisum* ora impugnado está em consonância com a *ratio decidendi* da orientação jurisprudencial desta Suprema Corte.

Logo, o STF reconheceu como correta a determinação do TST de retificação da tabela de atualização monetária da Justiça do Trabalho, adotando-se o IPCA-E para atualização dos débitos trabalhistas em vez da TR (Taxa Referencial), dada a inconstitucionalidade desta.

Veja um trecho da ementa da ADI 4425 que trata da matéria:

> *DIREITO CONSTITUCIONAL. REGIME DE EXECUÇÃO DA FAZENDA PÚBLICA MEDIANTE PRECATÓRIO. EMENDA CONSTITUCIONAL N. 62/2009. (...) IMPOSSIBILIDADE JURÍDICA DA UTILIZAÇÃO DO ÍNDICE DE REMUNERAÇÃO DA CADERNETA DE POUPANÇA COMO CRITÉRIO DE CORREÇÃO MONETÁRIA. VIOLAÇÃO AO DIREITO FUNDAMENTAL DE PROPRIEDADE (CF, ART. 5º, XXII). (...) 5. A atualização monetária dos débitos fazendários inscritos em precatórios segundo o índice oficial de remuneração da*

caderneta de poupança viola o direito fundamental de propriedade (CF, art. 5º, XXII) na medida em que é manifestamente incapaz de preservar o valor real do crédito de que é titular o cidadão. A inflação, fenômeno tipicamente econômico--monetário, mostra-se insuscetível de captação apriorística (ex ante), de modo que o meio escolhido pelo legislador constituinte (remuneração da caderneta de poupança) é inidôneo a promover o fim a que se destina (traduzir a inflação do período). (...) (ADI 4425, Relator(a): Min. AYRES BRITTO, Relator(a) p/Acórdão: Min. LUIZ FUX, Tribunal Pleno, julgado em 14/03/2013, PROCESSO ELETRÔNICO DJe-251 DIVULG 18-12- 2013 PUBLIC 19-12-2013 RTJ VOL-00227-01 PP-00125).

A Súmula 211 do TST determina que os juros de mora e a correção monetária incluem-se na liquidação, ainda que omisso o pedido inicial ou a condenação.

Destacamos, ainda, a OJ 400 da SDI-I do TST, a qual estabelece que "os juros de mora decorrentes do inadimplemento de obrigação de pagamento em dinheiro não integram a base de cálculo do imposto de renda, independentemente da natureza jurídica da obrigação inadimplida, ante o cunho indenizatório conferido pelo art. 404 do Código Civil de 2002 aos juros de mora".

Os débitos trabalhistas das entidades submetidas aos regimes de intervenção ou liquidação extrajudicial estão sujeitos à correção monetária desde o respectivo vencimento até seu efetivo pagamento, sem interrupção ou suspensão, não incidindo, entretanto, sobre tais débitos, juros de mora (Súmula 304 do TST).

Sobre juros de mora, vejamos algumas OJs:

"OJ 408, SDBI-1 do TST. JUROS DE MORA. EMPRESA EM LIQUIDAÇÃO EXTRAJUDICIAL. SUCESSÃO TRABALHISTA (*DEJT* divulgado em 22, 25 e 26.10.2010). É devida a incidência de juros de mora em relação aos débitos trabalhistas de empresa em liquidação extrajudicial sucedida nos moldes dos arts. 10 e 448 da CLT. O sucessor responde pela obrigação do sucedido, não se beneficiando de qualquer privilégio a este destinado.".

"OJ 400, SDBI-1 do TST. IMPOSTO DE RENDA. BASE DE CÁLCULO. JUROS DE MORA. NÃO INTEGRAÇÃO. ART. 404 DO CÓDIGO CIVIL BRASILEIRO (*DEJT* divulgado em 02, 03 e 04.08.2010). Os juros de mora decorrentes do inadimplemento de obrigação de pagamento em dinheiro não integram a base de cálculo do imposto de renda, independentemente da natureza jurídica da obrigação inadimplida, ante o cunho indenizatório conferido pelo art. 404 do Código Civil de 2002 aos juros de mora."

É importante salientar que se o executado for a Fazenda Pública, os juros de mora possuem um tratamento distinto, consoante se observa da leitura da OJ 7 do Tribunal Pleno do TST:

"OJ 7, TRIBUNAL PLENO DO TST. JUROS DE MORA. CONDENAÇÃO DA FAZENDA PÚBLICA. (nova redação) – Res. 175/2011, *DEJT* divulgado em 27, 30 e 31.05.2011.

I – Nas condenações impostas à Fazenda Pública, incidem juros de mora segundo os seguintes critérios:

a) 1% (um por cento) ao mês, até agosto de 2001, nos termos do § 1º do art. 39 da Lei n.º 8.177, de 01.03.1991;

b) 0,5% (meio por cento) ao mês, de setembro de 2001 a junho de 2009, conforme determina o art. 1º-F da Lei nº 9.494, de 10.09.1997, introduzido pela Medida Provisória nº 2.180-35, de 24.08.2001.

II – A partir de 30 de junho de 2009, atualizam-se os débitos trabalhistas da Fazenda Pública, mediante a incidência dos índices oficiais de remuneração básica e juros aplicados à caderneta de poupança, por força do art. 5º da Lei n.º 11.960, de 29.06.2009.

III – A adequação do montante da condenação deve observar essa limitação legal, ainda que em sede de precatório."

E quando a pessoa jurídica de direito público for condenada a responder de forma subsidiária pelas obrigações trabalhistas não pagas pelo devedor principal, não se beneficia da limitação dos juros, prevista no art. 1º-F da Lei nº 9.494, de 10.09.1997, conforme OJ 382, SDBI-I, do TST:

"OJ 382, SDBI-I DO TST. JUROS DE MORA. ART. 1º-F DA LEI Nº 9.494, DE 10.09.1997. INAPLICABILIDADE À FAZENDA PÚBLICA QUANDO CONDENADA SUBSIDIARIAMENTE (*DEJT* divulgado em 19, 20 e 22.04.2010).

A Fazenda Pública, quando condenada subsidiariamente pelas obrigações trabalhistas devidas pela empregadora principal, não se beneficia da limitação dos juros, prevista no art. 1º-F da Lei nº 9.494, de 10.09.1997."

Para fechar seu raciocínio, veja mais uma vez o trecho que importa da ementa da ADC 58 em conjunto com a ADC 59 e ADIns 5.867 e 6.021 julgadas pelo STF:

DIREITO CONSTITUCIONAL. DIREITO DO TRABALHO. AÇÕES DIRETAS DE INCONSTITUCIONALIDADE E AÇÕES DECLARATÓRIAS DE CONSTITUCIONALIDADE. ÍNDICES DE CORREÇÃO DOS DEPÓSITOS RECURSAIS E DOS DÉBITOS JUDICIAIS NA JUSTIÇA DO TRABALHO. ART. 879, §7º, E ART. 899, §4º, DA CLT, NA REDAÇÃO DADA PELA LEI 13. 467, DE 2017. ART. 39, CAPUT E §1º, DA LEI 8.177 DE 1991. (...) Em relação à fase extrajudicial, ou seja, a que antecede o ajuizamento das ações trabalhistas, deverá ser utilizado como indexador o IPCA-E acumulado no período de janeiro a dezembro de 2000. A partir de janeiro de 2001, deverá ser utilizado o IPCA-E mensal (IPCA-15/IBGE), em razão da extinção da UFIR como indexador, nos termos do art. 29, § 3º, da MP 1.973-67/2000. Além da indexação, serão aplicados os juros legais (art. 39, caput, da Lei 8.177, de 1991). 7. Em relação à fase judicial, a atualização dos débitos judiciais deve ser efetuada pela taxa referencial do Sistema Especial de Liquidação e Custódia – SELIC, considerando que ela incide como juros moratórios dos tributos federais (arts. 13 da Lei 9.065/95; 84 da Lei 8.981/95; 39, § 4º, da Lei 9.250/95; 61, § 3º, da Lei 9.430/96; e 30 da Lei 10.522/02). A incidência de juros moratórios com base na variação da taxa SELIC não pode ser cumulada com a aplicação de outros índices de atualização

> *monetária, cumulação que representaria bis in idem. 8. (...) (ADC 58, Relator(a): GILMAR MENDES, Tribunal Pleno, PUBLIC 07-04-2021).*

No entanto, nota-se que o STF reconheceu a existência de juros antes do ajuizamento da ação. Logo, alguns julgados do TST passaram a reconhecer que o art. 883 da CLT trata somente do período processual, o que não exclui a possibilidade de juros no período pré-processual. Veja um julgado:

> *"ATUALIZAÇÃO DE DÉBITO JUDICIAL TRABALHISTA - FASE PRÉ-PROCESSUAL - INCIDÊNCIA DE JUROS - ART. 39 DA LEI 8.177/91 - DESPROVIMENTO. 1. O STF, ao deslindar o tema da ADC 58 quanto à atualização dos débitos judiciais trabalhistas, fixou tese no sentido da aplicação do IPCA-E como índice de correção monetária para o período pré-processual e a Taxa Selic para o período processual. 2. No caso dos juros de mora, a legislação trabalhista também distingue os períodos (Lei 8.177/91), sendo que o caput do art. 39 da lei trata do período pré-processual ("compreendido entre a data de vencimento da obrigação e o seu efetivo pagamento") e o seu § 1º do período judicial ("contados do ajuizamento da reclamatória"). 3. Antes da Lei 13.467/17 (CLT, art.879, § 7º), à míngua de norma trabalhista específica, lançava-se mão do caput do art. 39 da Lei 8.177/91 para se fixar a TR como índice de correção monetária dos débitos judiciais trabalhistas, enquanto os juros de mora seriam de 1% ao mês, com base no § 1º do mesmo dispositivo legal.*
>
> *Ora, a interpretação dada ao comando legal se justificava apenas enquanto não havia norma legal específica. Com a reforma trabalhista de 2017, a questão da correção monetária dos débitos trabalhistas passou a ter disciplina legal própria, razão pela qual a literalidade do art. 39, caput, da Lei 8.177/91 deve ser respeitada, porque trata específica e claramente de juros de mora e da fase pré-processual. E como apenas o § 1º do art. 39 da Lei 8.177/91 (quanto aos juros) e o § 7º do art. 879 da CLT (quanto à correção monetária) foram afastados pelo STF na ADC 58, não há como deixar de reconhecer que o ordenamento jurídico trabalhista vigente contempla juros de mora também para a fase pré-processual. 4. Assim, não procede a pretensão ao não cômputo de juros de mora pelo período anterior ao ajuizamento da reclamatória, se houve direito trabalhista não pago pela empresa, uma vez que o art. 883 da CLT trata apenas do período processual (e sem definir percentual ou índice) e o § 1º do art.39 da Lei 8.177/91 foi afastado pelo STF na ADC 58, quando adotou para o período processual a Taxa Selic, que já contempla os juros de mora. Agravo desprovido" (Ag-RR-10809-06.2016.5.09.0651, 4ª Turma, Relator Ministro Ives Gandra da Silva Martins Filho, DEJT 27/08/2021).*

A liquidação por cálculos, naturalmente, inicia-se com a elaboração dos cálculos. Estes poderão ser elaborados pelas partes, pelos órgãos auxiliares da Justiça do Trabalho (contador judicial) e, na hipótese de cálculos complexos, por um perito, a critério do juiz.

Entretanto, as partes deverão ser preferencialmente intimadas para a apresentação do cálculo de liquidação, inclusive da contribuição previdenciária incidente (art. 879, § 1º-B, da CLT).

Tratando-se de cálculos de liquidação complexos, o juiz poderá nomear perito para a elaboração e fixará, depois da conclusão do trabalho, o valor dos respectivos honorários com observância, entre outros, dos critérios de razoabilidade e proporcionalidade, nos termos do art. 879, § 6.º, da CLT.

O § 2.º do art. 879 da CLT[2] impõe ao juiz oportunizar a manifestação das partes no prazo comum de 8 dias, tão logo elaborados os cálculos. Vejamos:

> "Art. 879. (...)
>
> § 2º Elaborada a conta e tornada líquida, o juízo deverá abrir às partes prazo comum de oito dias para impugnação fundamentada com a indicação dos itens e valores objeto da discordância, sob pena de preclusão".

Cabe destacar que as impugnações aos cálculos não podem ser genéricas, mas devem ser especificados todos os pontos de divergência.

Incumbe mencionar que, após a manifestação das partes, o juiz **deverá** proceder à intimação da União para manifestação, no prazo de 10 dias, sob pena de preclusão (art. 879, § 3.º, da CLT).

Na sequência, o juiz apreciará o cálculo e proferirá sentença de liquidação, fixando o valor da execução, encerrando assim a fase de liquidação.

9.8.2.2. *Liquidação por arbitramento*

A liquidação será feita por arbitramento quando as partes o convencionarem expressamente, for determinado pela sentença, ou ainda quando o exigir a natureza do objeto da liquidação (art. 509, I, do CPC), com a seguinte redação:

> "Art. 509. (...)
>
> I – por arbitramento, quando determinado pela sentença, convencionado pelas partes ou exigido pela natureza do objeto da liquidação; (...)"

Muitas vezes, diante das dificuldades encontradas nas tentativas de apuração do *quantum debeatur* por simples cálculos, a liquidação por arbitramento revela-se em medida eficaz para tornar líquida a sentença.

Nessa esteira, leciona Manoel Antônio Teixeira (*Execução no processo do trabalho*, p. 369):

2 Art. 14, IN 41/2018, do TST. A regra inscrita no art. 879, § 2º, da CLT, quanto ao dever de o juiz conceder prazo comum de oito dias para impugnação fundamentada da conta de liquidação, não se aplica à liquidação de julgado iniciada antes de 11 de novembro de 2017.

> "Há casos em que a liquidação, a despeito de não reclamar a prova de fatos novos, também não pode ser efetuada por mero cálculo do contador, pois a quantificação ou a individualização de seu objeto dependem de conhecimentos especializados, de perito – pessoa que possui cognição técnica ou científica de certos assuntos que não podem ser satisfatoriamente captados pela percepção sensória comum das pessoas em geral. Surge, então, a necessidade de a liquidação ser realizada por meio de arbitramento.
>
> O arbitramento consiste, portanto, em exame ou vistoria pericial de pessoas ou coisas, com a finalidade de apurar o *quantum* relativo à obrigação pecuniária que deverá ser adimplida pelo devedor, ou, em determinados casos, de individuar, com precisão, o objeto da condenação".

Não obstante, mesmo que no comando sentencial tenha sido determinada a liquidação por arbitramento, poderá o magistrado estabelecer, posteriormente, que a liquidação se processe por cálculos, prestigiando, assim, o princípio da celeridade e economia processual, não havendo que falar em ofensa à coisa julgada, pois não se está alterando o conteúdo substancial da sentença.

O Tribunal Superior do Trabalho entende que o juiz pode alterar a forma de liquidação, mesmo após a prolação de sentença e formação de coisa julgada. Transcrevemos alguns julgados:

> *RECURSO DE REVISTA. (...) LIQUIDAÇÃO POR ARBITRAMENTO. A forma de liquidação não faz coisa julgada, de modo que o procedimento liquidatório pode ser conduzido de maneira diversa do estabelecido na fase de conhecimento, de ofício ou a requerimento da parte. Recurso de revista não conhecido. (RR - 188900-61.1996.5.01.0031, Relator Ministro: José Roberto Freire Pimenta, Data de Julgamento: 23/03/2011, 2ª Turma, Data de Publicação: 01/04/2011).*
>
> *(...) 5 - LIQUIDAÇÃO POR ARBITRAMENTO. Não há necessidade de liquidação por arbitramento, a depender da realização de perícia, quando os valores da condenação podem ser apurados por meio de simples cálculos aritméticos, pelo contador do juízo, mormente se os parâmetros para tal mister estão expressos na sentença liquidanda. Recurso de revista conhecido e provido. (RR - 209541-62.2000.5.01.0053, Relatora Ministra: Delaíde Miranda Arantes, Data de Julgamento: 28/09/2011, 7ª Turma, Data de Publicação: DEJT 07/10/2011).*

Na liquidação por arbitramento, o juiz intimará as partes para a apresentação de pareceres ou documentos elucidativos, no prazo que fixar, e, caso não possa decidir de plano, nomeará perito, observando-se, no que couber, o procedimento da prova pericial (art. 510 do CPC).

Outrossim, não se deve confundir a liquidação por arbitramento com a perícia.

A perícia é meio de prova e não forma de liquidação de sentença.

Na liquidação por arbitramento, as partes não têm a faculdade de nomear assistentes ou formular quesitos, como ocorre na perícia.

No arbitramento, o perito é único, sendo livremente nomeado pelo juiz, consistindo a sua atividade em estimar o valor, em dinheiro, dos direitos assegurados ao exequente pela sentença, agindo como se fosse avaliador.

Vale frisar que o juiz não se encontra adstrito ao laudo do árbitro, podendo formar livremente o seu convencimento sobre a matéria, sendo o árbitro apenas um auxiliar do magistrado.

Um exemplo de liquidação por arbitramento seria a hipótese de cálculo dos salários do reclamante que prestou serviços sem remuneração e cuja relação de emprego foi reconhecida pela Justiça do Trabalho, sendo nomeado, para tanto, um árbitro, cuja função seria realizar pesquisa no mercado de trabalho sobre a remuneração a ser paga ao obreiro, em virtude do serviço prestado.

9.8.2.3. *Liquidação pelo procedimento comum*

A liquidação pelo procedimento comum será feita quando houver necessidade de alegar e provar fatos novos que devam servir de base para fixar o *quantum* da condenação (art. 509, II, do CPC), com a seguinte redação:

> "Art. 509.
>
> (...)
>
> II – pelo procedimento comum, quando houver necessidade de alegar e provar fato novo. (...)"

A liquidação da sentença trabalhista pelo método do procedimento comum é feita quando sua liquidez depender da comprovação de fatos ainda não esclarecidos suficientemente no processo de conhecimento, de modo a permitir valoração imediata do título executivo.

Como exemplo de liquidação pelo procedimento comum, podemos citar a sentença que reconhece a realização de horas extras pelo obreiro, mas não as quantifica, tornando-se necessária, por conseguinte, a realização da liquidação pelo procedimento comum, objetivando apurar, por meio das provas articuladas pelas partes, o número de horas suplementares efetivamente prestadas.

A liquidação pelo procedimento comum não pode ser determinada de ofício pelo juiz, dependendo sempre de iniciativa da parte.

Com efeito, a liquidação pelo procedimento comum está prevista no art. 511 do CPC:

> "Art. 511, CLT. Na liquidação pelo procedimento comum, o juiz determinará a intimação do requerido, na pessoa de seu advogado ou da sociedade de advo-

> gados a que estiver vinculado, para, querendo, apresentar contestação no prazo de 15 (quinze) dias, observando-se, a seguir, no que couber, o disposto no Livro I da Parte Especial deste Código."

Portanto, o interessado apresentará petição inicial, alegando os fatos a serem provados e os respectivos meios de prova, sendo a parte contrária citada para, no prazo de 15 dias, contestar o pedido.

Não contestados os fatos objeto da liquidação pelo procedimento comum, eles serão considerados verdadeiros.

Ao revés, contestados os fatos, o juiz examinará a celeuma, designando audiência, caso haja necessidade de produção de provas, para, posteriormente, proferir decisão.

Em última análise, verifica-se que a liquidação pelo procedimento comum é muito complexa, constituindo-se em verdadeiro processo de cognição, podendo haver indeferimento da petição de liquidação, suspensão e extinção da liquidação, revelia do devedor, produção de provas, julgamento antecipado da liquidação e designação de audiência para coleta de prova oral, sendo, em função do princípio da celeridade, desaconselhável a adoção de tal modalidade de liquidação no âmbito laboral.

9.8.2.4. *Impugnação à sentença de liquidação*

Uma vez apurado o valor da execução, será expedido o mandado de citação do executado para que pague ou garanta o juízo no prazo de 48 horas, nos termos do art. 880 da CLT:

> "Art. 880. Requerida a execução, o juiz ou presidente do tribunal mandará expedir mandado de citação do executado, a fim de que cumpra a decisão ou o acordo no prazo, pelo modo e sob as cominações estabelecidas ou, quando se tratar de pagamento em dinheiro, inclusive de contribuições sociais devidas à União, para que o faça em 48 (quarenta e oito) horas ou garanta a execução, sob pena de penhora."

O art. 884 da CLT estabelece que no prazo de 5 dias, contados da ciência da garantia do juízo realizada pelo executado, o exequente poderá apresentar impugnação à sentença de liquidação:

> "Art. 884. Garantida a execução ou penhorados os bens, terá o executado 5 (cinco) dias para apresentar embargos, cabendo igual prazo ao exequente para impugnação". Frise-se que, mesmo deixando o executado de apresentar embargos à execução, deverá o magistrado conceder prazo para o exequente impugnar a sentença de liquidação, evitando-se, assim, no futuro, que seja arguida pelo credor (na primeira oportunidade que tiver de falar nos autos ou em audiência) a nulidade do processo, a partir do momento em que a providência judicial não foi adotada" (*error in procedendo*).

Esclarece o art. 884, § 4.º, da CLT que serão julgados na mesma sentença os embargos e as impugnações à liquidação apresentados pelos credores trabalhista e previdenciário.

9.8.2.5. *Natureza jurídica da sentença de liquidação*

Com relação à natureza jurídica da sentença de liquidação, doutrina e jurisprudência divergem sobre o tema, surgindo opiniões e conceitos variados, a seguir descritos:

- para alguns a sentença de liquidação possui natureza jurídica de decisão interlocutória, ou seja, não se constituindo em sentença, mas sim em simples decisão de caráter interlocutório;
- outros advogam a tese de que a sentença de liquidação constitui-se numa sentença declaratória.

Manoel Antônio Teixeira Filho (*Execução no processo do trabalho*, p. 354-356) explica que a sentença de liquidação constitui-se numa decisão de caráter interlocutório de natureza declaratória (declara o *quantum debeatur*).

Evidentemente, a definição da natureza jurídica da sentença de liquidação é importante para se definir sobre a possibilidade ou não do uso da ação rescisória.

Com efeito, o Tribunal Superior do Trabalho tem se posicionado, na maioria dos julgados, no sentido de que não cabe ação rescisória em relação à decisão meramente homologatória de cálculos, conforme se depreende da Súmula 399 do TST:

> "SÚMULA 399 DO TST. AÇÃO RESCISÓRIA. CABIMENTO. SENTENÇA DE MÉRITO. DECISÃO HOMOLOGATÓRIA DE ADJUDICAÇÃO, DE ARREMATAÇÃO E DE CÁLCULOS (conversão das Orientações Jurisprudenciais nos 44, 45 e 85, primeira parte, da SBDI- II) – Res. 137/2005, *DJ* 22, 23 e 24.08.2005.
>
> (...)
>
> II – A decisão homologatória de cálculos apenas comporta rescisão quando enfrentar as questões envolvidas na elaboração da conta de liquidação, quer solvendo a controvérsia das partes quer explicitando, de ofício, os motivos pelos quais acolheu os cálculos oferecidos por uma das partes ou pelo setor de cálculos, e não contestados pela outra" (ex-OJ n.º 85 da SBDI-II – primeira parte – inserida em 13.03.2002 e alterada em 26.11.2002).

Nesse contexto, a SDI-II do TST editou a OJ 134, publicada no *DJ* em 04.05.2004, *in verbis*:

> "OJ 134, SDI-II, DO TST. AÇÃO RESCISÓRIA. DECISÃO QUE DECLARA PRECLUSA A OPORTUNIDADE DE IMPUGNAÇÃO DA SENTENÇA DE LIQUIDAÇÃO. PRODUÇÃO DE

COISA JULGADA FORMAL. IRRESCINDIBILIDADE (alterada em decorrência do CPC de 2015) – Res. 220/2017, *DEJT* divulgado em 21, 22 e 25.09.2017.

A decisão proferida em embargos à execução ou em agravo de petição que apenas declara preclusa a oportunidade de impugnação da sentença de liquidação não é rescindível, em virtude de produzir tão-somente coisa julgada formal."

9.9. EXECUÇÃO POR QUANTIA CERTA CONTRA DEVEDOR SOLVENTE – PROCESSAMENTO

9.9.1. Citação, pagamento, depósito para apresentação de embargos

Tornada a dívida líquida e certa, com a respectiva homologação dos cálculos, inicia-se a execução trabalhista.

O objetivo da execução por quantia certa é expropriar bens do devedor a fim de satisfazer o direito do credor, respondendo o executado com seu patrimônio, presente ou futuro, para o cumprimento das obrigações.

Nesse contexto, achando-se a dívida já com seu valor líquido e certo, será expedido o **mandado executivo**, denominado mandado de citação, penhora e avaliação, a ser cumprido pelo oficial de justiça.

Nos termos do art. 880 da CLT (com redação dada pela Lei 11.457/2007), o executado será citado para em 48 horas pagar a dívida ou mesmo garantir a execução. Vejamos:

> "Art. 880 da CLT. Requerida a execução, o juiz ou presidente do Tribunal, mandará expedir mandado de citação ao executado, a fim de que cumpra a decisão ou o acordo no prazo, pelo modo e sob as cominações estabelecidas, ou, em se tratando de pagamento em dinheiro, incluídas as contribuições sociais devidas à União, para que pague em quarenta e oito horas, ou garanta a execução, sob pena de penhora."

O Pleno do Tribunal Superior do Trabalho decidiu que o art. 523, § 1º, do CPC é incompatível com o Processo do Trabalho. O dispositivo prevê multa de 10% sobre o valor do débito caso o pagamento não seja feito de forma voluntária no prazo de 15 dias. A decisão se deu em julgamento de incidente de recurso repetitivo, e o entendimento adotado deverá ser aplicado a todos os casos que tratam de matéria semelhante. Os acórdãos em julgamento de recurso de repetitivos tratam-se de precedentes obrigatórios, vinculando todos os juízes e tribunais, nos termos do art. 927, III, do CPC.

Prevaleceu o entendimento de que há procedimento específico na CLT que se contrapõe à incidência da multa. Não é uma questão de omissão, mas de incompatibilidade lógica.

O art. 523, § 1º, do CPC concede ao devedor prazo de 15 dias para praticar um único ato possível – pagar a dívida, que, caso contrário, será acrescida de multa. No Processo do Trabalho, ao contrário, os arts. 880, *caput*, e 882 da CLT facultam ao devedor, no prazo de 48h, praticar um desses dois atos: pagar ou garantir a execução com outro tipo de bem. A possibilidade de nomeação de bens à penhora exclui a ordem para pagamento imediato da dívida.

A tese jurídica fixada no julgamento do recurso de revista repetitivo (IRR-1786-24.2015.5.04.0000), de observância obrigatória nos demais casos sobre a mesma matéria, foi a seguinte:

> "A multa coercitiva do artigo 523, § 1º, do CPC (antigo artigo 475-J do CPC de 1973) não é compatível com as normas vigentes da CLT porque se rege o processo do trabalho, ao qual não se aplica."

Vale destacar que a citação do devedor na execução trabalhista, ao contrário do que ocorre no processo de cognição, é pessoal, sendo realizada pelos oficiais de justiça, estando a validade do ato subordinada à sua realização na pessoa do executado, ou de quem possua poderes expressos para recebê-la.

O mandado de citação deverá conter a decisão exequenda ou o termo de acordo não cumprido (art. 880, § 1.º, da CLT).

Conforme determina o art. 880, § 3.º, da CLT, se o executado, procurado por duas vezes no espaço de 48 horas, não for encontrado, far-se-á a citação por edital, publicada no jornal oficial ou, na falta deste, afixado na sede da Vara ou Juízo, durante 5 dias.

Embora pouco aplicado ao Processo do Trabalho, alguns doutrinadores entendem que o art. 830 do CPC (mencionando a possibilidade de o oficial de justiça proceder ao arresto em caso de não localização do devedor) tem aplicação subsidiária ao Processo do Trabalho.

Nesse caso, se o oficial de justiça não encontrasse o devedor (procurado por duas vezes), poderia arrestar tantos bens quantos bastassem para garantir a execução, certificando a respeito das diligências empreendidas para localizá-lo e devolvendo o mandado à Vara do Trabalho para realização da citação por edital.

Aperfeiçoada a citação e transcorrido o prazo de pagamento, o arresto converter-se-á em penhora, independentemente de termo (art. 830, § 3.º, do CPC).

Realizada a citação, o oficial de justiça, de posse do mandado, aguardará o decurso do prazo de 48 horas, podendo o executado nesse interregno adotar três posicionamentos, quais sejam:

- efetuar o pagamento do valor da execução, conforme previsto no art. 881 da CLT;

- depositar em juízo o valor da execução objetivando a garantia do juízo e a oposição de embargos à execução (art. 882, primeira parte, da CLT);
- nomear bens à penhora, objetivando a garantia do juízo e a oposição de embargos à execução (art. 882, parte final, da CLT).

9.9.2. Nomeação de bens à penhora

Estabelece o art. 882 consolidado que:

> "Art. 882, CLT. O executado que não pagar a importância reclamada poderá garantir a execução mediante depósito da quantia correspondente, atualizada e acrescida das despesas processuais, apresentação de seguro garantia judicial ou nomeação de bens à penhora, observada a ordem preferencial estabelecida no art. 835 da Lei nº 13.105, de 16 de março de 2015 – Código de Processo Civil."

Portanto, uma das alternativas do executado, no intervalo de 48 horas após a citação, é nomear bens à penhora objetivando garantir o juízo e possibilitando a este embargar a execução.

À luz do art. 884, § 6º, da CLT, a exigência da garantia ou penhora não se aplica às entidades filantrópicas e/ou àqueles que compõem ou compuseram a diretoria dessas instituições[3].

A gradação legal para nomeação de bens à penhora prevista no art. 835 do CPC é a seguinte, a qual se aplica ao Processo do Trabalho, como determina o art. 3º, XVI, da IN 39/2016, do TST:

> I – dinheiro, em espécie ou em depósito ou aplicação em instituição financeira;
>
> II – títulos da dívida pública da União, dos Estados e do Distrito Federal com cotação em mercado;
>
> III – títulos e valores mobiliários com cotação em mercado;
>
> IV – veículos de via terrestre
>
> V – bens imóveis;
>
> VI – bens móveis em geral;
>
> VII – semoventes;
>
> VIII – navios e aeronaves;
>
> IX – ações e quotas de sociedades simples e empresárias;
>
> X – percentual do faturamento de empresa devedora;
>
> XI – pedras e metais preciosos;
>
> XII – direitos aquisitivos derivados de promessa de compra e venda e de alienação fiduciária em garantia;
>
> XIII – outros direitos.

---

3 Art. 16, IN 41/2018, do TST. O art. 884, § 6º, da CLT aplica-se às entidades filantrópicas e seus diretores, em processos com execuções iniciadas após 11.11.2017, data em que entrou em vigor a Lei 13.467/2017 (Reforma Trabalhista).

Estabelece o parágrafo primeiro do referido artigo que "é prioritária a penhora em dinheiro, podendo o juiz, nas demais hipóteses, alterar a ordem prevista no art. 835 do CPC, de acordo com as circunstâncias do caso concreto".

Outrossim, a gradação legal prevista no art. 835 do CPC deve ser observada tão somente pelo executado que nomeia bens à penhora e não, necessariamente, pelo exequente, pelo juiz ou pelo oficial de justiça que realizar a penhora em caso de inércia do devedor, não estando o meirinho adstrito à ordem prevista no digesto processual civil, podendo penhorar qualquer bem, desde que seja de maior e/ou melhor liquidez no leilão.

Nos moldes do art. 835, § 2º, do CPC, para fins de substituição da penhora, equiparam-se a dinheiro a fiança bancária e o seguro garantia judicial, desde que em valor não inferior ao do débito constante da inicial, acrescido de trinta por cento.

Estabelece o art. 848 do CPC que a parte poderá requerer a substituição da penhora se:

- ela não obedecer à ordem legal;
- ela não incidir sobre os bens designados em lei, contrato ou ato judicial para o pagamento;
- havendo bens no foro da execução, outros tiverem sido penhorados;
- havendo bens livres, ela tiver recaído sobre bens já penhorados ou objeto de gravame;
- ela incidir sobre bens de baixa liquidez;
- fracassar a tentativa de alienação judicial do bem;
- o executado não indicar o valor dos bens ou omitir qualquer das indicações previstas em lei.

Vale ressaltar que o art. 848, parágrafo único, do CPC permite que a penhora seja substituída por fiança bancária ou por seguro garantia judicial, em valor não inferior ao do débito constante da inicial, acrescido de trinta por cento.

Requerida a substituição do bem penhorado, o executado deve indicar onde se encontram os bens sujeitos à execução, exibir a prova de sua propriedade e a certidão negativa ou positiva de ônus, bem como abster-se de qualquer atitude que dificulte ou embarace a realização da penhora (art. 847, § 2.º, do CPC).

Sempre que ocorrer a substituição dos bens inicialmente penhorados, será lavrado novo termo (art. 849 do CPC). E será admitida a redução ou a ampliação da penhora, bem como sua transferência para outros bens, se, no curso do processo, o valor de mercado dos bens penhorados sofrer alteração significativa (art. 850 do CPC).

Caso uma das partes aceite a estimativa de valor dos bens feita pela outra, não será realizada a avaliação de bens pelo oficial de justiça (art. 871, I, do CPC).

Cumpridas as exigências legais, a nomeação será reduzida a termo, havendo-se por penhorados os bens, intimando-se o executado para vir assiná-lo como depositário, salvo se o exequente não concordar em que os bens fiquem sob a guarda do executado (Lei 6.830/1980, art. 11, § 3.º).

Nesse caso, os bens serão removidos para o depósito público (se existir), ou mesmo deverá o exequente indicar depositário particular, providenciando meios de transporte para a remoção dos bens.

9.9.3. Penhora

9.9.3.1. Introdução

Dispõe o art. 883 da CLT que:

> "Art. 883. Não pagando o executado, nem garantindo a execução, seguir-se-á penhora dos bens, tantos quantos bastem ao pagamento da importância da condenação, acrescida de custas e juros de mora, sendo estes, em qualquer caso, devidos a partir da data em que for ajuizada a reclamação inicial."

Portanto, se o executado não pagar a dívida, não efetuar o depósito judicial para apresentação de embargos à execução ou não nomear bens à penhora, no prazo de 48 horas contados da citação, o oficial de justiça retornará ao local da execução e penhorará tantos bens quantos bastem para satisfazer o julgado, inclusive custas, juros de mora, correção monetária e a contribuição previdenciária (executada simultaneamente com o crédito trabalhista).

Com a penhora, será materializada a apreensão judicial dos bens do executado, para que sejam levados a hasta pública para a satisfação da condenação imposta.

A penhora será realizada onde se encontrarem os bens, ainda que sob posse, detenção ou guarda de terceiros (art. 845 do CPC).

Por outro lado, dispõe o art. 836, do CPC que não se levará a efeito a penhora quando ficar evidente que o produto da execução dos bens encontrados será totalmente absorvido pelo pagamento das custas da execução (princípio da utilidade para o credor), cabendo ao oficial de justiça descrever, na certidão, os que guarnecem a residência ou o estabelecimento do devedor.

O art. 838 do CPC determina que a penhora será realizada mediante auto ou termo que conterá a indicação do dia, mês, ano e lugar em que foi feita, os nomes do exequente e do executado, a descrição dos bens penhorados, com as suas características **e a nomeação do depositário dos bens**.

Consoante já referido, o art. 848, parágrafo único, do CPC permite que a penhora seja substituída por fiança bancária ou por seguro garantia judicial, em valor não inferior ao do débito constante da inicial, acrescido de trinta por cento.

Discute-se muito na doutrina se, no ato da expropriação de seus bens (penhora), o devedor é obrigado a assumir o encargo de fiel depositário, entendendo alguns que o oficial de justiça, nos termos do art. 838, IV, do CPC, poderá nomear depositário independentemente da assinatura do auto de depósito.

No entanto, o Tribunal Superior do Trabalho, por meio da OJ 89 da SDI-II, manifestou-se em sentido contrário, firmando entendimento de que a investidura no encargo de fiel depositário depende da aceitação do nomeado, com sua assinatura no Termo de Compromisso constante no auto de penhora.

Cumpre destacar que, atualmente, os oficiais de justiça também acumulam a função de avaliadores.

Logo, no ato da penhora, já será feita pelo meirinho a avaliação, não sendo mais aplicado o art. 888 da CLT, neste particular.

Nos termos da IN 39/2016 do TST, que versa sobre as normas do Código de Processo Civil de 2015, aplicáveis e inaplicáveis do Processo do Trabalho, o art. 841, *caput* e §§ 1º e 2º, CPC, que dispões sobre a intimação da penhora são compatíveis com a seara trabalhista:

> "Art. 841. Formalizada a penhora por qualquer dos meios legais, dela será imediatamente intimado o executado.
>
> § 1.º A intimação da penhora será feita ao advogado do executado ou à sociedade de advogados a que aquele pertença.
>
> § 2.º Se não houver constituído advogado nos autos, o executado será intimado pessoalmente, de preferência por via postal."

Não se procederá à segunda penhora salvo se a primeira for anulada, se executados os bens, o produto da alienação não bastar para o pagamento do exequente ou se o exequente desistir da primeira penhora, por serem litigiosos os bens, ou por estarem submetidos à constrição judicial (art. 851 do CPC).

O art. 847 do CPC permite que o executado, no prazo de 10 dias, contados da intimação da penhora, requeira a substituição do bem penhorado, desde que comprove que a substituição será menos onerosa e não trará prejuízo ao exequente (arts. 80, IV e VI, e 805 do CPC).

Por fim, dispõe o art. 874 do CPC que o juiz, após a avaliação, poderá, a requerimento do interessado e ouvida a parte contrária, mandar reduzir ou ampliar a penhora. Vejamos:

> "Art. 874. Após a avaliação, o juiz poderá, a requerimento do interessado e ouvida a parte contrária, mandar:
>
> I – reduzir a penhora aos bens suficientes ou transferi-la para outros, se o valor dos bens penhorados for consideravelmente superior ao crédito do exequente e dos acessórios;
>
> II – ampliar a penhora ou transferi-la para outros bens mais valiosos, se o valor dos bens penhorados for inferior ao crédito do exequente."

9.9.3.2. Resistência à penhora

Muitas vezes o executado não permite que o oficial de justiça ingresse no local da diligência, não restando outra alternativa ao meirinho senão certificar o fato ao juiz, solicitando ordem de arrombamento (art. 846 do CPC).

Deferido o pedido, será expedida ordem de arrombamento, a ser cumprida por dois oficiais de justiça, que executarão o mandado, arrombando cômodos e móveis, onde presumirem que se achem os bens, e lavrarão todos os fatos no auto circunstanciado, que deverá ser assinado por duas testemunhas presentes à diligência (art. 846, § 1.º, do CPC).

Esclarece o art. 846, § 2.º, do CPC que, sempre que necessário, o juiz requisitará força policial, a fim de auxiliar os oficiais de justiça na penhora de bens.

Havendo resistência ao cumprimento do mandado, os oficiais de justiça lavrarão em duplicata o auto de resistência, entregando uma via ao escrivão do processo para ser juntada aos autos e a outra à autoridade policial, a quem entregarão o preso, para responder pelo delito penal.

9.9.3.3. Bens impenhoráveis

O art. 833 do CPC elenca diversos bens não suscetíveis de constrição judicial (absolutamente impenhoráveis), a saber:

> "Art. 833. São impenhoráveis:
>
> I – os bens inalienáveis e os declarados, por ato voluntário, não sujeitos à execução;
>
> II – os móveis, os pertences e as utilidades domésticas que guarnecem a residência do executado, salvo os de elevado valor ou os que ultrapassem as necessidades comuns correspondentes a um médio padrão de vida;
>
> III – os vestuários, bem como os pertences de uso pessoal do executado, salvo se de elevado valor;
>
> IV – os vencimentos, os subsídios, os soldos, os salários, as remunerações, os proventos de aposentadoria, as pensões, os pecúlios e os montepios, bem como as quantias recebidas por liberalidade de terceiro e destinadas ao sustento do devedor e de sua família, os ganhos de trabalhador autônomo e os honorários de profissional liberal, ressalvado o § 2º;

> V – os livros, as máquinas, as ferramentas, os utensílios, os instrumentos ou outros bens móveis necessários ou úteis ao exercício da profissão do executado;
>
> VI – o seguro de vida;
>
> VII – os materiais necessários para obras em andamento, salvo se essas forem penhoradas;
>
> VIII – a pequena propriedade rural, assim definida em lei, desde que trabalhada pela família;
>
> IX – os recursos públicos recebidos por instituições privadas para aplicação compulsória em educação, saúde ou assistência social;
>
> X – a quantia depositada em caderneta de poupança, até o limite de 40 (quarenta) salários-mínimos;
>
> XI – os recursos públicos do fundo partidário recebidos por partido político, nos termos da lei;
>
> XII – os créditos oriundos de alienação de unidades imobiliárias, sob regime de incorporação imobiliária, vinculados à execução da obra.
>
> § 1.º A impenhorabilidade não é oponível à execução de dívida relativa ao próprio bem, inclusive àquela contraída para sua aquisição.
>
> § 2.º O disposto nos incisos IV e X do *caput* não se aplica à hipótese de penhora para pagamento de prestação alimentícia, independentemente de sua origem, bem como às importâncias excedentes a 50 (cinquenta) salários-mínimos mensais, devendo a constrição observar o disposto no art. 528, § 8º, e no art. 529, § 3.º.
>
> § 3.º Incluem-se na impenhorabilidade prevista no inciso V do *caput* os equipamentos, os implementos e as máquinas agrícolas pertencentes a pessoa física ou a empresa individual produtora rural, exceto quando tais bens tenham sido objeto de financiamento e estejam vinculados em garantia a negócio jurídico ou quando respondam por dívida de natureza alimentar, trabalhista ou previdenciária."

Observe que o art. 833, § 2º, do CPC versa sobre a impenhorabilidade de verbas de natureza alimentar e os valores depositados em caderneta de poupança até 40 salários-mínimos (incisos IV e X), estabelecendo o seguinte: a) a possibilidade da penhora do salário no que exceder a 50 salários-mínimos mensais, sendo indiferente se a dívida é ou não de caráter alimentar; e b) e penhorabilidade de qualquer importância para pagamento de verbas de natureza alimentar independentemente de sua origem.

Vale frisar que, embora não constem no rol dos bens impenhoráveis contidos no art. 833 do digesto processual civil, os bens públicos também são absolutamente impenhoráveis.

Outrossim, aduz o art. 834 do CPC que podem ser penhorados, à falta de outros bens, os frutos e rendimentos dos bens inalienáveis.

Com efeito, à exceção dos bens que a lei declara inalienáveis, todos os demais podem ser objeto de constrição e expropriação judicial, inclusive o imóvel hipotecado, o que é admitido pelo próprio art. 333, II, do CC.

O leilão será precedido de publicação de edital, que conterá a existência de ônus, recurso ou processo pendente sobre os bens a serem leiloados (art. 886, VI, do CPC), sob pena de nulidade.

Manoel Antônio Teixeira (*Execução no processo do trabalho*, 8. ed., p. 447) entende que a expropriação do bem hipotecado transfere o gravame do bem para o arrematante. Vejamos a posição do autor:

> "O que se deve destacar é a particularidade de a hipoteca, como direito real de garantia, passar com o imóvel para o domínio do arrematante. Assim, dizemos, porque, a nosso ver, o Código atual recepcionou, de maneira tácita, a regra inscrita no art. 677, *caput*, do Código revogado. Por outras palavras: a expropriação transfere o domínio do imóvel hipotecado, mas o gravame passa ao arrematante (*transit cum onere suo*). A arrematação só extinguirá a hipoteca (Cód. Civil, art. 1.499, VI) quando ocorrer na execução do próprio crédito hipotecário."

Também o bem alienado fiduciariamente não pode ser objeto de penhora nas execuções ajuizadas contra o devedor fiduciário, uma vez que a alienação fiduciária em garantia transfere ao credor o domínio resolúvel e a posse indireta da coisa móvel alienada, independentemente da tradição efetiva do bem, tornando-se o alienante ou devedor um mero possuidor direto e depositário com todas as responsabilidades e encargos advindos da lei civil e penal.

Logo, a eficácia derivada do contrato de alienação fiduciária suplanta a preferência do crédito trabalhista, assegurando a impenhorabilidade do bem objeto de contrato de alienação fiduciária, não podendo, por conseguinte, ser alcançado pela execução trabalhista.

Neste diapasão, se o devedor fiduciário for executado, não poderá nomear como bem à penhora aquele que possui por meio de alienação fiduciária, uma vez que não possui a propriedade deste, restando impedido de aliená-lo.

Todavia, a propriedade resolúvel é limitada, sujeita à implementação de condição ou termo inserido no título constitutivo (contrato de alienação fiduciária), a qual, uma vez satisfeita, assegura ao proprietário beneficiário o domínio pleno sobre a coisa, tornando o bem, assim, penhorável.

O Superior Tribunal de Justiça, em alguns julgados, tem firmado entendimento no sentido de que o condômino, em face da obrigação *propter rem*, pode ter sua unidade autônoma penhorada para satisfazer a execução contra o condomínio.

É possível a penhora de bem imóvel que abrange a meação do cônjuge casado com o executado, pois o matrimônio, independentemente do regime, não gera a impenhorabilidade dos bens comuns do casal, apenas assegura, quando da expropriação do bem em hasta pública, o resguardo à meia parte pertencente ao outro cônjuge.

Em outras palavras, a penhora de bem imóvel que abrange a meação do cônjuge estranho à relação processual que originou o título judicial exequendo não será desconstituída, uma vez que o casamento no regime de comunhão total ou parcial de bens não assegura a impenhorabilidade dos bens comuns do casal.

Todavia, quanto às dívidas contraídas na administração dos bens do casal, até mesmo os bens particulares de ambos os cônjuges estarão obrigados à satisfação da dívida.

A Lei 8.009/1990, por sua vez, tornou impenhoráveis os bens de família, quais sejam o imóvel residencial próprio do casal ou da entidade familiar, abrangendo o imóvel sobre o qual se assentam a construção, as plantações, as benfeitorias de qualquer natureza e todos os equipamentos, inclusive de uso profissional, ou móveis que guarnecem a casa, desde que quitados.

Portanto, os bens da família protegidos pela Lei 8.009/1990 não respondem por qualquer tipo de dívida civil, comercial, fiscal, trabalhista, previdenciária ou de outra natureza, seja contraída por qualquer dos cônjuges, pelos pais ou filhos que sejam proprietários e nele residam, salvo nas hipóteses previstas na própria lei em comento.

Caso o imóvel seja alugado, a impenhorabilidade alcança apenas os bens móveis quitados que guarneçam a residência do locatário, desde que comprovada pelo mesmo a propriedade dos bens.

Objetivando coibir excessos, a doutrina vem afirmando que a impenhorabilidade de bens móveis que guarnecem a residência da família ou entidade familiar deve restringir-se àqueles bens indispensáveis à vida da família, respeitando-se, assim, o princípio constitucional da dignidade da pessoa humana, excluindo-se da proteção, por consequência, os bens supérfluos, de mero deleite, ou que não sejam absolutamente indispensáveis à manutenção e sobrevivência dos que ali residem.

Excluem-se da regra da impenhorabilidade prevista na Lei 8.009/1990 os veículos de transporte, obras de arte e adornos suntuosos.

Esclarece, outrossim, o art. 3.º da Lei 8.009/1990 que a impenhorabilidade é oponível em qualquer processo de execução civil, fiscal, previdenciária, trabalhista ou de outra natureza, salvo se movido:

- pelo titular do crédito decorrente do financiamento destinado à construção ou à aquisição do imóvel, no limite dos créditos e acréscimos constituídos em função do respectivo contrato;
- pelo credor de pensão alimentícia;

- para cobrança de impostos, predial ou territorial, taxas e contribuições devidas em função do imóvel familiar;
- para execução de hipoteca sobre o imóvel oferecido como garantia real pelo casal ou pela entidade familiar;
- por ter sido adquirido com produto de crime ou para execução de sentença penal condenatória a ressarcimento, indenização ou perdimento de bens.

O art. 46 da Lei Complementar 150, de 2015, revogou o inciso I do art. 3º da Lei 8.009/1990, que determinava que era penhorável o bem de família para pagamento de créditos trabalhistas e previdenciários dos trabalhadores domésticos. Logo, atualmente, o bem de família do empregador doméstico é impenhorável nesses casos.

Vale destacar que o Plenário do STF (RE 407688-SP – j. 08.02.2006), por maioria, alterou o entendimento firmado em julgados anteriores (RE 352940 e RE 449657), considerando constitucional o art. 3.º, inciso VII, da Lei 8.009/1990, que possibilita a penhora do imóvel dado pelo fiador em garantia à locação, uma vez que tal dispositivo não afronta o art. 6.º da CF/1988. Entendeu o STF que não há incompatibilidade entre o art. 3.º, inciso VII, da Lei 8.009/1990 e o art. 6.º da CF/1988, pois o cidadão tem a liberdade de escolher se deve ou não avalizar um contrato de aluguel e, nessa situação, se deve de arcar com os riscos que a condição de fiador implica. Portanto, para o STF, o único imóvel (bem de família) de uma pessoa que assume a condição de fiador em contrato de aluguel pode ser penhorado, em caso de inadimplência do locatário.

Não se beneficiará do disposto na lei em destaque o devedor que, sabendo-se insolvente, adquire de má-fé imóvel mais valioso para transferir a residência familiar anterior, desfazendo-se ou não da moradia antiga, podendo o magistrado, nesse caso, na respectiva ação movida pelo credor, transferir a impenhorabilidade para a moradia familiar anterior, ou anular-lhe a venda, liberando a mais valiosa para execução ou concurso, conforme a hipótese (art. 4.º, § 1.º, da Lei 8.009/1990).

Outro ponto importante, para efeitos da impenhorabilidade de que trata a Lei 8.009/1990, considera-se residência um único imóvel utilizado pelo casal ou pela entidade familiar para moradia permanente, restando claro que, na hipótese de possuírem vários imóveis utilizados como residência, a impenhorabilidade recairá sobre o de menor valor, salvo se outro tiver sido registrado, para esse fim, no Registro de Imóveis, na forma do Código Civil (art. 5.º, parágrafo único, da Lei 8.009/1990).

Não se aplica a regra da impenhorabilidade do bem de família aos veículos de transporte, às obras de arte e aos adornos suntuosos.

Por fim, destacamos a Súmula 486 do STJ:

> "Súmula 486 do STJ. É impenhorável o único imóvel residencial do devedor que esteja locado a terceiros, desde que a renda obtida com a locação seja revertida para a subsistência ou a moradia da sua família."

9.9.3.4. *Penhora* on-line

Mediante convênio firmado entre o Banco Central do Brasil e o Tribunal Superior do Trabalho, o juiz do trabalho, previamente cadastrado e com senha específica, passou, "via Internet", a ter a possibilidade de localizar conta-corrente do executado trabalhista em qualquer banco no território nacional, efetuando a respectiva penhora *on-line*.

O art. 854 do CPC prevê o procedimento para penhora de dinheiro pelo BacenJud, o qual é aplicável ao Processo do Trabalho, como prevê o art. 3º, XIX, da IN 39/2016 do TST:

> "Art. 854. Para possibilitar a penhora de dinheiro em depósito ou em aplicação financeira, o juiz, a **requerimento do exequente**, sem dar ciência prévia do ato ao executado, determinará às instituições financeiras, por meio de sistema eletrônico gerido pela autoridade supervisora do sistema financeiro nacional, que torne indisponíveis ativos financeiros existentes em nome do executado, limitando-se a indisponibilidade ao valor indicado na execução.
>
> § 1.º No prazo de 24 (vinte e quatro) horas a contar da resposta, de ofício, o juiz determinará o cancelamento de eventual indisponibilidade excessiva, o que deverá ser cumprido pela instituição financeira em igual prazo.
>
> § 2.º Tornados indisponíveis os ativos financeiros do executado, este será intimado na pessoa de seu advogado ou, não o tendo, pessoalmente.
>
> § 3.º Incumbe ao executado, no prazo de 5 (cinco) dias, comprovar que:
>
> I – as quantias tornadas indisponíveis são impenhoráveis;
>
> II – ainda remanesce indisponibilidade excessiva de ativos financeiros.
>
> § 4.º Acolhida qualquer das arguições dos incisos I e II do § 3.º, o juiz determinará o cancelamento de eventual indisponibilidade irregular ou excessiva, a ser cumprido pela instituição financeira em 24 (vinte e quatro) horas.
>
> § 5.º Rejeitada ou não apresentada a manifestação do executado, converter-se-á a indisponibilidade em penhora, sem necessidade de lavratura de termo, devendo o juiz da execução determinar à instituição financeira depositária que, no prazo de 24 (vinte e quatro) horas, transfira o montante indisponível para conta vinculada ao juízo da execução.
>
> § 6.º Realizado o pagamento da dívida por outro meio, o juiz determinará, imediatamente, por sistema eletrônico gerido pela autoridade supervisora do sistema financeiro nacional, a notificação da instituição financeira para que, em até 24 (vinte e quatro) horas, cancele a indisponibilidade.

§ 7.º As transmissões das ordens de indisponibilidade, de seu cancelamento e de determinação de penhora previstas neste artigo far-se-ão por meio de sistema eletrônico gerido pela autoridade supervisora do sistema financeiro nacional.

§ 8.º A instituição financeira será responsável pelos prejuízos causados ao executado em decorrência da indisponibilidade de ativos financeiros em valor superior ao indicado na execução ou pelo juiz, bem como na hipótese de não cancelamento da indisponibilidade no prazo de 24 (vinte e quatro) horas, quando assim determinar o juiz.

§ 9.º Quando se tratar de execução contra partido político, o juiz, a requerimento do exequente, determinará às instituições financeiras, por meio de sistema eletrônico gerido por autoridade supervisora do sistema bancário, que tornem indisponíveis ativos financeiros somente em nome do órgão partidário que tenha contraído a dívida executada ou que tenha dado causa à violação de direito ou ao dano, ao qual cabe exclusivamente a responsabilidade pelos atos praticados, na forma da lei."

A Consolidação dos Provimentos da CGJT estabeleceu, em seu art. 96 que, relativamente ao Sistema BacenJud, os juízes do trabalho devem abster-se de emitir ordem judicial de bloqueio promovida em face de Estado estrangeiro ou organismo internacional; não encaminhar às instituições financeiras, por intermédio de ofício-papel, solicitação de informações e ordens judiciais de bloqueio, desbloqueio e transferência de valores quando for possível a prática do ato por meio do Sistema BacenJud; velar diariamente para que, em caso de bloqueio efetivado, haja pronta emissão de ordem de transferência dos valores para uma conta em banco oficial ou emissão de ordem de desbloqueio; proceder à correta identificação dos executados quando da expedição das ordens de bloqueio de numerário em contas bancárias mediante o Sistema BACEN JUD, informando o registro do número de inscrição no CPF ou CNPJ, a fim de evitar a indevida constrição de valores de titularidade de pessoas físicas ou jurídicas homônimas.

Ademais, para evitar que, via internet, fossem bloqueados numerários em várias contas correntes do executado, gerando excesso de penhora, permitiu a Consolidação dos Provimentos da CGJT em seu art. 101 às pessoas físicas e jurídicas requerer, por si ou por seus representantes estatutários, ou mesmo por advogado devidamente constituído, mediante exibição de instrumento de procuração, o cadastramento de conta única apta a acolher bloqueios eletrônicos realizados por meio do sistema BacenJud. E tratando-se de grupo econômico, empresa com filiais e situações análogas, faculta-se o cadastramento de uma conta única para mais de uma pessoa jurídica ou natural (art. 103).

A pessoa física ou jurídica obriga-se a manter na conta indicada numerário suficiente para o cumprimento da ordem judicial (art. 105).

No caso de impossibilidade de constrição sobre a conta indicada por insuficiência de fundo para o atendimento à ordem judicial de bloqueio, caberá Pedido de Providências de iniciativa do juiz que preside a execução da causa através de ofício dirigido ao Ministro Corregedor-Geral da Justiça do Trabalho. Não cabe Pedido de Providências na hipótese de suposta recusa da instituição financeira em acatar a ordem judicial de transferência do numerário bloqueado.

Em seguida, na ausência de numerário bastante para atender à ordem judicial de bloqueio, a ordem será direcionada às demais instituições financeiras e a conta única poderá ser descadastrada (art. 108). A reincidência quanto à ausência de fundos para o atendimento das ordens judiciais de bloqueio implicará novo descadastramento, desta vez pelo prazo de 1 (um) ano (art. 111).

9.9.3.5. *Penhora na renda*

É comum no âmbito da Justiça do Trabalho a determinação de penhora sobre a renda ou o faturamento da empresa, procedendo o oficial de justiça, posteriormente, à devida arrecadação dos numerários penhorados.

A única observação quanto à possibilidade de penhora na renda da empresa é em relação ao percentual a ser penhorado, uma vez que a penhora do faturamento total da empresa, evidentemente, inviabilizaria o próprio funcionamento da executada.

Esse é o posicionamento do Tribunal Superior do Trabalho, *in verbis*:

> "MANDADO DE SEGURANÇA. PENHORA EM RENDA DIÁRIA. HOSPITAL. 1. Mandado de segurança contra decisão que, em execução definitiva, determina a penhora em renda diária do Hospital impetrante. 2. É admissível, em tese, a penhora sobre renda diária ou faturamento da empresa, mas, desde que sejam observadas as normas impostas nos arts. 677 e 678 do CPC (arts. 862 e 863 do atual CPC), mormente mediante a nomeação de depositário-administrador e a apresentação de plano de pagamento ao credor, tudo de maneira a permitir que a empresa continue desenvolvendo suas atividades, tanto quanto possível. O juiz sensível e cônscio de suas atribuições deve conduzir a execução de modo a conciliar a exigência de pronta satisfação do crédito trabalhista com a não menos importante exigência de desenvolver a execução de modo a não arrasar o devedor, à luz do princípio do menor sacrifício do executado. 3. Viola o direito líquido e certo do executado ordem genérica de penhora sobre a renda diária da empresa, sem se precatar o juiz das formalidades legais, porquanto, se cumprida à risca, pode inviabilizar as atividades desenvolvidas e, tratando-se de hospital, pode provocar a paralisação de serviço essencial à comunidade. 4. Recurso ordinário provido para cassar a decisão impugnada" (TST – ROMS 576056 – SBDI2 – Rel. Min. João Oreste Dalazen – *DJU* 06.09.2001, p. 531).

O juiz fixará percentual que propicie a satisfação do crédito exequendo em tempo razoável, mas que não torne inviável o exercício da atividade empresarial, nos termos do art. 866, § 1º, do CPC:

> "Art. 866. Se o executado não tiver outros bens penhoráveis ou se, tendo-os, esses forem de difícil alienação ou insuficientes para saldar o crédito executado, o juiz poderá ordenar a penhora de percentual de faturamento de empresa.
>
> § 1.º O juiz fixará percentual que propicie a satisfação do crédito exequendo em tempo razoável, mas que não torne inviável o exercício da atividade empresarial.
>
> § 2.º O juiz nomeará administrador-depositário, o qual submeterá à aprovação judicial a forma de sua atuação e prestará contas mensalmente, entregando em juízo as quantias recebidas, com os respectivos balancetes mensais, a fim de serem imputadas no pagamento da dívida.
>
> § 3,º Na penhora de percentual de faturamento de empresa, observar-se-á, no que couber, o disposto quanto ao regime de penhora de frutos e rendimentos de coisa móvel e imóvel."

O atual Código de Processo Civil autoriza a penhora de percentual do faturamento da empresa devedora apenas de forma residual, ou seja: a) somente se não tiver outros bens penhoráveis; b) se forem de difícil alienação; ou c) se os bens existentes forem insuficientes para saldar o crédito executado.

Ainda sobre o tema, vale transcrever o posicionamento do Tribunal Superior do Trabalho, por meio da OJ 93 da SDI-II, *in verbis*:

> "OJ 93, SDI-II, DO TST. PENHORA SOBRE PARTE DA RENDA DE ESTABELECIMENTO COMERCIAL. POSSIBILIDADE (alterada em decorrência do CPC de 2015) – Res. 220/2017, *DEJT* divulgado em 21, 22 e 25.09.2017.
>
> Nos termos do art. 866 do CPC de 2015, é admissível a penhora sobre a renda mensal ou faturamento de empresa, limitada a percentual, que não comprometa o desenvolvimento regular de suas atividades, desde que não haja outros bens penhoráveis ou, havendo outros bens, eles sejam de difícil alienação ou insuficientes para satisfazer o crédito executado."

Deverá ser nomeado um depositário, que terá sua forma de autuação aprovada pelo juízo. Este mensalmente entregará o dinheiro recebido e balancetes (art. 866, § 2º, do CPC).

9.9.3.6. Penhora de imóvel

O atual Código de Processo Civil, em seus arts. 831, 837 e 844 do CPC, trata da penhora, *in verbis*:

> "Art. 831. A penhora deverá recair sobre tantos bens quantos bastem para o pagamento do principal atualizado, dos juros, das custas e dos honorários advocatícios."

> "Art. 837. Obedecidas as normas de segurança instituídas sob critérios uniformes pelo Conselho Nacional de Justiça, a penhora de dinheiro e as averbações de penhoras de bens imóveis e móveis podem ser realizadas por meio eletrônico."
>
> "Art. 844. Para presunção absoluta de conhecimento por terceiros, cabe ao exequente providenciar a averbação do arresto ou da penhora no registro competente, mediante apresentação de cópia do auto ou do termo, independentemente de mandado judicial."

Portanto, apresentada a certidão de matrícula, a penhora do imóvel, independentemente de sua localização, será realizada por termo nos autos, cabendo ao exequente, independentemente de mandado judicial, providenciar, para presunção absoluta de conhecimento por terceiros, a averbação do arresto ou da penhora no registro competente, mediante apresentação de cópia do auto ou do termo.

9.9.3.7. *Penhora em estabelecimento comercial*

O art. 862 do CPC permite que a penhora recaia sobre estabelecimento comercial, industrial ou agrícola, bem como em semoventes, plantações ou edifícios em construção, cabendo ao juiz nomear administrador-depositário, determinando-lhe que apresente, em 10 dias, o plano de administração.

Os próprios litigantes podem ajustar, de comum acordo, a forma de administração, escolhendo o depositário, incumbindo ao juiz, por despacho, homologar a indicação (art. 862, § 2º, do CPC).

Como bem adverte Manoel Antônio Teixeira Filho (*Execução no processo do trabalho*, p. 483), "a empresa, em rigor, não pode ser objeto de penhora, como supôs o legislador processual civil (art. 678 do CPC) (art. 863 do atual CPC); passível de apreensão judicial é, isto sim, o estabelecimento (comercial, industrial etc.), como base física da empresa, que é integrado por elementos corpóreos e incorpóreos, aglutinados para o exercício de uma atividade empresarial produtiva".

A penhora de empresa que funcione mediante concessão ou autorização far-se-á, conforme o valor do crédito, sobre a renda, sobre determinados bens, ou sobre todo o patrimônio, incumbindo ao juiz nomear como depositário, preferencialmente, um de seus diretores (art. 863 do CPC).

Caso o objeto da penhora de empresa que funcione mediante concessão ou autorização seja a renda ou determinados bens, o depositário apresentará ao juiz a forma de administração e o esquema de pagamento, respeitando-se as disposições legais concernentes ao regime de penhora de frutos e rendimentos de coisa móvel e imóvel (art. 863, § 1.º, do CPC).

Todavia, se a apreensão judicial recair sobre todo o patrimônio da empresa que funcione mediante concessão ou autorização, prosseguir-se-á a execução, ouvindo-se, antes da hasta pública, o ente público outorgante da concessão (art. 863, § 2.º, do CPC).

9.9.3.8. *Penhora de navios e aeronaves*

O art. 864 do CPC permite que a penhora recaia sobre navios e aeronaves, não havendo qualquer restrição para que esses bens penhorados continuem em operação até a alienação.

Todavia, o juiz, ao conceder a autorização para navegação ou operação, não permitirá que o navio saia do porto ou a aeronave deixe o aeroporto antes que o executado faça o seguro usual contra riscos.

9.9.3.9. *Execução por carta*

Dispõe o art. 845, § 2.º, do CPC que, se o executado não tiver bens no foro do processo, a execução será feita por carta precatória executória, penhorandose, avaliando-se e alienando-se os bens no foro da situação.

O art. 845, § 2.º, do CPC está em consonância com o art. 236 do mesmo Código, ao mencionar que os atos processuais serão cumpridos por ordem judicial ou requisitados por carta, conforme hajam de realizar-se dentro ou fora dos limites territoriais da comarca.

Quanto à competência para julgamento dos embargos à execução nas execuções processadas por carta precatória, aplica-se o disposto no art. 914, § 2º, do CPC:

> "Art. 914. (...)
>
> § 2.º. Na execução por carta, os embargos serão oferecidos no juízo deprecante ou no juízo deprecado, mas a competência para julgá-los é do juízo deprecante, salvo se versarem unicamente sobre vícios ou defeitos da penhora, da avaliação ou da alienação dos bens efetuadas no juízo deprecado."

Pelo exposto, podemos concluir que:

- na execução por carta precatória, os embargos à execução serão protocolados perante o juízo deprecado ou deprecante, sendo, em regra, julgados pelo juízo deprecante;
- caso os embargos versem sobre vícios ou irregularidades de atos praticados pelo próprio juízo deprecado, como vícios na penhora e/ou avaliação de bens, caberá ao juízo deprecado o julgamento dos embargos.

No que tange aos embargos de terceiro, a regra de competência é diversa, sendo observado o disposto no parágrafo único do art. 676 do CPC:

> "Art. 676. Os embargos serão distribuídos por dependência ao juízo que ordenou a constrição e autuados em apartado.
>
> Parágrafo único. Nos casos de ato de constrição realizado por carta, os embargos serão oferecidos no juízo deprecado, salvo se indicado pelo juízo deprecante o bem constrito ou se já devolvida a carta."

Nesse sentido, atente-se para a Súmula 419 do TST:

> "SÚMULA 419 DO TST. COMPETÊNCIA. EMBARGOS DE TERCEIRO. EXECUÇÃO POR CARTA PRECATÓRIA. JUÍZO DEPRECADO. (alterada em decorrência do CPC de 2015) – Res. 212/2016, *DEJT* divulgado em 20, 21 e 22.09.2016. Na execução por carta precatória, os embargos de terceiro serão oferecidos no juízo deprecado, salvo se indicado pelo juízo deprecante o bem constrito ou se já devolvida a carta" (art. 676, parágrafo único, do CPC de 2015).

9.9.4. Embargos à execução

9.9.4.1. Natureza jurídica

Discute-se na doutrina a natureza jurídica dos embargos à execução.

Antes da Lei 11.232/2005 e do atual CPC, entendia-se que os embargos à execução constituíam ação de conhecimento incidental ao processo de execução. Em outras palavras, entedia-se que os embargos à execução consistiam numa verdadeira ação de cognição incidental à execução, assumindo o executado o polo ativo da relação jurídica (e o exequente o polo passivo), formulando pretensão consistente na anulação do processo de execução ou no desfazimento da eficácia do título executivo.

Atualmente, os embargos à execução, em se tratando de execução por título executivo judicial, no Processo do Trabalho tem natureza de um incidente da fase executiva, como ocorre com a impugnação no Processo Civil.

Ressalte-se que os embargos são apresentados em petição nos próprios autos, e o art. 884, § 1º, do CPC faz referência à *matéria de defesa* nos embargos. Tais fatos reforçam a conclusão de que os embargos têm natureza de impugnação e não de ação autônoma.

9.9.4.2. Matéria arguível

O art. 884, § 1.º, da CLT determina que a matéria de defesa nos embargos à execução será restrita às alegações de cumprimento da decisão ou do acordo, quitação ou prescrição da dívida (fatos estes ocorridos posteriores à sentença).

Não obstante, percebe-se que a Consolidação das Leis do Trabalho (art. 884, § 1.º) não esgotou todas as matérias possíveis de arguição via embargos, fato este que motivou grande parte da doutrina a aceitar a aplicação subsidiária do art. 525, § 1º, do CPC, o qual elenca outras hipóteses de matéria de defesa na impugnação à execução, *in verbis*:

> "Art. 525. (...)
>
> § 1.º Na impugnação, o executado poderá alegar:
>
> I – falta ou nulidade da citação se, na fase de conhecimento, o processo correu à revelia;
>
> II – ilegitimidade de parte;
>
> III – inexequibilidade do título ou inexigibilidade da obrigação;
>
> IV – penhora incorreta ou avaliação errônea;
>
> V – excesso de execução ou cumulação indevida de execuções;
>
> VI – incompetência absoluta ou relativa do juízo da execução;
>
> VII – qualquer causa modificativa ou extintiva da obrigação, como pagamento, novação, compensação, transação ou prescrição, desde que supervenientes à sentença."

Por outro lado, considerando as novas modalidades de execução (art. 876 da CLT e art. 784, I, c/c o art. 13, IN 39/2016) que permitem a execução de cinco títulos executivos extrajudiciais na Justiça do Trabalho (termo de compromisso de ajustamento de conduta firmado perante o Ministério Público do Trabalho, termo de conciliação ajustado perante a comissão de conciliação prévia, cheque, nota promissória e sentença arbitral condenatória), em caso de embargos à execução, entendemos plenamente aplicável o art. 917 do CPC, que dispõe:

> "Art. 917. Nos embargos à execução, o executado poderá alegar:
>
> I – inexequibilidade do título ou inexigibilidade da obrigação;
>
> II – penhora incorreta ou avaliação errônea;
>
> III – excesso de execução ou cumulação indevida de execuções;
>
> IV – retenção por benfeitorias necessárias ou úteis, nos casos de execução para entrega de coisa certa;
>
> V – incompetência absoluta ou relativa do juízo da execução;
>
> VI – qualquer matéria que lhe seria lícito deduzir como defesa em processo de conhecimento."

A compensação ou retenção não podem ser matéria de embargos à execução, uma vez que, nos moldes do art. 767 consolidado, tais matérias somente podem ser arguidas no processo cognitivo, em sede de contestação.

Será oferecida a alegação de impedimento ou suspeição do juiz, observando o disposto nos arts. 146 e 148, à luz dos arts. 535, § 1º, do CPC e 16, § 3.º, da Lei 6.830/1980.

9.9.4.3. *Prazo e procedimento*

A possibilidade de o executado opor embargos à execução está condicionada à garantia prévia do juízo, conforme se depreende do inteiro teor dos arts. 884 da CLT e 16, § 1.º, da Lei 6.830/1980.

Logo, a garantia do juízo, por meio de depósito ou nomeação de bens à penhora ou após a penhora coativa, representa requisito indispensável ao regular exercício do direito do devedor de oferecer embargos à execução.

Com fulcro no art. 884, § 6º, da CLT, a exigência da garantia ou penhora não se aplica às entidades filantrópicas e/ou àqueles que compõem ou compuseram a diretoria dessas instituições[4].

Caso o juízo não esteja totalmente garantido, os embargos não serão admitidos.

Com efeito, determina o art. 884 da CLT que, garantida a execução ou penhorados os bens, terá o executado 5 dias para apresentar embargos, cabendo igual prazo ao exequente para impugnação.

Em relação à Fazenda Pública, a MP 2.180-35, de 24.08.2001, acrescentou à Lei 9.494/1997 o art. 1.º-B, alterando o prazo previsto nos arts. 730 do CPC/1973 e 884 da CLT para 30 dias. Depois, o atual Código de Processo Civil também assegurou o prazo de 30 dias para a Fazenda embargar (art. 910).

Logo, a Fazenda Pública será citada para oferecer embargos, caso deseje, no prazo de 30 dias.

Outrossim, mesmo na execução de título executivo judicial, havendo vários executados no mesmo processo, os embargos à execução apresentados por um dos devedores não suspende a execução em relação aos demais, quando o fato e fundamento apresentados disserem respeito, exclusivamente, ao devedor embargante.

Da mesma forma, havendo vários executados no mesmo processo, somente deverão ser aceitos os embargos à execução individualmente oferecidos, daqueles executados que garantirem, previamente, a execução.

---

4 Art. 16, IN 41/2018, do TST. O art. 884, § 6º, da CLT aplica-se às entidades filantrópicas e seus diretores, em processos com execuções iniciadas após 11.11.2017, data em que entrou em vigor a Lei 13.467/2017 (Reforma Trabalhista).

O juiz, nos termos do art. 918 do CPC (aplicável ao Processo do Trabalho, segundo a IN 39/2016 do TST), poderá rejeitar liminarmente os embargos nas seguintes hipóteses:

- quando intempestivos;
- nos casos de indeferimento da petição inicial e de improcedência liminar do pedido;
- quando manifestamente protelatórios.

Caso considere necessário, o juiz poderá designar audiência para produção de provas, com oitiva de testemunhas arroladas pelo embargante, a qual será realizada dentro de 5 dias (art. 884, § 2.º, da CLT).

Não tendo sido arroladas testemunhas nos embargos, o juiz proferirá a decisão, dentro de 5 dias, julgando subsistente ou insubsistente a penhora (art. 885 da CLT).

Caso tenham sido arroladas testemunhas, finda a sua inquirição em audiência, o processo será concluso ao juiz no prazo de 48 horas, e este proferirá sua decisão no prazo de 5 dias.

9.9.4.4. *Embargos à penhora*

Em função da falha do legislador ao referir-se aos embargos à execução no *caput* do art. 884 consolidado e, posteriormente, no § 3.º do mesmo artigo, aos embargos à penhora, a doutrina pátria diverge sobre a existência ou não dos embargos à penhora.

Vejamos as correntes:

1. a primeira corrente entende que o § 3.º do art. 884 da CLT encerra uma redação infeliz, não existindo embargos à penhora. Portanto, eventuais questionamentos de vícios nos atos de constrição judicial (como a penhora de bens impenhoráveis, excesso de penhora etc.), deverão ser arguidos por simples petição;
2. a segunda corrente, majoritária, distingue, nitidamente, os embargos à execução dos embargos à penhora. Para essa corrente, os embargos à execução objetivam impugnar o próprio título executivo, enquanto os embargos à penhora impugnam atos de constrição judicial;
3. a última corrente entende como sinônimas as expressões "embargos à execução" e "embargos à penhora".

Concordamos com a primeira corrente, de modo que os incidentes da penhora devem ser arguidos nos próprios embargos à execução.

Muito embora a lei denomine "embargos à penhora", na verdade o legislador está tratando dos embargos à execução. Aliás, veja um julgado do TST sobre o tema:

(...) FASE DE EXECUÇÃO. NULIDADE. CÁLCULOS DE LIQUIDAÇÃO. HOMOLOGAÇÃO. AUSÊNCIA DE INTIMAÇÃO 1. Nos termos do art. 884, § 3º, da CLT, somente nos embargos à execução poderá o executado impugnar a sentença de liquidação, cabendo ao exequente igual direito e no mesmo prazo. (...) (AIRR – 150800-91.2003.5.01.0063, Relator Ministro: João Oreste Dalazen, Data de Julgamento: 16/11/2016, 4ª Turma, Data de Publicação: DEJT 25/11/2016)

9.9.5. Exceção de pré-executividade

Já vimos que a possibilidade de o executado opor embargos à execução está condicionada à garantia prévia do juízo (arts. 884 da CLT e 16, § 1.º, da Lei 6.830/1980).

Modernamente, doutos do processo civil têm defendido a possibilidade da utilização da figura denominada "exceção de pré-executividade", que consiste, em síntese, na possibilidade de o devedor alegar determinadas matérias, sem que, para isso, necessite efetuar a garantia patrimonial da execução.

A utilização da objeção de pré-executividade, portanto, destina-se a impedir que a exigência de prévia garantia patrimonial da execução possa representar, em situações especiais, obstáculo intransponível à defesa do executado.

O mestre Carlos Henrique Bezerra Leite (*Curso de direito processual do trabalho*, 14. ed., p. 1.431) conceitua a exceção de pré-executividade, conforme abaixo descrito:

> "A exceção de pré-executividade, também denominada objeção de pré-executividade, constitui uma possibilidade conferida ao devedor para que este, antes mesmo de ter seus bens conscritos, ingresse no processo com o objetivo específico de demonstrar a inexigibilidade do título executivo.
>
> Em outros termos, a exceção ou objeção de pré-executividade é um meio de defesa do devedor, destinado a atacar o título executivo, independentemente da garantia do juízo, que não se confunde com os embargos do devedor, pois estes, como já vimos, constituem verdadeira ação incidental de conhecimento no processo de execução."

Cabe destacar que o Direito Processual não contempla no ordenamento jurídico vigente a figura da exceção de pré-executividade, nascendo esta da construção doutrinária e jurisprudencial.

Convém lembrar que os embargos à execução continuam sendo o principal meio de defesa do devedor, somente admitindo-se a exceção de pré-executividade na Justiça do Trabalho para se atacar o próprio título executivo, invocar matérias de ordem pública ou temas relevantes.

Passamos a citar, abaixo, algumas hipóteses em que seria possível a utilização da exceção de pré-executividade:

- nulidade ou inexigibilidade do título executivo;
- excesso de execução;
- novação, transação ou quitação da dívida;
- incompetência absoluta do juízo da execução;
- ausência de citação no processo de conhecimento;
- prescrição intercorrente (art. 11-A da CLT);
- nas hipóteses dos arts. 485, IV, V, VI, e 337, ambos do CPC.

Com efeito, as alegações contidas na exceção de pré-executividade deverão ser comprovadas perante o juiz do trabalho por meio de prova documental pré-constituída (salvo se a matéria arguida for exclusivamente de direito), como ocorre na ação de mandado de segurança, evitando-se que esse remédio jurídico seja utilizado como expediente artificioso pelo devedor, retardando a prestação jurisdicional ou atropelando o andamento do processo de execução.

Na hipótese de a exceção de pré-executividade ser utilizada com o intuito meramente protelatório, restará configurado o ato atentatório à dignidade da justiça (art. 774 do CPC), sendo passível o devedor de multa fixada pelo juiz, não superior a 20% do valor atualizado do débito em execução, em favor do exequente, exigível nos próprios autos do processo (art. 774, parágrafo único, do CPC).

A exceção de pré-executividade poderá ser apresentada mediante simples petição nos autos da execução, tão logo o devedor seja citado, ou mesmo já na fase de liquidação.

O ato jurisdicional que apreciar a exceção terá a seguinte natureza jurídica:

A) será considerado decisão interlocutória se a exceção de pré-executividade for rejeitada, não sendo cabível, de imediato, qualquer recurso no âmbito laboral, o que não impede que as questões suscitadas sejam novamente arguidas nos embargos à execução, desde que garantido o juízo;

B) será considerado sentença se a exceção de pré-executividade for acolhida, extinguindo-se, total ou parcialmente, a execução, ensejando, portanto, a interposição de agravo de petição pelo interessado.

Vale destacar que a Fazenda Pública não pode fazer uso da exceção de pré-executividade em virtude de possuir a prerrogativa legal de oferecer embargos sem a necessidade de garantir o juízo.

Destacamos o seguinte julgado a respeito da exceção de pré-executividade:

> "AGRAVO REGIMENTAL. AGRAVO DE INSTRUMENTO. RECURSO DE REVISTA. EXECUÇÃO. EXCEÇÃO DE PRÉ-EXECUTIVIDADE. DECISÃO DE NATUREZA INTERLOCUTÓRIA.

IRRECORRIBILIDADE. Da decisão que rejeita a exceção de pré-executividade, não cabe recurso de imediato, tendo em vista sua natureza interlocutória, nos termos do art. 893, § 1.º, e da Súmula n.º 214 do TST. Não merece reparos a decisão. Agravo regimental não provido" (TST – AgR-AIRR 11927420125080009 – 5ª T. – Rel.ª Maria Helena Mallmann, j. em 20.05.2015, *DEJT* 29.05.2015).

9.9.6. Prescrição intercorrente

Prescrição intercorrente é a que se dá no curso da ação, em razão da paralisação ou não realização de atos do processo executivo.

O art. 11-A, *caput* e §§ 1º e 2º, da CLT[5] torna aplicável a prescrição intercorrente mediante requerimento ou de ofício no Processo do Trabalho, de modo que a Súmula 114 do TST, que determina o contrário, deve ser cancelada.

Observe o disposto no art. 11-A, § 1º, da CLT:

> "Art. 11-A. Ocorre a prescrição intercorrente no processo do trabalho no prazo de dois anos.
>
> § 1.º A fluência do prazo prescricional intercorrente inicia-se quando o exequente deixa de cumprir determinação judicial no curso da execução.
>
> § 2.º A declaração da prescrição intercorrente pode ser requerida ou declarada de ofício em qualquer grau de jurisdição."

Prevalece, portanto, o disposto na Súmula 327 do STF que defende a aplicabilidade da prescrição intercorrente no Processo do Trabalho.

Prescrição intercorrente é a perda de um direito pelo decurso do tempo, em razão da inércia da parte, que não toma iniciativa no sentido de praticar atos processuais necessários para a execução da dívida, paralisando o processo, por mais de 2 anos.

Ressalte-se que só há prescrição intercorrente quando o exequente deixar de praticar ato que dependa exclusivamente dele para a continuação da execução.

Será aplicável somente quando preenchidos dois requisitos cumulativamente:

a) o ato depender exclusivamente para continuação da execução; e

b) o executado for intimado (intimação pessoal) da determinação judicial.

O TST entende que o fluxo da prescrição intercorrente conta-se a partir do descumprimento da determinação judicial a que alude o § 1º do art. 11-A

[5] Art. 2º, IN 41/2018, TST. "O fluxo da prescrição intercorrente conta-se a partir do descumprimento da determinação judicial a que alude o § 1º do art. 11-A da CLT, desde que feita após 11 de novembro de 2017 (Lei nº 13.467/2017)."

da CLT, desde que feita após 11.11.2017, data em que entrou em vigor a Lei 13.467/2017 (Reforma Trabalhista) (art. 2º, IN 41/2018, do TST).

A prescrição intercorrente é comum na liquidação por procedimento comum, em que a continuação do processo depende do exequente alegar e provar fatos novos (art. 509, II, do CPC).

Ressalte-se, entretanto, que a contagem da prescrição não se inicia de mediato em dois casos: a) quando não localizados os bens ou b) quando não localizado o executado.

Primeiro ocorre a suspensão pelo prazo de 1 ano e apenas após esse prazo terá início a contagem da prescrição intercorrente. É o que determina a Lei de Execuções Fiscais (Lei 6.830/1980) e o CPC, que estão em consonância.

O art. 40, *caput* e §§ 2º e 3º, da Lei 6.830/1980 e o art. 921, III e §§ 1º ao 5º, do CPC instituem que o juiz suspenderá a execução se não localizado o devedor ou encontrados bens sobre os quais possa recair a penhora, e nesse período não corre a prescrição.

A suspensão perdurará pelo prazo máximo de 1 ano. Não localizado o devedor ou bens penhoráveis, o processo será arquivado e iniciará o prazo de prescrição intercorrente de 2 anos.

Encontrados que sejam, a qualquer tempo, o devedor ou os bens, serão desarquivados os autos para prosseguimento da execução.

Saliente-se que se da decisão que ordenar o arquivamento tiver decorrido o prazo prescricional, o juiz, depois de ouvido o exequente, poderá, de ofício, reconhecer a prescrição intercorrente e decretá-la de imediato (art. 40, § 4º, da Lei 6.830/1980).

Veja o disposto nos arts. 40, *caput* e §§ 2º e 3º, da Lei 6.830/1980 e 921, III e §§ 1º ao 5º, do CPC:

> "Art. 40, Lei 6.830/1980. O Juiz suspenderá o curso da execução, enquanto não for localizado o devedor ou encontrados bens sobre os quais possa recair a penhora, e, nesses casos, não correrá o prazo de prescrição.
>
> § 1.º Suspenso o curso da execução, será aberta vista dos autos ao representante judicial da Fazenda Pública.
>
> § 2.º Decorrido o prazo máximo de 1 (um) ano, sem que seja localizado o devedor ou encontrados bens penhoráveis, o Juiz ordenará o arquivamento dos autos.
>
> § 3.º Encontrados que sejam, a qualquer tempo, o devedor ou os bens, serão desarquivados os autos para prosseguimento da execução.
>
> § 4.º Se da decisão que ordenar o arquivamento tiver decorrido o prazo prescricional, o juiz, depois de ouvida a Fazenda Pública, poderá, de ofício, reconhecer a prescrição intercorrente e decretá-la de imediato" .
>
> "Art. 921. Suspende-se a execução:

> § 2º Decorrido o prazo máximo de 1 (um) ano sem que seja localizado o executado ou que sejam encontrados bens penhoráveis, o juiz ordenará o arquivamento dos autos.
>
> (...)
>
> III – quando o executado não possuir bens penhoráveis;
>
> (...)
>
> § 1.º Na hipótese do inciso III, o juiz suspenderá a execução pelo prazo de 1 (um) ano, durante o qual se suspenderá a prescrição.
>
> § 2.º Decorrido o prazo máximo de 1 (um) ano sem que seja localizado o executado ou que sejam encontrados bens penhoráveis, o juiz ordenará o arquivamento dos autos.
>
> § 3.º Os autos serão desarquivados para prosseguimento da execução se a qualquer tempo forem encontrados bens penhoráveis.
>
> § 4.º Decorrido o prazo de que trata o § 1º sem manifestação do exequente, começa a correr o prazo de prescrição intercorrente.
>
> § 5.º O juiz, depois de ouvidas as partes, no prazo de 15 (quinze) dias, poderá, de ofício, reconhecer a prescrição de que trata o § 4º e extinguir o processo."

Por fim, é importante destacar que somente depois de ouvidas as partes, no prazo de 15 dias, o juiz poderá, de ofício, reconhecer a prescrição intercorrente e extinguir o processo (art. 921, § 5º, do CPC).

9.9.7. Embargos de terceiros

No curso da execução trabalhista, muitas vezes o juiz, objetivando dar efetividade ao julgado, determina a apreensão de bens pertencentes a terceiros, os quais, não integrando o processo, também não estariam obrigados a adimplir a obrigação derivada do título executivo, não restando outra alternativa aos atingidos pela constrição judicial senão utilizarem-se da ação denominada embargos de terceiro.

A Consolidação das Leis do Trabalho é omissa sobre os embargos de terceiro, impondo-se, por conseguinte, a aplicação subsidiária do Código de Processo Civil, arts. 674 a 680 do CPC.

Consoante estabelece o art. 674 do CPC, quem, não sendo parte no processo, sofrer constrição ou ameaça de constrição sobre bens que possua ou sobre os quais tenha direito incompatível com o ato constritivo, poderá requerer seu desfazimento ou sua inibição por meio de embargos de terceiro.

Os embargos em comento podem ser de terceiro senhor e possuidor ou apenas possuidor.

Com efeito, os embargos de terceiro objetivam proteger a posse ou a propriedade de bens de terceiros estranhos ao processo (em regra) em função da ameaça (turbação) ou efetiva constrição judicial (esbulho).

Não se devem confundir os embargos de terceiro com as ações possessórias (arts. 554 e seguintes do CPC), uma vez que os embargos objetivam a defesa da posse turbada ou esbulhada por ato judicial, enquanto nas ações possessórias os atos de turbação ou de esbulho são praticados pelo particular ou pelo Estado, não estando este último (Estado) no exercício da jurisdição.

Impende mencionar que se considera terceiro, para ajuizamento dos embargos, nos termos do art. 674, § 2º, do CPC:

> a) o cônjuge ou companheiro, quando defende a posse de bens próprios ou de sua meação;
>
> b) o adquirente de bens cuja constrição decorreu de decisão que declara a ineficácia da alienação realizada em fraude à execução;
>
> c) quem sofre constrição judicial de seus bens por força de desconsideração da personalidade jurídica, de cujo incidente não fez parte;
>
> d) o credor com garantia real para obstar expropriação judicial do objeto de direito real de garantia, caso não tenha sido intimado, nos termos legais dos atos expropriatórios respectivos.

Em outras palavras, o devedor (parte no processo) também pode, excepcionalmente, oferecer embargos de terceiro, sempre que for necessário resguardar determinados bens que possui na qualidade, por exemplo, de locatário, arrendatário, comodatário etc.

Em razão disso, Manoel Antônio Teixeira (*Execução no processo do trabalho*, p. 630) conceitua terceiro como "a pessoa que, sendo ou não parte no processo de execução, defende bens que, em decorrência do título aquisitivo ou da qualidade em que os possui, não podem ser objeto de apreensão judicial".

Os embargos de terceiro possuem natureza jurídica de ação incidental utilizada tanto no processo cognitivo como também no processo de execução.

Neste contexto, dispõe o art. 675 do CPC que os embargos de terceiro podem ser opostos a qualquer tempo no processo de conhecimento, enquanto não transitada em julgado a sentença.

Todavia, no cumprimento de sentença ou no processo de execução, os embargos de terceiro somente podem ser opostos até 5 dias depois da adjudicação, da alienação por iniciativa particular ou da arrematação, mas sempre antes da assinatura da respectiva carta.

Caso identifique a existência de terceiro titular de interesse em embargar o ato, o juiz mandará intimá-lo pessoalmente.

A distribuição dos embargos de terceiro será sempre por dependência ao juízo que ordenou a constrição e autuados em apartado.

Nos casos de ato de constrição realizado por carta, os embargos serão oferecidos no juízo deprecado, salvo se indicado pelo juízo deprecante o bem constrito ou se já devolvida a carta, conforme exigência do art. 676, parágrafo único, do CPC:

> "Art. 676. Os embargos serão distribuídos por dependência ao juízo que ordenou a constrição e autuados em apartado.
>
> Parágrafo único. Nos casos de ato de constrição realizado por carta, os embargos serão oferecidos no juízo deprecado, salvo se indicado pelo juízo deprecante o bem constrito ou se já devolvida a carta."

No mesmo sentido, evidenciamos a Súmula 419 do TST:

> "SÚMULA 419 DO TST. COMPETÊNCIA. EMBARGOS DE TERCEIRO. EXECUÇÃO POR CARTA PRECATÓRIA. JUÍZO DEPRECADO (alterada em decorrência do CPC de 2015) – Res. 212/2016 – *DEJT* divulgado em 20, 21 e 22.09.2016.
>
> Na execução por carta precatória, os embargos de terceiro serão oferecidos no juízo deprecado, salvo se indicado pelo juízo deprecante o bem constrito ou se já devolvida a carta" (art. 676, parágrafo único, do CPC de 2015).

Na peça vestibular dos embargos de terceiro (petição inicial) deverão ser observados os seguintes requisitos (art. 677 do CPC):

- o embargante deverá apresentar a prova sumária de sua posse ou de seu domínio;
- o embargante deverá demonstrar a qualidade de terceiro;
- a inicial deverá ser acompanhada dos documentos que demonstrem o alegado;
- a inicial deverá indicar o rol de testemunhas.

A decisão que reconhecer suficientemente provado o domínio ou a posse determinará a suspensão das medidas constritivas sobre os bens litigiosos objeto dos embargos, bem como a manutenção ou a reintegração provisória da posse, se o embargante a houver requerido. O juiz poderá condicionar a ordem de manutenção ou de reintegração provisória de posse à prestação de caução pelo requerente, ressalvada a impossibilidade da parte economicamente hipossuficiente (art. 678 do CPC).

Caso os embargos de terceiro versem sobre todos os bens, o juiz determinará a suspensão do curso do processo principal.

Os embargos poderão ser contestados no prazo de 15 dias (art. 679 do CPC).

Apresentada resposta aos embargos, o juiz realizará a instrução, se necessário (inclusive ouvindo testemunhas), proferindo, posteriormente, a sentença.

O recurso cabível em face da sentença proferida nos embargos de terceiro na execução é o agravo de petição.

9.9.8. Avaliação, leilão, arrematação, adjudicação, remição, suspensão e extinção da execução e alienação por iniciativa do particular

9.9.8.1. Avaliação

Inicialmente, cabe destacar que, nos dias atuais, os oficiais de justiça da Justiça do Trabalho acumulam a função de avaliador (atividade instituída pela Lei 5.645/1970), ou seja, quando a penhora é realizada, simultaneamente, o meirinho procede à avaliação do bem, agilizando, assim, o processo de execução.

Com isso, não há mais espaço para a aplicação dos arts. 886, § 2.º, 887 e 888 (primeira parte), todos da CLT.

Resolvidos os embargos do devedor propostos, ou esgotado o prazo para tal, seguir-se-á à arrematação dos bens já avaliados no momento da constrição judicial. Não obstante, se decorrido considerável tempo entre a penhora (e consequente avaliação do bem) e o julgamento dos embargos, poderá o juiz determinar a expedição de mandado de reavaliação dos bens, objetivando conhecer o seu valor real no momento da expropriação judicial.

Ademais, a Consolidação das Leis do Trabalho é omissa quanto à possibilidade de a avaliação ser impugnada pelo interessado, abrindo-se caminho para aplicação subsidiária do art. 13, §§ 1.º, 2.º e 3.º, da Lei 6.830/1980, *in verbis*:

> "Art. 13. (...)
>
> § 1.º Impugnada a avaliação, pelo executado, ou pela Fazenda Pública, antes de publicado o edital de leilão, o juiz, ouvida a outra parte, nomeará avaliador oficial para proceder a nova avaliação dos bens penhorados.
>
> § 2.º Se não houver, na Comarca, avaliador oficial ou este não puder apresentar o laudo de avaliação no prazo de 15 (quinze) dias, será nomeada pessoa ou entidade habilitada, a critério do juiz.
>
> § 3.º Apresentado o laudo, o juiz decidirá de plano sobre a avaliação."

Dispõe, outrossim, o art. 873 do CPC que é admitida nova avaliação quando: qualquer das partes arguir, fundamentadamente, a ocorrência de erro na avaliação ou dolo do avaliador; se verificar, posteriormente à avaliação, que houve majoração ou diminuição no valor do bem; ou o juiz tiver fundada dúvida sobre o valor atribuído ao bem na primeira avaliação.

Poderá o juiz, se houver excesso ou insuficiência de penhora, a requerimento do interessado, reduzi-la, transferi-la ou ampliá-la, conforme aduzido no art. 874 do CPC.

9.9.8.2. *Leilão*

A efetivação do processo de execução depende da expropriação de bens do devedor de modo a satisfazer o direito do credor.

Com efeito, os bens do executado serão alienados em leilão.

É possível, todavia, que o interessado em adquirir o bem requeira seu pagamento parcelado, nos termos do art. 895 do CPC, aplicável ao Processo do Trabalho, como determina a IN 39/2016 do TST:

> "Art. 895. O interessado em adquirir o bem penhorado em prestações poderá apresentar, por escrito:
>
> I – até o início do primeiro leilão, proposta de aquisição do bem por valor não inferior ao da avaliação;
>
> II – até o início do segundo leilão, proposta de aquisição do bem por valor que não seja considerado vil.
>
> § 1.º A proposta conterá, em qualquer hipótese, oferta de pagamento de pelo menos vinte e cinco por cento do valor do lance à vista e o restante parcelado em até 30 (trinta) meses, garantido por caução idônea, quando se tratar de móveis, e por hipoteca do próprio bem, quando se tratar de imóveis.
>
> § 2.º As propostas para aquisição em prestações indicarão o prazo, a modalidade, o indexador de correção monetária e as condições de pagamento do saldo.
>
> § 3.º (VETADO).
>
> § 4.º No caso de atraso no pagamento de qualquer das prestações, incidirá multa de dez por cento sobre a soma da parcela inadimplida com as parcelas vincendas.
>
> § 5.º O inadimplemento autoriza o exequente a pedir a resolução da arrematação ou promover, em face do arrematante, a execução do valor devido, devendo ambos os pedidos ser formulados nos autos da execução em que se deu a arrematação.
>
> § 6.º A apresentação da proposta prevista neste artigo não suspende o leilão.
>
> § 7.º A proposta de pagamento do lance à vista sempre prevalecerá sobre as propostas de pagamento parcelado.
>
> § 8.º Havendo mais de uma proposta de pagamento parcelado:
>
> I – em diferentes condições, o juiz decidirá pela mais vantajosa, assim compreendida, sempre, a de maior valor;
>
> II – em iguais condições, o juiz decidirá pela formulada em primeiro lugar.
>
> § 9.º No caso de arrematação a prazo, os pagamentos feitos pelo arrematante pertencerão ao exequente até o limite de seu crédito, e os subsequentes, ao executado."

O art. 888 da CLT, atendendo ao princípio da publicidade, determinou que a arrematação dos bens será anunciada por edital afixado na sede do juízo ou tribunal e publicado no jornal local, se houver, com a antecedência de 20 dias.

Portanto, o edital de leilão é requisito indispensável, formal, essencial à validade do ato de expropriação dos bens levados à hasta pública, ensejando nulidade do ato o desatendimento da formalidade prevista no art. 888 da CLT.

No edital deverão constar, obrigatoriamente, o dia, horário, local do leilão, bem como descrição de todos os bens que serão vendidos, indicando a quantidade, a qualidade, as características, o estado de conservação, o valor da avaliação, o lugar onde se encontram os bens, se imóvel, as divisas, a transcrição aquisitiva ou a inscrição, e a menção sobre a existência de ônus, recurso ou causa pendente sobre os bens a serem arrematados.

No Processo do Trabalho, a hasta pública é única, sendo os bens, desde logo, vendidos pelo maior lance, conforme estabelece o art. 888, § 1.º, da CLT. Vejamos:

> "Art. 888. (...)
>
> § 1.º A arrematação far-se-á em dia, hora e lugar anunciados e os bens serão vendidos pelo maior lance, tendo o exequente preferência para a adjudicação."

Caso não haja licitantes, e não requerendo o credor a adjudicação dos bens penhorados, poderão ser os mesmos vendidos por leiloeiro nomeado pelo juiz (art. 888, § 3.º, da CLT).

A Consolidação das Leis do Trabalho é omissa quanto à necessidade de intimação do executado quando da realização do leilão, sendo que a jurisprudência vinha se inclinando no sentido de considerar válida a intimação do leilão feita ao advogado da parte, conforme se observa pelos acórdãos abaixo transcritos:

> "ARREMATAÇÃO. AUSÊNCIA DE INTIMAÇÃO PESSOAL SOBRE A REALIZAÇÃO DA PRAÇA. NULIDADE. INEXISTÊNCIA. Nos termos do artigo 888 da CLT e do artigo 687, § 5.º, do CPC (art. 889, I, do atual CPC), para a validade do ato de alienação judicial, não se exige a intimação pessoal do executado, bastando que a arrematação seja comunicada ao advogado do devedor, ou, se não possuir procurador constituído nos autos, por meio de mandado, carta registrada, edital ou outro meio idôneo" (TRT – 18.ª Região – 2.ª T. – AP 0018300-25.2000.5.18.0053 – Rel. Juiz Platon Teixeira de Azevedo Filho – *DJEGO* 15.03.2010).
>
> "INTIMAÇÃO DA PRAÇA E LEILÃO MEDIANTE O PROCURADOR – AUSÊNCIA DE NULIDADE. A intimação da designação de praça e leilão feita a advogado da executada, legalmente constituído, não enseja a nulidade do ato expropriatório, haja vista não se tratar de citação pessoal do devedor, mas de intimação de ato processual, dirigida ao patrono da parte, na forma do art. 238 do Código de Processo Civil (art. 274 do atual CPC)" (TRT 9.ª Região – AP 5031/2000 – (12434/2001-2000) – Rel.ª. Juíza Rosemarie Diedrichs Pimpão – *DJPR* 04.06.2001).
>
> "EXECUÇÃO TRABALHISTA – PRAÇA – INTIMAÇÃO DO DEVEDOR. Exigência do art. 687, § 5.º, do CPC (art. 889, I, do atual CPC), suprida quando o advogado da parte,

legalmente constituído, é regularmente cientificado do ato de alienação. Precedentes do TST" (TRT –5.ª Região – 2.ª T. – AP 01.07.89.2005-55 – (19.364/01) – Rel. Juiz Cláudio Brandão – j. 05.07.2001).

O art. 889 do CPC (de aplicação subsidiária ao Processo do Trabalho) determina que serão cientificados da alienação judicial, com pelo menos 5 dias de antecedência: o executado, por meio de seu advogado ou, se não tiver procurador constituído nos autos, por carta registrada, mandado, edital ou outro meio idôneo; o coproprietário de bem indivisível do qual tenha sido penhorada fração ideal; o titular de usufruto, uso, habitação, enfiteuse, direito de superfície, concessão de uso especial para fins de moradia ou concessão de direito real de uso, quando a penhora recair sobre bem gravado com tais direitos reais; o proprietário do terreno submetido ao regime de direito de superfície, enfiteuse, concessão de uso especial para fins de moradia ou concessão de direito real de uso, quando a penhora recair sobre tais direitos reais; o credor pignoratício, hipotecário, anticrético, fiduciário ou com penhora anteriormente averbada, quando a penhora recair sobre bens com tais gravames, caso não seja o credor, de qualquer modo, parte na execução; o promitente comprador, quando a penhora recair sobre bem em relação ao qual haja promessa de compra e venda registrada; o promitente vendedor, quando a penhora recair sobre direito aquisitivo derivado de promessa de compra e venda registrada; e a União, o Estado e o Município, no caso de alienação de bem tombado.

9.9.8.3. *Arrematação*

A arrematação é o ato processual consistente na venda, pelo Estado, de forma coercitiva, dos bens do executado, objetivando satisfazer o crédito do exequente, realizado por intermédio do leilão.

Os doutos do processo civil sempre consideraram a alienação em hasta pública como sendo formalista, onerosa e demorada, apresentando-se como a maneira menos eficaz de se alcançar um preço justo e compatível para o bem expropriado.

Neste contexto, o CPC estabelece como meio expropriatório preferencial a adjudicação pelo próprio exequente por preço não inferior ao da avaliação (art. 876 do CPC).

Não efetivada a adjudicação, o exequente poderá solicitar a alienação do bem por iniciativa particular ou por intermédio de corretor ou leiloeiro público credenciado perante o órgão judiciário (art. 880 do CPC).

Logo, somente em última hipótese é que se fará a alienação do bem em leilão (art. 886 do CPC), dando preferência para que a alienação seja realizada por meio eletrônico (rede mundial de computadores), com uso de páginas virtuais criadas pelos Tribunais ou por entidades públicas ou privadas; e não sendo possível a sua realização por meio eletrônico, o leilão será presencial (art. 882 do CPC).

Entendemos que as regras de expropriação de bens insculpidas no CPC são totalmente compatíveis com o Processo do Trabalho. Logo, penhorados os bens necessários à garantia do juízo e resolvidos eventuais embargos, o exequente será notificado para manifestar sua intenção ou não pela adjudicação dos bens, nunca por preço inferior ao da avaliação, permitindo-se ao credor, caso não deseje exercer a adjudicação, que requeira a sua alienação por iniciativa própria ou por intermédio de corretor credenciado perante a autoridade judiciária laboral.

Não havendo interesse na adjudicação nem requerimento do credor para alienação por iniciativa particular, seguirão os bens para alienação em hasta pública, adotando-se, a partir de então, os trâmites previstos no art. 888 da CLT, sendo possível, também, a implementação pelos Tribunais do Trabalho de meios eletrônicos para alienação dos bens penhorados.

Realizado o leilão, o bem será vendido ao licitante que oferecer o maior lance, esclarecendo o § 2.º do art. 888 consolidado que o arrematante deverá garanti-lo com sinal correspondente a 20% do seu valor.

Caso o arrematante ou seu fiador não pague em 24 horas o preço da arrematação, perderá, em benefício da execução, o sinal dado (art. 888, § 4.º, da CLT).

Cumpre ressaltar que o credor exequente também poderá oferecer lance e arrematar os bens levados ao leilão, ainda que por valor inferior ao constante do edital.

Frise-se que, a teor do art. 892, § 1.º, do CPC, se o exequente arrematar os bens e for o único credor, não estará obrigado a exibir o preço, mas, se o valor dos bens exceder ao seu crédito, depositará, dentro de 3 dias, a diferença, sob pena de tornar-se sem efeito a arrematação, e, nesse caso, realizar-se-á novo leilão, à custa do exequente.

Considerando que o art. 888, § 1.º, da CLT dispõe que os bens serão vendidos pelo maior lance, alguns operadores do direito laboral advogam a tese de que é inaplicável, no Processo do Trabalho, o art. 891 do CPC, determinando que não será aceito lance que, em segundo leilão, ofereça preço vil (preço irrisório, ínfimo, muito abaixo do valor da avaliação ou do mercado).

Permissa venia, não corroboramos com tal entendimento.

Deve-se levar em consideração, em primeiro lugar, que a execução deverá ser realizada da maneira menos gravosa para o devedor.

Por outro lado, é prudente que o juiz fixe limites para a arrematação dos bens, objetivando desestimular a proliferação de licitantes profissionais, os quais se locupletam às custas do executado.

Ademais, a alienação de bens por preço irrisório acaba por eternizar o processo executivo, haja vista que novos bens, caso existam, deverão ser penhorados para satisfazer o crédito, ensejando sucessivos atos expropriatórios, prejudicando tanto o exequente quanto a celeridade processual e a efetividade da execução.

Portanto, não há qualquer incompatibilidade entre o art. 888, § 1.º, da CLT e o art. 891 do CPC; ao contrário, há perfeita harmonia, sendo os bens alienados pelo melhor preço, desde que o lance não seja vil.

Segundo o parágrafo único do art. 891 do CPC, considera-se preço vil aquele inferior a 50% do valor da avaliação:

> "Art. 891. Não será aceito lance que ofereça preço vil.
>
> Parágrafo único. Considera-se vil o preço inferior ao mínimo estipulado pelo juiz e constante do edital, e, não tendo sido fixado preço mínimo, considera-se vil o preço inferior a cinquenta por cento do valor da avaliação."

Nessa esteira de raciocínio, podemos destacar os seguintes julgados:

> "ARREMATAÇÃO. LANÇO VIL. CARACTERIZAÇÃO. O direito processual brasileiro tem experimentado mudanças, especialmente em relação à execução, momento em que se deve concretizar o elemento satisfativo da jurisdição, dando-se plena efetividade ao princípio inserto no art. 5.º, XXXV, da Constituição Federal. Sob esse enfoque, a arrematação assume especial relevo, como momento processual de intromissão na esfera patrimonial da parte executada. Vil é o lanço cujo valor refoge ao juízo de equidade, em relação à avaliação do bem, seu estado de conservação e o valor de mercado, mostrando-se incapaz de satisfazer parcela razoável da obrigação reconhecida no título judicial, com ruptura do escopo metajurídico do processo (CPC, art. 692) (art. 891 do atual CPC). Agravo de petição conhecido e provido (TRT – 10.ª Região – 3.ª T. – AP 00121-2000-010-10-00-2 – Rel. Juiz Alberto Bresciani j. 26.05.2004). Agravo de petição conhecido e desprovido" (TRT – 10.ª Região – AP 97200-13.2009.5.10.0802 – Rel. Des. Márcia Mazoni Cúrcio Ribeiro – *DEJTDF* 14.01.2011, p. 77).
>
> "ARREMATAÇÃO – LANÇO VIL. Cabe ao julgador fixar limites que desestimulem, a um tempo, a proliferação de licitantes profissionais, que se locupletam às custas da desdita do devedor, e a eternização dos processos de expropriação, com incontornável prejuízo para o credor e para a celeridade do processo" (TRT – 1.ª Região – 6.ª T. – Proc. AP-1.730/1997 – Rel.ª Juíza Doris Castro Neves – *DORJ* 182/1997).
>
> "PREÇO VIL – CARACTERIZAÇÃO. Ante a ausência de expressa disposição de Lei quanto à caracterização de preço vil, cabe ao magistrado, levando em consideração as particularidades de cada caso, estabelecer critérios para definir preço vil,

a facilidade ou dificuldade de sua comercialização e o risco de depreciação futura e a proporção existente entre o valor da avaliação e do lanço ofertado. Não se reputa nestes autos preço vil, o valor ofertado para arrematação que alcança 70% do valor da avaliação" (TRT 24.ª Região – TP – AP 589/2001 – (3399/3399) – Rel. Juiz Nicanor de Araújo Lima – *DOMS* 17.01.2002).

"PREÇO VIL – NÃO CARACTERIZADO. A alienação judicial por preço vil afronta o ideal de justiça, norteador, inclusive, da execução. Entretanto, a qualificação do que corresponde a preço vil depende de análise criteriosa do juiz da execução, caso a caso. Em execução que se alonga por vários anos, sendo evidente a dificuldade de alienação dos bens oferecidos à penhora, não corresponde a preço vil a arrematação por valor equivalente a 70,74% do valor da avaliação" (TRT – 9.ª Região – 3.ª T. – AP 826/1999 – Ac. 23.004/1999 – Rel.ª Juíza Wanda Santi Cardoso da Silva – *DJPR* 15.10.1999).

Estabelece o art. 890 do CPC que é admitido oferecer lance todo aquele que estiver na livre administração de seus bens, com exceção:

- dos tutores, curadores, testamenteiros, administradores, síndicos ou liquidantes, quanto aos bens confiados a sua guarda e responsabilidade;
- dos mandatários, quanto aos bens de cuja administração ou alienação estejam encarregados;
- do juiz, do membro do Ministério Público e da Defensoria Pública, do escrivão, do chefe de secretaria e dos demais servidores e auxiliares da justiça, em relação aos bens e direitos objeto de alienação na localidade onde servirem ou a que se estender a sua autoridade;
- dos servidores públicos em geral, quanto aos bens ou aos direitos da pessoa jurídica a que servirem ou que estejam sob sua administração direta ou indireta;
- dos leiloeiros e seus prepostos, quanto aos bens de cuja venda estejam encarregados;
- dos advogados de qualquer das partes.

Por sua vez, o art. 899 do CPC determina que a arrematação será suspensa logo que o produto da alienação dos bens for suficiente para o pagamento do credor e para a satisfação das despesas da execução.

A formalização da arrematação se dará por meio do competente auto, o qual será lavrado no prazo de 24 horas, contados da realização da hasta pública, facultando-se, nesse prazo, ao credor, a adjudicação dos bens arrematados e, ao devedor, a remição do valor total da execução.

Assinado o auto de arrematação pelo magistrado, pelo serventuário encarregado e pelo arrematante, a arrematação torna-se perfeita, acabada e irretratável.

O art. 903 do CPC determina que qualquer que seja a modalidade de leilão, assinado o auto pelo juiz, pelo arrematante e pelo leiloeiro, a arrematação será considerada perfeita, acabada e irretratável, ainda que venham a ser julgados procedentes os embargos do executado ou a ação autônoma de que trata o § 4º do art. 903, assegurada a possibilidade de reparação pelos prejuízos sofridos. Isso decorre da regra processual de que os embargos não são dotados, normalmente, de efeito suspensivo (art. 919 do CPC).

O art. 903, § 1.º, do CPC permite o desfazimento da arrematação nas seguintes hipóteses, ressalvadas outras situações previstas no Código:

- invalidada, quando realizada por preço vil ou com outro vício;
- considerada ineficaz, se não observado o disposto no art. 804;
- resolvida, se não for pago o preço ou se não for prestada a caução.

A carta de arrematação, nos moldes do art. 901, § 2º, do digesto processual civil, conterá a descrição do imóvel, com remissão à sua matrícula ou individuação e aos seus registros, a cópia do auto de arrematação e a prova de pagamento do imposto de transmissão, além da indicação da existência de eventual ônus real ou gravame.

Assinada a carta de arrematação, não caberá mais nenhuma medida ou recurso nos mesmos autos, nem mesmo a via rescisória, conforme a Súmula 399 do TST, *in verbis*:

> "SÚMULA 399 DO TST. AÇÃO RESCISÓRIA. CABIMENTO. SENTENÇA DE MÉRITO. DECISÃO HOMOLOGATÓRIA DE ADJUDICAÇÃO, DE ARREMATAÇÃO E DE CÁLCULOS. (conversão das Orientações Jurisprudenciais 44, 45 e 85, primeira parte, da SDI--II – Res. 137/2005 – *DJ* 22.08.2005).
>
> I – É incabível ação rescisória para impugnar decisão homologatória de adjudicação ou arrematação (ex-OJs 44 e 45 – ambas inseridas em 20.09.2000)
>
> II – A decisão homologatória de cálculos apenas comporta rescisão quando enfrentar as questões envolvidas na elaboração da conta de liquidação, quer solvendo a controvérsia das partes quer explicitando, de ofício, os motivos pelos quais acolheu os cálculos oferecidos por uma das partes ou pelo setor de cálculos, e não contestados pela outra" (ex-OJ 85, primeira parte – inserida em 13.03.2002 e alterada em 26.11.2002).

Expedida a carta de arrematação, determinará o juiz o levantamento do depósito em favor do exequente, objetivando satisfazer o julgado.

9.9.8.4. Adjudicação

A adjudicação consiste no ato processual em que o exequente ou terceiros interessados, por vontade própria, incorpora ao seu patrimônio bens penhorados que foram levados à hasta pública.

Conforme já mencionado anteriormente, o meio expropriatório preferencial é a adjudicação pelo próprio exequente, por preço não inferior ao da avaliação. Vejamos a redação do art. 876 do CPC:

> "Art. 876. É lícito ao exequente, oferecendo preço não inferior ao da avaliação, requerer que lhe sejam adjudicados os bens penhorados.
>
> § 1.º Requerida a adjudicação, o executado será intimado do pedido:
>
> I – pelo Diário da Justiça, na pessoa de seu advogado constituído nos autos;
>
> II – por carta com aviso de recebimento, quando representado pela Defensoria Pública ou quando não tiver procurador constituído nos autos;
>
> III – por meio eletrônico, quando, sendo o caso do § 1.º do art. 246, não tiver procurador constituído nos autos.
>
> § 2.º Considera-se realizada a intimação quando o executado houver mudado de endereço sem prévia comunicação ao juízo, observado o disposto no art. 274, parágrafo único.
>
> § 3.º Se o executado, citado por edital, não tiver procurador constituído nos autos, é dispensável a intimação prevista no § 1.º.
>
> § 4.º Se o valor do crédito for:
>
> I – inferior ao dos bens, o requerente da adjudicação depositará de imediato a diferença, que ficará à disposição do executado;
>
> II – superior ao dos bens, a execução prosseguirá pelo saldo remanescente.
>
> § 5.º Idêntico direito pode ser exercido por aqueles indicados no art. 889, incisos II a VIII, pelos credores concorrentes que hajam penhorado o mesmo bem, pelo cônjuge, pelo companheiro, pelos descendentes ou pelos ascendentes do executado.
>
> § 6.º Se houver mais de um pretendente, proceder-se-á a licitação entre eles, tendo preferência, em caso de igualdade de oferta, o cônjuge, o companheiro, o descendente ou o ascendente, nessa ordem.
>
> § 7.º No caso de penhora de quota social ou de ação de sociedade anônima fechada realizada em favor de exequente alheio à sociedade, esta será intimada, ficando responsável por informar aos sócios a ocorrência da penhora, assegurando-se a estes a preferência."

Podem exercer o direito de adjudicação também: a) o coproprietário de bem indivisível do qual tenha sido penhorada fração ideal; b) o promitente vendedor, quando a penhora recair sobre direito aquisitivo derivado de promessa de compra e venda registrada; c) os credores concorrentes que hajam penhorado o mesmo bem; d) o cônjuge; e) o companheiro; e f) os descendentes ou os ascendentes do executado.

Ratificamos o nosso posicionamento no sentido de que as regras de expropriação de bens insculpidas no CPC, dentre elas o art. 876 do CPC, são totalmente compatíveis com o Processo do Trabalho.

Logo, penhorados os bens necessários à garantia do juízo e resolvidos eventuais embargos, o exequente será notificado para manifestar seu interesse ou não na adjudicação dos bens, nunca por preço inferior ao da avaliação.

Na hipótese de adjudicação de bens pelo exequente, se ainda lhe restar saldo favorável, a execução prosseguirá pelo valor remanescente, com a constrição de novos bens do executado. Ao revés, se o valor do crédito for inferior ao dos bens, o adjudicante depositará de imediato a diferença, ficando esta à disposição do executado.

A adjudicação considera-se perfeita e acabada com a lavratura e assinatura do auto pelo juiz, pelo adjudicatário, pelo escrivão ou chefe de secretaria e, se estiver presente, pelo executado, expedindo-se carta de adjudicação e o mandado de imissão na posse, quando se tratar de bem imóvel, ou a ordem de entrega ao adjudicatário, quando se tratar de bem móvel (art. 877, § 1.º, do CPC). Em caso de adjudicação de imóvel, a carta conterá a descrição do imóvel, com remissão à sua matrícula e aos seus registros, a cópia do auto de adjudicação e a prova de quitação do imposto de transmissão.

No caso de penhora de bem hipotecado, o executado poderá remi-lo até a assinatura do auto de adjudicação, oferecendo preço igual ao da avaliação, se não houver licitantes, ou ao do maior lance oferecido. Na hipótese de falência ou de insolvência do devedor hipotecário, o direito de remição previsto será deferido à massa ou aos credores em concurso, não podendo o exequente recusar o preço da avaliação do imóvel (art. 877, §§ 3.º e 4.º, do CPC).

Por fim, cabe salientar que o Tribunal Superior do Trabalho, por meio da Súmula 399 (já transcrita anteriormente) e da Orientação Jurisprudencial 66, firmou entendimento no sentido do não cabimento de ação rescisória ou mesmo mandado de segurança em face de decisão que homologa a adjudicação.

Vejamos a OJ 66 da SDI-II/TST:

> "OJ 66 DA SDI-II/TST. MANDADO DE SEGURANÇA. SENTENÇA HOMOLOGATÓRIA DE ADJUDICAÇÃO. INCABÍVEL. (atualizado o item I e incluído o item II em decorrência do CPC de 2015) Res. 212/2016, *DEJT* divulgado em 20, 21 e 22.09.2016.
>
> I – Sob a égide do CPC de 1973 é incabível o mandado de segurança contra sentença homologatória de adjudicação, uma vez que existe meio próprio para impugnar o ato judicial, consistente nos embargos à adjudicação (CPC de 1973, art. 746).
>
> II – Na vigência do CPC de 2015 também não cabe mandado de segurança, pois o ato judicial pode ser impugnado por simples petição, na forma do artigo 877, *caput*, do CPC de 2015."

Por sua vez, segue a Súmula 399 do TST:

> "AÇÃO RESCISÓRIA. CABIMENTO. SENTENÇA DE MÉRITO. DECISÃO HOMOLOGATÓRIA DE ADJUDICAÇÃO, DE ARREMATAÇÃO.
>
> I – É incabível ação rescisória para impugnar decisão homologatória de adjudicação ou arrematação (ex-OJs n.os 44 e 45 da SBDI-II – inseridas em 20.09.2000).
>
> II – A decisão homologatória de cálculos apenas comporta rescisão quando enfrentar as questões envolvidas na elaboração da conta de liquidação, quer solvendo

a controvérsia das partes quer explicitando, de ofício, os motivos pelos quais acolheu os cálculos oferecidos por uma das partes ou pelo setor de cálculos, e não contestados pela outra" (ex-OJ n.º 85 da SBDI-II – primeira parte – inserida em 13.03.2002 e alterada em 26.11.2002).

9.9.8.5. Remição

A remição consiste no ato processual do pagamento da totalidade da dívida executiva pelo devedor, liberando-se os bens constritos e, privilegiando-se, assim, o princípio da não prejudicialidade do devedor.

Para evitar a alienação judicial, pode o executado, consoante previsto no art. 826 do CPC, antes de adjudicados ou alienados os bens, a todo tempo, remir a execução, pagando ou consignando a importância atualizada da dívida, acrescida de juros, custas e honorários advocatícios.

Determina o art. 13 da Lei 5.584/1970 que, em qualquer hipótese, a remição somente será deferida ao executado se este oferecer preço igual ao valor da condenação.

Materializada a remição da execução pelo devedor, extingue-se a execução.

9.9.8.6. Suspensão e extinção da execução

Conforme previsto no art. 921 do CPC, suspende-se a execução:

- nas hipóteses dos arts. 313 e 315, no que couber;
- no todo ou em parte, quando recebidos com efeito suspensivo os embargos à execução;
- quando o executado não possuir bens penhoráveis;
- se a alienação dos bens penhorados não se realizar por falta de licitantes e o exequente, em 15 (quinze) dias, não requerer a adjudicação nem indicar outros bens penhoráveis;
- quando concedido o parcelamento de que trata o art. 916.

Ressalte-se que o credor não pode utilizar da execução apenas para acarretar danos ao devedor, quando o patrimônio do executado não for suficiente para suportar a dívida.

Nesta esteira de raciocínio, o art. 836 do CPC, aplicável ao Processo do Trabalho, como determina o TST na IN 39/2016, dispõe que não se efetuará a penhora quando ficar evidente que o produto da alienação dos bens encontrados será inteiramente absorvido pelo pagamento das custas da execução.

O art. 40, *caput* e §§ 2º e 3º, da Lei 6.830/1980 e o art. 921, III e §§ 1º ao 5º, do CPC determinam que o juiz suspenderá a execução se não localizado o devedor ou encontrados bens sobre os quais possa recair a penhora, e nesse período não corre a prescrição.

A suspensão perdurará pelo prazo máximo de 1 ano. Não localizado o devedor ou bens penhoráveis, o processo será arquivado e iniciará o prazo de prescrição intercorrente de 2 anos.

Encontrados que sejam, a qualquer tempo, o devedor ou os bens, serão desarquivados os autos para prosseguimento da execução.

Atente-se para o disposto nos arts. 40, *caput* e §§ 2º e 3º, da Lei 6.830/1980 e 921, III e §§ 1º ao 5º, do CPC:

> "Art. 40, Lei 6.830/1980. O Juiz suspenderá o curso da execução, enquanto não for localizado o devedor ou encontrados bens sobre os quais possa recair a penhora, e, nesses casos, não correrá o prazo de prescrição.
>
> § 1.º Suspenso o curso da execução, será aberta vista dos autos ao representante judicial da Fazenda Pública.
>
> § 2.º Decorrido o prazo máximo de 1 (um) ano, sem que seja localizado o devedor ou encontrados bens penhoráveis, o Juiz ordenará o arquivamento dos autos.
>
> § 3.º Encontrados que sejam, a qualquer tempo, o devedor ou os bens, serão desarquivados os autos para prosseguimento da execução.
>
> § 4.º Se da decisão que ordenar o arquivamento tiver decorrido o prazo prescricional, o juiz, depois de ouvida a Fazenda Pública, poderá, de ofício, reconhecer a prescrição intercorrente e decretá-la de imediato." (Incluído pela Lei nº 11.051, de 2004).

> "Art. 921. Suspende-se a execução:
>
> (...)
>
> § 2.º Decorrido o prazo máximo de 1 (um) ano sem que seja localizado o executado ou que sejam encontrados bens penhoráveis, o juiz ordenará o arquivamento dos autos.
>
> (...)
>
> III – quando o executado não possuir bens penhoráveis;
>
> (...)
>
> § 1.º Na hipótese do inciso III, o juiz suspenderá a execução pelo prazo de 1 (um) ano, durante o qual se suspenderá a prescrição.
>
> § 2.º Decorrido o prazo máximo de 1 (um) ano sem que seja localizado o executado ou que sejam encontrados bens penhoráveis, o juiz ordenará o arquivamento dos autos.
>
> § 3.º Os autos serão desarquivados para prosseguimento da execução se a qualquer tempo forem encontrados bens penhoráveis.
>
> § 4.º Decorrido o prazo de que trata o § 1.º sem manifestação do exequente, começa a correr o prazo de prescrição intercorrente.
>
> § 5.º O juiz, depois de ouvidas as partes, no prazo de 15 (quinze) dias, poderá, de ofício, reconhecer a prescrição de que trata o § 4º e extinguir o processo."

Decorrido o prazo de suspensão, inicia-se a prescrição intercorrente. O art. 11-A, *caput* e § 1º, da CLT torna aplicável a prescrição intercorrente no Processo do Trabalho, de modo que a Súmula 114 do TST, que estabelece o contrário, deve ser cancelada.

Observe o disposto no art. 11-A, § 1º, da CLT:

> "Art. 11-A. Ocorre a prescrição intercorrente no processo do trabalho no prazo de dois anos.
>
> § 1.º A fluência do prazo prescricional intercorrente inicia-se quando o exequente deixa de cumprir determinação judicial no curso da execução."

Prescrição intercorrente é a perda de um direito pelo decurso do tempo, em razão da inércia da parte, que não toma iniciativa no sentido de praticar atos processuais necessários para a execução da dívida, paralisando o processo, por mais de 2 anos.

Nos termos do art. 11-A, § 2º, da CLT, a prescrição intercorrente poderá ser declarada de ofício pelo juiz, extinguindo a execução.

Impende salientar que, suspensa a execução, é defeso praticar quaisquer atos processuais, podendo o juiz, entretanto, ordenar providências cautelares urgentes. O art. 916 do CPC dispõe sobre a possibilidade de suspensão da execução, permitindo ao executado que, no prazo para embargos, reconhecendo a dívida, requeira o parcelamento do débito em até seis parcelas mensais, com o depósito imediato de 30% do valor da execução. Tal dispositivo aplica-se ao Processo do Trabalho, consoante determina a IN 39/2016 do TST. Vejamos a redação do art. 916 do CPC:

> "Art. 916. No prazo para embargos, reconhecendo o crédito do exequente e comprovando o depósito de trinta por cento do valor em execução, acrescido de custas e de honorários de advogado, o executado poderá requerer que lhe seja permitido pagar o restante em até 6 (seis) parcelas mensais, acrescidas de correção monetária e de juros de um por cento ao mês.
>
> § 1.º O exequente será intimado para manifestar-se sobre o preenchimento dos pressupostos do *caput*, e o juiz decidirá o requerimento em 5 (cinco) dias.
>
> § 2.º Enquanto não apreciado o requerimento, o executado terá de depositar as parcelas vincendas, facultado ao exequente seu levantamento.
>
> § 3.º Deferida a proposta, o exequente levantará a quantia depositada, e serão suspensos os atos executivos.
>
> § 4.º Indeferida a proposta, seguir-se-ão os atos executivos, mantido o depósito, que será convertido em penhora.
>
> § 5.º O não pagamento de qualquer das prestações acarretará cumulativamente:
>
> I – o vencimento das prestações subsequentes e o prosseguimento do processo, com o imediato reinício dos atos executivos;

> II – a imposição ao executado de multa de dez por cento sobre o valor das prestações não pagas.
>
> § 6.º A opção pelo parcelamento de que trata este artigo importa renúncia ao direito de opor embargos.
>
> § 7.º O disposto neste artigo não se aplica ao cumprimento da sentença."

Entendemos que o art. 916 do CPC, embora compatível com o Processo do Trabalho, deve ser aplicado com cautela no âmbito trabalhista. Evidentemente, deverá o juiz do trabalho verificar se, de fato, as condições financeiras do executado ensejam o parcelamento da dívida como forma de garantir o adimplemento do crédito do trabalhador, evitando, assim, que o devedor mau pagador, que não esteja enfrentando qualquer dificuldade econômica, se utilize do parcelamento do débito apenas como forma de postergar a liquidação da dívida.

Por outro lado, determina o art. 924 do CPC que se extingue a execução quando:

- a petição inicial for indeferida
- a obrigação for satisfeita;
- o executado obtiver, por qualquer outro meio, a extinção total da dívida;
- o exequente renunciar ao crédito
- ocorrer a prescrição intercorrente.

9.9.8.7. *Alienação por iniciativa particular*

Conforme já mencionado anteriormente, a doutrina sempre considerou a alienação em leilão como sendo formalista, onerosa e demorada, e como a maneira menos eficaz de alcançar um preço justo e compatível para o bem expropriado.

Neste diapasão, o Código de Processo Civil estabelece como meio expropriatório preferencial a adjudicação pelo próprio exequente por preço não inferior ao da avaliação, e não efetivada a adjudicação, o exequente poderá requerer a alienação por iniciativa particular, permitindo que o exequente requeira que os bens penhorados sejam alienados por sua própria iniciativa ou por intermédio de corretor ou leiloeiro credenciado perante o órgão judiciário. Vejamos o art. 880 do CPC:

> "Art. 880. Não efetivada a adjudicação, o exequente poderá requerer a alienação por sua própria iniciativa ou por intermédio de corretor ou leiloeiro público credenciado perante o órgão judiciário.

§ 1.º O juiz fixará o prazo em que a alienação deve ser efetivada, a forma de publicidade, o preço mínimo, as condições de pagamento, as garantias e, se for o caso, a comissão de corretagem.

§ 2.º A alienação será formalizada por termo nos autos, com a assinatura do juiz, do exequente, do adquirente e, se estiver presente, do executado, expedindo-se:

I – a carta de alienação e o mandado de imissão na posse, quando se tratar de bem imóvel;

II – a ordem de entrega ao adquirente, quando se tratar de bem móvel.

§ 3.º Os tribunais poderão editar disposições complementares sobre o procedimento da alienação prevista neste artigo, admitindo, quando for o caso, o concurso de meios eletrônicos, e dispor sobre o credenciamento dos corretores e leiloeiros públicos, os quais deverão estar em exercício profissional por não menos que 3 (três) anos.

§ 4.º Nas localidades em que não houver corretor ou leiloeiro público credenciado nos termos do § 3.º, a indicação será de livre escolha do exequente."

Entendemos que a omissão da CLT sobre o tema autoriza a aplicação subsidiária do art. 880 do CPC, em face do disposto no art. 769 da CLT.

Consoante já referido neste capítulo, sendo a alienação em hasta pública formalista, onerosa e demorada, apresenta-se como a maneira menos eficaz de alcançar um preço justo e compatível para o bem expropriado.

Nesse contexto, o CPC estabelece como meio expropriatório preferencial a adjudicação pelo próprio exequente por preço não inferior ao da avaliação (art. 876 do CPC).

Não efetivada a adjudicação, o exequente poderá solicitar a alienação do bem por iniciativa particular ou por intermédio de corretor ou leiloeiro público credenciado perante o órgão judiciário (art. 880 do CPC).

Logo, somente em última hipótese é que se fará a alienação do bem em leilão (art. 886 do CPC), dando preferência para que a alienação seja realizada por meio eletrônico (rede mundial de computadores), com uso de páginas virtuais criadas pelos Tribunais ou por entidades públicas ou privadas, e não sendo possível a sua realização por meio eletrônico, o leilão será presencial (art. 882 do CPC).

Assim, penhorados os bens necessários à garantia do juízo e resolvidos eventuais embargos, o exequente será notificado para manifestar sua intenção ou não pela adjudicação dos bens, nunca por preço inferior ao da avaliação, permitindo-se ao credor, caso não deseje exercer a adjudicação, que requeira a sua alienação por iniciativa própria ou por intermédio de corretor credenciado perante a autoridade judiciária laboral.

9.10. EXECUÇÃO CONTRA EMPRESAS EM LIQUIDAÇÃO EXTRAJUDICIAL

A liquidação extrajudicial não retira da Justiça do Trabalho a competência para processar, julgar e executar as sentenças em face das empresas em liquidação extrajudicial.

Esse é o posicionamento do Tribunal Superior do Trabalho, consubstanciado na OJ 143 da SDI-1, *in verbis*:

> "OJ 143 DA SDI-1/TST – EMPRESA EM LIQUIDAÇÃO EXTRAJUDICIAL – EXECUÇÃO – CRÉDITOS TRABALHISTAS – LEI 6.024/1974. A execução trabalhista deve prosseguir diretamente na Justiça do Trabalho mesmo após a decretação da liquidação extrajudicial. Lei 6.830/1980, arts. 5.º e 29, aplicados supletivamente" (CLT, art. 889 e CF/1988, art. 114).

O Tribunal Superior do Trabalho tentou, por meio do Provimento 5 do TST/CGJT, de 04.10.2000, dispor sobre o procedimento da execução contra empresas em liquidação extrajudicial, fixando que, havendo execuções conexas em face de empresa em liquidação extrajudicial, em qualquer região da Justiça do Trabalho a competência para a execução ficaria restrita, por prevenção, à Vara do Trabalho que primeiro houvesse efetuado penhora de bens na sede da empresa.

Todavia, muitas dúvidas jurídicas e dificuldades de ordem prática surgiram, motivando o cancelamento deste Provimento (n. 5/2000 – TST/CGJT) em 10.04.2002, por meio do Provimento 3 da CGJT.

9.11. EXECUÇÃO CONTRA A MASSA FALIDA

Doutrina e jurisprudência divergem sobre a competência ou não da Justiça do Trabalho para executar seus julgados, quando decretada a falência do executado.

Com efeito, sobre o tema podemos mencionar três correntes, a saber:

- 1.ª corrente – defende a tese de que, decretada a falência da empresa no curso do processo de execução trabalhista, cessaria a execução, devendo o exequente, de imediato, habilitar-se perante o juízo universal da falência, operando-se a *vis attractiva* do juízo universal da quebra em relação ao juízo singular da execução;
- 2.ª corrente – defende a tese de que o art. 114 da CF/1988 confere à Justiça do Trabalho a competência para executar seus próprios julgados, o que afastaria a submissão dos créditos trabalhistas ao juízo universal da falência, pouco importando o momento da quebra (se posterior aos atos de constrição ou não), até mesmo porque os créditos trabalhistas são considerados privilegiados, não sujeitos, portanto, à habilitação no juízo universal da falência;
- 3.ª corrente – adota posicionamento diferenciado conforme o momento dos atos de constrição judicial. Caso os bens do executado sejam penhorados antes da decretação da quebra da empresa, não serão eles alcançados pelo juízo falimentar (aplicação analógica da Súmula 44 do antigo TFR). No entanto, se os atos de constrição ocorrerem após a falência da empresa, cessa a competência da Justiça do Trabalho, devendo o obreiro habilitar o seu crédito perante o juízo falimentar.

A terceira corrente é a mais aceita no âmbito laboral, até porque resguarda o princípio da igualdade entre os credores privilegiados da massa falida, permitindo a disputa dos créditos em igualdade de condições perante o juízo universal falimentar.

Nessa esteira, o procedimento que tem sido adotado, rotineiramente, na Justiça do Trabalho em função da decretação judicial da falência do executado é:

A) continuar com o processo de cognição até o trânsito em julgado da sentença e, havendo condenação da massa, munir o credor de certidão do seu crédito, para fins de habilitação perante o juízo falimentar;

B) realizar a hasta pública dos bens penhorados, quando, à época da decretação da falência, já estiverem designadas as datas para a praça e o leilão, remetendo o produto da alienação dos bens para o juízo falimentar, devendo o credor trabalhista habilitar seu crédito perante o juízo da quebra;

C) pagar o credor trabalhista se, quando da decretação da falência da empresa, a hasta pública já se encontrar consumada (bem vendido), sendo destinado à massa falida apenas o resíduo do produto da expropriação judicial (caso exista).

A Lei 11.101, de 09.02.2005, que regula a recuperação judicial, extrajudicial e a falência do empresário e da sociedade empresária, trouxe, em seu bojo, algumas inovações quanto à preferência dos créditos trabalhistas em caso de falência da empresa, a saber:

> "Lei 11.101/2005:
>
> Art. 6.º A decretação da falência ou o deferimento do processamento da recuperação judicial suspende o curso da prescrição e de todas as ações e execuções em face do devedor, inclusive aquelas dos credores particulares do sócio solidário.
>
> (...)
>
> § 2.º É permitido pleitear, perante o administrador judicial, habilitação, exclusão ou modificação de créditos derivados da relação de trabalho, mas as ações de natureza trabalhista, inclusive as impugnações a que se refere o art. 8.º desta Lei, serão processadas perante a justiça especializada até a apuração do respectivo crédito, que será inscrito no quadro-geral de credores pelo valor determinado em sentença.
>
> (...)
>
> Art. 76. O juízo da falência é indivisível e competente para conhecer todas as ações sobre bens, interesses e negócios do falido, ressalvadas as causas trabalhistas, fiscais e aquelas não reguladas nesta Lei em que o falido regular como autor ou litisconsorte ativo.
>
> (...)
>
> Art. 83. A classificação dos créditos na falência obedece à seguinte ordem:
>
> I - os créditos derivados da legislação trabalhista, limitados a 150 (cento e cinquenta) salários-mínimos por credor, e aqueles decorrentes de acidentes de trabalho;
>
> VI - os créditos quirografários, a saber:

> c) os saldos dos créditos derivados da legislação trabalhista que excederem o limite estabelecido no inciso I do caput deste artigo;
>
> §4º (Revogado).
>
> Art. 84. Serão considerados créditos extraconcursais e serão pagos com precedência sobre os mencionados no art. 83 desta Lei, na ordem a seguir, aqueles relativos:
>
> I-D - às remunerações devidas ao administrador judicial e aos seus auxiliares, aos reembolsos devidos a membros do Comitê de Credores, e aos créditos derivados da legislação trabalhista ou decorrentes de acidentes de trabalho relativos a serviços prestados após a decretação da falência;

Logo, após a edição da Lei 11.101/2005, podemos concluir que:

- as reclamações trabalhistas, independentemente da decretação da falência da empresa, continuam a ser processadas e julgadas pela Justiça do Trabalho, que informará ao juízo da falência para efeitos de habilitação, o crédito laboral oriundo da decisão judicial transitada em julgado;
- somente serão considerados créditos privilegiados na falência os limitados a 150 salários-mínimos, por credor, sendo os saldos que excederem este limite enquadrados como créditos quirografários;
- em caso de cessão de crédito trabalhista a terceiro, o mesmo será considerado crédito quirografário;
- os créditos trabalhistas devidos aos obreiros que continuarem prestando serviços à massa falida após a decretação de quebra da empresa serão considerados extraconcursais e serão pagos com precedência a qualquer outro.

A jurisprudência do STF vem entendendo que não é da competência da Justiça Laboral fomentar a execução de créditos trabalhistas em ações onde consta no polo passivo empresa em recuperação judicial, sem prejuízo da competência da Justiça Laboral quanto ao julgamento do processo de conhecimento:

> "CONFLITO POSITIVO DE COMPETÊNCIA. DECISÕES CONFLITANTES. OBJETO COMUM. ARREMATAÇÃO INCIDENTE SOBRE IMÓVEL ANTERIORMENTE ARREMATADO NOS AUTOS DE EXECUÇÃO TRABALHISTA INICIADA APÓS O DEFERIMENTO DO PEDIDO DE RECUPERAÇÃO. BENS PERTENCENTES À SOCIEDADE EMPRESARIAL INTEGRANTE DO GRUPO RECUPERANDO NÃO ARROLADOS NO PLANO DE RECUPERAÇÃO. 1. Tramitando em Juízos diversos demandas que, tratando de idênticas questões fáticas e objetos assemelhados, apresentam-se suscetíveis de decisões conflitantes, sem que tenha qualquer dos juízos se declarado competente para apreciar a causa em curso perante o outro, mas exsurge a manifesta prática de atos que denotem implicitamente tal declaração, é de se pressupor a configuração do conflito positivo

de competência na forma prevista no art. 115, inciso I, do CPC. Precedentes. 2. Se os bens da empresa pertencente ao mesmo grupo econômico da recuperanda não estão abrangidos pelo plano de recuperação judicial, não há como concluir pela competência do Juízo onde se processa a recuperação para decidir acerca de sua destinação, afigurando-se possível o prosseguimento da execução trabalhista em curso, inclusive com a realização de atos expropriatórios, tendo em vista a sua condição de devedora solidária. Precedentes. 3. 'O juízo da recuperação judicial não é competente para decidir sobre a constrição de bens não abrangidos pelo plano de recuperação da empresa'. Súmula 480/STJ. 4. Havendo duas arrematações sobre o mesmo bem imóvel, a carta de arrematação que primeiro for registrada definirá qual será o Juízo competente para decidir eventuais demandas possessórias. Precedentes. 5. Conflito conhecido para fixar a competência do Juízo laboral suscitante. (eDOC 4, p. 146) No recurso extraordinário, com fundamento no artigo 102, III, a, do permissivo constitucional, alega-se violação dos artigos 1º, 5º, XXII e XXXVI, e 114, I a IX, da Constituição Federal, por ofensa aos princípios garantidores do livre acesso ao judiciário, do direito de propriedade e da ampla defesa e contraditório. O recorrente, sustenta, em suma que é explícita a contrariedade a constituição federal vez que o tema posto em debate pelo juízo suscitante diz respeito a competência para execução de créditos trabalhistas, e o Superior Tribunal ao julgar o processo enfrentou o tema ao concluir que não há como concluir pela competência do Juízo onde se processa a recuperação para decidir acerca de sua destinação, afigurando-se possível o prosseguimento da execução trabalhista em curso, inclusive com a realização de atos expropriatórios... (eDOC 8, p. 72). Aduz, ainda, que a decisão atacada ao fixar a competência da Vara do Trabalho de Pontes e Lacerda – MT para ultimar a destinação dos bens envolvidos no presente incidente, contrariou, ainda, o art. 5º, inc. XXII, da C. F. ao negar o direito de propriedade do recorrente. (eDOC 8, p. 77) O Supremo Tribunal Federal já se manifestou sobre o tema discutido nestes autos. Verifica-se que no julgamento do RE-RG 583.955, de relatoria do Ministro Ricardo Lewandowski, *DJe* 27.06.2008, Tema 90, esta Corte reconheceu a existência de repercussão geral da controvérsia constitucional que versa sobre a competência para decidir a respeito da forma de pagamento dos créditos, incluídos os de natureza trabalhista, previstos no quadro geral de credores de empresa sujeita a plano de recuperação judicial. O mérito do referido recurso extraordinário também já foi decidido em acórdão assim ementado: CONFLITO NEGATIVO DE COMPETÊNCIA. EXECUÇÃO DE CRÉDITOS TRABALHISTAS EM PROCESSOS DE RECUPERAÇÃO JUDICIAL. COMPETÊNCIA DA JUSTIÇA ESTADUAL COMUM, COM EXCLUSÃO DA JUSTIÇA DO TRABALHO. INTERPRETAÇÃO DO DISPOSTO NA LEI 11.101/05, EM FACE DO ART. 114 DA CF. RECURSO EXTRAORDINÁRIO CONHECIDO E IMPROVIDO. I – A questão central debatida no presente recurso consiste em saber qual o juízo competente para processar e julgar a execução dos créditos trabalhistas no caso de empresa em fase de recuperação judicial. II – Na vigência do Decreto-lei 7.661/1945 consolidou-se o entendimento de que a competência para executar os créditos ora discutidos é da Justiça Estadual Comum, sendo essa também a regra adotada pela Lei 11.101/05. III – O inc. IX do art. 114 da Constituição Federal apenas outorgou ao legislador ordinário a faculdade de submeter à competência da Justiça Laboral outras controvérsias, além daquelas taxativamente estabelecidas nos incisos anteriores, desde que decorrentes da relação de trabalho. IV – O texto constitucional não o obrigou a fazê-lo, deixando ao seu alvedrio a avaliação das hipóteses em que se afigure conveniente o julgamento pela Justiça do Trabalho, à luz das peculiaridades das situações que pretende regrar. V – A opção do legislador infraconstitucional foi manter o regime anterior de execução dos créditos trabalhistas pelo juízo universal da falência, sem prejuízo da competência da Justiça Laboral quanto ao julgamento do processo de conhecimento. VI – Recurso extraordinário conhecido e improvido. Esta decisão deve ser observada. Ante o exposto, em vista do pronunciamento do Supremo Tribunal Federal acerca do tema suscitado neste recurso extraordinário com agravo, determino a remessa dos autos ao Superior Tribunal de Justiça (neste caso, tribunal de origem) para adequação ao disposto no artigo 328 do RISTF. Por fim, quanto aos pedidos acautelatórios constantes das petições 13.077/2016 e 14.993/2016, verifica-se que a competência para a sua apreciação é, então, do Superior Tribunal de Justiça (neste caso, tribunal de origem), conforme orientação do Plenário deste Supremo Tribunal Federal firmada na QO-MC-AC-2177, de relatoria da Ministra Ellen Gracie, publicada no *DJe* 20.10.2009. Publique-se. Brasília, 31 de março de 2016. Ministro Edson Fachin Relator Documento assinado digitalmente" (STF – ARE 905202/DF 0055400-89.2010.5.23.0096 – Rel. Min. Edson Fachin – j. em 31.03.2016 – *DJe*-061 05.04.2016).

Ressalte-se que essa limitação de 150 salários mínimos para créditos trabalhistas não decorrentes de acidente de trabalho é constitucional. O Supremo Tribunal Federal decidiu esse ponto na Ação Direta de Inconstitucionalidade (ADI) 3934:

AÇÃO DIRETA DE INCONSTITUCIONALIDADE. ARTIGOS 60, PARÁGRAFO ÚNICO, 83, I E IV, c, E 141, II, DA LEI 11.101/2005. FALÊNCIA E RECUPERAÇÃO JUDICIAL. INEXISTÊNCIA DE OFENSA AOS ARTIGOS 1º, III E IV, 6º, 7º, I, E 170, DA CONSTITUIÇÃO FEDERAL de 1988. ADI JULGADA IMPROCEDENTE. (...) III – Igualmente não existe ofensa à Constituição no tocante ao limite de conversão de créditos trabalhistas em quirografários. (...) (ADI 3934, Relator(a): Min. RICARDO LEWANDOWSKI, Tribunal Pleno, julgado em 27/05/2009, DJe de 06/11/09).

9.12. EXECUÇÃO POR PRESTAÇÕES SUCESSIVAS

Podemos destacar duas espécies de prestações sucessivas, quais sejam: as prestações por tempo determinado e as prestações por tempo indeterminado.

A execução por prestações sucessivas está prevista na Consolidação das Leis do Trabalho, nos arts. 891 e 892.

O art. 891 da CLT versa sobre a execução de prestações sucessivas por tempo determinado, *in verbis*:

"Art. 891. Nas prestações sucessivas por tempo determinado, a execução pelo não pagamento de uma prestação compreenderá as que lhe sucederem."

Como exemplo de execução de prestações sucessivas por prazo determinado, podemos citar o acordo judicial em que o reclamado se compromete a pagar ao reclamante o valor de R$ 4.000,00, em quatro prestações mensais e sucessivas.

Com efeito, vencida e não honrada a primeira prestação, serão consideradas também vencidas todas as prestações posteriores, abrangendo a execução o valor integral da dívida, acrescida de juros e correção monetária, além da multa normalmente prevista no termo de conciliação.

Em relação à execução das prestações sucessivas por tempo indeterminado, dispõe o art. 892 da CLT:

> "Art. 892. Tratando-se de prestações sucessivas por tempo indeterminado, a execução compreenderá inicialmente as prestações devidas até a data do ingresso na execução."

A execução de prestações sucessivas por prazo indeterminado ocorre nas hipóteses em que o contrato de trabalho ainda se encontra em vigor, compreendendo, inicialmente, as prestações devidas até o ingresso da execução.

Exemplificativamente, podemos citar a sentença que determina a obrigação da executada a quitar diferenças salariais, estas devidas e calculadas até o início da execução.

Tendo em vista que o contrato de trabalho é um pacto de trato sucessivo, em relação às prestações que se vencerem após iniciada a execução, as mesmas serão incluídas na execução, desde que subsistente o vínculo contratual, aplicando-se, em função da omissão da norma consolidada, o art. 323 do CPC, *in verbis*:

> "Art. 323. Na ação que tiver por objeto cumprimento de obrigação em prestações sucessivas, essas serão consideradas incluídas no pedido, independentemente de declaração expressa do autor, e serão incluídas na condenação, enquanto durar a obrigação, se o devedor, no curso do processo, deixar de pagá-las ou de consigná-las."

9.13. EXECUÇÃO DE CONTRIBUIÇÃO PREVIDENCIÁRIA

A EC 20/1998 introduziu o § 3.º ao art. 114 da CF/1988, estabelecendo que:

> "Compete ainda à Justiça do Trabalho executar, de ofício, as contribuições sociais previstas no artigo 195, I, *a*, e II, e seus acréscimos legais, decorrentes das sentenças que proferir."

Posteriormente, a EC 45/2004 inseriu esta mesma competência no inciso VIII do mesmo art. 114 da CF/1988, dispondo que:

> "Art. 114. Compete à Justiça do Trabalho processar e julgar:

> (...)
>
> VIII – a execução, de ofício, das contribuições sociais previstas no art. 195, I, *a*, e II, e seus acréscimos legais, decorrentes das sentenças que proferir."

Nos termos do art. 876, parágrafo único, da CLT, a Justiça do Trabalho executará, de ofício, as contribuições sociais previstas na alínea "a" do inciso I e no inciso II do *caput* do art. 195 da Constituição Federal, e seus acréscimos legais, exclusivamente quanto às sentenças condenatórias em pecúnia e homologatórias de acordo. Nesse contexto, podemos mencionar a Súmula 368, I, do TST.

Com efeito, no caso de conciliação, o termo que for lavrado valerá como decisão irrecorrível, salvo para a Previdência Social quanto às contribuições que lhe forem devidas (art. 831, parágrafo único, da CLT).

Nessa esteira, a União será intimada das decisões homologatórias de acordos que contenham parcela indenizatória, na forma do art. 20 da Lei 11.033, de 21 de dezembro de 2004, facultada a interposição de recurso relativo aos tributos que lhe forem devidos (art. 832, § 4.º, da CLT).

Idêntico raciocínio pode ser utilizado em relação às decisões cognitivas (sentenças que julgam o mérito), das quais a União também poderá apresentar recurso ordinário em razão das parcelas consideradas pelo juiz como de natureza indenizatória (art. 832, § 5º, da CLT).

A Lei 8.212/1991 autoriza a União a dispensar a constituição ou exigência de crédito previdenciário, mediante critérios a serem definidos pelos órgãos competentes (no caso, a Fazenda Pública) que avaliem o custo despendido na tentativa de arrecadação. Previsão semelhante é encontrada nos arts. 832, § 7º, e 879, § 5º, da CLT.

> "Art. 54, Lei 8.212/1991. Os órgãos competentes estabelecerão critério para a dispensa de constituição ou exigência de crédito de valor inferior ao custo dessa medida. CLT."
>
> "Art. 832, CLT. Da decisão deverão constar o nome das partes, o resumo do pedido e da defesa, a apreciação das provas, os fundamentos da decisão e a respectiva conclusão.
>
> (...)
>
> § 7º. O Ministro de Estado da Fazenda poderá, mediante ato fundamentado, dispensar a manifestação da União nas decisões homologatórias de acordos em que o montante da parcela indenizatória envolvida ocasionar perda de escala decorrente da atuação do órgão jurídico" (Incluído pela Lei nº 11.457, de 2007).
>
> "Art. 879. Sendo ilíquida a sentença exequenda, ordenar-se-á, previamente, a sua liquidação, que poderá ser feita por cálculo, por arbitramento ou por artigos" (Redação dada pela Lei nº 2.244, de 23.6.1954).
>
> (...)

> § 5.º O Ministro de Estado da Fazenda poderá, mediante ato fundamentado, dispensar a manifestação da União quando o valor total das verbas que integram o salário-de-contribuição, na forma do art. 28 da Lei no 8.212, de 24 de julho de 1991, ocasionar perda de escala decorrente da atuação do órgão jurídico" (Incluído pela Lei nº 11.457, de 2007).

Cabe destacar que, elaborados os cálculos, as partes terão o prazo comum de 8 dias para impugná-los e a União, o prazo de 10 dias (art. 879, §§ 2º e 3.º, da CLT[6]).

O art. 764, § 3.º, da CLT permite às partes celebrar acordo que ponha termo ao processo, mesmo depois de encerrado o juízo conciliatório.

Portanto, é possível a conciliação em valor inferior ao contido na sentença condenatória, tenha ocorrido ou não o trânsito em julgado da sentença.

Caso a conciliação judicial tenha sido firmada antes do trânsito em julgado da sentença, a contribuição previdenciária será apenas calculada sobre as verbas salariais provenientes do acordo, mesmo que pactuado em bases menores do que o *quantum* fixado no julgado, haja vista que ainda não havia sido constituído, definitivamente, o crédito previdenciário.

Todavia, se o acordo judicial for homologado após o trânsito em julgado da sentença, sobre o que incidem as contribuições previdenciárias: sobre o valor da condenação transitada em julgado ou sobre o valor do acordo celebrado e homologado após o trânsito em julgado?

Estabelece o art. 832, § 6.º, da CLT que as contribuições serão calculadas sobre as verbas salariais deferidas no julgado, independentemente de o acordo judicial celebrado estipular um valor menor do que o fixado na decisão, uma vez que já haviam nascidos os créditos da União, não podendo as partes transigir sobre aquilo que não mais lhes pertence. Ou seja, ao celebrar o acordo, o empregado poderia receber crédito menor do que o deferido em sentença, a União, não.

Nesse seguimento era a antiga redação do § 5.º do art. 43 da Lei 8.212/1991, a qual estabelecia que "o acordo celebrado após ter sido proferida decisão de mérito não prejudicará ou de qualquer forma afetará o valor e a execução das contribuições dela decorrentes".

Ocorre que o supracitado § 6.º foi inserido no art. 832 da CLT pela Lei 11.457, em 16 de março de 2007, e, posteriormente, em 17 de maio de 2009, a Lei 11.491 alterou o § 5.º da Lei 8.212/1991, passando a determinar que

---

[6] Art. 14, IN 41/2018, do TST. A regra inscrita no art. 879, § 2º, da CLT, quanto ao dever de o juiz conceder prazo comum de oito dias para impugnação fundamentada da conta de liquidação, não se aplica à liquidação de julgado iniciada antes de 11 de novembro de 2017.

as contribuições previdenciárias incidem sobre o valor do acordo celebrado após o trânsito em julgado e não mais sobre o valor da condenação.

Ressalte-se que a Lei 8.212/1991 dispõe sobre a organização da Seguridade Social e institui o seu Plano de Custeio. Trata-se, portanto, de lei específica quanto aos temas relacionados à seguridade social, a qual prevalece sobre a norma geral, nesse caso a CLT, e mais especificamente o art. 832, § 6.º, da CLT.

Uma vez que a CLT confere às partes a faculdade de celebrar acordo em qualquer fase do processo (art. 764 da CLT) e as contribuições previdenciárias caracterizam-se como verba acessória, uma vez alterado o valor do acordo, é natural que as contribuições acompanhem o principal, sendo, portanto, também alteradas.

Nesse sentido, segue ementa do TRT 13.ª Região:

> "SENTENÇA. TRÂNSITO EM JULGADO. ACORDO HOMOLOGADO. CONTRIBUIÇÃO PREVIDENCIÁRIA. O crédito previdenciário decorre do crédito trabalhista, consequentemente se este teve alteração aquele também terá, pois o primeiro é acessório do segundo. Desta forma, a faculdade que é concedida às partes para concretização de acordo a qualquer tempo, alterando a verba trabalhista executada, refletirá no crédito previdenciário que está sendo executado, já que a sua base de cálculo foi alterada. Tal entendimento encontra-se albergado no art. 43, § 5.º, da Lei 8.212/1991, com redação dada pela Lei 11.941/2009, o qual, revogou o § 6.º do art. 832 da CLT. Agravo de Petição não provido" (Agravo de Petição 0028000-56.2009.5.13.0018 – Rel. Des. Carlos Coelho de Miranda Freire – 2.ª T. – TRT 13.ª Região – Data de Publicação: 27.08.2010).

O Tribunal Superior do Trabalho reconhece que as contribuições previdenciárias devem incidir sobre o valor do acordo celebrado e homologado após o trânsito em julgado, entretanto, entende que deve ser respeitada a proporcionalidade de valores entre as parcelas de natureza salarial e indenizatória deferidas na sentença condenatória e as parcelas objeto do acordo. Observe a OJ 376 da SDI-1 do TST:

> "OJ 376 da SDI-I. CONTRIBUIÇÃO PREVIDENCIÁRIA. ACORDO HOMOLOGADO EM JUÍZO APÓS O TRÂNSITO EM JULGADO DA SENTENÇA CONDENATÓRIA. INCIDÊNCIA SOBRE O VALOR HOMOLOGADO. É devida a contribuição previdenciária sobre o valor do acordo celebrado e homologado após o trânsito em julgado de decisão judicial, respeitada a proporcionalidade de valores entre as parcelas de natureza salarial e indenizatória deferidas na decisão condenatória e as parcelas objeto do acordo."

Dessa forma, como já mencionado, ao proferir sentença condenatória, o juiz deve discriminar a natureza jurídica de cada uma das parcelas, estabelecendo quais dentre as deferidas têm natureza salarial e quais têm natureza indenizatória (art. 832, § 3.º, da CLT), vez que apenas sobre aquelas incide contribuição previdenciária. Caso, por exemplo, 70% das verbas objeto da condenação tenham natureza salarial e apenas 30% tenham natureza indenizatória, sendo o valor total da condenação de R$ 100.000,00, celebrado o acordo após o trânsito em julgado no importe de R$ 10.000,00, ao discriminar os valores objeto do acordo, 70% devem corresponder a parcelas de natureza salarial (R$ 7.000,00) e apenas 30% do total podem ser discriminados como verbas de natureza indenizatória (R$ 3.000,00), sendo que sobre estas não incide a contribuição previdenciária.

No mesmo sentido seguem as ementas:

> "RECURSO DE REVISTA. EXECUÇÃO. CONTRIBUIÇÃO PREVIDENCIÁRIA. ACORDO HOMOLOGADO EM JUÍZO APÓS O TRÂNSITO EM JULGADO DA SENTENÇA CONDENATÓRIA. 1. Firmado acordo judicial após o trânsito em julgado de sentença condenatória, as contribuições previdenciárias deverão incidir sobre o valor da avença e não sobre a quantia fixada na sentença. 2. Todavia, o ajuste deverá guardar proporcionalidade com as verbas deferidas na sentença transitada em julgado. 3. Cristalizado, nesta Corte Superior, mediante a edição da OJ 376/SDI-I, o entendimento no sentido de que 'é devida a contribuição previdenciária sobre o valor do acordo celebrado e homologado após o trânsito em julgado de decisão judicial, respeitada a proporcionalidade de valores entre as parcelas de natureza salarial e indenizatória deferidas na decisão condenatória e as parcelas objeto do acordo'. Recurso de revista conhecido e provido" (TST – RR 845005320095020373 – Rel. Hugo Carlos Scheuermann – j. em 20.05.2015 – 1ª T. – *DEJT* 29.05.2015).

> "AGRAVO DE INSTRUMENTO EM RECURSO DE REVISTA. EXECUÇÃO. CONTRIBUIÇÕES PREVIDENCIÁRIAS. ACORDO HOMOLOGADO APÓS O TRÂNSITO EM JULGADO DA SENTENÇA CONDENATÓRIA. COISA JULGADA. A SBDI-1 desta Corte firmou posicionamento no sentido de determinar a incidência das contribuições previdenciárias sobre o valor total do acordo, respeitada a proporcionalidade das parcelas de natureza salarial e indenizatória declaradas na decisão transitada em julgado. Incidência da Orientação Jurisprudencial n.º 376 da SBDI-I do TST. Inexiste, pois, ofensa à coisa julgada, porquanto o Tribunal Regional registrou terem sido devidamente discriminadas as verbas salariais e indenizatórias, conforme a proporção definida pela sentença exequenda" (AIRR 3113-34.2010.5.02.0000 – 1.ª T. – Rel. Min. Luiz Philippe Vieira de Mello Filho – 23.03.2011).

> "I – AGRAVO DE INSTRUMENTO EM RECURSO DE REVISTA. EXECUÇÃO. CONTRIBUIÇÃO PREVIDENCIÁRIA. ACORDO HOMOLOGADO EM JUÍZO APÓS O TRÂNSITO EM JULGADO DE SENTENÇA CONDENATÓRIA. OFENSA À COISA JULGADA. Constatada possível violação do art. 5.º, XXXVI, da Constituição da República, merece provimento o Agravo de Instrumento para determinar-se o processamento do Recurso de Revista. II – RECURSO DE REVISTA. EXECUÇÃO. CONTRIBUIÇÃO PREVIDENCIÁRIA. ACORDO HOMOLOGADO EM JUÍZO APÓS O TRÂNSITO EM JULGADO DE SENTENÇA CONDENATÓRIA. OFENSA À COISA JULGADA. Esta Corte pacificou o entendimento no sentido de que, havendo homologação de acordo em juízo após o trânsito em julgado da sentença condenatória, deverá incidir a contribuição previdenciária sobre os valores acordados, e não sobre o montante deferido na sentença, respeitada, contudo, a proporção das parcelas de natureza salarial e indenizatória contida

na decisão transitada em julgado. Recurso de Revista conhecido e parcialmente provido" (RR 44040-23.2004.5.02.0042 – 8ª T. – Rel. Min. Márcio Eurico Vitral Amaro – j. 12.05.2010 – Data de Publicação: 14.05.2010).

"AGRAVO DE INSTRUMENTO EM RECURSO DE REVISTA. INSS. CONTRIBUIÇÃO PREVIDENCIÁRIA. ACORDO HOMOLOGADO EM JUÍZO APÓS O TRÂNSITO EM JULGADO DE SENTENÇA CONDENATÓRIA. COISA JULGADA. Agravo de instrumento conhecido e provido por possível violação ao art. 5.º, XXXVI da Constituição Federal. RECURSO DE REVISTA. CONTRIBUIÇÃO PREVIDENCIÁRIA. ACORDO HOMOLOGADO EM JUÍZO APÓS O TRÂNSITO EM JULGADO DE SENTENÇA CONDENATÓRIA. COISA JULGADA. A SBDI-1 na sessão do dia 25 de agosto de 2008, ao julgar o processo n.º TST-E-RR-218/2000-093-15-40.0 do Exm.º Sr. Ministro Aloysio Corrêa da Veiga, publicado em 05.09.2008, pacificou a jurisprudência no sentido de que, havendo acordo homologado em juízo após o trânsito em julgado da decisão trabalhista exequenda, sobre ele deverá incidir a contribuição previdenciária, e não sobre o valor objeto da sentença, respeitada, contudo, a proporção das parcelas de natureza salarial e indenizatória contida na decisão transitada em julgado. Recurso de Revista conhecido e parcialmente provido" (TST-RR-581/2004-351-02-40.2 – 3.ª T. – Rel. Min. Carlos Alberto Reis de Paula – *DEJT* 30.04.2009).

"RECURSO DE REVISTA. CONTRIBUIÇÕES PREVIDENCIÁRIAS. ACORDO CELEBRADO APÓS O TRÂNSITO EM JULGADO DA SENTENÇA EXEQUENDA. A Subseção-I Especializada em Dissídios Individuais, na hipótese de acordo celebrado após o trânsito em julgado da sentença exequenda, firmou posicionamento no sentido de determinar a incidência das contribuições previdenciárias sobre o valor total do acordo, respeitada a proporcionalidade das parcelas de naturezas salarial e indenizatória declaradas na decisão transitada em julgado. Recurso de revista conhecido e provido" (TST-RR-25317/2003-005-11-00.1 – 1.ª T. – Rel. Min. Luiz Philippe Vieira de Mello Filho – *DEJT* 24.04.2009).

Conforme já comentado, na hipótese de conciliação, o termo que for lavrado valerá como decisão irrecorrível, salvo para a Previdência Social quanto às contribuições que lhe forem devidas (art. 831, parágrafo único, da CLT).

Em outras palavras, celebrada a conciliação judicial, os autos transitam em julgado para as partes no momento da homologação do acordo (S. 100, V, do TST). Todavia, em relação às contribuições previdenciárias, deverá a União Federal ser intimada dos acordos judiciais realizados, facultado à mesma a interposição do recurso ordinário, no prazo de 16 dias (prazo em dobro em função do art. 180 do CPC).

É comum a interposição de recurso ordinário, anteriormente pela autarquia INSS, agora através da União Federal em função da criação da Secretaria da Receita Federal do Brasil (Lei 11.457/2007), quando o termo de conciliação judicial apontar parcelas de natureza indenizatórias que, em verdade, deveriam ser consideradas como de natureza salarial (somente sobre as parcelas de natureza salarial há a incidência de contribuição previdenciária).

Nesse contexto, ratificamos o posicionamento de que na homologação do acordo trabalhista deverá haver discriminação das parcelas de natureza salarial e indenizatória, sob pena da contribuição incidir sobre o valor total apurado em liquidação de sentença ou sobre o valor do acordo homologado (art. 43, § 1.º, da Lei 8.212/1991).

Vejamos o art. 43 e seu § 1.º da Lei 8.212/1991:

> "Art. 43. Nas ações trabalhistas de que resultar o pagamento de direitos sujeitos à incidência de contribuição previdenciária, o juiz, sob pena de responsabilidade, determinará o imediato recolhimento da importância devida à Seguridade Social.
>
> § 1.º Nas sentenças judiciais ou nos acordos homologados em que não figurarem, discriminadamente, as parcelas legais relativas às contribuições sociais, estas incidirão sobre o valor total apurado em liquidação de sentença ou sobre o valor do acordo homologado" (Incluído pela Lei n.º 11.941, de 2009).

Vale enfatizar que a Lei 11.457, de 16 de março de 2007 (que criou a Secretaria da Receita Federal do Brasil), alterou a redação de alguns artigos da CLT, quais sejam, os arts. 832, 876, 879, 880 e 889-A, que tratam da execução das contribuições sociais devidas atualmente à União:

> "Art. 832 da CLT...
>
> (...)
>
> § 4.º A União será intimada das decisões homologatórias de acordos que contenham parcela indenizatória, na forma do art. 20 da Lei 11.033, de 21 de dezembro de 2004, facultada a interposição de recurso relativo aos tributos que lhe forem devidos.
>
> § 5.º Intimada da sentença, a União poderá interpor recurso relativo à discriminação de que trata o § 3.º deste artigo.
>
> § 6.º O acordo celebrado após o trânsito em julgado da sentença ou após a elaboração dos cálculos de liquidação de sentença não prejudicará os créditos da União. Como vimos acima, esse parágrafo foi tacitamente revogado pelo § 5.º do art. 43 da Lei 8.212/1991, com a redação dada pela Lei 11.941/2009.
>
> § 7.º O Ministro de Estado da Fazenda poderá, mediante ato fundamentado, dispensar a manifestação da União nas decisões homologatórias de acordos em que o montante da parcela indenizatória envolvida ocasionar perda de escala decorrente da atuação do órgão jurídico."
>
> "Art. 876 da CLT...
>
> (...)
>
> Parágrafo único. Serão executadas ex officio as contribuições sociais devidas em decorrência de decisão proferida pelos Juízes e Tribunais do Trabalho, resultantes de condenação ou homologação de acordo, inclusive sobre os salários pagos durante o período contratual reconhecido."
>
> "Art. 879 da CLT...
>
> (...)

§ 3.º Elaborada a conta pela parte ou pelos órgãos auxiliares da Justiça do Trabalho, o juiz procederá à intimação da União para manifestação, no prazo de 10 (dez) dias, sob pena de preclusão.

(...)

§ 5.º O Ministro de Estado da Fazenda poderá, mediante ato fundamentado, dispensar a manifestação da União quando o valor total das verbas que integram o salário de contribuição, na forma do art. 28 da Lei n.º 8.212, de 24 de julho de 1991, ocasionar perda de escala decorrente da atuação do órgão jurídico."

"Art. 880 da CLT – Requerida a execução, o juiz ou presidente do tribunal mandará expedir mandado de citação do executado, a fim de que cumpra a decisão ou o acordo no prazo, pelo modo e sob as cominações estabelecidas ou, quando se tratar de pagamento em dinheiro, inclusive de contribuições sociais devidas à União, para que o faça em 48 (quarenta e oito) horas ou garanta a execução, sob pena de penhora."

"Art. 889-A da CLT...

(...)

§ 1.º Concedido parcelamento pela Secretaria da Receita Federal do Brasil, o devedor juntará aos autos a comprovação do ajuste, ficando a execução da contribuição social correspondente suspensa até a quitação de todas as parcelas.

§ 2.º As Varas do Trabalho encaminharão mensalmente à Secretaria da Receita Federal do Brasil informações sobre os recolhimentos efetivados nos autos, salvo se outro prazo for estabelecido em regulamento."

Passou a denominada Secretaria da Receita Federal do Brasil a ter competência para fiscalizar, arrecadar e cobrar o recolhimento das contribuições sociais devidas pelos empregadores e trabalhadores.

Nessa esteira, a União será sempre intimada das decisões homologatórias de acordos que contenham parcela indenizatória (e não mais o INSS, como ocorria anteriormente), sendo-lhe facultada interpor recurso relativo às contribuições que lhe forem devidas.

Igual raciocínio pode ser utilizado quanto às decisões cognitivas (sentenças que julgam o mérito), das quais a União também poderá apresentar recurso ordinário em razão das parcelas consideradas pelo juiz como de natureza indenizatória.

À luz do art. 876, parágrafo único, da CLT, a Justiça do Trabalho executará, de ofício, as contribuições sociais previstas na alínea "a" do inciso I e no inciso II do *caput* do art. 195 da Constituição Federal, e seus acréscimos legais, exclusivamente quanto às sentenças condenatórias em pecúnia e homologatórias de acordo.

Nessa mesma perspectiva, atente-se para a Súmula 368, I, do TST, *in verbis*:

> "SÚMULA 368, I, DO TST. DESCONTOS PREVIDENCIÁRIOS E FISCAIS. COMPETÊNCIA. RESPONSABILIDADE PELO PAGAMENTO. FORMA DE CÁLCULO.
>
> I – A Justiça do Trabalho é competente para determinar o recolhimento das contribuições fiscais. A competência da Justiça do Trabalho, quanto à execução das contribuições previdenciárias, limita-se às sentenças condenatórias em pecúnia que proferir e aos valores, objeto de acordo homologado, que integrem o salário de contribuição" (ex-OJ n.º 141 da SBDI-1 – inserida em 27.11.1998).

O mesmo prevê a Súmula Vinculante 53 do STF:

> "A competência da Justiça do Trabalho prevista no art. 114, VIII, da Constituição Federal alcança a execução de ofício das contribuições previdenciárias relativas ao objeto da condenação constante das sentenças que proferir e acordos por ela homologados."

Ressalte-se que será descontado do crédito devido ao empregado em condenação trabalhista a sua quota-parte relativa ao imposto de renda e contribuições previdenciárias, sendo do empregador a responsabilidade pelo recolhimento de tais contribuições advindos da condenação.

Nesse mesmo seguimento, repare o item II, da Súmula 368, do TST:

> "SÚMULA 368, II, DO TST. DESCONTOS PREVIDENCIÁRIOS E FISCAIS. COMPETÊNCIA. RESPONSABILIDADE PELO PAGAMENTO. FORMA DE CÁLCULO.
>
> (...)
>
> II – É do empregador a responsabilidade pelo recolhimento das contribuições previdenciárias e fiscais, resultantes de crédito do empregado oriundo de condenação judicial. A culpa do empregador pelo inadimplemento das verbas remuneratórias, contudo, não exime a responsabilidade do empregado pelos pagamentos do imposto de renda devido e da contribuição previdenciária que recaia sobre sua quota-parte" (ex-OJ n.º 363 da SBDI-1, parte final).

Por fim, inclui-se na competência da Justiça do Trabalho a execução, de ofício, da contribuição referente ao Seguro de Acidente de Trabalho (SAT), visto que esta tem natureza de contribuição para a seguridade social, pois se destina ao financiamento de benefícios relativos à incapacidade do empregado decorrente de infortúnio no trabalho. Na mesma lógica, observe a Súmula 454 do TST:

> "SÚMULA 454 DO TST. COMPETÊNCIA DA JUSTIÇA DO TRABALHO. EXECUÇÃO DE OFÍCIO. CONTRIBUIÇÃO SOCIAL REFERENTE AO SEGURO DE ACIDENTE DE TRABALHO (SAT). ARTS. 114, VIII, E 195, I, "a", DA CONSTITUIÇÃO DA REPÚBLICA (conversão da Orientação Jurisprudencial n.° 414 da SBDI-1) – Res. 194/2014, *DEJT* divulgado em 21, 22 e 23.05.2014.
>
> Compete à Justiça do Trabalho a execução, de ofício, da contribuição referente ao Seguro de Acidente de Trabalho (SAT), que tem natureza de contribuição

para a seguridade social (arts. 114, VIII, e 195, I, "a", da CF), pois se destina ao financiamento de benefícios relativos à incapacidade do empregado decorrente de infortúnio no trabalho" (arts. 11 e 22 da Lei nº 8.212/1991).

Cabe por fim destacar, que a Lei nº 13.876/19 inclui os parágrafos 3º-A e 3º-B no art. 832 da CLT declinando que:

> § 3º-A. Para os fins do § 3º deste artigo, salvo na hipótese de o pedido da ação limitar-se expressamente ao reconhecimento de verbas de natureza exclusivamente indenizatória, a parcela referente às verbas de natureza remuneratória não poderá ter como base de cálculo valor inferior:
>
> I - ao salário-mínimo, para as competências que integram o vínculo empregatício reconhecido na decisão cognitiva ou homologatória; ou
>
> II - à diferença entre a remuneração reconhecida como devida na decisão cognitiva ou homologatória e a efetivamente paga pelo empregador, cujo valor total referente a cada competência não será inferior ao salário-mínimo.
>
> § 3º-B Caso haja piso salarial da categoria definido por acordo ou convenção coletiva de trabalho, o seu valor deverá ser utilizado como base de cálculo para os fins do § 3º-A deste artigo.

9.14. EXECUÇÃO CONTRA A FAZENDA PÚBLICA

9.14.1. Introdução

Inicialmente, cabe esclarecer que estão compreendidas no conceito de Fazenda Pública todas as pessoas jurídicas de direito público interno, como a União, Estados, Municípios, Distrito Federal, Autarquias e Fundações Públicas instituídas pelo poder público.

Por conseguinte, as empresas públicas e sociedades de economia mista, por serem pessoas jurídicas de direito privado, não se encaixam no conceito de Fazenda Pública.

A execução contra a Fazenda Pública não se processa da mesma forma como se dá quando o devedor é pessoa física ou jurídica de direito privado, uma vez que os bens da Fazenda Pública são impenhoráveis e imprescritíveis.

A Fazenda Pública, nos termos do art. 910 do CPC, estará dispensada de garantir previamente o juízo para opor embargos à execução.

Portanto, na execução por quantia certa, a Fazenda Pública não será citada para pagar ou nomear bens à penhora, mas sim para oferecer embargos, se desejar.

Vale destacar a OJ 343 da SDI-I/TST, publicada no *DJ* de 22.06.2004, *in verbis*:

> "OJ 343 DA SDI-I/TST. PENHORA. SUCESSÃO. ART. 100 DA CF/1988. EXECUÇÃO. É válida a penhora em bens de pessoa jurídica de direito privado, realizada

> anteriormente à sucessão pela União ou por Estado-membro, não podendo a execução prosseguir mediante precatório. A decisão que a mantém não viola o art. 100 da CF/1988."

Por outro lado, quanto às obrigações de fazer e não fazer e a obrigação de dar (coisa certa ou incerta), a execução contra a Fazenda Pública não difere das que se processam em relação aos devedores em geral.

O art. 535 do CPC dispõe, com exclusividade, sobre as matérias que poderão ser abordadas em caso de embargos propostos na execução contra a Fazenda Pública. Perceba:

> "Art. 535. A Fazenda Pública será intimada na pessoa de seu representante judicial, por carga, remessa ou meio eletrônico, para, querendo, no prazo de 30 (trinta) dias e nos próprios autos, impugnar a execução, podendo arguir:
>
> I – falta ou nulidade da citação se, na fase de conhecimento, o processo correu à revelia;
>
> (...)
>
> IV – excesso de execução ou cumulação indevida de execuções;
>
> (...)
>
> VI – qualquer causa modificativa ou extintiva da obrigação, como pagamento, novação, compensação, transação ou prescrição, desde que supervenientes ao trânsito em julgado da sentença."

9.14.2. Prazo para oferecimento de embargos

O art. 884 da CLT assim estabelece:

> "Art. 884. Garantida a execução ou penhorados os bens, terá o executado cinco dias para apresentar embargos, cabendo igual prazo ao exequente para impugnação."

Por sua vez, o art. 910 do CPC assim disciplina:

> "Art. 910. Na execução fundada em título extrajudicial, a Fazenda Pública será citada para opor embargos em 30 (trinta) dias."

O CPC está em consonância com a MP 2.180-35, de 24.08.2001, que acrescentou o art. 1.º-B à Lei 9.494/1997, alterando o prazo previsto no art. 884 da CLT (cinco dias), passando a Fazenda Pública a dispor de 30 dias para opor embargos à execução. Vejamos:

> "Lei 9.494/1997 – Art. 1.º-B. O prazo a que se refere o *caput* dos arts. 730 do Código de Processo Civil (art. 910 do atual CPC) e 884 da CLT, aprovada pelo Dec.-lei n. 5.452, de 1.º de maio de 1943, passa a ser de 30 (trinta) dias."

Logo, a partir da edição da Medida Provisória em destaque, nas execuções, a Fazenda Pública passou a ser citada para oferecer embargos, caso deseje, no prazo de 30 dias.

Não obstante, convém ressaltar novamente que o prazo para oposição de embargos somente foi elastecido para a Fazenda Pública, passando a ser de 30 dias, permanecendo o prazo normal de 5 dias para os demais executados.

9.14.3. Precatório

Conforme já exposto, em face da impenhorabilidade dos bens públicos, a execução por quantia certa contra a Fazenda Pública se processa de maneira diferente, sendo ela citada, para, querendo, diretamente opor embargos à execução.

Superada a fase de embargos, o juiz da execução mandará formar um processo denominado precatório, por meio da extração das principais peças do Processo Trabalhista, relacionados na IN 32/2007/TST.

O precatório consiste na requisição, feita pelo Poder Judiciário ao Poder Executivo respectivo, de numerário suficiente para arcar com as condenações impostas à Fazenda Pública mediante sentença judicial contra a qual não caiba mais recurso.

Por meio do precatório assegura-se o efetivo respeito do Poder Público pelas decisões judiciais que lhe sejam contrárias, além de disciplinar uma ordem cronológica para os pagamentos a serem efetuados, assegurando-se aos credores dos entes públicos igualdade de tratamento, respeitando-se, outrossim, o princípio da impessoalidade.

Os pagamentos a cargo da Fazenda Pública serão, portanto, feitos segundo rigorosa ordem de apresentação dos precatórios, à conta dos créditos orçamentários, ou extraorçamentários, abertos para esse fim.

Formado o precatório (com a extração obrigatória de cópias das peças previstas na IN 32/2007 do TST), o juiz da execução o remeterá ao presidente do Tribunal Regional do Trabalho, onde o precatório será autuado e numerado, segundo a ordem cronológica de chegada, para efeito de precedência de seu cumprimento.

Caberá ao presidente do Tribunal, no exercício de atividade administrativa, examinar as formalidades extrínsecas do precatório e ordenar diligências para regularização dos defeituosos, inclusive a correção das inexatidões materiais ou a retificação de erros de cálculo, seja de ofício ou a requerimento da parte.

Não havendo qualquer irregularidade a ser sanada, ou mesmo não sendo impugnado o precatório pelo Procurador Público, o presidente do Tribunal expedirá o precatório-requisitório determinando que o ente público providencie a inclusão no orçamento de dotação suficiente ao correspondente pagamento, lembrando que os precatórios apresentados até 1.º de julho serão relacionados para pagamento dentro do exercício financeiro subsequente, quando terão seus valores atualizados monetariamente.

A data de recepção do ofício requisitório pelo ente público, certificada nos autos, tem sido considerada pela doutrina e jurisprudência como o termo que define a cronologia de cumprimento dos precatórios.

O art. 100 da CF/1988 e seus parágrafos, alterados pela EC 94 de 2016, disciplinam o precatório, a saber:

> "Art. 100. Os pagamentos devidos pelas Fazendas Públicas Federal, Estaduais, Distrital e Municipais, em virtude de sentença judiciária, far-se-ão exclusivamente na ordem cronológica de apresentação dos precatórios e à conta dos créditos respectivos, proibida a designação de casos ou de pessoas nas dotações orçamentárias e nos créditos adicionais abertos para este fim (Redação dada pela Emenda Constitucional n.º 62, de 2009).
>
> § 1.º Os débitos de natureza alimentícia compreendem aqueles decorrentes de salários, vencimentos, proventos, pensões e suas complementações, benefícios previdenciários e indenizações por morte ou por invalidez, fundadas em responsabilidade civil, em virtude de sentença judicial transitada em julgado, e serão pagos com preferência sobre todos os demais débitos, exceto sobre aqueles referidos no § 2.º deste artigo (Redação dada pela Emenda Constitucional n.º 62, de 2009).
>
> § 2º Os débitos de natureza alimentícia cujos titulares, originários ou por sucessão hereditária, tenham 60 (sessenta) anos de idade, ou sejam portadores de doença grave, ou pessoas com deficiência, assim definidos na forma da lei, serão pagos com preferência sobre todos os demais débitos, até o valor equivalente ao triplo fixado em lei para os fins do disposto no § 3º deste artigo, admitido o fracionamento para essa finalidade, sendo que o restante será pago na ordem cronológica de apresentação do precatório.
>
> § 3.º O disposto no *caput* deste artigo relativamente à expedição de precatórios não se aplica aos pagamentos de obrigações definidas em leis como de pequeno valor que as Fazendas referidas devam fazer em virtude de sentença judicial transitada em julgado (Redação dada pela Emenda Constitucional n.º 62, de 2009).
>
> § 4.º Para os fins do disposto no § 3.º, poderão ser fixados, por leis próprias, valores distintos às entidades de direito público, segundo as diferentes capacidades econômicas, sendo o mínimo igual ao valor do maior benefício do regime geral de previdência social (Redação dada pela Emenda Constitucional n.º 62, de 2009).
>
> § 5.º É obrigatória a inclusão, no orçamento das entidades de direito público, de verba necessária ao pagamento de seus débitos, oriundos de sentenças transitadas em julgado, constantes de precatórios judiciários apresentados até 1.º de julho, fazendo-se o pagamento até o final do exercício seguinte, quando terão seus valores atualizados monetariamente (Redação dada pela Emenda Constitucional n.º 62, de 2009).
>
> § 6.º As dotações orçamentárias e os créditos abertos serão consignados diretamente ao Poder Judiciário, cabendo ao Presidente do Tribunal que proferir a

decisão exequenda determinar o pagamento integral e autorizar, a requerimento do credor e exclusivamente para os casos de preterimento de seu direito de precedência ou de não alocação orçamentária do valor necessário à satisfação do seu débito, o sequestro da quantia respectiva (Redação dada pela Emenda Constitucional n.º 62, de 2009).

§ 7.º O Presidente do Tribunal competente que, por ato comissivo ou omissivo, retardar ou tentar frustrar a liquidação regular de precatórios incorrerá em crime de responsabilidade e responderá, também, perante o Conselho Nacional de Justiça (Incluído pela Emenda Constitucional n.º62, de 2009).

§ 8.º É vedada a expedição de precatórios complementares ou suplementares de valor pago, bem como o fracionamento, repartição ou quebra do valor da execução para fins de enquadramento de parcela do total ao que dispõe o § 3.º deste artigo (Incluído pela Emenda Constitucional n.º 62, de 2009).

§ 9.º No momento da expedição dos precatórios, independentemente de regulamentação, deles deverá ser abatido, a título de compensação, valor correspondente aos débitos líquidos e certos, inscritos ou não em dívida ativa e constituídos contra o credor original pela Fazenda Pública devedora, incluídas parcelas vincendas de parcelamentos, ressalvados aqueles cuja execução esteja suspensa em virtude de contestação administrativa ou judicial (Incluído pela Emenda Constitucional n.º 62, de 2009).

§ 10. Antes da expedição dos precatórios, o Tribunal solicitará à Fazenda Pública devedora, para resposta em até 30 dias, sob pena de perda do direito de abatimento, informação sobre os débitos que preencham as condições estabelecidas no § 9.º, para os fins nele previstos (Incluído pela Emenda Constitucional n.º 62, de 2009).

§ 11. É facultada ao credor, conforme estabelecido em lei da entidade federativa devedora, a entrega de créditos em precatórios para compra de imóveis públicos do respectivo ente federado (Incluído pela Emenda Constitucional n.º 62, de 2009).

§ 12. A partir da promulgação desta Emenda Constitucional, a atualização de valores de requisitórios, após sua expedição, até o efetivo pagamento, independentemente de sua natureza, será feita pelo índice oficial de remuneração básica da caderneta de poupança, e, para fins de compensação da mora, incidirão juros simples no mesmo percentual de juros incidentes sobre a caderneta de poupança, ficando excluída a incidência de juros compensatórios (Incluído pela Emenda Constitucional n.º 62, de 2009).

§ 13. O credor poderá ceder, total ou parcialmente, seus créditos em precatórios a terceiros, independentemente da concordância do devedor, não se aplicando ao cessionário o disposto nos §§ 2.º e 3.º (Incluído pela Emenda Constitucional n.º 62, de 2009).

§ 14. A cessão de precatórios somente produzirá efeitos após comunicação, por meio de petição protocolizada, ao tribunal de origem e à entidade devedora (Incluído pela Emenda Constitucional n.º 62, de 2009).

§ 15. Sem prejuízo do disposto neste artigo, lei complementar a esta Constituição Federal poderá estabelecer regime especial para pagamento de crédito de precatórios de Estados, Distrito Federal e Municípios, dispondo sobre vinculações à receita corrente líquida e forma e prazo de liquidação (Incluído pela Emenda Constitucional n.º 62, de 2009).

§ 16. A seu critério exclusivo e na forma de lei, a União poderá assumir débitos, oriundos de precatórios, de Estados, Distrito Federal e Municípios, refinanciando-os diretamente (Incluído pela Emenda Constitucional n.º 62, de 2009).

§ 17. A União, os Estados, o Distrito Federal e os Municípios aferirão mensalmente, em base anual, o comprometimento de suas respectivas receitas correntes líquidas com o pagamento de precatórios e obrigações de pequeno valor.

§ 18. Entende-se como receita corrente líquida, para os fins de que trata o § 17, o somatório das receitas tributárias, patrimoniais, industriais, agropecuárias, de contribuições e de serviços, de transferências correntes e outras receitas correntes, incluindo as oriundas do § 1º do art. 20 da Constituição Federal, verificado no período compreendido pelo segundo mês imediatamente anterior ao de referência e os 11 (onze) meses precedentes, excluídas as duplicidades, e deduzidas:

I – na União, as parcelas entregues aos Estados, ao Distrito Federal e aos Municípios por determinação constitucional;

II – nos Estados, as parcelas entregues aos Municípios por determinação constitucional;

III – na União, nos Estados, no Distrito Federal e nos Municípios, a contribuição dos servidores para custeio de seu sistema de previdência e assistência social e as receitas provenientes da compensação financeira referida no § 9º do art. 201 da Constituição Federal.

§ 19. Caso o montante total de débitos decorrentes de condenações judiciais em precatórios e obrigações de pequeno valor, em período de 12 (doze) meses, ultrapasse a média do comprometimento percentual da receita corrente líquida nos 5 (cinco) anos imediatamente anteriores, a parcela que exceder esse percentual poderá ser financiada, excetuada dos limites de endividamento de que tratam os incisos VI e VII do art. 52 da Constituição Federal e de quaisquer outros limites de endividamento previstos, não se aplicando a esse financiamento a vedação de vinculação de receita prevista no inciso IV do art. 167 da Constituição Federal.

§ 20. Caso haja precatório com valor superior a 15% (quinze por cento) do montante dos precatórios apresentados nos termos do § 5º deste artigo, 15% (quinze por cento) do valor deste precatório serão pagos até o final do exercício seguinte e o restante em parcelas iguais nos cinco exercícios subsequentes, acrescidas de juros de mora e correção monetária, ou mediante acordos diretos, perante Juízos Auxiliares de Conciliação de Precatórios, com redução máxima de 40% (quarenta por cento) do valor do crédito atualizado, desde que em relação ao crédito não penda recurso ou defesa judicial e que sejam observados os requisitos definidos na regulamentação editada pelo ente federado."

Importante advertir que o STF editou súmula sobre os créditos alimentares:

"Súmula 655, do STF. A exceção prevista no art. 100, *caput*, da Constituição, em favor dos créditos de natureza alimentícia, não dispensa a expedição de precatório, limitando-se a isentá-los da observância da ordem cronológica dos precatórios decorrentes de condenações de outra natureza".

O STJ também editou súmula sobre o tema:

"Súmula 144 do STJ. Os créditos de natureza alimentícia gozam de preferência, desvinculados os precatórios da ordem cronológica dos créditos de natureza diversa."

Ainda, cabe destacar a Instrução Normativa n.º 32/2007 do TST, que estabelece procedimentos para a expedição de precatórios, a saber:

INSTRUÇÃO NORMATIVA N.º 32/2007

Uniformiza procedimentos para a expedição de Precatórios e Requisições de Pequeno Valor no âmbito da Justiça do Trabalho e dá outras providências.

Art. 1.º Os pagamentos devidos pelas Fazendas Públicas Federal, Estadual, Distrital ou Municipal, em virtude de sentença judicial transitada em julgado, serão realizados exclusivamente na ordem de apresentação dos precatórios e à conta dos créditos respectivos, na forma da lei.

Parágrafo único. Não estão sujeitos à expedição de precatórios os pagamentos de obrigações definidas em lei como de pequeno valor.

Art. 2.º É obrigatória a inclusão, no orçamento das entidades de Direito Público, de verba necessária ao pagamento de seus débitos oriundos de sentenças transitadas em julgado, constantes de precatórios judiciários, apresentados até 1.º de julho, fazendo-se o pagamento até o final do exercício seguinte, quando terão seus valores atualizados monetariamente.

Art. 3.º Reputa-se de pequeno valor o crédito cuja importância atualizada, por beneficiário, seja igual ou inferior a:

I – 60 salários-mínimos, se a devedora for a Fazenda Pública Federal;

II – 40 salários-mínimos, ou o valor estipulado pela legislação local, se as devedoras forem as Fazendas Públicas Estadual e Distrital; e

III – 30 salários-mínimos, ou o valor estipulado pela legislação local, se a devedora for a Fazenda Pública Municipal.

Art. 4.º Ao credor de importância superior à estabelecida na definição de pequeno valor, fica facultado renunciar ao crédito do valor excedente e optar pelo pagamento do saldo dispensando-se o precatório.

§ 1.º Não é permitido o fracionamento do valor da execução relativamente ao mesmo beneficiário, de modo que se faça o pagamento, em parte, por intermédio de requisição de pequeno valor e, em parte, mediante expedição de precatório.

§ 2.º Na hipótese de crédito de valor aproximado ao de pequeno valor legalmente previsto, o Presidente do Tribunal ou o Juízo Auxiliar de Conciliação de Precatórios consultará o credor quanto ao interesse em renunciar parcialmente ao crédito de modo a afastar a necessidade de expedição do precatório.

Art. 5.º As requisições de pagamento que decorram de precatório ou as de pequeno valor, quando a devedora for a União, serão expedidas pelo Juiz da execução e dirigidas ao presidente do Tribunal, a quem compete:

a) examinar a regularidade formal da requisição;

b) corrigir, de ofício ou a requerimento das partes, inexatidões materiais ou retificar erros de cálculos, vinculados à utilização de critério em descompasso com a lei ou com o título executivo judicial, desde que o critério não haja sido objeto de debate quer na fase de conhecimento, quer na fase de execução;

c) expedir o ofício requisitório; e

d) zelar pela obediência à ordem de preferência de pagamento dos créditos, na hipótese de precatórios.

Art. 6.º Nos casos de créditos de pequeno valor de responsabilidade das Fazendas Públicas Estadual, Distrital ou Municipal, as requisições serão encaminhadas pelo Juiz da execução ao próprio devedor.

Art. 7.º Na hipótese de reclamação plúrima será considerado o valor devido a cada litisconsorte, expedindo-se, simultaneamente, se for o caso:

a) requisições de pequeno valor em favor dos exequentes cujos créditos não ultrapassam os limites definidos no art. 3.º desta Instrução; e

b) requisições mediante precatório para os demais credores.

Parágrafo único. Os honorários advocatícios e periciais serão considerados parcela autônoma, não se somando ao crédito dos exequentes para fins de classificação do requisitório de pequeno valor.

Art. 8.º É vedado requisitar pagamento em execução provisória.

Art. 9.º O Juiz da execução informará na requisição os seguintes dados constantes do processo:

I – número do processo;

II – nomes das partes e de seus procuradores;

III – nomes dos beneficiários e respectivos números no CPF ou no CNPJ, inclusive quando se tratar de advogados, peritos e outros;

IV – natureza do crédito (comum ou alimentar) e espécie da requisição (RPV ou precatório);

VI – valor individualizado por beneficiário e valor total da requisição;

VII – data-base considerada para efeito de atualização monetária dos valores; e

VIII – data do trânsito em julgado da sentença ou acórdão.

Parágrafo único. Ausentes quaisquer dos dados especificados, o Tribunal restituirá a requisição à origem, para regularização.

Art. 10. Os precatórios e as requisições de pequeno valor serão processados nos próprios autos do processo que os originaram.

Art. 11. O pagamento das requisições obedecerá estritamente à ordem cronológica de apresentação nos Tribunais.

Art. 12. Os valores destinados aos pagamentos decorrentes de precatórios e de requisições de pequeno valor serão depositados em instituição bancária oficial, abrindo-se conta remunerada e individualizada para cada beneficiário.

Art. 13. Incumbirá ao Juiz da execução comunicar ao Presidente do Tribunal ou ao Juízo Auxiliar de Conciliação de Precatórios, no prazo de cinco dias, a efetivação do pagamento ao credor.

Art. 14. O Presidente do Tribunal, exclusivamente na hipótese de preterição do direito de precedência do credor, fica autorizado a proceder ao sequestro de verba do devedor, desde que requerido pelo exequente e depois de ouvido o Ministério Público.

Art. 15. As requisições de pequeno valor – RPV encaminhadas ao devedor deverão ser pagas no prazo de 60 dias.

Parágrafo único. Na hipótese de não cumprimento da requisição judicial, o Juiz determinará o sequestro do numerário suficiente ao cumprimento da decisão.

Art. 16. Os Tribunais Regionais do Trabalho instituirão Juízo Auxiliar de Conciliação de Precatórios, com o objetivo de incluir em pauta, observada a ordem cronológica de apresentação, os precatórios e as requisições de pequeno valor (RPV) já consignadas em precatório, para tentativa de acordo.

Parágrafo único. Caberá ao Juízo Auxiliar de Conciliação de Precatórios, sem prejuízo de outras atribuições, o controle da listagem da ordem preferencial dos credores, a realização de cálculos, o acompanhamento de contas bancárias e a celebração de convênios entre os entes públicos devedores e o Tribunal Regional do Trabalho, para repasse mensal de verbas necessárias ao pagamento dos precatórios.

Art. 17. Será designado pelo Presidente do Tribunal um Juiz do Trabalho substituto para atuar no Juízo Auxiliar de Conciliação de Precatórios.

§ 1.º O Juízo Auxiliar de Conciliação de Precatórios determinará a inclusão em pauta de todos os precatórios, observada a ordem cronológica, para tentativa de conciliação.

§ 2.º As partes e seus procuradores serão convocados para audiência de conciliação, que poderá ser realizada apenas com a presença dos procuradores, desde que possuam poderes para transigir, receber e dar quitação.

§ 3.º O Ministério Público do Trabalho será comunicado do dia, local e horário da realização da audiência de conciliação.

Art. 18. As partes poderão, a qualquer tempo, solicitar a reinclusão do precatório em pauta, para nova tentativa de conciliação.

Art. 19. Os precatórios conciliados serão quitados, na ordem cronológica, observando-se o repasse realizado pelo ente público devedor.

Art. 20. Os precatórios que não foram objeto de conciliação serão pagos na ordem cronológica de apresentação.

Art. 21. Frustrada a tentativa de conciliação referente a precatório cujo prazo para pagamento já venceu os autos serão encaminhados à Presidência do Tribunal, para deliberar sobre eventual pedido de intervenção.

Art. 22. O Presidente do Tribunal deverá fundamentar a decisão relativa ao encaminhamento do pedido de intervenção, justificando a necessidade da adoção da medida excepcional.

Art. 23. O pedido de intervenção deverá ser instruído, obrigatoriamente, com as seguintes peças:

a) petição do credor, dirigida ao Presidente do Tribunal Regional do Trabalho, requerendo o encaminhamento do pedido de intervenção ao Supremo Tribunal Federal ou ao Tribunal de Justiça, conforme o caso;

b) impugnação do ente público ao pedido, se houver;

c) manifestação do Ministério Público do Trabalho da Região;

d) decisão fundamentada do Presidente do Tribunal Regional do Trabalho relativa à admissibilidade do encaminhamento do pedido de intervenção; e

e) ofício requisitório que permita a verificação da data de expedição do precatório e o ano de sua inclusão no orçamento.

Parágrafo único. O pedido de intervenção em Estado-membro será encaminhado ao Supremo Tribunal Federal por intermédio da Corregedoria-Geral da Justiça do Trabalho, enquanto o pedido de intervenção em município será enviado diretamente pelo Presidente do Tribunal Regional do Trabalho ao Tribunal de Justiça do respectivo Estado.

Art. 24. Fica revogada a Resolução n.º 67, de 10 de abril de 1997, que aprovou a Instrução Normativa n.º 11.

Art. 25. Esta Resolução entra em vigor na data de sua publicação.

Brasília, 19 de dezembro de 2007.

Por último, cite-se as Orientações Jurisprudenciais seguintes:

"OJ-TP/OE-12. PRECATÓRIO. PROCEDIMENTO DE NATUREZA ADMI-NISTRATIVA. INCOMPETÊNCIA FUNCIONAL DO PRESIDENTE DO TRT PARA DECLARAR A INEXIGIBILIDADE DO TÍTULO EXEQUENDO (*DEJT* DIVULGADO EM 16, 17 E 20.09.2010).

O Presidente do TRT, em sede de precatório, não tem competência funcional para declarar a inexigibilidade do título judicial exequendo, com fundamento no art. 884, § 5.º, da CLT, ante a natureza meramente administrativa do procedimento."

"OJ-TP/OE-13. PRECATÓRIO. QUEBRA DA ORDEM DE PRECEDÊNCIA. NÃO DEMONSTRAÇÃO DA POSIÇÃO DO EXEQUENTE NA ORDEM CRONOLÓGICA. SEQUESTRO INDEVIDO (*DEJT* DIVULGADO EM 16, 17 e 20.09.2010) É indevido o sequestro de verbas públicas quando o exequente/requerente não se encontra em primeiro lugar na lista de ordem cronológica para pagamento de precatórios ou quando não demonstrada essa condição."

9.14.4. Débitos de pequeno valor

O art. 100, §§ 3.º e 4.º, da CF/1988, com redação dada pela EC 62/2009, dispôs sobre as denominadas obrigações de pequeno valor da Fazenda Pública Federal, Estadual ou Municipal, contraídas em virtude de sentença judicial transitada em julgado, excluindo-as da incidência do precatório. Senão vejamos:

"Art. 100 CF/1988 (...)

§ 3.º O disposto no *caput* deste artigo relativamente à expedição de precatórios não se aplica aos pagamentos de obrigações definidas em leis como de pequeno

> valor que as Fazendas referidas devam fazer em virtude de sentença judicial transitada em julgado (Redação dada pela Emenda Constitucional n.º 62, de 2009).
>
> § 4.º Para os fins do disposto no § 3.º, poderão ser fixados, por leis próprias, valores distintos às entidades de direito público, segundo as diferentes capacidades econômicas, sendo o mínimo igual ao valor do maior benefício do regime geral de previdência social" (Redação dada pela Emenda Constitucional n.º 62, de 2009).

Por sua vez, a EC 37/2002 alterou os arts. 86 e 87 da ADCT, principalmente para fixar, objetivamente, enquanto não existir lei disciplinando a respeito, valores considerados de pequeno valor, atinente aos débitos da Fazenda Pública. Vejamos:

> "Art. 86/ADCT. Serão pagos conforme disposto no art. 100 da Constituição Federal, não se lhes aplicando a regra de parcelamento estabelecida no *caput* do art. 78 deste Ato das Disposições Constitucionais Transitórias, os débitos da Fazenda Federal, Estadual, Distrital ou Municipal oriundos de sentenças transitadas em julgado, que preencham, cumulativamente, as seguintes condições:
>
> I – ter sido objeto de emissão de precatórios judiciários;
>
> II – ter sido definido como de pequeno valor pela lei de que trata o § 3.º do art. 100 da Constituição Federal ou pelo art. 87 deste Ato das Disposições Constitucionais Transitórias;
>
> III – estar, total ou parcialmente, pendentes de pagamento na data da publicação desta Emenda Constitucional.
>
> § 1.º Os débitos a que se refere o *caput* deste artigo, ou os respectivos saldos, serão pagos na ordem cronológica de apresentação dos respectivos precatórios, com precedência sobre os de maior valor.
>
> § 2.º Os débitos a que se refere o *caput* deste artigo, se ainda não tiverem sido objeto de pagamento parcial, nos termos do art. 78 deste Ato das Disposições Constitucionais Transitórias, poderão ser pagos em duas parcelas anuais, se assim dispuser a lei.
>
> § 3.º Observada a ordem cronológica de sua apresentação, os débitos de natureza alimentícia previstos neste artigo terão precedência sobre todos os demais."
>
> "Art. 87/ADCT. Para efeito do que dispõem o § 3.º do art. 100 da Constituição Federal e o art. 78 deste Ato das Disposições Constitucionais Transitórias, serão considerados de pequeno valor, até que se dê a publicação oficial das respectivas leis definidoras pelos entes da Federação, observado o disposto no § 4.º do art. 100 da Constituição Federal, os débitos ou obrigações consignados em precatório judiciário, que tenham valor igual ou inferior a:
>
> I – quarenta salários-mínimos, perante a Fazenda dos Estados e do Distrito Federal;
>
> II – trinta salários-mínimos, perante a Fazenda dos Municípios.
>
> Parágrafo único. Se o valor da execução ultrapassar o estabelecido neste artigo, o pagamento far-se-á, sempre, por meio de precatório, sendo facultada à parte exequente a renúncia ao crédito do valor excedente, para que possa optar pelo pagamento do saldo sem o precatório, da forma prevista no § 3.º do art. 100."

Logo, enquanto não forem elaboradas pelos respectivos entes da federação as leis instituidoras dos débitos de pequeno valor, será considerada dívida de pequeno valor em relação aos Estados a que não ultrapassar 40 salários-mínimos e em relação aos Municípios, a que não superar 30 salários-mínimos.

Em relação à União Federal, muito embora o art. 87 da ADCT não tenha se referido a ela, a Lei 10.259/2001, art. 17, § 1.º (Lei dos Juizados Especiais Cíveis e Criminais da Justiça Federal), estabeleceu que, para os efeitos do § 3.º do art. 100 da CF, as obrigações ali definidas como de pequeno valor, a serem pagas independentemente de precatório, terão como limite o mesmo valor estabelecido na própria lei que define a competência do Juizado Especial Federal Cível, qual seja 60 salários-mínimos.

Portanto, em relação à Fazenda Pública Federal, considera-se dívida de pequeno valor a que não ultrapassar a 60 salários-mínimos.

Neste contexto, considerando que as dívidas de pequeno valor não serão submetidas a precatório, qual seria o prazo para a Fazenda Pública efetuar o devido pagamento?

Em resposta, os juízes têm utilizado como parâmetro a própria Lei 10.259/2001, art. 17, que determina o prazo de 60 dias para o pagamento da dívida de pequeno valor, contados do ato de requisição da autoridade judicial.

Para melhor elucidação, transcrevemos, abaixo, o art. 17 da Lei em comento:

> "Art. 17. Tratando-se de obrigação de pagar quantia certa, após o trânsito em julgado da decisão, o pagamento será efetuado no prazo de 60 (sessenta) dias, contados da entrega da requisição, por ordem do Juiz, à autoridade citada para a causa, na agência mais próxima da Caixa Econômica Federal ou do Banco do Brasil, independentemente de precatório."

Entendemos que a requisição de numerários e, portanto, o início do prazo de 60 dias para pagamento da dívida de pequeno valor somente deverão ocorrer após o esgotamento do prazo para oposição de embargos pela Fazenda Pública, ou mesmo posteriormente ao julgamento dos embargos à execução eventualmente propostos pelo ente público.

Decorridos os 60 dias, sem o efetivo depósito da dívida de pequeno valor pelo ente público, o juiz determinará a ordem de sequestro de numerários.

9.14.5. Moratória

A EC 30/2000 acrescentou ao ADCT (Ato das Disposições Constitucionais Transitórias) o art. 78, que assim versa:

> "Art. 78 do ADCT. Ressalvados os créditos definidos em lei como de pequeno valor, os de natureza alimentícia, os de que trata o art. 33 deste ADCT e suas

complementações e os que já tiverem os seus respectivos recursos liberados ou depositados em juízo, os precatórios pendentes na data de promulgação desta emenda e os que decorram de ações iniciais ajuizadas até 31 de dezembro de 1999 serão liquidados pelo seu valor real, em moeda corrente, acrescidos de juros legais, em prestações anuais, iguais e sucessivas, no prazo máximo de dez anos, permitida a cessão de créditos.

§ 1.º É permitida a decomposição de parcelas, a critério do credor.

§ 2.º As prestações anuais a que se refere o *caput* deste artigo terão, se não liquidadas até o final do exercício a que se referem, poder liberatório do pagamento de tributos da entidade devedora.

§ 3.º O prazo referido no *caput* deste artigo fica reduzido para dois anos, nos casos de precatórios judiciais originários de desapropriação de imóvel residencial do credor, desde que comprovadamente único à época da imissão na posse.

§ 4.º O Presidente do Tribunal competente deverá, vencido o prazo ou em caso de omissão no orçamento, ou preterição ao direito de precedência, a requerimento do credor, requisitar ou determinar o sequestro de recursos financeiros da entidade executada, suficientes à satisfação da prestação."

Em verdade, o legislador constituinte derivado restabeleceu, por meio do art. 78 do ADCT, a figura da moratória (já instituída anteriormente pelo art. 33 do ADCT), parcelando os débitos pendentes dos entes públicos em 10 anos.

Os créditos de natureza alimentícia e os definidos em lei como de pequeno valor estão a salvos da moratória imposta pelo constituinte.

Frise-se que, em função da moratória determinada pelo art. 78 do ADCT, em caso de descumprimento do prazo para quitação dos débitos parcelados em 10 anos, de omissão no orçamento ou preterição ao direito de precedência, o § 4.º do mesmo artigo autoriza o presidente do tribunal a determinar o sequestro de recursos financeiros da entidade executada, suficientes à satisfação da prestação.

Com efeito, a intenção do legislador ao ampliar as possibilidades de sequestro, como previsto no art. 78 do ADCT, foi evitar que a Fazenda Pública, beneficiada com a moratória, retardasse ou deixasse de quitar o parcelamento no curso dos dez anos.

9.14.6. Regime especial de liquidação dos precatórios – Art. 97 do ADCT

O art. 97 do ADCT, acrescentado pela EC 62/2009 criou regime especial de liquidação de precatórios para os Estados, o Distrito Federal e os Municípios que, na data de publicação da citada Emenda Constitucional, estejam em mora na quitação de precatórios vencidos, relativos às suas administrações direta e indireta, inclusive os emitidos durante o período de vigência do regime especial instituído por esse artigo. Essas pessoas políticas deverão fazer os seus pagamentos de acordo com as normas do referido art. 97 do ADCT, sendo inaplicável o disposto no art. 100 da CF, exceto em seus §§ 2.º, 3.º, 9.º, 10, 11, 12, 13 e 14, e sem prejuízo dos acordos de juízos conciliatórios já formalizados na data de promulgação da EC 62/2009.

Por último, transcrevemos o art. 97 do ADCT:

> "Art. 97. Até que seja editada a lei complementar de que trata o § 15 do art. 100 da Constituição Federal, os Estados, o Distrito Federal e os Municípios que, na data de publicação desta Emenda Constitucional, estejam em mora na quitação de precatórios vencidos, relativos às suas administrações direta e indireta, inclusive os emitidos durante o período de vigência do regime especial instituído por este artigo, farão esses pagamentos de acordo com as normas a seguir estabelecidas, sendo inaplicável o disposto no art. 100 desta Constituição Federal, exceto em seus §§ 2.º, 3.º, 9.º, 10, 11, 12, 13 e 14, e sem prejuízo dos acordos de juízos conciliatórios já formalizados na data de promulgação desta Emenda Constitucional (Incluído pela Emenda Constitucional n.º 62, de 2009).
>
> § 1.º Os Estados, o Distrito Federal e os Municípios sujeitos ao regime especial de que trata este artigo optarão, por meio de ato do Poder Executivo: (Incluído pela Emenda Constitucional n.º 62, de 2009)
>
> I – pelo depósito em conta especial do valor referido pelo § 2.º deste artigo; ou (Incluído pela Emenda Constitucional n.º 62, de 2009)
>
> II – pela adoção do regime especial pelo prazo de até 15 anos, caso em que o percentual a ser depositado na conta especial a que se refere o § 2.º deste artigo corresponderá, anualmente, ao saldo total dos precatórios devidos, acrescido do índice oficial de remuneração básica da caderneta de poupança e de juros simples no mesmo percentual de juros incidentes sobre a caderneta de poupança para fins de compensação da mora, excluída a incidência de juros compensatórios, diminuído das amortizações e dividido pelo número de anos restantes no regime especial de pagamento (Incluído pela Emenda Constitucional n.º 62, de 2009).
>
> § 2.º Para saldar os precatórios, vencidos e a vencer, pelo regime especial, os Estados, o Distrito Federal e os Municípios devedores depositarão mensalmente, em conta especial criada para tal fim, 1/12 (um doze avos) do valor calculado percentualmente sobre as respectivas receitas correntes líquidas, apuradas no segundo mês anterior ao mês de pagamento, sendo que esse percentual, calculado no momento de opção pelo regime e mantido fixo até o final do prazo a que se refere o § 14 deste artigo, será: (Incluído pela Emenda Constitucional n.º 62, de 2009)
>
> I – para os Estados e para o Distrito Federal: (Incluído pela Emenda Constitucional n.º 62, de 2009)
>
> a) de, no mínimo, 1,5% (um inteiro e cinco décimos por cento), para os Estados das regiões Norte, Nordeste e Centro-Oeste, além do Distrito Federal, ou cujo estoque de precatórios pendentes das suas administrações direta e indireta corresponder a até 35% (trinta e cinco por cento) do total da receita corrente líquida; (Incluído pela Emenda Constitucional n.º 62, de 2009)
>
> b) de, no mínimo, 2% (dois por cento), para os Estados das regiões Sul e Sudeste, cujo estoque de precatórios pendentes das suas administrações direta e indireta

corresponder a mais de 35% (trinta e cinco por cento) da receita corrente líquida; (Incluído pela Emenda Constitucional n.º 62, de 2009)

II – para Municípios: (Incluído pela Emenda Constitucional n.º 62, de 2009)

a) de, no mínimo, 1% (um por cento), para Municípios das regiões Norte, Nordeste e Centro-Oeste, ou cujo estoque de precatórios pendentes das suas administrações direta e indireta corresponder a até 35% (trinta e cinco por cento) da receita corrente líquida; (Incluído pela Emenda Constitucional n.º 62, de 2009)

b) de, no mínimo, 1,5% (um inteiro e cinco décimos por cento), para Municípios das regiões Sul e Sudeste, cujo estoque de precatórios pendentes das suas administrações direta e indireta corresponder a mais de 35 % (trinta e cinco por cento) da receita corrente líquida (Incluído pela Emenda Constitucional n.º 62, de 2009).

§ 3.º Entende-se como receita corrente líquida, para os fins de que trata este artigo, o somatório das receitas tributárias, patrimoniais, industriais, agropecuárias, de contribuições e de serviços, transferências correntes e outras receitas correntes, incluindo as oriundas do § 1.º do art. 20 da Constituição Federal, verificado no período compreendido pelo mês de referência e os 11 meses anteriores, excluídas as duplicidades, e deduzidas: (Incluído pela Emenda Constitucional n.º 62, de 2009)

I – nos Estados, as parcelas entregues aos Municípios por determinação constitucional; (Incluído pela Emenda Constitucional n.º 62, de 2009)

II – nos Estados, no Distrito Federal e nos Municípios, a contribuição dos servidores para custeio do seu sistema de previdência e assistência social e as receitas provenientes da compensação financeira referida no § 9.º do art. 201 da Constituição Federal (Incluído pela Emenda Constitucional n.º 62, de 2009).

§ 4.º As contas especiais de que tratam os §§ 1.º e 2.º serão administradas pelo Tribunal de Justiça local, para pagamento de precatórios expedidos pelos tribunais (Incluído pela Emenda Constitucional n.º 62, de 2009).

§ 5.º Os recursos depositados nas contas especiais de que tratam os §§ 1.º e 2.º deste artigo não poderão retornar para Estados, Distrito Federal e Municípios devedores (Incluído pela Emenda Constitucional n.º 62, de 2009).

§ 6.º Pelo menos 50% (cinquenta por cento) dos recursos de que tratam os §§ 1.º e 2.º deste artigo serão utilizados para pagamento de precatórios em ordem cronológica de apresentação, respeitadas as preferências definidas no § 1.º, para os requisitórios do mesmo ano e no § 2.º do art. 100, para requisitórios de todos os anos (Incluído pela Emenda Constitucional n.º 62, de 2009).

§ 7.º Nos casos em que não se possa estabelecer a precedência cronológica entre dois precatórios, pagar-se-á primeiramente o precatório de menor valor (Incluído pela Emenda Constitucional n.º 62, de 2009).

§ 8.º A aplicação dos recursos restantes dependerá de opção a ser exercida por Estados, Distrito Federal e Municípios devedores, por ato do Poder Executivo, obedecendo à seguinte forma, que poderá ser aplicada isoladamente ou simultaneamente: (Incluído pela Emenda Constitucional n.º 62, de 2009)

I – destinados ao pagamento dos precatórios por meio do leilão; (Incluído pela Emenda Constitucional n.º 62, de 2009)

II – destinados a pagamento a vista de precatórios não quitados na forma do § 6.º e do inciso I, em ordem única e crescente de valor por precatório, (Incluído pela Emenda Constitucional n.º 62, de 2009)

III – destinados a pagamento por acordo direto com os credores, na forma estabelecida por lei própria da entidade devedora, que poderá prever criação e forma de funcionamento de câmara de conciliação (Incluído pela Emenda Constitucional n.º 62, de 2009).

§ 9.º Os leilões de que trata o inciso I do § 8.º deste artigo: (Incluído pela Emenda Constitucional n.º 62, de 2009)

I – serão realizados por meio de sistema eletrônico administrado por entidade autorizada pela Comissão de Valores Mobiliários ou pelo Banco Central do Brasil; (Incluído pela Emenda Constitucional n.º 62, de 2009)

II – admitirão a habilitação de precatórios, ou parcela de cada precatório indicada pelo seu detentor, em relação aos quais não esteja pendente, no âmbito do Poder Judiciário, recurso ou impugnação de qualquer natureza, permitida por iniciativa do Poder Executivo a compensação com débitos líquidos e certos, inscritos ou não em dívida ativa e constituídos contra devedor originário pela Fazenda Pública devedora até a data da expedição do precatório, ressalvados aqueles cuja exigibilidade esteja suspensa nos termos da legislação, ou que já tenham sido objeto de abatimento nos termos do § 9.º do art. 100 da Constituição Federal; (Incluído pela Emenda Constitucional n.º 62, de 2009)

III – ocorrerão por meio de oferta pública a todos os credores habilitados pelo respectivo ente federativo devedor; (Incluído pela Emenda Constitucional n.º 62, de 2009)

IV – considerarão automaticamente habilitado o credor que satisfaça o que consta no inciso II; (Incluído pela Emenda Constitucional n.º 62, de 2009)

V – serão realizados tantas vezes quanto necessário em função do valor disponível; (Incluído pela Emenda Constitucional n.º 62, de 2009)

VI – a competição por parcela do valor total ocorrerá a critério do credor, com deságio sobre o valor desta; (Incluído pela Emenda Constitucional n.º 62, de 2009)

VII – ocorrerão na modalidade deságio, associado ao maior volume ofertado cumulado ou não com o maior percentual de deságio, pelo maior percentual de deságio, podendo ser fixado valor máximo por credor, ou por outro critério a ser definido em edital; (Incluído pela Emenda Constitucional n.º 62, de 2009)

VIII – o mecanismo de formação de preço constará nos editais publicados para cada leilão; (Incluído pela Emenda Constitucional n.º 62, de 2009)

IX – a quitação parcial dos precatórios será homologada pelo respectivo Tribunal que o expediu. (Incluído pela Emenda Constitucional n.º 62, de 2009)

§ 10. No caso de não liberação tempestiva dos recursos de que tratam o inciso II do § 1.º e os §§ 2.º e 6.º deste artigo: (Incluído pela Emenda Constitucional n.º 62, de 2009)

I – haverá o sequestro de quantia nas contas de Estados, Distrito Federal e Municípios devedores, por ordem do Presidente do Tribunal referido no § 4.º, até o limite do valor não liberado; (Incluído pela Emenda Constitucional n.º 62, de 2009)

II – constituir-se-á, alternativamente, por ordem do Presidente do Tribunal requerido, em favor dos credores de precatórios, contra Estados, Distrito Federal e Municípios devedores, direito líquido e certo, autoaplicável e independentemente de regulamentação, à compensação automática com débitos líquidos lançados por esta contra aqueles, e, havendo saldo em favor do credor, o valor terá automaticamente poder liberatório do pagamento de tributos de Estados, Distrito Federal e Municípios devedores, até onde se compensarem; (Incluído pela Emenda Constitucional n.º 62, de 2009)

III – o chefe do Poder Executivo responderá na forma da legislação de responsabilidade fiscal e de improbidade administrativa; (Incluído pela Emenda Constitucional n.º 62, de 2009)

IV – enquanto perdurar a omissão, a entidade devedora: (Incluído pela Emenda Constitucional n.º 62, de 2009)

a) não poderá contrair empréstimo externo ou interno; (Incluído pela Emenda Constitucional n.º 62, de 2009)

b) ficará impedida de receber transferências voluntárias; (Incluído pela Emenda Constitucional n.º 62, de 2009)

V – a União reterá os repasses relativos ao Fundo de Participação dos Estados e do Distrito Federal e ao Fundo de Participação dos Municípios, e os depositará nas contas especiais referidas no § 1.º, devendo sua utilização obedecer ao que prescreve o § 5.º, ambos deste artigo (Incluído pela Emenda Constitucional n.º 62, de 2009).

§ 11. No caso de precatórios relativos a diversos credores, em litisconsórcio, admite-se o desmembramento do valor, realizado pelo Tribunal de origem do precatório, por credor, e, por este, a habilitação do valor total a que tem direito, não se aplicando, neste caso, a regra do § 3.º do art. 100 da Constituição Federal (Incluído pela Emenda Constitucional n.º 62, de 2009).

§ 12. Se a lei a que se refere o § 4.º do art. 100 não estiver publicada em até 180 dias, contados da data de publicação desta Emenda Constitucional, será considerado, para os fins referidos, em relação a Estados, Distrito Federal e Municípios devedores, omissos na regulamentação, o valor de: (Incluído pela Emenda Constitucional n.º 62, de 2009)

I – 40 salários-mínimos para Estados e para o Distrito Federal; (Incluído pela Emenda Constitucional n.º 62, de 2009)

II – 30 salários-mínimos para Municípios (Incluído pela Emenda Constitucional n.º 62, de 2009).

§ 13. Enquanto Estados, Distrito Federal e Municípios devedores estiverem realizando pagamentos de precatórios pelo regime especial, não poderão sofrer sequestro de valores, exceto no caso de não liberação tempestiva dos recursos de que tratam o inciso II do § 1.º e o § 2.º deste artigo (Incluído pela Emenda Constitucional n.º 62, de 2009).

§ 14. O regime especial de pagamento de precatório previsto no inciso I do § 1.º vigorará enquanto o valor dos precatórios devidos for superior ao valor dos recursos vinculados, nos termos do § 2.º, ambos deste artigo, ou pelo prazo fixo de até 15 anos, no caso da opção prevista no inciso II do § 1.º (Incluído pela Emenda Constitucional n.º 62, de 2009).

§ 15. Os precatórios parcelados na forma do art. 33 ou do art. 78 deste Ato das Disposições Constitucionais Transitórias e ainda pendentes de pagamento ingressarão no regime especial com o valor atualizado das parcelas não pagas relativas a cada precatório, bem como o saldo dos acordos judiciais e extrajudiciais (Incluído pela Emenda Constitucional n.º 62, de 2009).

> § 16. A partir da promulgação desta Emenda Constitucional, a atualização de valores de requisitórios, até o efetivo pagamento, independentemente de sua natureza, será feita pelo índice oficial de remuneração básica da caderneta de poupança, e, para fins de compensação da mora, incidirão juros simples no mesmo percentual de juros incidentes sobre a caderneta de poupança, ficando excluída a incidência de juros compensatórios (Incluído pela Emenda Constitucional n.º 62, de 2009).
>
> § 17. O valor que exceder o limite previsto no § 2.º do art. 100 da Constituição Federal será pago, durante a vigência do regime especial, na forma prevista nos §§ 6.º e 7.º ou nos incisos I, II e III do § 8.º deste artigo, devendo os valores despendidos para o atendimento do disposto no § 2.º do art. 100 da Constituição Federal serem computados para efeito do § 6.º deste artigo (Incluído pela Emenda Constitucional n.º 62, de 2009).
>
> § 18. Durante a vigência do regime especial a que se refere este artigo, gozarão também da preferência a que se refere o § 6.º os titulares originais de precatórios que tenham completado 60 anos de idade até a data da promulgação desta Emenda Constitucional" (Incluído pela Emenda Constitucional n.º 62, de 2009).

9.15. EXECUÇÃO PARA ENTREGA DE COISA CERTA OU INCERTA

A Consolidação das Leis do Trabalho e a Lei 6.830/1980 são omissas quanto à execução para a entrega de coisa, aplicando-se, por consequência, o Código de Processo Civil (arts. 806 a 813 do CPC).

A execução para entrega de coisa admite duas modalidades, quais sejam: a de entrega de coisa certa e a de entrega de coisa incerta.

Coisa certa é a perfeitamente identificada, individualizada.

Coisa incerta, por sua vez, é aquela que se determina apenas pelo seu gênero e quantidade, desprovida de elementos distintivos que possibilitem sua identificação.

A execução para entrega de coisa pode nascer tanto de um título executivo judicial como extrajudicial.

O art. 806 do CPC apenas menciona as obrigações para entrega de coisa resultante de título executivo extrajudicial.

No entanto, em relação às obrigações para entrega de coisa derivadas de títulos executivos judiciais, aplica-se o art. 498 do mesmo CPC, o qual regula as tutelas específicas nas ações que tenham por objeto a entrega de coisa.

A execução para entrega de coisa não objetiva a constrição e posterior expropriação de bens do executado, mas tão somente a entrega da coisa, incerta ou certa, constante do título condenatório.

Com efeito, a execução para entrega de coisa certa ou incerta, em regra, decorre de uma pretensão possessória, se concretizando pela simples expedição de mandado de busca e apreensão de bem móvel ou de imissão na posse, em caso de bem imóvel (art. 508 do CPC, aplicável ao Processo do Trabalho, como determina a IN 39/2016 do TST).

Ressalte-se que na ação que tenha por objeto a entrega de coisa, o juiz concederá a tutela específica e fixará prazo para sua concessão. Para tanto, observa-se o disposto nos arts. 498 a 501 do CPC, aplicáveis ao Processo do Trabalho, como determina o art. 3º, XII, da IN 36/2016:

> "Art. 498. Na ação que tenha por objeto a entrega de coisa, o juiz, ao conceder a tutela específica, fixará o prazo para o cumprimento da obrigação.
>
> Parágrafo único. Tratando-se de entrega de coisa determinada pelo gênero e pela quantidade, o autor individualizá-la-á na petição inicial, se lhe couber a escolha, ou, se a escolha couber ao réu, este a entregará individualizada, no prazo fixado pelo juiz."
>
> "Art. 499. A obrigação somente será convertida em perdas e danos se o autor o requerer ou se impossível a tutela específica ou a obtenção de tutela pelo resultado prático equivalente."
>
> "Art. 500. A indenização por perdas e danos dar-se-á sem prejuízo da multa fixada periodicamente para compelir o réu ao cumprimento específico da obrigação."
>
> "Art. 501. Na ação que tenha por objeto a emissão de declaração de vontade, a sentença que julgar procedente o pedido, uma vez transitada em julgado, produzirá todos os efeitos da declaração não emitida."

A Justiça do Trabalho será competente para examinar as questões possessórias, sempre que a pretensão estiver diretamente relacionada com o contrato de trabalho ou decorrer de cláusula deste.

No âmbito laboral, podemos destacar alguns exemplos que ensejarão à execução para entrega de coisa:

- o empregado que tem os seus instrumentos de trabalho retidos arbitrariamente pelo empregador;
- empregador que retém, arbitrariamente, a CTPS do obreiro.

O mestre Wagner Giglio (*Direito processual do trabalho*, 13. ed., p. 513) menciona uma hipótese de execução para entrega de coisa incerta, esta determinada pelo gênero e quantidade, ocorrida nas relações de trabalho rural, decorrentes do produto de plantações feitas pelo regime de parceria ou meação, em que o devedor seria citado para entregá-la individualizada se a escolha lhe coubesse (art. 811 do CPC).

Em todos esses casos, a parte legalmente legitimada poderá deduzir na Justiça do Trabalho pretensão de natureza possessória destinada a reaver o bem móvel ou imóvel, indevidamente retido pela outra.

Na execução para entrega de coisa certa, o devedor será citado para, no prazo de 15 dias, satisfazer a obrigação (art. 806 do CPC).

O juiz, ao despachar a inicial, poderá fixar multa por dia de atraso no cumprimento da obrigação, ficando o respectivo valor sujeito a alteração, caso se revele insuficiente ou excessivo.

Caso o executado entregue a coisa, será lavrado o respectivo termo e considerada satisfeita a obrigação, prosseguindo-se a execução para o pagamento dos frutos ou ressarcimento dos prejuízos, se houver (art. 807 do CPC).

Do mandado de citação constará ordem para imissão na posse ou busca e apreensão, conforme se tratar de bem imóvel ou móvel, cujo cumprimento se dará de imediato, se o executado não satisfizer a obrigação no prazo que lhe foi designado (art. 806, § 2º, do CPC).

Alienada a coisa quando já litigiosa, será expedido mandado contra o terceiro adquirente, que somente será ouvido após depositá-la (art. 808 do CPC).

Dispõe o art. 809 do digesto processual civil que o exequente tem direito a receber, além de perdas e danos, o valor da coisa, quando essa se deteriorar, não lhe for entregue, se deteriorou, não for encontrada ou não for reclamada do poder de terceiro adquirente.

Por sua vez, o art. 810 do CPC esclarece que, havendo benfeitorias indenizáveis feitas na coisa pelo executado ou terceiros, de cujo poder ela houver sido tirada, a liquidação prévia é obrigatória. Se houver saldo em favor do executado ou de terceiros, o exequente o depositará ao requerer a entrega da coisa; se houver saldo em favor do exequente, este poderá cobrá-lo nos autos do mesmo processo.

Alguns autores entendem inaplicável ao Processo do Trabalho os arts. 809 e 810, ambos do CPC, em função dos limites de competência fixados no art. 114 da CF/1988.

Nessa esteira, Manoel Antônio Teixeira Filho (*Execução no processo do trabalho*, p. 396-397), ao comentar os arts. 809 e 810, ambos do CPC, ensina que:

> "Em alguns casos, a convolação da execução para a entrega de coisa (certa ou incerta) para execução por quantia certa (contra devedor solvente) pode esbarrar na competência constitucional da Justiça do Trabalho, na medida em que nem sempre se encontrará, no âmbito do direito material correspondente, disposições que fundamentem o pedido de imposição ao devedor do pagamento do valor da coisa e de perdas e danos. De qualquer forma, quando a aplicação ao processo do trabalho da regra estampada no art. 627 do CPC (art. 809 do atual CPC) não provocar transbordamentos dos lindes constitucionais fixadores da competência da Justiça do Trabalho, o valor da coisa que deveria ter sido depositada e das perdas e danos será apurado na liquidação da

> sentença (CPC, art. 627, § 2.º) (art. 809, § 2.º, do atual CPC) resolutória da execução.
>
> Depara-se-nos, todavia, inaplicável a esse processo especializado a dicção do art. 628 do CPC (art. 810 do atual CPC), de que existindo benfeitorias indenizáveis, realizadas na coisa pelo devedor ou terceiro, de cujo poder ela houver sido tirada, 'a liquidação prévia é obrigatória'. Nosso ponto de vista não se prende à circunstância de a norma legal fazer referência à liquidação prévia, e sim ao fato de que a indenização de benfeitorias feitas na coisa escapa à competência da Justiça do Trabalho, ainda que o saldo seja favorável ao credor (*ibidem*). A essa organização judiciária não compete apreciar questões pertinentes ao direito de retenção, por benfeitorias, assim como os efeitos derivantes da exceção dilatória desse direito."

Em relação à execução para entrega de coisa incerta, estabelece o art. 811 do CPC que, quando a execução recair sobre coisa determinada pelo gênero e pela quantidade, o executado será citado para entregá-la individualizada, se lhe couber a escolha. Se a escolha couber ao exequente, este deverá indicá-la na petição inicial.

Frise-se que qualquer das partes poderá, em 15 horas, impugnar a escolha feita pela outra, e o juiz decidirá de plano, ou, se necessário, ouvindo perito de sua nomeação (art. 812 do CPC).

Referente à obrigação de entregar guias de seguro-desemprego, o TST editou a Súmula 389:

> "SÚMULA 389 DO TST. SEGURO-DESEMPREGO. COMPETÊNCIA DA JUSTIÇA DO TRABALHO. DIREITO À INDENIZAÇÃO POR NÃO LIBERAÇÃO DE GUIAS (conversão das Orientações Jurisprudenciais n. ºˢ 210 e 211 da SBDI-1) – Res. 129/2005, *DJ* 20, 22 e 25.04.2005.
>
> I – Inscreve-se na competência material da Justiça do Trabalho a lide entre empregado e empregador tendo por objeto indenização pelo não fornecimento das guias do seguro-desemprego (ex-OJ n.º 210 da SBDI-1 – inserida em 08.11.2000).
>
> II – O não fornecimento pelo empregador da guia necessária para o recebimento do seguro-desemprego dá origem ao direito à indenização" (ex-OJ n.º 211 da SBDI-1 – inserida em 08.11.2000).

No restante, aplica-se à execução para entrega de coisa incerta o estatuído nas regras relativas à execução para entrega de coisa certa.

9.16. EXECUÇÃO DAS OBRIGAÇÕES DE FAZER E NÃO FAZER

As execuções de obrigação de fazer e não fazer têm origem tanto em função de títulos executivos judiciais como também de títulos executivos extrajudiciais.

Em relação aos títulos executivos extrajudiciais previstos no art. 876 da CLT, aplicam-se as disposições previstas nos arts. 815 a 823 do CPC.

Ressalte-se que na ação que tenha por objeto prestação de fazer ou não fazer o juiz concederá a tutela específica e fixará prazo para sua concessão. Para tanto, observa-se o disposto nos arts. 497 e 499 a 501 do CPC, aplicáveis ao Processo do Trabalho, como determina o art. 3º, XII, da IN 36/2016:

> "Art. 497. Na ação que tenha por objeto a prestação de fazer ou de não fazer, o juiz, se procedente o pedido, concederá a tutela específica ou determinará providências que assegurem a obtenção de tutela pelo resultado prático equivalente.
>
> Parágrafo único. Para a concessão da tutela específica destinada a inibir a prática, a reiteração ou a continuação de um ilícito, ou a sua remoção, é irrelevante a demonstração da ocorrência de dano ou da existência de culpa ou dolo.
>
> (...)."
>
> "Art. 499. A obrigação somente será convertida em perdas e danos se o autor o requerer ou se impossível a tutela específica ou a obtenção de tutela pelo resultado prático equivalente."
>
> "Art. 500. A indenização por perdas e danos dar-se-á sem prejuízo da multa fixada periodicamente para compelir o réu ao cumprimento específico da obrigação."
>
> "Art. 501. Na ação que tenha por objeto a emissão de declaração de vontade, a sentença que julgar procedente o pedido, uma vez transitada em julgado, produzirá todos os efeitos da declaração não emitida."

No Processo Trabalhista, as condenações mais frequentes em obrigações de fazer são as seguintes:

- reintegração de empregado estável;
- anotação da CTPS do empregado;
- promoção do obreiro;
- reenquadramento funcional;
- entrega de guias do requerimento do seguro-desemprego ou de levantamento dos depósitos do FGTS.

No caso de reintegração de dirigente sindical existe, inclusive, disposição expressa no texto consolidado, prevendo a possibilidade de reintegração liminar (art. 659, X, da CLT).

Outrossim, o art. 729 da CLT estabelece multa para o empregador que descumprir decisão que determinar a reintegração de empregado.

A norma consolidada traz em seu bojo exemplo típico de tutela de obrigação de não fazer, consistente na proibição de transferência ilegal ou abusiva de empregado para localidade diversa da que resultar do contrato de trabalho (art. 469 c/c o art. 659, IX, ambos da CLT).

Vale destacar que, no âmbito da tutela de interesses transindividuais, o Ministério Público do Trabalho tem celebrado inúmeros Termos de Compromisso de Ajustamento de Conduta contendo obrigações de fazer e não fazer, bem como ajuizado incontáveis ações civis públicas que, em regra, envolvem pedidos de obrigações de fazer e não fazer, conforme previsto na Lei 7.347/1985.

Esclarece o art. 815 do CPC que, quando o objeto da execução for obrigação de fazer, o executado será citado para satisfazê-la no prazo que o juiz lhe designar, se outro não estiver determinado no título executivo.

Entendemos que, se a sentença for omissa, o prazo para cumprimento da obrigação será de 48 horas, por aplicação da regra prevista no art. 880 da CLT.

Na execução de obrigação de fazer ou não fazer não haverá constrição judicial de bens, podendo o devedor, no prazo de 5 dias (art. 884 da CLT) opor embargos à execução, desde que feita a garantia do juízo.

Caso no prazo fixado o devedor não cumpra a obrigação, é lícito ao credor, nos próprios autos do processo, requerer que ela seja executada à custa do devedor, ou haver perdas e danos, caso em que a obrigação de fazer se converterá em indenização (execução por quantia certa).

Nos termos do art. 3º, XII, da IN 39/2016 do TST, que versa sobre as normas do Código de Processo Civil de 2015 aplicáveis e inaplicáveis ao Processo do Trabalho, os arts. 536 e 537 são compatíveis com a seara trabalhista no que diz respeito ao cumprimento da sentença que reconheça a exigibilidade de obrigação de fazer e não fazer. Observe-se:

> "Art. 536. No cumprimento de sentença que reconheça a exigibilidade de obrigação de fazer ou de não fazer, o juiz poderá, de ofício ou a requerimento, para a efetivação da tutela específica ou a obtenção de tutela pelo resultado prático equivalente, determinar as medidas necessárias à satisfação do exequente.
>
> § 1.º Para atender ao disposto no *caput*, o juiz poderá determinar, entre outras medidas, a imposição de multa, a busca e apreensão, a remoção de pessoas e coisas, o desfazimento de obras e o impedimento de atividade nociva, podendo, caso necessário, requisitar o auxílio de força policial.
>
> § 2.º O mandado de busca e apreensão de pessoas e coisas será cumprido por 2 (dois) oficiais de justiça, observando-se o disposto no art. 846, §§ 1.º a 4.º, se houver necessidade de arrombamento.
>
> § 3.º O executado incidirá nas penas de litigância de má-fé quando injustificadamente descumprir a ordem judicial, sem prejuízo de sua responsabilização por crime de desobediência.
>
> § 4.º No cumprimento de sentença que reconheça a exigibilidade de obrigação de fazer ou de não fazer, aplica-se o art. 525, no que couber.
>
> § 5.º O disposto neste artigo aplica-se, no que couber, ao cumprimento de sentença que reconheça deveres de fazer e de não fazer de natureza não obrigacional."

"Art. 537. A multa independe de requerimento da parte e poderá ser aplicada na fase de conhecimento, em tutela provisória ou na sentença, ou na fase de execução, desde que seja suficiente e compatível com a obrigação e que se determine prazo razoável para cumprimento do preceito.

§ 1.º O juiz poderá, de ofício ou a requerimento, modificar o valor ou a periodicidade da multa vincenda ou excluí-la, caso verifique que:

I – se tornou insuficiente ou excessiva;

II – o obrigado demonstrou cumprimento parcial superveniente da obrigação ou justa causa para o descumprimento.

§ 2.º O valor da multa será devido ao exequente.

§ 3.º A decisão que fixa a multa é passível de cumprimento provisório, devendo ser depositada em juízo, permitido o levantamento do valor após o trânsito em julgado da sentença favorável à parte ou na pendência do agravo fundado nos incisos II ou III do art. 1.042.

§ 3º A decisão que fixa a multa é passível de cumprimento provisório, devendo ser depositada em juízo, permitido o levantamento do valor após o trânsito em julgado da sentença favorável à parte. (Redação dada pela Lei nº 13.256, de 2016) (Vigência)

§ 4.º A multa será devida desde o dia em que se configurar o descumprimento da decisão e incidirá enquanto não for cumprida a decisão que a tiver cominado.

§ 5.º O disposto neste artigo aplica-se, no que couber, ao cumprimento de sentença que reconheça deveres de fazer e de não fazer de natureza não obrigacional."

A doutrina diverge sobre a possibilidade ou não de o juiz determinar a reintegração forçada do empregado, prevalecendo a tese que entende ser cabível a reintegração do obreiro de forma *manu militari*, caso o empregador se recuse a satisfazer a obrigação, cabendo ao oficial de justiça, inclusive, requisitar o apoio da polícia para cumprimento do mandado reintegratório.

O art. 496 consolidado, por sua vez, dispõe que, quando a reintegração do empregado estável for desaconselhável, dado o grau de incompatibilidade resultante do dissídio, especialmente quando o empregador for pessoa física, o Tribunal do Trabalho poderá converter aquela obrigação em indenização dobrada.

Nesta hipótese, o direito à percepção dos salários vencidos e vincendos será assegurado até a data da primeira decisão que converteu a reintegração em indenização dobrada (Súmula 28 do TST).

Dispõe o art. 817 do CPC que, se a obrigação puder ser satisfeita por terceiros, é lícito ao juiz autorizar, a requerimento do exequente, que aquele a satisfaça à custa do executado.

Nessa esteira, o magistrado trabalhista, por vezes, impõe, de maneira alternativa, o cumprimento das obrigações de fazer, valendo destacar os seguintes exemplos:

- concessão de indenização substitutiva ao montante equivalente às parcelas do seguro-desemprego;
- determinação do pagamento de indenização equivalente aos depósitos não efetuados do FGTS;
- determinação de que a Secretaria da Vara proceda às anotações ou retificações da CTPS do empregado;
- execução das diferenças de salário do cargo a que tinha direito o exequente, por promoção.

Quanto às obrigações de não fazer, se o executado praticou o ato, a cuja abstenção estava obrigado pela lei ou pelo contrato, o exequente requererá ao juiz que lhe assine prazo para desfazê-lo (art. 822 do CPC).

Caso haja recusa ou mora do devedor, o credor requererá ao juiz que mande desfazer o ato à sua custa, respondendo o devedor por perdas e danos.

Na impossibilidade de desfazer o ato, o devedor responderá por perdas e danos, convertendo-se a execução de obrigação de não fazer em execução por quantia certa, apurando o *quantum* indenizatório.

9.17. PRIORIDADE DE TRAMITAÇÃO DOS PROCESSOS – IDOSO

O atual Código de Processo Civil, em seu art. 1.048, dispõe que para dar prioridade à tramitação, em qualquer juízo ou tribunal, os procedimentos judiciais em que figure como parte pessoa com idade igual ou superior a 60 anos ou portadora de doença grave, assim compreendida qualquer das enumeradas no art. 6º, inciso XIV, da Lei 7.713, de 22 de dezembro de 1988, e regulados pela Lei 8.069, de 13 de julho de 1990 (Estatuto da Criança e do Adolescente).

Vejamos:

> "Art. 1.048. Terão prioridade de tramitação, em qualquer juízo ou tribunal, os procedimentos judiciais:
>
> I – em que figure como parte ou interessado pessoa com idade igual ou superior a 60 (sessenta) anos ou portadora de doença grave, assim compreendida qualquer das enumeradas no art. 6.º, inciso XIV, da Lei nº 7.713, de 22 de dezembro de 1988;
>
> II – regulados pela Lei nº 8.069, de 13 de julho de 1990" (Estatuto da Criança e do Adolescente).

O Estatuto do Idoso – Lei 10.741/2003 – também assegura prioridade na tramitação dos processos em que figure como parte ou interveniente pessoa com idade igual ou superior a 60 (sessenta) anos, em qualquer instância (art. 71, *caput*). E faz mais, assegura prioridade especial, dentre os processos de idosos, aos maiores de 80 (oitenta anos) (art. 71, § 5º)*in verbis*:

> "Art. 71. É assegurada prioridade na tramitação dos processos e procedimentos e na execução dos atos e diligências judiciais em que figure como parte ou interveniente pessoa com idade igual ou superior a 60 (sessenta) anos, em qualquer instância.
>
> (...)
>
> § 5.º Dentre os processos de idosos, dar-se-á prioridade especial aos maiores de oitenta anos."

Assim, é assegurada ao idoso, com idade igual ou superior a 60 anos, a prioridade na tramitação de processos, procedimentos e execução de atos e diligências judiciais, desde que figure como parte ou interveniente; e o atual CPC corrobora com essa redução. E, dentre os processos de idosos, dar-se-á prioridade especial aos maiores de 80 anos.

9.18. DA CERTIDÃO NEGATIVA DE DÉBITOS TRABALHISTAS

A Lei 12.440/2011 acrescentou à CLT o art. 642-A, instituindo a denominada Certidão Negativa de Débitos Trabalhistas – CNDT, objetivando comprovar a inexistência de débitos trabalhistas não quitados perante a Justiça Especializada trabalhista. Senão vejamos:

> "Art. 642-A. É instituída a Certidão Negativa de Débitos Trabalhistas (CNDT), expedida gratuita e eletronicamente, para comprovar a inexistência de débitos inadimplidos perante a Justiça do Trabalho.
>
> § 1.º O interessado não obterá a certidão quando em seu nome constar:
>
> I – o inadimplemento de obrigações estabelecidas em sentença condenatória transitada em julgado proferida pela Justiça do Trabalho ou em acordos judiciais trabalhistas, inclusive no concernente aos recolhimentos previdenciários, a honorários, a custas, a emolumentos ou a recolhimentos determinados em lei; ou
>
> II – o inadimplemento de obrigações decorrentes de execução de acordos firmados perante o Ministério Público do Trabalho ou Comissão de Conciliação Prévia.
>
> § 2.º Verificada a existência de débitos garantidos por penhora suficiente ou com exigibilidade suspensa, será expedida Certidão Positiva de Débitos Trabalhistas em nome do interessado com os mesmos efeitos da CNDT.
>
> § 3.º A CNDT certificará a empresa em relação a todos os seus estabelecimentos, agências e filiais.
>
> § 4.º O prazo de validade da CNDT é de 180 (cento e oitenta) dias, contado da data de sua emissão."

Em síntese, a certidão apenas não será emitida nos seguintes casos:

- quando em seu nome constar o inadimplemento de obrigações estabelecidas em sentença condenatória transitada em julgado proferida pela Justiça do Trabalho ou em acordos judiciais trabalhistas, inclusive no concernente aos recolhimentos previdenciários, a honorários, a custas, a emolumentos ou a recolhimentos determinados em lei; ou

- quando em seu nome constar o inadimplemento de obrigações decorrentes de execução de acordos firmados perante o Ministério Público do Trabalho ou Comissão de Conciliação Prévia.

Será expedida Certidão Positiva de Débitos Trabalhistas em nome do interessado com os mesmos efeitos da CNDT quando verificada a existência de débitos garantidos por penhora suficiente ou com exigibilidade suspensa.

O prazo de validade da Certidão Negativa de Débitos Trabalhistas é de 180 dias, contado da data de sua emissão.

Frise-se que, nos termos do art. 883-A da CLT, a decisão judicial transitada em julgado somente poderá gerar inscrição do nome do executado no Banco Nacional de Devedores Trabalhistas (BNDT) depois de transcorrido o prazo de 45 dias a contar da citação do executado, se não houver garantia do juízo[7].

Em decorrência disso, o art. 1º, § 1º, da Resolução Administrativa 1.470 do TST, recentemente alterado pela Resolução Administrativa 1.996/2018, estabelece que "é obrigatória a inclusão no BNDT do devedor que, devidamente cientificado, não pagar o débito ou descumprir obrigação de fazer ou não fazer depois de transcorrido o prazo de quarenta e cinco dias a contar da citação do executado, se não houver garantia do juízo".

9.19. HIPOTECA JUDICIÁRIA, PROTESTO DE DECISÃO JUDICIAL E INCLUSÃO DO NOME DO EXECUTADO EM CADASTRO DE INADIMPLENTES

O art. 495 do CPC versa sobre a hipoteca judiciária, o art. 517 do CPC regulamenta o protesto judicial e o art. 782 do CPC dispõe sobre a inclusão do nome do executado no cadastro de inadimplentes. Todas são medidas para assegurar o cumprimento da decisão e dar maior efetividade as decisões judiciais.

O TST, na IN 39/2016, estabelece em seu art. 17, que sem prejuízo da inclusão do devedor no Banco Nacional de Devedores Trabalhistas (CLT, art. 642-A), aplicam-se à execução trabalhista as normas dos artigos 495, 517 e 782, §§ 3º, 4º e 5º do CPC, que tratam respectivamente da hipoteca judiciária, do protesto de decisão judicial e da inclusão do nome do executado em cadastros de inadimplentes.

[7] Art. 15, IN 41/2018, do TST. O prazo previsto no art. 883-A da CLT, para as medidas de execução indireta nele especificadas, aplica-se somente às execuções iniciadas a partir de 11 de novembro de 2017.

Saliente-se que, à luz do art. 883-A da CLT, a decisão judicial transitada em julgado somente poderá ser levada a protesto, gerar inscrição do nome do executado em órgãos de proteção ao crédito ou no Banco Nacional de Devedores Trabalhistas (BNDT) depois de transcorrido o prazo 45 dias a contar da citação do executado, se não houver garantia do juízo[8].

9.19.1. Hipoteca Judiciária

Nos termos do art. 495 do CPC, a decisão que condenar o réu ao pagamento de prestação consistente em dinheiro e a que determinar a conversão de prestação de fazer, de não fazer ou de dar coisa em prestação pecuniária valerão como título constitutivo de hipoteca judiciária.

A decisão produz a hipoteca judiciária também nas seguintes hipóteses: a) embora a condenação seja genérica; e b) ainda que o credor possa promover o cumprimento provisório da sentença ou esteja pendente arresto sobre bem do devedor; c) mesmo que impugnada por recurso dotado de efeito suspensivo.

A hipoteca judiciária poderá ser realizada mediante apresentação de cópia da sentença perante o cartório de registro imobiliário, independentemente de ordem judicial, de declaração expressa do juiz ou de demonstração de urgência (art. 495, § 2º, do CPC).

No prazo de até 15 (quinze) dias da data de realização da hipoteca, a parte informá-la-á ao juízo da causa, que determinará a intimação da outra parte para que tome ciência do ato (art. 495, § 3º, do CPC).

A hipoteca judiciária, uma vez constituída, implicará, para o credor hipotecário, o direito de preferência, quanto ao pagamento, em relação a outros credores, observada a prioridade no registro (art. 495, § 4º, do CPC).

Sobrevindo a reforma ou a invalidação da decisão que impôs o pagamento de quantia, a parte responderá, independentemente de culpa, pelos danos que a outra parte tiver sofrido em razão da constituição da garantia, devendo o valor da indenização ser liquidado e executado nos próprios autos (art. 495, § 4º, do CPC).

9.19.2. Protesto Judicial

Com base no art. 517 do CPC, a decisão judicial transitada em julgado poderá ser levada a protesto. Atente-se, porém, que no Processo do Traba-

[8] Art. 15, IN 41/2018, do TST. O prazo previsto no art. 883-A da CLT, para as medidas de execução indireta nele especificadas, aplica-se somente às execuções iniciadas a partir de 11 de novembro de 2017.

lho o protesto somente pode ocorrer depois de transcorrido o prazo de 45 dias a contar da citação do executado, se não houver garantia do juízo (art. 883-A da CLT)[9].

Para efetivar o protesto, incumbe ao exequente apresentar certidão de teor da decisão (art. 517, § 1º, do CPC).

A certidão de teor da decisão deverá ser fornecida no prazo de 3 (três) dias e indicará o nome e a qualificação do exequente e do executado, o número do processo, o valor da dívida e a data de decurso do prazo para pagamento voluntário (art. 517, § 2º, do CPC).

O executado que tiver proposto ação rescisória para impugnar a decisão exequenda pode requerer, a suas expensas e sob sua responsabilidade, a anotação da propositura da ação à margem do título protestado (art. 517, § 3º, do CPC).

A requerimento do executado, o protesto será cancelado por determinação do juiz, mediante ofício a ser expedido ao cartório, no prazo de 3 (três) dias, contado da data de protocolo do requerimento, desde que comprovada a satisfação integral da obrigação (art. 517, § 4º, do CPC).

9.19.3. Inclusão do nome do executado em cadastros de inadimplentes

À luz do art. 782, § 3º, do CPC, a requerimento da parte, o juiz pode determinar a inclusão do nome do executado em cadastros de inadimplentes.

A inscrição será cancelada imediatamente se for efetuado o pagamento, se for garantida a execução ou se a execução for extinta por qualquer outro motivo.

A inclusão somente é possível quando se tratar de execução definitiva de título judicial.

9.20. RESUMO DA MATÉRIA

1. A execução somente se processa sobre os bens do devedor, dispondo o art. 789 do CPC que o devedor responde com todos os seus bens presentes e futuros pelas dívidas contraídas.
2. Somente estarão sujeitas ao processo de execução as ações condenatórias.
3. A execução trabalhista encontra-se disciplinada por quatro normas legais a serem aplicadas na seguinte ordem: Consolidação das Leis do Trabalho, Lei 5.584/1970, Lei 6.830/1980 e Código de Processo Civil.

[9] Art. 15, IN 41/2018, do TST. O prazo previsto no art. 883-A da CLT, para as medidas de execução indireta nele especificadas, aplica-se somente às execuções iniciadas a partir de 11 de novembro de 2017.

4. Embora a Constituição Federal de 1988 assegure a igualdade de tratamento perante a Lei (art. 5.º, *caput*), na execução o tratamento igualitário resume-se à observância da Lei, pois a posição do credor é de superioridade ou preeminência jurídica, ao passo que a posição do devedor é de sujeição ao comando do preceito condenatório que se irradia da sentença ou do título executivo extrajudicial.

5. O princípio da natureza real determina que os atos executórios atuem sobre os bens do devedor e não sobre a pessoa física deste, conforme dispõem os arts. 789 e 824 do CPC.

6. O princípio da limitação expropriatória impede a alienação total do patrimônio do devedor, quando parte dos bens for bastante para atender a satisfação do direito do credor.

7. O credor não pode se utilizar da execução apenas para acarretar danos ao devedor, quando o patrimônio do executado não for suficiente para suportar a dívida. Neste diapasão, o art. 836 do CPC dispõe que não se efetuará a penhora quando ficar evidente que o produto da alienação dos bens encontrados será inteiramente absorvido pelo pagamento das custas da execução.

8. Nesta hipótese, caberá ao magistrado, nos termos do art. 40 da Lei 6.830/1980, suspender o curso da execução trabalhista enquanto não for localizado o devedor ou encontrados bens sobre os quais possa recair a penhora.

9. Decorrido o prazo máximo de um ano da suspensão do curso da execução, sem que seja localizado o devedor ou encontrados bens penhoráveis, o juiz ordenará o arquivamento dos autos, o qual poderá ser desarquivado, a qualquer tempo, para prosseguimento da execução, caso sejam encontrados o devedor ou os bens (art. 40, §§ 2.º e 3.º, da Lei 6.830/1980).

10. Reza o art. 805 do CPC que, quando o credor puder, por diversos meios, promover a execução, o juiz determinará que se faça pelo modo menos gravoso ao devedor. Ao executado que alegar ser a medida executiva mais gravosa incumbe indicar outros meios mais eficazes e menos onerosos, sob pena de manutenção dos atos executivos já determinados (art. 805, parágrafo único, do CPC). O art. 805 e parágrafo são aplicáveis ao Processo do Trabalho, consoante determina o TST na IN 39/2016.

11. O princípio da especificidade relaciona-se com a execução para entrega de coisa e as obrigações de fazer e não fazer, segundo o qual o credor tem direito a receber, além de perdas e danos, o valor da coisa, quando esta não lhe for entregue, se deteriorou, não for encontrada ou não for reclamada do poder do terceiro adquirente.

12. O devedor é responsável pelo pagamento, além dos valores devidos ao credor, de todas as despesas processuais.

13. A execução não deve afrontar a dignidade humana do executado (art. 1.º, III, da CF/1988), expropriando-lhe bens indispensáveis à sua subsistência e a dos membros de sua família, dispondo o Código de Processo Civil art. 833 do CPC, bem como a Lei 8.009/1990, sobre a impenhorabilidade de alguns bens imprescindíveis à sobrevivência do devedor.

14. O art. 878 da CLT dispõe que a execução será promovida pelas partes, permitida a execução de ofício pelo juiz ou pelo Presidente do Tribunal apenas nos casos em que as partes não estiverem representadas por advogado. Segundo o TST, a partir da vigência da Lei 13.467/2017 (Reforma Trabalhista), a decisão do juiz para iniciar de ofício a execução ficará limitada aos casos em que as partes não estiverem representadas por advogado (art. 13, IN 41/2018, do TST).

15. Embora o art. 878 da CLT faça referência apenas às partes quando determina quem em poderá iniciar a execução, ela poderá ser promovida também pelos legitimados do art. 778, § 1.º, do CPC, quais sejam: o Ministério Público do Trabalho; o espólio, herdeiros ou sucessores do credor, sempre que, por morte deste, lhes for transmitido o direito resultante do título executivo; o cessionário, quando o direito resultante do título executivo lhe foi transferido por ato entre vivos; e o sub-rogado, nos casos de sub-rogação legal ou convencional.

16. Entende o Tribunal Superior do Trabalho que a cessão de crédito não pode ser realizada no âmbito laboral, tendo em vista que o ingresso de terceiro (cessionário) na relação jurídico-processual geraria a incompetência material da Justiça do Trabalho.

17. Sobrevindo a morte do credor, o juiz suspenderá a execução (art. 921, I, do CPC) até que se formalize a habilitação do espólio, dos herdeiros e dos sucessores.

18. Normalmente, é o empregador quem figura no polo passivo da execução trabalhista.

19. Em alguns casos, o próprio trabalhador pode ser o sujeito passivo de uma execução trabalhista, como nas hipóteses em que seja devedor de custas, honorários periciais, indenização ao empregador em função de prejuízos causados, devolução de materiais, ferramentas ou instrumentos de trabalho ao patrão etc.

20. A doutrina e jurisprudência firmaram entendimento de que, na hipótese de sucessão trabalhista devidamente comprovada (arts. 10 e 448 da CLT), a empresa sucessora responde pelas dívidas trabalhistas assumidas e não adimplidas pela empresa sucedida, assumindo o sucessor o polo passivo da execução trabalhista.

21. Em relação ao grupo econômico, vale mencionar que o Tribunal Superior do Trabalho cancelou, por meio da Resolução Administrativa 121/2003, o antigo Enunciado 205, o qual determinava que "o responsável solidário, integrante do grupo econômico, que não participou da relação processual como reclamado e que, portanto, não consta no título executivo judicial como devedor, não pode ser sujeito passivo na execução".

22. Em função disso, ganhou ainda mais força o entendimento doutrinário de que a execução pode ser promovida em face de qualquer integrante do grupo econômico, mesmo que não tenha participado do processo de conhecimento e não conste no título executivo judicial.

23. A teoria da desconsideração da personalidade jurídica do executado permite que os atos executórios alcancem os bens particulares dos sócios, quando se verifica a insuficiência do patrimônio societário e, concomitantemente, restar comprovada a violação à lei, fraude, falência, estado de insolvência ou mesmo encerramento ou inatividade da empresa, provocados por má administração.

24. O Tribunal Superior do Trabalho tem aplicado a teoria da penetração de forma ampla, em todos os casos nos quais se verifica a insuficiência de patrimônio da empresa para honrar as dívidas trabalhistas contraídas, independentemente da comprovação da existência de fraude, simulação ou desvio de finalidade.

25. A teoria da desconsideração da personalidade jurídica da empresa está prevista expressamente no art. 28, § 5.º, do CDC e no art. 50 do CC/2002.

26. Sem versar sobre os requisitos para a desconsideração da personalidade jurídica da empresa, o CPC instituiu regras para o seu processamento, prevendo o incidente de desconsideração da personalidade jurídica da empresa em seus arts. 133 a 137; e a CLT, em seu art. 855-A, determina que eles se aplicam ao Processo do Trabalho. De acordo com o TST, a partir da vigência da Lei 13.467/2017 (Reforma Trabalhista), somente poderá iniciar de ofício o incidente de desconsideração da personalidade jurídica nos casos em que as partes não estiverem representadas por advogado (art. 13, IN 41/2018, do TST).

27. Preceitua o art. 133 do CPC que o incidente de desconsideração da personalidade jurídica será instaurado a pedido da parte ou do Ministério Público, ou seja, não será processado de ofício, estando em consonância com o art. 878 da CLT, segundo o qual "a execução será promovida pelas partes, permitida a execução de ofício pelo juiz ou pelo Presidente do Tribunal apenas nos casos em que as partes não estiverem representadas por advogado".

28. Ressalte-se que o atual diploma processual previu a desconsideração inversa da personalidade jurídica (art. 133, § 2º, do CPC), a qual ocorre quando se litiga contra o indivíduo e busca-se bens na pessoa jurídica.

29. Dispensa-se a instauração do incidente se a desconsideração da personalidade jurídica for requerida na petição inicial, hipótese em que será citado o sócio ou a pessoa jurídica (art. 134, § 2º, do CPC).

30. O requerimento suspende o processo e o requerente deve demonstrar o preenchimento dos pressupostos legais específicos para desconsideração da personalidade jurídica, ou seja, a insuficiência de patrimônio da pessoa demandada (teoria menor - art. 28, § 5º, do CDC).

31. A pessoa jurídica ou o sócio será citado para se manifestar e requerer as provas cabíveis no prazo de 15 dias, sendo a decisão interlocutória (art. 135 do CPC).

32. Acolhido o pedido de desconsideração, a alienação ou a oneração de bens, havida em fraude de execução, será ineficaz em relação ao requerente (art. 137 do CPC).

33. Esclarece o art. 855-A, § 1º que, da decisão interlocutória que acolher ou rejeitar o incidente: a) na fase de cognição, não cabe recurso de imediato, na forma do art. 893, § 1º, da CLT; b) na fase de execução, cabe agravo de petição, independentemente de garantia do juízo; e c) cabe agravo interno se proferida pelo relator em incidente instaurado originariamente no tribunal.

34. A instauração do incidente suspenderá o processo, sem prejuízo de concessão da tutela de urgência de natureza cautelar de que trata o art. 301 do CPC (art. 855-A, § 2º, da CLT), sendo muito utilizada para o bloqueio de contas.

35. O art. 774 do CPC considera atentatório à dignidade da justiça a conduta comissiva ou omissiva do devedor que frauda a execução; opõe-se maliciosamente à execução, empregando ardis e meios artificiosos; dificulta ou embaraça a realização da penhora; resiste injustificadamente às ordens judiciais ou, intimado, não indica ao juiz quais são e onde se encontram os bens sujeitos à penhora e seus respectivos valores, nem exibe prova de sua propriedade e, se for o caso, certidão negativa de ônus. Nessa esteira, o art. 774, parágrafo único, do CPC determina que o juiz fixará multa não superior a 20% do valor atualizado do débito em execução, a qual será revertida em proveito do exequente, exigível nos próprios autos do processo, sem prejuízo de outras sanções de natureza processual ou material.

36. O art. 876 da CLT disciplina os títulos executivos trabalhistas, dividindo-os em judiciais (sentenças transitadas em julgado, sentenças sujeitas a recurso desprovido de efeito suspensivo e acordos judiciais não cumpridos) e extrajudiciais (termos de compromisso de ajustamento de conduta firmados perante o MPT e termos de conciliação firmados perante a Comissão de Conciliação Prévia).

37. Também são títulos executivos extrajudiciais executáveis na Justiça do Trabalho as multas inscritas na Dívida Ativa da União provenientes dos autos de infração lavrados pelos Auditores Fiscais do Trabalho (art. 114, VII, da CF/1988 c/c o art. 784, IX, do CPC).

38. Além desses, o cheque e a nota promissória também são títulos executáveis na Justiça do Trabalho. Nos termos do art. 13, da IN 39/2016, do TST, "por aplicação supletiva do art. 784, I (art. 15 do CPC), o cheque e a nota promissória emitidos em reconhecimento de dívida inequivocamente de natureza trabalhista também são títulos extrajudiciais para efeito de execução perante a Justiça do Trabalho, na forma do art. 876 e segs. da CLT".

39. Cumpre destacar que a arbitragem é cabível nos dissídios coletivos (art. 114, § 1º, da CF) e nos dissídios individuais cujos contratos de trabalho tenham remuneração superior a duas vezes o limite máximo estabelecido para os benefícios do Regime Geral de Previdência Social, desde que pactuada cláusula compromissória de arbitragem, por iniciativa do empregado ou mediante a sua concordância expressa, antes ou após o término do contrato (art. 507-A, CLT). Portanto, a sentença arbitral, quando condenatória, é um título executivo, podendo ser executada na Justiça do Trabalho (art. 31 da Lei 9.307/1996).

40. No Processo do Trabalho, a execução provisória é cabível toda vez que a decisão exarada ainda pender de recurso desprovido de efeito suspensivo (art. 876 da CLT). A execução provisória é feita por meio de carta de sentença, cujos requisitos para a instrução estão previstos no art. 522 do CPC.

41. Ao cumprimento provisório de sentença que reconheça obrigação de fazer, de não fazer ou de dar coisa aplica-se, no que couber, as normas referentes ao cumprimento provisório da sentença que reconheça obrigação de pagar quantia certa (art. 52, § 5.º, do CPC).

42. Nos termos do art. 876 da CLT, teremos a execução definitiva nos seguintes casos: trânsito em julgado da sentença condenatória, inadimplemento do acordo realizado em juízo, inadimplemento da conciliação firmada perante as Comissões de Conciliação Prévia, inadimplemento dos Termos de Compromisso de Ajustamento de Conduta firmados perante o Ministério Público do Trabalho e a sentença arbitral quando condenatória (art. 31 da Lei 9.307/1996).

43. No Processo do Trabalho, a liquidação da sentença pode ser realizada de três modos: por cálculo, por arbitramento e pelo procedimento comum.

44. A liquidação por cálculo, sem dúvida, é a mais utilizada na Justiça do Trabalho, e é realizada quando a determinação do valor da condenação depender apenas de cálculo aritmético. Observe-se que se tratando de cálculos de liquidação complexos o juiz poderá nomear perito para sua elaboração (art. 879, § 6.º, da CLT).

45. A liquidação será feita por arbitramento quando as partes o convencionarem expressamente ou for determinado pela sentença, ou ainda quando o exigir a natureza do objeto da liquidação.

46. A liquidação pelo procedimento comum será feita quando houver necessidade de alegar e provar fatos novos que devam servir de base para fixar o *quantum* da condenação (art. 509, II, do CPC).

47. Permitiu-se ao juiz da execução a possibilidade de optar pela liquidação da sentença pelo rito antigo da Consolidação das Leis do Trabalho (efetua-se a constrição de bens, para posterior exercício do direito de defesa por meio da impugnação à sentença de liquidação – art. 884, § 3.º, da CLT) ou pelo novo rito introduzido pela Lei 8.432/1992 (possibilita-se o exercício do direito de defesa por meio da impugnação à sentença de liquidação sem a prévia constrição de bens – art. 879, § 2.º, da CLT).

48. O objetivo da execução por quantia certa é expropriar bens do devedor a fim de satisfazer o direito do credor, respondendo o executado com seu patrimônio, presente ou futuro, para o cumprimento das obrigações. Nesse contexto, achando-se a dívida já com seu valor líquido e certo, será expedido o *mandado executivo*, denominado mandado de citação, penhora e avaliação, a ser cumprido pelo oficial de justiça. Nos termos do art. 880 da CLT, o executado será citado para, em 48 horas, pagar a dívida ou mesmo garantir a execução.

49. Uma das alternativas do executado, no intervalo de 48 horas após a citação, é nomear bens à penhora objetivando garantir o juízo e possibilitando a este embargar a execução.

50. A gradação legal para nomeação de bens à penhora prevista no art. 835 do CPC é a seguinte: dinheiro, em espécie ou em depósito ou aplicação em instituição financeira; títulos da dívida pública da União, dos Estados e do Distrito Federal com cotação em mercado; títulos e valores mobiliários com cotação em mercado; veículos de via terrestre; bens imóveis; bens móveis em geral; semoventes; navios e aeronaves; ações e quotas de sociedades simples e empresárias; percentual do faturamento de empresa devedora; pedras e metais preciosos; direitos aquisitivos derivados de promessa de compra e venda e de alienação fiduciária em garantia e outros direitos.

51. Sempre que ocorrer a substituição dos bens inicialmente penhorados, será lavrado novo termo (art. 849 do CPC). E será admitida a redução ou a ampliação da penhora, bem como sua transferência para outros bens, se, no curso do processo, o valor de mercado dos bens penhorados sofrer alteração significativa (art. 850 do CPC).

52. Na hipótese de o executado não pagar a dívida, não efetuar o depósito judicial para apresentação de embargos à execução ou não nomear bens à penhora, no prazo de 48 horas contados da citação, o oficial de justiça retornará ao local da execução e penhorará tantos bens quantos bastem para satisfazer o julgado, inclusive custas, juros de mora, correção monetária e a contribuição previdenciária (executada simultaneamente com o crédito trabalhista.

53. A lei não garantiu ao credor hipotecário o direito de impugnar a penhora do bem imóvel recebido em garantia, apenas sendo-lhe assegurado o direito de preferência no recebimento do seu crédito na hipótese de alienação do imóvel penhorado em hasta pública, após o pagamento do crédito trabalhista.

54. A Lei 8.009/1990, por sua vez, tornou impenhoráveis os bens de família, quais sejam o imóvel residencial próprio do casal ou da entidade familiar, abrangendo o imóvel sobre o qual se assentam a construção, as plantações, as benfeitorias de qualquer natureza e todos os equipamentos, inclusive de uso profissional, ou móveis que guarnecem a casa, desde que quitados.

55. O art. 884, § 1.º, da CLT determina que a matéria de defesa nos embargos à execução será restrita às alegações de cumprimento da decisão ou do acordo, quitação ou prescrição da dívida (fatos estes ocorridos posteriores à sentença). Não obstante, percebe-se que a Consolidação das Leis do Trabalho (art. 884, § 1.º) não esgotou todas as matérias possíveis de arguição via embargos, fato este que motivou grande parte da doutrina a aceitar a aplicação subsidiária do art. 535 do CPC, o qual elenca outras hipóteses de matéria de defesa na impugnação à execução.

56. A possibilidade de o executado opor embargos à execução está condicionada à garantia prévia do juízo, conforme se depreende do inteiro teor dos arts. 884 da CLT e 16, § 1.º, da Lei 6.830/1980.

57. À luz do art. 884, § 6º, da CLT, a exigência da garantia ou penhora não se aplica às entidades filantrópicas e/ou àqueles que compõem ou compuseram a diretoria dessas instituições.

58. Modernamente, doutos do processo civil têm defendido a possibilidade da utilização da figura denominada "exceção de pré-executividade", que consiste, em síntese, na possibilidade de o devedor alegar determinadas matérias, sem que, para isso, necessite efetuar a garantia patrimonial da execução. A utilização da objeção de pré-executividade, portanto, destina-se a impedir que a exigência de prévia garantia patrimonial da execução possa representar, em situações especiais, obstáculo intransponível à defesa do executado.

59. No curso da execução trabalhista, muitas vezes o juiz, objetivando dar efetividade ao julgado, determina a apreensão de bens pertencentes a terceiros, os quais, não integrando o processo, também não estariam obrigados a adimplir a obrigação derivada do título executivo, não restando outra alternativa aos atingidos pela constrição judicial senão se utilizarem da ação denominada embargos de terceiro. A Consolidação das Leis do Trabalho é omissa sobre os embargos de terceiro, impondo-se, por conseguinte, a aplicação subsidiária do Código de Processo Civil, arts. 674 a 680 do CPC.

60. Conforme estabelece o art. 674 do CPC, quem, não sendo parte no processo, sofrer constrição ou ameaça de constrição sobre bens que possua ou sobre os quais tenha direito incompatível com o ato constritivo, poderá requerer seu desfazimento ou sua inibição por meio de embargos de terceiro. Os embargos em comento podem ser de terceiro senhor e possuidor ou apenas possuidor. Com efeito, os embargos de terceiro objetivam proteger a posse ou a propriedade de bens de terceiros estranhos ao processo (em regra) em função da ameaça (turbação) ou efetiva constrição judicial (esbulho).

61. Considera-se também terceiro o cônjuge ou companheiro que defende a posse de bens próprios ou de sua meação, ressalvado o art. 843 (art. 674, § 2.º, I, do CPC), bem como o adquirente de bens cuja constrição decorreu de decisão que declara a ineficácia da alienação realizada em fraude à execução, quem sofre constrição judicial de seus bens por força de desconsideração da personalidade jurídica, de cujo incidente não fez parte e o credor com garantia real para obstar expropriação judicial do objeto de direito real de garantia, caso não tenha sido intimado, nos termos legais dos atos expropriatórios respectivos, os quais, embora não sejam possuidores ou proprietários, são detentores de direito real sobre bens alheios (art. 674, § 2.º, II a IV, do CPC).

62. A distribuição dos embargos de terceiro será sempre por dependência ao juízo que ordenou a constrição e autuados em apartado. Nos casos de ato de constrição realizado por carta, os embargos serão oferecidos no juízo deprecado, salvo se indicado pelo juízo deprecante o bem constrito ou se já devolvida a carta, conforme exigência do art. 676, parágrafo único, do CPC e da Súmula 419 do TST.

63. A decisão que reconhecer suficientemente provado o domínio ou a posse determinará a suspensão das medidas constritivas sobre os bens litigiosos objeto dos embargos, bem como a manutenção ou a reintegração provisória da posse, se o embargante a houver requerido. O juiz poderá condicionar a ordem de manutenção ou de reintegração provisória de posse à prestação de caução pelo requerente, ressalvada a impossibilidade da parte economicamente hipossuficiente (art. 678 do CPC). Caso os embargos de terceiro versem sobre todos os bens, o juiz determinará a suspensão do curso do processo principal.

64. No Processo do Trabalho, a hasta pública é única, sendo os bens, desde logo, vendidos pelo maior lance, conforme estabelece o art. 888, § 1.º, da CLT.

65. O art. 889, do CPC (de aplicação subsidiária ao Processo do Trabalho) determina que serão cientificados da alienação judicial, com pelo menos 5 dias de antecedência: o executado, por meio de seu advogado ou, se não tiver procurador constituído nos autos, por carta registrada, mandado, edital ou outro meio idôneo; o coproprietário de bem indivisível do qual tenha sido penhorada fração ideal; o titular de usufruto, uso, habitação, enfiteuse, direito de superfície, concessão de uso especial para fins de moradia ou concessão de direito real de uso, quando a penhora recair sobre bem gravado com tais direitos reais; o proprietário do terreno submetido ao regime de direito de superfície, enfiteuse, concessão de uso especial para fins de moradia ou concessão de direito real de uso, quando a penhora recair sobre tais direitos reais; o credor pignoratício, hipotecário, anticrético, fiduciário ou com penhora anteriormente averbada, quando a penhora recair sobre bens com tais gravames, caso não seja o credor, de qualquer modo, parte na execução; o promitente comprador, quando a penhora recair sobre bem em relação ao qual haja promessa de compra e venda registrada; o promitente vendedor, quando a penhora recair sobre direito aquisitivo derivado de promessa de compra e venda registrada; e a União, o Estado e o Município, no caso de alienação de bem tombado.

66. A arrematação é o ato processual consistente na venda, pelo Estado, de forma coercitiva, dos bens do executado, objetivando satisfazer o crédito do exequente, realizado por intermédio do leilão.

67. Os doutos do processo civil sempre consideraram a alienação em hasta pública como sendo formalista, onerosa e demorada, apresentando-se como a maneira menos eficaz de alcançar um preço justo e compatível para o bem expropriado. Nesse contexto, o CPC estabelece como meio expropriatório preferencial a adjudicação pelo próprio exequente por preço não inferior ao da avaliação (art. 876 do CPC). Não efetivada a adjudicação, o exequente poderá solicitar a alienação do bem por iniciativa particular ou por intermédio de corretor ou leiloeiro público credenciado perante o órgão judiciário (art. 880 do CPC). Logo, somente em última hipótese é que se fará a alienação do bem em leilão (art. 886 do CPC), dando preferência para que a alienação seja realizada por meio eletrônico (rede mundial de computadores), com uso de páginas virtuais criadas pelos Tribunais ou por entidades públicas ou privadas, e não sendo possível a sua realização por meio eletrônico, o leilão será presencial (art. 882 do CPC).

68. Entendemos que as regras de expropriação de bens insculpidas no CPC são totalmente compatíveis com o Processo do Trabalho. Logo, penhorados os bens necessários à garantia do juízo e resolvidos eventuais embargos, o exequente será notificado para manifestar sua intenção ou não pela adjudicação dos bens, nunca por preço inferior ao da avaliação, permitindo-se ao credor, caso não deseje exercer a adjudicação, que requeira a sua alienação por iniciativa própria ou por intermédio de corretor credenciado perante a autoridade judiciária laboral.

69. Não havendo interesse na adjudicação nem requerimento do credor para alienação por iniciativa particular, seguirão os bens para alienação em leilão, adotando-se, a partir de então, os trâmites previstos no art. 888 da CLT, sendo possível, também, a implementação pelos Tribunais do Trabalho de meios eletrônicos para alienação dos bens penhorados.

70. Realizado o leilão, o bem será vendido ao licitante que oferecer o maior lance, esclarecendo o § 2.º do art. 888 consolidado que o arrematante deverá garantir o lance com sinal correspondente a 20% do seu valor. Caso o arrematante ou seu fiador não pague em 24 horas o preço da arrematação, perderá, em benefício da execução, o sinal dado (art. 888, § 4.º, da CLT).

71. Os bens serão alienados pelo melhor preço, desde que o lance não seja vil, isto é, não inferior a 50% do valor da avaliação (art. 891 do CPC).

72. Impende frisar que o credor exequente também poderá oferecer lance e arrematar os bens levados a leilão, ainda que por valor inferior ao constante do edital. Frise-se que, a teor do art. 892, § 1.º, do CPC, se o exequente arrematar os bens e for o único credor, não estará obrigado a exibir o preço, mas, se o valor dos bens exceder ao seu crédito, depositará, dentro de 3 dias, a diferença, sob pena de tornar-se sem efeito a arrematação, e, nesse caso, realizar-se-á novo leilão, à custa do exequente.

73. A adjudicação consiste no ato processual em que o exequente ou terceiros interessados, por vontade própria, incorporam ao seu patrimônio bens penhorados que foram levados à hasta pública. Ratificamos o nosso posicionamento no sentido de que o meio expropriatório preferencial é a adjudicação pelo próprio exequente, por preço não inferior ao da avaliação (art. 876 do CPC), e são totalmente compatíveis com o Processo do Trabalho. Logo, penhorados os bens necessários à garantia do juízo e resolvidos eventuais embargos, o exequente será notificado para manifestar sua intenção ou não pela adjudicação dos bens, nunca por preço inferior ao da avaliação. Observe que a lei processual permitiu que outros interessados também pudessem exercer o direito de adjudicação: a) o coproprietário de bem indivisível do qual tenha sido penhorada fração ideal; b) o promitente vendedor, quando a penhora recair sobre direito aquisitivo derivado de promessa de compra e venda registrada; c) os credores concorrentes que hajam penhorado o mesmo bem; d) o cônjuge; e) o companheiro; f) os descendentes ou os ascendentes do executado.

74. Na hipótese de adjudicação de bens pelo exequente, se ainda lhe restar saldo favorável, a execução prosseguirá pelo valor remanescente, com a constrição de novos bens do executado. Ao revés, se o valor do crédito for inferior ao dos bens, o adjudicante depositará de imediato a diferença, ficando esta à disposição do executado.

75. A adjudicação considera-se perfeita e acabada com a lavratura e assinatura do auto pelo juiz, pelo adjudicatário, pelo escrivão ou chefe de secretaria e, se estiver presente, pelo executado, expedindo-se carta de adjudicação e o mandado de imissão na posse, quando se tratar de bem imóvel, ou a ordem de entrega ao adjudicatário, quando se tratar de bem móvel (art. 877, § 1.º, do CPC). Em caso de adjudicação de imóvel, a carta conterá a descrição do imóvel, com remissão à sua matrícula e aos seus registros, a cópia do auto de adjudicação e a prova de quitação do imposto de transmissão.

76. No caso de penhora de bem hipotecado, o executado poderá remi-lo até a assinatura do auto de adjudicação, oferecendo preço igual ao da avaliação, se não tiver havido licitantes, ou ao do maior lance oferecido. Na hipótese de falência ou de insolvência do devedor hipotecário, o direito de remição previsto no § 3º será deferido à massa ou aos credores em concurso, não podendo o exequente recusar o preço da avaliação do imóvel (art. 877, §§ 3º e 4º, do CPC).

77. A remição consiste no ato processual do pagamento da totalidade da dívida executiva pelo devedor, liberando-se os bens constritos e, privilegiando-se, assim, o princípio da não prejudicialidade do devedor. Para evitar a alienação judicial, pode o executado, consoante previsto no art. 826 do CPC, antes de adjudicados ou alienados os bens, a todo tempo, remir a execução, pagando ou consignando a importância atualizada da dívida, acrescida de juros, custas e honorários advocatícios

78. O art. 916 do CPC dispõe sobre a possibilidade de suspensão da execução, permitindo ao executado que, no prazo para embargos, reconhecendo a dívida, requeira o parcelamento do débito em até 6 (seis) parcelas mensais, com o depósito imediato de 30% (trinta por cento) do valor da execução. Tal dispositivo aplica-se ao Processo do Trabalho, como determina a IN 39/2016 do TST.

79. A liquidação extrajudicial não obsta o direito ao ajuizamento de ação contra a empresa liquidanda nem muito menos o prosseguimento das ações e execuções em que ela figure como reclamada ou executada, em função da natureza privilegiada dos créditos trabalhistas.

80. O procedimento que tem sido adotado, rotineiramente, na Justiça do Trabalho em função da decretação judicial da falência do executado é: a) continuar com o processo de cognição até o trânsito em julgado da sentença, e, havendo condenação da massa, munir o credor de certidão do seu crédito, para fins de habilitação perante o juízo falimentar; b) realizar a hasta pública dos bens penhorados, quando, à época da decretação da falência, já estiverem designadas as datas para o leilão, remetendo o produto da alienação dos bens para o juízo falimentar, devendo o credor trabalhista habilitar seu crédito perante o juízo da quebra; c) pagar o credor trabalhista se, quando da decretação da falência da empresa, a hasta pública já se encontrar consumada (bem vendido), sendo destinado à massa falida apenas o resíduo do produto da expropriação judicial (caso exista).

81. Compete à Justiça do Trabalho executar, de ofício, as contribuições sociais previstas na alínea "a" do inciso I e no inciso II do *caput* do art. 195 da

Constituição Federal, e seus acréscimos legais devidos em decorrência das sentenças ou acordos trabalhistas proferidos, inclusive sobre os salários pagos durante o período contratual reconhecido (arts. 114, VIII, da CF, 876, parágrafo único, da CLT e Súmula 368, I, do TST).

82. A contribuição previdenciária somente incidirá sobre as parcelas de natureza salarial, e não sobre as parcelas de natureza indenizatória, devendo o magistrado sempre indicar, na sentença ou no acordo homologado, a natureza jurídica das parcelas, conforme determina o art. 832, § 3.º, da CLT.

83. Com efeito, no caso de conciliação, o termo que for lavrado valerá como decisão irrecorrível, salvo para a Previdência Social quanto às contribuições que lhe forem devidas (art. 831, parágrafo único, da CLT).

84. Nessa esteira, a União será intimada das decisões homologatórias de acordos que contenham parcela indenizatória, na forma do art. 20 da Lei 11.033, de 21 de dezembro de 2004, facultada a interposição de recurso relativo aos tributos que lhe forem devidos (art. 832, § 4.º, da CLT).

85. Idêntico raciocínio pode ser utilizado em relação às decisões cognitivas (sentenças que julgam o mérito), das quais a União também poderá apresentar recurso ordinário em razão das parcelas consideradas pelo juiz como de natureza indenizatória.

86. Estão compreendidas no conceito de Fazenda Pública todas as pessoas jurídicas de direito público interno, como a União, Estados, Municípios, Distrito Federal, Autarquias e Fundações Públicas instituídas pelo poder público.

87. As empresas públicas e sociedades de economia mista, por serem pessoas jurídicas de direito privado, não se encaixam no conceito de Fazenda Pública.

88. A execução contra a Fazenda Pública não se processa da mesma forma como se dá quando o devedor é pessoa física ou jurídica de direito privado, uma vez que os bens da Fazenda Pública são impenhoráveis e imprescritíveis (não sujeitos a usucapião).

89. A Fazenda Pública, nos termos do art. 910 do CPC, estará dispensada de garantir previamente o juízo para opor embargos à execução.

90. Portanto, na execução por quantia certa, a Fazenda Pública não será citada para pagar ou nomear bens à penhora, mas sim para oferecer embargos, se desejar.

91. Com esta decisão, a Fazenda Pública, no âmbito da Justiça Laboral, será citada para, querendo, oferecer embargos, no prazo de 30 dias (art. 910 do CPC).

92. O precatório consiste na requisição feita pelo Poder Judiciário ao Poder Executivo respectivo, de numerário suficiente para arcar com as condenações impostas à Fazenda Pública por meio de sentença judicial contra a qual não caiba mais recurso.

93. Por meio do precatório garante-se o efetivo respeito do Poder Público pelas decisões judiciais que lhe sejam contrárias, além de disciplinar uma ordem cronológica para os pagamentos a serem efetuados, assegurando-se aos credores dos entes públicos igualdade de tratamento, respeitando-se, outrossim, o princípio da impessoalidade.

94. Os pagamentos a cargo da Fazenda Pública serão, portanto, feitos segundo rigorosa ordem de apresentação dos precatórios, à conta dos créditos orçamentários, ou extraorçamentários, abertos para esse fim.

95. Não havendo qualquer irregularidade a ser sanada, ou mesmo não sendo impugnado o precatório pelo Procurador Público, o Presidente do Tribunal expedirá o precatório-requisitório determinando que o ente público providencie a inclusão no orçamento de dotação suficiente ao correspondente pagamento, lembrando que os precatórios apresentados até 1.º de julho serão relacionados para pagamento dentro do exercício financeiro subsequente, quando terão seus valores atualizados monetariamente.

96. Em relação à possibilidade de sequestro de recursos financeiros da Fazenda Pública, a atual redação do § 6.º do art. 100 da CF, dada pela EC 62/2009, o permite em duas hipóteses: 1. preterimento do direito de precedência; 2. não alocação orçamentária do valor necessário à satisfação do débito.

97. O art. 100, § 3.º, da CF/1988, com redação dada pela EC 62/2009, dispôs sobre as denominadas dívidas de pequeno valor da Fazenda Pública Federal, Estadual ou Municipal, contraídas em virtude de sentença judicial transitada em julgado, excluindo-as da incidência do precatório.

98. Enquanto não forem elaboradas pelos respectivos entes da federação as leis instituidoras dos débitos de pequeno valor, será considerada dívida de pequeno valor em relação aos Estados a que não ultrapassar 40 salários-mínimos e em relação aos Municípios, a que não superar 30 salários-mínimos.

99. Em relação à Fazenda Pública Federal, considera-se dívida de pequeno valor a que não ultrapassar 60 salários-mínimos.

100. O legislador constituinte derivado restabeleceu, por meio do art. 78 do ADCT, a figura da moratória (já instituída anteriormente por meio do art. 33 do ADCT), parcelando os débitos pendentes dos entes públicos em 10 anos.

101. O art. 97 do ADCT, acrescentado pela EC 62/2009, criou regime especial de liquidação de precatórios para os Estados, o Distrito Federal e os Municípios que, na data de publicação da citada Emenda Constitucional, estejam em mora na quitação de precatórios vencidos, relativos às suas administrações direta e indireta, inclusive os emitidos durante o período de vigência do regime especial instituído por este artigo. Essas pessoas políticas deverão fazer os seus pagamentos de acordo com as normas do referido art. 97 do ADCT, sendo inaplicável o disposto no art. 100 da CF, exceto em seus §§ 2.º, 3.º, 9.º, 10, 11, 12, 13 e 14, e sem prejuízo dos acordos de juízos conciliatórios já formalizados na data de promulgação da EC 62/2009.

102. A execução para entrega de coisa admite duas modalidades, quais sejam: a de entrega de coisa certa e a de entrega de coisa incerta. A execução para entrega de coisa pode nascer tanto de um título executivo judicial como extrajudicial.

103. A execução para entrega de coisa não objetiva a constrição e posterior expropriação de bens do executado, mas tão somente a entrega da coisa, incerta ou certa, constante do título condenatório.

104. Com efeito, a execução para entrega de coisa certa ou incerta, em regra, decorre de uma pretensão possessória, concretizando-se pela simples expedição de mandado de busca e apreensão de bem móvel ou de imissão na posse, em caso de bem imóvel.

105. A Justiça do Trabalho será competente para examinar as questões possessórias, sempre que a pretensão estiver diretamente relacionada com o contrato de trabalho ou decorrer de cláusula deste.

106. Em relação à execução para entrega de coisa incerta, estabelece o art. 811 do CPC que, quando a execução recair sobre coisas determinadas pelo gênero e quantidade, o devedor será citado para entregá-las individualizadas, se lhe couber a escolha; mas se essa couber ao credor, este a indicará na petição inicial.

107. As execuções de obrigação de fazer e não fazer têm origem tanto em função de títulos executivos judiciais como também de títulos executivos extrajudiciais.

108. No Processo Trabalhista, as condenações mais frequentes em obrigações de fazer são as seguintes: reintegração de empregado estável, anotação da CTPS do empregado, promoção do obreiro, reenquadramento funcional, entrega de guias do requerimento do seguro-desemprego ou de levantamento dos depósitos do FGTS.

109. A norma consolidada traz em seu bojo exemplo típico de tutela de obrigação de não fazer, consistente na proibição de transferência ilegal ou abusiva de empregado para localidade diversa da que resultar do contrato de trabalho (art. 469 c/c o art. 659, IX, ambos da CLT).

110. Vale destacar que, no âmbito da tutela de interesses transindividuais, o Ministério Público do Trabalho tem celebrado inúmeros Termos de Compromisso de Ajustamento de Conduta contendo obrigações de fazer e não fazer, bem como ajuizado incontáveis ações civis públicas que, em regra, envolvem pedidos de obrigações de fazer e não fazer, conforme previsto na Lei 7.347/1985.

111. Na execução de obrigação de fazer ou não fazer não haverá constrição judicial de bens, podendo o devedor, no prazo de 5 dias (art. 884 da CLT), opor embargos à execução, desde que feita a garantia do juízo.

112. Caso no prazo fixado o devedor não cumpra a obrigação, é lícito ao credor, nos próprios autos do processo, requerer que ela seja executada à custa do devedor, ou haver perdas e danos, caso em que a obrigação de fazer se converterá em indenização (execução por quantia certa).

113. É assegurado ao idoso, com idade igual ou superior a 60 anos, a prioridade na tramitação de processos, procedimentos e execução de atos e diligências judiciais, desde que figure como parte ou interveniente (art. 1.048, I, do CPC e art. 71, *caput*, do Estatuto do Idoso). E, dentre os processos de idosos, dar-se-á prioridade especial aos maiores de 80 anos (art. 71, § 5º, do Estatuto do Idoso).

114. O art. 642-A CLT instituiu a denominada certidão negativa de débitos trabalhistas – CNDT –, objetivando comprovar a inexistência de débitos trabalhistas não quitados perante a Justiça Especializada trabalhista.

115. Nos termos do art. 495 do CPC, a decisão que condenar o réu ao pagamento de prestação consistente em dinheiro e a que determinar a conversão de prestação de fazer, de não fazer ou de dar coisa em prestação pecuniária valerão como título constitutivo de hipoteca judiciária.

116. A hipoteca judiciária poderá ser realizada mediante apresentação de cópia da sentença perante o cartório de registro imobiliário, independentemente de ordem judicial, de declaração expressa do juiz ou de demonstração de urgência (art. 495, § 2º, do CPC).

117. Nos termos do art. 517 do CPC, a decisão judicial transitada em julgado poderá ser levada a protesto. Para efetivar o protesto, incumbe ao exequente apresentar certidão de teor da decisão (art. 517, § 1º, do CPC).

118. A requerimento da parte, o juiz pode determinar a inclusão do nome do executado em cadastros de inadimplentes (art. 782, § 3º, do CPC).

119. Frise-se que, à luz do art. 883-A da CLT, a decisão judicial transitada em julgado somente poderá ser levada a protesto, gerar inscrição do nome do executado em órgãos de proteção ao crédito ou no Banco Nacional de Devedores Trabalhistas (BNDT) depois de transcorrido o prazo 45 dias a contar da citação do executado, se não houver garantia do juízo.

10

PROCEDIMENTOS ESPECIAIS

10.1. AÇÃO RESCISÓRIA

10.1.1. Conceito e cabimento

Trata-se de uma ação de conhecimento, de natureza constitutivo negativa, objetivando a desconstituição ou anulação da *res judicata*.

Em outras palavras, a ação rescisória é uma ação autônoma que visa desconstituir decisão judicial (em regra de mérito) transitada em julgado, em função de vícios insanáveis.

Comentando o instituto, o Professor Misael Montenegro Filho, em sua obra *Curso de direito processual civil*, p. 606, leciona que:

> "Contudo, a decisão que assume a qualidade da coisa julgada, imutabilizando-se, não se apresenta como uma questão intransponível, a ponto de não mais se admitir qualquer valoração dos seus contornos. Ao mesmo tempo em que se deu à sentença a condição de se imutabilizar, conferindo-se segurança jurídica às relações processuais, criou-se instrumento processual hábil a operar uma reanálise da sentença acobertada pelo manto da coisa julgada, o que ocorre também pela preocupação com a segurança jurídica.
>
> O instrumento em destaque é a ação rescisória, que ataca exclusivamente sentença de mérito, não cabendo para o combate de pronunciamento terminativo."

No Código de Processo Civil, a ação rescisória está regulada nos arts. 966 e seguintes, aplicáveis ao Processo do Trabalho, consoante determina o TST, no art. 3º, XXVI, da IN 39/2016.

O art. 836 da CLT previa a possibilidade de ajuizamento de ação rescisória no âmbito da Justiça do Trabalho, determinando a aplicação dos dispositivos do Código de Processo Civil, ressalvando, apenas, a dispensa do depósito prévio exigido no art. 968, II, do digesto processual civil.

Todavia, a Lei 11.495/2007, publicada no *DOU* em 25.06.2007, modificou a redação do art. 836 da CLT, passando a estabelecer que a propositura da ação rescisória está sujeita ao depósito prévio de 20% do valor da causa, salvo prova de miserabilidade jurídica do autor. Vejamos a nova redação do art. 836 da CLT:

> "Art. 836. É vedado aos órgãos da Justiça do Trabalho conhecer de questões já decididas, excetuados os casos expressamente previstos neste Título e a ação rescisória, que será admitida na forma do disposto no Capítulo IV do Título IX da Lei 5.869, de 11 de janeiro de 1973 – Código de Processo Civil, sujeita ao depósito prévio de 20% (vinte por cento) do valor da causa, salvo prova de miserabilidade jurídica do autor."

Em outras palavras, no âmbito laboral, a parte que propuser ação rescisória (seja trabalhador ou empregador) deverá efetuar, como pressuposto para propositura do corte rescisório (salvo demonstração de miserabilidade jurídica), o depósito prévio de 20% (vinte por cento) do valor da causa, a título de multa, caso a ação seja, por unanimidade de votos, declarada inadmissível ou improcedente.

Observe-se que, no âmbito do CPC, o depósito prévio é fixado em apenas 5% (cinco por cento) do valor da causa, a título de multa, caso a ação seja, por unanimidade de votos, declarada inadmissível ou improcedente (art. 968, II, do CPC).

Qual seria a finalidade do depósito prévio? Na realidade, esse depósito será revertido ao réu na hipótese de decisão unânime pela improcedência ou inadmissibilidade da ação rescisória. Por outro lado, os valores serão restituídos ao autor caso seja a ação rescisória seja julgada procedente.

Art. 974, CPC. Julgando procedente o pedido, o tribunal rescindirá a decisão, proferirá, se for o caso, novo julgamento e determinará a restituição do depósito a que se refere o inciso II do art. 968.

Parágrafo único. Considerando, por unanimidade, inadmissível ou improcedente o pedido, o tribunal determinará a reversão, em favor do réu, da importância do depósito, sem prejuízo do disposto no § 2º do art. 82.

Quanto à natureza jurídica, percebe-se que se trata de efetiva penalidade quando ocorre a reversão do valor ao réu da ação rescisória. O Tribunal Superior do Trabalho reconhece a natureza jurídica de multa. Veja o seguinte julgado:

> *[...] DEPÓSITO PRÉVIO. IMPROCEDÊNCIA DO PEDIDO RESCISÓRIO. UNANIMIDADE DE VOTOS. REVERSÃO AO RÉU. O depósito prévio tem natureza jurídica de multa, devendo a quantia depositada ser revertida ao Réu se reconhecida a inadmissibilidade da ação desconstitutiva ou decretada a improcedência do pedido formulado (artigo 974, parágrafo único, do CPC de 2015 c/c artigo 5º da IN 31 do TST). Portanto, a determinação de liberação do depósito prévio ao Réu guarda perfeita harmonia com o ditame legal pertinente. Recurso ordinário conhecido e não provido" (RO-6573-85.2012.5.01.0000, Subseção II Especializada em Dissídios Individuais, Relator Ministro Douglas Alencar Rodrigues, DEJT 28/09/2018).*

O TST, por meio da Instrução Normativa 31, aprovada pela Resolução 141/2007, regulamentou a forma de depósito prévio em ação rescisória. Vejamos:

"TRIBUNAL PLENO

RESOLUÇÃO 141/2007

> CERTIFICO E DOU FÉ que o Egrégio Pleno do Tribunal Superior do Trabalho, em sessão extraordinária hoje realizada, sob a Presidência do Exmo. Ministro Rider Nogueira de Brito, Presidente do Tribunal, presentes os Exmos. Ministros Milton de Moura França, Vice-Presidente, Vantuil Abdala, Carlos Alberto Reis de Paula, Antônio José de Barros Levenhagen, Ives Gandra da Silva Martins Filho, João Batista Brito Pereira, Renato de Lacerda Paiva, Emmanoel Pereira, Lelio Bentes Corrêa, Aloysio Corrêa da Veiga, Horácio Raymundo de Senna Pires, Rosa Maria Weber Candiota da Rosa, Luiz Philippe Vieira de Mello Filho, Alberto Luiz Bresciani de Fontan Pereira, Maria de Assis Calsing e Dora Maria da Costa e o Exmo. Procurador-Geral do Trabalho, Dr. Otavio Brito Lopes,

Considerando a necessidade de uniformização dos procedimentos relativos à realização do depósito prévio em ação rescisória de que trata o artigo 836 da Consolidação das Leis do Trabalho, com a nova redação conferida pela Lei 11.495, de 22 de junho de 2007,

RESOLVEU aprovar a Resolução 141, que edita a Instrução Normativa 31, nos seguintes termos:

INSTRUÇÃO NORMATIVA 31 DO TST

Regulamenta a forma de realização do depósito prévio em ação rescisória de que trata o art. 836 da CLT, com redação dada pela Lei 11.495, de 22 de junho de 2007.

Art. 1.º O depósito prévio em ação rescisória de que trata o art. 836 da CLT, com redação dada pela Lei 11.495, de 22 de junho de 2007, deverá ser realizado na forma preconizada na Instrução Normativa 21 desta Corte, observando-se as seguintes peculiaridades quanto ao preenchimento da guia de acolhimento de depósito judicial:

I – nos campos relativos à identificação do processo deverão ser informados os dados do processo em que foi proferida a decisão rescindenda;

II – o campo 'Tipo de Depósito' deverá ser preenchido com o número 1 (primeiro depósito), ainda que outros depósitos judiciais tenham sido efetuados no processo originário;

III – o campo 'Motivo do Depósito' deverá ser preenchido com o número 4 (Outros).

Art. 2.º O valor da causa da ação rescisória que visa desconstituir decisão da fase de conhecimento corresponderá:

I – no caso de improcedência, ao valor dado à causa do processo originário ou aquele que for fixado pelo Juiz;

II – no caso de procedência, total ou parcial, ao respectivo valor arbitrado à condenação.

Art. 3.º O valor da causa da ação rescisória que visa desconstituir decisão da fase de execução corresponderá ao valor apurado em liquidação de sentença.

Art. 4.º O valor da causa da ação rescisória, quer objetive desconstituir decisão da fase de conhecimento ou decisão da fase de execução, será reajustado pela variação cumulada do INPC do IBGE até a data do seu ajuizamento.

Art. 5.º O valor depositado será revertido em favor do réu, a título de multa, caso o pedido deduzido na ação rescisória seja julgado, por unanimidade de votos, improcedente ou inadmissível. (Redação dada pela Resolução n.º 154, de 16 de fevereiro de 2009).

Art. 6.º O depósito prévio não será exigido da massa falida e quando o autor perceber salário igual ou inferior ao dobro do mínimo legal, ou declarar, sob as penas da lei, que não está em condições de pagar as custas do processo sem prejuízo do sustento próprio ou de sua família.

Art. 7.º Esta Instrução Normativa entra em vigor na data de sua publicação".

Sala de Sessões, 27 de setembro de 2007.

ANA LUCIA REGO QUEIROZ

Secretária do Tribunal Pleno e da Seção Especializada em Dissídios Coletivos

Questão interessante envolve a hipótese de extinção da ação rescisória por motivo diverso da procedência, da improcedência ou da inadmissibilidade dessa ação especial. Por exemplo, se houver extinção da ação rescisória sem resolução de mérito por perda superveniente do interesse de agir? E se houver extinção do processo sem resolução de mérito por outro fundamento?

O Tribunal Superior do Trabalho tem adotado uma interpretação literal do preceito legal, não admitindo a reversão do depósito para o réu fora das estritas hipóteses de decisão unânime pela inadmissibilidade ou improcedência da demanda. Assim, nessas hipóteses, deve o valor ser liberado ao autor. Veja esse julgado do TST:

> *EMBARGOS DE DECLARAÇÃO EM RECURSO ORDINÁRIO. OMISSÃO NO DISPOSITIVO DO ACÓRDÃO. LEVANTAMENTO DO DEPÓSITO PRÉVIO E INVERSÃO DO ÔNUS DA SUCUMBÊNCIA. ACOLHIMENTO. Não sendo o caso de inadmissibilidade ou improcedência da ação rescisória, mas de perda superveniente do interesse de agir, pela resolução do objeto da ação rescisória, no curso do processo de execução da ação subjacente, deve o depósito prévio ser restituído ao autor, nos termos do art. 974, caput e parágrafo único do CPC de 2015 e do art. 5º da Instrução Normativa n.31 do TST, que regulamenta o art. 836 da CLT no Processo do Trabalho. Por outro lado, inexiste condenação a autorizar a inversão do ônus da sucumbência, de forma que as custas processuais continuam a ser suportadas pelo autor. Conhecer e dar provimento parcial aos embargos de declaração para acrescer ao dispositivo do acórdão a determinação para que o depósito prévio seja restituído ao autor (ED-RO-803-61.2016.5.05.0000, Subseção II Especializada em Dissídios Individuais, Relator Ministro Alexandre de Souza Agra Belmonte, DEJT 06/12/2019).*

Quando se trata de improcedência, também estaria incluído o reconhecimento de decadência. O acolhimento da prejudicial de mérito não elimina o fato de que o Poder Judiciário foi movimentado indevidamente, tampouco afasta a premissa de que o réu precisou comparecer ao processo para se defender. Veja esse julgado do TST:

> *RECURSO ORDINÁRIO EM AÇÃO RESCISÓRIA. 1. DEPÓSITO PRÉVIO. DECADÊNCIA PRONUNCIADA NA ORIGEM. ART. 494 DO CPC DE 1973 E ART. 5º DA IN 31/2007 DO TST. RESTITUIÇÃO À AUTORA DA DEMANDA RESCISÓRIA. A pronúncia da decadência do direito de postular a desconstituição da coisa julgada, em razão do descumprimento do prazo previsto em lei (art. 495 do CPC de 1973 e no art. 975 do CPC de 2015), conduz à extinção do processo com resolução do mérito, na exata conformidade do art. 269, IV, do CPC de 1973 e art. 487, II, do CPC de 2015. Em sentido amplo, a decisão assim proferida produz os mesmos efeitos inerentes às decisões de inadmissão e de improcedência da pretensão, lançando o Autor da ação à condição de sucumbente, seja pelo não atendimento de pressupostos ou condições da ação, seja em face da efetiva ausência dos vícios*

> *imputados à coisa julgada (art. 485, I a IX, do CPC de 1973 c/c o art. 966, I a VIII, do CPC de 2015). Disso decorre que a consequência processual advinda do reconhecimento da decadência há de ser exatamente a mesma prevista para as hipóteses de inadmissão ou improcedência, particularmente com a determinação de reversão ao Réu do valor do depósito prévio de que tratam os artigos 836 da CLT e 968, II, do CPC de 2015 c/c o art. 5º da IN/TST 31/2007. Afinal, se é certo que o depósito em questão atende ao propósito de agravar o acesso renovado ao poder Judiciário, nas situações em que já esgotada sua atuação com o julgamento final da ação matriz, não menos correto que também o descumprimento do prazo legal para o exercício da pretensão rescisória consome precioso tempo e recursos do Poder Judiciário para a resolução da nova demanda. Correta, pois, a reversão ao Réu do depósito prévio nas situações em que pronunciada a decadência em sede rescisória. Recurso conhecido e desprovido. (...) (RO-5703-90.2011.5.04.0000, Subseção II Especializada em Dissídios Individuais, Relator Ministro Douglas Alencar Rodrigues, DEJT 21/10/2016).*

Existem pessoas e entes despersonalizados que são isentos do recolhimento do depósito prévio. A primeira delas é o autor que demonstra a miserabilidade jurídica, na forma do art. 836, *caput*, parte final, da CLT. Essa demonstração, quando se trata de pessoa física, pode ser feita pela simples declaração de pobreza, na forma do art. 99, § 3º, do CPC e art. 1º, caput, da Lei n. 7.115/83.

Quanto à pessoa jurídica, o TST reconhece que é possível isentá-la, desde que comprove cabalmente que o recolhimento do depósito prejudicará de forma significativa as suas atividades. Observe esse julgado:

> *RECURSO ORDINÁRIO EM AÇÃO RESCISÓRIA. PESSOA JURÍDICA. BENEFÍCIOS DA JUSTIÇA GRATUITA. PROVA INEQUÍVOCA. Em se tratando de pessoas jurídicas, o entendimento já pacificado nesta Corte é no sentido de que os benefícios da justiça gratuita apenas são aplicáveis à pessoa jurídica que comprova, de forma inequívoca, sua insuficiência econômica. Precedentes. No presente caso, tendo em vista que a parte autora não demonstrou, de forma indubitável, a impossibilidade de arcar com o depósito prévio da ação rescisória e com outros encargos processuais, não há falar em concessão do benefício da justiça gratuita. (...) (RO-421-03.2016.5.11.0000, Subseção II Especializada em Dissídios Individuais, Relator Ministro Breno Medeiros, DEJT 23/03/2018).*

Além disso, note que a massa falida também está dispensada do recolhimento (art. 6º da IN 31/07), o que se justifica plenamente, uma vez que os bens e direitos da massa foram arrecadados pelo juízo universal da falência.

Nesse ínterim, revela-se natural questionar sobre a empresa em recuperação judicial. Estaria ela dispensada do depósito prévio pela simples condição de estar em recuperação? A resposta é negativa. Não há previsão legal nesse sentido. Veja esse julgado do TST:

> *[...] II – RECURSO ORDINÁRIO EM AGRAVO REGIMENTAL EM AÇÃO RESCISÓRIA. EMPRESA EM RECUPERAÇÃO JUDICIAL. AUSÊNCIA DE RECOLHIMENTO DO DEPÓ-*

> *SITO PRÉVIO. 1 – A ação rescisória está sujeita ao depósito prévio de 20% (vinte por cento) do valor da causa, na forma do art. 836 da CLT. 2 – A Instrução Normativa 31 do TST, em seu art. 6º, excetua essa exigência no caso de massa falida e quando o autor perceber salário igual ou inferior ao dobro do mínimo legal, ou declarar a hipossuficiência. 3 – Na hipótese, a autora encontra-se em recuperação judicial, o que não a isenta de efetuar o depósito prévio, e sequer pleiteou os benefícios da justiça gratuita. 4 – Precedentes. Processo extinto sem resolução de mérito (RO-3102-46.2011.5.10.0000, Subseção II Especializada em Dissídios Individuais, Relatora Ministra Delaíde Miranda Arantes, DEJT 15/05/2015).*

Se o valor do depósito prévio for feito a menor, haverá concessão de prazo para regularização? E se houver indeferimento da gratuidade judicial, haverá essa intimação?

A resposta é positiva quando a ação rescisória foi ajuizada na égide do CPC de 2015. Deve o Tribunal conceder prazo para que seja feito o recolhimento da diferença ou do valor integral. O juízo deve priorizar o julgamento meritório, determinando o saneamento de vícios superáveis.

Art. 139, CPC. O juiz dirigirá o processo conforme as disposições deste Código, incumbindo-lhe:

IX - determinar o suprimento de pressupostos processuais e o saneamento de outros vícios processuais;

Veja esse julgado do TST sobre o tema:

> *RECURSO ORDINÁRIO EM AGRAVO REGIMENTAL EM AÇÃO RESCISÓRIA AJUIZADA SOB A ÉGIDE DO CPC DE 2015.TRÂNSITO EM JULGADO OPERADO TAMBÉM SOB SUA ÉGIDE. AUSÊNCIA DO DEPÓSITO PRÉVIO PREVISTO NO ARTIGO 836, CAPUT, DA CLT. EXTINÇÃO DO PROCESSO SEM CONCESSÃO DE PRAZO PARA A COMPROVAÇÃO DO DEPÓSITO PRÉVIO. NECESSIDADE DE INTIMAÇÃO. DETERMINAÇÃO DE RETORNO DOS AUTOS AO TRT DE ORIGEM. 1. Trata-se de ação rescisória ajuizada sob a égide do CPC de 2015, objetivando a desconstituição de sentença prolatada nos autos da ação subjacente, transitada em julgado também na vigência do novo Codex Processual, que julgou a reclamação trabalhista à revelia da reclamada, ora autora, após sua citação por edital. 2. Pretende, com fundamento no art. 966, incisos V e VIII, do CPC de 2015, a declaração de nulidade de todos os atos processuais a partir da citação, a fim de que seja viabilizada sua defesa nos autos do processo matriz. 3. Com amparo no art. 485, I, do CPC de 2015, o TRT extinguiu a ação rescisória, sem resolução do mérito, ante a ausência de comprovação do recolhimento de depósito prévio, a que alude o art. 836 da CLT, sem, no entanto, fixar prazo para que a autora suprisse o vício formal que a Corte Regional entendeu presente. 4. O exaurimento da instância por ausência de pressuposto processual reclamava a prévia concessão de oportunidade à parte para saneamento, em conformidade com a nova diretriz principiológica inaugurada com o Código de Processo Civil de 2015, que preconiza pela priorização da solução do mérito da controvérsia, expressa em inúmeros de seus dispositivos (artigos 10, 99, § 2º, 139, IX, 317 e 321, parágrafo único, do CPC de 2015) e agasalhada pela Sumula n. 263 desta Corte, reeditada em razão deste novo Código Processual.*

> *5. Ora, verificando que o feito apresentava defeito capaz de impossibilitar o julgamento de mérito, deveria o julgador conceder à parte a oportunidade para correção da suposta irregularidade. 6. Nesse cenário, é inviável a extinção liminar do processo sem resolução do mérito. Recurso ordinário conhecido e provido (RO-10643-64.2018.5.18.0000, Subseção II Especializada em Dissídios Individuais, Relator Ministro Alexandre de Souza Agra Belmonte, DEJT 25/10/2019).*

10.1.2. Requisitos

Em regra, decisão de mérito, porque sujeita à coisa julgada material, poderá ser objeto de ação rescisória, abrangendo a sentença e o acórdão.

O atual Código de Processo Civil autoriza a ação rescisória de sentença que não seja de mérito em duas hipóteses (art. 966, § 2º, do CPC): a) de sentença que impeça a propositura de nova demanda, como é o caso da sentença que reconhece a ilegitimidade para a causa, a ausência de interesse de agir, a existência de litispendência, coisa julgada ou perempção; e b) que verse sobre a admissibilidade de recurso, como é o caso da decisão que não admite o recurso ordinário, por exemplo, por ser intempestivo.

Observe o disposto no art. 966, § 2º, do CPC:

> "Art. 966, CPC. A decisão de mérito, transitada em julgado, pode ser rescindida quando:
>
> (...)
>
> § 2º Nas hipóteses previstas nos incisos do *caput*, será rescindível a decisão transitada em julgado que, embora não seja de mérito, impeça:
>
> I – nova propositura da demanda; ou
>
> II – admissibilidade do recurso correspondente."

O CPC assegura, portanto, a rescindibilidade de decisão que, embora não seja de mérito, não são mais passíveis de discussão.

Nessa esteira, a OJ 134 da SDI-II do TST estabelece que "a decisão proferida em embargos à execução ou em agravo de petição que apenas declara preclusa a oportunidade de impugnação da sentença de liquidação não é rescindível, em virtude de produzir tão somente coisa julgada formal.".

Pela mesma razão, por não apreciarem o mérito da causa, em regra, as decisões interlocutórias e os despachos de mero expediente também não serão submetidos ao corte rescisório.

Outrossim, quando a sentença é inexistente (como na hipótese de a sentença não trazer a parte dispositiva ou ser proferida por uma pessoa que não é juiz), não há que falar em ação rescisória, pois sequer existiu a coisa julgada material, não havendo o que rescindir, visto que sentença inexistente não produz qualquer efeito jurídico.

Sobre a exigência de coisa julgada, cumpre observar a OJ 157 da SDI 2:

> "OJ 157, SDI 2, do TST. AÇÃO RESCISÓRIA. DECISÕES PROFERIDAS EM FASES DISTINTAS DE UMA MESMA AÇÃO. COISA JULGADA. NÃO CONFIGURAÇÃO (atualizada em decorrência do CPC de 2015) – Res. 208/2016, *DEJT* divulgado em 22, 25 e 26.04.2016). A ofensa à coisa julgada de que trata o inciso IV do art. 966 do CPC de 2015 (inciso IV do art. 485 do CPC de 1973) refere-se apenas a relações processuais distintas. A invocação de desrespeito à coisa julgada formada no processo de conhecimento, na correspondente fase de execução, somente é possível com base na violação do art. 5º, XXXVI, da Constituição da República."

Vale destacar que o Supremo Tribunal Federal, por meio da Súmula 514, admite a ação rescisória em face de sentença transitada em julgado, ainda que contra ela não se tenham esgotados todos os recursos.

Por sua vez, o STJ, por meio da Súmula 401, estabelece que o prazo decadencial da ação rescisória só se inicia quando não for cabível qualquer recurso do último pronunciamento judicial.

Por sua vez, a sentença normativa transitada em julgado também admite a ação rescisória, conforme previsto na Lei 7.701/1988, art. 2.º, I, "*c*".

Observe-se, por fim, a OJ 154 da SDI 2/TST:

> "OJ 154 DA SDI 2/TST. Ação rescisória. Acordo prévio ao ajuizamento da reclamação. Quitação geral. Lide simulada. Possibilidade de rescisão da sentença homologatória de acordo apenas se verificada a existência de vício de consentimento. A sentença homologatória de acordo prévio ao ajuizamento de reclamação trabalhista, no qual foi conferida quitação geral do extinto contrato, sujeita-se ao corte rescisório tão somente se verificada a existência de fraude ou vício de consentimento".

O corte rescisório não pode ser utilizado antes do trânsito em julgado da sentença ou acórdão, visto não ser admissível ação rescisória preventiva, conforme entendimento consubstanciado na Súmula 299 do TST, *in verbis*:

> "SÚMULA 299 DO TST. AÇÃO RESCISÓRIA. DECISÃO RESCINDENDA. TRÂNSITO EM JULGADO. COMPROVAÇÃO. EFEITOS. (nova redação do item II em decorrência do CPC de 2015) – Res. 211/2016, *DEJT* divulgado em 24, 25 e 26.08.2016.
>
> I – É indispensável ao processamento da ação rescisória a prova do trânsito em julgado da decisão rescindenda (ex-Súmula n.º 299 – Res. 8/1989, *DJ* 14, 18 e 19.04.1989)
>
> II – Verificando o relator que a parte interessada não juntou à inicial o documento comprobatório, abrirá prazo de 15 (quinze) dias para que o faça (art. 321 do CPC

de 2015), sob pena de indeferimento. (ex-Súmula n.º 299 – Res 8/1989, *DJ* 14, 18 e 19.04.1989)

III – A comprovação do trânsito em julgado da decisão rescindenda é pressuposto processual indispensável ao tempo do ajuizamento da ação rescisória. Eventual trânsito em julgado posterior ao ajuizamento da ação rescisória não reabilita a ação proposta, na medida em que o ordenamento jurídico não contempla a ação rescisória preventiva. (ex-OJ nº 106 da SBDI-2 – *DJ* 29.04.2003)

IV – O pretenso vício de intimação, posterior à decisão que se pretende rescindir, se efetivamente ocorrido, não permite a formação da coisa julgada material. Assim, a ação rescisória deve ser julgada extinta, sem julgamento do mérito, por carência de ação, por inexistir decisão transitada em julgado a ser rescindida" (ex-OJ nº 96 da SBDI-2 – inserida em 27.09.2002).

10.1.3. Competência

A ação rescisória será sempre julgada pelos tribunais, no âmbito laboral, pelo Tribunal Regional do Trabalho respectivo ou pelo Tribunal Superior do Trabalho, dependendo da sentença ou acórdão a ser rescindido.

Decisão	Juízo competente
Sentença	TRT
Acórdão do TRT	TRT
Acórdão do TST	TST

Importante destacar o efeito substitutivo dos recursos, previsto no art. 1.008 do CPC, segundo o qual "o julgamento proferido pelo tribunal substituirá a decisão impugnada no que houver sido objeto de recurso".

Dessa forma, uma vez que o recurso tenha sido conhecido e seu mérito tenha sido apreciado, seja para dar provimento ou não ao recurso, o acórdão terá substituído a decisão anterior e, apenas este, será objeto de ação rescisória.

Assim se a ação rescisória visar desconstituir um acórdão do TRT já substituído por acórdão do TST, sendo a ação proposta no TRT, este será incompetente e, por isso, o autor será intimado para emendar a petição inicial, a fim de adequar o objeto da ação rescisória. Depois da emenda, será permitido ao réu complementar a sua defesa e, em seguida, os autos serão remetidos ao tribunal competente. É o que se extrai do art. 968, §§ 5º e 6º, do CPC:

"**Art. 968**, CPC. A petição inicial será elaborada com observância dos requisitos essenciais do art. 319, devendo o autor:

(...)

§ 5º. Reconhecida a incompetência do tribunal para julgar a ação rescisória, o autor será intimado para emendar a petição inicial, a fim de adequar o objeto da ação rescisória, quando a decisão apontada como rescindenda:

> I – não tiver apreciado o mérito e não se enquadrar na situação prevista no § 2º do art. 966;
>
> II – tiver sido substituída por decisão posterior.
>
> § 6º Na hipótese do § 5º, após a emenda da petição inicial, será permitido ao réu complementar os fundamentos de defesa, e, em seguida, os autos serão remetidos ao tribunal competente".

Dessa forma, os itens I e II da Súmula 192 do TST determinam que: "Se não houver o conhecimento de recurso de revista ou de embargos, a competência para julgar ação que vise a rescindir a decisão de mérito é do Tribunal Regional do Trabalho, salvo se o acórdão rescindendo do Tribunal Superior do Trabalho que não conhece de recurso de embargos ou de revista, analisando arguição de violação de dispositivo de lei material ou decidindo em consonância com súmula de direito material ou com iterativa, notória e atual jurisprudência de direito material da Seção de Dissídios Individuais, examina o mérito da causa, cabendo ação rescisória da competência do Tribunal Superior do Trabalho".

10.1.4. Legitimidade

O art. 967 do CPC estabelece os legitimados a propor ação rescisória. Vejamos:

> "Art. 967. Têm legitimidade para propor a ação rescisória:
>
> I – quem foi parte no processo ou o seu sucessor a título universal ou singular;
>
> II – o terceiro juridicamente interessado;
>
> III – o Ministério Público:
>
> a) se não foi ouvido no processo em que lhe era obrigatória a intervenção;
>
> b) quando a decisão rescindenda é o efeito de simulação ou de colusão das partes, a fim de fraudar a lei;
>
> c) em outros casos em que se imponha sua atuação;
>
> IV – aquele que não foi ouvido no processo em que lhe era obrigatória a intervenção.
>
> Parágrafo único. Nas hipóteses do art. 178, o Ministério Público será intimado para intervir como fiscal da ordem jurídica quando não for parte."

Em relação ao litisconsórcio necessário ou facultativo na ação rescisória, o Tribunal Superior do Trabalho, por meio da Súmula 406, firmou o seguinte posicionamento:

> "SÚMULA 406 DO TST. AÇÃO RESCISÓRIA. LITISCONSÓRCIO. NECESSÁRIO NO POLO PASSIVO E FACULTATIVO NO ATIVO. INEXISTENTE QUANTO AOS SUBSTITUÍDOS PELO SINDICATO. (conversão das Orientações Jurisprudenciais 82 e 110 da SDI-II – Res. 137/2005 – *DJ* 22.08.2005)

I – O litisconsórcio, na ação rescisória, é necessário em relação ao polo passivo da demanda, porque supõe uma comunidade de direitos ou de obrigações que não admite solução díspar para os litisconsortes, em face da indivisibilidade do objeto. Já em relação ao polo ativo, o litisconsórcio é facultativo, uma vez que a aglutinação de autores se faz por conveniência e não pela necessidade decorrente da natureza do litígio, pois não se pode condicionar o exercício do direito individual de um dos litigantes no processo originário à anuência dos demais para retomar a lide. (ex-OJ 82 – inserida em 13.03.2002)

II – O Sindicato, substituto processual e autor da reclamação trabalhista, em cujos autos fora proferida a decisão rescindenda, possui legitimidade para figurar como réu na ação rescisória, sendo descabida a exigência de citação de todos os empregados substituídos, porquanto inexistente litisconsórcio passivo necessário" (ex-OJ 110 – *DJ* 29.04.2003).

Quanto à legitimidade para o Ministério Público propor ação rescisória, o Tribunal Superior do Trabalho firmou entendimento no sentido de que as hipóteses previstas no art. 967, III, "a", "b" e "c" (não oitiva do *Parquet* nos processos em que sua intervenção é obrigatória, ou quando a sentença é o efeito de simulação ou colusão das partes, ou em outros casos em que se imponha sua atuação), são meramente exemplificativas, possuindo o órgão ministerial legitimidade para propor ação rescisória em qualquer das hipóteses previstas no art. 966 do CPC, ainda que não tenha atuado como parte no processo que deu origem à decisão rescindenda.

Esse parecer está consubstanciado na Súmula 407 do TST, ao dispor:

"SÚMULA 407 DO TST. AÇÃO RESCISÓRIA. MINISTÉRIO PÚBLICO. LEGITIMIDADE 'AD CAUSAM' PREVISTA NO ART. 967, III, 'A', 'B' E 'C' DO CPC DE 2015. ART. 487, III, 'A' E 'B', DO CPC DE 1973. HIPÓTESES MERAMENTE EXEMPLIFICATIVAS (nova redação em decorrência do CPC de 2015) – Res. 208/2016, *DEJT* divulgado em 22, 25 e 26.04.2016.

A legitimidade 'ad causam' do Ministério Público para propor ação rescisória, ainda que não tenha sido parte no processo que deu origem à decisão rescindenda, não está limitada às alíneas 'a', 'b' e 'c' do inciso III do art. 967 do CPC de 2015 (art. 487, III, 'a' e 'b', do CPC de 1973), uma vez que traduzem hipóteses meramente exemplificativas" (ex-OJ nº 83 da SBDI-2 - inserida em 13.03.2002).

No entanto, quando o caso envolver interesse público secundário e não primário, não há legitimidade do Ministério Público do Trabalho, conforme se constata no seguinte julgado do TST:

RECURSO ORDINÁRIO EM AÇÃO RESCISÓRIA. MINISTÉRIO PÚBLICO DO TRABALHO. ILEGITIMIDADE ATIVA. DECISÃO RESCINDENDA EM QUE NÃO EXAMINADA A PREJUDICIAL DE PRESCRIÇÃO SUSCITADA POR EMPRESA PÚBLICA MUNICIPAL. INTERESSE PÚBLICO SECUNDÁRIO. Nos termos do artigo 127, caput, da Constituição Federal,

> *o Ministério Público é instituição permanente, essencial à função jurisdicional do Estado, incumbindo-lhe a defesa da ordem jurídica, do regime democrático e dos interesses individuais indisponíveis. Com a Constituição da República, o Ministério Público desvinculou-se de forma definitiva do seu papel de agente do Poder Executivo, transformando-se em instituição permanente e autônoma, independente e essencial à função jurisdicional do Estado, incumbindo-lhe a defesa do interesse público, coletivo e individual homogêneo, qualificados como interesses públicos primários. Não obstante restar consolidada a legitimidade do Ministério Público para ajuizar ação rescisória além das hipóteses previstas nas alíneas a e b do inciso III do artigo 487 do CPC (Súmula n. 407/TST), imprescindível que a atuação da instituição seja concentrada na defesa dos interesses públicos primários e não secundários. Ao contrário do alegado pelo Ministério Público do Trabalho na petição inicial da presente ação rescisória, a ausência de exame, na decisão rescindenda, da prejudicial de prescrição suscitada pela reclamada não se confunde com a defesa da completa prestação jurisdicional, mas sim com a defesa patrimonial da empresa pública municipal, interesse público nitidamente secundário. Processo extinto, sem resolução de mérito (ROAR-124000-95.2007.5.04.0000, Subseção II Especializada em Dissídios Individuais, Relator Ministro Emmanoel Pereira, DEJT 24/05/2013).*

Quanto ao sócio de uma empresa que sofreu desconsideração da personalidade jurídica, teria ele legitimidade para propor uma ação rescisória contra a decisão que condenou a empresa? A resposta é negativa. O sócio não fez parte da coisa julgada e não possui interesse jurídico na relação entre trabalhador e empresa, mas apenas interesse meramente econômico, retirando qualquer possibilidade de ser enquadrado como terceiro interessado. Veja um exemplo de julgado do Tribunal Superior do Trabalho:

> *RECURSO ORDINÁRIO EM AÇÃO RESCISÓRIA AJUIZADA SOB A ÉGIDE DO CPC DE 1973. 1 – ILEGITIMIDADE ATIVA AD CAUSAM DO COAUTOR SÓCIO DA EMPRESA EXECUTADA, INCLUÍDO NA DEMANDA ORIGINÁRIA EM RAZÃO DA DESCONSIDERAÇÃO DA PERSONALIDADE JURÍDICA. PRETENSÃO DE DESCONSTITUIÇÃO DA SENTENÇA PROFERIDA NA FASE DE CONHECIMENTO. 1.1 – Hipótese em que a ação rescisória foi ajuizada pela empresa e pelo seu sócio, tendo como objetivo desconstituir a sentença que julgou parcialmente procedentes os pedidos da reclamação trabalhista matriz. 1.2 – Ausência de legitimidade ativa ad causam do coautor sócio da empresa, uma vez foi incluído na demanda originária apenas na fase de execução, em razão da desconsideração da personalidade jurídica da empresa executada, não figurando como parte na fase de conhecimento, ficando imune, assim, à coisa julgada material ali formada, nos moldes do art. 472 do CPC de 1973. 1.3 – Além disso, não há como considerá-lo terceiro juridicamente interessado, pois a discussão em torno do direito do reclamante a verbas rescisórias, anotação na carteira de trabalho, horas extras, vale-transporte e dano moral, travada nos autos subjacentes, não afeta a relação jurídica existente entre a empresa executada e o seu sócio, tampouco a decisão rescindenda atinge direitos assegurados a este. O que se tem, na verdade, é o interesse meramente econômico do demandante, decorrente da possível diminuição de seu patrimônio em face do redirecionamento da execução contra si, circunstância que não o legitima para a propositura de ação rescisória. 1.4 – Precedentes. Recurso ordinário*

> *conhecido e processo extinto, sem resolução do mérito, em relação ao coautor, (...) (RO-10084-23.2014.5.01.0000, Subseção II Especializada em Dissídios Individuais, Relatora Ministra Delaíde Miranda Arantes, DEJT 08/11/2019).*

10.1.5. Juízo rescindente e rescisório

O autor da ação pode cumular ao pedido principal de rescisão do julgado pleito de novo julgamento da causa pelo mesmo tribunal que apreciou a rescisória. Com efeito, em várias hipóteses previstas no art. 966 do CPC, o tribunal exercerá também, além do juízo rescindente, o juízo rescisório (*iudicium rescissorium*), proferindo novo julgamento da causa.

Logo, apenas em poucas situações, o tribunal exercerá somente o chamado juízo rescindente (*iudicium rescindens*), limitando-se a atuação da Corte Trabalhista a rescindir o julgado, como nas hipóteses do art. 966, II e IV, do CPC.

Sobre o tema, o respeitado autor Alexandre Freitas Câmara, em sua obra *Lições de direito processual civil*, 7. ed., p. 10, explica que:

> "Há que se dizer, ainda, que o julgamento da 'ação rescisória' deverá se dividir, ordinariamente, em duas fases, razão pela qual, via de regra, terá o autor de formular dois pedidos ao demandar a rescisão da sentença. A omissão do demandante em formular algum desses pedidos, quando ambos tinham de constar na petição inicial, deverá levar ao indeferimento da mesma e à consequente extinção do processo sem resolução do mérito.
>
> As duas fases do julgamento da 'ação rescisória' a que se fez referência são o juízo rescindente (*iudicium rescindens*) e o juízo rescisório (*iudicium rescissorium*). No primeiro deles, que ocorrerá em todas as 'ações rescisórias', se julga a pretensão da rescisão da sentença atacada. Procedente que seja este pedido, passa-se (salvo em algumas hipóteses, que serão adiante mencionadas, em que, mesmo que procedente o juízo rescindente, não haverá juízo rescisório) ao segundo momento, quando então julgar-se-á, novamente, aquilo que fora objeto de apreciação pela sentença rescindida. O juízo rescindente é, pois, preliminar ao rescisório, uma vez que a decisão ali proferida pode impedir que se exerça este último".

Ademais, não se pode esquecer que o art. art. 968, I, do CPC elenca como requisito obrigatório da petição inicial a cumulação ao pedido de rescisão, se for o caso, o de novo julgamento do processo, não sendo possível considerar implícito o pedido de novo julgamento.

Esse é o entendimento do Superior Tribunal de Justiça espelhado no seguinte julgado:

> "PROCESSUAL CIVIL. AÇÃO RESCISÓRIA. CUMULAÇÃO DE PEDIDOS DE RESCISÃO E DE NOVO JULGAMENTO DA CAUSA. AUSÊNCIA. PETIÇÃO INICIAL. INÉPCIA. A petição inicial da ação rescisória deverá conter, além dos requisitos do art. 282 do CPC (art. 319 do atual CPC), pedido de rescisão do julgado e de novo julgamento da causa (art. 488, I, do CPC) (art. 968, I, do atual CPC). Ausência do pedido relativo ao juízo rescisório. Inépcia da inicial (arts. 295, I, parágrafo único, I, e 490, I, do CPC) (arts. 330, I, § 1.º, e 968, § 3.º, do atual CPC). Processo extinto sem resolução de mérito (TJSP – AR 990.10.185972-6 – Ac. 4.684.655 – São Paulo – 9.ª Câmara de Direito Público – Rel. Des. Décio Noratangeli – j. 1.º.09.2010 – *DJESP* 29.09.2010).

10.1.6. Hipóteses de cabimento

As hipóteses de cabimento da ação rescisória estão previstas no art. 966 do CPC, a seguir elencadas:

> "Art. 966. A decisão de mérito, transitada em julgado, pode ser rescindida quando:
>
> I – se verificar que foi proferida por força de prevaricação, concussão ou corrupção do juiz;
>
> II – for proferida por juiz impedido ou por juízo absolutamente incompetente;
>
> III – resultar de dolo ou coação da parte vencedora em detrimento da parte vencida ou, ainda, de simulação ou colusão entre as partes, a fim de fraudar a lei;
>
> IV – ofender a coisa julgada;
>
> V – violar manifestamente norma jurídica;
>
> VI – for fundada em prova cuja falsidade tenha sido apurada em processo criminal ou venha a ser demonstrada na própria ação rescisória;
>
> VII – obtiver o autor, posteriormente ao trânsito em julgado, prova nova cuja existência ignorava ou de que não pôde fazer uso, capaz, por si só, de lhe assegurar pronunciamento favorável;
>
> VIII – for fundada em erro de fato verificável do exame dos autos".

Passemos a analisar, individualmente, as hipóteses de cabimento da ação rescisória:

A - Se verificar que foi proferida por força de prevaricação, concussão ou corrupção do juiz:

A doutrina costuma nominar como "juiz peitado" o que profere decisão dada por força de prevaricação, concussão ou corrupção passiva, uma vez que na legislação penal mais antiga tais crimes eram chamados de "peita ou suborno".

A concussão, a corrupção passiva e a prevaricação são crimes previstos no Código Penal, a saber:

- "Art. 316 CONCUSSÃO Exigir, para si ou para outrem, direta ou indiretamente, ainda que fora da função ou antes de assumi-la, mas em razão dela, vantagem indevida";

- "Art. 317 – CORRUPÇÃO PASSIVA – Solicitar ou receber, para si ou para outrem, direta ou indiretamente, ainda que fora da função ou antes de assumi-la, mas em razão dela, vantagem indevida, ou aceitar promessa de tal vantagem";
- "Art. 319 – PREVARICAÇÃO – Retardar ou deixar de praticar, indevidamente, ato de ofício, ou praticá-lo contra disposição expressa de lei, para satisfazer interesse ou sentimento pessoal".

A apuração do crime na instância penal não é condição para o ajuizamento da ação rescisória, considerando a independência entre a instância civil e criminal.

Em outras palavras, não há necessidade de que o juiz tenha sido condenado na esfera criminal pela prática de qualquer dos ilícitos penais elencados no art. art. 966, I, do CPC para que a ação rescisória possa ser proposta.

Todavia, eventual decisão em processo penal tramitado anteriormente ao ajuizamento da ação rescisória poderá influenciar decisivamente no julgamento da demanda.

Caso o magistrado seja condenado criminalmente pelo delito de prevaricação, concussão ou corrupção passiva, torna-se evidente que o tribunal não poderá se opor à rescisão do julgado por considerar que não houve a prática do crime (fato este que já foi comprovado na esfera penal).

Por outro lado, se o magistrado for absolvido criminalmente em função da inexistência material do delito, a ação rescisória não terá como prosperar, impedindo-se a rescisão do julgado.

E, por último, se o magistrado for absolvido por outro motivo que não seja a inexistência material do fato criminoso, como na hipótese de absolvição por falta de provas, o tribunal poderá apreciar, livremente, o pedido rescisório fundamentado no art. 966, I, do CPC.

B – Proferida por juiz impedido ou por juízo absolutamente incompetente:

Cabe mencionar que, considerando a redação imposta pelo art. 966, II, do CPC, a sentença proferida por um juiz suspeito, transitada em julgado, não ensejará o ajuizamento de ação rescisória.

Em função da taxatividade imposta pelo art. 966 do CPC, somente as sentenças proferidas por juiz impedido ou por juízo absolutamente incompetente é que darão ensejo ao corte rescisório.

Na hipótese em destaque, não haverá juízo rescisório, mas tão somente o juízo rescindente, devendo o tribunal remeter os autos ao juízo competente ou imparcial, para que proceda a novo julgamento da causa.

Sobre o tema o TST publicou a OJ 124:

"OJ 124. AÇÃO RESCISÓRIA. ART. 966, INCISO II, DO CPC DE 2015. ART. 485, INCISO II, DO CPC DE 1973. ARGUIÇÃO DE INCOMPETÊNCIA ABSOLUTA. PREQUESTIONAMENTO INEXIGÍVEL. (atualizada em decorrência do CPC de 2015) – Res. 208/2016, *DEJT* divulgado em 22, 25 e 26.04.2016. Na hipótese em que a ação rescisória tem como causa de rescindibilidade o inciso II do art. 966 do CPC de 2015 (inciso II do art. 485 do CPC de 1973), a arguição de incompetência absoluta prescinde de prequestionamento."

C – Resultar de dolo ou coação da parte vencedora em detrimento da parte vencida, ou, ainda, de simulação ou colusão entre as partes, a fim de fraudar a lei:

Este item encerra, em verdade, quatro hipóteses de cabimento de ação rescisória, quais sejam: dolo, coação, simulação e colusão. O atual CPC ampliou as hipóteses admitindo a rescisão nas situações de coação da parte vencedora em prejuízo da vencida e quando ocorrer a simulação entre as partes com o intuito de fraudar a lei.

Na primeira hipótese, o dolo é configurado quando se verifica que a parte vencedora, agindo com deslealdade e má-fé, tenha impedido ou dificultado a atuação processual da parte vencida, ou mesmo tenha induzido o magistrado a julgamento que se distancie da verdade dos fatos.

Neste contexto, para que a sentença possa ser objeto de ação rescisória, é imprescindível que a atitude dolosa da parte vencedora tenha sido fator determinante para o resultado do processo.

Em outras palavras, o dolo da parte vencedora só permite a utilização do corte rescisório se tiver repercutido de maneira decisiva no proferimento da sentença. Ressalte-se que o dolo do representante legal da parte ou de seu advogado, de modo a favorecê-la, equivale ao próprio dolo da parte.

Em relação à colusão processual, esta encontra previsão também no art. 142 do CPC, segundo o qual, "convencendo-se, pelas circunstâncias da causa, de que autor e réu se serviram do processo para praticar ato simulado ou conseguir fim vedado por lei, o juiz proferirá decisão que impeça os objetivos das partes, aplicando, de ofício, as penalidades da litigância de má-fé".

No âmbito laboral, infelizmente, ainda é comum a prática de ato processual simulado pelas partes objetivando atingir fim ilícito, em geral, muitas vezes lesando terceiros.

Podemos citar como exemplo de colusão processual a propositura de reclamatórias simuladas, em que são celebrados acordos vultuosos (em geral, realizados fora de pauta ou mesmo na audiência de conciliação), que, em regra, propositadamente, não são cumpridos, gerando a penhora de bens indicados espontaneamente pelo próprio executado, desviando-se, assim, patrimônio, que poderia ser utilizado para saldar as dívidas com os verdadeiros credores trabalhistas.

Portanto, verificado o conluio fraudatório, haverá espaço tanto para a atuação do juízo rescindente como também do juízo rescisório, que extinguirá o processo sem resolução do mérito, conforme previsão na OJ 94 da SDI-II/TST, *in verbis*:

> "OJ 94 DA SDI-II/TST. AÇÃO RESCISÓRIA. COLUSÃO. FRAUDE À LEI. RECLAMATÓRIA SIMULADA EXTINTA. A decisão ou acordo judicial subjacente à reclamação trabalhista, cuja tramitação deixa nítida a simulação do litígio para fraudar a lei e prejudicar terceiros, enseja ação rescisória, com lastro em colusão. No juízo rescisório, o processo simulado deve ser extinto."

A Coação é um dos vícios do consentimento nos negócios jurídicos, caracteriza-se pelo constrangimento físico ou moral para alguém fazer algum ato sob o fundado temor de dano iminente e considerável à sua pessoa, à sua família ou a seus bens. É possível visualizá-la nas hipóteses de acordo (art. 151 do CC).

Por sua vez, a simulação, nos termos do art. 167, § 1º, do CC, haverá simulação nos negócios jurídicos quando:

> a) aparentarem conferir ou transmitir direitos a pessoas diversas daquelas às quais realmente se conferem, ou transmitem;
>
> b) contiverem declaração, confissão, condição ou cláusula não verdadeira; e
>
> c) os instrumentos particulares forem antedatados, ou pós-datados.

D – Ofender a coisa julgada:

A coisa julgada material impede que os elementos presentes numa demanda sejam rediscutidos em nova ação judicial, respeitando-se os limites objetivos e subjetivos da *res iudicata*.

Vale ressaltar que a coisa julgada formal, que nasce da extinção do processo sem resolução do mérito, não pode ser atacada mediante ação rescisória.

Com efeito, proposta novamente demanda idêntica à outra já anteriormente sentenciada e coberta com o manto da coisa julgada material, deverá o reclamado, na defesa, preliminarmente, suscitar a matéria, com base no art. 337, VII, do CPC (podendo também o juiz conhecer a matéria de ofício, tendo em vista o disposto no art. 337, § 5.º, do CPC).

No entanto, não arguida a preliminar de coisa julgada pelo reclamado no curso da ação repetida (ou em caso de rejeição da preliminar), restará ao prejudicado, posteriormente, após o trânsito em julgado da decisão, ajuizar ação rescisória, objetivando a rescisão da segunda sentença meritória (agressora da coisa julgada), e, por consequência, a extinção do processo sem resolução do mérito.

O Tribunal Superior do Trabalho, através da OJ 101 da SDI-II, no entanto, entende que o interessado somente poderá se utilizar da ação rescisória, com base no art. 966, IV, do CPC, quando demonstrar que, na decisão rescindenda, arguiu a tese de ofensa à coisa julgada. Vejamos:

> "OJ 101 DA SDI-II/TST. AÇÃO RESCISÓRIA. INCISO IV DO ART. 966 DO CPC DE 2015. ART. 485, IV, DO CPC DE 1973. OFENSA A COISA JULGADA. NECESSIDADE DE FIXAÇÃO DE TESE NA DECISÃO RESCINDENDA (atualizada em decorrência do CPC de 2015) – Res. 208/2016, *DEJT* divulgado em 22, 25 e 26.04.2016.
>
> Para viabilizar a desconstituição do julgado pela causa de rescindibilidade do inciso IV, do art. 966 do CPC de 2015 (inciso IV do art. 485 do CPC de 1973), é necessário que a decisão rescindenda tenha enfrentado as questões ventiladas na ação rescisória, sob pena de inviabilizar o cotejo com o título executivo judicial tido por desrespeitado, de modo a se poder concluir pela ofensa à coisa julgada."

A ofensa capaz de dar ensejo ao corte rescisório, quando embasado no inciso IV do art. 966 do CPC, dirige-se à coisa julgada ocorrida em ação diversa, onde caracterizada a tríplice identidade de partes, causa de pedir e pedido.

A Ação Rescisória, pautada na inobservância do título exequendo na fase de execução, ou seja, na discrepância entre o título executivo transitado em julgado e a execução, não tem por fundamento o art. 966, IV, do CPC, mas sim violação à lei, isto é, ao art. 5.º, XXXVI, da CF, o qual contempla o princípio da coisa julgada.

Nesse sentido, acompanhe a OJ 157 da SDI-2 do TST:

> "OJ 157, SDI 2, DO TST. AÇÃO RESCISÓRIA. DECISÕES PROFERIDAS EM FASES DISTINTAS DE UMA MESMA AÇÃO. COISA JULGADA. NÃO CONFIGURAÇÃO (atualizada em decorrência do CPC de 2015) – Res. 208/2016, *DEJT* divulgado em 22, 25 e 26.04.2016). A ofensa à coisa julgada de que trata o inciso IV do art. 966 do CPC de 2015 (inciso IV do art. 485 do CPC de 1973) refere-se apenas a relações processuais distintas. A invocação de desrespeito à coisa julgada formada no processo de conhecimento, na correspondente fase de execução, somente é possível com base na violação do art. 5º, XXXVI, da Constituição da República."

Vale ressaltar que a ação rescisória pautada no art. 5.º, XXXVI, da CF, por divergência entre a decisão exequenda e o comando judicial transitado em julgado, deve ser patente, sendo incabível quando se fizer necessária a interpretação do título executivo judicial para se concluir pela lesão a coisa julgada.

Esse é o entendimento do TST, nos termos da OJ 123 da SDI-2 do TST:

> "OJ 123 DA SDI2. AÇÃO RESCISÓRIA. INTERPRETAÇÃO DO SENTIDO E ALCANCE DO TÍTULO EXECUTIVO. INEXISTÊNCIA DE OFENSA À COISA JULGADA (título alterado) – *DJ* 22.08.2005. O acolhimento da ação rescisória calcada em ofensa à coisa julgada supõe dissonância patente entre as decisões exequenda e rescindenda, o que não se verifica quando se faz necessária a interpretação do título executivo judicial para se concluir pela lesão à coisa julgada."

Como exemplo, podemos citar o caso discutido em um dos precedentes da OJ 157 da SDI-2 do TST, TST-ROAR-111700-31.2007.5.03.0000, em que, no entender do Banco (autor da ação rescisória), a coisa julgada teria sido vulnerada pelo acórdão regional rescindendo, uma vez que a sentença exequenda não faz nenhuma referência expressa à inclusão ou não da parcela AP (Adicional Padrão) na base de cálculo do teto da complementação de aposentadoria devida ao reclamante e, apesar disso, o TRT da 3.ª Região ratificou a r. sentença que julgou parcialmente procedentes os embargos à execução, determinando a inclusão do AP. Entendeu o TST que se mostra inviável o reconhecimento da alegada afronta à coisa julgada pelo acórdão regional rescindendo, que, em nítida interpretação ao comando exequendo, concluiu pela inclusão da referida verba na base de cálculo do teto do benefício previdenciário devido ao reclamante. Isso porque a divergência entre o título exequendo e a execução não ensejam ação rescisória pautada no art. 966, IV, da CPC, e também porque, nos termos da OJ 123 da SDI-2 do TST, é incabível a ação rescisória, uma vez que é necessária a interpretação do título executivo judicial.

Entendemos, *permissa venia*, que não se aplica à ação rescisória o prequestionamento da matéria em relação à sentença rescindenda para cabimento da demanda rescisória, uma vez que a ação rescisória não possui natureza recursal.

Por último, destacamos a Súmula 397 do TST, que também se relaciona com a hipótese de rescisão do julgado em estudo:

> "SÚMULA 397 DO TST. AÇÃO RESCISÓRIA. ART. 966, IV, DO CPC DE 2015. ART. 485, IV, DO CPC DE 1973. AÇÃO DE CUMPRIMENTO. OFENSA À COISA JULGADA EMANADA DE SENTENÇA NORMATIVA MODIFICADA EM GRAU DE RECURSO. INVIABILIDADE. CABIMENTO DE MANDADO DE SEGURANÇA" (atualizada em decorrência do CPC de 2015) – Res. 208/2016, *DEJT* divulgado em 22, 25 e 26.04.2016.

Não procede ação rescisória calcada em ofensa à coisa julgada perpetrada por decisão proferida em ação de cumprimento, em face de a sentença normativa, na qual se louvava, ter sido modificada em grau de recurso, porque em dissídio coletivo somente se consubstancia coisa julgada formal. Assim, os meios processuais aptos a atacarem a execução da cláusula reformada são a exceção de pré-executividade e o mandado de segurança, no caso de descumprimento do art. 514 do CPC de 2015 (art. 572 do CPC de 1973) (ex-OJ nº 116 da SBDI-2 – *DJ* 11.08.2003).".

E – Violar manifestamente norma jurídica:

Inicialmente, destaque-se que o atual CPC substituiu a palavra "lei" por "norma jurídica" ficando mais claro o sentido amplo da norma, abrangendo a Constituição Federal, emenda à Constituição, lei complementar, lei ordinária, decreto-lei, medida provisória, decreto e outras normas de caráter assemelhado.

Bezerra Leite, em seu *Curso de direito processual do trabalho*, 14. ed. p. 1.662, comenta os acréscimos feitos pela Lei 13.256/2016:

> "Entretanto, a interpretação do termo 'norma jurídica' pode implicar acirradas discussões se for empregado como princípio, regra ou valor, ou, ainda, como produto final da interpretação de um texto legislativo. A Lei n.º 13.256/2016 acrescentou os §§ 5.º e 6.º ao art. 966 do CPC, ampliando o cabimento de ação rescisória 'contra decisão baseada em enunciado de súmula ou acórdão proferido em julgamento de casos repetitivos que não tenha considerado a existência de distinção entre a questão discutida no processo e o padrão decisório que lhe deu fundamento'."

Quando a ação rescisória fundar-se na hipótese do § 5º do art. 966, caberá ao autor, sob pena de inépcia, demonstrar, fundamentadamente, tratar-se de situação particularizada por hipótese fática distinta ou de questão jurídica não examinada, a impor outra solução jurídica (§ 6.º do art. 966 do CPC).

O Tribunal Superior do Trabalho, por meio da Orientação Jurisprudencial 25 da SDI-II, firmou posicionamento de que convenção coletiva de trabalho, acordo coletivo de trabalho, portaria do Poder Executivo, regulamento de empresa e súmula ou orientação jurisprudencial não se enquadram na expressão "lei", contida no art. 966, V, do CPC, *in verbis*:

> "OJ 25 DA SDI-II DOTST. AÇÃO RESCISÓRIA. REGÊNCIA PELO CPC DE 1973. EXPRESSÃO "LEI" DO ART. 485, V, DO CPC de 1973. NÃO INCLUSÃO DO ACT, CCT, PORTARIA, REGULAMENTO, SÚMULA E ORIENTAÇÃO JURISPRUDENCIAL DE TRIBUNAL (atualizada em decorrência do CPC de 2015) – Res. 212/2016, *DEJT* divulgado em 20, 21 e 22.09.2016.
>
> Não procede pedido de rescisão fundado no art. 485, V, do CPC de 1973 quando se aponta contrariedade à norma de convenção coletiva de trabalho, acordo coletivo de trabalho, portaria do Poder Executivo, regulamento de empresa e súmula ou orientação jurisprudencial de tribunal" (ex-OJ 25 da SDI-2, inserida em 20.09.2000 e ex-OJ 118 da SDI-2, *DJ* 11.08.2003).

A violação de dispositivo de norma jurídica deverá ser direta, manifesta, frontal, não sendo possível a utilização de ação rescisória quando a decisão rescindenda adota uma dentre várias interpretações cabíveis ao diploma tido como violado, ainda que não seja a melhor.

Neste sentido, cabe transcrever a Súmula 343 do STF e Súmulas 83 e 400 do TST:

> "SÚMULA 343 DO STF. "Não cabe ação rescisória contra ofensa a literal dispositivo de lei, quando a decisão rescindenda se tiver baseado em texto legal de interpretação controvertida nos tribunais;"
>
> "SÚMULA 83 DO TST. "AÇÃO RESCISÓRIA. MATÉRIA CONTROVERTIDA (incorporada a Orientação Jurisprudencial 77 da SDI-II – Res. 137/2005 – *DJ* 22.08.2005)
>
> I – Não procede pedido formulado na ação rescisória por violação literal de lei se a decisão rescindenda estiver baseada em texto legal infraconstitucional de interpretação controvertida nos Tribunais. (ex-Súmula 83 – Res. 121/2003, *DJ* 21.11.2003).
>
> II – O marco divisor quanto a ser, ou não, controvertida, nos Tribunais, a interpretação dos dispositivos legais citados na ação rescisória é a data da inclusão, na Orientação Jurisprudencial do TST, da matéria discutida" (ex-OJ 77 – inserida em 13.03.2002).
>
> "SÚMULA 400 DO TST. AÇÃO RESCISÓRIA DE AÇÃO RESCISÓRIA. VIOLAÇÃO MANIFESTA DE NORMA JURÍDICA. INDICAÇÃO DA MESMA NORMA JURÍDICA APONTADA NA RESCISÓRIA PRIMITIVA (MESMO DISPOSITIVO DE LEI SOB O CPC DE 1973) (nova redação em decorrência do CPC de 2015) – Res. 208/2016, *DEJT* divulgado em 22, 25 e 26.04.2016.
>
> Em se tratando de rescisória de rescisória, o vício apontado deve nascer na decisão rescindenda, não se admitindo a rediscussão do acerto do julgamento da rescisória anterior. Assim, não procede rescisória calcada no inciso V do art. 966 do CPC de 2015 (art. 485, V, do CPC de 1973) para discussão, por má aplicação da mesma norma jurídica, tida por violada na rescisória anterior, bem como para arguição de questões inerentes à ação rescisória primitiva" (ex-OJ nº 95 da SBDI-2 – inserida em 27.09.2002 e alterada *DJ* 16.04.2004).

Cabe destacar a Súmula 298 do TST, *in verbis:*

> "SÚMULA 298 DO TST. AÇÃO RESCISÓRIA. VIOLAÇÃO A DISPOSIÇÃO DE LEI. PRONUNCIAMENTO EXPLÍCITO. (Redação alterada pelo Tribunal Pleno na sessão realizada em 06.02.2012)
>
> I – A conclusão acerca da ocorrência de violação literal a disposição de lei pressupõe pronunciamento explícito, na sentença rescindenda, sobre a matéria veiculada.
>
> II – O pronunciamento explícito exigido em ação rescisória diz respeito à matéria e ao enfoque específico da tese debatida na ação, e não, necessariamente, ao dispositivo legal tido por violado. Basta que o conteúdo da norma reputada violada haja sido abordado na decisão rescindenda para que se considere preenchido o pressuposto.
>
> III – Para efeito de ação rescisória, considera-se pronunciada explicitamente a matéria tratada na sentença quando, examinando remessa de ofício, o Tribunal simplesmente a confirma.
>
> IV – A sentença meramente homologatória, que silencia sobre os motivos de convencimento do juiz, não se mostra rescindível, por ausência de pronunciamento explícito.

V – Não é absoluta a exigência de pronunciamento explícito na ação rescisória, ainda que esta tenha por fundamento violação de dispositivo de lei. Assim, prescindível o pronunciamento explícito quando o vício nasce no próprio julgamento, como se dá com a sentença 'extra, citra e ultra petita';.

Por sua vez, a OJ 135 da SDI-II/TST determina que "a ação rescisória calcada em violação do art. 37, *caput*, da Constituição Federal, por desrespeito ao princípio da legalidade administrativa exige que ao menos o princípio constitucional tenha sido prequestionado na decisão".

Conforme opinião já manifestada anteriormente, entendemos que não se aplica à ação rescisória o denominado prequestionamento da matéria em relação à sentença rescindenda, visto que o corte rescisório não tem natureza recursal.

Comentando o tema, Carlos Henrique Bezerra Leite, em sua obra *Curso de direito processual de trabalho*, 14. ed., p. 1.666, orienta que:

"Realmente, se a rescisória não é recurso, não há como exigir prequestionamento. O prequestionamento, como se sabe, é fruto de política judiciária dos Tribunais Superiores com o intuito de afunilar, cada vez mais, o cabimento de recursos de natureza extrema, como o recurso de revista, o recurso especial e o recurso extraordinário.

Ora, na ação rescisória se instaura uma nova relação processual e não a continuidade da relação anterior. Somente na relação processual originária há lugar para o prequestionamento, como já vimos no item 3.2.2.2 do Capítulo XX.

Ressalta-se, por fim, que a manifestação violação de norma jurídica (CPC, art. 966, V) invocada em ação rescisória há de ser literal, frontal e direta, como ocorre, por exemplo, quando a sentença declara válido o controle de trabalho de um servidor público que não se submeteu a prévia aprovação em concurso público de provas ou de provas e títulos. Neste caso, cabe a rescisória com base no inciso V do art. 966 do CPC, desde que o autor alegue que a decisão rescindenda tenha violado a literalidade do § 2º do art. 37, II, da Constituição Federal;."

Cumpre ainda transcrever algumas Súmulas do TST, atinentes à hipótese em comento:

"SÚMULA 408 DO TST. AÇÃO RESCISÓRIA. PETIÇÃO INICIAL. CAUSA DE PEDIR. AUSÊNCIA DE CAPITULAÇÃO OU CAPITULAÇÃO ERRÔNEA NO ART. 966 DO CPC DE 2015. ART. 485 DO CPC DE 1973. PRINCÍPIO 'IURA NOVIT CURIA' (nova redação em decorrência do CPC de 2015) – Res. 208/2016, *DEJT* divulgado em 22, 25 e 26.04.2016.

Não padece de inépcia a petição inicial de ação rescisória apenas porque omite a subsunção do fundamento de rescindibilidade no art. 966 do CPC de 2015 (art. 485 do CPC de 1973) ou o capitula erroneamente em um de seus incisos. Contanto que não se afaste dos fatos e fundamentos invocados como causa de pedir, ao Tribunal é lícito emprestar-lhes a adequada qualificação jurídica ('iura novit curia'). No entanto, fundando-se a ação rescisória no art. 966, inciso V, do CPC de 2015 (art. 485, inciso V, do CPC de 1973), é indispensável expressa indicação, na petição inicial da ação rescisória, da norma jurídica manifestamente violada (dispositivo legal violado sob o CPC de 1973), por se tratar de causa de pedir da rescisória, não se aplicando, no caso, o princípio 'iura novit curia'" (ex-OJs nºs 32 e 33 da SBDI-2 – inseridas em 20.09.2000).

"SÚMULA 411 DO TST. AÇÃO RESCISÓRIA. SENTENÇA DE MÉRITO. DECISÃO DE TRIBUNAL REGIONAL DO TRABALHO EM AGRAVO REGIMENTAL CONFIRMANDO DECISÃO MONOCRÁTICA DO RELATOR QUE, APLICANDO A SÚMULA 83 DO TST, INDEFERIU A PETIÇÃO INICIAL DA AÇÃO RESCISÓRIA. CABIMENTO. (conversão da Orientação Jurisprudencial 43 da SDI-II – Res. 137/2005 – *DJ* 22.08.2005).

Se a decisão recorrida, em agravo regimental, aprecia a matéria na fundamentação, sob o enfoque das Súmulas 83 do TST e 343 do STF, constitui sentença de mérito, ainda que haja resultado no indeferimento da petição inicial e na extinção do processo sem julgamento do mérito. Sujeita-se, assim, à reforma pelo TST, a decisão do Tribunal que, invocando controvérsia na interpretação da lei, indefere a petição inicial de ação rescisória" (ex-OJ 43 – inserida em 20.09.2000).

F – Por fundada em prova, cuja falsidade tenha sido apurada em processo criminal ou venha a ser demonstrada na própria ação rescisória:

De início, cabe mencionar que, se a prova tida como falsa não foi valorada pelo magistrado para a formação do seu convencimento e julgamento, não será cabível a utilização da ação rescisória.

Com isso queremos sustentar que, se a prova falsa não foi utilizada como balizamento para o sentenciamento do processo, ou seja, se a decisão rescindenda seria idêntica mesmo desconsiderando a prova falsa apresentada, não será possível a utilização do corte rescisório.

Em outras palavras, a falsidade de prova prevista no art. 966, VI, do CPC apenas atine àquela que tenha atuado como sustentáculo na prolação da sentença rescindenda.

A falsidade da prova pode ser evidenciada nos próprios autos da ação rescisória, utilizando-se o interessado dos meios de prova legais e moralmente legítimos, bem como poderá ser apurada, previamente, por meio de sentença penal transitada em julgado.

A sentença civil transitada em julgado declarando a falsidade da prova não é suficiente para ajuizamento de ação rescisória objetivando rescindir a sentença que nela se baseou, conforme se observa pelos ensinamentos de Alexandre Freitas Câmara, em sua obra *Lições de direito processual civil*, 7. ed., p. 18-19, *in verbis*:

"É curioso notar que a existência de sentença civil transitada em julgado declarando a falsidade da prova não é suficiente para que se possa pleitear a rescisão da sentença que nela se baseou. A falsidade, neste caso, terá de ser novamente demonstrada no processo da 'ação rescisória'. A sentença civil, neste caso, funcionará, tão somente, como meio de prova, a fim de convencer os julgadores da demanda rescisória da falsidade da prova. Assim, apesar da existência de coisa julgada sobre o tema, pode ocorrer de o tribunal, no julgamento da 'ação rescisória', considerar que a prova é autêntica, sem que se possa considerar que este acórdão é rescindível por ofensa à coisa julgada. Trata-se do fenômeno singular na sistemática processual brasileira, por desconsiderar os limites da coisa julgada material."

G – Obtiver o autor, posteriormente ao trânsito em julgado, prova nova cuja existência ignorava, ou de que não pôde fazer uso, capaz, por si só, de lhe assegurar pronunciamento favorável:

Prova nova não é aquela produzida após a decisão, mas, ao revés, aquela que já existia na época da prolação da decisão rescindenda, e que a parte a ignorava ou não pôde fazer uso.

O Tribunal Superior do Trabalho, por meio da Súmula 402, acabou por conceituar a expressão "documento novo". Vejamos:

> "SÚMULA 402 DO TST. AÇÃO RESCISÓRIA. PROVA NOVA. DISSÍDIO COLETIVO. SENTENÇA NORMATIVA (nova redação em decorrência do CPC de 2015) – Res. 217/2017 – *DEJT* divulgado em 20, 24 e 25.04.2017.
>
> I – Sob a vigência do CPC de 2015 (art. 966, inciso VII), para efeito de ação rescisória, considera-se prova nova a cronologicamente velha, já existente ao tempo do trânsito em julgado da decisão rescindenda, mas ignorada pelo interessado ou de impossível utilização, à época, no processo.
>
> II – Não é prova nova apta a viabilizar a desconstituição de julgado:
>
> a) sentença normativa proferida ou transitada em julgado posteriormente à sentença rescindenda; b) sentença normativa preexistente à sentença rescindenda, mas não exibida no processo principal, em virtude de negligência da parte, quando podia e deveria louvar-se de documento já existente e não ignorado quando emitida a decisão rescindenda" (ex-OJ nº 20 da SBDI-2 – inserida em 20.09.2000).

O sucesso do pleito rescisório está condicionado, na hipótese em exame, ao fato de o documento novo (obtido posteriormente à sentença), por si só, ser capaz de desconstituir a prova firmada nos autos que originaram a sentença rescindenda, assegurando-lhe um pronunciamento favorável.

H – For fundada em erro de fato verificável do exame dos autos:

Inicialmente, para melhor compreensão da hipótese ensejadora do corte rescisório, passemos a transcrever o § 1.º do art. 966 do CPC:

"§ 1º Há erro de fato quando a decisão rescindenda admitir fato inexistente ou quando considerar inexistente fato efetivamente ocorrido, sendo indispensável, em ambos os casos, que o fato não represente ponto controvertido sobre o qual o juiz deveria ter se pronunciado."

Para que a rescisão do julgado se materialize, urge a necessidade de que a decisão rescindenda tenha sido fundada no erro de fato e que tal erro seja apurado pelo mero exame dos documentos juntados à inicial rescisória, não sendo admitida, portanto, a produção de qualquer outra prova (instrução probatória) para demonstração do erro de fato.

Outrossim, torna-se necessário que o fato não represente ponto controvertido sobre o qual o juiz deveria ter se pronunciado.

Em outras palavras, o fato enquadrado como inexistente, embora tenha ocorrido, ou aquele considerado existente, quando em verdade jamais existiu, deverá ser incontroverso, como na hipótese de alegação pelo reclamante e não impugnação pelo reclamado. Por sua vez, a decisão deverá ter silenciado sobre o fato, embora a prova dos autos demonstre a sua existência ou não.

Imaginemos a hipótese de uma ação trabalhista promovida por um obreiro reclamando o pagamento de um prêmio de R$ 30.000,00 estipulado no seu contrato de trabalho em função do alcance de determinada meta de produção na empresa, em que conste nos autos a prova do pagamento, pela empresa, de tal numerário, sem que tenha havido controvérsia entre as partes acerca do ponto. Suponhamos que o magistrado trabalhista condene a empresa, silenciando sobre o pagamento efetivamente ocorrido. Neste caso, estaremos diante de uma sentença passível de rescisão, porque não considerou o fato extintivo da obrigação (recibo de pagamento) como existente, ocorrendo o chamado erro de fato.

Ainda em relação ao erro de fato como hipótese justificadora da ação rescisória, cabe destacar as seguintes orientações jurisprudenciais da SDI-II/TST:

- "OJ 103, SDI-II, DO TST. AÇÃO RESCISÓRIA. CONTRADIÇÃO ENTRE FUNDAMENTAÇÃO E PARTE DISPOSITIVA DO JULGADO. CABIMENTO. ERRO DE FATO. É cabível a rescisória para corrigir contradição entre a parte dispositiva do acórdão rescindendo e a sua fundamentação, por erro de fato na retratação do que foi decidido;"
- "OJ 136, SDI-II, DO TST. AÇÃO RESCISÓRIA. ERRO DE FATO. CARACTERIZAÇÃO (atualizada em decorrência do CPC de 2015) – Res. 208/2016, *DEJT* divulgado em 22, 25 e 26.04.2016. A caracterização do erro de fato como causa de rescindibilidade de decisão judicial transitada em julgado supõe a afirmação categórica e indiscutida de um fato, na decisão rescindenda, que não corresponde à realidade dos autos. O fato afirmado pelo julgador, que pode ensejar ação rescisória calcada no inciso VIII do art. 966 do CPC de 2015 (inciso IX do art. 485 do CPC de 1973), é apenas aquele que se coloca como premissa fática indiscutida de um silogismo argumentativo, não aquele que se apresenta ao

> final desse mesmo silogismo, como conclusão decorrente das premissas que especificaram as provas oferecidas, para se concluir pela existência do fato. Esta última hipótese é afastada pelo § 1º do art. 966 do CPC de 2015 (§ 2º do art. 485 do CPC de 1973), ao exigir que não tenha havido controvérsia sobre o fato e pronunciamento judicial esmiuçando as provas,"

10.1.7. Petição inicial

Estabelece o art. 968 do CPC que a petição inicial será elaborada com observância dos requisitos essenciais do art. 319 do próprio CPC (requisitos da petição inicial), devendo o autor cumular ao pedido de rescisão, quando for o caso, o de novo julgamento da causa.

O art. 836 da CLT, com a redação alterada pela Lei 11.495/2007, prevê a possibilidade de ajuizamento de ação rescisória no âmbito da Justiça do Trabalho, determinando a aplicação dos dispositivos do Código de Processo Civil, exigindo-se para a sua propositura o depósito prévio de 20% do valor da causa, salvo prova de miserabilidade jurídica do autor.

Como documentos indispensáveis à propositura da ação rescisória, podemos destacar a decisão rescindenda e a sua prova do trânsito em julgado.

Verificando o relator que a parte interessada não juntou à inicial o documento comprobatório, abrirá prazo de 15 (quinze) dias para que o faça (art. 321 do CPC), sob pena de indeferimento.

Em fase recursal, verificada a ausência de qualquer delas, cumpre ao Relator do recurso ordinário conceder o prazo de 5 (cinco) dias ao recorrente para que seja complementada a documentação exigível, nos termos do art. 932, parágrafo único, do CPC.

A Súmula 299 e a OJ 84 da SDI-II, ambas do TST versam sobre tais documentos. Veja:

> "SÚMULA 299 DO TST. AÇÃO RESCISÓRIA. DECISÃO RESCINDENDA. TRÂNSITO EM JULGADO. COMPROVAÇÃO. EFEITOS. (nova redação do item II em decorrência do CPC de 2015) – Res. 211/2016, *DEJT* divulgado em 24, 25 e 26.08.2016.
>
> I – É indispensável ao processamento da ação rescisória a prova do trânsito em julgado da decisão rescindenda. (ex-Súmula n.º 299 – Res. 8/1989, *DJ* 14, 18 e 19.04.1989)
>
> II – Verificando o relator que a parte interessada não juntou à inicial o documento comprobatório, abrirá prazo de 15 (quinze) dias para que o faça (art. 321 do CPC de 2015), sob pena de indeferimento. (ex-Súmula n.º 299 – Res 8/1989, *DJ* 14, 18 e 19.04.1989)
>
> III A comprovação do trânsito em julgado da decisão rescindenda é pressuposto processual indispensável ao tempo do ajuizamento da ação rescisória. Eventual trânsito em julgado posterior ao ajuizamento da ação rescisória não reabilita a

ação proposta, na medida em que o ordenamento jurídico não contempla a ação rescisória preventiva. (ex-OJ nº 106 da SBDI-2 – *DJ* 29.04.2003)

IV – O pretenso vício de intimação, posterior à decisão que se pretende rescindir, se efetivamente ocorrido, não permite a formação da coisa julgada material. Assim, a ação rescisória deve ser julgada extinta, sem julgamento do mérito, por carência de ação, por inexistir decisão transitada em julgado a ser rescindida" (ex-OJ nº 96 da SBDI-2 – inserida em 27.09.2002).

OJ 84 DA SDI-II DO TST. AÇÃO RESCISÓRIA. AUSÊNCIA DA DECISÃO RESCINDENDA E/OU DA CERTIDÃO DE SEU TRÂNSITO EM JULGADO DEVIDAMENTE AUTENTICADAS. CONCESSÃO DE PRAZO PARA COMPLEMENTAÇÃO DA DOCUMENTAÇÃO. (alterada em decorrência do CPC de 2015) –

Res. 220/2017, *DEJT* divulgado em 21, 22 e 25.09.2017 .

São peças essenciais para o julgamento da ação rescisória a decisão rescindenda e/ou a certidão do seu trânsito em julgado, devidamente autenticadas, à exceção de cópias reprográficas apresentadas por pessoa jurídica de direito público, a teor do art. 24 da Lei nº 10.522/2002, ou declaradas autênticas pelo advogado na forma do artigo 830 da CLT com a redação dada pela Lei nº 11.925/2009. Em fase recursal, verificada a ausência de qualquer delas, cumpre ao Relator do recurso ordinário conceder o prazo de 5 (cinco) dias ao recorrente para que seja complementada a documentação exigível, nos termos do art. 932, parágrafo único, do CPC de 2015.

10.1.8. Processamento

Distribuída a peça vestibular da ação rescisória, poderá o juiz relator, de forma monocrática, indeferir a petição inicial, com base no art. 330 do CPC.

O atual Código de Processo Civil, em seu art. 969, estabelece que "a propositura da ação rescisória não impede o cumprimento da decisão rescindenda, ressalvada a concessão de tutela provisória". O atual digesto processual admite a suspensão dos efeitos da decisão rescindenda por meio da tutela provisória que poderá ser evidência ou urgência e, nesse caso com caráter cautelar ou de tutela antecipada, podendo ser de modo antecedente ou incidente (art. 294 do CPC).

O TST editou a Súmula 405 sobre a tutela provisória:

"SÚMULA 405 DO TST. AÇÃO RESCISÓRIA. TUTELA PROVISÓRIA. Em face do que dispõem a MP 1.984-22/2000 e o art. 969 do CPC de 2015, é cabível o pedido de tutela provisória formulado na petição inicial de ação rescisória ou na fase recursal, visando a suspender a execução da decisão rescindenda".

Recebida regularmente a petição inicial da ação rescisória, determinará o relator a citação do réu a fim de que, no prazo fixado entre 15 e 30 dias, apresente sua resposta (art. 970 do CPC).

Em relação ao início do prazo para apresentação da contestação pelo réu no âmbito do Processo do Trabalho, o Tribunal Superior do Trabalho editou Orientação Jurisprudencial (*DJ* 10.11.2004), de n.º 146, da SDI-II, estabelecendo que "a contestação apresentada em ação rescisória obedece à regra relativa à contagem de prazo constante do art. 774 da CLT, sendo inaplicável o art. 231 do CPC de 2015" (art. 241 do CPC de 1973).

Oferecida a resposta pelo demandado, caso os fatos alegados dependam de prova (em geral, prova testemunhal), o relator poderá delegar a competência ao órgão que proferiu a decisão rescindenda, fixando prazo de um a três meses para devolução dos autos art. 972 do CPC.

Posteriormente, o relator determinará a abertura de prazo sucessivo de 10 dias para autor e réu ofertarem razões finais, quando, finalmente serão os autos submetidos a julgamento pelo tribunal respectivo (art. 973 do CPC).

Observe-se, por fim, que "é cabível a condenação ao pagamento de honorários advocatícios em ação rescisória no processo trabalhista", conforme Súmula 219, II, do TST, com redação dada pela Res. 24/2016.

10.1.9. Prazo

Estabelece o art. 975 do CPC que o direito à rescisão se extingue em dois anos, contados do trânsito em julgado da última decisão proferida no processo.

Portanto, transitada em julgado a decisão meritória, o interessado terá o prazo decadencial (não sujeito à interrupção ou suspensão) de dois anos para propor a atinente ação rescisória.

Vale mencionar que, evidenciada a colusão das partes, o prazo decadencial da ação rescisória somente começa a fluir para o Ministério Público que não interveio no processo principal a partir do momento em que teve ciência da fraude (Súmula 100 do TST, item VI).

A respeito do prazo para ajuizamento da ação rescisória, cabe destacar a seguinte súmula e as orientações jurisprudenciais:

> "SÚMULA 100 DO TST. AÇÃO RESCISÓRIA. DECADÊNCIA. (incorporadas as Orientações Jurisprudenciais 13, 16, 79, 102, 104, 122 e 145 da SDI-II – Res. 137/2005 – *DJ* 22.08.2005)
>
> I – O prazo de decadência, na ação rescisória, conta-se do dia imediatamente subsequente ao trânsito em julgado da última decisão proferida na causa, seja de mérito ou não. (ex-Súmula n.º 100 – Res. 109/2001, *DJ* 18.04.2001)
>
> II – Havendo recurso parcial no processo principal, o trânsito em julgado dá-se em momentos e em tribunais diferentes, contando-se o prazo decadencial para a ação rescisória do trânsito em julgado de cada decisão, salvo se o recurso tratar de preliminar ou prejudicial que possa tornar insubsistente a decisão recorrida,

hipótese em que flui a decadência a partir do trânsito em julgado da decisão que julgar o recurso parcial. (ex-Súmula n.º100 – Res. 109/2001, *DJ* 18.04.2001)

III – Salvo se houver dúvida razoável, a interposição de recurso intempestivo ou a interposição de recurso incabível não protrai o termo inicial do prazo decadencial. (ex-Súmula n.º 100 – Res. 109/2001, *DJ* 18.04.2001)

IV – O juízo rescindente não está adstrito à certidão de trânsito em julgado juntada com a ação rescisória, podendo formar sua convicção através de outros elementos dos autos quanto à antecipação ou postergação do 'dies a quo' do prazo decadencial. (ex-OJ nº 102 – *DJ* 29.04.2003)

V – O acordo homologado judicialmente tem força de decisão irrecorrível, na forma do art. 831 da CLT. Assim sendo, o termo conciliatório transita em julgado na data da sua homologação judicial. (ex-OJ nº 104 – *DJ* 29.04.2003)

VI – Na hipótese de colusão das partes, o prazo decadencial da ação rescisória somente começa a fluir para o Ministério Público, que não interveio no processo principal, a partir do momento em que tem ciência da fraude. (ex-OJ nº 122 – *DJ* 11.08.2003)

VII – Não ofende o princípio do duplo grau de jurisdição a decisão do TST que, após afastar a decadência em sede de recurso ordinário, aprecia desde logo a lide, se a causa versar questão exclusivamente de direito e estiver em condições de imediato julgamento. (ex-OJ nº 79 – inserida em 13.03.2002)

VIII – A exceção de incompetência, ainda que oposta no prazo recursal, sem ter sido aviado o recurso próprio, não tem o condão de afastar a consumação da coisa julgada e, assim, postergar o termo inicial do prazo decadencial para a ação rescisória. (ex-OJ nº 16 – inserida em 20.09.2000)

IX – Prorroga-se até o primeiro dia útil, imediatamente subsequente, o prazo decadencial para ajuizamento de ação rescisória quando expira em férias forenses, feriados, finais de semana ou em dia em que não houver expediente forense. Aplicação do art. 775 da CLT. (ex-OJ nº 13 – inserida em 20.09.2000)

X – Conta-se o prazo decadencial da ação rescisória, após o decurso do prazo legal previsto para a interposição do recurso extraordinário, apenas quando esgotadas todas as vias recursais ordinárias (ex-OJ nº145 – *DJ* 10.11.2004)".

"OJ 12 DA SDI-II/TST. AÇÃO RESCISÓRIA. DECADÊNCIA. CONSUMAÇÃO ANTES OU DEPOIS DA EDIÇÃO DA MEDIDA PROVISÓRIA Nº 1.577/1997. AMPLIAÇÃO DO PRAZO – Res. 208/2016, *DEJT* divulgado em 22, 25 e 26.04.2016.

I – A vigência da Medida Provisória nº 1.577/1997 e de suas reedições implicou o elastecimento do prazo decadencial para o ajuizamento da ação rescisória a favor dos entes de direito público, autarquias e fundações públicas. Se o biênio decadencial do art. 495 do CPC de 1973 findou após a entrada em vigor da referida medida provisória e até sua suspensão pelo STF em sede liminar de ação direta de inconstitucionalidade (ADIn 1753-2), tem-se como aplicável o prazo decadencial elastecido à rescisória. (ex-OJ nº 17 da SDI-2 – inserida em 20.09.2000)

II – A regra ampliativa do prazo decadencial para a propositura de ação rescisória em favor de pessoa jurídica de direito público não se aplica se, ao tempo em que sobreveio a Medida Provisória nº 1.577/1997, já se exaurira o biênio do art. 495 do CPC. Preservação do direito adquirido da parte à decadência já consumada sob a égide da lei velha" (ex-OJ nº 12 da SDI-2 – inserida em 20.09.2000).

"OJ 80 DA SDI-II/TST. AÇÃO RESCISÓRIA. DECADÊNCIA. *DIES A QUO*. RECURSO DESERTO. ENUNCIADO 100/TST. O não conhecimento do recurso por deserção não antecipa o *dies a quo* do prazo decadencial para o ajuizamento da ação rescisória, atraindo, na contagem do prazo, a aplicação do Enunciado n.º 100 do TST".

Atualmente, de acordo com o entendimento do TST, cada pedido deve ser analisado como se fosse uma reclamação trabalhista independente, e o trânsito em julgado verifica-se em relação a cada um deles, ocorrendo em momentos e tribunais distintos. Admite-se, portanto, os capítulos da sentença. Assim, se formulados dois pedidos na mesma reclamatória e da sentença só houver recurso referente a um deles, esta decisão transitará em julgado em relação ao outro e o prazo decadencial para a propositura da ação rescisória já terá início.

Nesse aspecto, mencionamos a Súmula 100, II, do TST:

"SÚMULA 100 DO TST. AÇÃO RESCISÓRIA. DECADÊNCIA. (incorporadas as Orientações Jurisprudenciais 13, 16, 79, 102, 104, 122 e 145 da SDI-II – Res. 137/2005 – *DJ* 22.08.2005)

(...)

II – Havendo recurso parcial no processo principal, o trânsito em julgado dá-se em momentos e em tribunais diferentes, contando-se o prazo decadencial para a ação rescisória do trânsito em julgado de cada decisão, salvo se o recurso tratar de preliminar ou prejudicial que possa tornar insubsistente a decisão recorrida, hipótese em que flui a decadência a partir do trânsito em julgado da decisão que julgar o recurso parcial" (ex-Súmula 100 – Res. 109/2001, *DJ* 18.04.2001).

O parecer do TST é contrário ao do STJ, consubstanciado na súmula 401, segundo o qual o prazo para a ação rescisória será contado do trânsito em julgado da última decisão proferida no processo:

"SÚMULA 401 DO STJ. O prazo decadencial da ação rescisória só se inicia quando não for cabível qualquer recurso do último pronunciamento judicial".

10.1.10. Recurso

Quando a ação rescisória for julgada originariamente pelo Tribunal Regional do Trabalho, o apelo cabível em face do acórdão prolatado é o recurso ordinário, que será julgado pelo Tribunal Superior do Trabalho (SDI-II ou SDC, de acordo com a matéria), conforme estabelecido na Súmula 158 do TST, *in verbis*:

"SÚMULA 158 DO TST. AÇÃO RESCISÓRIA. RECURSO. Da decisão de Tribunal Regional do Trabalho, em ação rescisória, é cabível recurso ordinário para o Tribunal Superior do Trabalho, em face da organização judiciária trabalhista. Ex-prejulgado n.º 35".

Frise-se que havendo recurso ordinário em sede de rescisória, o depósito recursal só é exigível quando for julgado procedente o pedido e imposta condenação em pecúnia, devendo este ser efetuado no prazo recursal, no limite e nos termos da legislação vigente, sob pena de deserção (Súmula 99 do TST).

Em relação ao acórdão proferido nos autos da ação rescisória, seja o mesmo prolatado pelo Tribunal Regional do Trabalho ou Tribunal Superior do Trabalho, sempre caberão embargos de declaração, nos casos previstos no art. 897-A da CLT.

Caso a ação rescisória seja proposta originariamente no Tribunal Superior do Trabalho, poderá haver a interposição de embargos e, eventualmente, recurso extraordinário para o Supremo Tribunal Federal.

10.2. MANDADO DE SEGURANÇA

10.2.1. Breve histórico

O mandado de segurança surgiu na Constituição de 1934, que assegurou sua impetração para a defesa de "direito certo e incontestável ameaçado ou violado por ato manifestamente inconstitucional ou ilegal de qualquer autoridade".

O rito adotado à época foi o do *habeas corpus*, em função da inexistência de norma regulamentadora, que só veio a surgir em 1936, com o advento da Lei 191, a qual passou a enumerar as situações de cabimento do *writ* e fixou seu prazo.

A Constituição de 1937 não previu expressamente o mandado de segurança, mas continuou sendo possível a sua utilização, em virtude da Lei 191/1936, recepcionada pela Carta de 1937.

Todavia, o Decreto-lei 6, de 15.11.1937, restringiu, consideravelmente, as hipóteses de utilização do mandado de segurança contra atos do Presidente da República, de Ministros de Estado, de Governadores e de interventores estaduais.

Em 1939, editado o Código de Processo Civil, o mesmo passou a regulamentar o mandado de segurança nos arts. 319 a 331.

A Constituição Federal de 1946 dispôs expressamente sobre o mandado de segurança "para proteger direito líquido e certo não amparado por *habeas corpus*, seja qual for a autoridade responsável pela ilegalidade ou abuso de poder" (art. 141, § 24).

Posteriormente, foi editada a Lei 1.533, de 31.12.1951, que veio a regular o mandado de segurança revogando, expressamente, os arts. 319 a 331 do CPC de 1939.

A Carta de 1967 também previu a utilização do mandado de segurança no art. 150, § 21, asseverando: "Conceder-se-á mandado de segurança, para proteger direito individual líquido e certo não amparado por *habeas corpus*, seja qual for a autoridade responsável pela ilegalidade ou abuso de poder".

A EC 1, de 1969, no art. 153, § 21, repetiu o mesmo texto da Carta de 1967.

O Código de Processo Civil de 1973, ao contrário do Código de Processo Civil de 1939, não tratou do mandado de segurança, permanecendo em vigor a Lei 1.533/1951.

O mandado de segurança atualmente encontra suporte jurídico principal na Constituição Federal de 1988, que no art. 5.º, LXIX e LXX, estabelece:

> "Art. 5.º Todos são iguais perante a lei, sem distinção de qualquer natureza, garantindo-se aos brasileiros e aos estrangeiros residentes no País a inviolabilidade do direito à vida, à liberdade, à igualdade, à segurança e à propriedade, nos termos seguintes:
>
> (...)
>
> LXIX – conceder-se-á mandado de segurança para proteger direito líquido e certo, não amparado por *habeas corpus* ou *habeas data*, quando o responsável pela ilegalidade ou abuso de poder for autoridade pública ou agente de pessoa jurídica no exercício de atribuições do Poder Público;
>
> LXX – o mandado de segurança coletivo pode ser impetrado por:
>
> *a)* partido político com representação no Congresso Nacional;
>
> *b)* organização sindical, entidade de classe ou associação legalmente constituída e em funcionamento há pelo menos um ano, na defesa dos interesses de seus membros ou associados".

Percebe-se, portanto, que a Carta Maior estabeleceu duas espécies de mandado de segurança, quais sejam: o individual e o coletivo (este carente de uma regulamentação específica).

Posteriormente, foi publicada a Lei 12.016/2009, disciplinando o mandado de segurança individual e coletivo, revogando-se, por consequência, as Leis 1.533, de 31 de dezembro de 1951, 4.166, de 4 de dezembro de 1962, 4.348, de 26 de junho de 1964, 5.021, de 9 de junho de 1966; o art. 3.º da Lei 6.014, de 27 de dezembro de 1973, o art. 1.º da Lei 6.071, de 3 de julho de 1974, o art. 12 da Lei 6.978, de 19 de janeiro de 1982, e o art. 2.º da Lei 9.259, de 9 de janeiro de 1996.

10.2.2. Conceito e natureza jurídica

O mestre Hely Lopes Meirelles conceitua o mandado de segurança como "o meio constitucional posto à disposição de toda pessoa física ou jurídica, órgão com capacidade processual, ou universalidade reconhecida por lei, para a proteção de direito individual ou coletivo, líquido e certo, não amparado por *habeas corpus* ou *habeas data*, lesado ou ameaçado de lesão, por ato de autoridade, seja de categoria for e sejam quais forem as funções que exerça".

Podemos conceituar o mandado de segurança como o instrumento, constitucionalmente previsto, que pode ser utilizado por pessoa, física ou jurídica, ou mesmo por ente despersonalizado com capacidade processual, objetivando a proteção de direito individual ou coletivo, líquido e certo, não amparado por *habeas corpus* ou *habeas data*, toda vez que esse direito for lesionado ou ameaçado por ato de autoridade pública ou de agente de pessoa jurídica no exercício de atribuições do Poder Público.

Vale frisar que no Brasil os vocábulos *writ* e *mandamus* são largamente utilizados para expressar o próprio mandado de segurança.

A natureza jurídica do mandado de segurança é de ação de conhecimento, sendo seu objeto mandamental, em que o juiz determina à autoridade coatora o cumprimento imediato da ordem.

O art. 1.º da Lei 12.016/2009 estabelece que conceder-se-á mandado de segurança para proteger direito líquido e certo, não amparado por *habeas corpus* ou *habeas data*, sempre que, ilegalmente ou com abuso de poder, qualquer pessoa física ou jurídica sofrer violação ou houver justo receio de sofrê-la por parte de autoridade, seja de que categoria for e sejam quais forem as funções que exerça.

10.2.3. Competência

Em regra, o *writ* será processado na Justiça do Trabalho quando o ato ilegal for prolatado pelas autoridades da Justiça laboral.

O art. 114, inciso IV, da CF/1988, com redação dada pela EC 45/2004, estabeleceu como competência da Justiça do Trabalho processar e julgar os mandados de segurança, *habeas corpus* e *habeas data*, quando o ato questionado envolver matéria sujeita à sua jurisdição.

Ressalte-se a possibilidade de impetração de mandado de segurança perante a Vara do Trabalho (primeiro grau de jurisdição), evidentemente, quando o ato questionado envolver matéria sujeita à sua jurisdição.

Nessa linha, por exemplo, um mandado de segurança impetrado em face de ato de auditor fiscal do trabalho (como na hipótese de interdição ou embargos de obras) será processado perante a Justiça do Trabalho, e não mais perante a Justiça Federal, como era anteriormente, tendo em vista que o ato questionado envolve matéria sujeita à jurisdição trabalhista (no caso, medicina e segurança do trabalho).

Eventuais mandados de segurança envolvendo a atuação de membros do Ministério Público do Trabalho, como na hipótese de atos praticados na condução de procedimentos administrativos investigatórios, também serão apreciados pela Justiça do Trabalho.

A competência originária para julgamento do mandado de segurança, dependendo da hipótese, poderá também ser das varas do trabalho, dos Tribunais Regionais do Trabalho ou do Tribunal Superior do Trabalho, conforme a autoridade envolvida.

Neste contexto, caberá ao Tribunal Regional do Trabalho o julgamento do mandado de segurança, quando a autoridade coatora for:

- juiz da Vara do Trabalho, titular ou suplente, diretor de secretaria e demais funcionários;
- juiz de Direito investido na jurisdição trabalhista;
- juízes e funcionários do próprio Tribunal Regional do Trabalho.

Já em relação ao Tribunal Superior do Trabalho, a Lei 7.701/1988 e o Regimento Interno do TST fixaram a competência para julgar o *mandamus*, conforme abaixo identificado:

- SDC – julga originariamente os mandados de segurança contra os atos praticados pelo Presidente do Tribunal ou por qualquer dos Ministros integrantes da seção especializada em processo de dissídio coletivo (art. 2.º, I, *d*, Lei 7.701/1988);
- SDI – julga os mandados de segurança de sua competência originária (art. 3.º, I, *b*, Lei 7.701/1988), na forma da lei;
- Órgão Especial – julga mandado de segurança contra atos do Presidente ou de qualquer Ministro do Tribunal, ressalvada a competência das Seções Especializadas (art. 76, I, *b*, do Regimento Interno do TST).

Outrossim, compete aos Tribunais do Trabalho julgar o mandado de segurança contra os seus próprios atos administrativos, como, por exemplo, os atos de nomeação, exoneração, punição, promoção ou reclassificação de funcionários.

Este é o entendimento esposado pelo Supremo Tribunal Federal e Tribunal Superior do Trabalho, conforme se verifica pelos arestos abaixo transcritos:

> "A jurisprudência do STF tem se orientado no sentido de que permanece vigente, inobstante a previsão da letra *n* do art. 102, I, da Carta Política, a regra inscrita no art. 21, VI, da Loman, que atribuiu competência originária aos tribunais para o processo e julgamento dos mandados de segurança impetrados contra seus próprios atos" (STF, Proc. 236-2-RN, Rel. Min. Celso de Mello, *DJ* 16.06.1994, Seção I, p. 15.507-15.508)".

> "MANDADO DE SEGURANÇA – Impetra-se mandado de segurança contra ato praticado pela autoridade coatora que ordena ou omite a prática do ato impugnado, e não o superior que recomenda ou baixa normas para sua execução. Impetrado o *writ* contra ato emanado da Presidência do TRT da 21.ª Região, competente é referido Regional e não o Tribunal Superior do Trabalho" (TST – RO-MS 71516/1993.1 – Ac. OE 41/1995 – Rel. Min. José Luiz Vasconcellos – *DJ* 25.08.1995).

10.2.4. Condições específicas e hipóteses de cabimento

O *writ* para ser admitido deve atender condições específicas, cabendo ao impetrante demonstrar, de imediato, o direito líquido e certo violado e a ilegalidade ou abuso de poder praticados pela autoridade pública.

O direito líquido e certo que autoriza o mandado de segurança diz respeito aos fatos, que devem ser provados de imediato, mediante prova exclusivamente documental no momento da propositura do *writ*.

Portanto, não será cabível o *mandamus* se houver controvérsia sobre determinado fato.

Nessa fase, o direito líquido e certo é analisado como condição da ação.

Superada esta fase, passa-se à análise do mérito do *mandamus*, em que o Tribunal verificará a possibilidade ou não de incidência da norma objetiva invocada pelo impetrante, sobre os fatos articulados e provados por documentos que acompanham a peça vestibular.

O conceito de autoridade pública é amplo, abrangendo não apenas os agentes da administração direta e indireta, como também os agentes dos Poderes Executivo, Legislativo e Judiciário.

Vale destacar que se equiparam às autoridades os representantes ou órgãos de partidos políticos e os administradores de entidades autárquicas, bem como os dirigentes de pessoas jurídicas ou as pessoas naturais no exercício de atribuições do poder público, somente no que disser respeito a essas atribuições.

Considerar-se-á federal a autoridade coatora se as consequências de ordem patrimonial do ato contra o qual se requer o mandado houverem de ser suportadas pela União ou entidade por ela controlada.

Inúmeras são as hipóteses de cabimento de mandado de segurança na Justiça do Trabalho para atacar ato de autoridade, como nas que o magistrado:

- Defere liminar em ação de reintegração no emprego ou em reclamação trabalhista para tornar sem efeito transferência ilegal de empregado;
- Defere tutela antecipada em reclamação trabalhista;
- Determina penhora de crédito do devedor;

- Nega assento à direita a membro do Ministério Público;
- Cerceia direito de defesa da parte;
- Antecipa honorários periciais nas causas concernentes à relação de emprego;
- Não admite agravo de instrumento (primeiro juízo de admissibilidade);
- Proíbe a retirada dos autos pelo advogado, sem que exista impedimento ou incompatibilidade;
- Determina penhora de bem público, ignorando o art. 100 da CF/1988;
- Desrespeita o direito de preferência do devedor (remição) ou do credor (adjudicação).

10.2.5. Não cabimento

O art. 5.º da Lei 12.016/2009 estabelece que:

> "Art. 5.º Não se concederá mandado de segurança quando se tratar:
>
> I – de ato do qual caiba recurso administrativo com efeito suspensivo, independentemente de caução;
>
> II – de decisão judicial da qual caiba recurso com efeito suspensivo;
>
> III – de decisão judicial transitada em julgado".

O art. 1.º, § 2.º, da Lei 12.016/2009 revela que não cabe mandado de segurança contra os atos de gestão comercial praticados pelos administradores de empresas públicas, de sociedade de economia mista e de concessionárias de serviço público.

O Supremo Tribunal Federal entende ser incabível a utilização do mandado de segurança para atacar lei em tese (Súmula 266 do STF).

Cabe transcrever a Súmula 267 do STF e a OJ 92 da SDI-II/TST, *in verbis*:

> "SÚMULA 267 DO STF – Não cabe mandado de segurança contra ato judicial passível de recurso ou correição."
>
> "OJ 92 DA SDI-II/TST. MANDADO DE SEGURANÇA. EXISTÊNCIA DE RECURSO PRÓPRIO. Não cabe mandado de segurança contra decisão judicial passível de reforma mediante recurso próprio, ainda que com efeito diferido."

No entanto, a jurisprudência do Supremo Tribunal Federal tem abrandado os efeitos da Súmula 267, admitindo, excepcionalmente, o *writ*, mesmo havendo recurso previsto em lei, se este não tiver efeito suspensivo.

Sobre o tema, Sérgio Pinto Martins, em sua obra *Direito processual do trabalho*, p. 459, leciona que:

> "A Súmula 267 do STF estabelece que 'não cabe mandado de segurança contra ato judicial passível de recurso ou correição'. O referido verbete comporta tem-

peros e tem sido abrandado inclusive pelo próprio STF, pois, se o recurso não tiver efeito suspensivo e restar ilegalidade, é cabível o mandado de segurança. O mandado de segurança pode dar efeito suspensivo a recurso, desde que haja dano irreparável (*RTJ* 84/1071; 89/159; 91/181; 95/339; 103/205), quando presentes os requisitos da fumaça do bom direito, em função de decisões convergentes dos tribunais, além do que da execução possa ocorrer dano irreparável ao impetrante, que caracteriza o *periculum in mora*. Tal se dá apenas em casos excepcionais, seguindo o entendimento do STF. O *periculum in mora* também existe quando se fala na possibilidade da execução de valores que seriam indevidos" (Ac. da SDI do TST – REO 45.377/1992.2-17. – Rel. Min. Hylo Gurgel – j. em 16.03.1993, *DJU*, I, 16.04.1993, p. 6.547).

O Tribunal Superior do Trabalho e o Supremo Tribunal Federal firmaram entendimento no sentido do não cabimento do mandado de segurança em face de decisão judicial transitada em julgado (devendo ser utilizada a ação rescisória), conforme se verifica pela transcrição da Súmula 33 (TST) e da Súmula 268 (STF), *in verbis*:

"SÚMULA 33 DO TST. MANDADO DE SEGURANÇA – DECISÃO JUDICIAL TRANSITADA EM JULGADO. Não cabe mandado de segurança de decisão judicial transitada em julgado".

"SÚMULA 268 DO STF. MANDADO DE SEGURANÇA. DECISÃO COM TRÂNSITO EM JULGADO. Não cabe mandado de segurança contra decisão judicial com trânsito em julgado".

O Tribunal Superior do Trabalho, por meio da OJ 54 da SDI-II (atualizada pela Res. 208/2016), firmou entendimento no sentido de que, ajuizados embargos de terceiros para pleitear a desconstituição da penhora, é incabível mandado de segurança com a mesma finalidade.

Por último, impende destacar que o dirigente de empresa pública que pratica determinado ato trabalhista na condição de representante legal da empresa não é enquadrado como autoridade coatora, pois, neste caso, ele apenas representa o empregador.

Exemplificando, se o dirigente da empresa pública dispensa imotivadamente uma empregada gestante, não caberá a utilização de mandado de segurança, mas tão somente ação trabalhista objetivando a reintegração da gestante ao emprego, pois, nessa hipótese, o mesmo agiu não como autoridade pública, mas como simples empregador.

10.2.6. Processamento

Conforme previsto no art. 23 da Lei 12.016/2009, direito de requerer mandado de segurança extinguir-se-á decorridos 120 (cento e vinte) dias, contados da ciência, pelo interessado, do ato impugnado.

Logo, a peça vestibular do *writ* deverá ser apresentada no prazo de 120 (cento e vinte) dias contados da ciência do ato ilegal, em duas vias, observados os requisitos da petição inicial, previstos no art. 319 do CPC.

A petição inicial, que deverá preencher os requisitos estabelecidos pela lei processual, será apresentada em 2 (duas) vias com os documentos que instruírem a primeira reproduzidos na segunda e indicará, além da autoridade coatora, a pessoa jurídica que esta integra, à qual se acha vinculada ou da qual exerce atribuições.

No caso em que o documento necessário à prova do alegado se ache em repartição ou estabelecimento público ou em poder de autoridade que se recuse a fornecê-lo por certidão ou de terceiro, o juiz ordenará, preliminarmente, por ofício, a exibição desse documento em original ou em cópia autêntica e marcará, para o cumprimento da ordem, o prazo de 10 (dez) dias. O escrivão extrairá cópias do documento para juntá-las à segunda via da petição.

Na inicial, poderá haver pedido de liminar pelo impetrante, sendo deferida, caso restem comprovados o *periculum in mora* (possibilidade do prejuízo irreparável) e o *fumus boni iuris* (fumaça do bom direito).

Estabelece o art. 7.º da Lei 12.016/2009 que o juiz, ao despachar a inicial, ordenará:

> "I – que se notifique o coator do conteúdo da petição inicial, enviando-lhe a segunda via apresentada com as cópias dos documentos, a fim de que, no prazo de 10 (dez) dias, preste as informações;
>
> II – que se dê ciência do feito ao órgão de representação judicial da pessoa jurídica interessada, enviando-lhe cópia da inicial sem documentos, para que, querendo, ingresse no feito;
>
> III – que se suspenda o ato que deu motivo ao pedido, quando houver fundamento relevante e do ato impugnado puder resultar a ineficácia da medida, caso seja finalmente deferida, sendo facultado exigir do impetrante caução, fiança ou depósito, com o objetivo de assegurar o ressarcimento à pessoa jurídica".

Os efeitos da medida liminar, salvo se revogada ou cassada, persistirão até a prolação da sentença. Outrossim, deferida a medida liminar, o processo terá prioridade para julgamento.

Segundo o disposto no art. 8.º da Lei 12.016/2009, será decretada a perempção ou caducidade da medida liminar *ex officio* ou a requerimento do Ministério Público quando, concedida a medida, o impetrante criar obstáculo ao normal andamento do processo ou deixar de promover, por mais de 3 (três) dias úteis, os atos e as diligências que lhe cumprirem.

A inicial será desde logo indeferida, por decisão motivada, quando não for o caso de mandado de segurança ou lhe faltar algum dos requisitos legais ou quando decorrido o prazo legal para a impetração.

Do indeferimento da inicial pelo juiz de primeiro grau caberá, na seara laboral, recurso ordinário e, quando a competência para o julgamento do mandado de segurança couber originariamente a um dos tribunais regionais do trabalho, do ato do relator caberá agravo regimental para o órgão competente do tribunal que integre.

O ingresso de litisconsorte ativo não será admitido após o despacho da petição inicial.

Feitas as notificações, o serventuário em cujo cartório corra o feito juntará aos autos cópia autêntica dos ofícios endereçados ao coator e ao órgão de representação judicial da pessoa jurídica interessada, bem como a prova da entrega a estes ou da sua recusa em aceitá-los ou dar recibo e, no caso do art. 4.º da referida lei, a comprovação da remessa.

Findo o prazo de 10 dias para a autoridade coatora prestar informações, o juiz ouvirá o representante do Ministério Público, que opinará, dentro do prazo improrrogável de 10 (dez) dias. Com ou sem o parecer do Ministério Público, os autos serão conclusos ao juiz, para a decisão, a qual deverá ser necessariamente proferida em 30 (trinta) dias.

Concedida a segurança, o juiz transmitirá em ofício, por intermédio do oficial do juízo, ou pelo correio, mediante correspondência com aviso de recebimento, o inteiro teor da sentença à autoridade coatora e à pessoa jurídica interessada. Em caso de urgência, poderá o juiz dar ciência à autoridade coatora e à pessoa jurídica interessada por meio de telegrama, radiograma, fax ou meio eletrônico.

Proferida a decisão pelo Juiz do Trabalho ou pelo Tribunal Regional do Trabalho competente, caberá recurso ordinário para instância superior.

Nos casos de competência originária dos tribunais, caberá ao relator a instrução do processo, sendo assegurada a defesa oral na sessão do julgamento do mérito ou do pedido liminar (art. 16, Lei 12.016/2009, alterado pela Lei 13.676/2018).

Caso o mandado de segurança seja julgado originariamente pelo Tribunal Superior do Trabalho, em situação de denegação de segurança, o apelo cabível será o recurso ordinário, a ser julgado pelo Supremo Tribunal Federal, em função do disposto no art. 102, inciso II, "a", da CF/1988.

Frise que o art. 18 da Lei 12.016/2009 estabelece que das decisões em mandado de segurança proferidas em única instância pelos tribunais cabe recurso especial e extraordinário, nos casos legalmente previstos, e recurso ordinário, quando a ordem for denegada.

Impende-se destacar que se estende à autoridade coatora o direito de recorrer, sendo que, concedida a segurança, a sentença estará sujeita obrigatoriamente ao duplo grau de jurisdição.

A sentença que conceder o mandado de segurança pode ser executada provisoriamente, salvo nos casos em que for vedada a concessão da medida liminar.

Por outro lado, a sentença ou o acórdão que denegar mandado de segurança, sem decidir o mérito, não impedirá que o requerente, por ação própria, pleiteie os seus direitos e os respectivos efeitos patrimoniais.

Cabe destacar que os processos de mandado de segurança e os respectivos recursos terão prioridade sobre todos os atos judiciais, salvo *habeas corpus*.

O Presidente do Tribunal ao qual couber o conhecimento do respectivo recurso poderá suspender, em decisão fundamentada, a execução da liminar e da sentença quando, a requerimento da pessoa jurídica de direito público interessada ou do Ministério Público, houver possibilidade de grave lesão à ordem, à saúde, à segurança e à economia públicas. Vejamos o inteiro teor do art. 15 e parágrafos da Lei 12.016/2009:

> "Art. 15. Quando, a requerimento de pessoa jurídica de direito público interessada ou do Ministério Público e para evitar grave lesão à ordem, à saúde, à segurança e à economia públicas, o presidente do tribunal ao qual couber o conhecimento do respectivo recurso suspender, em decisão fundamentada, a execução da liminar e da sentença, dessa decisão caberá agravo, sem efeito suspensivo, no prazo de 5 (cinco) dias, que será levado a julgamento na sessão seguinte à sua interposição.
>
> § 1.º Indeferido o pedido de suspensão ou provido o agravo a que se refere o *caput* deste artigo, caberá novo pedido de suspensão ao presidente do tribunal competente para conhecer de eventual recurso especial ou extraordinário.
>
> § 2.º É cabível também o pedido de suspensão a que se refere o § 1.º deste artigo, quando negado provimento a agravo de instrumento interposto contra a liminar a que se refere este artigo.
>
> § 3.º A interposição de agravo de instrumento contra liminar concedida nas ações movidas contra o poder público e seus agentes não prejudica nem condiciona o julgamento do pedido de suspensão a que se refere este artigo.
>
> § 4.º O presidente do tribunal poderá conferir ao pedido efeito suspensivo liminar se constatar, em juízo prévio, a plausibilidade do direito invocado e a urgência na concessão da medida.
>
> § 5.º As liminares cujo objeto seja idêntico poderão ser suspensas em uma única decisão, podendo o presidente do tribunal estender os efeitos da suspensão a liminares supervenientes, mediante simples aditamento do pedido original".

Sobre a petição inicial do mandado de segurança, cabe destacar a seguinte jurisprudência:

> "MANDADO DE SEGURANÇA. INICIAL INSTRUÍDA COM CÓPIAS DE DOCUMENTOS SEM AUTENTICAÇÃO. SÚMULA N.º 415 DO TST. EXTINÇÃO DO FEITO SEM JULGAMENTO DO MÉRITO. I – 'Exigindo o Mandado de segurança prova documental pré-constituída, inaplicável se torna o art. 284 do CPC (art. 321 do atual CPC)

quando verificada, na petição inicial do *mandamus*, a ausência de documento indispensável ou de sua autenticação'. II – A disposição contida na parte final do § 1.º do art. 544 do CPC (art. 1.042, § 6.º, do atua CPC) é aplicável somente às cópias que instruem o agravo de instrumento, não se estendendo àquelas que instruem o mandado de segurança, consoante entendimento reiteradamente adotado no âmbito desta Corte. III – Por outro lado, não tem aplicação subsidiária ao Processo do Trabalho o disposto no art. 365, IV, do CPC (art. 425, IV, do atual CPC), em razão de ele conter regra própria consubstanciada na norma do art. 830 da CLT, cuja inovação nela imprimida pela Lei n.º 11.925/2009, de se admitir que o advogado declare a autenticidade das cópias, não tem o condão de convalidar a irregularidade pretérita. IV – É que a nova disposição do artigo 830 da CLT qualifica-se como regra de conteúdo processual e, não obstante as normas processuais tenham aplicação imediata aos processos pendentes, não têm efeito retroativo, por conta da regra de direito intertemporal, que as preside, segundo a qual *tempus regit actum*, pelo que remanesce a falta de pressuposto de constituição e desenvolvimento válido e regular do processo. V – Recurso a que se nega provimento" (RO 26100-71.2009.5.03.0000 – Subseção II Especializada em Dissídios Individuais – Rel. Min. Antônio José de Barros Levenhagen – 27.04.2010).

"MANDADO DE SEGURANÇA. PETIÇÃO INICIAL INSTRUÍDA COM CÓPIAS DE DOCUMENTO DESPROVIDAS DE AUTENTICAÇÃO. EXTINÇÃO DO PROCESSO SEM JULGAMENTO DO MÉRITO. Esta Corte Superior, através da Súmula 415, firmou o entendimento de que, exigindo o mandado de segurança prova documental pré-constituída, inviável a concessão de oportunidade para juntada de documento, quando verificada na inicial a ausência de peça indispensável à comprovação do invocado direito líquido e certo deduzido na ação mandamental, ou de autenticação das cópias dos documentos que acompanham a inicial. Assim sendo, deve ser decretada a extinção do processo, sem julgamento do mérito, por ausência de pressuposto de constituição e desenvolvimento válido e regular do feito, nos termos do artigo 267, inciso IV, do CPC (art. 485, IV, do atual CPC). Processo extinto sem exame de mérito" (TST – ROMS 10.344/2002-000-02-00.6 – SBDI 2 – Rel. Min. Emmanoel Pereira – *DJU* 03.02.2006).

"MANDADO DE SEGURANÇA – INICIAL INSTRUÍDA COM CÓPIAS DE DOCUMENTOS SEM AUTENTICAÇÃO – SÚMULA 415 DO TST – Constata-se a ausência de autenticação das cópias que acompanham a inicial do mandado de segurança, em contravenção à norma do art. 830 da CLT, irregularidade insuscetível de ser sanada nos moldes do que preconiza o art. 284 do CPC (art. 321 do atual CPC), devido à peculiaridade de o mandado de segurança exigir prova documental pré-constituída, entendimento consagrado na Súmula 415 do TST. Nessas hipóteses, a Corte tem entendido ser imperiosa a extinção do processo, sem julgamento de mérito, por inépcia da inicial, na forma dos arts. 267, I, e 295, I, do CPC (arts. 485, I, e 330, I, do atual CPC). Processo extinto, sem apreciação do mérito, com fulcro no art. 267, IV e § 3.º, do CPC" (art. 485, IV e § 3.º, do atual CPC) (TST – ROMS 10024/2004-000-02-00.8 – SBDI 2 – Rel. Min. Barros Levenhagen – *DJU* 11.11.2005).

10.2.7. Mandado de segurança coletivo

O mandado de segurança coletivo é uma espécie de ação civil pública, de pouca aplicação na Justiça do Trabalho, embora tenha previsão explícita na Constituição Federal de 1988 (art. 5.º, LXX).

Carlos Henrique Bezerra Leite, em sua obra *Curso de direito processual do trabalho*, 14. ed., p. 1.640, ao discorrer sobre a pouca utilização do mandado de segurança coletivo na Justiça do Trabalho, afirma que:

> "Poder-se-ia conjeturar com o mandado de segurança coletivo contra ato judicial, como, por exemplo, nas hipóteses de uma ação civil pública, ajuizada pelo MPT ou por sindicato em defesa dos interesses coletivos ou individuais homogêneos dos trabalhadores, com pedido de liminar indeferido pelo juiz da Vara do Trabalho. Nesse caso, considerando-se o princípio da irrecorribilidade imediata das decisões interlocutórias, pensamos ser permitido ao sindicato ou ao MPT impetrar a ação de segurança coletiva contra tal decisão".

Vale destacar que a Lei 12.016/2009, passou a disciplinar o mandado de segurança coletivo nos arts. 21 e 22, *in verbis*:

> "Art. 21. O mandado de segurança coletivo pode ser impetrado por partido político com representação no Congresso Nacional, na defesa de seus interesses legítimos relativos a seus integrantes ou à finalidade partidária, ou por organização sindical, entidade de classe ou associação legalmente constituída e em funcionamento há, pelo menos, 1 (um) ano, em defesa de direitos líquidos e certos da totalidade, ou de parte, dos seus membros ou associados, na forma dos seus estatutos e desde que pertinentes às suas finalidades, dispensada, para tanto, autorização especial.
>
> Parágrafo único. Os direitos protegidos pelo mandado de segurança coletivo podem ser:
>
> I – coletivos, assim entendidos, para efeito desta Lei, os transindividuais, de natureza indivisível, de que seja titular grupo ou categoria de pessoas ligadas entre si ou com a parte contrária por uma relação jurídica básica;
>
> II – individuais homogêneos, assim entendidos, para efeito desta Lei, os decorrentes de origem comum e da atividade ou situação específica da totalidade ou de parte dos associados ou membros do impetrante".
>
> "Art. 22. No mandado de segurança coletivo, a sentença fará coisa julgada limitadamente aos membros do grupo ou categoria substituídos pelo impetrante.
>
> § 1.º O mandado de segurança coletivo não induz litispendência para as ações individuais, mas os efeitos da coisa julgada não beneficiarão o impetrante a título individual se não requerer a desistência de seu mandado de segurança no prazo de 30 (trinta) dias a contar da ciência comprovada da impetração da segurança coletiva.
>
> § 2.º No mandado de segurança coletivo, a liminar só poderá ser concedida após a audiência do representante judicial da pessoa jurídica de direito público, que deverá se pronunciar no prazo de 72 (setenta e duas) horas".
>
> O STJ se pronunciou recentemente sobre o mandado de segurança coletivo:
>
> "AGRAVO REGIMENTAL NO AGRAVO EM RECURSO ESPECIAL. PROCESSUAL CIVIL. EXECUÇÃO INDIVIDUAL DE TÍTULO JUDICIAL. MANDADO DE SEGURANÇA COLETIVO. FORO COMPETENTE. ALCANCE OBJETIVO E SUBJETIVO DOS EFEITOS DA SENTENÇA COLETIVA. LIMITAÇÃO TERRITORIAL. IMPROPRIEDADE. 1. A Corte Especial do

Superior Tribunal de Justiça, no julgamento do REsp nº 1.243.887/PR, processado sob o regime do art. 543-C do Código de Processo Civil (art. 1.036 do atua CPC), analisando a questão da competência territorial para julgar a execução individual do título judicial em ação civil pública, decidiu que a liquidação e a execução individual de sentença genérica proferida em ação civil coletiva pode ser ajuizada no foro do domicílio do beneficiário, porquanto os efeitos e a eficácia da sentença não estão circunscritos a lindes geográficos, mas aos limites objetivos e subjetivos do que foi decidido (Relator Ministro Luis Felipe Salomão, *DJe* de 12.12.2011). 2. Seguindo aquela orientação, os efeitos da sentença proferida em mandado de segurança coletivo impetrado pela Federação Nacional das Associações de Aposentados e Pensionistas da Caixa Econômica Federal – Fenacef – não estão limitados a lindes geográficos, mas aos limites objetivos e subjetivos do que foi decidido. 3. Esse é o entendimento pacífico das Turmas da Primeira Seção, de que são exemplos os seguintes julgados: AgRg no AREsp nº 302.062/DF, Relator Ministro Napoleão Nunes Maia Filho, *DJe* 19.05.2014 e AgRg no AREsp nº 322.064, DF, Relator Ministro Humberto Martins, *DJe* 14.06.2013. 4. Agravo regimental desprovido" (STJ – AgRg no AREsp 471288 DF 2014/0023334-9 – 1ª T. – Rel.ª Min.ª Marga Tessler, j. em 17.03.2015, *DJe* 24.03.2015).

10.2.8. Súmulas e orientações jurisprudenciais correlatas

Destacamos, a seguir, as principais súmulas e orientações jurisprudenciais envolvendo o tema em destaque:

- SÚMULA 33 DO TST. MANDADO DE SEGURANÇA. DECISÃO JUDICIAL TRANSITADA EM JULGADO. Não cabe mandado de segurança de decisão judicial transitada em julgado.
- SÚMULA 201 DO TST. RECURSO ORDINÁRIO EM MANDADO DE SEGURANÇA. Da decisão do Tribunal Regional do Trabalho em mandado de segurança cabe recurso ordinário, no prazo de 8 (oito) dias, para o Tribunal Superior do Trabalho, e igual dilação para o recorrido e interessados apresentarem razões de contrariedade.
- SÚMULA 397 DO TST. AÇÃO RESCISÓRIA. ART. 966, IV, DO CPC DE 2015. ART. 485, IV, DO CPC DE 1973. AÇÃO DE CUMPRIMENTO. OFENSA À COISA JULGADA EMANADA DE SENTENÇA NORMATIVA MODIFICADA EM GRAU DE RECURSO. INVIABILIDADE. CABIMENTO DE MANDADO DE SEGURANÇA. (atualizada em decorrência do CPC de 2015) – Res. 208/2016, *DEJT* divulgado em 22, 25 e 26.04.2016.

Não procede ação rescisória calcada em ofensa à coisa julgada perpetrada por decisão proferida em ação de cumprimento, em face de a sentença normativa, na qual se louvava, ter sido modificada em grau de recurso, porque em dissídio coletivo somente se consubstancia coisa julgada formal. Assim, os meios processuais aptos a atacarem a execução da cláusula reformada são a exceção de pré-executividade e o mandado de segurança, no caso de descumprimento do art. 514 do CPC de 2015 (art. 572 do CPC de 1973) (ex-OJ nº 116 da SBDI-2 – *DJ* 11.08.2003).

- SÚMULA 414 DO TST. MANDADO DE SEGURANÇA. TUTELA PROVISÓRIA CONCEDIDA ANTES OU NA SENTENÇA (nova redação em decorrência do CPC de 2015) – Res. 217/2017 – *DEJT* divulgado em 20, 24 e 25.04.2017.

  I – A tutela provisória concedida na sentença não comporta impugnação pela via do mandado de segurança, por ser impugnável mediante recurso ordinário. É admissível a obtenção de efeito suspensivo ao recurso ordinário mediante requerimento dirigido ao tribunal, ao relator ou ao presidente ou ao vice-presidente do tribunal recorrido, por aplicação subsidiária ao processo do trabalho do artigo 1.029, § 5.º, do CPC de 2015.

  II – No caso de a tutela provisória haver sido concedida ou indeferida antes da sentença, cabe mandado de segurança, em face da inexistência de recurso próprio.

  III – A superveniência da sentença, nos autos originários, faz perder o objeto do mandado de segurança que impugnava a concessão ou o indeferimento da tutela provisória.

- SÚMULA 415 DO TST. MANDADO DE SEGURANÇA. PETIÇÃO INICIAL. ART. 321 DO CPC DE 2015. ART. 284 DO CPC DE 1973. INAPLICABILIDADE (atualizada em decorrência do CPC de 2015) – Res. 208/2016, *DEJT* divulgado em 22, 25 e 26.04.2016.

  Exigindo o mandado de segurança prova documental pré-constituída, inaplicável o art. 321 do CPC de 2015 (art. 284 do CPC de 1973) quando verificada, na petição inicial do "mandamus", a ausência de documento indispensável ou de sua autenticação (ex-OJ nº 52 da SBDI-2 – inserida em 20.09.2000).

- SÚMULA 416 DO TST. MANDADO DE SEGURANÇA. EXECUÇÃO. LEI 8.432/1992. ART. 897, § 1.º, DA CLT. CABIMENTO. (conversão da Orientação Jurisprudencial nº 55 da SDI-II – Res. 137/2005 – *DJ* 22.08.2005).

  Devendo o agravo de petição delimitar justificadamente a matéria e os valores objeto de discordância, não fere direito líquido e certo o prosseguimento da execução quanto aos tópicos e valores não especificados no agravo (ex-OJ nº 55 – inserida em 20.09.2000).

- SÚMULA 417 DO TST. MANDADO DE SEGURANÇA. PENHORA EM DINHEIRO (alterado o item I, atualizado o item II e cancelado o item III, modulando-se os efeitos da presente redação de forma a atingir unicamente as penhoras em dinheiro em execução provisória efetivadas a partir de 18.03.2016, data de vigência do CPC de 2015) – Res. 212/2016, *DEJT* divulgado em 20, 21 e 22.09.2016.

  I – Não fere direito líquido e certo do impetrante o ato judicial que determina penhora em dinheiro do executado para garantir crédito exequendo, pois é prioritária e obedece à gradação prevista no art. 835 do CPC de 2015 (art. 655 do CPC de 1973).

  II – Havendo discordância do credor, em execução definitiva, não tem o executado direito líquido e certo a que os valores penhorados em dinheiro fiquem depositados no próprio banco, ainda que atenda aos requisitos do art. 840, I, do CPC de 2015 (art. 666, I, do CPC de 1973). (ex-OJ nº 61 da SBDI-2 – inserida em 20.09.2000).

- SÚMULA 418 DO TST. MANDADO DE SEGURANÇA VISANDO À HOMOLOGAÇÃO DE ACORDO (nova redação em decorrência do CPC de 2015) – Res. 217/2017 – *DEJT* divulgado em 20, 24 e 25.04.2017.

A homologação de acordo constitui faculdade do juiz, inexistindo direito líquido e certo tutelável pela via do mandado de segurança.

- OJ 54 DA SDI-II/TST. MANDADO DE SEGURANÇA. EMBARGOS DE TERCEIRO. CUMULAÇÃO. PENHORA. INCABÍVEL (atualizada em decorrência do CPC de 2015) – Res. 208/2016, *DEJT* divulgado em 22, 25 e 26.04.2016.

  Ajuizados embargos de terceiro (art. 674 do CPC de 2015 – art. 1.046 do CPC de 1973) para pleitear a desconstituição da penhora, é incabível mandado de segurança com a mesma finalidade.

- OJ 56 DA SDI-II/TST. MANDADO DE SEGURANÇA. EXECUÇÃO. PENDÊNCIA DE RECURSO EXTRAORDINÁRIO. Não há direito líquido e certo à execução definitiva na pendência de recurso extraordinário, ou de agravo de instrumento visando a destrancá-lo.

- OJ 59 DA SDI-II/TST. MANDADO DE SEGURANÇA. PENHORA. CARTA DE FIANÇA BANCÁRIA. SEGURO GARANTIA JUDICIAL (nova redação em decorrência do CPC de 2015) – Res. 209/2016, *DEJT* divulgado em 1.º, 02 e 03.06.2016

  A carta de fiança bancária e o seguro garantia judicial, desde que em valor não inferior ao do débito em execução, acrescido de trinta por cento, equivalem a dinheiro para efeito da gradação dos bens penhoráveis, estabelecida no art. 835 do CPC de 2015 (art. 655 do CPC de 1973).

- OJ 63 DA SDI-II/TST. MANDADO DE SEGURANÇA. REINTEGRAÇÃO. AÇÃO CAUTELAR. Comporta a impetração de mandado de segurança o deferimento de reintegração no emprego em ação cautelar.

- OJ 64 DA SDI-II/TST. MANDADO DE SEGURANÇA. REINTEGRAÇÃO LIMINARMENTE CONCEDIDA. Não fere direito líquido e certo a concessão de tutela antecipada para reintegração de empregado protegido por estabilidade provisória decorrente de lei ou norma coletiva.

- OJ 65 DA SDI-II/TST. MANDADO DE SEGURANÇA. REINTEGRAÇÃO LIMINARMENTE CONCEDIDA. DIRIGENTE SINDICAL. Ressalvada a hipótese do art. 494 da CLT, não fere direito líquido e certo a determinação liminar de reintegração no emprego de dirigente sindical, em face da previsão do inciso X do art. 659 da CLT.

- OJ 66 DA SDI-II/TST. MANDADO DE SEGURANÇA. SENTENÇA HOMOLOGATÓRIA DE ADJUDICAÇÃO. INCABÍVEL. (atualizado o item I e incluído o item II em decorrência do CPC de 2015) – Res. 212/2016, *DEJT* divulgado em 20, 21 e 22.09.2016.

  I – Sob a égide do CPC de 1973 é incabível o mandado de segurança contra sentença homologatória de adjudicação, uma vez que existe meio próprio para impugnar o ato judicial, consistente nos embargos à adjudicação (CPC de 1973, art. 746).

  II – Na vigência do CPC de 2015 também não cabe mandado de segurança, pois o ato judicial pode ser impugnado por simples petição, na forma do artigo 877, *caput*, do CPC de 2015.

- OJ 67 DA SDI-II/TST. MANDADO DE SEGURANÇA. TRANSFERÊNCIA. ART. 659, IX, DA CLT. Não fere direito líquido e certo a concessão de liminar obstativa de transferência de empregado, em face da previsão do inciso IX do art. 659 da CLT.

- OJ 88 DA SDI-II/TST. MANDADO DE SEGURANÇA. VALOR DA CAUSA. CUSTAS PROCESSUAIS. CABIMENTO (inserida em 13.03.2002).

  Incabível a impetração de mandado de segurança contra ato judicial que, de ofício, arbitrou novo valor à causa, acarretando a majoração das custas processuais, uma vez que cabia à parte, após recolher as custas, calculadas com base no valor dado à causa na inicial, interpor recurso ordinário e, posteriormente, agravo de instrumento no caso de o recurso ser considerado deserto.

- OJ 91 DA SDI-II/TST. MANDADO DE SEGURANÇA. AUTENTICAÇÃO DE CÓPIAS PELAS SECRETARIAS DOS TRIBUNAIS REGIONAIS DO TRABALHO. REQUERIMENTO INDEFERIDO. ART. 789, § 9.º, DA CLT. Não sendo a parte beneficiária da assistência judiciária gratuita, inexiste direito líquido e certo à autenticação pelas Secretarias dos Tribunais, de peças extraídas do processo principal, para formação do agravo de instrumento.

- OJ 92 DA SDI-II/TST. MANDADO DE SEGURANÇA. EXISTÊNCIA DE RECURSO PRÓPRIO. Não cabe mandado de segurança contra decisão judicial passível de reforma mediante recurso próprio, ainda que com efeito diferido.

- OJ 93 DA SDI-II/TST. PENHORA SOBRE PARTE DA RENDA DE ESTABELECIMENTO COMERCIAL. POSSIBILIDADE (alterada em decorrência do CPC de 2015) – Res. 220/2017 – *DEJT* divulgado em 21, 22 e 25.09.2017.

  Nos termos do art. 866 do CPC de 2015, é admissível a penhora sobre a renda mensal ou faturamento de empresa, limitada a percentual, que não comprometa o desenvolvimento regular de suas atividades, desde que não haja outros bens penhoráveis ou, havendo outros bens, eles sejam de difícil alienação ou insuficientes para satisfazer o crédito executado.

- OJ 98 DA SDI-II/TST. MANDADO DE SEGURANÇA. CABÍVEL PARA ATACAR EXIGÊNCIA DE DEPÓSITO PRÉVIO DE HONORÁRIOS PERICIAIS. Inserida em 27.09.2002 (nova redação – *DJ* 22.08.2005).

  É ilegal a exigência de depósito prévio para custeio dos honorários periciais, dada a incompatibilidade com o processo do trabalho, sendo cabível o mandado de segurança visando à realização da perícia, independentemente do depósito.

- OJ 99 DA SDI-II/TST. MANDADO DE SEGURANÇA. ESGOTAMENTO DE TODAS AS VIAS PROCESSUAIS DISPONÍVEIS. TRÂNSITO EM JULGADO FORMAL. DESCABIMENTO. Esgotadas as vias recursais existentes, não cabe mandado de segurança.

- OJ 127 DA SDI-II/TST. MANDADO DE SEGURANÇA. DECADÊNCIA. CONTAGEM. EFETIVO ATO COATOR. Na contagem do prazo decadencial para ajuizamento de mandado de segurança, o efetivo ato coator é o primeiro em que se firmou a tese hostilizada e não aquele que a ratificou.

- OJ 137 DA SDI-II/TST. MANDADO DE SEGURANÇA. DIRIGENTE SINDICAL. Constitui direito líquido e certo do empregador a suspensão do empregado, ainda que detentor de estabilidade sindical, até a decisão final do inquérito em que se apure a falta grave a ele imputada, na forma do art. 494, *caput* e parágrafo único, da CLT.

- OJ 140 DA SDI-II/TST. DEPÓSITO RECURSAL E CUSTAS PROCESSUAIS. RECOLHIMENTO INSUFICIENTE. DESERÇÃO (nova redação em decorrência do CPC de 2015) – Res. 217/2017 – *DEJT* divulgado em 20, 24 e 25.04.2017

Em caso de recolhimento insuficiente das custas processuais ou do depósito recursal, somente haverá deserção do recurso se, concedido o prazo de 5 (cinco) dias previsto no § 2º do art. 1.007 do CPC de 2015, o recorrente não complementar e comprovar o valor devido.

- OJ 142 DA SDI-II/TST. MANDADO DE SEGURANÇA. REINTEGRAÇÃO LIMINARMENTE CONCEDIDA. Inexiste direito líquido e certo a ser oposto contra ato de juiz que, antecipando a tutela jurisdicional, determina a reintegração do empregado até a decisão final do processo, quando demonstrada a razoabilidade do direito subjetivo material, como nos casos de anistiado pela Lei n.º 8.878/1994, aposentado, integrante de comissão de fábrica, dirigente sindical, portador de doença profissional, portador de vírus de HIV ou detentor de estabilidade provisória prevista em norma coletiva.

- OJ 144 DA SDI-II/TST. MANDADO DE SEGURANÇA. PROIBIÇÃO DE PRÁTICA DE ATOS FUTUROS. SENTENÇA GENÉRICA. EVENTO FUTURO. INCABÍVEL. *DJ* 22.06.2004 (nova redação – *DJ* 22.08.2005). O mandado de segurança não se presta à obtenção de uma sentença genérica, aplicável a eventos futuros, cuja ocorrência é incerta.

- OJ 148 DA SDI-II/TST. CUSTAS. MANDADO DE SEGURANÇA. RECURSO ORDINÁRIO. EXIGÊNCIA DO PAGAMENTO. É responsabilidade da parte, para interpor recurso ordinário em mandado de segurança, a comprovação do recolhimento das custas processuais no prazo recursal, sob pena de deserção.

10.3. AÇÃO CIVIL PÚBLICA

10.3.1. Conceito

A ação civil pública é o instrumento processual constitucionalmente assegurado para a defesa judicial dos interesses ou direitos metaindividuais (interesses ou direitos difusos, coletivos e individuais homogêneos).

Sem dúvida, a ação civil pública representa o principal meio de acesso à jurisdição coletiva, sobretudo no âmbito laboral, visto que a hipossuficiência do trabalhador acaba por inibir o seu acesso ao Judiciário, como bem acentua Raimundo Simão de Melo, em sua obra *Ação civil pública na Justiça do Trabalho*, p. 93", *in verbis*:

> "A ação civil pública, como gênero das ações coletivas, tem por finalidade proteger os direitos e interesses metaindividuais – difusos, coletivos e individuais homogêneos – de ameaças e lesões. Destaca-se sua importância porque tais direitos são bens do povo e, por isso, constituem interesse público primário da sociedade, que, na maioria das vezes, não podem ser tutelados individualmente porque o cidadão é quase sempre um hipossuficiente que não dispõe de condições técnicas, financeiras e até psicológicas para enfrentar os poderosos em demandas que duram muitos anos perante o Judiciário. Em outros casos, nem mesmo compensa a atuação individualizada diante do baixo valor

econômico provocado pela lesão ao interesse individual decorrente da agressão coletiva. Há, contudo, outros fatores inibidores da defesa de tais interesses, como ocorre, por exemplo, no direito do trabalho, em que, além da subordinação econômica e da hipossuficiência presumida do trabalhador, sofre este as ameaças do desemprego e até mesmo as retaliações praticadas por empregadores inescrupulosos em represália pela busca de uma reparação perante o Poder Judiciário Trabalhista. Por essas e outras razões verificadas em cada caso concreto, a ação civil pública trabalhista representa uma adequada forma de acesso do cidadão ao verdadeiro direito de ação, que, individualmente, vem, em muitos casos, tornando simples retórica o comando do inciso XXXV do art. 5.º da Constituição Federal, que diz que a lei não excluirá da apreciação do Poder Judiciário lesão ou ameaça de direito. Por isso, é considerada essa ação como um instrumento ideológico de satisfação dos direitos e interesses fundamentais da sociedade moderna".

O mestre Carlos Henrique Bezerra Leite, comentando sobre a globalização da economia e a massificação dos conflitos trabalhistas, em sua obra *Ação civil pública*, p. 88-89, explica que:

"Paralelamente à massificação dos meios de produção e de distribuição, nos quais o trabalho humano avulta imprescindível, multiplicaram-se não só os direitos sociais dos trabalhadores, mas, também, os problemas socioeconômicos do mundo do trabalho, como o desemprego em todas as suas manifestações; a exclusão social; o aviltamento dos salários; o descumprimento generalizado da legislação trabalhista; o crescimento do trabalho informal; a flexibilização *in pejus* (ou desregulamentação); a automação; a terceirização; as discriminações de toda ordem, por motivo de idade, de opção sexual, de estado civil, de raça; a exploração do trabalho infantojuvenil; o descuido reiterado com o meio ambiente de trabalho, etc.

Diante desses inúmeros problemas, o trabalhador isolado apresenta-se fragilizado, isto é, incapaz de vindicar efetivamente seus direitos sociais, mesmo porque nos países em que não há um sistema adequado de proteção da relação de emprego contra dispensa arbitrária ou sem justa causa, como é o caso do Brasil, há sempre o fundado receio de que o ajuizamento de uma demanda individual pelo trabalhador, durante a vigência do contrato de trabalho, implica, via de regra, a perda do emprego.

(...)

Ciente de que o direito processual tradicional (civil e trabalhista), que é pautado no liberalismo individualista do século XIX, mostrava-se insuficiente e inadequado para solucionar esses novos conflitos de massa, o legislador brasileiro, preocupandose com a instrumentalidade substancial e com a questão da efetividade do processo, assumiu uma posição de vanguarda, digna de encômios. Para tanto, criou novos instrumentos jurídicos e aperfeiçoou os já existentes, além de estruturar (e reestruturar) instituições especialmente destinadas à promoção do acesso coletivo de grandes contingentes humanos a um moderno sistema integrado de tutela jurisdicional dos direitos ou interesses metaindividuais".

10.3.2. Cabimento na Justiça do Trabalho

O primeiro dispositivo legal a dispor sobre a ação civil pública foi a LC 40/1981 (Lei Orgânica do Ministério Público), que no art. 3.º, III, estabelecia, como competência exclusiva do Ministério Público, a promoção da ação civil pública, nos termos da lei.

Em 24.07.1985, foi editada a Lei 7.347, que passou a disciplinar a ação civil pública, estabelecendo a redação atual do seu art. 1.º que:

> "Art. 1.º Regem-se pelas disposições desta Lei, sem prejuízo da ação popular, as ações de responsabilidade por danos morais e patrimoniais causados:
>
> I – ao meio ambiente;
>
> II – ao consumidor;
>
> III – a bens e direitos de valor artísticos, estético, histórico, turístico e paisagístico;
>
> IV – a qualquer outro interesse difuso ou coletivo (inciso acrescentado em função do art. 110 da Lei n.º 8.078/1990);
>
> V – por infração da ordem econômica (alterado pela Lei n.º 12.529/11);
>
> VI – à ordem urbanística (incluído pela Medida Provisória n.º 2.180-35/01);
>
> VII – à honra e à dignidade de grupos raciais, étnicos ou religiosos (acrescido pela Lei n.º 12.966/14);
>
> VIII – ao patrimônio público e social" (acrescido pela Lei n.º 13.004/14).

Com a promulgação da Constituição Federal de 1988, a ação civil pública passou a ser prevista expressamente pelo texto constitucional no art. 129, III, *in verbis*:

> "Art. 129 da CF/1988 – São funções institucionais do Ministério Público:
>
> (...)
>
> III – promover o inquérito civil e a ação civil pública, para a proteção do patrimônio público e social, do meio ambiente e de outros interesses difusos e coletivos".

Logo, a Carta Maior de 1988 permitiu a utilização da ação civil pública também no âmbito da Justiça do Trabalho, pois o texto constitucional não fez qualquer distinção entre os "ramos" do Ministério Público que estão legitimados para promover a atinente ação civil pública.

Destacamos o seguinte julgado do STF:

> "RECLAMAÇÃO. COMPETÊNCIA DA JUSTIÇA DO TRABALHO. ADI 3.395. AÇÃO CIVIL PÚBLICA. CUMPRIMENTO DE NORMAS DE SAÚDE, SEGURANÇA E HIGIENE

NO TRABALHO. 1. Não há identidade estrita com o decidido na ADI 3.395-MC o debate sobre a competência da Justiça do Trabalho para julgar ação civil pública, cujo objetivo é impor a ente público o cumprimento de normas relativas ao meio ambiente do trabalho (no caso, hospital público no qual trabalham não apenas servidores estatutários, mas também funcionários terceirizados, submetidos à CLT). 2. Agravo regimental desprovido" (STF – AgR Rcl 20744/SC – 1.ª T. – Rel. Min. Roberto Barroso – j. em 02.02.2016 – *DJe*-034 24.02.2016).

Além disso, com a promulgação da Carta Política de 1988, a ação civil pública, instituída pela Lei 7.347/1985, ampliou consideravelmente seu campo de atuação, uma vez que o texto constitucional, expressamente, passou a admitir a propositura da ACP para proteger **qualquer interesse difuso ou coletivo**.

Em 1990, surgiu a Lei 8.078/1990, conhecida como Código de Defesa do Consumidor, que em seu art. 110 fez acrescentar ao art. 1.º da Lei 7.347/1985, o inciso V, para incluir a possibilidade do manejo da ação civil pública para a defesa de qualquer outro interesse difuso e coletivo.

Além disso, a Lei 8.078/1990 passou a prever a defesa em juízo dos interesses e direitos individuais homogêneos (art. 81, parágrafo único, III), passando a ação civil pública também a ser utilizada com essa finalidade.

O Código de Defesa do Consumidor, por meio do art. 117, também concedeu nova redação ao art. 21 da Lei de Ação Civil Pública (Lei 7.347/1985), aplicando-se, doravante, às ações coletivas promovidas para a defesa dos interesses difusos, coletivos e individuais o sistema processual do próprio Código de Defesa do Consumidor.

Todavia, mesmo diante da previsão constitucional e do sistema integrado formado pelas Leis 7.347/1985 e 8.078/1990, ainda persistiram dúvidas na doutrina e na jurisprudência quanto ao cabimento da ação civil pública no âmbito da Justiça do Trabalho, as quais somente foram dirimidas com a edição da LC 75/1993 (Lei Orgânica do Ministério Público da União), que no art. 83, III, conferiu competência ao Ministério Público do Trabalho para promover a ação civil pública no âmbito da Justiça laboral.

Vejamos:

"Art. 83 da LC 75/1993 – Compete ao Ministério Público do Trabalho o exercício das seguintes atribuições junto aos órgãos da Justiça do Trabalho:

(...)

III – promover a ação civil pública no âmbito da Justiça do Trabalho, para a defesa de interesses coletivos, quando desrespeitados os direitos sociais constitucionalmente garantidos".

Por último, cabe destacar que o art. 1.º, parágrafo único, da Lei 7.347/1985, instituído por força da MP 2.180-35/2001, dispõe que "não será cabível ação civil pública para veicular pretensões que envolvam tributos, contribuições previdenciárias, o Fundo de Garantia do Tempo de Serviço – FGTS – ou outros fundos de natureza institucional cujos beneficiários podem ser individualmente determinados.

10.3.3. Proteção dos interesses e direitos difusos, coletivos e individuais homogêneos

- **Proteção dos interesses e direitos difusos:**

A Lei 8.078/1990, no art. 81, parágrafo único, I, conceitua os interesses ou direitos difusos, como os transindividuais, de natureza indivisível, de que sejam titulares pessoas indeterminadas e ligadas por circunstâncias de fato.

Podemos elencar as seguintes características nos interesses difusos:

> **a – Indeterminação dos sujeitos**: o interesse difuso alcança pessoas indeterminadas ligadas apenas por circunstâncias de fato, inexistindo qualquer vínculo jurídico que una os sujeitos afetados por esses interesses.

Portanto, nos interesses difusos, a titularidade do direito é da coletividade, ligadas por determinada circunstância de fato, como consumir um dado produto, viver em uma determinada localidade etc.

> **b – Indivisibilidade do objeto:** os interesses difusos são insuscetíveis de repartição em quinhões ou cotas entre pessoas e grupos. Logo, a satisfação de um necessariamente implicará a satisfação de todos, assim como a lesão de um só redunda na lesão de toda a coletividade.

Hugo Nigro Mazzilli, em sua obra *A defesa dos interesses difusos em juízo*, p. 47, ao comentar o tema, assegura que:

> "O objeto dos interesses difusos é indivisível. Assim, por exemplo, a pretensão ao meio ambiente hígido, posto compartilhada por número indeterminável de pessoas, não pode ser quantificada ou dividida entre os membros da coletividade; também o produto da eventual indenização obtida em razão da degradação ambiental não pode ser repartido entre os integrantes do grupo lesado, não apenas porque cada um dos lesados não pode ser individualmente determinado, mas porque o próprio interesse é indivisível. Destarte, estão incluídos no grupo lesado não só os atuais moradores da região atingida, como também os futuros moradores do local; não só as pessoas que ali vivem atualmente, mas até mesmo as gerações futuras, que, não raro, também suportarão os efeitos da degradação ambiental. Em si mesmo, o próprio interesse em jogo é indivisível".

> **c – Larga conflituosidade**: os interesses e direitos difusos, embora soltos, desagregados, disseminados entre os segmentos sociais, enfrentarão, em regra, resistência

em face de outros interesses. Exemplificando, o interesse difuso na proteção da floresta amazônica conflita com os interesses da indústria madeireira; o interesse pela preservação da saúde de todos conflita com o interesse da indústria do fumo; os interesses da coletividade de determinado bairro decorrente da poluição sonora causada pelos trios elétricos colide com o interesse do município em função da implementação do turismo local etc.;

d – Inexistência de vínculo entre os titulares do direito: não há qualquer vínculo associativo entre os interessados nem qualquer liame jurídico que una os sujeitos afetados por esses interesses.

Sintetizando, colhemos os ensinamentos de Xisto Tiago de Medeiros Neto, em sua obra *Dano moral coletivo*, 1. ed., Editora LTr, p. 120, *in verbis*:

> "Com efeito, os interesses difusos estão inseridos em áreas diversas de imprescindível valor à vida da coletividade, ligando-se às próprias aspirações direcionadas ao sentido da preservação, evolução ou bem-estar social. Revelam, por isso, natureza transindividual e pertinem a coletividades de menor ou maior dimensão, cujas pessoas geralmente encontram-se em zona de impossível identificação, além de o bem jurídico almejado não ser suscetível de divisão".

No âmbito da Justiça do Trabalho, podemos destacar as seguintes situações concretas da existência de interesses e direitos difusos a serem tutelados pelo Ministério Público do Trabalho por meio do manejo da competente ação civil pública:

- Greve em atividades essenciais, com o não atendimento das necessidades inadiáveis da comunidade;
- Contratação sem concurso público;
- Discriminação de trabalhadores em razão de sexo, idade, raça, deficiência, ou mesmo pelo fato de o obreiro ser portador do vírus HIV, ou da mulher encontrar-se grávida;
- Utilização de trabalhadores escravos;
- Exigência pela empresa, aos candidatos a emprego, de certidão negativa de ações propostas na Justiça do Trabalho;
- Elaboração de listas negras, nas quais o empregador ou o sindicato patronal faz circular entre as empresas a listagem de trabalhadores que possuem ações trabalhistas em curso;
- Exigência, para a contratação ou permanência de mulheres no emprego, de atestado ou exame para comprovação de esterilidade ou gravidez.

- **Proteção dos interesses e direitos coletivos:**

O Código de Defesa do Consumidor também conceitua, no art. 81, parágrafo único, II, os denominados interesses e direitos coletivos como "os transindividuais de natureza indivisível de que seja titular grupo, categoria ou classe de pessoas ligadas entre si ou com parte contrária por uma relação jurídica base".

Nos interesses coletivos, o titular do direito é o grupo, a classe, a categoria, em que o direito não é exercido individualmente, mas, sim, de forma coletiva.

Por outro lado, os interesses e direitos coletivos abrangem um número de indivíduos indeterminados, mas os seus titulares, embora tratados coletivamente, são determináveis, seja pela relação jurídica-base que as une (grupo, associação de classe, categoria etc.), seja por meio do vínculo jurídico que as liga com a parte contrária (estudantes da mesma escola, contribuintes do mesmo tributo etc.).

Frise-se que, a exemplo dos direitos difusos, os direitos e interesses coletivos também são indivisíveis, não podendo ser fracionado entre os integrantes do grupo, classe ou categoria, pois são afetos a todos indistintamente.

Na esfera trabalhista podemos citar alguns exemplos de lesão a interesses e direitos coletivos:

- Ofensa à liberdade sindical, com a prática de condutas antissindicais ou dispensa arbitrária de dirigentes sindicais;
- Dispensa coletiva de trabalhadores durante uma greve, como forma de retaliação ao movimento paredista;
- Agressão ao meio ambiente de trabalho, com a não adoção das medidas de medicina e higiene previstas na legislação vigente.

- **Proteção aos interesses e direitos individuais homogêneos:**

A Lei 8.078/1990, em seu art. 81, parágrafo único, III, inseriu uma nova categoria de interesses, a dos denominados interesses e direitos individuais homogêneos, conceituados como os decorrentes de origem comum.

Em verdade, os interesses e direitos individuais homogêneos representam um feixe de interesses individuais com causa comum, cujos titulares são perfeitamente identificáveis e individualizáveis.

Representam interesses transindividuais, decorrentes de origem comum, porém divisíveis, podendo, cada lesado, individualmente, buscar a devida reparação.

Não obstante a natureza individual dos interesses ou direitos envolvidos, podem ser objeto de tratamento coletivo, em virtude de se originarem de uma situação comum, de natureza homogênea.

Portanto, não há uma relação jurídica-base entre os indivíduos, ocorrendo a sua ligação unicamente pela origem comum em razão da qual os interesses decorrem.

Xisto Tiago de Medeiros Neto, em sua obra *Dano moral coletivo*, 1. ed., Editora LTr, p. 123-124, sobre o tema, atesta que:

> "Dessa maneira, há de se compreender que os interesses individuais homogêneos, mesmo não possuindo a essência do interesse coletivo – pois concebidos como um feixe de interesses individuais, divisíveis, e em que são determináveis os seus titulares –, dada a só circunstância de terem origem comum, de se apresentarem de maneira idêntica em relação aos indivíduos e possibilitarem defesa conjunta, é determinante, sob o ângulo instrumental, para conferir-lhes feição própria e relevância social bastante a conduzir a proteção legal para a via coletiva".

Destacamos ainda os ensinamentos de Ada Pellegrini Grinover, que no artigo Significado social, político e jurídico da tutela dos interesses difusos, *Revista de Processo*, n.º 97, p. 11-12, bem diferenciou os interesses e direitos individuais homogêneos dos difusos e coletivos:

> "No ordenamento brasileiro, por definição legislativa (art. 81 do CDC), os interesses difusos e coletivos apresentam, em comum, a transindividualidade e a indivisibilidade do objeto. Isso significa que a fruição do bem, por parte de um membro da coletividade, implica necessariamente sua fruição por todos, assim como sua negação para um representa negação para todos. A solução do conflito é, por natureza, a mesma para todo o grupo.
>
> O que distingue os interesses difusos dos coletivos, no sistema do Código, é o elemento subjetivo, porquanto nos primeiros inexiste qualquer vínculo jurídico que ligue os membros do grupo entre si ou com a parte contrária, de maneira que os titulares dos interesses difusos são indeterminados e indetermináveis, unidos apenas por circunstâncias de fato (como morar na mesma região, consumir os mesmos produtos, participar das mesmas atividades empresariais). Nos interesses coletivos, ao contrário, tem-se um grupo, categoria ou classe de pessoas ligadas por uma relação jurídica base instituída entre elas (como acontece, por exemplo, quanto aos membros de uma associação) ou com a parte contrária (como nas relações tributárias, em que cada contribuinte é titular de uma relação jurídica com o fisco).
>
> Em contrapartida, nos interesses individuais homogêneos, conduzidos coletivamente por força da origem comum, cada membro do grupo é titular de direitos subjetivos clássicos, divisíveis por natureza, tanto assim que cada um pode levar a juízo sua demanda a título individual. (...) Cuida-se agora de um feixe de interesses que podem ser tratados coletivamente, firme restando a coexistência da tutela tradicional, a título individual.
>
> Justamente por isso acentuou que os interesses difusos e coletivos são ontologicamente coletivos, enquanto que os interesses individuais homogêneos se apresentam como coletivos apenas acidentalmente".

No âmbito laboral, podemos citar diversas condutas lesivas praticadas pelo empregador, atingindo pluralidade de empregados, possibilitando o manejo da ação civil pública na defesa dos interesses e direitos individuais homogêneos:

- Empregador que não paga as verbas rescisórias dos seus empregados;
- Não pagamento de adicional de insalubridade ou periculosidade aos empregados;
- Não concessão de intervalo inter e intrajornada aos obreiros;
- Redução salarial sem prévio ajuste em convenção ou acordo coletivo de trabalho;
- Atraso ou sonegação de salários dos empregados;
- Não concessão de férias aos obreiros;
- Não pagamento da gratificação natalina aos trabalhadores.

10.3.4. Competência material e territorial

A competência material da Justiça do Trabalho para conhecer e julgar a ação civil pública decorre, naturalmente, do disposto no art. 114 da Constituição da República e na legislação correlata já mencionada, em especial as Leis 7.347/1985 (LACP), 8.078/1990 (CDC), além da LC 75/1993 (LOMPU, art. 83, III).

No tocante à competência territorial, trata-se de matéria já superada em doutrina e jurisprudência, conferindo à Vara do Trabalho parcela de jurisdição suficiente para instrução e julgamento do feito, por força do disposto no art. 2.º da Lei 7.347/1985, que assim dispõe:

> "Art. 2.º As ações previstas nesta Lei serão propostas no foro do local onde ocorrer o dano, cujo juízo terá competência funcional para processar e julgar a causa".

O Egrégio Tribunal Superior do Trabalho também já se pronunciou sobre o tema, *in verbis*:

> "A Ação Civil Pública é de natureza ordinária e individual, pois envolve a aplicação da legislação existente, o que implica dizer que, como qualquer Ação Ordinária, o órgão competente para apreciá-la originariamente é, em virtude do critério da hierarquia, a Junta de Conciliação e Julgamento (atual Vara do Trabalho)" (TST – SBDI-II – Proc. ACP-154.931/1994 – v.u. – Rel. Min Ronaldo Leal – j. 24.09.1996 – *Revista Genesesis*, Curitiba, n.º 47, p. 663-669, nov. 1996).

Com efeito, não há dúvida de que o art. 2.º da Lei 7.347/1985 conferiu à Vara do Trabalho do local onde ocorreu o dano competência funcional para processar e julgar eventual ação civil pública.

Ocorre que, muitas vezes, o dano emerge em âmbito suprarregional, ou mesmo atinge todo o território nacional.

Nesse diapasão, o Tribunal Superior do Trabalho alterou a OJ 130 da SDI-II, dispondo sobre o tema. Senão vejamos:

> "OJ 130 DA SDI-II/TST. AÇÃO CIVIL PÚBLICA. COMPETÊNCIA. LOCAL DO DANO. LEI N.º 7.347/1985, ART. 2.º. CÓDIGO DE DEFESA DO CONSUMIDOR, ART. 93 (redação alterada na sessão do Tribunal Pleno realizada em 14.09.2012) – Res. 186/2012, *DEJT* 25, 26 e 27.09.2012.
>
> I – A competência para a Ação Civil Pública fixa-se pela extensão do dano.
>
> II – Em caso de dano de abrangência regional, que atinja cidades sujeitas à jurisdição de mais de uma Vara do Trabalho, a competência será de qualquer das varas das localidades atingidas, ainda que vinculadas a Tribunais Regionais do Trabalho distintos.
>
> III – Em caso de dano de abrangência suprarregional ou nacional, há competência concorrente para a Ação Civil Pública das varas do trabalho das sedes dos Tribunais Regionais do Trabalho.
>
> IV – Estará prevento o juízo a que a primeira ação houver sido distribuída".

Mauro Schiavi[1] sustenta que o art. 93 do Código de Defesa do Consumidor é inaplicável para fixação da competência nas ações civis públicas, pois a Lei 7.347/1985 tem regras próprias com esse fim:

> "Não obstante as ponderações da OJ nº 130, da SDI-II, do C. TST, ousamos divergir, pois a Lei 7.347/1985 tem regra própria sobre o foro competente para as ações civis em que se busca a tutela de direitos difusos e coletivos."
>
> Com efeito, diz o art. 2.º da Lei 7.347/1985: *As ações previstas nesta lei serão propostas no foro do local onde ocorrer o dano, cujo juízo terá competência funcional para processar e julgar a causa. Parágrafo único. A propositura da ação coletiva prevenirá a jurisdição do juízo para todas as ações posteriormente intentadas que possuem a mesma causa de pedir ou o mesmo objeto.*
>
> Deve ser destacado, também, que a regra da competência fixada no art. 93 da Lei 8.078/1990 teve à vista a ação civil coletiva para a defesa de direitos individuais homogêneos, e não a defesa de direitos difusos e coletivos, a serem defendidos pela Ação Civil Pública que tem regramento próprio de competência no referido art. 2.º da Lei 7.347/1985. Por ser específica a regra da Lei 7.347/1985, esta prevalece sobre a Lei 8.078/1990.
>
> Portanto, no nosso sentir, as ações coletivas para a defesa de direitos difusos e coletivos devem ser propostas no foro do local do dano, a fim de facilitar o acesso à Justiça dos lesados e onde há maiores possibilidades para a produção das provas".

10.3.5. Legitimidade do Ministério Público do Trabalho

A Constituição da República Federativa do Brasil em seu art. 127 elegeu o Ministério Público como defensor da ordem jurídica, do regime democrático e dos interesses sociais e individuais indisponíveis.

---

1 *Manual de direito processual de trabalho*. 3. ed., 2010. p. 1.276.

Por outro lado, o art. 129, III, da Lei Fundamental assim estabelece:

> "Art. 129. São funções institucionais do Ministério Público:
>
> (...)
>
> III – promover o inquérito civil e a ação civil pública para a proteção do patrimônio público e social, do meio ambiente e de outros interesses difusos e coletivos".

Nessa esteira, a LC 75, de 20.05.1993, que dispõe sobre a organização, as atribuições e o estatuto do Ministério Público da União, em seus arts. 6.º, VII, *a* e *d*, e 83, III, preconiza:

> "Art. 6.º Compete ao Ministério Público da União:
>
> (...)
>
> VII – promover o inquérito civil e a ação civil pública para:
>
> *a)* a proteção dos direitos constitucionais;
>
> (...)
>
> *d)* outros interesses individuais indisponíveis, homogêneos, sociais, difusos e coletivos".
>
> "Art. 83. Compete ao Ministério Público do Trabalho o exercício das seguintes atribuições junto aos órgãos da Justiça do Trabalho:
>
> (...)
>
> III – promover a ação civil pública no âmbito da Justiça do Trabalho, para a defesa de interesses coletivos, quando desrespeitados os direitos sociais constitucionalmente garantidos."

Por sua vez, o art. 5.º da Lei 7.347/1985, que disciplina a ação civil pública, dispõe que:

> "Art. 5.º A ação principal e a cautelar poderão ser propostas pelo Ministério Público, pela União, pelos Estados e Municípios".

A Lei 8.078/1990 (CDC), no art. 82, também legitimou o Ministério Público como legitimado para propor ação civil pública, na defesa de interesses ou direitos difusos, coletivos e individuais homogêneos.

Ademais, a própria Lei 8.625/1993 também prevê como função institucional do Ministério Público dos Estados (art. 25, IV, "a"), a promoção da ação civil pública para a defesa de quaisquer interesses difusos, coletivos e individuais homogêneos.

Desse modo, o Ministério Público do Trabalho possui legitimidade para defender tanto o interesse individual homogêneo dos trabalhadores quanto o interesse difuso ou coletivo, em face dos dispositivos constitucionais e normas previstas no ordenamento jurídico pátrio.

A jurisprudência também vem se firmando nesse sentido, cabendo transcrever o pronunciamento do Excelso Supremo Tribunal Federal nos seguintes julgados:

> "Ementa: Recurso Extraordinário. Constitucional. Legitimidade do Ministério Público para promover ação civil pública em defesa dos interesses difusos, coletivos e homogêneos. Mensalidades escolares, capacidade postulatória do *Parquet* para discuti-las em juízo.
>
> (...)
>
> Quer se afirme na espécie interesses coletivos ou particularmente interesses homogêneos, *stricto sensu*, ambos estão nitidamente cingidos a uma mesma relação jurídica-base e nascidos de uma mesma origem, sendo coletivos, explicitamente dizendo, porque incluem grupos, que conquanto atinjam as pessoas isoladamente, não se classificam como direitos individuais no sentido do alcance da ação civil pública, posto que sua concepção finalística destina-se à proteção do grupo. Não está, como visto, defendendo o Ministério Público subjetivamente o indivíduo como tal, mas sim a pessoa enquanto integrante desse grupo. Vejo, dessa forma, que me permita o acórdão impugnado, gritante equívoco ao recusar a legitimidade do postulante, porque estaria a defender interesses fora da ação definidora de sua competência. No caso, agiu o *Parquet* em defesa do grupo, tal como definido no Código Nacional do Consumidor (art. 81, incisos II e III, e pela Lei Orgânica Nacional do Ministério Público (Lei 8.625, de 12 de fevereiro de 1993), cujo art. 25, inciso IV, letra *a*, o autoriza como titular da ação, dentre muitos, para a proteção de outros interesses difusos, coletivos e individuais indisponíveis e homogêneos.
>
> (...)
>
> Tem-se que não é o Ministério Público que invade a atuação da reserva da clientela dos advogados, senão a natureza do bem protegido que o exige, e que se alça ao patamar daqueles impugnáveis por via de ação direta, por certos entes, e com muito mais razão o Ministério Público, neste caso concreto investido de capacidade postulatória para a ação civil pública, quando o bem que visa a resguardar se insere na órbita dos interesses coletivos, em seguimento de extrema delicadeza e de conteúdo social tal que, acima de tudo, recomenda o abrigo estatal.
>
> Assim, conheço do recuso extraordinário interposto e lhe dou provimento para, afastada a alegada ilegitimidade do Ministério Público, com vista à defesa dos interesses de uma coletividade, determinar a remessa dos autos ao Tribunal de origem, para prosseguir no julgamento da ação" (Recurso Extraordinário 163.231-3-São Paulo. Recorrente: Ministério Público do Estado de São Paulo. Recorrida: Associação Notre Dame de Educação e Cultura. Publicada no *DJU* 43, Seção 1, de 05.03.1997, p. 4.930).
>
> "Ementa: Recurso extraordinário. Trabalhista. Ação civil pública. 2. Acórdão que rejeitou embargos infringentes, assentando que ação civil pública trabalhista não é o meio adequado para a defesa de interesses que não possuem natureza coletiva. 3. Alegação de ofensa ao disposto no art. 129, III, da Carta Magna. Postulação de comando sentencial que vedasse a exigência de jornada de trabalho superior a 6 horas diárias. 4. A Lei Complementar n.º 75/1993 conferiu ao Ministério Público do Trabalho legitimidade ativa, no campo da defesa dos interesses difusos e coletivos, no âmbito trabalhista. 5. Independentemente de a própria lei fixar o

conceito de interesse coletivo, é conceito de Direito Constitucional, na medida em que a Carta Política dele faz uso para especificar as espécies de interesses que compete ao Ministério Público defender (CF, art. 129, III). 6. Recurso conhecido e provido para afastar a ilegitimidade ativa do Ministério Público do Trabalho" (2.ª T. – RE 213.015-5 – Rel. Min. Néri da Silveira – j. 08.04.2002).

No mesmo sentido, o Egrégio Tribunal Superior do Trabalho vem reconhecendo a legitimidade do Ministério Público do Trabalho para propor ação civil pública, mesmo tratando-se de direitos individuais homogêneos, conforme se verifica pelos julgados abaixo transcritos:

"RECURSO DE REVISTA. AÇÃO CIVIL PÚBLICA. DIREITOS INDIVIDUAIS HOMOGÊNEOS. LEGITIMIDADE DO MINISTÉRIO PÚBLICO. O artigo 129, III, da CF confere legitimidade ao *Parquet* para tutelar os interesses difusos e coletivos, prevendo, ainda, em seu inciso IX, autorização ao Ministério Público para 'exercer outras funções que lhe forem conferidas, desde que compatíveis com sua finalidade'. O e. Supremo Tribunal Federal já decidiu que os interesses homogêneos são espécie dos interesses coletivos, registrando a máxima Corte que 'Direitos ou interesses homogêneos são os que têm a mesma origem comum (art. 81, III, da Lei n.º 8.078, de 11 de setembro de 1990), constituindo-se em subespécie de direitos coletivos. (...) Quer se afirme interesses coletivos ou particularmente interesses homogêneos, *stricto sensu*, ambos estão cingidos a uma mesma base jurídica, sendo coletivos, explicitamente dizendo, porque são relativos a grupos, categorias ou classes de pessoas, que conquanto digam respeito às pessoas isoladamente, não se classificam como direitos individuais para o fim de ser vedada a sua defesa em ação civil pública, porque sua concepção finalística destina-se à proteção desses grupos, categorias ou classe de pessoas'. (RE 163231/SP – São Paulo, Relator Min. Maurício Corrêa, Tribunal Pleno, *DJ* 29-06-2001). Nesse contexto, correta a decisão do TRT que reconheceu a legitimidade do Ministério Público do Trabalho para ajuizar ação civil pública cujo objeto é proibir o empregador de obstruir o registro pelos empregados da efetiva jornada de trabalho praticada" (RR-9895500-43.2004.5.09.0016 – Rel. Min. Horácio Senna Pires – 20.04.2010).

"O PAGAMENTO DE VERBAS RESCISÓRIAS. ANOTAÇÃO NA CTPS. RECOLHIMENTO DO FGTS. DISCUSSÃO CIRCUNSCRITA A DIREITOS INDIVIDUAIS HOMOGÊNEOS. RECURSO DE REVISTA NÃO CONHECIDO. VIOLAÇÃO DO ARTIGO 896 DA CLT CONFIGURADA. A legitimidade do Ministério Público do Trabalho, na defesa de interesses individuais homogêneos, em ação civil pública, já está consagrada, na doutrina e na jurisprudência do c. Tribunal Superior do Trabalho e do e. Supremo Tribunal Federal. O Douto Ministério Público tem a legitimidade reconhecida, conforme previsão tanto na Constituição Federal, artigos 127 c/c 129, inciso III, quanto na Lei Complementar n.º 75/1993, que conferiu tal legitimação para a defesa dos interesses difusos e coletivos na Justiça do Trabalho, sendo os interesses individuais homogêneos espécie de interesses coletivos 'lato sensu'. Constatado ser o bem tutelado a anotação na CTPS, a observância do prazo previsto no § 6.º do artigo 477 da CLT para o pagamento de verbas rescisórias e o recolhimento do FGTS, é de se verificar que se encontram inseridos naqueles direitos que visam à defesa da ordem jurídica e dos interesses sociais e individuais indisponíveis, o que torna

> legitimado o Douto Ministério Público para a propositura de ação civil pública. Embargos conhecidos e providos" (Processo TST-E-ED-RR-1108/1999-002-23-00.0 – Rel. Min. Aloysio Corrêa da Veiga – 06.03.2009).

Comentando sobre a legitimidade do Ministério Público para propor ação civil pública envolvendo direitos individuais homogêneos, Xisto Tiago de Medeiros Neto, em sua obra *Dano moral coletivo*, p. 240-242, 1. ed., Editora LTr, assim dispõe:

> "Não obstante a clareza da lei e a coerência das disposições em face do processo coletivo e do seu fundamento constitucional, formaram-se três correntes de interpretação de cunho restritivo à atuação do Ministério Público, em sede de tutela de interesses individuais homogêneos:
>
> A primeira delas, de repercussão desprezível, refletindo uma visão legal distorcida do sistema e estritamente vinculada ao aspecto gramatical, apegou-se apenas à letra insulada do inciso III do art. 129 da Constituição Federal e do inciso IV do art. 1.º da LACP, para sustentar, em síntese, que padeciam de inconstitucionalidade as normas que ampliam a legitimação do *Parquet* para a defesa de outros interesses que não os coletivos e difusos, e que não pode a defesa dos interesses individuais homogêneos, em razão da sua disponibilidade, ser incluída como função institucional do Ministério Público.
>
> A segunda corrente, também ultrapassada, apenas concebia a legitimação do Ministério Público, quando os interesses individuais homogêneos traduzissem *indisponibilidade* plena, conforme refletiu a decisão proferida, à época, pelo Superior Tribunal de Justiça, no Recurso Especial n.º 59.164-3-MG.
>
> A terceira corrente, bem menos restritiva, por isso mesmo considerada eclética, admite a defesa, pelo Ministério Público, dos interesses individuais homogêneos, quando estes forem *indisponíveis*, ou, quando *disponíveis*, diante da visualização de repercussão ou relevância social, determinada pela natureza da matéria ou pelo grande número de seus titulares. (...)
>
> Reitere-se, no entanto, que a posição que se firma numa interpretação ampliativa revela-se como a mais consentânea com o sistema de tutela coletiva, fundando-se em interpretação tecnicamente irretorquível. São seus defensores, entre outros, Ada Pellegrini Grinover, Nelson Nery Junior, Celso Antônio Pacheco Fiorillo e Marcelo Abelha Rodrigues".

Outro aspecto importante a ser esclarecido é o tipo de legitimação conferida ao Ministério Público do Trabalho para a propositura da ação civil pública.

O processo civil estabeleceu duas hipóteses clássicas de legitimação para propositura de ação: a legitimação ordinária e a extraordinária.

A legitimação ordinária se dá quando o próprio interessado defende seu interesse em juízo, ou seja, o titular do direito material é que possui legitimação ordinária para postular em juízo.

Já em relação à legitimação extraordinária, consiste na possibilidade de alguém, em nome próprio, pleitear direito alheio (art. 18 do CPC), o que depende de autorização legal, configurando-se verdadeira hipótese de substituição processual.

Todavia, as regras de legitimação previstas no Código de Processo Civil não são adequadas para definir a legitimação nas ações coletivas, pelo menos no que atine à defesa dos interesses difusos e coletivos.

Com efeito, a legitimação ordinária e extraordinária do Código de Processo Civil foi concebida considerando a individualização do sujeito, em que o titular do direito de ação coincide com o titular do direito material (estes determinados e identificáveis).

No âmbito dos interesses coletivos (*lato sensu*), prepondera a indeterminação dos sujeitos, em que o titular do direito de ação é distinto dos próprios titulares (indeterminados) do direito material.

Logo, a melhor doutrina, afastando a conceituação tradicional de legitimação prevista no Código de Processo Civil, classifica a legitimação *ad causam* para a defesa de direitos difusos e coletivos como uma legitimação autônoma para a condução do processo.

Sobre o tema, Nelson Nery, em sua obra *Princípios do processo civil na Constituição Federal*, p. 114, ensina que:

> "Parcela da doutrina ainda insiste em explicar o fenômeno da tutela jurisdicional dos interesses e direitos difusos pelos esquemas ortodoxos do processo civil. Tenta-se justificar a legitimação do Ministério Público, por exemplo, como 'extraordinária', identificando-a com o fenômeno da substituição processual. Na verdade, o problema não deve ser entendido segundo as regras de legitimação para a causa com as inconvenientes vinculações com a titularidade do direito material invocado em juízo, mas sim à luz do que na Alemanha se denomina de 'legitimação autônoma para a condução do processo (*selbstandige Prozessfuhrungsbefugnis*)', instituto destinado a fazer valer em juízo os direitos difusos, sem que se tenha de recorrer aos mecanismos de direito material para explicar referida legitimação.
>
> (...)
>
> Os casos de substituição processual determinados pela lei se distinguem dos de legitimação para as ações coletivas, pois naqueles o substituto busca defender direito alheio de titular determinado, enquanto que nestas o objetivo dessa legitimação é outro, razão por que essas ações têm de ter estrutura diversa do regime da substituição processual".

No mesmo sentido, podemos também destacar os ensinamentos de Luiz Guilherme Marinoni, em sua obra *Novas linhas do processo civil*, p. 56, *in verbis*:

> "Não há razão para tratarmos da legitimidade para a tutela dos direitos transindividuais a partir do seu correspondente no processo

> civil individual. Quando se pensa em direito alheio, raciocina-se a partir de uma visão individualista. Não só a partir da premissa de que apenas o titular do direito material está autorizado a ir a juízo, mas principalmente a partir da ideia de que somente há direitos individuais. A noção de direito transindividual, como é óbvio, rompe com a noção de que o direito ou é próprio ou é alheio. Se o direito é da comunidade ou da coletividade, não é possível falar em direito alheio, não sendo mais satisfatória, por simples consequência lógica, a clássica dicotomia que classifica a legitimidade em ordinária e extraordinária. (...) A ausência de validade da divisão da legitimação em ordinária e extraordinária para a explicação da legitimação à tutela dos direitos transindividuais, como se vê, decorre da superação da classificação individualista do direito em próprio e alheio. É correto falar, portanto, em legitimação autônoma para a condução do processo quando se pensa na legitimação para a tutela dos direitos transindividuais, pois tal instituto deixa de lado o raciocínio da legitimação para a tutela de direitos individuais, sempre preso à titularidade do direito individual que se pretende fazer valer em juízo".

Todavia, em relação aos direitos individuais homogêneos, como se trata de direitos de natureza individual e divisível, em que cada titular pode buscar a reparação individual do dano, a legitimação para propositura de ação civil pública é extraordinária, ocorrendo a substituição processual por parte do ente legitimado.

Essa é a posição de Ada Pellegrini Grinover, *Código Brasileiro de Defesa do Consumidor*: comentado pelos autores do anteprojeto, p. 674, abaixo transcrita:

> "Aqui se trata inquestionavelmente de legitimação extraordinária, a título de substituição processual. Não só porque assim o afirma o legislador (...); mas ainda porque, na hipótese, os legitimados à ação não vão a juízo em defesa de seus interesses institucionais, como pode ocorrer nas ações em defesa de interesses difusos ou coletivos, mas sim exatamente para a proteção de direitos pessoais, individualizados nas vítimas dos danos".

10.3.6. Outros legitimados e litisconsórcio

Estabelece o art. 129, § 1.º, da CF/1988 que a legitimação do Ministério Público para a propositura da ação civil pública não impede a legitimação de terceiros, na mesma hipótese.

Portanto, o Ministério Público não é o único legitimado a propor a ação civil pública, estabelecendo o art. 5.º da Lei 7.347/1985 e o art. 82 da Lei 8.078/1990 os seguintes colegitimados:

- União, Estados, Municípios e Distrito Federal;
- Autarquias, fundações públicas, empresas públicas e sociedades de economia mista;

- Defensoria Pública (incluída no rol do art. 5.º da LACP por força da Lei 11.448/2007);

  Obs.: atualmente, o art. 4.º, VII, da LC 80/1994, com a redação dada pela LC 132/2009, prevê como uma das funções da Defensoria Pública a propositura da ação civil pública e todas as espécies de ações capazes de propiciar a adequada tutela dos direitos difusos, coletivos ou individuais homogêneos quando o resultado da demanda puder beneficiar grupo de pessoas hipossuficientes.
- Associação que esteja constituída há pelo menos um ano (podendo ser dispensada esta exigência pelo magistrado, quando haja manifesto interesse social evidenciado pela dimensão ou característica do dano, ou pela relevância do bem jurídico a ser protegido) e que inclua entre seus fins institucionais a defesa dos interesses transindividuais;
- As entidades e órgãos da Administração Pública, Direta ou Indireta, ainda que sem personalidade jurídica, especificamente destinados à defesa dos interesses e direitos metaindividuais.

Os sindicatos a as comunidades indígenas também podem propor ações coletivas, em função do disposto nos arts. 5.º, LXX, *b*, 8.º, III e 232, todos da CF/1988.

A Ordem dos Advogados do Brasil também é legitimada para as ações coletivas, enquanto órgão encarregado da representação de classe (Lei 8.906/1994, arts. 44, I, 49, 54, II e XIV.

Em relação à possibilidade de litisconsórcio, o art. 5.º, § 2.º, da Lei 7.347/1985 faculta ao Poder Público e a outras associações legitimadas habilitarem-se como litisconsortes de qualquer das partes.

Caso haja desistência infundada ou abandono da ação por associação legitimada, o Ministério Público ou outro legitimado assumirá a titularidade ativa. Outrossim, se o Ministério Público não for parte, atuará, obrigatoriamente, como fiscal da lei.

Por último, cabe destacar que o art. 5.º, § 5.º, da LACP admite a possibilidade de litisconsórcio facultativo entre os Ministérios Públicos da União, dos Estados e do Distrito Federal na defesa dos direitos que apresentem dimensão coletiva.

10.3.7. Objeto

O art. 3.º da Lei 7.347/1985 estabelece que "A ação civil poderá ter objeto a condenação em dinheiro, ou o cumprimento de obrigação de fazer ou não fazer".

Nada impede que na mesma ação civil pública haja pedido de tutela por mais de um interesse transindividual, assim como é juridicamente possível a acumulação de pedidos, desde que compatíveis entre si.

Neste contexto, tem sido cada vez mais constante o manejo de ação civil pública requerendo a condenação da reclamada em obrigações de fazer e não fazer, cumuladas com pedido de indenização pelos danos suportados pela própria sociedade.

Alguns operadores de direito, numa interpretação apressada do artigo em comento, sugerem a impossibilidade de a ação civil pública comportar mais de um objeto, em função da partícula "ou", inserida antes da expressão "não fazer".

Sobre o tema, Hugo Nigro Mazzili, em sua obra *A defesa dos interesses difusos em juízo*, p. 112-113, esclarece que:

> "A lição correta a tirar desse dispositivo legal é a de que, pelo mesmo dano, não se há de condenar o réu à sua integral reparação e também à sua indenização pecuniária; nada impede, entretanto, que se condene o réu a pagar uma indenização pelos danos até então causados, e, ao mesmo tempo, a cumprir uma obrigação de fazer, como pôr um filtro numa chaminé de fábrica, para prevenir danos futuros.
>
> Somente à primeira vista é que poderia parecer, de forma simplista, que a alternativa é *ou* a condenação em dinheiro *ou* o cumprimento de obrigação de fazer, jamais as duas coisas, ao mesmo tempo. Não é exatamente isso o que quer a lei. Quer esta, sim, impedir, por exemplo, que se peça a condenação do réu a pagar indenização reparatória porque causou o dano e, ainda, a reparar esse mesmo dano, caso em que haveria um *bis in idem*. Mas nada impede que se condene o réu a pagar uma indenização pelo dano causado e, ainda, a suportar uma obrigação de fazer para serem evitados danos futuros; também pode ser condenado a reflorestar uma área ambiental danificada, sem prejuízo de ter de arcar com uma indenização pelo dano à coletividade, correspondente ao período de tempo em que esta terá de aguardar até que se obtenha o resultado prático do cumprimento da obrigação de fazer. Enfim, o que não pode, apenas, é ser o réu condenado a restaurar o meio ambiente lesado e, também, a pagar na íntegra o custo do projeto de sua recuperação, o que já estaria incluído na primeira sanção".

No mesmo sentido, transcrevemos os ensinamentos de Xisto Tiago de Medeiros Neto, em sua obra *Dano moral coletivo*, 1. ed., Editora LTr, p. 235-236, *in verbis*:

> "É conveniente observar que uma apressada e literal interpretação desse dispositivo – à vista da partícula 'ou' inserida antes da expressão 'não fazer' – pode sugerir a impossibilidade de a ação comportar mais de um objeto. Tal conclusão, no entanto, implicaria uma absurda compreensão da norma, a revelar a intenção de dificultar e restringir a finalidade da ação civil pública, o que é absolutamente incongruente com os fundamentos do sistema de tutela coletiva, pois afronta os

princípios constitucionais da proteção integral e da inafastabilidade do controle jurisdicional.

A interpretação desse preceito não pode ser outra senão a de permitir, em face da situação concreta, que a ação abranja mais de uma pretensão, cumulando-se, eventualmente, pedidos de condenação em dinheiro, obrigação de fazer e de não fazer, de acordo com a necessidade da proteção almejada".

10.3.8. Dano moral coletivo

Conforme já mencionado anteriormente, tem sido cada vez mais comum o manejo de ação civil pública requerendo a condenação da reclamada em obrigações de fazer e não fazer, cumuladas com pedido de indenização pelos danos suportados pela própria sociedade, em especial o dano moral coletivo.

A possibilidade de condenação em danos morais coletivos encontra-se em perfeita sintonia com o movimento mais recente do Direito, no sentido de sua coletivização ou socialização. Trata-se de uma nova concepção do fenômeno jurídico e de seu alcance, oposto à visão individualista até então dominante, fruto de uma concepção liberal do Estado e de suas relações com os indivíduos. Assim, vemos a Constituição da República consagrando a coletivização dos direitos ao prever instrumentos como o mandado de segurança coletivo, a ação popular etc. e o surgimento de diplomas como o Código de Defesa do Consumidor. É neste contexto que surge a noção de dano moral coletivo, uma vez que, até então, todas as considerações sobre o dano moral referiam-se à pessoa física, individualmente considerada.

O dano moral coletivo, portanto, desponta como a violação em dimensão transindividual dos direitos da personalidade. Se o particular sofre uma dor psíquica ou passa por uma situação vexatória, a coletividade, vítima de dano moral, sofre de desapreço, intranquilidade, insegurança, descrença em relação ao poder público e à ordem jurídica.

A respeito do dano moral coletivo, cumpre transcrever os ensinamentos de Carlos Alberto Bittar Filho, em seu Do dano moral coletivo no atual contexto jurídico brasileiro, *Revista Direito do Consumidor*, n.º 12, out.-dez. 2004:

> "(...) o dano moral coletivo é a injusta lesão da esfera moral de uma dada comunidade, ou seja, é a violação antijurídica de um determinado círculo de valores coletivos. Quando se fala em dano moral coletivo, está se fazendo menção ao fato de que o patrimônio valorativo de uma certa comunidade (maior ou menor), idealmente considerada, foi agredido de uma maneira absolutamente injustificável do ponto de vista jurídico (...) Como se dá na seara do dano moral individual, aqui também não há que se cogitar de prova de culpa, devendo-se responsabilizar o agente pelo simples fato da violação (...)".

Xisto Tiago de Medeiros Neto, em sua obra *Dano moral coletivo*, 2. ed., 2007, Editora LTr, p. 136-137, ao conceituar o dano moral coletivo, ensina que:

> "À vista de todos os aspectos enfocados no plano da configuração e caracterização do dano moral coletivo, autoriza-se, pois, a tentativa de se empreender a formulação do seu conceito.
>
> Antes, porém, faz-se necessário e justo o registro quanto à mudança de enfoque empreendida no presente estudo, em relação à compreensão conceitual do dano moral coletivo, o que foi fruto do aprofundamento da matéria ao longo do tempo, e, principalmente, da observação de novas abordagens na seara da doutrina.
>
> Nesse passo, passa-se a adotar o critério objetivo para a conceituação do dano moral coletivo, qual seja a observação direta de lesão intolerável a direitos transindividuais titularizados por uma determinada coletividade, desvinculando-se, pois, a sua configuração da obrigatória presença e constatação de qualquer elemento referido a efeitos negativos, próprios da esfera da subjetividade, que venham a ser eventualmente apreendidos no plano coletivo (sentimento de desapreço; diminuição da estima; sensação de desvalor, de repulsa; de inferioridade, de menosprezo etc.). Ou seja, conforme já dito, não há de se levar em consideração, para se caracterizar a lesão à coletividade passível de ensejar a reparação devida, a verificação necessária de qualquer 'abalo psicofísico' sofrido, muito embora possa vir a ser constatada esta circunstância na maioria das situações".

Como o diz com propriedade Leonardo Roscoe Bessa,

> "O dano extrapatrimonial, na área de direitos metaindividuais, decorre da lesão em si a tais interesses, independentemente de afetação paralela de patrimônio ou de higidez psicofísica (...). Em outros termos, há que se perquirir, analisando a conduta lesiva em concreto, se o interesse que se buscou proteger foi atingido. Para ilustrar, a mera veiculação de publicidade enganosa ou abusiva (art. 37 do CDC), independentemente de qualquer aquisição de produto ou serviço ou ocorrência de danos material ou moral (individual), configura lesão a direitos difusos e enseja, portanto, a condenação por dano moral coletivo que, repita-se, possui exclusivo caráter punitivo.
>
> (...)
>
> (...) A dor psíquica ou, de modo mais genérico, a afetação da integridade psicofísica da pessoa ou da coletividade não é pressuposto para caracterização do dano moral coletivo (...). Embora a afetação negativa do estado anímico (individual ou coletivo) possa ocorrer, em face dos mais diversos meios de ofensa a direitos difusos e coletivos, a configuração do denominado dano moral coletivo é absolutamente independente desse pressuposto. (...)
>
> A tendência em se referir a ofensa a 'sentimentos coletivos' para caracterizar o dano moral coletivo é, sem dúvida, um reflexo, que pre-

> cisa ser evitado, das discussões sobre a própria noção de dano moral individual (...).'
>
> Assim, em conceito atento às linhas atuais de fundamentação da teoria da responsabilidade civil, em especial à abertura de compreensão que, nesta seara, deve guardar a busca de uma definição, entende-se que:
>
> O dano moral coletivo corresponde à lesão injusta e intolerável a interesses ou direitos titularizados pela coletividade (considerada em seu todo ou em qualquer de suas expressões – grupos, classes ou categorias de pessoas), os quais possuem natureza extrapatrimonial, refletindo valores e bens fundamentais para a sociedade."

Na mesma linha, João Carlos Teixeira, em seu livro *Dano Moral Coletivo na Relação de Emprego*, leciona que:

> "Nota-se, pois, que a doutrina e a jurisprudência vêm evoluindo na aplicação da teoria da responsabilidade civil em matéria de dano moral, especialmente em ações coletivas, em que a reparação, com caráter preventivo-pedagógico e punitivo, é devida pelo simples fato da efetiva violação de interesses metaindividuais socialmente relevantes e juridicamente protegidos, como é o caso de serviço de transporte coletivo, de grande relevância pública, eis que explorado por empresa privada, mediante contrato de concessão, pelo qual está obrigada a prestar um serviço satisfatório e com segurança, o que não foi cumprido pela empresa. Tal atitude negligente causou transtorno e tumulto para o público usuário, configurando o dano moral coletivo puro, perceptível pelo senso comum, porque diz respeito à natureza humana, dispensando-se a prova ('damnun in re ipsa'). Repara-se o dano moral coletivo puro, independentemente de caracterização efetiva, em nível individual, de dano material ou moral. O conceito do valor coletivo, da moral coletiva, é independente, autônomo, e, portanto, se desatrela da moral individual".

A jurisprudência, por outro lado, já demonstra sensibilidade à questão do dano moral coletivo, como demonstram os acórdãos abaixo, parcialmente transcritos:

> "DANO MORAL. MINISTÉRIO PÚBLICO DO TRABALHO. AÇÃO CIVIL PÚBLICA.
>
> O senso comum indica má-fé e intenção de obter vantagem ilícita às custas de quem lhe prestou serviços, quando flagrados em poder da empresa ré documentos assinados em branco, entre eles recibos de salário mensal e termos de rescisão contratual, restando caracterizado o dano moral, difuso ou coletivo, a que se refere a Lei n.º 7.346/1985. (...) Os documentos em branco estão juntados às fls. 25/50. Há entre eles recibos de salário mensal e termos de rescisão. É necessário ressaltar que as únicas empregadas a propor ação trabalhista contra a recorrida foram Terezinha Aparecida Damaceno (documentos de fl. 78 e seguintes) e Claudete Pires da Silva (documentos de fl. 82 e seguintes). Ambas as empregadas tiveram seus contratos extintos ainda antes

da autuação do MTb, que resultou na descoberta dos documentos assinados em branco. Dentre os documentos assinados em branco não havia nenhum com assinaturas das empregadas que ajuizaram as reclamações trabalhistas, o que me leva a pensar que o assunto não foi ventilado nas referidas ações porque a reprovada prática ainda não havia se desencadeado. Não é difícil chegar à conclusão de que a recorrida resolveu recolher documentos assinados em branco só após o ajuizamento das ações trabalhistas acima referidas, justamente para evitar futuras contendas, ou melhor, nelas se defender. Penso, pois, que o ato praticado pela recorrida não decorreu da ingenuidade de um administrador de pessoal ou do inocente propósito do empregador organizar-se melhor. O senso comum está a indicar má-fé e intenção de obter vantagem ilícita às custas de quem lhe prestou serviços. Se assim não fosse, por que os termos de rescisão de contrato assinados em branco? O dano moral, difuso ou coletivo, a que se refere a Lei n.º 7.347/1985, está perfeitamente caracterizado nos presentes autos, sendo perfeitamente aplicável a referida norma, o que impõe o acolhimento do pedido de aplicação da multa sugerida pelo Ministério Público do Trabalho. (...) Acordam os Juízes da 1.ª Turma do Tribunal Regional do Trabalho da 12.ª Região, por unanimidade de votos, conhecer do recurso. No mérito, por maioria de votos, vencidos os Exmos. Juiz Revisor e Roberto Luiz Guglielmetto, dar-lhe provimento para acrescer à condenação o pagamento de indenização, reversível ao Fundo de Amparo ao Trabalhador, equivalente a 3.000,00 (três mil) UFIR" (TRT-SC – RO 931/1998 – Rel. Juiz Gilmar Cavalheri – j. 22.09.1998).

"TRABALHO EM CONDIÇÕES SUBUMANAS. DANO MORAL COLETIVO PROVADO. INDENIZAÇÃO DEVIDA. Uma vez provadas as irregularidades constatadas pela Delegacia Regional do Trabalho e consubstanciadas em Autos de Infração aos quais é atribuída fé pública (art. 364 do CPC) (art. 405 do atual CPC), como também pelo próprio depoimento da testemunha do recorrente, é devida indenização por dano moral coletivo, vez que a só notícia da existência de trabalho escravo ou em condições subumanas no Estado do Pará e no Brasil faz com que todos os cidadãos se envergonhem e sofram abalo moral, que deve ser reparado, com o principal objetivo de inibir condutas semelhantes" (TRT – 8.ª Reg. – 1.ª T. – RO 4.453/2003 – Rel.ª. Juíza Suzy Elizabeth Cavalcante Koury – j. 30.09.2003).

"DANO MORAL COLETIVO. EXISTÊNCIA. O desvirtuamento da finalidade da cooperativa com o objetivo de fraudar a legislação trabalhista importa dano moral coletivo porque priva os 'falsos' cooperados de receberem seus direitos trabalhistas e de contarem o tempo para aposentadoria, sem que tenham sequer ciência do que seja uma cooperativa.

Destaco que, no dano moral coletivo, não há que se buscar um equivalente da dor psíquica, como se faz em relação às pessoas físicas e sim aos valores considerados como relevantes para a sociedade (...).

Como se vê, a finalidade da cooperativa foi totalmente desvirtuada, pois o que, na realidade ocorria, era a intermediação de mão de obra feita pela recorrida sob a roupagem de cooperativa, cuja finalidade era tão somente fraudar a legislação obreira (...).

Com essa prática, a COOPARÁ fere o interesse social dos trabalhadores que buscam, através dela, a inclusão no mercado de trabalho, estando provada a lesão a interesses difusos (...).

Ante o exposto acima, entendo provado o dano moral coletivo, pelo que dou provimento ao apelo para condenar a COOPARÁ a pagar indenização por dano moral no valor de R$ 50.000,00 (cinquenta mil reais), importância que considero suficiente pra minorar o dano causado, a reverter ao FAT – Fundo de Amparo ao Trabalhador" (TRT – 8.ª Região – 1.ª T. – Proc. RO-01732/2004-011-08-00-9 – Rel.ª Juíza Susy Elisabeth Cavalcante Koury – publicado em 21.02.2006).

"AÇÃO CIVIL PÚBLICA. ENTIDADE DE ENSINO. UTILIZAÇÃO EXCLUSIVA DE TRABALHADORES FORMALMENTE COOPERADOS. HIPÓTESE FÁTICA EM QUE A SUBORDINAÇÃO NA PRESTAÇÃO DE SERVIÇOS PROSSEGUE SEM ALTERAÇÃO. ILICITUDE. Uma entidade de ensino, que passa a utilizar exclusivamente mão de obra cooperada, mas que mantém tais obreiros sob forma de labor claramente subordinado, em verdade buscou apenas elidir a incidência da legislação trabalhista. Este procedimento acha óbice tanto no princípio protetivo constante do art. 9.º da CLT, como na natureza constitucional fundamental dada às garantias sociais inseridas no art. 7.º, da Carta Federal. Geram, portanto, danos morais de esfera coletiva, que transcendem a mera reparação patrimonial individual" (TRT – 10.ª Região – 3.ª T. – Proc. RO-00526-2006-011-10-00-2 – Rel. Juiz Paulo Henrique Blair – publicado em 28.03.2007).

"AÇÃO CIVIL PÚBLICA. LEGITIMIDADE ATIVA DO MINISTÉRIO PÚBLICO. DANO MORAL COLETIVO. CARACTERIZAÇÃO. A caracterização do dano moral decorre da mera constatação da lesão, não havendo necessidade de que seja produzida prova do sentimento que ela desencadeou. Noutros termos, uma vez presente a lesão, o dano é presumível, pois não se pode cogitar a produção de provas de valores intangíveis como dor, angústia, tristeza, sofrimento psíquico e outros do gênero. Demonstrado nos autos o desrespeito a direitos trabalhistas garantidos pela própria Constituição Federal (art. 7.º, I, da CF), na medida em que a ré condicionou o pagamento das verbas rescisórias devidas aos empregados à devolução dos valores correspondentes à indenização compensatória de 40% sobre o FGTS, o senso comum nos leva a concluir que a indignação e sobretudo a insegurança certamente assolará a coletividade de seus empregados. Constatado o dano moral coletivo sofrido pelos empregados da ré, sobeja pertinente sua condenação à indenização correspondente, reversível ao FAT – Fundo de Amparo ao Trabalhador" (TRT – 10.ª Região – 3.ª T. – Proc. RO-00430/2005-019-10-00-4 – Rel. Juiz Braz Henrique de Oliveira – publicado em 03.05.2006).

"AÇÃO CIVIL PÚBLICA. MINISTÉRIO PÚBLICO TEM LEGITIMIDADE PARA AJUIZAR AÇÃO CIVIL PÚBLICA PARA DEFESA DE DIREITOS E INTERESSES TRABALHISTAS. LEGITIMIDADE ATIVA. INQUÉRITO CIVIL PÚBLICO. PRINCÍPIO DO CONTRADITÓRIO NÃO PREVALECE. MACROLESÃO. CORRETORES DE SEGUROS. Em que pese a existência de Lei vedando a contratação de empregado (Lei 4.594/1964, art. 17, *d*), esta não é capaz para afastar o vínculo de emprego quando se verifica a existência de subordinação e demais elementos da relação de emprego, caracterizando o vínculo empregatício, que em tais condições não pode ser afastado. Indenização deferida em ação civil pública. Verificada a lesão à coletividade de trabalhadores, cabível a condenação dos responsáveis ao pagamento de indenização, pois demonstrado o dano, o nexo causal e a culpa das recorrentes.

(...) Impõe-se o pagamento de indenização (R$ 3.000.000,00) em favor do Fundo de Amparo ao Trabalhador, como forma, inclusive, de inibir a continuidade da conduta ilícita" (TRT – 1.ª Região – 6.ª T. – Proc. RO-01424/2003-037-01-00-3 – Rel. Juiz Agra Belmonte – publicado em 02.08.2006).

"AÇÃO CIVIL PÚBLICA. TRABALHO RURAL EM CONDIÇÕES ANÁLOGAS DE ESCRAVO. DANO MORAL COLETIVO. INTERESSES DIFUSOS E COLETIVOS.

O pedido de indenização por dano moral coletivo não se confunde com o pleito de reparação dos danos individualmente sofridos pelo trabalhador. A indenização por dano moral coletivo tem a mesma natureza pedagógico-preventiva, mas também visa reparar a ordem jurídica violada e os interesses difusos e coletivos da sociedade, indignada pela transgressão dos direitos mais comezinhos do cidadão-trabalhador, retirando-lhe a garantia constitucional do respeito à dignidade da pessoa humana.

(...) O valor do dano moral coletivo no presente feito (R$ 280.000,00) tem inequivocadamente uma faceta pedagógica que não pode escapar do exame do julgador, mormente no caso presente onde a postura imperial adotada pelo reclamado e seu filho destoam sobremaneira das assertivas contidas na peça recursal (...)" (TRT – 8.ª Região – 3.ª T. – Proc. RO 00682/2003-114-08-00-9 – Rel. Juiz Antônio Oldemar Coelho dos Santos – publicado em 13.04.2005).

"AÇÃO CIVIL PÚBLICA. INDENIZAÇÃO POR DANO À COLETIVIDADE. Para que o Poder Judiciário se justifique, diante da necessidade social de justiça célere e eficaz, é imprescindível que os próprios juízes sejam capazes de crescer, erguendo-se à altura dessas novas e prementes aspirações, que saibam, portanto, tornarem-se eles mesmos protetores dos novos direitos difusos, coletivos e fragmentados, tão característicos e importantes da nossa civilização de massa, além dos tradicionais direitos 'individuais' (Mauro Cappelletti). Importa no dever de indenizar por dano causado à coletividade, o empregador que submete trabalhadores à condição degradante de escravo" (TRT – 8.ª Região – 1.ª T. – Proc. RO 00276-2002-11-08-00-5 – Rela. Juíza Maria Valquíria Norat Coelho – publicado em 03.04.2003).

"AÇÃO CIVIL PÚBLICA. COMPROVAÇÃO DA ILICITUDE DOS ATOS PRATICADOS PELA RÉ, CONSISTENTES NO ABUSO DO PODER DIRETIVO, NA COAÇÃO, NO CONSTRANGIMENTO E NA INTENÇÃO DE LESAR TRABALHADORES. CONDENAÇÃO AO PAGAMENTO DE DANO MORAL COLETIVO. POSSIBILIDADE. Demonstrado que a ré praticou atos consistentes no abuso do poder diretivo, na coação, no constrangimento e na intenção de lesar trabalhadores, além da obrigação de não fazer que lhe foi imposta, cujo descumprimento acarreta a aplicação de multa diária, a ser revertida ao Fundo de Amparo ao Trabalhador – FAT (art. 13 da Lei 7.347/1985), dado o reconhecimento de que a lesão repercutiu coletivamente entre os empregados e ex-empregados envolvidos na mesma situação jurídica-base.

(...) Considerando o caráter pedagógico que deve revestir a indenização por danos morais coletivos, mantenho o valor da condenação (R$ 30.000,00)" (TRT – 12.ª Região – 3.ª T. – Proc. RO 01192-2005-029-12-00-0 – Rela. Juíza Lilia Leonor Abreu – publicado em 31.07.2006).

"DANO MORAL COLETIVO. CARACTERIZAÇÃO. A conduta perpetrada pela ré ao compelir seus empregados a desistirem de seus direitos trabalhistas julgados procedentes em ação coletiva movida pelo sindicato da categoria, lesionou os trabalhadores, no plano coletivo e até mesmo difuso (trabalhadores em geral), ao violar os princípios fundamentais da dignidade da pessoa humana e do valor social do trabalho (art. 1.º, incisos III e IV, da CF), bem como o princípio constitucional

> insculpido no art. 5.º, inciso XXXV, da CF. Assim, caracterizada a ocorrência do dano e o nexo causal aptos a ensejar a indenização pleiteada, impõe-se a condenação da ré ao pagamento de indenização em pecúnia decorrente do dano moral coletivo sofrido pelos empregados, com fulcro no art. 5.º, V e X, da Carta Magna de 1988 e no art. 186 do CC" (TRT – 17.ª Região – Proc. RO-01832-2002-001-1-00 – Rel. Juiz Gerson Fernando da Sylveira Novais – publicado em 29.06.2005).
>
> "INDENIZAÇÃO POR DANO MORAL COLETIVO. Tem-se como caracterizada a lesão aos direitos dos trabalhadores envolvidos, os quais foram seguramente sugestionados ou, nas palavras do 'fiscal da lei', coagidos a apresentar carta de renúncia ao direito proveniente de ação de substituição processual, carreada pelo Sindicato Profissional (...).
>
> A prática adotada pela instituição bancária reclamada de coagir os empregados a renunciarem a direitos trabalhistas buscados em outra reclamatória, além de causar repulsa, por obter vantagem financeira em detrimento dos direitos de seus empregados, constitui ilícito vedado no ordenamento jurídico pátrio, violando direitos constitucionalmente assegurados, tais como a inafastabilidade da tutela jurisdicional, o direito à cidadania, à dignidade da pessoa humana, ao valor social do trabalho, à igualdade, à não discriminação e à proteção ao emprego.
>
> (...)
>
> Devida, portanto, a indenização por danos morais coletivos, tendo como objetivo oferecer à coletividade de trabalhadores uma compensação pelo dano sofrido, de forma a atenuar os efeitos da lesão, bem como de coibir, por meio dessa sanção, o ilícito praticado pelo reclamado" (TRT – 4.ª Região – Proc. RO 01370-2003-007-04-00-8 – Rel.ª Juíza Denise Pacheco – publicado em 06.04.2005).

No âmbito laboral, inúmeras são as hipóteses que podem ensejar a reparação pelos danos morais coletivos oriundos de lesão a interesses difusos, coletivos e individuais homogêneos, cabendo destacar:

- Prática ilegal de revista íntima nos empregados;
- Submissão de trabalhadores à condição de trabalho forçado e degradante;
- Descumprimento de normas relativas à segurança e saúde no trabalho;
- Tratamentos discriminatórios diversos (portador do vírus HIV, dirigente sindical, idade, opção sexual, raça, listas negras etc.);
- Intermediação ilícita de mão de obra, com vistas à sonegação de direitos trabalhistas;
- Prática pelas empresas de lides simuladas na Justiça do Trabalho;
- Prática fraudulenta mediante a exigência de assinatura, pelos trabalhadores, de documentos em branco;
- Violação ao direito à intimidade, com a realização de filmagens pela empresa dos locais de trabalho, de forma sigilosa, sem o conhecimento prévio dos empregados;
- Manutenção de trabalhadores laborando sem o registro dos contratos de trabalho (trabalho clandestino);
- Ofensa à liberdade sindical;
- Assédio moral.

Ressalte-se, entretanto, que a revista em bolsas e sacolas, meramente visual e realizada com moderação e razoabilidade, dirigida a todos os empregados, e, portanto, em caráter geral, no horário de saída, em que o próprio obreiro manipula seu conteúdo na presença de um preposto, não havendo contato físico, não caracteriza dano moral. Observe-se trecho do julgado do Tribunal Superior do Trabalho:

> "O Ministério Público do Trabalho reitera sua insurgência contra a decisão regional que excluiu a condenação de dano moral coletivo. Sustenta que a revista procedida nas bolsas e sacolas dos funcionários, bem como a inexistência de instalações sanitárias adequadas violam a dignidade e a intimidade dos empregados do Reclamado, de modo a configurar dano moral coletivo passível de indenização. Aponta violação dos arts. 1.º, III, 5.º, X, e 7.º, XXII, da Constituição Federal, e transcreve arestos para o confronto de teses.
>
> Sem razão.
>
> O Regional, quanto ao tema, consignou:
>
> 'Da análise do caderno probatório constato que o vistoriamento utilizado pelo reclamado em seus empregados era procedido sem nenhum indício de discriminação. Também não foram comprovados meios vexatórios ou degradantes durante o procedimento. Como bem assentou a i. Julgadora sentenciante: 'Na hipótese dos autos a revista é visual e realizada com moderação e razoabilidade, dirigida a todos os empregados, e, portanto, em caráter geral, no horário de saída, em que o próprio obreiro manipula seu conteúdo na presença de um preposto, não havendo contato físico. Destarte, com base, pois, nestas premissas, entende o Juízo que não se configurou a situação vexatória alegada na inicial, o que importou em manter incólume a imagem e dignidade dos empregados. Por conseguinte, não restou caracterizado o abuso de direito e o ato ilícito suscitados pelo *Parquet*.' (sic)
>
> Da mesma forma, entendo que a utilização de câmera de vídeo pelo reclamado não caracteriza prática de ato ilícito, sobretudo porque posicionada de forma visível na porta de saída do estabelecimento, onde circulam não apenas os empregados, mas também fornecedores de mercadorias e prestadores de serviços. A meu ver, a atitude da empresa tem por objetivo promover a segurança do seu estabelecimento e das pessoas que por ali transitam.
>
> Relativamente aos mictórios e chuveiros coletivos instalados nos banheiros situados no estabelecimento empresário, diversamente do entendimento adotado pelo d. Juízo *a quo*, não vislumbro a ocorrência de prejuízo moral sofrido pelos empregados que comporte reparação pecuniária. Isso porque inexistem nos autos elementos que comprovem que os citados artefatos tenham causado aos seus usuários qualquer tipo de constrangimento ou mesmo de humilhação. Efetivamente, na hipótese, sequer houve produção de prova testemunhal.
>
> Por fim, ainda registro, pois oportuno, que o fato de a reclamada haver cumprido determinação judicial no sentido de promover a individualização dos chuveiros e mictórios dos banheiros, por si só, não caracteriza o alegado reconhecimento do pedido de dano moral.

> Desse modo, modifico a sentença para excluir a condenação envolvendo o dano moral coletivo consubstanciado na existência de mictórios e chuveiros coletivos nos banheiros da empresa acionada.' (fls. 642/643)
>
> Verifica-se que o Regional, soberano na análise do conjunto fático-probatório, reformou a sentença para indeferir o pedido de indenização por dano moral, ante a conclusão de que não há nos autos elementos que permitam estabelecer a ocorrência de dano provocado pelo Reclamado passível de reparação. Consignou, inclusive, que a revista das bolsas e sacolas era apenas visual e realizada com moderação e dirigida a todos os empregados. Quanto aos mictórios e chuveiros coletivos instalados nos banheiros, registrou que não houve nenhuma prova que tais elementos tenham causado qualquer tipo de constrangimento ou humilhação.
>
> Assim, identificada a natureza fático-probatória da controvérsia, que encontra óbice à revisão, nos termos da Súmula 126 do TST, inviável a aferição de ofensa aos artigos indigitados e de divergência jurisprudencial.
>
> Nego provimento" (AIRR 132800-58.2008.5.05.0030 – 8.ª Turma – Rel. Min. Márcio Eurico Vitral Amaro – 19.06.2013).

Quanto à destinação da indenização fixada pela reparação do dano moral coletivo, tratando-se de interesses difusos ou coletivos, aplicar-se-á a regra prevista no art. 13 da Lei 7.347/1985, que dispõe:

> "Art. 13. Havendo condenação em dinheiro, a indenização pelo dano causado reverterá a um fundo gerido por um Conselho Federal ou por Conselhos Estaduais de que participarão necessariamente o Ministério Público e representantes da comunidade, sendo seus recursos destinados à reconstituição dos bens lesados".

Com efeito, na seara trabalhista, a indenização imposta no caso de lesão a interesses difusos e coletivos será revertida ao Fundo de Amparo ao Trabalhador – FAT, instituído pela Lei 7.998/1990, com a finalidade de custear o Programa de Seguro-Desemprego, o pagamento do abono salarial e o financiamento de programas de desenvolvimento econômico.

Outrossim, caso a lesão atinja interesses difusos e coletivos da criança e do adolescente, em função de expressa previsão no art. 214 da Lei 8.069/1990 (Estatuto da Criança e do Adolescente – ECA), o valor da condenação deverá ser revertido ao competente Fundo dos Direitos da Criança e do Adolescente criado no âmbito do município, e, na sua falta, no do Estado ou da União.

Ademais, tratando-se de condenação pecuniária pelos danos morais provenientes de lesão a interesses individuais homogêneos, a parcela será direcionada a cada um dos indivíduos favorecidos na demanda e que vierem a comprovar, em liquidação de sentença, tal condição.

Nesta hipótese, conforme previsto no art. 95 do CDC, a condenação será genérica e ilíquida, sendo determinada apenas a responsabilidade do ofensor, restando para a fase de liquidação da sentença a individualização dos lesados e quantificação da importância devida a cada beneficiário.

10.3.9. Tutela preventiva

A Lei 7.347/1985, nos arts. 4.º e 12, possibilitou a propositura de ação cautelar antecedente à ação civil pública, bem como a inserção de pedido liminar na própria ação, objetivando a proteção de interesses metaindividuais, evitando-se lesões de difícil ou impossível reparação. Vejamos:

> "Lei n.º 7.347/1985:
>
> (...)
>
> Art. 4.º Poderá ser ajuizada ação cautelar para os fins desta Lei, objetivando, inclusive, evitar o dano ao meio ambiente, ao consumidor, à ordem urbanística ou aos bens e direitos de valor artísticos, estético, histórico, turístico e paisagístico.
>
> (...)
>
> Art. 12. Poderá o Juiz conceder mandado liminar, com ou sem justificação prévia, em decisão sujeita a agravo."

Outrossim, o art. 84, § 3.º, da Lei 8.078/1990 previu a possibilidade de antecipação de tutela de mérito nas ações coletivas, ao dispor que, "sendo relevante o fundamento da demanda e havendo justificado receio de ineficácia do provimento final, é lícito ao Juiz conceder a tutela liminarmente ou após justificação prévia, citado o réu".

A possibilidade de antecipação de tutela nas ações coletivas, disciplinadas no art. 84, § 3.º, do CDC, precedeu a própria alteração do art. 311 do CPC, que regulamentou, de forma ampla, a tutela antecipada no processo civil.

Vale destacar que, tanto o art. 11 da LACP como o art. 84, § 4.º, do CDC possibilitam ao magistrado a fixação de multa em caso de descumprimento da tutela deferida.

Por sua vez, o art. 12, § 1.º, da Lei 7.347/1985, permite ao Presidente do Tribunal suspender a execução de liminar deferida em ação civil pública, em caso de pedido realizado por ente público, objetivando evitar grave lesão à ordem, à segurança e à economia.

10.3.10. Inquérito civil

O inquérito civil foi criado pela Lei 7.347/1985, que no art. 8.º, § 1.º, dispõe:

> "Art. 8.º (...)
>
> § 1.º O Ministério Público poderá instaurar, sob sua presidência, inquérito civil, ou requisitar, de qualquer organismo público ou particular, certidões, informações,

> exames ou perícias, no prazo que assinalar, o qual não poderá ser inferior a 10 (dez) dias úteis".

Posteriormente, a própria CF/1988, no art. 129, III, previu a utilização do inquérito civil pelo Ministério Público, ao estabelecer como função institucional do Ministério Público a promoção do "inquérito civil e a ação civil pública, para a proteção do patrimônio público e social, do meio ambiente e de outros interesses difusos e coletivos".

Também a LC 75/1993 (LOMPU), no art. 84, II, definiu a competência do Ministério Público do Trabalho, no âmbito de suas atribuições, de instaurar inquérito civil e outros procedimentos administrativos, sempre que cabíveis, para assegurar a observância dos direitos sociais dos trabalhadores.

O inquérito civil constitui-se numa investigação administrativa realizada previamente pelo Ministério Público, objetivando colher elementos e provas que determinem o manejo, ou não, da respectiva ação civil pública ou de outra medida judicial cabível.

Logo, o inquérito civil, de competência exclusiva do Ministério Público, é o principal instrumento, de natureza investigatória, concernente à atuação extrajudicial do Ministério Público do Trabalho.

Assume o inquérito civil também outra importante função, qual seja obter o ajustamento da conduta do(s) investigado(s) às disposições legais vigente, caso reste demonstrada no procedimento administrativo a conduta irregular do(s) inquirido(s).

Raimundo Simão de Melo, *Ação civil pública na Justiça do Trabalho*, p. 59, assim conceitua o inquérito civil trabalhista:

> "É o inquérito civil trabalhista um procedimento administrativo e inquisitorial, informal, a cargo do Ministério Público do Trabalho, destinado a investigar sobre a ilegalidade do ato denunciado, a colher elementos de convicção para ajuizamento da ação civil pública ou de qualquer outra medida judicial e, convencido o órgão condutor, da irregularidade denunciada, a tomar do inquirido termo de ajustamento de conduta às disposições legais".

O inquérito civil é um procedimento administrativo de natureza inquisitorial e informal, semelhante ao próprio inquérito policial, constituído de peças informativas destinadas à instrução de futura ação civil pública, não havendo, pois, necessidade da observância dos princípios constitucionais do contraditório e da ampla defesa.

Neste sentido, Carlos Henrique Bezerra Leite, em sua obra *Ação civil pública*, p. 146, explica que:

> "Dados os pontos de semelhança entre o inquérito policial e o inquérito civil, já que ambos constituem peças informativas que se destinam à instrução de futura ação penal ou civil pública, não seria errôneo enquadrar ambos, à luz do direito administrativo, como sindicância administrativa facultada, no primeiro caso, à autoridade policial e, no segundo, ao MPT.
>
> Admitida a natureza jurídica de sindicância do IC, tem-se, como consequência, a desnecessidade, em quaisquer de suas fases, da observância dos princípios constitucionais do contraditório e da ampla defesa".

Ainda sobre a natureza inquisitorial, Raimundo Simão de Melo, na mesma obra já citada, p. 61, mencionando Hugo Nigro Mazzilli, afirma que "não se caracteriza o inquérito civil como procedimento contraditório. Antes, ressalte-se nele sua informalidade, pois destina-se tão somente a carrear elementos de convicção para que o próprio órgão ministerial possa identificar se ocorre circunstância que enseje a propositura de medida judicial de sua iniciativa que, ademais, é concorrente com a dos demais legitimados ativos à ação civil pública".

Portanto, considerando a natureza inquisitorial do inquérito civil e a consequente ausência do contraditório e ampla defesa, o Ministério Público poderá, para perfeita instrução do procedimento administrativo, promover inspeções e diligências investigatórias (art. 8.º, V, da LC 75/1993), requisitar documentos, exames ou perícias e realizar audiências, sem a necessidade da presença ou intimação da parte investigada em relação aos referidos atos.

Por outro lado, frise-se que o inquérito civil não é pressuposto processual para que o Ministério Público do Trabalho promova ação civil pública, podendo o mesmo ser dispensado se já existirem elementos necessários para propor a ação coletiva.

Entretanto, é recomendável a instauração do inquérito civil por dois motivos: primeiro, para melhor colheita das provas que instruirão eventual ação coletiva, facilitando, inclusive, a futura instrução judicial do processo, atendendo-se, assim, aos princípios da celeridade e economia processual; e, segundo, porque permite ao investigado assinar termo de compromisso de ajustamento de conduta (o qual, nos moldes do art. 876 da CLT, constitui-se em título executivo extrajudicial), evitando-se, assim, a propositura de ação civil pública.

A instauração do inquérito civil não impede que outro ente colegitimado para a propositura da ação civil pública venha a ajuizá-la, mesmo que se refira à idêntica questão objeto da investigação pelo órgão do Ministério Público do Trabalho.

Esse é o entendimento inclusive de Hugo Nigro Mazzilli, *A defesa dos interesses difusos em juízo*, p. 339, ao dispor que, "quer esteja o inquérito civil arquivado ou em andamento, isso em nada interfere com a possibilidade de que os colegitimados ajuízem diretamente, a qualquer momento, a ação civil pública ou coletiva. Muito menos impede ou condiciona o ajuizamento de ações individuais".

Quanto ao arquivamento dos autos do inquérito civil, o art. 9.º da LACP esclarece que:

> "Art. 9.º Se o órgão do Ministério Público, esgotadas todas as diligências, se convencer da inexistência de fundamento para a propositura de ação civil, promoverá o arquivamento dos autos do inquérito civil ou das peças informativas, fazendo-o fundamentadamente.
>
> § 1.º Os autos do inquérito civil ou das peças de informação arquivadas serão remetidos, sob pena de se incorrer em falta grave, no prazo de 3 (três) dias, ao Conselho Superior do Ministério Público.
>
> § 2.º Até que, em sessão do Conselho Superior do Ministério Público, seja homologada ou rejeitada a promoção de arquivamento, poderão as associações legitimadas apresentar razões escritas ou documentos, que serão juntados aos autos do inquérito ou anexados às peças de informação.
>
> § 3.º A promoção de arquivamento será submetida a exame de deliberação do Conselho Superior do Ministério Público, conforme dispuser o seu Regimento.
>
> § 4.º Deixando o Conselho Superior de homologar a promoção de arquivamento, designará, desde logo, outro órgão do Ministério Público para o ajuizamento da ação".

Ao final do inquérito, portanto, três soluções poderão ser adotadas:

> 1. evidenciado o ilícito trabalhista, o órgão do Ministério Público do Trabalho proporá ao inquirido o ajustamento de sua conduta, para que este passe a cumprir o ordenamento jurídico vigente, por meio da assinatura de Termo de Compromisso de Ajustamento de Conduta, inclusive com a cominação de multa, cuja incidência se dará em face do descumprimento das obrigações assumidas;
> 2. evidenciado o ilícito trabalhista e recusada a assinatura do Termo de Compromisso de Ajustamento de Conduta pelo inquirido, o órgão do Ministério Público do Trabalho proporá ação civil pública ou outra medida judicial cabível, objetivando ajustar, de forma coercitiva, a conduta do investigado ao ordenamento jurídico vigente;
> 3. não evidenciado qualquer ilícito trabalhista, ou mesmo em caso de ausência de provas ou perda do objeto, proporá o órgão do Ministério Público do Trabalho o arquivamento do inquérito civil.

Arquivados os autos do inquérito civil, sempre de forma fundamentada deverá o membro do Ministério Público do Trabalho remeter, no prazo de 3 dias, ao Conselho Superior do Ministério Público do Trabalho, para devida homologação, os autos do inquérito civil ou das peças informativas, sob pena de incorrer em falta grave.

Peças de informação são os elementos de convicção em que se possa basear o Ministério Público para propor ou não a ação civil pública.

Caso o Conselho Superior do Ministério Público do Trabalho não homologue a promoção de arquivamento do inquérito civil, implicará a designação de outro membro para o ajuizamento da competente ação civil pública, ou prosseguimento das investigações.

A designação de novo membro para prosseguir as investigações ou ajuizar a competente ação não significa qualquer punição ao membro que propôs o arquivamento, em função do princípio da independência funcional (art. 127, § 1.º, da CF/1988).

Vale frisar que o Conselho Nacional do Ministério Público, em 17 de setembro de 2007, expediu a Resolução 23, regulamentando os artigos 6.º, inciso VII, e 7.º, inciso I, da Lei Complementar 75/1993 e os artigos 25, inciso IV, e 26, inciso I, da Lei 8.625/1993, disciplinando, no âmbito do Ministério Público, a instauração e tramitação do inquérito civil.

Vejamos o inteiro teor da Resolução 23 do CNMP:

> "CONSELHO NACIONAL DO MINISTÉRIO PÚBLICO RESOLUÇÃO 23, DE 17 SETEMBRO DE 2007.
>
> Regulamenta os artigos 6.º, inciso VII, e 7.º, inciso I, da Lei Complementar 75/1993 e os artigos 25, inciso IV, e 26, inciso I, da Lei 8.625/1993, disciplinando, no âmbito do Ministério Público, a instauração e tramitação do inquérito civil.
>
> O Conselho Nacional do Ministério Público, no exercício das atribuições que lhe são conferidas pelo artigo 130-A, § 2.º, inciso I, da Constituição Federal e com fulcro no artigo 64-A, de seu Regimento Interno;
>
> CONSIDERANDO o disposto no artigo 129, inciso III e inciso VI, da Constituição Federal;
>
> CONSIDERANDO o que dispõem os artigos 6.º, inciso VII, e 7.º, inciso I, da Lei Complementar 75/1993; os artigos 25, inciso IV, e 26, inciso I, da Lei 8.625/1993 e a Lei 7.347/1985;
>
> CONSIDERANDO a necessidade de uniformizar o procedimento do inquérito civil, em vista dos princípios que regem a Administração Pública e dos direitos e garantias individuais;
>
> RESOLVE:
>
> **Capítulo I**
> **Dos Requisitos para Instauração**
>
> **Art. 1.º** O inquérito civil, de natureza unilateral e facultativa, será instaurado para apurar fato que possa autorizar a tutela dos interesses ou direitos a cargo do Ministério Público nos termos da legislação aplicável, servindo como preparação para o exercício das atribuições inerentes às suas funções institucionais.
>
> Parágrafo único. O inquérito civil não é condição de procedibilidade para o ajuizamento das ações a cargo do Ministério Público, nem para a realização das demais medidas de sua atribuição própria.

Art. 2.º O inquérito civil poderá ser instaurado:

I – de ofício;

II – em face de requerimento ou representação formulada por qualquer pessoa ou comunicação de outro órgão do Ministério Público, ou qualquer autoridade, desde que forneça, por qualquer meio legalmente permitido, informações sobre o fato e seu provável autor, bem como a qualificação mínima que permita sua identificação e localização;

III – por designação do Procurador-Geral de Justiça, do Conselho Superior do Ministério Público, Câmaras de Coordenação e Revisão e demais órgãos superiores da Instituição, nos casos cabíveis.

§ 1.º O Ministério Público atuará, independentemente de provocação, em caso de conhecimento, por qualquer forma, de fatos que, em tese, constituam lesão aos interesses ou direitos mencionados no artigo 1.º desta Resolução, devendo cientificar o membro do Ministério Público que possua atribuição para tomar as providências respectivas, no caso de não a possuir.

§ 2.º No caso do inciso II, em sendo as informações verbais, o Ministério Público reduzirá a termo as declarações. Da mesma forma, a falta de formalidade não implica indeferimento do pedido de instauração de inquérito civil, salvo se, desde logo, mostrar-se improcedente a notícia, atendendo-se, na hipótese, o disposto no artigo 5.º desta Resolução.

§ 3.º O conhecimento por manifestação anônima, justificada, não implicará ausência de providências, desde que obedecidos os mesmos requisitos para as representações em geral, constantes no artigo 2.º, inciso II, desta Resolução.

§ 4.º O Ministério Público, de posse de informações previstas nos artigos 6.º e 7.º da Lei 7.347/1985 que possam autorizar a tutela dos interesses ou direitos mencionados no artigo 1.º desta Resolução, poderá complementá-las antes de instaurar o inquérito civil, visando apurar elementos para identificação dos investigados ou do objeto, instaurando procedimento preparatório.

§ 5.º O procedimento preparatório deverá ser autuado com numeração sequencial à do inquérito civil e registrado em sistema próprio, mantendo-se a numeração quando de eventual conversão.

§ 6.º O procedimento preparatório deverá ser concluído no prazo de 90 (noventa) dias, prorrogável por igual prazo, uma única vez, em caso de motivo justificável.

§ 7.º Vencido este prazo, o membro do Ministério Público promoverá seu arquivamento, ajuizará a respectiva ação civil pública ou o converterá em inquérito civil.

Art. 3.º Caberá ao membro do Ministério Público investido da atribuição para propositura da ação civil pública a responsabilidade pela instauração de inquérito civil.

Parágrafo único. Eventual conflito negativo ou positivo de atribuição será suscitado, fundamentadamente, nos próprios autos ou em petição dirigida ao órgão com atribuição no respectivo ramo, que decidirá a questão no prazo de trinta dias.

Capítulo II

Da Instauração do Inquérito Civil

Art. 4.º O inquérito civil será instaurado por portaria, numerada em ordem crescente, renovada anualmente, devidamente registrada em livro próprio e autuada, contendo:

I – o fundamento legal que autoriza a ação do Ministério Público e a descrição do fato objeto do inquérito civil;

II – o nome e a qualificação possível da pessoa jurídica e/ou física a quem o fato é atribuído;

III – o nome e a qualificação possível do autor da representação, se for o caso;

IV – a data e o local da instauração e a determinação de diligências iniciais;

V – a designação do secretário, mediante termo de compromisso, quando couber;

VI – a determinação de afixação da portaria no local de costume, bem como a de remessa de cópia para publicação.

Parágrafo único. Se, no curso do inquérito civil, novos fatos indicarem necessidade de investigação de objeto diverso do que estiver sendo investigado, o membro do Ministério Público poderá aditar a portaria inicial ou determinar a extração de peças para instauração de outro inquérito civil, respeitadas as normas incidentes quanto à divisão de atribuições.

Capítulo III
Do Indeferimento de Requerimento de Instauração do Inquérito Civil

Art. 5.º Em caso de evidência de que os fatos narrados na representação não configurem lesão aos interesses ou direitos mencionados no artigo 1.º desta Resolução ou se o fato já tiver sido objeto de investigação ou de ação civil pública ou se os fatos apresentados já se encontrarem solucionados, o membro do Ministério Público, no prazo máximo de trinta dias, indeferirá o pedido de instauração de inquérito civil, em decisão fundamentada, da qual se dará ciência pessoal ao representante e ao representado.

§ 1.º Do indeferimento caberá recurso administrativo, com as respectivas razões, no prazo de dez dias.

§ 2.º As razões de recurso serão protocoladas junto ao órgão que indeferiu o pedido, devendo ser remetidas, caso não haja reconsideração, no prazo de três dias, juntamente com a representação e com a decisão impugnada, ao Conselho Superior do Ministério Público ou à Câmara de Coordenação e Revisão respectiva para apreciação.

§ 3.º Do recurso serão notificados os interessados para, querendo, oferecer contrarrazões.

§ 4.º Expirado o prazo do artigo 5.º, § 1.º, desta Resolução, os autos serão arquivados na própria origem, registrando-se no sistema respectivo, mesmo sem manifestação do representante.

§ 5.º Na hipótese de atribuição originária do Procurador-Geral, caberá pedido de reconsideração no prazo e na forma do parágrafo primeiro.

Capítulo IV
Da Instrução

Art. 6.º A instrução do inquérito civil será presidida por membro do Ministério Público a quem for conferida essa atribuição, nos termos da lei.

§ 1.º O membro do Ministério Público poderá designar servidor do Ministério Público para secretariar o inquérito civil.

§ 2.º Para o esclarecimento do fato objeto de investigação, deverão ser colhidas todas as provas permitidas pelo ordenamento jurídico, com a juntada das peças em ordem cronológica de apresentação, devidamente numeradas em ordem crescente.

§ 3.º Todas as diligências serão documentadas mediante termo ou auto circunstanciado.

§ 4.º As declarações e os depoimentos sob compromisso serão tomados por termo pelo membro do Ministério Público, assinado pelos presentes ou, em caso de recusa, na aposição da assinatura por duas testemunhas.

§ 5.º Qualquer pessoa poderá, durante a tramitação do inquérito civil, apresentar ao Ministério Público documentos ou subsídios para melhor apuração dos fatos.

§ 6.º Os órgãos da Procuradoria-Geral, em suas respectivas atribuições, prestarão apoio administrativo e operacional para a realização dos atos do inquérito civil.

§ 7.º O Ministério Público poderá deprecar diretamente a qualquer órgão de execução a realização de diligências necessárias para a investigação.

§ 8.º As notificações, requisições, intimações ou outras correspondências expedidas por órgãos do Ministério Público da União ou pelos órgãos do Ministério Público dos Estados, destinadas a instruir inquérito civil ou procedimento preparatório observarão o disposto no artigo 8°, § 4°, da Lei Complementar n° 75/1993, no artigo 26, § 1°, da Lei n° 8.625/1993 e, no que couber, no disposto na legislação estadual, devendo serem encaminhadas no prazo de dez (10) dias pelo respectivo Procurador-Geral, não cabendo a este a valoração do contido no expediente, podendo deixar de encaminhar aqueles que não contenham os requisitos legais ou que não empreguem o tratamento protocolar devido ao destinatário.

§ 9.º Aplica-se o disposto no parágrafo anterior em relação aos atos dirigidos aos Conselheiros do Conselho Nacional de Justiça e do Conselho Nacional do Ministério Público.

§ 10. Todos os ofícios requisitórios de informações ao inquérito civil e ao procedimento preparatório deverão ser fundamentados e acompanhados de cópia da portaria que instaurou o procedimento ou da indicação precisa do endereço eletrônico oficial em que tal peça esteja disponibilizada.

Art. 7.º Aplica-se ao inquérito civil o princípio da publicidade dos atos, com exceção dos casos em que haja sigilo legal ou em que a publicidade possa acarretar prejuízo às investigações, casos em que a decretação do sigilo legal deverá ser motivada.

§ 1.º Nos requerimentos que objetivam a obtenção de certidões ou extração de cópia de documentos constantes nos autos sobre o inquérito civil, os interessados deverão fazer constar esclarecimentos relativos aos fins e razões do pedido, nos termos da Lei 9.051/1995.

§ 2.º A publicidade consistirá:

I – na divulgação oficial, com o exclusivo fim de conhecimento público mediante *publicação de extratos na imprensa oficial;*

II – na divulgação em meios cibernéticos ou eletrônicos, dela devendo constar as portarias de instauração e extratos dos atos de conclusão;

III – na expedição de certidão e na extração de cópias sobre os fatos investigados, mediante requerimento fundamentado e por deferimento do presidente do inquérito civil;

IV – na prestação de informações ao público em geral, a critério do presidente do inquérito civil;

V – na concessão de vistas dos autos, mediante requerimento fundamentado do interessado ou de seu procurador legalmente constituído e por deferimento total ou parcial do presidente do inquérito civil.

§ 3.º As despesas decorrentes da extração de cópias correrão por conta de quem as requereu.

§ 4.º A restrição à publicidade deverá ser decretada em decisão motivada, para fins do interesse público, e poderá ser, conforme o caso, limitada a determinadas pessoas, provas, informações, dados, períodos ou fases, cessando quando extinta a causa que a motivou.

§ 5.º Os documentos resguardados por sigilo legal deverão ser autuados em apenso.

Art. 8.º Em cumprimento ao princípio da publicidade das investigações, o membro do Ministério Público poderá prestar informações, inclusive aos meios de comunicação social, a respeito das providências adotadas para apuração de fatos em tese ilícitos, abstendo-se, contudo de externar ou antecipar juízos de valor a respeito de apurações ainda não concluídas.

Art. 9.º O inquérito civil deverá ser concluído no prazo de um ano, prorrogável pelo mesmo prazo e quantas vezes forem necessárias, por decisão fundamentada de seu presidente, à vista da imprescindibilidade da realização ou conclusão de diligências, dando-se ciência ao Conselho Superior do Ministério Público, à Câmara de Coordenação e Revisão ou à Procuradoria Federal dos Direitos do Cidadão.

Parágrafo único. Cada Ministério Público, no âmbito de sua competência administrativa, poderá estabelecer prazo inferior, bem como limitar a prorrogação mediante ato administrativo do Órgão da Administração Superior competente.

Capítulo V
Do Arquivamento

Art. 10. Esgotadas todas as possibilidades de diligências, o membro do Ministério Público, caso se convença da inexistência de fundamento para a propositura de ação civil pública, promoverá, fundamentadamente, o arquivamento do inquérito civil ou do procedimento preparatório.

§ 1.º Os autos do inquérito civil ou do procedimento preparatório, juntamente com a promoção de arquivamento, deverão ser remetidos ao órgão de revisão competente, no prazo de três dias, contado da comprovação da efetiva cientificação pessoal dos interessados, através de publicação na imprensa oficial ou da lavratura de termo de afixação de aviso no órgão do Ministério Público, quando não localizados os que devem ser cientificados.

§ 2.º A promoção de arquivamento será submetida a exame e deliberação do órgão de revisão competente, na forma do seu Regimento Interno.

§ 3.º Até a sessão do Conselho Superior do Ministério Público ou da Câmara de Coordenação e Revisão respectiva, para que seja homologada ou rejeitada a promoção de arquivamento, poderão as pessoas colegitimadas apresentar razões escritas ou documentos, que serão juntados aos autos do inquérito ou do procedimento preparatório.

§ 4.º Deixando o órgão de revisão competente de homologar a promoção de arquivamento, tomará uma das seguintes providências:

I – converterá o julgamento em diligência para a realização de atos imprescindíveis à sua decisão, especificando-os e remetendo os autos ao membro do Ministério Público que determinou seu arquivamento, e, no caso de recusa fundamentada, ao órgão competente para designar o membro que irá atuar;

II – deliberará pelo prosseguimento do inquérito civil ou do procedimento preparatório, indicando os fundamentos de fato e de direito de sua decisão, adotando as providências relativas à designação, em qualquer hipótese, de outro membro do Ministério Público para atuação.

§ 5.º Será pública a sessão do órgão revisor, salvo no caso de haver sido decretado o sigilo.

Art. 11. Não oficiará nos autos do inquérito civil, do procedimento preparatório ou da ação civil pública o órgão responsável pela promoção de arquivamento não homologada pelo Conselho Superior do Ministério Público ou pela Câmara de Coordenação e Revisão, ressalvada a hipótese do art. 10, § 4º, I, desta Resolução.

Art. 12. O desarquivamento do inquérito civil, diante de novas provas ou para investigar fato novo relevante, poderá ocorrer no prazo máximo de seis meses após o arquivamento. Transcorrido esse lapso, será instaurado novo inquérito civil, sem prejuízo das provas já colhidas.

Parágrafo único. O desarquivamento de inquérito civil para a investigação de fato novo, não sendo caso de ajuizamento de ação civil pública, implicará novo arquivamento e remessa ao órgão competente, na forma do art. 10, desta Resolução.

Art. 13. O disposto acerca de arquivamento de inquérito civil ou procedimento preparatório também se aplica à hipótese em que estiver sendo investigado mais de um fato lesivo e a ação civil pública proposta somente se relacionar a um ou a algum deles.

Capítulo VI

Do Compromisso de Ajustamento de Conduta

Art. 14. O Ministério Público poderá firmar compromisso de ajustamento de conduta, nos casos previstos em lei, com o responsável pela ameaça ou lesão aos interesses ou direitos mencionados no artigo 1.º desta Resolução, visando à reparação do dano, à adequação da conduta às exigências legais ou normativas e, ainda, à compensação e/ou à indenização pelos danos que não possam ser recuperados.

Capítulo VII

Das Recomendações

Art. 15. O Ministério Público, nos autos do inquérito civil ou do procedimento preparatório, poderá expedir recomendações devidamente fundamentadas, visando à melhoria dos serviços públicos e de relevância pública, bem como aos demais interesses, direitos e bens cuja defesa lhe caiba promover.

Parágrafo único. É vedada a expedição de recomendação como medida substitutiva ao compromisso de ajustamento de conduta ou à ação civil pública.

Capítulo VIII

Das Disposições Finais

Art. 16. Cada Ministério Público deverá adequar seus atos normativos referentes a inquérito civil e a procedimento preparatório de investigação cível aos termos da presente Resolução, no prazo de noventa dias, a contar de sua entrada em vigor.

Art. 17. Esta Resolução entrará em vigor na data de sua publicação.

Brasília, 17 de setembro de 2007.

Antonio Fernando Barros e Silva de Souza

Presidente do Conselho Nacional do Ministério Público"

Cabe ainda destacar a Resolução 69/2007, editada pelo Conselho Superior do MPT, regulamentando a instauração e tramitação do Inquérito Civil no âmbito do Ministério Público do Trabalho:

RESOLUÇÃO 69, de 12 de dezembro de 2007

Disciplina, no âmbito do Ministério Público do Trabalho, a instauração e tramitação do inquérito civil, conforme artigo 16 da Resolução 23, de 17 de setembro de 2007, do Conselho Nacional do Ministério Público.

O CONSELHO SUPERIOR DO MINISTÉRIO PÚBLICO DO TRABALHO, no exercício de sua competência prevista no artigo 98, inciso I, da Lei Complementar 75/1993, e considerando a necessidade de regulamentar os procedimentos de inquéritos civis públicos previstos nos artigos 6.º, VII, alíneas *a* e *d*, e 84, II da Lei Complementar 75/1993, resolve:

Capítulo I

Dos Requisitos para Instauração

Art. 1.º O inquérito civil, de natureza unilateral e facultativa, será instaurado para apurar fato que possa autorizar a tutela dos interesses ou direitos a cargo do Ministério Público do Trabalho nos termos da legislação aplicável, servindo como preparação para o exercício das atribuições inerentes às suas funções institucionais.

Parágrafo único. O inquérito civil não é condição de procedibilidade para o ajuizamento das ações a cargo do Ministério Público do Trabalho, nem para a realização das demais medidas de sua atribuição própria.

Art. 2.º O inquérito civil poderá ser instaurado:

I – de ofício;

II – mediante requerimento ou representação formulada por qualquer pessoa ou comunicação de outro órgão do Ministério Público, ou qualquer autoridade, desde que forneça, por qualquer meio legalmente permitido, informações sobre o fato e seu provável autor, bem como a qualificação mínima que permita sua identificação e localização;

III – por designação do Procurador-Geral do Trabalho, do Conselho Superior do Ministério Público do Trabalho, Câmara de Coordenação e Revisão do Ministério Público do Trabalho e demais órgãos superiores da Instituição, nos casos cabíveis.

§ 1.º O Ministério Público do Trabalho atuará, independentemente de provocação, em caso de conhecimento, por qualquer forma, de fatos que, em tese, constituam lesão aos interesses ou direitos mencionados no artigo 1.º desta Resolução, devendo cientificar o membro do Ministério Público que possua atribuição para tomar as providências respectivas, no caso de não a possuir.

§ 2.º Em havendo mais de um Procurador com atribuição para atuar no caso, a representação deverá ser submetida a distribuição por sorteio.

§ 3.º É admitida a atuação de grupo especial de trabalho para investigar casos cuja complexidade demandem atuações uniformes em diferentes áreas.

§ 4.º No caso do inciso II, em sendo as informações verbais, o Ministério Público do Trabalho reduzirá a termo as declarações. Da mesma forma, a falta de formalidade não implica indeferimento do pedido de instauração de inquérito civil, salvo se, desde logo, mostrar-se improcedente a notícia, atendendo-se, na hipótese, ao disposto no artigo 5.º desta Resolução.

§ 5.º Para preservação da integridade ou dos direitos do denunciante, o Ministério Público do Trabalho poderá decretar o sigilo de seus dados, que ficarão acautelados em Secretaria.

§ 6.º O conhecimento por manifestação anônima não implicará ausência de providências, desde que obedecidos os mesmos requisitos para as representações em geral, constantes no artigo 2.º, inciso II, desta Resolução.

§ 7.º O Ministério Público do Trabalho, de posse de informações previstas nos artigos 6.º e 7.º da Lei n° 7.347/1985 que possam autorizar a tutela dos interesses ou direitos mencionados no artigo 1.º desta Resolução, poderá complementá-las antes de instaurar o inquérito civil, visando apurar elementos para identificação dos investigados ou do objeto, instaurando procedimento preparatório.

§ 8.º O procedimento preparatório deverá ser autuado com numeração sequencial à do inquérito civil e registrado em sistema próprio, mantendo-se a numeração quando de eventual conversão.

§ 9.º O procedimento preparatório deverá ser concluído no prazo de 90 (noventa) dias, prorrogável por igual prazo, uma única vez, em caso de motivo justificável.

§ 10.º Vencido este prazo, o membro do Ministério Público do Trabalho promoverá seu arquivamento, ajuizará a respectiva ação civil pública ou o converterá em inquérito civil.

Art. 3.º Caberá ao membro do Ministério Público do Trabalho investido da atribuição para propositura da ação civil pública a responsabilidade pela instauração de inquérito civil.

§ 1.º Eventual conflito negativo ou positivo de atribuição será suscitado, no prazo de 10 (dez) dias, fundamentadamente, nos próprios autos ou em petição dirigida à Câmara de Coordenação e Revisão do Ministério Público do Trabalho, que decidirá a questão no prazo de trinta dias.

§ 2.º O membro que suscitar o conflito, preliminarmente, determinará o retorno dos autos ao outro membro envolvido, com promoção fundamentada, a fim de verificar a possibilidade de reconsideração para a solução do conflito suscitado.

§ 3.º Retornando-lhe os autos para verificação da possibilidade de reconsideração, nos termos do anterior, o membro suscitado terá o prazo de 02 (dois) dias úteis para sua manifestação. (Incluído pela Resolução nº 99, de 25.08.2011, do CSMPT)

§ 4.º Na hipótese de afastamento legal do membro suscitado, se ainda remanescer mais de 05 (cinco) dias úteis, não se aguardará o seu retorno para os fins do disposto no art. 3.º, § 2.º, da Resolução nº 69/2007 do CSMPT, procedendo-se a imediata remessa dos autos para decisão da Câmara de Coordenação e Revisão, evitando-se prejuízo ao andamento do procedimento investigatório. (Incluído pela Resolução nº 99, de 25.08.2011, do CSMPT)

Capítulo II
Da Instauração do Inquérito Civil

Art. 4.º O inquérito civil será instaurado por portaria, numerada em ordem crescente, renovada anualmente, devidamente registrada em livro próprio e autuada, contendo:

I – o fundamento legal que autoriza a ação do Ministério Público do Trabalho e a descrição do fato objeto do inquérito civil;

II – o nome e a qualificação possível da pessoa jurídica e/ou física a quem o fato é atribuído;

III – o nome e a qualificação possível do autor da representação, se for o caso;

IV – a data e o local da instauração e a determinação de diligências iniciais;

V – a designação do secretário, mediante termo de compromisso, quando couber;

VI – a determinação de afixação da portaria em quadro de aviso acessível ao público, bem como a de remessa de cópia para publicação.

Parágrafo único. Se, no curso do inquérito civil, novos fatos indicarem necessidade de investigação de objeto diverso do que estiver sendo investigado, o membro do Ministério Público do Trabalho poderá aditar a portaria inicial ou determinar a extração de peças para instauração de outro inquérito civil, respeitadas as normas incidentes quanto à divisão de atribuições.

Capítulo III
Do Indeferimento da Representação

Art. 5.º O membro do Ministério Público do Trabalho, no prazo máximo de trinta dias, indeferirá o pedido de instauração de inquérito civil, em decisão fundamentada, da qual se dará ciência pessoal, por via postal ou correio eletrônico, ao representante e ao representado, nos casos de:

a) evidência de os fatos narrados na representação não configurarem lesão aos interesses ou direitos mencionados no artigo 1.º desta Resolução;

b) o fato denunciado ter sido ou estiver sendo objeto de investigação ou de ação civil pública;

c) os fatos apresentados já se encontrarem solucionados; e

d) o denunciado não ser localizado.

§ 1.º Do indeferimento caberá recurso administrativo, com as respectivas razões, no prazo de dez dias.

§ 2.º As razões de recurso serão protocoladas junto ao órgão que indeferiu o pedido, devendo ser remetidas, caso não haja reconsideração, em despacho motivado, no prazo de três dias, juntamente com a representação e com a decisão impugnada, à Câmara de Coordenação e Revisão do Ministério Público do Trabalho para apreciação. (Redação dada pela Resolução n° 87/2009 do CSMPT).

§ 3.º Do recurso serão notificados os interessados para, querendo, oferecer contrarrazões, no prazo de dez (10) dias. (Redação dada pela Resolução n° 87/2009 do CSMPT).

§ 4.º Expirado o prazo do artigo 5.º, § 1.º, desta Resolução, os autos serão arquivados na própria origem, registrando-se no sistema respectivo, mesmo sem manifestação do representante.

§ 5.º No caso de o arquivamento ter ocorrido por já existir investigação ou ação em curso, a denúncia deverá ser juntada aos autos do procedimento preexistente, para ciência do membro do Ministério Público do Trabalho com atribuição originária para o caso.

Capítulo IV

Da Instrução

Art. 6.º A instrução do inquérito civil será presidida por membro do Ministério Público do Trabalho a quem for conferida essa atribuição, nos termos da lei.

§ 1.º Para o esclarecimento do fato objeto de investigação, deverão ser colhidas todas as provas permitidas pelo ordenamento jurídico, com a juntada das peças em ordem cronológica de apresentação, devidamente numeradas em ordem crescente.

§ 2.º Todas as diligências serão documentadas mediante termo ou auto circunstanciado.

§ 3.º As declarações e os depoimentos sob compromisso serão tomados por termo pelo membro do Ministério Público do Trabalho, assinado pelos presentes ou, em caso de recusa, tal fato deverá constar em ata firmada pelo Procurador e pelo secretário de audiência.

§ 4.º Qualquer pessoa poderá, durante a tramitação do inquérito civil, apresentar ao Ministério Público do Trabalho documentos ou subsídios para melhor apuração dos fatos.

§ 5.º As unidades do Ministério Público do Trabalho, em suas respectivas atribuições, prestarão apoio administrativo e operacional para a realização dos atos do inquérito civil.

§ 6.º O Ministério Público do Trabalho poderá deprecar diretamente a membro do Ministério Público a realização de diligências necessárias à investigação.

§ 7.º O Procurador-Geral do Trabalho encaminhará ao Procurador-Geral da República ou a outro órgão do Ministério Público a quem essa atribuição seja delegada, no prazo de dez dias, os ofícios expedidos pelos membros do Ministério Público do Trabalho, destinados a instruir inquérito civil ou procedimento preparatório, observado o disposto no art. 8º, § 4º, da Lei Complementar nº 75/1993. (Redação dada pela Resolução n° 87/2009 do CSMPT).

§ 8.º Não cabe à chefia institucional a valoração do contido nos ofícios, podendo deixar de encaminhar aqueles que não contenham os requisitos legais ou não empreguem o tratamento protocolar devido ao destinatário. (Redação dada pela Resolução n° 87/2009 do CSMPT).

§ 9º Todos os ofícios requisitórios de informações ao inquérito civil e ao procedimento preparatório deverão ser fundamentados e, no caso do primeiro, acompanhados de cópia da respectiva portaria de instauração. (Incluído pela Resolução n° 87/2009 do CSMPT)

§ 10 Aplica-se o disposto nos §§ 7º, 8º e 9º aos atos dirigidos aos Conselheiros do Conselho Nacional de Justiça e do Conselho Nacional do Ministério Público. (Incluído pela Resolução n° 87/2009 do CSMPT).

Art. 7.º Aplica-se ao inquérito civil o princípio da publicidade dos atos, com exceção das hipóteses de sigilo legal ou em que a publicidade possa acarretar prejuízo às investigações, casos em que a decretação do sigilo legal deverá ser motivada.

§ 1.º Nos requerimentos que objetivam a obtenção de certidões ou extração de cópia de documentos constantes nos autos do inquérito civil, os interessados deverão fazer constar esclarecimentos relativos aos fins e razões do pedido, nos termos da Lei 9.051/1995.

§ 2.º A publicidade consistirá:

I – na divulgação oficial, com o exclusivo fim de conhecimento público mediante publicação de extratos na imprensa oficial;

II – na divulgação em meios cibernéticos ou eletrônicos, dela devendo constar as portarias de instauração e extratos dos atos de conclusão;

III – na expedição de certidão e na extração de cópias sobre os fatos investigados, mediante requerimento fundamentado e por deferimento do presidente do inquérito civil;

IV – na prestação de informações ao público em geral, a critério do presidente do inquérito civil;

V – (Revogado pela Resolução CSMPT nº 118, de 07/10/2014).

§ 3.º Sem prejuízo da garantia de publicidade prevista nos incisos anteriores, não se admite carga dos autos do procedimento preparatório ou do inquérito civil.

§ 4.º As despesas decorrentes da extração de cópias correrão por conta de quem as requereu.

§ 5.º A restrição à publicidade deverá ser decretada em decisão motivada, para fins do interesse público, e poderá ser, conforme o caso, limitada a determinadas pessoas, provas, informações, dados, períodos ou fases, cessando quando extinta a causa que a motivou.

§ 6.º Os documentos resguardados por sigilo legal deverão ser autuados em apenso e permanecer acautelados em secretaria.

Art. 8.º Em cumprimento ao princípio da publicidade das investigações, o membro do Ministério Público do Trabalho poderá prestar informações, inclusive aos meios de comunicação social, a respeito das providências adotadas para apuração de fatos em tese ilícitos, abstendo-se, contudo, de externar ou antecipar juízos de valor a respeito de apurações ainda não concluídas.

Art. 9.º O inquérito civil deverá ser concluído no prazo de um ano, a contar da publicação desta Resolução, prorrogável pelo mesmo prazo e quantas vezes forem necessárias, por decisão fundamentada de seu presidente, à vista da imprescindibilidade da realização ou conclusão de diligências, dando-se ciência da prorrogação à Câmara de Coordenação e Revisão do Ministério Público do Trabalho, inclusive por meio eletrônico.

Art. 9º–A. Quando o Membro Oficiante concluir que a matéria seja de atribuição de outro ramo do Ministério Público, deverá submeter sua decisão, nos autos originais, à Câmara de Coordenação e Revisão, no prazo de 3 (três) dias. (Incluído pela Resolução n° 125/2016 do CSMPT).

Capítulo V
Do Arquivamento

Art. 10. Esgotadas todas as possibilidades de diligências, o membro do Ministério Público do Trabalho, caso se convença da inexistência de fundamento para a propositura de ação civil pública, promoverá, em peça autônoma e fundamentada, o arquivamento do inquérito civil ou do procedimento preparatório. (Redação dada pela Resolução n° 87/2009 do CSMPT).

§ 1.º Os autos do inquérito civil ou do procedimento preparatório, juntamente com a promoção de arquivamento, deverão ser remetidos à Câmara de Coordenação e Revisão do Ministério Público do Trabalho, no prazo de três dias, contados da comprovação da efetiva cientificação pessoal dos interessados, por via postal ou correio eletrônico, ou da lavratura de termo a ser afixado em quadro de aviso no Ministério Público do Trabalho, quando não localizados os que devem ser cientificados.

§ 2.º A promoção de arquivamento será submetida, se estiverem presentes todos os atos imprescindíveis à sua decisão, a exame e deliberação da Câmara de Coordenação e Revisão do Ministério Público do Trabalho, na forma do seu Regimento Interno. (Redação dada pela Resolução n° 87/2009 do CSMPT).

§ 3.º Até a sessão da Câmara de Coordenação e Revisão do Ministério Público do Trabalho, para que seja homologada ou rejeitada a promoção de arquivamento, poderão as pessoas colegitimadas apresentar razões escritas ou documentos, que serão juntados aos autos do inquérito ou do procedimento preparatório.

§ 4.º Deixando a Câmara de Coordenação e Revisão do Ministério Público do Trabalho de homologar a promoção de arquivamento, tomará uma das seguintes providências:

I – converterá o julgamento em diligência para a realização de atos imprescindíveis à sua decisão, especificando-os e remetendo ao órgão competente para designar o membro do Ministério Público do Trabalho que irá atuar;

II – deliberará pelo prosseguimento do inquérito civil ou do procedimento preparatório, indicando os fundamentos de fato e de direito de sua decisão, adotando as providências relativas à designação, em qualquer hipótese, de membro do Ministério Público do Trabalho para atuação.

§ 5.º Será pública a sessão da Câmara de Coordenação e Revisão do Ministério Público do Trabalho, salvo no caso de haver sido decretado o sigilo.

Art. 10-A. Da Promoção de Arquivamento caberá recurso administrativo com as respectivas razões, no prazo de dez (10) dias, assegurado aos interessados igual prazo, após a notificação, para, querendo, oferecer contrarrazões. (Incluído pela Resolução n° 87/2009 do CSMPT).

Parágrafo Único. As razões de recurso serão protocoladas junto ao órgão que promoveu o arquivamento, devendo ser autuadas e remetidas, caso não haja reconsideração em despacho motivado, juntamente com a certidão constante do anexo desta Resolução, no prazo de três dias à Câmara de Coordenação e Revisão do Ministério Público do Trabalho para apreciação. (Incluído pela Resolução n° 87/2009 do CSMPT).

Art. 11. Não oficiará nos autos do inquérito civil, do procedimento preparatório ou da ação civil pública o órgão responsável pela promoção de arquivamento não homologado pela Câmara de Coordenação e Revisão do Ministério Público do Trabalho.

Art. 12. O desarquivamento do inquérito civil, diante de novas provas ou para investigar fato novo relevante, poderá ocorrer no prazo máximo de seis meses após o arquivamento. Transcorrido esse lapso, será instaurado novo inquérito civil, sem prejuízo das provas já colhidas.

Parágrafo único. O desarquivamento de inquérito civil para a investigação de fato novo, não sendo caso de ajuizamento de ação civil pública, implicará novo arquivamento e remessa à Câmara de Coordenação e Revisão do Ministério Público do Trabalho, na forma do art. 10 desta Resolução.

Art. 13. O disposto acerca do arquivamento de inquérito civil ou procedimento preparatório também se aplica à hipótese em que estiver sendo investigado mais de um fato lesivo e a ação civil pública proposta somente se relacionar a um ou a algum deles.

Capítulo VI

Do Ajuste de Conduta

Art. 14. O Ministério Público do Trabalho poderá firmar termo de ajuste de conduta, nos casos previstos em lei, com o responsável pela ameaça ou lesão aos interesses ou direitos mencionados no artigo 1.º desta Resolução, visando à reparação do dano, à adequação da conduta às exigências legais ou normativas e, ainda, à compensação e/ou à indenização pelos danos que não possam ser reparados.

§ 1.º A aferição do cumprimento do termo de ajuste de conduta ocorrerá nos próprios autos do procedimento preparatório ou do inquérito civil.

§ 2.º O Ministério Público do Trabalho, se for o caso, poderá deprecar a realização de diligências necessárias para a verificação do cumprimento do TAC, enviando as cópias necessárias à realização do ato requerido, as quais serão autuadas no destino como "carta precatória de acompanhamento de TAC".

Art. 14-A. Quando o Órgão oficiante reputar ineficaz para restaurar a ordem jurídica o Termo de Compromisso de Ajustamento de Conduta por ele celebrado ou por membro diverso, ou quando surgirem fatos novos modificando significativamente as situações fática ou jurídica, deverá indicar em despacho fundamentado os defeitos imputados ao instrumento, as medidas que considera necessárias para saná-los, bem como a proposta retificadora do TAC, ou para sua anulação, remetendo os autos à Câmara de Coordenação e Revisão que decidirá a matéria, homologando a retificação ou ratificando o instrumento primevo. (Incluído pela Resolução n° 100, de 29.09.2011, do CSMPT).

§ 1º Ao Órgão signatário do Termo de Compromisso de Ajustamento de Conduta, quando celebrado por membro diverso, será dada ciência do despacho do Órgão Oficiante, remetendo-lhe os autos para manifestação, facultativa, no prazo de 5 (cinco) dias úteis, findo os quais serão remetidos à Câmara de Coordenação e Revisão para o efeito do disposto no *caput* deste artigo. (Incluído pela Resolução n° 100, de 29.09.2011, do CSMPT)

§ 2º Se o Órgão signatário do Termo de Compromisso de Ajustamento de Conduta não mais integrar a Instituição, ou dela estiver afastado, ainda que temporariamente, será ouvido o Coordenador da CODIN da PRT respectiva ou, na sua falta, o Procurador-Chefe. (Incluído pela Resolução n° 100, de 29.09.2011, do CSMPT).

§ 3º A proposta retificadora do TAC, pressuposto de conhecimento pela Câmara de Coordenação e Revisão do seu refazimento, deverá contar com a anuência expressa do Compromitente. (Incluído pela Resolução n° 100, de 29.09.2011, do CSMPT).

§ 4º – No prazo máximo de 30 (trinta) dias, contado da distribuição do feito ao Relator, a Câmara de Coordenação e Revisão do MPT decidirá sobre o mérito da revisão. (Incluído pela Resolução n° 100, de 29.09.2011, do CSMPT).

§ 5º – O aditamento das disposições do TAC já celebrado que não implique anulação, supressão ou modificação substancial na(s) cláusula(s) constante(s) do ajuste, ou ainda que promova a inserção de novas disposições relacionadas ao objeto principal, deverá ser promovido sem maiores formalidades, desde que contem com a anuência do Compromitente. (Incluído pela Resolução n° 100, de 29.09.2011, do CSMPT).

Capítulo VII

Das Recomendações

Art. 15. O Ministério Público do Trabalho, nos autos do inquérito civil ou do procedimento preparatório, poderá expedir recomendações devidamente fundamentadas, visando à melhoria dos serviços públicos e de relevância pública, bem como aos demais interesses, direitos e bens cuja defesa lhe caiba promover.

Parágrafo único. É vedada a expedição de recomendação como medida substitutiva ao termo de ajuste de conduta ou à ação civil pública.

Capítulo VIII

Das Disposições Finais

Art. 16. Os prazos previstos nesta Resolução deverão ser contados a partir da sua publicação.

Art. 17. Não se sujeitam a esta Resolução os Procedimentos Administrativos para acompanhamento de ações estratégicas voltadas para o fomento de políticas públicas, para acompanhamento de ações judiciais e para mediação, conciliação e arbitragem. (Incluído pela Resolução n° 87/2009 do CSMPT).

Parágrafo Único. A tramitação dos Procedimentos Administrativos para acompanhamento de ações voltadas para o fomento de políticas públicas obedecerá ao determinado pela Coordenadoria correspondente, pela instância Regional ou outro órgão 'ad hoc' criado para a implementação da estratégia. (Incluído pela Resolução n° 87/2009 do CSMPT).

Art. 18. Esta Resolução entrará em vigor na data de sua publicação. (Renumerado pela Resolução n° 87/2009 do CSMPT).

10.3.11. Prescrição

A ação civil pública, disciplinada na Lei 7.347/1985, tem por finalidade proteger os interesses e direitos metaindividuais – difusos, coletivos e individuais homogêneos – de ameaças e lesões, não cuidando a Lei da Ação Civil Pública acerca do prazo prescricional a ser aplicado.

Alguns apressados sugeriram que a prescrição a ser aplicada seria aquela prevista no art. 7.º, XXIX, da CF/1988, correspondente ao direito de ação dos créditos resultantes das relações de trabalho (cinco anos na vigência do contrato de trabalho, limitado a dois anos após a extinção do liame empregatício).

No entanto, esse não é o melhor entendimento.

Os interesses difusos e coletivos defendidos por meio do manejo da ação civil pública pertencem a pessoas indeterminadas, não possuindo titulação definida, tendo como características a indivisibilidade e a indisponibilidade.

Portanto, em relação aos interesses difusos e coletivos, a ação civil pública, considerando a natureza indisponível e a ausência de conteúdo econômico do interesse tutelado, apresenta-se imprescritível.

Sobre o tema, Raimundo Simão de Melo, em sua obra *Ação civil pública na Justiça do Trabalho*, p. 179, ao ensinar que a prescrição é a perda do direito processual de ação que indiretamente atinge o direito material que se pretende ver reparado, esclarece que:

> "Ora, se a prescrição atinge direito patrimonial de quem, no prazo legal, sem razão justificada, não agiu na defesa dos seus interesses, já se pode imaginar que esse instituto não tem o condão de atingir os direitos e interesses metaindividuais nas modalidades difusa e coletiva. É que tais direitos pertencem às pessoas indeterminadas ou apenas determináveis no seio da sociedade, tendo como características marcantes a indisponibilidade, a essencialidade e a ausência de conteúdo econômico".

E continua o professor:

> "Como assevera Edis Milaré, 'a ação civil pública é instrumento para tutela jurisdicional de bens-interesses de natureza pública, insuscetíveis de apreciação econômica, e que têm por marca característica básica a indisponibilidade. Versa, portanto, sobre direitos não patrimoniais, direitos sem conteúdo pecuniário'. Qual, por exemplo, o valor do meio ambiente laboral violado? Qual o preço da vida de um trabalhador vitimado por acidente decorrente de um ambiente inadequado e danoso? Como justificar a prescrição da ação com relação a uma empresa que, *v.g.*, há mais de dez anos não cumpre determinada norma referente à segurança, higiene e medicina do trabalho e, acionada perante a Justiça do Trabalho, mediante pleito de cumprimento e de implementação de condições de trabalho salubres, argui a prescrição quinquenal do art. 7.º, inciso XXIX, da CF, a seu favor? Seria mesmo um verdadeiro absurdo ou teratologia jurídica o acolhimento da preliminar nesse sentido! O mesmo raciocínio é válido para a decadência".

A respeito do mesmo tema, Francisco Antônio de Oliveira, em sua obra *Ação civil pública*: enfoques trabalhistas, destaca:

> "Ora, se os interesses difusos e coletivos não têm titulação definida, mas pertencem a todos, dúvida não existe de que estamos frente a um direito de interesse social e que diz respeito ao povo e ao público em geral. E, se assim é, premiar o instituto da prescrição ou da decadência seria o mesmo que inverter a ordem dos valores, ou seja, premiar o interesse particular em detrimento do interesse público".

O Tribunal Superior do Trabalho também tem adotado idêntica posição, conforme se observa pelo aresto abaixo transcrito:

> "AÇÃO CIVIL PÚBLICA – PRESCRIÇÃO. A imprescritibilidade da ação civil pública justifica-se pela natureza indisponível do direito tutelado. Na hipótese dos autos, o Ministério Público do Trabalho da 10.ª Região ajuizou ação civil pública contra a Companhia de Saneamento do Distrito Federal – Caesb, visando a anulação dos contratos de trabalho firmados após a promulgação da atual Carta Federal, sem a realização de concurso público, o que desatende à regra insculpida no artigo 37, II, da Constituição Federal. O fundamento adotado pela Corte *a quo*, para aplicar a prescrição no caso em tela, foi a existência de suposta transação efetivada entre o órgão ministerial e alguns trabalhadores, de forma a excluí-los do rol de empregados a serem demitidos. Entendeu o Regional que, se houve transação, o direito defendido era disponível e, portanto, prescritível. Tem-se, todavia, que a eventual celebração de acordo pelo Ministério Público não tem o condão de transformar a natureza do direito indisponível, tutelado de forma a torná-lo um direito disponível. Ao contrário, se houve acordo incidindo sobre direito indisponível, deve ser considerado nulo. No caso concreto, resta claro que o egr. Regional aplicou equivocadamente a norma constitucional que versa acerca da prescrição, incorrendo, assim, em violação do artigo 7.º, XXIX, da Constituição Federal. Recurso conhecido e provido, determinando-se o retorno dos autos ao TRT de origem a fim de que prossiga no julgamento dos recursos ordinários como entender de direito" (TST – 1.ª T. – RR 21242/2002-900-10-00.6 – Rel. Min. Lélio Bentes Corrêa – *DJ* 16.04.2004).

Em última análise, em relação aos interesses e direitos difusos e coletivos, não há que falar em prescrição ou decadência para propositura de ação civil pública, mesmo tratando-se da reparação genérica por danos causados.

No entanto, quanto às ações coletivas atinentes à reparação dos danos individualmente sofridos pelos trabalhadores (interesses e direitos individuais homogêneos), aplica-se a prescrição comum prevista no art. 7.º, XXIX, da CF/1988.

10.3.12. Coisa julgada e litispendência

O art. 502 do CPC define a coisa julgada material como a autoridade que torna imutável e indiscutível a decisão de mérito, não mais sujeita a recurso ordinário ou extraordinário.

Estabelece o art. 506 do digesto processual civil que a sentença faz coisa julgada às partes entre as quais é dada, não atingindo terceiros alheios ao processo.

Todavia, no processo coletivo, considerando os interesses metaindividuais tutelados, a regra clássica contida no Código de Processo Civil não se adapta às exigências e peculiaridades relativas aos interesses defendidos na ação coletiva, principalmente concernente aos limites subjetivos da sentença. Com efeito, os interesses tutelados nas ações civis públicas pertencem a uma coletividade, quase sempre indeterminada, não possuindo os legitimados para o ajuizamento da ação a titularidade do direito perseguido.

Portanto, nas ações coletivas, a coisa julgada material rompe as barreiras formadas pelos próprios litigantes formais do processo de conhecimento, para alcançar terceiros (a própria coletividade).

Comentando o tema, Xisto Tiago de Medeiros Neto, em sua obra *Dano moral coletivo*, p. 244, orienta que:

> "Em sede de processo coletivo, à vista da natureza dos interesses tutelados, alteram-se sensivelmente as regras do processo tradicional que moldam a coisa julgada, principalmente em relação aos limites subjetivos da sentença.
>
> É que, no sistema tradicional, a coisa julgada não atinge terceiros alheios ao processo, cingindo-se apenas às partes referidas na sentença de mérito (CPC, art. 506) e, nas ações coletivas (civis públicas), essa solução torna-se inócua e inadequada, considerando que o processo é conduzido por um ente legalmente legitimado em defesa de direito pertencente a uma coletividade, maior ou menor, quase sempre indeterminada. Assim, é absolutamente incongruente, na tutela coletiva, falar-se em alcance dos efeitos da sentença apenas à parte processual (ativa), já que ela não detém a titularidade da pretensão deduzida em juízo".

Logo, nas ações coletivas, em face dos interesses tutelados e características próprias, a coisa julgada se forma de acordo com as regras previstas no art. 16 da LACP e arts. 103 e 104 do CDC, a saber:

- interesses ou direitos difusos – a coisa julgada será *erga omnes*, alcançando todos os indivíduos da coletividade e impedindo a propositura de nova ação, salvo se o pedido for julgado improcedente por insuficiência de provas, hipótese em que qualquer legitimado poderá intentar outra ação, com idêntico fundamento, valendo-se de nova prova.

Nesta hipótese, não haverá a formação da coisa julgada quando a sentença declarar a improcedência do pedido por insuficiência de provas, possibilitando, no caso em exame, a qualquer legitimado, inclusive o próprio autor da ação coletiva, intentar nova ação, com idêntico fundamento, valendo-se de nova prova.

Por outro lado, apenas se a sentença declarar a procedência do pedido, é que se opera a denominada coisa julgada *secundum eventum litis* (segundo o resultado da lide), para beneficiar todos os integrantes da coletividade representada na ação, os quais não precisarão ajuizar demandas individuais, devendo apenas promover a liquidação e execução dos seus créditos com base na certidão da sentença coletiva, como previsto no art. 103, § 3.º, do CDC.

Ademais, se a sentença declarar a improcedência do pedido por reconhecer que a pretensão é infundada, haverá também a formação da coisa julgada, apenas em relação aos legitimados ativos para a ação civil pública. Contudo, mesmo na hipótese de improcedência de mérito, os membros da coletividade atingidos pelo ato lesivo não estarão impedidos de propor ações individuais para ressarcimento dos danos pessoalmente sofridos (art. 103, § 3.º, do CDC).

- Interesses ou direitos coletivos – a coisa julgada será *ultra partes*, para atingir os membros do grupo, categoria ou classe representada.

Em relação aos interesses e direitos coletivos, será observada a mesma regra adotada para os interesses difusos em caso de improcedência do pedido por insuficiência de provas e os efeitos da decisão *secundun eventum litis*, em caso de procedência do pedido.

Da mesma forma, se a sentença declarar a improcedência do pedido por reconhecer que a pretensão é infundada, não inviabilizará a propositura de ações individuais pelos membros da coletividade para ressarcimento dos danos pessoalmente sofridos.

- Interesses ou direitos individuais homogêneos – a coisa julgada será *erga omnes*, apenas no caso de procedência do pedido, beneficiando todas as vítimas e seus sucessores, os quais poderão iniciar a liquidação e execução individual da sentença (art. 97 do CDC).

Nesta hipótese, caso o pedido da ação coletiva tenha sido julgado improcedente, seja pela rejeição do pedido, seja pela insuficiência de provas, nenhum efeito prejudicial sofrerão os lesados, os quais poderão ajuizar ação individual pleiteando a devida indenização pelos prejuízos sofridos, desde que nenhum deles tenha intervindo como litisconsorte na ação coletiva (art. 103, § 2.º, do CDC).

Por outro lado, caso o pedido seja julgado procedente, a sentença coletiva fará coisa julgada material *erga omnes*, beneficiando todas as vítimas e seus sucessores, os quais poderão promover diretamente a liquidação da sentença e execução, nos moldes do art. 97 do CDC, sem a necessidade de ajuizar ações de conhecimento individuais.

Por fim, frise-se que as ações coletivas não induzem litispendência para as ações individuais. No entanto, os efeitos da coisa julgada *erga omnes* ou *ultra partes* não beneficiarão os autores das ações individuais, se não for por eles requerida sua suspensão no prazo de 30 dias, a contar da ciência nos autos do ajuizamento da ação coletiva, conforme estabelecido no art. 104 do CDC.

Por último, não podemos deixar de criticar a redação infeliz conferida ao art. 16 da Lei 7.347/1985, imposta pela Lei 9.494/1997, a qual estabeleceu que a sentença coletiva fará coisa julgada "nos limites da competência territorial do órgão prolator", levando a crer que a partir dessa alteração os efeitos da prevenção e reparação dos danos provocados aos interesses metaindividuais seriam limitados ao âmbito de atuação do magistrado prolator da respectiva sentença.

É evidente que a redação conferida ao art. 16 da LACP é infeliz e inócua, pois confundiu os "limites da coisa julgada" com "competência territorial", esquecendo-se de que nas ações coletivas a competência do juízo do local do dano é de natureza absoluta (art. 2.º da LACP), e não territorial.

Por outro lado, os direitos difusos e coletivos têm como principal característica a indivisibilidade quanto à sua existência e reparação dos danos que lhes venham a ser provocados, não sendo possível dividir esses interesses por "territórios".

Logo, a sentença coletiva proferida por um juiz da base territorial, da qual emergiu o dano, lançará seus efeitos *erga omnes* para todas as localidades onde o dano se refletir, evitando-se, portanto, o ajuizamento de ações coletivas com o mesmo objeto e causa de pedir em várias localidades, eliminando-se o risco, inclusive de decisões contraditórias sobre o mesmo fato.

Em última análise, é totalmente inócua e ineficaz a alteração trazida pela Lei 9.494/1997, permanecendo em vigor o sistema de tutela coletiva implementado pela própria Lei da Ação Civil Pública e Código de Defesa do Consumidor, especialmente no que atine à competência e coisa julgada.

Sobre o tema, colhemos os seguintes ensinamentos de diversos doutrinadores:

> "A alteração trazida ao art. 16 da Lei de Ação Civil Pública pela Lei n.º 9.494/1997 consistiu em introduzir a locução verbal 'nos limites da competência territorial do órgão prolator'. Trata-se de acréscimo de todo equivocado, de redação infeliz e inócua. O legislador de 1997 confundiu limites da coisa julgada (cuja imutabilidade subjetiva é *erga omnes*) com competência (saber qual órgão do Poder Judiciário está investido de uma parcela de jurisdição estatal); e ainda confundiu a

competência absoluta (de que se cuida no art. 2.º da LACP), com competência territorial (de que cuidou na alteração procedida no art. 16, apesar de que, na ação civil pública, a competência não é territorial, e sim absoluta) (...) Ademais, a Lei n.º 9.494/1997 alterou o art. 16 da Lei n.º 7.347/1985, mas se esqueceu de modificar o sistema do Cód. de Defesa do Consumidor, que, em conjunto com a Lei da Ação Civil Pública, disciplina competência e coisa julgada nas ações civis públicas e coletivas, e ainda hoje dispõe corretamente sobre a matéria" (Hugo Nigro Mazzilli, *A defesa dos interesses difusos em juízo*, p. 214).

"A Medida Provisória n.º 1.570/1997, art. 3.º, que modificou a redação da LACP, art. 16, para impor limitação territorial aos limites subjetivos da coisa julgada, não tem nenhuma eficácia e não pode ser aplicada às ações coletivas. Confundiram-se os limites subjetivos da coisa julgada *erga omnes*, isto é, quem são as pessoas atingidas pela autoridade da coisa julgada, com jurisdição e competência, que nada têm a ver com o tema. Pessoa divorciada em São Paulo é divorciada no Rio de Janeiro. Não se trata de discutir se os limites territoriais do juiz de São Paulo podem ou não ultrapassar seu território, atingindo o Rio de Janeiro, mas quem são as pessoas atingidas pela sentença paulista. O equívoco da Medida Provisória n.º 1.570/1997 demonstra que quem a redigiu não tem noção, mínima que seja, do sistema processual das ações coletivas. De outra parte, continuam em vigor os arts. 18 da LACP e 103 do CDC, que se aplicam às ações fundadas na LACP, por expressa disposição do CDC, art. 90, e da LACP, art. 21. Este é o segundo fundamento para ineficácia do errado e inócuo art. 3.º da Medida Provisória n.º 1.570/1997. Enquanto não modificados, também os arts. 18 da LACP e 103 do CDC, o art. 16 da LACP, na redação dada pela Medida Provisória n.º 1.570/1997, art. 3.º, não produzirá o efeito que o Presidente da República pretendeu impor" (Nelson Nery Junior, *Código de Processo Civil comentado*).

"A erronia, traduzida pela inserção, na redação original do dispositivo, da expressão 'nos limites da competência territorial do órgão prolator', está em que absurdamente se confunde e se baralha competência com limites subjetivos da coisa julgada *erga omnes*.

Tamanha insensatez, que almejou impor restrição ilegítima à defesa de direitos difusos e coletivos, somente pode ser atribuída à reação destemperada do governo federal, à época da edição da lei, diante de interesses fazendários contrariados em face do ajuizamento de várias ações civis públicas, principalmente por parte do Ministério Público. Não fosse isso, como justificar que a iniciativa de alterar o referido art. 16 somente tenha surgido mais de dez anos após sua vigência e ainda por meio de medida provisória?

O certo é que a competência do juízo do local do dano é de natureza absoluta e se estabelece de acordo com os arts. 2.º da LACP e 93 do CDC. E, por um imperativo lógico, dela não decorrem os efeitos *erga omnes* (ou *ultra partes*) da coisa julgada, os quais se produzem por força da natureza (indivisível) do interesse coletivo tutelado (ontologicamente sem possibilidade de fracionamento territorial), alcançando a coletividade beneficiada pela ação, independentemente dos locais em que seus membros venham a se encontrar (art. 103 do CDC)" (Xisto Tiago de Medeiros Neto, *Dano moral coletivo*, 1. ed., Editora LTr, p. 247-248).

Logo, é certo que as decisões proferidas em ações civis públicas têm eficácia nacional.

Sobre o tema, cabe ainda transcrever a seguinte decisão:

"AGRAVO DE INSTRUMENTO INTERPOSTO PELA EMPRESA BAIANA DE ALIMENTOS S.A. – EBAL ILEGITIMIDADE ATIVA DO MINISTÉRIO PÚBLICO DO TRABALHO PARA PROPOR AÇÃO CIVIL PÚBLICA. INOBSERVÂNCIA, PELA RÉ, DOS DIREITOS DOS EMPREGADOS RELATIVOS ÀS NORMAS DE SAÚDE E DE SEGURANÇA DO TRABALHO, HORAS EXTRAS DECORRENTES DO EXCESSO DA JORNADA DE TRABALHO E NÃO OBSERVÂNCIA DO INTERVALO E INSUFICIÊNCIA DOS EQUIPAMENTOS DE PROTEÇÃO INDIVIDUAL. Quando se trata de direitos metaindividuais, no caso relativo às normas de saúde e de segurança do trabalho, o que determina realmente se o objeto da ação coletiva é de natureza difusa, coletiva ou individual homogênea é a pretensão trazida em Juízo, uma vez que um mesmo fato pode dar origem aos três tipos de pretensões, de acordo com a formulação do pedido, como bem destaca Nelson Nery Júnior, in *Código Brasileiro de Defesa do Consumidor* – Comentado pelos Autores do Anteprojeto, 9ª edição. Por outro lado, nos termos do ordenamento jurídico brasileiro e na esteira da jurisprudência iterativa desta Corte e do Supremo Tribunal Federal, o Ministério Público detém legitimidade para ajuizar ação civil pública. De acordo com o art. 129, inciso III, da Constituição Federal, o Ministério Público possui legitimidade para propor ação coletiva para a proteção dos interesses difusos e coletivos. O art. 6º, inciso VII, alínea "d", da Lei Complementar 75/1993 confere ao Ministério Público da União legitimidade para propor ação civil pública para a "defesa de outros interesses individuais indisponíveis, homogêneos, sociais, difusos e coletivos". O art. 83, inciso III, da mesma Lei Complementar também prevê a legitimidade do Ministério Público do Trabalho para "promover a ação civil pública no âmbito da Justiça do Trabalho, para defesa de interesses coletivos, quando desrespeitados os direitos sociais constitucionalmente garantidos". Ademais, os direitos individuais homogêneos estão definidos no inciso III do art. 81 da Lei 8.078/1990 (Código de Defesa do Consumidor). Na hipótese, a Corte regional apontou, na decisão recorrida, que os direitos vindicados nesta ação diziam respeito "ao pagamento de horas extras; intervalo interjornada; dobra do RSR não usufruído nem compensado e reflexos das horas extras e adicional noturno no RSR", tendo deixado claro, ainda, que, "para todos os substituídos, a causa do direito supostamente violado é a mesma, logo, é óbvio que se está diante da tutela coletiva de um direito individual homogêneo, promovida pelo Ministério Público do Trabalho". Ante o exposto, é patente a legitimidade ativa do Ministério Público do Trabalho para o ajuizamento desta demanda. Assim, não se observa a apontada violação dos arts. 129 da Constituição Federal e 83, III, da Lei Complementar 75/1993. Agravo de instrumento desprovido. JULGAMENTO *EXTRA PETITA*. AÇÃO CIVIL PÚBLICA. ABRANGÊNCIA TERRITORIAL DOS EFEITOS DA SENTENÇA. Inicialmente, importante destacar que os arts. 128 e 460 do Código de Processo Civil de 1973 (arts. 141 e

492 do CPC de 2015) tratam do princípio da adstrição do Juiz aos limites da lide. O julgamento *extra petita* configura-se quando o Juiz decide fora desses limites, os quais são fixados nos pedidos postulados na exordial e impugnados na contestação. No caso em análise, constou, no acórdão recorrido, que "a empresa Ebal somente possui atuação dentro do Estado da Bahia", bem como que, "na petição inicial, o Ministério Público asseverou o cabimento da condenação da Ré em relação a 'todos aqueles indivíduos que venham a se relacionar com a parte contrária por meio de uma relação jurídica de emprego'". Ainda em resposta aos embargos de declaração interpostos pela ré, a Corte regional apontou que, "deve ficar claro que a decisão acolheu o pedido nos seus limites. Em momento algum se buscou condenar de forma *extra petita* ou *ultra petita*". Assim, efetivamente, não há falar em julgamento *extra petita* no caso em análise, bem como inexiste violação dos arts. 128 e 460 do CPC de 1973. De igual sorte, não houve alteração dos pedidos iniciais, motivo pelo qual se afasta a indicação de ofensa aos arts. 264, 293 e 303 do CPC de 1937. Por fim, no que diz respeito à abrangência territorial dos efeitos da decisão proferida em ação civil pública ajuizada pelo Ministério Público do Trabalho, em defesa de direitos difusos e/ou individuais homogêneos, esta Corte vem firmando entendimento de que, embora o artigo 16 da Lei 7.347/1997, com a redação que lhe foi dada pela Lei 9.494/1997, possua a previsão de que "a sentença civil fará coisa julgada *erga omnes*, nos limites da competência territorial do órgão prolator", tal limitação não se confunde com os efeitos da decisão previstos no art. 103 do CDC. Assim, na forma do mencionado dispositivo, os efeitos da coisa julgada nas ações coletivas será *erga omnes* para os direitos difusos, *ultra partes* para os direitos coletivos e, na hipótese de procedência da ação, *erga omnes* para os direitos individuais homogêneos. Nesse sentido foi o entendimento adotado, por unanimidade, no julgamento, da SBDI-1, nos autos E-RR – 877-06.2014.5.08.0129, ocorrido em 16.02.2017, em voto da relatoria do Exmo. Ministro Aloysio Corrêa da Veiga. Agravo de instrumento desprovido. VALOR DAS MULTAS ARBITRADAS. *BIS IN IDEM*. APELO DESFUNDAMENTADO. Em razões recursais, a ré não aponta violação de dispositivo da Constituição Federal ou de artigo de lei federal, tampouco colaciona arestos para demonstrar a existência de divergência jurisprudencial ou indica verbetes de jurisprudência uniforme desta Corte superior. Resulta, portanto, que o apelo está desfundamentado, nos termos do art. 896, § 1º-A, incisos II e III, da CLT, com a redação que lhe foi dada pela Lei 13.015/2014, e das Súmulas nos 221 e 422 do TST. Agravo de instrumento desprovido. RECURSO DE REVISTA INTERPOSTO PELO MINISTÉRIO PÚBLICO DO TRABALHO DA 5ª REGIÃO. DANO MORAL COLETIVO. OBRIGAÇÕES DE FAZER E DE NÃO FAZER. NORMAS RELATIVAS À SAÚDE, À SEGURANÇA E AO MEIO AMBIENTE DO TRABALHO. O DESCUMPRIMENTO DESSAS NORMAS CAUSA LESÃO À COMUNIDADE. A Corte regional apontou que, na hipótese, constatou a existência de "irregularidades de falta de utilização de EPI; falta de realização de exames médicos periódicos; prorrogação da jornada normal de trabalho além do limite legal de duas horas; desrespeito ao limite mínimo de onze horas interjornada; não pagamento das horas extras laboradas; supressão do descanso semanal remunerado; descumprimento do PCMSO – Programa de Controle Médico de Saúde Ocupacional – e descumprimento do PPRA – Programa de Prevenção de Riscos Ambientais", bem como que, a título meramente exemplificativo, apontou a existência de prova nos autos que demonstraram o caso de "um trabalhador que afirmou laborar na Ré por mais de 10 anos sem realizar um

exame periódico sequer", além do "labor de um empregado durante 30 dias seguidos sem a concessão de folga compensatória". O Tribunal *a quo* registrou que "o próprio Ministério Público realizou inspeções nos locais de trabalho e entrevistou trabalhadores que confirmaram as denúncias e o desrespeito à legislação trabalhista, como se infere nos documentos adunados às fls. 19/169" e que "a Acionada, por outro lado, não logrou se desincumbir do ônus de provar o cumprimento e o respeito à legislação, nos termos do art. 818 da CLT e art. 333, II, do CPC". Dessa forma, o Regional confirmou a sentença pela qual a reclamada foi condenada a cumprir obrigações de fazer e de não fazer, relativas à observância da legislação acerca da saúde e segurança dos seus empregados. Não obstante o Tribunal *a quo* ter registrado as irregularidades praticadas pela reclamada, entendeu ser indevida a condenação por dano moral coletivo, na medida em que "não vislumbramos que a violação à regra de proteção trabalhista em relação a um determinado e restrito grupo de empregados caracterize violação a um direito coletivo deste mesmo grupo", tendo concluído, assim, que a "simples violação de direitos individuais, relativos ao registro da jornada, ao pagamento de horas extras e ao descanso de determinado e outros, de um grupo de empregados, portanto, não caracteriza o dano moral coletivo". Discute-se, pois, se a ré, ao deixar de cumprir as normas trabalhistas relativas à saúde, à segurança e ao meio ambiente do trabalho, afrontou toda a coletividade, para ser condenada ao pagamento de indenização por dano moral coletivo. A recepção à proteção aos interesses coletivos difusos encontra-se prevista especificamente no art. 129 da Constituição Federal, quando prevê o ajuizamento de ação civil pública para defesa dos interesses sociais e coletivos. Salienta-se que o dever de indenizar não está restrito ao indivíduo lesado, mas à coletividade. Contudo, há diferença entre os âmbitos de abrangência da indenização individual, que cada trabalhador eventualmente poderá obter da indenização por dano moral coletivo, que é mais amplo. A tutela coletiva ora em exame abrange não apenas os direitos individuais homogêneos desses trabalhadores, como também os direitos difusos de todos os membros da sociedade e também os direitos coletivos, em sentido estrito, não só daqueles que se encontram nesta situação especial, mas também daqueles que poderão vir a se encontrar nessa condição futuramente, caso essa conduta ilícita não seja coibida. Visando à cessação da conduta reiterada da reclamada, portanto, é também necessária a condenação ao pagamento dessa indenização por danos morais coletivos. Como se sabe, essa condenação não tem cunho somente meramente indenizatório, mas também reparatório dos danos causados ao conjunto da sociedade ou aos demais trabalhadores em geral, além de conteúdo suasório, de induzimento, quase que coercitivo, a uma postura não contrária ao ordenamento jurídico. Ademais, embora se admita a indenização por danos morais coletivos e difusos, não é nenhum atentado aos interesses de um grupo que pode vir a acarretar esse tipo de dano, resultando na responsabilidade civil. Dessa forma, não apenas a pessoa individualmente é considerada, mas também a coletividade é titular de interesses juridicamente protegidos. Assim, o entendimento jurisprudencial predominante desta Corte é o de que a prática de atos antijurídicos e discriminatórios, em completo desvirtuamento do que preconiza a legislação pátria – desrespeito das normas de proteção à saúde, à segurança e ao meio ambiente do trabalho –, além de causar prejuízos individuais aos empregados da ré, configura ofensa ao patrimônio moral coletivo, sendo, portanto, passível de reparação por meio da indenização respectiva, nos termos dos arts. 5º, inciso X, da Constituição Federal e 186 do Código Civil. Assim, ao contrário da tese adotada pelo Tribunal *a quo*, o descumprimento das normas de segurança e saúde dos trabalhadores causa dano à coletividade. Impõe-se, pois, restabelecer a sentença, em que se condenou a ré ao pagamento da indenização por dano moral coletivo no valor de R$ 200.000,00 (duzentos mil reais), a ser revertido ao Fundo de Amparo ao Trabalhador. Recurso de revista conhecido e provido" (TST – ARR 7023720115050311 – 2ª T. – Rel. José Roberto Freire Pimenta – j. em 29.11.2017 – *DEJT* 15.12.2017).

"RECURSO DE REVISTA. LEI N.º 13.015/2014. AÇÃO CIVIL PÚBLICA. LEGITIMIDADE DO MINISTÉRIO PÚBLICO DO TRABALHO. DANO MORAL COLETIVO. INTERESSE INDIVIDUAL HOMOGÊNEO. SUBMISSÃO DOS EMPREGADOS À REALIZAÇÃO DE EXAMES TOXICOLÓGICOS. 1. Na dicção da jurisprudência corrente do Supremo Tribunal Federal, os direitos individuais homogêneos nada mais são senão direitos coletivos em sentido lato, uma vez que todas as formas de direitos metaindividuais (difusos, coletivos e individuais homogêneos) são direitos coletivos e, portanto, passíveis de tutela mediante ação civil pública (ou coletiva). 2. Consagrando interpretação sistêmica e harmônica às leis que tratam da legitimidade do Ministério Público do Trabalho (art. 6º, VII, letras "c" e "d", 83 e 84 da Lei Complementar n.º 75/1993), não há como negar a legitimidade do *Parquet* para postular tutela judicial de direitos e interesses individuais homogêneos, inclusive no que tange a sua efetivação. 3. Constatado, no presente caso, que o objeto da ação civil pública diz respeito a direito individual que, por ostentar origem comum, qualifica-se como direito individual homogêneo, atraindo, assim, a legitimidade do Ministério Público do Trabalho para a causa. 4. Recurso de Revista não conhecido. PRESCRIÇÃO. DANO MORAL COLETIVO. PREQUESTIONAMENTO. SÚMULA N.º 297, I, DO TRIBUNAL SUPERIOR DO TRABALHO. A ausência de pronunciamento, por parte da Corte de origem, acerca de elemento essencial à tese veiculada no apelo torna inviável o seu exame, à míngua do indispensável prequestionamento. Hipótese de incidência do entendimento cristalizado na Súmula n.º 297, I, desta Corte superior. Recurso de Revista não conhecido. AÇÃO CIVIL PÚBLICA AJUIZADA PERANTE A VARA DO TRABALHO DE POUSO ALEGRE. DEFESA DE DIREITOS INDIVIDUAIS HOMOGÊNEOS. ALCANCE NACIONAL. COISA JULGADA. EFEITOS. INCONGRUÊNCIA DA LIMITAÇÃO DA COISA JULGADA À COMPETÊNCIA TERRITORIAL. NÃO INCIDÊNCIA DO ARTIGO 16 DA LEI N.º 7.347/1985. 1. Consoante entendimento consagrado pelo Exmo. Ministro Luiz Philippe Vieira de Mello Filho por ocasião do julgamento do Processo n.º TST-RR 65600-21.2005.5.01.0072, divulgado no *DEJT* de 22.06.2012, "a competência representa a parcela da jurisdição atribuída ao órgão julgador. Divide-se de acordo com três critérios: material, territorial e funcional. O critério territorial relaciona-se à extensão geográfica dentro da qual ao magistrado é possibilitado o exercício de sua função jurisdicional, e não se confunde com a abrangência subjetiva da coisa julgada, que depende dos sujeitos envolvidos no litígio (art. 472 do CPC). Em se tratando de demanda coletiva, que visa à defesa de direitos difusos, cujos titulares são pessoas indeterminadas, ligadas por circunstâncias de fato, e que titularizam direitos transindividuais indivisíveis (art. 81, parágrafo único, I, do CDC), os efeitos da coisa julgada serão *erga omnes* (art. 103, I, do mencionado diploma legal), sob pena de não se conferir a tutela adequada à situação trazida a exame do Poder Judiciário, em patente afronta à finalidade do sistema legal instituído pelas Leis 7.347/1985 e 8.078/1990, qual seja a defesa molecular de interesses que suplantem a esfera juridicamente protegida de determinado indivíduo, por importarem, também, ao corpo social. Nessa senda, o art. 16 da Lei nº 7.347/1985 (com a redação que lhe foi conferida pela Lei 9.494/1997), ao limitar os efeitos da decisão proferida em ação civil pública à competência territorial do órgão prolator da sentença, confunde o mencionado instituto com os efeitos subjetivos da coisa julgada, por condicioná-los a contornos que não lhes dizem respeito". Impõe-se, portanto, mitigar a aplicação do indigitado art. 16 da Lei 7.347/1985, dando-se consequência aos efeitos consagrados no art. 103 do Código de Defesa do Consumidor. Precedentes desta Corte uniformizadora. 2. Tal entendimento tem plena aplicabilidade à hipótese dos autos, em que tutelado direito individual homogêneo dos empregados da empresa ré, relacionados com "a proibição da realização dos exames toxicológicos, capaz de lesar ou ameaçar, no presente e no futuro, o conjunto de trabalhadores que, no presente ou no futuro e caso não seja concedido o provimento inibitório aqui pretendido, continuará sendo submetido aos referidos exames". 3. Nesse contexto, considerando a necessidade de se preservar a própria essência da ação civil pública, a própria finalidade que distingue as ações coletivas das ações individuais; considerando a relevância do objeto da presente ação, que alcança todos os empregados da ré no território nacional, e não apenas aqueles que se ativam no âmbito da jurisdição da Vara para a qual foi distribuída a presente ação civil pública; e considerando, principalmente, a aplicabilidade subsidiária do critério previsto no inciso III do art. 103 do Código de Defesa do Consumidor, que consagra o efeito *erga omnes* das sentenças judiciais proferidas em sede de ações ajuizadas na defesa de direitos individuais homogêneos, torna-se imperiosa a confirmação do acórdão prolatado pelo Tribunal Regional, que estendeu os efeitos da sentença proferida na presente ação civil pública a todo Território Nacional. 4. Recurso de Revista não conhecido. AÇÃO CIVIL PÚBLICA. CUMULAÇÃO DE CONDENAÇÃO EM OBRIGAÇÕES DE NÃO FAZER E PECUNIÁRIAS. POSSIBILIDADE. 1. O artigo 3º da Lei n.º 7.347/1985 dispõe que: "A ação civil poderá ter por objeto a condenação em dinheiro ou o cumprimento de obrigação de fazer ou não fazer". 2. A jurisprudência tanto desta Corte superior quanto do egrégio Superior Tribunal Justiça consagra entendimento no sentido de que a conjunção "ou" constante da referida norma legal deve ser interpretada em sentido aditivo. 3. Nesse contexto, afigura-se lícita, em sede da Ação Civil Pública, a cumulação da condenação à reparação de dano moral coletivo com obrigação de fazer ou não fazer mediante imposição de multa diária (astreintes). Precedentes desta Corte e do STJ. 4. Recurso de Revista não conhecido. OBRIGAÇÃO DE NÃO FAZER. SUBMISSÃO DOS EMPREGADOS À REALIZAÇÃO DE EXAMES TOXICOLÓGICOS. ÔNUS DA PROVA. O debate sobre a valoração da prova efetivamente produzida – ônus objetivo de prova – tende à reavaliação do conjunto probatório dos autos, o que, induvidosamente, não rende ensejo ao Recurso de Revista, em face de sua natureza extraordinária. Óbice da Súmula n.º 126 desta Corte superior. Recurso de Revista não conhecido. DANO MORAL COLETIVO. CARACTERIZAÇÃO. AUSÊNCIA DE FUNDAMENTAÇÃO. Não cuidando a parte de dar a seu inconformismo o devido enquadramento legal, mediante a alegação de afronta a dispositivos de lei ou da Constituição da República ou de contrariedade à súmula deste Tribunal Superior ou, ainda, transcrevendo paradigmas específicos à hipótese dos autos, resulta manifesta a impossibilidade de conhecimento do Recurso de Revista, por ausência de fundamentação. Recurso de Revista não conhecido. DANO MORAL COLETIVO. *QUANTUM* INDENIZATÓRIO. SÚMULA N.º 221 DO TRIBUNAL SUPERIOR DO TRABALHO. A fundamentação do Recurso de Revista no art. 896, "c", da Consolidação das Leis do Trabalho pressupõe, necessariamente, a indicação expressa do preceito tido por violado, nos termos do disposto na Súmula n.º 221 desta Corte superior. Recurso de Revista não conhecido" (TST – RR 3023620145030129 – j. em 14.06.2017 – *DEJT* 19.06.2017).

"I – AGRAVO DE INSTRUMENTO EM RECURSO DE REVISTA. AÇÃO CIVIL PÚBLICA. ABRANGÊNCIA TERRITORIAL DA COISA JULGADA. Demonstrada possível violação do art. 103 da Lei 8.078/1990, impõe-se o provimento do agravo de instrumento para determinar o processamento do recurso de revista. Agravo de instrumento provido. II – RECURSO DE REVISTA. AÇÃO CIVIL PÚBLICA. ABRANGÊNCIA TERRITORIAL DA COISA JULGADA. A restrição territorial prevista no art. 16 da Lei 7.374/1985 não opera efeitos no que diz respeito às ações coletivas que visam proteger interesses difusos, coletivos ou individuais homogêneos, previstos no art. 81 do CDC. É bem verdade que o art. 16 da Lei 7.347/1985, com a redação dada pela Lei 9.494/1997, restringe os efeitos do ato judicial proferido em ação civil pública aos limites da competência territorial do órgão prolator da decisão. Todavia, não se podem confundir os limites territoriais, para fins de competência (Orientação Jurisprudencial 130 da SBDI-2 do TST), com a eficácia subjetiva da coisa julgada, que se estende a todos aqueles que participam da relação jurídica. Logo, como a ré exerce sua atividade econômica em municípios sujeitos à jurisdição de mais de uma Vara do Trabalho, impõe-se que ela cumpra a decisão recorrida, na forma do art. 103, II, do CDC, em relação a todos os seus empregados, independentemente de estes situarem-se em local distinto da jurisdição da Vara do Trabalho em que foi distribuída a ação. Precedentes. Recurso de revista conhecido e provido" (TST – RR 7852620125080120 – 2ª T. – Rel.ª Delaíde Miranda Arantes – j. em 31.05.2017 – *DEJT* 09.06.2017)

10.3.13. Ação civil coletiva

O legislador pátrio, ao dispor sobre a tutela coletiva, primeiramente disciplinou a tutela dos interesses de natureza indivisível – difusos e coletivos –, por meio da Lei da Ação Civil Pública, inicialmente limitada à defesa do meio ambiente, consumidor e patrimônio cultural.

O Código de Defesa do Consumidor (art. 110), por sua vez, além de alargar a utilização da ação civil pública para a defesa de qualquer interesse difuso e coletivo (como já previsto na CF/1988, art. 129, III), instituiu, por meio dos arts. 91 e seguintes, um novo procedimento para a defesa específica dos interesses e direitos individuais homogêneos, surgindo a expressão "ação civil coletiva".

Vejamos:

"Art. 91 do CDC – Os legitimados de que trata o art. 82 poderão propor, em nome próprio e no interesse das vítimas ou seus sucessores, ação civil coletiva de responsabilidade pelos danos individualmente sofridos, de acordo com o disposto nos artigos seguintes.".

Posteriormente, a LC 75/1993 (LOMPU), no art. 6.º, XII, seguindo a orientação do Código de Defesa do Consumidor, inseriu a ação civil coletiva como um dos instrumentos de atuação do Ministério Público. Vejamos:

"Art. 6.º da LC 75/1993 – Compete ao Ministério Público da União:

(...)

XII – propor ação civil coletiva para defesa de interesses individuais homogêneos."

Em função dos dispositivos acima transcritos, numa interpretação apressada, vislumbra-se que a ação civil coletiva surgiu como uma espécie de ação coletiva destinada, exclusivamente, à defesa de interesses individuais homogêneos.

O problema é que outras normas também elegeram a ação civil pública como meio eficaz de proteger os denominados interesses individuais homogêneos, a saber:

"Art. 21 da LACP – Aplicam à defesa dos direitos e interesses difusos, coletivos **e individuais**, no que for cabível, os dispositivos do Título III da lei que instituiu o Código de Defesa do Consumidor".

"Art. 6.º da LC 75/1993 – Compete ao Ministério Público da União:

(...)

VII – promover o inquérito civil e a **ação civil pública para**:

(...)

d) **outros interesses individuais indisponíveis, homogêneos**, sociais, difusos e coletivos".

"Art. 201 do ECA – Compete ao Ministério Público:

(...)

V – promover o inquérito civil e a **ação civil pública para a proteção dos interesses individuais**, difusos e coletivos relativos à infância e à adolescência, inclusive os definidos no art. 220, § 3.º, inciso II, da Constituição Federal."

"Art. 25 da Lei 8.625/1993 – Além das funções previstas nas Constituições Federal e Estadual, na Lei Orgânica e em outras leis, incumbe, ainda, ao Ministério Público:

(...)

IV – promover o inquérito civil e a **ação civil pública**, na forma da lei:

a) para a proteção, prevenção e reparação dos danos causados ao meio ambiente, ao consumidor, aos bens e direitos de valor artístico, estético, histórico, turístico e paisagístico, e a outros interesses difusos, coletivos e **individuais indisponíveis e homogêneos**."

Diante disso, doutrina e jurisprudência têm divergido sobre a possibilidade de utilização da ação civil pública tratando-se de direitos e interesses individuais homogêneos, ou mesmo se a ação civil coletiva seria a única ação coletiva cabível para a tutela desses mesmos interesses.

Ives Gandra da Silva Martins Filho, Ação civil pública e ação civil coletiva, *Revista LTr*, n.º 59, p. 1449-1451, sustenta que os interesses difusos e coletivos devem ser defendidos mediante a ação civil pública, restando a ação civil coletiva jungida, com exclusividade, à proteção dos interesses e direitos individuais homogêneos.

Carlos Henrique Bezerra Leite, *Ação civil pública*, p. 117-118, comunga de opinião diversa, entendendo que a ação civil coletiva não é cabível no âmbito da Justiça do Trabalho, e que os interesses e direitos individuais homogêneos devem ser tutelados por meio da própria ação civil pública, *in verbis*:

> "A questão dogmática a ser enfrentada reside, portanto, na competência da Justiça do Trabalho, que é delimitada pelo art. 114 da CF.
>
> Com relação à ACP, essa competência emerge da aplicação conjunta da CF, art. 129, III; da LOMPU, arts. 83, III, 84 e 6.º, VII, *d*, da LACP, art. 1.º, IV, e 21; do CDC, arts. 81, parágrafo único, I, II e III, 90 e 91.
>
> No que concerne à ACC, não existe na CF, nem em norma jurídica trabalhista, específica autorização para o seu cabimento na Justiça do Trabalho.
>
> Adite-se que o art. 84, *caput*, da LOMPU incumbe ao Ministério Público do Trabalho, no âmbito de suas atribuições, exercer as funções institucionais previstas no seu art. 6.º, sendo certo que entre as atribuições do MPT junto à Justiça do Trabalho (LOMPU, art. 83) não consta a ACC, e sim a ACP. O elastério é permitido, segundo acreditamos, apenas para as atribuições do Ministério Público do Trabalho, e não para a competência absoluta da Justiça do Trabalho, pois esta, como é sabido, por ser matéria de ordem pública, há de vir expressa na lei, o que não ocorre, na espécie.
>
> De outra parte, a regra de abertura do CDC (art. 83), no sentido de admitir, para a defesa dos direitos e interesses metaindividuais, 'todas as espécies de ações', há de ser harmonizada com a temática da competência, isto é, são permitidas todas as ações coletivas em defesa de tais interesses, desde que o órgão judicial encarregado de apreciá-las e julgá-las seja o competente.
>
> Em linguagem da lógica jurídica, o problema ficaria assim formalizado: se não há, *de lege data*, competência da Justiça do Trabalho para apreciar e julgar ACC, então não é cabível a ACC nos domínios do processo trabalhista.
>
> Isso não significa, em absoluto, que os interesses ou direitos individuais homogêneos não possam ser tutelados no âmbito da Justiça do Trabalho. Apenas o veículo que se enquadra, *de lege data*, na moldura do art. 114 da CF e que, portanto, pode propiciar a efetiva e adequada tutela jurisdicional de tais interesses é a ACP, e não a ACC."

No entanto, entendemos que a ação civil pública e a ação civil coletiva constituem expressões sinônimas, utilizadas com a mesma finalidade, qual seja para a proteção dos interesses difusos, coletivos e individuais homogêneos, não havendo que falar, portanto, em duas ações autônomas com objetivos distintos.

Em outras palavras, o sistema integrado de tutela coletiva, formado pela Lei da Ação Civil Pública e Código de Defesa do Consumidor, prevê a possibilidade do manejo de ação coletiva para a proteção dos direitos e interesses transindividuais, seja qual for a denominação ou o *nomen juris* utilizado.

Essa também é a opinião de Xisto Tiago de Medeiros Neto, *Dano moral coletivo*, 1. ed., Editora LTr, p. 251-252, que, com a sapiência que lhe é peculiar, didaticamente esclarece:

> "Não se há de falar, porém, como à primeira vista possa parecer, na existência de dois tipos diferenciados e autônomos de ações: uma, a ação civil pública, para a proteção de interesses difusos e coletivos, e outra, a ação civil coletiva, para a defesa de interesses individuais homogêneos.
>
> A ação, independentemente do *nomen juris* que se lhe dê, é uma só: uma ação de índole coletiva que constitui o instrumento básico do sistema e que se destina à tutela de quaisquer interesses por ele alcançados. Os procedimentos, no entanto, é que em um e outro caso, necessariamente, apresentam especificidades, considerada a essência do direito tutelado (se difuso/coletivo ou se individual homogêneo).
>
> Todavia, tem-se empregado a denominação 'ação civil coletiva' para designar um outro tipo de ação (de natureza coletiva), ao lado da ação civil pública. E isso certamente se deu diante da terminologia utilizada pelo art. 91 do CDC, quando se referiu ao procedimento da ação (civil pública), utilizando a expressão 'ação civil coletiva' para a defesa dos interesses individuais homogêneos, o que foi seguido pelo art. 6.º, inciso XII, da Lei Complementar n.º 75/1993 (Lei Orgânica do Ministério Público da União – LOMPU).
>
> Diferentemente, anote-se, a Lei n.º 8.625/1993 (Lei Orgânica do Ministério Público dos Estados), em seu art. 25, IV, alínea *a*, refere-se, de maneira acertada, unicamente à expressão 'ação civil pública', mesmo quando se destina esse instrumento à proteção dos interesses individuais homogêneos. Nessa lei, portanto, não há alusão a uma 'outra' ação civil coletiva para o mesmo fim, mas apenas e corretamente à ação civil pública.
>
> Ora, na verdade, ação civil pública e ação civil coletiva constituem termos sinônimos que expressam o mesmo fenômeno: uma ação para a defesa de interesses coletivos em essência – os difusos e coletivos *stricto sensu* – ou acidental ou contingentemente coletivos – os individuais homogêneos."

10.3.14. Procedimentos específicos para a tutela dos direitos individuais homogêneos

Conforme já explicitado, o Código de Defesa do Consumidor, além de alargar a utilização da ação civil pública para a defesa de qualquer interesse difuso e coletivo, instituiu (arts. 91 e seguintes) um novo procedimento para a defesa específica dos interesses e direitos individuais homogêneos.

Com efeito, em relação aos direitos individuais homogêneos, divisíveis por natureza, objetivou o Código de Defesa do Consumidor criar um procedimento específico para a responsabilização do ofensor e consequente indenização às vítimas pelos danos individualmente sofridos.

Logo, o procedimento a ser adotado em caso de propositura de ação coletiva destinada a proteger interesse ou direito individual homogêneo é o seguinte:

- Proposta a ação, será publicado edital no órgão oficial, a fim de que os interessados possam intervir no processo como litisconsortes, sem prejuízo de ampla divulgação pelos meios de comunicação social – art. 94 do CDC;
- Em caso de procedência do pedido, a condenação será genérica, fixando a responsabilidade do réu pelos danos causados – art. 95 do CDC;
- A liquidação e a execução da sentença poderão ser promovidas pela vítima e seus sucessores, assim como pelos entes legitimados – art. 97 do CDC (que são os mesmos da ação civil pública);
- A execução poderá ser coletiva, sendo promovida pelos entes legitimados, abrangendo as vítimas cujas indenizações já tiverem sido fixadas em sentença de liquidação, sem prejuízo do ajuizamento de outras execuções – art. 98 do CDC;
- A execução coletiva far-se-á com base em certidão das sentenças de liquidação, da qual deverá constar a ocorrência ou não do trânsito em julgado – art. 98, § 1.º, do CDC;
- No caso de execução individual, é competente para a execução o juízo da liquidação da sentença ou da ação condenatória – art. 98, § 2.º, I, do CDC;
- Quando coletiva a execução, é competente o juízo da ação condenatória – art. 98, § 2.º, II, do CDC;
- Decorrido o prazo de um ano sem habilitação de interessados em número compatível com a gravidade do dano, poderão os entes legitimados promover a liquidação e execução da indenização devida, revertendo o produto da indenização para o Fundo criado pela Lei 7.347/1985 (no âmbito da Justiça do Trabalho, o fundo é o FAT – Fundo de Amparo ao Trabalhador) – art. 100 do CDC.

10.3.15. Despesas processuais

Estabelece o art. 18 da LACP que, nas ações coletivas, "não haverá adiantamento de custas, emolumentos, honorários periciais e quaisquer outras despesas, nem condenação da associação autora, salvo comprovada má-fé, em honorários de advogado, custas e despesas processuais".

No mesmo sentido, o art. 87 do CDC estabelece que:

> "Nas ações coletivas de que trata este Código não haverá adiantamento de custas, emolumentos, honorários periciais e quaisquer outras despesas, nem condenação da associação autora, salvo comprovada má-fé, em honorários de advogado, custas e despesas processuais.
>
> Parágrafo único. Em caso de litigância de má-fé, a associação autora e os diretores responsáveis pela propositura da ação serão solidariamente condenados em honorários advocatícios e ao décuplo das custas, sem prejuízo da responsabilidade por perdas e danos."

O objetivo da dispensa de adiantamento de custas, emolumentos, honorários periciais ou outras despesas é, sem dúvida, facilitar o acesso ao Judiciário, dos interesses metaindividuais, pelos titulares de tal pretensão.

10.3.16. Controle de constitucionalidade em ação civil pública

O controle difuso de constitucionalidade caracteriza-se pelo fato de ser exercitável somente perante um caso concreto a ser decidido pelo Poder Judiciário.

Com efeito, o controle difuso de constitucionalidade é realizado no caso concreto, por qualquer juiz ou tribunal do Poder Judiciário, apenas produzindo efeitos entre as partes envolvidas (salvo na hipótese de resolução do Senado Federal - art. 52, X, da CF/1988), sendo a declaração de inconstitucionalidade proferida de modo incidental.

Logo, somente será cabível o controle difuso em sede de ação civil pública "(...) como instrumento idôneo de fiscalização incidental de constitucionalidade, pela via difusa, de quaisquer leis ou atos do Poder Público, mesmo quando contestados em face da Constituição da República, desde que nesse processo coletivo a controvérsia constitucional, longe de identificar-se como objeto único da demanda, qualifique-se como simples questão prejudicial, indispensável à resolução do litígio principal" (RCL 1.733-SP - Min. Celso de Mello - *DJ* 01.12.2000 - *Informativo* 212/STF).

Em outras palavras, posto um litígio em juízo, poderá o Poder Judiciário, na solução da demanda apresentada, de forma incidental (*incidenter tantum*), analisar a constitucionalidade ou não de lei ou do ato normativo - seja ele municipal, estadual, distrital ou federal, sendo os efeitos da declaração reduzidos somente às partes (e nunca *erga omnes*).

No entanto, a ação civil pública não poderá ser ajuizada como sucedâneo de ação direta de inconstitucionalidade, pois, em caso de produção de efeitos *erga omnes*, estaria provocando verdadeiro controle concentrado de constitucionalidade, usurpando competência do Supremo Tribunal Federal.

Alexandre de Moraes, *Direito constitucional*, p. 595, sobre o tema, conclui que:

> "Em conclusão, o que se pretende vedar é a utilização da ação civil pública como sucedâneo da ação direta de inconstitucionalidade, de forma a retirar do Supremo Tribunal Federal o controle concentrado da constitucionalidade das leis e atos normativos federais e estaduais em face da Constituição Federal. Essa vedação aplica-se quando os efeitos da decisão da ação civil pública forem *erga omnes*, independentemente de tratar-se de direitos difusos, coletivos ou individuais homogêneos. Por outro lado, não haverá qualquer vedação à declaração incidental de inconstitucionalidade (controle difuso) em sede de ação civil pública, quando, conforme salientado pelo próprio Pretório Excelso, 'tratar-se de ação ajuizada, entre partes contratantes, na persecução de bem jurídico concreto, individual e perfeitamente definido, de ordem patrimonial, objetivo que jamais poderia ser alcançado pelo reclamado em sede de controle *in abstracto* de ato normativo,'"

No mesmo sentido, transcrevemos a seguinte decisão do Supremo Tribunal Federal:

> "O controle difuso de constitucionalidade das leis pode ser exercido em sede de ação civil pública, no juízo de primeiro grau, quando for necessário para a decisão da hipótese concreta, sendo legitimado para a propositura da ação o Ministério Público. Com esse entendimento, a Turma deu provimento a recurso extraordinário para determinar o regular processamento de ação civil pública – cuja inicial havia sido liminarmente indeferida sob o fundamento de não constituir a mesma meio idôneo para o questionamento da inconstitucionalidade de lei ou ato normativo – proposta pelo Ministério Público em defesa do patrimônio público, na qual se pleiteia a declaração de nulidade de ato normativo municipal que majorou os subsídios de vereador, com a consequente restituição aos cofres públicos das quantias indevidamente recebidas". Precedentes citados: RCL 600-SP e RCL 602-SP (acórdãos pendentes de publicação, v. *Informativo* 82 (STF – 2.ª T. – RE 227.159/GO – Rel. Min. Néri da Silveira – *Informativo STF* 260, p. 3, 20.03.2002).

10.4. AÇÃO ANULATÓRIA DE CLÁUSULAS CONVENCIONAIS

A ação anulatória consiste numa ação de conhecimento, de natureza constitutivo-negativa, que tem por objetivo a declaração de nulidade de cláusulas estabelecidas em convenção coletiva, acordo coletivo de trabalho, ou mesmo em contratos individuais de trabalho, que violem as liberdades individuais ou coletivas ou os direitos individuais indisponíveis dos trabalhadores.

Muito se discutiu na doutrina sobre a competência originária para julgamento da ação anulatória envolvendo a declaração de nulidade de cláusulas fixadas em convenção coletiva ou acordo coletivo, prevalecendo o entendimento de que a referida ação deve ser proposta, originariamente, perante os Tribunais do Trabalho (Tribunal Regional do Trabalho ou Tribunal Superior do Trabalho, dependendo da abrangência territorial dos entes acordantes da respectiva convenção coletiva de trabalho ou acordo coletivo de trabalho), uma vez que a jurisdição trabalhista em questões coletivas é atribuição dos tribunais.

Essa foi a posição adotada pelos Tribunais do Trabalho nos seguintes arestos:

> "AÇÃO ANULATÓRIA – COMPETÊNCIA. A jurisdição trabalhista em questões coletivas é atribuição originária dos Tribunais, quer resultem da interpretação de cláusulas normativas, quer respeitem a estabelecimento de novas condições de trabalho ou, mesmo, a declaração de sua nulidade. É sabido que a presente ação visa aos interesses de uma categoria profissional, dado o caráter coletivo da norma a qual se pretende desconstituir. Desta forma, apesar de os dispositivos consolidados pertinentes à competência dos Tribunais Regionais do Trabalho não disporem sobre a ação anulatória, mesmo porque a possibilidade do seu ajuizamento nesta Justiça Especializada somente surgiu com o advento da Lei Complementar 75/1993, a jurisdição trabalhista em questões coletivas é atribuição originária dos Tribunais" (TST – SDC – Proc. RO-AA-34003/1997 – Rel. Min. Fábio Ribeiro – *DJ* 236/1997).

> "COMPETÊNCIA FUNCIONAL. AÇÃO ANULATÓRIA. ACORDO COLETIVO DE TRABALHO. O provimento jurisdicional pedido possui natureza especial, diferenciando-se sobremaneira dos interesses individuais postulados em geral, uma vez que visa atingir interesses de trabalhadores e empregadores de toda um categoria (profissional e econômica). Assim sendo, a demanda proposta assemelha-se em larga medida com as ações rescisórias que visam desconstituir sentenças normativas. Ademais, a jurisdição trabalhista, em questões de índole coletiva, sempre foi exercida, originariamente, pelos tribunais regionais do trabalho, ao passo que os dissídios individuais sempre couberam às Varas do Trabalho. Acresça-se que o próprio Regimento Interno desta Corte, em seu art. 20, alínea 'c', prevê expressamente que cabe à Seção Especializada processar e julgar originariamente as ações anulatórias de cláusulas de instrumento normativo. Incompetência do Juízo de Primeiro Grau que se declara" (TRT – 9.ª Região – RO 05320-2002 – Ac. 24806-2002 – Rela. Juíza Sueli Gil El-Rafihi – *DJPR* 08.11.2002).

Todavia, quando se tratar de ação anulatória de cláusula de contrato individual de trabalho, a competência originária não será dos tribunais, mas, sim, da Vara do Trabalho, por não se enquadrar como matéria coletiva.

Exemplificando, se o empregador inserir num contrato individual de trabalho firmado com menor de 17 anos cláusula obrigando o seu labor em atividades insalubres, poderá o representante legal do trabalhador, ou mesmo o Ministério Público do Trabalho, pleitear perante a Vara do Trabalho a nulidade da atinente cláusula.

A ação anulatória de cláusula de convenção ou acordo coletivo de trabalho será proposta, em regra, pelo Ministério Público do Trabalho (art. 83, IV, da LC 75/1993), não sendo possível que os próprios signatários do instrumento normativo postulem a nulidade da cláusula, salvo demonstrado vício de vontade (erro, dolo, coação ou fraude).

Com efeito, a LC 75/1993, ao estabelecer as atribuições do Ministério Público do Trabalho, fixou no art. 83, IV, a seguinte competência:

> "Art. 83 da LC 75/1993. Compete ao Ministério Público do Trabalho o exercício das seguintes atribuições junto aos órgãos da Justiça do Trabalho:
>
> (...)
>
> IV – propor as ações cabíveis para declaração de nulidade de cláusula de contrato, acordo coletivo ou convenção coletiva que viole as liberdades individuais ou coletivas ou os direitos individuais indisponíveis dos trabalhadores."

Podemos destacar vários exemplos de situações que ensejam a propositura, pelo Ministério Público do Trabalho, de ação anulatória de cláusula convencional, como nas hipóteses de instituição de cláusulas que:

- viole os direitos individuais indisponíveis dos trabalhadores fixados na Constituição Federal de 1988 e na Consolidação das Leis do Trabalho, como a que fixa a remuneração do empregado em montante inferior ao salário-mínimo, ou mesmo a que obriga o obreiro a jornadas além das permitidas no texto constitucional;
- viole normas de proteção à segurança e à saúde do trabalhador;
- viole a liberdade individual e o direito de associação ou de filiação a sindicato;
- determine a cobrança de contribuição assistencial e/ou confederativa (ao arrepio do Precedente Normativo 119 do TST ou da Súmula 666 do STF) a todos os empregados, associados ou não a sindicato;
- condicione a estabilidade da empregada gestante à comunicação prévia ao empregado do seu estado gravídico;
- que estabeleça períodos de estabilidade provisória aos obreiros (acidentado, cipeiro, dirigente sindical etc.) inferiores aos previstos na legislação ordinária;
- que determine o pagamento das verbas rescisórias dos trabalhadores dispensados em período superior ao previsto no art. 477, § 6.º, da CLT.

Nos termos do art. 611-A, § 5º, da CLT, os sindicatos subscritores de convenção coletiva ou de acordo coletivo de trabalho deverão participar, como litisconsortes necessários, em ação individual ou coletiva, que tenha como objeto a anulação de cláusulas desses instrumentos[2]. Repare:

---

[2] Art. 3º, IN 41/2018, do TST. A obrigação de formar o litisconsórcio necessário a que se refere o art. 611-A, § 5º, da CLT dar-se-á nos processos iniciados a partir de 11.11.2017, data em que entrou em vigor a Lei 13.467/2017 (Reforma Trabalhista).

> "Art. 611-A. (...)
>
> § 5.º Os sindicatos subscritores de convenção coletiva ou de acordo coletivo de trabalho deverão participar, como litisconsortes necessários, em ação individual ou coletiva, que tenha como objeto a anulação de cláusulas desses instrumentos."

Uma vez que a decisão proferida na ação anulatória de cláusula convencional é incindível, atingindo os sindicatos dos empregados e empregadores, todos devem participar da relação processual, sendo o caso de litisconsórcio necessário. Pela mesma razão, quando se tratar de acordo coletivo de trabalho a(s) empresa(s) subscritora(s) deve(m) integrar a lide, já que o acordo coletivo é firmado entre sindicato(s) e empresa(s).

À luz do art. 114 do CPC, "o litisconsórcio será necessário por disposição de lei ou quando, pela natureza da relação jurídica controvertida, a eficácia da sentença depender da citação de todos que devam ser litisconsortes".

Entretanto, há que se distinguir duas situações:

A primeira, consiste na ação anulatória com pedido expresso de anulação de cláusula convencional. Neste caso, a decisão fará coisa julgada, atingindo a todos os sindicatos e, no caso de acordo coletivo, a(s) empresa(s). Logo, todos devem participar da lide, como litisconsórcio necessário. Perceba que o art. 611-A, § 5º, refere-se expressamente ao pedido de anulação da cláusula convencional.

A segunda, representa aquela em que o pedido é o de devolução de contribuição paga ao sindicato, sendo a declaração de nulidade da cláusula convencional meramente incidental. Esta não alcança os sindicatos ou empresas, razão pela qual não há litisconsórcio necessário.

Por fim, os sindicatos deverão participar da lide quando a anulação de cláusula convencional estiver em debate em recurso de revista repetitivo, visto que a tese firmada no mesmo constitui precedente obrigatório, vinculando a todos os juízes e tribunais, consoante disposto no art. 927 do CPC.

10.5. TUTELAS PROVISÓRIAS DE URGÊNCIA E EVIDÊNCIA

10.5.1. Tutelas de urgência e evidência

10.5.1.1. Espécies de tutelas de urgência

O atual Código de Processo Civil inovou quanto às tutelas cautelares e antecipadas, não destinando um livro às cautelares consoante fez o Código de 1973.

No atual diploma legal há um livro que trata da tutela provisória e as divide em tutelas de urgência e de evidência (arts. 294 a 311 do CPC), e o

TST entende que se aplica ao Processo do Trabalho, como determina o art. 3º, VI, da IN 39/2016 do TST.

A tutela de urgência, de natureza cautelar ou antecipada, pode ser concedida em caráter antecedente ou incidental, e será concedida quando preenchidos os mesmos requisitos: houver elementos que evidenciem a probabilidade do direito – *fumus boni iuris* – e o perigo de dano ou o risco ao resultado útil do processo – *periculum in mora* (art. 300 do CPC). A tutela de urgência de natureza cautelar pode ser efetivada mediante arresto, sequestro, arrolamento de bens, registro de protesto contra alienação de bem e qualquer outra medida idônea para asseguração do direito (art. 301 do CPC).

Segundo o art. 302 do CPC, independentemente da reparação por dano processual, a parte responde pelo prejuízo que a efetivação da tutela de urgência causar à parte adversa, se:

> I – a sentença lhe for desfavorável;
>
> II – obtida liminarmente a tutela em caráter antecedente, não fornecer os meios necessários para a citação do requerido no prazo de 5 (cinco) dias;
>
> III – ocorrer a cessação da eficácia da medida em qualquer hipótese legal;
>
> IV – o juiz acolher a alegação de decadência ou prescrição da pretensão do autor.
>
> Parágrafo único. A indenização será liquidada nos autos em que a medida tiver sido concedida, sempre que possível.

A tutela de urgência, cautelar ou antecipada, pode ser concedida em caráter antecedente ou incidental (art. 294, parágrafo único, do CPC). A tutela provisória de evidência somente pode ser requerida em caráter incidente.

A tutela de urgência incidental é requerida dentro do processo em que se pede ou já se pediu a tutela definitiva e tem o objetivo de adiantar seus efeitos, seja de satisfação (antecipação da tutela) ou de acautelamento.

É antecedente a tutela provisória requerida antes da formulação dos pedidos da tutela definitiva e tem por propósito adiantar seus efeitos.

10.5.1.1.1. Tutela de urgência antecipada

Quando se tratar de tutela provisória de urgência satisfativa (antecipada), antecedente à petição inicial, pode limitar-se: 1) ao requerimento da tutela antecipada; e 2) à indicação do pedido de tutela final, com a exposição da lide, do direito que se busca realizar e do perigo de dano ou do risco ao resultado útil do processo (art. 303, *caput*, do CPC). O autor deve indicar o valor da causa, que deve levar em consideração o pedido de tutela final (art. 303, § 4º, do CPC).

Uma vez concedida a tutela satisfativa (antecipada) em caráter antecedente, será observado o seguinte procedimento:

> 1) o autor deverá aditar a petição inicial, nos mesmos autos, com a complementação de sua argumentação, a juntada de novos documentos e a confirmação do pedido de tutela final e a indicação de que pretende valer-se do benefício da antecipação da tutela. Deverá fazê-lo em 15 (quinze) dias ou em outro prazo maior que o juiz fixar, sob pena de extinção do processo sem resolução do mérito (art. 303, §§ 1.º, I, 2.º, 3.º e 5.º, da CLT).
>
> 2) será designada no Processo do Trabalho a audiência de instrução e julgamento para a apresentação da defesa.

Caso entenda que não há elementos para a concessão de tutela antecipada, o órgão jurisdicional determinará a emenda da petição inicial em até 5 (cinco) dias, sob pena de ser indeferida e de o processo ser extinto sem resolução de mérito (art. 303, § 6º, do CPC).

Ressaltamos a Súmula 414 do TST:

> "SÚMULA 414 DO TST. MANDADO DE SEGURANÇA. TUTELA PROVISÓRIA CONCEDIDA ANTES OU NA SENTENÇA (nova redação em decorrência do CPC de 2015) – Res. 217/2017 – *DEJT* divulgado em 20, 24 e 25.04.2017.
>
> I – A tutela provisória concedida na sentença não comporta impugnação pela via do mandado de segurança, por ser impugnável mediante recurso ordinário. É admissível a obtenção de efeito suspensivo ao recurso ordinário mediante requerimento dirigido ao tribunal, ao relator ou ao presidente ou ao vice-presidente do tribunal recorrido, por aplicação subsidiária ao processo do trabalho do artigo 1.029, § 5º, do CPC de 2015.
>
> II – No caso de a tutela provisória haver sido concedida ou indeferida antes da sentença, cabe mandado de segurança, em face da inexistência de recurso próprio.
>
> III – A superveniência da sentença, nos autos originários, faz perder o objeto do mandado de segurança que impugnava a concessão ou o indeferimento da tutela provisória."

10.5.1.1.2. Tutela de urgência cautelar

Por sua vez, quando se tratar de tutela provisória cautelar em caráter antecedente, a petição inicial indicará: 1) a lide e seu fundamento; 2) a exposição sumária do direito que se objetiva assegurar e o perigo de dano ou o risco ao resultado útil do processo (art. 305 do CPC).

Ressalte-se que caso o juiz entenda que o pedido tem natureza antecipada, ele observará o procedimento previsto para a tutela provisória antecipada, previsto no *caput* do art. 303 do CPC (art. 305, parágrafo único, do CPC).

O réu, então, será citado para, no prazo de 5 (cinco) dias, contestar o pedido e indicar as provas que pretende produzir (art. 306 do CPC).

Não sendo contestado o pedido, os fatos alegados pelo autor presumir-se-ão aceitos pelo réu como ocorridos, caso em que o juiz decidirá dentro de 5 (cinco) dias (art. 307, *caput*, do CPC).

Efetivada a tutela cautelar, o pedido principal terá de ser formulado pelo autor no prazo de 30 (trinta) dias, caso em que será apresentado nos mesmos autos em que deduzido o pedido de tutela cautelar (art. 308 do CPC).

O pedido principal pode ser formulado conjuntamente com o pedido de tutela cautelar, momento em que a causa de pedir poderá ser modificada (art. 308, §§ 1º e 2º, do CPC).

Apresentado o pedido principal, as partes serão intimadas para comparecer na audiência de instrução e julgamento no Processo do Trabalho.

Prevê o art. 309 do CPC que cessa a eficácia da tutela concedida em caráter antecedente, se:

> I – o autor não deduzir o pedido principal no prazo legal;
>
> II – não for efetivada dentro de 30 (trinta) dias;
>
> III – o juiz julgar improcedente o pedido principal formulado pelo autor ou extinguir o processo sem resolução de mérito.

Se por qualquer motivo cessar a eficácia da tutela cautelar, é vedado à parte renovar o pedido, salvo sob novo fundamento (art. 309, parágrafo único, do CPC).

O indeferimento da tutela cautelar não obsta a que a parte formule o pedido principal, nem influi no julgamento desse, salvo se o motivo do indeferimento for o reconhecimento de decadência ou de prescrição (art. 310 do CPC).

10.5.1.2. Tutela de evidência

A tutela de evidência será concedida, independentemente da demonstração de perigo de dano ou de risco ao resultado útil do processo, quando: a) ficar caracterizado o abuso do direito de defesa ou o manifesto propósito protelatório da parte; b) as alegações de fato puderem ser comprovadas apenas documentalmente e houver tese firmada em julgamento de casos repetitivos ou em súmula vinculante; c) se tratar de pedido reipersecutório fundado em prova documental adequada do contrato de depósito, caso em que será decretada a ordem de entrega do objeto custodiado, sob cominação de multa; e d) a petição inicial for instruída com prova documental suficiente dos fatos constitutivos do direito do autor, a que o réu não oponha prova capaz de gerar dúvida razoável (art. 311 do CPC).

Leciona Bezerra Leite, em sua obra *Curso de direito processual do trabalho*, 14. ed., p. 640, sobre o tema:

> "A tutela de evidência distingue-se das outras tutelas provisórias em função da elevada probabilidade de existência do direito do alegado pelo autor, a exigir, de pronto, a concessão de um provimento judicial, independente do exame do *periculum in mora*. Trata-se, pois, de uma tutela provisória sempre incidente, não sendo possível a tutela da evidência antecedente.
>
> As tutelas de evidência só podem, em princípio, ser requeridas pela parte, pelo terceiro ou pelo MPT quando atuar como fiscal do ordenamento jurídico".

10.6. INQUÉRITO PARA APURAÇÃO DE FALTA GRAVE

10.6.1. Conceito e hipóteses de cabimento

O inquérito para apuração de falta grave é uma ação, de natureza constitutivo-negativa, promovida pelo empregador, para resolução de contrato de trabalho de empregado estável, em função da prática de falta grave pelo obreiro.

O art. 494 da CLT estabelece que o empregado estável acusado de falta grave poderá ser suspenso de suas funções, mas a sua despedida somente se tornará efetiva após o inquérito em que se verifique a procedência da acusação.

Antes da entrada em vigor da Lei 5.107/1966, que instituiu o Fundo de Garantia do Tempo de Serviço – FGTS –, os empregados adquiriam estabilidade após dez anos de tempo de serviço prestado à mesma empresa, conforme previsão no art. 492 da CLT, que estipulava que "o empregado que contar mais de dez anos de serviços na mesma empresa não poderá ser despedido senão por motivo de falta grave ou circunstância de força maior, devidamente comprovadas".

Com a criação do FGTS (1966), o trabalhador ainda podia alcançar a estabilidade decenal, caso não optasse pelo regime do FGTS, permanecendo regido pela Consolidação das Leis do Trabalho.

Com a promulgação da Constituição Federal de 1988, o FGTS passou a ser o regime obrigatório de todos os trabalhadores urbanos e rurais, acabando com o instituto da estabilidade após dez anos de serviços ininterruptos, tendo em vista a incompatibilidade do regime fundiário com o instituto da estabilidade decenal. Em relação ao FGTS, a lei que vigora atualmente é a Lei 8.036/1990.

Todavia, os trabalhadores não optantes que já haviam alcançado a estabilidade decenal antes da promulgação da Carta de 1988, permaneceram estáveis, em função do direito adquirido (art. 14 da Lei 8.036/1990).

Outrossim, o art. 19 do ADCT/CF/1988 assegurou estabilidade no emprego aos servidores admitidos pela administração pública direta, autárquica e fundacional, seja da União, dos Estados, dos Municípios ou do Distrito Federal, estatutários ou **celetistas**, em exercício na data da promulgação da Constituição Federal de 1988 há pelo menos cinco anos continuados, sem o devido concurso público.

Ademais, a legislação pátria estabeleceu alguns casos de estabilidade provisória, em que o empregado beneficiado somente poderá ser dispensado se cometer falta grave, prévia e regularmente apurada pela ação denominada inquérito para apuração de falta grave. Vejamos:

- Dirigente sindical – art. 8.º, VIII, da CF/1988 e art. 543, § 3.º, da CLT;
- Empregados membros do CNPS – Lei 8.213/1991, art. 3.º, § 7.º;
- Empregados eleitos diretores de sociedades cooperativas – art. 55 da Lei 5.764/1971.

Em relação ao dirigente sindical, as Súmulas 379 do TST e 197 do STF também apontam a necessidade de inquérito para apuração de falta grave para dispensa por justa causa do dirigente sindical.

Frise-se que nada impede que a estabilidade seja fixada no próprio contrato individual de trabalho ou em cláusula de convenção coletiva ou acordo coletivo de trabalho.

Destacamos o seguinte julgado sobre o tema:

> "CUMULAÇÃO DE AÇÃO DECLARATÓRIA COM INQUÉRITO JUDICIAL PARA APURAÇÃO DE FALTA GRAVE. POSSIBILIDADE. Pode a parte cumular ação declaratória com a ação de inquérito judicial para apuração de falta grave, quando para análise dessa última exista controvérsias a respeito da real condição de entidade sindical quanto à associação que o trabalhador se diz dirigente" (TRT – 2ª Região – RO 00000443320145020071/SP – 3ª T. – Rel.ª Rosana de Almeida Bueno – j. em 02.06.2015 – *DEJT* 17.06.2015).

Wagner D. Giglio, em sua obra *Direito processual do trabalho*, 13. ed., p. 269-270, comentando o tema, salienta que:

> "Por outro lado, nada impede que a estabilidade seja pactuada no contrato individual de trabalho, ou prevista em cláusula de sentença normativa, convenção ou acordo coletivo. Se aquela é de rara ocorrência, na prática, estas últimas são relativamente comuns nos dias atuais, para de certa forma compensar as dificuldades econômicas.
>
> Seja qual for a origem da estabilidade, certo é que cerceia o rompimento contratual por iniciativa do empregador. O despedimento

> do empregado é geralmente considerado como um ato potestativo do empregador, no sentido de que tem este o poder, o direito de despedir o empregado. A estabilidade vem subtrair-lhe esse direito. Enquanto a simples manifestação de vontade do empregador, *ipso jure*, ou seja, por direito próprio, produz o efeito de rescindir o contrato, gozando o empregado de estabilidade, a rescisão se produz somente *ope judicis*, isto é, por obra do juiz: a manifestação de vontade de despedir se revela pela propositura da ação de inquérito para apuração de motivo justificador, mas a rescisão só é possível com a autorização judicial,"

Apenas discordamos do renomado doutrinador quanto à possibilidade da sentença normativa estabelecer hipótese de estabilidade no emprego, uma vez que entendemos que isto extrapola o Poder Normativo da Justiça do Trabalho, estando a matéria afeta, exclusivamente, à negociação coletiva.

10.6.2. Procedimento

O procedimento do inquérito para apuração de falta grave está previsto nos arts. 853 a 855 da CLT, que dispõem:

> "Art. 853. Para a instauração do inquérito para apuração de falta grave contra empregado garantido com estabilidade, o empregador apresentará reclamação por escrito à Vara ou Juízo de Direito, dentro de 30 dias, contados da data da suspensão do empregado."
>
> "Art. 854. O processo do inquérito perante a Vara ou Juízo obedecerá às normas estabelecidas no presente Capítulo, observadas as disposições desta Seção."
>
> "Art. 855. Se tiver havido prévio reconhecimento da estabilidade do empregado, o julgamento do inquérito pela Vara ou Juízo não prejudicará a execução para pagamento dos salários devidos aos empregado, até a data da instauração do mesmo inquérito."

O inquérito judicial deve ser proposto obrigatoriamente por escrito à Vara do Trabalho ou ao Juízo de Direito (art. 853 da CLT), cabendo a cada parte apresentar até seis testemunhas, conforme previsto no art. 821 consolidado.

No inquérito, o empregador, na qualidade de autor, recebe o nome de *requerente* e o empregado, na qualidade de réu, chama-se *requerido*.

Havendo a suspensão do empregado estável pelo empregador para a propositura de inquérito para apuração de falta grave, a suspensão perdurará até decisão final do processo (art. 494, parágrafo único, da CLT).

A suspensão do empregado pelo empregador é direito potestativo, não podendo a matéria ser debatida pelo obreiro em sede de mandado de segurança. Aliás, a título exemplificativo, vale lembrar do disposto na OJ 137 da SDI-II, que trata mais especificamente do dirigente sindical:

OJ 137 da SDI-II MANDADO DE SEGURANÇA. DIRIGENTE SINDICAL. ART. 494 DA CLT. APLICÁVEL (DJ 04.05.2004). Constitui direito líquido e certo do empregador a suspensão do empregado, ainda que detentor de estabilidade sindical, até a decisão final do inquérito em que se apure a falta grave a ele imputada, na forma do art. 494, caput e parágrafo único, da CLT.

Durante o período de suspensão, bem como durante todo o inquérito judicial, o empregador não está obrigado a pagar salário. No entanto, se resolver pagar, isso muda o prazo decadencial? A resposta é negativa. Havendo o afastamento do obreiro, ainda que haja pagamento salarial, certo é que o prazo decadencial continua a existir. Veja esse julgado do Tribunal Superior do Trabalho:

> *AGRAVO DE INSTRUMENTO. RECURSO DE REVISTA. FALTA GRAVE. INQUÉRITO PARA APURAÇÃO DE FALTA GRAVE. SUSPENSÃO. PAGAMENTO DE SALÁRIO. Esta Corte tem firme entendimento no sentido de que o afastamento do empregado do desempenho de suas funções já caracteriza a suspensão, mencionada no artigo 853 da CLT, ainda que a Reclamada tenha continuado a pagar os salários. Segundo essa jurisprudência, o prazo de trinta dias para instalação do inquérito deflagra-se desse afastamento, tido como suspensão, independentemente do pagamento salarial (art. 853, CLT) Desse modo, decidiu o Regional em conformidade com a iterativa, notória e atual jurisprudência desta Corte, o que afasta a análise de dissenso jurisprudencial. Incidência da Súmula n. 333 e do artigo 896, § 4º, da CLT. Incólumes os artigos 494 e 853 da CLT. Agravo de instrumento desprovido. (AIRR - 25300-19.2009.5.05.0281, Relator Ministro: Mauricio Godinho Delgado, Data de Julgamento: 28/09/2011, 6ª Turma, Data de Publicação: DEJT 07/10/2011).*

As custas do inquérito serão pagas pelo vencido, após o trânsito em julgado da decisão, ou, havendo recurso, deverão ser pagas e comprovado o recolhimento, dentro do prazo recursal (art. 789, § 1º, da CLT).

10.6.3. Prazo para ajuizamento

O prazo para o empregador propor o inquérito é de 30 dias, contado da suspensão do empregado, tendo a jurisprudência adotado o entendimento de que esse prazo é decadencial.

Neste sentido, transcrevemos:

> "SÚMULA 62 DO TST. ABANDONO DE EMPREGO. INQUÉRITO. PRAZO DECADENCIAL. O prazo de decadência do direito do empregador ajuizar inquérito em face do empregado que incorre em abandono de emprego é contado a partir do momento em que o empregado pretendeu seu retorno ao serviço."
>
> "SÚMULA 403 DO STF. INQUÉRITO JUDICIAL. DECADÊNCIA. É de decadência o prazo de trinta dias para a instauração de inquérito judicial, a contar da suspensão, por falta grave, de empregado estável."

Portanto, não proposto o inquérito judicial no prazo decadencial de 30 dias, contado da suspensão do empregado estável, não mais poderá o empregador fazê-lo, pois consuma-se a decadência.

Muito embora seja prazo decadencial, essa premissa não impede que, caso haja vencimento do prazo no domingo, o empregador possa ajuizar a demanda no primeiro dia útil seguinte, aplicando por analogia a Súmula 100, IX, do TST que trata da ação rescisória, bem como o art. 132, § 1º, do Código Civil: Súmula n. 100 do TST. AÇÃO RESCISÓRIA. DECADÊNCIA (incorporadas as Orientações Jurisprudenciais n.s 13,16, 79, 102, 104, 122 e 145 da SBDI-II) - Res. 137/2005, DJ 22, 23 e 24.08.2005.

IX – Prorroga-se até o primeiro dia útil, imediatamente subsequente, o prazo decadencial para ajuizamento de ação rescisória quando expira em férias forenses, feriados, finais de semana ou em dia em que não houver expediente forense. Aplicação do art. 775 da CLT.

Art. 132, §1º, CC. Se o dia do vencimento cair em feriado, considerar-se-á prorrogado o prazo até o seguinte dia útil.

Segue o seguinte julgado do Tribunal Superior do Trabalho nesse sentido:

> AGRAVO DE INSTRUMENTO. RECURSO DE REVISTA INTERPOSTO SOB A ÉGIDE DA LEI N. 13.015/2014 - DESPROVIMENTO. INQUÉRITO JUDICIAL PARA APURAÇÃO DE FALTA GRAVE. TERMO FINAL. PRAZO DECADENCIAL. PRORROGAÇÃO. INTELIGÊNCIA DO ITEM IX DA SÚMULA 100 DO TST. VIOLAÇÃO DO ART. 853 DA CLT. NÃO CARACTERIZAÇÃO. 1. O prazo de 30 (trinta) dias a que alude o art. 853 da CLT, consoante jurisprudência pacificada no âmbito desta Egrégia Corte Superior, é decadencial (Súmula 62 do TST). 2. A natureza do prazo (decadencial ou prescricional) não tem o condão de restringir a garantia constitucional de livre acesso à justiça (CF, 5º, XXXV), limitada, apenas, por regras infraconstitucionais que se integram, de modo a harmonizar o ordenamento jurídico. 3. Importa reconhecer, ante as normas que orientam os arts. 184, § 1º, do CPC e 132, § 1º, do Código Civil, que não subsiste obstáculo à dilatação do prazo decadencial, quando, por exemplo, o termo final recaia em sábado, domingo, feriado, férias forenses ou em dia em que não houver expediente. Inteligência do item IX da Súmula 100 desta Corte. Agravo de instrumento conhecido e desprovido. (AIRR-141800-15.2009.5.20.0003, 3ª Turma, Relator Ministro Alberto Luiz Bresciani de Fontan Pereira, DEJT 15/04/2016).

Esse prazo de 30 dias, quando a conduta irregular (que autoriza a justa causa) foi abandono de emprego, conta-se da data em que o empregado pretendeu voltar a trabalhar.

Súmula n. 62 do TST. ABANDONO DE EMPREGO (mantida) - Res. 121/2003, DJ 19, 20 e 21.11.2003. O prazo de decadência do direito do empregador de ajuizar inquérito em face do empregado que incorre em abandono de emprego é contado a partir do momento em que o empregado pretendeu seu retorno ao serviço.

Considerando o art. 494 da CLT, não é obrigatória a suspensão do empregado estável para o ajuizamento do inquérito para apuração de falta grave.

Nesta hipótese, a doutrina entende que o empregador teria o prazo de cinco anos (art. 7.º, XXIX, da CF/1988) para promover a ação de inquérito para apuração de falta grave, contados da ciência, pelo empregador, da falta praticada.

Todavia, entendemos que o decurso de longo tempo até a propositura do inquérito será um empecilho para o empregador lograr êxito em sua pretensão, principalmente pelo fato de que a demora na aplicação da penalidade importaria em renúncia pelo patrão ao direito de punir o obreiro. Logo, falta conhecida e não imediatamente apurada e punida tem-se como tacitamente perdoada (princípio da imediaticidade).

Wagner D. Giglio, na mesma obra já mencionada, p. 272, comentando a desnecessidade da suspensão do empregado estável para ajuizamento de inquérito para apuração de falta grave, adverte:

> "Teoricamente, o prazo para interposição do inquérito, no caso de não ter o empregado sido suspenso, seria de cinco anos, a contar da data da ciência da falta praticada, pela direção da empresa. Decorrido o quinquênio, a ação estaria prescrita (CF, art. 7.º, XXIX, *a*). Muito antes disso, porém, o empregador teria certamente recusado seu pedido de autorização para o despedimento de empregado estável, posto que o decurso de longo prazo, após o conhecimento da infração praticada, desatualizaria sua punição, e a Corte entenderia descaracterizada a falta grave invocada. E se o empregador preferiu manter durante largo lapso de tempo seu empregado estável, depois do surgimento do motivo técnico, econômico ou financeiro que justificaria sua dispensa, não poderia, a destempo, pretender justificar a rescisão com fatos passados, posto que seria evidente a inexistência de relação causa-efeito entre aqueles fatos e o despedimento."

10.6.4. Efeitos da sentença

Havendo suspensão do empregado estável e posterior ajuizamento de inquérito judicial, caso o pedido seja julgado improcedente, ou seja, não demonstrado judicialmente que o obreiro protegido pelo manto da estabilidade cometeu qualquer falta grave que justificasse a resolução contratual, o empregador ficará obrigado a reintegrar o trabalhador no emprego (e não readmiti-lo, como erroneamente consta no art. 495 da CLT) e a pagar-lhe os salários e demais vantagens concernentes a todo o período de afastamento, convertendo-se a suspensão em interrupção contratual.

Destaque-se que o art. 496 da CLT determina que, quando a reintegração do empregado estável for desaconselhável, dado o grau de incompatibilidade resultante do dissídio, especialmente quando o empregador for pessoa física, o Tribunal do Trabalho poderá converter aquela obrigação em indenização dobrada.

Caso não tenha havido a suspensão do empregado estável e julgado improcedente o pedido contido no inquérito, o contrato de trabalho continuará a vigorar normalmente, como se nada tivesse ocorrido.

Por outro lado, provada a falta grave no correspondente inquérito judicial, a sentença terá caráter constitutivo-negativo, autorizando a resolução contratual. Nesta hipótese, caso o empregado tenha sido suspenso anteriormente ao ajuizamento do inquérito, os efeitos da sentença serão retroativos, considerando-se o contrato rompido na data da suspensão contratual, restando claro que, nos termos do art. 855 da CLT, se tiver havido prévio reconhecimento da estabilidade, o julgamento não prejudicará a execução para pagamento dos salários devidos até a instauração do inquérito, ou seja, não ficará prejudicado o pagamento dos salários do empregado, no período correspondente entre a suspensão e o ajuizamento do inquérito.

Caso não tenha havido a suspensão do empregado estável e julgado procedente o pedido contido no inquérito judicial, também considera-se findo o contrato de trabalho na data da propositura da ação.

10.7. AÇÃO DE CONSIGNAÇÃO EM PAGAMENTO

10.7.1. Considerações gerais

A ação de consignação em pagamento é o instrumento processual, previsto nos arts. 539 a 549, CPC, apto para que o devedor ou terceiro de uma obrigação de pagar quantia certa ou dar coisa em favor do credor obtenha a extinção da obrigação.

Portanto, o depósito em consignação é o modo de extinção da obrigação, com força de pagamento, tendo a ação consignatória a finalidade de ver atendido o direito material do devedor, liberando-o da obrigação, com a consequente declaração judicial de quitação. A ação de consignação em pagamento mantém estreito relacionamento com o direito civil, em especial, os arts. 334 e seguintes do CC (que trata do pagamento em consignação).

Com efeito, estabelece o art. 334 do CC que:

> "Art. 334. Considera-se pagamento, e extingue a obrigação, o depósito judicial ou em estabelecimento bancário da coisa devida, nos casos e formas legais".

Embora a hipótese mais comum de utilização da ação consignatória seja para permitir ao devedor ou terceiro a liberação da obrigação mantida com o credor, em função de sua recusa ao recebimento da quantia ou da coisa, existem outras situações que também ensejam a propositura da ação em comento, conforme se depreende da leitura do art. 335 do CC, *in verbis*:

> "Art. 335 do CC – A consignação tem lugar:
>
> I – se o credor não puder, ou, sem justa causa, recusar receber o pagamento, ou dar quitação na devida forma;
>
> II – se o credor não for, nem mandar receber a coisa no lugar, tempo e condição devidos;
>
> III – se o credor for incapaz de receber, for desconhecido, declarado ausente, ou residir em lugar incerto ou de acesso perigoso ou difícil;
>
> IV – se ocorrer dúvida sobre quem deva legitimamente receber o objeto do pagamento;
>
> V – se pender litígio sobre o objeto do pagamento".

Comentando o tema, Misael Montenegro Filho, em sua obra *Curso de direito processual civil*, p. 232, leciona que:

> "Numa situação obrigacional normal, sendo atingida a data de vencimento da obrigação para a entrega de coisa ou para o pagamento em dinheiro, comum assistirmos ao recebimento da coisa ou da importância em pecúnia por parte do credor, mediante a quitação regular (emissão de recibo, por exemplo), liberando o devedor do cumprimento da obrigação, que não mais pode ser exigida em relação a sua pessoa.
>
> Contudo, determinadas circunstâncias podem alterar esse panorama normal, seja pela divergência estabelecida entre os contratantes no que se refere ao valor da obrigação; pela dúvida relacionada a quem deve receber; pela negativa do credor de entregar ao devedor documento comprovando a quitação etc., o que dá margem ao ingresso da ação de consignação em pagamento, ou ao depósito da coisa ou da importância em pecúnia perante *banco oficial*, como demonstrado em linhas seguintes".

O Tribunal Superior do Trabalho tem entendido que ausência de pagamento das verbas rescisórias no prazo do art. 477, § 6º, da CLT e ausência de propositura da ação de consignação em pagamento implica a incidência da referida multa:

> *AGRAVO DE INSTRUMENTO EM RECURSO DE REVISTA REGIDO PELA LEI 13.015/2014. MULTA DO ARTIGO 477, § 8º, DA CLT. VERBAS RESCISÓRIAS. PAGAMENTO FORA DO PRAZO. Na hipótese em que o empregado/credor cria problemas à quitação da dívida, não pode o empregador/devedor simplesmente se omitir em sanar a obrigação que lhe era devida. A legislação e a jurisprudência trabalhista oferecem outros meios (depósito judicial, ação de consignação em pagamento e depósito*

> *bancário) que evitariam a mora no pagamento das verbas rescisórias, medidas essas que não foram adotadas pela empresa Reclamada. Destaca-se, por fim, que a tese de abandono de emprego sequer foi acolhida pelas instâncias ordinárias, tendo sido definida a extinção contratual por iniciativa obreira. Nesse contexto, imperioso manter a multa pelo atraso no pagamento das verbas rescisórias, nos termos do § 8º do artigo 477 da CLT. Precedentes do TST. Agravo de instrumento não provido (AIRR-524-03.2016.5.12.0058, 5ª Turma, Relator Ministro Douglas Alencar Rodrigues, DEJT 31/08/2018).*

Outra hipótese comum no Processo do Trabalho ocorre quando o empregador não sabe quem é a pessoa legítima para receber um crédito trabalhista, o que normalmente ocorre quando o trabalhador faleceu e existem verbas trabalhistas pendentes de pagamento. Nesse caso, o empregador ajuíza uma ação de consignação em pagamento para depositar os valores e se livrar da obrigação em relação aos mesmos. Veja o seguinte julgado:

> AGRAVO REGIMENTAL. RECURSO DE REVISTA. CARÊNCIA DE AÇÃO. INTERESSE DE AGIR. Existente a dúvida sobre quem deva legitimamente receber o crédito, está viabilizada, com fulcro no art. 898 do CPC/1973, a ação de consignação em pagamento. (...) (AgR-RR - 74-79.2012.5.03.0081, Relator Ministro: Alexandre de Souza Agra Belmonte, Data de Julgamento: 07/12/2016, 3ª Turma, Data de Publicação: DEJT 19/12/2016).

10.7.2. Modalidades

Com a edição da Lei 8.951/1994, o Código de Processo Civil de 1973 passou a dispor sobre dois procedimentos alusivos à consignação em pagamento: um de natureza extrajudicial e outro de natureza judicial.

O atual CPC também faz referência ao tema em seus arts. 539 a 549 e traz modificações que veremos adiante.

Passemos a analisá-los, separadamente.

10.7.2.1. Consignação extrajudicial

A consignação extrajudicial, criada pela Lei 8.951/1994, e atualmente prevista no art. 539, § 1º, do CPC, consiste na realização do depósito da quantia devida, pelo devedor ou terceiro, em estabelecimento bancário oficial, nada obstando que o depósito seja realizado em bancos particulares, quando, na localidade onde deva ser adimplida a obrigação, não existam bancos oficiais (Banco do Brasil, CEF etc.), dando ciência ao credor por carta com aviso de recebimento assinado, com o prazo de 10 dias para a manifestação da recusa.

Em verdade, a consignação extrajudicial surgiu como uma tentativa de desafogar a já sobrecarregada Justiça, permitindo a solução do conflito, sem a participação do Estado, mas incluindo um terceiro, no caso, o estabelecimento bancário oficial.

Evidentemente, na hipótese em exame, os estabelecimentos bancários não substituirão o Poder Judiciário, pois não se encontram investidos do poder jurisdicional, apenas atuando os funcionários dos bancos como meros colaboradores, sem qualquer poder decisório.

Convém ressaltar que a consignação extrajudicial não é obrigatória, constituindo-se numa faculdade do devedor ou terceiro, os quais podem optar, desde logo, pela consignação judicial, desprezando a via extrajudicial.

A consignação extrajudicial encontra suporte jurídico no art. 539 do CPC, abaixo transcrito:

> "Art. 539. Nos casos previstos em lei, poderá o devedor ou terceiro requerer, com efeito de pagamento, a consignação da quantia ou da coisa devida.
>
> § 1.º Tratando-se de obrigação em dinheiro, poderá o valor ser depositado em estabelecimento bancário, oficial onde houver, situado no lugar do pagamento, cientificando-se o credor por carta com aviso de recebimento, assinado o prazo de 10 (dez) dias para a manifestação de recusa.
>
> § 2.º Decorrido o prazo do § 1.º, contado do retorno do aviso de recebimento, sem a manifestação de recusa, considerar-se-á o devedor liberado da obrigação, ficando à disposição do credor a quantia depositada.
>
> § 3.º Ocorrendo a recusa, manifestada por escrito ao estabelecimento bancário, poderá ser proposta, dentro de 1 (um) mês, a ação de consignação, instruindo-se a inicial com a prova do depósito e da recusa.
>
> § 4.º Não proposta a ação no prazo do § 3.º, ficará sem efeito o depósito, podendo levantá-lo o depositante."

No âmbito trabalhista há muita resistência doutrinária e jurisprudencial quanto ao cabimento da consignação extrajudicial, principalmente em função das peculiaridades do processo laboral.

Nesse sentido, transcrevemos os seguintes entendimentos doutrinários:

> "A nosso ver, a aplicação subsidiária do depósito extrajudicial não ocorrerá, entretanto, por obstáculos e inconvenientes praticamente insuperáveis.
>
> As diligências impostas ao empregador ou a seu advogado exigem dispêndio de tempo sem apresentar eficácia ou seguranças compensatórias. O procedimento fora de juízo é desprovido de sanções, e assim não poderá ser exigido do banco que certifique o decurso do prazo para a resposta, por exemplo. Além disso, o disposto no art. 477, §§ 1.º e 2.º, da CLT poderá ser invocado para invalidar o pagamento efetuado a empregado com mais de um ano de tempo de serviço ou questionar o alcance da quitação, e o trabalhador analfabeto poderá anular

o efeito de sua inércia e não exonerar o depositante, sob alegação de que não tomou ciência do teor da comunicação recebida.

Se prognósticos são válidos, a faculdade aberta para o empregador efetuar o depósito de seu débito fora de juízo não será utilizada, permanecendo letra morta da lei. Os interessados deverão continuar a preferir a via judicial" (Wagner D. Giglio, *Direito processual do trabalho*, 13. ed., p. 297).

"A consignação é judicial e extrajudicial (CPC, art. 890) (art. 539 do atual CPC), a primeira pelas vias judiciais e a segunda pela via bancária, com iguais efeitos jurídicos, medida de simplificação e que pode desburocratizar a consignação.

Todavia, alguns dos aspectos fixados pela lei processual civil são incompatíveis com o processo do trabalho. É o caso dos defeitos da consignação extrajudicial, a extinção da obrigação (CPC, art. 897) (art. 546 do atual CPC), inviável em se tratando de trabalhadores que não teriam condição para saber que procedendo ao levantamento do depósito bancário estariam dando por finda a possibilidade de reivindicar outros direitos, daí a necessidade de jurisprudência adaptativa desses efeitos às peculiaridades do processo trabalhista.

O efeito liberatório do consignante (CPC, art. 890, § 2.º) (art. 539, § 2.º, do atual CPC) também é incompatível com o processo trabalhista, e melhor é adequar a jurisprudência no sentido de concluir pela inexistência daquele, nos moldes previstos para a quitação, que é restrita aos valores e títulos pagos" (Amauri Mascaro Nascimento, *Curso de direito processual do trabalho*, 21. ed., p. 628).

"É de ressaltar, porém, a existência, no âmbito do direito do trabalho, de inconvenientes à sua adoção. Assim, em se tratando de empregado com mais de um ano de serviço, o recibo de quitação pressupõe, necessariamente, a homologação do respectivo sindicato ou da autoridade do Ministério do Trabalho e Emprego (art. 477, § 1.º, da CLT). Nessas condições, o depósito extrajudicial, ainda que não haja manifestação do empregado no prazo de dez dias, não produzirá quitação. De outro lado, o recibo de quitação vale exclusivamente pelas parcelas nele declinadas, facultado ao empregado postular em juízo outros títulos ou diferenças (art. 477, § 2.º, da CLT)" (Amador Paes de Almeida, *Curso prático de processo do trabalho*, p. 460).

A jurisprudência também vem acenando pela dificuldade de aplicação da consignação extrajudicial prevista no Código de Processo Civil ao Processo do Trabalho, *in verbis*:

"QUITAÇÃO – CONSIGNAÇÃO EM PAGAMENTO EXTRAJUDICIAL – EMPREGADO COM MAIS DE UM ANO DE SERVIÇO. 1. A quitação de parcelas oriundas do contrato de trabalho, mediante consignação em pagamento extrajudicial, na hipótese de o empregado contar com tempo de serviço superior a 1 (um) ano, é incompatível com o direito e o processo do trabalho porquanto devem ser satisfeitas as exigências do art. 477, §§ 1.º e 2.º, da CLT. Não viola o art. 890, §§ 1.º e 2.º, do CPC (art. 539, §§ 1.º e 2.º, do atual CPC) e art. 769 da CLT decisão nesse sentido. 2. Recurso de revista não conhecido" (TST – 1.ª T. – RR 599554 – Rel. Min João Oreste Dalazen – *DJU* 02.02.2001, p. 577).

> "CONSIGNAÇÃO EM PAGAMENTO EXTRAJUDICIAL – INAPLICABILIDADE NO PROCESSO TRABALHISTA. Muito embora a reformulação do Código de Processo Civil, instituindo a consignação extrajudicial, tenha por objetivo simplificar e agilizar o processo, entendo que não aplicável à sistemática processual do trabalho. Este raciocínio encontra maior fundamento quando os empregados têm mais de um ano de serviços prestados ao mesmo empregador e necessitam de assistência de seu sindicato para efetuar as homologações, o que criaria um óbice à consignação extrajudicial que viria retardar ainda mais a satisfação dos créditos trabalhistas. Com mais razão, o efeito liberatório de que trata o art. 890, § 2.º, do CPC (art. 539, § 2.º, do atual CPC) impediria, em última análise, que o empregado discutisse as parcelas percebidas. Embora possa ter trazido benefícios ao processo civil, entendo que nesta especializada somente traria prejuízos para ambas as partes, além de ferir o princípio da celeridade, já que gera direito, em caso de recusa por parte do empregado, da empregadora ajuizar a competente ação no prazo de trinta dias" (TRT – 3.ª Região – 1.ª T. – RO 8345/1998 – Rel.ª Juíza Emília Facchini – *DJMG* 09.04.1999, p. 12).

10.7.2.2. Consignação judicial

A consignação judicial é o instrumento processual hábil para que o autor (consignante) obtenha o reconhecimento, por sentença, do adimplemento da obrigação perante o réu (consignado).

Em função da omissão da norma consolidada, não há dúvida de que a consignação judicial, prevista no digesto processual civil, tem aplicação subsidiária ao Processo do Trabalho.

Com efeito, estabelece o art. 540 do CPC que "requerer-se-á a consignação no lugar do pagamento, cessando para o devedor, à data do depósito, os juros e os riscos, salvo se a demanda for julgada improcedente".

No entanto, essa regra de competência territorial deve ser adaptada ao Processo do Trabalho em função do disposto no art. 651 da CLT, que fixa a localidade da prestação dos serviços do empregado, seja ele reclamante ou reclamado, como determinante para fixação da competência.

Assim, a ação de consignação em pagamento proposta no âmbito da Justiça do Trabalho deverá ser distribuída perante a Vara do Trabalho situada na localidade da prestação de serviços dos empregados, ainda que estes tenham sido contratados noutro local ou no estrangeiro.

No polo ativo da ação de consignação em pagamento, consoante dispõe o art. 539 do CPC, são legitimados para propô-la tanto o devedor como o terceiro interessado.

Frise-se que, no âmbito trabalhista, o devedor tanto pode ser o empregador (mais comum) quanto o empregado.

Carlos Henrique Bezerra Leite, em sua obra *Curso de direito processual do trabalho*, 14. ed., p. 1.689, menciona um exemplo de consignatória proposta pelo empregado na hipótese de o mesmo ser "vendedor externo que, pretendendo romper o vínculo empregatício, encontra resistência do empregador em receber de volta os mostruários de seus produtos. Assim, para evitar a condição de inadimplente em relação à obrigação de entregar coisa certa, poderá o mesmo ajuizar ação consignatória".

Wagner D. Giglio, e sua obra *Direito processual do trabalho*, 13. ed., p. 295-296, também cita outras hipóteses de consignatória proposta pelo obreiro, *in verbis*:

> "Raras são as oportunidades em que o empregado deve versar quantias ao empregador. Campos Batalha cita uma, no rodapé da p. 583 da 2.ª edição do seu *Tratado de direito judiciário do trabalho*, já citado, taxando-a de hipótese curiosa: 'Certo empregado, desejando rescindir contrato a termo certo, ingressou em juízo consignando a importância correspondente à metade dos salários vincendos'. Pode-se supor outra hipótese, a do cobrador que, para se livrar da pecha de improbidade, deseje consignar as quantias recebidas em nome de seu empregador, diante da recusa deste em aceitá-las ou a lhe fornecer comprovante do recebimento.".

Contudo, em regra, a consignação é proposta pelo empregador, normalmente para depósito de salários, verbas rescisórias, comissões, percentagens etc., figurando o empregado, na maioria das vezes, no polo passivo. Também é utilizada a ação consignatória em caso de morte do empregado, quando há dúvidas sobre quem deva legitimamente receber as verbas trabalhistas do obreiro falecido.

As partes na ação de consignação em pagamento são denominadas de consignante (autor da ação e devedor) e consignado (réu da ação e credor).

Quanto ao procedimento para a ação de consignação, os arts. 542 e 543 do CPC dispõem:

> "Art. 542. Na petição inicial, o autor requererá:
>
> I – o depósito da quantia ou da coisa devida, a ser efetivado no prazo de 5 (cinco) dias contados do deferimento, ressalvada a hipótese do art. 539, § 3º;
>
> II – a citação do réu para levantar o depósito ou oferecer contestação.
>
> Parágrafo único. Não realizado o depósito no prazo do inciso I, o processo será extinto sem resolução do mérito."
>
> "Art. 543. Se o objeto da prestação for coisa indeterminada e a escolha couber ao credor, será este citado para exercer o direito dentro de 5 (cinco) dias, se outro prazo não constar de lei ou do contrato, ou para aceitar que o devedor a faça,

> devendo o juiz, ao despachar a petição inicial, fixar lugar, dia e hora em que se fará a entrega, sob pena de depósito".

Adaptando as regras contidas no Código de Processo Civil ao Processo do Trabalho, o consignante trabalhista deverá propor a ação de consignação em pagamento, requerendo, desde logo, na inicial, o depósito da quantia devida no prazo de 5 dias, contados a partir do deferimento pelo magistrado, passando, a partir do depósito judicial, os juros e correção monetária a correrem por conta do banco depositário.

Evidentemente, caso o consignante não realize o depósito judicial no quinquídio legal, o processo será extinto sem resolução do mérito.

Alguns doutrinadores entendem que o depósito deverá ser realizado, sempre que possível, na conta vinculada do FGTS do trabalhador.

Tratando-se de prestações sucessivas, consignada uma delas, pode o consignante continuar a depositar, no mesmo processo e sem mais formalidades, as parcelas vincendas, devendo os depósitos ser realizados em até 5 dias, contados da data do vencimento de cada nova prestação (art. 541 do CPC).

Realizado o depósito, será designada audiência, sendo o consignado notificado para vir levantá-lo ou oferecer defesa.

Caso o consignado, em audiência, concorde com o pedido, os valores consignados serão liberados em seu favor, sendo considerada extinta a obrigação do consignante. Sendo o pedido consignatório julgado procedente, com a consequente extinção da obrigação, respondendo o réu pelo pagamento das custas e honorários advocatícios (art. 546 do CPC).

Na hipótese de comparecimento do consignado à audiência e recusa ao recebimento dos valores consignados, o mesmo somente poderá alegar na contestação as matérias previstas no art. 544 do CPC, *in verbis*:

> "Art. 544. Na contestação, o réu poderá alegar que:
>
> I – não houve recusa ou mora em receber a quantia ou a coisa devida;
>
> II – foi justa a recusa;
>
> III – o depósito não se efetuou no prazo ou no lugar do pagamento;
>
> IV – o depósito não é integral.
>
> Parágrafo único. No caso do inciso IV, a alegação somente será admissível se o réu indicar o montante que entende devido".

Em caso de alegação de insuficiência de depósito, é facultado ao autor, à luz do art. 545 do CPC, complementá-lo, no prazo de 10 dias, sendo, posteriormente, intimado o consignado a proceder ao levantamento, sendo julgado procedente o pedido, com a consequente extinção da obrigação.

Por outro lado, alegada a insuficiência de depósito, poderá o reclamado levantar, desde logo, a quantia ou coisa depositada, ficando o autor parcialmente liberado da obrigação, prosseguindo o processo quanto à parcela controvertida (art. 545, § 1.º, do CPC).

Apresentada contestação pelo consignado, o processo, como qualquer outra reclamação trabalhista, será regularmente instruído, e, posteriormente, rejeitada a segunda proposta de conciliação, será proferida a sentença.

Julgado procedente o pedido, o depósito será reputado subsistente, liberando o consignante da obrigação, sendo a sentença considerada de cunho declaratório. Ao revés, julgado improcedente o pedido, o depósito será tido por insubsistente, continuando o devedor consignante em mora.

A sentença que concluir pela insuficiência do depósito determinará, sempre que possível, o montante devido, e, neste caso, valerá como título executivo, facultado ao credor promover-lhe o cumprimento nos mesmos autos, após liquidação, se necessário (art. 545, § 2.º, do CPC). Neste caso, a sentença, além do efeito declaratório, também terá natureza condenatória.

Portanto, em face do art. 545, § 2.º, do CPC, não há mais a necessidade da utilização da reconvenção em caso de insuficiência de depósito, tendo em vista a natureza dúplice da sentença proferida na ação de consignação em pagamento.

A ação de consignação não é apenas uma mera liberação do devedor do valor que entende devido. Nessa ação, o consignado pode pedir valores que entenda que ainda são devidos. Esse pedido do consignado ser feito como pedido contraposto, independentemente de reconvenção. Assim, a ação consignatória assume natureza dúplice (a sentença pode ser usada contra o consignante também). O próprio TST já decidiu:

> *AGRAVO EM AGRAVO DE INSTRUMENTO EM RECURSO DE REVISTA - AÇÃO DE CONSIGNAÇÃO EM PAGAMENTO - CONTESTAÇÃO - PEDIDO CONTRAPOSTO. O Tribunal Regional negou provimento ao recurso ordinário da empresa ao fundamento de que, ao apresentar contestação, o réu pode formular pedido contraposto, desde que compatível com o objeto da inicial, revelando-se despicienda a reconvenção. (...) (Ag-AIRR- 2152-16.2011.5.02.0079, Relator Ministro: Luiz Philippe Vieira de Mello Filho, Data de Julgamento: 28/06/2017, 7ª Turma, Data de Publicação: DEJT 30/06/2017).*
>
> *(...) AÇÃO DE CONSIGNAÇÃO EM PAGAMENTO. PEDIDO CONTRAPOSTO. POSSIBILIDADE. Trata-se de ação de consignação em pagamento em que a Corte Regional considerou regular a apresentação de pedido contraposto na contestação. A empresa argumenta que o correto procedimento é aquele previsto nos arts. 890 e 896 do CPC de 1973, em que o consignado teria que se valer da reconvenção para apresentar pedido contraposto. Ocorre que a jurisprudência desta Corte*

Superior caminhou no sentido de considerar oportuna a apresentação de pedido contraposto na contestação à ação de consignação em pagamento, desde que o pleito guarde relação direta com a controvérsia, retirando a necessidade de se apresentar reconvenção, conforme entendimento extraído da exegese do art. 896 do CPC/1973, do qual se extrai a natureza dúplice da ação. Precedentes. Nesse quadro, tem-se que o Tribunal Regional, ao convalidar a decisão do juízo originário, que considerou regular a apresentação de pedido contraposto na contestação da presente ação de consignação de pagamento, decidiu conforme a jurisprudência notória, atual e iterativa desta Corte, o que inviabiliza o processamento do recurso de revista nos moldes do §7º do art. 896 da CLT e da Súmula n. 333 do TST. Agravo conhecido e desprovido. (Ag-AIRR - 264-69.2014.5.03.0017, Relator Ministro: Alexandre de Souza Agra Belmonte, 3ª Turma, Data de Publicação: DEJT 29/06/2018).

10.8. AÇÃO MONITÓRIA

10.8.1. Conceito

A Lei 9.079/1995 criou o instituto da ação monitória, acrescentando ao Código de Processo Civil de 1973 os arts. 1.102-A, 1.102-B e 1.102-C. Hoje, a matéria é tratada nos arts. 700, 701 e 702 do CPC, objetivando facilitar o acesso do jurisdicionado ao Poder Judiciário para satisfação de créditos materializados em prova documental desprovida de eficácia executiva.

Com efeito, estabelece o art. 700 do CPC:

"Art. 700. A ação monitória pode ser proposta por aquele que afirmar, com base em prova escrita sem eficácia de título executivo, ter direito de exigir do devedor capaz:

I – o pagamento de quantia em dinheiro;

II – a entrega de coisa fungível ou infungível ou de bem móvel ou imóvel;

III – o adimplemento de obrigação de fazer ou de não fazer.

§ 1.º A prova escrita pode consistir em prova oral documentada, produzida antecipadamente nos termos do art. 381.

§ 2.º Na petição inicial, incumbe ao autor explicitar, conforme o caso:

I – a importância devida, instruindo-a com memória de cálculo;

II – o valor atual da coisa reclamada;

III – o conteúdo patrimonial em discussão ou o proveito econômico perseguido.

§ 3.º O valor da causa deverá corresponder à importância prevista no § 2º, incisos I a III.

§ 4.º Além das hipóteses do art. 330, a petição inicial será indeferida quando não atendido o disposto no § 2º deste artigo.

§ 5.º Havendo dúvida quanto à idoneidade de prova documental apresentada pelo autor, o juiz intimá-lo-á para, querendo, emendar a petição inicial, adaptando-a ao procedimento comum.

§ 6.º É admissível ação monitória em face da Fazenda Pública.

§ 7.º Na ação monitória, admite-se citação por qualquer dos meios permitidos para o procedimento comum".

Ação monitória, portanto, é o instrumento processual que pode ser utilizado pelo credor de quantia certa, de coisa fungível ou infungível ou de coisa móvel ou imóvel e do adimplemento de obrigação de fazer ou não fazer, demonstrada em prova escrita sem eficácia de título executivo judicial, com o intuito de obter judicialmente a imediata expedição de mandado judicial de pagamento ou entrega dos atinentes créditos.

Cândido Rangel Dinamarco, em sua obra *A reforma do Código de Processo Civil*, conceituou a ação monitória, também chamada de procedimento de injunção, como:

> "Um meio rapidíssimo para obtenção de título executivo em via judicial, sem as complicações ordinariamente suportadas nos diversos procedimentos. Por ele, o titular de crédito documental obtém liminarmente um mando de entrega ou pagamento (art. 1.102-B) (art. 701 do atual CPC), que se tornará definitivo se o réu não lhe opuser embargos ou se não procederem. Esse mandado terá eficácia executiva imediata, que só será suspensa pelos eventuais embargos (art. 1.102-C)" (art. 702 do atual CPC).

Em verdade, o procedimento de injunção surgiu com o propósito de acelerar a prestação da tutela jurisdicional, prestigiando-se o princípio da celeridade, por meio da submissão ao magistrado, de prova escrita que demonstre o direito ao recebimento de determinada quantia, coisa fungível ou um bem móvel, obtendo-se o título executivo sem a lentidão do processo de conhecimento.

Conforme se extrai do conceito previsto no art. 700 do CPC, a ação monitória deve ser acompanhada de prova escrita desprovida de eficácia executiva, como cartas, bilhetes, memorandos, anotações, telegramas, pareceres, circulares, ofícios etc.

10.8.2. Natureza jurídica

A doutrina diverge quanto à natureza jurídica da ação monitória, havendo três correntes, a saber:

- 1.ª corrente – a ação monitória teria natureza jurídica de ação executiva;
- 2.ª corrente – a ação monitória teria natureza jurídica de ação de conhecimento;
- 3.ª corrente – a ação monitória teria natureza mista, com "corpo de processo de conhecimento e alma de execução".

A corrente predominante, sem dúvida, à qual nos filiamos, é a que define a ação monitória como uma ação de conhecimento de caráter condenatório, submetida a um procedimento especial de jurisdição contenciosa.

Nelson Nery Junior, em sua obra *Código de Processo Civil comentado*, manifesta igual entendimento ao conceituar ação monitória:

> "É ação de conhecimento, condenatória, com procedimento especial de cognição sumária e de execução sem título. Sua finalidade é alcançar a formação do título executivo judicial de modo mais rápido do que na ação condenatória convencional. O autor pede a expedição de mandado monitório, no qual o juiz exorta o réu a cumprir a obrigação, determinando o pagamento ou a entrega de coisa fungível ou de determinado bem móvel. Trata-se, portanto, de mandado monitório, cuja eficácia fica condicionada à não apresentação de embargos. Não havendo oposição de embargos, o mandado monitório se convola em mandado executivo".

10.8.3. Cabimento no Processo do Trabalho

A doutrina também não é uníssona a respeito do cabimento da ação monitória no âmbito do Processo do Trabalho, havendo duas posições opostas: uma pelo não cabimento do procedimento de injunção na seara trabalhista e outra que defende a ação monitória no âmbito laboral.

A corrente que entende pelo não cabimento da ação monitória no âmbito trabalhista utiliza-se dos seguintes fundamentos:

- Os que entendem que o procedimento monitório é uma ação executiva sustentam que não há como compatibilizar a ação monitória (que prevê a expedição liminar de mandado de pagamento ou de entrega) com o art. 876 da CLT, o qual somente admite a execução de títulos executivos judiciais (sentença ou acordo judicial) e títulos executivos extrajudiciais (termo de conciliação firmado perante a comissão de conciliação prévia e termo de ajuste de conduta firmado perante o Ministério Público do Trabalho);
- Na ação monitória não há previsão de conciliação, sendo o demandado citado para pagar ou entregar coisa, o que contraria os arts. 764 e 846 consolidados, que impõem a obrigatoriedade de conciliação das demandas submetidas à Justiça laboral;
- Na ação monitória não há realização de audiência, contrariando os dispositivos consolidados que preveem realização de audiência de julgamento (arts. 843 e seguintes da CLT);
- Não haveria possibilidade de aplicação da ação monitória, portanto, em função da incompatibilidade desta com os dispositivos previstos na Consolidação das Leis do Trabalho (art. 769 consolidado).

Entretanto, entendemos que a ação monitória é compatível com o Processo do Trabalho, principalmente em função do princípio da economia processual e celeridade, tão almejados na Justiça do Trabalho.

Ora, se a demanda decorrer da relação de trabalho, não vemos como não admitir a ação monitória no âmbito da Justiça do Trabalho, principalmente em função da omissão da norma consolidada e da perfeita compatibilidade do instituto da injunção com as normas processuais do trabalho.

Logo, portando documento escrito que contenha reconhecimento de dívida de natureza trabalhista, tais como termo de rescisão de contrato de trabalho não quitado, acordo extrajudicial para pagamento parcelado de verbas rescisórias, confissão de dívida etc., o empregado poderá ajuizar a correspondente ação monitória, determinando o magistrado a expedição do mandado monitório para pagamento, entrega de coisa ou para execução de obrigação de fazer ou de não fazer, no prazo de 15 dias para o cumprimento e o pagamento de honorários advocatícios de cinco por cento do valor atribuído à causa, conforme previsto no art. 701 do CPC.

Ademais, quando da aprovação da EC 45/2004, que ampliou a competência material da Justiça do Trabalho para processar e julgar qualquer demanda que envolva relação de trabalho e não só relação de emprego, mais ainda se justifica a aplicação da ação monitória, principalmente no que atine à cobrança de quantia por trabalhador autônomo em função dos serviços prestados, mas não pagos, pelo tomador de serviços.

Portanto, entendemos que, com a EC 45/2004, um pedreiro autônomo que foi contratado para construir um muro e não recebeu a contraprestação pelo serviço prestado, tendo prova documental (contrato de prestação de serviços, por exemplo), poderá ajuizar sua demanda monitória no âmbito da Justiça do Trabalho.

O Tribunal Superior do Trabalho admite a compatibilidade da ação monitória com o Processo do Trabalho:

> *AGRAVO DE INSTRUMENTO. 1. AÇÃO MONITÓRIA. (...) 1.1. A ação monitória é aplicável de forma subsidiária na Justiça do Trabalho, posto que a legislação trabalhista é omissa e há compatibilidade com as regras do processo do trabalho (CLT, art. 769). 1.2. A ação monitória consiste em obrigação de dar, dinheiro ou coisa fungível. O débito deve ser vencido, e não sujeito a termo ou condição, demonstrável por prova documental ausente de eficácia executiva. (...) (AIRR-44440 96.2007.5.04.0811, 7ª Turma, Relator Ministro Guilherme Augusto Caputo Bastos, DEJT 04/05/2009).*

Uma ponderação deve ser feita: não pode o credor produzir unilateralmente um documento sem eficácia executiva e depois pretender usá-lo em uma ação monitória. Veja esse julgado do Tribunal Superior do Trabalho:

> *RECURSO DE EMBARGOS EM RECURSO DE REVISTA. VIGÊNCIA DA LEI N. 13.015/2014. AÇÃO MONITÓRIA. CONTRIBUIÇÃO SINDICAL. PROVA ESCRITA. DOCUMENTO UNILATERAL. INADEQUAÇÃO DA VIA ELEITA. Trata-se de ação monitória ajuizada pelo sindicato, no intuito de constituir título executivo judicial para cobrança imediata. Ocorre que as guias de recolhimento de contribuição sindical juntadas, por serem documento unilateral, produzido pelo próprio sindicato, não têm o condão de embasar a ação monitória, pois não podem ser consideradas "prova escrita hábil", como determina o art. 1.102, "a", do CPC/73, vigente à época da propositura da ação. Isto porque o art. 142 do Código Tributário Nacional, ao determinar que "compete privativamente à autoridade administrativa constituir o crédito tributário pelo lançamento", evidentemente impede que o sindicato - ente privado - possa lançar o tributo, calcular o valor devido e expedir a guia de recolhimento e, por via de ação monitória, buscar tornar válido como título executivo judicial tal documento, confeccionado unilateralmente. A pretensão do sindicato de constituir título executivo judicial, por meio de guia de recolhimento emitido por ele próprio, não cabe no objeto da ação monitória, a importar na extinção do feito, sem resolução do mérito, conforme decisão mantida pela c. Turma. Nesse sentido, precedentes de todas as Turmas desta c. Corte Superior. Recurso de embargos conhecido, por divergência jurisprudencial, e desprovido (E-RR-2500-52.2010.5.17.0014, Subseção I Especializada em Dissídios Individuais, Relator Ministro Alexandre de Souza Agra Belmonte, DEJT 07/12/2017).*

10.8.4. Procedimento

A ação monitória deverá ser proposta perante a Vara do Trabalho ou Juiz de Direito investido na jurisdição trabalhista (nas localidades não abrangidas por jurisdição da Vara do Trabalho), observada a regra de competência estabelecida no art. 651 da CLT (lugar da prestação de serviços pelo obreiro) e preenchidos os requisitos do art. 840, § 1.º, da CLT (requisitos da petição inicial trabalhista).

Frise-se que a inicial deverá, desde logo, ser acompanhada da prova escrita que a fundamente, sob pena de indeferimento da petição inicial, decisão esta, para nós, sujeita a recurso ordinário, considerando a natureza da ação monitória como de processo de conhecimento.

Caso o reclamante não possua a prova escrita, deverá propor uma reclamação trabalhista comum, não sendo possível o manejo da ação monitória.

Estando a inicial devidamente instruída, o juiz, sem designar audiência, determinará a expedição de mandado monitório, para que o reclamado, no prazo de 15 dias, efetue o pagamento, a entrega da coisa fungível ou do bem móvel.

Recebido o mandado monitório, o reclamado poderá adotar três procedimentos:

- Quitar o débito ou entregar a coisa em juízo;
- Embargar o pedido monitório no prazo de 15 dias;
- Permanecer silente, não satisfazendo a obrigação nem embargando a mesma.

Satisfeita a obrigação pleiteada no procedimento de injunção, o processo será extinto com resolução do mérito em função do reconhecimento do direito vindicado pelo reclamante, ficando o reclamado isento do pagamento de custas processuais se cumprir o mandado no prazo (art. 701, § 1.º, do CPC).

Apresentados embargos monitórios que dispensam a prévia segurança do juízo, estes serão dotados de efeito suspensivo em relação ao mandado inicial (art. 702, *caput* e § 4.º, do CPC), assumindo a natureza de defesa pelo réu.

Na apresentação de embargos monitórios, entendemos necessária a realização de audiência de conciliação e julgamento, compatibilizando-se, assim, a norma do Código de Processo Civil, com os dispositivos consolidados.

Na hipótese de não apresentação dos embargos monitórios ou em caso de rejeição do mesmo, o juiz proferirá sentença, reconhecendo a executoriedade do título (prova escrita), convertendo-se o mandado inicial em mandado executivo, determinando, posteriormente, nos moldes do art. 880 da CLT, a citação do executado para satisfazer a obrigação no prazo de 48 horas.

10.8.5. Cabimento em relação à Fazenda Pública

Outro assunto polêmico discutido pela doutrina diz respeito ao cabimento ou não da ação monitória em face da Fazenda Pública.

Os que defendem a natureza jurídica da ação monitória como uma ação executiva sustentam que não haveria como compatibilizar o instituto em comento, pelo menos no que concerne a execução fundada em título extrajudicial, com os arts. 910 do CPC e 100 da CF/1988, malferindo os princípios da imperiosidade do precatório e da impenhorabilidade dos bens públicos.

Com efeito, a Fazenda Pública, no processo de execução, nos moldes do art. 910 do CPC, será citada para opor embargos, não sendo possível o pagamento de pronto em relação aos entes públicos, sob pena de desrespeito ao comando previsto no art. 100 da CF/1988, o qual prevê que os pagamentos devidos pelos entes públicos serão adimplidos por meio de precatórios judiciais.

Ademais, os opositores do cabimento da ação monitória em face da Fazenda Pública sustentam que sua utilização em relação aos entes públicos feriria o princípio do duplo grau de jurisdição obrigatório (art. 496 do CPC).

No entanto, esta corrente é minoritária, prevalecendo o entendimento de que é perfeitamente possível a utilização da ação monitória em face da Fazenda Pública.

Sobre o tema, pedimos vênia para transcrever os ensinamentos de Misael Montenegro Filho, em sua obra *Curso de direito processual civil*, p. 511-512, *in verbis*:

> "Grande parte da doutrina e da jurisprudência resistiu à possibilidade de ser ingressada ação monitória contra a Fazenda Pública, com a alegação de que o procedimento sumário por ela estabelecido impede o ente público de contra-argumentar em termos de mérito, em afronta a primados legais e constitucionais, edificados em benefício da pessoa em referência.
>
> (...)
>
> Essa resistência mostra-se minoritária neste momento, entendendo a maior parte da jurisprudência pela possibilidade de ser proposta ação monitória contra Fazenda Pública, considerando que a demanda em referência não retira do ente público a possibilidade de apresentar defesa no processo, já que pode embargar após o recebimento do mandado injuntivo ou de pagamento, suspendendo a sua eficácia. Além disso, mesmo com a improcedência dos embargos, não se retira do ente público o direito de se opor à execução através da oposição dos embargos à execução, garantindo-se a aplicação das regras dispostas nos arts. 730 e ss. do CPC (arts. 910 e ss. do atual CPC).
>
> Num outro dizer, observe-se que a ação monitória contra a Fazenda Pública (como a que é proposta contra réus sem a referida qualificação jurídica) apenas encurta o caminho para a obtenção do título executivo. Uma vez formado na sua plenitude, deverão ser respeitadas as regras relativas ao pagamento do valor disposto no título, com a adoção de todas as providências vistas na situação em que o título é formado após amplo processo de conhecimento, sem o formato da ação monitória".

O Superior Tribunal de Justiça também tem adotado semelhante posicionamento, conforme se observa pelos arestos abaixo transcritos:

> "AGRAVO EM RECURSO ESPECIAL. PROCESSUAL CIVIL. AÇÃO MONITÓRIA EM FACEDA FAZENDA PÚBLICA. POSSIBILIDADE. SÚMULA 339, STJ. FALTA DE INTERESSE RECURSAL QUANTO A ESTA PARTE DO PEDIDO POR TER SIDOFORMULADO NO MESMO SENTIDO DO ACÓRDÃO RECORRIDO. DIVERGÊNCIAJURISPRUDENCIAL PREJUDICADA. PRESCRIÇÃO. NECESSIDADE DE REVOLVIMENTO DO CONTEXTO FÁTICO PROBATÓRIO CONSTANTE NOS AUTOS. ANÁLISE DOS OUTROS PROCESSOS JUDICIAIS GENERICAMENTE MENCIONADOS NAS RAZÕES DO RECURSO ESPECIAL. INCIDÊNCIA DA SÚMULA 7, STJ. 1. O agravante não trouxe argumentos novos capazes de infirmar os fundamentos que alicerçaram a decisão agravada, razão que enseja a negativa de provimento ao agravo regimental. 2. A análise dos fundamentos expostos no aresto proferido pelo Tribunal *a quo* foi feita a partir do

revolvimento dos contextos fático e probatório presentes nos autos, sendo a sua revisão inviável na via recursal eleita a teor da Súmula 7, STJ. 3. Agravo regimental não provido" (STJ – AgRg no AREsp 126667/SP 2011/0295935-9 – 2ª T. – Rel. Min. Mauro Campbell Marques – j. em 07.08.2012, *DJe* 14.08.2012).

"A norma que introduziu a ação monitória no Código de Processo Civil (art. 1.102*a*, *b* e *c*, e parágrafos) (arts. 700, 701 e 702 do atual CPC) revelou-se absolutamente omissa quanto à possibilidade de ser utilizada frente à Fazenda Pública, ou por ela. Pelo fato do regime brasileiro de execução contra o Estado possuir características especiais, conferindo-lhe privilégios materiais e processuais que são indiscutíveis, evidencia-se, não obstante tais peculiaridades, que os preceitos legais instituidores do procedimento monitório não comportam uma leitura isolada, necessitando que sejam cotejados com os demais comandos do nosso ordenamento jurídico, a fim de que se torne viável a aplicação do mesmo em face dos entes públicos. Não havendo óbice legal expresso contra a sua utilização perante a Fazenda, não cabe ao intérprete fazê-lo, face ao entendimento de que a regra hermenêutica jurídica, consagrada na doutrina e na jurisprudência, a assertiva de que ao intérprete não cabe distinguir quando a norma não o fez, sendo inconcebível interpretação restritiva na hipótese" (STJ – 1.ª T. – REsp 631773-RO – Rel. Min. José Augusto Delgado – j. 01.06.2004 – *DJ* 09.08.2004, em transcrição parcial).

Frise-se, por último, que o STJ, consolidou o seu entendimento, por meio da Súmula 339, publicada no *DJ* em 30.05.2007, passando a estabelecer a súmula em comento que é cabível a ação monitória contra a Fazenda Pública.

Ademais, transcrevemos a seguinte jurisprudência:

"PROCESSO CIVIL. AÇÃO MONITÓRIA. CONTRA A FAZENDA PÚBLICA. POSSIBILIDADE. EXISTÊNCIA DE PROVA ESCRITA. AQUISIÇÃO DE MERCADORIAS. CHEQUE PRESCRITO. AUSÊNCIA DE NOTAS DE EMPENHO. ENRIQUECIMENTO ILÍCITO DO MUNICÍPIO. OBRIGAÇÃO DE PAGAR. A ação monitória possui como requisito essencial o documento escrito. Se este, apesar de não possuir a eficácia de título executivo, permite a identificação de um crédito, gozando de valor probante, sendo merecedor de fé quanto à sua autenticidade e eficácia probatória, possibilita o procedimento monitório. O cheque prescrito pode ser utilizado como prova escrita na ação monitória. Perdida a característica de título de crédito, deixa de ser título formal e abstrato, passando a admitir a discussão sobre a sua *causa debendi*, cumprindo ao autor fazer prova do que alega, pois a monitória não é apenas um outro nome da execução. A monitória pode ser utilizada contra a Fazenda Pública. Comprovada a aquisição de mercadorias, possível existência de irregularidade ou a ausência de empenho prévio não são fatos capazes de desfazerem a obrigação do pagamento. A ausência do empenho não tem como consequência a possibilidade da inadimplência" (TJMG – APCV 0107860-97.2006.8.13.0556 – Rio Pardo de Minas – 7.ª Câmara Cível – Rel. Des. Wander Paulo Marotta Moreira – j. 19.10.2010 – *DJEMG* 09.11.2010).

10.9. *HABEAS CORPUS*

O *habeas corpus* tem sua origem histórica na chamada Magna Carta, inserida pelo rei "João Sem-Terra" em 19.06.1215, em função da pressão exercida pelos barões ingleses.

No Brasil, a primeira manifestação do *habeas corpus* ocorreu em 1821, por meio de um alvará emitido por Dom Pedro I, assegurando a liberdade de locomoção.

No entanto, o *nomen juris habeas corpus* somente surgiu em 1830, com a edição do Código Criminal.

A primeira constituição a inserir o *habeas corpus* foi a de 1891, sendo mantida em todas as Cartas subsequentes.

A Constituição Federal de 1988 disciplina o *habeas corpus* no art. 5.º, LXVIII, estabelecendo:

> "Art. 5.º (...)
>
> LXVIII – conceder-se-á *habeas corpus* sempre que alguém sofrer ou se achar ameaçado de sofrer violência ou coação em sua liberdade de locomoção, por ilegalidade ou abuso de poder".

Na ação constitucional denominada *habeas corpus*, podemos identificar as seguintes partes:

- **Impetrante** – autor da ação (qualquer pessoa física ou jurídica) em favor de terceiro ou em sua própria defesa;
- **Paciente** – pessoa física em favor da qual se impetra o *habeas corpus*, podendo ser o próprio impetrante;
- **Impetrado** – também chamada de autoridade coatora, ou seja, a autoridade que pratica a ilegalidade ou o abuso de poder.

O *habeas corpus* pode ser formulado por qualquer pessoa, sem a necessidade de ser subscrito por advogado, não dependendo de qualquer formalidade processual, sendo de natureza gratuita.

Existem duas espécies de *habeas corpus*, quais sejam: o preventivo e o liberatório.

O *habeas corpus* será preventivo quando a pessoa se achar ameaçada de sofrer violência ou coação em sua liberdade de locomoção, por ilegalidade ou abuso de poder. Nesta hipótese, como a restrição à locomoção ainda não se consumou, poderá o paciente obter um salvo-conduto para garantir o livre trânsito de ir e vir.

Por outro lado, o *habeas corpus* será liberatório, também chamado de repressivo, quando a restrição ao direito de locomoção já estiver consumado, sendo o remédio constitucional utilizado para cessar tal violência.

Na seara trabalhista a hipótese mais comum de impetração de *habeas corpus* ocorre no caso de prisão de depositário infiel de bens que foram penhorados pela Justiça do Trabalho.

Havia muita discussão doutrinária e jurisprudencial a respeito da competência ou não da Justiça do Trabalho para julgar eventual *habeas corpus* quando a autoridade coatora fosse juiz do trabalho, em face da determinação de prisão de depositário infiel.

Na situação apresentada, o Tribunal Superior do Trabalho entendia que a competência de julgamento da ação constitucional seria do Tribunal Regional do Trabalho a que estivesse subordinado o juiz coator. Todavia, o Supremo Tribunal Federal firmou entendimento de que a competência de julgamento seria do Tribunal Regional Federal.

No entanto, essas discussões perderam seu objeto em função da redação dada pela EC 45/2004 ao art. 114 da Constituição de 1988, cujo inciso IV conferiu à Justiça do Trabalho competência para processar e julgar *habeas corpus*, quando o ato questionado envolver matéria sujeita à sua jurisdição. Vejamos:

> "Art. 114. Compete à Justiça do Trabalho processar e julgar:
>
> (...)
>
> IV – os mandados de segurança, *habeas corpus* e *habeas data*, quando o ato questionado envolver matéria sujeita à sua jurisdição".

Em última análise, sempre que o ato questionado envolver matéria sujeita à sua jurisdição a competência para julgamento de eventual *habeas corpus* será da Justiça do Trabalho.

Logo, determinada a prisão de um depositário infiel pelo juiz do trabalho, o *habeas corpus* deverá ser impetrado perante o Tribunal Regional do Trabalho ao qual esteja subordinado o magistrado.

Vale destacar as OJs 89 e 143 da SDI-II/TST:

> "OJ 89. *HABEAS CORPUS*. DEPOSITÁRIO. TERMO DE DEPÓSITO NÃO ASSINADO PELO PACIENTE. NECESSIDADE DE ACEITAÇÃO DO ENCARGO. IMPOSSIBILIDADE DE PRISÃO CIVIL. A investidura no encargo de depositário depende da aceitação do nomeado que deve assinar termo de compromisso no auto de penhora, sem o que, é inadmissível a restrição de seu direito de liberdade".
>
> "OJ 143. *HABEAS CORPUS*. PENHORA SOBRE COISA FUTURA E INCERTA. PRISÃO. DEPOSITÁRIO INFIEL. Não se caracteriza a condição de depositário infiel quando a penhora recair sobre coisa futura e incerta, circunstância que, por si só, inviabiliza a materialização do depósito no momento da constituição do paciente em depositário, autorizando-se a concessão de *habeas corpus* diante da prisão ou ameaça de prisão que sofra."

Importante ressaltar que o STF, em recente decisão, definiu que não cabe prisão de depositário infiel, *in verbis*:

> "Em conclusão de julgamento, o Tribunal concedeu *habeas corpus* em que se questionava a legitimidade da ordem de prisão, por 60 dias, decretada em desfavor do paciente que, intimado a entregar o bem do qual depositário, não adimplira a obrigação contratual – v. Informativos 471, 477 e 498. Entendeu-se que a circunstância de o Brasil haver subscrito o Pacto de São José da Costa Rica, que restringe a prisão civil por dívida ao descumprimento inescusável de prestação alimentícia (art. 7.º, 7), conduz à inexistência de balizas visando à eficácia do que previsto no art. 5.º, LXVII, da CF ('não haverá prisão civil por dívida, salvo a do responsável pelo inadimplemento voluntário e inescusável de obrigação alimentícia e a do depositário infiel'). Concluiu-se, assim, que, com a introdução do aludido Pacto no ordenamento jurídico nacional, restaram derrogadas as normas estritamente legais definidoras da custódia do depositário infiel. Prevaleceu, no julgamento, por fim, a tese do status de supralegalidade da referida Convenção, inicialmente defendida pelo Min. Gilmar Mendes no julgamento do RE 466343/SP, abaixo relatado. Vencidos, no ponto, os Ministros Celso de Mello, Cezar Peluso, Ellen Gracie e Eros Grau, que a ela davam a qualificação constitucional, perfilhando o entendimento expendido pelo primeiro no voto que proferira nesse recurso. O Min. Marco Aurélio, relativamente a essa questão, se absteve de pronunciamento. HC 87585/TO, rel. Min. Marco Aurélio, 3.12.2008 (HC-87585)" – Informativo de Jurisprudência do STF 531.

Neste diapasão, no que atine à prisão do depositário infiel, o STF editou a Súmula Vinculante 25, estabelecendo que é ilícita a prisão civil do depositário infiel, qualquer que seja a modalidade do depósito. Logo, o Magistrado trabalhista não mais poderá decretar a prisão de depositário infiel, como era comum ocorrer em execuções trabalhistas, quando os depositários dos bens excutidos desapareciam com eles. Todavia, caso o Magistrado descumpra o inteiro teor da Súmula Vinculante 25 do STF, entendemos que o remédio heroico *Habeas Corpus* poderá ser utilizado na Justiça do Trabalho, sendo, na hipótese, competente para o julgamento o TRT a que estiver subordinado o Magistrado coator.

10.10. HABILITAÇÃO INCIDENTE

Ocorrendo a morte de um dos litigantes, torna-se necessária a habilitação incidente dos herdeiros, para regular continuidade do feito.

Nesta esteira, estabelece o art. 687 do CPC que "a habilitação ocorre quando, por falecimento de qualquer das partes, os interessados houverem de suceder-lhe no processo".

A Consolidação das Leis do Trabalho é omissa sobre a matéria, aplicando-se, portanto, de forma subsidiária, o disposto nos arts. 687 a 692 do CPC.

Na seara laboral, a habilitação incidente pode ocorrer tanto em relação ao empregado quanto em relação ao empregador.

Quanto ao empregador, a habilitação incidente somente ocorrerá se este for pessoa física. Caso contrário, se o empregador for pessoa jurídica, falecendo um dos sócios, não haverá habilitação incidente, em função da teoria da despersonalização do empregador, que continuará sendo representado por preposto ou pelos sócios remanescentes.

Por outro lado, a habilitação incidente dos herdeiros somente ocorrerá se o litigante (empregado ou empregador pessoa física) falecer após instaurado o processo, pois, se a morte da parte ocorreu antes do início da ação judicial, não há que falar em habilitação incidente, mas, sim, em representação pelo inventariante (nomeado pelo juízo do inventário ou do arrolamento) ou pelo cônjuge sobrevivente e/ou filhos, se não existir inventário.

Vale destacar que, na maioria das vezes, em face da insuficiência econômica do obreiro e consequente inexistência de bens, não há inventário do empregado falecido. Nessa hipótese, haverá a habilitação incidente no processo diretamente pelos herdeiros.

Todavia, havendo a necessidade de inventário, em face da existência de bens do falecido ou de filhos menores, não haverá habilitação incidente imediata, devendo o processo laboral ser suspenso até a nomeação do inventariante. Após a nomeação do inventariante e sua habilitação incidente nos autos, o processo volta ao seu curso normal.

Frise-se que o art. 313 do CPC determina que durante a suspensão do processo é defeso praticar qualquer ato processual, podendo o juiz, todavia, instituir a realização de atos urgentes, a fim de evitar dano irreparável.

Em caso de morte do reclamado empregador pessoa física é comum seus herdeiros não terem interesse na habilitação incidente, podendo a habilitação, nesta hipótese, ser requerida pelo próprio reclamante, conforme disposto no art. 688, I, do CPC.

A habilitação deverá ser requerida por petição escrita nos autos do processo principal, na instância em que estiver, suspendendo-se, a partir de então, o processo (art. 689 do CPC).

Nos casos não elencados no art. 689 do CPC, requerida a habilitação, será notificada a parte contrária para oferecer contestação no prazo de 5 dias, conforme previsto no art. 690 do digesto processual civil. Apresentada contestação ou não, será designada audiência para instrução sumária e proferimento da decisão.

O juiz decidirá o pedido de habilitação imediatamente, salvo se este for impugnado e houver necessidade de dilação probatória diversa da documental, caso em que determinará que o pedido seja autuado em apartado e disporá sobre a instrução, conforme previsto no art. 691, CPC.

Por último, vale transcrever o disposto nos arts. 1.º e 2.º da Lei 6.858/1980, o qual dispõe sobre o pagamento aos dependentes ou sucessores de valores não recebidos em vida pelos respectivos titulares:

> "Lei 6.858/1980:
>
> Art. 1.º Os valores devidos pelos empregadores aos empregados e os montantes das contas individuais do Fundo de Garantia do Tempo de Serviço e do Fundo de Participação PIS-PASEP, não recebidos em vida pelos respectivos titulares, serão pagos, em quotas iguais, aos dependentes habilitados perante a Previdência Social ou na forma da legislação específica dos servidores civis e militares, e, na sua falta, aos sucessores previstos na lei civil, indicados em alvará judicial, independentemente de inventário ou arrolamento.
>
> § 1.º As quotas atribuídas a menores ficarão depositadas em caderneta de poupança, rendendo juros e correção monetária, e só serão disponíveis após o menor completar 18 (dezoito) anos, salvo autorização do Juiz para aquisição do imóvel destinado à residência do menor e de sua família ou para dispêndio necessário à subsistência e educação do menor.
>
> § 2.º Inexistindo dependentes ou sucessores, os valores que trata este artigo reverterão em favor, respectivamente, do Fundo de Previdência e Assistência Social, do Fundo de Garantia do Tempo de Serviço ou do Fundo de Participação PIS-PASEP, conforme se tratar de quantias devidas pelo empregador ou de contas do FGTS e do Fundo PIS-PASEP.
>
> Art. 2.º O disposto nesta Lei se aplica às restituições relativas ao imposto de renda e outros tributos, recolhidos por pessoa física, e, não existindo outros bens sujeitos a inventário, aos saldos bancários e de contas de cadernetas de poupança e fundos de investimento de valor até 500 (quinhentas) Obrigações Reajustáveis do Tesouro Nacional.
>
> Parágrafo único. Na hipótese de inexistirem dependentes ou sucessores do titular, os valores referidos neste artigo reverterão em favor do Fundo de Previdência e Assistência Social".

10.11. AÇÃO DE EXIGIR CONTAS

A ação de exigir contas está disciplinada nos arts. 550 e seguintes do CPC, de aplicação subsidiária ao Processo do Trabalho, em função da omissão da norma consolidada.

A hipótese mais comum de utilização da ação de exigir contas na Justiça do Trabalho é a que decorre do litígio entre empregado vendedor e seu empregador.

Com efeito, por vezes, o empregado vendedor deixa de receber as comissões pelas vendas efetuadas, também não lhe sendo apresentadas as cópias dos pedidos de venda, impossibilitando, ao obreiro, o controle das transações comerciais realizadas.

A ação de exigir contas, a teor do art. 550 do CPC, pode ser proposta pela pessoa que afirmar ser titular do direito de exigir contas.

Na petição inicial, o autor especificará, detalhadamente, as razões pelas quais exige as contas, instruindo-a com documentos comprobatórios dessa necessidade, se existirem, conforme o art. 550, § 1º, do CPC.

O procedimento, na fase de conhecimento, apresenta duas etapas: na primeira, verifica-se a obrigatoriedade ou não da prestação de contas; na segunda, observa-se a exatidão ou não das contas prestadas.

A doutrina diverge sobre a natureza do ato jurisdicional que encerra a primeira etapa da ação de exigir contas, alguns enquadrando-a como decisão interlocutória e outros como sentença.

Sobre o tema, Misael Montenegro Filho, em sua obra *Curso de direito processual civil*, p. 279, explica que a primeira fase da ação de exigir contas encerra-se por meio de sentença. Vejamos a posição do professor:

> "A ação de prestação de contas é *bifásica*. Numa fase inicial, verifica-se se há ou não obrigação de que as contas sejam prestadas, encerrando-se através de sentença, que deve vir acompanhada da imposição de verba sucumbencial em desfavor do vencido (custas, despesas processuais e honorários advocatícios); na fase complementar, é examinado o acerto ou não das contas prestadas, concluindo-se pela eventual existência de saldo em favor de uma das partes,"

Alexandre Freitas Câmara, em sua obra *Lições de direito processual civil*, 5. ed., v. 3, p. 375, por sua vez, entende que a primeira fase da ação de exigir contas encerra-se através de uma "sentença parcial", ao afirmar que:

> "O que se tem, repita-se, é uma cisão do julgamento do mérito, o que nos leva a considerar que, em verdade, o que se tem na hipótese é provimento que deve ser considerado como 'sentença parcial'. Este é conceito raramente encontrado na doutrina brasileira, mas que é conhecido dos processualistas italianos. Segundo autorizado jurista peninsular, a sentença parcial é aquela que decide uma das questões processuais ou de mérito, postas na causa, sem concluir o processo.
>
> (...)
>
> A sentença parcial que julga procedente a pretensão do autor (quanto à primeira parte do mérito) é, à evidência, de natureza condenatória. O demandado é condenado a apresentar suas contas no prazo de quarenta e oito horas, sob pena de não lhe ser lícito impugnar as contas que o autor venha a apresentar" (art. 915, § 2.º, do CPC) (art. 550, §§ 4.º e 5.º, do atual CPC).

Conforme estabelecido no art. 551 do CPC, as contas do réu serão apresentadas na forma adequada, especificando-se as receitas, a aplicação das despesas e os investimentos, se houver.

Em relação ao procedimento a ser adotado na ação em comento, de forma a compatibilizá-lo com a Consolidação das Leis do Trabalho, quando a ação de exigir contas for proposta pela pessoa que tem o direito de exigi-la, temos que:

- Proposta ação de exigir contas pela pessoa que tem o direito de exigi-la, será o reclamado notificado para, em audiência, prestá-las ou oferecer resposta;
- Caso o reclamado não compareça à audiência, não se defendendo, ou mesmo não negando a obrigação da prestação de contas (art. 550, §§ 4.º e 5.º, do CPC), o juiz conhecerá diretamente do pedido proferindo sentença, condenando o réu a prestar as contas no prazo de 15 dias, sob pena de não lhe ser lícito impugnar as que o autor apresentar;
- Prestadas as contas, terá o reclamante 15 dias para se manifestar sobre estas (art. 550, § 2.º, do CPC). Havendo necessidade de produção de provas, o juiz designará audiência de instrução e julgamento, em que será proferida a decisão;
- Não apresentadas as contas pelo reclamado, o autor as especificará dentro de 15 dias, sendo as contas julgadas segundo o prudente arbítrio do juiz, que poderá determinar, se necessário, a realização do exame pericial (art. 550, § 6.º, do CPC).

Caso a ação de exigir contas seja proposta por quem estiver obrigado a prestá-las, será adotado o seguinte procedimento:

- Proposta a ação de exigir contas pela pessoa que estiver obrigada a prestá-las, será o reclamado notificado para, em audiência, aceitá-las ou contestar a ação;
- Caso o reclamado não conteste a ação ou declare que aceita as contas ofertadas, o processo será julgado dentro de 10 dias;
- Se o reclamado contestar a ação ou impugnar as contas e houver necessidade de produzir provas, o juiz designará audiência de conciliação, instrução e julgamento.

Por último, em face da natureza dúplice da ação exigir contas (declaratória e condenatória), estabelece o art. 552 do CPC que a sentença apurará o saldo e constituirá título executivo judicial.

Em outras palavras, a sentença terá também conteúdo condenatório, impondo a um dos litigantes o dever de pagar ao outro o saldo apurado na exibição de contas.

No entanto, eventualmente pode ocorrer de o juiz verificar que existem diferenças e elas serem devidas ao réu. Haveria a possibilidade de se cobrar as diferenças no mesmo processo? A ação de prestação de contas possui natureza dúplice? A resposta é afirmativa. Veja esse julgado do Tribunal Superior do Trabalho, que embora se refira ao antigo CPC, permite essa inferência:

> *(...) III - RECURSO DE REVISTA. AÇÃO DE PRESTAÇÃO DE CONTAS. COBRANÇA IMEDIATA. INDEPENDÊNCIA DO PEDIDO DO RÉU. CARÁTER DÚPLICE. A ação de*

prestação de contas tem caráter dúplice. Assim, nos termos do art. 918 do CPC, o saldo credor declarado na sentença poderá ser cobrado em execução forçada pelo réu. Portanto, em razão do caráter dúplice, não há necessidade de pedido expresso do réu em sede de contestação da ação de prestação de contas. Recurso de revista conhecido e provido (ARR-10600-90.2006.5.15.0046, 2ª Turma, Relatora Ministra Delaíde Miranda Arantes, DEJT 15/05/2015).

10.12. AÇÕES POSSESSÓRIAS

10.12.1. Considerações iniciais

As ações possessórias constituem tema complexo e de ampla discussão doutrinária, não sendo o propósito deste livro esgotar o assunto, mas simplesmente tecer breves considerações sobre a matéria, em especial sobre a possibilidade de seu manejo perante a Justiça do Trabalho, bem como as hipóteses mais comuns de sua utilização no âmbito laboral.

Inicialmente, cabe destacar que as ações possessórias constituem gênero, das quais podemos destacar três espécies, a saber:

- Ação de reintegração de posse – utilizada no caso de o prejudicado ter sido completamente afastado da posse, ocorrendo o chamado "esbulho";
- Ação de manutenção de posse – utilizada no caso de invasão parcial na coisa, sem o completo afastamento do anterior possuidor, conhecida como "turbação" da posse;
- Ação de interdito proibitório – na hipótese de o possuidor conviver com a ameaça de invasão na coisa, sem que tal ato tenha sido ainda consumado.

As ações possessórias estão reguladas no Código de Processo Civil, a partir dos arts. 554 e seguintes.

10.12.2. Cabimento na Justiça do Trabalho

A doutrina diverge sobre o cabimento das ações possessórias no âmbito da Justiça do Trabalho, havendo vozes em ambos os sentidos.

O que se deve ter em mente para a verificação do cabimento da ação possessória no âmbito da Justiça do Trabalho é se a posse decorre ou não da relação de trabalho.

Com efeito, o art. 114, IX, da CF/1988 atribui competência à Justiça do Trabalho para processar e julgar outras demandas oriundas da relação de trabalho. Neste contexto, se a posse de determinado bem, móvel ou imóvel, decorrer da relação de trabalho existente entre as partes, não vemos como não reconhecer a competência material da Justiça do Trabalho para processar e julgar tal demanda.

Neste sentido, colhemos os ensinamentos de Wagner D. Giglio, em sua obra *Direito processual do trabalho*, 13. ed., p. 303, *in verbis*:

> "As ações possessórias, desde que derivadas de um contrato de trabalho, não encontram óbice constitucional para serem submetidas à apreciação da Justiça do Trabalho, pois a Carta Magna (art. 114) atribuiu-lhe competência para 'julgar os dissídios individuais e coletivos entre trabalhadores e empregadores, (*omissis*) e, na forma da lei, outras controvérsias decorrentes da relação de trabalho'.
>
> Se a lei não contém termos inúteis, as 'outras controvérsias' somente podem significar litígios atípicos derivados de relação de trabalho entre trabalhadores e empregadores, vez que todos os dissídios entre uns e outros são, como regra, da competência da Justiça do Trabalho (v. Cap. IV, *sub* 2c3) e alguns poucos trabalhadores (*v.g.*, os autônomos), mas as exceções devem ser interpretadas restritivamente, e não há menção, na Constituição ou na lei, a ações possessórias.".

Vale destacar que o STF editou a Súmula Vinculante 23, estabelecendo que a Justiça do Trabalho é competente para processar e julgar ação possessória ajuizada em decorrência do exercício do direito de greve pelos trabalhadores da iniciativa privada.

10.12.3. Procedimento – bens móveis

Inúmeros são os exemplos de ações possessórias envolvendo bens móveis na Justiça do Trabalho, cabendo destacar as hipóteses em que o trabalhador ajuíza ação postulando a devolução de ferramentas ou utensílios retidos pelo empregador, ou mesmo quando o empregador ajuíza ação requerendo a devolução de mostruários de vendas retidos pelo obreiro, dentre outras.

Não obstante, em geral, no que atine a bens móveis, raramente é proposta uma ação possessória isolada. Normalmente, o pedido de retomada de bens móveis é inserido na inicial entre outros pedidos oriundos da rescisão contratual, ou mesmo na defesa, sem que a ação adquira natureza possessória, mantendo-se, normalmente, o seu rito.

Neste diapasão, esclarece Sérgio Pinto Martins, em sua obra *Direito processual do trabalho*, p. 477 que:

> "Quando a ação versa sobre bens móveis, normalmente a questão é discutida na própria reclamação trabalhista, envolvendo outros pedidos (horas extras, verbas rescisórias, etc.). Nesses casos, não se pode dizer que a ação seria propriamente uma ação possessória, mas entre os pedidos há uma postulação de devolução de um bem móvel, como

veículo, fichas telefônicas, etc. Verificando-se pela prova produzida nos autos que a parte reteve realmente o bem, a sentença determinará que o possuidor o devolva ao proprietário, dentro do prazo e condições estipuladas na decisão. Caso o bem não seja devolvido, a sentença deve prever que seja pago o equivalente em pecúnia, como uma forma alternativa do cumprimento da obrigação. A compensação ou a retenção do bem também podem ser alegados, porém a matéria só pode ser veiculada na defesa e não em outro momento processual".

Muitas vezes, o pedido possessório é inserido no bojo da própria contestação, funcionando como um pedido de compensação, matéria prevista no art. 767 da CLT.

No mesmo sentido, Wagner D. Giglio, em sua obra já mencionada, p. 304, leciona que "a inserção, na contestação, de pedido de retomada de bens, a rigor técnico-processual, constitui reconvenção. Nada obstante, por desapego à técnica, vem formulado, na maioria das ações, como simples pedido de compensação".

Demonstrada a propriedade dos bens vindicados em juízo, a sentença condenará a parte vencida na obrigação de fazer à devolução dos bens, podendo o magistrado, inclusive, fixar multa diária pelo descumprimento da decisão, nos termos dos arts. 497 e 536, § 4º, do CPC, respectivamente.

Em caso de impossibilidade de devolução dos bens, em função de sua destruição, perecimento, perda etc., a obrigação de fazer será convertida em perdas e danos.

Ademais, nada impede que na sentença reste fixado que os pagamentos pecuniários previstos na condenação somente sejam efetuados após a devolução ao empregador, dos bens arbitrariamente retidos pelo obreiro, estabelecendo-se uma *condição* para o cumprimento do *decisum.*

10.12.4. Procedimento – bens imóveis

Em relação às ações possessórias envolvendo imóveis, inicialmente, para verificar a competência ou não da Justiça do Trabalho para apreciá-las, cabe explicitar algumas hipóteses, a saber:

- Caso existam dois contratos distintos, independentes, quais sejam o de locação e o contrato de trabalho, em que, coincidentemente, o locador seja o empregador e o locatário seja o empregado, qualquer ação possessória oriunda do contrato de locação firmado entre as partes não será da competência da Justiça do Trabalho (pois não decorre da relação de trabalho), mas sim da Justiça Comum, visto que as relações do patrão, enquanto proprietário do imóvel, e o obreiro, na qualidade de locatário, regem-se pelo contrato e pela lei do inquilinato;

- Caso o contrato de locação tenha sido pactuado em decorrência do contrato de trabalho (empresas que possuem imóveis nas imediações de suas fábricas e alugam-nos aos obreiros, por exemplo), a consequência jurídica é a mesma da hipótese anterior, qual seja em caso de manejo de ação possessória a justiça competente não será a do Trabalho, mas sim a Justiça Comum;
- No entanto, se não existe qualquer contrato de locação, e sendo a habitação fornecida ao empregado como parcela salarial *in natura* (muito comum no trabalho rural, onde o empregado rural e a família ocupam imóvel situado nos próprios limites da propriedade rural), ou mesmo se o obreiro recebe a habitação como condição necessária para a prestação de serviços (caseiro, zelador etc.), neste caso, eventual ação possessória seria processada e julgada pela Justiça do Trabalho, uma vez que a posse do bem é decorrente da relação de trabalho existente entre as partes.

A ação possessória envolvendo bens imóveis é comum nos domínios da Justiça do Trabalho, seja por meio de iniciais propostas pelo próprio empregador ou mesmo requeridas em sede de contestação em eventual reclamação trabalhista proposta pelo trabalhador, em que o pedido consiste na desocupação do imóvel.

Nesta hipótese, julgado procedente o pedido de desocupação do imóvel, o juiz também poderá condicionar o pagamento de eventuais verbas devidas ao trabalhador à devolução, pelo obreiro, das chaves do imóvel, devidamente desocupado.

Concomitantemente, poderá o magistrado do trabalho cominar, ao obreiro, o pagamento de um "aluguel" em favor do empregador proprietário, por dia de atraso na entrega do imóvel, a contar da data em que o trabalhador tome ciência do trânsito em julgado da sentença, valor este a ser abatido do crédito deferido ao empregado na condenação.

Ademais, caso não haja qualquer condenação ou sendo esta irrisória (o que poderia motivar o trabalhador a permanecer no imóvel de forma irregular), a execução do julgado deverá seguir igual procedimento adotado nas ações de despejo da Justiça Comum, procedendo o oficial de justiça laboral, em data e hora marcada, com o auxílio de força policial, se necessário, ao despejo do obreiro recalcitrante.

10.13. RESUMO DA MATÉRIA

1. A ação rescisória é uma ação de conhecimento, de natureza constitutivo-negativa, objetivando a desconstituição ou anulação da *res judicata*. Em outras palavras, a ação rescisória é uma ação autônoma que visa desconstituir decisão judicial (em regra de mérito) transitada em julgado, em função de vícios insanáveis.

2. O art. 836 da CLT, com a redação alterada pela Lei 11.495/2007, prevê a possibilidade de ajuizamento de ação rescisória no âmbito da Justiça do Trabalho, determinando a aplicação dos dispositivos do Código de Processo Civil, exigindo-se para a sua propositura o depósito prévio de 20% do valor da causa, salvo prova de miserabilidade jurídica do autor.

3. Em regra, decisão de mérito, porque sujeita à coisa julgada material, poderá ser objeto de ação rescisória, abrangendo a sentença e o acórdão.

4. O atual Código de Processo Civil autoriza a ação rescisória de sentença que não seja de mérito em duas hipóteses (art. 966, § 2º, do CPC): a) de sentença que impeça a propositura de nova demanda, como é o caso da sentença que reconhece a ilegitimidade para a causa, a ausência de interesse de agir, a existência de litispendência, coisa julgada ou perempção; e b) que verse sobre a admissibilidade de recurso, como é o caso da decisão que não admite o recurso ordinário, por exemplo, por ser intempestivo.

5. A ação rescisória será sempre julgada pelos tribunais, no âmbito laboral, pelo Tribunal Regional do Trabalho respectivo ou pelo Tribunal Superior do Trabalho, dependendo da sentença ou acórdão a ser rescindido.

6. Quanto à legitimidade para o Ministério Público propor ação rescisória, o Tribunal Superior do Trabalho firmou entendimento no sentido de que as hipóteses previstas no art. 967, III, "a", "b" e "c", do CPC (não oitiva do *Parquet* nos processos em que sua intervenção é obrigatória, ou quando a sentença é o efeito de simulação ou colusão das partes, ou em outros casos em que se imponha sua atuação) são meramente exemplificativas, possuindo o órgão ministerial legitimidade para propor ação rescisória em qualquer das hipóteses previstas no art. 966 do CPC, mesmo que não tenha atuado como parte no processo que deu origem à decisão rescindenda.

7. O autor da ação pode cumular ao pedido principal de rescisão do julgado pleito de novo julgamento da causa pelo mesmo tribunal que apreciou a rescisória.

8. Com efeito, em várias hipóteses previstas no art. 966 do CPC, o tribunal exercerá também, além do juízo rescindente, o juízo rescisório (*iudicium rescissorium*), proferindo novo julgamento da causa.

9. Não se pode esquecer que o art. 968, I, do CPC elenca como requisito obrigatório da petição inicial a cumulação ao pedido de rescisão, se for o caso, o de novo julgamento do processo, não sendo possível considerar implícito o pedido de novo julgamento.

10. A doutrina costuma nominar como "juiz peitado" o que profere sentença dada por prevaricação, concussão ou corrupção passiva, uma vez que na legislação penal mais antiga tais crimes eram chamados de "peita ou suborno".

11. Em função da taxatividade imposta pelo art. 966 do CPC, somente as sentenças proferidas por juiz impedido ou por juízo absolutamente incompetente é que darão ensejo ao corte rescisório.

12. Na hipótese do art. 966, II, do CPC, não haverá juízo rescisório, mas tão somente o juízo rescindente, devendo o tribunal remeter os autos ao juízo competente ou imparcial, para que proceda a novo julgamento da causa.

13. No caso do art. 966, III, do CPC, para que a sentença possa ser objeto de ação rescisória, é imprescindível que a atitude dolosa da parte vencedora tenha sido fator determinante para o resultado do processo.

14. Verificado o conluio fraudatório, haverá espaço tanto para a atuação do juízo rescindente como também do juízo rescisório, que extinguirá o processo sem resolução do mérito.

15. O Tribunal Superior do Trabalho, por meio da OJ 101 da SDI-II (atualizada pela Res. 208/2016), entende que o interessado somente poderá se utilizar da ação rescisória, com base no art. 966, IV, do CPC, quando demonstrar que, na decisão rescindenda tenha enfrentado as questões ventiladas na ação rescisória, sob pena de inviabilizar o cotejo com o título executivo judicial tido por desrespeitado, de modo a se poder concluir pela ofensa à coisa julgada.

16. O Tribunal Superior do Trabalho, por meio da Orientação Jurisprudencial 25, firmou entendimento de que convenção coletiva de trabalho, acordo coletivo de trabalho, portaria do Poder Executivo, regulamento de empresa e súmula ou orientação jurisprudencial não se enquadram no termo "lei", contido no art. 966, V, do CPC.

17 A violação de dispositivo de lei deverá ser direta, literal, frontal, não sendo possível a utilização de ação rescisória quando a decisão rescindenda adota uma dentre várias interpretações cabíveis ao diploma tido como violado, ainda que não seja a melhor.

18. Documento novo não é aquele produzido após a sentença, mas, ao revés, é aquele que já existia na época da prolação da decisão rescindenda, e que a parte o ignorava ou não pôde fazer uso.

19. Distribuída a peça vestibular da ação rescisória, poderá o juiz relator, de forma monocrática, indeferir a petição inicial, com base no art. 330 do CPC,

20. Recebida regularmente a petição inicial da ação rescisória, determinará o relator a citação do réu a fim de que, no prazo fixado entre 15 e 30 dias, apresente sua resposta.

21. Oferecida a resposta pelo demandado, caso os fatos alegados dependam de prova (em geral, prova testemunhal), o relator poderá delegar a competência ao órgão que proferiu a decisão rescindenda, fixando prazo de um a três meses para devolução dos autos (art. 972 do CPC).

22. Posteriormente, o relator determinará a abertura de prazo sucessivo de 10 dias para autor e réu ofertarem razões finais, quando, finalmente serão os autos submetidos a julgamento pelo tribunal respectivo.

23. Estabelece o art. 975 do CPC que o direito à rescisão se extingue em dois anos, contados do trânsito em julgado da última decisão proferida no processo.

24. Vale mencionar que, evidenciada a colusão das partes, o prazo decadencial da ação rescisória somente começa a fluir para o Ministério Público que não interveio no processo principal a partir do momento em que teve ciência da fraude (Súmula 100 do TST, item VI).

25. Quando a ação rescisória for julgada originariamente pelo Tribunal Regional do Trabalho, o apelo cabível em face do acórdão prolatado é o recurso ordinário, que será julgado pelo Tribunal Superior do Trabalho (SDI-II ou SDC, de acordo com a matéria), conforme estabelecido na Súmula 158 do TST.

26. Caso a ação rescisória seja proposta originariamente no Tribunal Superior do Trabalho, poderá haver a interposição de embargos e, eventualmente, recurso extraordinário para o Supremo Tribunal Federal.

27. O mandado de segurança atualmente encontra suporte jurídico principal na Constituição Federal de 1988, no art. 5.º, LXIX e LXX. A Lei 12.016/2009 passou a disciplinar o mandado de segurança individual e coletivo, revogando a Lei 1.533/1951 e as demais que tratavam do assunto.

28. Podemos conceituar o mandado de segurança como o instrumento, constitucionalmente previsto, que pode ser utilizado por pessoa, física ou jurídica, ou mesmo por ente despersonalizado com capacidade processual, objetivando a proteção de direito individual ou coletivo, líquido e certo, não amparado por *habeas corpus* ou *habeas data*, toda vez que esse direito for lesionado ou ameaçado por ato de autoridade pública ou de agente de pessoa jurídica no exercício de atribuições do Poder Público.

29. A natureza jurídica do mandado de segurança é de ação de conhecimento, sendo seu objeto mandamental, em que o juiz determina à autoridade coatora o cumprimento imediato da ordem.

30. Em regra, o *writ* será processado na Justiça do Trabalho quando o ato ilegal for prolatado pelas autoridades da Justiça laboral.

31. A competência originária para julgamento do mandado de segurança será sempre dos Tribunais Regionais do Trabalho ou do Tribunal Superior do Trabalho, conforme a autoridade envolvida.

32. Caso o mandado de segurança seja julgado originariamente pelo Tribunal Superior do Trabalho, em caso de denegação de segurança, o apelo cabível será o recurso ordinário a ser julgado pelo Supremo Tribunal Federal, em função do disposto no art. 102, II, "*a*", da CF/1988.

33. O *writ* para ser admitido deve atender condições específicas, cabendo ao impetrante demonstrar, de imediato, o direito líquido e certo violado e a ilegalidade ou abuso de poder praticados pela autoridade, seja de que categoria for e sejam quais forem as funções que exerça.

34. O conceito de autoridade pública é amplo, abrangendo não apenas os agentes da administração direta e indireta, como também os agentes dos Poderes Executivo, Legislativo e Judiciário. De acordo com o § 1.º do art. 1.º da Lei 12.016/2009, equiparam-se às autoridades os representantes ou órgãos de partidos políticos e os administradores de entidades autárquicas, bem como os dirigentes de pessoas jurídicas ou as pessoas naturais no exercício de atribuições do poder público, somente no que disser respeito a essas atribuições.

35. O Supremo Tribunal Federal entende ser incabível a utilização do mandado de segurança para atacar lei em tese (Súmula 266 do STF).

36. Também é certo que não será cabível mandado de segurança quando se tratar: I – de ato do qual caiba recurso administrativo com efeito suspensivo, independentemente de caução; II – de decisão judicial da qual caiba recurso com efeito suspensivo; III – de decisão judicial transitada em julgado (art. 5.º da Lei 12.016/2009). Vale destacar que também não cabe mandado de segurança contra os atos de gestão comercial praticados pelos administradores de empresas públicas, de sociedade de economia mista e de concessionárias de serviço público (§ 2.º do art. 1.º da referida lei).

37. Impende destacar que o dirigente de empresa pública que pratica determinado ato trabalhista na condição de representante legal da empresa não é enquadrado como autoridade coatora, pois, neste caso, ele apenas representa o empregador.

38. Estabelece o art. 4.º da Lei 12.016/2009, que em caso de urgência é permitido impetrar mandado de segurança por telegrama, radiograma, fax ou outro meio eletrônico de autenticidade comprovada ao juiz competente, que poderá determinar seja feita pela mesma forma a notificação à autoridade coatora. Nessa situação, o texto original da petição deverá ser apresentado nos 5 (cinco) dias úteis seguintes.

39. Frise-se, outrossim, que o *mandamus* deverá ser proposto já com toda a prova documental (prova pré-constituída), sob pena de indeferimento da inicial. No caso em que o documento necessário à prova do alegado se ache em repartição ou estabelecimento público ou em poder de autoridade que se recuse a fornecê-lo por certidão ou de terceiro, o juiz ordenará, preliminarmente, por ofício, a exibição desse documento em original ou em cópia autêntica e marcará, para o cumprimento da ordem, o prazo de 10 (dez) dias. O escrivão extrairá cópias do documento para juntá-las à segunda via da petição (art. 6.º, *caput* e § 1.º da Lei 12.016/2009).

40. Os documentos que acompanham a inicial também deverão ser apresentados em duas vias, por meio de cópias. Também deverá ser indicada a autoridade coatora, bem como a pessoa jurídica que esta integra, à qual se acha vinculada ou da qual exerce atribuições. Considera-se autoridade coatora aquela que tenha praticado o ato impugnado ou da qual emane a ordem para a sua prática.

41. O mandado de segurança pode ser indeferido de plano nos casos previstos pelo art. 485 do CPC, cabendo desta decisão agravo regimental. O pedido de mandado de segurança poderá ser renovado dentro do prazo decadencial, se a decisão denegatória não lhe houver apreciado o mérito.

42. Na inicial, poderá haver pedido de liminar pelo impetrante, sendo deferida, caso restem comprovados o *periculum in mora* (possibilidade do prejuízo irreparável) e o *fumus boni iuris* (fumaça do bom direito). Será facultado ao juiz exigir do impetrante caução, fiança ou depósito, com o objetivo de assegurar o ressarcimento à pessoa jurídica.

43 Será decretada a perempção ou caducidade da medida liminar *ex officio* ou a requerimento do Ministério Público quando, concedida a medida, o impetrante criar obstáculo ao normal andamento do processo ou deixar de promover, por mais de 3 (três) dias úteis, os atos e as diligências que lhe cumprirem.

44. Vale destacar que, a requerimento de pessoa jurídica de direito público interessada ou do Ministério Público, para evitar grave lesão à ordem, à saúde, à segurança ou à economia públicas, o art. 15 da Lei 12.016/2009 autoriza o presidente do tribunal ao qual couber o conhecimento do recurso suspender, em decisão fundamentada, a execução da liminar e da sentença, dessa decisão cabendo agravo, sem efeito suspensivo no prazo de 5 dias, que será levado a julgamento na sessão seguinte à sua interposição. Caso seja indeferido o pedido de suspensão ou provido o agravo, caberá novo pedido de suspensão ao presidente do tribunal competente para conhecer de eventual recurso especial ou extraordinário. A interposição de agravo de instrumento contra liminar concedida nas ações movidas contra o poder público e seus agentes não prejudica nem condiciona o julgamento do pedido de suspensão previsto no referido art. 15.

45. Findo o prazo de 10 dias para informações do impetrado, será ouvido o representante do Ministério Público, que opinará, dentro do prazo improrrogável de 10 (dez) dias. Com ou sem o parecer do Ministério Público, os autos serão conclusos ao juiz, para a decisão, a qual deverá ser necessariamente proferida em 30 (trinta) dias.

46. O Supremo Tribunal Federal firmou entendimento por meio da Súmula 512 de que não cabe a condenação em honorários advocatícios na ação de mandado de segurança.

47. O mandado de segurança coletivo é uma espécie de ação civil pública, de pouca aplicação na Justiça do Trabalho, embora tenha previsão explícita na Constituição Federal de 1988 (art. 5.º, LXX).

48. A ação civil pública é o instrumento processual constitucionalmente assegurado para a defesa judicial dos interesses ou direitos metaindividuais (interesses ou direitos difusos, coletivos e individuais homogêneos).

49. A Carta Maior de 1988 permitiu a utilização da ação civil pública também no âmbito da Justiça do Trabalho, pois o texto constitucional não fez qualquer distinção entre os "ramos" do Ministério Público que estão legitimados para promover a atinente ação civil pública.

50. Além disso, com a promulgação da Carta Política de 1988, a ação civil pública, instituída pela Lei 7.347/1985, ampliou consideravelmente seu campo de atuação, uma vez que o texto constitucional, expressamente, passou a admitir a propositura da ação civil pública para proteger **qualquer interesse difuso ou coletivo**.

51. Em 1990, surgiu a Lei 8.078/1990, conhecida como Código de Defesa do Consumidor, que em seu art. 110 fez acrescentar ao art. 1.º da Lei 7.347/1985 o inciso V, para incluir a possibilidade do manejo da ação civil pública para a defesa de qualquer outro interesse difuso e coletivo.

52. A Lei 8.078/1990 passou a prever a defesa em juízo dos interesses e direitos individuais homogêneos (art. 81, parágrafo único, III), passando a ação civil pública também a ser utilizada com essa finalidade.

53. O Código de Defesa do Consumidor, por meio do art. 117, também concedeu nova redação ao art. 21 da Lei de Ação Civil Pública (Lei 7.347/1985), aplicando-se, doravante, às ações coletivas promovidas para a defesa dos interesses difusos, coletivos e individuais o sistema processual do próprio Código de Defesa do Consumidor.

54. A Lei 8.078/1990, no art. 81, parágrafo único, I, conceitua os interesses ou direitos difusos, como os transindividuais, de natureza indivisível, de que sejam titulares pessoas indeterminadas e ligadas por circunstâncias de fato.

55. O Código de Defesa do Consumidor conceitua, no art. 81, parágrafo único, II, os denominados interesses e direitos coletivos como sendo "os transindividuais de natureza indivisível de que seja titular grupo, categoria ou classe de pessoas ligadas entre si ou com parte contrária por uma relação jurídica base".

56. Os interesses e direitos coletivos abrangem um número de indivíduos indeterminados, mas os seus titulares, embora tratados coletivamente, são determináveis, seja pela relação jurídica-base que as une (grupo, associação de classe, categoria etc.), seja por meio do vínculo jurídico que as liga com a parte contrária (estudantes da mesma escola, contribuintes do mesmo tributo etc.).

57. Frise-se que, a exemplo dos direitos difusos, os direitos e interesses coletivos também são indivisíveis, não podendo ser fracionado entre os integrantes do grupo, classe ou categoria, pois são afetos a todos indistintamente.

58. A Lei 8.078/1990, em seu art. 81, parágrafo único, III, inseriu uma nova categoria de interesses, a dos denominados interesses e direitos individuais homogêneos, conceituados como os decorrentes de origem comum.

59. Em verdade, os interesses e direitos individuais homogêneos representam um feixe de interesses individuais com causa comum, cujos titulares são perfeitamente identificáveis e individualizáveis.

60. Representam interesses transindividuais, decorrentes de origem comum, porém divisíveis, podendo, cada lesado, individualmente, buscar a devida reparação.

61. Não obstante a natureza individual dos interesses ou direitos envolvidos, podem ser objeto de tratamento coletivo, em virtude de se originarem de uma situação comum, de natureza homogênea.

62. A competência material da Justiça do Trabalho para conhecer e julgar a ação civil pública decorre, naturalmente, do disposto no art. 114 da Constituição da República e na legislação correlata já mencionada, em especial as Leis 7.347/1985 (LACP), 8.078/1990 (CDC), além da LC 75/1993 (LOMPU, art. 83, III).

63. O TST, por meio da OJ 130 da SDI-II, entendeu que a competência para a Ação Civil Pública fixa-se pela extensão do dano. Em caso de dano de abrangência regional, que atinja cidades sujeitas à jurisdição de mais de uma Vara do Trabalho, a competência será de qualquer das varas das localidades atingidas, ainda que vinculadas a Tribunais Regionais do Trabalho distintos. Em caso de dano de abrangência suprarregional ou nacional, há competência concorrente para a Ação Civil Pública das varas do trabalho das sedes dos Tribunais Regionais do Trabalho. Estará prevento o juízo a que a primeira ação houver sido distribuída.

64. O Ministério Público do Trabalho possui legitimidade para defender tanto o interesse individual homogêneo dos trabalhadores quanto o interesse difuso ou coletivo, em face dos dispositivos constitucionais e normas previstas no ordenamento jurídico pátrio.

65. A melhor doutrina, afastando a conceituação tradicional de legitimação prevista no Código de Processo Civil, classifica a legitimação *ad causam* para a defesa de direitos difusos e coletivos como uma legitimação autônoma para a condução do processo.

66. Em relação aos direitos individuais homogêneos, como se trata de direitos de natureza individual e divisível, em que cada titular pode buscar a reparação individual do dano, a legitimação para propositura de ação civil pública é extraordinária, ocorrendo a substituição processual por parte do ente legitimado.

67. Em relação à possibilidade de litisconsórcio na ação civil pública, o art. 5.º, § 2.º, da Lei 7.347/1985 faculta ao Poder Público e a outras associações legitimadas habilitaremse como litisconsortes de qualquer das partes.

68. Caso haja desistência infundada ou abandono da ação por associação legitimada, o Ministério Público ou outro legitimado assumirá a titularidade ativa.

69. Cabe destacar que o art. 5.º, § 5.º, da LACP admite a possibilidade de litisconsórcio facultativo entre os Ministérios Públicos da União, dos Estados e do Distrito Federal na defesa dos direitos que apresentem dimensão coletiva.

70. O art. 3.º da Lei 7.347/1985 estabelece que "A ação civil poderá ter objeto a condenação em dinheiro, ou o cumprimento de obrigação de fazer ou não fazer".

71. Nada impede que na mesma ação civil pública haja pedido de tutela por mais de um interesse transindividual, assim como é juridicamente possível a acumulação de pedidos, desde que compatíveis entre si.

72. Neste contexto, tem sido cada vez mais constante o manejo de ação civil pública requerendo a condenação da reclamada em obrigações de fazer e não fazer, cumuladas com pedido de indenização pelos danos suportados pela própria sociedade.

73. A Lei 7.347/1985, nos arts. 4.º e 12, possibilitou a propositura de ação cautelar antecedente à ação civil pública, bem como a inserção de pedido liminar na própria ação, objetivando a proteção de interesses metaindividuais, evitando-se lesões de difícil ou impossível reparação.

74. Outrossim, o art. 84, § 3.º, da Lei 8.078/1990 previu a possibilidade de antecipação de tutela de mérito nas ações coletivas, ao dispor que, "sendo relevante o fundamento da demanda e havendo justificado receio de ineficácia do provimento final, é lícito ao juiz conceder a tutela liminarmente ou após justificação prévia, citado o réu".

75. A possibilidade de antecipação de tutela nas ações coletivas disciplinadas no art. 84, § 3.º, do CDC precedeu a própria alteração do art. 311 do CPC, que regulamentou, de forma ampla, a tutela antecipada no processo civil.

76. Vale destacar que tanto o art. 11 da LACP como o art. 84, § 4.º, do CDC possibilitam ao magistrado a fixação de multa em caso de descumprimento da tutela deferida.

77. O inquérito civil constitui-se numa investigação administrativa realizada previamente pelo Ministério Público, objetivando colher elementos e provas que determinem o manejo ou não da respectiva ação civil pública ou de outra medida judicial cabível.

78. Logo, o inquérito civil, de competência exclusiva do Ministério Público, é o principal instrumento, de natureza investigatória, concernente à atuação extrajudicial do Ministério Público do Trabalho.

79. Assume o inquérito civil também outra importante função, qual seja a de obter o ajustamento da conduta do(s) investigado(s) às disposições legais vigentes, caso reste demonstrada no procedimento administrativo a conduta irregular do(s) inquirido(s).

80. O inquérito civil é um procedimento administrativo de natureza inquisitorial e informal, semelhante ao próprio inquérito policial, constituído de peças informativas destinadas à instrução de futura ação civil pública. O procedimento para a instauração e tramitação do inquérito civil está previsto na Resolução 23/2007 do Conselho Nacional do Ministério Público.

81. No inquérito civil não há espaço para observância dos princípios constitucionais do contraditório e da ampla defesa.

82. Portanto, considerando a natureza inquisitorial do inquérito civil e a consequente ausência do contraditório e ampla defesa, o Ministério Público poderá, para perfeita instrução do procedimento administrativo, promover inspeções e diligências investigatórias (art. 8.º, V, da LC 75/1993), requisitar documentos, exames ou perícias e realizar audiências, sem a necessidade da presença ou intimação da parte investigada em relação aos referidos atos.

83. Por outro lado, frise-se que o inquérito civil não é pressuposto processual para que o Ministério Público do Trabalho promova ação civil pública, podendo tal inquérito ser dispensado se já existirem elementos necessários para propor a ação coletiva.

84. A instauração do inquérito civil não impede que outro ente colegitimado para a propositura da ação civil pública venha a ajuizá-la, mesmo que se refira à idêntica questão objeto da investigação pelo órgão do Ministério Público do Trabalho.

85. Arquivados os autos do inquérito civil, sempre de forma fundamentada, deverá o membro do Ministério Público do Trabalho remeter, no prazo de 3 dias, ao Conselho Superior do Ministério Público do Trabalho, para devida homologação, os autos do inquérito civil ou das peças informativas, sob pena de incorrer em falta grave.

86. Caso o Conselho Superior do Ministério Público do Trabalho não homologue a promoção de arquivamento do inquérito civil, implicará a designação de outro membro para o ajuizamento da competente ação civil pública, ou prosseguimento das investigações.

87. A designação de novo membro para prosseguir as investigações ou ajuizar a competente ação não significa qualquer punição ao membro que propôs o arquivamento, em função do princípio da independência funcional (art. 127, § 1.º, da CF/1988).

88. Em relação aos interesses e direitos difusos e coletivos, não há que falar em prescrição ou decadência para propositura de ação civil pública, mesmo tratando-se da reparação genérica por danos causados.

89. No entanto, em relação às ações coletivas atinentes à reparação dos danos individualmente sofridos pelos trabalhadores (interesses e direitos individuais homogêneos), aplica-se a prescrição comum prevista no art. 7.º, XXIX, da CF/1988.

90. Nas ações coletivas, em face dos interesses tutelados e características próprias, a coisa julgada se forma de acordo com as regras previstas no art. 16 da LACP e arts. 103 e 104 do CDC.

91. O Código de Defesa do Consumidor (art. 110), por sua vez, além de alargar a utilização da ação civil pública para a defesa de qualquer interesse difuso e coletivo (como já previsto na CF/1988, art. 129, III), instituiu, por meio do art. 91 e seguintes, um novo procedimento para a defesa específica dos interesses e direitos individuais homogêneos, surgindo a expressão "ação civil coletiva".

92. Doutrina e jurisprudência têm divergido sobre a possibilidade de utilização da ação civil pública tratando-se de direitos e interesses individuais homogêneos, ou mesmo se a ação civil coletiva seria a única ação coletiva cabível para a tutela desses mesmos interesses.

93. No entanto, entendemos que a ação civil pública e a ação civil coletiva constituem expressões sinônimas, utilizadas com a mesma finalidade, qual seja para a proteção dos interesses difusos, coletivos e individuais homogêneos, não havendo que alar, portanto, em duas ações autônomas com objetivos distintos.

94. Em outras palavras, o sistema integrado de tutela coletiva, formado pela Lei de Ação Civil Pública e Código de Defesa do Consumidor, prevê a possibilidade do manejo de ação coletiva para a proteção dos direitos e interesses transindividuais, seja qual for a denominação ou o *nomen juris* utilizado.

95. Estabelece o art. 18 da LACP que, nas ações coletivas, "não haverá adiantamento de custas, emolumentos, honorários periciais e quaisquer outras despesas, nem condenação da associação autora, salvo comprovada má-fé, em honorários de advogado, custas e despesas processuais".

96. Somente será cabível o controle difuso em sede de ação civil pública "(...) como instrumento idôneo de fiscalização incidental de constitucionalidade, pela via difusa, de quaisquer leis ou atos do Poder Público, mesmo quando contestados em face da Constituição da República, desde que nesse processo coletivo a controvérsia constitucional, longe de identificar-se como objeto único da demanda, qualifique-se como simples questão prejudicial, indispensável à resolução do litígio principal" (Min. Celso de Mello – RCL 1.733-SP – *DJ* 01.12.2000 – *Informativo* 212/STF).

97. A ação civil pública não poderá ser ajuizada como sucedâneo de ação direta de inconstitucionalidade, pois, em caso de produção de efeitos *erga omnes*, estaria provocando verdadeiro controle concentrado de constitucionalidade, usurpando competência do Supremo Tribunal Federal.

98. A ação anulatória consiste numa ação de conhecimento, de natureza constitutivonegativa, que tem por objetivo a declaração de nulidade de cláusulas estabelecidas em convenção coletiva, acordo coletivo de trabalho, ou mesmo em contratos individuais de trabalho, que violem as liberdades individuais ou coletivas ou os direitos individuais indisponíveis dos trabalhadores.

99. A ação anulatória de cláusula de convenção ou acordo coletivo de trabalho será proposta, em regra, pelo Ministério Público do Trabalho (art. 83, IV, da LC 75/1993), não sendo possível que os próprios signatários do instrumento normativo postulem a nulidade da cláusula, salvo demonstrado vício de vontade (erro, dolo, coação ou fraude).

100. No entanto, o Tribunal Superior do Trabalho tem admitido o uso da ação anulatória por trabalhadores individualmente nominados, formando uma coalizão, como na hipótese de trabalhadores não associados ao sindicato profissional pleitearem a anulação da cláusula convencional que obriga a todos os trabalhadores, associados ou não, a pagarem a denominada contribuição assistencial.

101. Nos termos do art. 611-A, § 5º, da CLT, os sindicatos subscritores de convenção coletiva ou de acordo coletivo de trabalho deverão participar, como litisconsortes necessários, em ação individual ou coletiva, que tenha como objeto a anulação de cláusulas desses instrumentos.

102. Uma vez que a decisão proferida na ação anulatória de cláusula convencional é incindível, atingindo os sindicatos dos empregados e empregadores, todos devem participar da relação processual, sendo o caso de litisconsórcio necessário. Pela mesma razão, quando se tratar de acordo coletivo de trabalho a(s) empresa(s) subscritora(s) deve(m) integrar a lide, já que o acordo coletivo é firmado entre sindicato(s) e empresa(s).

103. À luz do art. 114 do CPC, "o litisconsórcio será necessário por disposição de lei ou quando, pela natureza da relação jurídica controvertida, a eficácia da sentença depender da citação de todos que devam ser litisconsortes".

104. Entretanto, há de se distinguir duas situações:

A primeira, consiste na ação anulatória com pedido expresso de anulação de cláusula convencional. Neste caso, a decisão fará coisa julgada, atingindo a todos os sindicatos e, no caso de acordo coletivo, a(s) empresa(s). Logo, todos devem participar da lide, como litisconsórcio necessário. Perceba que o art. 611-A, § 5º refere-se expressamente ao pedido de anulação da cláusula convencional.

A segunda, representa aquela em que o pedido é o de devolução de contribuição paga ao sindicato, sendo a declaração de nulidade da cláusula convencional meramente incidental. Esta não alcança os sindicatos ou empresas, razão pela qual não há litisconsórcio necessário.

105. Por fim, os sindicatos deverão participar da lide quando a anulação de cláusula convencional estiver em debate em recurso de revista repetitivo, visto que a tese firmada no mesmo constitui precedente obrigatório, vinculando a todos os juízes e tribunais, consoante disposto no art. 927 do CPC.

106. A tutela de urgência, de natureza cautelar ou antecipada, pode ser concedida em caráter antecedente ou incidental e será concedida quando preenchidos os mesmos requisitos: houver elementos que evidenciem a probabilidade do direito – *fumus boni iuris* – e o perigo de dano ou o risco ao resultado útil do processo – *periculum in mora* (art. 300 do CPC).

107. A tutela de urgência de natureza cautelar pode ser efetivada mediante arresto, sequestro, arrolamento de bens, registro de protesto contra alienação de bem e qualquer outra medida idônea para asseguração do direito (art. 301 do CPC).

108. A tutela de urgência, cautelar ou antecipada, pode ser concedida em caráter antecedente ou incidental (art. 294, parágrafo único, do CPC). A tutela provisória de evidência somente pode ser requerida em caráter incidente.

109. É antecedente a tutela provisória requerida antes da formulação dos pedidos da tutela definitiva e tem por propósito adiantar seus efeitos.

110. Uma vez concedida a tutela satisfativa (antecipada) em caráter antecedente, será observado o seguinte procedimento: 1) o autor deverá aditar a petição inicial, nos mesmos autos, com a complementação de sua argumentação, a juntada de novos documentos e a confirmação do pedido de tutela final e a indicação de que pretende valer-se do benefício da antecipação da tutela; 2) será designada no Processo do Trabalho a audiência de instrução e julgamento para a apresentação da defesa.

111. A tutela provisória cautelar em caráter antecedente à petição inicial indicará: 1) a lide e seu fundamento; 2) a exposição sumária do direito que se objetiva assegurar e o perigo de dano ou o risco ao resultado útil do processo (art. 305 do CPC).

112. Efetivada a tutela cautelar, o pedido principal terá de ser formulado pelo autor no prazo de 30 (trinta) dias, caso em que será apresentado nos mesmos autos em que deduzido o pedido de tutela cautelar (art. 308 do CPC).

113. O pedido principal pode ser formulado conjuntamente com o pedido de tutela cautelar, momento em que a causa de pedir poderá ser modificada (art. 308, §§ 1º e 2º, do CPC).

114. Se por qualquer motivo cessar a eficácia da tutela cautelar, é vedado à parte renovar o pedido, salvo sob novo fundamento (art. 309, parágrafo único, do CPC).

115. O indeferimento da tutela cautelar não obsta a que a parte formule o pedido principal, nem influi no julgamento desse, salvo se o motivo do indeferimento for o reconhecimento de decadência ou de prescrição (art. 310 do CPC).

116. A tutela de evidência será concedida, independentemente da demonstração de perigo de dano ou de risco ao resultado útil do processo, quando: a) ficar caracterizado o abuso do direito de defesa ou o manifesto propósito protelatório da parte; b) as alegações de fato puderem ser comprovadas apenas documentalmente e houver tese firmada em julgamento de casos repetitivos ou em súmula vinculante; c) se tratar de pedido reipersecutório fundado em prova documental adequada do contrato de depósito, caso em que será decretada a ordem de entrega do objeto custodiado, sob cominação de multa; e d) a petição inicial for instruída com prova documental suficiente dos fatos constitutivos do direito do autor, a que o réu não oponha prova capaz de gerar dúvida razoável (art. 311 do CPC)

117. O inquérito para apuração de falta grave é uma ação, de natureza constitutivo-negativa, promovida pelo empregador, para resolução de contrato de trabalho de empregado estável, em função da prática de falta grave pelo obreiro.

118. O art. 494 da CLT estabelece que o empregado estável acusado de falta grave poderá ser suspenso de suas funções, mas a sua despedida somente se tornará efetiva após o inquérito em que se verifique a procedência da acusação.

119. Antes da entrada em vigor da Lei 5.107/1966, que instituiu o Fundo de Garantia do Tempo de Serviço – FGTS, os empregados adquiriam estabilidade após dez anos de tempo de serviço prestado à mesma empresa, conforme previsão no art. 492 da CLT que estipulava que "o empregado que contar mais de dez anos de serviços na mesma empresa não poderá ser despedido senão por motivo de falta grave ou circunstância de força maior, devidamente comprovadas".

120. Com a criação do FGTS (1966), o trabalhador ainda podia alcançar a estabilidade decenal, caso não optasse pelo regime do FGTS, permanecendo regido pela Consolidação das Leis do Trabalho.

121. Com a promulgação da Constituição Federal de 1988, o FGTS passou a ser o regime obrigatório de todos os trabalhadores urbanos e rurais, acabando com o instituto da estabilidade após dez anos de serviços ininterruptos, tendo em vista a incompatibilidade do regime fundiário com o instituto da estabilidade decenal.

122. Os trabalhadores não optantes que já haviam alcançado a estabilidade decenal antes da promulgação da Carta de 1988 permaneceram estáveis, em função do direito adquirido (art. 14 da Lei 8.036/1990).

123. Outrossim, o art. 19 do ADCT/CF/1988 assegurou estabilidade no emprego aos servidores admitidos pela administração pública direta, autárquica e fundacional, seja da União, dos Estados, dos Municípios ou do Distrito Federal, estatutários ou **celetistas**, em exercício na data da promulgação da Constituição Federal de 1988 há pelo menos cinco anos continuados, sem o devido concurso público.

124. Ademais, a legislação pátria estabeleceu alguns casos de estabilidade provisória, em que o empregado beneficiado somente poderá ser dispensado se cometer falta grave, prévia e regularmente apurada pela ação denominada inquérito para apuração de falta grave.

125. O inquérito judicial deve ser proposto obrigatoriamente por escrito à Vara do Trabalho ou ao Juízo de Direito (art. 853 da CLT), cabendo a cada parte apresentar até seis testemunhas, conforme previsto no art. 821 consolidado.

126. Havendo a suspensão do empregado estável pelo empregador para a propositura de inquérito para apuração de falta grave, a suspensão perdurará até decisão final do processo (art. 494, parágrafo único, da CLT).

127. O prazo para o empregador propor o inquérito é de 30 dias, contados da suspensão do empregado, tendo a jurisprudência adotado o entendimento de que esse prazo é decadencial.

128. Havendo suspensão do empregado estável e posterior ajuizamento de inquérito judicial, caso o pedido seja julgado improcedente, ou seja, não demonstrado judicialmente que o obreiro protegido pelo manto da estabilidade cometeu qualquer falta grave que justificasse a resolução contratual, o empregador ficará obrigado a reintegrar o trabalhador no emprego (e não readmiti-lo, como erroneamente consta no art. 495 da CLT) e a pagar-lhe os salários e demais vantagens concernentes a todo o período de afastamento, convertendo-se a suspensão em interrupção contratual.

129. Destaque-se que o art. 496 da CLT determina que, quando a reintegração do empregado estável for desaconselhável, dado o grau de incompatibilidade resultante do dissídio, especialmente quando for o empregador pessoa física, o Tribunal do Trabalho poderá converter aquela obrigação em indenização dobrada.

130. Caso não tenha havido a suspensão do empregado estável e julgado improcedente o pedido contido no inquérito, o contrato de trabalho continuará a vigorar normalmente, como se nada tivesse ocorrido.

131. Por outro lado, provada a falta grave no correspondente inquérito judicial, a sentença terá caráter constitutivo-negativa, autorizando a resolução contratual. Nesta hipótese, caso o empregado tenha sido suspenso anteriormente ao ajuizamento do inquérito, os efeitos da sentença serão retroativos, considerando-se o contrato rompido na data da propositura do inquérito, restando claro que, nos termos do art. 855 da CLT, se tiver havido prévio reconhecimento da estabilidade, o julgamento não prejudicará a execução para pagamento dos salários devidos até a instauração do inquérito, ou seja, não ficará prejudicado o pagamento dos salários do empregado, no período correspondente entre a suspensão e o ajuizamento do inquérito.

132. Caso não tenha havido a suspensão do empregado estável e julgado procedente o pedido contido no inquérito judicial, também considera-se findo o contrato de trabalho na data da propositura da ação.

133. A ação de consignação em pagamento é o instrumento processual, previsto nos arts. 539 a 549 do CPC, apto para que o devedor ou terceiro de uma obrigação de pagar quantia certa ou dar coisa em favor do credor obtenha a extinção da obrigação.

134. Com a edição da Lei 8.951/1994, o Código de Processo Civil de 1973 passou a dispor sobre dois procedimentos alusivos à consignação em pagamento: um de natureza extrajudicial e outro de natureza judicial. O atual CPC também faz referência ao tema em seus arts. 539 a 549 e traz modificações, que veremos adiante.

135. A consignação extrajudicial, criada pela Lei 8.951/1994, consiste na realização do depósito da quantia devida, pelo devedor ou terceiro, em estabelecimento bancário oficial, nada obstando que o depósito seja realizado em bancos particulares, quando, na localidade onde deva ser adimplida a obrigação, não existam bancos oficiais (Banco do Brasil, CEF etc.).

136. Em verdade, a consignação extrajudicial surgiu como uma tentativa de desafogar a já sobrecarregada Justiça, permitindo a solução do conflito, sem a participação do Estado, mas incluindo um terceiro, no caso, o estabelecimento bancário oficial.

137. No âmbito trabalhista há muita resistência doutrinária e jurisprudencial quanto ao cabimento da consignação extrajudicial, principalmente em função das peculiaridades do processo laboral.

138. A consignação judicial é o instrumento processual hábil para que o autor (consignante) obtenha o reconhecimento, por sentença, do adimplemento da obrigação perante o réu (consignado).

139. Em função da omissão da norma consolidada, não há dúvida de que a consignação judicial, prevista no digesto processual civil, tem aplicação subsidiária ao Processo do Trabalho.

140. A ação de consignação em pagamento proposta no âmbito da Justiça do Trabalho deverá ser distribuída perante a Vara do Trabalho situada na localidade da prestação de serviços dos empregados, ainda que estes tenham sido contratados noutro local ou no estrangeiro.

141. Em regra, a consignação é proposta pelo empregador, normalmente para depósito de salários, verbas rescisórias, comissões, percentagens etc., figurando o empregado, na maioria das vezes, no polo passivo.

142. Também é utilizada a ação consignatória em caso de morte do empregado, quando há dúvidas sobre quem deva legitimamente receber as verbas trabalhistas do obreiro falecido.

143. As partes na ação de consignação em pagamento são denominadas consignante (autor da ação e devedor) e consignado (réu da ação e credor).

144. Adaptando as regras contidas no Código de Processo Civil ao Processo do Trabalho, o consignante trabalhista deverá propor a ação de consignação em pagamento, requerendo, desde logo, na inicial, o depósito da quantia devida no prazo de 5 dias, contados a partir do deferimento pelo magistrado, passando, a partir do depósito judicial, os juros e correção monetária a correrem por conta do banco depositário.

145. Caso o consignado, em audiência, concorde com o pedido, os valores consignados serão liberados em seu favor, sendo considerada extinta a obrigação do consignante. Se não comparecer, será declarada a revelia do reclamado consignado, sendo o pedido consignatório julgado procedente, com a consequente extinção da obrigação, respondendo o réu pelo pagamento das custas e honorários advocatícios (art. 546 do CPC).

146. Em caso de alegação de insuficiência de depósito, é facultado ao autor, nos termos do art. 545 do CPC, complementá-lo, no prazo de 10 dias, sendo, posteriormente, intimado o consignado a proceder ao levantamento, sendo julgado procedente o pedido, com a consequente extinção da obrigação.

147. Por outro lado, alegada a insuficiência de depósito, poderá o reclamado levantar, desde logo, a quantia ou coisa depositada, ficando o autor parcialmente liberado da obrigação, prosseguindo o processo quanto à parcela controvertida (art. 545, § 1.º, do CPC).

148. Apresentada contestação pelo consignado, o processo, como qualquer outra reclamação trabalhista, será regularmente instruído e, posteriormente, rejeitada a segunda proposta de conciliação, será proferida a sentença.

149. Julgado procedente o pedido, o depósito será reputado subsistente, liberando o consignante da obrigação, sendo a sentença considerada de cunho declaratório. Ao revés, julgado improcedente o pedido, o depósito será tido por insubsistente, continuando o devedor consignante em mora.

150. A sentença que concluir pela insuficiência do depósito determinará, sempre que possível, o montante devido, e, neste caso, valerá como título executivo, facultado ao credor promover-lhe o cumprimento nos mesmos autos, após liquidação, se necessário (art. 545, § 2.º, do CPC). Neste caso, a sentença, além do efeito declaratório, também terá natureza condenatória.

151. Ação monitória é o instrumento processual que pode ser utilizado pelo credor de quantia certa, de coisa fungível ou de coisa móvel, demonstrada em prova escrita sem eficácia de título executivo judicial, com o intuito de obter judicialmente a imediata expedição de mandado judicial de pagamento ou entrega dos atinentes créditos.

152. Em verdade, o procedimento de injunção surgiu com o propósito de acelerar a prestação da tutela jurisdicional, prestigiando-se o princípio da celeridade, por meio da submissão ao magistrado, de prova escrita que demonstre o direito ao recebimento de determinada quantia, coisa fungível ou um bem móvel, obtendo-se o título executivo sem a lentidão do processo de conhecimento.

153. Conforme se extrai do conceito previsto no art. 700 do CPC, a ação monitória deve ser acompanhada de prova escrita desprovida de eficácia executiva, como cartas, bilhetes, memorandos, anotações, nota promissória, cheque, duplicata, telegramas, pareceres, circulares, ofícios etc.

154. A doutrina não é uníssona a respeito do cabimento da ação monitória no âmbito do Processo do Trabalho, havendo duas posições opostas: uma pelo não cabimento do procedimento de injunção na seara trabalhista e outra que defende a ação monitória no âmbito laboral.

155. Satisfeita a obrigação pleiteada no procedimento de injunção, o processo será extinto com resolução do mérito em função do reconhecimento do direito vindicado pelo reclamante, ficando o reclamado isento do pagamento de custas e honorários de advogado (art. 701, § 1.º, do CPC).

156. Apresentados embargos monitórios, que dispensam a prévia segurança do juízo, os mesmos serão dotados de efeito suspensivo em relação ao mandado inicial (art. 701 do CPC), assumindo a natureza de defesa pelo réu.

157. Na hipótese de não apresentação dos embargos monitórios ou em caso de rejeição do mesmo, o juiz proferirá sentença, reconhecendo a executoriedade do título (prova escrita), convertendo-se o mandado inicial em mandado executivo, determinando, posteriormente, nos moldes do art. 880 da CLT, a citação do executado para satisfazer a obrigação no prazo de 48 horas.

158. Existem duas espécies de *habeas corpus*, quais sejam: o preventivo e o liberatório.

159. O *habeas corpus* será preventivo quando a pessoa se achar ameaçada de sofrer violência ou coação em sua liberdade de locomoção, por ilegalidade ou abuso de poder. Nesta hipótese, como a restrição à locomoção ainda não se consumou, poderá o paciente obter um salvo-conduto para garantir o livre trânsito de ir e vir.

160. Por outro lado, o *habeas corpus* será liberatório, também chamado de repressivo, quando a restrição ao direito de locomoção já estiver consumado, sendo o remédio constitucional utilizado para cessar tal violência.

161. Na seara trabalhista a hipótese mais comum de impetração de *habeas corpus* ocorre no caso de prisão de depositário infiel de bens que foram penhorados pela Justiça do Trabalho. Vale destacar que o STF editou a Súmula Vinculante 25, estabelecendo que é ilícita a prisão civil do depositário infiel, qualquer que seja a modalidade do depósito.

162. Havia muita discussão doutrinária e jurisprudencial a respeito da competência ou não da Justiça do Trabalho para julgar eventual *habeas corpus* quando a autoridade coatora fosse juiz do trabalho, em face da determinação de prisão de depositário infiel.

163. No entanto, essas discussões perderam seu objeto em função da nova redação dada pela EC 45/2004 ao art. 114 da Constituição de 1988, cujo inciso IV conferiu à Justiça do Trabalho competência para processar e julgar *habeas corpus*, quando o ato questionado envolver matéria sujeita à sua jurisdição.

164. Ocorrendo a morte de um dos litigantes, torna-se necessária a habilitação incidente dos herdeiros, para regular continuidade do feito.

165. Nesta esteira, estabelece o art. 687 do CPC que "a habilitação ocorre quando, por falecimento de qualquer das partes, os interessados houverem de suceder-lhe no processo".

166. A habilitação incidente dos herdeiros somente ocorrerá se o litigante (empregado ou empregador pessoa física) falecer após instaurado o processo, pois, se a morte da parte ocorreu antes do início da ação judicial, não há que falar em habilitação incidente, mas, sim, em representação pelo inventariante (nomeado pelo juízo do inventário ou do arrolamento) ou pelo cônjuge sobrevivente e/ou filhos, se não existir inventário.

167. A ação de exigir contas está disciplinada nos arts. 550 e seguintes do CPC, de aplicação subsidiária ao Processo do Trabalho, em função da omissão da norma consolidada.

168. A hipótese mais comum de utilização da ação de exigir contas na Justiça do Trabalho é a que decorre do litígio entre empregado vendedor e seu empregador.

169. A ação de exigir contas, a teor do art. 550 do CPC, pode ser proposta pela pessoa que afirmar ser titular do direito de exigir contas. Na petição inicial, o autor especificará, detalhadamente, as razões pelas quais exige as contas, instruindo-a com documentos comprobatórios dessa necessidade, se existirem, conforme o art. 550, § 1º, do CPC.

170. O procedimento, na fase de conhecimento, apresenta duas etapas: na primeira, verifica-se a obrigatoriedade ou não da prestação de contas; na segunda, observa-se a exatidão ou não das contas prestadas.

171. Inúmeros são os exemplos de ações possessórias envolvendo bens móveis na Justiça do Trabalho, cabendo destacar as hipóteses em que o trabalhador ajuíza ação postulando a devolução de ferramentas ou utensílios retidos pelo empregador, ou mesmo quando o empregador ajuíza ação requerendo a devolução de mostruários de vendas retidos pelo obreiro, dentre outras.

172. Muitas vezes, o pedido possessório é inserido no bojo da própria contestação, funcionando como um pedido de compensação, matéria prevista no art. 767 da CLT.

173. Demonstrada a propriedade dos bens vindicados em juízo, a sentença condenará a parte vencida na obrigação de fazer à devolução dos bens, podendo o magistrado, inclusive, fixar multa diária pelo descumprimento da decisão, nos termos dos arts. 497 e 536, § 4º, no CPC, respectivamente.

174. Em caso de impossibilidade de devolução dos bens, em função de sua destruição, perecimento, perda etc., a obrigação de fazer será convertida em perdas e danos.

175. Ademais, nada impede que na sentença reste fixado que os pagamentos pecuniários previstos na condenação somente sejam efetuados após a devolução ao empregador, dos bens arbitrariamente retidos pelo obreiro, estabelecendo-se uma *condição* para o cumprimento do *decisum*.

176. A ação possessória envolvendo bens imóveis é comum nos domínios da Justiça do Trabalho, seja por meio de iniciais propostas pelo próprio empregador ou mesmo requeridas em sede de contestação (tecnicamente, deveria ser utilizada a reconvenção) em eventual reclamação trabalhista proposta pelo trabalhador, em que o pedido consiste na desocupação do imóvel.

177. Nesta hipótese, julgado procedente o pedido de desocupação do imóvel, o juiz também poderá condicionar o pagamento de eventuais verbas devidas ao trabalhador à devolução, pelo obreiro, das chaves do imóvel, devidamente desocupado.

178. Concomitantemente, poderá o magistrado do trabalho cominar, ao obreiro, o pagamento de um "aluguel" em favor do empregador proprietário, por dia de atraso na entrega do imóvel, a contar da data em que o trabalhador tome ciência do trânsito em julgado da sentença, valor este a ser abatido do crédito deferido ao empregado na condenação.

179. Ademais, caso não haja qualquer condenação ou sendo esta irrisória (o que poderia motivar o trabalhador a permanecer no imóvel de forma irregular), a execução do julgado deverá seguir igual procedimento adotado nas ações de despejo da Justiça Comum, procedendo o oficial de justiça laboral, em data e hora marcada, com o auxílio de força policial, se necessário, ao despejo do obreiro recalcitrante.

11

DISSÍDIO COLETIVO

11.1. DISSÍDIO COLETIVO

11.1.1. Conceito

A Constituição Federal de 1988 em vários momentos prestigiou a negociação coletiva, estimulando a solução dos conflitos pelas próprias partes envolvidas.

Com efeito, o art. 8.º da Carta Maior concedeu autonomia administrativa, financeira e política aos sindicatos, legitimando-os como representantes da categoria respectiva nas questões judiciais e administrativas e tornando obrigatória a participação dos sindicatos nas negociações coletivas de trabalho.

Todavia, muitas vezes a denominada autocomposição dos conflitos coletivos (em que os próprios entes envolvidos chegam a um consenso, celebrando uma convenção coletiva de trabalho ou um acordo coletivo de trabalho) acaba não sendo materializada, em função da discordância entre os sindicatos que representam a categoria profissional (trabalhadores) e a categoria econômica (empregadores).

Nessa esteira, o art. 114, § 1.º, da CF/1988 dispõe que, frustrada a negociação coletiva, as partes poderão eleger árbitros para solucionar o impasse.

Todavia, no palco do direito coletivo laboral, raramente os sindicatos conflitantes nomeiam árbitro para pôr fim à celeuma, seja pela falta de recursos financeiros para arcar com as despesas do profissional contratado, seja pelo clima de desconfiança surgido entre os entes envolvidos.

Com isso, nasce a possibilidade de as partes se utilizarem de um instrumento de heterocomposição denominado dissídio coletivo, que nada mais é do que uma ação que vai dirimir os conflitos coletivos de trabalho por meio do pronunciamento do Poder Judiciário do Trabalho, seja fixando novas normas e condições de trabalho para determinadas categorias, seja interpretando normas jurídicas preexistentes.

Amauri Mascaro Nascimento, *Curso de direito processual de trabalho*, 21. ed., p. 631, estabelece o conceito de dissídio coletivo como "um processo judicial de solução dos conflitos coletivos econômicos e jurídicos que no Brasil ganhou máxima expressão como um importante mecanismo de criação de normas e condições de trabalho por meio dos tribunais trabalhistas, que proferem sentenças denominadas normativas quando as partes que não se compuseram na negociação coletiva acionam a jurisdição".

José Augusto Rodrigues Pinto, Direito sindical e coletivo do trabalho, p. 369, leciona que "os dissídios coletivos representam uma forma extrema para chegar-se à solução dos conflitos do trabalho, no plano de interesses de categorias, assim como os dissídios individuais o são, no plano de interesse de empregador e empregado. Situam-se entre as formas heterônomas de solução, com a diferença de já não se tratar de simples conflito, mas de litígio entre os sujeitos dos interesses coletivos. Por isso, deixa de haver clima para solução autônoma, nem mesmo por interferência de estranho por eles nomeado para mediar ou arbitrar o conflito".

Carlos Henrique Bezerra Leite, *Curso de direito processual do trabalho*, 2. ed., p. 735, conceitua dissídio coletivo como "uma espécie de ação coletiva conferida a determinados entes coletivos, geralmente os sindicatos, para a defesa de interesses cujos titulares materiais não são pessoas individualmente consideradas, mas sim grupos ou categorias econômicas, profissionais ou diferenciadas, visando à criação ou interpretação de normas que irão incidir no âmbito dessas mesmas categorias".

Saliente-se que não se deve confundir o dissídio individual plúrimo com o dissídio coletivo.

No dissídio coletivo estão sendo postulados interesses abstratos de um grupo social ou categoria, com o objetivo, em regra, de serem criadas novas condições de trabalho pelo Tribunal, que serão aplicadas a pessoas indeterminadas que pertençam ou venham a pertencer às categorias envolvidas. Já nos dissídios individuais plúrimos, são submetidos à apreciação da Justiça do Trabalho interesses concretos e individualizados, já previstos no ordenamento jurídico positivado, cuja decisão atingirá aquele grupo de pessoas determinadas.

11.1.2. Poder normativo

O poder normativo da Justiça do Trabalho consiste na competência constitucionalmente assegurada aos tribunais laborais de solucionar os conflitos coletivos de trabalho, estabelecendo, por meio da denominada sentença normativa, normas gerais e abstratas de conduta, de observância obrigatória para as categorias profissionais e econômicas abrangidas pela decisão, repercutindo nas relações individuais de trabalho.

José Augusto Rodrigues Pinto, na obra já citada (p. 373-374), sobre o tema leciona que:

> "O poder normativo da Justiça do Trabalho no Brasil fez parte do processo de implantação da legislação trabalhista, após o movimento político de 1930, caracterizado pela intensa importação da doutrina e das normas então dominantes no continente europeu.
>
> Ora, aquela época representou o ápice das ideias e da prática do corporativismo nas relações trabalhistas, como peça fundamental da integração Estado/empresa, envolvendo o trabalho, fator essencial ao desenvolvimento desta última. Por isso, o traço mais forte do nosso modelo legislativo saiu da Carta del Lavoro italiana, de 1927, que consolidou a autorização ao Judiciário para criar condições de trabalho, fundando-se no princípio da equidade que deveria presidir a solução dos conflitos de interesses entre as categorias profissionais e econômicas.
>
> As concepções do corporativismo peninsular influíram poderosamente o pensamento dos mais importantes pioneiros do trabalhismo brasileiro, que lhe foi coevo. Note-se, no particular, a referência de Rezende Puech, citado por Amauri Nascimento, sobre a necessidade de o poder normativo contrabalançar a fragilidade de nosso sindicalismo – o que constitui um dos fundamentos do instituto".

O fato é que o poder normativo da Justiça do Trabalho, aliado à contribuição sindical obrigatória e à unicidade sindical, sempre foram considerados pela doutrina fatores impeditivos da liberdade sindical plena no Brasil.

Chegam alguns a afirmar que a função anômala exercida pelo Poder Judiciário laboral (atuando numa função legiferante), como criador de normas heterônomas gerais e abstratas aplicáveis às categorias econômicas e profissionais, e por consequência repercutindo seus efeitos nas relações individuais de trabalho, inibe a autocomposição dos conflitos coletivos de trabalho.

Todavia, a EC 45/2004, ao alterar o § 2.º do art. 114 da Carta Maior, limitou, consideravelmente, o Poder Normativo da Justiça do Trabalho, visto que, doravante, o dissídio coletivo de natureza econômica somente poderá ser proposto se houver mútuo acordo, ou seja, se houver a concordância de ambos os entes sindicais.

Vejamos a nova redação do art. 114, § 2.º, da CF/1988:

> "Art. 114. Compete à Justiça do Trabalho processar e julgar:
>
> (...)
>
> § 2.º Recusando-se qualquer das partes à negociação coletiva ou à arbitragem, é facultado às mesmas, de comum acordo, ajuizar dissídio coletivo de natureza econômica, podendo a Justiça do Trabalho decidir o conflito, respeitadas as disposições mínimas legais de proteção ao trabalho, bem como as convencionadas anteriormente".

Logo, verifica-se que a Justiça do Trabalho transformou-se numa espécie de juízo arbitral, somente podendo atuar e exercer o denominado poder normativo se ambos os entes sindicais concordarem com o ajuizamento do dissídio coletivo. Evidentemente, o objetivo do legislador foi estimular ainda mais a negociação coletiva, limitando, substancialmente, a intervenção da justiça laboral nos conflitos coletivos de trabalho.

> "DISSÍDIO COLETIVO. PARÁGRAFO 2.º DO ART. 114 DA CONSTITUIÇÃO DA REPÚBLICA. EXIGIBILIDADE DA ANUÊNCIA PRÉVIA. Não demonstrado o comum acordo, exigido para o ajuizamento do Dissídio Coletivo, consoante a diretriz constitucional, evidencia-se a inviabilidade do exame do mérito da questão controvertida, por ausência de condição da ação, devendo-se extinguir o processo, sem resolução do mérito, à luz do art. 267, inciso VI, do CPC (art. 485, VI, do NCPC). Preliminar que se acolhe" (Proc. DC 165049/2005-000-00-00.4 TST, Rel. Min. Carlos Alberto Reis de Paula, DJU 29.09.2006).

No entanto, entendemos que a simples mudança do § 2.º do art. 114 da Carta de 1988 é insuficiente para a valorização das negociações coletivas, sendo imperioso que a reforma sindical tão comentada e debatida seja finalmente implementada no Brasil.

Com a mudança constitucional que ora apresentamos, será a greve (direito constitucionalmente assegurado aos trabalhadores – art. 9.º da CF/1988) provavelmente o único instrumento de pressão possível de ser exercido pelos sindicatos obreiros em busca de melhores condições de trabalho, quando o sindicato patronal, por exemplo, recusar-se à negociação coletiva e não autorizar o ingresso do correspondente dissídio coletivo.

Talvez os maiores prejudicados sejam os pequenos sindicatos obreiros, principalmente do meio rural, os quais em função da sua fragilidade sequer terão a greve como aliada em busca de mecanismos de pressão para a conquista de novas e melhores condições de trabalho.

O professor Manoel Antônio Teixeira Filho, no artigo doutrinário "A Justiça do Trabalho e a Emenda Constitucional n. 45/2004", publicado pela Revista LTr 69-01, em janeiro de 2005, critica duramente o § 2.º, do art. 114 da CF/1988, conforme abaixo transcrito:

> "Ao dispor que as partes somente poderão ajuizar dissídio coletivo de natureza econômica 'de comum acordo', o texto constitucional nos coloca diante de, quando menos, três situações algo surrealistas.
>
> Em primeiro lugar, a expressão "comum acordo" (assim como "acordo mútuo") ainda que esteja no gosto geral, traduz injustificável pleonasmo vicioso, pois não se conhece acordo (comunhão de vontades) que não seja "comum"; acordo de um só, ou acordo contra a vontade da outra parte podem significar qualquer outra coisa, exceto convergência de manifestações volitivas. Se o legislador houvesse referido, apenas, o substantivo acordo, não só teria feito entender, como prestado homenagem à acribologia (não à acirologia).
>
> Em segundo lugar, o dissídio coletivo nada mais é do que o conflito de interesses que se estabelece entre as categorias econômicas e profissional. Por isso, o dissídio sempre antecede ao ingresso em juízo, sendo equivocado supor que surja em juízo. Logo, o que se tem buscado significar com a correntia expressão: "ajuizar dissídio coletivo", é, na verdade, o ato de uma das partes exercer o seu direito constitucional de ação, com o escopo, geralmente, de obter, por meio de pronunciamento jurisdicional, com eficácia normativa, a instituição de novas condições de trabalho ou a preservação das já existentes.
>
> Em terceiro lugar, o aspecto mais caracteristicamente surrealista da norma constitucional em exame reside no fato de condicionar o ajuizamento do denominado "dissídio coletivo" a acordo entre as partes. Ora, é razoável presumir que, na prática, essa convergência de vontades dificilmente ocorrerá, o que corresponde a afirmar que rarearão os casos em que um dissídio coletivo de natureza econômica será submetido à apreciação dos Tribunais do Trabalho. Não cremos tenha sido essa a melhor forma de estimular-se as partes à negociação, à solução consensual do conflito de interesses. Verifica-se, em face disso, que a despeito de o poder normativo da Justiça do Trabalho não haver sido anatematizado, banido (como muitos desejam), acabou sendo reduzido, de modo expressivo".

Por outro lado, mesmo que as entidades sindicais, de comum acordo, utilizem-se do dissídio coletivo, deverá a Justiça do Trabalho respeitar os limites da lei e as disposições convencionadas anteriormente, optando o legislador constituinte por restringir ainda mais o poder normativo da Justiça do Trabalho.

Comentando o tema, Marcos Neves Fava, Juiz do Trabalho Substituto na 2.ª Região, Nova competência da Justiça do Trabalho, p. 288, esclarece que:

> "O texto atual da Constituição, no entanto, impõe como limites a lei e as disposições mínimas 'convencionadas anteriormente'. Refere-se, pois, às normas resultantes da negociação coletiva entre as partes litigantes. Indica as cláusulas de convenção não vigentes no momento do litígio, mas que as partes já aceitaram, no passado, como válidas e aplicáveis. Desta perspectiva, ao contrário do entendimento sufragado pelo Supremo, o tema 'adicional de horas extraordinárias' poderia ser tratado em dissídio coletivo econômico, desde que, em convenção coletiva ou acordo coletivo de trabalho anterior, as partes já tivessem fixado adicionais diferentes ao constitucional. A medida valoriza o 'livre jogo da negociação', outorgando maior responsabilidade aos pactos coletivos, que poderão, em tempo futuro, servir de base para a decisão judicial".

Por último, em relação aos limites do poder normativo, estes estão inseridos na própria Constituição Federal de 1988. Logo, a sentença normativa encontra limites na própria lei, somente podendo atuar no vazio, no vácuo deixado propositadamente pela norma, não sendo lícito, entretanto, sobrepor-se ou contrariar a legislação em vigor.

O próprio Supremo Tribunal Federal adotou posicionamento no sentido de que o poder normativo da Justiça do Trabalho não é amplo e ilimitado, mas, ao contrário, encontra seus limites na própria lei, in verbis:

> "RECURSO EXTRAORDINÁRIO – TRABALHISTA – DISSÍDIO COLETIVO – AUSÊNCIA DE PREVISÃO LEGAL PARA CLÁUSULAS DEFERIDAS – PODER NORMATIVO DA JUSTIÇA DO TRABALHO – LIMITES NA LEI. 1. A jurisprudência da Corte é no sentido de que as cláusulas deferidas em sentença normativa proferida em dissídio coletivo só podem ser impostas se encontrarem suporte na Lei. 2. Sempre que a Justiça do Trabalho editar regra jurídica, há de apontar a Lei que lho permitiu. Se o caso não se enquadra na classe daqueles que a especificação legal discerniu, para dentro dela se exercer a sua atividade normativa, está a Corte Especializada a exorbitar das funções constitucionalmente delimitadas. 3. A atribuição para resolver dissídios individuais e coletivos, necessariamente in concreto, de modo algum lhe dá a competência legiferante. Recurso extraordinário conhecido e provido" (STF – 2.ª T. – RE 114.836-MG – Rel. Min. Maurício Corrêa – DJU 06.03.1998).

Em outras palavras, o poder normativo somente pode ser exercido se houver previsão legal para tanto. Não se pode esquecer que é vedado ao Poder Judiciário exercer a atividade legislativa.

Sobre o tema, cabe destacar as seguintes jurisprudências:

"DISSÍDIO COLETIVO – PODER NORMATIVO DA JUSTIÇA DO TRABALHO – LIMITES. Em consonância com o entendimento pacífico do Excelso Supremo Tribunal Federal (RE 197.911.9 – PE, Relator Ministro Octávio Gallotti), o poder normativo da Justiça do Trabalho somente '(...) opera no vazio legislativo, como regra subsidiária ou supletiva, subordinada à supremacia da lei, (...)', cujo alcance está limitado ao estabelecimento de condições de trabalho que inovam o ordenamento jurídico vigente, principalmente, porque a sentença normativa não pode sobrepor-se ou contrariar disposições de lei. Cláusulas que reivindicam a ampliação de benefícios já albergados pelas disposições constitucionais ou infraconstitucionais não se inserem na esfera de competência normativa da Justiça Laboral, por configurarem matéria tipicamente de negociação entre os atores sociais, as quais somente podem ser instituídas mediante acordo ou convenção coletiva de trabalho, nos moldes reconhecidos pelo art. 7.º, XXVI, da Constituição da República de 1988 – Juiz Tarcísio Valente, DC 00135.2003.000.23.00-0" (TRT – 23.ª Região – DC 00133.2006.000.23.00-4 – Rel. Paulo Brescovici – publicado em 16.06.2006).

"PODER NORMATIVO DA JUSTIÇA DO TRABALHO. CONSECUÇÃO DE OBJETIVOS MARCADOS NA CONSTITUIÇÃO FEDERAL. O deferimento de reajuste salarial que amenize as perdas ocasionadas pela inflação, em patamar pouco superior ao proposto pela empregadora representa o exercício do poder normativo da Justiça do Trabalho, conferido pela Constituição Federal. Há que se considerar que essa atribuição constitucional permite o direcionamento das decisões judiciais à consecução de objetivos expressos na Carta, em especial a dignidade humana e a valorização do trabalho. Não se deve temer que a primazia do trabalho, como fator de produção, represente quebra da isonomia, atributo que, na verdade, é ausente na relação entre as forças de produção. Pedido de reajuste salarial e de benefícios deferido nos termos propostos pelo sindicato suscitado. GREVE. REGULAMENTAÇÃO. APLICAÇÃO TEMPERADA DAS EXIGÊNCIAS LEGAIS. INTERPRETAÇÃO DOS LIMITES CONSTITUCIONAIS. Ao franquear a conduta paredista, o legislador constituinte não criou, por certo, permissão normativa para abusos, tanto é que estabeleceu limites. Todavia, há que se aplicar temperamento na interpretação da lei que regula o direito de greve, sob pena de inviabilizar qualquer movimento paredista. A exigência de estrita observância de exigências formais é de um rigorismo que não se coaduna com a nova ordem constitucional, na medida em que tende a burocratizar o exercício do direito de greve. Assim, há que se aceitar como comunicação antecipada, para efeito do art. 13 da Lei de Greve, o documento em que o sindicato informa que a falta de proposta de aumento salarial aceitável, em 72 horas, ensejará a adoção de novas medidas, sem que se cogite da obrigatoriedade de noticiar que a medida é a paralisação dos serviços. Improcedência do pedido de declaração de abusividade da greve" (TRT – 9.ª Região – DC 24001-2004-909-09-00-3 – Rel. Marlene T. Fuverki Suguimatsu – publicado em 26.05.2004).

> "DISPENSA COLETIVA. IMPOSSIBILIDADE DE REGULAMENTAÇÃO NO ÂMBITO DE DISSÍDIO COLETIVO DE GREVE. LIMITAÇÃO DO PODER NORMATIVO. A implantação do regime de dispensa coletiva e consequente limitação à liberdade patronal de cisão do vínculo de emprego mediante indenização compensatória exige a competente normatização legislativa, uma vez que, nos termos do inciso I, do artigo 7.º da Constituição Federal, é tarefa que incumbe à lei complementar. Em que pese a relevância e repercussão social da matéria discutida e, não obstante a lacuna legislativa a esse respeito, entendo que tal assunto não pode ser dirimido no âmbito de um dissídio coletivo de greve de forma arbitrada pelo Poder Judiciário, sob pena de se negar vigência ao expresso texto constitucional supracitado. Não se pode olvidar que há limites ao Poder Normativo que devem ser observados, mormente considerando-se que o legislador constituinte foi taxativo ao submeter à apreciação da legislação complementar a proteção da relação de emprego contra a despedida arbitrária. Todavia, nada impede que as partes, através de negociação coletiva, implementem medida que fixará um teto máximo para o número de demissões efetuadas" (TRT – 2.ª Região, DC 00281/2001-3 – Turma: SDC – Rel. Vania Paranhos – publicado em 08.01.2002).

> "DISSÍDIO COLETIVO – PODER NORMATIVO – PLEBISCITO. Escapa da competência normativa da Justiça do Trabalho a determinação e realização de atos políticos, como plebiscito para escolha da representação dos obreiros. Tal mister está deferido, exclusivamente, à vontade própria da coletividade dos trabalhadores" (TRT – 2.ª Região – DC 00259/2000-3 – Turma: SDC – Rel. Nelson Nazar – publicado em 14.11.2000).

11.1.3. Cabimento

O dissídio coletivo somente poderá ser suscitado uma vez esgotada ou frustrada, total ou parcialmente, a negociação coletiva implementada diretamente pelos entes interessados, ou mesmo intermediada pelo órgão competente do Ministério do Trabalho, mediante a realização das denominadas "mesas de negociação".

A própria Constituição Federal de 1988, art. 114, §§ 1.º e 2.º, condiciona a nomeação de árbitros ou o ajuizamento de dissídio coletivo à frustração da negociação coletiva. Nessa esteira, caso seja suscitado um dissídio coletivo sem o esgotamento da negociação prévia pelos entes interessados, será o processo extinto pelo Tribunal do Trabalho sem resolução do mérito, com base no art. 485, IV, do CPC.

Ademais, após a EC 45/2004, já mencionada, que alterou o art. 114, § 2.º, da Carta de 1988, tornou-se imprescindível, para o cabimento do dissídio coletivo de natureza econômica, que ambos os entes sindicais concordem com o ajuizamento do dissídio, sob pena de não cabimento da instância.

Sobre o tema, cabe destacar os seguintes julgados:

"DISSÍDIO COLETIVO. ART. 114, § 2.º, DA CONSTITUIÇÃO FEDERAL. PRESSUPOSTO PROCESSUAL PARA A INSTAURAÇÃO DA INSTÂNCIA. COMUM ACORDO. FACULDADE DAS PARTES. O art. 5.º, inciso XXXV, da Constituição Federal estabelece que a lei não excluirá da apreciação do Poder Judiciário lesão ou ameaça a direito. Assim, outra interpretação ao disposto no § 2.º do art. 114 da CF não pode ser dada senão a que considera o comum acordo para a instauração da instância coletiva como faculdade colocada às partes e não exigência prévia para o ajuizamento do dissídio coletivo, assemelhando-se à hipótese de litisconsórcio no polo ativo, sendo facultada a sua formação. Destarte, a interpretação que melhor se coaduna com a nossa tradição processual é a que possibilita a formação de litisconsórcio ativo, sem afastar a possibilidade de apenas um dos litigantes buscar a tutela jurisdicional, mesmo havendo situação que obrigue a sua formação, seja por força de lei ou da relação jurídica. Desse modo, é que a inexistência do 'comum acordo' de que trata o § 2.º do art. 114 da CF não pode ser considerada como obstativa ao direito da Suscitante instaurar o Dissídio Coletivo, posto que referida exigência deve ser analisada em consonância com a garantia constitucional da inafastabilidade da jurisdição (art. 5.º, XXXV, da CF) e entendida como faculdade colocada à disposição das partes que pretendam suscitar o dissídio. Dissídio Coletivo admitido e julgado parcialmente procedente" (TRT – 23.ª Região – DC 00242.2006.000.23.00-1 – Rel. João Carlos – publicado em 13.12.2006).

"Emenda Constitucional 45. Artigo 114, § 2.º, da Constituição Federal. Expressa concordância das partes para a instauração de dissídio coletivo. À luz dos princípios que norteiam a hermenêutica constitucional, notadamente o da máxima efetividade, é inafastável o convencimento de que a Emenda Constitucional 45, ao introduzir o 'comum acordo' no parágrafo 2.º do artigo 114 da Constituição Federal, mitigou o Poder Normativo da Justiça do Trabalho, valorizando e incentivando a livre negociação entre as partes interessadas e a arbitragem, como forma alternativa de solução de conflitos. Não se vislumbra qualquer violação ao princípio do livre acesso à justiça, insculpido no art. 5.º, XXXV, da Carta Magna, eis que o Poder Normativo não se consubstancia em autêntica função jurisdicional, mas sim, em função legislativa exercida de forma anômala pelo Judiciário Trabalhista. De resto, o pressuposto não advém de lei, mas tem sua gênese em emenda constitucional a não autorizar malferimento ao art. 5.º, XXXV, da Lei Maior, envolvendo acessibilidade à jurisdição" (TRT – 9.ª Região – DC 16012-2005-909-09-00-0 – Rel. Rosemarie Diedrichs Pimpão – publicado em 27.06.2006).

"DISSÍDIO COLETIVO DE NATUREZA ECONÔMICA – EC 45/2004 – ANUÊNCIA TÁCITA – CONDIÇÃO POTESTATIVA – INTERPRETAÇÃO MAIS FAVORÁVEL: Havendo concordância tácita que se extrai dos atos inequívocos de assentimento consignados nos autos, como o comparecimento do suscitado à audiência para a qual foi intimado, o oferecimento de contestação do mérito sem questionamento sobre a questão extintiva e a apresentação, na audiência instrutória, de uma proposta de acordo sobre o índice de reajuste afastam a arguição ministerial de falta de ajuste prévio para ajuizamento do dissídio coletivo. Preliminar que se rejeita. MÉRITO – ARBITRAMENTO DE REAJUSTE SEGUNDO PARÂMETROS TÉCNICOS OFERTADOS PELA ASSESSORIA ECONÔMICA DO TRIBUNAL – MANUTENÇÃO DAS CLÁUSULAS PREEXISTENTES CONTIDAS NA CONVENÇÃO COLETIVA ANTERIOR:

> Dissídio coletivo que se julga parcialmente procedente para conceder o reajuste salarial de 5,57%, correspondente ao INPC/IBGE do período compreendido entre 01.07.2003 a 30.06.2004, a incidir sobre os salários vigentes em 30 de junho de 2004, tendo em vista os elementos contidos no parecer técnico da assessoria econômica deste Regional, de fls. 171/172, compensando-se as antecipações nos termos do Precedente 24, deste Tribunal, segundo o qual 'são compensáveis todas as majorações nominais de salário, salvo as decorrentes de promoção, reclassificação, transferência de cargo, aumento real e equiparação salarial', e para manter as condições preexistentes contidas na convenção coletiva anterior" (TRT – 2.ª Região – DC 20140-2005-000-02-00-6 – Turma: SDC – Rel. Wilma Nogueira de Araujo Vaz da Silva – publicado em 17.03.2006).
>
> "REVISÃO DE DISSÍDIO COLETIVO. COMUM ACORDO. CONDIÇÃO DA AÇÃO. EC 45/2004. Com a promulgação da EC 45/2004, houve a inauguração de novo cenário no sistema das relações coletivas, passando a preponderar a livre negociação entre as categorias envolvidas, em detrimento da tradicional regulação exercida por meio do Poder Normativo atribuído historicamente à Justiça do Trabalho. Optou-se, portanto, nitidamente pela forma autocompositiva de solução dos conflitos coletivos trabalhistas. Apenas de comum acordo o dissídio coletivo revisional poderá ser ajuizado (art. 114, § 2.º, CF). Havendo discordância expressa pela Suscitada, arguida na primeira vez em que lhe competia falar nos autos, resulta inviável falar-se em concordância tácita. Extinção do processo, sem julgamento do mérito, por inobservância do requisito previsto no art. 114, § 2.º, da Constituição Federal" (TRT – 9.ª Região – DC 32005-2005-909-09-00-6 – Rel. Luiz Celso Napp – publicado em 26.09.2006).

Frise-se que em relação aos dissídios coletivos de natureza jurídica, que objetivam interpretar norma jurídica, a nova redação constitucional não impôs a concordância mútua dos entes sindicais, apenas exigindo-a nos dissídios de natureza econômica.

Por outro lado, embora a matéria já fosse pacífica na doutrina e jurisprudência, a nova redação do art. 114, II, da CF/1988, imposta pela EC 45/2004, tornou explícita a competência da Justiça do Trabalho para processar e julgar as ações que envolvam o exercício do direito de greve, entre elas, o dissídio coletivo de greve, em geral ajuizada pelo ente patronal em caso de suspensão dos trabalhos pelos obreiros.

Também foi acrescentado pela EC 45/2004 o § 3.º ao art. 114 da Constituição, estabelecendo que, "em caso de greve em atividade essencial, com possibilidade de lesão do interesse público, o Ministério Público do Trabalho poderá ajuizar dissídio coletivo, competindo à Justiça do Trabalho decidir o conflito".

Portanto, havendo a paralisação de atividades essenciais como os transportes coletivos, coleta seletiva de lixo, saúde etc., poderá o Ministério Público do Trabalho suscitar o competente dissídio coletivo de greve, em função do interesse difuso de toda uma coletividade ameaçada em função da suspensão total das atividades pelos grevistas.

Sobre o tema, cabe destacar os ensinamentos de Marcos Neves Fava, Juiz do Trabalho Substituto na 2.ª Região, que, na mesma obra Nova competência da Justiça do Trabalho, p. 284, leciona:

> "O terceiro parágrafo do artigo 114 da Constituição Federal mantém o mecanismo de entrega ao Ministério Público do Trabalho à iniciativa do dissídio, na hipótese de greve em atividade essencial. A CLT, artigo 856, previa a representação da Procuradoria ao Presidente do Tribunal Regional do Trabalho, na hipótese de 'ocorrer suspensão do trabalho'. O Texto Emendado, portanto, é mais restritivo do que o processo coletivo anterior, na medida em que, para legitimação do Parquet, necessário que haja greve e que o movimento se dê em atividade essencial 'com possibilidade de lesão do interesse público'. Na ocorrência de movimentos paredistas em atividades não essenciais ou mesmo nas essenciais, se a organização dos trabalhadores evitar a possibilidade de lesão ao interesse público, não mais poderá o Ministério Público do Trabalho ajuizar – antes 'representar' – o dissídio coletivo".

11.1.4. Classificação

Tradicionalmente, os dissídios coletivos classificam-se em:

- De natureza econômica ou de interesse – em que são reivindicadas novas condições econômicas ou sociais que serão aplicáveis no âmbito das relações individuais de trabalho. Representam a maioria absoluta dos dissídios propostos perante a Justiça do Trabalho, envolvendo quase sempre a discussão sobre o reajuste salarial da categoria profissional. A sentença normativa oriunda do dissídio coletivo de natureza econômica é constitutiva, pois cria novas regras jurídicas de observância obrigatória pelos entes sindicais envolvidos e que repercutem nas relações individuais de trabalho;
- De natureza jurídica – para interpretação de cláusulas de sentenças normativas, de instrumentos de negociação coletiva, acordos e convenções coletivas, de disposições legais particulares de categoria profissional ou econômica e de atos normativos. A sentença normativa oriunda do dissídio coletivo de natureza jurídica é declaratória, pois objetiva interpretar determinado dispositivo legal ou convencional.

Cabe destacar que o dissídio coletivo de natureza jurídica não se presta a interpretar normas de caráter genérico, conforme entendimento consubstanciado na OJ 7 da SDC/TST.

Por outro lado, o TST admite esse dissídio para interpretação de regulamento empresarial, o que pode ser constatado no seguinte julgado:

> *DISSÍDIO COLETIVO de natureza jurídica. INTERPRETAÇÃO DE NORMA REGULAMENTAR DA EMPRESA. REGIME DE TRABALHO. ALTERAÇÃO. TURNOS ININTERRUPTOS DE REVEZAMENTO PARA TURNOS FIXOS. LEGALIDADE. 1. Insere-se na competência funcional originária do Tribunal Superior do Trabalho julgar dissídio coletivo de natureza jurídica visando à interpretação de norma regulamentar empresarial de observância obrigatória em área territorial que exceda a jurisdição de um Tribunal Regional do Trabalho (art. 10 da Lei n. 7.701/88). 2. A Emenda Constitucional n. 45/2004 não pôs fim à ação de dissídio coletivo de natureza jurídica, uma vez que, anteriormente à citada EC, o art. 114 da CF/88 não se referia a dissídio coletivo jurídico, que continua sendo cabível, na Justiça do Trabalho, quando houver divergência de interpretação de cláusulas de sentenças normativas, de instrumentos de negociação coletiva, acordos e convenções coletivas, de disposições legais particulares de categoria profissional ou econômica e de atos normativos (art. 10 da Lei n. 7.701/88 e art. 220, II, do RI-TST). 3. É cabível o ajuizamento de dissídio coletivo de natureza jurídica resultante de disputa ou discussão quanto à interpretação de cláusula constante do regulamento interno da Empresa, a qual provoque a configuração de conflito coletivo cuja solução exija pronunciamento judicial por meio de ação de conteúdo declaratório quanto ao sentido e alcance da norma questionada. 4. O presente dissídio coletivo de natureza jurídica visa à interpretação de norma interna da Empresa; portanto, de regra preexistente, por meio da qual a Suscitada promoveu a alteração do regime de trabalho de seus empregados, de turnos ininterruptos de revezamento para turnos fixos, alteração essa que, no entender dos Suscitantes, ofende o sistema normativo. (...) Dissídio coletivo de natureza jurídica que se julga improcedente. (ED-DC - 1965186-25.2008.5.00.0000, Relator Ministro: Walmir Oliveira da Costa, Data de Julgamento: 14/08/2008, Seção Especializada em Dissídios Coletivos, Data de Publicação: 22/08/2008).*

José Augusto Rodrigues Pinto, em obra já citada neste capítulo, adota classificação diferenciada, conforme abaixo descrita:

- Dissídio originário ou primário – correspondente ao dissídio de interesse (dissídio coletivo de natureza econômica), tendo por objeto criar norma, pouco importando seja inédita ou substitutiva de outra criada em dissídio anterior da mesma espécie;
- Dissídios derivados ou secundários – de cabimento dependente da existência de norma anterior, criada em dissídio de interesse, tendo por objeto rever a norma precedente (dissídio de revisão) ou interpretá-la para aplicação em concreto (dissídio de interpretação).

O Tribunal Superior do Trabalho, por sua vez, por meio do seu regimento interno, adota, no art. 241, a seguinte classificação dos dissídios coletivos:

- de natureza econômica – para a instituição de normas e condições de trabalho;

- de natureza jurídica – para interpretação de cláusulas de sentenças normativas, de instrumentos de negociação coletiva, acordos e convenções coletivas, de disposições legais particulares de categoria profissional ou econômica e de atos normativos;
- originários – quando inexistentes ou em vigor normas e condições especiais de trabalho decretadas em sentença normativa;
- de revisão – quando destinados a reavaliar normas e condições coletivas de trabalho preexistentes que se hajam tornado injustas ou ineficazes pela modificação das circunstâncias que as ditaram;
- de declaração sobre a paralisação do trabalho – decorrente de greve.

11.1.5. Partes e iniciativa

Independentemente da espécie de dissídio coletivo proposto, quem o instaura ou o suscita chama-se suscitante, recebendo a parte contrária a denominação de suscitado.

Em regra, as partes suscitante e suscitado são as categorias profissionais e econômicas interessadas na fixação das condições de trabalho.

Frise-se que, não havendo sindicato representativo da categoria econômica ou profissional, a representação poderá ser instaurada pelas federações correspondentes e, na falta destas, pelas respectivas confederações, no âmbito de sua representação, conforme autorização legal prevista no art. 857, parágrafo único, da CLT.

Quanto às empresas, o TST entende que elas não possuem legitimidade para iniciar um dissídio coletivo de natureza econômica, porquanto poderiam conceder, sem qualquer debate judicial, vantagens aos trabalhadores.

Além disso, entende o TST que as empresas e seus sindicatos (patronais) poderiam, caso tivessem interesse em norma coletiva, negociar diretamente com o sindicato obreiro, tornando desnecessária a demanda judicial. Veja os seguintes julgados:

> *"RECURSO ORDINÁRIO. DISSÍDIO COLETIVO DE NATUREZA ECONÔMICA AJUIZADO PELA EMPRESA. FALTA DE INTERESSE DE AGIR. ILEGITIMIDADE ATIVA. EXTINÇÃO DO PROCESSO SEM RESOLUÇÃO DO MÉRITO. ART. 485, VI, DO CPC/2015. A jurisprudência predominante nesta corte é de que a categoria patronal carece de interesse processual (necessidade e utilidade) para ajuizar dissídio coletivo de natureza econômica, uma vez que a categoria patronal, em tese, pode espontaneamente, conceder aos seus empregados quaisquer vantagens, prescindindo da autorização judicial. Efetivamente, a legitimidade ativa para o ajuizamento da representação coletiva de caráter econômico é restrita ao sindicato representante da categoria profissional, que atua na busca para obter melhores condições de*

> *trabalho em favor dos trabalhadores por ele representados. Precedentes da SDC. Processo extinto, sem resolução do mérito, com base no art. 485, VI, do CPC de 2015" (RO-80095-53.2018.5.22.0000, Seção Especializada em Dissídios Coletivos, Relatora Ministra Kátia Magalhães Arruda, DEJT 06/03/2020).*
>
> *"RECURSO ORDINÁRIO. DISSÍDIO COLETIVO DE NATUREZA ECONÔMICA INSTAURADO POR EMPRESA. DECISÃO DO TRIBUNAL REGIONAL QUE EXTINGUE O PROCESSO, SEM RESOLUÇÃO DE MÉRITO, POR AUSÊNCIA DE COMUM ACORDO DO SINDICATO DA CATEGORIA PROFISSIONAL. MANUTENÇÃO DA DECISÃO POR FUNDAMENTO DIVERSO. AUSÊNCIA DE INTERESSE DE AGIR DA CATEGORIA ECONÔMICA. A jurisprudência desta SDC tem manifestado o entendimento de que o empregador não tem interesse processual/jurídico tutelável pela ordem jurídica para instaurar dissídio coletivo de natureza econômica em face do sindicato da categoria profissional, uma vez que a categoria econômica pode, em tese, conceder espontaneamente quaisquer vantagens aos seus empregados. Com efeito, o sindicato obreiro é o único legitimado para ajuizar o dissídio coletivo de natureza econômica, como prerrogativa inerente a sua função de patrono dos interesses dos trabalhadores no plano da relação de trabalho. Na situação vertente, conforme consta no acórdão regional, existe convenção coletiva que estipula condições de trabalho aplicáveis aos empregados da Empresa Autora, não havendo óbice para que ela mesma, caso tenha interesse, inicie processo de negociação coletiva diretamente com o sindicato obreiro, a fim de criar acordo coletivo com condições de trabalho específicas para seus empregados - respeitada, de todo modo, a vontade das Partes Coletivas. Contudo, como já mencionado, desserve para esse fim o dissídio coletivo de natureza econômica, consoante a pacífica jurisprudência desta Corte. Observe-se, ademais, que a Constituição Federal (art. 114, 2º, da CF) determina a observância, nas sentenças normativas, do critério de manutenção das vantagens precedentes, e não a criação (ou extensão) das condições mais gravosas eventualmente estabelecidas em instrumentos normativos antecedentes. Assim, se a pretensão da categoria econômica com o dissídio coletivo é a criação de condições mais gravosas, também aí se torna improcedente a ação dissidial, porque essa pretensão não pode ser alcançada por dissídio coletivo. Recurso ordinário desprovido " (RO-80039-71.2017.5.07.0000, Seção Especializada em Dissídios Coletivos, Relator Ministro Mauricio Godinho Delgado, DEJT 17/09/2019).*

Claro que a empresa ou o sindicato patronal possui legitimidade ativa para o dissídio coletivo de natureza jurídica, porquanto, nesse caso, existe conflito sobre a interpretação de uma norma existente.

Além disso, a empresa ou sindicato patronal possui legitimidade para o dissídio coletivo de greve. Veja esse julgado do TST:

> "(...) I) DISSÍDIO COLETIVO DE GREVE - INSTAURAÇÃO PELO SINDICATO PROFISSIONAL - LEGITIMIDADE ATIVA AD CAUSAM. 1.Após o cancelamento da Orientação Jurisprudencial 12, o entendimento desta SDC direciona-se no sentido de reconhecer a legitimidade de sindicato obreiro para a instauração de dissídio coletivo de greve. Assim, são partes legítimas para a propositura dessa ação todos aqueles que são atingidos pelo movimento paredista, isto é, os empregadores e seus respectivos

> sindicatos, os próprios sindicatos profissionais para promotores da greve, para superar o impasse nas negociações, e, ainda, o Ministério Público do Trabalho. (...) (RO-1001809-70.2016.5.02.0000, Seção Especializada em Dissídios Coletivos, Relator Ministro Ives Gandra Martins Filho, DEJT 20/03/2019).

Com relação aos profissionais liberais, a Lei 7.316/1985 atribuiu às entidades sindicais que integram a Confederação Nacional dos Profissionais Liberais o mesmo poder de representação dos sindicatos representativos das categorias profissionais diferenciadas, tanto em ações individuais como coletivas.

O art. 856 da CLT estabelece que "a instância será instaurada mediante representação escrita ao Presidente do Tribunal. Poderá ser também instaurada por iniciativa do Presidente, ou, ainda, a requerimento da Procuradoria da Justiça do Trabalho, sempre que ocorrer suspensão do trabalho".

Com o cancelamento da OJ 12/SDC, a qual estabelecia que "não se legitima o Sindicato profissional a requerer judicialmente a qualificação legal de movimento paredista que ele próprio fomentou", o TST passou a reconhecer que o próprio sindicato que deflagra a greve pode requerer, em Dissídio Coletivo, o reconhecimento da legalidade do movimento paredista.

Em relação à legitimidade do Ministério Público do Trabalho para suscitar dissídio coletivo de greve em caso de paralisação do trabalho pelos empregados, não há qualquer dúvida, visto que, na qualidade de defensor da ordem jurídica, age o Parquet na defesa do interesse público, principalmente em virtude dos prejuízos que a sociedade possa sofrer em face da paralisação abusiva do trabalho, com desrespeito aos mandamentos previstos na Lei 7.783/1989 (Lei de Greve).

Nessa esteira, a CF/1988, art. 114, § 3.º, a Lei 7.783/1989, art. 8.º, e a LC 75/1993, art. 83, VIII, legitimam o Órgão Ministerial a instaurar instância em caso de greve, quando a defesa da ordem jurídica ou o interesse público assim o exigir.

Todavia, conforme já mencionado, entendemos que o Ministério Público do Trabalho somente deverá propor instância de greve, caso ocorra greve em atividades essenciais, com possibilidade de lesão ao interesse público, pois, nesse caso, estaria o Órgão Ministerial defendendo o interesse difuso de toda uma coletividade ameaçada pela paralisação de uma atividade elencada como essencial.

Além dessa hipótese, não vemos espaço para atuação do Ministério Público, pois não se pode esquecer que a greve é um direito constitucionalmente assegurado aos trabalhadores, a eles cabendo decidir sobre a oportunidade de exercê-lo e sobre os interesses que devam por meio dele defender (art. 9.º da CF/1988).

Ainda em relação ao dissídio coletivo de greve, além do Ministério Público do Trabalho, também poderá atuar como legitimado ativo da demanda o sindicato representativo da categoria econômica ou as empresas isoladamente consideradas.

Quanto à possibilidade de o presidente do tribunal instaurar de ofício a instância de greve em caso de paralisação do trabalho pelos obreiros (art. 856 da CLT), diga-se de passagem, fruto de um intervencionismo exagerado e proposital do Estado nas relações coletivas (imposto na era Vargas), entendemos que isso não é mais possível nos dias atuais pelos seguintes motivos:

- o art. 2.º do CPC fixa o princípio da inércia da jurisdição ao dispor que o processo começa por iniciativa da parte e se desenvolve por impulso oficial, salvo as exceções previstas em lei, não cabendo ao presidente do tribunal, portanto, ao arrepio do princípio em comento, instaurar, de ofício, instância de greve;
- não seria razoável, por outro lado, que a Justiça do Trabalho julgasse um dissídio coletivo por ela mesmo proposto, por meio do seu presidente;
- a Lei 7.783/1989 somente concede a iniciativa para provocar a instauração de dissídio coletivo em caso de paralisação do trabalho a qualquer das partes ou ao Ministério Público do Trabalho, estando, portanto, o art. 856 da CLT, neste particular, derrogado pela Lei, específica, de greve;
- a própria Constituição Federal de 1988, ao acrescentar o § 3.º ao art. 114, por força da EC 45/2004, não contemplou o presidente do tribunal como colegitimado a suscitar dissídio de greve em caso de paralisação em atividade essencial.

Contudo, em concursos públicos, principalmente em questões objetivas, as bancas examinadoras ainda vêm considerando o presidente do tribunal competente para suscitar dissídio coletivo de ofício em caso de paralisação do trabalho pelos obreiros.

11.1.6. Competência de julgamento

A competência em razão da matéria para julgamento do dissídio coletivo é da Justiça do Trabalho, em face do estatuído no art. 114 da Carta Maior.

Quando a base territorial dos sindicatos envolvidos estiver inserta na jurisdição de somente um Tribunal Regional do Trabalho, será este competente, de forma originária, para conhecer do dissídio.

Entretanto, se a base territorial dos entes sindicais abranger a jurisdição territorial de mais de um Tribunal Regional do Trabalho, a competência originária para julgamento do dissídio será do Tribunal Superior do Trabalho.

Em suma, caberá aos Tribunais Regionais do Trabalho ou ao Tribunal Superior do Trabalho o julgamento originário dos dissídios coletivos, dependendo do alcance da base territorial dos entes envolvidos.

Nos tribunais, a competência será exercida pelas seções especializadas em dissídios coletivos, onde houver, e pelo Tribunal Pleno, caso não existam seções específicas para julgamento de dissídio coletivo.

11.1.7. Procedimento

A petição inicial do dissídio coletivo será apresentada em tantas vias quantos forem os suscitados e deverá conter a designação e qualificação dos suscitantes e suscitados, a natureza do estabelecimento ou serviço, os motivos do dissídio e as bases de conciliação, devendo ser escrita, não se admitindo o dissídio coletivo verbal.

A representação dos sindicatos para instauração da instância fica subordinada à aprovação de assembleia, da qual participem os associados interessados na solução do dissídio coletivo, em primeira convocação, por maioria de 2/3 destes, ou, em segunda convocação, por 2/3 dos presentes (art. 859 da CLT).

Portanto, será necessário que a petição inicial venha acompanhada de cópia autêntica da ata de assembleia geral que autorizou o sindicato a propor a ação coletiva, juntamente da listagem de comparecimento à referida assembleia, para que o Tribunal possa verificar o quórum previsto no art. 859 consolidado.

No mesmo sentido, posiciona-se o Tribunal Superior do Trabalho:

> "PISOS SALARIAIS. I – Refoge ao âmbito do poder normativo da Justiça do Trabalho a fixação de piso salarial, pelo que é imprescindível negociação direta entre as entidades sindicais. II – A exceção à constrição do poder normativo da Justiça do Trabalho corre por conta da hipótese de se tratar de dissídio revisando de convenção coletiva anterior, da qual tivesse constado tal vantagem, caso em que lhe caberia reajustá-lo na conformidade do reajuste geral de salário. III – Ocorre que a cláusula preexistente do piso salarial consta de sentença normativa, não se aplicando por isso a jurisprudência desta Corte, tendo em vista o disposto no art. 114, § 2.º da Constituição Federal. Recurso provido.
>
> (...)
>
> 'Sustenta o Recorrente que, para a entidade sindical ajuizar um dissídio coletivo, deverá provar que envidou todos os esforços para a celebração de uma convenção coletiva ou de um acordo coletivo. E, como se sabe, o sindicato apenas representa os trabalhadores, verdadeiros titulares dos interesses reivindicados. Assim, para ingressar em juízo, deve obter a respectiva autorização, que se dá por meio de assembleia geral, observado o *quorum* legal, verdadeiro indicativo

> de que a deliberação representa, efetivamente, a vontade da categoria (arts. 612 e 859 da CLT).
>
> Não obstante as alegações do Recorrente, os autos demonstram que foram envidados todos os esforços possíveis pela entidade profissional para que houvesse a negociação direta entre as partes, todavia, tal não ocorreu, como, inclusive, pode-se observar à fl. 45 (doc. 10), em que o Sindicato patronal não compareceu à Mesa Redonda promovida pela DRT, apesar de devidamente notificado, não restando outra alternativa ao Sindicato profissional a não ser o ajuizamento do dissídio coletivo. Quanto ao *quorum* assemblear, o doc. 6 (fls. 23/27) demonstra o comparecimento de 119 trabalhadores, atendendo o disposto no art. 859 da CLT, já que a assembleia foi realizada em segunda convocação.'

Nego provimento" (RODC-20216/2003-000-02-00.1 – Rel. Min. Barros Levenhagen – 08.03.2007).

Também constitui documento essencial à propositura do dissídio coletivo a chamada pauta reivindicatória registrada em ata, conforme consubstanciado na OJ 08 da SDC/TST, in verbis:

> "OJ 8 DA SDC/TST – DISSÍDIO COLETIVO. Pauta reivindicatória não registrada em ata. Causa de extinção. A ata da assembleia de trabalhadores que legitima a atuação da entidade sindical respectiva em favor de seus interesses deve registrar, obrigatoriamente, a pauta reivindicatória, produto da vontade expressa da categoria".

Por outro lado, todas as cláusulas previstas na petição inicial do dissídio coletivo devem ser fundamentadas, sob pena de o tribunal não proferir julgamento, conforme previsto no Precedente Normativo 37 do TST.

Havendo convenção coletiva, acordo coletivo ou sentença normativa em vigor, o dissídio coletivo deverá ser instaurado dentro dos 60 dias anteriores ao termo final do respectivo instrumento, para que a sentença normativa possa ter vigência no dia imediato a esse termo, conforme previsão explícita no art. 616, § 3.º, da CLT.

O Tribunal Superior do Trabalho previa na já revogada IN 4/1993 (que dispunha sobre o processo dos dissídios coletivos) que a entidade interessada poderia formular protesto em petição dirigida ao presidente do Tribunal do Trabalho respectivo, objetivando preservar a data-base da categoria quando a negociação coletiva não fosse finalizada no prazo previsto no art. 616, § 3.º, da CLT.

Nesta hipótese, deferido o protesto, a representação coletiva poderia ser ajuizada no prazo máximo de 30 dias, contados da intimação da decisão que deferiu o protesto, sob pena de perda da eficácia da referida medida.

Não obstante o cancelamento da IN 4/1993 do TST, entendemos que os sindicatos continuam com a possibilidade de utilizar o protesto judicial junto ao presidente do tribunal, com o intuito de preservar a data-base da categoria, baseando o seu pedido nos arts. 726 e seguintes do CPC, que disciplinam a figura da medida cautelar específica denominada protesto judicial.

Tratando-se de categoria diferenciada, é necessário que sejam incluídos como suscitados todos os sindicatos das diversas atividades econômicas às quais os integrantes da categoria suscitante prestem serviços, uma vez que a relação processual se dá entre as partes integrantes do processo, não havendo como a sentença normativa estender seus efeitos a quem não foi parte no dissídio.

Convém não esquecermos que o dissídio coletivo de natureza econômica, após a edição da EC 45/2004, a teor do art. 114, § 2.º, da CF/1988, somente pode ser suscitado se houver comum acordo entre os entes sindicais envolvidos.

No dissídio coletivo não há substituição processual, mas sim legitimação ordinária dos sindicatos.

Recebida e protocolada a petição inicial do dissídio e estando a mesma devidamente instruída, o presidente do tribunal designará audiência de conciliação, dentro do prazo de dez dias, determinando a notificação postal dos dissidentes.

No entanto, se a instância instaurada for a de greve, a audiência deverá ser realizada o mais breve possível, sendo muitas vezes as partes envolvidas notificadas por telefone ou fax.

É facultado ao empregador fazer-se representar na audiência pelo gerente, ou por qualquer outro preposto que tenha conhecimento do dissídio, e por cujas declarações será sempre responsável (art. 861 da CLT).

No dissídio coletivo não há que falar em contestação, reconvenção, revelia, confissão ou intervenção de terceiros, uma vez que na instância não há pedido, mas sim propostas de criação de novas normas, estando em debate o interesse abstrato de toda uma categoria profissional ou econômica, pelo que a decisão a ser proferida transcende à iniciativa das partes.

Neste sentido, o próprio art. 864 da CLT dispõe que, não havendo acordo ou "não comparecendo ambas as partes ou uma delas, o presidente submeterá o processo a julgamento", não havendo qualquer revelia ou confissão a ser declarada.

A conciliação nos autos do dissídio coletivo é realizada uma única vez, por meio de audiência designada com essa finalidade, presidida pelo presidente do tribunal, ou, conforme o regimento interno, por outro magistrado do tribunal.

Frise-se que o presidente do tribunal não fica adstrito às propostas das partes, podendo apresentar a solução que entender pertinente para a solução do conflito, conforme previsto no art. 862 da CLT.

Sempre que, no decorrer do dissídio, houver ameaça de perturbação da ordem, o presidente requisitará à autoridade competente as providências que se fizerem necessárias.

Quando o dissídio ocorrer fora da sede do tribunal, poderá o presidente do tribunal respectivo delegar ao juiz do trabalho local a atribuição de realizar a audiência de conciliação. Nesse caso, não havendo acordo, a autoridade delegada encaminhará o processo ao tribunal, fazendo exposição circunstanciada dos fatos e indicando a solução que lhe parecer conveniente.

Havendo acordo, o presidente o submeterá à homologação do tribunal na primeira sessão (art. 863 da CLT), e a decisão que homologar o acordo também será considerada uma decisão normativa.

Não havendo acordo, o processo será encaminhado ao Ministério Público do Trabalho para emissão de parecer.

Ressalte-se que o art. 11 da Lei 7.701/1988 dispõe que nos processos de dissídio coletivo o Ministério Público emitirá parecer escrito, ou protestará pelo pronunciamento oral, na audiência ou sessão de julgamento.

Após o parecer do Ministério Público do Trabalho, o processo será distribuído ao relator, mediante sorteio. Elaborado o relatório, o processo é encaminhado ao revisor e depois submetido a julgamento pelo tribunal.

11.1.8. Cláusulas constantes no dissídio coletivo

Podemos elencar quatro tipos de cláusulas ou condições constantes no dissídio coletivo, a serem fixadas mediante a sentença normativa, a saber:

- Econômicas – dizem respeito a reajustes salariais, aumentos reais, produtividade, piso salarial etc.;
- Sociais – atinentes à garantia de emprego e outras vantagens sem conteúdo econômico, como a fixação de condições de trabalho menos gravosas para a saúde, abono de faltas etc.;
- Sindicais – tratam da relação entre os sindicatos e entre empresas e o sindicato, como as cláusulas que instituem representantes sindicais na empresa, determinam desconto assistencial, confederativo etc.;
- Obrigacionais – estabelecem multas para a parte que descumprir as normas coletivas constantes da sentença normativa.

11.2. SENTENÇA NORMATIVA

11.2.1. Conceito e natureza

A sentença normativa é a decisão proferida pelos tribunais (Tribunal Regional do Trabalho ou Tribunal Superior do Trabalho) ao julgarem um dissídio coletivo.

Tratando-se de dissídio coletivo de natureza econômica, a sentença normativa terá natureza constitutiva, pois objetiva criar, constituir novas condições de trabalho.

Por outro lado, quando a sentença normativa for proferida no bojo de um dissídio coletivo de natureza jurídica, tal sentença terá natureza declaratória, pois apenas tem por finalidade interpretar a norma já existente.

11.2.2. Início da vigência

Em função do disposto no art. 867, parágrafo único, da CLT, a sentença normativa vigorará:

- A partir da data de sua publicação, quando ajuizado o dissídio coletivo após o prazo previsto no art. 616, § 3.º, da CLT;
- A partir da data do seu ajuizamento, quando não existir acordo coletivo, convenção coletiva ou sentença normativa em vigor;
- A partir do dia imediato ao termo final de vigência do acordo coletivo, convenção coletiva ou sentença normativa, quando ajuizado o dissídio coletivo dentro do prazo previsto no art. 616, § 3.º, da CLT.

11.2.3. Prazo

O prazo máximo de vigência da sentença normativa será de quatro anos, a teor do art. 868, parágrafo único, da CLT.

Todavia, os tribunais, em regra, objetivando incentivar a negociação coletiva entre os entes sindicais, têm fixado o prazo de vigência da sentença normativa em um ano, almejando, com isso, que na data-base do ano seguinte os sindicatos participem de novas tratativas negociais.

Cabe também destacar a Súmula 277 do TST, a qual estabelece que "as cláusulas normativas dos acordos coletivos ou convenções coletivas integram os contratos individuais de trabalho e somente poderão ser modificadas ou suprimidas mediante negociação coletiva de trabalho".

Finalmente, cumpre destacar o Precedente Normativo 120, nos seguintes termos:

> "PN 120. SENTENÇA NORMATIVA. DURAÇÃO. POSSIBILIDADE E LIMITES (positivo) – Res. 176/2011, DEJT divulgado em 27, 30 e 31.05.2011. A sentença normativa vigora, desde seu termo inicial até que sentença normativa, convenção coletiva de trabalho ou acordo coletivo de trabalho superveniente produza sua revogação, expressa ou tácita, respeitado, porém, o prazo máximo legal de quatro anos de vigência."

11.2.4. Efeitos e coisa julgada

Os efeitos da sentença normativa são erga omnes, pois atingirão a todos os organismos sindicais envolvidos no dissídio coletivo, em regra, e a todos os integrantes das categorias econômicas e profissionais, associados ou não, repercutindo nas relações individuais de trabalho.

No entanto, nos processos em que o dissídio é instaurado por empresa, os efeitos da sentença normativa alcançarão apenas os trabalhadores da empresa representados pelo sindicato, sejam associados ou não.

Em relação à coisa julgada, a doutrina e jurisprudência divergem, havendo duas correntes firmadas, conforme abaixo descritas:

- Primeira corrente – sustenta que a sentença normativa somente faz coisa julgada formal, não havendo que falar em coisa julgada material, visto que: a sentença normativa pode ser objeto de cumprimento mesmo antes do seu trânsito em julgado; após um ano de vigência, a sentença poderá ser objeto de revisão, estando submetida, portanto, à cláusula rebus sic stantibus; a sentença normativa não comporta execução, e sim ação de cumprimento; a sentença normativa tem eficácia temporária (no máximo quatro anos).

Esta parece ser a corrente adotada pelo Tribunal Superior do Trabalho, consubstanciada na Súmula 397, in verbis:

> "SÚMULA 397 do TST – AÇÃO RESCISÓRIA. ART. 485, IV, DO CPC (ART. 966, IV, DO NCPC). AÇÃO DE CUMPRIMENTO. OFENSA À COISA JULGADA EMANADA DE SENTENÇA NORMATIVA MODIFICADA EM GRAU DE RECURSO. INVIABILIDADE. CABIMENTO DE MANDADO DE SEGURANÇA (conversão da Orientação Jurisprudencial 116 da SDI-II – Res. 137/2005 – DJ 22.08.2005).
>
> Não procede ação rescisória calcada em ofensa à coisa julgada perpetrada por decisão proferida em ação de cumprimento, em face de a sentença normativa, na qual se louvava, ter sido modificada em grau de recurso, porque em dissídio coletivo somente se consubstancia coisa julgada formal. Assim, os meios processuais aptos a atacarem a execução da cláusula reformada são a exceção de

pré-executividade e o mandado de segurança, no caso de descumprimento do art. 572 do CPC (art. 514 do NCPC) (ex-OJ 116 – DJ 11.08.2003).".

- Segunda corrente – à qual nos filiamos, entende que a sentença normativa faz coisa julgada formal e material. Ressalte-se que em face das sentenças normativas cabe ação rescisória (Lei 7.701/1988, art. 2.º, I, *c*). Portanto, se cabe ação rescisória em relação à sentença normativa, resta evidente que a atinente sentença normativa produz coisa julgada material. Observe-se, também, que o próprio art. 872, parágrafo único, da CLT proíbe que na ação de cumprimento possam ser rediscutidas as matérias de fato e de direito já decididas na sentença normativa, o que caracteriza, sem dúvida, a imutabilidade da *res judicata*.

Apenas deve-se ressaltar que, embora a sentença normativa produza coisa julgada formal e material, ela estará sujeita à revisão se materializada a cláusula rebus sic stantibus. Em outras palavras, decorrido um ano após a vigência da sentença normativa, se tiverem sido modificadas as circunstâncias que as ditaram, de modo que tais condições se hajam tornado injustas ou inaplicáveis, a sentença poderá ser revista.

11.2.5. Recursos - efeitos

Uma das peculiaridades recursais imperantes no processo do trabalho é a que determina que os recursos são dotados apenas de efeito devolutivo (art. 899 da CLT).

O direito coletivo do trabalho, no entanto, apresenta uma exceção, ao permitir que o presidente do Tribunal Superior do Trabalho conceda efeito suspensivo a eventual recurso interposto em face de sentença normativa prolatada pelo Tribunal Regional do Trabalho.

Com efeito, prolatada a sentença normativa pelo Tribunal Regional do Trabalho competente, o apelo cabível será o recurso ordinário, interposto no prazo de oito dias.

Nessa esteira, a Lei 7.701/1988, art. 9.º, permite que o presidente do Tribunal Superior do Trabalho conceda efeito suspensivo ao recurso ordinário, pelo prazo improrrogável de 120 dias contados da publicação, salvo se este for julgado antes do término do prazo.

A Lei 10.192/2001, no art. 14, também dispõe que "o recurso interposto de decisão normativa da Justiça do Trabalho terá efeito suspensivo, na medida e extensão conferidas em despacho do Presidente do Tribunal Superior do Trabalho".

Caso a sentença normativa seja prolatada de forma originária pelo Tribunal Superior do Trabalho, sendo a decisão não unânime, caberão embargos infringentes (Lei 7.701/1988, art. 2.º, II, c, a serem julgados pela SDC (Seção de Dissídios Coletivos), salvo se a decisão atacada estiver em consonância com precedente jurisprudencial do Tribunal Superior do Trabalho ou da súmula de sua jurisprudência predominante – quando somente será possível a utilização de embargos de declaração e eventual recurso extraordinário, se houver ofensa à Constituição Federal de 1988).

11.2.6. Extensão

Quando os efeitos da sentença normativa abranger apenas uma fração de empregados da empresa, poderá haver a extensão dessa decisão aos demais empregados da mesma empresa e, até mesmo, a extensão a todos os empregados da respectiva categoria profissional (arts. 868 e 869 da CLT).

A extensão dos efeitos da sentença normativa aos demais empregados da empresa poderá ser feita pelo tribunal competente, na própria decisão, caso ache justo e conveniente.

A decisão sobre novas condições de trabalho também poderá ser estendida a todos os empregados da mesma categoria profissional compreendida na jurisdição do tribunal, desde que haja solicitação de um ou mais empregadores, dos sindicatos envolvidos, da Procuradoria do Trabalho, ou mesmo ex officio, pelo próprio tribunal que houver proferido a decisão.

Nestas hipóteses, para que a decisão possa ser estendida, é necessário que ¾ dos empregadores e ¾ dos empregados, ou os respectivos sindicatos, concordem com a extensão da decisão, marcando o tribunal um prazo não inferior a 30 nem superior a 60 dias, a fim de que se manifestem os interessados.

Ouvidos os interessados e a Procuradoria do Trabalho, será o processo submetido a julgamento, e, se o Tribunal estender a decisão, marcará a data em que a extensão deverá entrar em vigor.

11.2.7. Revisão

Conforme já descrito anteriormente, decorrido mais de um ano de sua vigência, caberá revisão das decisões que fixarem condições de trabalho, quando tiverem sido modificadas as circunstâncias que as ditaram, de modo que tais condições se hajam tornado injustas ou inaplicáveis (art. 873 da CLT).

Portanto, decorrido mais de um ano e materializada a cláusula rebus sic stantibus, a sentença normativa poderá sofrer um processo de revisão pelo tribunal que a tiver proferido.

A revisão poderá ser promovida por iniciativa do tribunal prolator, da Procuradoria do Trabalho, dos sindicatos ou de empregador(es) interessado(s) no cumprimento da decisão.

Quando a revisão for promovida por iniciativa do tribunal prolator ou da Procuradoria, os sindicatos e o(s) empregador(es) interessados serão ouvidos no prazo de 30 dias. Quando promovida por uma das partes interessadas, serão as outras ouvidas também em igual prazo.

A revisão será julgada pelo tribunal que tiver proferido a decisão, depois de ouvida a Procuradoria.

11.2.8. Ação de cumprimento

A sentença normativa proferida no dissídio coletivo, por não ter natureza condenatória, não comporta execução. Portanto, o não cumprimento espontâneo da sentença normativa ensejará a propositura de ação de cumprimento e não de ação executiva.

Com efeito, o art. 872 e seu parágrafo único, da CLT dispõem que:

> "Art. 872. Celebrado o acordo, ou transitada em julgado a decisão, seguir-se-á o seu cumprimento, sob as penas estabelecidas neste Título.
>
> Parágrafo único. Quando os empregadores deixarem de satisfazer o pagamento de salários, na conformidade da decisão proferida, poderão os empregados ou seus sindicatos, independente de outorga de poderes de seus associados, juntando certidão de tal decisão, apresentar reclamação à Junta ou Juízo competente, observado o processo previsto no Capítulo II deste Título, sendo vedado, porém, questionar sobre matéria de fato e de direito já apreciada na decisão".

A ação de cumprimento é uma ação de conhecimento de cunho condenatório proposta pelo sindicato profissional ou pelos próprios trabalhadores interessados, perante a Vara do Trabalho, obedecida a regra do art. 651 da CLT, cujo procedimento é semelhante ao do dissídio individual, não sendo permitido às partes discutir questões de fato ou de direito que já foram apreciadas na sentença normativa, ainda que esta não tenha transitado em julgado.

Caso a ação seja proposta pelo sindicato, estaremos diante de um caso de substituição processual, pois o sindicato estará, em nome próprio, pleiteando direito alheio.

Não obstante a redação do art. 872 da CLT indicar a necessidade do trânsito em julgado da sentença normativa para o ajuizamento da ação de cumprimento, a Lei 7.701/1988, no art. 7.º, § 6.º, passou a estabelecer que a sentença normativa poderá ser objeto de ação de cumprimento a partir do 20.º dia subsequente ao julgamento, fundada no acórdão ou na certidão de julgamento.

Portanto, não é necessário que haja o trânsito em julgado da sentença normativa para o manejo da ação de cumprimento. Neste sentido, cabe destacar a Súmula 246 do TST, in verbis:

> "SÚMULA 246 do TST – AÇÃO DE CUMPRIMENTO – TRÂNSITO EM JULGADO DA SENTENÇA NORMATIVA. É dispensável o trânsito em julgado da sentença normativa para a propositura da ação de cumprimento".

Ainda em relação à ação de cumprimento, considerando que esta pode ser proposta antes do trânsito em julgado da sentença normativa, caso a decisão normativa seja modificada em grau recursal para determinar a extinção do processo sem resolução do mérito, eventual execução promovida na ação de cumprimento será extinta, uma vez que a norma sobre a qual se apoiava o título exequendo deixou de existir, valendo destacar, sobre o tema, a OJ 277 da SDI-I/TST:

> "OJ 277 DA SDI-I/TST – AÇÃO DE CUMPRIMENTO FUNDADA EM DECISÃO NORMATIVA QUE SOFREU POSTERIOR REFORMA, QUANDO JÁ TRANSITADA EM JULGADO A SENTENÇA CONDENATÓRIA – COISA JULGADA – Não CONFIGURAÇÃO. A coisa julgada produzida na ação de cumprimento é atípica, pois dependente de condição resolutiva, ou seja, da não modificação da decisão normativa por eventual recurso. Assim, modificada a sentença normativa pelo TST, com a consequente extinção do processo, sem julgamento do mérito, deve-se extinguir a execução em andamento, uma vez que a norma sobre a qual se apoiava o título exequendo deixou de existir no mundo jurídico".

Por outro lado, frise-se que o prazo prescricional com relação à ação de cumprimento de sentença normativa somente flui a partir da data do seu trânsito em julgado, conforme previsto na Súmula 350 do TST.

A ação de cumprimento também pode ser utilizada para observância de acordo coletivo ou convenção coletiva de trabalho, conforme previsto na Lei 8.984/1995 e Súmula 286 do TST.

A SDI-I/TST, por meio da OJ 188, firmou entendimento no sentido de que há falta de interesse processual para a ação individual, singular ou plúrima, quando o direito vindicado já tiver sido reconhecido mediante sentença normativa, cabendo, em tal caso, ação de cumprimento.

11.3. DISSÍDIO COLETIVO NO SERVIÇO PÚBLICO

Inicialmente, em relação às empresas públicas e sociedades de economia mista que desenvolvem atividade econômica (art. 173, § 1.º, II, da CF/1988), por se tratar de pessoas jurídicas de direito privado, não há dúvida de que deverão se submeter aos efeitos da sentença normativa eventualmente prolatada, aplicando-a às relações individuais de trabalho mantidas com os seus empregados públicos, como ocorre em relação ao Banco do Brasil, CEF, Petrobrás etc.

Quanto à administração pública direta, autárquica e fundacional, que adotar o regime estatutário, também há consenso de que os efeitos da sentença normativa não alcançarão tais pessoas jurídicas de direito público, uma vez que os servidores não serão regidos pela Consolidação das Leis do Trabalho, e sim por estatuto próprio.

O questionamento surge quando a administração direta, autárquica e fundacional adota o regime do emprego público, conforme possibilidade prevista no art. 39 da CF/1988, pois os servidores contratados nesse regime serão regidos pela Consolidação das Leis do Trabalho.

Esta possibilidade, no âmbito federal, está inclusive prevista na Lei 9.962/2000, que dispõe sobre o regime do emprego público do pessoal da administração federal direta, autárquica e fundacional.

A administração direta, autárquica e fundacional, também quando contrata empregados públicos, apenas poderá conceder vantagens que impliquem aumento de remuneração mediante autorização prevista na Lei de Diretrizes Orçamentárias e prévia dotação, sem exceder os limites estabelecidos na Lei de Responsabilidade Fiscal, conforme determinam os arts. 37, *caput*, X, XI, XII, XIII, 39, § 3.º, e 169, *caput* e § 1.º, incisos I e II, da CF e LC 101/2000.

Transcrevemos, dentre os fundamentos citados, o art. 169, *caput* e § 1.º, incisos I e II, da CF/1988, por ser o que mais diretamente reflete o exposto:

> "Art. 169 da CF. A despesa com pessoal ativo e inativo da União, dos Estados, do Distrito Federal e dos Municípios não poderá exceder os limites estabelecidos em lei complementar.
>
> § 1.º A concessão de qualquer vantagem ou aumento de remuneração, a criação de cargos, empregos e funções ou alteração de estrutura de carreiras, bem como a admissão ou contratação de pessoal, a qualquer título, pelos órgãos e entidades da administração direta ou indireta, inclusive fundações instituídas e mantidas pelo poder público, só poderão ser feitas:
>
> I – se houver prévia dotação orçamentária suficiente para atender às projeções de despesa de pessoal e aos acréscimos dela decorrentes;
>
> II – se houver autorização específica na lei de diretrizes orçamentárias, ressalvadas as empresas públicas e as sociedades de economia mista".

O art. 39, § 3.º, da Constituição Federal elenca os incisos do art. 7.º aplicáveis aos ocupantes de cargo público e dentre eles não inclui o inciso XXVI, que assegura o "reconhecimento das convenções e acordos coletivos de trabalho". Observe-se:

> "§ 3.º Aplica-se aos servidores ocupantes de cargo público o disposto no art. 7.º, IV, VII, VIII, IX, XII, XIII, XV, XVI, XVII, XVIII, XIX, XX, XXII e XXX, podendo a lei estabelecer requisitos diferenciados de admissão quando a natureza do cargo o exigir".

Uma vez que, nos termos do art. 114, § 2.º, da Constituição Federal, se condiciona o dissídio coletivo ao insucesso de prévia negociação coletiva, sendo esta vedada aos ocupantes de cargos públicos, deles se afastava também a possibilidade de suscitar dissídio coletivo.

Nesse sentido era o entendimento do Tribunal Superior do Trabalho consubstanciado na antiga redação da OJ 5 da SDC, in verbis:

> "OJ-SDC-5 –DISSÍDIO COLETIVO CONTRA PESSOA JURÍDICA DE DIREITO PÚBLICO. IMPOSSIBILIDADE JURÍDICA.
>
> Aos servidores públicos não foi assegurado o direito ao reconhecimento de acordos e convenções coletivos de trabalho, pelo que, por conseguinte, também não lhes é facultada a via do dissídio coletivo, à falta de previsão legal."

Ocorre que o TST refletiu sobre o art. 39, § 3.º, da CF/1988 e concluiu que, quando adota a expressão "cargos públicos", exclui os empregados públicos. Logo, a inaplicabilidade do inciso XXVI do art. 7.º da CF, que versa sobre o reconhecimento de convenções e acordos coletivos de trabalho, não se dirige a estes, os quais, portanto, podem firmá-los. Entretanto, as vantagens que impliquem aumento de remuneração continuam condicionadas a autorização prevista na Lei de Diretrizes Orçamentárias e a prévia dotação, sem exceder os limites estabelecidos na Lei de Responsabilidade Fiscal. Dessa forma, tem-se que aos empregados públicos garante-se o reconhecimento de acordos e convenções coletivas de trabalho, conforme previsto no art. 7.º, XXVI, da CF, apenas com a ressalva de temas com consequência nitidamente econômica, ou seja, as normas coletivas admitidas são limitadas às clausulas de natureza social.

Segundo Vólia Bomfim Cassar,[1] "as cláusulas normativas podem ser divididas em econômicas, sociais e de adaptação. As econômicas dizem respeito às condições de trabalho, criando benesses e vantagens aos trabalhadores (ex.: reajuste salarial, gratificação de função etc.), enquanto as sociais representam

[1] CASSAR, Vólia Bomfim. Direito do trabalho. 5. ed. Niterói: Impetus, 2011. p. 1.333-1.334.

apoio social aos empregados (ex.: assistência médica, odontológica, creche etc.). As de adaptação são as cláusulas que permitem a redução de direitos trabalhistas, adequando os direitos dos trabalhadores à realidade econômica da empresa".

Dessa forma, admite-se o ajuizamento de dissídio coletivo para a instituição exclusivamente de cláusulas de natureza social, permanecendo cabível a extinção dos dissídios sem resolução do mérito, por impossibilidade jurídica do pedido, quanto às cláusulas de natureza econômica.

Esse é o atual entendimento do Colendo Tribunal Superior do Trabalho, conforme se percebe pela recente alteração da redação da OJ 5 da SDC, *in verbis:*

> "OJ 5 DA SDC. DISSÍDIO COLETIVO. PESSOA JURÍDICA DE DIREITO PÚBLICO. POSSIBILIDADE JURÍDICA. CLÁUSULA DE NATUREZA SOCIAL (redação alterada na sessão do Tribunal Pleno realizada em 14.09.2012) – Res. 186/2012, DEJT divulgado em 25, 26 e 27.09.2012. Em face de pessoa jurídica de direito público que mantenha empregados, cabe dissídio coletivo exclusivamente para apreciação de cláusulas de natureza social. Inteligência da Convenção n.º 151 da Organização Internacional do Trabalho, ratificada pelo Decreto Legislativo n.º 206/2010".

11.4. RESUMO DA MATÉRIA

1. O art. 114, § 1.º, da CF/1988 dispõe que, frustrada a negociação coletiva, as partes poderão eleger árbitros para solucionar o impasse. Todavia, no palco do direito coletivo laboral, raramente os sindicatos conflitantes nomeiam árbitro para pôr fim à celeuma, seja pela falta de recursos financeiros para arcar com as despesas do profissional contratado, seja pelo clima de desconfiança surgido entre os entes envolvidos.
2. Com isso, nasce a possibilidade de as partes se utilizarem de um instrumento de heterocomposição denominado dissídio coletivo, que nada mais é do que uma ação que vai dirimir os conflitos coletivos de trabalho por meio do pronunciamento do Poder Judiciário do Trabalho, seja fixando novas normas e condições de trabalho para determinadas categorias, seja interpretando normas jurídicas preexistentes.
3. O poder normativo da Justiça do Trabalho consiste na competência constitucionalmente assegurada aos tribunais laborais de solucionar os conflitos coletivos de trabalho, estabelecendo, por meio da denominada sentença normativa, normas gerais e abstratas de conduta, de observância obrigatória para as categorias profissionais e econômicas abrangidas pela decisão, repercutindo nas relações individuais de trabalho.

4. O poder normativo da Justiça do Trabalho, aliado à contribuição sindical obrigatória e à unicidade sindical, sempre foram considerados pela doutrina como fatores impeditivos da liberdade sindical plena no Brasil.

5. A EC 45/2004, ao alterar o § 2.º do art. 114 da Carta Maior, limitou, consideravelmente, o poder normativo da Justiça do Trabalho, visto que, doravante, o dissídio coletivo de natureza econômica somente poderá ser proposto se houver mútuo acordo, ou seja, se houver a concordância de ambos os entes sindicais.

6. Logo, verifica-se que a Justiça do Trabalho transformou-se numa espécie de juízo arbitral, somente podendo atuar e exercer o denominado poder normativo se ambos os entes sindicais concordarem com o ajuizamento do dissídio coletivo.

7. Em relação aos limites do poder normativo, estes estão inseridos na própria Constituição Federal de 1988. Logo, a sentença normativa encontra limites na própria lei, somente podendo atuar no vazio, no vácuo deixado propositadamente pela norma, não sendo lícito, entretanto, sobrepor-se ou contrariar a legislação em vigor.

8. O dissídio coletivo somente poderá ser suscitado uma vez esgotada ou frustrada, total ou parcialmente, a negociação coletiva implementada diretamente pelos entes interessados, ou mesmo intermediada pelo órgão competente do Ministério do Trabalho, mediante a realização das denominadas "mesas de negociação".

9. Caso seja suscitado um dissídio coletivo sem o esgotamento da negociação prévia pelos entes interessados, será o processo extinto pelo Tribunal do Trabalho sem resolução do mérito, com base no art. 485, IV, do CPC.

10. Após a EC 45/2004, já mencionada, que alterou o art. 114, § 2.º, da Carta de 1988, tornou-se imprescindível, para o cabimento do dissídio coletivo de natureza econômica, que ambos os entes sindicais concordem com o ajuizamento do dissídio, sob pena de não cabimento da instância.

11. Por outro lado, embora a matéria já fosse pacífica na doutrina e jurisprudência, a nova redação do art. 114, II, da CF/1988, imposta pela EC 45/2004, tornou explícita a competência da Justiça do Trabalho para processar e julgar as ações que envolvam o exercício do direito de greve, entre elas, o dissídio coletivo de greve, em geral ajuizada pelo ente patronal em caso de suspensão dos trabalhos pelos obreiros.

12. Também foi acrescentado pela EC 45/2004 o § 3.º ao art. 114 da Constituição, estabelecendo que, "em caso de greve em atividade essencial, com possibilidade de lesão do interesse público, o Ministério Público do Trabalho poderá ajuizar dissídio coletivo, competindo à Justiça do Trabalho decidir o conflito".

13. Independentemente da espécie de dissídio coletivo proposto, quem instaura ou suscita o dissídio coletivo chama-se suscitante, recebendo a parte contrária a denominação de suscitado.

14. Frise-se que, não havendo sindicato representativo da categoria econômica ou profissional, a representação poderá ser instaurada pelas federações correspondentes e, na falta destas, pelas respectivas confederações, no âmbito de sua representação, conforme autorização legal prevista no art. 857, parágrafo único, da CLT.

15. O art. 856 da CLT estabelece que "a instância será instaurada mediante representação escrita ao Presidente do Tribunal. Poderá ser também instaurada por iniciativa do Presidente, ou, ainda, a requerimento da Procuradoria da Justiça do Trabalho, sempre que ocorrer suspensão do trabalho".

16. Em relação à legitimidade do Ministério Público do Trabalho para suscitar dissídio coletivo de greve em caso de paralisação do trabalho pelos empregados, não há qualquer dúvida, visto que, na qualidade de defensor da ordem jurídica, age o Parquet na defesa do interesse público, principalmente em virtude dos prejuízos que a sociedade possa sofrer em face da paralisação abusiva do trabalho, com desrespeito aos mandamentos previstos na Lei 7.783/1989 (Lei de Greve).

17. Ainda em relação ao dissídio coletivo de greve, além do Ministério Público do Trabalho, também poderá atuar como legitimado ativo da demanda o sindicato representativo da categoria econômica ou as empresas isoladamente consideradas.

18. A competência em razão da matéria para julgamento do dissídio coletivo é da Justiça do Trabalho, em face do estatuído no art. 114 da Carta Maior.

19. Quando a base territorial dos sindicatos envolvidos estiver inserta na jurisdição de somente um Tribunal Regional do Trabalho, será o mesmo competente, de forma originária, para conhecer do dissídio.

20. Todavia, se a base territorial dos entes sindicais abranger a jurisdição territorial de mais de um Tribunal Regional do Trabalho, a competência originária para julgamento do dissídio será do Tribunal Superior do Trabalho.

21. A petição inicial do dissídio coletivo será apresentada em tantas vias quantos forem os suscitados e deverá conter a designação e qualificação dos suscitantes e suscitados, a natureza do estabelecimento ou serviço, os motivos do dissídio e as bases de conciliação, devendo ser escrita, não se admitindo o dissídio coletivo verbal.

22. A representação dos sindicatos para instauração da instância fica subordinada à aprovação de assembleia, da qual participem os associados interessados na solução do dissídio coletivo, em primeira convocação, por maioria de 2/3 destes, ou, em segunda convocação, por 2/3 dos presentes.

23. Havendo convenção coletiva, acordo coletivo ou sentença normativa em vigor, o dissídio coletivo deverá ser instaurado dentro dos 60 dias anteriores ao respectivo termo final do respectivo instrumento, para que o novo instrumento possa ter vigência no dia imediato a esse termo, conforme previsão explícita no art. 616, § 3.º, da CLT.

24. Recebida e protocolada a petição inicial do dissídio e estando a mesma devidamente instruída, o presidente do tribunal designará audiência de conciliação, dentro do prazo de 10 dias, determinando a notificação postal dos dissidentes.

25. No entanto, se a instância instaurada for a de greve, a audiência deverá ser realizada o mais breve possível, sendo muitas vezes as partes envolvidas notificadas por telefone ou fax.

26. No dissídio coletivo não há que falar em contestação, reconvenção, revelia, confissão ou intervenção de terceiros, uma vez que na instância não há pedido, mas sim propostas de criação de novas normas, estando em debate o interesse abstrato de toda uma categoria profissional ou econômica, pelo que a decisão a ser proferida transcende à iniciativa das partes.

27. Havendo acordo, o presidente o submeterá à homologação do Tribunal na primeira sessão (art. 863 da CLT), e a decisão que homologar o acordo também será considerada uma decisão normativa.

28. Após o parecer do Ministério Público do Trabalho, o processo será distribuído ao relator, mediante sorteio. Elaborado o relatório, o processo é encaminhado ao revisor e depois submetido a julgamento pelo tribunal.

29. A sentença normativa é a decisão proferida pelos tribunais (Tribunal Regional do Trabalho ou Tribunal Superior do Trabalho) ao julgar um dissídio coletivo.

30. Tratando-se de dissídio coletivo de natureza econômica, a sentença normativa terá natureza constitutiva, pois objetiva criar, constituir novas condições de trabalho.

31. Por outro lado, quando a sentença normativa for proferida no bojo de um dissídio coletivo de natureza jurídica, tal sentença terá natureza declaratória, pois apenas tem por finalidade interpretar a norma já existente.

32. O prazo máximo de vigência da sentença normativa será de quatro anos, a teor do art. 868, parágrafo único, da CLT.

33. Cabe também destacar a Súmula 277 do TST, o qual estabelece que "as cláusulas normativas dos acordos coletivos ou convenções coletivas integram os contratos individuais de trabalho e somente poderão ser modificadas ou suprimidas mediante negociação coletiva de trabalho".

34. Os efeitos da sentença normativa são erga omnes, pois atingirão a todos os organismos sindicais envolvidos no dissídio coletivo, em regra, e a todos os integrantes das categorias econômicas e profissionais, associados ou não, repercutindo nas relações individuais de trabalho.

35. Todavia, nos processos em que o dissídio é instaurado por empresa, os efeitos da sentença normativa alcançarão apenas os trabalhadores da empresa representados pelo sindicato, sejam associados ou não.

36. Apenas deve-se ressaltar que, embora a sentença normativa produza coisa julgada formal e material, a mesma estará sujeita à revisão se materializada a cláusula rebus sic stantibus. Em outras palavras, decorrido um ano após a vigência da sentença normativa, se tiverem sido modificadas as circunstâncias que as ditaram, de modo que tais condições se hajam tornado injustas ou inaplicáveis, a sentença poderá ser revista.

37. A Lei 7.701/1988, art. 9.º, permite que o presidente do Tribunal Superior do Trabalho conceda efeito suspensivo ao recurso ordinário, pelo prazo improrrogável de 120 dias contados da publicação, salvo se este for julgado antes do término do prazo.

38. Caso a sentença normativa seja prolatada de forma originária pelo Tribunal Superior do Trabalho, sendo a decisão não unânime, caberão embargos infringentes (Lei 7.701/1988, art. 2.º, II, c, a serem julgados pela SDC (Seção de Dissídios Coletivos), salvo se a decisão atacada estiver em consonância com precedente jurisprudencial do Tribunal Superior do Trabalho ou da súmula de sua jurisprudência predominante).

39. Quando os efeitos da sentença normativa abranger apenas uma fração de empregados da empresa, poderá haver a extensão dessa decisão aos demais empregados da mesma empresa e, até mesmo, a extensão a todos os empregados da respectiva categoria profissional.

40. Decorrido mais de um ano de sua vigência, caberá revisão das decisões que fixarem condições de trabalho, quando tiverem sido modificadas as circunstâncias que as ditaram, de modo que tais condições se hajam tornado injustas ou inaplicáveis.

41. A ação de cumprimento é uma ação de conhecimento de cunho condenatório proposta pelo sindicato profissional ou pelos próprios trabalhadores interessados, perante a Vara do Trabalho, obedecida a regra do art. 651 da CLT, cujo procedimento é semelhante ao do dissídio individual, não sendo permitido às partes discutir questões de fato ou de direito que já foram apreciadas na sentença normativa, ainda que esta não tenha transitado em julgado.

42. Não obstante a redação do art. 872 da CLT indicar a necessidade do trânsito em julgado da sentença normativa para o ajuizamento da ação de cumprimento, a Lei 7.701/1988, no art. 7.º, § 6.º, passou a estabelecer que a sentença normativa poderá ser objeto de ação de cumprimento a partir do 20.º dia subsequente ao julgamento, fundada no acórdão ou na certidão de julgamento.

43. Frise-se que o prazo prescricional com relação à ação de cumprimento de sentença normativa somente flui a partir da data do seu trânsito em julgado, conforme previsto na Súmula 350 do TST.

44. Em relação às empresas públicas e sociedades de economia mista que desenvolvem atividade econômica (art. 173, § 1.º, II, da CF/1988), por se tratar de pessoas jurídicas de direito privado, não há dúvida de que deverão as mesmas se submeter aos efeitos da sentença normativa eventualmente prolatada, aplicando-a às relações individuais de trabalho mantidas com os seus empregados públicos, como ocorre em relação ao Banco do Brasil, CEF, Petrobrás etc.

45. Quanto à administração pública direta, autárquica e fundacional, que adotar o regime estatutário, também há consenso de que os efeitos da sentença normativa não alcançarão tais pessoas jurídicas de direito público, uma vez que os servidores não serão regidos pela Consolidação das Leis do Trabalho, e sim por estatuto próprio.

46. Entendemos que os efeitos da sentença normativa não alcançarão os empregados públicos da administração direta, autárquica e fundacional, seja da União, dos Estados, dos Municípios ou do Distrito Federal, salvo no que atine às cláusulas de natureza social, conforme previsto na OJ 5 da SDC/TST.

BIBLIOGRAFIA

ALMEIDA, Amador Paes de. *CLT comentada*. 2. ed. São Paulo: Saraiva, 2003.

________. *Curso prático de processo do trabalho*. 14. ed. São Paulo: Saraiva, 2002.

ALMEIDA, Isis de. *Manual de direito processual do trabalho*. 10. ed. São Paulo: LTr, 2002.

ALMEIDA, Lúcio Rodrigues de. *Recursos trabalhistas*. Rio de Janeiro: Aide, 1996.

AMARAL SANTOS, Moacyr. *Primeiras linhas de direito processual*. São Paulo: Saraiva, 1979.

ANAMATRA (autores diversos). *Nova competência da Justiça do Trabalho*. São Paulo: LTr, 2005.

BARROS, Alice Monteiro. *Compêndio de direito processual do trabalho*. 3. ed. São Paulo: LTr, 2002.

BATALHA, Wilson de Souza Campos. *Tratado do direito judiciário do trabalho*. 2. ed. São Paulo: LTr, 1985.

BITTAR FILHO, Carlos Alberto. Do dano moral coletivo no atual contexto jurídico brasileiro. *Revista Direito do Consumidor*, São Paulo, n. 12.

CÂMARA, Alexandre Freitas. *Lições de direito processual civil*. 7. ed. Rio de Janeiro: Lumen Juris, 2003.

CARNEIRO, Athos Gusmão. *Da antecipação de tutela*. Rio de Janeiro: Forense, 2004.

CARRION, Valentin. *Comentários à Consolidação das Leis do Trabalho*. 29. ed. São Paulo: Saraiva, 2004.

CASSAR, Vólia Bomfim. *Direito do trabalho*. 5. ed. Niterói: Impetus, 2011.

COSTA, Coqueijo. *Direito processual do trabalho*. 3. ed. Rio de Janeiro: Forense, 1986.

CUNHA, Leonardo José Carneiro da. *A Fazenda Pública em juízo*. São Paulo: Dialética, 2005.

________. *Interesse de agir na ação declaratória*. Curitiba: Juruá, 2002.

DELGADO, Maurício Godinho. *Curso de direito do trabalho*. 4. ed. São Paulo: LTr, 2005.

DIDIER JR., Fredie. *Curso de direito processual civil*. 10. ed. Salvador/Bahia: Juspodivm, v. 1, 2015.

________; BRAGA, Paula Sarno; OLIVEIRA, Rafael Alexandria de. *Curso de direito processual civil*. 10. ed. Salvador/Bahia: Juspodivm, v. 2, 2015.

DINAMARCO, Cândido Rangel. *A reforma do Código de Processo Civil*.

FATONI Jr., Neyton. *Revista Jurídica*, Porto Alegre, n. 215, set. 1995.

FAVA, Marcos Neves. *Nova competência da Justiça do Trabalho*. São Paulo: Ltr.

GIGLIO, Wagner. Direito processual do trabalho. 14. ed. São Paulo: Saraiva, 2005.

GRINOVER, Ada Pellegrini. *Código Brasileiro de Defesa do Consumidor*.

________. Significado social, político e jurídico da tutela dos interesses difusos. *Revista de Processo*, São Paulo, n. 97.

GUERRA, Marcelo Lima. Aspectos da reforma do Código de Processo Civil. *Revista de Processo*, São Paulo, ano 22, 1997.

LEITE, Carlos Henrique Bezerra. *Ação civil pública*. São Paulo: LTr, 2001.

________. *Curso de direito processual do trabalho*. 13. ed. São Paulo: LTr, 2015.

LENZA, Pedro. *Direito constitucional esquematizado*. 8. ed. São Paulo: Método, 2005.

LIMA, Francisco Meton Marques de. *Elementos de direito do trabalho e processo trabalhista*. 10. ed. São Paulo: LTr, 2004.

MARINONI, Luiz Guilherme. *Novas linhas do processo civil*.

MARTINS FILHO, Ives Gandra da Silva. *Ação civil pública e ação civil coletiva*. São Paulo: LTr.

MARTINS, Sérgio Pinto. *Comentários à CLT*. 9. ed. São Paulo: Atlas, 2005.

________. *Direito processual do trabalho*. 17. ed. São Paulo: Atlas, 2002.

________. *Direito processual do trabalho*. 34. ed. São Paulo: Atlas, 2013.

MAZZILLI, Hugo Nigro. *A defesa dos interesses difusos em juízo*. 15. ed. São Paulo: Saraiva, 2002.

MEDEIROS NETO, Xisto Tiago de. *Dano moral coletivo*. 1. ed. São Paulo: LTr, 2004.

________. ________. 2. ed. São Paulo: LTr, 2007.

MELO, Raimundo Simão de. *Ação civil pública na Justiça do Trabalho*. São Paulo: LTr, 2002.

MIESSA, Elisson. *Processo do trabalho. Coleção Concursos*. 6. ed. Salvador: Juspodivm, 2018.

MONTENEGRO FILHO, Misael. *Curso de direito processual civil*. São Paulo: Atlas, 2005.

________. *Processo civil para concursos públicos*. São Paulo: Método, 2004.

MORAES, Alexandre de. *Direito constitucional*. 12. ed. São Paulo: Atlas, 2002.

NASCIMENTO, Amauri Mascaro. *Curso de direito processual do trabalho*. 12. ed. São Paulo: Saraiva, 2002.

NERY JUNIOR, Nelson. *Código de Processo Civil comentado*. São Paulo: RT, 1999.

________. *Princípios do processo civil na Constituição Federal*.

OLIVEIRA, Francisco Antônio de. *Ação civil pública*: enfoques trabalhistas.

OLIVEIRA, Vallisney de Souza. *Nulidade da sentença e o princípio da congruência*. São Paulo: Saraiva, 2004.

PINTO, José Augusto Rodrigues. *Direito sindical e coletivo do trabalho*. 2. ed. São Paulo: LTr, 2002.

________. *Processo trabalhista de conhecimento*. 6. ed. São Paulo: LTr, 2001.

RODRIGUES, Manuel Cândido. *Compêndio de direito processual do trabalho*. 3. ed. São Paulo: LTr.

SAAD, Eduardo Gabriel. *Direito processual do trabalho*. 3. ed. São Paulo: LTr.

SANTOS, Elisson Miessa; CORREIA, Henrique. *Súmulas e Orientações Jurisprudenciais do TST organizadas e comentadas*. 7. ed. Salvador: Juspodivm, 2016.

________ (Coord.). *O novo Código de Processo Civil e seus reflexos no processo do trabalho*. Salvador/Bahia: Juspodivm, 2015.

SARAIVA, Renato; TONASSI, Rafael. *Direito do trabalho*. 18. ed. Salvador: Juspodivm, 2016. Série Concursos Públicos.

SCHIAVI, Mauro. *Manual de direito processual do trabalho*. 11. ed. São Paulo: LTr, 2016.

SIMON, Sandra Lia. *A proteção constitucional da intimidade e da vida privada do empregado*. São Paulo: LTr, 2000.

TEIXEIRA FILHO, Manoel Antônio. *A prova no processo do trabalho*. 8. ed. São Paulo: LTr, 2003.

________. *Curso de direito processual do trabalho*. São Paulo: LTr, 2009. v. I.

________. *Execução no processo do trabalho*. 8. ed. São Paulo: LTr, 2004.

________. *Sistema dos recursos trabalhistas*. 10. ed. São Paulo: LTr, 2003.

THEODORO JÚNIOR, Humberto. *Curso de direito processual civil*. 45. ed. Rio de Janeiro: Forense, 2010.

ÍNDICE ALFABÉTICO-REMISSIVO

(os números se referem aos itens)

A

B

C

D

E

F

G

H

I

J

L

M

N

O

P

Q

R

S

U

V

EDITORA
JusPODIVM
www.editorajuspodivm.com.br